AF318824

SUPPLÉMENT

A LA

BIBLIOTHEQUE

ORIENTALE

DE MONSIEUR D'HERBELOT.

BIBLIOTHEQUE

ORIENTALE,

OU

DICTIONNAIRE

UNIVERSEL,

CONTENANT

TOUT ce qui fait connoître les Peuples de l'Orient. Leurs Hiſtoires & Traditions, tant fabuleuſes que véritables. Leurs Religions & leurs Sectes. Leurs Gouvernements, Politique, Loix, Mœurs, Coutumes, & les Révolutions de leurs Empires. Les Arts & les Sciences, la Théologie, Médecine, Mythologie, Magie, Phyſique, Morale, Mathématiques, Hiſtoire Naturelle, Chronologie, Géographie, Obſervations Aſtronomiques, Grammaire & Réthorique. Les Vies de leurs Saints, Philoſophes, Docteurs, Poëtes, Hiſtoriens, Capitaines, & de tous ceux qui ſe ſont rendus illuſtres par leur vertu, leur ſavoir ou leurs actions. Des Jugements critiques & des Extraits de leurs Livres, écrits en Arabe, Perſan ou Turc, ſur toutes ſortes de Matieres & de Profeſſions.

PAR MESSIEURS C. VISDELOU ET A. GALAND.

POUR SERVIR DE

SUPPLÉMENT

A CELLE DE MONSIEUR D'HERBELOT.

M. DCC. LXXX.

AVIS SUR CETTE ÉDITION.

*L*ES *perfonnes qui ont acquis la* B*IBLIOTHEQUE* O*RIENTALE de*
M. D'H*ERBELOT*, *foit l'édition primitive donnée à Paris en 1697, foit la réim-
preffion qui en a été faite à Maeftricht en 1776, l'une & l'autre en un feul Volume in-folio, feront bien-aifes, fans doute, de fe procurer le* S*UPPLÉMENT que*
nous leur préfentons, mêmes format & caractere.

Ce Supplément eft l'ouvrage de M*ʳ.* V*ISDELOU* (*Evêque de Claudiopolis*) *&* G*ALAND*, *deux Savants diftingués par leurs connoiffances dans les
Langues Orientales; & l'on verra dans la lifte qui fuit cet Avertiffement, les
morceaux, ou manufcrits, ou déja imprimés, dont chacun de ces Auteurs a contribué pour former ce Volume.*

*Les plus confidérables font, fans contredit, l'*Hiftoire de la grande Tartarie,
par M. Vifdelou; *fa* Defcription *d'un Monument du* Chriftianifme *trouvé à
la* Chine, *& une foule d'*Obfervations *fur divers Articles de la Bibliotheque
de M.* d'Herbelot. *Tous ces morceaux, reftés en manufcrit, font publiés pour
la premiere fois. — Nous nous abftiendrons d'en apprécier le mérite, & préférons
de renvoyer le Lecteur à M.* Vifdelou *lui-même, qui, dans fa Préface, rend
compte de fon travail & des motifs qui le lui ont fait entreprendre.*

Le Recueil des Paroles remarquables des Orientaux, *& celui des* Maximes des Orientaux, *donnés par M.* Galand, *fe trouvent naturellement placés
à la fuite d'une Bibliotheque Orientale; & quoiqu'ils fuffent connus, cependant ils étoient devenus affez rares pour que l'on defirât de les trouver ici réunis.*

Un favant Profeffeur en Langues Orientales, (M. Schultens) *fait efpérer
de donner & de publier le réfultat de fes travaux & de fes recherches fur les
mêmes objets dont fe font occupés M*ʳˢ. *d'*Herbelot, Vifdelou *&* Galand. *Perfonne
n'eft plus en état que lui de remplir cette tâche, & il eft à fouhaiter que fes
occupations lui permettent de fatisfaire à cet égard le vœu du Public.*

*Ce Volume eft terminé, non-feulement par des Tables particulieres des Matie-
res, mais encore par une générale de l'Ouvrage original de* M. d'Herbelot, *retra-
vaillée à neuf, & combinée avec le Supplément.*

a

TABLE DES PIECES

Contenues dans ce Volume.

AVIS DE L'AUTEUR.

Quoique la maniere dont je me suis servi pour écrire les noms étrangers, fasse voir assez clairement qu'on les doit lire à la Françoise, voici pourtant quelques avis qui pourront servir à les mieux prononcer.

1°. *H* se doit toujours prononcer fortement, sur-tout au commencement des mots.

2°. *N* finale se doit toujours prononcer comme si elle étoit double; ou suivie d'un *e* muet. Par exemple, *thien* & *Kin* se doivent prononcer comme s'ils étoient écrits *tienne* & *Kine*, ou comme nous prononçons ces syllabes dans *antienne* & *mesquine*.

3°. *M* finale se doit prononcer à la fin de toutes les syllabes, comme nous prononçons l'*n*, qui n'est pas suivie d'un *e* muet; par exemple, *Kim* se doit prononcer comme nous le prononçons dans *coquin*.

4°. Le *K* devant *i* se doit mouiller & prononcer comme le *qu* dans *qui*. Devant les autres voyelles, il doit être prononcé durement, & comme nous le prononçons, par exemple, dans *que*, particule.

5°. Les Chinois ont deux lettres qui nous manquent. Les Missionnaires ont coutume de les écrire de cette maniere *lh*, *ng*. Mais comme on ne comprendroit rien à cela en Europe, & que d'ailleurs on ne pourroit les prononcer, quand bien même on en comprendroit la force, j'exprime la premiere par *cul*, & la seconde par *gh*, qui sont les deux sons de notre alphabet qui en approchent le plus.

6°. *Ou* se doit prononcer par-tout comme nous le prononçons en cette phrase, *où allez-vous ?* & quand il est suivi d'une ou de plusieurs voyelles, il en faut faire une diphtongue, ou une triphtongue; & c'est une regle générale, que par-tout où il se rencontre trois voyelles de suite, on en doit faire une triphtongue. Ainsi, par exemple, *Kouen* & *hiuen* sont monosyllabes; & pour marquer cela, j'ai mis quelquefois deux points sur l'*ü* (*); quand *ou* se trouve à la tête des mots, il doit être prononcé comme nous le prononçons dans ces mots *oui*, *ouatte*.

7°. Pareillement *y*, à la tête des mots, doit être prononcé comme nous le prononçons dans *yeux* & *yeuse*. Or quoique ni l'*y*, ni l'*ou*, ni les autres diphtongues ne puissent être regardées comme consonnes, j'omets pourtant presque par-tout l'élision qui les devroit précéder en qualité de voyelles; par exemple, j'écris le *yu-tien*, au-lieu de l'*yu-tien*, &c. On corrigera cela, si on le juge à propos.

8°. *S* se doit toujours prononcer fortement, & comme si elle étoit double; aussi l'ai-je doublée quelquefois. Jamais on ne doit la prononcer comme le *z*, pas même lorsqu'elle est entre deux voyelles.

9°. *Ch* se doit prononcer comme nous le prononçons dans *charité*, *chaste*, *chimere*, *choquer*, *choux*.

10°. Le *T* devant le *ç*, & le *ch*, ne sert qu'à marquer qu'il faut prononcer ces lettres dans toute leur force, & les faire sonner rudement.

Venons présentement aux termes Tartares en particulier. Les Chinois manquent d'un très-grand nombre de syllabes qui se trouvent dans les autres langues; delà vient qu'ils n'en peuvent écrire les mots qu'en les défigurant d'une maniere qui les rend souvent méconnoissables. Par exemple, ils n'ont ni *ey*, ni *ghou*, ni *r* ; ce qui les oblige à écrire *ouei-ou-eul*. Peut-on aisément reconnoître l'*Eyghour* à ces traits ? — Il faut donc supposer que les termes des Tartares sont estropiés dans ces observations, au moins pour la plupart. Je les ai laissés dans l'état où les Chinois les ont réduits, ne pouvant sans témérité entreprendre de les réformer. Je n'ai pourtant pas laissé de donner quelque chose à la conjecture en ce genre, & d'en réformer quelques-uns suivant des regles d'analogie, qu'il seroit inutile de rapporter ici; ce que j'ai fait plutôt pour faire remarquer au Lecteur que ces mots étrangers sont corrompus, que pour assurer ma correction. J'ai écrit indifféremment *tçou* ou *tçau*, qui signifie *aïeul* en Chinois, parce qu'il est prononcé de ces deux manieres, selon les différents pays.

L'on pourra être surpris de voir que l'Histoire Chinoise dans la description du Pays des *Kie-kia-sse*, après avoir établi leur siege plus de trois cents licues au Nord-Ouest, de la Cour des *Hoei-hou*, c'est-à-dire, bien au Nord de la mer Caspienne, fait ensuite venir les Ambassadeurs de leur *Oge* ou Roi, par l'Orient, à la Cour des *Hoei-hou*. Il faut

---

(*) On a retranché ces points, pour éviter tout embarras.

fuppofer pour cela , que les *Kie-Kia-ffe* pouffant leurs conquêtes vers l'Orient , étoient entrés dans la Tartarie Orientale , comme ils y étoient effectivement entrés avec une groffe armée , pour enlever les *Hoei-hou* qui s'étoient refugiés chez les *Che-ouei.* Je ne me rends pourtant pas garant qu'il n'y ait pas quelque erreur de Géographie dans les defcriptions de tant de Nations , dont plufieurs étoient peu connues des Chinois.

Au refte, l'on voit affez, quand même je ne le ferois pas remarquer, que je ne réfute en aucune maniere l'illuftre Auteur de la Bibliotheque Orientale. Bien-loin de vouloir diminuer la gloire qui lui eft due , je l'augmenterois volontiers fi je le pouvois faire; & cela d'autant plus , que l'on apperçoit fréquemment au travers de fon ftyle des marques certaines de fa Religion & de fa probité : caracteres incomparablement plus eftimable que le titre de Savant.

On ne doit donc regarder mon Ouvrage que comme un Supplément du fien , & mon deffein fe borne à redreffer les Hiftoires Mahométanes, dans ce qu'elles difent de faux touchant la Chine & la Tartarie. Or, foit qu'elles ayent bien ou mal raconté ces chofes, cela n'intéreffe en rien l'Auteur de la *Bibliotheque* , qui ne fe rend pas garant des faits, & qui dit toujours vrai, lors même qu'il rapporte les menfonges d'autrui , fur-tout les critiquant lui-même, bien-loin de les approuver.

Je ne me rends pas non plus caution pour l'Hiftoire Chinoife ; permis à chacun de la cenfurer comme bon lui femblera. Ce que je puis affurer , c'eft que tout ce que je dis en eft fidélement extrait. Je prie pourtant le Lecteur de comparer Hiftoire à Hiftoire, & de pefer mûrement qui doit l'emporter en fait de témoignage, ou de la fimplicité Chinoife , ou de l'enflure Mahométane; qu'il examine foigneufement à laquelle des deux Nations il s'en doit plutôt rapporter , ou à celle qui fe fait un devoir effentiel de l'Hiftoire, qui l'écrit dans le temps où les faits fe paffent, & qui voit la plupart de ces faits de fes propres yeux, ou bien à celle à qui ces trois qualités manquent.

BIBLIOTHEQUE
ORIENTALE
DE MESSIEURS
A. VISDELOU ET C. GALAND,

Contenant les *Observations fur ce que les Hiftoriens Arabes & Perfiens rapportent de la Chine & de la Tartarie, dans la* BIBLIOTHEQUE ORIENTALE *de* M. D'HERBELOT.

DE LA CHINE.

AGFOUR, *titre & furnom des Rois de la Chine.... Et fous l'Article de* Sin.... *Les anciennes Hiftoires de Perfe difent que* Feridoun *, Roi de la premiere Dy-naftie, nommée des* Pifchdadiens, *donna à fon fils* Tour *la Chine & le* Turquef-tan *pour fon partage, & le qualifia du titre de* Fag-four, *qui eft demeuré héréditaire aux Rois de ce Pays-là, comme celui de Pharaon aux Rois d'Egypte. Il fuffit de dire ici que les Orientaux, en parlant de la Chine en général, l'appellent* Tchin & Matchin.... Tchin *eut* Japhet *pour pere, &* Mat-chin *pour fils.*

OBSERVATION.

Les Chinois ne fe font jamais donné le nom de *Tchin.* Il eft vrai que les Rois de *Tçin*, après avoir foumis tous les autres Rois, fe rendirent maîtres de la Chine entiere, & poffederent ce grand Empire depuis l'an 248 jufques à l'an 210 avant l'Ere Chrétienne, c'eft-à-dire durant 39 ans, fous trois Empereurs confécutifs. Ainfi ce feroit tout au plus durant ce temps que la Chine auroit pu porter ce nom. Mais comme ces Princes, & fur-tout *Tçin che boam*, qui fut, à proprement parler, le premier Empereur de cette Dynaftie, malgré l'éclat de leurs conquêtes, ont toujours été, & font encore aujourd'hui l'objet de l'horreur publique, à caufe de leur tyrannie, la Chine n'a eu garde de fe charger d'un nom fi odieux. Parmi tant de Dynafties qui ont régné fucceffivement dans cet Empire, depuis 2000 ans, à peine s'en trouve-t-il deux dont ils adoptent les noms.

La premiere eft celle des *Han*, qui commença 206 ans avant l'Ere Chrétienne. La feconde eft celle des *Tham*, dont l'Empire commença avec l'année 620 de la même Ere. Ainfi les Chinois fe nomment quelquefois *Tham-gin*, c'eft-à-dire, gens des *Tham*, mais bien plus fréquemment *Han-gin*, gens des *Han*. Au refte, la famille des Rois de *Tçin* étoit également illuftre par fa nobleffe & par fa puiffance. Elle tiroit fon origine de l'Empereur *Tchouen-hiu*, qui commença à régner 2506 ans avant l'Ere Chrétienne. Elle avoit pour tige *Ta-ye*, fils de cet Empereur. *Ta-ye* époufa la fille de l'Empereur *Chao-hao*, prédéceffeur de *Tchouen-hiu*. Il eut d'elle un fils nommé *Ta-fei*, ou bien *Pe-yi*, (car il porta deux noms.) *Ta-fei* fut le premier qui prit pour nom de famille *Ym*, avec l'agrément de l'Empereur *Chun*, & ce nom eft demeuré à fa poftérité. Cette famille fubfifta dans une grande fplendeur durant plus de 1000 ans. Il ne lui manquoit que la dignité Royale. *Fei tçe*, Prince de cette famille, eut l'intendance des haras de l'Empereur *Tcheou-hiao-vam*. Il s'acquitta du devoir de cette charge fi fort au gré de fon Prince, qu'il obtint de lui, en titre d'arriere-fief, le domaine de la ville de *Tçin-tcheou*, avec le titre de Roi fous-tributaire.

Cent vingt - deux ans après, c'eft-à-dire 770 ans avant l'Ere Chrétienne, *Siam-koum*, petit Roi de

Tçin-tcheou, qui, par sa bravoure, avoit vengé l'Empereur *Tcheou-pim-vam* des insultes des Tartares, qui avoient tué dans un combat l'Empereur *Yeou-yam*, son pere, fut créé Roi de plein-fief, & sans exception. Le même Empereur abandonnant *Si-ghan-fou*, capitale de son Empire, pour transporter son siege à *Lo-yam*, qu'on nomme aujourd'hui *Honan-fou*, le rendit maître du grand pays de la Province de *Chensi*, qui composoit le Royaume propre de l'Empereur. Il devint par là très-puissant; mais quoiqu'il eût changé de fortune, il ne changea pas de titre: il retint toujours celui de la ville de *Tçin-tcheou*, qui avoit été le fondement de son élévation. Cette ville est par les 35 degrés de latitude septentrionale, & plus occidentale que *Sighan-fou* d'environ 5 degrés. Le Royaume de *Tçin* devint bientôt célebre; & comme il étoit l'abord des peuples Occidentaux, il y a de l'apparence que ceux-ci qui ne voyoient de la Chine que le Royaume de *Tçin*, étendirent ce nom à tout le reste, & nommerent *Tchin* tout l'Empire des Chinois, prononçant ce mot un peu plus durement que les Chinois.

Pour ce qui regarde *Ma-tchin*, je crois que c'est un terme emprunté des Indiens, qui ont ajouté le titre de *Maha*, c'est-à-dire *Grand*, à celui de *Tchin*, pour marquer la grandeur de cet Etat, & l'ont nommé *Maha-tchin*, ou la *grande Chine*, ou bien encore, en redoublant le mot de *Tchin*, *Tchin-maha-tchin*, *Chine*, la *grande Chine*, à-peu-près comme nous disons le Grand-Turc & le Grand-Mogol. Les Mahométans, comme étant plus occidentaux, & conséquemment plus éloignés de la Chine, semblent avoir reçu ce nom des Indiens. Après cela jugez si *Tchin* & *Ma-tchin* sont enfants légitimes de Japhet. Leurs titres ne me paroissent pas mieux fondés que celui d'*Andalous*, qui, selon les mêmes Mahométans, étoit pareillement fils de Japhet, & frere de *Tchin*, & qui a laissé, selon eux, son nom à l'*Andaloussie*, comme *Tchin* à la Chine. Et cependant il est constant que l'Andaloussie doit son nom aux Vandales qui s'en rendirent maîtres, de la même maniere que la Gaule doit celui de France aux Francs.

Jamais les Chinois n'ont donné le titre de *Fagfour* à leurs Empereurs; bien-loin de cela, ils ne sauroient ni prononcer ni écrire ce mot barbare dans leur langue, ni l'écrire avec leurs caractères. De plus, *Feridoun* ou *Afridoun*, suivant la Chronologie Mahométane, a commencé à régner, selon les uns, 1968 ans, selon les autres, 1754 avant l'Ere Chrétienne. Or dans ces deux temps, le Trône de la Chine étoit occupé par des Princes originaires du Pays. L'an 1968 avant Jesus-Christ, la Dynastie des *Hia* étoit en possession de la Chine depuis 239 ans. Ainsi cette année étoit la treizieme de l'Empereur *Hia-pou-kiam*. L'an 1754 fut le dernier du regne de *Tchim-tam*, fondateur de la Dynastie des *Cham*. Cette suite de Dynasties, de regnes & de générations est sûre & constante parmi les Chinois. Il n'y a point d'homme équitable qui la puisse révoquer en doute. Les premiers qui ayent assujetti la Chine entiere, sont les *Moumgols*; ce qui n'arriva que l'an 1279 de l'Ere Chrétienne, que l'Empereur *Yuen-chi-tçou*, comme le nomment les Chinois, ou *Khoublai*, comme nous l'appellons après les Mogols, éteignit la Dynastie des *Soum*. Il est vrai que dans le quatrieme siecle, les Etrangers, ou les Tartares, se rendirent maîtres de la partie la plus septentrionale de la Chine; mais ils ne posséderent jamais la moitié de la Chine en propre. Avant ce temps-là, les Chinois, depuis la fondation de leur Monarchie jusqu'environ 126 ans avant l'Ere Chrétienne, s'étoient tenus renfermés dans eux-mêmes. *Tcham-kien* avoit été envoyé vers la Perse, par l'Empereur *Han-vou-ti*, pour faire une ligue avec les *Yue-tchi* contre les *Hioum-nou*. Etant de retour, il rendit compte de ses voyages à l'Empereur, & lui fit le rapport des peuples divers dont il avoit pris connoissance. Ce fut alors que les Chinois apprirent, pour la premiere fois, qu'il y avoit d'autres peuples sur la terre que les troupes vagabondes des Tartares, qui rodoient autour d'eux dans leurs déserts. Auparavant ils ne savoient pas même qu'il y eût au monde des Indes ou une Perse.

La Bibliotheque, sous le titre de *Tençu*.

Tençu. Les Arabes écrivent que c'est le nom que les Chinois donnent à leur Monarque. Il est vrai que les mêmes Chinois l'appellent encore aujourd'hui Tiençu, *c'est-à-dire* le fils du Ciel, *&* Hoam-ti, *mot qui signifie* jaune *ou* terrestre, *pour le distinguer de* Chamti, *qui signifie* l'Empereur du Ciel ou le Ciel même. *Car les Chinois n'ont point d'autre nom pour exprimer le nom de Dieu, que celui du Ciel.*

O B S E R V A T I O N.

Les Chinois n'ont point d'autre nom pour exprimer le nom de Dieu, que celui du *Ciel*, marque assurée qu'ils ne le connoissent pas.

Les Chinois donnent à leur Empereur le titre de *Tien-tçe*, qui signifie *fils du Ciel*, & non pas de *Tençu*, ni de *Tiençu*. Pour mieux faire comprendre de quel Ciel ils veulent parler, ils poussent la généalogie plus loin. Ils lui donnent le Ciel pour pere, la Terre pour mere, le Soleil pour frere aîné, & la Lune pour sœur aînée. L'Empereur prend lui-même le titre de *Hoam-ti*, mais ce titre ne signifie pas l'*Empereur jaune*. Quand il a ce sens, c'est le titre propre d'un ancien Empereur de la Chine, qui commença à régner l'an 2704 avant l'Ere Chrétienne. Dans ce sens, il s'écrit *Hoam-ti*, (1). Ce titre est tiré des plus profonds mysteres de la philosophie Chinoise. Ils prétendent que les cinq éléments, (car ils en admettent autant,) reglent par leurs révolutions fatales celles de l'établissement & du renversement des Empires, & que les Génies qui gouvernent les éléments, forment, tour à tour des Empereurs. Ils donnent à ces Génies le titre de *Cham-ti*, *subalternes;* ainsi l'ancien Empereur dont il est question, ayant été produit par la terre, il a dû prendre le titre de *jaune*, qui est, selon eux, la couleur propre de cet élément.

Le titre général que prennent les Empereurs Chinois, est celui de *Hoam-ti*, qui s'écrit *Hoam-ti* (2); ce qui signifie *auguste Juge*. Ces deux lettres *Hoam* (3), & *Hoam* (4) sont, comme on le voit, fort différentes, quant à la figure, quoiqu'elles s'accordent dans la prononciation; la premiere se prononçant *Hoam*, & la seconde pareillement. Je viens présentement à la lettre *Ti*. Les Chinois lui donnent la même signification qu'à la lettre *Ti* (5), qu'ils rendent par *Chin*, c'est-à-dire, *juger*, & *Ti*, *discerner*. De-là

---

(1) 黄 *Hoam* 帝 *Ti.*   (2) 皇 *Hoam* 帝 *Ti.*

(3) 黄 *Hoam.*   (4) 皇 *Hoam.*

(5) 啻 帝 *Ti.*

vient que je le traduis par *Juge*, quoique ce terme ne remplisse pas entiérement la signification du mot Chinois, qui prétend marquer au Souverain, par le titre qu'il porte, le plus essentiel de ses devoirs, ou celui qui renferme tous les autres devoirs. Car étant chargé du soin de conduire les peuples au terme de la félicité publique, il doit discerner le vrai du faux, pour les instruire de la vérité & les détourner de l'erreur. Il doit discerner le bien du mal, pour porter ses peuples à la vertu, & les détourner du vice. Il doit discerner l'utile du dommageable, pour procurer l'un, & bannir l'autre. Il doit enfin discerner le juste de l'injuste, pour faire rendre à chacun ce qui lui appartient. La lettre *Ti* (6), en caractere ancien, est composée d'un caractere qui se lit *Cham* (7), & qui signifie *suprême*, & de *Tçe* (8), qui signifie *examiner*, & *discerner soigneusement*, comme qui diroit Souverain Juge. La Lettre *Hoam* (9) est composée du caractere *Pe* (10), qui, dans ce mot, est le même que *Tçe* (11) abrégé, & de *Ouam* ou *Vam* (12), qui signifie *Roi*; de sorte que parmi les différentes significations de la premiere lettre, choisissant celle de *soi-même*, qui lui est propre, elle signifie celui qui regne sur soi-même; personne n'étant propre à commander aux autres, s'il ne sait se commander lui-même. Les premiers Empereurs de la Chine ont porté le simple titre de *Hoam*, ou d'*Auguste*, sans addition. On n'en compte que trois. Les cinq qui ont suivi ont eu celui de *Ti*, ou de *Juges*. Les deux premieres Dynasties ont conservé ce dernier.

La Dynastie des *Tcheou* s'est contentée de celui de *Vam* (13), qui veut dire *Roi*. Cette lettre *Vam* a la même signification que celle de *Vam* (14), qui signifie *aller vers quelque endroit*, marquant par-là la bonté du Prince qui doit attirer les peuples à lui, & les engager à une soumission volontaire. L'analyse de cette lettre n'est pas moins instructive. Elle est composée de *San* (15), qui signifie *trois*, & de *Kouen* (16), qui signifie *pénétrer à travers*. Ces trois sont le Ciel, la Terre & l'Homme; ce qui, dans le style Chinois, comprend toutes les choses dont la connoissance est nécessaire aux Rois pour gouverner sagement. Enfin, *Tçin-che-hoam*, enflé du succès de ses victoires, qui l'avoient rendu maître absolu de tout l'Empire Chinois, se crut plus qu'homme. Il affecta ouvertement l'immortalité. L'an 219 avant l'Ere Chrétienne, il poussa l'orgueil, jusqu'à dire qu'il l'emportoit en mérite sur les trois *Hoam*, & en belles actions sur les cinq *Ti*. Il ordonna en même-temps qu'on lui donnât dans la suite le titre de *Hoam-ti*, ou d'*auguste Juge*. Quoique la postérité ait toujours regardé ce discours de *Tçin-che-hoam* comme une espece de blasphême contre les anciens Empereurs, elle n'a pas laissé de retenir ce titre dont elle condamne l'établissement. Les peuples de la Chine donnent à leur Empereur le titre de *Tchao-tim*, qui signifie la *salle du Palais*, marquant par le lieu celui qui l'habite. Les personnes polies se servent de celui de *Hoam-cham*, c'est-à-dire, d'*auguste Souverain*; & l'écrivent. Ils employent aussi celui de *Chim-cham*, ou de *Saint Souverain*; mais ils l'écrivent rarement. Dans le style de compliment, ils se servent de *Pii-hia*; ce qui veut dire le dessous de l'escalier, par où ils désignent les gardes qui sont rangés en haie le long des degrés dans les audiences solemnelles de l'Empereur. Cette maniere de parler est fondée sur le respect, qui ne permet pas aux Chinois d'adresser la parole directement à la personne à qui ils écrivent, lorsqu'elle leur est supérieure ou même égale. Ainsi, par rapport à l'Empereur, ils l'adressent aux Gardes du Trône. Quand ils parlent à un Prince ou Roi, ils employent le terme de *Tienhia*, qui signifie *au-dessous de la Salle*, & par-là ils l'adressent la parole aux Gardes qui sont rangés dans la Cour au pied de la salle, durant les audiences du Prince. Ils ont même des termes différents pour les différentes conditions, dont le plus ordinaire est celuy de *Tço-hia*, qui signifie *sous les pieds*, & ils s'en servent à l'égard des particuliers, quoiqu'ils leur soient égaux en dignité, faisant entendre par-là qu'ils adressent la parole à leurs valets, pour lui en faire le rapport.

Le titre dont ils se servent en parlant directement à l'Empereur, & quelquefois même en tierce personne, est celui de *Van-soui*, qui signifie 10000 *ans*, & qui n'a d'autre sens que de lui souhaiter une longue vie. Ce titre revient à celui de *Votre Majesté*. Au reste, ce titre n'est pas fort ancien; en voici l'origine. L'Empereur *Han-vou-ti*, 110 ans avant l'Ere Chrétienne, alla sacrifier sur le sommet de la montagne *Soum-cham*, qui est la premiere (*), & celle du milieu des cinq principales montagnes de la Chine. Les flatteurs du Prince publierent qu'ils avoient entendu le Dieu de la montagne crier *Van-soui*, & par-là lui promettre l'immortalité que ce Prince recherchoit avec ardeur, employant pour cela tous les moyens que la Magie & la fausse Religion lui pouvoient suggérer. *Se-ma-tçien*, Historien très-grave, qui étoit pour lors à la suite de l'Empereur en titre d'office, a découvert à la postérité l'imposture de la flatterie. On demanda, dit-il, à ceux qui étoient déja arrivés à la cime de la montagne, s'ils avoient entendu quelque chose; ils répondirent que non. Ceux qui étoient demeurés au pied de la montagne, firent à la même demande une semblable réponse. Cela n'empêcha pas l'Empereur de se persuader de la vérité du fait. Il dédia un Temple au Dieu de la Montagne, en actions de graces. Depuis ce temps-là, le titre de *Van-soui* a été donné aux Empereurs Chinois. J'omets les autres titres Chinois, aussi-bien que ceux qui lui sont donnés par les nations voisines, & qui sont encore plus superbes que les titres Chinois, rien ne leur étant plus ordinaire que de nommer l'Empereur de la Chine, le *céleste Empereur*, & sa Dynastie, la *céleste Dynastie*. Or quel rapport peut avoir avec ces titres le *Fagfour* des Persiens? Quel rang *Tour* & *Feridoun* peuvent-ils trouver dans la suite des Empereurs Chinois?

La Bibliotheque, sous l'Article de *Sin*.

*Selon le rapport d'*Abou Ishak Ibrahim, *surnommé* Al-Hageb, *la largueur du Pays de la Chine, à le prendre depuis l'entrée du Golfe de Bengale jus-*

(*) Elle est dans la Province de *Honan*.

---

(6) 帝 *Ti.*   (7) 二 *Cham.*   (8) 釆 *Tçe.*

(9) 皇 *Hoam.*   (10) 白 *Pe.*   (11) 自 *Tçe abrégé.*   (12) 王 *Vam.*

(13) 王 *Vam.*   (14) 往 *Vam.*

(15) 三 *San.*   (16) 丨 *Kouen.*

qu'aux Pays des *Mufulmans* dans le Mavaralnahar, *a trois mois de chemin d'étendue, & fa longueur fe doit prendre depuis l'Océan oriental jufqu'en-deçà du Thobut, ou Thebet; ce qui fait 4 mois entiers de chemin.*

OBSERVATION.

Cet *Abou-Ishak* eft un admirable Géographe! Une ligne, tirée depuis l'entrée du Golfe de Bengale, jufqu'aux bords orientaux de la mer Cafpienne, paffe obliquement au travers des Indes. De quel droit la Chine pourroit-elle s'attribuer un femblable pays? Cependant les Indes devroient au moins appartenir à la Chine fuivant ce fentiment que le même *Ishak* détruit par la longueur qu'il donne à la Chine; car puifqu'il la termine au *Thybet* inclufivement, il en exclut les Indes. S'il a prétendu décrire l'Empire de la Chine avec toutes fes dépendances, tel qu'il étoit fous la domination des *Moumgols* (ou *Mogols* felon nous,) il eft bien-loin de compte. Il a même pris le contrepied de la vérité, renfermant dans la Chine ce qui devoit en être retranché, & retranchant de fon domaine des pays immenfes qui lui appartenoient. Il devoit dire en ce fens, que la Chine comprenoit toute l'Afie, à la réferve des Indes, & il eût pu même ajouter une bonne partie de l'Europe feptentrionale.

LA BIBLIOTHEQUE, fous l'Article de *LOUKIN*.

Les Géographes Arabes, comme Edriffi, &c. écrivent que c'eft le nom d'une ville de la Chine, fituée fur la côte maritime & orientale de ce grand Pays. Elle en eft comme le premier port, lorfque l'on vient de l'Ifle de Senf, ou Sinfou, qui appartient aux Indes, & qui n'eft éloignée du port de Loukin, que de trois courfes de navire, c'eft-à-dire de 300 milles d'Italie, ou de 100 lieues Françaifes.

OBSERVATION.

Suppofons que *Loukin* foit la dernière & la plus orientale de toutes les villes de la Chine qui font fituées fur l'Océan oriental, partant de-là pour venir aux Indes, il faut parcourir plus de 300 lieues de côtes le long des Provinces de *Foukien* & *Canton*, avant d'arriver au *Toum-kin*. Ajoutez le *Toum-kin*, le *Camboge*, le Golfe de *Siam*, & le détroit de *Malaca*, ne faut-il pas être bon Géographe pour ne trouver que 100 lieues Françoifes dans une fi grande étendue de Pays?

LA BIBLIOTHEQUE, fous l'Article de *KHANKOU*.

Edriffi parle auffi de Khankou en ces termes: C'eft, dit-il, un très-grand port de la Chine, éloigné de 4 journées de navigation, & de 20 journées de chemin par terre de Loukin, ville des Indes la plus prochaine; elle eft éloignée de Giankou au Giankoua, autre ville des Indes, de 8 journées.

OBSERVATION.

Loukin, dans l'Article précédent, étoit une ville de la Chine; dans celui-ci c'eft une ville des Indes. *Giankou*, dans cet article, eft une ville des Indes, dans le fien propre, c'eft une ville de la Chine, qui n'eft éloignée de *Khancou* que de huit journées. Peut-être y a-t-il en cela quelque méprife, ou faute d'impreffion; autrement l'erreur feroit énorme de ne compter de la mer orientale de la Chine, fur laquelle *Khancou* eft bâtie, que huit jours jufqu'à *Giankoua*, ou plaçant *Giankoua* droit à l'Eft de *Khancou*, de n'en compter que feize.

LA BIBLIOTHEQUE, fous l'Article de *KHANKOU*.

Khankou, nom d'une ville de la Chine très confi-

dérable par le concours des marchands que le négoce y attire de tous côtés; & c'eft la dernière & la plus éloignée du côté du Levant où ils abordent. Elle eft fituée au Sud-Eft de la ville de Schangiou, & n'eft éloignée de la mer que d'une demi-journée. Il n'y a point d'autre eau que celle que l'on tire des puits; & quoiqu'il n'y ait point de jardinages, elle ne laiffe pas d'être très-peuplée, à caufe du commerce qui s'y fait.

OBSERVATION.

Cette ville pourroit bien être *Ham-tcheou*, aujourd'hui capitale du *Tchekiam*, Province fi fertile en foie. Sa grandeur, fon voifinage de la mer, & fa pofition à l'égard de *Schangiou*, que je crois être *Tcham-tcheou*, ville du premier ordre de la Province de *Nan-kim*, me le perfuade. *Soum-kao-tçoum* y établit le fiege de fon Empire l'an 1129 de l'Ere Chrétienne, & l'honora du titre de *Lin-ghan-fou*. La Dynaftie des *Soum* tenoit auparavant fa Cour à *Kai-foum-fou*, capitale de la Province de *Honan*. Cette ville fut forcée par les *Kin* Tartares. L'Empereur *Soum-hoei-tçoum*, & fon fils *Soum-kin-tçoum*, à qui il venoit de céder l'Empire, y furent pris, & emmenés captifs dans la Tartarie orientale avec 5000 Princes ou Princeffes de leur fang, & de celui des Impératrices. Ces barbares ajoutant l'infulte à la cruauté, donnerent à l'Empereur *Soum-hoei-tçoum* le titre honteux de *Duc de l'extravagance*. *Soum-kao-tçoum*, Prince du fang de cette Dynaftie, que l'abfence délivra du péril, fe rendit auffi-tôt maître de la Chine méridionale, où il poffédoit déja un Royaume. Il fut forcé d'abandonner le tiers de fon Empire à l'ennemi, qui lui fit payer un gros tribut pour la partie qu'il poffédoit. Sa poftérité jouit de l'Empire jufqu'à l'an 1279 qu'elle fut éteinte par les *Moumgols*. Ceux-ci dégraderent la ville Impériale des *Soum* méridionaux, lui ôterent fon nom de *Lin-ghan-fou*, & lui rendirent celui de *Ham-tcheou*. C'eft apparemment de ce nom de *Ham-tcheou* dont les Mahométans ont formé par corruption leur *Khancou*; car ce n'eft que depuis que cette ville eut changé de nom, que les Mahométans ont commencé à entrer en Chine à découvert & avec autorité. Cette ville eft à 30 degrés, 15 minutes de latitude feptentrionale, & plus orientale que *Pe-kim* d'environ 4 degrés. Il n'eft pas vrai qu'elle ne fe ferve que d'eau de puits; elle eft percée de tous côtés de canaux, où j'ai navigué plufieurs fois; elle eft arrofée par le *Tçien-tham-kiam*, fleuve qui a plus d'un quart de lieue de large vis-à-vis de la ville. Les jardinages y font auffi fréquents que les eaux y font abondantes. Ce que je dis fe prouve invinciblement par ce que rapporte la *Bibliotheque* fous l'Article de *Sin*. Le même Auteur (*Ebn Aloüardi*) auffi-bien que le Géographe Perfien, dit que la ville de *Khancou* eft la capitale du Pays, & que c'eft-là que le *Fagfour*, (c'eft, comme on a vu, l'*Empereur Chinois*) fait fa réfidence.

LA BIBLIOTHEQUE, fous l'Article de *SIN*.

Il paroit par la même narration (des Indiens), que les Chinois avoient reçu des Indiens la plus grande partie des Sciences; ce qui fe confirme par la vie de Confucius, dans laquelle on voit que ce grand Docteur des Chinois avoit été inftruit dans la philofophie par les Brahmenes ou Docteurs Indiens.

OBSERVATION.

Cette vanité des Indiens eft digne du Roman dont elle eft tirée. Les Chinois ne doivent l'invention des fciences & des arts, après Dieu, qu'à leur feule induftrie. Ils ne commencerent à apprendre qu'il y eût

des

des Indes au monde qu'un peu plus d'un fiecle avant l'Ere Chrétienne, comme nous l'avons déja dit ci-deſſus. Dans ce temps-là, ils avoient la connoiſſance des ſciences & des arts. Il eſt vrai que, ſuivant les loix de la Métempſycoſe, dont ils ſont entêtés, ils prétendent que des ames des Brahmenes ont paſſé dans le corps de *Confucius*, & dans ceux de ſes diſciples; mais on ne les en croira pas ſur leur parole. Au reſte, les Chinois leur rendent le change, & quelques-uns d'entre eux prétendent que *Lao-kiun* paſſa de la Chine aux Indes, & y établit la Religion qu'on y profeſſe.

Quoi de plus ridicule que de dire que *Confucius* a eu des Brahmenes pour maîtres? Où eſt cette vie de *Confucius* qui le rapporte? Elle ſe trouvera peut-être dans le *Kalilak-v-damnak* (*); mais celui qui la cher-cheroit en Chine, perdroit ſon temps. Tout ce que les Chinois ont reçu des Indiens, c'eſt leur maudite Religion; encore n'y eſt-elle entrée que l'an 65 de l'Ere Chrétienne. Il eſt vrai que quelques Auteurs Chinois, accoutumés à feindre des Hiſtoires en forme de para-boles, aſſurent que *Confucius* eut pour maître un en-fant de 7 ans, nommé *Hiam-tchaa*; mais cette fable même fait voir qu'il n'a point eu de maître, ou, s'il m'eſt permis de parler de la ſorte, qu'il a eu les ſcien-ces infuſes dès ſon enfance; en tout cas cet enfant étoit Chinois.

La Bibliotheque, ſous l'Article de *Sin*.

L'on trouve cependant dans les Tables géographi-ques de Naſſireddin *&* d'Ulugbeg, *la Ville de* Pan-giou *pour ſiege royal des Rois de la Chine, ſous la longitude de* 130 *degrés, & de* 24 *degrés* 15 *mi-nutes de latitude ſeptentrionale.*

Observation.

Jamais Empereur Chinois n'a tenu le ſiege de ſon Empire dans une ville ſi avancée vers le midi. Il eſt vrai que deux Princes du ſang des *Soum*, encore en-fants, furent enlevés par une troupe de braves hom-mes, & conduits par mer à *Fou-tcheou-fou*, capitale de la Province de *Foukien*, où le moins jeune fut proclamé Empereur; mais il n'y fit aucun ſéjour. Il équipa une puiſſante flotte avec laquelle il tint la mer, n'oſant plus demeurer à terre. Les *Moumgols* qui avoient forcé *Ham-tcheou*, capitale alors de l'Empire, & pris l'Empereur, le pourſuivoient trop vivement. Ce nou-vel Empereur étant mort, on lui ſubſtitua l'autre Prince qui fut encore plus malheureux dans ſes entre-priſes que ſon prédéceſſeur. Il vint aborder à *Yai-chan;* (c'eſt l'embouchure la plus occidentale des ri-vieres qui viennent ſe rendre à *Canton.*) Après plu-ſieurs combats par mer & par terre, il fut enfin forcé par les *Moumgols*. Il perdit plus de 100000 hommes, & fut abandonné par une partie de ce qui reſtoit de la flotte. Son principal Miniſtre, tranſporté de déſeſ-poir, prit le jeune Empereur entre ſes bras, & ſe précipita avec lui dans la mer. Ainſi finit l'Empire de cette Dynaſtie. Je ne trouve rien en tout cela qui ait rapport à la ville de *Pangiou*. Ne voudroit-on point marquer *Kan-tcheou*, ville de la partie du Nord-Oueſt de la Province de *Chenſi*, qui avoit été long-temps la capitale du Royaume que les *Hoei-hou* avoient fondée dans la Chine, & qui s'étendoit dans le *Tham-gout*? Il faudroit pour cela lui ajouter au moins 14 degrés de latitude. Ce Royaume fut ſubjugué par celui de *Hia*, & celui de *Hia* par *Tchim-khis-khan.*

La Bibliotheque, ſous le titre de *Namkink.*

C'eſt le nom d'une ville du Cathaï, *dans laquelle* Altun khan, *Roi des Cathaïens, ayant appris que*

fon armée avoit été défaite par l'armée d'Octai, fils & ſucceſſeur de Ginghizkhan, ſe brûla lui avec toute ſa famille & ſes richeſſes, pour ne pas tomber entre les mains des Mogols.*

Le nom de cette ville approche ſi fort celui de Nan-quin*, ville de la Chine, que l'on pourroit aiſément croire que c'eſt la même. Car il eſt certain que les* Mogols *Ginghizkhaniens conquirent la Chine depuis l'an* 1232, *juſqu'à l'an* 1252 *de Jeſus-Chriſt.*

Observation.

On trouvera ſous le titre de *Cathaï* ce qui regarde *Altunkhan.* Cette ville de *Nam-kim* eſt aujourd'hui la capitale de la Province de *Honan*, & ſe nomme *Kai-foum-fou.* Elle a 35 degrés à fort peu près de latitude ſeptentrionale. Elle eſt plus occidentale que *Pe kim*, d'environ deux degrés trois quarts. Elle eſt donc bien éloignée de celle qui porte le même nom en Europe, puiſque celle-ci eſt à 32 degrés 4 minu-tes de latitude boréale, & plus orientale que *Pe-kim* de deux degrés un quart. Nous dirons le reſte ſous le titre de *Khanbalik.*

La Bibliotheque, ſous le titre de *Khathai* & *Khatha.*

Nom de la Chine ſeptentrionale qui a toujours été gouvernée par des Rois dans les plus anciens temps dont les Hiſtoires des Orientaux font mention. Car elles portent que le Khacan, *ou Roy du* Khathaï, *joignit ſes troupes à celles d'*Afraſiab, *Roi du Tur-keſtan contre* Caikhoſrou, *Roi de Perſe, & que* Roſtam *le fit priſonnier. Les Rois de cette partie de la Chine portoient le nom d'*Altounkhan *du temps de* Ginghizkhan, *de même qu'ils portoient le nom de* Daimenkhan *du temps de* Tamerlan *& de ſes ſucceſ-ſeurs. Car celui que* Ginghizkhan *vainquit en s'en rendant maître, portoit ce nom. Celui qu'*Oktai *vainquit le portoit auſſi; & ce dernier ayant été vaincu par* Oktai *en bataille rangée, s'enferma dans la ville de* Namkink, *où il ſe brûla avec les ſiens; de ſorte qu'*Oktai *s'en rendit maître, & de tout le pays.*

Observation.

Khathai, ou bien *Khatha*, a été formé par cor-ruption de *Khithat*, comme l'écrivent les *Moumgols*, ou de *Kithai* ou *Kithait*, comme ils le prononcent. Ils nomment ainſi la Chine entiere, comme nous le dirons dans la ſuite. Ces Orientaux ſont plutôt des faiſeurs de romans que de veritables Hiſtoriens. Les anciens Empereurs de la Chine, durant près de 3000 ans, ne ſont jamais ſortis de la Chine, pas même pour aller en Tartarie. Ils ſe contentoient de repouſſer ces Barbares ſans les aller attaquer. Tandis qu'il ont ob-ſervé cette méthode, les Tartares n'ont pu envahir la Chine. *Han-vou-ti*, qui commença à régner 140 ans avant Jeſus-Chriſt, fut le premier Empereur de la Chine qui fit des conquêtes dans la Tartarie. Avant lui, les Empereurs Chinois n'avoient eu aucune con-noiſſance des Pays occidentaux, bien moins de la Per-ſe. Suppoſons préſentement que la chronologie Per-ſienne eſt exacte, *Kaikhoſrou* a commencé à régner 471 ans avant Alexandre, & conſéquemment 802 ans avant l'Ere Chrétienne. *Tcheou-ſuen-vam* étoit alors Empereur de Chine. On a ſon hiſtoire, où l'on ne trouve ni cette expédition, ni un ſuccès ſi funeſte & ſi remarquable. On ne le trouvera pas non plus dans les annales de la Chine. Cependant les Chinois y ont marqué avec la derniere préciſion ces ſortes de déſaſ-tres; ils ont dreſſé le Catalogue de leurs Empereurs qui ont été tués ou pris par les Puiſſances étrange-res. Mais à quoi bon réfuter ſérieuſement ces fables? Il n'y a qu'à lire avec un peu de réflexion les Hiſtoi-

(*) Titre Arabe & Perſien d'un livre Indien, rempli d'a-pologues & de fables.

res de ces Rois de Perse, pour y découvrir à chaque pas le caractere de roman. De plus, le titre de *Khacan* convient aux Empereurs de Chine, comme celui de *Pharaon* aux Empereurs Romains. Il n'a commencé à paroître au monde qu'avec le cinquieme siecle.

Il est vrai que du temps de *Tchim-khis-khan*, la Chine étoit partagée en septentrionale qui comprenoit environ le tiers de cet Empire, & en méridionale qui étoit composée des deux autres tiers. La septentrionale étoit possédée par un Empereur Tartare, & la méridionale par un Empereur Chinois, qui payoit un gros tribut au Tartare, qui, par ce moyen, pouvoit se dire Souverain du *Khathaï*, ou de la Chine entiere. Pour bien comprendre ce partage de la Chine, il faut reprendre les choses de plus haut. *Tçao-tçao*, le plus fin politique de son siecle, pour m'exprimer à notre maniere, & le plus grand fourbe qui fut jamais, pour parler comme les Chinois, s'étoit rendu maître de la personne de l'Empereur *Han-hien-ti* & de l'Empire. Les *Hioum-nou*, (ce sont, à ce que je crois, les Huns,) étant déchus de leur ancienne puissance, & divisés entre eux, vinrent se jetter entre ses bras, & lui demanderent des terres. Tout le raffinement de sa politique ne put l'empêcher d'être la dupe des Tartares. Il fit pour lors à l'égard des *Hioum-nou*, en leur assignant des terres dans la partie septentrionale de la Chine, la même faute que fit l'Empereur Valens 160 ans après, c'est-à-dire l'an 376, à l'égard des Goths, qu'il reçut dans la Thrace. *Tçao-tçao* leur fit distribuer des terres dans d'excellens pays, l'an 216 de l'Ere Chrétienne, pensant en faire un rempart à l'Empire, & à lui un degré pour monter au trône, où son ambition le portoit depuis long-temps. Ils se tinrent, près d'un siecle, en repos; ils rendirent même de bons services à l'Etat. Mais dès qu'ils virent leur nombre multiplié, & qu'ils eurent pris une connoissance parfaite des affaires de la Chine, ils déférerent de pleine autorité à leur Chef le titre de Roi, l'an 304. Le succès enfla le courage au Chef, & il se fit proclamer Empereur 4 ans après.

Les autres nations Tartares, à l'exemple des *Hioum-nou*, se souleverent de toutes parts, & firent de la Chine septentrionale un théâtre de révolutions, de sang & de carnage, se massacrant impitoyablement les uns les autres, & leurs Princes se détrônant tour-à-tour. Les *Hioum-nou*, qui étoient pour lors les dominans, s'emparerent de *Honan-fou*, capitale de l'Empire Chinois, & obligerent les Empereurs Chinois d'aller établir leur siege dans la ville que nous appellons *Nankim*. Enfin, les *Ouei* Tartares, après avoir peu-à-peu défait les Tyrans, établirent un gouvernement régulier dans la Chine septentrionale, qu'ils posséderent glorieusement avec toute la Tartarie jusqu'à la mer Caspienne, & au-delà, jusqu'à ce que s'étant enfin divisés, ils furent détruits par les Chinois l'an 581. La Dynastie des *Soui* qui les avoit détruits, éteignit bientôt après les Rois de la Chine méridionale, & réunit par-là tout l'Empire Chinois sous sa seule domination. Les Tartares furent poussés vigoureusement à leur tour par les Chinois. Les Chinois tomberent eux-mêmes dans la division sur la fin de la Dynastie des *Tham*. Alors les *Khi-tan*, Tartares Orientaux, ayant à leur tête un Héros de leur nation, prirent les armes, & firent un Empereur Chinois, qui leur donna une partie de la Chine septentrionale en récompense de leurs services. Ils ne se contenterent pas de cela; ils pousserent leur pointe, & devinrent en peu de temps les maîtres de tout le Nord de la Chine, imposant un gros tribut à la partie méridionale. Ce fut alors que les Chinois commencerent à être tributaires des Tartares dans toutes les formes. Les *Khi-tan*, qui avoient donné le titre de *Leao* à leur Dynastie, jouirent de l'Empire sous neuf Empereurs durant 210 ans, suivant le compte Chinois, & durant 220 ans selon le leur; (ce qui revient au même par la raison que j'en

apporte ailleurs). Ils perdirent l'Empire l'an 1125, le dernier de leurs Empereurs étant tombé entre les mains des *Niou-tche*, Tartares Orientaux, qui donnerent le titre de *Kin* à leur Dynastie. Ils s'appelloient auparavant *Niou-tchin*; mais un Empereur des *Leao*, dont le nom propre étoit *Tchin*, changea la lettre de *Tchin* en une autre qui se lit *Tche*. Depuis ce temps-là, ils ont porté le nom de *Niou-tche*; car c'est une faute punissable en Chine que de prononcer ou écrire le nom propre de l'Empereur.

Il est aisé de conclure de ce que je viens de dire, que *Kin* n'est ni le nom de la nation, ni celui de la famille régnante. C'est celui de la Dynastie ou de l'Empire des *Niou-tche*. *Kin* est un mot Chinois qui signifie proprement *métal*, & par autonomase, *or*. Voici la raison qui obligea *Agou-tha* de donner ce titre à l'Empire ou à la Dynastie dont il étoit le fondateur. Les *Khi-tan*, dit-il lui-même, avoient pris le titre de *Leao*,) qui signifie une espece d'excellent acier qui se trouve dans certaines pierres qu'il faut casser pour l'en tirer). Cet acier, tout excellent qu'il est, est enfin consumé par la rouille. L'or seul est à l'épreuve de tous les changemens, & entiérement incorruptible; ainsi que notre Empire soit nommé *Kin* ou *or*. Les Occidentaux ont changé ce mot en celui d'*Altoun* qui a la même signification que le terme Chinois; comme si nous appellions les *Leao*, les *Tartares d'acier*, & les *Kin*, les *Tartares d'or*. Le Conquérant Chinois qui chassa les *Moumgols* de la Chine, & qui fut proclamé Empereur de ce vaste Empire l'an 1368, donna à sa Dynastie le titre de *Mim*, qui signifie *clarté*; & comme les Chinois ajoutent par respect au titre de la Dynastie régnante celui de *Thai*, qui signifie *très-grand*; ils appelloient cette Dynastie *Tai-mim*, ou de la *très-grande clarté*. C'est de-là que les Occidentaux ont formé leur *daimen*. Quant au mot de *Khan* qu'ils y ajoutent, il est purement Tartare, & de nul usage en Chine.

La Bibliotheque, sous le même Titre.

*Les Rois de cette partie de la Chine portoient le nom d'*Altounkhan *du temps de* Ginghizkhan, *de même qu'ils portoient le nom de* Daimenkhan *du temps de* Tamerlan *& de ses successeurs. Car celui que* Ginghizkhan *vainquit, en s'en rendant maître, portoit ce nom. Celui qu'*Oktai *vainquit le portoit aussi; & ce dernier ayant été vaincu par Oktai en bataille rangée, s'enferma dans la ville de* Namkink, *où il se brûla avec les siens; de sorte qu'*Oktai *s'en rendit maître & de tout le Pays.*

La Ville de Namkink *est la même que celle de* Nanquin, *dont les Historiens & les relations de la Chine parlent aujourd'hui; & cela fait voir que le* Khathaï *est la Chine, & que* Khanbalik *ou* Cambalu, *qui en étoit la capitale, étoit dans la Chine, & non pas dans la grande Tartarie, comme la plupart de nos Géographes l'ont cru.*

O b s e r v a t i o n.

Après ce que je viens de dire, on ne doit pas être surpris si le Roi qui fut vaincu par *Tchim-khis-khan*, se nommoit *Altoun khan*, aussi-bien que celui qui fut défait par *Oktai*. *Altounkhan* étoit un titre commun à tous les Empereurs des *Kin*, de la même façon que celui de Roi de France l'est à tous les Monarques des Gaules. Celui à qui *Tchim-khis-khan* refusa le tribut & l'hommage, l'an 1210, eut trois noms propres. Le premier qu'il porta durant l'enfance, fut *Him-chim*; le second qu'il prit suivant la coutume de la Chine, après avoir atteint l'âge viril, fut *Yun-tçii*; mais comme l'Empereur *Hien-tçoum* avoit pris long-temps auparavant celui de *Yun*, il reçut ordre par un édit solemnel de changer la lettre de *Yun* en celle de *Youm*, & depuis il fut nommé *Youm-tçii*. Celui qui fut défait par *Oktai* eut trois noms propres ; le premier fut *Cheou-fe* ; le fecond *Cheou-li* ; le troifieme qui étoit Tartare, *Nim-kia-cho*. Son titre Chinois d'apothéofe fut *Ghai-tçoum*. Pour faire voir ce qu'il y a de défectueux dans ce que racontent les Hiftoires Mahométanes touchant ce Prince, il eft à propos de rapporter ici ce qui fe trouve dans les Hiftoires Chinoifes à ce fujet. Je commence par le fiege de la ville de *Nan-kim*, que j'ai fait voir ci-deffus être bien différente du *Nan-kim* de nos relations. Je traduirai mot à mot l'Hiftoire Chinoife.

La ville étoit ceinte d'une double muraille. L'extérieure avoit 120 *Li* (*), ou 43200 pas géométriques de tour ; elle étoit quarrée. Elle fut affiégée deux fois par les *Moumgols*. Le premier fiege fut fait l'an 1232 de l'Ere Chrétienne, la cinquieme année de *Soum-li-tçoum*, Empereur des Chinois méridionaux, régnant fous le titre de *Chao-tim*, la quatrieme du regne de *Yuen-thai-tçoum*, appellé par les Tartares *Oukouo-thai* & *Oktai* par les Mahométans, Empereur des *Moumgols* ; enfin la premiere du regne de *Kin-ghai-tçoum*, Empereur des *Kin*, régnant fous le titre de *Thien-him*. *Soboudai*, Généraliffime des armées d'*Oktai*, forma le fiege le troifieme mois de cette année, le 22e. jour du mois. Il la tenoit bloquée depuis le commencement de l'année, forçant toutes les villes d'alentour, après avoir paffé le *Hoam-ho* le cinquieme de la premiere Lune. Les aventuriers de l'armée étant arrivés devant la ville le 14 du troifieme mois, il fit battre les murailles avec toutes fortes de machines de guerre, & même des canons ; mais comme les affiégés réfiftoient avec les mêmes armes, le fiege n'avançoit point. C'eft pourquoi il fit enfermer la ville par des lignes de circonvallation ; elles avoient 54000 pas géométriques de circuit. Ces lignes étoient garnies de forts & de redoutes de toutes parts. Le foffé avoit plus de dix pieds de profondeur, & autant de largeur. Les corps-de-gardes y étoient placés à 35 pas géométriques de diftance les uns des autres, & étoient garnis chacun de plus de 100 hommes. Ainfi jour & nuit il y avoit 180000 hommes de garde. Joignez à cela les troupes du fiege, les camps volans qu'on envoyoit pour couper les vivres, & les corps d'armées qu'on détachoit pour affiéger les villes circonvoifines, & jugez de la grandeur de cette armée. L'Empereur *Oktai* avoit fon camp féparé, affez près de la ville. On fe battit d'abord avec tant de vigueur, qu'en douze jours de combats perpétuels on comptoit les morts par millions.

Oktai, ennuyé de la longueur du fiege, & foupirant après la Tartarie, offrit la paix à l'ennemi. Quoique les conditions en fuffent très-défavantageufes, l'Empereur des *Kin* Tartares fut forcé par l'état déplorable de fes affaires de les accepter ; mais comme il commençoit à les accomplir, *Soboudai*, répondit qu'il n'avoit point d'autre ordre que celui de combattre. Le défefpoir du fuccès, & les préfents adoucirent la fierté de *Soboudai* ; & ayant reçu pour ôtages le fils aîné & la fille de *Kin-ghai-tçoum*, il leva le fiege dans le quatrieme mois, à condition pourtant qu'il demeureroit dans la Province de la Cour avec toute fon armée ; ce qui étoit, à proprement parler, changer le fiege en blocus.

Le fiege fut fuivi de la pefte, qui fit de fi étranges ravages, qu'en l'efpace de 50 jours, on compta aux portes de ce *Nan-kim*, aujourd'hui *Kai-foum-fou*, plus de 900000 morts, qui furent tranfportés hors de la ville, fans parler d'un nombre incroyable de corps, que la pauvreté contraignit d'enterrer dans les maifons & dans les jardins. Les Médecins, les Bon-

zes & tous ceux qui fervent aux enterrements, s'étoient fi fort enrichis, qu'on leur impofa un tribut.

Le feptieme mois, des Ambaffadeurs *Moumgols* furent maffacrés par une garnifon de *Kin* Tartares. L'Empereur des *Kin* Tartares diffimula la chofe, & ne punit point les coupables. Durant le blocus, il prit la réfolution de fortir de fa ville, & il en fortit le 26 de la douzieme Lune de l'an 1232. Il força d'abord deux forts, gardés par les *Moumgols* ; il reprit même quelques villes ; mais quand ce vint au paffage de la riviere de *Hoamho*, l'arriere-garde de fon armée fut défaite, & tout ce qui n'avoit pas paffé fut exterminé ou pris par les *Moumgols*, qui les atteignirent fur la rive méridionale. L'Empereur des *Kin* Tartares fe crut obligé d'abandonner fon armée, & de prendre la fuite avec fix ou fept cavaliers. Il arriva à *Kouei-te-fou*, ville du premier ordre, (qui n'eft éloignée que de 27 lieues de *Kai-foum-fou*, vers le Sud-d'Eft.) Il manquoit de tout, & une partie de fes gens l'abandonna, ce qui le contraignit de fe refugier à *Tçai-tcheou*, ville forte & peu éloignée. *Soboudai* ayant appris tout cela, recommence le fiege de *Nan-kim*. L'année fuivante, (1233) la famine fut extrême dans la ville. Une livre de riz y coûtoit une once Chinoife d'argent,) c'eft-à-dire, près d'un écu & demi.) Tout étoit rempli de corps de ceux qui mouroient de faim. La néceffité en porta plufieurs à égorger leurs femmes & leurs enfants, pour fe nourrir de leur chair. Tous les palais & toutes les maifons furent démolies pour en brûler le bois.

Les chofes étoient réduites en cet état, quand *Tçouli*, homme fourbe & perfide, qui commandoit la garde du mur occidental, réfolut de tourner à fon profit la calamité publique. Il commença par effrayer le peuple en lui propofant une mort certaine en cas d'une plus longue réfiftance. Auffi-tôt qu'il l'eut gagné, il maffacra impitoyablement les deux premiers Miniftres de l'Etat. S'étant ainfi rendu l'arbitre de tout, il fit demander un pourparler à *Soboudai* : il l'obtint. Dans le feftin que lui fit *Soboudai*, il s'engagea à lui rendre la ville. A peine fut-il de retour, qu'il fit mettre le feu à toutes les tours, & à tous les forts qui défendoient la ville ; par où *Soboudai* comprit qu'il agiffoit de bonne foi. Cependant *Tçouli*, s'abandonnoit à toutes fortes de débauches. Il fit affembler les filles les plus nobles fous différents prétextes, & en abufa. Il pilloit le tréfor Royal à découvert ; nonobftant il vouloit être regardé comme le fauveur du peuple. Le quatrieme mois de l'année, *Tçou-li* envoya en préfent à *Soboudai*, les habits propres de l'Empereur & de l'Impératrice ; enfuite il employa toutes fortes de cruautés pour extorquer de l'argent. Ce fut pour lors que tous connurent quel homme c'étoit. Il obligea l'Impératrice-mere d'écrire à l'Empereur fon fils, pour l'exhorter à fe rendre volontairement aux *Moumgols*. Il chargea la nourrice de l'Empereur de ces lettres ; mais fans en attendre la réponfe, il fit prendre l'Impératrice-mere *Van-che*, l'Impératrice *Tu-tan-che*, deux Rois & leurs freres, 37 Reines, 500 Princes ou Princeffes du fang, le Chef de la maifon de *Confucius*, *Leam-che*, fameux Philofophe, avec les Bonzes, les Médecins & toutes fortes d'ouvriers, & les livra à *Soboudai*. Celui-ci fit mourir les deux Rois & tous les Princes du fang. Il fit tranfporter le refte à *Kharakharin*, capitale des *Moumgols*, dans la Tartarie occidentale. Voilà la maniere dont *Soboudai* fut introduit dans la ville Impériale. Les *Moumgols* pillerent tout, fans excepter la maifon de *Tçoui-li*, dont ils enleverent la femme & les concubines. Voilà ce que dit l'Hiftoire, à quoi il faut ajouter que c'étoit une loi parmi les *Moumgols*, que les habitants des villes qui leur auroient réfifté, fuffent paffés au fil de l'épée, après avoir été forcés. *Soboudai* avoit envoyé des Députés à *Oktai*, pour lui demander fes ordres & preffer, l'exécution

<hr>

(*) Le *Li* vaut ordinairement 300 pas géométriques. Il faut donc qu'il y ait erreur dans l'un ou l'autre de ces deux nombres ; dix *Li* font une lieue.

de la loi. Par bonheur, *Ye-liu-tçou-tçai*, Prince du
fang des Empereurs des *Khitan*, fut averti à temps
de la députation de *Soboudai*. Il pouffa fon cheval à
toute bride, & fe rendit auprès d'*Oktai*, qui étoit
prêt de donner l'ordre. Il lui repréfenta qu'il alloit
allarmer la Chine par une femblable cruauté, & forcer l'ennemi dans la fuite à fe battre en défefpéré,
qu'il alloit exterminer, par cet ordre, tout ce qu'il
y avoit de plus noble, de plus favant & de plus ex-
pert en tous les arts dans l'univers. *Oktai* balança quelque temps; mais enfin il céda à *Ye-liu-tçou-tçai*, dont,
felon l'ordre de feu *Tchim-kis-khan*, fon pere, il
devoit fuivre les confeils. Ainfi il fe contenta d'ordonner
qu'on extermineroit les Princes du fang des *Kin*, &
qu'on pardonnât à tout le refte. *Ye-liu-tçou-tçai* fauva
par-là la vie à plufieurs millions d'hommes; car nonobftant la guerre, la famine & la pefte, qui avoient
conjuré enfemble contre cette malheureufe ville, on
y compta encore 1400000 familles dans le dénombrement qui fe fait incontinent après fa prife. Au
refte, cette loi barbare avoit été auparavant exécutée
en Chine. Les *Moumgols* ayant forcé *Tchim-tou-fou*,
capitale de la Province de *Se-tchouen*, on compta
1400000 corps morts dans l'enceinte de la ville, le
nombre de ceux qui avoient été égorgés autour de fes
murailles, dans la plaine qui les environne, étoit innombrable. Revenons maintenant à *Ghai-tçoum*, &
fervons-nous encore des termes de l'Hiftoire Chinoife,
quoique fans traduire mot à mot; ce qui feroit trop
long.

Kin-ghai-tçoum, après avoir ramaffé les débris de
fes troupes à *Kouei-te-fou*, prit la réfolution d'aller
fe cantonner à *Tçai-Tcheou*, où il arriva à la fin de
la fixieme Lune de cette année (1233.) Il s'y fortifia
du mieux qu'il put, & attendit-là de pied ferme le
dernier coup de la fortune. Les *Moumgols* follicitoient
l'Empereur des Chinois méridionaux de fe joindre
à eux contre l'ennemi commun. *Ghai-tçoum* lui envoya des Ambaffadeurs, pour lui faire entendre que
de fon falut dépendoit le fien; que les *Moumgols*
avoient détruit 40 Royaumes, & que, fans fortir
de Chine & de la Tartarie voifine, ils avoient renverfé la Monarchie de *Hia*; qu'après cela, ils étoient
venus à lui, qu'après lui, ils iroient à eux. La paffion l'emporta fur la politique, qui ne vouloit pas
qu'on introduifît des lions pour détruire des loups.
Les Chinois méridionaux fe liguerent avec les *Moumgols*. Les deux armées parurent devant *Tçai-tcheou*
le 8 de la neuvieme Lune.

Les *Moumgols* & les Chinois commencerent, le
jour d'après leur arrivée, à enfermer la ville de lignes
de circonvallation. Le 9 de la douzieme Lune, les
dehors furent forcés. Le 19 de la même Lune, l'ennemi fit breche au mur oriental de la ville. Ce même
jour, *Ghai-tçoum* tint ce difcours aux fiens : ,, Il y a
,, dix ans que je regne, (*leur dit-il*), je ne me fens
,, coupable d'aucun crime : ainfi la mort ne me fait
,, point de peine. Ce qui m'en fait, c'eft de voir
,, qu'un Empire fi floriffant, qui a été fondé par mes
,, ancêtres, finiffe en moi. Je crains auffi qu'on ne me
,, confonde avec ce grand nombre de Princes, qui,
,, de tous temps, ont enfeveli leurs Etats dans l'i-
,, vreffe & dans la débauche ". Enfuite il ajouta : De
,, toute antiquité, il n'y a point eu de Monarchie qui
,, n'ait trouvé fa perte. La plupart des Princes dé-
,, pouillés ont fini leur vie dans les prifons & dans
,, l'efclavage, en fe rendant à l'ennemi. J'ofe répon-
,, dre que cela ne m'arrivera pas; vous verrez dans
,, la fuite fi je tiendrai ma parole ".

Le 10°. jour de la premiere Lune de l'an 1234,
Ghai-tçoum céda l'Empire à *Ye-liu-tchim-lin*, à qui
on a donné le titre de *Mo-ti*, ou de dernier Empereur. Ce même jour, on apperçut tout-à-coup les
étendards Chinois plantés fur la muraille du midi. En
même-temps, il s'éleva d'horribles hurlements parmi

les affiégeants, qui donnerent un affaut général. La
porte du midi fut abandonnée par ceux qui la défendoient, & forcée par les *Moumgols*, qui fe rendirent
maîtres de la ville; on fe battit dans les rues en dé-
fefpérés. Durant ce temps-là, *Ghai-tçoum* fe pendit
dans fon palais. Ses Officiers le pleurerent, & lui im-
poferent le titre de *Ghai-tçoum*, qui fignifie *le Vénérable*, digne de compaffion. Ne pouvant l'enterrer, ils brûlerent fon corps. Un d'entre eux ayant ra-
maffés les cendres, les alla enterrer fur le bord de la
riviere de *Ju-choui*, qui paffe près de la ville, fans
qu'aucun péril l'en pût détourner. *Mo-ti* (cela fignifie le dernier Empereur) fe retira dans la forterefffe.
Il fe battit jufqu'à la mort, qu'il reçut dans la mêlée,
fans pouvoir être reconnu. Ainfi finit la Dynaftie des
Kin Tartares l'an 1234, après avoir fi puiffamment régné dans la Chine & dans la Tartarie durant 118 ans,
fous 9 Empereurs. La Ville de *Nan-kim* ne fut donc
pas brûlée, ni même celle de *Tçai-tcheou*. Ceci eft
tiré des faftes de *Li-tçoum*, Empereur des Chinois
méridionaux, qui fervoient de troupes axiliaires aux
Moumgols dans ce fiege.

La Bibliotheque, fous le même Titre.

Sous le regne de Mongaka *ou* Mangoukhan, *Empereur des* Mogols, *un Roi qui poffédoit* 400 *villes,
s'étant revolté, ce Prince y entra avec fon frere*
Koublai; *mais il fut tué d'abord, l'an* 658°. *de l'Hégire. Auparavant le même* Monga-kakhan *avoit fait
venir, &c.*

Observation.

Ce Roi étoit *Soum-li-tçoum*, Empereur des Chinois méridionaux. Il avoit plus de 1000 villes fous
fa puiffance. Il ne s'étoit point révolté contre les
Moumgols, puifqu'il n'étoit point leur fujet; mais
plutôt leur confédéré, comme nous le venons de voir.
Moumkha-khan ne fut point tué. Il mourut de maladie dans la Province de *Se-tçhouen*, après y avoir
fait d'horribles ravages. Sa mort arriva l'an 1259.
Koublai n'étoit point avec fon frere; il attaquoit par
un autre côté. Il affiégoit la ville de *Vou-tcham-fou*,
nommé alors *Ghotcheou*, dans la Province de *Hou-
kouam*, lorfqu'il apprit la nouvelle de la mort de
Moumkha-khan; ce qui l'obligea de lever le fiege,
pour s'affurer de l'Empire des *Moumgols*.

La Bibliotheque, fous le titre de *Khanbalic*
ou *Khanbalek.*

*Nom de la ville que nos Hiftoriens & nos Géo-
graphes ont appellée* Cambalu, *& qu'ils ont placée
dans la grande Tartarie, au Septentrion de la
Chine; mais fuivant les Géographes & les Hiftoriens Orientaux, il eft confiant que c'eft une ville
de la Chine.*

Ebn Saïd *lui donne* 130 *degrés de longitude, &* 35
degrés 25 *minutes de latitude feptentrionale, & la
place dans le quatrieme Climat; & les Tables intitu-
lées* Alharaïr *ne lui donnent que* 124 *degrés de longitude, &* 49 *degrés de latitude feptentrionale, & la recu-
lent jufqu'au fixieme Climat. La fupputation d'Ebn*
Saïd *eft plus conforme à la vérité, fi l'on fait attention au chemin que firent les Ambaffadeurs de Schah*
Rokh *& d'*Ulugbeg, *fon fils, pour arriver à cette
capitale de la Chine feptentrionale.*

Néanmoins, Ebn Saïd *& l'Auteur des Tables*
Alharaïr, *conviennent en ce qu'ils écrivent, que* Kan-
balig *eft fituée dans le* Kathaï, *c'eft-à-dire dans la
Chine bien avant dans l'Orient.* Ebn Saïd *ajoute
qu'elle étoit fort célebre de fon temps, par les relations des marchands qui alloient & qui en apportoient des marchandifes; qu'il y avoit des mines*
d'argent

d'argent dans son voisinage, & qu'à son midi son terroir étoit borné par les monts de Belhar, ainsi appellés du nom d'un puissant Roi des Indes, voisin de la Chine.

Albergendi, dans sa Géographie, croit que la ville de Khanbalig est située à l'extrémité du Turqueftan, & que ce que l'on disoit de sa grandeur & de sa puissance, paroissoit incroyable.

La premiere conquête que Ginghizkhan fit, après s'être rendu maître absolu dans la Grande Tartarie, fut celle de Khanbalig, qu'il prit par ses Lieutenants sur Altoun Khan, qui étoit alors Empereur de la Chine.

OBSERVATION.

Comment se peut il faire que le *Khanbalig* d'*Ebn Saïd*, qui a 35 degrés, 25 minutes de latitude, soit le même que celui des Tables d'*Alharaïr*, qui en a 49?

Comment se peut-il faire que le *Khanbalig* des Tables d'*Alharaïr*, qui a 49 degrés de hauteur, se trouve dans la Chine, dont la partie la plus septentrionale ne passe pas 42 degrés?

Où trouver dans la Chine les monts de *Belhar*, nom que les Chinois ne peuvent ni prononcer, ni écrire? Un puissant Roi des Indes peut-il être dit voisin de la Chine, & sur-tout de *Pe-kim*, qu'on prétend être le vrai *Khanbalig*? Depuis quand les Chinois donnent-ils des noms étrangers à leurs montagnes?

Voici le fait. *Khanbalig* est un nom appellatif qui convient à toutes les villes où les Empereurs résident. Il signifie *Ville Impériale, Résidence de l'Empereur*, ou, pour parler à notre maniere, la *Cour*. Le titre, comme on le voit assez, peut convenir à quelque ville qu'il plaira au Souverain de choisir pour sa demeure. Ainsi les Historiens & les Géographes Orientaux, qui placent *Khanbalig* dans la Chine, ne combattent en aucune façon les nôtres, qui le mettent dans la Tartarie. Ce qu'on peut dire, c'est que ni les uns ni les autres n'ont entièrement compris le sens de ce mot étranger. Outre ce nom appellatif, les villes qui le portent ont le leur propre; par exemple, *Chuntien-fou*, qui est aujourd'hui le *Khanbalig* des Tartares & le *Pe-kim* des Chinois, (ce qui signifie *Cour du Nord*,) est la même ville qui portoit le nom de *Tchoum-kim*, ou de Cour du milieu sous les *Kin* Tartares ; & c'est le *Khanbalig* qui fut forcé par *Tchim-khis-khan*, & enlevé à l'*Altoun-khan*, ou l'Empereur des *Kin*, l'an 1215 de l'Eae Chrétienne. Voilà un *Khanbalig* dans la Chine. La ville de *Ta-tim-fou*, qui étoit le *Pe-kim* ou la Cour septentrionale des mêmes Tartares, fut forcée par les *Moumgols* peu de mois avant *Chun-tien-fou*. Voilà une ville Impériale, ou un *Khanbalig* dans la Tartarie, ou hors la grande muraille de la Chine. L'Empereur des *Kin* Tartares, ne pouvant plus tenir le Nord, se retira à son *Nan-kim*, ou à sa Cour du Midi, qui se nommoit alors *Pien-leam*, & aujourd'hui *Kai-foum-fou*. Voilà encore un *Khanbalig* dans la Chine. Mais comme les Mahométans ne parlent guere de la Chine que dans l'état où elle étoit sous la domination *Moumgole*, à laquelle ils étoient eux-mêmes soumis, bornons-nous aux *Moumgols*.

Leur premier *Khanbalig* fut *Khara-kharin*, ou, comme prononcent les Mohométans, *Caracaroum*, ville fort avant dans la Tartarie, à la hauteur de 45 degrés, trois-quarts, & plus occidentale que *Pe-kim* de 18 à 20 degrés. Pour la Chine, ils se contenterent de deux Cours. La premiere fut le *Pe-kim* d'aujourd'hui, ou le *Tchoum-kim* des *Kin* Tartares, ville à laquelle ils donnerent le titre de *Ta-tou* ou de grande *Ville Royale*. Elle a 39 degrés, 55 minutes de latitude septentrionale, & son méridien est distant de celui de Paris de 117 degrés en longitude. La deuxieme fut bâtie par *Kouklai-khan*, l'an 1256, à 700 *Li* où 70 lieües au Nord de *Pe-kim*, dans la Tartarie. Il lui donna le nom de *Kai-pim-fou*, & le titre de *Cham-tou*, ou de *suprême Ville Royale*. C'est celle-ci que désigne la Bibliotheque, sous l'article de *Mangucaan*, où elle parle en ces termes : On dit, que la Ville de *Khanbaleg*, que nous appellons aujourd'hui *Cambalu*, a été fondée par ce Prince (*Koublai*.)

On pouvoit s'appercevoir que les Géographes attribuoient le titre de *Khanbalig* à plusieurs villes, si l'on avoit fait attention aux différentes positions qu'ils leur donnent. Car la même ville peut-elle avoir 130 degrés d'une part de longitude, & 35 degrés, 25 minutes de latitude, & de l'autre 49 degrés de latitude, & 124 degrés de longitude? La premiere position peut convenir en quelque façon à *Kai-foum-fou*, qui étoit le *Nan-kim* des *Kin* Tartares ; la deuxieme à *Khara-kharin* pour la latitude, quoique d'une maniere un peu éloignée, la premiere de ces villes étant un peu moins de 35 degrés, & la seconde à moins de 46, pour ce qui est de la longitude. Celle de 124 degrés ne s'éloigne pas de *Khara-kharin*; celle de 130 s'écarte un peu plus de celle de *Kai-foum-fou*.

On a pu remarquer ci-dessus, que le *Khanbaligb* Tartare revient au *Kim* Chinois. Chez ces derniers peuples, *Kim* signifie proprement une hauteur escarpée de tous côtés, & une grandeur démesurée. Ils en ont fait le titre des villes Impériales, pour marquer leur grandeur & leur élévation sur les autres villes. Ils y joignent ordinairement le nom de *Se*, & disent *Kim-se*, marquant par ce mot de *Se*, qui signifie *multitude*, le grand nombre de leurs habitants. Ils leur donnent encore le nom de *Tou*, qui, dans sa premiere origine, signifioit toute ville Royale, où il y avoit un temple dédié aux mânes de quelque Empereur. Anciennement, lorsque la Chine étoit partagée en Royaumes, les enfants des Empereurs qui étoient créés Rois, avoient seuls le privilege d'ériger un temple dans leur capitale, aux mânes de l'Empereur dont ils tiroient leur origine; ce qui faisoit donner le titre de *Tou* à ces villes. Depuis que ces Rois sont éteints, cela ne se pratique plus ; de sorte que n'y ayant plus d'autres villes que les Impériales, où les mânes des Empereurs ayent des temples en qualité d'Empereurs, il n'y a plus que ces Cours qui puissent porter le titre de *Tou*. De-là vient que les *Moumgols* s'en sont servis pour le titre de leurs villes Impériales. Les Chinois les nomment encore *Tou-men*, ajoutant ce dernier terme, qui signifie *porte*; & c'est peut-être pour cela que les *Turks*, qui n'ont eu tant à démêler avec les Chinois, avant qu'ils eussent été défaits & chassés par eux, ont donné le nom de Porte à la Cour de leur Empereur.

Cette multitude de *Kim* cause un grand embarras à ceux qui commencent à lire l'Histoire Chinoise. Les Anciens se contentoient d'une ville Impériale, & la seule nécessité pouvoit les forcer à en changer. *Tcheou-koum*, qui gouvernoit absolument l'Empire sous la minorité de l'Empereur *Tcheou-pim-uam*, fils de son frere, paroît avoir été le premier qui ait établi une seconde Cour. Il bâtit à cet effet la ville de *Lo*, appellée ensuite *Lo-yam*, aujourd'hui *Honan-fou*, 770 ans avant l'Ere Chrétienne. *Si-ghan-fou* étoit alors la premiere Cour. Dans la suite du temps, *Tcheou-pim-uam* transporta son siege à *Lo*. Cette ville de *Lo* servit de *Toum-kim*, ou de Cour orientale à la Dynastie des seconds *Tcheou*. La Dynastie des *Tham*, qui avoit son siege occidental à *Si-ghan-fou*, en fit son *Toum-tou*, ou sa ville Impiririale de l'Orient. La même ville de *Lo* devint le *Si-kim*, ou la Cour occidentale de la Dynastie des *Soum*, qui tenoient alors leur siege à *Kai-foum-fou*. La Dynastie des *Kin* Tartares lui accorda d'abord le titre de *Tchoum-kim*, ou de *Cour du milieu*. Peu de temps après, elle la dégrada, & la réduisit au simple nom de *Honan-fou*, qu'elle porte encore aujourd'hui. Cette ville est située dans la Province de *Honan*. Elle est par les 34 degrés, 45 minutes de latitude, à fort peu près & plus occidentale que le *Pe-kim* d'aujourd'hui d'environ 4 degrés, éloignée de *Si-ghan-fou* de 72 lieues horaires. Remarquez que *Si-ghan-fou* est à 34 degrés, 16', 45" de latitude, & à 129 degrés, 6', 45" de longitude, commençant au premier méridien. Le *Pe-kim* d'aujourd'hui est à 39 degrés, 54' de latitude, & à 136 degrés, 46', 30" de longitude, d'où il s'ensuit que *Si-ghan-fou* est plus occidentale que *Pe-kim* de 7 degrés, 40'.

C'étoit encore pis sous la Dynastie des *Leao* Tartares, qui eurent cinq *Kim*; car la Dynastie des *Soum* s'étoit contentée de quatre. La premiere des *Leao* fut *Cham-kim*, ou la *Cour suprême*. Le nom propre de la ville étoit *Linhoam-fou*, parce qu'elle étoit située sur les bords de la riviere *Hoam*. Elle étoit à 44 degrés environ de latitude, & plus orientale que *Pe-kim* de près de quatre degrés. La seconde se nommoit *Toum-kim*, ou la *Cour orientale*. Le nom propre de la ville étoit *Leao-yam-fou*, parce qu'elle étoit située sur la rive septentrionale de la riviere appellée *Leao* : c'est une ville du *Leao-toum*, Province hors de la Chine, mais appartenante à la Chine, qu'on appelle aujourd'hui *Kouan-toum*. Cette ville passe les 42 degrés en latitude. Elle est plus occidentale que *Pe-kim* de près de 7 degrés. La troisieme s'appelloit *Si-kim*, ou *Cour Occidentale*. Le nom propre de la ville étoit *Tai-toum-fou*, & l'est encore aujourd'hui. Elle est à près de 39 degrés & demi de hauteur de pole dans la Province de *Chansi*. Elle est plus occidentale que *Pe-kim* de 6 degrés. La quatrieme se nommoit *Nan-kim*, ou la *Cour du Midi*. Le nom propre de la ville étoit alors *Sii-tçin-fou*. (C'est la ville de *Chun-tien-fou*, qui est le *Pe-kim* d'aujourd'hui.) Elle a moins de 40 degrés de latitude; en longitude elle est plus orientale que Paris de 117 degrés au moins. La cinquieme étoit appellée *Tchoum-kim*, ou la *Cour du milieu*. Le nom propre de la ville étoit *Ta-tim-fou*, ville qui est à moins de 42 degrés de hauteur de pole dans la Tartarie, & qui est plus orientale que le *Pe-kim* d'aujourd'hui de moins de 4 degrés.

Les *Kin* Tartares, qui s'éleverent sur les ruines des *Leao*, acheverent de tout brouiller. Leur Cour suprême fut la ville de *Hoei-nim-fou*. Elle est dans le *Leao-toum*, & ne doit pas beaucoup passer les 42 degrés de latitude, ni être guere plus de 5 degrés plus orientale que le *Pe-kim* d'aujourd'hui. Leur *Toum-kim*, ou leur *Cour Orientale*, aussi-bien que leur *Si-kim*, ou *Cour Occidentale*, furent les mêmes que celles des *Leao* Tartares. Leur *Pe-kim*, ou *Cour du Nord*, fut la même ville que celle qui avoit servi de *Tchoum-kim*, ou de Cour du milieu aux *Leao* Tartares, c'est-à-dire, *Ta-tim-fou*. Leur *Nan-kim*, ou *Cour du Midi*, fut la ville capitale de la Province de *Honan*, dont nous avons déja parlé. Leur *Tchoum-tou*, ou bien leur *Ville Royale du milieu*, qui sert servit aussi de *Nan-kim*, ou de *Cour du Midi*, durant quelque temps, & qui porte encore le titre de *Yen-kim*, est le *Pe-kim* d'aujourd'hui. La ville de *Toum-pim-fou* porta aussi, durant quelque temps, le même titre de *Tchoum-kim*, sous cette Dynastie.

Les *Yuen* Tartares, (car *Yuen* est le titre relevé que les *Moumgols* donnerent à leur Dynastie.) Je dis le titre relevé; car il n'y a point de terme plus noble dans la langue Chinoise, puisqu'il signifie la *vertu essentielle*, qui rend le Ciel le plus grand de tous les êtres, & le premier principe de toutes choses. Les *Yuen* Tartares, dis-je, se contenterent de trois Cours. La premiere fut *Kara-kharin*; la seconde, *Ta-tou* ou le *Pe-kim* d'aujourd'hui; & la troisieme, *Cham-tou*; nous avons expliqué tout cela ci-dessus.

La Dynastie de *Mim* n'en eut que deux, qui sont celles que nous nommons encore en Europe, *Nan-kim* & *Pe-kim*.

Enfin, les *Man-tchou* Tartares, qui ont donné le nom de *Tçim*, ou de *pureté* à leur Dynastie, n'en ont pas davantage; leur *Pe-kim* est le même que celui des *Mim*. Ils ont dégradé le *Nan-kim* des *Mim*, & l'ont réduit au rang des simples villes, en la nommant *Kiam-nim-fou*. En même-temps, ils ont élevé à la dignité de Cour la ville de *Chin-yan-fou*, capitale aujourd'hui de *Leaotoum*, & lui ont donné le titre de *Chim-kim*, ou de *Cour florissante*, & cela parce que le bisaïeul de l'Empereur régnant & le fondateur de cette Dynastie, prit pour la premiere fois le titre d'Empereur dans cette ville, l'an 1616. On ne doit pas après cela être surpris si, parmi la confusion de tant de *Kim* & de *Khanbaligh*, ou de *Cours*, les Mahométans se sont confondus.

LA BIBLIOTHEQUE, sous le titre de CARA CATHAIAN.

Dynastie de neuf Princes qui ont régné dans le Kerman, *qui est la* Caramanie *Persienne, depuis l'année de l'Hégire* 621 *jusqu'en la* 766e, *pendant l'espace de 82 ans, c'est-à-dire, depuis l'an* 1224 *jusqu'en l'an* 1306 *de Jesus Christ.*

1. Barak Hageb, *natif du* Cara Cathai, *Ambassadeur des Mogols à* Mohammed Kouarezm Schah, *qui le retint à son service. Il régna* 11 *ans.*

2. Mobarek Khuage, *fils de* Barak, *qui régna* 16 *ans.*

3. *Sultan* Cothbeddin, *neveu de* Barak, *régna* 8 *ans.*

4. Hegiage, *fils de* Cothbeddin, *lequel étant encore enfant, sa belle-mere gouverna pour lui pendant* 12 *ans.*

5. Soiourgatmisch, *fils de* Cothbeddin, *régna* 9 *ans.*

6. Padischah, *ou* Pascha Khatun, *fille de* Cothbeddin.

7. Schah Gehan, *fils de* Soiourgatmisch.

8 Mohammed Schah, *fils de* Hegiage, *fils de* Cothbeddin.

Khondemir *ne garde pas cet ordre; car il place* Mohammed Schah *avant* Schah Gehan. *Il faut remarquer aussi que, pour trouver ici le nombre de neuf Princes, il faut compter le regne de la belle-mere de* Cothbeddin *séparément de celui de son beau-fils.*

OBSERVATION.

Je crains fort qu'il n'y ait ici un grand mécompte; je n'assurerai rien. Je me contenterai seulement de mettre en parallele ce qui est rapporté dans l'Histoire de la Chine, au sujet d'une Dynastie qui fut établie dans le *Kerman*, par un Prince sorti de Chine. On ne sera pas fâché de voir ici ce morceau d'Histoire, quand ce ne seroit que pour pouvoir comparer la noble simplicité de l'Histoire Chinoise avec la vaine enflure des Historiens Mahométans; en voici la traduction. *Ye-luta-ché*, fondateur de la Dynastie, qui a pour titre la Dynastie des *Leao* Tartares Occidentaux, avoit pour surnom d'honneur, *Tchoum-te*, qui signifie en Chinois *faisant grand cas de la vertu*. Il descendoit d'*Apaoki*, fondateur de la Dynastie Chinoise des *Leao*, à la huitieme génération. Il savoit parfaitement les Lettres des *Leao* & des Chinois. Il étoit excellent cavalier, aussi-bien que bon archer. Il fut mis au nombre des Docteurs Chinois, dans l'examen qui s'en fit l'an 1115. Il fut encore du nombre de ceux d'entre ces Docteurs, qui furent choisis pour entrer dans les charges de l'Académie Impériale. Il monta bientôt à de plus hautes dignités; mais on continua toujours à lui donner le titre de *Lin-ya*, ou de l'*Académicien*. Il n'étoit connu que sous le nom de *Ta-ché-lin-ya*,

ou de *Ta-ché*, l'*Académicien*. Il parvint à être Vice-Roi & Généraliffime la feconde année de *Pao ta*,
ou l'an 1122. *Thien-tço*, Empereur des *Leao*, fe fentant tous les jours preffé de plus en plus par les *Kin*
Tartares, avoit abandonné fes capitales, & fuyoit errant de toutes parts. *Ye-lu-ta-ché* fe joignant aux
Grands de l'Empire, proclama Empereur *Ye-lu-chun*,
Prince du fang. *Ye-lu-chun* étant auffi-tôt mort,
Ye-lu-ta-ché fit déclarer Impératrice Régente, la
Reine *Siao-te*, femme de *Ye-lu-chun*, pour défendre la Province de *Pe-kim*. Les *Kin* Tartares étant
furvenus, l'Impératrice abandonna *Pe-kim*, & fe retira auprès de l'Empereur *Thien-tço*. Celui-ci la fit
mourir, & reprit rudement *Ye-lu-ta-ché*. „ Comment
„ avez-vous ofé, moi vivant, lui dit-il, proclamer Em-
„ pereur *Ye-lu-chun*? " — „ Votre Majefté, répondit
„ *Ye-lu-ta-ché*, lors même que les forces de l'Em-
„ pire étoient dans leur entier, n'avoit pas pu réfif-
„ ter une feule fois à l'ennemi; elle avoit quitté l'E-
„ tat, & s'étoit enfui fort loin. Par-là elle avoit
„ abandonné fes peuples au carnage & aux maffacres.
„ Quand donc même j'aurois proclamé Empereurs
„ dix *Ye-lu-chun*, ils feroient tous defcendus du fon-
„ dateur de notre Dynaftie. Ce parti ne nous conve-
„ noit-il pas mieux que de fe rendre à l'ennemi, &
„ lui demander la vie "? L'Empereur n'eut rien à répondre; il mangea avec *Ye-lu-ta-ché*, & lui pardonna
fa faute. Cependant *Ye-lu-ta-ché* ne fe crut pas en
fûreté. Il fit mourir auffi-tôt *Siao-yi-fie* & *Po-li-kouo*,
& prit de lui-même le titre de Roi. Il s'enfuit durant
la nuit à la tête de deux cents cavaliers, armés de
toutes pieces. Il marcha trois journées, après quoi il
paffa la riviere de *He-choui*, en Tartare, *Karafou*.
Elle prend fa fource dans la Tartarie, & entre dans
la Chine à l'extrêmité du Nord-Oueft de la Province de
Chenfi. *He-choui*, ou *He-foui*, auffi-bien que *Khara-
fou* ou *Kharafoui*, fignifie *eau noire*. Il rencontra
Tchouam-ghour, Vice-Roi des Empereurs des *Leao*,
qui commandoit aux Tartares blancs. *Tchouam-ghour*
fit préfent à *Ye-lu-ta-ché* de 400 chevaux, de 20
chameaux & de troupeaux de moutons. *Ye-lu-ta-ché*
prit de-là fa route vers l'Occident, & arriva à la ville
de *Kha-ioun*, c'eft-à-dire, de l'*Impératrice*. Il y en
a eu plufieurs de ce nom en Tartarie. Il y en avoit
deux dans l'Empire propre des *Leao*. La première,
nommée l'ancienne, étoit au Nord-Oueft de leur
Cour fuprême, dont elle étoit éloignée de plus de 300
lieues. La feconde s'appelloit le *Khatoun-tchin* des
Hoei-hou, qui étoit à 170 lieues au Nord-Oueft de
la même Cour, ou de la ville de *Lin-hoam-fou*. Celle-
ci, par corruption, s'appelloit *Hatoum*. Celle où
alla *Ye-lu-ta-ché* doit être une troifieme du même
nom; car autrement il auroit pris le chemin du Nord
pour aller à l'Occident. Celle-ci eft fur le chemin de
la Chine au Royaume d'*Eyghour;* elles avoient été
bâties pour des Infantes de la Chine, que les *Tou-
kiue* & les *Heei-hou* avoient époufées durant l'éclat
de leur puiffance.

Il s'arrêta dans l'ancienne Cour des Tartares, qui
étoit alors le fiege du Généraliffime Chinois qui commandoit dans toute la Tartarie. Il y fit une affemblée
de Tartares compofée des Députés de fept Provinces
& de 18 hordes. Je ne les nomme point, ces noms
étant inconnus à l'Europe. Le Roi, (c'eft ainfi que
l'on appellera dans la fuite *Ye-lu-ta-ché*,) fit cette
harangue à l'affemblée: „ Mes ancêtres ont fondé un
„ vafte Empire avec des peines immenfes. Il a été pof-
„ fédé par neuf Empereurs confécutifs pendant 200
„ ans. Les *Kin* Tartares, qui font fujets de cet Em-
„ pire, l'oppriment; ils maffacrent nos peuples, ils
„ faccagent nos villes. Enfin, ils ont contraint no-
„ tre Empereur *Thien-tço* à fuir honteufement, & à
„ abandonner fes Etats; il eft dans une affliction con-
„ tinuelle. Aujourd'hui me fondant fur la juftice, je
„ fuis venu à l'Occident emprunter vos forces, pour

„ détruire nos ennemis communs, & pour recouvrer
„ mon Empire. Ne ferez-vous point touchés de com-
„ paffion à la vue de l'état où eft l'Empire? Verrez-
„ vous fans douleur les temples de fes Génies tuté-
„ laires renverfés? Ne fongerez-vous point à fecou-
„ rir votre pere & votre Empereur? Verrez-vous
„ avec indifférence la mifere des peuples "?
L'affemblée lui compofa une armée de cavaliers
d'élite, qui paffoit le nombre de 10000. Incontinent le
Roi les diftribua en compagnies & en régiments, leur
donna des Officiers, & fongea à fe fournir de toutes
fortes d'armes. L'année fuivante, le jour de la feconde Lune, nommé *Kia-ou*, le Roi facrifia un veau
noir & un cheval blanc au Ciel, à la terre & à fes
ancêtres. Après cela, il rangea fon armée en bataille,
& partit. Mais auparavant, il écrivit une lettre à *Pi-
le-ko*, ou peut-être *Pil-kha*, ou *Pir-ka*, Roi des
Hoei-hou, (c'eft-à-dire de *Kafchhar*, *Yarkhan* &
autres Pays,) dont voici les termes: Anciennement le
fondateur de ma Dynaftie ayant porté fes armes vic-
torieufes vers le Nord jufqu'à la ville de *Pou-kçu-han*,
envoya des députés vers votre aïeul *Ou-mou-tchu* jufqu'à *Kan-tcheou*. (ville de la Province de *Chenfi*,
dans la Chine où il y avoit alors un Royaume des
Hoei-hou Tartares.) Ils lui porterent une lettre con-
çue, à-peu-près, en ces termes: „ Penfez-vous en-
„ core à votre ancien Pays (des *Uzbecks* Orientaux?)
„ Si vous y penfez, moi Empereur, je veux vous
„ le rendre; que fi vous ne pouvez venir le repren-
„ dre de mes mains, je le retiendrai. C'eft la même
„ chofe qu'il foit entre les vôtres ou entre les mien-
„ nes. Votre aïeul répondit par un placet, qu'il y
„ avoit plus de dix générations qu'il avoit abandonné
„ ce Pays, & s'étoit établi en celui de la Chine; que
„ fes foldats & fes peuples étoient contents du pays
„ où ils étoient, & qu'ils ne le quitteroient pas vo-
„ lontiers, qu'ainfi il ne pouvoit plus retourner dans
„ fon ancien pays. Ce n'eft donc pas aujourd'hui que
„ mon Empire eft bien avec votre Royaume. Pré-
„ fentement, je fuis fur le point de paffer en Arabie.
„ Je demande le paffage libre au travers de vos Etats;
„ & n'allez pas vous mettre des foupçons dans la
„ tête ".
Pi-le-ko, à peine eut-il reçu cette lettre, qu'il accourut au-devant du Roi. Il le logea & le traita durant trois jours. Quand le Roi fut prêt à partir, il
lui fit préfent de 600 chevaux, de 100 chameaux &
de 3000 moutons. Il lui donna volontairement quelques-uns de fes fils & de fes petits-fils en ôtages,
& fe fit tributaire de *Ye-lu-ta-ché*. De plus, il l'accompagna jufqu'à la fortie de fes Etats.
Le Roi, dans les lieux où il paffoit, forçoit tout
ce qui s'oppofoit à lui; il donnoit la paix à ceux qui
fe foumettoient. Après avoir fait 1000 lieues de chemin, il fe trouva maître de plufieurs Royaumes. Il
marchoit chargé de dépouilles, & fuivi d'un nombre
prodigieux de chevaux, de chameaux, de bœufs & de
moutons. La force de fon armée augmentoit de jour
en jour, comme auffi le courage à fes foldats. Quand
il fut arrivé à *Tçin-fe-yu*, il trouva une armée de
100000 hommes, commandée par Hourfan, qui avoit
été envoyée par les Royaumes de l'Occident pour
s'oppofer à fon paffage. Les deux armées étoient à
moins de 1000 pas de diftance l'une de l'autre.
Le Roi harangua fes troupes en cette forte: „ Quoi-
„ que cette armée foit nombreufe, elle manque de
„ tête. Quand nous l'aurons attaquée, l'éloignement ne
„ permettra pas aux différentes parties qui la com-
„ pofent de fe prêter mutuellement fecours; la vic-
„ toire eft à nous ". Il partagea fon armée en trois
corps. Il donna 2500 cavaliers à commander au Roi
Siao-oua-li-la & au Prince *Ye-lu-foum-chan*, pour attaquer la droite de l'ennemi. Il en donna autant à
Siao-la-gho, & au Prince *Ye-lu-mounie*, avec ordre
de tomber fur la gauche, tandis que lui, avec le corps

de fon armée, donneroit fur celui de l'armée ennemie. Ces trois corps donnerent en même-temps, & mirent en déroute l'armée d'*Hourfan*. La terre fut couverte de morts dans l'étendue de plufieurs lieues de pays. Le Roi demeura fur le champ de bataille durant quatre-vingt-dix jours. Pendant ce temps, les Rois Mohométans vinrent fe rendre à lui, & lui payer tribut. Après cela, le Roi continua fa route vers l'Occident jufqu'au *Kerman*. Ce fut-là qu'il fut proclamé Empereur par tous fes Officiers, tant de plume que d'épée. Il prit donc poffeffion de cette dignité l'année nommée *Kia-thin*, (il falloit dire *Yi-ffe*, comme je le remarquerai dans la fuite, c'eft-à-dire, l'an 1125 de J. C.) le cinquieme jour de la feconde Lune. Il étoit alors âgé de 38 ans. Il prit le titre Tartare de *Kor-khan*. Il prit encore le titre Chinois de *Thien-yeou-hoam-ti*, qui fignifie *Empereur aidé du Ciel*. Il donna aux années de fon regne le titre de *Yen-kim*, c'eft-à-dire, *félicité étendue*. Il créa, fuivant la coutume de la Chine, Empereur fon aïeul mort. Enfuite, il harangua fes Officiers en ces termes : „ Moi Empereur, j'ai fait avec vous, ô Grands & autres! „ une marche de 3000 lieues. J'ai traverfé les rivieres & les fleuves, les fables & les déferts. J'ai „ fouffert jour & nuit beaucoup de travaux & de fa- „ tigues. Enfin, foutenu par le bonheur de mes an- „ cêtres & par la force de vos bras, je fuis parve- „ nu, quoiqu'indigne, à la dignité célefte de *Hoam-* „ *ti*, ou d'Empereur de Chine. Il eft jufte que je „ confere des dignités à vos peres & à vos aïeux qui „ font morts, afin que vous participiez à mes hon- „ neurs & à ma gloire ". En même-temps, il donna des titres d'honneur aux peres & aux aïeux de *Sia-oua-li-la* & de 48 autres Seigneurs, les proportionnant au rang & aux fervices d'un chacun. La troifieme année de *Yen-kim*, il ramena fon armée vers l'Orient. Après une marche de 20 jours, il trouva un pays excellent, ou il bâtit une ville, à laquelle il donna le nom de *Hou-ffe-ouordo*, ce qui fignifie la *forte tente* ou le *fort Palais*. Il en fit le fiege de fon Empire. La même année, il changea le titre de fes années, & au-lieu de *Yen-kim*, il leur donna celui de *Kham-koue*, c'eft-à-dire en Chinois, *Royaume pacifique*.

La premiere année de *Kham-koue*, dans la troifieme Lune, il nomma les Officiers-Généraux de fon armée qui fe trouva compofée de 70000 chevaux. Il immola un veau noir & un cheval blanc au Ciel & à la terre, &c. Il fit élever un étendard pour affembler l'armée qu'il harangua en ces termes : „ Notre „ grande Dynaftie des *Leao* avoit été fondée par fes „ deux premiers Empereurs avec beaucoup de pei- „ nes & de fatigues. Leurs fucceffeurs fe font aban- „ donnés fans aucune modération aux plaifirs & à la „ débauche, fans fe mettre en peine du gouverne- „ ment de leur Empire. Les bandits & les voleurs „ fe font élevés par effaims. Le monde entier, (c'eft-à- „ dire l'Empire de la Chine,) s'eft éboulé comme „ une terre qui fe renverfe. Je me fuis mis à vô- „ tre tête, & j'ai traverfé toute la Tartarie dans l'ef- „ pérance de rétablir ce grand Empire, & d'acquérir „ la gloire de Reftaurateur. Ce pays-ci n'eft point un „ lieu où nous puiffions, ni moi, Empereur, ni vous, „ nous établir ". Enfuite il donna fes ordres à *Siao-oua-li-la*, Généraliffime de l'armée, en ces termes : „ Marchez à la bonne heure ; récompenfez fidéle- „ ment le mérite ; puniffez fans exception le crime ; „ partagez le doux & l'amer avec vos troupes ; choi- „ fiffez pour vos campements des lieux abondants en „ eaux & en herbes ; mefurez les forces de l'ennemi „ avant de l'attaquer ; & prenez garde à ne vous pas „ attirer vous-même le malheur d'une défaite entiere ". L'armée avança plus de 1000 lieues fans trouver aucun butin. La plupart de fes bœufs & de fes chevaux moururent ; ce qui l'obligea de rebrouffer chemin. Alors *Ye-lu-ta-ché* s'écria : „ L'augufte Ciel ne nous

„ eft pas propice ; c'eft le deftin ". Il mourut la 10e. année de *Kham-koue*. Il régna 20 ans ; (il faut corriger 12). On lui donna après fa mort pour titre d'apothéofe, *Te-tçoum*, (ce qui fignifie en Chinois le *vertueux vénérable*). Il laiffa un fils nommé *Yi - lie* ; mais comme fon âge peu avancé ne lui permettoit pas de gouverner, l'Empereur mourant nomma Impératrice fa femme, Régente de fes Etats.

Le nom de cette Impératrice étoit *Ta-bou-yen*, & fon titre *Kan-thien-hoam-heou*, (c'eft-à-dire en Chinois, *l'Impératrice qui fléchit le Ciel*). Elle donna pour titre à fes années celui de *Hien-içim* ; (ce qui fignifie en Chinois, *totale pureté*). Elle régna 7 ans, après quoi *Yi-lie* fon fils prit poffeffion de l'Empire, donnant à fes années le titre de *Chao-bim*, ou *d'exaltation continuée*.

Il fit le dénombrement de fon peuple au-deffus de l'âge de 18 ans. Il compta 84500 hommes, & il régna 13 ans. Son titre d'apothéofe fut *Gin-tçoum*, ou le *charitable vénérable*. Son fils étoit pupille ; c'eft pourquoi en mourant il laiffa le gouvernement entre les mains de fa fœur cadette, nommée *Pou-fo-ouan*. Celle-ci donna aux années de fon regne le titre de *Tçoum-fou*, (c'eft-à-dire, de la *haute félicité*,) & elle prit pour elle-même celui de *Tchim-thien hoam-heou* (c'eft-à-dire, *l'obéiffante au Ciel Impératrice*). Elle avoit un mauvais commerce avec *Pou-kou-tche-cha li*, frere cadet de *Siao-to-lou*, gendre de l'Empereur. Elle créa *Siao-to-lou*, Roi de l'Orient, & l'écarta de la Cour ; après quoi elle le fit tuer. *Siao-oua li-la*, pere de *Siao-to-lou*, inveftit le palais avec fes troupes, & tua l'Impératrice *Pou-fo-ouan* à coups de fleche, auffi-bien que *Pou-kou-tche-cha-li*. *Pou-fo-ouan* avoit régné 14 ans. *Tche-kou-lou*, fecond fils de l'Empereur *Gin-tçoum*, fut proclamé Empereur en la place de l'Impératrice morte. Il prit pour les années de fon regne le titre de *Tien-hii*, ou de *célefte bonheur*. Durant la 34 année de fon regne, étant allé à la chaffe dans le temps de l'automne, il fe donna dans une embufcade de 8000 hommes, qui lui avoit été dreffée par *Kiu-tchu-lu*, Roi des *Naiman*, ou des *Hoei-hou* ou des *Uzbeks* Orientaux, & il fut pris. Auffi-tôt *Kiu-tchu-lu* s'empara de fes titres, & fe fit proclamer Empereur. Il prit en même-temps l'habit & les coutumes des *Leao*. Il donna à *Tche-kou-lou* le titre de *Tai-cham-hoam*, c'eft-à-dire, en Chinois, le *très-grand fuprême Augufte*, & à l'Impératrice, femme de *Tche-kou-lou* celui de *Hoam-thai-heou*, titre des Impératrices-meres en Chine, qui fignifie *augufte très-grande Reine*. Tandis qu'ils vécurent, *Kiu-tchu-lu* ne manqua pas d'aller leur rendre fes hommages deux fois le jour. La mort de *Tche-lou-kou* étant furvenue bientôt après, la puiffance des *Leao* finit avec lui.

Ye-lu-chun avoit poffédé plufieurs grands Royaumes fous le regne de *Tien-tço* (*), les uns après les les autres. Il avoit été honoré de patentes, écrites fur des lames d'or, & difpenfé de fe nommer par fon propre nom dans les hommages qu'il rendoit à l'Empereur. Perfonne dans ce fiecle ne jouit de fi grands privileges. *Thien-tço*, avant fa fuite, l'avoit créé Vice-Empereur de la Cour du milieu, joignant à ce titre celui de Généraliffime. Il devoit donc s'évertuer ; & fuivant les devoirs de la grande équité, animer les peuples de la Cour, & tous les Grands de l'Empire à prendre les armes pour la défenfe de l'Empereur, & après avoir repouffé les *Kin* Tartares vers l'Orient, venir au-devant de *Thien-tço*, & le rétablir fur fon Trône. Mais au contraire, il fe faifit lui-même de l'Empire ; c'eft une ufurpation, & cela d'autant plus qu'il eut affez d'ingratitude pour dégrader *Thien-tço*, & le réduire à la qualité de fimple Roi. *Ye-lu-ta-ché*,

de

---

de fon côté, après avoir proclamé Empereur *Ye-lu-chun*, & dégradé *Thien-tço*, vint fe rendre à *Thien-tço*. Celui-ci l'ayant repris de fa faute, felon les regles de la grande équité, il prend le titre de Roi, de fon autorité privée, & abandonne fon Prince. Aidé par la terreur du nom de fes ancêtres qui n'étoit pas entiérement abolie, & éclairé par les reftes de fageffe qu'il avoit hérité d'eux, il eut le bonheur de fe faire proclamer Empereur dans un pays éloigné de plus de 1000 lieues de la Chine. Malgré les minorités & les régences de femmes, l'Empire qu'il avoit établi n'a pas laiffé de durer près de 90 ans. Il faut avouer que l'entreprife étoit difficile ; mais *Ye-lu-chun*, *Ye-lu-ya-li* (fecond fils de *Thien-tço*,) & *Ye-lu-ta-ché* ont pris le titre d'Empereur durant la vie de *Thien-tço*. Y ayant déja un Empereur, eft-il permis d'en avoir d'autres? *Tchu-ko-kum-mim*, qui attendit que le deuil de l'Empereur *Han-hien-ti* fût fini avant que de proclamer Empereur *Leou-pei*, Prince du fang des *Han*, l'emporte infiniment au-deffus d'eux. Nous marquons cela dans l'Hiftoire pour détourner la poftérité de femblables attentats. Voilà mot pour mot ce que dit l'Hiftoire Chinoife.

Il ne s'eft peut-être jamais vu une entreprife plus hardie, mieux conduite, & couronnée d'un plus heureux fuccès. Ajoutez à cela l'incroyable rapidité avec laquelle elle fut exécutée par une fort petite armée. Car *Ye-lu-ta-che* avoit été pris par les *Kin* Tartares. Ayant trouvé le moyen de s'échapper, il vint trouver *Thien-tço*, la neuvieme Lune de la troifieme année de *Pao-ta*, c'eft-à-dire de l'an 1123. Il le quitta en même-temps, & le cinquieme de la feconde Lune il fut proclamé Empereur de Chine dans le *Kerman* l'an 1125. Ainfi il n'employa pas un an & demi dans cette expédition. Une caravane de marchands ne feroit peut-être pas un fi long voyage en fi peu de temps; mais les Tartares qui font nés à cheval, comptent pour rien les fatigues des voyages. Ils volent plutôt qu'ils ne marchent, fur-tout quand ils ont un Héros à leur tête. Celui-ci traverfa 20 Royaumes puiffants, & paffa fur le ventre aux nations les plus féroces de la Tartarie. Jugez après cela fi une expédition femblable pût manquer de hauts faits d'armes, quoique l'Hiftoire Chinoife fe foit contentée d'en marquer un feul, qui fut la bataille de *Tçin-fe-yu*, ou, comme d'autres l'écrivent, *Tçin-fé-kan*, (les Lettres *Yu* & *Kan* ne fe diftinguant en Chinois que par un point qui échappe facilement à la diligence du Graveur,) foit qu'elle ne les ait point fus, ces chofes s'étant paffées bien loin de la Chine, foit qu'elle ait négligé, fuivant fon ftyle, ces actions de valeur, qu'elle juge inutiles pour l'inftruction de la poftérité, à quoi elle fe rapporte uniquement. Si une femblable matiere étoit tombée entre les mains des Hiftoriens Mahométans, que n'auroient-ils pas dit? Les expreffions les plus outrées des Poëtes & des Romans auroient été de trop foibles peintures pour faire le portrait de *Ye-lu-ta-ché*. Jugez-en par les éloges pompeux dont ils comblent l'action de *Gelaleddin mankberni*, qui paffe l'Inde à la nage, à la vue de *Tchim-khiskhan*, quoique le défefpoir forçât *Mankberni* à le faire, & qu'il ne s'expofât à une mort incertaine que pour en éviter une certaine qui lui étoit préparée par les *Moumgols*, gens fans quartier. Nos Hiftoriens feroient, fans doute, plus modeftes, fi un pareil événement étoit arrivé à un de leurs Princes. Cependant les titres de Héros, d'Invincible, de Maître de la terre, ne lui feroient pas épargnés, & l'on dégraderoit Alexandre & Céfar pour mettre ce Prince en leur place. L'Hiftoire Chinoife ne dit autre chofe, fi ce n'eft que l'entreprife de *Ye-lu-ta-ché* étoit difficile. Enfuite elle le cenfure fans miféricorde fur le manque de fidélité à fon Prince. Elle lui préfere même infiniment un Miniftre d'Etat, ne prétendant louer dans les hommes que la vertu, fans laquelle la bravoure eft férocité, les grandes entreprifes font ambition, le grand efprit eft malice & fourberie. Venons préfentement aux obfervations. Je commence par celles qu'on doit faire fur l'Hiftoire Chinoife.

La premiere eft qu'au-lieu de dire *Ye-lu-ta-ché* a régné 20 ans, il faut dire qu'il en a régné 12. C'eft une faute de copifte, qui, au-lieu de *Che-eul*, qui fignifie 12, a écrit *eul-che*, qui fignifie 20. Il eft aifé, comme l'on voit, de faire cette tranfpofition. Cela fe prouve invinciblement par la même Hiftoire, qui donne à ce Prince trois ans de regne fous le titre de *Yen-kim*, & dix fous celui de *Kham-koue*. Car quoique ces deux nombres faffent 13, comme la troifieme de *Yen-kim* fe confond avec la premiere de *Kham-koue*, il en faut retrancher une. De plus, les Annales marquées par les caractères du Cycle fexagénaire, ne lui en donnent que 12.

La feconde eft que l'Hiftoire s'eft trompée, quand elle a marqué l'année du couronnement de *Ye-lu-ta-ché* par le caractère *Kia-tchin*, c'eft-à-dire, quand elle a avancé que cet événement eft arrivé l'année 1124 de l'Ere Chrétienne. Car comme elle l'a fait partir de Chine dans la neuvieme Lune de la troifieme année de *Pao-ta*, marquée *Kouei-mao*, & l'an 1123 de Jefus-Chrift, il s'enfuivroit que *Ye-lu-ta-ché* n'auroit pas employé cinq mois dans fon expédition. Cependant elle dit qu'il partit de la ville de *Kha-toun* dans la deuxieme Lune de l'an 1124. Il faut donc néceffairement, à raifon de l'éloignement qui eft entre la ville de *Kha-toun* & le *Kerman*, que *Ye-lu-ta-ché* ait été proclamé Empereur dans le *Kerman* l'an 1125, nommé dans le Cycle Chinois, *Yi-ffé* ; auffi les Annales mettent-elles ce couronnement dans cette année.

Il eft temps préfentement de commencer le parallele de l'Hiftoire Mahométane avec la Chinoife. Je commence par la chonologie des regnes.

Suivant l'Histoire Chinoise.			Suivant les Annales.		Suivant l'Histoire Mahométane.	
L'Empereur	sous le titre de	régna	mourut l'an du Cycle.	l'an de J. C.	L'Empereur	a régné
Ye-lu-ta-ché,	*Yen-kim*	3			*Barak Hageb.* . . .	11 ans.
	Kam-koue	10	*Pim-tchin*	1336	*Mobarek Kuage* . .	16
Ta-bouyen, Impératrice.	*Hien-tçim*	7	*Gin-fu*	1142	*Sultan Cothbeddin* .	8
					Hegiage	12
Yi-lie, . .	*Chao-bim*	13			*Soïourgatmifch* . .	9
Poufo-ouan, sœur de *Yi-lie*.	*Tçoum-fou*	14			*Pafcha Katùn*, sœur du précédent.	
					Schah Gehan.	30
Tche-lou-kou,	*Tien-hii*	34	*Sin-yeou*	1201	*Mohammed Schah.*	
Somme totale . . 81			durée . . 77		Somme totale . . 86 Années folaires . . 83	

L'Hiftoire de la Chine corrigée, & les Annales du Pays, dreflées fur le Cycle fexagénaire, conviennent que *Ye-lu-ta-ché* fut proclamé Empereur dans le *Kerman* l'an, nommé *Yi-ffé*, qui eft le 1125 de Jefus-Chrift. Les mêmes Annales mettent fa mort fous l'an *Pim tchin*, qui eft le 1136 de l'Ere Chrétienne. Il n'a donc régné que 12 ans. Elles mettent la mort de l'Impératrice *Ta-bou-yen* fous l'an *Ginfu*, c'eft à-dire, fous l'an 1142. Elle n'a donc régné que 6 ans. Pourquoi donc l'Hiftoire lui en affigne-t-elle 7 ? En voici la raifon ; c'eft que l'année dans laquelle l'Empereur fon mari mourut, n'étoit pas encore écoulée, ainfi elle fut commune au regne de *Ye-lu-ta-ché* & au fien, de la même maniere que la troifieme année de *Yen-kim* fut aufli la premiere de *Kham-koue*, & conféquemment fut comptée deux fois ; ce qui fait qu'à ne confidérer fimplement que les nombres, *Ye-lu-ta-ché* paroît avoir régné 13 ans, quoique dans la réalité, il n'en ait régné que 12. Voilà donc déja deux ans à décompter. Il en faut encore retrancher deux autres : car puifque cet Empire a commencé avec l'an 1125 de l'Ere Chrétienne, & qu'il a fini avec l'an 1201 de la même Ere, il n'a pu avoir de durée réelle que 77 ans. Il femble qu'il en faudroit retrancher trois ; mais *Yi-lie*, qui fuccédoit à fa mere, eut manqué de refpect pour elle, s'il eût attribué à fon regne l'année de la mort de fa mere, égard que *Pou-fo-ouan* ne dut pas avoir pour l'année de la mort de *Yie-lie*, fon frere, & bien moins *Tche-lou-kou* pour *Pou-fo-ouan* fa parente, furtout ayant été maffacrée, comme elle l'avoit été. Il ne faut donc ôter que quatre ans, après quoi l'Hiftoire & les Annales de la Chine s'accordent parfaitement. Voilà à quoi fert le Cycle fexagénaire. Il réfout toutes les difficultés chronologiques, fans y laiffer le moindre embarras. Cela étant une fois établi, il n'eft pas difficile de faire le parallele de l'Hiftoire Chinoife & de la Mahométane. Elles ne s'éloignent pas beaucoup l'une de l'autre dans le nombre des années, la diftance de 81 ans folaires à 86 lunaires, ou ce qui revient au même, 83 folaires, n'étant pas fort confidérable. D'ailleurs, il eft vraifemblable que *Tche-tou-kou* n'a

pas régné 34 ans fous le même titre, puifqu'en ce temps-là les Empereurs Chinois en changeoient fouvent, ou pour des caufes politiques, ou par des motifs de fuperftition. *Ye-lie* & *Pou-fo-ouan* ont régné affez long-temps pour faire le même changement. Les Mahométans qui ignoroient ce myftere, auront pris ces années telles qu'on les comptoit, & en auront pu de cette forte ajouter cinq de trop, & en faire autant d'années lunaires. Il n'a fallu pour cela que cinq de ces changements en 60 ans & plus ; ce qui étoit alors aifé à faire. Or l'Hiftoire Chinoife s'étant contentée de marquer les premiers titres de chaque regne, peut bien avoir omis les autres.

Elles s'accordent dans le lieu de la fcene qui eft le *Kerman*. Mais ce qui eft de plus important, elles concourent à dire que, dans une fi courte Dynaftie, il y a eu deux minorités, dans l'une defquelles la mere eft régente, & dans l'autre la fœur. Le titre de bellemere ne combat point le titre de mere que lui donne l'Hiftoire Chinoife, puifque les Chinois donnent le titre de mere à la femme légitime, à l'égard des enfants qui font nés de concubines. Bien plus, la Bibliotheque, fous le titre de *Pafchah-khatoun*, dit qu'elle fit mourir fon frere *Soïourgatmifch*, pour prendre fa place fur le Trône, & qu'elle eut le même fort que fon frere ; car la veuve & la fille du défunt Prince conjurerent contre elle, & la firent périr ; ce font fes termes. Or nous venons de voir dans l'Hiftoire Chinoife qu'elle fut maffacrée, pour avoir fait mourir le gendre de l'Empereur, qui pouvoit avoir le nom Mahométan de *Soïourgatmifch*.

Nous avons vu en quoi conviennent ces Hiftoires. Voyons préfentement en quoi elles different. 1°. La Mahométane affure que les *Caracathaïens* ont régné dans le *Kerman* depuis l'an 621 jufqu'à l'an 766. C'eft une faute de chiffre ; il falloit dire jufqu'en l'an 706, autrement cette Dynaftie auroit régné, non pas 86 ans, comme la Bibliotheque le dit, mais 146. Elle dit de plus qu'elle a occupé le Trône depuis l'an 1224 jufqu'à l'an 1306 de Jefus-Chrift. A ce compte, elle n'auroit duré que 83 ans ; ce qui la rapproche de l'Hiſtoire Chinoiſe à deux ans près. Arrêtons-nous à l'an 1306 de Jeſus-Chriſt, & prenons cette année-là pour la derniere des *Caracathaïens*. La derniere, ſuivant le calcul de l'Hiſtoire Chinoiſe, fut l'an 1201 de l'Ere Chrétienne; ce qui donne 105 ans de différence entre ces deux termes. Les chiffres des Mahométans n'auroient-ils pas été confondus? Et n'auroit-on point ajouté 100 ans de trop, mettant 621 au-lieu de 521 de l'Hégire, & 706 au-lieu de 606; car ſi vous retranchez 100 ans, la fin de cette Dynaſtie ſe trouvera ſous l'an 1206. Alors il n'y aura plus que cinq ans de différence entre les deux Hiſtoires, qui eſt préciſément celle qui ſe trouve entre elles dans la durée de cette Dynaſtie, la Chinoiſe non-corrigée la faiſant régner 81 ans ſolaires, & la Mahométane 86 lunaires; ce qui donne cinq ans de différence, la Mahométane comptant plus que la Chinoiſe, ſans compter que 85 ans lunaires ne font guère que 82 ans ſolaires; ce qui rapproche bien plus les temps des deux Hiſtoires.

2°. Les noms des Empereurs ſont entièrement différents; la Chinoiſe leur donne des noms Chinois, la Mahométane des noms Mahométans. Je réponds à cela que les Tartares qui regnent dans la Chine, prennent des noms & des titres Chinois, ſans pourtant quitter ceux de leur Pays. Etant donc établis parmi les Mahométans, ils ont dû prendre des noms Mahométans, gardant toujours les titres Chinois avec les Tartares. On a vu comme *Ye-lu-ta-ché*, outre le titre Tartare de *Kor-khan*, prit le titre Chinois de *Hoam-ti*; ſans doute il ſe donna en même-temps celui de *Soultan*, ou de *Padiſchah*.

3°. Les Mahométans comptent neuf regnes dans cette Dynaſtie, & les Chinois n'en comptent que cinq; n'eſt-ce pas une différence eſſentielle, & qui ne ſe peut concilier? Il eſt vrai que cela ſouffre difficulté; mais outre que quelques Mahométans ne comptent que huit regnes, ce qui fait voir qu'ils n'étoient pas tout-à-fait bien inſtruits de ce qui regarde cette Dynaſtie, ne peut-on pas dire qu'ils ont pris les changements de titres pour autant de changements de regnes, & qu'ils ont tout confondu? On peut encore ajouter qu'ils peuvent avoir pris les Rois qui gouvernoient différentes Provinces ſous l'autorité Impériales, pour des Empereurs.

4°. L'Hiſtoire Mahométane fait venir le fondateur de cet Empire du *Khara-khatai*, au-lieu que l'Hiſtoire Chinoiſe le fait paſſer de la Chine au *Kerman*. L'une & l'autre dit vrai. *Ye-lu-ta-ché* étoit né Chinois; il vint de la Chine dans la *Khara-khatai*. Ce fut du *Khara-khatai* qu'il tira ſon armée. Les Mahométans, qui ne voyoient autour de lui que des *Khara-khataïens*, crurent qu'il venoit du *Khara-khatai*; ce qui étoit certain. Ils ſe perſuaderent par la même raiſon qu'il en étoit natif, en quoi ils ſe tromperent. A la vérité, l'Hiſtoire Mahométane ne dit point de quelle maniere cette Dynaſtie a été éteinte. La Chinoiſe le marque, & en attribue la cauſe à *Kiu-tchu-lu*, (ce pourroit bien être le *Kuſchlek* des Mahométans,) Roi des *Naiman*, ou des *Usbeks* Orientaux, d'où je tire une preuve certaine que la priſe de *Tche-lou-kou* ne peut être arrivée l'an 1306 de Jeſus-Chriſt; car l'Empire des *Naiman* fut détruit par *Tchim-khis-khan* l'an 1203 de l'Ere Chrétienne. Enſuite ce conquérant poſſéda cet Empire, & l'an 1306 il étoit poſſédé par ſes ſucceſſeurs. Enfin, ſi l'on veut ſuppoſer qu'il y ait eu deux Dynaſties étrangeres dans deux ſiecles conſécutifs, l'une fondée par *Barak hageb* le *Khara-khataïen*, l'autre par *Ye-lu-ta-ché* le Chinois, (ce qui paroît aſſez difficile) les Hiſtoires Mahométanes ne feroient-elles pas auſſi-bien mention de la Chinoiſe que de la *Khara-khataïenne*, ſur-tout la durée des deux étant égale à fort peu près? C'eſt au Lecteur à peſer ces raiſons, & à prononcer ſur cela.

La Bibliotheque, ſous le titre de *Van* ou *Ven*.

Ce mot ſignifie, dans la langue des Mogols & des

Kataïens, le nombre de 10000 années; mais cependant ce nombre ſi exorbitant eſt compoſé de pluſieurs autres périodes de 60 années, qui portent auſſi le même nom de Van.

Ces cycles ou périodes de 60 années ont trois noms différents; car le premier s'appelle Schahnek-van; le ſecond, Jounek-van, & le troiſieme, Ca-van. Ces trois Van enſemble font 180 ans, leſquels étant finis, on reprend le premier, & enſuite le ſecond & le troiſieme, & l'on continue toujours ainſi à compter, juſqu'à ce qu'on ſoit arrivé au nombre de 10000 qui compoſe le grand Van.

Selon la ſupputation des Mogols, l'an 847e. de l'Hégire tomboit ſur les 8863 Van de 10000 ans des Khataïens ou Mogols; de ſorte que juſqu'à cette année-là de Hégire, il y auroit 88639860 années d'écoulées depuis la création du monde.

OBSERVATION.

1°. *Van* eſt un nom Chinois originairement, & qui ne peut être *Moumgol* que par emprunt. Il ſignifie 10000 abſolument, & non pas 10000 ans. Pour lui donner cette derniere ſignification, il y faut joindre *Nien* ou *Soui*, qui ſignifie année, & dire *Van-nien* ou *Van-ſoui*. La période de 60 *année*, ne ſe nomme pas *Van*, mais *Yuen*; & cette lettre *Yuen* eſt commune à toutes les périodes, de quelque nature qu'elles puiſſent être. Les trois noms différents de ces périodes ſont en Chinois; la première, *Cham-yuen*, c'eſt-à-dire la *période ſupérieure*; la ſeconde, *Tchoum-yuen*, c'eſt-à-dire, la *période moyenne*; & la troiſieme, *Hia-yuen*, ou la *période inférieure*; Cela veut donc dire que la période de 180 ans eſt compoſée de trois périodes moindres, chacune de 60 ans, ou bien ſi vous voulez, de trois cycles ſéxagénaires.

2°. Suivant la nature des périodes, il faut que les grandes ſoient exactement meſurées par les petites, c'eſt-à-dire que les grandes ſoient diviſées par les petites ſans laiſſer aucune fraction. Or cela ne peut convenir au nombre de *Van* ou de 10000, à l'égard de celui de 180, ni même celui de 60, au-lieu que cela convient parfaitement au nombre de 180, à l'égard de celui de 60. Il eſt à remarquer que ces périodes ne peuvent en aucune façon s'appeller *Moumgoles*, ni même, à proprement parler, Chinoiſes. Car dans la Chine, il y a trois ſortes de périodes de la renaiſſance du monde. La première eſt étrangere en Chine; elle y a été apportée des Indes avec l'ancienne Religion des Brachmanes. La grande période de ce genre eſt compoſée de 1344000000, ou 1344 millions d'années. Celle-ci ſe ſous-diviſe en quatre périodes moyennes par rapport aux quatre états des mondes, dont chacune eſt de 336 millions d'années (336000000.) Durant la première de ces quatre périodes moyennes, les mondes ſortent du chaos, & ſe forment peu-à-peu. Durant la ſeconde, ils ſubſiſtent dans leur entier. Pendant la troiſieme, les mondes retombent par degrés dans le cahos. Ils demeurent dans le cahos durant la quatrieme; après quoi, ils en ſortent, & ſont reproduits comme auparavant. La ſeconde de ces périodes de la renaiſſance du monde eſt celle des Philoſophes de la Chine qui la bornent à 129600 ans. L'invention n'eſt pas ancienne, & elle eſt regardée parmi eux comme un jeu d'eſprit. La troiſieme période eſt celle des Bonzes originaires de la Chine, qui ſe nomment *Tao-ſſe*, ou *Maîtres de la Loi*. Leur petite période eſt de 180 ans, & la moyenne de 9900. Je n'ai pas aſſez de connoiſſance de la grande période pour oſer la déterminer. Venons préſentement au calcul de cet article.

La période de 180 ans eſt particuliere aux *Tao-ſſe*. Les Philoſophes Chinois ſe contentent pour petite période de leur cycle ſéxagénaire. Enfin, les Bonzes de la Chine, qui ſuivent la Religion des Indes, ne ſe ſervent ni de l'un, ni de l'autre de ces ſortes de calculs. La période moyenne de 9900 ans eſt encore particuliere aux *Tao-ſſe*; d'où il s'enſuit que ſous ce titre de la Bibliotheque, il faut mettre 9900 ans au-lieu de 10000. Ce qui a caufé l'erreur, c'eft qu'on a confondu *Van*, qui veut dire 10000, avec *Yuen* qui fignifie *période*. La preuve en paroît certaine, puifque la période de 10000 ne peut être mefurée précifément & fans fraction, ni par 180, ni par 60; au-lieu que la période de 9900 eft exactement divifée par la période de 180, auffi-bien que par celle de 60, la petite de 60 y étant contenue 165 fois, & celle de 180 s'y trouvant 55 fois, fans qu'il refte la moindre fraction. Sur ce principe, les 8863 de l'article ne peuvent donner que 87743700 ans. Ajoutez à ce nombre celui de 9860 de la période moyenne courante, comme le calcul de la Bibliotheque les ajoute, vous trouverez que depuis la réproduction du monde jufqu'à l'an 847°. de l'Hégire, ou ce qui revient au même, jufqu'à l'an 1443 de l'Ere Chrétienne, il s'eft écoulé 87753560 ans.

3°. Les *Tao-ffe* Chinois prennent une autre route. Ils difent que l'an 1184 (*) de l'Ere Chrétienne fut le 13°. de la feptieme période; car ceux-ci fuivent pied à pied les *Ho-cham*, qui partagent chacune de leurs quatre périodes moyennes en 20 petites, chacune de 16800000 ans, & chacune de ces petites en deux très-petites, chacune de 8400000 ans. Mais je ne puis dire certainement fi cette feptieme période des *Tao-ffe* étoit moyenne, petite ou très-petite. Il s'enfuit de-là que l'année 847°. de l'Hégire, ou la 1443 de Jefus-Chrift, fut la premiere de cette feptieme période. Suppofons préfentement que le calcul corrigé de la Bibliotheque foit jufte, fi vous divifez 87743700, qui eft le nombre de ce calcul, par 6, nombre des périodes paffées, vous trouverez que chacune de ces périodes a dû être de 14623950; ce qui ne peut pas être, ce nombre ne pouvant pas être précifément divifé, ni par période de 9900, ni par celle de 180. Il faut donc que l'Auteur Arabe fe foit trompé, & qu'il ait prit la période moyenne courante pour achevée; car fi vous ôtez une période moyenne entiere, ou bien 9900 ans de la fomme de 87743700, il reftera 87733800, dont la fixieme partie 14622300 fera une des fix périodes, alors tout quadrera, ces deux derniers nombres pouvant fe divifer fans fraction par 9900, période moyenne, & par 180, période fondamentale. Que s'il eft permis de conclure quelque chofe de la comparaifon qu'on en peut faire avec les périodes des *Ho-cham*, cette période des *Tao-ffe* doit répondre à la petite des *Ho cham*, qui eft de 16800000. Il faut pourtant avouer que les *Tao-ffe* Chinois ont des périodes de renaiffance du monde plus étendues que celle-ci, & qu'ils ont renchéri fur les *Ho-cham* en matiere de fables; car ils en établiffent une d'un quadrimillion & de cent trimillions d'années. Encore multiplient-ils ce nombre par quatre, & pouffent le calcul jufqu'à quatre quadrimillions & quatre cents trimillions d'années, fans avoir égard au Cycle fexagénaire, ni à leur période fondamentale de cent quatre-vings ans, comme on le peut voir en divifant ce nombre immenfe par 60 & par 180.

4°. Eft-il permis aux Mahométans de dire que ces peuples comptent ce prodigieux nombre d'années depuis la création du monde? Ils ne le comptent que parce qu'ils ignorent ce que c'eft que création. Comme par un aveuglement volontaire & coupable, ils ne connoiffent pas celui qui a créé au commencement le ciel & la terre, ils mettent la création au nombre des chofes impoffibles, ou pour mieux dire, ils en ont effacé entiérement l'idée de leur efprit. Ils croyent, au contraire, que les mondes roulent dans ce cercle de réproductions par une révolution fatale, néceffaire & éternelle, tant par rapport aux temps paffés, que par rapport à ceux qui viendront. Il faut donc, pour donner une connoiffance jufte de la penfée de ces peu-

ples infenfés, s'exprimer ainfi. Ils affurent que depuis que la réproduction du monde a été achevée, jufqu'à un tel terme, ils comptent un tel nombre d'années; que fi l'on veut compter depuis le commencement de la naiffance ou de la renaiffance du monde, fi j'ofe m'exprimer de la forte, il faut ajouter à ce nombre une période moyenne toute entiere. Il eft bon de remarquer que les *Tao-ffe* de la Chine n'ont fait que copier les Bonzes, nommés *Ho-cham*, qui ont embraffé la Religion Indienne. Le nom de *Kie* qu'ils donnent à leur grande période, & qui eft emprunté des *Ho-cham*, le fait affez voir; c'eft un mot Indien tronqué. Le mot entier eft *Kep*, ou peut-être *Kap*, comme le prononcent les Siamois. Les Chinois l'écrivent *Kie-po*; ce qui fignifie une révolution de temps. J'avoue que les *Tao-ffe* ne s'accordent pas avec les *Ho-cham* dans le nombre d'années qu'ils donnent à leur *Kie*; mais il a bien fallu qu'ils y changeaffent quelque chofe pour fe la rendre propre. Les Philofophes ont formé la leur fur le même modele.

Je marque ces égaremens de l'efprit humain, afin que tout le monde puiffe connoître à quel excès l'homme fe porte quand il eft abandonné à lui-même, & que les Chrétiens fur-tout comprennent quelles graces ils ont à rendre à Dieu, qui a fixé leur créance par fes Ecritures fur le point indivifible de la vérité, en leur apprenant que la création du monde eft l'ouvrage de fa toute-puiffance, & leur marquant par Moife le temps auquel le ciel & la terre ont commencé d'être. Au refte, pour détruire ces fables, il ne faut que ces fables mêmes qui fe combattent ouvertement les unes les autres par les différents nombres d'années qu'ils donnent à la durée du monde.

L a B i b l i o t h e q u e, fous le Titre de *Ca*.

La premiere partie d'un Tchag, ou Cycle de 10 années, que les Khataïens font rouler avec un autre Cycle de 12, pour compofer une période de 60 ans, qui fert à marquer les caracteres de leurs années & de leurs époques.

O b s e r v a t i o n.

Tout eft vrai dans cet article; il faut feulement prononcer *Kia*, & non pas *Ca*. *Kia* eft donc la premiere lettre du Cycle dénaire, comme *Tçe* eft la premiere du Cycle duodénaire. Ces deux jointes enfemble font *Kia-tçe*. C'eft ainfi que les Chinois appellent la premiere partie du Cycle fexagénaire. Ce Cycle même entier porte le même nom, & ils difent trois *Kiatçe*, par exemple, pour marquer trois Cycles fexagénaires.

L a B i b l i o t h e q u e, fous le Titre de *Dacouk*.

C'eft dans la langue des Turcs Orientaux, le nom du dixieme Giagh ou Cycle de leurs années, que les Cathaïens ou Chinois appellent Jou. *Les Turcs d'Occident prononcent* Thaouk *&* Taouk, *& c'eft le nom qu'ils donnent à la poule.*

O b s e r v a t i o n.

Les Chinois prononcent *Yeou*, & cette lettre eft en effet la dixieme d'un Cycle; mais il falloit fpécifier quel étoit ce Cycle, puifqu'il y en a plufieurs; c'eft le duodénaire. Elle eft en effet fous la dénomination de la poule.

L a B i b l i o t h e q u e, fous le Titre de *Dapikhen*.

Dapikhen, vingt-quatrieme & derniere partie de l'année des Cathaïens. Chaque partie de cette année eft de quinze jours, & leur tient lieu de mois & de femaine.

O b s e r v a t i o n.

Il eft vrai que les Chinois divifent l'année folaire en 24 parties. Comme donc ils donnent à l'année folaire trois cents foixante-cinq jours, cinq heures & environ cinquante minutes, il faut néceffairement que la vingt-quatrieme partie foit de plus de quinze jours; & ils ne manquent pas d'y joindre une fraction. D'ailleurs,

leurs,

(*) Il paroît par ce qui fuit que ce doit être l'an 1455; c'eft peut-être une faute de copifte.

PREMIERE TABLE. CYCLE DÉNAIRE.

1.	2.	3.	4.	5.	6.	7.	8.	9.	10.	
Kia.	*Yi.*	*Pim.*	*Tim.*	*Vou.*	*Ki.*	*Kem.*	*Sin.*	*Gin.*	*Kouei.*	

SECONDE TABLE. CYCLE DUODÉNAIRE.

1.	2.	3.	4.	5.	6.	7.	8.	9.	10.	11.	12.
Tçe.	*Tcheou.*	*Yn.*	*Mao.*	*Tchin.*	*Se.*	*Ou.*	*Vei.*	*Chin.*	*Yeou.*	*Su.*	*Hai.*

TROISIEME TABLE. CYCLE SEXAGÉNAIRE, (formé des deux précédents.)

1.	2.	3.	4.	5.	6.	7.	8.	9.	10.	11.	12.
Kia-tçe.	*Yi-tcheou.*	*Pim-yn.*	*Tim-mao.*	*Vou-tchin.*	*Ki-ffe.*	*Kem-ou.*	*Sin-vei.*	*Gin-chin.*	*Kouei-yeou.*	*Kia-fu.*	*Yi-hai.*
13.	14.	15.	16.	17.	18.	19.	20.	21.	22.	23.	24.
Pim-tçe.	*Tim-tcheou.*	*Vou-yn.*	*Ki-mao.*	*Kem-tchin.*	*Sin-ffe.*	*Gin-ou.*	*Kouei-vei.*	*Kia-chin.*	*Yi-yeou.*	*Pim-fu.*	*Tim-hai.*
25.	26.	27.	28.	29.	30.	31.	32.	33.	34.	35.	36.
Vou-tçe.	*Ki-tcheou.*	*Kem-yn.*	*Sin-mao.*	*Gin-tchin.*	*Kouei-ffe.*	*Kia-ou.*	*Yi-vei.*	*Pim-chin.*	*Tim-yeou.*	*Vou-fu.*	*Ki-hai.*
37.	38.	39.	40.	41.	42.	43.	44.	45.	46.	47.	48.
Kem-tçe.	*Sin-tcheou.*	*Gin-yn.*	*Kouei-mao.*	*Kia-tchin.*	*Yi-ffe.*	*Pim-ou.*	*Tim-vei.*	*Vou-chin.*	*Ki-yeou.*	*Kem-fu.*	*Sin-hai.*
49.	50.	51.	52.	53.	54.	55.	56.	57.	58.	59.	60.
Gin-tçe.	*Kouei-tcheou.*	*Kia-yn.*	*Ti-mao.*	*Pim-tchin.*	*Tim-fe.*	*Vou-ou.*	*Ki-vei.*	*Kem-chin.*	*Sin-yeou.*	*Gin-fu.*	*Kouei-hai.*

QUATRIEME TABLE, pour les DEMI-SIGNES.

Les Noms Chinois.	Leur Signification.	Leur Valeur dans le Zodiaque Chinois, ou demi-Signes.
1. *Toum-tchi.*	Solstice d'Hyver.	1} du Capricorne.
2. *Siao-han.*	Petit Froid.	2}
3. *Ta-han.*	Grand Froid.	1} du Verseau.
4. *Lii-tchun.*	Printemps commençant.	2}
5. *Yu-choui.*	Eau de Pluie.	1} des Poissons.
6. *Kim-tche.*	Insectes effrayés.	2}
7. *Tchun-fen.*	Equinoxe du Printemps.	1} du Bélier.
8. *Tpim-mim.*	Pure Sérénité.	2}
9. *Kou-Yu.*	Pluie des Bleds.	1} du Taureau.
10. *Lii-hia.*	Eté commençant.	2}
11. *Siao-man.*	Petite Plénitude (des bleds.)	1} des Jumeaux.
12. *Man-tchoum.*	Barbes formées aux épis.	2}
13. *Hia-tchi.*	Solstice d'Eté.	1} du Cancer.
14. *Siao-chu.*	Petite Chaleur.	2}
15. *Ta-chu.*	Grande Chaleur.	1} du Lion.
16. *Lii-tçieou.*	Automne commençant.	2}
17. *Tchu-chu.*	Chaleur cessante.	1} de la Vierge.
18. *Pe-lou.*	Rosée blanche.	2}
19. *Tçieou-fen.*	Equinoxe d'Automne.	1} de la Balance.
20. *Han-lou.*	Rosée froide.	2}
21. *Chouam kiam.*	Gelée tombante.	1} du Scorpion.
22. *Lii-toum.*	Hyver commençant.	2}
23. *Siao-fue.*	Petite Neige.	1} du Sagittaire.
24. *Ta-fue.*	Grande Neige.	2}

CINQUIEME TABLE.

La Lettre du Cycle Duodénaire.	Est sous la Dénomination du	Selon les Mahométans, c'est le
1. *Tçe.*	Rat.	Rat.
2. *Tcheou.*	Boeuf.	Boeuf.
3. *Yn.*	Tigre.	Léopard.
4. *Mao.*	Lievre.	Lievre.
5. *Tchin.*	Dragon.	Crocodile.
6. *Se.*	Serpent.	Serpent.
7. *Ou.*	Cheval.	Cheval.
8. *Vei.*	Mouton.	Mouton.
9. *Chin.*	Singe.	Singe.
10. *Yeou.*	De la Poule.	La Poule.
11. *Su.*	Chien.	Chien.
12. *Hai.*	Pourceau.	Pourceau.

leurs, ces parties ne leur tiennent pas lieu de mois. Ils ont indépendamment de cela le mois folaire & le mois lunaire, & ils ne reconnoiſſent d'autres ſemaines que les quartiers de la lune. Ils diviſent donc le Zodiaque en 24 parties égales, & chaque ſigne en deux moitiés, dont chacune, ſuivant notre maniere de compter, eſt de 15 degrés précis ; mais les Chinois, qui diviſent le cercle en 365 degrés & un peu moins d'un quart, ſont contraints d'ajouter une fraction à leurs 15 degrés.

LA BIBLIOTHEQUE, ſous le Titre de *FENEK*.

Fenek ou Fenk. *Les Aſtronomes du* Cathay *& de l'Igur, au rapport d'*Ulughbegh, *diviſent le jour civil de vingt-quatre heures en* 12 *parties égales, qu'ils appellent* Tchagh, *& chaque* Tchagh *en* 8 *parties, qu'ils nomment* Keh; *mais par une autre diviſion plus particuliere, ils partagent nos* 24 *heures en* 10000 *parties, dont chacune eſt nommée* Fenk.

OBSERVATION.

Le jour civil eſt diviſé par les Chinois en 12 parties égales, auxquelles ils donnent les noms des douze lettres du Cycle duodénaire. Ils ne les appellent pas *Tchagh*, mais *Che*, ou bien *Chi*, & vulgairement *Che-chin*. Chaque *Che* ou *Che-chin* étoit alors compoſé de 8 *Khe* & un tiers ; ce qui ſe prouve par cette diviſion plus particuliere en 10000 *Fenk* ; car cela ſuppoſe, comme il étoit en effet pour lors, qu'ils diviſoient le jour en 100 *Khe* ou quarts, & chaque *Khe* en 100 *Fen*, (non pas *Fenk*,) ou minutes ; ce qui faiſoit 10000 *Fen* ou minutes. Ce n'eſt pas ici le lieu d'expliquer la choſe plus à fond. Il eſt encore vrai que les Aſtronomes Chinois ſuivent la coutume de leur nation, & commencent leur jour à minuit.

LA BIBLIOTHEQUE, ſous le Titre de *GIAGH* & *TCHAGH*.

Les Cathaïens & les Turcs Orientaux ont un Cycle de douze ans, qu'ils appellent de ce nom, & chaque année de ce Cycle porte le nom d'un animal. Le premier porte le nom de la Souris; *le ſecond, du* Bœuf; *le troiſieme, du* Lynx *ou* Léopard; *le quatrieme; du* Lievre; *le cinquieme, du* Crocodile; *le ſixieme, du* Serpent; *le ſeptieme, du* Cheval; *le huitieme, du* Mouton; *le neuvieme, du* Singe; *le dixieme, de la* Poule; *le onzieme, du* Chien; *le douzieme, du* Pourceau. *Ils diviſent auſſi les vingt-quatre heures du jour en douze parties, qu'ils appellent encore* Giagh, *dont chacune eſt de deux heures, & ils leur donnent les noms des mêmes animaux. Ils diviſent de plus chacun de ces* 12 Giagh, *dont la journée eſt compoſée en* 8 *parties, qu'ils appellent* Keh; *de ſorte que leur journée contient* 96 Keh.

OBSERVATION.

1°. Je n'ai jamais lu ni oui qu'on donnât dans la Chine le nom de *Kia* au Cycle duodénaire. La lettre *Kia* n'y eſt pas même compriſe. Ils nomment ces douze lettres, *Tchi* ou branches, par la même raiſon qu'ils donnent le nom de *Kan*, c'eſt-à-dire, de troncs aux dix qui forment le Cycle dénaire, dont la premiere lettre eſt *Kia*. Cela eſt fondé ſur ce qu'ils prétendent que le nombre dénaire eſt un nombre céleſte, & le duodénaire eſt un nombre terreſtre; & par conſéquent, les dix lettres du premier, en qualité de principales, ſont nommées les dix troncs, & les douze du ſecond, comme adjointes & moins principales, ſont appellées les douze branches : auſſi dans la combinaiſon qui ſe fait des lettres de ces deux Cycles, pour en compoſer le ſexagénaire, les dix troncs ſont toujours au premier rang, & précedent les douze branches.

2°. Il n'eſt rien de plus ſûr que ce qui eſt dit ici des douze animaux qui répondent aux douze lettres du Cycle duodénaire. Les noms des animaux y ſont marqués au juſte, à la réſerve pourtant du troiſieme, qui eſt le Tigre, de l'eſpece que les Portugais nomment *Royale* dans les Indes, & non pas le Léopard. Il en faut encore excepter le cinquieme, que les Chinois nomment *Loum*, ou *Dragon*, quoique cela convienne aſſez avec le crocodile des Turcs, le *Loum* Chinois étant un animal fabuleux, qui ne paroît être autre choſe que le crocodile défiguré.

3°. Les Chinois diviſent le jour en douze *Che*, ou temps, (car c'eſt la propre ſignification de ce terme;) d'où il s'enſuit qu'une heure Chinoiſe en vaut deux des nôtres. Ils ſous-diviſent chaque *Che* en deux parties égales, dont la premiere ſe nomme le *Che* commençant, & la ſeconde, le *Che* finiſſant; ce qui revient à notre diviſion en vingt-quatre heures. Il n'eſt pas vrai qu'ils diviſaſſent alors le jour en quatre-vingt-ſeize *Khe*. Ils le diviſoient en cent; mais comme cette diviſion étoit embarraſſante par rapport aux calculs aſtronomiques, les R. R. P. P. de la Compagnie de Jeſus, qui ont réformé l'Aſtronomie Chinoiſe dans le ſiecle paſſé, ont enfin obtenu de l'Empereur régnant, qu'on la réduiroit à quatre-vingt-ſeize *Khe*, ou quarts, comme en Europe. Mais combien n'a-t-il pas fallu de peines pour en venir à bout ?

4°. Les Mahométans ſe trompent s'ils prétendent, par exemple, que la premiere lettre du Cycle duodénaire, qui eſt *Tçe*, ſignifie une *Souris*; la ſeconde, qui eſt *Tcheou*, ſignifie un *Bœuf*. Il faut dire que *Tçe*, ſelon les Chinois, eſt ſous la domination de la Souris, que *Tcheou*, eſt ſous la domination du Bœuf, & ainſi du reſte ; de la même maniere que quand nous diſons, un tel eſt né ſous le Capricorne ou ſous le Bélier, nous entendons qu'il eſt venu au monde ſous la domination de ces ſignes du Zodiaque. Au reſte, cette prétendue dénomination de douze animaux n'eſt établie que récemment dans la Chine. Ils ne s'en ſervent que dans leur Calendrier, encore ne mettent-ils les noms de ces animaux que ſous les années du Cycle ſexagénaire entier, qui eſt à la fin. Pour les jours, ils ſe contentent de les diſtinguer par quatre marques caractériſtiques. La premiere eſt une des ſoixante dénominations du Cycle ſexagénaire ; la ſeconde eſt le nom d'un des cinq éléments ; la troiſieme eſt le nom d'une des vingt-huit conſtellations du Zodiaque ; la quatrieme enfin, eſt une des douze lettres qui marquent l'influence propre du jour. Dans l'Hiſtoire, dans les annales, & dans les Livres ſérieux, on ne trouvera pas aucune année marquée par les caractères de ces animaux. Cette obſervation ne regarde que les Devins, qui en traitent dans leurs livres. Je ſerois aſſez porté à croire que les Chinois ont emprunté cela des Tartares, & que quelque Empereur Tartare aura introduit cet uſage dans la Chine. Ce qui me fait dire cela, c'eſt que je trouve dans l'Hiſtoire Chinoiſe, que ce Cycle d'années, rangé ſous douze animaux, avoit été inventé par les *Kie-kia-ſſe* Tartares, dont nous avons à parler dans la ſuite.

Pour éviter l'embarras, je rangerai ici dans quatre Tables les noms Chinois des trois Cycles & des vingt-quatre demi-ſignes. Il ſera aiſé au Lecteur de réformer ſur cela la prononciation Mahométane, qui les a ſouvent ſi fort défigurés qu'ils ſont méconnoiſſables. (*Voyez la Table ci-jointe.*)

Je n'explique pas les termes des Cycles. Leur ſignification renferme tant de myſteres, que cela demanderoit une trop longue diſcuſſion. Il ſuffira de dire en général, qu'ils concourent tous à marquer les différentes démarches que la nature tient dans la production annuelle de tous les biens de la terre ; ainſi *Tçe* ne ſignifie pas un *Rat*, ni *Tcheou* un *Bœuf*. Au reſte, il n'eſt pas aiſé de rapporter aux demi-ſignes ce que les Mahométans font dire aux Chinois, par exemple, ils diſent, que *Dapikhen* eſt la vingt-quatrieme & la derniere partie de l'année Chinoiſe ; à quoi cela peut-il avoir rapport dans la Table ?

E

HISTOIRE DE LA TARTARIE,

*Contenant l'Origine des Peuples qui ont paru avec éclat dans ce vaste Pays, depuis plus de deux mille ans ; leur Religion, leurs Mœurs, Coutumes, Guerres & Révolutions de leurs Empires, avec la suite chronologique & généalogique de leurs Empereurs ; le tout précédé & suivi d'*Observations *critiques sur plusieurs Titres de la* Bibliotheque Orientale.

Avant que de nous engager à parler de la Tartarie, il faut en assigner les bornes ; & ayant tant d'événements tragiques à représenter, il faut en marquer la scene.

Tirez une ligne le long des rives septentrionales du Pont-Euxin & de la mer Caspienne, ensuite rabattant le long de la partie orientale de cette derniere mer vers le Midi, il faut la conduire jusqu'aux Indes, ou plutôt au *Khorassan.* De-là il faut la prolonger vers l'Orient le long des Indes, des Pays qui sont entre les Indes & la Chine, de la Chine entiere & du Royaume de *Corée,* elle se terminera à la mer Orientale. Voilà ses bornes du côté du Midi. A l'Orient, elle est baignée par la mer Orientale ; au Septentrion, par la mer Glaciale ; enfin, du côté de l'Occident, elle est bornée par une ligne qu'on doit imaginer être tirée de l'extrêmité occidentale du Pont-Euxin jusqu'à l'embouchure de l'*Oby,* qui se jette dans la mer Glaciale. Voilà la Tartarie dans sa plus grande étendue. Si on la veut resserrer davantage, il faut tirer cette ligne de l'embouchure du *Volga* vers le Nord jusqu'à la mer Glaciale. Enfin, si l'on veut avoir la Tartarie plus resserrée, il faut pousser cette même ligne depuis le Nord du *Khorassan* tout droit au Septentrion, en côtoyant la rive orientale de la mer Caspienne, jusqu'à la mer Glaciale.

Cette Tartarie resserrée, dont nous avons principalement à parler, se doit partager en deux par le méridien de *Pe-kim,* après l'avoir prolongé jusqu'à la mer Glaciale. Je nommerai *Tartarie Orientale* celle qui se trouve à l'Orient de ce méridien. Les Chinois donnent à celle-ci le nom de *Niu-lan,* qu'ils ont tiré par corruption du *Nour-hhan* des Tartares. Celle qui s'étend si loin à l'Occident du même méridien sera nommée *Tartarie Occidentale* ; c'est à celle-ci seule que les Chinois donnent le nom de *Tatal* ou *Ta-ta,* nom qui est tiré d'une riviere, sur les bords de laquelle les Tartares, proprement dits, habitoient. Nous les avons nommés *Tartares,* en ajoutant un R à leur nom ; & c'est celle-ci seule qu'on pourroit peut-être nommer le *Khat hai* simple ; car quand il s'agit de la Chine, ils doublent souvent ce terme, & la nomment *Khathai-Khathai,* de la même maniere que les Moscovites l'appellent *Kitai-Kitai,* si je m'en souviens bien.

Cet espace immense de pays a toujours été inconnu, au moins pour la plus grande partie, aux peuples de l'Europe, & même à plusieurs de ceux de l'Asie. De-là vient qu'ils l'ont compris sous des noms vagues. Les Latins le nommoient *Scythie,* à l'exemple des Grecs. Nous l'appellons aujourd'hui *Tartarie,* du nom d'une nation qui fut subjuguée par les *Moumgols.* De-là vient que les *Moumgols* se trouvoient offensés, quand les Princes Chrétiens & leurs Ambassadeurs leur donnoient le nom de *Tartares.* Enfin, les Mahométans lui ont donné le nom de *Turkestan,* à prendre ce terme dans le sens le plus étendu, parce

que les *Turks* étoient les peuples de tout ce Pays qu'ils connoissoient le mieux. Ils le nomment encore, & peut-être mieux, *Touran.*

Il faut encore, pour avoir une idée juste de la Tartarie, tirer une ligne depuis l'angle de la mer Caspienne, le plus avancé vers le Nord & vers l'Orient, jusqu'au méridien de *Pe-kim,* après l'avoir prolongé comme ci-devant, & donner à ce qui est au Midi de cette ligne le titre de Tartarie méridionale. La raison de cela, c'est que cette partie comprend plusieurs Royaumes réguliers, dont les peuples habitent des villes, & ont des demeures fixes, au-lieu que les peuples qui sont au Septentrion de cette ligne, sont vagabonds, & suivent leurs troupeaux. Enfin, la Tartarie méridionale se doit encore partager en celle qui est au Nord du mont *Imaüs,* & celle qui est au Sud de la montagne, entre elle & le mont *Caucase,* qui sépare les Indes de la Tartarie. Je nommerai celle-ci la *Tartarie Chinoise.* Le nom de Haute-Asie conviendroit bien mieux à ce pays, que celui de *Scythie,* de *Tartarie,* de *Turkestan* ou de *Touran.* Comme il comprend un nombre prodigieux de nations qui ont des langues & des coutumes différentes, c'est en quelque façon leur faire tort que de les réduire, &, pour ainsi dire, les assujettir à une seule nation. Je ne marque ces bornes, que pour être mieux entendu dans ce que j'aurai à dire.

Il est permis à chacun de les transporter & de les placer où il le jugera plus à propos. Je ne prétends pas donner des bornes à chaque Empire en particulier, quoique véritablement ils en ayent ; mais celles que j'aurois aujourd'hui données, ne subsisteroient peut-être plus demain : car ces peuples n'en reconnoissent point d'autres dans la réalité que le tranchant de leurs sabres & l'ambition de leurs Princes. Voilà le vaste théâtre sur lequel se sont représentées les plus sanglantes tragédies de l'univers. Voilà la source intarissable d'où sont sorties tant d'inondations de Barbares, qui ont porté si souvent la désolation dans l'Europe, & sur-tout dans la Basse-Asie. Voilà enfin le grand champ de bataille où se sont livrés les plus rudes combats du monde.

Je me contenterai de marquer les nations qui y ont établi la monarchie universelle, & qui ont fondé de puissants Empires depuis 2000 ans. Je ne puis remonter plus haut, parce que les mémoires que me fournit l'Histoire Chinoise, ne passent pas le troisieme siecle avant l'Ere Chrétienne. Au de-là de ce temps, elle ne savoit que ce que les Tartares faisoient en Chine, & ne tenoit nul compte de ce que ces mêmes peuples faisoient en *Tartarie.*

DE L'EMPIRE DES HIOUM-NOU.

Les *Toum-hou,* ou *Tartares Orientaux,* reconnoissoient pour premier pere de leur nation, *Yen-Yue,* fils de l'Empereur de Chine, nommé *Kao-fin*, qui commença à régner 2432 ans avant l'Ere Chrétienne. *Kao-fin* allant voir la mer, paffa par la ville de *Kii-tchim*, qui étoit fituée dans la Province de *Pe-tche-li*, dans le territoire de *Tcham-lii*, ville aujourd'hui du troifieme ordre, à 40 dégrés, 15 minutes ou environ de latitude, & à l'Orient de *Pe kim* près de 60 lieues. *Tcham-lii* dépend de *Youm-pim*, ville du premier ordre. Il y trouva des monuments de l'Empereur *Tchouen-hiu*, fon prédéceffeur, & il admira la beauté du lieu. Auffi-tôt il créa *Yen-yue*, fon fils, Roi du Pays. Les *Hioum-nou*, ou les *Tartares Occidentaux*, (peut-être font-ce les *Huns*, que les Grecs appelloient ΟΟ'ΝΝΟΙ, & les Latins *Hunni*,) tiroient leur origine de *Chun-vei*, fils d'un Empereur de Chine, de la Dynaftie des *Hia*, laquelle fut éteinte 1767 ans avant l'Ere Chrétienne. *Chun-vei* s'étant enfui dans la *Tartarie*, y fonda un Royaume. Les *Toum-hou*, 300 ans avant l'Ere Chrétienne, étoient les plus puiffants, & même une partie de cette nation ayant paffé dans la Tartarie occidentale, avoit fondé un Royaume de 400 lieues de long de l'Orient à l'Occident, & qui avoit plus de 100 lieues d'étendue du Septentrion au Midi. Cette partie des Tartares Orientaux avoit pris le nom de *Yue-tchi*. La partie occidentale de la Province de *Chenfi* appartenoit alors à ce Royaume. Voici de quelle forte l'Empire des *Toum-hou* fut détruit par les *Hioum-nou*. Je le rappelle mot à mot d'un Hiftorien très-grave, & qu'on peut dire contemporain, puifqu'il écrivoit beaucoup plus de 100 ans avant la venue du Meffie. De plus, il le faifoit fur les mémoires & par les ordres de fon pere, qui avoit été contemporain. Voici comme *Se-ma-tçien* (c'eft le nom de cet Auteur) s'explique.

Dans ce temps-là, les *Toum-hou* étoient parvenus à un haut point de puiffance & parmi eux les *Yue-tchi* étoient les plus redoutables. *Teou man*, Empereur des *Hioum-nou* (*), ne pouvoit les réduire fous fon obéiffance; ce qui l'obligea de fe retirer vers le Nord durant dix ans, après quoi les troubles de la Chine le rappellerent en Chine. *Teou-man* avoit un fils de fa premiere femme. C'étoit l'aîné de tous & fe nommoit *Mothé*. Il en eut un fecond de la feconde Impératrice. *Teou-man* aimoit éperduement celle-ci. C'eft pourquoi il réfolut de faire ce jeune Prince, qu'il avoit eu d'elle, héritier de fon Empire. Il falloit pour cela fe défaire de *Mothé*. Il le donna donc en ôtage aux *Yeue-tchi*. Auffi tôt après, il vint à l'impourvu tomber fur eux.

Le Roi des *Yue-tchi* vouloit donner la mort à *Mothé*; mais *Mothé* ayant enlevé un cheval excellent de l'écurie de ce Prince, fe fauva à toutes brides. *Teou-man* admira le courage & l'adreffe de *Mothé* dans un âge fi tendre, & lui donna dix mille cavaliers à commander. *Mothé* fe voyant à leur tête, fe voulut affurer de leur dévouement. Il fit faire des fleches fifflantes, & publia cette loi: ,, Quiconque manquera de ,, tirer une fleche à pointe dans l'endroit où portera une ,, fleche fifflante décochée de mon arc, aura le cou ,, coupé ". A l'inftant, étant à la chaffe, il tira une de ces fleches fur du gibier. Quelques-uns manquerent à l'ordre; il leur fit trancher la tête fur le champ. Quelque temps après, il tira un de fes meilleurs chevaux. Plufieurs perfonnes de fa fuite n'oferent encore tirer; *Mothé* leur fit fubir la même peine qu'aux premiers. Peu de temps après, il tira fur une de fes femmes, pour laquelle d'ailleurs il étoit paffionné. Plufieurs manquerent encore à tirer cette fois; il les traita comme les autres. Enfuite étant à la chaffe, il apperçut un des plus beaux chevaux de l'Empereur, fon pere. Il tira deffus une fleche fifflante; auffi-tôt le cheval fut couvert de fleches à pointe par ceux de fa fuite, tous ayant

tiré fans exception. Alors *Mothé* comprit que fes gens étoient prêts à tout. Un jour accompagnant fon pere à la chaffe, il tira fur lui. Tous ceux de fa fuite firent de même, & le percerent à l'inftant de mille fleches. En même-temps, *Mothé* fut déclaré *Tchen-yu*, c'eft-à-dire, *Empereur*, en la place de fon pere mort.

Les *Toum-hou*, ou Tartares Orientaux, qui comptoient fur leur puiffance, lui envoyerent une ambaffade, pour lui demander un cheval d'un prix ineftimable, qui avoit appartenu à *Teou-man*, fon pere, (les Chinois nomment ces chevaux, chevaux qui font 1000 lieues dans un jour.) *Mothé* affembla fon Confeil; le Confeil vouloit qu'on le refufât. *Mothé* prenant la parole: ,, Faut-il pour un cheval, dit-il, fe ,, brouiller avec fes voifins? Qu'on le remette entre ,, les mains des Ambaffadeurs ". Cela convainquit les Tartares Orientaux que *Mothé* les craignoit. C'eft pourquoi ils envoyerent une feconde ambaffade, pour lui demander une des femmes de *Teou-man*. Le Confeil de *Mothé* fut indigné de cette feconde propofition. Il conclut pour le refus, & demanda qu'on déclarât la guerre aux Tartares Orientaux. *Mothé*, perfiftant dans fon premier fentiment, donna une des femmes de fon pere aux Ambaffadeurs. Les Tartares Orientaux, ne doutant plus que la crainte n'eût faifi *Mothé*, pouffèrent l'infolence à bout. Ils envoyerent une troifieme ambaffade, avec ordre de faire cette propofition: ,, Il y a 100 lieues de pays vuide entre les con-,, fins de vos Etats & les nôtres, dans lequel, fuivant ,, les conventions paffées entre nous, ni vous, ni nous ,, ne pouvons entrer; nous demandons que ce pays ,, nous foit adjugé en propre ".

Mothé tint confeil là-deffus. Quelques-uns de fes Confeillers regardant ce pays comme une terre abandonnée, furent d'avis qu'on pouvoit auffi-bien le leur accorder que le refufer. *Mothé* entra dans une furieufe colere; il fit couper le col à tous ceux qui avoient opiné de la forte. ,, La terre, dit-il, eft le fondement ,, de l'Etat ". En même-temps, il monte à cheval, & donne ordre à toute fon armée de le fuivre, fous peine de la vie à quiconque refteroit. Ainfi, il tomba à l'improvifte fur les Tartares Orientaux, les défit entiérement, & fe rendit maître de leur Empire. Il chaffa pareillement les *Yue-tchi* de leurs Etats. Enfuite il fubjugua toute la Tartarie Occidentale (jufqu'au *Volga*,) & fit d'étranges ravages dans les Provinces feptentrionales de la Chine. *Han-kao-tçou* venoit de conquérir tout l'Empire Chinois. Il avoit fondé la fameufe Dynaftie des *Han*. Il marcha contre *Mothé*, avec une armée de 320000 fantaffins, (fans compter la cavalerie.) *Mothé*, fuyant par ftratagême, engagea l'armée Chinoife dans la plaine de *Pe-tem*, qui fe trouve dans la partie la plus feptentrionale de la Province de *Chanfi*. Elle s'y trouva tout-à-coup inveftie par 400000 chevaux, diftribués en 4 armées, qui fe tenoient cachées dans les vallons qui aboutiffent à la plaine de toutes parts. Cela arriva l'an 200 avant l'Ere Chrétienne. Les chevaux de l'armée, qui étoit à l'Occident de la plaine, étoient tous blancs; ceux qui étoient à l'Orient, étoient tous gris-pommelés; ceux du Nord étoient tous noirs; & ceux du Midi, étoient tous bais.

L'Empereur de la Chine fut fept jours en cet état, fans efpérance de fecours. Un Philofophe de fon Confeil le tira d'embarras, par le moyen d'une ambaffade qu'il envoya chargée de préfents pour le *Tchen-yu*, ou l'Empereur des *Hioum-nou*, & pour l'*Yen-tchi*, c'eft-à-dire, l'*Impératrice* des mêmes *Hioum-nou*. L'Impératrice gagnée tint ce difcours à *Mothé*, fon mari, qui l'aimoit éperduement: ,, Deux Princes fouverains ne ,, doivent pas fe pouffer à bout l'un l'autre. Quand ,, même vous vous rendriez maître de la Chine, vous ,, ne fauriez la garder. Ajoutez à cela, que l'Empe-,, reur de la Chine a quelque chofe de divin. Ayez ,, la bonté de faire attention à ce que je vous repré-

---

(*) Voyez la Table fuivante.

,, fente ". Ce difcours fit impreffion fur l'efprit de *Mothé.* D'ailleurs, il étoit convenu avec *Vam-hoam* & *Tchao-li*, Généraux Chinois, ennemis de *Han-kao-tçou*, qu'ils viendroient fe joindre à lui ; cependant ils ne paroiſſoient point. Il foupçonna qu'ils étoient d'intelligence avec *Han-Kao-tçou;* cela le détermina à fuivre le confeil de fa femme. Il fit donc ouvrir un paſſage aux Chinois. Auffi-tôt *Han-kao-tçou* mit fon armée en bataille, & fe retira par-là. *Mothé* partit dans le même temps pour la Tartarie. Voilà ce que rapporte *Se-ma-tçien.* Il n'a pas fpécifié le ftratagême dont le Philofophe fe fervit pour engager l'Impératrice des *Hioum-nou* à faire cette démarche ; on le tenoit fecret de fon temps.

Un Auteur grave affure, qu'il fit faire les portraits de plufieurs beautés Chinoifes, que les Ambaffadeurs firent voir fecretement à l'Impératrice, difant qu'on étoit réfolu de les offrir en préfent à *Mothé*, pour fe tirer de ce mauvais pas. L'Impératrice fut piquée de jaloufie, comme on le fouhaitoit ; & craignant que ces beautés ne lui enlevaffent le cœur de fon mari, qu'elle poffédoit entiérement, elle défendit qu'on les montrât, & fe chargea à cette condition de délivrer les Chinois d'un danger fi preffant. La Table fuivante fera voir d'un coup - d'œil la fuite des *Tchen-yu*, ou Empereurs des *Hioum-nou.*

TABLE DES *TCHEN-YU*, ou EMPEREURS DES *HIOUM·NOU.*

L'EMPEREUR.	Commença à régner sous l'Empire Chinois de	L'an de l'Empire Chinois.	L'an nommé dans le Cycle Sexagénaire.	L'an avant l'Ere Chrétienne.
Chun-vei, ou bien *Hiun-yu.*	Chim-tam.	4	Vou-su.	1763.
Teou-man.				(263) ou environ.
Mo-thé, ou bien *Mo-thou.*				206.
Ki-yu.	Han-ven-ti.	6	Tim-mao.	174.

L'EMPEREUR.	Commença à régner sous l'Empire Chinois de	Titre de cet Empire Chinois, nommé dans le Cycle.	L'an nommé dans le Cycle sexagénaire.	L'an avant l'Ere Chrétienne.
Kiun-tchin.	Han-vou-ti.	Yuen-so. 3	Yi-mao.	126.
Y-tchi-sie, frere du précédent.	Han-vou-ti.	Yuen-tim. 4	Vou-tchin.	113.
Ou-vei.	Han-vou-ti.	Tai-tço. 1	Tim-tcheou.	104.
Ou-sse-lu.	Han-vou-ti.	Tai-tço. 3	Ki-mao.	102.
Keou-li-hou, oncle paternel du précédent.	Idem.	Idem. 3	Idem.	102.
Tçu-li-heou, frere du précédent.	Idem.	Idem. 4	Kem-tchin.	101.
Hou-lou-kou.	Idem.	Tai-chi. 1	Yi-yeou.	96.
Hou-yen-ti.	Han-tchao-ti.	Chi-yuen. 2	Pim-chin.	85.
Hiu-lu-kien-ku, frere du précédent.	Han-suen-ti.	Ti-tçie. 2	Kouei-tcheou.	68.
Ouo-yen-keou-ti, descendant d'*Ou-vei.*	Idem.	Chin-tçio. 2	Sin-yeou.	60.

TCHEN-YU, Méridionaux.

L'EMPEREUR.	Commença à régner sous l'Empire Chinois de	Titre de cet Empire Chinois, nommé dans le Cycle.	L'an nommé dans le Cycle sexagénaire.	L'an avant l'Ere Chrétienne.
Hou-han-sie, fils de *Hiu-lu-kien-kiu.*	Idem.	Idem. 4	Kouei-hai.	58.
Fou-tchi-lei-jo-ti.	Han-tchim-ti.	Kien-chi. 3	Sin-mao.	30.
Seau-kiai-jo-ti, frere du précédent.	Han-tchim-ti.	Houm-kia. 1	Sin-tcheou.	20.
Tche-ya-jo-ti, frere du précédent.	Idem.	Yuen-yen. 1	Ki-yeou.	12.
Ou-tchu-leou-jo-ti.	Idem.	Soui-ho. 1	Kouei-theou.	8.

L'EMPEREUR.	Commença à régner sous l'Empire Chinois de	Titre de cet Empire Chinois, nommé dans le Cycle.	L'an nommé dans le Cycle sexagénaire.	L'an de l'Ere Chrétienne.
Ou-lei-jo-ti.	Vam-mam, Tyran.	Kien-koue. 5	Kouei-yeou.	13.
Hou-toul-che-tac-kao-jo-ti.	Idem.	Tien-foum. 5	Vou-yn.	18.
Hi-lo-tche-tcho-ti, fils d'*Ou-tchu-lui-jo-ti.*	Hoai-yam-vam.	Kem-chi. 2	Kia-chin.	24.
Kien-fou-yeou-ti.	Han kouam-vou-ti.	Tchoum-yuen. 1	Pim-tchin.	56.
Yi-fa-yu-lu-ti, frere du précédent.	Idem.	Idem. 2	Tim-sé.	57.
Hi-toum-tche-tcho-heou-ti, fils de *Hi-lo-tche-tcho-ti.*	Ham-min-ti.	Youm-pim. 2	Ki-vei.	59.
Kieou-tchu-tche-lin-ti.	Idem.	Idem. 6	Kouei-hai.	63.
Hou-sie-tche-tcho-heou-ti. frere de *Hi-toum-tche-tcho-heou-ti.*	Idem.	Idem. 6	Idem.	63.
Yi-tchu-yu-lu-ti, frere d'*Yi-fa-yu-lu-ti.*	Han-tcham-ti.	Yuen-ho. 2	Yi-yeou.	85.
Hieou-lan-che-tcho-heou ti, frere de *Hou-sie-tche-tcho heou-ti.*	Idem.	Tcham-ho. 2	Vou-tçé.	88.
Ghan-koue, frere d'*Yi-tchu-yu-lu-ti.*	Han-ho-ti.	Youm-yuen. 5	Kouei-ssé.	93.
Tim-tou-che-tcho-heou-ti, frere de *Hi-toum-tche-tcho-heou-ti.*	Idem.	Idem. 6	Kia-ou.	94.
Van-chi-hou-tcho-ti, fils de *Hou-sie-tche-tcho-heou-ti.*	Idem.	Idem. 10	Vou-su.	98.
Ou-ki-heou-chi-tho-ti, frere du précédent.	Han-ghan-ti.	Yen-kouam. 3	Kia-tçé.	124.
Fa-te-jo-tchi-tcho-tçieou, frere du précédent.	Han-chun-ti.	Youm-kien. 3	Vou-tchin.	128.
Keou-loum-vam-tche-nieou.	Idem.	Youm-ho. 1	Pim-tçé.	136.
Hou-lan-jo-chi-tcho-tçieou.	Idem.	Han-ghan. 1	Gin-ou.	142.
Y-lim-chi-tcho-tçieou.	Han-houan-ti.	Kien-ho. 1	Tim-hai.	147.
Tchu-te-jo-chi-tcho-içieou.	Han-lim-ti.	Hi-pim. 1	Gin-tçe.	172.
Hou-tchi-kouam.	Idem.	Kouam-ho. 1	Vou-ou.	178.
Kiam-kiu.	Idem.	Idem. 2	Ki-vei.	179.
Yu-fou-lo.	Idem.	Tchoum-pim. 5	Vou-tchin.	188.
Hou-tchu-tçuen, frere cadet d'*Yu-fou-lo.*	Han-hien-ti.	Him-pim. 2	Yi-hai.	195.
Celui-ci fut dépouillé de l'Empire.	Idem.	Kien-ghan. 21	Pim-chim.	216.
Leou-yuen-hai, fils du Roi *Leou-pao*, petit-fils de l'Empereur *Yu-fou-lo.*	Tçin-hoe-ti.	Youm-kim. 1	Kia-tçé.	304.
Leou-ho.	Tçin-hoai-ti.	Youm-kia. 4	Kem-ou.	310.
Leou-tçoum, frere & fratricide de *Leou-ho.*	Idem.	Idem. 4	Idem.	310.
Leou-tçan.	Tiçn-yuen-ti.	Tai-him. 1	Vou-yn.	318.
Celui-ci & la famille de *Leo-yuen-hai* furent éteints par *Kin ichun*, la même année.				
Leou-yao, Prince du sang de *Leo-yuen-hai.*	Idem.	Idem. 1	Idem.	318.
Il fut pris & tué, avec toute sa famille, par *Che-le.*	Tçin-tchim-ti.	Kien-tcho. 4	Ki-tcheou.	329.

Revenons à l'Histoire qui servira d'éclaircissement à cette Table. On a pu remarquer que *Se-ma-tçien* parlant de *Chun-vei*, tige de la famille des *Tchen-yu*, & fondateur de la nation des *Hioum-nou*, a dit simplement, qu'il descendoit de la Dynastie des *Hia*, sans spécifier de quel Empereur il étoit issu. Quelques Auteurs, qui sont entrés dans un plus grand détail, assurent qu'il étoit fils du dernier Empereur de cette Dynastie, nommé *Kié*. Celui-ci, qui avoit poussé la tyrannie aux derniers excès, fut détrôné par *Tchim-tam*. qui lui succéda, & fonda la Dynastie des *Cham*, 1766 ans avant l'Ere Chrétienne. *Tchim-tam* exila le Tyran, qui ne survécut que 3 ans à sa disgrace. A peine eut-il les yeux fermés, que *Hiun-yu*, digne fils d'un semblable père, s'empara de ses concubines, & en fit ses femmes. C'est de-là qu'est venue la coutume qui dure encore aujourd'hui dans la Tartarie, au moins parmi les Souverains, d'épouser les femmes de leurs peres morts ; ce qui se doit entendre des belles-meres, & non pas des propres meres.

En même-temps, *Hiun-yu* passa dans la Tartarie avec 500 personnes de sa suite, & s'y établit. Il devint par-là le premier *Tchen-yu*, ou Empereur des *Hioum-nou*. Suivant ce calcul, cet Empire auroit commencé 1763 ans avant l'Ere Chrétienne. Quelques-uns même prétendent que *Kie* lui-même passa dans la Tartarie ; mais il est difficile d'accorder ce sentiment avec ce que l'Histoire canonique de la Chine rapporte de ce Prince. Il s'ensuit de ce que nous venons de dire, qu'entre le commencement du regne de *Chun-vei* ou de *Hiun-yu*, (car ce sont deux noms de la même personne, selon toutes les apparences,) & celui de *Teou-man*, il s'est écoulé environ 1500 ans. La nation prit d'abord le nom de son fondateur, & fut appellée *Hiun-yu* sous la Dynastie des *Cham*, sous laquelle elle s'empara de la partie occidentale de la Province de *Chensi*. Sous la Dynastie des *Tcheou*, elle porta celui de *Hien-yun*. Enfin, sous celle des *Tçin*, elle commença à porter celui de *Hioum-nou*. Les Chinois auront apparemment tant soit peu détourné la prononciation de ce nom pour l'écrire avec leurs caractéres d'une maniere qui fit connoître l'estime qu'ils faisoient de la nation ; car des deux lettres dont ils se servent pour cela, la premiere signifie *funeste*, & la seconde *esclave* : la premiere marque *l'horreur*, & la seconde le *mépris*. Peut-être font-ce ceux qui parurent dans l'Europe au quatrieme siecle sous le nom de *Huns*, comme je l'ai déja dit. Durant tout cet espace de témps, l'Histoire Chinoise se contente de rapporter ce que cette nation a fait dans la Chine, ignorant dans ces siecles reculés ce qui se passoit dans la Tartarie. *Se-ma-tçien* & les Historiens qui l'ont suivi, ne disent autre chose de cette longue suite de siecles, sinon que ce fut pour la nation des *Hioum-nou* un perpétuel flux & reflux d'agrandissements & de décadence.

Mothé fut celui de tous les *Tchen-yu* qui porta la gloire de sa nation à un plus haut point de splendeur, & qui lui assujettit la Tartarie entiere. Depuis ce temps-là, les Chinois avouent que les *Hioum-nou* leur ont causé des maux inconcevables. Cette puissance énorme fondée sur la tyrannie, ne tarda pas à s'ébranler. En voici la cause. *Han-vou-ti*, Empereur de Chine, n'eut pas été plutôt élevé à l'Empire, qu'il forma le dessein d'éteindre, ou du moins d'affoiblir les *Hioum-nou*, & de venger les affronts que ses prédécesseurs en avoient reçus. Ce grand Prince, à qui ses conquêtes ont fait donner le nom de *Vou*, c'est à-dire, de *Belliqueux*, leur fit une si rude guerre durant plusieurs années, qu'après un grand nombre de victoires, il en nettoya le pays à plus de deux cents lieues à la ronde de la Chine. Après quoi il entra lui-même dans la Tartarie à la tête de 180000 chevaux ; (jugez de l'infanterie qui est incomparablement plus nombreuse dans les armées Chinoises que la cavalerie.) Il alla se poster dans une maison de plaisance du *Tchen-yu*, qui se

nommoit pour lors *Y-tchi-sie*. Comme rien ne paroissoit, il lui envoya un défi par ses Ambassadeurs (*), que le *Tchen-yu* n'osa accepter. Il s'empara des pays qu'il leur avoit enlevés. Sur-tout il divisa en quatre grandes Cités celui qui comprend la partie occidentale de la Province de *Chensi*, & qui s'étend 200 lieues au-delà vers l'occident. Qu'il me soit permis d'appeller ce pays *Tam-ghout*, sans que je sois bien assuré que ce soit le *Tam ghout*.

Il y fit bâtir des villes, aussi-bien que dans ses conquêtes du Nord. Il envoya dans tous ces pays pour une seule fois 180000 Cuirassiers en garnison. Il y établit quantité de colonies Chinoises, condamnant à ce la sept sortes de familles dont les emplois sont suspects. Il s'apperçut aisément que tout cela ne pouvoit abattre l'orgueil des *Hioum-nou*, qui trouvoient dans l'Occident des ressources aux pertes qu'ils faisoient dans l'Orient. Cela fit naître à *Han-vou-ti* la pensée de traiter avec les grands *Yue-tchi*, qu'il croyoit devoir être ennemis irréconciliables des *Hioum-nou*. Les *Yue-tchi* avoient leur établissement dans le *Tam-ghout*. Les *Hioum-nou* ayant pris le dessus sur eux, les poussferent sans quartier. Le *Tchen-yu* de ceux-ci ayant pris le Roi des *Yue-tchi*, lui fit couper le col. Il fit faire de son crâne une coupe dont il se servoit dans les grandes cérémonies. Il y but, & y fit boire le sang des victimes aux Plénipotentiaires Chinois dans le serment qu'ils firent pour ratifier la paix qu'ils se promettoient mutuellement. Cela obligea les *Yue-tchi* à abandonner leur pays, & à se séparer. La plus grande partie poussa vers l'Occident jusqu'au *Khorassan* ou à la *Bactriane*, à 1200 lieues de *Si-ghan-fou*; & ayant subjugué le *Ta-hia*, ils s'y établirent. *Han-vou-ti* leur envoya une ambassade, 139 ans avant l'Ere Chrétienne. Les Ambassadeurs donnerent dans une embuscade des *Hioum-nou*, & furent arrêtés durant plus de dix ans. Après quoi ayant trouvé le moyen de s'enfuir, ils pénétrerent jusqu'aux *Yue-tchi*. Ceux-ci, contents de leur nouvelle conquête, refuserent de s'embarquer dans une guerre si dangereuse. Les Ambassadeurs Chinois furent encore pris par les *Hioum-nou* à leur retour en Chine ; mais un peu plus d'un an après, la mort du *Tchen-yu* leur donna moyen de s'évader. Ils rentrerent en Chine 126 ans avant l'Ere Chrétienne, après 13 ans d'absence. Si leur ambassade ne réussit pas dans son principal projet, elle fut du moins utile pour la connoissance qu'elle donna à la Chine des Indes & des Royaumes Occidentaux, dont elle avoit toujours ignoré jusqu'aux noms.

L'Empereur, instruit de l'état de la Tartarie Chinoise, d'où les *Hioum-nou* tiroient leurs principales forces, & sur-tout leurs richesses & leurs armes, résolut de leur enlever ces Royaumes, & de se les assujettir. La crainte qu'il avoit de la puissance & de la cruauté des *Hioum-nou* fut un puissant obstacle à l'exécution de ce dessein ; mais l'Empereur vint enfin à bout de le forcer. Le succès de l'expédition du *Ta-yuen*, (pays de Perse dans le *Khorassan*,) y contribua plus que toutes choses. La premiere armée qu'il avoit envoyée périt entiérement. La seconde y arriva après une marche de 1000 lieues. Elle assiégea la capitale. Le Général Chinois se fit livrer le Roi, & ordonna qu'on lui tranchât la tête. Ensuite, après avoir établi un nouveau Roi, il revint victorieux en Chine. Cela affermit les Royaumes soumis, & obligea ceux qui ne l'étoient pas, de se soumettre à la Chine. L'Empereur donna même au *Kouen-mo*, ou Roi des *Ou-sun*, une Infante de Chine en mariage, pour serrer plus étroitement le nœud de la confédération. Il établit dans le centre de la Tartarie Chinoise un Généralissime qui commandoit à 36 Royaumes Tartares, dont les Rois avoient reçu

---

(*) Voyez la Table précédente.

l'inveſticure de l'Empereur Chinois avec le ſceau qui en eſt la marque.

Les ſucceſſeurs de *Han-vou ti* acheverent ce qu'il avoit commencé. On compta bientôt 56 Rois dans la Tartarie Chinoiſe, créés par l'Empereur de Chine, qui recevoient de lui les patentes, le ſceau, & les autres marques de la dignité Royale, pour gouverner ces Royaumes. Les Empereurs établirent un Généraliſſime dans la Tartarie, ou un Vice-Empereur, dont la réſidence étoit dans le Royaume d'*Ey-ghour*. On lui aſſigna un Lieutenant-Général qui plaça ſon ſiege aſſez près de-là, outre deux Brigadiers qui n'avoient point de demeure fixe. On ne tarda pas à recueillir le fruit de cette confédération.

Le *Kouen-mii*, ou bien *Kouen-mo*, c'eſt-à-dire le Roi des *Ou-ſun*, & l'Infante de Chine ſa femme, ayant imploré le ſecours de la Chine contre les *Hioum-nou* l'an 72ᵉ. avant l'Ere Chrétienne, l'Empereur *Han-tchao-ti* fit inceſſamment partir une armée de 150000 chevaux, avec ordre à *Tcham-hoei*, Généraliſſime de la Tartarie, de commander cette armée, & celle des *Ou-ſun*. L'année ſuivante, *Tcham-hoei* attaqua à revers les *Hioum-nou*, je veux dire par le côté de l'Occident. Il défit à plate coûture le Roi qui commandoit dans ce Pays. Il emmena plus de 30000 captifs, parmi leſquels il y avoit des oncles du *Tchen-yu*, des Princeſſes de leur ſang, des Rois & des Officiers de tous les rangs. Il leur enleva pareillement plus de 700000 tant chevaux que chameaux, mulets & bœufs. Ce terrible échec fut ſuivi d'une horrible mortalité; ce qui obligea les *Hioum-nou* à ſe diſſiper. La famine ſuivit de près la mortalité. Enfin, la diviſion, qui ſuccéda à la famine, porta le coup fatal à cette puiſſance démeſurée. Il parut tout-à-coup cinq *Tchen yu*; ce qui cauſa la plus ſanglante guerre civile qu'on eût peut-être jamais vue. Voici comme la choſe arriva.

Hiu-lu-kien-kiu (*), malgré l'oppoſition de ſes compétiteurs, continuoit ſes incurſions ſur la Chine, demandant pourtant en même-temps une Infante de la Chine en mariage; il mourut ſur ces entrefaites. Le premier de ces Rois, qui étoit *Tou-ki-tam*, (c'eſt un titre de dignité parmi les *Hioum nou*,) ſe fit auſſi-tôt proclamer *Tchen-yu*, tandis que les Princes du ſang & les grands Officiers de l'Empire proclamerent de leur côté le fils de *Hiu-lu-kien kiu* ſous le titre de *Hou-han-ſie*. Celui-ci commença ſon nouveau regne par la défaite du *Tou-ki-tam*, auquel il ôta la vie. A cette occaſion, les Rois ſe ſouleverent, & prirent à l'envi le titre de *Tchen yu*. Bientôt après, (je me ſers des termes de l'Hiſtoire Chinoiſe,) on compta les morts par dixaines de mille. De dix têtes de bétail, à peine en reſte-t-il une ou deux. Enfin, la faim força les *Hioum-nou* à ſe manger les uns les autres.

Ces calamités publiques obligerent le Roi *Ye-tcho-tam* de venir avec 30 à 40 mille chevaux ſe ſoumettre aux Chinois, 60 ans avant l'Ere Chrétienne. Il fut ſuivi 4 ans après par le *Tchen-yu*, qui portoit le titre *Hou-ſo-lei*, avec un grand nombre de Seigneurs, & plus de 6000 hommes. L'Empereur de Chine les reçut favorablement, & donna des titres Chinois à l'un & à l'autre. D'un autre côté, *Ouo-yen-keou-ti* qui étoit *Tchen-yu* légitime, s'abandonnoit à ſon naturel farouche. *Kou-ſi-vam* (Roi *Hioum-nou*,) avoit malheureuſement été défait par les *Ou-houan*, Tartares Orientaux, tributaires des *Hioum-nou*. Il redoutoit la colere de *Ouo-yen-keou-ti*; c'eſt pourquoi ayant fait une ligue des plus puiſſants de l'Etat, il mit en ſa place le Prince *Ki-heou-ſien* ſous le titre de *Hou-han-ſie*. Celui-ci défit *Ouo-yen-keou-ti* en bataille rangée. *Ouo-yen-keou-ti* ayant été abandonné de tous les ſiens, ſe défit lui-même. *Hou-*

han-ſie avoit défait deux de ſes compétiteurs; mais ayant été défait à ſon tour par le *Tchen-yu*, ſurnommé *Tou-ki*, il vint chercher un aſyle en Chine, & ſe ſoumettre à l'Empereur. Il fut reçu à foi & hommage l'an 53e. avant l'Ere Chrétienne.

Depuis ce temps-là, les *Hioum-nou* furent diviſés en ſeptentrionaux & en méridionaux. Les Empereurs des méridionaux conſerverent le titre de *Hou-han-ſie*, de même que les Empereurs Romains prirent celui de *Céſar*. Le *Tchen-yu*, nommé *Tche-tchi*, s'enfonça avec les ſiens dans la Tartarie Occidentale, à plus de 600 lieues loin de ſon ſiege ordinaire. Il reconquit les Royaumes révoltés, & établit ſon ſiege parmi la nation des *Kien-bou*, qui dans la ſuite prirent le nom de *Kie-kia-ſſe*. (Ce ſont les *Kircaſſes* plus que probablement, ou comme nous prononçons, *Circaſſes*.) Il régnoit ſouverainement, lorſque *Kan-yen-cheou*, Généraliſſime Chinois de la Tartarie, & ſon Lieutenant-général, feignant des ordres de l'Empereur de Chine, ordonnerent aux garniſons Chinoiſes, & aux Royaumes tributaires, de marcher contre lui. Il fut attaqué ſi bruſquement, qu'il fut bientôt défait. On lui coupa la tête, qui fut envoyée en Chine; ce qui plut à *Hou-han-ſie* ſon ennemi, & ne laiſſa pourtant pas de lui donner à penſer pour lui-même. Ceci arriva 35 ans avant l'Ere Chrétienne.

Les *Tchen-yu* méridionaux vécurent tranquillement dans la Chine, qui leur laiſſa le titre impérial de leur nation, ſans aucune réalité. *Yu-fou-lo* fut le pénultieme de ces *Tchen-yu*, le dernier fut *Hou-tchu-tçuen*, frere cadet de *Yu-fou-lo* (*). *Hou-tchu-tçuen*, l'an 216 de l'Ere Chrétienne, alla de *Pim-yam-fou* qui étoit le lieu de ſa réſidence, à *Tcham-te-fou* qui étoit alors le ſiege de l'Empereur de Chine, pour lui rendre hommage. Il fut arrêté par les ordres de *Tçao-tçao* qui gouvernoit alors abſolument. Ainſi finit en Chine l'Empire des *Hioum-nou*. *Tçao-tçao* leur aſſigna des terres en-dedans de la grande muraille, & les partagea en cinq cantons, commandés chacun par un Chef de leur nation, démarche qui fut fatale à la Chine, & que les Chinois regardent comme une échelle qu'on préſenta aux Tartares pour les aider à monter ſur le trône de cet Empire.

En effet, après s'être multipliés dans la Chine, & y avoir pris une connoiſſance exacte des affaires de l'Empire durant environ 90 ans, ils ſe ſervirent de la diviſion qui régnoit entre les Chinois ſous la Dynaſtie des *Tçin*. *Leou-yuen-hai*, (†) petit fils de *Yu-fou-lo-tchen-yu*, & fils de *Leou-pao*, chef d'un des cinq cantons, reprit le titre de *Tchen-yu* l'an 384ᵉ. de l'Ere Chrétienne. Les *Tchen-yu* des *Hioum-nou* méridionaux avoient pris pour nom de famille, *Leou*, qui étoit celui de la Dynaſtie des *Han*, & cela parce qu'ils deſcendoient de *Mothé*, & d'une Infante de Chine, fille du fondateur de cette Dynaſtie, que *Mothé* avoit épouſée. Delà vient le titre Chinois de *Leou-yuen-hai* que portoit ce Prince, également ſavant & brave. Il donna pour la même raiſon le titre de *Han* à ſa Dynaſtie, quoique dans la ſuite elle ait été nommée *Tchao*. Cette entrepriſe fut un ſignal à tous les autres barbares de prendre les armes, & de ſe faire des Empereurs de leur nation. On ne vit jamais de ſemblables troubles, ni tant de carnages. Pluſieurs millions d'hommes en armes rempliſſoient tout d'horreur & de ſang. Les cinq Provinces ſeptentrionales de la Chine furent abandonnées à ces tyrans par les Empereurs Chinois, qui, après avoir été forcés dans leur Cour du Nord, furent enfin obligés de ſe retirer à *Nan-kim*. Quoique cette horrible confuſion n'ait duré que 118 ans, il faudroit pluſieurs volumes pour la décrire au juſte. La Table ſuivante en pourra donner une idée groſſiere.

		TABLE de plusieurs ROIS DE LA CHINE.				
Royaume de	Fondé par	Commence l'an de J. C.	Finit l'an de J. C.	Dure ans.	Sous Rois.	Détruit par
Tçient-tchao.	*Leou-yuen-hai.*	304.	329.	26.	5.	*Heou-tchao.*
Heou-tchao.	*Che-le.*	328.	351.	23.	7.	*Ouei.*
Ouei.	*Che-min.*	350.	352.	3.	1.	*Tçien-yen.*
Leam.	*Cham-kuei.*	314.	376.	78.	8.	*Tçin.*
Heou-leam.	*Lu-kouam.*	385.	404.	19.	3.	*Heou-tçin.*
Nan-leam.	*Tou-fa-ou-kou.*	397.	414.	18.	3.	*Si-tçin.*
Pe-leam.	*Touan-ye.*	397.	439.	43.	3.	*Yuen-Ouei.*
Sii-leam.	*Li-fum.*	400.	421.	22.	2.	*Pe-leam-tçu-kiu-moum-fun.*
Yen.	*Mou-youm.*	307.	370.	63.	4.	*Tçin.*
Heou-yen.	*Mou-youm-tchoui.*	384.	407.	24.	4.	*Pe-yen.*
Sii-yen.	*Mou-youm-tchoum.*	385.	394.	10.	5.	*Heou-yen.*
Nan-yen.	*Mou-youm-té.*	398.	410.	13.	2.	les Chinois.
Pe-yen.	*Kao-yun.*	407.	438.	31.	2.	*Yuen-ouei.*
Tçin.	*Pou-houm* ou *Fou-houm.*	349.	394.	45.	6.	*Heou-tçin.*
Heou-tçin.	*Yao-tcham.*	384.	417.	34.	3.	les Chinois.
Sii-tçin.	*Kii-fou-koue-gin.*	385.	401.	17.	4.	*Hia.*
Hia.	*He-lien-po-po.*	407.	431.	25.	5.	*Tou-kou-hoen.*
Pe-leam.	*Tçu-kiu-moum-fun.*					

Pour bien comprendre cette Table, il faut observer ce qui suit.

1°. La signification des termes Chinois. *Tçien* signifie *antérieur*; *Heou*, *postérieur*; *Nan*, *méridional*; *Pe*, *septentrional*; *Sii*, *occidental*. Par exemple, *Tçien-tchao* signifie *antérieur Tchao*, c'est à dire, le premier Royaume de *Tchao* : *Heou-tchao*, *postérieur Tchao*, ce qui veut dire, le second Royaume de *Tchao*.

2°. *Tchao*, *Ouei*, *Leam*, *Yen*, *Tçin* & *Hia*, sont des noms d'anciens Royaumes de la Chine.

3°. Quand on nomme un de ces Royaumes sans addition, il faut sous-entendre *Tçien* ou *antérieur*. Ainsi quand on dit, le Royaume de *Tchao* ou de *Leam*, c'est comme si on disoit le Royaume de *Tçien-thao* ou de *Tçien-leam*.

4°. Il y a eu beaucoup plus de Rois dans ces Royaumes qu'il n'en est marqué dans la Table : cela vient de ce qu'on omet ceux qui ont été tués la première année de leur regne, qui sont en grand nombre.

5°. Les Chinois ne comptent que 16 Royaumes en tout, parce qu'ils comprennent le Royaume d'*Ouei* sous celui de *Heou-tchao*, à raison de son peu de durée & de la qualité de *Che-min* son fondateur, qui avoit été uni, par adoption, à la famille Royale de *Heou-tchao*. J'ai cru l'en devoir détacher, parce qu'il s'en détacha lui-même, en reprenant son ancien nom de famille qui étoit *Yen*, & donnant à sa Dynastie le nouveau titre d'*Ouei*.

6°. Quoique *Touan-ye*, Chinois de nation, ait été le fondateur du Royaume de *Pe-leam*, comme il ne régna pas cinq ans, & qu'il fut assassiné l'an 401, par *Tçu-kiu-moum-fun*, qui usurpa le Royaume, & le posséda long-temps, on a coutume de l'attribuer à ce dernier; c'est pourquoi j'ai mis son nom à la fin de la Table.

7°. La Table donne au Royaume de *Tçien-leam* 78 années de durée : les termes de son commencement & de sa fin font voir qu'il n'en a eu que 63.

Voilà le siecle de fer, que les Chinois dans leurs Histoires nomment les regnes tumultueux des cinq Barbares, parce que toutes les familles régnantes, à la réserve de deux Chinoises ou trois, si vous comptez *Che-min*, étoient issues de cinq nations Barbares. Celles de *Tchao*, de *Heou-tchao*, du second *Pe-leam* & de *Hia*, aussi-bien que *Pe-leam* & *Hou-leam*, étoient sor-

ties des *Hioum-nou*; celles de *Yen*, de *Heou-yen*, de *Nan yen*, de *Pe-yen* & de *Sii-yen*, étoient originairement *Sien-pi*, aussi-bien que celle de *Sii-tçin*. Celles de *Tçin* & de *Heou-leam* venoient des *Ti*, ou Barbares de la partie occidentale de la Province de *Chensi*. Celle de *Heou-tçin* sortoit des *Kiam*, Barbares occidentaux, qui touchent la Chine. Celle de *Nan-leam* étoit de la nation des *Kie* ou de *Sien-pi* septentrionaux, & de la même famille que les *Ouei* Tartares, desquels nous parlerons dans la suite. Ces *Ouei* Tartares vinrent à bout de tous ces Royaumes tumultuaires, & réduisirent toute la Chine septentrionale sous leur obéissance. Ils acheverent ce grand ouvrage l'an 439. Ce fut pour lors que la Chine commença à être divisée en deux parties, dont la méridionale étoit gouvernée par un Empereur Chinois, & la septentrionale par un Empereur Tartare. Elle demeura en cet état jusqu'à l'an 589, qu'elle fut réunie sous une seule domination par un Empereur Chinois.

Jamais Histoire ne fut plus féconde en grands événements, ou pour mieux dire, en grands brigandages, que les 136 ans que durerent ces guerres plus que civiles. Plusieurs millions d'hommes en armes portoient par-tout la désolation & le carnage. Des trônes flottants dans le sang ne pouvoient être que chancelants : aussi dans ces temps malheureux, les cabanes des laboureurs étoient de plus sûrs asyles pour la vie, que les palais des Rois. En effet, de plus de quatre-vingts Rois ou Empereurs qui ont régné durant ce petit espace de temps, près de la moitié a été assassinée. Je tirerai le peu que je vais rapporter de ces étranges révolutions, du plus célebre Historien qui fut jamais; je veux dire de l'Empereur *Tham-thai-tçoum*, qui commença à régner l'an 627, & qui régna 23 ans. Je ne sais si le trône a jamais été occupé par un plus grand Prince. Il fut le premier Capitaine de son siecle, & le plus débonnaire des Empereurs. Il joignit à mille autres belles qualités, la science & l'éloquence, en quoi il excella. Il employa dix volumes entiers de son Histoire des *Tçin*, à décrire ces Royaumes tumultueux. Je commence par *Leo-yuen-hai*, dont j'ai rapporté ci-devant l'origine.

Leou-yuen-hai ne se contenta pas de reprendre le titre de *Tchen-yu*, il usurpa celui de *Hoam-ti*, qui est le propre des Empereurs Chinois, l'an 308, & mourut deux ans après.

Il laiſſa pour ſucceſſeur ſon fils nommé *Leou-ho*. Celui ci commença ſon regne par ſe vouloir défaire de *Leou-tçoum*, ſon frere cadet, dont le courage lui étoit ſuſpect. *Leou-tçoum*, qui preſſentit ſon deſſein, le prévint; il le força dans ſon palais, & le fit mourir. En même-temps, il ſe fit proclamer *Hoam-ti*, dans la même année que ſon pere étoit mort.

Leou-tçoum commença ſon regne par déclarer la guerre à l'Empereur de Chine, qui réſidoit pour lors dans la ville de *Lo-yam*, qui ſe nomme aujourd'hui *Honan-fou*, dans la Province de *Honan*. Après avoir remporté une victoire ſignalée ſur les Chinois, il aſſiege *Lo-yam*, l'an 311 ; il la force, & y exerce des cruautés plus que barbares. Il envoye l'Empereur de Chine captif à *Pim-yam-fou*, ville de la Province de *Chanſi*, où étoit la Cour des *Hioum-nou*. Il fait mourir le Prince héritier de l'Empire Chinois, enleve l'Impératrice, veuve du feu Empereur, & l'époufe. Il fait mettre le feu aux palais & aux temples des ancêtres des Empereurs, & fait paſſer par le tranchant du fabre plus de trente mille perſonnes de marque, du nombre deſquelles furent les Rois & tous les Officiers de la Cour. Enfin, pour laiſſer à la poſtérité un monument de ſa barbarie plutôt que de ſa gloire, il fit entaſſer tous ces corps morts en forme de trophée, ſur les bords de la riviere qui arroſoit cette capitale. Il alla même plus loin dans ſa ſuite; car ayant un jour voulu obliger l'Empereur de Chine, ſon captif, à ſervir à boire dans un feſtin, comme il refuſa d'obéir, il le fit mettre à mort avec les Officiers Chinois qui lui étoient reſtés.

Leou-yao, Prince du ſang de la famille de *Leou-yuen-hai*, commandant l'armée de *Leou-tçoum*, força pareillement *Si-ghan-fou*, qui étoit pour lors la ſeconde capitale de l'Empire des Chinois, l'an 316. Il prit l'Empereur *Tçin-min-ti*, & l'envoya à *Leou-tçoum*, qui le traita comme il avoit traité ſon pere & ſon prédéceſſeur, & lui ôta la vie pour le même refus de verſer à boire. Ces déſaſtres obligerent *Sa-ma-ſun*, Prince du ſang des *Tçin*, & premier Miniſtre de leur Empire, à transférer le ſiege de l'Empire à *Kien-kam*, ville méridionale, que nous appellons *Nan-kim*, où il prit auſſi-tôt le titre de *Hoam-ti*, l'an 317. *Sun-kiuen* avoit choiſi, dès l'an 229, cette même ville, en lui donnant le nom de *Kien-ye*, pour capitale de ſon Empire, lorſque la Chine étoit diviſée en trois. *Leou-tçoum* mourut (*), après 9 ans de regne, l'an 318, laiſſant pour ſucceſſeur ſon fils *Leou-tçan*.

Leou-tçan ſe plongea dans le ſang & dans la volupté. L'Impératrice ſa mere & l'Impératrice ſa femme étoient toutes deux d'une même famille, nommée *Kin*; ce qui la rendoit très-puiſſante. Les deux chefs de cette famille réſolurent de détrôner *Leou-tçan*, & de prendre ſa place. Pour achever de le rendre odieux & ſe défaire par le même moyen de ceux qui faiſoient ombrage à leur ambition, ils lui mirent en tête que les Princes & les Grands tramoient entr'eux ſa dépoſition, & qu'il étoit perdu, ſans reſſource, s'il ne les prévenoit. Ce Prince efféminé prit l'allarme, &, ſans autre examen, fit main-baſſe ſur les Princes de ſon ſang & ſur les principaux Officiers de ſon Empire.

Kin-tchun, voyant que ſes deſſeins avoient eu le ſuccès qu'il pouvoit attendre, pouſſa ſa pointe. Il força le palais, prit *Leou-tçan*; & après lui avoir reproché ſa mauvaiſe conduite, il lui fit trancher la tête. Il fit le même traitement aux Princes qui reſtoient & à toutes les Princeſſes du ſang; & ces exécutions furent faites en plein marché. Il exerça même ſa rage ſur les morts : il fit déterrer les corps de *Leou-yuen-hai* & de *Leou-tçoun*, & les fit hacher en pieces. Il finit par faire mettre le feu

aux temples qui leur étoient dédiés & à leurs ancêtres. Après ces beaux exploits, il prit le titre de Roi l'an 318. Il ne tarda pas à porter la peine de ſes forfaits. *Che-le*, Généraliſſime des armées de *Leou-tçan*, vint l'aſſiéger dans *Pim-yam-fou*, le prit, & le fit mourir.

Leou-yao, Prince du ſang de *Leou-yuen-hai*, prit en même temps le titre de *Hoam-ti* dans la ville de *Si-ghan-fou*. Il créa auſſi-tôt *Che-le*, Duc de *Tchao*, pour avoir vengé la mort de *Leou-tçan*. Cela ne fut pas capable de contenter *Che-le*, qui aſpiroit au trône. Il déclara la guerre à *Leou-yao*; & malgré une grande défaite qui eût dû l'arrêter, il alla aſſiéger *Leou-yao* dans la ville de *Lo-yam*. *Leou-yao* fut pris dans un combat qu'il livra ſous les murailles de la ville. *Leou-hi*, ſon fils & ſon héritier, prit auſſi-tôt le titre de *Hoam-ti*, & s'enfuit. *Che-le* ordonna à *Leou-yao* ſon captif d'écrire à ſon fils pour l'obliger à ſe rendre. *Leou-yao*, au contraire, l'exhorta à ſe bien défendre, ſans ſe mettre en peine de lui. Cette lettre lui coûta la vie, qu'il perdit l'an 328. *Che-le* fit pourſuivre vivement *Leou-hi*, qui ſe battit en retraite; mais il perdit tant de monde dans les combats continuels qu'il eut à ſoutenir, que les chemins, dans l'étendue de 100 lieues, furent jonchés de corps morts. A la fin, s'étant jetté dans *Cham-kouei*, ville de la Province de *Chenſi*, il y fut aſſiégé, pris & tué. Le reſte de ſa famille fut exterminé avec lui, laquelle, jointe aux Rois, aux Grands, & autres perſonnes principales, faiſoit le nombre de plus de 3000; ce qui arriva l'an 329.

Si *Che-le* (*), fondateur du Royaume de *Heou-tchao*, vengea le ſang des Chinois, inhumainement répandu, en exterminant avec une pareille inhumanité les reſtes de la famille des *Tchen-yu*, ſes Rois, (car il étoit *Hioum-nou* de nation,) ſa famille ne tarda guere à ſubir la même loi. Je dis ſa famille, car pour lui il régna heureuſement & glorieuſement. *Che-le*, qui d'eſclave premiérement & enſuite de chef de brigands, devint un grand Capitaine & un plus grand Roi, entaſſa victoires ſur victoires, durant cinq ans de regne. Il tint d'abord ſa Cour à *Siam-koue*, qui ſe nomme aujourd'hui *Chun-te-fou*, ville de la Province de *Pe-tche-li*. Enſuite il la transféra à *Ye*, ville de la Province de *Honan*, qui porte aujourd'hui le nom de *Tcham-te-fou*.

Il laiſſa en mourant *Che-houm*, ſon fils, ſucceſſeur de ſa Couronne, l'an 334, lequel fut tué la même année par *Che-ki-loum*, ſon couſin.

Che-ki-loum régna 15 ans avec gloire; il eut *Che-chi*, ſon fils, pour ſucceſſeur. *Che-chi* ne régna que 33 jours, au bout deſquels il fut tué par *Che-tçun*, ſon frere aîné.

Che-tchoum, frere aîné de *Che-tçun*, vint à la tête de plus de 100000 hommes, lui diſputer la couronne. *Che-tchoum* fut défait en bataille rangée par *Che-min*, Généraliſſime des armées de *Che-tçun*, & fut pris avec 30000 des ſiens. *Che-tçun* fit tout égorger. *Che-tçun*, malheureuſement pour lui, quand il commença à ſe ſoulever, avoit engagé ſa parole à *Che-min*, Chinois, dont il avoit adopté le pere, qu'il le nommeroit ſon ſucceſſeur au cas qu'il parvînt à l'Empire. Lorſqu'il fut Empereur, il oublia ſa promeſſe, & déclara *Che-yen*, Prince de ſon ſang, l'héritier de ſon Empire. *Che-min* fut outré de ce violemment de foi. *Che-tçun*, qui redoutoit ſa vengeance, prit la réſolution de s'en défaire; mais *Che-min*, qui fut averti de ce qui ſe tramoit contre lui, vint attaquer le Palais, le força & maſſacra *Che-tçun*, avec *Che-yen*, ſon ſucceſſeur déſigné; de ſorte que *Che-tçun* ne régna que 183 jours. Auſſi-tôt après, *Che-min* fit proclamer Empereur *Che-kien*, & ſe

---

contenta de la réalité d'Empereur, fans fe mettre en peine du nom.

Che-kien, à peine fut-il inftallé, qu'il fongea à perdre *Che-min*. Il commit l'exécution d'un deffein fi dangereux à plufieurs Grands. Ceux-ci manquerent leur coup; fur quoi *Che-kien*, feignant qu'ils avoient attenté à la vie de *Che-min* de leur propre mouvement, les fit mourir. *Che-min* s'apperçut de la fraude. Une feconde entreprife de Tartares, qui confpiroient contre lui, le convainquit pleinement du deffein de l'Empereur. Pour lors *Che-min* prit les armes, força le palais, & tua tout fans exception; de forte que les ruiffeaux de fang y couloient de tous côtés. Il s'affura de la perfonne de l'Empereur. La ville Impériale étoit alors remplie de Barbares de fix nations différentes. Ils demanderent permiffion de fe retirer, ils l'obtinrent. Mais *Che-min*, qui ne doutoit pas qu'ils ne tournaffent leurs armes contre lui, mit à prix les têtes de ceux qui étoient fortis; on les apportoit à milliers. *Che-min* les fentant affoiblis par ce carnage, donna ordre qu'on fît main-baffe fur tous ceux qui étoient reftés dans la capitale, fans diftinction d'âge, ni de fexe. On en égorgea auffi-tôt plus de 200000. Il envoya en même-temps des ordres femblables par tout le Royaume; & malheur aux Chinois, *dit l'Hiftoire*, qui avoient le nez long & la barbe épaiffe; car ils furent enveloppés dans cet horrible maffacre, & on fit mourir plus de la moitié. Pour comble de cruauté, *Che-min* fit mourir en public l'Empereur avec 38 petits-fils de *Che-ki-loum*. Il extermina entiérement la famille Royale. *Che-kien* ne régna en tout que 103 jours.

Comme je n'écris pas une Hiftoire dans les formes, j'omets le refte de ces Royaumes, à la réferve de celui de *Tçin*, qui a été le plus puiffant de tous, & qui avoit affujetti les autres. Je vais en toucher quelques particularités dignes de mémoire.

La Table Chronologique (*) fait voir que *Pouhoum* ou *Fou-houm* en fut le fondateur. *Pou-houm* ou *Fou-houm* defcendoit d'un ancien Roi Chinois, nommé *Yen-bou*, qui fut chaffé de fes Etats, fitués dans la Province de *Chenfi*, par *Ki*, Empereur de la Dynaftie des *Hia*, & fils du Grand *Yu*, qui en étoit le fondateur, l'an 2197 avant J. C. *Pou-houm* étoit *Ti* de nation, c'eft-à-dire, *Barbare*, de la partie occidentale-méridionale de la Province de *Chenfi*. Sa famille avoit toujours eu du commandement parmi ces peuples. Un étang, qui étoit dans fa maifon, pouffa un rofeau qui crut, en peu de temps, jufqu'à la hauteur de 50 pieds. Il étoit diftingué par cinq nœuds, femblables à ceux du bambou; ce qui lui donna occafion de prendre pour nom de famille celui de *Pou*, qui fignifie *rofeau* en Chinois. Il mourut à l'âge de 66 ans. *Fou-kien*, fon troifieme fils, lui fuccéda. Il vécut 39 ans, dont il en regna quatre. *Fou-fem*, troifieme fils de *Fou-kien*, fuccéda à fon pere. Ce Prince, brutal & cruel, fut affaffiné par *Fou-kien*, fon coufin, à l'âge de 23 ans; il n'en regna que deux.

Fou-kien, après avoir fait mourir *Fou-fem*, fut proclamé Empereur. Il étoit fils de *Fou-hioum*, le dernier des enfants de *Pou houm*. *Fou-kien* fut la gloire de fa famille. Lorfque *Pou-houm* fervoit fous *Che-ki-loum*, Roi de *Heou-tchao*, il établit fa demeure à *Tcham-te-fou*, capitale de ce Royaume. *Keou-chi*, femme de *Fou-hioum*, fils de *Pou-houm*, fe promenant un jour fur les bords du *Tcham*, riviere qui paffe par cette capitale, entra dans le temple qui étoit dédié à un ancien Héros Chinois, nommé *Si-men-pao*. (Ce Héros fervit autrefois fous *Ven-heou*, Roi de *Ouei*, qui le créa Général d'armée l'an 400 avant J. C. Il avoit été Gouverneur de *Tcham-te-fou*,

où fa mémoire eft encore auffi fraîche aujourd'hui que jamais.) Elle y fit des vœux pour obtenir de lui un enfant. La nuit fuivante, elle fongea que le Dieu avoit commerce avec elle. Elle conçut auffi-tôt, & elle mit *Fou-kien* au monde, après l'avoir porté douze mois dans fon fein. *Fou-kien* apporta en naiffant des caractères écrits fur fon dos en lettres rouges, qui prédifoient qu'il régneroit dans la ville de *Si-ghan-fou*, & qui lui donnerent occafion de changer fon premier nom de famille en celui de *Fou*.

Fou-kien, également brave & politique, porta la grandeur de fa maifon au plus haut point de l'élévation. Non-feulement il affujettit tous les Rois de la Chine feptentrionale; mais encore toute la Tartarie jufqu'au Royaume d'*Eyghour*. Il pouffa bien plus avant fes conquêtes. Il fe rendit tributaire toute la Tartarie, & fur-tout la méridionale, & l'on compta, dans une feule année plus de 62 de ces Royaumes qui lui envoyoient leur tribut. Il envoya un Généraliffime, accompagné d'une armée nombreufe pour réfider au centre du Pays, & de-là commander à tous ces Royaumes. Il fe voyoit par-là maître d'une infinité de troupes barbares, toujours prêtes à combattre.

Il reftoit encore un pas à faire à fon ambition pour monter au faîte de la gloire. Il falloit fubjuguer la Chine méridionale, & envahir fes tréfors immenfes. Il crut la chofe aifée, ayant à fes ordres la plus formidable armée qu'on vit jamais. On eut beau le détourner de ce deffein. La flatterie des barbares l'emporta fur la fidélité des fiens, & même des Princes de fon fang. Sur-tout *Fou-youm*, le dernier de fes freres, lui repréfenta que l'Empereur régnant dans la Chine méridionale, étoit un Prince éclairé, qu'il avoit confié le gouvernement de fon Empire à deux grands hommes; que lui ne pouvoit prudemment fe fier aux Barbares qui étoient fes ennemis cachés; qu'il y avoit parmi fes Généraux des ennemis nés de fa maifon; qu'enfin, s'il lui arrivoit quelque difgrace, c'étoit fait de fon Empire. Ce difcours n'ébranla point *Foukien*; fa réfolution étoit prife, & tout étoit déja prêt pour l'expédition. Ainfi il fit marcher fes troupes dans la huitieme Lune de l'an 383 de l'Ere Chrétienne. Je vais préfentement traduire, mot pour mot, l'Hiftoire Chinoife. Je ferois injure à un fi grand Auteur, fi, pour décrire un événement fi fingulier, je me fervois d'autres termes que des fiens. L'éloquence majeftueufe de ce grand Prince *Tham-thai-tçoum* paroîtroit dans tout fon jour, fi je pouvois rendre beauté pour beauté; mais cela n'eft pas poffible. Tout fera donc de ce grand Prince, à la réferve des parenthefes que j'ajouterai en forme d'éclairciffement.

Son avant-garde, compofée de 250000 hommes, tant cavalerie qu'infanterie, partit la premiere fous le commandement de *Fou-youm*, (frere de *Fou-kien*,) de *Tcham-tçe*, de *Fou-fam*, de *Leam-tchim*, de *Mou-youm-ouei*, (Roi des *Yen*, pris en guerre,) & de *Mou-youm-tchoui*, (Prince du fang de *Mou-youm-ouei*.) *Fou-kien* lui-même fuivit bientôt après à la tête de plus de 600000 Fantaffins Barbares, & de 270000 chevaux. Dans l'étendue de 100 lieues, tout étoit couvert d'étendards, tout retentiffoit du fon des tambours. Les troupes de trois Provinces reçurent en même-temps ordre de marcher pour venir à *Poum-tchim*, où étoit le rendez-vous, & fe joindre à l'armée. (*Poum-tchim* eft la ville qui fe nomme aujourd'hui *Su-tcheou*, dans la Province de *Kiamnan*.) Il fit partir 10000 vaiffeaux (grandes barques) pour tranfporter les vivres par eau, de forte que, dans l'efpace de 1000 lieues de l'Occident à l'Orient, tout s'ébranla, tout marcha par terre & par eau.

Fou-youm, avec l'avant-garde qu'il commandoit en chef, emporta de vive force la ville de *Cheou-tchun* (aujourd'hui *Cheou-tcheou*.) *Mou-youm-tchoui* força pareillement la ville de *Hiam-tchin*. *Leam-tchin*, *Van-hien*, *Van-hioum* & autres Commandants alle- rent fe camper à *Lo-kien* avec 50000 hommes, & barrerent avec des eftacades la riviere de *Hoai-hu*, pour en ôter la communication aux Chinois. *Leam-tchim* battit les Chinois en plufieurs occafions.

L'Empereur Chinois avoit donné le commandement de fon armée à *Sie-che*, à *Sie-hiuen*, à *Houan-y*, à *Sie-yn* & autres. Ils commandoient 70000 hom- mes, tant par terre que par eau. Ils vinrent à la file s'oppofer à *Fou-youm*, à la diftance de 25 *Li*, ou deux lieues & demie du camp, qui étoit à *Lokien*. La crainte qu'ils avoient de *Leam-tchim* (qui com- mandoit ce camp,) les empêcha de paffer plus avant. *Hou-pin*, Général Chinois, qui commandoit la gar- nifon de *Kia-che*, n'avoit plus de vivres. Il faifoit mefurer du fable à la vue de l'armée de *Fou-youm*, (pour faire croire qu'il avoit des bleds abondam- ment.) Cependant il écrivit fecretement à *Sie-che*, Commandant en chef de l'armée Chinoife, en ces ter- mes : ,, La puiffance des bandits eft grande ; je manque ,, abfolument de vivres, ainfi je crains que je ne puiffe ,, plus vous revoir".

Fou-youm, de fon côté, dépêcha à toutes brides un courier à *Fou-kien*, pour lui porter cet avis. ,, Le ,, nombre des bandits eft petit ; il eft aifé de les pren- ,, dre ; il eft feulement à craindre qu'ils ne prennent la ,, fuite, & ne nous échappent. Votre Majefté doit faire ,, avancer inceffamment toutes fes armées pour les in- ,, veftir". Cet avis remplit *Fou-kien* de joie. C'eft pour- quoi, dans la crainte où il étoit que l'armée Chinoife ne lui échappât, il laiffa le gros de la fienne à *Hiam-tchun*; & fe mettant à la tête de 8000 chevaux lé- gers, il fit une marche précipitée pour arriver à temps. Avant de partir, il fit publier cet ordre à fes trou- pes : ,, Quiconque dira que je fuis arrivé à *Cheo-tchun*, ,, aura la langue arrachée ". Cet ordre fut caufe que *Sie-che*, & les autres Commandants Chinois ne fu- rent rien de cela. Cependant un Général Chinois s'é- tant mis à la tête de 5000 déterminés, alla durant la nuit furprendre le camp de *Lo-kien*. Il le força, & fit couper la tête à dix Généraux des ennemis, & fur- tout à *Leam-tchim*, & tua pareillement 15000 hom- mes du camp.

Sie-che & les autres Commandants Chinois n'eu- rent pas plutôt appris la défaite de *Leam-tchim*, qu'ils firent avancer leur armée par terre & par eau. Dès qu'el- le fut en vue de l'ennemi, *Fou-kien*, accompagné de *Fou youm*, monta fur les murailles de la ville où il étoit campé. Ayant obfervé l'armée Chinoife, il la trouva en bel ordre, & remarqua que les foldats qui la com- pofoient, brûloient d'envie de combattre : enfuite dé- tournant les yeux fur la montagne voifine, nommée *Pa-koum-chan*, les herbes & les arbres lui parurent autant d'hommes. Alors fe retournant vers *Fou-youm*, & lui adreffant la parole : ,, Voilà, *dit-il*, un rude ,, ennemi, & fon nombre peut-il être appellé petit ? " Auffi-tôt il changea de vifage, & parut craindre. On n'eut pas plutôt donné avis à *Nan-kim* de la marche de *Fou-kien*, que le fils du Roi de *Kouei-ki* alla avec une pompe militaire & au fon des inftruments, faire des vœux au Dieu de la Montagne, nommée *Tchoum-chan*, (elle eft dans l'enceinte des murs de *Nan-kim*, & il y avoit dès-lors un temple dédié à un héros,) & lui demanda du fecours. L'Empereur de Chine, à cet effet, créa ce Dieu adminiftrateur de l'Empire. Il femble qu'on doive attribuer au fecours du Dieu ce changement imaginaire d'herbes & d'arbres en hommes, qui parut à *Fou-kien* fur la montagne.

Fou-kien députa *Tchu-fu*, Préfident d'une de fes Cours, vers *Sie-che* & les autres Commandants Chi- nois, pour les obliger à fe rendre volontairement, vu l'inégalité de leurs forces. *Tchu-fu* voulant tromper *Sie-che*, lui tint ce difcours : ,, Si vous attendez que ,, le million de foldats que nous avons, foit réuni,

,, vous ne pourrez plus réfifter. Avant donc que ,, toutes ces troupes foient arrivées , il eft de votre in- ,, térêt de livrer bataille. Si vous défaites l'avant-garde, ,, vous réuffirez fans peine dans le refte". *Sie-che* ayant appris pour lors que *Fou-kien* étoit en perfonne à *Cheo-tchun*, fut faifi de peur. Il vouloit refufer le combat, & fe réduire à fatiguer l'ennemi par des lon- gueurs affectées; mais *Sie-yen* l'exhorta à fuivre le confeil de *Tchu-fu*. *Sie-che* envoya donc des députés à *Fou-kien*, lui préfenter la bataille; la propofition fut reçue. Il arriva dans le même-temps, que *Sie-che* fut battu par *Tcham-tçe* au midi de la riviere qui fe nomme *Fei-choui*. *Sie-hiuen* & *Sie-yen* mirent leurs troupes en bataille, & attendirent de pied ferme *Sie-che* avec les débris de fon armée. *Tcham-tçe*, après fa victoire, fe retira & alla fe camper fur le bord (feptentrional) du *Fei-choui* ; en forte que l'armée Chinoife ne pouvoit paffer cette riviere. Les Com- mandants Chinois envoyerent dire à *Fou-youm* ces paroles : ,, Seigneur, vous avez rifqué votre armée, ,, & vous avez pénétré bien avant dans le pays enne- ,, mi. Préfentement vous campez le long des bords ,, de cette riviere ; c'eft la démarche d'un homme qui ,, prétend demeurer long-temps dans fon pofte. Eft- ,, ce vouloir livrer la bataille que vous avez accep- ,, tée ? Si vous voulez avoir la bonté de faire reculer ,, vos troupes & de les tenir prêtes au combat, nous ,, allons doucement joindre les brides de nos che- ,, vaux, & nous en verrons l'effet; ne fera-ce pas un ,, beau fpectacle " ?

A l'inftant, *Fou-youm* fait fignal à fon armée de reculer, & cela dans l'efpérance d'attaquer les Chi- nois au paffage. Son armée recula à la vérité, mais en s'ébranlant & en fuyant, fans qu'on pût l'arrêter. *Fou-youm* pouffe à toutes brides pour la raffembler ; mais fon cheval s'étant abattu fous lui, il fut tué par les Chinois, qui pourfuivoient leur ennemi. Ce fut pour lors que l'armée de *Fou-youm* s'enfuit en défordre. Les Chinois victorieux pénétrerent jufqu'à *Tçim-kam*, renverfant & paffant tout au fil de l'épée. *Fou-kien* lui-même reçut un coup de fleche, dont il fut bleffé. Il prit la fuite, fans être accompagné de perfonne, & repaffa le fleuve *Hoai-ho*. La faim le preffoit, un Chinois inconnu lui apporta un quartier de cochon. *Fou-kien* en mangea avec joie : ,, Jamais, *dit-il*, *Koum-* ,, *fun*, (grand Capitaine & puiffant Roi,) ne man- ,, gea de meilleur appetit la bouillie de pois qui lui ,, fut préfentée durant fa fuite ". Il ordonna qu'on donnât à cet inconnu dix pieces de foie, & autant de livres de coton. ,, J'ay ouï dire, *répondit* l'inconnu, ,, en refufant le préfent, que le dragon blanc, pour ,, s'être ennuyé des plaifirs qu'il goûtoit dans les étangs ,, céleftes, étoit tombé dans la difgrace & dans la mi- ,, fere ". (Le dragon eft le fymbole de l'Empereur. La couleur blanche eft attribuée à l'élément du mé- tal, lequel élément domine dans l'Occident : ainfi ce difcours énigmatique défignoit *Fou-kien*, qui étoit Empereur de l'Occident de la Chine, & lui donnoit à entendre, qu'il s'étoit précipité dans un abyme de miferes, pour n'avoir pas fu fe contenter de fa haute fortune.) ,, C'eft ce que Votre Majefté vient de voir ,, de fes yeux & entendre de fes oreilles. Peut-elle ,, attribuer au Ciel le malheur qu'elle s'eft attiré elle- ,, même ? De plus, tout don fait, fans raifon, par ,, un Souverain, n'eft point un bienfait. Tout don ,, reçu par un fujet fans caufe, eft une infidélité. Ou- ,, tre cela, Votre Majefté eft mon pere & ma mere. ,, La raifon peut-elle permettre à un fils d'exiger ,, quelque récompenfe, pour avoir fourni l'aliment ,, néceffaire à fon pere & à fa mere ? " Après ce dif- cours, l'inconnu fe retira, fans regarder davantage l'Empereur.

Fou-kien, que ce difcours avoit couvert de con- fufion, fe tourna du côté de l'Impératrice fa femme. ,, Si j'avois voulu, *dit-il*, fuivre les confeils de mes

„ fideles fujets, aurois-je jamais éprouvé la rigueur „ du fort que j'éprouve aujourd'hui ? " Il partit auffi-tôt baigné dans fes larmes. Au moindre bruit du vent, au plus foible cri des cicognes, il croyoit entendre les Chinois. Cependant plufieurs des principaux Officiers de *Fou-kien* fe rendirent aux Chinois. Il y avoit long-temps que cette voix couroit parmi le peuple, que *Fou-kien* ne forte point de *Hiam*. C'eft pourquoi tous fes Officiers lui confeilloient de s'arrêter dans cette ville, & d'en faire fa place d'armes. *Fou-kien* méprifa cet avis ; ce qui fut caufe de fa perte. Toutes fes armées avoient été mifes en déroute, à la réferve de celle que commandoit *Mou-youm-tchoui*. Il alla fe joindre à cette armée, accompagné d'un peu plus de mille cavaliers, (qui s'étoient rendus à la file auprès de lui.) *Mou-youm-pao*, fils de *Mou-youm-tchoui*, confeilla à fon pere de fe défaire de *Fou-kien*. *Mou-youm-tchoui* rejetta ce confeil. *Fou-kien* continua le commandement de fon armée à *Mou-youm-tchoui*. Auparavant *Mou-youm-ouei* étoit campé à *Yun-tchim*, & *Kiam-tchim* commandoit le camp de *Tcham-keou*.

Hia-heou-tchim, Gouverneur de la ville de *Soui-kiun*, fe mit en campagne avec les Chinois qui étoient fous fon commandement. Il alla attaquer *Kiam-tchim*, le força, & lui fit couper le col. *Mou-youm-ouei*, craignant un traitement pareil, abandonna fon armée, & s'en revint en fuyant à toutes brides. *Fou-kien* ramaffa les débris de fa défaite ; & étant arrivé à *Honan-fou*, fon armée fe trouva encore compofée de plus de cent mille hommes : fa Cour commença à reprendre quelque forme. Avant qu'il entrât dans la Province de *Chenfi*, *Mou-youm-tchoui*, qui tramoit la révolte dans fon cœur, lui demanda la permiffion d'aller faire la revue des Provinces de *Chanfi* & de *Pe-tche-li*, & en même-temps vifiter le fépulcre de fes ancêtres ; *Fou-kien* le lui accorda. *Kiuen-y* s'y oppofa fortement, mais inutilement. *Fou-kien* pourtant s'apperçut bientôt de fa faute, & commença à craindre les fuites de ce voyage. Pour les prévenir, il envoya *Che-yue* avec 3000 hommes en garnifon à *Tcham-te-fou*. Il ordonna à *Tcham-tçé* de conduire 5000 gardes-du-corps à *Pim-tcheou*, pour en fortifier la garnifon. Il laiffa 4000 hommes à la défenfe de *Honan-fou*.

Après ces difpofitions, étant arrivé dans la maifon de plaifance qu'il avoit à l'Orient de *Si-ghan-fou*, il commença, avant toutes chofes, par pleurer la mort de fon frere, nommé *Fou-youm* ; enfuite il entra dans la ville. Il fe tranfporta à l'inftant au temple de fes ancêtres, devant les mânes defquels il confeffa publiquement les fautes qu'il venoit de faire. Il publia une amniftie générale. Il avança d'un degré tous fes Officiers de robe & d'épée ; exhorta fon peuple au labourage ; fit des honneurs aux orphelins & aux vieillards. Enfin, il exempta de tout tribut, durant leur vie, les familles de ceux de fes foldats qui n'étoient point revenus de l'expédition. Jufqu'ici ce font les termes de l'Empereur *Tham-thai-tçoum*.

Tout cela n'empêcha pas les Barbares de lui manquer de foi, & de fe foulever. Les deux plus puiffants de fes ennemis furent *Yao-tcham* & *Mou-youm-tchoui*. Tandis que le fecond démembroit fon Empire, le premier vint l'affiéger dans fa capitale, qu'il emporta, l'épée à la main. *Fou-kien* trouva le moyen de fe fauver ; mais il fut fi vivement pourfuivi par fon ennemi, qu'il fut bientôt pris. *Yao-tcham* lui ôta la vie l'an 385 (*). Il mourut en homme de cœur, & aima mieux perdre la vie que créer Empereur *Yaot-cham*. *Fou-kien* fut, fans doute, un grand homme. Il auroit été le plus grand Empereur de fon temps, s'il n'avoit pas voulu l'être feul ; mais fon ambition démefurée ne pouvoit

pas même fouffrir l'ombre d'égalité ; ce qui joint à la trop grande confiance qu'il prenoit en fes ennemis, & au peu de cas qu'il faifoit, fur la fin, de bons confeils, l'entraîna dans le précipice.

Il devoit principalement fon élévation à un Chinois nommé *Van-moum*, auffi vaillant Capitaine que grand homme d'Etat. Heureux s'il avoit fuivi en tout fes confeils. Il n'y eut point d'honneurs que *Fou-kien* ne fît à cet illuftre perfonnage, tandis que le Ciel le lui conferva. En voici une marque éclatante. *Van-moum* étant malade de la maladie dont il mourut, *Fou-kien* fit lui-même des facrifices au ciel, à la terre, aux mânes des Empereurs fes ancêtres, & aux Dieux tutélaires des champs & des bleds, de tout fon Empire, pour demander fa guérifon. De plus, il députa des Officiers de fa maifon, pour aller de toutes parts faire des vœux en fon nom aux Dieux des cinq principales montagnes & des cinq principaux fleuves de la Chine, pour obtenir la même grace.

Fou-pei, fils aîné de *Fou-kien*, né d'une concubine, eut le bonheur de fe fauver à *Tçin-yam*, (aujourd'hui *Ta-yuen-fou*, ville capitale de la Province de *Chanfi*,) où il prit le titre de *Hoam-ti*, l'an 385. Il y régna deux ans. Un Commandant Chinois l'ayant pris, lorfqu'il fuyoit, après avoir abandonné fa capitale à *Mou-youm-youm* qui l'avoit forcée, lui fit trancher la tête.

Fou-tem, neveu de *Fou-kien*, régna durant neuf ans après *Fou-pei*, & en vécut 52. Il fut tué par *Yao-him*, Roi de *Heou-tçin*, en défendant fa capitale, l'an 394 ; & le Royaume de *Tçin* fut éteint avec lui.

DE L'EMPIRE DES OUEI TARTARES.

Cette Dynaftie de Tartares doit avoir place entre les Royaumes turbulents comme les Chinois les nomment, & être comptée pour la dix-feptieme. Cependant fa durée, le mérite d'avoir détruit les feize ou dix-fept autres Royaumes tumultueux, fon Gouvernement plus régulier, & fur-tout les fervices qu'elle rendit à la Dynaftie Chinoife des *Tçin*, ont obligé les Chinois à la tirer de cette confufion, & à lui compofer une Hiftoire particuliere. Ayant donc à rechercher leur origine, je ne puis mieux faire que de me fervir des termes de cette Hiftoire qui a été écrite par *Ouei-cheou* ; les voici.

Anciennement *Hoam-ti*, (Empereur de Chine, qui commença à régner 2704 ans avant l'Ere Chrétiene) eut 25 enfants, dont les uns s'établirent dans la Chine, les autres dans la Tartarie. *Tcham-yi*, le plus jeune de tous, fut créé Roi dans le Nord, plus à l'Eft de ce dernier pays. Dans fes Etats, il y avoit une chaine de montagnes, appellées les grands Monts *Sien-pi*, d'où la nation tira fon premier nom. Les defcendants de *Tcham-yi* régnerent dans les pays qui font droit au feptentrion de la Chine, c'eft-à-dire dans des plaines défertes, où ils erroient à la fuite de leurs troupeaux, fans autre profeffion que celle des armes & de la chaffe. Ils faifoient confifter la vertu dans la fimplicité & la rudeffe, & la fageffe ou l'art de convertir les peuples, dans une bonté naïve & fans façon. Ils n'avoient point l'ufage des lettres ; & ils fe contentoient, pour leurs contrats, de graver quelques marques fur du bois. Pour toute Hiftoire, ils avoient la tradition de leurs ancêtres, qu'ils confervoient de pere en fils avec foin.

L'Empereur *Hoam-ti* régnoit par la vertu de l'élément de la terre. Dans la langue de ce peuple, la terre eft nommée *To* ; & *Po* fignifie *Roi*. De-là vient que la famille Royale prit le nom de *To-po*, (pour marquer qu'ils régnoient par la vertu du même élément.) Un des defcendants de *Tcham-yi*, dont le nom étoit *Chi kiun*, fut Officier dans la Cour de *Yao*, (Empereur de Chine, qui commença à régner 2357 ans

avant

DE LA TARTARIE.

avant l'Ere Chrétienne, & régna 100 ans.) Il chassa le démon de la sécheresse au-delà de l'eau foible ; ce qui rendit les peuples heureux. Depuis ce temps-là, sa famille & sa nation subsista sous les trois premieres Dynasties de la Chine, & encore sous celle des *Tçin* & celle des *Han.* Durant tant de siecles, les Tartares, sous le nom de *Hien-yu,* de *Hien-yun,* de *Chan-youm,* de *Hioum-nou,* & autres semblables, exercerent des cruautés extrêmes sur la Chine, tandis que les descendants de *Chi-kiun* n'avoient aucune communication avec elle ; & c'est la raison pour laquelle il n'est fait aucune mention d'eux dans les Histoires anciennes. Le soixante-septieme Roi, en comptant *Chi-kiun* pour le premier, fut l'Empereur *Mao,* qui domina sur trente-six Royaumes, & sur quatre-vingt-dix-neuf grandes familles. Ce sont les paroles de l'Historien La Table suivante représentera mieux la suite de ces Empereurs, que le discours ne pourroit faire.

TABLE DES EMPEREURS DES OUEI TARTARES.

L'EMPEREUR	Sous le titre de	Commença l'an du Cycle nommé	l'an de J'. C.	régna	vécut	mourut.
Tcham-yi . . Entre *Tcham-yi* & *Chi kiun,* le nombre des regnes n'est point marqué.						
Chi-kiun . . Entre *Chi-kiun* & *Mao* inclusivement, on compte 67 regnes.						
Mao.						
Tai.						
Kouan.						
Leou.						
Yue.						
Tchoui-yn.						
Li.						
Sée.						
Sé.						
Ki.						
Kai.						
Kouai.						
Lin.						céda l'Empire à son fils.
Kie-fen.						
Chi-tçou : Chin-yuen-hoam-ti.		*Kem-tçe.*	220	58	104	
Sii-lou : Tcham-hoamti.				9		
Tcho : Pim-hoam-ti, cadet de *Sii-lou.*				7		
Fou-sse-hoamti, petit-fils de *Chi-tçou.*				1		
Lo kouan : Tchao-hoamti, fils de *Chi-tçou.*				13		*Yi-to : Houan-hoam-ti,* régna onze ans avec lui sur un tiers du Royaume Il étoit fils aîné du fils aîné de *Chi tçou.*
Yi-lou : Mou hoam-ti, frere cadet de *Yi-to.*				9		tué, par *Yu-leou,* son fils aîné.
Yu lu : Pim-ven hoam-ti, fils de *Yi to.*		*Tim-tcheou.*	317	5		empoisonné par la femme de *Yi-to,* pour mettre *Ho-jo,* son fils, en sa place.
Ho-jo : Hoei-hoam-ti, second fils de *Yi-to.*		*Sin-fé.*	321	5		
He-no : Yam-hoam-ti, cadet de *Ho-jo.*		*Yi-yeou.*	325	5		fut déposé.
Yi-hoai : Lie-hoam-ti, fils aîné de *Ho-jo.*		*Ki-tcheou.*	329	7		fut déposé.
He-no : Yam-hoam-ti.		*Yi-vei.*	335	3		fut rétabli.
Yi-hoai : Lie-hoam-ti.		*Tim-yeou.*	337	1		fut rétabli.
Che-y-kien : Tchao-tchim hoam-ti, second fils de *Ho-jo.*	*Kien-koue.*	*Vou-fu.*	338	39	57	
Tai-tçou : Kouei, petit-fils de *Tchao-tchim-ti.* Son						

L'EMPEREUR	Sous le titre de	Commença l'an du Cycle nommé	l'an de J. C.	régna	vécut	mourut.
nom entier eſt *Che-y-kouei.*	. . . .	*Tim-tcheou.*	377	9		
	Tem-koue. .	*Pim-ſu.* . .	386	10	. .	les Chinois fixent à cette an-née le commencement de cet Empire.
	Hoam-chi. .	*Pim-chin.* .	396	2		
	Tien-him. .	*Vou-ſu.* . .	398	6		
	Tien-ſé. . .	*Kia-tchin.* .	404	6	39	empoiſonné par ſon fils.
Tai-tçoum : Sé.	*Youm-him.* .	*K-iyeou.* . .	409	5		
	Chin-choui.	*Kia-yn.* . .	414	2		
	Tai-tcham.	*Pim-tchin.*	416	8	32	. . . .
Che-tçou : Tao.	*Chi-kouam.*	*Kia-tçe.* . .	424	4		
	Chin-kia. .	*Vou-tchin.*	428	4		
	Yen-ho. . .	*Gin-tchin.*	432	3		
	Tai-yen. . .	*Yi-hai.* . .	435	5		
	Tai-pim-tchin-kiun. . .	*Kem-tchin.*	440	11		
	Tchim-pim.	*Sin-mao.* .	451	2	45	tué par un Eunuque.
Kao-tçoum, petit-fils de *Che-tçou.*	*Him-ghan.*	*Gin-tchin.*	452	2		
	Him-kouam.	*Kia-ou.* . .	454	1		
	Tai-ghan. .	*Yi-vei.* . .	455	5		
	Ho-pim. . .	*Kem-tçe.* .	460	6	26	. . . .
Hien-tçou.	*Tien-ghan.* .	*Pim-ou.* . .	466	1		
	Hoam-him.	*Tim-yei.* . .	467	5	23	cede l'Empire à ſon fils, âgé de cinq ans.
Kao-tçou.	*Yen-him.* .	*Sin-hai.* . .	471	5		
	Tchim-mim.	*Pim-tchin.* .	476	1		
	Tai-ho. . .	*Tim-ſé.* . .	477	23	33	. . . .
Che-tçoum.	*Kim-mim.* .	*Kem-tchin.*	500	4		
	Tchim-chi. .	*Kia-tchin.* .	504	4		
	Youm-pim. .	*Vou-tçe.* . .	508	4		
	Yen-tcham.	*Gin-tchin.*	512	4	. .	
Sou-tçoum.	*Hi-pim.* . .	*Pim-chin.* .	516	2		
	Chin-kouei.	*Vou-ſu.* . .	518	2		
	Tchim-kouam.	*Kem-tçe.* .	520	5		
	Hiao-tcham.	*Yi-ſſé.* . .	525	4	19	empoiſonné par l'Impératri-ce, ſa belle-mere.
Hiao-tchouam, troiſieme fils du Roi de *Poum-tchim*, autrement *Kim-tçoum.*	*Kien-y*, puis *Youm-ghan.*	*Vou-chin.* .	528	2		
	Kem-him.	*Kiem-ſu.* .	530	1	. .	tué par un de ſes Officiers.
Tçien-fei-ti	*Pou-tai.* .	*Sin-hai.* . .	531	2	35	tué par un de ſes gens.
Heou-fei-ti, ſecond fils du Roi de *Tcham-vou.*	*Tchoum-him.*	*Sin-hai.* . .	531	2	20	tué par *Koan-houan.*

L'EMPEREUR	Sous le titre de	Commença l'an du Cycle nommé.	l'an de J. C.	régna	vécut	mourut.
Tchu-ti, troisieme fils du Roi de *Kouam-pim* . .	*Tai - tcham*, puis *Youm-hii*. . .	*Gin-tçe*. . .	532	2	. .	s'enfuit à *Si-ghan-fou*.

Les *O U E I* T A R T A R E S *se divisent*, *l'an* 534, *en* Occidentaux *&* *en* Orientaux.

Les Ouei Occidentaux *font* :

L'EMPEREUR	Sous le titre de	Commença l'an du Cycle nommé	l'an de J. C.	régna	vécut	mourut.
Le même *Tchu-ti*, fous le nom de *Hiao-vou-ti*, la troisieme année de. . .	*Youm-hii*. .	*Kia-yn*. . .	534	1	25	empoifonné par *Yu-ven-tai*.
Venti, fur-nommé *Pao-kiu*, Roi de *Nan-yam*. . .	*Ta-toum*. .	*Yi-mao*. . .	535	17	. .	. . . . .
Kin-fei-ti.	. . . . .	*Sin-vei*. . .	551	4	. .	tué par *Yu-ven-tai*.
Koum-ti.	. . . . .	*Kia-fu*. . .	554	4	. .	tué par *Yu-ven-kio*.

Ainfi l'an 557, nommé *Tim-tcheou*, finit la Dynaftie des *Ouei Occidentaux*, après avoir duré vingt-trois ans fous quatre Regnes. Elle fut éteinte par *Yu-ven-kio*, fondateur de la Dynaftie des *Pe-tcheou*.

Les Ouei Orientaux *font* :

L'EMPEREUR.	Sous le titre de	Commença l'an du Cycle nommé.	l'an de J. C.	régna	vécut	mourut.
Hiao-tçim-ti, fils du Roi de *Tçim-ho*.	*Tien-pim*. .	*Kia-yn*. . .	534	4		
	Yuen-fiam. .	*Vou-ou*. . .	538	1		
	Him-ho. . .	*Ki-vei*. . .	539	4		
	Vou-tim. . .	*Kouei-hai*. .	543	8	. .	empoifonné par *Kao-yam*.

Ainfi la Dynaftie des *Ouei* Orientaux finit l'an 550, nommé *Kem-ou*, après avoir duré 17 ans fous un feul regne. Elle fut éteinte par *Kao-yam*, fondateur de la Dynaftie des *Pe-tçi*.

C'eft pourquoi les Chinois, qui fixent le commencement de cet Empire à l'an *Pim-fu*, 386 de l'Ere Chrétienne, ne lui donnent que cent foixante & douze ans de durée jufqu'à l'an *Tim-tcheou*, qui eft le cinq cent cinquante-feptieme de la même Ere. La raifon de ce calcul eft, que cette année trois cent quatre-vingt-fixieme eft celle où *Tai tçou*, fondateur de cet Empire, commença à prendre les marques d'Empereur. Sur quoi il eft à remarquer que les *Ouei* Tartares donnent le même titre de *Hoam-ti*, ou d'*Empereur*, à tous les prédéceffeurs de *Tai-tçou*, quoiqu'ils ne l'euffent jamais porté durant leur vie. Je l'ai omis dans la Table ; mais il fera facile de l'ajouter fur ce que je dis, fi on le juge à propos.

Cette Dynaftie prit le titre de *Ouei*, parce que l'Empereur *Tai-tçou* defcendoit par les femmes de de la Dynaftie Chinoife des *Ouei*, fous laquelle ils entrerent en Chine. Ils y parurent, pour la premiere fois, l'an deux cent foixante-un de J. C. pour y payer tribut en compagnie des *Sien-pi* Méridionaux, habitants des petits monts *Sien-pi*, qui compofoient avec eux une même nation (*). L'Empereur *Chi-tçou* envoya avec cette ambaffade fon fils aîné *Cha-mohan*, pour demeurer en ôtage à la Cour de l'Empereur Chinois de la Dynaftie des *Ouei*, nommé *Ouei-yuen-ti*. De-là vient que, pour diftinguer cette Dynaftie de la précédente, les Chinois le nomment *Heou-ouei*, ou des feconds *Ouei* ; mais eux fe donnoient le titre de *Yuen-ouei*, ou de très grands *Ouei*, de la même maniere qu'ils fe faifoient appeller *Ta-fien-pi*, ou les grands *Sien-pi*, pour fe diftinguer des *Sienpi* du *Leao-toum*. Les Chinois donnoient à cette nation le nom de *So-teou*, qui étoit apparemment fon nom propre, & par mépris celui de *So-pou* ou de *So-teou*, *Efclaves*. Ils regardoient les petits *Sien-pi* comme une partie de leur nation, & mettoient la famille des *Mou-youm* au nombre de 99 grandes familles qui dépendoient

(*) Voyez la Table précédente, page 19-31.

d'eux. Cependant l'origine que se donnent ces deux nations, ne s'accorde pas à cela entiérement.

Au reste, on dispute à cette nation la splendeur de son origine & son antiquité. Quelques Auteurs assurent que c'étoit une nation de *Hioum-nou*, (car les *Hioum-nou* étoient divisés en un très-grands nombre de peuples), dont les Rois descendoient.de *Li-lim*, fameux Général Chinois, dont nous avons déja parlé, & dont nous parlerons dans la suite; mais cela n'est pas probable. Quelques-uns assurent que le pays que la nation des *So-teou* habitoit, étoit éloigné de plus de 2000 lieues de la Chine. Voyons, par leur Histoire, comment ils s'en sont approchés.

Tchoui-yn (*), à qui ces peuples ont donné le titre de *Suen-hoam-ti*, fut le premier qui commença le voyage; (le premier pays qu'ils habitoient étant extrêmement froid & marécageux;) il prit sa route vers le Midi, & vint sur les rivages d'un lac qui a plus de cent lieues de tour. Ce pays avoit toutes les incommodités du premier, & il l'auroit abandonné, si la mort ne l'avoit prévenu. Le huitième de ses successeurs *Lin*, qui porte le titre de *Hien-hoam-ti*, prit la résolution d'exécuter le dessein de ses aïeux, lorsque l'âge ne le lui permettoit plus. C'est ce qui l'obligea de céder l'Empire à son fils *Kie-fen*, dont le titre est *Chim-vou-hoamti*, c'est-à-dire, *Empereur saintement brave* : (car les titres Chinois ont chacun un sens particulier) *Kie-fen* ordonna à sa nation de se mettre-en marche pour continuer à avancer vers le Midi. Les montagnes & les précipices rendoient le chemin impraticable, & il alloit renoncer à son entreprise, lorsqu'un animal divin, ressemblant au cheval pour la forme, & au bœuf par son mugissement, se mit à la tête de la marche, & leur servant de guide, les tira d'embarras. Après plusieurs années, ils arriverent enfin dans le pays des *Hioum-nou*.

Un jour *Kie-fen*, allant à la chasse dans les montagnes avec dix mille cavaliers, apperçut tout-à-coup un cortege de carrosses qui descendoient du ciel. Quand tout fut arrivé, il sortit du principal carrosse une belle femme, suivie d'un nombreux équipage. *Kie-fen* lui demanda, avec surprise, qui elle étoit. ,, Je suis, *dit-* ,, *elle*, une fille céleste, (une Nymphe,) qui ai or- ,, dre de vous épouser ". Le mariage fut aussi-tôt consommé. Le lendemain au matin, la Nymphe lui demanda permission de se retirer, lui promettant, que, dans un an précisément, elle viendroit le retrouver au même endroit. A peine eût-elle fini ces paroles, qu'elle prit congé de lui, & se retira aussi vîte que le vent. L'année étant écoulée, *Kie-fen* ne tarda pas à se rendre au lieu nommé. En effet, la Déesse revint, & lui présentant l'enfant qu'elle avoit mis au monde : ,, Tenez, *dit-elle*, voilà votre fils, prenez grand soin ,, de l'élever; il sortira de lui une nombreuse suite ,, de Rois & d'Empereurs ". Après avoir dit cela, elle se retira. Cet enfant fut *Chi-tçou*, c'est-à-dire, le *premier Aïeul*, à qui on a donné le titre de *Chin-yuen-hoam-ti*, ou d'*Empereur d'une origine divine*; & celui-là commença à régner dans toutes les formes, l'an 220 de l'Ere Chrétienne.

La vingt-neuvieme année de son regne, se trouvant à la tête de 200000 chevaux, il vint établir sa Cour à *Chim-lo*, ville dépendante de *Tim-siam* : (aujourd'hui *Tim-siam* dépend de *Ta-yuen-fou*, capitale de la Province de *Chansi*.) Il songea d'abord à se bien entretenir avec les Chinois. Dans les commencements de son nouvel établissement, il s'allia par mariage avec la Dynastie Chinoise des *Ouei*; & pour serrer plus étroitement l'alliance, il envoya son fils aîné *Cha-mo-han* en ôtage à l'Empereur Chinois. *Cha-mo-han* demeura donc à *Lo-yam*, alors capitale de l'Empire de Chine. *Tçin-vou-ti*, Empereur de la Dynastie des

Tçin, qui venoit de succéder à celle des *Ouei*, permit à *Cha-mo-han* d'aller voir son pere. Il y alla six ans après, c'est-à-dire, le quarante-huitieme du regne de *Chi-tçou*. Il revint en ôtage l'an cinquante-sixieme du même regne. Il s'en retourna sur la fin de la même année, comblé de présents & d'honneurs par l'Empereur Chinois, quoiqu'on lui eût suggéré de le faire mourir, à cause de mille belles qualités qui brilloient dans ce Prince, & qui promettoient en lui un terrible ennemi pour la Chine.

Chi-tçou, la cinquante-huitieme année de son regne, ravi de revoir l'hétitier de son Royaume, lui fit un festin, où tous les Grands furent conviés. Quand ils furent échauffés de vin, *Cha-mo-han* voyant passer un oiseau, leur dit : Je vais tuer cet oiseau. Aussi-tôt prenant un arc, il y mit une balle de terre cuite, & abattit l'oiseau sur le champ. Les *So-teou* n'avoient point alors l'usage de l'arc à jallet. Ils furent surpris de l'adresse du Prince, & se dirent les uns aux autres : ,, Le Prince héritier est plein de belles qualités. Il a pris ,, l'habit Chinois, outre cela, il a appris les arts secrets ,, des Chinois, qui l'emportent en cela sur tous les au- ,, tres peuples. S'il vient à régner, il changera nos usa- ,, ges, & nous ne viendrons point à bout des conquê- ,, tes que nous méditons. Ne vaut-il pas mieux nous ,, entretenir dans la simplicité & la rudesse de nos ,, mœurs "? Tous approuverent ce sentiment. Joignez à cela la division que les Chinois, par leurs présents & leurs suggestions, avoient semée entre les Grands. Ils se leverent aussi-tôt, & se retirerent. Ils vinrent trouver *Chi-tçou*, qui leur demanda ce qu'ils pensoient du progrès en vertu que son fils avoit fait dans le Royaume étranger dont il venoit. ,, Le Prince héritier, *répondi-* ,, *rent-ils*, a une habileté extraordinaire; à peine son ,, arc a-t-il été bandé, qu'on a vu un oiseau tomber à ,, ses pieds. Il semble qu'il est maître dans les arts oc- ,, cultes, & dans les inventions merveilleuses des Chi- ,, nois. C'est un pronostique de troubles dans l'Etat, ,, & de malheurs pour le peuple. Nous prions Votre ,, Majesté de faire attention à ce que nous lui disons ".

Durant l'absence du Prince, ses freres avoient gagné l'amitié du pere. De plus, l'Empereur, qui passoit cent ans, étoit facile à prévenir. Ayant entendu ce discours de ses Grands, le soupçon le saisit : ,, Si l'on ne veut pas le souffrir, *dit-il*, il faut s'en défaire." ,, Aussi-tôt les Grands prennent la poste, & vont se défaire du Prince. Après sa mort, *Chi-tçou* fut saisi d'un repentir très-vif, qui le porta au tombeau la même année. *Cha-mo-han* étoit un Prince accompli en toutes manieres. Les Empereurs suivants lui donnerent le titre de *Venti*, c'est-à-dire d'*Empereur qui possede toutes les vertus*. Pour ce qui est de *Chi-tçou*, ce fut le plus fortuné des Rois de son temps, grand Capitaine, grand politique, bon allié, d'une bonne foi à l'épreuve, également aimé & redouté. Il n'eût éu rien à desirer, s'il n'eût pas souillé la derniere année de son regne & de sa vie, du sang d'un fils que son seul mérite lui avoit rendu suspect. Le bonheur de son regne, sa durée de cinquante-huit ans, & celle de sa vie de cent quatre ans, ont apparemment donné occasion à ce peuple grossier de forger la fable de la Nymphe.

La mort de *Cha-mo-han* fut funeste à l'Etat. Le regne de *Sii-lou*, frere de *Cha-mo-han*, qui fut de neuf ans, fut agité continuellement par des révoltes. *Tcho*, le dernier des freres de *Cha-mo-han*, rétablit un peu les affaires par son courage & sa prudence. *Sé*, le dernier des enfans de *Cha-mo-han*, fut capable de grandes choses; mais la durée de son regne, qui ne fut que d'un an, ne lui permit pas de rien entreprendre.

Tchao-hoam-ti (*), dont le nom propre étoit
Lo-kouam

Lo-kouan, fils de *Chi-tçou*, & conféquemment frere de *Cha-mo-han* & fucceffeur de *Sé*, partagea fes Etats en trois. Il en garda une partie pour lui, qui fut l'Orientale; il donna le commandement de la feconde à *Yi-to*, fils aîné de *Cha-mo-han*; & celui de la troifieme à *Y-lou*, frere cadet de *Yi-to*. Ces trois régnerent en même-temps, à favoir *Lo-kouan* qui fait la ligne directe des Empereurs, fous le titre de *Tchao-hoam-ti*; *Yi-to* fous celui de *Houan-hoam-ti*; & *Y-lou* fous celui de *Mou-hoam-ti*. Depuis *Chi-tçou* jufqu'à ceux-ci, les *So-teou* avoient toujours entretenu une bonne correfpondance avec les Empereurs Chinois de la Dynaftie des *Tçin*. Cette longue paix avoit multiplié leurs troupeaux, & augmenté leurs richeffes. Leur puiffance avoit crû à proportion, & leurs armées étoient compofées de 400000 chevaux & plus. Surtout *Houan-hoam-ti* pouffa fes conquêtes vers l'Occident, & fubjugua plus de 20 Royaumes. *Mou-hoam-ti* fortit de la Chine, & chaffa de la Tartarie qui la touche du côté du Septentrion, les *Hioum-nou* & les *Ou-houan*. L'onzieme année du regne de *Tchao-hoam-ti*, *Houan-hoam-ti* mourut, après avoir reçu la même année de l'Empereur de Chine, le titre de grand *Tchen-yu*. Ainfi il ne régna que onze ans. *Tchao-hoam-ti* mourut la treizieme année de fon regne, après quoi *Mou-hoam-ti* régna feul.

Mou-hoam-ti, la troifieme année de fon regne, fut créé par l'Empereur de Chine, Duc de *Tai*, (ville de Chine qui dépend de *Tai-yuen-fou*, capitale de la Province de *Chanfi*.) La fixieme année il fit entourer *Chim-lo* de nouvelles murailles, & lui donna le titre de *Pe-tou*, ou de *Ville Royale* du Septentrion. Il fit la même chofe à l'égard de *Pim-tchin*, à qui il donna le titre de *Nan-tou*, ou de *Ville Royale* du Midi. Il fut le premier Prince de fa Dynaftie qui donna des loix à fa nation. Il mourut affaffiné par fon fils aîné, nommé *Leou-fieou*, fon armée ayant été défaite par ce rebelle. Auffi-tôt *Pou-ken*, fils de *Houan-hoam-ti*, prit les armes contre *Leou-fieou* qu'il vainquit, & fit mourir. Après quoi il fut proclamé Roi. Il ne régna qu'un peu plus d'un mois. Etant mort, fon fils *Chi-fem* lui fuccéda, lequel mourut auffi incontinent après. Toutes ces morts arriverent dans la même année, la derniere de *Mou-hoam-ti*.

Yu-lu, dont le titre Impérial eft *Pim-ven-hoam-ti*, prit les rênes du Royaume l'an 317. La deuxieme année de fon regne ayant appris qne *Se-ma-fun* avoit pris le titre d'Empereur de la Dynaftie des *Tçin*, après que l'Empereur *Tçin-min-ti* eût été pris par *Leou-yao*, il refufa de le reconnoître, & découvrit fon ambition fecrete par ces paroles: ,, La Chine ,, n'a plus de maître. Le Ciel ne me favorife-t-il pas ,, en cela? ,, Ainfi *Se-ma-fun* lui ayant envoyé une ambaffade 4 ans après, pour lui conférer des titres & des marques d'honneur, il les refufa, & rompit avec lui. Il fe prépara en même-temps à lui faire la guerre, mais la mort arrêta fes deffeins. L'Impératrice, femme de *Houan-ti*, voyant que *Pim-ven-ti* avoit gagné le cœur des peuples, craignoit pour fon fils. C'eft pourquoi elle défit de *Pim-ven-ti* qu'elle fit mourir avec un grand nombre de fes principaux Officiers, & elle mit en fa place *Ho-jo*, fecond fils de *Houan-ti*. (*ti* & *Hoam-ti* font la même chofe.) Comme il étoit mineur, elle prit les rênes du gouvernement. Elle ne les lui remit que trois ans après, & il ne les retint pas deux ans entiers. *Yam-ti*, furnommé *He-no*, lui fuccéda. Il gouverna fi mal, qu'il fut chaffé par les fiens dans la cinquieme année de fon regne. *Yi-hoai*, dont le titre eft *Lie-hoam-ti*, bien-loin de profiter de la difgrace de fon prédéceffeur, fe comporta encore plus mal que lui; de forte qu'au bout du même terme de cinq ans non accomplis, on le chaffa, & on rappella *Yam-ti*. Celui-ci ne fut pas plus fage que la premiere fois; & ayant été banni une feconde fois, il fut obligé, après un peu plus de deux ans,

de fe retirer auprès du Roi de *Yen*. *Lie-ti* fut donc rappellé, & mourut après avoir régné cette feconde fois durant un an.

Che-y-kien, dont le titre fut *Tchao-tchim-hoam-ti*, lui fuccéda. Il étoit le fecond fils de *Pim-venti* (*). *Che-y-kien* fut un homme extraordinaire. Il étoit d'une taille gigantefque; quand il étoit debout, fes cheveux traînoient à terre. Lorfqu'il étoit couché, fon fein tomboit fur le matelas. Il avoit le nez long & élevé avec un front de dragon, c'eft-à-dire, quarré, large & faillant. Il étoit indulgent, charitable, magnanime, & aucun de fes fentiments intérieurs ne paroif-foient au dehors. Enfin, il avoit des qualités excellentes & admirables; c'eft le portrait qu'en fait l'Hiftoire. Il fut le premier de fa famille qui ofa prendre le titre de *Hoam-ti*. Il le prit à l'âge de dix-neuf ans, & donna le titre de *Kien-koue* à fon regne, dont la premiere année fut la 338e. de l'Ere Chrétienne. Il fe fit une Cour d'Officiers à la maniere de Chine. Il avoit toujours eu les armes à la main, & il avoit dompté prefque toute la Tartarie feptentrionale & orientale; mais la derniere année de fon regne & de fa vie, *Fou-kien*, Empereur de *Tçin*, ayant envoyé une armée de 200000 hommes contre lui, le défit dans deux grandes batailles, & le dépouilla de toutes fes conquêtes.

Thai-tçou, furnommé *Kouei*, petit-fils de *Tchao-tchim-hoam-ti*, fuccéda à fon aïeul, n'ayant qu'un peu plus de cinq ans. Il n'échappa à la pourfuite de *Fou-kien* que par un bonheur extraordinaire. La dixieme année de fon regne, il fe fit couronner Roi de *Tai*, & quelques mois après changeant de titre, il fe fit appeller Roi de *Ouei*. Il donna le titre de *Tem-koue* aux années de fon regne, dont la premiere fut la 386e. de l'Ere Chrétienne.

Quoiqu'il n'eût pris le titre de *Hoam-ti* que l'an 398, comme pourtant il avoit commencé à prendre les marques de cette dignité dès la premiere année de fon regne, les Chinois comptent le commencement de fon Empire & de la Dynaftie dont il fut le fondateur (†), depuis cette année qui fut 386. D'abord il effaya le peu de force qu'il avoit hérité de la difgrace de fon pere, fur les Tartares feptentrionaux, fur lefquels il remporta plufieurs victoires, fur-tout fur les *Kao-tche* qui étoient un puiffant peuple. Après avoir groffi fon armée de tant de peuples vaincus, il revint en faifant toujours des conquêtes jufqu'en Chine. Il aida le Roi de *Si-yen* à fe défaire d'un puiffant ennemi. Le Roi de *Si-yen* lui offrit pour récompenfe le titre de *Tchen-yu* occidental; il le méprifa: bientôt après il fubjugua le Royaume *Si-yen*. Enfuite fe croyant en état de tout entreprendre, & de réduire la Chine entiere fous fes loix, il prit l'habit, les coutumes, & la forme du gouvernement Chinois. Il fut le premier de fa famille qui s'entêta de la Religion des Bonzes *Tao-ffe*, & qui chercha avec foin dans les opérations chimiques le fecret de l'immortalité. Son propre fils, né de l'Impératrice, nommé *To-po-chao*, lui fit trouver la mort dans le poifon qu'il lui préfenta. Il mourut dans la fleur de fon âge l'an 409, la dixieme année de fon regne. Il étoit rentré dans *Chim*, la Cour de fes ancêtres, trois ans après qu'il avoit tranféré fon fiege à *Pim-tchim*.

Tai-tçoum, furnommé *Sé*, fils de *Tai-tçou* & d'une concubine, vengea la mort de fon pere, en faifant mourir le parricide *To-po-chao*, & hérita de fon Empire l'an 409. L'an 417, fon armée fut défaite par *Leou-yu*, Généraliffime Chinois, qui lui enleva la ville de *Lo-yam*. Le même *Leou-yu* prit la même année *Si-ghan-fou* fur les *Heou-tçin*. *Leou-yu*,

---

(*) Dans la Table, il eft fecond fils de Hoei-hoam ou de Ho-jo. C'eft peut-être une faute de Copifte.
(†) Voyez la Table page 24.

l'année suivante, éteignit la Dynastie Chinoise des *Tçin*, & fonda celle des *Soum*. Il porte le titre de *Soum-vou-ti*. L'an 422, *Tai-tçoum* lui déclara la guerre, & mourut l'année suivante.

Che-tçou, surnommé *Tao*, fils aîné de *Tai-tçoum*, succéda à son pere la même année, mais il ne changea le titre de ses années que l'année suivante. Un imposteur Chinois lui vint dire que *Lao-kiun* (fondateur de la Religion des Bonzes *Tao-ssé*) lui étoit apparu, & l'avoit assuré qu'il le créoit *Tien-sé*, ou *maître du Ciel*, (c'est le titre insolent que prend le Pontife souverain de cette secte,) & conséquemment successeur de *Tcham-tao-lim* (le premier qui l'a porté, si on les en croit, neveu de *Tcham-leam* à la septieme génération. *Tcham-leam* fut le plus grand homme de son temps, c'est-à-dire, du deuxieme siecle avant l'Ere Chrétienne.) *Che-tçou* donna dans cette vision, à l'instigation sur-tout de *Tçoui-hao*, un des plus grands hommes de son temps, qui s'en étoit laissé infatuer. Ce Prince fut d'abord vaincu par les Chinois, mais il se releva aussi-tôt, & leur enleva plusieurs villes. Il acheva la conquête de cinq Provinces du Nord de la Chine, & vit la Tartarie soumise à ses loix; ce qui arriva l'an 439, année remarquable par la division de la Chine en deux Empires, l'un septentrional, l'autre méridional. L'imposteur Chinois dont j'ai parlé, & qui se nommoit *Keou-kientchi*, lui ayant présenté un livre qu'il appelloit divin où se trouvoit le titre de *Tai-pim-tchi-kiun*, ce qui signifie en Chinois le *vray Seigneur de la profonde paix*, il donna ce titre aux années suivantes de son regne, & bâtit un temple fameux l'année suivante par le conseil du même *Tao-ssé*. L'an 446, il fit détruire tous les temples, & renverser toutes les idoles des Bonzes *Ho-cham*, (compétiteurs des Bonzes *Tao-ssé*,) & fit mourir tout autant de Bonzes de cette Secte qu'on en put attraper. L'an 450, il fit mettre à mort *Tçouihao*, parce que l'ayant chargé de composer l'Histoire des *Ouei* Tartares, il avoit dit trop librement la vérité; (il méritoit la mort pour avoir infatué le Prince) *Che-tçu* s'en repentit aussi-tôt, & ne lui survécut que deux ans, ayant été assassiné par un Eunuque.

Kao-tçoum, petit-fils de *Che-tçou*, lui succéda. Il commença son regne par rétablir les Bonzes *Ho-cham*, & permit à tout le monde d'entrer dans cet ordre. La même année, les *Kou-mo-hi* Tartares Orientaux lui présenterent un cheval qui avoit une corne à la tête, & ressembloit à un *Lin*, ou *Rhinocéros*: (ce pourroit être la Licorne, car les Chinois assurent que dans ce pays, on trouve des chevaux sauvages qui ont une corne au front.) L'an 455, il créa un de ses enfans Prince héritier de l'Empire; mais suivant la coutume de ces peuples, il fit mourir la mere pour empêcher les troubles ordinaires aux minorités. L'an 466, son fils aîné *Hien-tçou* lui succéda. Celui-ci fit fondre l'an 467 une statue du *Fo*: (c'est la principale Idole des Bonzes *Ho-cham*.) Il y entra 100 milliers de cuivre & 600 livres Chinoises d'or; elle étoit de 43 pieds de haut. L'an 471, par un exemple inouï, il céda l'Empire à son fils, âgé de cinq ans, après avoir remporté plusieurs victoires sur les Chinois. Onze ans après, il fut empoisonné par l'Impératrice-mere.

Kao-tçou, fils aîné du précédent, changea le siege de son Empire; & pour avoir l'œil de plus près sur la Chine méridionale, il le transféra à *Lo-yam*, l'an 495. En effet, deux ans après, il alla y porter la guerre en personne. Il mourut l'an 499. *Che-tçoum*, son fils, lui succéda.

Che-tçoum, l'an 509, donna la préférence à la Religion des Bonzes *Ho-cham* sur toutes les autres. On bâtit par-tout des temples à leurs Dieux. L'année 511, le dénombrement de la Chine méridionale fut fait. On trouva sous la domination de l'Empereur Chinois, nommé *Leam-vou-ti*, 23 Provinces, 350 villes du premier ordre, & 1022 du second: (le *Toum-kim*,

& le *Camboje* en dépendoient.) L'an 512, la loi qui portoit qu'on fit mourir la mere de celui des enfans de l'Empereur qui étoit déclaré héritier, fut abolie. *Che-tçoum* mourut l'an 515.

Sou-tçoum, son fils, lui succéda. A son avénement à la Couronne, il avoit créé *Hou-chi* Impératrice-mere, & sa mere propre, Impératrice. L'an 528, *Hou-chi*, qui craignoit pour son propre fils, empoisonna l'Empereur. Cette marâtre avoit déja empoisonné l'ancienne Impératrice-mere, & s'étoit défaite de ceux qui lui étoient suspects; c'étoit une dévote de la Religion des Bonzes *Ho-cham*. Voici le point fatal de la destruction de ce vaste Empire. *Eul-tchu-youm*, Seigneur ambitieux & brave, se servit de cette occasion pour se rendre maître des affaires. Il prend les armes, & ayant donné le commandement de son avantgarde à *Kao-houan*, il marche droit à *Lo-yam* qui étoit alors la Capitale. Il s'en saisit, & fait proclamer Empereur *Tçe-yeou*, Roi de *Tcham-lo*; on le nomma *Tchouam-ti*. Celui-ci prit pour titre des années de son regne *Kien-y*, ou de l'*Equité rétablie*. Il commença son regne par faire noyer l'Impératrice *Houchi* avec le Prince *Tchao*, qu'elle avoit élevé sur le trône. Il fit mourir plus de 2000 personnes de la premiere marque. Après quoi, la même année, il change le titre de *Kien-y* en celui de *Youm-ghan*, c'est-à-dire, de *perpétuelle paix*. En même-temps *Eul-tçhu-youm* se retira à *Ta-yuen*, dont il se proclame Roi. L'Empereur le combla d'honneurs.

Cependant on se révolta de tous côtés; en trois différentes Provinces on prit le titre d'Empereur. Le Roi de *Pe-hai*, nommé *Kioum*, après avoir pris ce titre l'année suivante, s'avança incontinent vers *Lo-yam* dont il se rendit maître. *Tçe-yeou* prit la fuite; mais *Eul-tchu-youm* avant repris les armes, chassa *Kioum*, qui mourut en fuyant, il rétablit *Tçe-yeou*. Après quoi il prit de pleine autorité le titre de Généralissime de toutes les armées. L'an 530 le même *Eul-tchu youm* défit l'armée d'un faux Empereur, & le prit; ce qui donna occasion à *Tçe-yeou* de changer le titre de ses années, & de leur donner celui de *Kem-him*, ou de *nouvelle exaltation*. La même année, *Tçe-yeou*, qui sentoit que *Eul-tchu-youm* ne lui avoit laissé que l'ombre de la Royauté, résolut de s'en défaire. *Eul-tchu-youm* étant venu rendre ses hommages, il l'invita à un festin, & le fit tuer. La famille de *Eul-tchu-youm* prit les armes, & se révolta ouvertement. *Eul-tchutchao* se rendit maître de *Tçe-yeou*, & le fit mourir. Il fit en même-temps proclamer le Roi de *Tchamkouam*, nommé *Ye*, qui donna à ses années le titre de *Kien-mim*, ou de *clarté* établie, tandis que *Leam-fou*, de son côté, couronnoit *Yuen-yue*, Roi des *Ouei* Tartares. L'an 531, *Eul-tchu-tchao* dégrada son nouvel Empereur *Ye*, & mit en sa place le Roi de *Kouamlim*, nommé *Koum*, à qui, après sa mort, on a donné le titre de *Tçie-min-ti*. Celui-ci donna à ses années le titre *Pou-tai*. Alors *Kao-houan* prit les armes contre la famille des *Eul-tchu*, & proclama Empereur *Yueu-lan*, Prince du sang. Il se fit lui-même son premier Ministre. *Yuen-lam* donna à son regne le titre de *Tchoum-him*.

L'an 532 *Kao-houan* se rendit maître de *Lo-yam*. Il prit l'Empereur *Koum*, & le fit enfermer dans un monastere de Bonzes. Il força pareillement son nouvel Empereur *Yuen-lam* à résigner l'Empire au Roi de *Pim-yam*, nommé *Sieou*, qui donna à ses années le titre de *Tai-tcham*, qu'il changea incontinent en celui de *Youm-hi*.

L'an 533, *Kao-houam* fit tuer *Eul-tchu-thao*. L'an 534, il leva le masque, & se révolta ouvertement; ce qui obligea l'Empereur *Sieou* à prendre la fuite vers *Si-ghan-fou*, où il fut proclamé Empereur des *Ouei* Occidentaux. Ce fut donc cette année que l'Empire des *Ouei* Tartares fut divisé en Occidental & en Oriental. Car *Kao-houan*, après la fuite de *Sieou*, éleva encore un fantôme d'Empereur. Il choifit pour cela *Chen-kien*, fils de *Tan*, Roi de *Tçim-ho*, qui donna aux années de fon regne le titre de *Tien-pim*. L'Empereur *Sieou* paffa des mains d'un traître dans celles d'un perfide, nommé *Yu-ven-tai*, qui l'empoifonna la même année dans un feftin qu'il lui fit.

J'ai déja marqué la durée de ces deux Empires, dont l'Oriental eut pour fa Cour la ville de *Tcham-te-fou*. *Kao-yam*, fils de *Kao-houam*, après avoir éteint la Dynaftie des *Ouei* Orientaux, & ufurpé l'Empire, donna à faDynaftie le titre de *Pe-tçi*, ou de *Tçi* Septentrional. Cette Dynaftie fut éteinte par celle des *Pe-tcheou* l'an 577, après avoir duré 28 ans fous fix regnes. *Yu-ven-kio*, fils de *Yu-ven-tai*, ufurpa l'Empire des *Ouei* Occidentaux la même année 577, & donna à fa Dynaftie le titre de *Pe-tcheou* ou de *Tcheou* Septentrional. Celle-ci fut éteinte par *Yam-kien* Chinois, l'an 581, après avoir duré 25 ans fous cinq regnes. *Yam-kien* donna le nom de *Soui* à fa Dynaftie, & l'an 587 s'étant rendu maître de la Chine méridionale, il pofféda feul tout l'Empire de Chine. Il eft à remarquer que les *Ouei* Tartares avec toute leur puiffance, & nonobftant les victoires fréquentes qu'ils remporterent fur la Chine méridionale, ne purent pouffer leurs conquêtes au-delà du fleuve *Yam-tce-kiam*. Repaffons préfentement dans la Tartarie, & donnons un coup d'œil fur ce qui s'y eft paffé depuis l'affoibliffement des *Hioum-nou*.

DES *SIEN-PI*, ET DES *OU-HOUAN*, TARTARES ORIENTAUX.

Nous avons marqué ci-deffus l'origine des Tartares Orientaux, & la maniere dont leur Empire fut renverfé par *Mo-thé*, Empereur ou *Tchen-yu* des *Hioum-nou*. Les reftes de cette nation fe retirerent dans le *Leao-toum* après leur défaite, & fe partageant en deux bandes, l'une fe faifit des monts *Ou-houan*, & l'autre des monts *Sien-pi* méridionaux. Chacune prit le nom de la montagne dont elle s'étoit emparée. Les *Hioum-nou* les voyant hors d'état de rien entreprendre, ne jugerent pas à propos de les exterminer. Ils aimerent mieux en tirer un gros tribut. Ceux-là porterent ce joug autant de temps que leur impuiffance les y força; mais la longue paix les ayant multipliés, ils fongerent auffi-tôt à le fecouer.

Ils commencerent à fe répandre par pelottons & fous différents chefs dans les pays circonvoifins, profitant des guerres civiles dont les *Hioum-nou* étoient agités. Les *Ou-houan* donnerent l'exemple aux *Sien-pi*; ils fe révolterent contre les *Hioum-nou*, 70 ans avant l'Ere Chrétienne. Ils commencerent, en bons Barbares, par fe venger fur les morts des affronts reçus des vivants. Ils violerent les fépulchres des *Tchen-yu*, des *Hioum-nou*; fur-tout celui de *Mo-thé* ne fut pas épargné. *Y-yen-ti* qui étoit alors *Tchen-yu*, (c'eft apparemment celui que la Table (*) nomme *Hou-ien-ti*,) fut indigné d'une femblable inhumanité. Il attaqua les *Ou-houan*, ou bien *Ouen*, (car on l'écrit de ces deux manieres,) mais malheureufement il fut défait. Les *Ou-houan*, après cette victoire, tournerent leurs armes contre les Chinois dont ils défirent l'armée. Enfuite ils pousferent vivement les *Hioum-nou*; & les ayant fait reculer plus de 100 lieues vers l'Occident, ils s'emparerent du pays que les *Hioum-nou* avoient abandonné.

La 50°. année de l'Ere Chrétienne, un des chefs des *Ou-houan* vint au nom de la nation, à la tête de 9000 *Ou-houan*, rendre hommage à l'Empereur de Chine. L'Empereur créa plus de 80 de leurs chefs Rois ou Marquis, & leur affigna des terres le long des confins feptentrionaux de la Chine, en-dehors de la grande

muraille, pour fervir à fon Empire comme d'une feconde muraille contre les courfes des *Hioum-nou* & des autres Tartares. Environ l'an 65°. de l'Ere Chrétienne, *Kin-tchi-fen* fit révolter les *Ou-houan* contre la Chine. Ils fe jetterent fur le *Leao-toum*. La crainte obligea les *Sien-pi* à fe joindre à eux; mais craignant d'en être chaffés par les *Ou-houan*, qui étoient pour lors plus puiffants qu'eux, ils s'entendirent avec le Vice-Roi Chinois, & tuerent *Kin-tchi-fen*. Après fa mort, l'armée des *Ou-houan* fut défaite fans peine. Tantôt ils fe foumettoient aux Chinois, tantôt ils leur faifoient la guerre. Après avoir été défaits par les Chinois fur la fin de la Dynaftie des *Han*, leur Roi & leur Généraliffime *Kieou-li-kiu* mourut. Il laiffa un fils à qui fon bas âge ne permit pas de commander. *Ta-tçin*, brave Capitaine, prit fa place. Il fe ligua avec *Yuen-chao* qui difputoit l'Empire de Chine à *Tçao-tçao*. Il remporta une glorieufe victoire, qui lui fit donner par l'Empereur de Chine (dont y *Yuen-chao* empruntoit le nom à faux,) le titre de *Tchen-yu*; mais *Tçao-tçao* le lui fit bientôt perdre avec la vie. Il marcha en perfonne contre lui; il le défit dans une des plus fanglantes batailles qu'on eût vue depuis long-temps; & l'ayant pris vif, il lui fit couper la tête. Le Vice-Roi de *Leao-toum* en fit autant aux Rois & aux Généraux des *Ou-houan*, qui y étoient allés chercher un afyle après leur défaite. Cette bataille fut donnée l'an 206 de Jefus-Chrift. Le refte des *Ou-houan* fe vint rendre à la merci de *Tçao-tçao*, qui les reçut, & en fit une excellente cavalerie dont il tira de grands fervices.

Les *Sien-pi* tarderent long-temps à fuivre l'exemple des *Ou-houan*; mais ils porterent un bien plus rude coup aux *Hioum-nou*. Ils fe tinrent cantonnés dans le *Leao-toum*, durant plus d'un fiecle. Le *Lea-toum* eft un grande Province, ou pour mieux dire, un Royaume des dépendances de la Chine. Il termine en arc le fond du golphe qui fépare la Corée de la Chine, & unit enfemble ces deux continents, n'étant féparé de la Corée que par le grand fleuve *Ya-lo-kiam* (ainfi nommé de la couleur de fes eaux qui font d'un vert tel qu'il paroît fur certaines plumes de canard,) & de la Province de Chine, où eft aujourd'hui la Cour de *Pe-kim*, par le fameux Col, qu'on appelle *Chan-hai-kouan*, parce qu'il eft formé par la rencontre des montagnes & de la mer. Cet arc a environ cent vingt lieues de courbure, & plus de cent de fleche. Les guerres civiles avoient également épuifé les forces des *Tchen-yu*, des *Hioum-nou* méridionaux & des feptentrionaux.

Yu-kieou-fen vint rendre hommage à l'Empereur de Chine au nom des *Sienpi* dont il étoit le chef; il vint, dis-je, l'an 54°. de Jefus-Chrift. L'Empereur lui conféra dans les formes le titre de *Vam*, c'eft-à-dire de *Roi*. Ce fut après cela qu'ils aiderent les Chinois à fe défaire des *Ou-houan*, comme nous l'avons déja dit. Ils avoient pris la place des *Ou-houan*, & fervoient de rempart à la Chine le long du *Leao-toum*, du *Pe-tche-li*, du *Chanfi*, & du *Chenfi*; moyennant quoi ils recevoient de groffes penfions des Chinois. Ils ne laiffoient pas, felon leur coutume, qui ne reconnoît que la loi du plus fort, de faire auffi fouvent des courfes fur les Chinois que fur les *Hioum-nou*; mais cela ne paffoit pas le brigandage, & ils ne retenoient aucun pays, fe contentant d'en emporter le butin. Un de leurs chefs, nommé *Teou-lou-heou*, fervoit dans une armée des *Hioum-nou*. Après trois années confécutives d'abfence, il obtint la permiffion de retourner chez lui. Il trouva fa femme nouvellement accouchée d'un fils. Outré de cet affront, il voulut lui ôter la vie. Sa femme plaida fa caufe, & protefta que durant un orage, comme elle levoit les yeux au ciel, & tenoit la bouche ouverte, un grain de grêle (d'autres difent un éclair) y étoit entré, qu'elle l'avoit avalé, qu'elle avoit conçu, & qu'au bout de dix mois elle avoit mis au monde cet enfant; qu'infailliblement ce feroit un jour un homme extraordinaire, & qu'il falloit l'élever. *Teou-loa-heou* pardonna à la femme ; mais il ordonna qu'on expofât l'enfant. La mere le fit enlever fecretemc:.t, & eut foin de le faire nourrir. Elle lui donna le nom de *Tan-che-hoai*.

A peine eut-il atteint l'âge de 14 à 15 ans, qu'il commença à donner des marques d'un courage héroï-que & d'une prudence confommée, en attaquant feul une troupe de voleurs qui enlevoient les troupeaux d'un de fes parents. Il défit les voleurs, & ramena les troupeaux. Depuis ce temps-là, il paffa pour un pro-dige de valeur & de fageffe parmi les Tartares, qui vinrent à l'envi fe ranger fous fes étendards. Ainfi il fe vit bientôt maître de l'ancien pays des *Hioum-nou*, & fonda un Empire qui avoit 1400 lieues d'étendue de l'orient à l'occident, & plus de 700 du midi au feptentrion. Se voyant maître de la Tartarie, il ne manqua pas de rabattre fur la Chine. Il y fit bien du ravage fous l'Empire de *Han-lim-ti*, qui commença à régner l'an 168, & régna 23 ans. La mort arrêta les progrès de ce conquérant, & l'enleva du monde à l'âge de 45 ans.

Son fils *Ho-lien* lui fuccéda. Il n'eut ni les belles qualités, ni les vertus de fon pere. Il fut avare, dé-bauché & injufte. Ainfi ce vafte Empire fut démem-bré, pour ainfi dire, avant que d'être bien formé ; on fe révolta de tous côtés. Il fut tué d'un coup de fle-che par un excellent archer. Il laiffa un fils à qui l'â-ge encore trop tendre ne permettoit pas de gouverner un Empire fi vafte & fi délabré. C'eft pourquoi on mit en fa place *Kouei-teou*, fon coufin germain. Ce-pendant *Kien-man*, (c'eft le nom du fils de *Ho-lien*,) quand il fut en âge, difputa l'Empire à *Koui-teou*. Cette guerre civile acheva de ruiner l'Empire. Tous les Grands prirent occafion de-là de fe rendre abfolu-ment indépendants dans les pays où ils commandoient ; ce qu'ils avoient commencé de faire incontinent après la mort de *Tan-che-hoai*. Cependant *Pou-tou-ken* fuc-céda à fon frere *Kouei-teou*; *Pou-tou-ken* fe rendit tri-butaire des *Ouei* Tartares l'an 224. Il fit la même chofe à l'égard des Chinois. *Kho-pe-nem* le fit mourir l'an 233, & s'empara de fon Empire.

Kho-pe-nem étoit chef d'une petite horde de *Sien-pi*. Il étoit homme de tête, brave & défintéreffé, qualités qui lui acquirent un grand crédit. Il fut pro-clamé Chef de la nation. Un grand nombre de Chi-nois, pour éviter les troubles dont la Chine étoit agi-tée, allerent fe rendre à lui. Il attaqua les *Ouei* Tar-tares qui le défirent. Il eut recours au tribut qu'il leur paya, reffource ordinaire aux peuples quand leurs affai-res font en défordre. L'an 235, il fut tué par un foldat Chinois. Son cadet fut mis en fa place ; fon Etat fut démembré. La famille de *Kii-fou* établit un Royaume dans la partie méridionale & occidentale de la Province de *Chenfi*, & dans le pays des *Kiam*, fous le titre de *Sii-tçien*. Celle de *Tou-fa* en fonda un dans la même Province au nord du premier, qui occupoit le *Tam-ghout*, fous le titre de *Nan-leam*. Celui-ci fut éteint par l'autre, & l'autre par les *Hia* Tartares, comme nous l'avons vu dans l'article des regnes turbulents. La famille de *Mou-youm* fut la plus illuftre de toute la nation des *Sien-pi*. Quoique la plupart des Mo-narchies qu'elle établit appartiennent aux Royaumes tumultueux, j'ai cru en devoir rejetter ici la defcrip-tion, pour ne pas féparer cette famille de fa nation.

Mo-hhou-po régnoit dans le *Leao-toum*. Il prit le bonnet Chinois, qui étoit en ce temps-là chargé d'un ornement qui branloit à chaque pas, & qui portoit pour cette raifon le nom de *Pou-yao*. On croit que les *Sien-pi*, qui n'avoient aucun ufage des lettres non plus que les *Ou-houan*, corrompant ces termes qu'ils n'entendoient pas, les changerent en ceux de *Mou-youm*, & donnerent à *Mo-bhou-po* le fobriquet de *Mou-youm*, qui fut adopté par lui pour nom de fa-mille. D'autres difent qu'il donna ce nom à fa famille

pour averur fes defcendants de *Mou*, c'eft-à-dire, d'af-pirer à la parfaite imitation du ciel & de la terre, & de *Youm*, c'eft-à-dire, de fe faire une grandeur d'a-me égale au ciel en capacité.

Mou-youm-mou-yei fut fils de *Mo-hhou-po*, & pe-re de *Mon-youm-che-kouei*; celui-ci reçut de l'Em-pereur de Chine le titre de *Tchen-yu*, en récompen-fe des fervices rendus à l'Empire. Il transféra fa Cour du *Leao-toum* au Nord, & fut le premier qui com-mença à prendre les mœurs Chinoifes. *Mou-youm-che-kouei* fut heureux en enfants. Son aîné *Mou-youm-tou-kou-hhoen* étoit fils d'une concubine, & le fe-cond, *Mou-youm-hoei*, étoit né de fa femme légiti-me. Ils eurent une pique enfemble à l'occafion de leurs harras. Leurs chevaux s'étant battus, *Mou-youm-hoei* envoya faire des plaintes à *Tou-kou-hoen*. ,, Nous fommes dans la faifon du printemps, répon-,, dit *Tou-kou-hoen*; l'abondance des pâturages fait ,, bouillir le fang aux chevaux ; s'ils viennent à fe ,, battre, s'en faut-il prendre aux hommes ? Je fais ,, que je ne fuis pas fils de la Reine, & que la fuccef-,, fion du Royaume ne me regarde pas. Je me retire ,, donc pour fuivre le deftin qui me promet quelque ,, bonne fortune ''. Auffi-tôt il partit avec 700 famil-les qui étoient fous fon commandement. Il marchoit à grandes journées. Cependant fon frere fe repentant de lui avoir fait prendre ce parti, envoya le rappel-ler. Il refufa de revenir ; mais comme les fupplica-tions des envoyés étoient preffantes, il convint avec eux de retourner, au cas qu'ils puffent obliger fes chevaux à marcher vers l'Orient. Les députés accep-terent la condition. Ils firent tourner bride aux che-vaux ; mais auffi-tôt ces animaux pouffant des henmif-fements horribles, fe débandoient, & reprenoient la route de l'Occident. Cela arriva un fi grand nombre de fois, que les Députés jugerent qu'il y avoit quel-que chofe de divin dans la retraite du Prince ; de forte qu'après lui avoir fouhaité toute la profpérité qu'ils pouvoient augurer de ce prodige, ils prirent congé de lui, & retournerent fur leurs pas.

Cependant *Tou-kou-haen* continua fa marche ; & après avoir côtoyé la Chine feptentrionale, il rabattit vers le Midi, & vint s'établir entre *Ho-tcheou*, ville de la Province de *Chenfi* & le grand lac, qui eft dans le pays des *Kiam*, près de *Si-nim*, fameufe peuplade de la même Province. On le nomme en Tartare *Kou-kou-noor*, & en Chinois, *Tçim-hai*; ce qui a le même fens, & fignifie *lac* ou *mer noire*; il a environ 100 lieues de tour. Ce Prince laiffa en mourant 60 enfants mâles, & une grande & puiffante Monarchie qu'il avoit fondée, & qui dura 350 ans fous dix-huit Rois ou Empereurs, c'eft-à-dire, depuis l'an 312 jufqu'à l'an 663*. de J. C., qu'elle fut éteinte par les *Tybet-hains*, qui pouffèrent dans ce fiecle leurs conquêtes bien avant dans la Tartarie méridionale, & qui s'étant rendus maîtres de la Tartarie Chinoife, & même de la partie occidentale de la Chine, étoient déja aux prifes avec la Perfe dans le *Khoraffan* ou la *Baétria-ne*, lorfqu'ils furent défaits par les Chinois, aidés par le *Kachemir* & les Royaumes circonvoifins du *Ka-chemir*.

Tandis que *Tou-kou-haen* affujettiffoit les *Kiam*, *Mou-youm-hoei*, fon frere, entra dans le Royaume de *Yeu*, qui eft aujourd'hui la Province de *Pe-kim*, & vint établir fa Cour dans la ville de *Kii-tchim*, qui avoit été le berceau de la nation des *Sien-pi*, comme nous l'avons dit ci-deffus. Cela arriva l'an deux cent quatre-vingt-quatorze de J. C. Il porta le titre d'Em-pereur ou de *Tcheu-yu* des *Sien-pi* l'an 307. Il ré-gna quarante-neuf ans, & mourut comblé de gloire & d'honneurs, par les Empereurs Chinois, à l'âge de foixante-cinq ans.

Mou-youm hoam, le troifieme de fes enfants, Prince également brave & favant, lui fuccéda ; il régna quinze ans. Il eut pour fucceffeur *Mou-youm-tçun*, fon fecond

cond fils. Celui-ci pouffa fes conquêtes dans la Chine feptentrionale, & vit fes armées compofées de 1500000 hommes de pied. *Yam-ti*, Empereur, ou bien *Tchen-yu* des *Ouei* Tartares, ayant été chaffé par les fiens, vint avec fon armée fe jetter entre fes bras. *Mou-youm-tçun* régna onze ans, & en vécut quarante-deux.

Mou-youm-ouei, le troifieme de fes enfants, lui fuccéda. Celui-ci prit le titre de *Hoam-ti* l'an 360; il régna 21 ans. Il fut forcé dans la capitale de fon Empire par l'armée de *Fou-kien*, Empereur de *Tçin*, qui le prit & le traita avec honneur. Il lui donna même le commandement d'une de fes armées dans la grande expédition qu'il fit contre la Chine : mais *Fou-kien* ayant été défait, & les Princes du fang des *Mou-youm* ayant pris les armes contre lui, *Mou-youm-houei* fut foupçonné d'intelligence avec eux, & mis à mort incontinent ; il mourut à l'âge de trente-cinq ans. Le Royaume de *Tcien-yen* fut éteint avec lui. A le prendre depuis l'an 285, auquel *Mou-youm-hoei* prit le titre de Duc, jufqu'à l'an 370 qu'il fut détruit, il auroit duré quatre-vingt-cinq ans. Cependant la Table chronologique des Royaumes tumultueux ne lui en donne que foixante-trois, parce que les Chinois ne commencent cet Empire qu'à l'an 307, auquel *Mou-youm-hoei* commença à porter le titre de *Tchen-yu*.

Mou-youm-te, le plus jeune des enfants de *Mou-youm-hoam*, après avoir mis à mort *Mou-youm-lin*, fortit de *Tcham-te-fou*, & alla fonder le Royaume de *Nan-yen* (*) dans la Province de *Chan-tou* dont il s'empara. Avant de mourir, il fit la revue générale de fes troupes; il les trouva compofée de 370000 fantaffins, de 17000 chariots de guerre, (à quatre chevaux & trois hommes armés de toutes pieces chacun, fans compter les fantaffins d'efcorte,) & de 50000 cavaliers, armés de même. Cette prodigieufe armée, *dit l'Hiftoire*, occupoit les plaines & les montagnes; on voyoit de toutes parts flotter fes étendards; le bruit des timbales & des tambours faifoit trembler le ciel & la terre. Il avoit formé le deffein d'attaquer l'Empereur de la Chine méridionale avec cette formidable puiffance; mais la mort arrêta tous fes deffeins. Durant fa maladie, il vit en fonge fon pere, qui lui dit : „ Puifque vous n'avez point d'enfants, pourquoi ne „ nommez-vous pas *Mou-youm-tchao* pour votre fuc- „ ceffeur? Combien de troubles n'arrêteriez-vous pas „ par cette fage difpofition "? Etant réveillé, il raconta fon fonge à l'Impératrice fa femme. „ Ces or- „ dres des mânes de mon pere, lui dit-il, me pronofti- „ quent une mort certaine ". Auffi-tôt il déclara *Mou-youm-tchao* fon fucceffeur, & mourut l'an 405, à l'âge de 70 ans. Il eut la précaution d'ordonner qu'on lui fît dix cercueils pour être enterrés fecretement en différents endroits, afin qu'on ne pût favoir où feroit fon corps. Il régna cinq ans.

Mou-youm-tchao, Prince du fang des *Mou-youm*, prit le titre d'Empereur, & hérita des Etats des *Mou-youm-te*. Il fut forcé & pris dans fa capitale par *Leou-yu*, Généraliffime des Chinois, qui l'envoya à *Nan-kim*, où l'Empereur de la Chine lui fit trancher la tête en plein marché. Il régna fix ans, & en vécut vingt-deux.

Mou-youm-tchoum, Prince du fang des *Mou-youm*, prit le titre de *Hoam-ti* l'an 385, & fonda le Royaume de *Sii-yen*. Il établit fa Cour dans la ville de *Pim-yan-fou*, (†) une des principales de la Province de *Chanfi*. Il y fut affaffiné, l'année fuivante, par un de fes Généraux, nommé *Han-yen*, qui mit *Touan-foui* en fa place. *Mou-youm-hem* & *Mou-youm-youm*, Princes du fang des *Mou-youm*, ne pouvant fouffrir que l'Empire paffât dans une famille étrangere, fe défirent de *Touan-foui*, & lui fubftituerent *Mou-youm-*

kai. Celui-ci fut encore affaffiné par *Mou-youm-tao*, frere cadet de *Mou-youm-hem*; & *Mou-youm-yao*, fils de l'Empereur *Mou-youm-tchoum*, fut mis fur le trône. Il fut auffi-tôt mis à mort par le même *Mou-youm-tao*, qui fit proclamer Empereur *Mou-youm-tchoum*, fils de *Mou-youm-houm*. Ce dernier ne fut pas plus heureux que les autres; il fut auffi-tôt maffacré que couronné. Enfin, après tant de parricides exécutés en peu de mois, *Mou-youm-youm* prit poffeffion de l'Empire. Il fut lui-même exterminé par *Mou-youm-tchoui*, qui réunit par fa mort l'Empire de *Si-yen* avec celui de *Pe-yen*, & fonda celui de *Heou-yen*.

Mou-youm-tchoui (*), fondateur du Royaume de *Heou-yen*, fut le cinquieme fils de *Mou-youm-hoam*. Ses grandes victoires allumerent contre lui la jaloufie de *Mou-youm-pim*, Prince du fang, qui gouvernoit l'Etat. Pour éviter fa perte, il alla fe jetter entre les bras de *Fou-kien*, Empereur de *Tçin*, qui le reçut avec joie, & lui donna même une de fes armées à commander; mais après la fatale journée de *Hoai-nam*, (c'eft ainfi qu'eft nommée la déroute de *Fou-kien*,) il prit les armes & fe fouleva contre fon bienfaiteur. Il fortit victorieux de la premiere bataille qu'il lui livra, ainfi, fans perdre de temps, il prit le titre de Roi de *Heou-yen*, dans la ville de *Tchoum-chan*, l'an 384, & deux ans après, il prit celui de *Hoam-ti*. Il força *Mou-youm-youm* dans la ville de *Tcham-te-fou*, & éteignit dans fon fang le Royaume de *Si-yen*. Il régna treize ans, & mourut âgé de 70 ans.

Mou-youm-pao, fon quatrieme fils, lui fuccéda, Prince étourdi, fans réfolution, & aimant la flatterie. L'aîné de fes enfants, né d'une concubine, fe révolta contre lui. Ce Prince fe nommoit *Mou-youm-hoei*. *Mou-youm-tçiam* prit auffi-tôt le titre d'Empereur, que *Mou-youm-lin* lui ravit avec la vie, & le retint pour lui. *Mou-youm-lin* ayant été chaffé de fa Cour, fut obligé de fe réfugier à la Cour de *Mou-youm-pao*, c'eft-à-dire, à *Tcham-te-fou*. *Mou-youm-pao* fut affaffiné avec fon fils, défigné héritier, & plus de cent, tant Rois que grands Officiers, par *Lin-han*, qui s'étoit révolté contre lui. Il mourut l'an 399, à l'âge de quarante-quatre ans, dont il en avoit régné trois. *Lin-han*, la même année, ufurpa la dignité de *Tchen-yu*.

Mou-youm-tchim, fils aîné de *Mou-youm-pao*, né d'une concubine, alla de fon plein gré fe remettre entre les mains de *Lin-han*. Celui-ci le traita avec honneur; mais pour récompenfe, il reçut la mort de *Mou-youm-tchim*, qui le fit maffacrer & fe faifit de la couronne. L'arrogance de *Mou-youm-tchim*, lui attira bientôt le même traitement de la part de fes fujets, qui le maffacrerent dans fon palais, à l'âge de ving-neuf ans, dont il en régna trois. *Mou-youm-hii*, le plus jeune des enfants de *Mou-youm-tchoui*, fuccéda à *Mou-youm-tchim*. Ce fut un Prince prodigue, voluptueux & cruel. On conjura contre lui. *Mou-youm-yun* s'étant mis à la tête des conjurés, le fit mourir avec tous fes enfants. Il étoit âgé de trente-trois ans, dont il en avoit régné fix. L'Empire de *Heou-yen* finit en lui.

Mou-youm-yun avoit été adopté par *Mou-youm-pao*. *Kao-ho*, fon aïeul, étoit bâtard d'un Roi dans la Corée. Il prétendoit defcendre de *Kao-yam-chi*, ancien Empereur de Chine, qui commença à régner 2432 ans avant l'Ere Chrétienne (†). Delà vient qu'il avoit pris *Kao* pour nom de famille. *Kao-yun* (c'eft *Mou-youm-yun*,) parloit peu; ce qui le faifoit paffer pour un homme fans efprit; mais dans le fond c'étoit un grand homme; & *Foum-po*, qui connoiffoit fon mérite, s'étoit lié d'une étroite amitié avec lui. *Mou-youm-yun* prit le titre Chinois de *Tien-vam*, ou de *Roi célefte*. Il

---

(*) Voyez la Table, page 24.
(†) Voyez la même Table.

(*) Voyez la Table, page 24.
(†) Dans les Tables imprimées, c'eft l'an 2513, & celui de fa mort l'an 2535.

fut affaſſiné par un de ſes favoris, nommé *Lin-pan-tao-gin*. Sa trop grande confiance lui attira ce malheur.

Foum-po vengea ſa mort, & ſe rendit maître de ſes Etats. Il fut chaſſé par les *Ouei* Tartares. Ainſi la Monarchie de *Pe-yen* (*) compta deux Rois & deux familles, & fut éteinte l'an 438, après avoir duré trente-un ans.

DE L'EMPIRE DES GEOU-GEN TARTARES.

Les *Geou-gen* hériterent, pour ainſi dire, des terres des *Hioum-nou* & de la puiſſance des *Sien-pi*. Ils ſubjuguerent la Tartarie vagabonde, tandis que les *Ouei* Tartares poſſédoient la Tartarie fixe ; car c'eſt ainſi que les Chinois diviſent la Tartarie : ils donnent le nom de *vagabonde* ou d'*ambulante* à celle qui eſt habitée par des peuples errants, que les Grecs nommoient *Scénites* & *Hamaxobiens*, parce qu'ils ne vivoient que ſous des tentes ou ſur des chariots ; & celui de *fixe* ou de *tenante* à la terre, à celle où l'on habite les villes. Cet Empire leur fut pourtant toujours diſputé, & ſouvent ôté par les *Ouei* Tartares, comme on l'a vu ci-deſſus. Pluſieurs Dynaſties Chinoiſes ont donné à cette nation des *Geou-gen* le nom de *Ju-ju* ; & *Che-tçou*, Empereur des *Ouei* Tartares, ayant égard au déſordre qui régnoit dans leur Gouvernement, tant civil que militaire, leur impoſa celui de *Juen-juen*, (termes qui ſignifient les mouvements déréglés d'un tas de vers qui fourmillent,) pour faire voir leur peu de jugement. On fait ce conte d'eux. Ils atteloient, (*dit-on*) les vaches à leurs chariots, qu'ils faiſoient ſuivre par les taureaux ſans charge. Les vaches s'abattoient de laſſitude ſous le joug. Les autres Tartares leur remontroient qu'il falloit atteler les taureaux comme plus forts & plus propres à réſiſter à la fatigue „ Comment les enfants pourroient-ils réſiſter à „ la fatigue, répondoient-ils, ſi les meres ne le peu- „ vent pas "? L'Hiſtoire des *Ouei* Tartares aſſure que ces Tartares deſcendoient des Tartares Orientaux. D'autres diſent que c'étoit un peuple d'*Hioum-nou*, & conſéquemment des Tartares Occidentaux. C'étoit apparemment une colonie de Tartares Orientaux, qui s'étoit établie dans la Tartarie occidentale, & s'étoit confondue avec les *Hioum-nou*, habitants du pays.

L'origine de la famille Royale a quelque choſe de ſingulier. Vers l'an 270 de l'Ere Chrétienne, un Cavalier *Ouei* Tartare, qui alloit en parti, prit un jeune enfant qui ne ſavoit pas même ſon nom. Le Cavalier en fit ſon eſclave, & lui donna le nom de *Mou-kou-lu*, qui ſignifie *le chauve* en langue *Ouei* Tartare. On croit que de ce nom eſt ſorti par corruption celui de *You-kiou-lu*, qui fut pris par la famille régnante. Quelque temps après, le Cavalier donna la liberté à ſon eſclave, & lui obtint une place de ſoldat. Sous le regne de *Mou-ti*, Empereur des *Ouei* Tartares, environ l'an 310, le ſoldat manqua de venir à temps au rendez-vous. Suivant la loi, il devoit avoir le col coupé. La crainte du ſupplice l'obligea à aller ſe cacher dans les vallons du déſert. Là il raſſembla peu-à-peu plus de cent fugitifs, qui le reconnurent pour leur chef. Il ſe tint avec ſa troupe ſous la protection des *Chun-tou-lin* Tartares. Il mourut, ſans pouſſer plus loin ſa fortune. Son fils & ſon ſucceſſeur *Tche-lou-hoei* fut brave & entreprenant. Il ſe vit bientôt à la tête d'une horde réguliere, à laquelle il donna le nom de *Geou-gen*, demeurant cependant dans la dépendance des *Ouei* Tartares. *Tche-lou-hoei* eut pour ſucceſſeur *Tou-nou-ouei* ſon fils. *Po-ti* ſuccéda à *Tou-nou-ouei* ſon pere. *Ti-ſo-yuen* prit la place de *Po-ti* ſon pere. Après la mort de *Ti-ſo-yuen*, la nation ſe partagea en orientale & en occidentale. *Pi-heou-po*, fils aîné de *Ti-ſo-yuen*, fut Roi de l'Orientale, & *Yun-he-ti*, ſecond fils de

Ti-ſo-yuen de l'Occidentale. Au commencement du regne de *Tai-tçou*, Empereur des *Ouei* Tartares, c'eſt-à-dire environ l'an 377, *Yun-he-ti* ſe jetta dans un parti contraire aux *Ouei* Tartares. *Tai-tçou* l'alla chercher juſque dans le fond de la Tartarie, & l'ayant défait en bataille rangée, il lui enleva la moitié de ſes ſujets. *Pi-heou-po* effrayé prit la fuite pour éviter le ſort de *Yun-he-ti*, ſon frere ; mais il fut joint par l'ennemi, qui le défit auſſi. Il ſe rendit au victorieux. Deux des enfants de *Yun-hie-ii* furent pris dans cette derniere bataille, avec quantité de Princes & de Seigneurs, entr'autres *Che-loun* & *Hou-lu*. Ils furent diſtribués par les vainqueurs à pluſieurs hordes de Tartares. *Yun-he-ti*, qui avoit pris la fuite, alloit ſe rendre à *Ouei-tchin*, ennemi des *Ouei* Tartares ; mais ayant été atteint par *Tai-tçou*, il ſe remit ſous ſon obéiſſance, & fut bien reçu.

L'an 385, *Hho-to-hhan* & *Che-loun* abandonnerent *Yun-he-ti* leur pere, & ſe retirerent vers l'Occident avec les troupes qu'ils commandoient. *Tcham-ſun fei*, Général d'une des armées de *Tai-tçou*, l'ayant ſu, les pourſuivit ſi vivement, qu'il attrapa *Hho-to-hhan*. Il lui fit trancher la tête, & extermina tous ſes gens. *Che-loun* échappa avec quelques centaines de cavaliers, & vint ſe réfugier auprès de *Pi-heou-po*. Celui-ci le plaça ſur les confins méridionaux de ſon Etat, à 50 lieues de ſon camp royal, envoyant en même-temps quatre de ſes propres enfants pour obſerver ſes démarches. *Che-loun* enleva les quatre Princes, & les emmena avec leurs gens & les ſiens. Il alla ſe jetter dans l'horde de *Hou-lu*, qui demeuroit dans le pays des *Kao-tche* Tartares. Un jour ou un mois après ſon arrivée, *Che-loun*, qui étoit fourbe & ruſé, relâcha les quatre Princes, afin de les détruire plus facilement eux & leur famille. Il prit les armes auſſi-tôt, & vint ſurprendre *Pi-heou-po*, qui ne s'attendant à rien moins, fut aiſément mis en déroute. *Che-loun* l'ayant en ſon pouvoir, il le fit mourir avec ſes quinze enfants.

Après une ſi belle expédition, il ſe ſoumit à l'Empereur *Tai-tçou*. Il craignit que *Tai-tçou* ne vengeât un crime ſi énorme ; c'eſt pourquoi, après avoir ravagé les terres de *Tai-tçou*, il repaſſa le déſert, & ſe retira vers le Nord. Il attaqua les *Kao-tche*, & les ſoumit, auſſi-bien que le reſte de la Tartarie ſeptentrionale. Dès qu'il fut parvenu ce haut point de puiſſance, il commença à mettre l'ordre dans ſes Etats & dans ſes armées. Les *Geou-gen* ignoroient l'uſage de l'écriture ; ils ſe ſervoient de crottes de chevres au-lieu de jettons pour compter. Dans la ſuite s'étant un peu poli, ils employerent à cela des hoches faites ſur le bois. Il lui reſtoit encore un puiſſant Royaume des *Hioum-nou* à ſubjuguer vers le Nord-Oueſt. Il défit *Pa-ye-khi*, leur Roi, dans une bataille générale, & réduiſit cette nation ſous ſon obéiſſance. Cette derniere victoire l'éleva à la Monarchie univerſelle de la Tartarie, à laquelle il aſpiroit. Ainſi l'an 402, il prit le titre d'Empereur ; & rejettant le titre de *Tchen-yu*, il prit celui de *Kha-khan*, & ſe fit proclamer *Kieou-teou-fa-kha-hhan* ; ce qui ſignifie *Empereur qui eſt bon cocher & excellent archer* ; car cette nation avoit coutume d'impoſer des noms à chacun, tirés de leurs bonnes ou mauvaiſes qualités, ſoit de l'ame, ſoit du corps. Il introduiſit en même-temps quelque choſe de la forme du Gouvernement Chinois. L'an 410, il fut battu par *Kao-tçoum*, Empereur des *Ouei* Tartares, & mourut dans la ſuite.

Tou-pa, fils de *Che-loun*, étoit enfant & incapable de gouverner ; c'eſt pourquoi *Hou-lu*, cadet de *Che-loun*, fut mis ſur le trône. Il fut dépoſſédé par ſes Grands, qui l'envoyerent à ſon beau-pere, & mirent en ſa place, l'an 414, *Pou-lou-tchin*, fils du frere aîné de *Hou-lu*. *Ta-tan*, fils de l'oncle paternel de *Che-loun*, fit mourir *Pou-lou-tchin* avec *Che-po*, fils de *Che-loun*, & uſurpa l'Empire l'an 425. *Che-tçou*, Empereur des *Ouei* Tartares, fit marcher cinq armées

---

(*) Voyez la Table, page 24.

contre *Ta-tan*, qui prit la fuite. Il revint faire des courses sur la Chine dans l'année 428. Il se retira chargé de butin dans le pays des *Kao-tche*, ses sujets. L'année suivante, *Che-tçou* alla le chercher. *Ta-tan* brûla ses équipages, & s'enfuit vers l'Occident. *Che-tçou* avoit avancé près de 400 lieues dans la Tartarie. Il partagea ses armées en pelotrons, & le fit chercher avec toute la diligence possible dans un espace de 500 lieues de l'Orient à l'Occident, & de 300 du Midi au Septentrion, sans pouvoir en apprendre aucune nouvelle. Les *Kao-tche* Tartares, profitant de l'éloignement de *Ta-tan*, firent main-basse sur toutes ses garnisons. Plus de 300000 hommes vinrent se rendre à *Che-tçou*, qui avoit déja pris plus d'un million de têtes, tant de ces Barbares, que de chevaux de guerre. Il enleva encore un quartier éloigné de 100 lieues de son camp, où il fit plusieurs centaines de milliers de captifs. Cet échec affoiblit entiérement la puissance de *Ta-tan*, & le fit mourir de chagrin.

Ou-ti, son fils, lui succéda, & prit le titre de *Solien-khan*; ce qui signifie *l'Empereur divinement saint*. Il se soumit aux *Ouei* Tartares, & commença à leur payer tribut, l'an 431. L'Empereur *Che-tçou*, en considération de cela, lui donna en mariage une Princesse de son sang, qu'il avoit auparavant adoptée, & épousa une de ses sœurs. Cette alliance ne fut pas capable de fixer l'inconstance de cette nation, qui ne régloit ses devoirs que sur la force. *Che-tçou* fut obligé de lui déclarer la guerre l'an 443. *Ou-ti* fut vaincu & mis en fuite. Il mourut, & eut pour successeur *Tou-hho-tchin*, qui porta le titre de *Tchu-khan*, c'est-à-dire, d'*Empereur soumis*. *Che-tçou* alla, l'an 449, porter la guerre dans le pays des *Kao-tche*, appartenant à *Tou-hho-tchin*, lequel prit la fuite. *Che-tçou* lui enleva plus d'un million de têtes, tant d'hommes que de bétail; ce qui l'affoiblit étrangement. L'an 458, l'Empereur (il faut toujours sous-entendre des *Ouei* Tartares,) marcha contre lui à la tête de 100000 cavaliers & de 150000 chariots. On ne voyoit qu'étendards & que drapeaux dans l'étendue de 100 lieues. *Tou-hho-tchin* prit encore la fuite. Il mourut l'an 464. *Yu-tchin*, son fils, lui succéda, & prit le titre de *Cheou-lo-pou-tchin-khan*, c'est-à-dire *Empereur bienfaisant*. L'Empereur *Hien-tçou* marcha contre lui l'an 470 à la tête de plusieurs armées. Dans le premier combat, il périt plus de 50000 *Geou-gen*. Les dépouilles furent innombrables. L'an 475, *Yu-tchin* demanda à l'Empereur *Hien-tçou*, une Princesse de son sang, en mariage; ce qu'il obtint après s'être fait tributaire. *Yu-tchin* mourut l'an 485, & laissa l'Empire à son fils *Teou-loun*, qui prit le titre de *Fou-kou-chun-khan*, c'est-à-dire *Empereur constant*.

Celui-ci fut le premier de sa famille qui donna aux années de son regne un titre Chinois, qui fut celui de *Tai-pim* ou de *profonde paix*. Ce fut un Prince cruel. *Kao-tçou* lui déclara la guerre l'an 494. *A-fou-tchi-lo*, un des Généraux de *Teou-loun*, l'abandonna, & emmenant avec lui vers l'Occident une armée de plus de 100000 combattants, se fit proclamer *Khan* des *Geou-gen*. *Teou-loun* lui livra une bataille, qu'il perdit. Les sujets de *Teou-loun* prirent occasion de cette disgrace, de le dépouiller de l'Empire. Ils le déférerent à *No-kai*, que la victoire accompagnoit par-tout. *No-kai* le refusa en sujet fidele. Les conjurés allerent sur le champ se saisir de *Teou-loun*, de sa mere & de ses freres. Ils les mirent tous à mort, & contraignirent par ce moyen *No-kai* d'accepter l'Empire. Il prit le titre de *Heou-khi-fou-tai-kou-tche-kan*; ce qui veut dire *Empereur doux & aimable*. Il donna à ses années le titre Chinois de *Tai-ghan*, ou de *très-grande tranquillité*. *No-kai* eut pour successeur *Fou-tou*, son fils, qui prit le titre de *Ta-hhan-khan*, c'est-à-dire *Empereur qui continue la suite*, & donna à ses années celui de *Chi-pim*, ou de *paix commençante*. Il fut tué l'an 508 dans une bataille

qu'il livra au Roi des *Kao-tche*, qui s'étoient révoltés. *Tcheou-nou*, son fils, lui succéda sous le titre de *Teou-lo-fou-po-teou-fa-khan*, c'est-à-dire *Empereur commandant sagement*, & sous celui de *Kien-tcham* pour les années de son regne. Il continua à payer tribut aux Empereurs des *Ouei* Tartares. Comme il étoit grand Capitaine, il défit entiérement les *Kao-tche*, rebelles, l'an 516, & fit mourir leur Roi. Il réduisit sous sa puissance tous les autres Rois Tartares qui avoient secoué le joug. Enfin, il rétablit la puissance de l'Empire des *Geou-gen*. Voici une intrigue qui fera connoître le génie grossier de cette nation.

Incontinent après la mort de *No-kai*, (Empereur des *Geou-gen*,) son fils épousa la femme de *Teou-loun*, Empereur, nommée *Heou-lu-lim*. Il en eut six enfants. Les deux premiers furent *Tcheou-nou* & *Ono-kouei*. A peine *Tcheou-nou* fut-il monté sur le trône, qu'un des quatre autres freres disparut tout-à-coup. Il avoit nom *Tçou-hoei*. Il le fit chercher avec tout le soin possible, & il proposa de grandes récompenses à quiconque le découvriroit. On ne le trouva point. Il avoit dans sa Cour une jeune Prêtresse de 20 ans, qui passoit pour une grande prophétesse. *Tcheou-nou* ajoutoit foi à tout ce qu'elle disoit. Elle l'assura que son frere avoit été enlevé au ciel, & qu'elle l'en feroit descendre, s'il le jugeoit à propos, par la force de ses enchantements. L'Empereur & l'Impératrice accepterent avec joie la proposition. L'année suivante, vers le temps de l'équinoxe d'automne, la prétendue magicienne fit dresser une tente sur le bord d'un grand lac, où elle se prépara par un jeûne de sept jours, dont elle fit vœu au Dieu du Ciel. Dès la premiere nuit de ce jeûne, le Prince se trouva dans la tente. L'Impératrice sa mere courut l'embrasser avec toute la tendresse d'une mere empressée. Le Prince la consola, en lui disant, qu'il avoit passé dans le ciel tout le temps de son absence. L'Empereur, aussi crédule que sa femme, fit une assemblée générale de la nation, durant laquelle il conféra à la Prêtresse le titre de *femme divine*, aussi-bien que celui de *Kha-toun*, ou d'*Impératrice*, en l'épousant; car elle avoit d'autres charmes que ceux de la magie. Comme elle joignoit tout l'artifice de l'imposture à la beauté du corps, il en devint passionné, & suivoit en tout ses conseils; ce qui mit le désordre dans le gouvernement de l'Etat. Pour dédommager le mari auquel il la ravissoit, il le combla de présents, & l'accabla d'honneurs.

Quand le Prince fut plus avancé en âge, l'Impératrice sa mere voulut savoir de lui l'histoire de son ravissement au ciel. ,, Moi, *dit-il*, je ne sais de quoi ,, vous me parlez. J'ai toujours demeuré caché durant ce temps-là dans la maison de *Ti-van*, (c'est ,, le nom de la Prêtresse,) je n'ai dit ce mensonge ,, qu'à son instigation ''. La mere fit à l'Empereur le rapport de ce qu'elle venoit d'apprendre de la bouche de *Tçou-hoei*. L'Empereur infatué prit cela pour une fausse délation, & n'en voulut rien croire. *Ti-van* ne laissa pas de prendre l'allarme; & pour fermer la bouche à *Tçou-hoei*, elle le noircit si bien dans l'esprit de l'Empereur, qu'elle lui persuada de le faire mourir secretement. *Heou-lu-lim*, mere du Prince, envoya un de ses Officiers venger la mort de *Tçou-hoei*, & fit étrangler *Ti-van* l'an 520. Peu s'en fallut que l'Empereur ne fît mourir l'Officier. Le seul respect qu'il devoit à sa mere, dont il avoit exécuté les ordres, l'en empêcha.

Cependant *A-tchi-lo* marchoit contre *Tcheou-nou*, qui lui livra un sanglant combat où il fut vaincu. A son retour, sa mere, par le conseil des grands de l'Empire, le fit mourir, & mit en sa place son frere cadet *O-no-ouei*. Peu de jours après son avénement à la couronne, *Chi-fa*, Prince du même sang, vint lui disputer l'Empire. *Chi-fa* fut vainqueur. Il prit *Heo-lu-lim*, mere d'*O-no-ouei*, avec deux autres de ses enfants, & les fit mourir. *O-no-ouei* vint à la Cour de *Sou-*

tçoum, Empereur des *Ouei* Tartares, se faire son sujet, & implorer son secours. Il fut reçu avec honneur l'an 520. L'année suivante, il fut reconduit chez lui par une armée. Un de ses cousins germains nommé *Po-lo-men*, avoit pris les armes contre *Chi-fa*, & l'avoit obligé de prendre la fuite, & de se retirer vers l'Orient chez les *Ti-teou-yu* Tartares, qui le firent mourir. Alors les *Geou-gen* proclamerent Empereur *Po-lo-men*, sous le titre de *Mi-gheou-che-kiu-khan*, c'est-à-dire, *paisible & tranquille Empereur*. Il ne le voulut pas céder à *O-no-ouei*; mais ayant été chassé à son tour par les *Kao-tche* Tartares qui se révolterent, il vint à la tête de dix hordes de ses Tartares, chercher un asyle en Chine auprès des *Ouei* Tartares. Par là les *Geou-gen* furent obligés de rappeler *O-no-ouei*, qui pourtant partagea l'Empire avec *Po-lo-men*. Celui-ci étant mort en Chine, l'an 584, laissa *O-no-ouei* possesseur en entier de l'Empire des *Geou-gen*; c'est pourquoi *O-no-ouei* prit, l'année suivante, le titre de *So-lien-teou-pim-teou-fa-khan*, c'est-à-dire, *Empereur qui saisit & retient fortement*. A peine sa puissance fut-elle rétablie, qu'il refusa l'hommage aux *Ouei* Tartares. Il régnoit glorieusement lorsque *Tou-men*, Roi des *Tou-kiue* Tartares, se révolta contre lui. Il en reçut un si terrible échec l'an 546, que le désespoir l'ayant saisi, il se tua lui-même.

L'Empereur des *Pe-tçi*, qui venoit d'usurper l'Empire des *Ouei* Orientaux, alla porter la guerre chez les *Tou-kiue*, & fit déclarer Empereur des *Geou-gen*, le fils héritier d'*O-no-ouei*, qui étoit en Chine à la Cour. Il se nommoit *Gan-lo-tchin*. Celui-ci commença par se révolter contre son bienfaicteur qui le défit. Les *Geou-gen* mirent en sa place *Lo-houan*, lequel, après avoir perdu plusieurs batailles contre les *Tou-kiue*, & ne pouvant plus tenir, vint se réfugier en Chine auprès de l'Empereur des *Ouei* Tartares Occidentaux, alliés des *Tou-kiue* & ennemis des *Ouei* Orientaux, & plus encore des *Pe-tçi* Tartares. Cette fuite arriva l'an 555. La même année, les *Tou-kiue* envoyerent une célebre ambassade le redemander. L'Empereur des *Ouei* Tartares Occidentaux fit lier l'Empereur des *Geou-gen* avec plus de 3000 de ses principaux Officiers, & les remit entre les mains de *Tou-kiue*, qui les ayant fait conduire hors des portes de la ville de *Si-ghan-fou*, leur firent trancher la tête à tous. Le reste des *Geou-gen* fut réduit en servitude. Ainsi l'Empire de la Tartarie passa des *Geou-gen* aux *Tou-kiue*, qui le posséderent avec une puissance sans bornes. Ce que je viens de dire des *Geou-gen* est tiré de leur Histoire particuliere, qui se trouve à la fin de celle des *Ouei* Tartares.

DE L'EMPIRE DES TOU-KIUE TARTARES.

Ce que je vais rapporter sera tiré des Histoires particulieres de cette nation, qui sont à la fin de celles des *Soui* & des *Tham*, Dynasties Chinoises qui ont eu de grands démêlés avec les *Tou-kiue* je commence par celle des *Soui*, qui a été écrite par *Ouei-tchim*, le plus grand homme du commencement du septieme siecle; je le traduirai mot à mot.

Les ancêtres des *Tou-kiue* étoient un ramas confus de barbares, qui s'étoient établis dans le territoire de *Pim-leam*, (ville de la Chine dans la partie occidentale de la Province de *Chensi*.) Leurs Chefs avoient pris pour nom de famille *A-sse-nàa*, sur la fin du regne de *Che-tçou*, (Empereur des *Ouei* Tartares,) qui avoit éteint la famille de *Tçu-kiu* (l'an 439.) Cette famille possédoit le Royaume de *Pe-leam*, des dépendances duquel étoit *Pim-leam*. (Voyez ci-dessus la Table des Royaumes tumultueux & celle des Empereurs des *Ouei* Tartares, pag. 21 & 24.) *A-sse-naa*, chef de ce ramas de barbares, prit la fuite avec

500 familles de ses sujets. Il alla se soumettre avec les siens aux *Geou-gen* Tartares, qui les placerent au pied des monts d'Or Occidentaux; (car les Chinois donnent le même nom à des monts qui sont à l'Orient de la Chine.) La montagne, au pied de laquelle étoit leur camp, & qui avoit la figure d'un casque, leur donna son nom; & comme ces peuples appelloient dans leur langue un casque, *Tou-kiue*, ils prirent le nom de *Tou-kiue*. Ils excelloient dans l'art de forger des armes.

Quelques-uns rapportent la chose autrement. Les ancêtres des *Tou-kiue*, disent-ils, habitoient les bords occidentaux de la mer Occidentale, (ou mer Caspienne.) Ils furent détruits par une nation voisine, qui extermina tout sans distinction d'âge, ni de sexe. Il restoit encore un enfant de dix ans. L'ennemi eut quelque compassion de lui, & se contenta de lui couper les pieds & les mains. La frayeur lui fournit assez de force pour se traîner jusqu'à un grand marécage, où il se tint caché. Une louve eut le soin de le nourrir, en partageant sa proie avec lui; ce qui lui sauva la vie. Dans la suite, la louve conçut de lui. Lorsque l'ennemi se ravisant envoya du monde tuer ce jeune homme, la louve se tenoit à ses côtés; & comme il alloit être massacré, la louve, enlevée elle-même par un génie, transporta tout-à-coup le jeune homme à l'Orient de la mer Occidentale. Elle s'arrêta avec lui sur une montagne qui étoit située au Nord-Ouest du Royaume d'*Eyghour*. Ils découvrirent une caverne, ils y entrerent; & après l'avoir traversée, ils trouverent une issue, qui donnoit entrée dans une plaine délicieuse, qui avoit plus de 20 lieues de tour. Ce fut-là que la louve fit pere de dix enfans mâles le jeune homme qu'elle y avoit conduit. Ces dix garçons étant devenus grands enleverent des femmes. Chacun d'eux prit un nom de famille différent, dont un fut *A-sse-naa*. *A-sse-naa* ayant plus de mérite que ses freres, devint pour lors leur Roi. Il ordonna que les bâtons de ses étendards se terminassent en tête de loup, pour montrer qu'il n'oublioit pas son origine. *A-hien-che* lui succéda après plusieurs générations. Celui-ci sortit de la plaine, & se soumit aux *Geou-gen*. Voilà ce que rapporte *Ouei-tchim*; voici une autre version.

Les *Tou-kiue* sont sortis d'un Royaume nommé *So*, qui est situé au Nord du pays propre des *Hioum-nou*, & de la même nation qu'eux, dit l'Histoire des *Tham*. Le chef de leur horde, nommé *Kba-pam-pou*, eut seize freres, dont un se nommoit *Y-tche-nii-chouai-tou*. Celui-ci avoit eu pour mere une louve. *Kba-pam-pou* & ses quinze autres freres étoient hébétés & sans esprit. Ils furent bientôt détruits par leurs ennemis. Au contraire, *Y-tche-nii-chouai-tou*, comme étant né d'une maniere prodigieuse, avoit le pouvoir de commander aux vents & aux pluies. Il épousa deux femmes, dont l'une étoit, dit-on, fille du Dieu de l'Eté, & l'autre du Dieu de l'Hyver. Elles conçurent & accoucherent chacune de deux fils. L'aîné des quatre fut nommé *No-tou-lou-che*. La nation le fit son Roi, & prit en même-temps le nom de *Tou-kiue*. *No-tou-lou-che* épousa dix femmes. Les enfans qu'il en eut prirent pour nom de famille celui de leurs meres. *A-sse-naa* étoit un de ces noms. Celui qui le porta le premier eut pour nom propre *A-hien-che*. Quoique ces narrations soient différentes entr'elles, dit *Ma-touan-lim*, Auteur très-grave parmi les Chinois, elles couviennent toutes en ce point, que cette nation Tartare tire son origine d'une louve. Revenons présentement à l'Histoire écrite par *Ouei-tchim*.

La nation des *Tou-kiue* s'augmenta peu-à-peu en nombre & en puissance. Sur la fin de la Dynastie des *Ouei* Tartares, leur chef, nommé *Tou-men*, fit la guerre aux *Kao-tche* Tartares. Il les défit entièrement, & leur enleva 500000 familles. Enflé de ce succès, il envoya une ambassade l'an 532 en Chine. L'an 546, il eut

la

la hardieſſe de demander à *O-no-ouei*, ou peut-être *A-na-ouei*, Empereur des *Geou-gen*, dont il étoit ſujet, une de ſes filles en mariage. *A-na-ouei*, outré de cette audace, envoya de ſes gens à *Tou-men*, qui le chargerent d'injures, le traitant d'eſclave & de forgeron; (en effet, les *Tou-kiue* ne ſervoient aux *Geou-gen* qu'à forger des armes.) *Tou-men* fit mettre en pieces les Députés, & marcha à l'inſtant contre les *Geou-gen*. Il les pouſſa ſi vivement, & remporta ſur eux tant de victoires, qu'il obligea *A-na-ouei* à ſe défaire lui-même par déſeſpoir. L'an 552, *Tou-men* mourut, après avoir porté le titre d'*Ili-khan*. Il laiſſa *Kolo*, ſon frere, cadet héritier de ſes Etats. Celui-ci prit le titre d'*Ys-khi-khan*. Il envoya 50000 chevaux en préſent à l'Empereur des *Ouei* Tartares Occidentaux, l'année ſuivante qui fut 553. Il acheva par ſes victoires d'atterrer les *Geou-gen*. Il nomma ſon frere cadet, appellé *Se-teou*, (d'autres le nomment *Se-kiu*,) Empereur, au préjudice de *Che-thou*, ſon propre fils.

Se-teou prit le titre de *Mou-khan-khan*. Il fut le héros des *Tou-kiue*. Il avoit le viſage large de plus d'un pied, d'un rouge éclatant, & des yeux viſs & brillants à éblouir. Il étoit brave, cruel, & aimoit la guerre. Ainſi il n'eut pas de peine à achever d'éteindre les reſtes des *Geou-gen*. Il ſoumit la Tartarie entiere depuis la mer Orientale juſqu'à la mer Caſpienne, & depuis la Chine & les Indes juſqu'à la mer Glaciale. Il diſtribua les dignités de ſon Empire en 28 ordres. Le premier & le plus noble titre après celui de *Khan*, étoit *Che-hou*; le ſecond *The-le*; le troiſieme *Se-ki-fa*; le quatrieme *Tou-tun*: & ainſi du reſte. Ces dignités étoient héréditaires. *Mou-hhan-khan* mourut, après avoir regné 20 ans. Il mit ſon cadet en ſa place ſous le titre de *To-po-khan*, le préférant à ſon propre fils, nommé *Ta-lo-pien*.

To-po-khan commença ſon regne par créer Empereur *Che-thou*, fils d'*Ys-khi-khan*, & lui donna le titre d'*Eul-fou-khan*, avec le commandement de la partie orientale. Il donna pareillement au fils de *No-tan-khan* ſon cadet, le titre de *Pou-li-khan*, & lui donna le commandement de la partie occidentale. *To-po-khan* avoit pluſieurs centaines de milliers de cavaliers ſous ſes étendards; ce qui faiſoit trembler la Chine. Les Dynaſties Tartares des *Pe-tcheou*, & des *Pe-tçi*, qui partageoient entr'elles la Chine ſeptentrionale, épuiſoient leurs tréſors à lui faire des préſents, ce qui l'enorgueillit à un point qui ne ſe peut dire. On lui mit en tête que la ſource du bonheur de ces deux Dynaſties étoit la Religion, venue des Indes en Chine, qu'ils profeſſoient. Il demanda des Bonzes, & des livres de cette ſecte; ce qui lui fut accordé. Il l'embraſſa, & lui bâtit des temples. Il mourut après avoir régné dix ans. Il conſeilla en mourant à ſon fils *Gkan-lo* de céder l'Empire à *Ta-lo-pien*. La mere de *Ghan-lo* étoit d'une famille illuſtre, & celle de *Ta-lo-pien* d'une condition baſſe. Tous cependant concluoient à déférer l'Empire à *Ta-lo-pien*. Mais l'oppoſition que fit *Che-thou*, obligea les Etats à proclamer *Ghan-lo*. Celui-ci ne pouvant plus ſouffrir les reproches de *Ta-lo-pien*, céda l'Empire à *Che-thou*, qui prit le titre d'*Y-li-kiu-lou-che-mo-hho-chi-po-lo-khan*, autrement *Cha-po-lio*; & laiſſant à *Ghan-lo* le titre de ſecond *Khan*, il donna à *Ta-lo-pien* celui d'*A-po-khan*.

Cha-po-lio fut brave & ſage. Tous les barbares ſe ſoumettoient volontairement à lui. Il avoit épouſé une fille de l'Empereur des *Pe-tcheou*. L'Empire leur ayant été enlevé par la Dynaſtie Chinoiſe des *Soui*, *Cha-po-lio*, qui d'ailleurs étoit ſollicité continuellement par ſa femme, vint à la tête de 400000 chevaux attaquer l'Empire de Chine, où il fit d'étranges ravages. Enſuite s'étant joint avec *Apo-khan*, il livra bataille aux Chinois; il fut mis en déroute. La famine & la peſte ſuivirent auſſi-tôt. *Cha-po-lio*, qui redoutoit

la bravoure d'*Apo-khan*, lui déclara la guerre. Il le défit entiérement; ce qui obligea *Apo-khan* d'aller ſe jetter entre les bras d'un autre *Khan* des *Tou-kiue*, nommé *Ta-theou*, & dont le titre étoit *Pou-khia-khan* (ou *Bou-khan-khan*). Celui-ci étoit oncle de *Cha-po-lio*. Il commandoit depuis long-temps dans l'Occident. Il déclara la guerre à *Cha-po-lio*, & depuis ce temps-là, l'Empire des *Tou-kiue* fut diviſé en oriental & en occidental, ennemis perpétuels. *Cha-po-lio* avoit dépouillé de ſes Etats *Tan-han-khan*, qui ſe refugia auſſi auprès de *Ta-theou-khan*. Un des neveux de *Cha-po-lio* ſe révolta encore contre lui, & ſe donna à *Apo-khan*. Les deux partis envoyerent des Ambaſſadeurs à l'Empereur de Chine, pour demander la paix & du ſecours; ils n'obtinrent ni l'un ni l'autre. *Cha-po-lio* vint pourtant à bout d'*Apo-khan*, qu'il défit avec l'aide des Chinois.

Après cela, *Cha-po-lio* ſe ſoumit à prendre le titre de ſujet dans les lettres qu'il écrivoit à l'Empereur de Chine, & il lui paya tribut. Il eſt à propos de mettre ici la lettre qu'il écrivit à *Soui-ven-ti*, Empereur de toute la Chine; la voici. ,, L'an (584) nommé *Tchin*, le dixie-,, me jour de la neuvieme lune, *Y-li-kiu-lou-che-,, mo-hho chi-po-lo-khan*, Empereur des grands *Tou-,, kiue*, votre ſujet, nommé *Che-tou*, dit : Il y a plus ,, de cinquante ans que le Ciel a établi mon Empi-,, re; ſon étendue eſt de plus de mille lieues. Mes ,, cavaliers & mes chevaux ſe comptent par millions. ,, La force de nos bras a ſoumis tous les barbares de ,, l'Orient & de l'Occident. Mon Empire le diſpute ,, à celui de la Chine, & parmi les nations ſepten-,, trionales, aucune ne peut s'égaler à la mienne. Pré-,, ſentement que j'ai reſſenti les effets immenſes de vo-,, tre vertu & de votre équité, & que la converſion ,, opérée par votre charité eſt parvenue juſqu'à moi, ,, l'amour du devoir & de la ſoumiſſion s'eſt répandu ,, dans tous les cœurs de mes ſujets; joint à cela que ,, le ciel ne peut pas ſouffrir deux ſoleils, ni la terre ,, deux maîtres. Comment donc oſerois-je oppoſer la ,, force à Votre Majeſté, & uſurper des titres qui ,, ne me ſont pas dus? Ainſi je me rends volontaire-,, ment à votre ſageſſe, & veux être à jamais votre ,, tributaire. C'eſt pourquoi j'envoye avec reſpect mon ,, fils *Kou-che-tchim*, votre ſujet, préſenter ce placet ,, à Votre Majeſté ".

Cha-po-lio continua à payer tribut juſqu'à ſa mort, qui arriva l'an 587. Comme ſon fils *Youm-yu-lu* étoit d'un naturel mou, il déclara héritier *Tchu-lo-heou* ſon cadet qui avoit la dignité de *Che-hou*. *Tchu-lo-heou* voulut céder l'Empire à *Youm-yu-lu*; mais celui-ci l'obligea de l'accepter. *Tchu-lo-heou* prit le titre de *Che-hou-khan*, & donna ſa dignité de *Che-hou* à *Youm-yu-lu*. Son premier ſoin fut de faire la guerre à *Apo-khan*, qui tomba entre ſes mains. Il écrivit à l'Empereur de Chine pour lui demander ſes ordres touchant la perſonne de ſon captif. Il pourſuivit ſa pointe vers l'Occident, où il fut tué d'un coup de fleche. Après ſa mort, *Youm-yu-lu* fut mis ſur le trône, & prit le titre de *Kie-kia-chi-to-tcheou-tou-lan-khan*. Celui-ci fit la guerre à *Kin-yu-che* ſon cadet; & l'ayant pris, il le fit mourir. Il envoya ſon propre frere payer tribut, & tous les Grands de ſon Empire envoyerent rendre hommage; de ſorte que le tout monta à dix mille chevaux, vingt mille moutons, cinq cents chameaux, & autant de bœufs. *Gen-kan*, fils de *Cha-po-lio* & Empereur des *Tou-kiue* ſeptentrionaux, ſous le titre de *Thou-li-khan*, envoya demander en mariage une Infante de la Chine. *Ta-theou-khan*, & *Tou-lan-khan* étoient ennemis jurés. L'Empereur de Chine les réconcilia, & leur fit mettre bas les armes. L'an 597, l'Empereur de Chine envoya une Princeſſe de ſon ſang, après l'avoir adoptée ſous le titre de *Ghan-y-koum-tchu*, à *Thou-li-khan* qui l'épouſa. *Tou-lan-khan* en fut jaloux. ,, A moi, qui ſuis le Grand *Khan*,

,, *dit-il*, on préférera *Thou-li-khan* ” ! Depuis environ 25 ans, les *Tou-kiue* avoient envoyé à l'Empereur *Soui-ven-ti* 370 ambassades, pour lui payer tribut. *Tou-lan-khan* refusa de le payer, & vint ravager la Chine. Deux ans après, il attaqua *Tou-li-khan*, le mit en fuite, & fit mourir tous ses freres, ses enfants & ses neveux. *Gen-khan* (ou *Tou-li-khan*) fut heureux de pouvoir échapper avec cinq cavaliers. Il se refugia en Chine.

L'an 599, les Chinois battirent *Tien-kiue*, (confédéré de *Tou-lan-khan*,) après quoi l'Empereur de Chine donna à *Gen-kan* le titre de *Y-li-tchin-teou-khi-min-khan*, qui signifie *Empereur dont les desseins sont sages & constants*, (au-lieu du titre de *Thou-li-khan* qu'il portoit auparavant.) Il lui donna [aussi] en mariage une [autre] *Koum-tchu*, c'est à-dire, une Infante du sang Impérial, qui portoit le titre d'*Y-tchim*, la premiere étant morte. *Tou-lan-khan* lui fit une cruelle guerre, aussi-bien qu'aux Chinois. La mort arrêta ses progrès ; il fut tué par les siens. *Ta-theou* se fit proclamer Grand *Khan*, sous le titre de *Kie-kia-khan* ; ce qui augmenta la guerre civile qui étoit parmi les *Tou-kiue*. L'an 601, les Chinois allerent chercher *Ta-theou* dans son fort. Cette même année, lui & l'Empereur *Ni-li-khan* avoient été entiérement défaits par les *Kao-tche*, ou *Thie-le*. *Ta-theou* abandonna ses Etats, & vint chercher un asyle près de la Chine, parmi les *Tou-kou-hoen*. Toute sa nation se soumit à *Khi-min-khan*, qui payoit réguliérement son tribut.

L'an 607, *Soui-yam-ti*, Empereur Chinois, s'approcha des confins de la Chine. Il reçut là les hommages de *Khi-min-khan*, & de la *Koum-tchu* sa femme. L'Empereur fut si content, qu'il leur fit donner treize mille pieces de soie. *Khi-min-khan* présenta un placet à l'Empereur en remerciment. L'Empereur fit dresser des tentes, sous lesquelles il le traita avec trois mille cinq cents de ses principaux Officiers. Il leur fit distribuer deux cents mille pieces de soie. L'an 609, *Khi-min-khan* mourut. L'Empereur de Chine créa *Tou-kii-chi*, fils de *Khi-min-khan*, Empereur, à la place de son pere. *Tou-kii-chi* prit le titre de *Che-pi-khan*. L'an 615, il vint en personne rendre hommage. Aussi-tôt après, il entra dans la Chine à main armée, & surprit l'Empereur qu'il assiégea vers les confins de la Chine. On délivra l'Empereur ; mais depuis ce temps-là, *Che-pi-khan* refusa le tribut. L'année suivante, il fit une nouvelle irruption. Cependant l'Empire des *Soui* commença à s'ébranler. Bientôt tout fut en armes dans la Chine ; ce qui obligea une infinité de Chinois à se donner à lui.

Venons présentement à ce qu'en rapporte l'Histoire des *Tham* qui les connoissoient parfaitement par une funeste expérience. Leur pays étoit terminé par trois mers, favoir l'Orientale, l'Occidentale, (ou Caspienne,) & la Glaciale. Du côté du midi, il ne passoit pas le vaste désert de *Chamo*, ou Mer de sable, c'est-à-dire, qu'ils occupoient l'ancien domaine des *Hioum-nou*, de la nation desquels ils ne faisoient anciennement qu'un peuple. Ils donnoient le nom de *Che*, (c'est peut-être le *Dgi* des Turcs,) à leurs Officiers ; aux Princes du sang celui de *The-le*, & aux Grands du premier ordre celui de *Che-hou*. Ils donnoient le titre de *Kiu-lu-tchue* à ceux du second ordre ; celui d'*Opo*, ou bien d'*Apo*, à ceux du troisieme ordre ; celui de *Ki-li-fa* à ceux du quatrieme ; celui de *Tou-tun* à ceux du cinquieme ; celui de *Ki-kin* à ceux du sixieme ; celui de *Yen-houm-ta* à ceux du septieme ; celui de *Kie-li-fa* à ceux du huitieme ; celui de *Ta-kan* à ceux du neuvieme. Ils continuoient ainsi en descendant jusqu'au vingt-huitieme ordre qui étoit le plus bas de tous. Ces dignités étoient héréditaires, & le nombre de ceux à qui on les conféroit, n'étoit pas réglé. Les gardes des Empereurs portoient le nom d'*Ali-khan-tha*. Le camp Impérial étoit situé au pied des monts *Tou-kin*. Devant la tente Impériale, on dressoit un pavillon quarré, dont le bâton portoit sur sa pointe une tête de loup, faite d'or.

Revenons à *Che-pi-khan*. Il avoit conquis la Tartarie méridionale ; de sorte que sur la fin de la Dynastie des *Soui*, il se trouva à la tête d'une armée d'un million de cavaliers. Pour surcroît de puissance, il arriva que *Li-yuen*, Vice-Roi de la Province de *Chansi*, prit les armes pour disputer l'Empire de Chine à plusieurs prétendants qui avoient pris le titre d'Empereur avant la mort de *Soui-yam-ti* ; & comme il se sentoit trop foible, il se rendit tributaire de *Che-pi-khan*, pour en obtenir du secours ; ce qu'il obtint. A peine *Li-yuen* eut-il conquis l'Empire, que *Che-pi-khan* se ligua avec les ennemis de *Li-yuen* ; mais la mort qui l'enleva l'an 619, borna son ambition. Son fils, nommé *Che-po-pii*, étoit trop jeune pour régner. *Ki-li-fou-che*, frere cadet de *Che-pi-khan*, monta sur le trône ; il prit le titre de *Tchu-lo-khan*, & donna à *Che-po-pii* celui de *Ni-pou-che*.

Tchu-lo-khan prit aussi-tôt pour femme la Princesse du sang des *Soui*, qui portoit le titre de *Y-tchim-koum-tchu*. Il reçut dans sa Cour l'Impératrice *Siao*, femme de *Soui-yam-ti* qui avoit été assassiné, & le fils du Roi de *Tçi*, Prince du sang des *Soui*, nommé *Tchim-tao*. *Tchu-lo-khan* le créa Roi des *Soui*, & le plaça dans la ville de *Tim-siam*, où il se forma une Cour d'Empereur complete. *Tchu-lo-khan*, sous prétexte de venger la Dynastie des *Soui*, déclara la guerre à *Li-yuen*, qui venoit de fonder la Dynastie des *Tham*, & cela contre l'indication des forts, & le conseil des siens. Il mourut aussi-tôt, c'est-à-dire, l'an 620, empoisonné par la *Koum-tchu* qui mit *Tou-pii-sse*, cadet de *Tchu-lo-khan*, en sa place, sous le titre de *Kie-li-khan*.

Kie-li-khan, avant d'être Empereur, possédoit la dignité de *Mo-hho-tou-che*. Sa Province touchoit à celle que *Sie-kiu*, gouvernoit en Chine. *Sie-kiu*, qui ne vouloit pas se foumettre aux *Tham*, s'unit à lui pour leur faire la guerre. On gagna *Kie-li-khan*, & on l'obligea d'abandonner ses alliés. Il épousa l'Infante *Y-tchim-koum-tchu* qui avoit déja été femme de son pere & de son frere, tous deux Empereurs. Il créa *Fou-po-pii*, fils de *Che-pi-khan*, Empereur sous le titre de *Tou-li-khan*, & lui donna le commandement de l'Orient. L'*Y-tchim-koum-tchu* étoit fille de *Yam-kiai*. Elle avoit avec elle son frere cadet *Yam-chen-kim*. Ils se joignirent avec l'Ambassadeur de *Vam-chi-toum* qui tenoit encore tête aux *Tham*, & remontrerent ce qui suit à *Kie-li-khan* : ,, L'Empereur de ,, Chine n'est pas du sang des *Soui*. Il est à propos de ,, proclamer *Tchim-tao*, Empereur de Chine ”. *Kie-li-khan* approuva ce conseil. Il commença aussi-tôt ses irruptions sur la Chine, & les continuoit tous les ans. La grandeur de sa puissance l'avoit si fort ébloui, qu'il ne tenoit aucun compte de la Chine. Son orgueil paroissoit dans ses discours qui étoient pleins d'insolence. L'Empereur des *Tham* étoit forcé par la nécessité de ses affaires, de dissimuler tout, & de remplir à force de présents l'avarice insatiable de *Kie-li-khan*.

L'an 621, celui-ci emprisonna les Ambassadeurs de Chine. L'Empereur de Chine, par droit de représailles, fit emprisonner les siens. L'année suivante, le *Kham* relâcha les Ambassadeurs Chinois, & demanda la paix, en envoyant par ses Ambassadeurs quantité de colle de poisson, pour unir, *disoit-il*, les cœurs des deux Etats. L'Empereur de Chine relâcha pareillement les Ambassadeurs de *Kie-li-khan*. Un des Ambassadeurs Chinois, ayant assuré l'Empereur que les *Tou-kiue* étoient affligés par la famine, l'Empereur lui donna une armée pour les aller attaquer ; mais s'étant laissé investir, il périt avec un grand nombre des siens. *Kie-li-khan* entra dans la Chine à la tête de cent-cinquante mille hommes de cavalerie. Il ravagea la partie feptentrionale des Provinces de *Chanfi* & de *Chenfi*. On fit marcher plufieurs armées contre lui, dont les deux principales étoient commandées par deux des fils de l'Empereur de Chine, le premier déclaré héritier de l'Empire, & le fecond qui étoit Roi de *Tçin*. (C'étoit le fameux *Tham-thai-tçoum*, le plus grand Capitaine & le plus fage Empereur de fon temps.) Auffi-tôt que *Kie-li-khan* eût appris que le Roi de *Tçin* marchoit contre lui, il fortit de la Chine.

L'an 623, *Kie-li-khan* demanda la paix une feconde fois, & rendit aux Chinois la ville de *Ma-yi*. L'année fuivante, il recommença fes irruptions ordinaires, & joignit les troupes de *Tou-li-khan* aux fiennes; ce qui fit trembler tout le monde. Le Roi de *Tçin* leur fut oppofé. Les pluies avoient gâté les chemins, & les vivres ne pouvoient fuivre, lorfque tout-à-coup *Kie-li-khan* parut avec dix mille cavaliers, & fe campa fur une colline. A l'inftant il fe détacha avec quatre à cinq cents cavaliers, & vint défier les Chinois au combat. L'armée Chinoife pâlit à ce fpectacle. Le Roi de *Tçin*, fans prendre avec lui que cent cavaliers, pouffa à toutes brides, & vint fe ranger en bataille devant lui. En même-temps il cria à haute voix:
,, Mon Empire n'a manqué en rien à l'égard du vô
,, tre; d'où vient que vous entrez fi avant dans mes
,, Etats? Je fuis le Roi de *Tçin*; je fuis ici prêt à me
,, battre corps à corps avec *Kie-li-khan*; je n'ay
,, amené que cent cavaliers; car à quoi bon verfer
,, tant de fang humain "? *Kie-li-khan* fourit, & ne répondit rien. Le Roi de *Tçin* alla trouver incontinent après *Thou-li khan*, & lui fit la même propo
-fition, ajoutant : ,, Nous nous fommes jurés une al
,, liance mutuelle, avez-vous fi-tôt oublié votre fer
,, ment? Etes-vous homme à vuider la querelle par
,, un combat particulier "? *Thou-li-khan* ne répondit rien non plus. Le Roi de *Tçin* étoit prêt de traverfer l'eau, & d'avancer, lorfque *Kie-li khan*, qui avoit peu de troupes, & qui apprit qu'il venoit d'avoir un pour-parler avec *Thou-li-khan*, entra en jaloufie, & foupçonna quelque complot. Il envoya un Député au Roi de *Tçin*, pour lui dire qu'il ne vouloit pas combattre, mais qu'il l'invitoit à une entrevue. Il fit en même-temps retirer fes troupes, & ils s'aboucherent enfemble.

Durant ce temps, le Roi de *Tçin* trouva le moyen de femer la difcorde entre les deux *Khan*. Il gagna le cœur de *Thou-li-khan* qui refufa de combattre, à quoi *Kie-li-khan* ne pouvoit pas le contraindre. *Kie-li-khan* prit le parti de députer *Thou-li-khan*, & *Kia-pi-the-le-ffe-mo*, vers l'Empereur de Chine, pour lui demander la paix. On la fit, après quoi *Thou-li-khan* fit alliance de fraternité avec le Roi de *Tçin*. La foi des traités eft une foible barriere contre les Barbares. L'année fuivante, qui fut la 625ᵉ. de l'Ere Chrétienne, *Kie-li-khan* recommença la guerre, & remporta de grands avantages. L'an 626, *Kie-li-khan* envoya un de fes Confeillers en ambaffade vers l'Empereur (*Tham-thai-tçoum*, qui étoit auparavant Roi de *Tçin*,) pour découvrir l'état de la Cour. L'Ambaffadeur dit avec une arrogance barbare, que les deux *Khan* étoient en marche à la tête d'un million de chevaux, pour venir à la Cour. L'Empereur répondit :
,, J'ai fait & juré la paix avec vos *Khan*. Vous la
,, violez, & vous mettez par-là la juftice de mon cô
,, té. Eux & leur pere ont été comblés par la Chine
,, de dons ineftimables. Quelle raifon peuvent-ils donc
,, avoir pour s'avancer dans mon pays jufqu'à ma
,, Cour? Et quelle eft ton audace de me venir van
,, ter infolemment la puiffance de tes maîtres? Il faut
,, que je commence par toi à me venger d'eux ". Il le fit charger de chaînes, malgré les remontrances de fon Confeil.

Cependant les deux *Khan* étoient aux portes de *Si-ghan-fou*, alors capitale de l'Empire de Chine. *Tham-thai-tçoum* fortit auffi-tôt après l'emprifonne

ment de l'Ambaffadeur *Tou-kiue*, accompagné feulement de fix de fes Officiers, & vint fur les bords du *Ouei-ho* qui arrofe la ville, laiffant cette riviere entre lui & *Kie-li-khan*. Il lui reprocha fon manquement de foi. Tous les Officiers *Tou-kiue* ayant apperçu *Tham-thai-tçoum* furent épouvantés. Ils defcendirent de cheval, & le faluerent en fe profternant à terre. L'armée Chinoife étoit rangée en bon ordre fous les murailles de la ville. Les armes brilloient de toutes parts, & le filence y étoit étroitement gardé; ce qui épouvanta les Barbares. L'Empereur & *Kie-li-khan* faifant alte, firent fignal chacun à fon armée de reculer. *Siao-yu* voyant le péril où l'Empereur s'expofoit, arrêta fon cheval, & le pria de tourner bride. ,, J'ai pefé mûrement ce
,, que je vais faire, répondit l'Empereur. Vous ne
,, pouvez pas le favoir. Ce qui a obligé les *Tou-kiue*
,, à venir avec toutes leurs forces réunies enfemble,
,, c'eft qu'ils fe perfuadent qu'étant épuifé par les
,, guerres civiles, je n'ai point d'armée propre à leur
,, réfifter. Si je me tiens renfermé dans la ville, ils
,, vont ravager tout l'Empire. Je fuis donc forti pour
,, leur faire voir que je ne les crains point. J'ai fait
,, fortir & ranger en bataille une puiffante armée,
,, pour leur faire comprendre qu'il faut livrer batail
,, le, avant qu'ils puiffent exécuter leur deffein. Ils
,, ne s'attendoient pas à une fi forte réfiftance. Com
,, me ils font entrés fi avant dans le pays ennemi, ils
,, craindront de n'en pouvoir fortir. S'ils prennent le
,, parti du combat, ils feront fans doute défaits; s'ils
,, aiment mieux la paix, elle deviendra ftable par cette
,, démarche, qui va me rendre maître de la vie & du
,, fort de ces voleurs ". En effet, le même jour, *Kie-li-khan* envoya demander la paix.

Le lendemain, après avoir immolé un cheval blanc, la paix fut conclue fur le pont. Après cela les *Tou-kiue* fe retirerent. *Siao-yu* demanda à l'Empereur pourquoi il n'avoit pas fuivi l'avis de la plupart de fes Officiers qui vouloient livrer bataille. ,, Par quelle
,, adreffe Votre Majefté a-t-elle obligé cette canaille à
,, fe retirer "? —,, Les armées des *Tou-kiue*, répondit
,, l'Empereur, font nombreufes & fans ordres; leur
,, *Khan* & leurs Officiers n'ont des yeux que pour le
,, pillage. Si, lorfque les Officiers de *Kie-li-khan* font
,, venus me trouver fur le bord oriental de la riviere,
,, (lui étant fur le bord occidental,) j'avois voulu
,, les traiter, & les faire lier après les avoir enivrés,
,, rien n'étoit plus facile. De plus, j'avois ordonné à
,, *Tcham-fun-vou-ki*, & à *Li-tçim*, de fe tenir cachés,
,, avec une armée dans la Province de *Pe-tche-li*, &
,, d'y dreffer une embufcade. Si donc dans la retraite je
,, les euffe fait pourfuivre par une armée, ils étoient in
,, failliblement perdus; mais dans les circonftances
,, d'un Empire nouvellement établi, & encore chance
,, lant, la paix & le repos font le point effentiel. Après
,, tout, en donnant bataille, il falloit perdre beau
,, coup de monde. Quoiqu'ils l'euffent perdue, ils
,, n'auroient pas été détruits; que fi la crainte les eût
,, obligés à cultiver la vertu, ils fe feroient rétablis;
,, & n'aurois-je pas eu en eux de dangereux ennemis?
,, Aujourd'hui, fans mettre la main à l'épée, je me
,, fuis fervi de lances d'argent pour les repouffer. Les
,, riches préfents que je leur ai faits, ne ferviront qu'à
,, les enorgueillir. Or, un tel orgueil eft le commen
,, cement de la ruine entiere. J'ai fait ce que veut
,, dire cet axiôme : ce que vous voulez prendre, il
,, faut le donner auparavant ". *Siao-yu* fe profternant : ,, Notre efprit, *dit-il*, étoit trop groffier pour
,, pénétrer fi profondément ". L'Empereur députa deux des Grands de fa Cour, pour aller accompagner *Kie-li-khan* par honneur. *Kie-li-khan*, de fon côté, envoya en préfent à l'Empereur trois mille chevaux & dix mille moutons. L'Empereur les refufa, & lui demanda les Chinois qu'il avoit emmenés captifs dans fes incurfions.

L'an 627, les *Sie-yen-tho*, les *Hoei-hou*, ou les

Tie-le, & les *Pa-je-khou*, trois nations puiffantes dans la Tartarie, fe révolterent contre *Kie-li-khan*. Celui-ci ordonna à *Thou-li-khan* d'aller les ranger à leur devoir. *Thou-li-khan* fut défait, & obligé de s'enfuir. *Kie-li-khan* s'emportant contre lui, le fit battre & emprifonner. Par-là *Thou-li-khan* devint fon ennemi fecret. Cette même année, la rigueur de l'hyver fit mourir une grande quantité de chevaux & de moutons ; ce qui fut fuivi de la famine. Les *Tou-kiue* craignirent que les Chinois ne profitaffent de leurs malheurs pour les venir attaquer. Ils entrerent dans les terres de la Chine, fous prétexte de chaffe. On fuggéra à l'Empereur de Chine de fe fervir de l'occafion du violement du traité, pour leur faire la guerre. „ Les particuliers, répondit l'Empereur, ne doi-
„ vent jamais manquer à la foi promife ; combien moins
„ les Etats? Puifque je me fuis engagé par ferment
„ avec les *Tou-kiue*, dois-je profiter de leurs calami-
„ tés, & abufer du péril où ils font, pour m'en ren-
„ dre maître? Quand ils auront manqué au devoir de
„ leur promeffe, alors je les châtierai ".

L'an 628, *Thou-li-khan* fit favoir à *Tham-thai-tçoum* que *Kie-li-khan* lui avoit déclaré la guerre. „ J'ai juré la paix à *Kie-li-khan*, dit *Tham-thai-*
„ *tçoum* : j'ai pareillement contraété avec *Thou-li-*
„ *khan* une alliance de fraternité. Je ne puis pas re-
„ fufer le fecours que l'on me demande : que faut-il
„ faire ? — Les Barbares font gens fans foi, repartit
„ *Tou-ju-mei* ; nous obfervons les traités pendant
„ qu'ils les violent. Il faut fe fervir de l'occafion de
„ leurs troubles pour les attaquer ". L'Empereur ordonna à *Tcheou-fan* de les obferver. *Kie-li-khan*, de fon côé, fe tenoit fur fes gardes. On fut d'avis de rétablir l'ancienne grande muraille, & de la faire garder. *Tham-thai-tçoum* penfa autrement. „ Au cœur de
„ l'été, dit-il, parlant à fes Grands, il eft tombé pen-
„ dant cinq jours de la gelée dans le pays de *Kie-li-*
„ *khan*. Il y a paru trois lunes en même-temps, &
„ la fechereffe y eft extrême. Il voit toutes ces cala-
„ mités fans fonger à fe corriger, & à cultiver la ver-
„ tu. Il ne craint donc point le Ciel. Il change con-
„ tinuellement de place ; & la plupart de fes animaux
„ domeftiques font morts ; il n'a donc point la terre
„ favorable. L'ancienne coutume du pays étoit de
„ brûler les corps ; aujourd'hui il les enterre. Il viole
„ donc les ordres de fes ancêtres, & méprife les
„ Dieux-Mânes. Ne pouvant s'accorder avec *Thou-*
„ *li-khan*, il excite une guerre civile, & défole fon
„ propre pays ; il n'entretient donc pas l'union avec
„ fes proches. Puifqu'il a ces quatre défauts, il eft
„ fur le point de fa perte. Je me fais fort de vous le
„ livrer ; qu'avons-nous befoin de grande muraille? Les
„ mœurs des *Tou-kiue* étoient fimples & groffieres ".

Un Philofophe Chinois, nommé *Tchao-te-yen*, qui avoit gagné par fes grandes qualités l'eftime & la confiance de *Kie-li-khan*, gouvernoit abfolument fous lui. De plus, *Kie-li-khan* donnoit les charges aux Tartares étrangers, au préjudice des Princes de fon fang, qu'il éloignoit du Gouvernement. Il fatiguoit extrêmement fes troupes par les incurfions continuelles qu'il faifoit fur la Chine. Les *Tou-kiue* ne pouvoient fouffrir l'arrogance, l'inconftance, la légéreté, & l'infidélité des Tartares étrangers. Il régnoit une famine horrible qui obligeoit *Kie-li-khan* à furcharger fes fujets de tributs, motifs qui portoient les peuples à la rébellion, de forte que l'année fuivante 629, les *Sie-yen-tho* Tartares fe créerent un *Khan* de leur nation, & envoyerent des Ambaffadeurs en Chine. L'Empereur fit marcher *Li-tçim* contre les *Tou-kiue*, vers *Ma-yi*, où étoit *Kie-li-khan* qui prit la fuite. Neuf de fes *Ki-kin* fe rendirent avec leurs troupes à *Li-tçim*. Les *Pa-ye-kou*, les *Pou-khou*, les *Toum-lo*, nations de Tartares Occidentaux, auffi-bien que les *Sii*, & les *Hii*, Tartares Orientaux, envoyerent des Ambaffadeurs à la Chine.

L'Empereur fit marcher fix armées par fix différentes voies, pour aller inveftir *Kie-li-khan*. Il donna le commandement général de toutes à *Li-tçim*. Celle qui étoit commandée par *Vam-tao-tçoum* remporta une viétoire fignalée près de la ville de *Nim-hia*. *Thou-li-khan*, & le Prince *Yn-nai-the-le* vinrent incontinent après, avec leurs armées, fe jetter entre les bras de l'Empereur. *Tham-thai-tçoum* ayant reçut la nouvelle de ce fuccès, dit à fes Grands : „ L'amour
„ dû aux peuples, & le peu de fermeté d'un Empire
„ à peine achevé d'être conquis, avoient obligé mon
„ augufte pere à s'affujettir par politique aux *Tou-*
„ *kiue*, & à leur payer tribut. C'étoit un étrange
„ creve-cœur pour moi. Je fongeois à me laver de
„ cette tache devant l'univers. Préfentement le Ciel
„ infpire mes Généraux. La viétoire les fuit par tout
„ où ils vont ; n'ai-je pas lieu d'efpérer un entier
„ fuccès pour mon deffein ? " Au commencement de l'année fuivante 630, *Li-tçim*, qui pourfuivoit vivement fa pointe, furprit durant la nuit *Kie-li-khan*. Celui-ci effrayé recula, & alla fe camper à l'entrée d'un défert de fable. Après cette déroute, un des principaux Officiers de *Kie-li-khan*, nommé *Kham-fou-mii*, & plufieurs autres avec lui, vinrent fe rendre à *Li-tçim*, & amenerent avec eux *Siao*, Impératrice des *Soui*, & *Yam-tchim-tao* Prince du fang des mêmes *Soui*, qui portoit le titre d'Empereur.

On avertit *Tham-thai-tçoum* que les Chinois entretenoient des fecrets commerces de lettres avec l'Impératrice *Siao*. Un Cenfeur préfenta requête à ce qu'il en fût informé pour châtier les coupables. „ L'Empire n'étoit pas réuni fous une feule domina-
„ tion, dit *Tham-thai-tçoum* ; il étoit naturel qu'il
„ fe trouvât des gens qui fuffent attachés à la Dynaftie
„ des *Soui*. Aujourd'hui que leur inconftance eft
„ fixée par cet événement, eft-il befoin de prendre
„ connoiffance de cette affaire "? Ainfi on ne fit aucune perquifition.

Kie-li-khan, fe trouvant réduit à la derniere extrémité, députa *Tchi-che-ffe-lii* vers l'Empereur de Chine, pour implorer fa miféricorde, & demander en grace que fon Empire fût réduit en Province. L'Empereur envoya des Députés pour le confoler dans fon malheur. *Kie-li-khan* avoit encore plufieurs dixaines de milliers de cavaliers à fa fuite. *Li-tçim* fe fervit de cette occafion pour le furprendre, il prit toute fon armée comme dans un filet. *Kie-li-khan* fe fauva à l'aide d'un cheval d'une vîteffe incroyable, pour fe retirer auprès de *Cha-po-lo* ; mais le Lieutenant-Général de *Li-tçim* le prit. Auffi-tôt *Cha-po-lo* vint fe rendre avec tous fes gens, & l'Empire des *Tou-kiue* Orientaux fut éteint. *Kie-li-khan* fut conduit à la Cour de l'Empereur, qui le préfenta avec tout l'appareil poffible à fes ancêtres dans leur temple, à la vue de tout le peuple. Lorfqu'il parut, l'Empereur lui parla en ces termes : „ Vous êtes coupable de
„ cinq chefs. Premierement, votre pere, après avoir
„ perdu fes Etats, avoit été rétabli par la Dynaftie des
„ *Soui*. Cependant vous n'avez pas tiré un feul coup
„ de fleche pour la défenfe de cette Dynaftie, & vous
„ êtes caufe par-là que les temples de fes ancêtres
„ & de fes Dieux tutélaires, font fans facrifices. Se-
„ condement, vous étiez mon voifin ; & fans tenir
„ compte de la foi des traités, vous avez ravagé
„ mes terres. Troifiémement, vous vous êtes fié
„ fur vos forces, fans vous mettre en peine d'en-
„ tretenir le bon ordre parmi vos troupes, & vous
„ vous êtes attiré la haine de vos fujets. Quatrié-
„ mement, vous avez exercé des brigandages fur
„ les peuples de la Chine, & vous avez ruiné les
„ moiffons. Cinquiémement, vous avez fait fem-
„ blant de vouloir vous allier par mariage avec moi,
„ & par des délais affeétés, vous avez refufé de le
„ faire. Ainfi je ne manque pas de fujets pour vous
„ ôter la vie ; mais ayant égard au jurement que j'ai
„ fait

„ fait avec vous fur la riviere de *Ouei-ho*, dont je
„ me fouviens bien, je ne veux pas pouffer la chofe
„ à bout ". En même-temps il lui fit rendre toute
fa famille; il lui affigna un palais, où il lui fit fournir tout ce qu'il pouvoit defirer.

Se kie-ki-kin vint fe rendre avec quarante mille
hommes; mais *Yu-kou-che*, frere cadet de *Kie-li-
khan*, s'enfuit dans le Royaume d'*Eyghour*. Cependant peu de temps après, il fe vint rendre auffi. L'Empereur ordonna qu'on enterrât les offèmens des *Tou-
kiue* que la pefte avoit enlevés, & qui étoient entaffés
en montagnes. Il fit racheter quatre-vingts mille Chinois, qui, durant les troubles, s'étoient retirés auprès
des *Tou-kiue*. *Kie-li-khan* n'habitoit point fon palais;
il campoit fous fes tentes qu'il faifoit dreffer dans la
Cour. La trifteffe l'accabloit, & il ne ceffoit de pleurer fon défaftre; de forte qu'il étoit devenu fort mai-
gre. L'Empereur eut compaffion de lui; il le créa
Vice-Roi d'un pays de la Chine, plein de montagnes,
& où il y a beaucoup de chaffe; il refufa cet honneur. L'Empereur le fit Généraliffime de fes gardes
de la droite, & lui donna plufieurs belles terres.

Un jour l'Empereur lui parla en ces termes: *Khi-
min-khan* avoit été dépouillé de fes Etats. *Soui-ven-
ti*, Empereur de Chine, n'épargna aucune dépenfe
pour lui, & l'y rétablit. *Che-pi-khan*, fon fucceffeur,
ne fut pas plutôt tant foit peu accru en puiffance,
qu'il furprit l'Empereur *Soui-yam-ti*, fils de fon bienfaiteur, & l'inveftit dans la forterefie de *Yen-men*. Son
injuftice & fon ingratitude ne font elles point la caufe
de la perte de fon Empire? *Tie-lo-tchi* étoit fils de
Kie-li-khan; il étoit d'un naturel admirable. Quand
il fut arrivé à la Cour, l'Empereur lui faifoit fournir
tout ce qui étoit néceffaire pour fa dépenfe, auffi-bien
qu'aux Reines, femmes de *Kie-li-khan*. La mere de
Tie-lo-tchi, qui étoit arrivée après l'ordre donné, n'a-
voit point de part à la diftribution. *Tie-lo-tchi* ne toucha jamais aux viandes que l'Empereur lui faifoit fervir, & gardoit ainfi un jeûne rigoureux. L'Empereur
l'ayant fu, l'admira : „ Le Ciel a-t-il mis quelque
„ différence, dit-il, entre le Chinois & le Barbare,
„ quand il a imprimé dans le cœur de l'homme la cha-
„ rité & la piété filiale " ? Il combla de biens *Tie-lo-
tchi*, & fit fournir à fa mere les mêmes viandes qu'aux
autres Reines.

L'an 634, *Kie-li-khan* mourut. L'Empereur le
créa Roi après fa mort, & permit à fes gens de lui
faire des funérailles à la mode de leur pays. Ils brûlerent fon corps, & enterrerent fes cendres hors de la
ville de *Si-ghan-fou*. Le refte des *Tou-kiue* fe diffipa.
Une partie fe rangea fous les étendards des *Sie-yen-
to*; une partie fe retira dans la Tartarie Chinoife; plus
de cent mille vinrent s'affujettir à l'Empereur de Chine.
Après bien des délibérations fur ce que l'on feroit de
tant de Barbares, on conclut à les ranger fous des
chefs, le long de la grande muraille en-dehors. *Thou-
li* fut fait leur Commandant - Général. *Tham-thai-
tçoum* lui ôta le titre de *Khan*, par les raifons qui
fuivent : „ Votre aïeul, *Khi-min-khan*, lui dit-il,
„ avoit été chaffé de fes Etats; la Dynaftie des *Soui*
„ les lui fit rendre; il fut méconnoiffant de ce bien-
„ fait. Votre pere *Che-pi-khan*, au-lieu d'avoir de
„ la reconnoiffance, fe déclara ennemi de la Chine.
„ Si aujourd'hui, après que le dérangement de vos af-
„ faires vous a contraint de vous jetter entre mes bras,
„ je vous ôte le titre de *Khan*, prenez-vous-en à l'in-
„ gratitude de vos ancêtres. En tout cas, je veux par-
„ là affurer la paix & la tranquillité de la Chine, &
„ conferver votre famille; ainfi je vous crée Comman-
„ dant-Général; n'exerçons point d'hoftilités l'un en-
„ vers l'autre; fervez de rempart à mon Empire du
„ côté du Nord ".

Après que *Thou-li-khan* eut demandé afyle, *Tham-
thai-tçoum* avoit tenu ce difcours : „ De tout temps,
„ ceux qui gouvernent des Etats, ont affermi la durée

„ de leur bonheur, quand par leur travail, ils ont pro-
„ curé le repos à leurs fujets. Ils ont perdu leur Cou-
„ ronne quand ils ont tyrannifé leurs fujets, pour
„ fatisfaire à leurs intérêts particuliers. Aujourd'hui
„ l'Empire des *Tou-kiue* eft tombé dans le trouble
„ & dans la confufion, parce que leur Empereur ne
„ s'acquitte pas des devoirs d'un Empereur; de forte
„ que *Thou-li-khan*, qui tient à lui par les liens les
„ plus étroits de la parenté, fe trouvant en danger de
„ la vie, vient fe rendre à moi. L'affoibliffement des
„ Barbares eft la fûreté des confins de mon Empi-
„ pire; mais je dois craindre à la vue de leur perte
„ prochaine; car fi je viens à m'écarter du devoir en
„ quelque chofe, pourrai-je détourner les malheurs
„ que je m'attirerai " ?

Thou-li mourut en Chine dans la 29ᵉ. année de fon
âge. L'Empereur le pleura amèrement, & lui fit faire
de fuperbes funérailles. Il créa *Ho-lo-hhu*, fils de
Thou-li, fon fucceffeur. L'Empereur étoit allé dans une
de fes maifons de plaifance. *Kie-che-lu*, frere cadet
de *Thou-li* & Capitaine des gardes, complotta avec
les gens de fa nation d'enlever *Ho-lo-hhu*, & de l'emmener en Tartarie. Il falloit forcer la tente de l'Empereur, & le prendre auparavant, ou le tuer, lorfqu'il
fortiroit durant la quatrieme veille de la nuit fuivant
fa coutume. Le mauvais temps empêcha l'Empereur de fortir. *Kie-che-lu*, craignant que s'il différ-
oit, la confpiration ne vînt à fe découvrir, donna
tête baiffée avec les conjurés, tuant tout ce qui s'oppofoit à lui, & pouffant des cris effroyables. Les gardes
de l'Empereur fe réveillerent; ils repouffèrent les conjurés, qui fe jetterent fur les écuries, dont ayant tué
les Officiers, ils enleverent les chevaux, & prirent la
fuite. Les batteurs d'eftrade les prirent, & leur couperent la tête. L'Empereur donna la vie à *Ho-lo-hhu*,
& fe contenta de l'exiler au Sud de la Chine. En même-temps, il donna à *Affe-na-ffe-mo*, le titre de *Yi-
mii-to-no-ki-li-pii-khan*. Il l'adopta en quelque façon,
en accordant à fa famille le nom de la famille Impériale des *Tham*, qui étoit *Li*. Il lui ordonna d'emmener tous les *Toukiue* dans leur ancien pays.

Se mo étoit Prince du fang de *Kie-li-khan*. Lorfque *Khi-min-khan* abandonna fes Etats, il fut créé
Khan; mais il mit bas ce titre auffi-tôt que *Khi-min-
khan* fut rétabli. C'étoit un bon Prince, dont *Tham-
tai-tçoum* eftima la vertu. Il fut le feul qui garda la
fidélité à *Kie-li-khan*, avec lequel il fut pris. L'Empereur le créa Généraliffime des *Tou-kiue*. La crainte des
Sie-yen-to l'empêchoit de rentrer en Tartarie. *Tham-
thai-tçoum*, envoya fes ordres aux *Sie-yen-to*, & fit
l'honneur à leur *Khan* de lui écrire une lettre con-
çue en ces termes : „ La Chine obferve le devoir &
„ l'équité. Elle ne fait ce que c'eft que de détruire
„ les Royaumes. Si la cruauté & la barbarie de *Kie-
„ li-khan* m'ont forcé à le châtier & à me rendre
„ maître de fes Etats, je ne l'ai pas fait par un mo-
„ tif d'avarice, & pour poffèder fon pays & fon peu-
„ ple. Auffi ai-je affigné aux *Tou-kiue* qui fe font
„ rendus, des terres abondantes en pâturages, dans
„ la partie feptentrionale de la Province de *Chenfi*.
„ Préfentement qu'ils fe font multipliés auffi - bien
„ que leurs troupeaux, je leur ai créé un Empereur,
„ & je les renvoye dans leur ancien pays. Soumettez-
„ vous à ces ordres-ci : vous repafferez au Nord du
„ *Cha-mo*, (ou défert de fable) & vous laifferez aux
„ *Tou-kiue*, le pays qui s'étend depuis le *Cha-mo*
„ jufqu'à la Chine. Conférvez chacun vos Etats, & ne
„ vous faites point la guerre. Je châtierai rigoureufe-
„ fement ceux qui feront les premiers à violer ce ré-
„ glement ".

Après cela, *Se-mo* prit congé de *Tham-tai-tçoum*.
L'Empereur, dans le feftin d'adieu qu'il lui fit, le fit
avancer, & lui parla en ces termes : „ On fe fait un
„ fujet de joie de voir un arbre ou une herbe qu'on
„ a plantés de fa main, croître & fe fortifier; à com-

M

„ bien plus forte raifon dois-je reffentir de la joie,
„ en voyant que vos peuples & vos troupeaux, que
„ j'ai nourris, fe font multipliés & fortifiés. Les fépul-
„ cres de votre pere & de votre mere font dans la
„ Chine. Préfentement que vous retournez dans vos
„ anciens Etats, je vous fais ce feftin de congé. " En·
fuite, l'Empereur le créa *Khan* avec tout l'appareil
accoutumé. Il créa en même-temps les principaux
Rois des *Tou-kiue*. Les *Sie-yen-to*, ayant fu que *Se-
mo* étoit en marche, fe retirerent à l'entrée du défert, où ils fe tinrent en bon ordre. Lorfque les Ambaffadeurs Chinois qui conduifoient les *Tou·kiue*,
furent arrivés au camp des *Sie-yen-to*, ceux-ci dirent : „ Le fils du Ciel eft femblable à une bonne
„ mere, qui ne veut pas que fes enfants s'entrebat-
„ tent. Nous recevons fes ordres avec un profond
„ refpeᴄᴛ; mais les *Tou-kiue* font nés dans le trou-
„ ble, & accoutumés à l'inconftance. Dans le temps
„ de leur puiffance, ils tuoient les Chinois avec la
„ même indifférence, & en même quantité qu'on
„ coupe le chanvre. Sa Majefté, après avoir éteint
„ leur Monarchie, en devoit faire autant d'efclaves
„ pour remplacer les Chinois morts; au contraire,
„ elle les nourrit comme s'ils étoient fes enfants. Mal-
„ gré tant d'obligations, *Kie-che-lu* n'a pas laiffé de
„ confpirer contre la perfonne de l'Empereur, & de
„ l'attaquer. Cela fait voir évidemment qu'on ne peut
„ pas fe fier aux *Tou-kiue*. Si dans la fuite ils fe ré-
„ voltent, nous demandons qu'il nous foit permis de
„ les exterminer".

L'an 641, *Se-mo* rentra dans la Chine (*). Il gouverna trois ans. Enfuite fentant qu'il étoit menacé de
révolte, il revint à la Cour, & prit rang parmi les
Officiers des Gardes, dont il fut un des Généraliffimes. En cette qualité, il accompagna *Tham-thai-
tçoum*, dans fon expédition de la Corée, & il y reçut
un coup de fleche. L'Empereur avoit une amitié fi
grande pour lui, qu'il voulut lui-même fuᴄcer fa plaie.
Au retour, *Se-mo* mourut à *Si-ghan-fou*.

Affe-na-ni-cho, fils de *Sou-ni-che*, lui fuccéda; mais
il fe tenoit cantonné en Chine; *Hou-po-chi*, qui étoit
de la famine des *Affe-na*, fut fur le point d'être proclamé *Khan*. Après la prife de *Kie-li-khan*, les *Tou-
kiue* voulurent le proclamer *Khan*; mais ayant fu que
les *Sie-yen-to* en avoient déja proclamé un de leur
nation, il fe retira vers lui. Ayant appris que les *Sie-
yen-to*, qui le redoutoient, fongeoient à fe défaire
de lui; il s'enfuit avec fes gens, & fe jetta dans le
Nord des Monts d'Or. Il trouva une montagne efcar-
pée de trois côtés, où les chevaux & les chariots pouvoient monter par un feul côté. Elle fe terminoit à
une belle & vafte plaine. Il s'y campa avec 30000
cavaliers d'élite, & y prit le titre d'*Yi-tchu-tche-pi-
khan*. On compte de cette montagne à *Si-ghan-fou*,
mille lieues. A l'Occident, elle a les *Kho-lo-lo*; & au
Nord, les *Kie-khou*, peuples qu'il affujettit. Il faifoit de-là des courfes continuelles fur les *Sie-yen-to*.
Il éleva fa puiffance fur les débris de la leur. L'an
647, il envoya fon fils *Cha-po-lo-the-le* avec des préfents en *Chine*, demander pour fon pere la permiffion d'y venir en perfonne. On la lui accorda; mais
il ne voulut pas s'en fervir; & fe moqua des Ambaffadeurs Chinois. Il en fut mourir un. L'Empereur fut
piqué de cet affront. Il envoya des Députés au Royaume
des *Kie-khou* & à celui de *Kafch-ghar*, avec ordre
d'attaquer *Tche-pi*. Il leur envoya en même·temps
un Général Chinois pour commander l'armée. Plufieurs des peuples foumis à *Tche-pi khan*, vinrent fe
rendre à *Kao-khan*, Général Chinois; de forte que
Tche-pi khan, fut obligé de prendre la fuite; mais
les Chinois l'attraperent, & l'envoyerent à l'Empereur de Chine, qui étoit pour lors *Tham-kao-tçoum*,

lequel lui donna la vie, & le fit un des Généraux
de fa garde. Tous les *Tou-kiue* étant foumis, l'Empereur partagea ces pays immenfes en foixante-qua-
tre Provinces, dont il nomma les Officiers & les
Commandants. Le Généraliffime, qui avoit fa Cour
en Chine, reçut le titre de *Tchen-yu*; ce titre fut
donné à *Affe-te*.

L'an 679, des hordes de Tartares s'étant révoltées, proclamerent *Khan Affe-na-ni-cho-fou*. Les
Commandants de vingt-quatre Provinces le reconnurent. L'Empereur fit marcher une armée de Chinois,
qui fut défaite. Il en envoya une feconde de trois
cents mille combattants, fous la conduite de *Fei-him-
kien*. L'an 680, *Fei-him-kien* livra bataille à l'ennemi
au pied des monts noirs. Il défit entiérement les rebelles. Ceux-ci couperent eux-mêmes la tête à *Affe-
na-ni-che-fou*, & la préfenterent, en fe rendant aux
Chinois. La même année, l'horde d'*Ouen-thouen* proclama *Fou-nien* Empereur. Il étoit des defcendants de
Kie-li-khan; les autres hordes le reconnurent. *Fei-
him-kien* fut renvoyé dans la même qualité de Généraliffime. Une de fes armées vainquit *Fou-nien*, qui, à
fon tour, en défit une des Chinois; mais *Fei-him-kien*
le ferra de fi près, en le pourfuivant toujours, qu'il fut
forcé de venir fe rendre à lui avec *Ouen-tchouen*. Ils
furent envoyés à la Cour, où on leur fit trancher la
tête en plein marché. L'an 682, *Khou-to-lo*, Prince
du fang de *Kie-li-khan*, fe révolta. *Che-li* fit la même
chofe. *Affe-na-te-yuen-tchim* fe joignit à *Khou-to-lo*,
& devint fon Vifir. *Khou to-lo* battit les Chinois en
toutes rencontres, & vint faire le ravage jufqu'en
Chine. *Te-yuen-tchin* fut tué dans un combat contre les *Tou-khi-ffe*, peuples de la nation des *Tou-kiue·*
Khou-to-lo mourut l'an 690.

Me-tchue, frere cadet de *Che-li*, fe proclama lui-
même *Khan*. L'Impératrice de Chine *Tham-veou-heou*
fit marcher contre lui 18 Généraux. Il fe foumit, &
s'offrit à fervir la Chine contre les *Khi-tan*. Le Généraliffime Chinois, qui les gouvernoit, étant mort,
Me-tchue fubjugua les Tartares Orientaux. L'Impératrice le créa Grand *Tchen-yu* & *Khan*, pour récompenfer fes fervices. Celui·ci envoya des Ambaffadeurs
à l'Impératrice, pour la prier de l'adopter pour fils,
& pour demander des grains & du fer. On refufa de
lui accorder fes demandes; ce qui choqua *Me-tchue*,
& l'obligea de s'emporter en des difcours infolents.
Les Chinois craignirent, & lui accorderent ce qu'il demandoit. Cela augmenta fa puiffance. On lui envoya
une Princeffe du fang de l'Impératrice, pour femme. Il
la refufa, & entra en Chine à la tête de cent mille cavaliers. L'Impératrice fit marcher près de cinq cents
mille combattants contre lui, & mit fa tête à prix.
Me-tchue fit égorger près de quatre-vingt-dix mille
Chinois, tant hommes que femmes, qu'il avoit fait
captifs, & fortant de la Chine, il enleva généralement
tout ce qui tomba fous fa main. Sa puiffance égaloit
celle de *Kie-li-khan*. Son Empire avoit plus de mille
lieues d'étendue; & fa fuperbe étoit encore plus
grande que fon pouvoir. Il méprifoit la Chine.

Il donna à *Me-kis*, fils de *Khou-to-lo*, vingt mille
chevaux à commander. Il créa *Fou-kiu*, fon fils, petit *Khan* & lui affigna quarante mille chevaux, tirés
des dix familles ou Provinces. Il lui donna en même-
temps le titre de *Tho-fi-khan*. Enfin, il ne donnoit aucun repos à la Chine. Il enleva dix mille chevaux des
harras de l'Empire. L'armée Chinoife, commandée
par *Ouei-yuen-tchoum*, le chaffa. L'année fuivante,
il enleva cent mille chefs de chevaux & de moutons.
Il affiéga *Pim-tcheou*; il fit d'horribles ravages, & fe
retira. L'an 703, il demanda une Infante de Chine
en mariage; on la lui promit. L'an 705, il défit les
Chinois, & en tua plufieurs dixaines de milliers dans
une grande bataille. L'Empereur ne voulut pas lui
donner en mariage l'Infante qu'il demandoit; il demanda la paix. L'an 711, l'Empereur lui envoya une

---

(*) Il faut mettre *dans la Tartarie.*

Princeſſe de ſon ſang, qui portoit le titre de *Kin-chan-koum-tchu*. Un Général Chinois ayant été défait & pris par les *Hii* Tartares Orientaux, fut envoyé à *Me-tchue*, qui le fit mourir ; cela rompit l'alliance. L'an 713, l'Empereur rejetta ſon alliance. *Me-tchue* envoya un de ſes fils, la demander inſtamment. On lui deſtina la *Koum-tchu* de *Nan-ho-hien*. L'année ſuivante, *Ye-nie-khan*, fils de *Me-tchue*, fit une irruption ſur les terres du Généraliſſime Chinois, nommé *Kouo-kien-kiuen*. Il fut défait, & *Kouo-kien-kiuen* ayant pris le Prince *Toum-gho-the-le*, il lui fit trancher la tête. *Ho-fa* n'oſant paroître, après cette défaite, devant *Me-tchue*, il prit la fuite, & vint avec ſa famille ſe réfugier en Chine, où il fut fait Généraliſſime de la gauche, & créé Roi. *Me-tchue* écrivit deux lettres, pour demander une *Koum-tchu* en mariage. L'an 715, il mourut avant qu'on lui eût répondu. *Me-tchue*, après avoir ſubjugué les *So-kho* à l'Occident, dompta les *Khi-tan* & les *Hii* Tartares Orientaux. Il traitoit tyranniquement ceux qui lui étoient aſſujettis ; ſa cruauté & l'affoibliſſement de ſon eſprit augmentoient avec la vieilleſſe. Tous les Tartares tendoient à la révolte. La plupart des *Tou-kiue* venoient ſe ſoumettre à la Chine. L'Empereur leur aſſigna des terres dans les Monts d'Or. *Me-tchue* attaqua pluſieurs fois les *Kho-lo-lo*. L'Empereur ordonna au Généraliſſime Chinois de leur prêter ſecours.

La puiſſance de *Me-tchue* commença par-là à tomber en décadence. Pluſieurs de ſes Officiers ſe retirerent en Chine, où l'Empereur leur conféra à tous des dignités. Il fit les mêmes graces à ceux des neuf familles, qui, après avoir été défaits par *Me-tchue*, vinrent ſe rendre à lui. Tous ces déſerteurs tramoient avec les Chinois, la perte de *Me-tchue*. Il alla porter la guerre chez les *Pa-ye-khou*, une des neuf familles ; il les défit entiérement ſur les bords de la riviere de *Tho-lo*. *Me-tchue*, enflé de ſa victoire, retournoit ſans rien craindre. Les débris des *Pa-ye-khou* s'étoient ſauvés dans une forêt, par où il paſſa ſans ſe défier de rien. Ils l'attaquerent à l'impourvu, & l'ayant vaincu, ils lui couperent la tête, qu'ils envoyerent à un Ambaſſadeur Chinois, qui étoit dans le pays ; celui-ci l'envoya à l'Empereur par la poſte. *Kiue-tche-le*, fils de *Khou-to-lo*, ramaſſe ſes anciens ſujets, attaque & tue le petit *Khan*, extermine toute la famille de *Me-tchue*, & fait proclamer *Me-khien-lien*, ſon frere aîné, *Khan*, ſous le titre de *Pi-kia-khan*.

Pi-kia-khan, avant ſon exaltation, avoit la dignité de petit *Cha*. Il étoit d'un naturel doux & aimable. Il voulut céder l'Empire à *Kiue-tche-le* ; mais il fut forcé de l'accepter l'an 716. Il créa *Kiue-the-le* Roi de la gauche, & lui abandonna le commandement abſolu de ſes armées. *Kiue-the-le*, après la mort de *Me-tchue*, avoit fait mourir tous ceux qui avoient gouverné ſous ſon regne, à la réſerve de *Thun-yu-kou*, dont la fille, nommée *Po-fou*, étoit *Kha-thoun*, c'eſt-à-dire, femme de *Pi-kia-khan*, & Impératrice, lequel fut renvoyé dans ſon horde. Dans la ſuite, *Sou-lo* uſurpa le titre de *Khan* des *Tou-kiſſe*. La plupart des *Tou-kiue* alloient ſe donner à lui. *Pi-kia-khan* fit revenir *Thun-yu-kou* pour le conſulter ſur cela. C'étoit un homme âgé de plus de 70 ans, craint & honoré de tout le monde. Pendant ce temps-là, les *Tou-kiue*, ſujets de la Chine, ſe révolterent, & vinrent ſe rendre à *Pi-kie-khan*, qui ſongea auſſi-tôt à venir attaquer la Chine. *Thun-yu-kou* l'en détourna. ,, Donnez-vous-en bien de garde, ,, lui dit-il, le fils du Ciel régnant eſt grand homme ,, & brave ; tous ſes Etats ſont en paix ; les moiſſons ,, ont été abondantes ; il n'y a point de jour à faire ,, réuſſir votre entrepriſe. Ajoutez à cela, vos troupes ,, ſont un ramas de gens nouvellement réunis, & dont ,, on ne peut encore ſe ſervir ".

Pi-kia-khan avoit deſſein de bâtir une ville pour y réſider, & y ériger des temples aux idoles & à ſes ancêtres. *Thun-yu-kou* l'en détourna. ,, Les *Tou-kiue*,

,, dit-il, ne ſont pas la centieme partie des Chinois. ,, La raiſon pourquoi ceux-là balancent la puiſſance ,, de ceux-ci, c'eſt parce que n'ayant pas de demeu- ,, res fixes, ils ne s'occupent que de la chaſſe & du ,, maniement des armes. Quand ils ſe ſentent forts, ils ,, avançent & prennent ; quand ils ſont foibles, ils ,, fuyent & ſe cachent. De cette ſorte, le nombre de ,, troupes devient inutile aux Chinois. Si les *Tou- ,, kiue* habitoient des villes, ils ſe feroient prendre ,, après la premiere bataille qu'ils perdroient. Quant ,, à la Religion des Bonzes, elle ne prêche que la ,, charité & l'humilité. Elle n'eſt pas propre à ren- ,, dre les peuples braves & puiſſants ". *Pi-kia-khan*, goûta ſes raiſons ; il envoya des Ambaſſadeurs demander la paix à l'Empereur. Ce Prince les rebuta, à cauſe de leur infidélité, & déclara la guerre aux *Tou-kiue*. Il fit marcher contre eux pluſieurs nations Tartares avec les Chinois, & nomma *Van-tçun* Généraliſſime de tant d'armées qui devoient ſe réunir dans l'automne de l'année ſuivante. Les conſeils de *Thun-yu-kou* tirerent *Pi-kia-khan* de ce danger, & le rendirent victorieux ; & par-là il devint formidable. Nonobſtant cela, *Pi-kia-khan* envoya l'année ſuivante des Ambaſſadeurs, demander en mariage une *Koum-tchu* ; ce qui lui fut refuſé. L'Empereur vouloit lui déclarer la guerre : *Fei-khouam-tim* l'en détourna, en lui repréſentant que cela s'accordoit mal avec les ſacrifices extraordinaires qu'il alloit faire, & qui ſuppoſoient une paix univerſelle.

Tcham-yue, au contraire, vouloit la guerre. ,, On ,, ne doit point compter, dit-il, ſur la foi des *Tou- ,, kiue*. Leur *Khan* eſt plein de charité & de bonté ; ,, ſes ſujets ſont prêts à tout entreprendre pour lui. ,, *Khiue-the-le*, qui commande ſes armées, eſt grand ,, Capitaine. *Thun-yu-kou* eſt un brave, d'une prudence ,, conſommée, & dont la ſageſſe eſt égale à l'âge. Il ,, ſe peut comparer à *Li-tçim* & à *Li-chi-tçii*, deux ,, de nos plus fameux Capitaines. Si donc ces trois ,, hommes agiſſent de concert, l'Empereur emme- ,, nant avec lui toutes les forces de l'Empire vers ,, l'Orient, pour augmenter la pompe de ces ſacrifi- ,, ces extraordinaires, qui leur réſiſtera, en cas qu'ils ,, ſe ſervent de l'occaſion pour entreprendre ſur la ,, Chine" ? Sur quoi *Fei-khouam-tim* fut d'avis d'envoyer à *Pi-kia-khan* des Ambaſſadeurs, pour lui dire d'envoyer les Grands de ſa Cour à la cérémonie des ſacrifices. *Pi-kia-khan* fit un feſtin aux Ambaſſadeurs Chinois, où aſſiſterent la *Kha-thoun* *Khiue-the-le* & *Thun-yu-kou*. Durant le repas, *Pi-kia-khan* parla ainſi à *Yuen-tchim*, chef de l'ambaſſade Chinoiſe : ,, Les *Tybethains* ſont de race de ,, chiens ; cependant l'Empereur s'eſt allié avec eux ,, par mariage. Les *Hii-khi-tan* ſont mes eſclaves ; ,, leurs Rois ont pourtant épouſé des *Koum-tchu* de la ,, Chine. D'où vient donc qu'on en a refuſé ſi opiniâ- ,, trement à mes prédéceſſeurs ? Et pourquoi perſiſte- ,, t-on, dans la même opiniâtreté à mon égard " ? — ,, Vous, *Khan*, repartit *Yuen-tchin*, vous êtes le fils ,, de l'Empereur, eſt-il permis à un fils d'épouſer ,, ſa ſœur " ? — ,, La choſe n'eſt pas ainſi, répliqua *Pi- ,, kia-khan* ; les Rois de ces deux Royaumes étran- ,, gers ont obtenu de la Chine le nom de famille de ,, la Dynaſtie des *Tham* ; & quoiqu'ils ſoient cen- ,, ſés par-là être de la même famille, ils n'ont pas ,, laiſſé d'obtenir des *Koum-tchu* en mariage. De plus, ,, la *Koum-tchu* que je demande, n'eſt pas fille de ,, l'Empereur ; je me contenterai d'une Princeſſe de ,, ſon ſang. Si après l'avoir demandée tant de fois, ,, on perſiſte à me la refuſer, je deviendrai l'objet ,, de la riſée publique ". *Yuen-tchin* promit de lui obtenir cette grace. Auſſi-tôt *Pi-kia-khan* dépêcha un de ſes *Kie-li-fa*, nommé *Aſſe-te*, avec des préſents, pour aſſiſter à la cérémonie des ſacrifices. La cérémonie étant finie, l'Empereur le renvoya comblé de préſents ; mais il perſiſta à refuſer l'alliance.

Depuis ce temps-là, *Pi-kia-khan* envoya tous les ans des Ambaſſadeurs en Chine. Les *Tybethains* lui écrivirent pour le faire entrer dans une ligue contre la Chine. *Pi-kia-khan* n'en voulut rien faire, & envoya leur lettre à l'Empereur, lequel, en conſidération de ce ſervice, lui ouvrit la liberté du commerce avec la Chine. L'an *731*, *Kiue-the-le* mourut. L'Empereur envoya des Députés pour lui faire des ſacrifices, & des ouvriers pour lui ériger un monument, & y graver une inſcription. Il lui fit bâtir un temple, & dreſſer une ſtatue. Il envoya pareillement ſix fameux Peintres, pour peindre ſes Etats & ſes batailles ſur les murailles du temple; ce qu'ils exécuterent avec tant d'art, que tout le monde avoua qu'on n'avoit rien vu de ſemblable. La vue de ces peintures frappa ſi vivement *Pi-kia-khan*, qu'il ne put retenir ſes larmes. *Pi-kia-khan* recommença ſes empreſſements pour le mariage avec une *Koum-tchu*. L'Empereur lui accorda enfin ſa demande; mais auſſi-tôt après, le *Khan* fut empoiſonné par *Mei-lo-tchue*, lequel fut exterminé avec toute ſa famille, & *Pi-kia-khan* mourut. L'Empereur envoya des Ambaſſadeurs, qui lui firent des ſacrifices, & lui érigerent un temple & un monument avec inſcription.

Les *Tou-kiue* mirent ſon fils en ſa place, ſous le titre de *Y-gen-khan*. Celui-ci régna huit ans. Il envoya durant ſon regne trois ambaſſades en Chine, & mourut. Son frere cadet lui ſuccéda ſous le titre de *Pu-kia-khou-to-lo-khan*. L'Empereur envoya un Grand de ſa Cour, qui le créa *Khan* dans les formes, & lui conféra le titre de *Tem-li-khan*. L'année ſuivante, *Tem-li-khan* envoya *Y-nan*, porter des préſents à l'Empereur pour ſes préſents du premier jour de l'an Chinois, ajoutant ces paroles: „ Quand j'honore le céleſte *Khan*, „ c'eſt comme ſi j'honorois le Ciel. Je fais ces pré- „ ſents du premier jour de l'an au fils du Ciel. Je ſou- „ haiterois pouvoir y joindre une vie ſans bornes ". *Tem-li-khan* étoit jeune. *Po-fou*, ſa mere, entretenoit un mauvais commerce avec un petit Officier, & elle avoit part au Gouvernement. Ce fut une ſemence de diviſion entre les hordes des Tartares. Deux des oncles de *Ten-li-khan* poſſédoient les dignités, l'un de *Chaa* de la droite, & l'autre de *Chaa* de la gauche, & partageoient entr'eux tout le pouvoir des armes. *Tem-li-khan* & ſa mere dreſſerent des embûches au *Chaa* de la droite, lui firent couper la tête, & ſe rendirent maîtres de ſes troupes. Le *Chaa* de la gauche prit l'épouvante, & prévint *Tem-li-khan* en l'attaquant vivement. Il le força, & le fit mourir. Ce *Chaa* de la gauche ſe nommoit *Pan-kiu-the-le*. Il fit proclamer Empereur le fils de *Pi-kia-khan*, qui fut incontinent après mis à mort par le *Che-hou*, nommé *Khou-to*, lequel mit en ſa place le frere cadet du mort. Il lui ôta auſſi-tôt la vie, & ſe fit Empereur lui-même, ſous le titre de *Che-hou-khan*.

L'an *742*, ou un peu après, les *Hoei-hhe*, les *Kho-lo-lo* & les *Pa-ſſi-miì*, trois puiſſants peuples Tartares, prennent les armes contre lui, l'attaquent, le forcent & le tuent. Enſuite, d'un commun conſentement, ils proclament le Roi des *Pa-ſſi-miì* Empereur, ſous le titre de *Kie-thie-y-chi-khan*. Les Rois des *Hoei-hhe* & des *Kho-lo-lo* prennent le titre de ſes deux *Che-hou*, l'un de la droite, l'autre de la gauche. Tous les trois envoyerent des Ambaſſadeurs en Chine, rendre compte de ce qui s'étoit paſſé. Cependant les *Tou-kiue* placerent ſur le trône le fils de *Pan-kiue-the-le*, & lui conférerent le titre d'*Ou-ſou-mii-chi-khan*, & donnerent celui de *Chaa* de la droite, ou de l'Orient, à *Kho-la-to* ſon fils. L'Empereur envoya des Députés à ce *Khan*, pour lui conſeiller de réduire ſon Empire en Province. Il ne voulut point entendre à cette propoſition. Les *Tou-kiue*, mécontents de lui, ſe joignirent aux trois hordes des *Pa-ſſi-mii*, des *Hoei-hhe* & des *Kho-lo-lo*, & l'attaquerent tous enſemble. *Ou-ſou-mii-chi-khan* prit la fuite, & diſpa-

rut. Son *Che-hou* de la gauche, ou de l'Occident, qui ſe nommoit *A-pou-ſſe*, vint avec *Kho-la-to* à la tête de cinq mille familles, ſe jetter entre les bras de l'Empereur de Chine, qui donna à *Kho-la-to* le titre de *Roi reconnoiſſant*.

L'an *744*, les *Pa-ſſi-mii* & leurs alliés tuerent *Ou-ſou-mii-chi-khan*, & envoyerent ſa tête à l'Empereur de Chine, lequel la préſenta à ſes ancêtres dans leur *Miao*, ou *Temple*. Le frere cadet de ce *Khan* prit ſa place, & ſe fit appeller *Pe-mei-khan*, (c'eſt-à-dire, en Chinois, le *Khan aux ſourcils blancs*.) Alors les *Tou-kiue* tomberent dans le dernier déſordre; de ſorte qu'ils furent obligés de proclamer pour leur Empereur, le chef des *Pa-ſſi-mii*. L'Empereur fit marcher contre lui une armée, ſous la conduite de *Vam-tchoum-ſé*, qui, étant arrivé ſur les bords de la riviere de *Si-ho*, attaqua bruſquement les onze hordes de l'*A-po-ta-khan* de la gauche du nouveau *Khan*. Il les mit en déroute. L'*A-po-ta-khan* de la droite reſtoit encore, lorſque les *Hoei-hhe* & les *Kho-lo-lo* maſſàcrerent le chef des *Pa-ſſi-mii*, nouvellement créé *Khan*. Ils créerent à l'inſtant le chef des *Hoei-hhe*, qui ſe nommoit *Khou-li-fei-lo*, & qui prit le titre de *Khou-to-lo-pi-kia-kiue-khan* l'an *745*. On fit mourir *Pe-mei-khan*, & on envoya ſa tête à *Pi-kia-kiue-khan*. En même-temps, la femme de *Pe-mei-khan*, nommée *Khou-to-lo-po-fou-kha-toun*, vint avec tout ſon monde, ſe remettre à la diſcrétion de l'Empereur de Chine. Il la reçut avec beaucoup d'honneur, & la créa Reine. Il fournit à ſa dépenſe; & pour ſon fard il lui aſſigna par an une ſomme conſidérable. Ainſi finit la Monarchie des *Tou-kiue* Orientaux, (laquelle, à compter depuis l'année *535*, qui fut la premiere du regne de l'Empereur *Ven-ti*, de la Dynaſtie des *Ouei* Occidentaux, ſous le titre de *Ta-thoum*, juſqu'à la quatrieme de l'Empereur *Tham-hiuen-tçoum*, de la Dynaſtie des *Tham*, ſous le titre de *Tien-pao*, c'eſt-à-dire, juſqu'à l'an *745*, a duré 211 ans,) & les *Hoei-hhe* demeurerent maîtres de tous les pays qui étoient ſujets aux *Tou-kiue* Orientaux.

LES TOU-KIUE *OCCIDENTAUX.*

La nation des *Tou-kiue* ne demeura pas long-temps unie. L'énorme étendue de ſes conquêtes obligea ſes Grands *Khan* à créer pluſieurs petits *Khan*, entre leſquels ils partagerent le gouvernement de tant de nations, qu'ils diviſoient par-là en pluſieurs Empires ſubordonnés à un ſeul *Khan*. Ils ſe diviſerent d'abord en Orientaux, & dans la ſuite les Septentrionaux ſe ſéparerent des Occidentaux. Après cela, ces trois Empires ſe firent des guerres implacables.

Tha-theou-kan, qui prit auſſi le titre de *Pou-kia-khan*, doit être regardé comme le fondateur des *Tou-kiue* Occidentaux. *Tou-men*, qui, comme nous l'avons vu, établit la Monarchie univerſelle des *Tou-kiue*, & porta le titre d'*Il-khan*, étoit fils aîné de *Thou-vou*, qui poſſédoit la dignité de grand *Che-hou*, & qui étoit petit-fils de *Na-tou-lou*. *Tou-men* (c'eſt proprement *Il-khan*,) eut pour ſecond fils *Che-hie-mii*, qui ſe nomme auſſi *Se-ti-mii*. *Ta-theou-khan* étoit fils de *Se-ti-mii*. Il fut le premier qui s'empara de l'ancien pays des *Ou-ſſun*, & qui ſe ſépara des *Tou-kiue* Orientaux. Son pays donc étoit terminé à l'Orient par les *Tou-kiue* Orientaux; à l'Occident par la mer ou grand lac, nommé *Li-tchu*; au Midi par le Royaume de *So-lé*; & au Septentrion par la mer de Sable. Son camp royal étoit éloigné de *Si-ghan-fou* de *700* lieues vers le Nord (Oueſt.) Sa Cour méridionale étoit éloignée du Royaume de *Yen-khi* de *7* journées de chemin, en tirant vers le Nord-Oueſt. Sa Cour ſeptentrionale étoit au Nord de la méridionale à *8* journées de diſtance. Sa nation étoit mêlée avec les *Tou-lou*, avec les *Nou-che-pi*, les

Kho-lo-lo,

Kho-lo-lo, les *Tchu-yue*, les *Tchu-mi*, les *Y-ou*, & femblables races de Barbares. Les mœurs & coutumes des *Tou-kiue* Orientaux étoient femblables à celles des Occidentaux. Il y avoit quelque petite différence entr'eux pour la langue.

Nous avons vu ci-deffus que *Mou-hàn-khan*, en mourant, préféra *Tho-po-khan*, fon frere cadet, à *Ta-lo-pien*, fon fils. *Tho-po-khan*, en mourant, ordonna à *Ghan-lo*, fon fils, de céder l'Empire à *Ta-lo-pien*. La baffeffe d'extraction de la mere de *Ta-lo-pien* le fit exclure, & *Ghan-lo* régna. Peu de temps après, *Ghan-lo* céda l'Empire volontairement à *Che-thou*, fils du frere aîné de *Mou-han-khan*. *Che-tou* prit le titre de *Cha-po-lio-khan*. Il donna auffi-tôt le titre d'*Apo-khan* à *Ta-lo-pien*. Il s'en repentit bientôt; & ayant furpris *Ta-lo-pien* au dépourvu, il le dépouilla de fes Etats, & fit mourir fa mere. *Ta-lo-pien* prit la fuite vers l'Occident, & alla fe réfugier auprès de *Ta-theou-khan*, qui lui donna une armée de cent mille combattants, pour aller attaquer les *Tou-kiue* Orientaux. *Apo-khan* (ou *Ta-lo-pien*,) fut défait, & tomba enfuite entre les mains de *Cha-po-lio-khan*. *Ta-theou-khan* prit occafion de-là de faire la guerre à *Khi-min-khan*, Empereur des *Tou-kiue* Orientaux. Les Chinois foutinrent *Khi-min-khan*, & par ce moyen, *Ta-theou-khan* fut défait & mis en fuite; il fe refugia dans le Royaume de *Thou-kou-hoen*. Après la prife d'*Apo-khan*, ou *Ta-lo-pien*, fes fujets mirent en fa place le fils de *Yam-fo-the-le*, qu'ils proclamerent fous le titre de *Ni-li-khan*. La déroute de *Ni-li-khan* fuivit de près celle de *Ta-theou-khan*. *Ni-li-khan* mourut, & laiffa l'Empire à *Tha-man*, fon fils, qui prit le titre de *Ni-kiue-tchu-lo-khan*. Celui-ci s'attira la haine publique par fon mauvais gouvernement. Il fe refugia en Chine, où il accompagna l'Empereur *Soui-yam-ti* dans fa fameufe expédition de la Corée, contre laquelle il marcha à la tête de plus d'un million de combattants. *Soui-yam-ti* lui conféra le titre de *Kho-fii-no-khan*, & lui donna en mariage une Princeffe de fon fang.

Après que *Soui-yam-ti* eût été affaffiné, le *Khan* fe vint rendre à *Kao-tçou*, fondateur de la Dynaftie des *Tham*, qui le reçut avec bonté, & le créa Roi dans la Chine. Il préfenta une pierre fort précieufe à *Kao-tçou*, qui lui dit, en la refufant : ,, Ce que j'eftime ,, le plus, c'eft votre fidélité; pour votre joyau, je le ,, mets au rang des chofes inutiles ". L'an 618, *Tha-man* ou bien *Kiue-khan*, réduifit fon Empire en Province de Chine. Enfuite *Tham-kao-tçou* lui conféra le titre de *Thou-ou-kouo-pa-kiue-khan;* il fut éteint par les *Thou-kou-hoen*. Quand les fujets de *Kho-fii-no-khan* virent qu'il ne revenoit point de la Chine, ils s'affemblerent, & choifirent pour leur Empereur le petit-fils de *Ta-theou-khan*, qui fe nommoit *Che-kouei*, lequel établit fa Cour au feptentrion du Royaume de *Kieou-tçe*, (c'eft *Kafchgar* dans les *Usbeks* Orientaux,) au pied des monts *San-mii-chan*. Pour lors la plupart des Royaumes de la Tartarie Chinoife dépendoient des *Tou-kiue* Orientaux. *Che-kouei* étant mort, fon frere cadet prit fa place, avec le titre de *Toum-che-hou-khan*.

Toum-che-hou khan étoit homme de tête & de courage; la victoire l'accompagnoit par-tout. Il fubjugua les *Thie-le*, ou les *Kao-tche*, ou les *Hoei-he*, (car cette nation porte tous ces noms,) les *Kii-pin* (ou le *Khoraffan*,) & le *Po-ffe* (ou la Perfe.) Il avoit plufieurs centaines de milliers de cavaliers fous fes étendards. Il tranfporta fa Cour au feptentrion du Royaume de *Che*, (peut-être *Chach*,) dans un lieu appellé en Chinois *Tçien-tçuen*, c'eft-à-dire, *mille fontaines*, (peut-être *Fariab*.) De-là il dominoit tout l'Occident. Il tenoit dans chaque Province un *Kie-li-fa*, en qualité de Gouverneur, & dans chaque Royaume un *Tou-tun*, qui, comme Vice-Roi, gouvernoit les *Kie-li-fa*, & ramaffoit les tributs. L'an 625,

Che-kouei, (ce doit être le nom propre de *Toum-che-hou-khan*, du moins ce n'eft pas *Che-kouei-khau* qui étoit mort, comme on l'a marqué,) envoya des Ambaffadeurs à *Tham-kao-tçou*, pour lui demander la tête de *Kho-fii-no-khan*, fon ennemi; *Tham-kao-tçou* refufa de le faire. Son Confeil fut d'avis que l'on fatisfît à la demande, pour éviter une cruelle guerre; mais le grand Roi de *Tçin*, (c'eft le titre que portoit *Tham-thai-tçoum* avant d'être Empereur,) s'y oppofa généreufement : ,, *Kho-fii-no-khan*, dit-il, ,, s'eft venu rendre volontairement à nous; ce feroit ,, un crime énorme de le tuer ". Nonobftant cela, on permit aux Ambaffadeurs de *Che-kouei* de tuer *Kho-fii-no-khan*, dans le feftin que l'on leur fit; du moins on diffimula la chofe. Après cela, *Che-kouei* paya tribut plufieurs années de fuite. Il entra en alliance avec la Chine, pour faire la guerre aux *Tou-kiue* Orientaux; il demanda à l'Empereur le jour & le lieu de l'affemblée. Cette nouvelle allarma furieufement *Kie-li-khan*, Empereur des *Tou-kiue* Orientaux; il demanda la paix, & l'obtint. *Toum-che-hou-khan* vint demander une *Koum-tchu* de la Chine en mariage; on la lui promit. L'Empereur de Chine envoya *Vam-tao-lii* dans fes Etats. Le *Khan* fut ravi de cet honneur. Il renvoya *Vam-tao-lii* honorablement, & le fit accompagner par fes Ambaffadeurs, qu'il chargea de riches préfens pour l'Empereur de Chine. Les *Tou-kiue* Orientaux ne leur permirent pas de paffer, & ils attaquerent la Chine. Cela empêcha le mariage de *Toum-che hou-khan*. Sa grande profpérité le rendit infolent & infupportable aux fiens, qui fe révolterent & l'abandonnerent en grand nombre. *Mo-ho-tho*, un de fes oncles, le tua. L'Empereur de Chine voulut lui envoyer des préfens funebres, mais les troubles l'en empêcherent.

Mo-ho-tho fe faifit de l'Empire, & prit le titre de *Kiu-li-ki-pi-khan*. Il envoya auffi-tôt des préfens en Chine. *Mo-ho-tho* étoit auparavant un petit *Khan* des *Tou-kiue*. Après qu'il eut pris le titre de grand *Khan*, les *Tou-kiue* s'aliénerent de lui. L'horde ou la nation des *Nou-che-pi* fe créa un Empereur. Ils choifirent pour cela *Ni-cho*, & le proclamerent fous le titre de *Mo-ho-che-khan*. *Ni-cho* ne voulut point accepter l'Empire. *Thie-li-the-le*, fils de *Toum-che-hou-khan*, fuyant la cruauté de *Mo-ho-tho*, s'étoit retiré à *Kham-kiu* (*Samarkand* :) *Ni-cho* s'avança pour l'aller recevoir, & le reconnut Empereur, fous le titre de *Y-pi-po-lo-ffe-che-hou khan*. Celui-ci fit une guerre opiniâtre à *Mo-ho-tho*, ou bien *Ki-pi-khan*, qui fe portoit pour Empereur dans fes Etats. Ils envoyerent tous deux des Ambaffadeurs en Chine avec des préfens. L'Empereur *Tham-thai-tçoum* pleura long-temps la mort de *Kho-fii-no-khan;* il lui fit des obfeques royales. *Ki-pi-khan* envoya, l'an 630, des Ambaffadeurs à *Tham-thai-tçoum*, demander une *Koum-tchu* en mariage. L'Empereur rejetta la propofition : ,, On ne ,, fait encore, répondit-il, qui eft le Roi parmi vous, ,, ni qui eft le fujet; eft-ce le temps de fonger au ma- ,, riage ? Songez à vous accorder enfemble, & ceffez ,, de vous déchirer mutuellement ". Ce refus fut caufe que les Royaumes de l'Occident fe révolterent contre *Ki-pi-khan*. Tous l'abandonnerent & fe donnerent à *Se-che-hou-khan;* tous s'unirent enfemble, & prirent les armes contre lui. Il prit la fuite, & alla s'emparer des Monts d'Or, où il fut mis à mort par *Ni-cho*, qui proclama auffi-tôt après *Se-che-hou*, grand *Khan*. Celui-ci ne fut pas plutôt inftallé, qu'il porta la guerre chez les *Thie-le* & les *Sie-yen-tho*. Il fut défait par ces derniers. *Se-che-hou-khan* étoit foupçonneux, intraitable & fans aucune grandeur d'ame. Il avoit fous lui un petit *Khan*, nommé *Yi-la*, qui avoit rendu des fervices incomparables à l'Etat. Il prêta l'oreille aux accufations fecretes, & le fit exterminer avec toute fa famille; ce qui effraya tout le monde. Il devint pareillement jaloux de *Ni-cho*, & cherchoit à s'en défaire. *Ni-cho* qui preſſentoit ſa perte, prit la fuite, & ſe retira dans le Royaume de *Yen-ki*.

Quelque temps après, *Mo-pi-tha-khan*, de concert avec les Commandants des *Nou-che-pi*, conjura contre *Se-che-mo-khan*, (ce doit être *Se-che-hou-khan*,) lequel découvrit la conſpiration, & s'enfuit dans le *Khan-kiu*; (c'eſt, diſent les Chinois, le Royaume de *Samarkand*:) il y mourut de chagrin. Les ſujets de *Ni-cho* le vinrent trouver dans le Royaume de *Yen-kbi*, & le proclamerent leur Empereur, ſous le titre de *Tou-lou-khan*, (peut-être *Tour-khan*.) *Mo-ho-che*, pere de *Tou-lou-khan*, étoit ſujet de *Thoum-che-hou-khan*. Il vint en ambaſſade en Chine. L'Empereur *Tham-thai-tçoum* fit alliance fraternelle avec lui, laquelle fut confirmée par ferment. Il mourut, & *Ni-cho* lui ſuccéda. Quelques-uns diſent que *Ni-cho* ayant été proclamé *Khan*, envoya des Ambaſſadeurs en Chine, pour déclarer qu'il ne pouvoit recevoir cette dignité. Nonobſtant cela, l'Empereur envoya un Grand de ſa Cour, pour le créer *Khan* dans les formes, ſous le titre de *Tien-a-leou-pa-li-pii-thou-lou-khan*. *Ni-cho* renvoya une ambaſſade pour remercier l'Empereur. *Tham-kao-tçou*, qui venoit de céder l'Empire à ſon fils *Tham-thai-tçoum*, fit un feſtin aux Ambaſſadeurs. Durant le repas, il dit à *Tcham-ſun-vou-kii*: ,, A-t-on vu juſqu'à préſent les ,, Barbares auſſi ſoumis à la Chine qu'ils le ſont au- ,, jourd'hui " ? *Tcham-ſun-vou-kii*, pour toute réponſe, prit une taſſe de vin, & la préſentant à *Tham-kao-tçou*, lui ſouhaita une vie de dix millions d'années. *Tham-kao-tçou* fut ravi de cela; & ayant fait remplir une autre taſſe de vin, il la fit donner à l'Empereur *Tham thai-tçoum*, ſon fils. Celui-ci ſe proſternant en terre & la frappant avec le front, pour rendre grace de cet honneur à ſon pere, lui préſenta à ſon tour la taſſe pleine pour lui ſouhaiter une longue vie.

Thou-lou-khan étant mort, *Toum-gho-che*, ſon frere cadet, prit ſa place, ſous le titre de *Cha-po-lo-thie-li-che-khan*. (Il ne faut pas le confondre avec un *Khan* des *Tou-kiue* ſeptentrionaux, qui portoit le même titre.) Il envoya trois ambaſſades en Chine dans l'eſpace d'un an, avec des préſents, pour demander une Princeſſe du ſang en mariage. L'Empereur la lui refuſa, lui donnant pourtant des marques de bonté. Ce Grand *Khan* diviſa ſon Empire en 10 hordes ou Provinces Tartares, à chacune deſquelles il aſſigna un Vice-*Khan* ſous le titre de *Che*. Il donna à chaque *Che* une fleche: ce qui fut cauſe qu'on nomma ces Provinces les *dix fleches*. Il diviſa encore ces Provinces en deux parties, en celle de la droite, & en celle de la gauche. Aux cinq hordes de *Tcheou-thou-lou*, qui compoſoient la partie de la gauche, il prépoſa cinq Grands *Tchue*, qui réſidoient à l'Orient, au Royaume de *Tçoui-che*. Aux cinq hordes de *Nou-che-pi* qui compoſoient la partie de la droite, il prépoſa cinq Grands *Ki-kin*, qui réſidoient à l'Occident du même *Tçoui-che*. A ces dix fleches ou Provinces, il donna encore le titre des dix familles. Après tout, il ne put gagner l'affection de ſes ſujets. Le *Tou-tun*, Généraliſſime de ſa propre horde, l'attaqua au dépourvu. Le *Khan*, de ſon côté, préſenta la bataille au *Tou-tun*; mais ayant été vaincu & obligé de ſe retirer, il s'enfuit avec *Che-li-che*, ſon frere cadet, dans le Royaume de *Yen-khi*. Le *Ki-kin*, nommé *Aſii-kii-lan* (*As-khi-lan*,) & le *Tou-tun*, Généraliſſime, aſſemblerent la nation, & firent proclamer *Yu-kou-che*, ſous le titre de Grand *Khan*. Celui-ci créa *Thie-li-che* petit *Khan*; mais *Yu-kou-che-khan* ayant été défait dans un combat par un de ſes *Ki-kin*, *Thie-li-che-khan* rentra dans ſes Etats. Nonobſtant cela, les hordes de l'Occident, ou de la droite, proclamerent une ſeconde fois *Yu-kou-che*, ſous le titre de *Y-pii-thou-lou-khan*. Celui-ci & *Thie-li-che-khan* ſe firent une cruelle guerre, qui fit périr un nombre innombrable d'hommes.

Pour la terminer, il fallut diviſer l'Empire en Orien-tal & en Occidental par la riviere d'*Y'lie*. Ce qui étoit à l'Occident de l'*Y-lie* demeura à *Thou-lou-khan*, & ce qui étoit à l'Orient devint le partage de *Thie-li-che-khan*. Depuis ce temps-là, les *Tou-kiue* Occidentaux furent ſous-diviſés en Orientaux & en Occidentaux. *Thou-lou-khan* établit ſa Cour à l'Occident des monts *Tçou-khai*, & cette Cour fut nommée Septentrionale. Les *Kiao-ma* les *Kie-khou* & autres Royaumes en dépendoient. *Tho-lou-kban*, d'intelligence avec les *Tou-tun*, & les *Ki-li-fa* de l'horde *Thie-li-che-khan*, lui fit la guerre. *Thie-li-che*, au déſeſpoir de ſe voir trahi, s'enfuit dans le *Pa-han-na*, où il mourut. Ses ſujets mirent ſon fils en ſa place, ſous le titre d'*Yi-kiu-li-che-yi-pi-khan*, lequel mourut un an après. Les principaux Commandants des *Nou-che-pi* appellerent à l'Empire *Pi-kia-thou-che-hou*, fils de *Kia-ho-che*, & le proclamerent ſous le titre d'*Yi-pi-cha-po-lo-che-hou-khan*. L'Empereur *Tham-thai-tçoum* députa des Ambaſſadeurs, pour le créer dans toutes les formes. Le *Khan* plaça ſa Cour au ſeptentrion de la riviere de *Soui-ho*, & cette Cour ſe nomma la Cour du Midi. Cet Empire étoit borné à l'Occident par la riviere d'*Y-lie*, par les Royaumes de *Khieou-tçe*, (ou *Kaſch-gar*,) de *Chen-chen*, de *Tçu-mo*, de *Thou-ho-lo* (dans le *Khoraſſan*,) de *Yen-ki*, de *Che*, de *Se*, de *Ho*, de *Mou*, de *Kham*, & autres qui en dépendoient.

Dans ce temps-là, les forces de *Thou-lou-khan* s'étoient augmentés peu-à-peu. Il livra pluſieurs batailles à *Cha-po-lo-che-hou-khan*. Il arriva que les Ambaſſadeurs de ces deux *Khan* ſe trouverent en même-temps à la Cour de l'Empereur de la Chine. L'Empereur les exhorta à la paix, & leur ordonna de mettre bas les armes. *Thou-lou-khan* refuſa d'obéir, & envoya auſſi-tôt un de ſes *Tou-tun*, attaquer *Cha-po-lo-che-hou-khan*, qui fut tué. *Thou-lou-khan* s'empara de ſes Etats; mais le *Nou-che-pi* refuſerent de ſe ſoumettre à lui, & ſe retirerent. Cependant *Thou-lou-khan* attaqua *Thou-lo-ho*, & le ſubjugua. Enſuite il rabattit vers l'Orient, & vint tomber ſur *Y-tcheou*, & ſur *Ghan-ſi* où le Généraliſſime Chinois de la Tartarie, nommé *Kouo-hiao-kho*, faiſoit ſa réſidence. *Kouo-hiao-kho* s'avança à la tête de 2000 chevaux légers; & l'ayant combattu, il le défit. *Thou-lou-khan*, après ſa défaite, menant avec lui les *Tchu-yue* & les *Tchu-mii*, vint aſſiéger les monts *Thien-chan* ou *Céleſtes*. *Kouo-hiao-kho* pourſuivant ſa victoire, força la ville où réſidoit le *Ki-kin* des *Tchu-yue*. Il pouſſa de-là juſqu'aux monts *Gho-ſſo*, où les *Tchu-mii* ſe rendirent à lui; enſuite il s'en retourna. *Thou-lou-khan*, Prince violent & ſuperbe, arrêta les Ambaſſadeurs Chinois qui étoient à ſa Cour, apportant pour prétexte qu'il avoit appris que le fils du Ciel régnant en Chine étoit un Prince vaillant; qu'ainſi il vouloit qu'ils fuſſent témoins de la maniere dont il alloit dompter le *Khan-kiu*, (ou Royaume de *Samarkand*;) qu'enſuite ils jugeroient ſi lui pouvoit ſe comparer en bravoure avec leur Empereur; ainſi il les mena avec lui dans ſon expédition. Paſſant par le Royaume de *Mii*, il le ſurprit, le força, & fit captifs tous ſes habitants. Il ne partagea point le butin avec ſes troupes. Cela choqua *Ni-cho-tchue*, Général de l'armée, qui enleva les dépouilles par force. *Thou-lou-khan* lui fit trancher la tête ſur le champ, à la vue de toute l'armée. Un des Lieutenants de *Ni-cho-tchue*, qui s'appelloit *Hou-lo-ouo*, (ou peut-être *Hou-la-ghou*,) prit les armes à l'inſtant, & attaqua *Thou-lou-khan*. Il périt beaucoup de troupes dans cette occaſion, & tout l'Empire fut en combuſtion.

Thou-lou-khan ſe retira dans le *Thou-ho-lo*. Ses Grands lui conſeilloient de retourner dans ſes Etats. Il mépriſa ce conſeil, & paſſa avec toute ſon armée la riviere de *Che* & le Royaume de même nom. Il fut preſque abandonné de tous les ſiens durant cette marche; ce qui l'obligea d'aller ſe renfermer dans la ville de *Kha-hha-tun*, (ou *Kha-toun*, c'eſt-à-dire, de l'*Impératrice*.) Il en ſortit mal-à-propos pour aller rappeller les révoltés & les fuyards. Le *Ki-kin*, nommé *Askilan*, vint l'attaquer, & le mit en déroute. Le *Khan* se saisit de la ville de *Pe-choui-ho*, & y demeura. Les *Nou-che-pi* ne pouvoient souffrir que *Thou-lo-khan* régnât. Ils envoyerent des Ambassadeurs en Chine, pour demander à l'Empereur qu'il voulut bien leur créer un *Khan*. L'Empereur envoya un Officier Chinois avec des Lettres & un Edit, par lequel il étoit ordonné aux principaux de la nation de choisir parmi les Princes du sang des *Khan*, celui qui auroit le plus de mérite & de sagesse. Ils choisirent le fils d'*Yi-kiu-li-che-yi-pi-khan*, & lui donnerent le titre d'*Y-pi-che-houei-hhan*. Aussi-tôt qu'*Y-pi-che-houei-hhan* eut pris possession de l'Empire, il donna la liberté aux Ambassadeurs Chinois, & donna ordre aux *Nou-che-pi* de faire le siege de *Pe-choui-ho-tchim*. *Thou-lou-khan* sortit de la ville, & vint en bataille recevoir les *Nou-che-pi*, qui ne purent tenir contre lui. Il se servit de cette victoire pour rappeller au devoir les révoltés; mais ils persisterent dans leur rébellion, ce qui l'obligea de s'enfuir dans le *Thou-ho-lo*. Cependant *Yi-pi-che-kouei-khan* envoya son tribut en Chine par des Ambassadeurs, & demanda une Princesse Chinoise en mariage. L'Empereur lui ordonna de céder en propre à la Chine cinq Royaumes, savoir *Kieou-tçe*, (ou *Kaschgar*,) *Yu-tien*, *So-le*, *Tchu-kiu-po*, & *Tçoum-lim*, moyennant quoi on lui accorderoit sa demande; il rompit le mariage. Dans ces entrefaites, *Asse-na-ho-lou* se révolta contre lui, & lui ravit l'Empire.

Asse-na-ho-lou étoit petit-fils du petit-fils de *Che-bie-hii-khan*. Le nom de son pere étoit *Y-pou-li-che-che-kouei-the-le-kie-yue*. Avant cela, *Asse-na-pou-tchin* s'étoit retiré dans ses Etats. *Tgou-lou-khan* donna la charge de *Che-hou*, qu'il géroit, à son frere *Asse-na-ho-lou*. Celui-ci habitoit les bords de la riviere de *Tho-lo-sse*, (ou *Tho-ros* ou *Tha-ras*) à cent cinquante lieues droit au Nord de *Si-tcheou*. Il commandoit les *Tchue-yue*, les *Tchu-mii*, les *Kou-fou*, les *Kho-lo-lo*, & les *Nou-che-pi*, qui étoient cinq des dix familles. Dès que *Thou-lou-khan* se fut retiré chez les *Thou-ho-lo*, aussi-tôt *Y-pi-che-kouei-khan* donna la chasse à *Ho-lou*; de sorte qu'il ne pouvoit se fixer en aucun lieu. La plupart de ses gens se differerent. Les *Tchi-che-ti*, les *Tchu-mou-kouen*, & les *Po-pi*, trois peuples Tartares, reconnoissant l'innocence de *Ho-lou*, demanderent grace pour lui à *Yi-pi-che-kouei-khan*. Celui-ci s'en offensa, & voulut punir trois hordes suppliantes. Elles, offensées à leur tour, se joignirent à *Ho-lou*, & vinrent se foumettre de concert à l'Empereur de Chine, & se réduire en Province. L'Empereur les reçut avec bonté. La Chine alloit châtier le Royaume de *Kaschghar*. Ils s'offrirent à servir de guides, & à composer l'avant-garde de son armée. L'Empereur reçut leur offre, & nomma les Généraux. Ils alloient partir, lorsque la mort enleva l'Empereur *Tham-thai-tçoum*. Cela fit changer d'avis à *Ho-lou*, & il résolut de se rendre maître de deux Provinces de la Cour occidentale des *Tou-kiue*, appartenantes à la Chine.

Tham-kao-tçoum, qui venoit de succéder à *Tham-thai-tçoum*, envoya un Député à *Ho-lou* pour le consoler, & pour l'obliger à envoyer *Thie-yun*, son fils, en Chine, pour prendre place parmi les Gardes-du-Corps; il fut fait Lieutenant-Général des Gardes de la Gauche. Quelque temps après, il fut renvoyé à son pere, lequel il exhorta à tourner ses armes du côté de l'Occident, & à se rendre maître des Etats de *Tou-lou-khan*. *Ho-lou* plaça le siege de son Empire dans le pays de mille-fontaines. Il prit de lui-même le titre de *Cha-po-lo-khan*, & s'empara des pays des dix familles. *Tou-lou-khan* avoit cinq *Tchue* (ou *Tkiue-tchue*) qui commandoient l'un aux *Tchu-mou-khouen*, & aux *Lu*, l'autre aux *Hou-lo-ouo*, le troisieme aux *Che-che-ti-tun*, le quatrieme aux *Tou-ki-chi* & aux *Ho-lo-chi*, le cinquieme aux *Chu-ni-chi*, & aux *Tchu-pan*. Il avoit pareillement cinq *Ki-kin*, dont le premier commandoit aux *Asii-kie-kiue*,

le second aux *Kho-chu-kius*, le troisieme aux *Kiao-han-kan-tun-cha-po*, le quatrieme aux *Asii-kiue-ni-cho*, le cinquieme aux *Kho-chu-tchu-pan*. Le *Tchue* des *Hou-lo-ouo* étoit gendre de *Ho-lou*. Le plus puissant de tous étoit *Asii-kie-kiue-ki-kin*. Il avoit sous ses étendards quelques centaines de milliers de cavaliers. *Ho-lou* créa *Thie-yun*, son fils *Mo-ho-tchou-che-hou*, & alla aussi-tôt attaquer les Provinces de la Cour. Il s'empara de plusieurs villes du troisieme ordre, & fit le dégât dans les pays; ensuite il se retira.

L'Empereur de Chine fit marcher quatre Généraux Chinois avec 30000 hommes Chinois, & 50000 cavaliers *Hoei-he*, pour aller porter la guerre chez *Ho-lou*. Le Vice-Roi Chinois des deux Provinces de la Cour occidentale, nommé *Lo-houm-y*, suggéra ce conseil à l'Empereur. ,, Ce qui fait que la Chine ,, gouverne les Barbares avec les rênes de la bonne ,, foi, c'est qu'elle fait employer l'Epikie à propos, ,, & se servir des conjonctures favorables. *Ho-lou* se ,, borne à défendre une ville. La rigueur de l'hyver ,, & la multitude des neiges, lui font croire que les ,, Chinois ne sauroient venir l'attaquer. Il faut se ser-,, vir de cette persuasion pour l'accabler tout d'un coup ,, & sans ressource. Si l'on differe jusqu'au printemps, ,, il arrivera infailliblement quelque changement désa-,, vantageux. S'il s'apperçoit que les Royaumes Tarta-,, res ne se réunissent pas sous les drapeaux de la Chine ,, pour le venir attaquer, il ne manquera pas de se reti-,, rer bien loin. L'intérêt de la Chine, c'est de punir ,, *Ho-lou* de sa témérité. Celui de la Tartarie soule-,, vée, c'est de se délivrer de la tyrannie de *Ho-lou*. Si ,, les Chinois different de lui faire la guerre, les Tar-,, tares feront obligés de se réunir à lui. Ainsi quel-,, que rigoureux que soit l'hyver, quelque violens que ,, soient les vents, quoiqu'il en doive coûter les doigts ,, aux soldats, il ne faut pourtant pas laisser de mar-,, cher incessamment, pour ne pas dépenser les vivres ,, des magasins, & ne pas donner aux voleurs le ,, temps d'unir leurs forces, de s'affermir dans la ré-,, volte, & de s'exempter de la mort qui leur est pré-,, parée. Je supplie donc Votre Majesté de donner ,, amnistie du passé aux *Tchu-yue*, aux *Tchu-mii*, & ,, aux autres Tartares, pour ne s'attacher qu'à la puni-,, tion de *Ho-lou*. Quand on veut remédier prompte-,, ment à un mal, il faut l'attaquer par la racine, & ,, non pas commencer par les branches & par les ,, feuilles. Il faut ordonner aux (*Nou*)-*che-pi*, aux ,, *Tchu-yue*, aux *Tchu-mii*, aux *Ki-pii*, & aux au-,, tres Tartares de prendre les armes, & les obliger ,, de marcher à la hâte, après leur avoir fourni des ,, vivres pour un mois. La grande armée demeurera ,, cependant campée sur les bords de la riviere de ,, *Pim-lo*, & servira de secours aux Tartares. C'est-,, là ce qui s'appelle se servir de la force des Barba-,, res pour détruire les loups ''.

L'Empereur approuva ce conseil, & ordonna à *Lo-houm-y* d'accompagner *Leam-kien-fam*, Généralissime de l'armée Chinoise, & de l'aider de ses conseils. Durant ces entrefaites, *Tchu-ye-khu-tchu*, Commandant des *Tchu-yué*, qui alloit se joindre avec ses troupes à *Ho-lou*, s'empara du mont *Lao*. *Leam-kien-fam* alla l'y attaquer, le mit en fuite, le poursuivit durant 50 lieues; & l'ayant pris, il lui fit couper la tête, & à 9000 *Yue-tchu*. Il fit captifs 60 de ses principaux Officiers. Cet incident rompit les mesures de *Lo-houm-y*. L'an 653, l'Empereur *Tham-kao-tçoum* envoya une seconde armée, dont *Tchim-tchi-sie* fut le Généralissime. Cette année même, *Thou-lou-khan* mourut. Son fils *Tchin-tchu* qui étoit *Che-hou*, supplia l'Empereur de continuer de faire la guerre à *Ho-lou*, s'offrant de le servir de toutes ses forces. *Ho-lou* l'arrêta, & l'empêcha de se venir joindre aux Chinois. L'année suivante 654, le Généralissime *Tchim-tchi-tçie* attaqua les *Kho-lo-lo*, & les *Tchu-yue*. Il leur emporta mille têtes, & les chevaux qu'il leur enleva, se comptoient par dixaines de mille.

Un de ſes Lieutenants - Généraux, nommé *Tcheou-tchi-tou*, attaqua, de ſon côté, la ville des *Tchu-mou-kouen*. Il la força, & y prit ou tua trente mille hommes. *Sou-tim-fam*, qui commandoit l'avant-garde de l'armée Chinoiſe, attaqua les *Chu-ni-chi*, ſujets de *Ho-lou*, ſur les bords de la riviere nommée *Ym-ſo*, en fit un grand carnage, & enleva un riche butin. La terre étoit couverte des armes que l'ennemi avoit jettées pour fuir. *Van-ven-tou*, autre Lieutenant du Généraliſſime, refuſa de combattre. Il s'attacha à la ville de *Ta-tou*, la pilla, & fit paſſer les habitants au fil de l'épée. Le Généraliſſime *Tchim-tche-tçie* ne put l'en empêcher.

L'an 656, le Généraliſſime de l'armée, menant avec lui l'Intendant - Général Chinois de *Yen-gen*, pays de Tartarie, lequel ſe nommoit *Gin-ya-ſiam*, le Lieutenant de cet Intendant, nommé *Siao-ſſe-ye*, le Général de *Han-hai* (pays de Tartarie,) lequel étoit *Hoei-he* de nation, & autres Officiers Généraux, pourſuivit l'ennemi à outrance. L'Empereur nomma Généraux *Aſſe-na-mii-che*, & *Aſſe-na-pou-tchin*, & leur ordonna de faire prendre à leurs armées la route des Monts d'Or. Le *Ki-kin*, nommé *Nun-thu-lo*, vint ſe rendre à eux avec plus de dix mille tentes de Tartares. *Sou-tim-fam* avec une troupe de cavaliers choiſis, pouſſa juſqu'à l'occident de la riviere *Yi-thie*, où il combattit les *Tchu-mou-kouen*, & les défit. Alors *Ho-lou*, ſe mettant à la tête de cent mille combattans tirés des dix familles ou fleches, vint s'oppoſer à *Sou-tim-fam*. Celui-ci l'attendit de pied ferme avec les dix mille Chinois qu'il commandoit. *Ho-lou* voyant le petit nombre de Chinois, les fit inveſtir de tous côtés par ſon armée. *Sou-tim-fam* fit une phalange épaiſſe, ou un bataillon quarré de ſon infanterie dans la plaine, & fit faire face de tous côtés avec les piques croiſées & baiſſées. Il rangea ſa cavalerie au ſeptentrion de ce bataillon. *Ho-lou* fit d'abord attaquer le bataillon quarré. Les Tartares donnerent trois fois ſans le pouvoir enfoncer. Alors *Sou-tim-fam* ordonna à ſa cavalerie de donner; ce qu'elle fit avec tant de ſuccès, que les Tartares furent mis en déſordre, & prirent la fuite. Les Chinois les pourſuivirent, & en tuerent ou prirent trente mille. Entr'autres, ils mirent à mort un des Généraux de l'ennemi, nommé *Tou-tou-ta-yu*, & deux cents autres des principaux Officiers. Le lendemain *Sou-tim-fam* pourſuivit ſa victoire. Les cinq familles ou fleches de *Nou-che-pi* ſe rendirent toutes à lui. Les cinq autres familles de *Thou-lou*, ayant appris la défaite de *Hou-lou*, prirent la route du midi, & vinrent ſe rendre à *Aſſe-na-pou-tchin*. *Sou-tim-fam* ordonna à *Se-ye-po-kouei* de marcher inceſſamment vers la riviere de *Ye-lo-ſſe*, & de pourſuivre vivement l'ennemi, & à *Gin-ya-ſiam* de le ſuivre (lui *Sou-tim-fam*) avec les Tartares qui s'étoient rendus aux Chinois.

Il ſurvint une furieuſe neige durant la marche. L'armée demandoit qu'on attendit que la neige fût paſſée; mais *Sou-tim-fam* ne le voulut pas permettre. „ L'ennemi croira, ſans doute, *dit-il*, que notre armée ne „ pourra avancer au travers de l'obſcurité & de la „ neige; il faut donc le ſurprendre. Si nous retardons notre marche, il aura le temps de s'écarter. Le „ meilleur de tous les expédients, c'eſt de profiter du „ temps, & de joindre ſuccès à ſuccès ". Après cela l'armée marcha jour & nuit ſans interruption. Par-tout où elle paſſoit, elle enlevoit tout, hommes & animaux. Elle arriva ſur les bords de la riviere nommée *Chouam-ho*, c'eſt-à-dire, en Chinois, la *riviere double*,) où elle ſe joignit à celle que commandoient *Aſſe-na-mii-che* & *Aſſe-na-pou-tchin*. On fit repaître les hommes & les chevaux, qui reprirent leurs forces. L'armée ainſi réunie étoit encore éloignée de 20 lieues du camp de *Ho-lou*. Elle marcha en ordre de bataillé, & arriva au pied des monts *Kin-ya*. Les troupes de *Ho-lou* étoient pour lors occupées à la chaſſe. *Sou-*

tin-fam voyant cela, tire à toutes brides droit au camp, le force, y fait pluſieurs dixaines de milliers de captifs, & enleve toutes les armes. *Ho-lou* paſſa la riviere d'*Y-li*, (ou peut-être d'*Y-lié*.) *Se-ye-po-kouei* alla camper dans le territoire de mille fontaines. *Aſſe-na-mii-che* pouſſa juſqu'à l'*Y-li*. Les hordes des *Tchu-yue* & des *Tchu-mii* ſubirent ſon joug. L'armée vint camper ſur la double riviere. *Ho-lou* avoit eu la prévoyance de laiſſer-là *Pou-che-ta-yu*, qui y étoit retranché; celui-ci ſe défendit, mais il fut forcé par *Aſſe-na-mii-che*, & prit la fuite.

Cependant *Sou-tim-fam* pourſuivit *Ho-lou*; & l'ayant atteint ſur les bords de la riviere de *Soui-che*, (ou *Soui-ye*,) il lui enleva tout ſon monde, & tout ſon bagage. *Ho-lou* & *Thie-yun*, ſon fils, prirent la fuite vers *Chu-nao-che*. Quand ils furent arrivés à *Sou-thou*, ville du Royaume de *Che*, leurs chevaux ne purent plus avancer ; & la faim les preſſa. Ils obtinrent, par des préſents de joyaux, la permiſſion d'entrer dans la ville pour y acheter des chevaux & des vivres. Le Gouverneur de la ville, nommé *Y-kim-ta-yu*, vint au-devant d'eux. A peine furent-ils entrés dans la ville, qu'il les fit garotter, & les envoya au Roi de *Che*. *Aſſe-na-mii-che*, ſon fils, *Aſſe-na yuen-chouam*, & *Se-ye-po-kouei* arriverent en même-temps avec leur armée à *Ché*; (le pays de *Ché* eſt près de *Samarkand*,) & ſe ſaiſirent de *Ho-lou* & de ſon fils. Enſuite ils licencierent leurs troupes. Ils ouvrirent des chemins, & y établirent des poſtes (juſqu'en Chine.) Ils firent enterrer les oſſemens des morts, & s'informerent des miſeres des peuples pour les ſoulager : ils firent rendre à chacun ce que *Ho-lou* leur avoit enlevé. Le ſuccès de cette expédition procura la paix à l'Occident. *Ho-lou* parlant à *Se-ye-po kouei*, lui dit : „ Je ſuis un malheureux „ captif. L'Empereur *Tham-thai-tçoum*, durant ſa „ vie, m'avoit comblé de bienfaits, que j'ai payés „ d'ingratitude. L'Empereur régnant, juſtement cour-„ roucé, m'a fait reſſentir les terribles effets de ſa ven-„ geance ; me puis-je plaindre de lui ? Je ſais que les „ coupables, ſuivant la Loi de la Chine, doivent „ être executés en plein marché. La grace que je de-„ mande, c'eſt que l'on me faſſe mourir devant le ſe-„ pulcre du feu Empereur *Tham-thai-tçoum*, pour „ lui faire en quelque façon amende honorable par „ mon ſupplice. Le feu Empereur mon pere, ré-„ pondit *Tham-kao-tçoum*, après avoir été informé „ de ſa demande, avoit créé *Ho-lou* Chef de deux „ mille tentes : *Ho-lou* eſt coupable, & a été pris les „ armes à la main. Eſt-il permis d'en faire une offran-„ de à l'Empereur mon pere ? L'ancienne coutume, „ répondit *Kim-tçoum*, ordonne qu'après qu'une „ armée eſt retournée victorieuſe, les Officiers géné-„ raux ſoient conduits au temple des ancêtres de l'Em-„ pereur, & qu'on leur y donne à boire après les ſa-„ crifices finis; mais lorſque les Rois tributaires pré-„ ſentent des captifs à l'Empereur, je n'ay jamais „ ouï dire qu'on en faſſe une offrande aux ſépulcres „ des Empereurs défunts. Cependant comme Votre „ Majeſté regarde avec la même vénération les ſépul-„ cres de ſes ancêtres & leurs temples, on peut ac-„ corder à *Ho-lou* ſa demande, ſans aucune difficul-„ té ". On prit donc *Ho-lou*, & on le préſenta devant le ſépulcre de *Tham-thai-tçoum*. Après que la cérémonie fut achevée, l'Empereur lui fit grace.

Ho-lou, ayant été dépouillé de ſes Etats, l'Empereur les diſtribua en Provinces & en villes, ſelon la maniere Chinoiſe. Au-deſſus des Vice-Rois & des Gouverneurs, il établit deux Commandants Généraux, dont l'un l'étoit de *Kouen-lim*, & l'autre de *Moum-tche*, (car il nomma ainſi les deux moitiés de cet Empire,) leſquels pourtant dépendoient du Généraliſſime Chinois de toute la Tartarie, qui réſidoit à *Ghan-ſi*. De cette ſorte tout dépendoit de celui-ci dans la Tartarie, juſqu'à la Perſe incluſivement (en

partie.)

partie.) Il conféra à *Affe-na-mii-che* le titre de *Him-fii-yam-khan* , (c'eft-à-dire, en Chinois, le *Khan reftaurateur de l'Empire ancien* ,) & joignit à ce titre la dignité de Généraliffime de *Kouen-lim.* Il fit Généraliffime de *Moum-tche* , *Affe-na-pou-tchin* , & lui donna le titre de *Ki-yam-tçue-khan* , (c'eft-à-dire en Chinois le *Khan qui fuccede à celui qui eft paffé & détruit.*) Le Généraliffime de *Kouen-lim* commandoit aux cinq familles, ou fleches des *Thou-lou* , & celui de *Moum-tche* aux cinq familles des *Nou-che-pi.* L'Empereur fit à chacun de ces nouveaux *Khan* une gratification de 100000 pieces de foie, & envoya un Grand de fa Cour les créer *Khan* fur les lieux. La mort de *Ho-lou* étant furvenue, l'Empereur ordonna qu'il fût enterré auprès de *Kie-li-khan* , & lui fit ériger un monument, où l'on grava un abrégé de fes aventures.

Affe-na-mii-che étoit pareillement petit-fils du petit-fils de *Che-hie-mii-khan.* La charge de *Mo-hothou-che-hou* étoit héréditaire dans fa famille. L'Empereur *Tham-thai-tçoum* avoit envoyé un Ambaffadeur exprès pour créer *Affe-na-mii-che* Empereur, & lui avoit donné le titre de *Hi-li-pii-thou-lou-khan.* *Affe-na-pou-tchin* qui avoit le germain fur lui, forma le deffein d'attenter à fa vie, pour devenir Empereur en fa place. *Affe-na-mii-che* ne pouvant tenir contre lui, vint à la tête des *Tchu-yue* , des *Tchu-mii* , & autres de fes fujets, trouver l'Empereur de Chine, qui le mit au rang des Généraux de fa garde. Cependant *Affe-na-pou-tchin* prit les rênes du Gouvernement, avec le titre de *Thou-lou-che-bou.* Il ne contenta pas mieux que fon coufin; ce qui l'obligea de venir avec toute fa famille fe refugier en Chine, où l'Empereur lui donna la dignité de Généraliffime des garnifons de la Gauche. *Affe-na-mii-che* accompagna *Tham-thai-tçoum* dans fon expédition contre la Corée. L'Empereur étant retourné victorieux, créa *Affe-na-mii-che* Comte d'une ville de Chine, pour le récompenfer de fes fervices. Après la défaite de *Ho-lou* , il fut créé *Khan* ainfi qu'*Affe-na-pou-tchin* , avec pouvoir l'un & l'autre de nommer des Vice-Rois au nom de l'Empereur de Chine. Cette même année, *Affe-na-mii-che* fit la guerre au *Che-hou* de *Tchin-tchu* ; (c'eft apparemment le *Si-hon* , fleuve des *Usbeks.*) Il le combattit fur les bords de la double riviere; & l'ayant vaincu & pris, il lui fit trancher la tête; il fit auffi mourir deux de fes *Kiue-tchue.* Mais ni *Affe-na-mii-che* , ni *Affe-na-pou-tchin* n'avoient les qualités néceffaires pour le gouvernement. Ils furent bientôt l'objet de la haine publique. Leurs fujets fongerent à s'allier avec *Tou-man* , qui fe mettant à la tête de trois Royaumes Tartares, celui de *So-le* , celui de *Tchu-kiu-po* , & celui de *Kha-pan-tho* , fe révolta. Ils déclarerent la guerre au Royaume de *Yu-thien* , (dépendant de la Chine près des Indes.) *Sou-tim-fam* , qui avoit été fait Généraliffime des Gardes à cheval de la Gauche, marcha pour les réduire. *Tou-man* s'étoit retranché fur les bords de la riviere de *Ma-theou-tchouen.*

L'an 660, *Sou-tim-fam* fe préfenta devant la ville dont *Tou-man* s'étoit faifi, l'attaqua, & l'obligea à fe rendre. L'an 662, *Affe-na-mii-che* , & *Affe-na-pou-tchin* joignirent leurs forces à celles de *Sou-hai-tchim* , Généraliffime Chinois de *Yu-hai* , (pays de Tartarie,) & allerent avec lui porter la guerre dans le *Kieou-tçe* , (ou Royaume de *Kafchghar.*) *Affe-na-pou-tchin* confervoit toujours une haine fecrete pour *Affe-na-mii-che* , & il vouloit fe rendre maître de fon gouvernement. Il l'accufa de trahifon devant le tribunal de *Sou-hai-tchim.* Celui-ci, au-lieu d'examiner la chofe, affembla tous fes Officiers, & réfolut avec eux de le prévenir. C'eft pourquoi feignant un ordre de l'Empereur de diftribuer des dons à fes troupes, il le fit appeller; & l'autre étant venu avec tous fes foldats, il le fit prendre avec les fiens, & leur fit cou-

per la tête à tous. Un des Officiers du mort, nommé *Chu-ni-chi-po-fai-kan* , fe révolta, & prit la fuite. *Sou-hai-tchim* le fit fuivre, l'attrapa, & le punit. Cependant *Affe-na-pou-tchin* vint à mourir. L'Empereur de Chine, l'an 671, mit en fa place un Chef des *Tou-kiue* Occidentaux, nommé *Affe-na-tou-chi.* Vers l'an 677, celui-ci prit de lui-même le titre de *Khan* des dix familles ou fleches. Il traita avec les *Tybethains* , & fit une irruption fur *Chan-fi* , lieu de la réfidence du Généraliffime Chinois (vers le *Khoraffan.*) L'Empereur ordonna par un édit folemnel à *Fei-kim-kien* , affeffeur honoraire de la Cour de la Chancellerie, de le punir. *Fei-kim-kien* fupplia l'Empereur de lui permettre d'employer à cette fin le ftratagème au-lieu des armes; ce qui lui fut accordé. En même-temps il reçut ordre de créer Roi le fils du Roi de *Po-ffe* , (c'eft la Perfe,) lequel s'étoit refugié auprès de l'Empereur; de le ramener dans fes Etats, & d'appaifer les *Ta-ché* , (ce font les Arabes,) afin que ce voyage donnât une fauffe affurance à *Affe-na-tou-tchi* ; ce qui réuffit ; car *Affe-na-tou-tchi* étant venu vifiter cet Officier fur la route, celui-ci le fit arrêter; & ayant appellé les Chefs de l'armée de ce Prince, il les fit prendre auffi. *Li-tchu-pou* fut chargé de les conduire en Chine, où ils arriverent. Ce coup acheva d'abattre la puiffance des cinq familles de l'Occident, ou de la gauche. Enfuite les dix familles des *Tou-kiue* fe diffiperent.

Auffi-tôt pour les réunir, l'Empereur créa *Affe-na yuen-khim* , fils d'*Affe-na-mii-che* , & *Hou-ffe-lo* , fils d'*Affe-na-pou-tchin* , Généraux de fa garde,.& les fit héritiers du titre de *Khan* , & des Etats de leurs peres. *Affe-na-yuen-khim* fut promu par degrés jufqu'à la dignité de Généraliffime. L'Impératrice *Vouheou* , fans participation de l'Empereur, leur attribua le commandement de toute la Tartarie. Elle changea le titre d'*Affe-na-hou-ffe-lo* en celui de *Kie-tchoum-ffe-tchu-khan* , (ce qui fignifie en Chinois, le *Khan qui épuife fa fidélité au fervice de fon maître.*) *Affe-na-yuen-khim* , l'an 692 ou 693, fut accufé fauffement par *Lai-tçun-tchin* , d'avoir intelligence avec l'héritier de l'Empire Chinois. L'Impératrice *Vouheou* (qui avoit ôté l'Empire à la famille Impériale, & à qui conféquemment ce commerce étoit fufpect,) le fit couper en deux par le milieu du corps, & exila fon propre fils dans une ville de Chine. L'année fuivante, les *Tou-kiue* Occidentaux créerent *Khan* le fils d'*Affe-na-teui* , qui fe ligua avec les *Tybethains* , & fe jetta fur le *Thamgouth.* *Vam-hiao-kie* , Généraliffime Chinois du *Thamgouth* , lui donna bataille, & le défit. Pareillement *Han-fé-tchoum* , Commandant Chinois des garnifons du Royaume de *Tçoui-che* , défit le *Ki-kin* de *Ni-cho* avec *Chi-tche-han* , *Hou-lo* , & autres Chefs des *Tou-kiue.* Enfuite il força *Nichomo-ffe* , ville appartenante aux *Tybethains.* L'an 699, *Affe-na-hou-ffe-lo* reçut de l'Empereur le commandement fur tous les *Tou-kiue* , avec le titre de Généraliffime des Gardes de la gauche. *Ou-tche-le* (Chef des *Tou-ki-chi* , *Tou-kifch* , ou bien *Tour-kifch* ,) étoit alors au plus haut point de fa puiffance; ce qui empêcha *Hou-ffe-lo* de retourner en fon pays. Il vint s'établir en Chine avec 50 ou 60 mille *Tou-kiue.* Il y mourut, & fon fils *Affe-na-hoai-tao* prit fa place. *Affe-na-hien* fut pareillement fait Généraliffime des Gardes de la droite vers l'an 703, & hérita du titre de *Him-fii-vam-khan.* Il eut fous fa puiffance les dix familles des *Tou-kiue.*

L'an 704, ces dix mêmes familles furent attribuées à *Affe-na-hoai-tao* , avec le titre de Généraliffime de *Moum-tche.* Les dix familles fe révolterent fous la conduite de *Tou-tan* ; mais *Affena-hien* le vainquit, & l'ayant pris, il lui fit trancher la tête qu'il envoya à l'Empereur de Chine. Il augmenta par cette victoire le nombre de fes fujets, & de ceux de la Chine, de trente mille tentes de Tartares, lefquels habitoient le pays qui est à l'occident de *Tçoui che*, (dans les *Usbeks* occidentaux.) L'Empereur lui écrivit pour le féliciter de ce succès. Les trois hordes, c'est-à-dire, les *Kho-lo-lo*, les *Hou-ouo*, & les *Chu-ni-chi*, devinrent aussi par-là Provinces de Chine. *Me-tchue* leur déclara la guerre. L'Empereur créa *Assena-hien* Généralissime, & lui ordonna de se joindre à *Tam-kia-hoei*, Commandant Généralissime Chinois de la Cour septentrionale des *Tou-kiue*, & autres Officiers Chinois, pour le repousser. Dans ce temps-là, les *Tou-kisse* trouverent l'occasion qu'ils attendoient pour attaquer *Asse-na-hien*; c'est pourquoi il vint en personne en Chine demander un nouveau secours à l'Empereur *Tham-yuen-tçoum*, qui le lui refusa. L'Empereur envoya en même-temps *Vam-hoei*, Commandant de ses Gardes, avec ordre de pacifier tout, & de créer Duc *Che-pi-che-tchue soui-lo* Commandant-Général des *Tou-kii-sse*; mais lorsqu'il arriva, les *Tou-ki-chi*, ou *Tou-kii-sse* faisoient déja le siege de *Pa-houan*, ville du Royaume du Grand *Ché*, & étoient sur le point de se rendre maîtres des quatre garnisons, ou des quatre Provinces appartenantes à la Chine. Il arriva que dans le même-temps *Tam-kia-hoei* fut créé Lieutenant du Généralissime Chinois de toute la Tartarie. *Tam-kia-hoei* fit prendre les armes à trois familles de *Kho-lo-lo*, & ayant uni ses forces avec celles d'*Assena-hien*, il attaqua les *Tou-ki-chi*. L'Empereur avoit dessein de leur envoyer *Vam-hoei*, pour les aider de ses conseils; mais les deux principaux Ministres de son Empire lui représenterent ce qui suit : Les *Tou-ki-chi* se sont révoltés; les *Kho-lo-lo* les veulent soumettre. Ce sont des Barbares qui veulent se détruire les uns les autres. La Chine n'a nulle part à cela. Le plus fort parti recevra une grande playe, & le plus foible sera opprimé. Quelque chose qui arrive, l'événement sera toujours avantageux à la Chine. D'ailleurs, *Vam-hoei* a été envoyé pour pacifier tout. Ainsi il n'est pas à propos d'employer les armes à cela. Cette remontrance arrêta l'Empereur. A la fin *Asse-na-hien* ne pouvant dompter la force & la férocité de *So-kha*, (fils d'*Ou-tche-le* & Roi des *Tou-ki-chi*,) se retira en Chine, où il mourut.

Sur ces entrefaites, *Thou-ho-sien*, Commandant des *Tou-ki-chi*, fut défait. Alors l'Empereur créa *Asena-hin* fils d'*Asena-hoai-tao*, Empereur, ou *Khan* des dix familles ou fleches, & Commandant Généralissime de *Moum-tche*, & créa sa femme, (Princesse du sang des *Tham*,) *Koum-tchu* d'*Eyghour*. Il le fit conduire avec son épouse, en son pays par une armée. Etant arrivé à *Kiu-lan*, ville à l'Occident de *Tçoui-che*, il fut surpris & tué par *Mo-ho-ta-tçe*, (ou le fils de *Mo-ho-ta*,) Commandant des *Tou-ki-chi*. La *Koum-tchu* d'*Eyghour* prit la fuite avec son fils *Asena-tchoum-hiao*, & revint en Chine. L'Empereur créa *Asena-tchoum-hiao* Général de ses Gardes de la gauche. Ainsi l'Empire des *Tou-kiue* Occidentaux fut éteint.

Les *Tou-ki-chi* étoient une horde des *Tou-kiue* Occidentaux. Après qu'*Ho-lo* eut éteint les *Khan* des deux hordes, (chacune de cinq familles ou fleches,) leurs Chefs vinrent en Chine, où ils entrerent au service de l'Empereur. Ces Barbares n'avoient pas de Rois certains. *Ou-tche-le* étoit sujet de *Hou-sse lo*, qui lui avoit donné la dignité de *Mo-ho-ta-kan*. *Assena hou-sse-lo* gouvernoit tyranniquement. Au contraire, *Ou-tche-le*, par sa douceur & par sa bonne foi, s'étoit attiré l'estime & l'amour de tout le monde. On venoit se soumettre à lui de toutes parts. Le nombre de ses sujets s'étant si fort augmenté, il créa vingt Commandants, dont chacun avoit sous soi sept mille combattants. Il campoit à l'Occident de la riviere de *Soui-che*. Il poussa peu-à-peu ses conquêtes du côté du Nord; & s'étant rendu maître de la riviere de *Soui-che*, il y établit sa grande Cour dans la ville de *Koum-*

yue, & sa petite sur les bords de la riviere d'*Y-li*. Son Empire étoit borné à l'Orient par les *Tou-kiue* Septentrionaux; à l'Occident par divers Royaumes Barbares. Droit à l'Orient, il avoit la Province de Tartarie appartenante à la Chine, nommée *Si-tim*, ou la *Cour Occidentale*. Enfin il possèdoit entièrement tous les Etats d'*Asse-na-housse-lo*.

L'an 699, il envoya *Tche-nou*, son fils, saluer l'Empereur de Chine. L'Impératrice *Vou-heou*; qui régnoit alors, lui fit mille caresses. L'an 705, ou 6, elle créa *Ou-tche-le*, Roi du second ordre. *Ou-tche-le* mourut la même année. *Sou-kha* (ou *So-kha*), son fils, lui succéda, & fut créé Généralissime des Gardes de la gauche de l'Empereur de Chine. Il étoit à la tête d'une armée de trois cents mille combattants. *Asse-na-hoei-tao*, reçut ordre de la Chine de le créer dans les formes, & l'Empereur lui envoya quatre filles ou suivantes des Reines de son serrail. Environ l'an 709, *Sou-kha* envoya remercier l'Impératrice par une célebre ambassade, qui fut reçue avec tout l'appareil possible. Incontinent après, il devint ennemi d'un de ses Commandants, nommé *Kiue-tchue-tchoum-tçie*; ils se firent une guerre cruelle. *Sou-kha* forma ses plaintes contre lui devant l'Empereur de Chine, & le supplia d'appeler *Tchoum-tçie* à sa Cour. Celui-ci corrompit par présents *Tçoum-tçou-khe*, premier Ministre de l'Empereur, & obtint de ne point venir en Cour, s'offrant de servir de guide aux *Tybethains* pour attaquer *Sou-kha*, & le tuer. *Tçoum-tçou-khe* s'étoit rendu maître absolu du gouvernement en Chine. Il députa un Censeur en qualité d'Ambassadeur, pour aller sur les lieux vuider le différend. Le Censeur entretenoit un commerce secret de lettres avec *Tchoum-tçie*. Il y en eut qui furent interceptées par *Sou-kha*. Aussi-tôt il fit mettre à mort le Censeur Chinois, & envoya *Tche-nou*, son frere cadet, avec une armée, attaquer le Commandant Généralissime Chinois dans le *Ghan-si*, où il faisoit sa résidence. *Nieou-sse-tçiam* qui en étoit alors Général, lui livra bataille auprès de la ville de *Chao-he*. Ce Général fut défait & tué. En même-temps *Sou-kha* supplia l'Empereur par un placet, de lui envoyer la tête de *Tçoum-tçou-khe*, & d'en faire un exemple. D'un autre côté, *Kouo-yuen-tchin* qui étoit Généralissime Chinois de toute la Tartarie, fit connoître à l'Empereur l'innocence de *Sou-kha*. Ainsi il obtint sa grace, après quoi l'Occident fut pacifié.

Sou-kha partagea le gouvernement de son Empire avec *Tche-nou*, son frere cadet. *Tche-nou* étoit d'un naturel violent; peu-à-peu il fut abandonné des siens; ce qui l'obligea d'aller se rendre à *Me-tchue*, s'offrant de lui servir de guide pour aller faire la guerre à *Sou-kha* son frere aîné. *Me-tchue* fit arrêter *Tche-nou*, & alla seul à la tête de vingt mille chevaux attaquer *Sou-kha*, & le prit. Au retour de cette expédition, parlant à *Tche-nou* : ,, Vous deux, quoique freres, ,, *dit il*, vous ne pouvez vous accorder ensemble; ,, puis-je attendre aucune fidélité de votre part "? Il les fit mourir sur le champ tous deux.

So-lo, qui étoit Général de la nation des *Tche-pi-chi*, peuple de la nation des *Tou-ki-chi*, ramassa les débris de la défaite des deux freres, & se fit proclamer *Khan*. Il gouvernoit avec bénignité, & par-là il réunit ses sujets épars, & se vit bientôt à la tête de trois cents mille combattants. Ensuite il commença à gourmander les peuples Occidentaux. L'an 717, il vint saluer l'Empereur, qui le créa Généralissime de ses Gardes de la droite, & Commandant général des *Tou-ki-chi*. L'Empereur refusa ses présents, & envoya *Vam-hoei* le créer Duc sur les lieux. Mais *So-lo* étoit fourbe & rusé; il ne s'assujettit jamais bien à la Chine. Cependant pour le rappeller au devoir, l'Empereur ne laissa pas de le créer *Tchoum-chun-khan*, (c'est-à-dire, en Chinois, le *Khan fidele & soumis*.) Un ou deux ans après, il envoya son tribut en Chine. L'Empereur adopta la fille d'*Asse-na-*

hoai-tao, & lui ayant donné le titre de *Khoum-tchu* d'*Eyghour*, il la lui donna en mariage. Cette même année-là, les *Tou-ki-chi* étant venus vendre des chevaux à *Ghan-fi*, il vint avec eux un Envoyé de la *Koum-tchu*, qui portoit des ordres de fa part pour *Tou-fien*, Généraliffime Chinois de la Tartarie, qui réfidoit à *Ghan-fi*. *Tou-fien* s'en offenfa : ,, Quoi, *dit-* ,, *il*, la fille d'*Affe-na-hoai-tao* a la hardieffe de m'en- ,, voyer des ordres "! Il fit prendre les Députés de la *Koum-tchu*, les fit fouetter, & les renvoya fans réponfe. *So-lo* en fut piqué au vif. Il fe confédéra avec les *Tybethains*, & vint avec eux faire le dégât dans le pays des quatre garnifons ; enfuite ils affiégerent enfemble la ville de *Ghan-fi*. Pendant ce temps-là, *Tou-fien* avoit été appellé au Miniftériat, & *Tchao-y-tchim* avoit pris fa place de Généraliffime Chinois de la Tartarie. Le fiege ayant duré long-temps, celui-ci fortit de fa place pour combattre l'ennemi ; mais il fut auffi-tôt défait. *So-lo* pilla la ville, & en enleva tous les habitants. Ayant appris que *Tou-fien*, étoit Miniftre de l'Empire de Chine, il s'en retourna, & envoya *Che-tchi-a-pou-ffe* en ambaffade à l'Empereur *Tham-hiuen-tçoum*, qui le reçut avec honneur.

Une ambaffade des *Tou-kiue* Orientaux fe trouva en même-temps à la Cour. Il y eut difpute pour le pas entre les Ambaffadeurs dans le feftin que l'Empereur leur donna. ,, Les *Tou-ki-chi*, difoient les Am- ,, baffadeurs *Tou-kiue*, font une petite nation & nos ,, fujets ; ils ne doivent pas avoir le pas fur nous". Les Ambaffadeurs de *So-lo* repliquoient : ,, Le feftin a été ,, préparé pour nous ; nous ne devons donc pas y oc- ,, cuper la derniere place". Les Chinois trouverent l'expédient fuivant. Ils firent dreffer deux tentes, l'une à l'Orient, l'autre à l'Occident, & placerent les Ambaffadeurs de *So-lo*, dans celle de l'Occident ; de forte que le feftin fe fit au contentement des deux partis. Au commencement, *So-lo* gouvernoit avec bonté. Il étoit foigneux & défintéreffé, partageant les dépouilles des ennemis entre fes troupes, fans en rien retenir pour lui. Cela lui avoit attaché tout le monde qui le fervoit avec une affection & une fidélité incomparables. Outre la *Koum-tchu* Chinoife, il avoit épousé deux autres femmes, l'une fille du Roi du *Tybeth*, l'autre de l'Empereur des *Tou-kiue* Orientaux. Elles étoient toutes trois *Kha-toun*. Il avoit créé *Che-hou* plufieurs de fes enfants ; cela l'obligeoit à des dépenfes énormes. N'y pouvant fubvenir, il tomba dans la difette, qui fut fuivie du chagrin fur la fin de fes jours. C'eft pourquoi il commença peu-à-peu à ne plus partager le butin avec fes troupes, & aliéna par-là leurs efprits. De plus, il devint paralytique ; ce qui l'empêchoit d'agir. Les plus puiffants de fes Généraux étoient alors *Mo-ho-tha-kan*, & *Tou-mo-tchi*, Chefs chacun de fon horde. Les Princes fe partagerent en deux factions. Ceux qui defcendoient de *So-kha* prirent pour nom de famille, ou plutôt de faction, *Hoam*, (qui fignifie *jaune* en Chinois,) & ceux qui étoient nés de *So-lo* prirent celui de *He*, (qui fignifie *noir* en Chinois.) Ils étoient ennemis déclarés. Cependant *Mo-ho-tha-khan* & *Tou-mo-tchi* attaquerent *So-lo* durant la nuit, & le tuerent.

Auffi-tôt après, *Tou-mo-tchi* fauffant la foi à *Mo-ho-tha-kan*, proclama Empereur *Thou-ho-fien-khou-tchue*, fils de *So-lo*. Celui-ci plaça fon fiege dans la ville de *Soui-che*. Il confia fa garde à *Eul-vei-the-le*, Empereur de la faction noire de la ville de *Hem-lo-ffe*, & fe joignit à lui pour faire la guerre à *Mo-ho-tha-kan*. L'Empereur de la Chine ordonna à *Kai-kia-yun*, Vice-Roi Chinois de l'Occident du défert, (Province de Tartarie,) de pacifier les *Tou-ki-chi*, les *Pa-han-na*, & autres Royaumes du pays d'Occident. *Mo-ho-tha-kan* fe joignit à *Kai-kia-yun*, qui, conduifant le Roi de *Ché*, nommé *Mo-ho-thou-thou-tun*, & le Roi de *Sé*, nommé *Sfe-kin-ti*, donna avec eux bataille à *Thou-ho-fien*, fils de *So-lo*, fous les

murs de *Soui-che*, & le défit. *Thou-ho-fien* fut pris dans la fuite avec fon frere cadet nommé *Che-hou-thun-a-po*. Le Commandant Chinois du Royaume de *Sole*, nommé *Fou-moum-li-tcha*, prenant avec foi des troupes choifies & le Roi de *Pa-han-na*, alla furprendre la ville de *Hem-lo-ffe*, où il fit trancher la tête au *Khan* de la faction noire, & à fon frere cadet *Po-ffe*. Il fe rendit pareillement maître de la ville d'*Yi-khien*, (peut-être *Yar-kien*, ou bien *Yar-khan*.) La *Koum-tchu* d'*Eyghour*, la *Khatoun* de *So-lo*, & la *Khatoun* d'*Eul-vei* tomberent entre fes mains. Il les emmena, & s'en retourna avec elles. Plufieurs dixaines de milliers de fugitifs des Royaumes Occidentaux, auffi-bien que le Royaume de *Pa-han-na* & autres, fe rendirent à lui. *Kiue-lu-tchue*, Chef des *Tchu-mou-kouen*, & autres, écrivirent en commun à l'Empereur de Chine en ces termes : ,, Nous fom- ,, mes nés dans les déferts & au milieu de la barba- ,, rie. La mort de nos Rois avoit mis le trouble dans ,, nos Etats, & nous nous faifions des guerres cruel- ,, les. Le fils du Ciel a daigné envoyer *Kai-kia-yun* ,, à la tête d'une armée, qui a châtié la tyrannie, & ,, fecouru l'innocence. Nous defirons aller frapper la ,, terre avec le front devant votre fainte préfence, & ,, foumettre nos nations au commandement du Géné- ,, raliffime de toute la Tartarie, que Votre Majefté a ,, établi à *Ghan-fi*, & devenir par-là fes fujets ". Leur requête fut entérinée.

L'année fuivante, *Kiue-lu-tchue* fut créé Généraliffime des Gardes de la droite. Le Roi de *Ché* fut recompenfé du titre de *Chun-y-vam*, (c'eft-à-dire en Chinois, *Rois foumis à l'équité*.) Celui de *Sé* fut fait Grand du premier ordre de Chine. *Kai-kia-yun* préfenta *Thou-ho-fien-khou-tchue*, fon captif, à l'Empereur, qui en fit une offrande à fes ancêtres dans leur temple. Enfuite lui ayant pardonné, il le créa Généliffime des garnifons de la gauche de la ville Impériale, & *Sieou-y-vam*, (c'eft-à-dire en Chinois, *Roi, qui a réparé l'équité*.) Il conféra à fon frere *Tun-apo*, le titre de Généraliffime des garnifons de la droite de la Ville Impériale. *Affe-na-hin*, fils d'*Affe-na-hoai-tao*, eut pour fa part la dignité de *Khan* des dix familles, & de Commandant des *Tou-ki-chi*. *Mo-ho-tha-kan* fut piqué de ce choix. ,, La défaite de *Solo* eft mon ou- ,, vrage, *difoit-il* ; pourquoi donc créer *Khan Affe-* ,, *na-hin* "? Auffi-tôt il fit révolter les hordes. L'Empereur ordonna à *Kai-kia-yun* de le rappeller au devoir, & de l'inftruire. Il fe foumit, & vint fe rendre avec fes enfants, fes femmes, & fes principaux Officiers. L'Empereur lui remit le commandement de fes anciens fujets. Quelques années après, l'Empereur créa *Affe-na-hin*, *Khan* dans les formes, & le renvoya en fon pays avec une armée d'efcorte. Etant arrivé à *Ta-lan*, (ou *Tharan*, ville,) il fut tué par *Mo-ho-thou*, qui prit en même-temps le titre de *Khan*. Le Vice-Roi Chinois de la Province de *Ghanfi*, nommé *Fou-moum-li-tcha*, le prit, & lui fit trancher la tête. *Tou-mo-tchi-kiue-kie-kin*, grand Gonfalonnier, fut créé *Che-hou* de trois des dix familles.

L'an 742, les *Tou-ki-chi* choifirent pour leur *Khan*, *Y-li-ti-mi-chi-khou-tou-lo-pi-kia* qui étoit de la faction noire. Celui-ci envoya en Chine plufieurs ambaffades. L'an 753, la faction noire créa *Tem-li-y-lo-mii-chi* pour fon *Khan*. L'Empereur de Chine lui envoya auffi la patente. Depuis l'an 757, la puiffance des *Tou-ki-chi* tomba tout-à-fait en décadence. Les factions jaune & noire fe créerent des *Khan*. Alors la Chine étoit en trouble, & n'avoit pas le temps de fonger au-dehors. Nonobftant cela, l'an 758, ou le fuivant, *A-te fei-lo*, qui étoit *Khan* de la faction noire, envoya des ambaffades en Chine. Après l'an 766, *Kho-lo-lo* devint puiffant, & il transféra fon fiege fur les bords du *Soui-che*. Les *Khan* des deux factions devinrent fes fujets. Le refte de l'Empire de *Hou-ffe-lo* fut affujetti par les *Hoei-hou*. De la deftruction de cet Empire, il resta *The-mam-le*, qui s'établit dans la ville de *Yen-ki*, où il prit le titre *Che-hou*. Le reste de ses gens se posta dans le mont *Kinso*; ils pouvoient faire deux cents mille hommes. Tout ce que je viens de rapporter a été traduit mot à mot de l'histoire de la Dynastie des *Tham*, sur-tout ce qui regarde les *Tou-kiue* Occidentaux. Il est à propos de toucher à présent les mœurs & la Religion des *Tou-kiue*; mais comme ils étoient semblables en plusieurs choses aux *Hioum-nou*, je commence par ceux-ci.

Dans la langue des *Hioum-nou*, *Tçem-li* signifioit le *Ciel*, & *Khou-tou* signifioit *fils*. De-là vient que ces peuples donnoient à leurs *Tchen-yu* le titre de *Tçem-li-khou-thou*, ou de *fils du Ciel*, à l'imitation des Chinois. Le *Tchen-yu* avoit immédiatement au-dessous de lui douze ordres de Grands, qui se distinguoient en deux, l'un de la droite, & l'autre de la gauche. Le premier ordre étoit composé de deux *Tou-khi*, ou, comme traduisent les Chinois, *Hien-vam* (c'est-à-dire, *sages Rois*;) le second comprenoit deux *Houli-vam*, *Rois*; le troisieme, deux Grands Généraux; le quatrieme, deux Grands Commandants; le cinquieme, deux Grands *Tgam-hou*; le sixieme, deux *Khou-thou-heou*; le septieme, deux *Tçu-kiu*, & ainsi du reste; ce qui faisoit en tout vingt-quatre chefs, douze de la gauche, qui étoit la plus honorable parmi cette nation, & douze de la droite. Les premiers ordres commandoient à plus de dix mille chevaux. Les derniers à plusieurs milliers plus ou moins, suivant leur rang. Ces vingt-quatre Chefs, nonobstant l'inégalité du nombre, ne laissoient pas de se nommer Commandants de dix mille chevaux. Toutes ces grandes dignités étoient héréditaires. Chacun de ces vingt-quatre Chefs avoit le pouvoir de se créer des Lieutenants, des Ministres, des grands Commandants, des *Tham-hou*, des *Tçu-kiu*, & autres Officiers. Après la famille Royale, dont le nom étoit *Luen-ti*, ou, comme assurent quelques-uns, *Hiu-lien-ti*, les familles des *Siu-po*, des *Lin* & des *Hou-yen*, étoient les plus nobles & les plus puissantes. Chacun des vingt-quatre Chefs possédoit un Etat, dont la grandeur étoit proportionnée à sa dignité. Ceux de la droite étoient à la droite, ou à l'Orient des Etats du *Tchen-yu*; ceux de la gauche à l'Occident.

Le Prince, désigné Empereur, étoit ordinairement *Thou-khi*, ou *sage Roi de la gauche*. Tous les ans dans la premiere lune, tous les Commandants faisoient une petite assemblée dans la Cour de *Tchen-yu*. Dans la cinquieme lune, ils tenoient une assemblée générale dans la ville de *Loum-tchim*, où ils sacrifioient aux mânes de leurs ancêtres, au ciel & à la terre. Durant l'automne, lorsque l'embonpoint des chevaux est parfait, ils faisoient un sacrifice aux Dieux tutélaires des champs & des grains, en tournant autour du bois; après quoi on faisoit la revue des hommes & des animaux, & on en marquoit le nombre sur des rôles.

Les loix condamnoient à mort quiconque auroit tiré son sabre de la longueur d'un pied, quoiqu'il n'eût pas frappé. Le vol étoit puni par la confiscation de la famille du voleur. Les crimes légers étoient punis par des tortures, & les griefs par la mort. Le criminel ne pouvoit pas être détenu dix jours entiers dans la prison; de sorte que, dans tout l'Empire, il ne se trouvoit que peu de prisonniers. Le *Tchen-yu*, le matin, sortoit de son camp, & adoroit le soleil levant. Le soir, il adoroit la lune. Quand il étoit assis, il regardoit le Nord, & la gauche étoit toujours la place la plus honorable. Ils renfermoient leurs morts dans un double cercueil, & enterroient avec le cercueil, de l'or, de l'argent, des habits & des fourrures. Ils ne plantoient point d'arbres, & n'élevoient point de terre sur leurs sépultures. Ils ne portoient point d'habits de deuil. Les Officiers, les favoris, & les concubines étoient obligés de se défaire pour suivre le mort; &

le nombre quelquefois montoit à plusieurs dixaines, ou à plusieurs centaines. Ils se conformoient à la lune dans leurs entreprises, attaquant l'ennemi durant l'accroissement de la lune, & se retirant durant le décours. On faisoit boire une tasse de vin pour récompense, à celui qui apportoit la tête d'un ennemi, & on lui en laissoit la dépouille entiere. Les ennemis qui étoient faits captifs, devenoient esclaves de celui qui les avoit pris. C'est pourquoi quand ils combattoient, ils le faisoient avec l'ardeur de gens qui travaillent pour leur profit. Ils étoient habiles à dresser des embuscades, & à envelopper l'ennemi. Quand ils avoient l'avantage, ils se tenoient unis & serrés comme une bande de corneilles; quand ils étoient vaincus, ils se dissipoient comme des tuiles que le vent emporte, ou comme des nuages qui se fondent. Celui qui, dans le combat, pouvoit emporter un de ses camarades tués, devenoit héritier de ses biens. Venons présentement aux *Tou-kiue*, & commençons par les Orientaux, qui étoient au commencement maîtres des Occidentaux.

Les *Tou-kiue* Orientaux donnoient le titre de *The-le*, ou d'Infants, aux fils & aux freres de leurs *Khahhan* ou *Khan*. Ils donnoient celui de *Ché*, (apparemment c'est le *Dgi* des Turks,) aux Commandants des troupes d'une horde particuliere. Le premier ordre de leurs Grands étoit celui des *Kiu-lu-tchue*; le second étoit celui des *Apo*; le troisieme, celui des *Kie-li-fa-tou-tun*; le quatrieme, celui des *Ki-kin*. Ils distinguoient au commencement dix ordres de Mandarins, dont les titres se prenoient ou de la disposition du corps, ou de l'âge, ou de la couleur du visage & des cheveux, ou du vin & de la chair, ou des animaux. Ils nommoient les Braves, *Che-po-lo*, ou bien encore *Ym ho-fou-fei*. Ils appelloient *Santa-lo*, les hommes gros & pesants. *Ta-lo-pien* étoit un vase à vin, gros & raccourci; terme qu'ils appliquoient aux hommes de cette taille. C'étoit encore le plus honorable des titres parmi ces peuples, & qui n'appartenoit qu'aux fils & aux freres des *Khan*. Ils appelloient un vieillard *Kho-li*, nom qui passoit en titre de charge. Ceux qui la possédoient, se nommoient *Kho-li-tan*. Ils nommoient un oiseau *Ho-lin*, d'où les *Ho-lin-sou-ni* prenoient leurs titres; c'étoient des Commandants de troupes, aussi-bien que les *Kiue-sou-ni*. *Kho-lo*, (ou *Khara-*) *pien*, signifioit *noir*, d'où la dignité de *Kha-ra-tchue*, qui étoit fort relevée, tiroit son titre. Il n'appartenoit qu'aux vieillards les plus vénérables de la posséder. *So-kha* signifioit *cheveux*; d'où les *So-kha-thou-tun*, qui étoient des Gouverneurs de Province ou de grandes Cités, tiroient leur titre. Ils nommoient le vin *Pou-ni-che-ou*, d'où ils tiroient le titre de *Che-ou* (ou *Che-ghou*,) pour les Inquisiteurs. Ils donnoient à la chair le nom d'*An-tchen*, ou *Ghan-tchen*, d'où les Intendants de maison tiroient le titre d'*An-tchen-kiu-ni*. Ils nommoient le loup, *Lin*, ou bien *Fou-lin*, titre des Gardes-du-Corps, dont les Commandants portoient le titre de *Fou-lin-khan*. Ils donnoient quelquefois le titre de *Khan* aux Lieutenants des *Che-hou*. Ils appelloient aussi par honneur les chefs des grandes familles *Ouei-khan*, ou *Khan de maison*; car *Ouei* ou *Yi*, dans cette langue, signifioit *maison*, ou *famille*.

Quant à leurs mœurs & coutumes, elles étoient semblables à celles des *Hioum-nou*. Voici pourtant en quoi elles différoient. Quand ils proclamoient un *Khan*, les Grands le portoient sur un feutre, & luy faisoient faire neuf tours, suivant le soleil; à chaque tour, il étoit salué par tout le monde. Après ces tours faits, on le mettoit à cheval, & on lui jettoit autour du col une piece de taffetas, avec laquelle on le serroit si fort, qu'il étoit prêt d'expirer. On le relâchoit, & à l'instant on lui demandoit combien de temps il pourroit régner. Le trouble de son esprit ne lui permettoit pas de répondre au juste à cette demande. Ils ne laissoient pas d'augurer par ce

qu'il

qu'il difoit, dans cette furprife, de la durée de fon regne. Après la dignité de *Khan*, fuivoit celle des *Che-hou*, puis celle des *Che-the-le*, celle des *Ki-li-fa*, celle des *Thou-tun*; & en defcendant par degrés, on parvenoit au vingt - huitieme, qui étoit la derniere charge ou dignité; toutes ces charges étoient héréditaire.

Leurs armes offenfives étoient l'arc, la fleche, la pique, le fabre & l'épée. Le bâton de leur grand écendard étoit furmonté d'une tête de loup faite d'or; & les gardes du *Khan* fe nommoient auffi *Fou-li* ou *Fou-lin*, c'eft-à-dire *loups*, pour rappeller dans leur mémoire que la nation étoit fortie d'une louve. Comme ils ignoroient l'ufage des lettres, quand ils vouloient ordonner des tributs ou des levées de troupes, ils faifoient des hoches fur le bois pour en marquer le nombre. Ils joignoient à cela une fleche armée d'or, fur laquelle ils appliquoient de la cire qu'ils fcelloient; & c'étoit-là la fûreté publique. Ils attendoient que la lune fût proche de fon plein, pour commencer leurs incurfions. Leurs loix puniffoient de mort les rebelles & les homicides. Ils condamnoient d'abord les adulteres à l'eunucifme; après cela, ils étoient coupés en deux par les reins. Celui qui, dans une querelle, avoit crevé un œil à fon adverfaire, étoit obligé de lui donner une de fes filles, ou s'il n'avoit point de filles, fa propre femme. Celui qui avoit rompu quelque membre à l'autre, réparoit le dommage en lui donnant fes chevaux. Celui qui avoit volé en étoit quitte pour rendre le double. Dans leurs funérailles, on plaçoit le corps du mort fous une tente. Toute la parenté, tant hommes que femmes, tuoient chacun des moutons ou des chevaux, & les rangeoient devant la tente. Alors ils fe déchiquetoient le vifage avec des coûteaux, & de cette façon leur fang fe mêloit avec leurs larmes; ce qu'ils faifoient fept fois de fuite, après quoi ils ceffoient. Pour ceux qui étoient morts durant le printemps & l'été, il falloit attendre que les feuilles fuffent tombées des arbres pour les enterrer. S'ils mouroient durant l'automne ou l'hyver, on ne pouvoit les mettre en terre qu'après que les arbres étoient revêtus de fleurs & de feuilles. Ils amaffoient des pierres fur le lieu de la fépulture, & y plaçoient des marques. On y mettoit autant de pierres que le mort avoit tué d'hommes durant fa vie. Le jour de l'enterrement, les garçons & les filles venoient au lieu de la fépulture, revêtus de leurs plus beaux habits. Si quelque garçon devenoit amoureux d'une fille, à fon retour à la maifon, il envoyoit la demander en mariage, & rarement la lui refufoit-on.

Quoiqu'ils n'euffent point de demeure fixe, ils avoient pourtant chacun leur diftrict féparé. Leur *Khan* avoit le fien au pied des monts *Tou-kin*. Tous les ans, le *Khan*, accompagné de toute fa Nobleffe, alloit facrifier à la caverne de fes ancêtres : (c'eft cette caverne, qui avoit donné entrée à la louve & au jeune homme dans cette plaine délicieufe, où ils avoient fondé la nation des *Tou-kiue*, & c'eft ce que la *Bibliotheque Orientale* appelle *Erkeneh-koun*.) Pareillement dans la feconde décade du cinquieme mois, il affembloit fes Grands, & il alloit avec eux facrifier au Génie du Ciel, à plus de 50 lieues à l'Occident des monts *Tou-kin*, où il y a une montagne extrêmement élevée par-deffus les autres, qui eft fans herbes & fans arbres, laquelle ils nomment *Po-tem-y-li*, (ou *Bo-dem-ghi-ri*;) ce qui fignifie *Génie* ou *Dieu de la terre*. Les lettres dont ils fe fervoient, étoient femblables à celles des Barbares. Ils ne favoient ce que c'étoit que calcul aftronomique ou Kalendrier; ils comptoient les années par le reverdiffement des plantes. Les hommes aimoient à jouer une efpece de trictrac, & les femmes à la boule ou au mail. Ils s'enivroient de vin fait de lait de cavale; après quoi ils chantoient & danfoient enfemble. Ils avoient du refpect pour les Dieux & la Religion.

Les *Tou-kiue* Occidentaux avoient à-peu-près les mêmes mœurs & coutumes que les Orientaux. Il y avoit feulement quelque différence de dialecte dans les deux langues. Ils avoient des *Che-hou*, des *Che*, des *The-le*; & ces trois dignités ne fe conféroient qu'aux fils ou aux freres des *Khan*, & aux Princes de leur fang. Après ces dignités fuivoient celles d'*Y-kin*, de *Kiu-li*, de *Tchue-yen*, de *Houni-tha*, de *Kie-li-fa*, de *Thou-tun*, de *Ki-kin* & autres. Tous ces Mandarinats étoient héréditaires. Tous les ans, le cinquieme du huitieme mois, ils s'affembloient pour faire des facrifices, & le *Khan* députoit un de fes principaux Seigneurs pour facrifier au trou, c'eft-à-dire, à la grotte ou caverne qui avoit fervi de premiere retraite au fondateur de leur nation. (Nous venons de dire que c'eft l'*Erkeneh-koun* de la *Bibliotheque Orientale*.)

DE L'EMPIRE DES HOEI-HE, ou HOEI-HOU.

Les *Hoei-he* defcendent des *Hioum-nou*; il eft à propos de marquer par quelle voie. C'étoit une tradition vulgaire parmi ces peuples, qu'un *Tchen-yu* des *Hioum-nou* eut deux filles d'une rare beauté. ,, Eft-il ,, permis, *dit-il*, de donner en mariage à des hom-,, mes des filles de cette forte "? Il réfolut de les offrir au Ciel; c'eft pourquoi il choifit un endroit défert fur les confins de fon Empire, où il fit bâtir une tour fort haute. Il y plaça fes deux filles, priant le Ciel de les venir prendre pour femmes. Il parut un vieux loup, qui s'attacha au pied de la tour qu'il ne quittoit point, & ne ceffoit point de hurler jour & nuit. Il fe fit-là lui-même fa taniere, où il demeura trois mois fans branler. Une des Princeffes dit à fa fœur : ,, L'Em-,, pereur, notre pere, nous a deftinées pour femmes ,, au Ciel. Ce loup, qui eft venu, n'eft-il pas envoyé ,, par le Ciel "? Ayant dit cela, elle defcendit de la tour, & devint la femme du loup. Elle en eut des enfants, qui s'étant peu-à-peu multipliés, formerent la nation des *Hoei-he*. De-là vient que ces peuples aiment à traîner leur voix, & que leur chant tient du hurlement des loups.

Les *Ouei* Tartares leur donnerent le nom de *Kao-tche*; ce qui fignifie en Chinois, *hauts chariots*, parce que ces peuples font les feuls de la Tartarie qui fe fervent de grandes roues à leurs chariots. Les Tartares du Nord les nommoient *Tche-le*, d'où les Chinois, fous la Dynaftie des *Tham*, ont tiré par corruption celui de *Thie-le*, qu'ils leur ont donné. Ils femblent s'être nommés eux-mêmes *Hoei-he*, enfuite ils ont pris le nom des *Hoei-hou*. Cette nation étoit divifée en 15 peuples; 1. *Yuen-he*; 2. *Sie-yen-to*; 3. *Khi-pii-yu*; 4. *Tou-po*; 5. *Khou-li-khan*; 6. *To-lan-kho* ou *To-ran-gha*; 7. *Pou-khou*; 8. *Pa-ye-khou*; 9. *Thoum-lo*; 10. *Hoen*; 11. *Se-kie*; 12. *Hou-fie*; 13. *Hi-kie*; 14. *A-tie*; 15. *Pe-fii*. Toutes ces hordes étoient répandues dans les pays qui font au Septentrion du défert.

Quant aux *Yuen-he*, (qui ont donné le nom à toute la nation) ils fe nommoient encore *Ou-hou* & *Ou-ho*, ou bien *Ou-he*. Sous la Dynaftie Chinoife des *Soui*, ils furent appellés *Ouei-he*; c'étoit une nation brave & vaillante. Au commencement, ils vivoient dans l'anarchie. Ils changeoient fouvent de demeure, pour aller chercher les herbes & les eaux. Ces peuples étoient d'excellents cavaliers & de bons archers. Le vol & le brigandage faifoient toutes leurs délices. Les *Tou-kiue* qui les avoient fubjugués, en tirerent leurs principales forces & leurs plus grandes richeffes; & par leur moyen, ils avoient fubjugué la Tartarie feptentrionale. Au commencement du feptieme fiecle, *Tchu-lo-khan*, Empereur des *Tou-kiue*, les dompta, & les dépouilla de toutes leurs richeffes. Auffi-tôt après, redoutant les effets de leur vengeance, il voulut les prévenir. Il fit une assemblée générale de leurs principaux Chefs, dont il fit mourir cruellement quelques centaines. Les *Ouei-he* se liguerent avec les *Pou-kou*, les *Thoum* & les *Pa-ye-kou*, & se révolterent de concert; & s'étant créé un Prince, sous le titre de *Ki-kin*, ils prirent le nom de *Hoei-he* ou *Hoei-ho*. Le nom de famille du *Ki-kin* étoit *Yo-lo-kho*, (ou peut-être *Yor-kha*.) Ce Prince, qui avoit cent mille hommes à sa suite, dont cinquante mille étoient des troupes choisies, plaça son camp royal au Septentrion des *Sie-yen-tho*, sur les bords de la riviere, nommée *Solim*. Ce camp étoit éloigné de *Si-ghan-fou* de 700 lieues. Le terrein de ce lieu étoit sablonneux & salsugineux; ils y nourrissoient pourtant quantité de moutons à hautes jambes. Ce premier *Ki-kin*, qu'ils se créerent, se nommoit *Che-kien*. Il avoit un fils, appellé *Pouffaa*, qui joignit à la bravoure une habileté singuliere & une rare prudence. Il aimoit la chasse. Dans les combats, il marchoit toujours le premier, & par-tout où il donnoit, il faisoit tout plier; ce qui lui attiroit le respect & l'amour de tout le monde; mais cela même obligea *Che-kien* à le chasser. La mort de *Che-kien* survint incontinent après. Les *Ouei-he*, qui regardoient *Pouffaa* comme un Prince sage, le rappellerent & le mirent à leur tête.

Pouffaa avoit pour mere *Ou-lo-hoen*, (ou bien *Our-hoen*,) matrône sévere & éclairée, qui gouvernoit avec beaucoup de sagesse. De cette façon la puissance des *Ouei-he* s'augmentoit peu-à-peu. Ils se confédererent avec les *Sie-yen-tho*, pour aller attaquer conjointement les *Tou-kiue* par le Nord de leur Empire. *Kie-li-khan*, Empereur des *Tou-kiue*, l'ayant su, fit marcher *Yu-kou-che* contre eux, à la tête de cent mille hommes de cavalerie. *Pouffaa* leur présenta la bataille avec cinq mille cavaliers qu'il commandoit; il défit cette armée formidable au pied des monts *Malie*, (c'est-à-dire en Chinois, *crin du col du cheval*.) Il poursuivit les vaincus jusqu'aux monts nommés *Tien* en Chinois, ou *Kilien* en *Hioum-nou*, (c'est-à-dire *célestes*.) Il fit un très-grand nombre de *Tou-kiue* captifs. Cette victoire répandit la terreur de son nom dans toute la Tartarie. Après cela, les *Ouei-he* se tinrent étroitement unis avec les *Sie-yen-tho*, & *Pouffaa* prit le titre de *Ho-kie-li-fa*, & changeant de place, il alla s'établir sur les bords du *Tho-lo*. Il envoya des présents à l'Empereur de Chine, l'an 629. Cependant l'Empire des *Tou-kiue* Orientaux avoit été détruit par les Chinois. Les *Ouei-he* & les *Sie-yen-tho* étoient devenus par-là les peuples les plus puissants de la Tartarie. *Pouffaa* étant mort, son successeur, qui fut *Thou-mii-tou*, lequel étoit auparavant *Ki-li-fa* de *Houlo*, rassembla tous les peuples de sa nation, & fit la guerre aux *Sie-yen-tho*. Il les défit, & se rendit maître de leur pays. Après cela, il s'avança vers le Midi, & vint jusqu'à la riviere de *Hoam-ho*. Il envoya des Députés à l'Empereur de Chine, pour se soumettre à lui. L'Empereur s'avança jusqu'à *Nim-hia*, pour recevoir ses hommages. Ce fut-là que les treize hordes des *Thie-le* vinrent par Députés, qui parlerent de cette sorte : ,, Les *Sie-yen-tho* se sont attirés leur perte, ,, pour n'avoir pas voulu se soumettre à votre grand ,, Royaume. Leurs peuples se sont dissipés comme ,, des dains effrayés, & comme des oiseaux qui se ,, séparent; on ne sait pas même où ils se sont reti- ,, rés. Présentement que nous avons partagé leurs ,, terres entre nous, & que nous nous sommes ren- ,, dus au fils du Ciel, nous le supplions de nous don- ,, ner des Mandarins & des Officiers pour nous gou- ,, verner ".

L'Empereur (*Tham-tai-tçoum*) ordonna qu'on préparât un banquet solemnel, où il verroit tous les Chefs des *Hoei-he*. Il leur assigna plusieurs milliers d'Officiers pour les gouverner. L'année suivante, il vint une seconde ambassade. Alors l'Empereur donna

à l'horde des *Hoei-he* le titre de *Han-hai*; à celle des *Tho-lan-kho*, (ou *Thou-ran-gha*,) celui de *Yen-gen*; à celle des *Pou-khou*, le titre de *Kin-vei*; au pays des *Pa-ye-kou*, celui d'*Yeou-lim*; à celui des *Toum-lo*, celui de *Kien-lin*; à celui des *Se-kie*, celui de *Lou-chan*. Les Commandants de ces six Provinces eurent le titre de *Tou-tou*, ou Généraux de Province. Le pays des *Hoen* fut nommé *Kao-lin-tcheou*; celui des *Hou-sie* fut nommé *Kao-kiue-tcheou*; celui des *A-tie*, fut *Ki-tien-tcheou*; celui des *Khi-pii-yu*, fut *Yu-khi-tcheou*; celui des *Hi-kie*, fut *Khi-lou-tcheou*; celui des *Se-kie*, fut *Tie-lin-tcheou*; celui des *Pe-ssü* fut *Yen-tcheou*; celui des *Kie-khou*, qui font au Nord-Ouest des précédents, fut *Kien-kouen-fou*. Les *Khou-li-khan*, qui font au Nord des précédents, eurent celui de *Hiuen-kiue-tcheou*; celui des *Kiu-lo-po*, qui est au Nord-Est, fut nommé *Tcho-loum-theou*. Les Chefs de ces peuples furent donc créés, par l'Empereur, *Tou-tou*, ou Commandants-Généraux, *Tçe-ssè*, Vice-Empereurs, *Tcham-sè*, ou Vice-Rois, & *Sé-ma*, ou Maîtres de la cavalerie. L'Empereur choisit l'ancienne maison de plaisance des *Tchen-yu*, pour y placer le siege du *Tou-tou*, ou le *Tou-sou-fou* de *Yen-gen*, qui devoit commander à ces pays immenses en qualité de Généralissime, c'est-à-dire, aux six *Tou-tou* & aux six Provinces nouvellement créées. Il en nomma *Li-fou-lii* Chinois, Généralissime, & lui donna le titre de *Tou-hou* de *Yen-gen*. L'Empereur accorda aux *Tou-tou* & aux *Tçe-ssè*, pour marque de leur dignité, de porter pendant à la ceinture un poisson de fer, couvert d'ornements d'or. *Tham-thai-tçoum* vouloit gagner l'affection de tous les Barbares, qu'il avoit assujettis à l'Empire. Il leur faisoit faire des habits précieux & des armes de grande valeur. Il fit préparer un banquet général avec tout l'appareil possible. Surtout il y avoit une fontaine de vin, qui se remplissoit par des canaux souterreins; elle contenoit mille boisseaux. Plusieurs milliers de *Hoei-he* y venoient puiser & boire à discrétion, sans pouvoir en vuider la moitié. L'Empereur invita à ce festin tous les Officiers de sa Cour du cinquieme ordre, & au-dessus, pour augmenter la fête.

Tous les Chefs des *Hoei-hé* représenterent unanimement à l'Empereur ce qui suit : ,, Nous sommes ,, nés dans des pays déserts & malheureux. Nous nous ,, sommes soumis à votre sainte clémence. Votre Ma- ,, jesté souverainement honorable & pareille au Ciel, ,, nous a honorés de charges & de dignités. Elle ,, nous a fait la grace de nous mettre au rang de ses ,, peuples. Nous devons donc la regarder comme no- ,, tre pere & notre mere. Ainsi nous prenons la liberté ,, de la supplier de faire ouvrir un grand chemin qui ,, conduise dans les pays des *Hoei-he* & des *Tou-kiue*, ,, lequel portera le nom de chemin, qui conduit à ren- ,, dre hommage au souverainement honorable & pareil ,, au Ciel, afin que nous soyons à perpétuité les sujets ,, de sa Dynastie ". L'Empereur ordonna aussi-tôt, que depuis le pays de la Tartarie, nommé *Fii-ti-tçuen*, ou la *Fontaine de Fii-ti*, (*Fii-ti* est une espece d'oiseau,) on établît soixante-huit postes jusqu'au premier pays. Là on conduisit aussi-tôt des haras de chevaux pour les former. On y tint prêtes des chairs & des laitages, & on établit des douanes, où l'on payoit les droits sur les Zibelines, pour fournir à l'entretien. En même-temps, il créa *Thou-mi-tou* Généralissime, & *Tou-tou* de *Han-hai*. *Thou-mi-tou* ne laissa pourtant pas d'usurper le titre de *Khan*, de son autorité privée. Il établit des Officiers à la maniere des *Tou-kiue*. Il avoit six Ministres du dehors & trois du dedans. Il avoit à la Chinoise des *Tou-tou*, ou Généraux de Provinces; des *Tçiam-kiun*, ou Généraux d'armées; des *Se-ma*, ou Maîtres de la cavalerie.

L'Empereur ordonna de plus, par un édit, qu'une autre horde du *Khien-ki-kin* portât le nom de *Ki-lim-tcheou*, dont la jurisdiction ressortiroit au Tribunal du *Tou-tou* de *Lim-tcheou*, (ou de la Province de *Nim-hia*,) & qu'une autre horde de *Pe-ſſii* fût nommée *Kiu-yen-tcheou*. Cependant *Ou-he*, fils du frere aîné de *Thou-mi-tou*, abuſoit de la femme de *Thou-chu-tou*. Ce crime l'engagea à tramer une conſpiration avec *Kiu-lou-mo-ho-ta-kan* & *Kiu-lo-po*. Ils allerent ſe jetter entre les bras de *Tche-pi-khan*, dont ils étoient tous deux gendres; ils furent bien reçus. Auſſi-tôt *Ou-he* vint à main armée ſurprendre *Thou-mi-tou* durant la nuit, & le tua. *Yuen-li-chin*, Lieutenant-Général Chinois du *Tou-hou* de *Yen-gen*, envoya des Députés à *Ou-he*, qui le tromperent en lui promettant qu'il obtiendroit de l'Empereur, qu'il fût nommé *Tou-tou* des *Hoei-he*. Ainſi ne ſe défiant de rien, il vint remercier *Yuen-li-tchin*, qui lui fit couper la tête pour en faire un exemple. L'Empereur, craignant que cette ſévérité n'effrayât les *Hoei-he*, & ne les obligeât à ſe diſſiper, envoya le Préſident de la Cour de la Milice, nommé *Tçoui-kouo-li*, avec la marque de la foi publique, pour les pacifier, & lui ordonna de créer *Thou-mi-tou*, depuis ſa mort, Généraliſſime de ſes Gardes, & de lui faire des préſents funebres & des ſacrifices, enfin de créer *Po-yun*, ſon fils, Généraliſſime des Gardes de la gauche, & Seigneur des Etats de ſon pere. *Kiu-lo-po* vint en perſonne trouver l'Empereur, qui le retint auprès de lui. *Aſſena-ho-lou* s'étoit rendu maître par ſurpriſe de la Cour du Nord du Grand *Khan*. *Po-jun* joignit 50000 chevaux des ſiens, avec *Khi-pii-ho-li* & autres; il mit *Ho-lou* en déroute, & reprit la Cour du Nord. Enſuite s'étant joint à *Gin-ya-ſiam*, Général des troupes d'*Y-li*, & autres Commandants Chinois, il défit une ſeconde fois *Ho-lou* près des monts *Kin-ya*, (ou *dents d'or*, en Chinois.) Cela le fit promouvoir au rang de Généraliſſime des Gardes de la droite. Il accompagna l'Empereur *Tham-thai-tçoum* dans ſon expédition de la Corée, où il ſervit glorieuſement. *Pojun* mourut, & *Pe-li* ſon fils lui ſuccéda.

Environ l'an 660, l'Empereur changea le titre du Généraliſſime Chinois des *Hoei-he*, qui étoit de *Tou-tou* de *Yen-gen*, en celui de *Tou-tou* de *Han-hai*. Il borna ſa juriſdiction (au Midi) par le déſert de ſable; preſque tous les Barbares du Nord en dépendoient. *Pe-li* étant mort eut pour ſucceſſeur ſon fils, nommé *Tou-kiai-tchi*. Sous l'Impératrice de Chine, *Vou-heou*, *Me-tchue*, Empereur des *Tou-kiue*, étoit au plus haut point de ſa puiſſance. Il s'étoit rendu maître de l'ancien pays des *Thie-le*, ou bien *Hoei-he*. Cela obligea les *Hoei-he* à former une ligue avec les *Khi-pii*, les *Sé-kie* & les *Hoen*, trois hordes de la nation des *Thie-le*, & de paſſer tous enſemble le déſert, pour venir s'établir dans la Chine entre les villes de la Province de *Chenſi*, qui ſe nomment *Kan-tcheou* & *Leam-tcheou*. La Dynaſtie des *Tham* en tira une excellente cavalerie pour la joindre à ſes armées. *Thou-kiai-tchi* mourut, & eut pour ſucceſſeur *Fou-ti-pou*, ſon fils. L'année ſuivante, celui-ci prêta ſecours aux Chinois, pour ſe défaire de *Me-tchue*, Empereur des *Tou-kiue*. Après cela, les hordes d'*Y-khien-kie-li-fa*, des *Thoum-lo*, des *Sii* & autres, vinrent en Chine. L'Empereur leur aſſigna des terres au Nord de *Ta-vou-kiun*, ville militaire. *Fou-ti-pou* laiſſa en mourant l'Empire à *Tchin-tçoum* ſon fils, qui fut créé *Tou-tou*. *Vam-kiun-tcho*, Chinois, qui étoit *Tou-tou*, ou Commandant-général de *Leam-tcheou*, accuſa calomnieuſement *Tchin-tçoum* devant l'Empereur, qui envoya celui-ci en exil, où il mourut; ce qui donna commencement à la révolte des *Hoei-he*. *Hou-chu*, Prince du ſang de *Tchin-tçoum*, & Maître de la cavalerie de la cité de *Han-hai*, ſe ſervant à propos de la mauvaiſe diſpoſition des gens de *Vam-kiun-tcho*, le fit mettre à mort, & ferma par-là le paſſage à la Chine dans les Royaumes occidentaux, qui étoient ſous le commandement du Généraliſſime Chinois, réſidant à *Ghan-ſi*. Long-temps

après, *Hou-chu* prit la fuite, & ſe retira chez les *Tou-kiue*, où il mourut; ſon fils *Khou-li-fi-lo* lui ſuccéda.

Cependant les guerres civiles des *Tou-kiue* mirent tout en combuſtion. *Khou-li-fi-lo* prit occaſion de ces troubles de prendre ce lui-même le titre de *Che-hou* de la gauche, tandis que *Kho-lo-lo* prenoit celui de *Che-hou* de la droite. Il ſe joignit aux *Pa-ſſi-mii*, & mit avec eux en fuite *Ou-fou-khan*, Empereur des *Tou-kiue*. Il ſurprit après cela les *Pa-ſſi-mii* ſes alliés, l'an 744, & fit trancher la tête à *Kie-thie-y-chi-khan*, leur Empereur. Auſſi-tôt après, il dépêcha des Ambaſſadeurs en Chine, pour rendre compte de ſa conduite. Il prit en même-temps le titre de *Khou-tou-lo-pi-kia-kiue-khan*, & le fils du Ciel le créa *Foum-y-vam*, (c'eſt-à-dire en Chinois, *Roi qui reſpecte la juſtice*.) Il s'avança vers le Midi, & ſe mit en poſſeſſion du pays des *Tou-kiue*. Il plaça ſon camp royal entre les monts *Ou-te-kien* & la riviere de *Kouen*. Ce camp avoit au Sud la ville de *Si-tchim*, appartenante aux Chinois, dont il étoit éloigné de 170 lieues: (la ville de *Si-tchim* & ſa Province ſont ce que la Dynaſtie Chinoiſe des *Han* nommoit *Kao-kiue-ſai*, ou les confins de *Kao-kiue*.) Au Nord, il s'étendoit trente lieues juſqu'à l'entrée des ſables. Au reſte, *Khou-li-fi-lo* poſſédoit tout le pays des neuf familles ou hordes. Ces neuf hordes ou familles étoient, la premiere, *Yo-lo-kho*; la ſeconde, *Hou-tou-kho*; la troiſieme, *Kiu-love*; la quatrieme, *Me-kha-ſii-khii*; la cinquieme, *Aye-ti*; la ſixieme, *Kho-ſſa* ou *Kha-ſſa*; la ſeptieme, *Hou-yo-fou*; la huitieme, *Yo-ve-kho*, (ou *Yaf-kha*;) & la neuvieme, *Hi-ſie-ve*. *Yo-lo-kho*, (ou peut-être *Yor-kha*,) étoit le nom de la famille Royale des *Hoei-he*. Celles des *Pou-khou*, des *Hoen*, des *Paye-khou*, des *Thoum-lo*, des *Sé-kie* & des *Kii-pii*, n'entroient point en rang, à cauſe de leur égalité entr'elles. *Khou-li-fi-lo* ayant enſuite aſſujetti les *Pa-ſſi-mii* & les *Kho-lo-lo*, ces deux hordes étrangeres jointes aux neuf autres, firent en tout onze familles ou hordes. Il aſſigna à chacune un *Tou-tou* pour les commander, qu'il nomma les *Tou-tou* des onze hordes. Dans les combats, il donnoit l'avant-garde aux deux hordes étrangeres.

L'Empereur, par un édit ſolemnel, créa *Khou-li-fi-lo* Empereur des Tartares, & lui conféra le titre de *Khou-tou-lo-pi-kia-kiue-hoai-gin-khan*. Voici la cérémonie qui s'obſerva, & elle étoit commune à toutes les créations ſolemnelles de *Khan* qui ſe faiſoient en Chine. La pompe Impériale étoit rangée devant la ſalle du trône. Le Préſident du Tribunal des Miniſtres d'Etat prenoit les patentes de création de deſſus une table qui étoit au-dedans de la ſalle; il les remettoit au Député qui devoit les porter en Tartarie. Le Député étant ſorti de la Cour, qui étoit devant la ſalle, montoit en carroſſe. Quand il étoit ſorti de la porte du mur auguſte, c'eſt-à-dire, de l'enceinte extérieure du palais, il quittoit le carroſſe pour monter à cheval. La pompe des étendards & des marques de la foi marchoit devant lui en bon ordre. L'année ſuivante, *Khou-li-fi-lo* attaqua *Pe-mei-khan*, Empereur des *Tou-kiue*, le força & le fit mourir. Il envoya *Thun-tchue-lo-ta-kan*, Ambaſſadeur en Chine, annoncer cette victoire. L'Empereur, pour récompenſe, créa *Khou-li-fi-lo* Généraliſſime de ſes Gardes de la gauche. Ce *Khan* étendit, par cette mort, les bornes de ſon Empire; de ſorte que vers l'Orient, il étoit terminé par les *Che-ouei* Tartares; à l'Occident, il alloit juſqu'aux monts d'Or; au Midi, il étoit maître du déſert. Ainſi il poſſédoit tout l'ancien pays des *Hioum-nou*. *Khou-li-fi-lo* étant mort, *Mo-yen-tchue*, ſon fils, lui ſuccéda ſous le titre de *Kho-le-khan*, (ou peut-être *Khor-khan*.) Il étoit brave, violent & excellent Capitaine; il envoyoit tous les ans des Ambaſſadeurs en Chine. Après que *Tham-ſou-tçoum* eut pris poſſeſſion de l'Empire de Chine, celui-là demanda en grace de le pouvoir ſervir contre *Ghan-lo-chan*, qui s'étoit révolté. L'Empereur ordonna au Roi de *Tun-hoam*, qui étoit Roi du second ordre, & se nommoit *Tchim-chin*, de traiter avec. Il nomma *Pou-kou-hoai-ghen* pour conduire le Roi, & pour demander des troupes auxiliaires à *Pi-kia-khan*; (c'est *Mo-yen-tchue*, *Khan* des *Hoei-he*.) Ce *Khan* fut ravi de cette proposition. Il adopta sur le champ la sœur cadette de la *Khatoun* sa femme, & la donna en mariage à *Tchim-chin*. Il dépêcha une ambassade à L'Empereur, pour lui demander son alliance par mariage. L'Empereur, qui vouloit se l'attacher, adopta aussi-tôt une Princesse Tartare qu'il tenoit captive, & lui donna le titre de *Pi-kia-koum-tchu*, & la lui envoya pour femme. Le *Khan* en personne joignit ses troupes à celles de *Kouo-tçe-y*, Commandant-Général du Septentrion de la Province de *Chensi*. Ils défirent l'armée des *Toum-lo* sur les bords du *Hoam-ho*; après quoi, le *Khan* voulut s'aboucher avec *Kouo-tçe-y*, (le plus grand homme de ce siecle-là en tout genre,) dans la vallée de *Hou-yen*. A cet effet, comptant sur ses forces, il rangea son armée en bataille, & fit conduire *Kouo-tçe-y* devant son grand étendard, qui portoit la tête de loup, & l'obligea à la saluer à genoux; quoi qu'il le vit & entra en pourparler avec lui. L'Empereur, qui s'étoit avancé, s'arrêta à *Poum-yuen*. Il reçut-là *Kho-lo-tchi*, Ambassadeur du *Khan*. Il lui donna place dans les derniers rangs de ses Grands; ce qui lui fit honte. L'Empereur, qui ne vouloit pas le renvoyer mécontent, l'appella, le fit entrer dans la salle, lui parla obligeamment, & le renvoya.

Aussi-tôt après, le *Khan* envoya saluer l'Empereur par *Tho-lan*, un de ses Généralissimes, & autres Officiers, & il donna au Prince héritier de ses Etats, qui avoit la dignité de *Che-hou*, quatre mille chevaux avec lesquels il vint demander ses ordres à l'Empereur. Cela fut cause que l'Empereur créa Reine dans les formes la *Pi-kia-koum-tchu*, & donna le titre de *Tçoum-tchin-khim-khan* à *Tchim-chin*. Il ajouta encore à ces honneurs la dignité de *Che-hou* pour celui-ci même. Il lui donna quatre marques de la foi publique, & lui commanda de signifier les ordres impériaux par lui & par ses *Che-hou*. Il donna ordre au Roi de *Koum-pim*, de faire alliance de fraternité avec le Prince héritier, fils du *Khan*. Ce Prince héritier fut ravi de cet honneur. Il ordonna à *Ta-kan* & autres Commandants de prendre les devants, & d'aller se rendre à *Fou-foum*, ville de la Province de *Chensi*, voisine de *Si-ghan-fou*, & de s'y aboucher avec *Houo-tçe-y*. Celui-ci les traita splendidement pendant trois jours. Le Prince héritier du *Khan* vouloit prendre congé & se retirer; mais se ravisant: „ L'Empire de „ Chine, *dit-il*, est dans un terrible embarras. Je suis „ venu pour l'aider à dompter les rebelles, oserois-je „ manquer à l'exécution des ordres de l'Empereur"? Il demeura donc-là. Quand les armées furent en marche, l'Empereur, (outre les vivres ordinaires,) lui faisoit fournir tous les jours vingt bœufs, deux cents moutons, & quatre cents boisseaux de riz. Dans la bataille de *Hiam-tçii*, l'armée du Prince héritier étoit rangée sur le bord de la riviere de *Foum*. Les rebelles avoient dressé une embuscade de cavalerie à l'armée Impériale, qu'ils surprirent par la gauche. *Pou-kou-hoai-ghen* donna le signal aux *Hoei-he*, qui fondirent dessus à toutes brides, & défirent l'embuscade. Ensuite venant prendre l'ennemi à dos, ils se joignirent au corps que commandoit *Li-ße-ye*, Vice-Roi & Commandant des garnisons de la Cour du N. O. dans la Tartarie; & mettant ainsi les rebelles entre deux attaques, ceux-ci furent défaits entiérement. De-là on s'avança vers *Si-ghan-fou*, première capitale de l'Empire. *Pou-kou-hoai-ghen* se mettant à la tête des *Hoei-he*, des barbares du Sud, & des *Ta-che*, c'est-à-dire des Arabes; fit le tour de la ville, & rabattant au Sud, alla camper sur les bords de la riviere de *Tçan*, d'où il s'avança vers l'Orient.

Etant arrivé à l'Occident de la ville de *Chen*, il livra bataille aux rebelles auprès de *Sin-tien*. Au commencement, lorsque les *Hoei-he* furent arrivés à la ville de *Hiu-ouo*, ville de la Province de *Chansi*, le Prince héritier envoya un de ses Généraux, nommé *Po-chi-thou-po-fi-lo*, avec ordre de côtoyer les montagnes du Sud en allant vers l'Orient, & d'exterminer les rebelles qui s'étoient retirés dans les vallées, où ils se tenoient en embuscade. En effet, le Général les surprit au Nord du mont *Ym-chan*, & les extermina. *Houo-tce-y* avec d'autres Généraux donnoit bataille aux rebelles; son armée plioit. Les *Hoei-he* s'en étant apperçus de loin, passerent la montagne qui étoit à l'Occident, & vinrent au secours en toute diligence; ils prirent l'ennemi à dos. Les rebelles, qui furent obligés de faire volte-face, se troublerent, & peu de temps après s'enfuirent en désordre. Ils furent poursuivis durant plusieurs lieues. On ne sauroit dire le nombre des hommes & des chevaux qui s'écraserent, les uns les autres, durant cette fuite. Les tas d'armes que l'on ramassa ressembloient à des collines. *Yen-tchouam* contraignit *Ghan-khim-fu*, chef des rebelles, d'abandonner la Cour de l'Orient, ou la seconde ville Impériale, qui étoit alors *Ho-nan-fou*, & de passer le *Hoam-ho*, pour se retirer vers le Septentrion. Alors les *Hoei-he* étant entrés dans la ville, ils la pillerent durant trois jours. Ils vuiderent tous les magasins & les trésors, étant induits à cela par des Chinois perfides. Le Roi de *Houm-pim* ne put jamais les en empêcher. Il fallut même, pour faire cesser ce pillage, que les anciens fissent un présent de dix mille pieces de soie aux *Hoei-he*.

Après cela, le Prince *Che-hou*, (c'est l'héritier du *Khan*,) vint à la Cour trouver l'Empereur, lequel envoya ses Grands le recevoir. L'Empereur étant assis sur son trône, fit appeller le Prince *Che-hou*, & le fit entrer dans la salle. Il fit asseoir ses Officiers dehors, & fit distribuer à chacundes pieces de taffetas, de brocard, de broderie & desarmes. Le Prince *Che-hou*, frappant la terre avec le front, dit : „ Je laisserai mes troupes campées à *Cha-yuen*, „ & je vais préparer de nouvelle cavaleriepour ve- „ nir reprendre *Fan-yam*, & achever par-làla des- „ truction des rebelles. Vous, Prince, & vos gens, „ dit l'Empereur, vous n'avez épargné ni votre „ fidélité, ni votre courage à mon service, & vous „ avez fait réussir cette grande affaire; c'est votre „ gloire ". Il avança le Prince *Che-hou* en charges & en dignités. Il lui donna la charge de Président de la Cour des Ediles, & le créa *Tchoum-y-vam*, (c'est-à-dire, en Chinois, *fidele & juste Roi*.) Il lui assigna pour pension annuelle, vingt-mille pieces de taffetas, & lui ordonna d'aller à *So-fam-kiun*, (peut-être à l'armée qui étoit dans le *So-fam*,) où il recevroit cela.

L'an 758, l'Ambassadeur des *Hoei-he*, nommé *Tho-yen-apo*, se trouva à la Cour avec *Ko-tchi* & autres chefs des Arabes aux habits noirs. Ils devoient être introduits à l'audience. Il y eut une dispute entre eux pour le pas. Les Maîtres des cérémonies les firent entrer en même-temps par des portes différentes, & également honorables. Le *Khan* des *Hoei-he* envoya une autre ambassade, pour demander l'alliance de l'Empereur par mariage. L'Empereur y consentit, & lui destina pour femme une des plus jeunes de ses filles, qui étoit *Houm-tchu* de *Nim-koue*, & en même-temps il créa *Mo-yen-tchue* Empereur sous le titre d'*Ym-vou-ouei-yuen-pi-kia-khan*. Il ordonna à *Yu*, Roi du second ordre & de la ville de *Han-tchoum* de faire la fonction de Premier-Président de la Cour des Inquisiteurs, pour servir de Député à la création qui se feroit sur les lieux. Il assigna à *Yu* pour Député en second lieu, un Prince de son sang, qui feroit la fonction de second Président de la même Cour, & serviroit de Maître des cérémonies. *Fei-mien*, Assesseur de de la Cour des Miniſtres d'Etat, fut chargé de conduire la *Houm-tchu* juſqu'aux confins de la Chine. L'Empereur fit un feſtin d'adieu à la *Houm-tchu*, & pour cela il ſe tranſporta à *Hien-yam*. Il la conſola & l'exhorta à s'acquitter de ſes devoirs à l'égard de ſon mari. La *Houm-tchu* fondant en larmes : „ L'Em„ pire, *dit-elle*, eſt dans une étrange confuſion. La „ mort me fera agréable, ſi elle peut remédier à ce „ mal ".

Yu étant arrivé au camp du Prince barbare, il le trouva aſſis dans ſa tente, le bonnet barbare en tête, & revêtu d'une robe rouge. Il avoit une cour & une pompe ſuperbe. Il fit arrêter *Yu* devant ſa tente, & lui fit demander à quel degré de conſanguinité il étoit uni avec le céleſte *Khan*. „ Je ſuis ſon oncle, répon„ dit *Yu* ". Pour lors l'Eunuque *Lei-lim-tçun* avoit le pas au-deſſus du Prince *Yu*. Le *Khan* envoya demander, quel eſt donc celui qui prend le pas au-deſſus de lui ? „ C'eſt un Officier du dedans repartit *Yu* ". — „ Les Eunuques, dit le *Khan*, ſont des eſclaves; „ oſes-tu donc prendre le pas devant le Prince " ? L'Eunuque ſe retira au plus vîte, & prit le pas après le Prince. Alors on introduiſit *Yu* dans la tente. *Yu* ne ſalua point le *Khan* à genoux. „ Le devoir ne per„ met pas, dit le *Khan*, que l'on paroiſſe devant un „ Roi ſans le ſaluer à genoux. — Le fils du Ciel, „ repartit *Yu*, ayant égard aux ſervices que vous lui „ avez rendus, vous marque ſon affection en vous en„ voyant ſa fille bien-aimée. Depuis que la Chine „ donne de ſes Infantes en mariage aux Barbares, „ elle ne leur a jamais envoyé que des Princeſſes adop„ tées à cette fin. Aujourd'hui celle que je vous pré„ ſente, eſt la propre fille de l'Empereur. Sa vertu „ répond à ſa beauté, & elle vient vous trouver de „ mille lieues loin. Vous devenez par-là le gendre de „ l'Empereur. Il falloit donc la recevoir avec l'hon„ neur qui eſt dû à une ſi haute Princeſſe; au con„ traire, vous vous tenez négligemment aſſis. Eſt-ce „ ainſi qu'on reçoit les ordres de l'Empereur " ? Le *Khan* demeura confus; & ſe levant, il reçut avec reſpect l'édit de l'Empereur. Enſuite s'étant mis à genoux, & ayant frappé la terre avec le front pluſieurs fois, il reçut les patentes de ſa création.

Le jour ſuivant, il conféra le titre de *Kha-toun* à la *Koum-tehu* de *Nim-koue*. Il fit diſtribuer à tous les préſents que le Prince *Yu* lui avoit apportés de la part de l'Empereur. Il fit accompagner *Yu* à ſon retour, par une ambaſſade qui vint offrir à l'Empereur cinq cents chevaux, des fourrures de Zibelines, des tapis, & autres choſes ſemblables. En même-temps il envoya *Khou-tchue-the-le*, ſon fils, *Tité*, un de ſes Miniſtres d'Etat, & pluſieurs autres Commandants, avec trois mille chevaux au ſecours de l'Empereur de Chine. L'Empereur donna le commandement de cette cavalerie à *Pou-kou-hoai-ghen*. De plus, le *Khan* envoya un de ſes principaux Généraux *Kho-tçiam-kiun*, avec trois des filles du *Khan*, remercier l'Empereur de l'honneur de ſon alliance, & lui annoncer en mêmetèmps la victoire ſignalée qu'il avoit remportée ſur les *Khien-kouen*. L'année ſuivante, *Khou-tchue-the-le* (cela veut dire le Prince *Khou-tchue*,) & avec lui neuf Généraux Chinois, combattirent l'ennemi auprès de *Siam-tcheou*; l'armée Impériale fut entièrement défaite. *Ti-té* & les autres Commandants *Hoei-he* ſe refugierent dans la Cour. L'Empereur les conſola, & leur fit de gros préſents; après quoi ils s'en retournerent. Auſſi-tôt après, le *Khan* mourut.

Les *Hoei-he* vouloient que la *Koum-tchu* de *Nim-koue*, en qualité de *Kha-toun*, ſe défît elle-même pour ſuivre ſon mari; elle s'en défendit. „ La coutu„ me de la Chine, dit-elle, eſt que quand le mari vient „ à mourir, la femme le pleure ſoir & matin, & elle „ en porte le deuil durant trois ans. Le Prince dé„ funt ne m'a recherchée de mille lieues loin en ma„ riage, que par l'eſtime qu'il faiſoit de la Chine. Je

„ ne dois donc pas ſuivre votre coutume, mais celle „ de la Chine ". Les *Hoei-he*, perſuadés par ce diſcours, la laiſſerent vivre. Cependant elle ſe fit des inciſions au viſage, & pleura à leur maniere. Enſuite, comme elle n'avoit point eu d'enfants, on lui permit de revenir en Chine. Celui des enfants du feu *Khan*, qui avoit été déſigné héritier, avoit été mis à mort pour crime; c'eſt pourquoi *Y-ti-khien*, ſon ſecond fils, lui ſuccéda, & prit le titre de *Meou-yu-khan*. Il avoit épouſé la fille de *Pou-kou-hoai-ghen*. Auparavant lorſque *Meou-yu-khan* étoit tout-à-fait jeune, il avoit demandé en mariage à l'Empereur une Princeſſe de ſon ſang, & l'avoit obtenue; il la créa *Kha-toun*. L'année ſuivante, il envoya en ambaſſade un des grands Officiers de ſa Cour *Kiu-lo-mo-ho-ta-kan*, accompagné de pluſieurs autres, pour demander des nouvelles de la ſanté de la *Koum-tchu* de *Nim-koue*, femme de ſon pere. L'Empereur permit aux Ambaſſadeurs de la voir, & d'en avoir audience.

L'Empereur *Tham-thai-tçoum*, qui venoit de ſuccéder à l'Empereur *Tham-ſou-tçoum*, voyant que le rebelle *Se-tchao-yi*, étoit encore en armes, voulut éteindre le nœud de l'alliance que la Chine avoit contractée avec les *Hoei-he*. Il depêcha vers eux l'Eunuque *Leou-tçim-tan*, pour leur demander du ſecours. Lorſque *Leou-tçim-tan* arriva, il les trouva prévenus de faux bruits que *Se-tchao-yi* avoit fait ſemer parmi eux à deſſein. „ Les morts des Empereurs de la Dy„ naſtie des *Tham*, leur faiſoit-il dire, ſont ſurvenues, „ les unes ſur les autres; il n'y a plus d'Empereur „ & tout eſt en trouble. Si vous voulez venir vous „ rendre maîtres des tréſors de l'Empire, vous y trou„ verez des richeſſes immenſes ". Auſſi-tôt après avoir reçu cette nouvelle, le *Khan* partit, & s'avança vers le Midi. *Leou-tçim-tan* arriva à ſon camp dans la huitieme Lune de l'an 762, & préſenta au *Khan* l'édit impérial. Le *Khan* l'ayant appellé dans ſa tente : „ Le „ bruit court, *dit-il*, que l'Empire des *Tham* eſt éteint, „ comment donc peut-il en venir des Ambaſſadeurs " ? *Leou-tçim-tan* lui expliqua la choſe. Quoique l'Empereur *Tham-ſou-tçoum* ait abandonné le monde, le Roi de *Kouam-pim* a pris poſſeſſion de l'Empire. Il eſt ſemblable au feu Empereur en charité, en ſainteté, en habileté extraordinaire & en bravoure. C'eſt lui qui, avec le Prince *Che-hou*, recouvra les deux villes Impériales, dont les rebelles étoient les maîtres, & défit entiérement *Ghan-khim-ſu*. Les *Khan* des *Hoei-he* ſont accoutumés à recevoir ſes bienfaits. Joignez à cela les préſents de ſoieries que les Empereurs font tous les ans aux *Hoei-he*; pouvez-vous oublier tout cela?

L'armée des *Hoei-he* avoit déja paſſé les trois villes. Ils remarquerent que les villes étoient déſertes, les terres incultes, & les tours des ſignaux ſans gardes; cela leur fit marquer du mépris pour la Chine. Auſſitôt le *Khan* envoya un détachement ſe ſaiſir des arſenaux, magaſins & tréſors de *Tchen-yu-fou*, (ou de la ville de *Tchen-yu*.) Il ſe ſervoit de paroles inſolentes à l'égard de *Leou-tçim-tan*. Celui-ci donna ſecretement avis à l'Empereur, que le *Khan* marchoit contre la Chine avec une armée de cent mille *Hoei-he*. L'Empereur en fut effrayé. Il envoya *Yo-tçe-gham*, Intendant d'un palais, au-devant d'eux, ſous prétexte de les recevoir, mais en effet pour les obſerver. Celui-ci trouva l'armée à *Ta-yuen*, capitale de la Province de *Chanſi*; il en prit ſecretement le compte. Cependant le *Khan*, prenant un détachement de quatre mille hommes des plus jeunes & des plus foibles, & plus de dix mille chevaux, s'avança avec la *Kha-toun*, fille de *Pou-kou-hoai-ghen*, pour venir trouver l'Empereur. Celui-ci députa *Pou-kou-hoai-ghen* vers eux. Après l'abouchement, le *Khan* prit le parti de ſupplier l'Empereur de recevoir le ſecours qu'il amenoit contre les rebelles. Cependant les *Hoei-he* vouloient paſſer le col de *Pou-kouan* pour venir à *Cha-yeun*,

Q

& prendre leur route vers l'Orient. *Yo-tçe-gham* leur dit : ,, Depuis la révolte des rebelles, toutes les villes ,, de ces quartiers-là ont été ravagées, & manquent ,, de tout; vous ne pourrez y fubfifter. De plus, l'en- ,, nemi occupe la ville impériale de l'Orient. Si vous ,, prenez votre route par le paffage de *Tçim-him*, & ,, que vous paffiez par les villes de *Him*, de *Lo*, de ,, *Ouei*, & de *Hoai*, vous vous rendrez maîtres, ,, en chemin faifant, des tréfors & des magafins des ,, rebelles; après quoi vous arriverez auffi-tôt à la ,, Cour orientale; voilà le premier & le meilleur ex- ,, pédient ''. Ils n'en voulurent rien faire. ,, Après cet ,, expédient, continua *Yo-tçe-gham*, le plus fûr eft ,, de tirer droit à *Hoai-khim-fou*, en côtoyant les ,, monts *Thai-ham*, & de vous affurer de la ville de ,, *Ho-yam*. Vous tiendrez de cette façon les rebelles ,, par la gorge ''. Ils refuferent encore ce parti. ,, Voici ,, encore un troifieme moyen, continua *Yo-tçe-gham*, ,, & qui eft le moins bon; c'eft de confumer les vi- ,, vres de *Ta-yuen*, enfuite d'aller droit à *Chen*, ,, (ville,) & de prendre avec vous les troupes qui ,, font dans les villes de *Tçé*, de *Lou*, de *Hoai*, & ,, de *Tchim*, (deux villes de la Province de *Honan*) ''. Les *Hoei-he* accepterent ce dernier parti.

L'Empereur, par un édit folemnel, nomma le Roi de *Youm* Généraliffime de toutes les troupes de l'Em- pire. Il fit *Yo-tçe-gham* fecond Préfident de la Cour des Inquifiteurs, & en même-temps un des Lieute- nants-Généraux du Roi de *Youm*. Le fecond de fes Lieutenants fut *Ouei-kiu*, Général des Gardes-du- Corps. *Ouei-chao-hoa*, Officier de la Cour des Mi- niftres, fut fait Prévôt de l'armée du Généraliffime. *Li-tçin*, fecond Préfident de la Cour des Inquifiteurs, fut créé Maître de la cavalerie des camps volants. Ils allerent tous fe joindre aux *Hoei-he* vers l'Orient. Le Prince Généraliffime reçut ordre d'aller affembler à *Chen-tcheou*, (ville,) tous les Vice-Empereurs de Chine. Dans ce temps-là, le *Khan* étoit campé au Nord de *Chen-tcheou*. Le Prince Généraliffime l'alla faluer. Le *Khan* reprocha au Prince Généraliffime, qu'il ne le faifoit pas avec affez de foumiffion. *Yo-tçe- gham* repondit : ,, Le Prince Généraliffime eft petit- ,, fils légitime d'Empereur. Les cercueils où font ,, les corps de fon pere & de fa mere, ne font pas ,, encore enterrés. Les loix du devoir ne lui permet- ,, tent pas de faire la cérémonie que vous demandez ''. Les *Hoei-he* répartirent : ,, Notre *Khan* eft le frere ,, cadet de l'Empereur, ainfi il doit tenir lieu d'oncle ,, paternel au Prince Généraliffime ''. Le *Khan* & les *Hoei-he* jugerent que le Prince Généraliffime ne plie- roit pas; ainfi ils traînerent *Yo-tçe-gham*, *Ouei-chao- hoa*, & *Ouei-kiu*, & les fouetterent cruellement; en forte que *Ouei chao-hoa* & *Ouei-kiu* en moururent la nuit fuivante.

Le Prince Généraliffime étant retourné à fon camp, les Chinois vouloient faire main-baffe fur les *Hoei-he*, pour venger un fi fanglant affront. Le Prince les ar- rêta, en leur remontrant que les rebelles n'étoient pas encore entiérement domptés. Il donna donc l'avant- garde de l'armée à commander à *Pou-kou-hoai-ghen*, & au *Cha* de la gauche des Barbares. *Se-tchao-yi* avoit envoyé des efpions pour femer le trouble. Le *Cha* de la droite les fit prendre, & les envoya à l'Em- pereur. Il livra bataille avec tous fes Officiers aux re- belles, fur le bord de la riviere de *Houm*, & les mit en fuite. Il s'avança vers la Cour de l'Orient, & la reprit. Le *Khan* envoya *Pa-ho-na* féliciter les fils du Ciel de cet heureux fuccès, & préfenta les éten- dards & les dépouilles de *Se-tchao-y*. Le Prince Gé- néraliffime s'en retourna à *Lim-pao*. Le *Khan* campa à *Ho-yam*, où il demeura trois mois; il fit de grands dégâts dans les pays d'alentour. *Pou-kou-yam* fe met- tant à la tête des *Hoei-he*, pourfuivit *Se-tchao-y*. Pen- dant deux cents lieues de chemin, ce ne fut que com- bats & que carnage. A la fin il coupa la tête à Se-

tchao-y, & la fit expofer. Cela pacifia la partie de la Chine, qui eft au Septentrion du *Hoam-ho*. *Pou-kou- hoai-ghen* prit fa route par la ville de *Siam-tcheou*, le long des montagnes du Midi; & ayant paffé le col de *Kouan-keou*, il retourna à fon camp. Le *Khan* traverfa les territoires de *Tçee-tcheou* & de *Lou- tcheou-fou*, villes de la Province de *Chanfi*, & vint à *Ta-yuen*, capitale de la même Province s'aboucher avec *Pou-kou-hoai-ghen*; après quoi il fortit de la Chine, & s'en alla.

Lorfque les *Hoei-he* fe furent rendus maîtres de *Honan-fou*, (Cour de l'Orient,) ils pillerent tout. La plupart du peuple fe retira dans deux temples dé- diés au *Fo*, pour éviter leur fureur. Les *Hoei-he*, irrités de cela, mirent le feu aux temples, & firent paffer plus de dix mille de ceux qui s'y étoient reti- rés, par le tranchant du fabre. Cela les rendit plus infolents, jufqu'à charger d'injures les Officiers des villes, & à mettre la main fur eux. Ils en vinrent mê- me jufqu'à forcer un tribunal de la Cour de l'Orient. Dans ce temps-là, *Kouo-ym-y* exerçoit la charge de Vice-Empereur dans cette ville. Il fe joignit à *Yu- tchao-ghen*, & aux troupes de *So-fam-kiun*, (de la ville militaire de *So-fam*, ou bien des troupes de *So- fam*,) & voyant les cruautés qu'exerçoient les *Hoei- he*, il pilla de fon côté tout le pays qui eft entre les villes de *Yu* & de *Tchim*. Il ne refta pas une maifon fur pied. Les habitants furent obligés de fe faire des habits de vieux papiers. Enfin, ceux-là fe montrerent plus cruels que les rebelles mêmes. L'Empereur fon- gea à *Ouei-chao-hoa*, & aux autres que les *Hoei-he* avoient fait mourir. Il honora *Ouei-chao-hoa* d'une nouvelle dignité, auffi-bien que *Ouei-kiu*. Il conféra à un des enfants de chacun, un mandarinat du fixieme ordre. Après cela il donna un nouveau titre au *Khan*, qui fut celui de *Kie-thou-tem li-khou-tchue-mii-chi- ho-kiu-lo-ym-y-kien-koum-pi-kia-khan*. A la *Kha- toun*, il donna celui de *So-me-kouam-tçin-hi-hoa-pi- kia-khu-toun*. Il envoya un Gentilhomme de la Cham- bre, Commandant des Gardes à cheval, nommé *Vam-y*, au camp royal du *Khan*, pour le créer *Khan* fur les lieux. Il affigna au *Khan* & à fes Miniftres d'Etat, le revenu de vingt mille familles Chinoifes. Pareillement il créa le *Cha* de la gauche, *Hioum-fo-uam*, (c'eft- à-dire, *Roi le plus brave du Septentrion*,) & donna à celui de la droite le titre de *Nien-fo-uam*, (c'eft- à-dire, en Chinois, *Roi pacificateur du Septentrion*.) Il conféra à *Hou-lo*, qui étoit *Tou-tou*, (c'eft-à-dire, en Chinois, *Général des troupes d'une Province*,) la dignité de (*Hin-ho-van*, ou Roi de *Hin-ho*,) & à *Pa-lan*, qui étoit *Tçiam-kiun*, (c'eft-à-dire, en Chi- nois, *Général d'armée*,) le titre de *Tçim-mo-vam*, (ou de *Roi pacificateur du défert*.) Il créa de plus les dix *Tou-tou* des *Hoei-he*, Ducs.

L'an 765, *Pou-kou-hoai-ghen* fe révolta. Il attira par fraude les *Hoei-he* & les *Tou-fan*, (c'eft-à-dire, les *Tybethains*,) en Chine, pour y faire ravage; il mourut auffi-tôt après. Ces deux peuples barbares fe difputoient le pas l'un à l'autre. Les *Hoei-he*, outrés de cela, envoyerent fecretement quelques-uns de leurs chefs à *Him-yam*, traiter avec *Huo-tçe-y* & lui de- mander en grace qu'il voulût bien les recevoir à fon fervice. *Houo-tçe-y* ménagea une occafion fi favorable. Il fe tranfporta auffi-tôt avec fes principaux Officiers au camp des *Hoei-he*. Les *Hoei-he* dirent tous qu'ils avoient envie de le voir. *Houo-tçe-y* fortit hors la porte de fon camp. Les *Hoei-he*, pour le bien connoître, le prierent de quitter fa cuiraffe & fon cafque. *Houo- tçe-y* changea d'habit. Quand il parut, les Comman- dants des *Hoei-he* fe regardant l'un l'autre : ,, C'eft ,, véritablement lui - même, difoient - ils entr'eux ''. Alors *Kouo-tçe-y* avoit à fes côtés *Ly-kouam-tçin* & *Lou - ffe - koum* armés de toutes pieces, & montés fur des chevaux bardés. *Kouo-tçe-y* les montrant aux *Hoei-he* : ,, Celui-ci, leur dit-il, eft le Vice-Empe-

„ reur du feptentrion de la riviere de *Ouei*, & cet au-
„ tre l'Intendant de la conduite des vivres de l'armée
„ de *So-fam*". Auffi-tôt que les Chefs des *Hoei-he* eurent reconnu que c'étoit certainement *Kouo-tçe-y*, ils
defcendirent de cheval; & fe proflernant en terre, ils
le faluerent tous en frappant plufieurs fois la terre avec
le front. *Kouo-tçe-y*, de fon côté, mit pied à terre,
& les alla trouver. Il fut auffi-tôt invefti de plufieurs
centaines de ces Barbares, qui accoururent pour le voir.
La troupe qui accompagnoit *Kouo-tçe-y*, s'avança auffi
pour le fuivre; mais *Kouo-tçe-y*, qui voulut montrer
la confiance qu'il avoit en ces Barbares, lui fit figne
de fe retirer.

Il fit auffi-tôt fervir un feftin, & but avec eux. Il
leur donna trois mille pieces de foie, propres à faire
des turbans. Il appella *Hou-lo*, frere cadet du *Khan*,
& plufieurs autres, leur prit les mains, & fe plaignit d'eux en ces termes : „ L'Empereur ayant égard
„ à vos fervices, vous en a récompenfés au-delà de
„ vos efpérances; qu'avez-vous donc à vous plaindre
„ pour être ainfi entrés dans fes Etats ? Je pourrois
„ préfentement vous attaquer, & vous feriez obligés
„ de vous rendre; mais j'ai mieux aimé entrer feul
„ dans votre camp, & me remettre à votre bonne
„ foi. Si vous m'ôtez la vie, mes troupes font en état
„ de me venger ". Ce difcours effraya les Chefs des
Hoei-he, & leur fit admirer la générofité de *Kouo-*
tçe-y. „ *Pou-kou-hoai-ghen*, répondirent-ils, nous a
„ trompés. Il nous a fait entendre que l'Empereur s'é-
„ toit refugié dans la partie méridionale de la Chine,
„ & que Votre Excellence avoit été dépouillée de
„ fes charges & dignités; c'eft-là ce qui nous a fait ve-
„ nir; mais puifque l'Empereur eft dans fa Cour, &
„ que Votre Excellence jouit d'une parfaite fanté,
„ nous offrons de tourner nos armes contre les *Ty-*
„ *bethains*, pour marquer notre reconnoiffance au cé-
„ lefte *Khan*. Nous fupplions feulement qu'on donne
„ la vie au fils du rebelle *Pou-kou-hoai-ghen*, parce
„ qu'il eft frere cadet de notre *Kha-toun* ".

Alors *Kouo-tçe-y* prit le verre en main. *Hou-lo* le
pria de jurer avant que de boire. *Kouo-tçe-y* le fit en
cette forte : „ Que le fils du Ciel de la Dynaftie des
„ *Tham* vive dix mille ans; que le *Khan* des *Hoei-*
„ *he* vive auffi dix mille ans; que les Miniftres & les
„ Généraux des deux Empires jouiffent du même
„ bonheur. Si quelqu'un viole la foi des traités que
„ nous faifons, que fa perfonne meure dans les ba-
„ tailles, & que fa famille foit exterminée "! Le Miniftre des Barbares, nommé *Mou-thou-ho-ta-kan-tun*,
& les autres, entendant la formule du jurement, perdirent cœur. Quand ce fut à leur tour de boire & de
jurer : „ Nous n'avons rien à changer dans le jurement
„ que votre Excellence vient de faire, dirent-ils ".
Les Barbares, avant de partir, avoient confulté deux
de leurs Prêtres ou Devins. „ Cette expédition, avoient-
„ ils répondu, fe paffera fans combattre; mais vous ver-
„ rez un grand homme, & vous vous en retourne-
„ rez ". Après le jurement fait, ils firent attention à
la prédiction des Devins, & s'entre-regardant en riant :
„ Les Devins ne nous ont pas trompés, difoient-ils ".
Pe-yuen-kouam Commandant de l'avant-garde de l'armée de *So-fam*, alla fe joindre aux *Hoei-he* à *Lim-thai*,
(ville.) Il fit une groffe neige, accompagnée d'un brouillard épais qui déroboit la clarté du jour. Les *Tou-*
fan, (c'eft-à-dire, les *Tybethains*) fermerent la porte
de leur camp, fe croyant en fûreté par un temps fi
fâcheux. *Pe-yuen-kouam* vint tout-à-coup fondre fur
eux à toutes brides. Il en paffa cinquante mille au fil
de l'épée, & en prit dix mille. Il leur enleva tous
leurs chameaux, leurs chevaux, leurs bœufs & leurs
moutons; il délivra cinq mille familles de Chinois
qu'ils tenoient captifs. *Pou-kou-mim-tchim* vint fe
rendre à *Kouo-tçe-y*.

Après cette victoire, *Ho-lo-lou*, qui étoit *Tou-tou*,
vint avec plufieurs autres Officiers *Hoei-he* & deux

cents perfonnes, vifiter l'Empereur, lequel leur fit des
dons ineftimables. *Kouo-tçe-y* vint pareillement trouver
l'Empereur, & lui préfenta *Pou-kou-mim-tchin*. Celui-
ci étoit le fils du frere aîné de *Pou-kou-hoai-ghen*;
c'étoit un grand Capitaine. L'an 768, la *Kha-toun*,
furnommée *Kouam-tçin*, fille de *Pou-kou-hoai-ghen*,
& femme du *Khan* des *Hoei-he*, mourut. L'Empereur députa *Siao-hin*, Capitaine de fes Gardes à cheval & Gentilhomme de la Chambre, pour aller faire
des compliments de condoléance au *Khan*, & facrifier à la *Kha-toun* défunte. L'année fuivante, l'Empereur créa la plus jeune des filles de *Pou-kou-hoai-*
ghen Infante, ou *Koum-tchu* de *Tçoum-hoei*, & conféquemment l'adopta, & la lui envoya pour femme
à la place de fa fœur morte. *Li-han*, Affeffeur de la
Cour de la Milice, fut envoyé avec la marque de la
foi publique, pour la créer *Khatoun* fur les lieux.
L'Empereur y joignit un préfent de vingt mille pieces de foie. Dans ce temps-là, les tréfors de l'Empire étoient épuifés. L'Empereur taxa les Seigneurs
& les Grands de l'Empire à fournir des mulets & des
chameaux pour le voyage. Les Miniftres d'Etat firent
un feftin d'adieu à la *Koum-tchu*, fur le pont nommé
Tchoum-ouei-kiao. Les *Hoei-he*, qui étoient reftés à
la Cour, enlevoient les femmes dans les marchés publics. Ils eurent l'audace de forcer la porte d'un palais. On fut contraint de fermer les portes du mur
gufte, ou de l'enceinte extérieure du palais Impérial. L'Empereur envoya *Leou-tçim-tan* les appaifer. Ils recommencerent bientôt leurs violences dans
les marchés. Ils eurent même l'audace d'enlever les
chevaux de *Chao-yue*, Gouverneur de *Tcham-ghan*,
(ou de *Si-ghan-fou*, Capitale de l'Empire,) fans
que les Officiers Chinois ofaffent leur rien dire.

Depuis l'an 758, les fervices qu'ils avoient rendus
à l'Empire, les rendirent encore plus infolents. Quand
ils amenoient des chevaux à vendre, ils exigeoient
quarante pieces de tafferas pour chaque tête. Ils en
amenoient par an plufieurs dixaines de milliers à ce
prix. Les Ambaffadeurs qui les conduifoient, fe fuivoient les uns les autres. On gardoit ces chevaux dans
le Tribunal des Ambaffadeurs; c'étoient des roffes de
nul ufage. L'Empereur les accabloit de préfents, ef-
pérant par-là leur faire honte; mais ils ignoroient ce
que c'eft que la honte. Ils vinrent après cela, & amenerent dix mille chevaux à vendre. L'Empereur ne put
plus fouffrir leur importunité, & le peuple fe chargea
d'en payer fix mille. L'an 775, les *Hoei-he* couvroient
les grands chemins de morts. Le Gouverneur de la
Ville Impériale, nommé *Li-kan*, fit arrêter les affaffins; l'Empereur leur fit grace, & défendit qu'on informât contre eux. Un *Hoei-he* affaffina un homme
dans le marché de l'Orient. On le lia, & on le conduifoit en prifon, lorfque les Commandants de fa brigade le vinrent enlever. Ils forcerent la prifon, donnerent la liberté aux prifonniers, & tuerent les géo-
liers. Les habitants de la Capitale ne pouvoient plus
fouffrir leurs vexations.

L'an 778, les *Hoei-he* furprirent la ville de *Tchin-*
vou. Ils affiégerent *Toum-him*; de-là ils fe répandirent
dans la Jurifdiction de *Ta-yuen*, & pillerent toute la
contrée. Le Vice-Empereur de la Province, nommé
Pao-fam, les attaqua à *Yam-kio*; il fut entièrement
défait, & perdit dix mille hommes. Le *Tou-tou* de
Tai-tcheou, nommé *Tcham-khouam-chim*, leur livra
bataille dans la ville de *Yam-hou-khou*; ils furent défaits à leur tour, & fe retirerent. *Tham-te-tçoum* ne fut
pas plutôt parvenu à l'Empire, qu'il députa un Eunuque, pour donner avis au *Khan* des *Hoei-he* de la
mort de fon prédéceffeur, & pour ratifier les traités
précédents. Dans ce temps-là, les Barbares des neuf
familles exhorterent leur *Khan* à venir fondre fur la
Chine. Le *Khan* prit la réfolution de marcher contre
la Chine avec toutes fes armées; ainfi quand il vit l'Eunuque Ambaffadeur, il n'en fit aucun cas.

Le Miniſtre du *Khan*, nommé *Tun-mo-ho-ta-kan*, lui repréſenta ce qui ſuit : „ La Chine eſt un grand „ Empire ; elle ne nous a fait aucun tort. Quand „ nous y entrâmes la derniere fois, nous en ramenâ- „ mes pluſieurs dixaines de milliers de moutons & „ de chevaux. Nonobſtant cela, à peine étions-nous „ de retour en notre pays, que nous manquions de „ tout. Préſentement que nous faiſons marcher tout „ notre Etat, pour aller porter ſi loin la guerre, ſi „ la victoire nous abandonne, où nous retirerons- „ nous ” ? Le *Khan* rejetta cet avis. *Tun-mo-ho-ta-kan* s'en offenſa ; & prenant les armes, il attaqua le *Khan*, & le tua. Il extermina pareillement tous ceux de ſa faction, avec les principaux des neuf familles, c'eſt-à-dire, près de neuf mille perſonnes de marque. Auſſi-tôt après, il ſe fit proclamer *Khan*, ſous le titre de *Ho-tou-thou-lo-pi-kia-khan*. Il envoya à l'Empereur un de ſes *Ta-kan*, nommé *Tcham-kien-tha*, avec des Ambaſſadeurs. L'Empereur (*Tham-te-tçoum*) fit un édit ſolemnel, l'an 780, par lequel il députa *Yuen-hieou*, Gouverneur en ſecond de la ville Impériale, pour aller créer le *Ta-kan*, appellé *Tun-mo-ho*, & lui conférer le titre de *Vou-y-tchim-koum-khan*, c'eſt-à-dire en Chinois, *belliqueux, juſte, & qui a réuſſi dans ſes deſſeins.* Lorſque les *Hoei-he* venoient en Chine, ils étoient mêlés avec les Barbares des neuf familles. De-là vient que pluſieurs de ces derniers ſe trouvoient à la Cour, où ils s'étoient établis. Ils montoient à environ mille ; ils avoient acheté quantité de maiſons & de terres. Il arriva que leurs Chefs, ſavoir *Thou-thoum*, *Y-mii-chi*, le grand & le petit *Mei-lo*, & autres, prirent la réſolution de s'en retourner dans leur pays. Ils plierent leur bagage, & le chargerent ſur leurs chameaux.

Le chemin les conduiſit à *Tchin-vou*, ville où ils s'arrêterent durant trois mois. Ils y faiſoient une dé-penſe énorme, que les Officiers du lieu étoient obli-gés de leur fournir. *Tcham-khouam-chim*, Gouverneur de cette ville militaire, les fit obſerver. Il découvrit que les charges des chameaux étoient pleines de femmes Chinoiſes. Il ordonna aux Mandarins des poſtes de viſiter les balles, en les perçant avec des broches de fer, faites à ce deſſein. La fraude fut découverte par ce moyen. En même-temps, ceux-là apprirent que *Tun-mo-ho*, qui venoit d'être proclaîmé *Khan*, avoit fait main-baſſe ſur pluſieurs des Barbares des neuf familles. La crainte les empêchoit de s'en retourner ; de ſorte que la plupart ſe débandoient, & prenoient la fuite. *Tou-thoum* les faiſoit garder avec une ſévérité extrême, de façon qu'ils vinrent tous s'adreſſer à *Tcham-khouam-chim*, & le prier de faire tuer tous les *Hoei-he* ; il le leur promit.

Auſſi-tôt il écrivit à l'Empereur en ces termes : „ Les *Hoei-he* d'eux-mêmes n'ont aucune puiſſance ; „ ils doivent leur agrandiſſement aux neuf familles „ Barbares. Préſentement leur Empire eſt en trouble ; „ ils ſe font une rude guerre les uns aux autres. C'eſt „ le naturel des Barbares, ils marchent où le gain „ les appelle. Ils s'uniſſent quand il y a du butin à „ faire. Si le gain & le butin manquent, & qu'ils tom- „ bent dans le trouble, ils ne peuvent ſe relever. Que „ ſi, au-lieu de ſe ſervir de cette conjoncture, la Chine „ continue à leur envoyer leurs Tartares & à leur faire „ des préſents, ne ſera-ce pas, comme l'on dit, prê- „ ter des armes aux bandits, & leur fournir des vi- „ vres ” ? Après cela, il donna ordre à un Lieutenant de Compagnie de chercher querelle à *Tou-thoum*. Celui-ci ne manqua pas d'entrer en colere. Il fit prendre le Lieutenant, & ordonna qu'on le fouettât rudement. Auſſi-tôt *Tcham-khouam-chim* fait prendre les armes à ſes ſoldats. Il attaque *Thou-thoum*, & le fait tuer avec tous ſes *Hoei-he* & les Barbares. Il ſe ſaiſit à l'inſtant de quelques milliers de chameaux & de chevaux, qui portoient leur bagage, & de cent mille pieces de ſoie dont ils étoient chargés. Après cela,

il rendit compte à l'Empereur de cette action en ces termes : „ Les *Hoei-he* s'étoient nommé un Général „ dans le deſſein de ſe rendre maîtres de *Tchin-vou*. „ Le Gouverneur de cette ville à peine a-t-il pu les „ prévenir & les châtier. Il renvoya les filles qu'ils „ avoient enlevées ”.

L'Empereur rappella *Tcham-khouam-chim*, & mit *Poum lim-fam* en ſa place. Il dépêcha pareillement un Eunuque vers le *Khan*, qui accompagna *Lu-ta-kan*, Ambaſſadeur du *Khan*, pour lui raconter la choſe au vrai. Enſuite voulant ſe ſervir de cette occaſion pour rompre avec les *Hoei-he*, il envoya ordre à *Yuen-hieou*, (c'eſt le nom de l'Eunuque député,) de s'arrêter à *Ta-yuen* juſqu'à nouvel ordre. L'année ſuivante, l'Eunuque reçut ordre de continuer ſon voyage, & fit conduire au camp royal le corps de *Thou-thoum* & de trois autres. *Thou-thoum* étoit oncle paternel du *Khan*. Celui-ci ayant appris l'arrivée de *Yuen-hieou*, ordonna à ſes Grands de préparer des carroſſes & des chevaux, & d'aller au-devant de lui. Le grand Miniſtre du *Khan*,) il ſe nommoit *Kie-kan-kia-ſſe*,) ſe tenant négligemment aſſis, demanda en colere à *Yuen-hieou* & à ceux de ſa ſuite, de quelle maniere *Thou-thoum* avoit été tué. „ Il y a eu un „ combat entre lui & *Tcham-khouam chim*, répon- „ dit *Yuen-hieou*, où il eſt mort ; cela ne s'eſt point „ fait par ordre du fils du Ciel ”. — „ Vous, Ambaſ- „ ſadeur, [& les vôtres,] répartit le Miniſtre, vous „ avez tous mérité la mort ; pourquoi votre Empe- „ reur ne vous l'a-t-il pas fait donner ? Et pourquoi „ veut-il emprunter nos ſabres pour vous faire mou- „ rir ” ? Il demeura long-temps penſif, enſuite il ſe retira. *Yuen-hieou* & les ſiens furent en très-grand danger de perdre la vie. On les retint cinquante jours, ſans qu'ils puſſent avoir audience du *Khan*, qui ſe contenta de leur faire dire ces paroles : „ Tous mes „ ſujets vouloient que je vous fiſſe mourir ; j'ai ſeul „ été d'avis contraire. *Thou-thoum* & les autres ſont „ déja morts. Si je vous fais mourir préſentement, „ ce ſera laver le ſang avec le ſang, & augmenter „ la tache au-lieu de l'effacer. Ne vaut-il pas mieux „ que je la lave avec de l'eau ? Dites donc de ma „ part à vos Officiers, qu'ils m'envoyent inceſſam- „ ment le prix de mes chevaux qu'ils ont pillés, qui „ monte à dix-huit cents mille caches ”. Il envoya en même-temps un de ſes Généraux, nommé *Kham-tche-ſin*, avec un cortege nombreux, qui partit avec *Yuen-hieou* pour venir trouver l'Empereur. L'Empereur diſſimula l'injure autrefois reçue, & combla l'Ambaſſadeur de préſents.

Trois ans après, le *Khan* envoya une ambaſſade, apporter des préſents, & demander une Princeſſe en mariage. L'Empereur gardoit dans ſon cœur le reſſentiment de l'affront autrefois reçu ; il parla en ces termes à un de ſes Miniſtres, nommé *Li-pii :* Quant à lui accorder une Princeſſe en mariage, je laiſſe cela à déterminer à mes deſcendants ; pour moi, Empereur, je ne puis m'y réſoudre. — „ Votre Majeſté, repartit *Li-pii*, ne veut-elle point parler de l'affront qu'elle reçut à *Chen-tcheou*, lorſqu'étant Prince Généraliſſime, le *Khan* fit mourir ſes gens ſous les coups ? — C'eſt de cela même, répondit l'Empereur. Les troubles funeſtes de l'Empire ſuſpendirent alors ma vengeance, préſentement je ne veux plus de paix avec les *Hoei-he*. — Celui, repliqua *Li-pii*, qui fit mourir *Ouei-chao-hoa* & autres de vos Officiers, fut *Meou-yu-khan*. Ce *Khan* ſachant qu'à votre avénement à la Couronne, vous tireriez vengeance de cette injure, n'eut pas plutôt appris votre exaltation, qu'il ſe réſolut de commencer le premier la guerre ; mais avant que ſon armée fût en marche, il fut tué par le *Khan* régnant. Celui-ci, ſi-tôt qu'il a pris poſſeſſion de l'Empire, a envoyé des Ambaſſadeurs à Votre Majeſté pour lui en rendre compte. Il a laiſſé croître ſes cheveux, juſqu'à ce qu'il eût reçu

les

les ordres de Votre Majesté. Dans ces entrefaites, *Tcham-khouam-chim* a mis à mort *Thou-thoum* & les fiens. Or quoique le *Khan* ait fait emprifonner les Ambaffadeurs de Votre Majesté, après tout, il les a renvoyés fains & faufs ; on peut donc dire qu'il n'eft point coupable à cet égard ".

,, Ce que vous dites, ô Grand, repliqua l'Empereur, eft véritable ; mais moi, Empereur, je ne puis manquer à ce que je dois à la mémoire de *Ouei-chao-hoa* & des autres ; que dois-je donc faire ? Et moi, je dis, repliqua *Li-pii*, que Votre Majesté ne manque en rien à l'égard de *Ouei-chao-hoa* : c'eft *Ouei-chao-hoa* qui a manqué à l'égard de Votre Majesté. Un Roi de Barbares Septentrionaux étoit venu en perfonne au fecours de la Chine. Votre Majesté étoit alors fimple Prince du fang, & feulement Roi ; elle étoit encore peu avancée en âge. Cependant il vous laiffa inconfidérément paffer le *Hoam-ho*, & entrer dans le camp de ce Roi pour aller lui rendre vifite. Ce camp étoit, à proprement parler, un repaire de loups & de tigres. C'étoit donc le devoir de *Ouei-chao-hoa* & des autres, de déterminer auparavant le lieu de l'entrevue, & de convenir du cérémonial. Je tremble même pour cela feul. Comment donc ont-ils ofé conduire Votre Majesté feule dans ce camp ? J'ai été autrefois maître de la cavalerie dans une des armées de l'Empereur, votre prédéceffeur. Le Prince *Che-hou* vint avec fes *Hoei-he*. L'Empereur, votre prédéceffeur, fe contenta de lui faire fervir un feftin dans un tribunal. Quand ce vint à confulter fur les entreprifes de la campagne, il ne l'appella point au Confeil. Le Prince *Che-hou* pria l'Empereur de m'envoyer dans fon camp. L'Empereur le refufa, en lui faifant dire d'une maniere obligeante : C'eft au maître de la maifon à traiter fon hôte, & non pas à l'hôte à traiter le maître de la maifon. Après que les *Hoei-he* eurent arraché d'entre les mains des rebelles, la Cour Orientale, l'Empereur leur fit dire, que la terre & le peuple me foient remis ; que les richeffes & les filles captives foient données aux *Hoei-he*. Le Prince *Che-hou*, après une grande victoire remportée par les fiens, voulut tout abandonner au pillage. L'Empereur *Tham-thai-tçoum*, (qui n'étoit alors que Généraliffime,) defcendit de cheval, & le falua à genoux. Le Prince *Che-hou* tourna bride auffi-tôt vers l'Orient, & marcha contre les rebelles de la Cour Orientale. J'ai honte de voir qu'un Prince Généraliffime fe foit abaiffé jufques-là ; c'eft la faute de ceux qui l'accompagnoient. L'Empereur, votre prédéceffeur, parlant de Votre Majesté, & la créant Généraliffime : Le Prince, dit-il, eft charitable & pieux ; ainfi il eft capable de démêler mes affaires. Il confola & anima le Prince *Che-hou*, par un édit qu'il fit defcendre vers lui. Ce Prince *Che-hou* étoit oncle paternel de *Meou-yu-khan*. Lorfque *Meou-yu-khan* vint en perfonne en Chine, Votre Majesté, en qualité de Prince héritier de l'Empire, refufa de le faluer à genoux dans fa propre tente, fans que le *Khan* ofât manquer à rien de ce qu'il devoit à votre rang : ainfi Votre Majesté ne s'eft point humiliée devant lui. Quand l'Empereur, prédéceffeur de Votre Majesté, étant feulement Généraliffime, falua à genoux le Prince *Che-hou*, il regagna par-là la Cour Orientale ; mais Votre Majesté, fans faluer le *Khan* à genoux, s'eft fait redouter des Barbares ; que peut-elle donc fe reprocher ? Ne confidérons préfentement que ce qui s'eft paffé après la bataille de *Hiam-tçii*, dans la tente du *Khan*, près de la ville de *Chen-tcheou*. N'a-t-il pas mieux valu que Votre Majesté fe foit fait redouter des Barbares, que de s'humilier devant eux ? Lorfque *Ouei-chao-hoa* & les autres conduifirent Votre Majesté dans la tente du *Khan*, celui-ci fit fermer fon camp, & vous retint cinq jours entiers à boire. Tout l'Empire, durant ce temps-là, ne fut-il pas dans une allarme continuelle ? Le Ciel augmenta la terreur divine de votre nom, & appri-

voifa en votre faveur les loups & les tigres. La mere de *Meou-yu-khan*, & le *Khan*, firent préfent à Votre Majesté de fourrures de Zibelines, & ordonnerent à leurs Officiers de préparer leurs chevaux. Ils vinrent même en perfonne conduire Votre Majesté hors de leur camp. C'eft en cela que je dis que *Ouei-chao-hoa* & les autres ont manqué à ce qu'ils devoient à Votre Majesté. Mais fuppofons que *Meou-yu-khan* fe foit rendu coupable par-là, il a été mis à mort par le *Khan* régnant, qui eft oncle de *Meou-yu-khan*. Celui-ci a donc rendu un fervice en vengeant l'Empire ; doit-on oublier ce fervice ? De plus, le *Khan* des *Hoei-he* a élevé un monument de marbre devant la porte de fon camp Impérial, fur lequel il a gravé cette infcription : Il faut que les Ambaffadeurs de Chine, qui viendront ici, fachent les fervices que j'ai rendus plus d'une fois à leur Empire. Préfentement qu'il a demandé une Princeffe de votre fang en mariage, il n'aura pas manqué de s'avancer vers le Midi. Si Votre Majesté ne le fatisfait pas, il paffera outre, & étant choqué, il entrera à main armée dans la Chine. Que Votre Majesté ait la bonté de lui accorder fa demande, qu'on lui prefcrive les mêmes loix que *Tham-thai-tçoum* avoit prefcrites au *Khan* des *Tou-kiue* ; qu'il prenne le titre de fujet, en parlant, ou écrivant à l'Empereur ; qu'il ne puiffe envoyer plus de deux cents perfonnes à chaque ambaffade ; qu'il ne puiffe vendre plus de mille chevaux à la fois ; qu'il ne reçoive aucun Chinois fugitif. En tout cela, il n'y a rien qui ne convienne. Vous avez raifon, dit l'Empereur ".

Auffi-tôt il lui affigna une *Koum-tchu*, ou une de fes filles pour femme, en la faifant defcendre vers lui ; car c'eft ainfi que les Chinois s'expriment. Les *Hoei-he*, de leur côté, confentirent aux conditions propofées. L'Empereur nomma donc à cet effet la *Koum-tchu* de *Hien-ghan*. Il ordonna pareillement, que l'Ambaffadeur des *Hoei-he*, nommé *Ho-kiue-takan* eût audience de la *Koum-tchu*. De plus, il envoya un Introducteur du dedans lui porter un portrait de la *Koum-tchu*, pour être donné au *Khan*.

L'année fuivante, le *Khan* envoya *Hie-tie*, un de fes Vifirs, & plufieurs *Tou-tou*, avec une fuite de plus de mille hommes, comme auffi fa fœur cadette, qui avoit été créée *Khou-theou-lo-pi-kia-koum-tchu* par l'Empereur, & avec elle cinquante femmes des principaux Seigneurs *Hoei-he*, recevoir la *Koum-tchu*. *Hie-tie* étant arrivé à la ville de *Tchin-vou*, fut pillé par les *Che-ouei* Tartares, & fut tué dans le combat. L'Empereur permit aux fept cents perfonnes qui reftoient, de venir à fa Cour. On les logea dans le Tribunal des Ambaffadeurs. L'Empereur fe tranfporta à une des portes de fon palais, (il y a des falles & des trônes à ces portes,) où il reçut les Ambaffadeurs. Les lettres, dont le *Khan* les avoit chargés pour l'Empereur, étoient pleines de termes les plus refpectueux : ,, Auparavant, difoit-il, je portois la qualité ,, de frere cadet de Votre Majesté, préfentement je ,, fuis fon gendre, je fuis devenu fon demi-fils. Si les ,, Barbares Occidentaux (il veut dire les *Tybethains*,) ,, font de la peine à Votre Majesté, je m'offre à employer mes armes pour les exterminer ". Il fupplioit de plus Sa Majesté de changer le nom de fa nation, qui avoit été *Hoei-he* jufqu'alors, en celui de *Hoei-hou*, qui fignifie *faucons qui planent* ; & cela pour marquer que leur vaillance étoit femblable à celle des faucons qui fondent fur leur proie ; (il obtint cela.)

L'Empereur vouloit faire un feftin d'apparat à *Khou-le-to-pi-kia-koum-tchu*, ou à la fœur du *Khan*. Il confulta *Li-pii* fur le cérémonial. *Li-pii* répondit en ces termes : L'Empereur *Tam-fou-tçoum*, votre prédéceffeur, avoit le germain fur le Roi de *Thun-hoam*. Le *Khan* des *Hoei-hou* donna à ce Roi une de fes filles en mariage. Cette Princeffe vint faluer l'Empereur à *Poum-yuen;* elle le falua à genoux. (Par ce falut, il faut entendre qu'elle fe mit à genoux, & frappa, trois fois de fuite, la terre avec le front, puis fe releva. Cette cérémonie fe répete trois fois pour l'Empereur feul, pour les autres deux fois au plus, & cela au pied de la falle dans la Cour.) L'Empereur l'appella du nom de femme, & ne la nomma jamais fa belle-fœur. Si donc dans des temps calamiteux, où l'on avoit befoin des *Hoei-hou*, l'Empereur ne laiffa pas de les traiter en vaffaux, combien plus le doit-on faire préfentement? Ainfi, la fœur du *Khan* fut introduite par une porte latérale, où trois fœurs de l'Empereur l'attendoient en-dedans. Les Interpretes faifant paffer l'ordre de bouche en bouche, appellerent la fœur du *Khan*, & la conduifirent au lieu où étoient les trois fœurs de l'Empereur. Elle les falua à genoux la premiere; elles lui rendirent le falut. Elles s'avancerent toutes enfemble vers la falle où l'Empereur étoit affis fur fon trône. Les trois Princeffes Chinoifes entrerent les premieres, & fe tinrent debout à côté de l'Empereur. La Princeffe *Huei-hou* falua l'Empereur à genoux; après quoi les Maîtres des cérémonies la conduifirent au lieu où étoient les trois Princeffes Chinoifes. Enfuite les Interpretes faifant paffer l'ordre de bouche en bouche, lui dirent de fuivre les trois Princeffes, & d'entrer avec elles dans le lieu où le feftin étoit préparé. Une des Reines defcendit les degrés, & vint au pied de la falle recevoir la Princeffe *Hoei-hou*. Celle-ci falua la Reine à genoux; la Reine lui rendit un femblable falut. La Princeffe *Hoei-hou* refalua; la Reine l'invita à monter. La Princeffe *Hoei-hou* monta par l'efcalier Occidental, & alla s'affeoir dans fa place. Toutes les fois que l'Empereur lui envoyoit quelque préfent durant le feftin, elle fe levoit, fortoit de la falle, defcendoit les degrés, & faluoit l'Empereur à genoux. Si les Princeffes ou Reines faifoient la même chofe, elle quittoit fa place, & les faluoit à genoux; les Princeffes & les Reines lui rendoient le même falut. Le feftin fini, elle fe retira.

L'Empereur lui fit un fecond feftin femblable au premier. Il forma la maifon de la *Koum-tchu* de *Hiengban*, & lui affigna tous les mêmes Officiers qu'il affignoit aux Rois. Il envoya pour Député aux cérémonies du mariage, le Roi de *Se-fii*, nommé *Tchangen*, & nomma *Kouan-an*, pour accompagner la *Koum-tchu*, & pour porter au Roi des *Hoei-hou* les patentes, par lefquelles il le créoit *Khan*, fous le titre de *Mii-thou-lo-tcham-cheu-thien-tçim-pi-kia-khan;* & la *Koum-tchu*, fous celui de *Tchi-hoei-touan-tchim-tcham-cheou-hiao-chun-kha-toun*. L'an 789, le *Khan* mourut. Son fils *To-lo-ffe*, (ou peut-être *Thoros*,) lui fuccéda. Ses fujets le nommerent *Pan-kouan-the-le*. L'Empereur députa *Kouo-foum*, Préfident du tribunal des ambaffades, avec la marque de la foi publique, pour le créer fous le titre de *Ghai-tem-li-lo-mi-mo-mii-chi-kiu-lo-pi-kia-tchoum-tchim-khan*.

Il y avoit déja quelque temps que les Généraliffimes Chinois de *Ghan-fi* & de *Pe-thim*, ou de la Cour du Nord des *Tou-kiue*, ne pouvoient plus envoyer de couriers de ces pays, (voifins du *Khoraffan* & des *Uzbeks*,) en Chine, ayant perdu le pays qui étoit entre deux. Le Vice-Roi de *Pe-thim*, appellé *Li-yuen-tchoum*, & le Vice-Roi des quatre Garnifons, (Royaumes Tartares & fujets de la Chine,) nommé *Kouo-hin*, avoient dépêché plufieurs couriers, qui n'étoient point arrivés. L'an 786, *Li-yuen-tchoum* & les autres firent paffer de nouveaux couriers par le pays des *Hoei-hou*, & ceux-ci arriverent en Cour. L'Empereur éleva *Li-yuen-tchoum* à la dignité de Grand Généraliffime de *Pe-thim*, & *Koua-hin* à celle de Grand Généraliffime de *Ghan-fi*. Ceux-ci ouvrirent le paffage en droiture en Chine. Les Barbares ne fe raffafioient point, & demandoient toujours. Une horde de *Cha-tho*, compofée de fix mille tentes, vivoit fous la protection du Généraliffime de *Pe-thim*.

Elle ne pouvoit non plus fouffrir les exactions des Barbares. Les *Kho-lo*, les *Pe-yen* & les *Tou-kiue*, qui étoient fujets des *Hoei-hou*, fupportoient encore la tyrannie plus impatiemment. Tous enfemble s'attacherent aux *Tybethains*. Cela donna à ceux-ci la hardieffe de venir avec les *Cha-to*, ravager les terres de *Pe-thim*. *Kie-khan-kia-ffe* les combattit; il fut vaincu, & l'ennemi fe rendit maître de *Pe-thim*. C'eft ce qui obligea le *Tou-hou*, c'eft-à-dire en Chinois, le Généraliffime de *Pe-thim*, nommé *Yam-fii-kou*, de s'enfuir avec fes troupes à *Si-tcheou*, (c'eft *Eyghour* & *Kafchgar*.) Les *Hoei-hou* le vinrent trouver avec quelques dixaines de mille hommes d'excellente infanterie, pour le ramener à *Pe-thim*. Ils furent attaqués & mis en déroute par les *Tybethains*; plus de la moitié fut tuée dans le combat. *Kie-kan-kia-ffe* prit la fuite, & s'en retourna. *Yam-fii-kou* ayant ramaffé le débris des fiens, étoit fur le point de rentrer dans le *Kafchgar*, lorfque *Kie-kan-kia-ffe* le trompant : Ayez la bonté, *lui dit-il*, de vous retirer chez moi; je me charge de vous faire reconduire en Chine. *Yam-fii-kou* le crut; mais à peine fut-il arrivé dans la tente de *Kie-kan-kia-ffe*, que ce traître lui fit couper la tête.

Ho-lo (Commandant, à ce qui paroît, des *Tybethains*,) après fa victoire, fe rendit encore maître du Pays de *Chin-thou-tchuen* (Riviere.) Cela donna l'allarme aux *Hoei-hou;* de forte que pour éviter fa rencontre, ils fe retirerent vers le Midi. Cette même année-là, leur *Khan* mourut, empoifonné par une de fes *Kha-toun*, nommée *Che-koum-tchu*. Cette *Kha-toun* étoit encore petite-fille de *Pou-kou-boaighen*. Le frere cadet du *Khan* prit fa place. Durant ce temps-là, *Kie-kan-kia-ffe* étoit occupé à la guerre contre les *Tybethains*. Les Grands de fa Cour prirent les armes, & vainquirent les ufurpateurs, (la *Kha-toun* & le cadet du *Khan* mort, à ce qui paroît,) & les firent mourir. Ils placerent fur le trône des *Hoei-hou* le jeune fils du *Khan* empoifonné; ce fils fe nommoit *A-tchue*. *Kie-kan-kia-ffe* retourna à la Cour. Le nouveau *Khan* fortit avec les fiens, & vint le recevoir. Dès qu'il parut, ils fe profternerent tous en terre, & lui rendirent compte de la mort du défunt *Khan*, & de la création du nouveau, ajoutant qu'ils s'abandonnoient à fa merci pour la vie & pour la mort. En même-temps, ils lui montrerent les méchantes armes & les vivres que *Kouo-foum* leur avoit donnés par grace. *Kia-kan-kia-ffe* les falua à genoux, & leur dit ces paroles, les larmes aux yeux : ,, Préfentement, par ,, un bonheur extraordinaire, je vois un fucceffeur légi- ,, time de notre Empire, qui me nourrira comme fon ,, fils ''. En même-temps, eu égard à la douceur & à l'humilité du *Khan*, il l'embraffa & pleura avec lui; il le reconnut pour fon Souverain. Il diftribua toutes les armes & les pieces de foie qu'il avoit apportées, fans en rien retenir pour lui; après quoi, l'Etat fût en paix.

Le *Khan* dépêcha vers l'Empereur de Chine *Ta-pe-tchi-le-mei-lo-tçiam-kiun*, pour lui rendre compte de ce qui s'étoit paffé, & pour lui demander fes ordres. L'Empereur députa vers lui le fecond Préfident du Tribunal des Ambaffades, nommé *Yu*, pour le créer *Khan*, fous le titre de *Foum-tchim-khan*. Auffi-tôt après, le *Khan* envoya *Lu-tchi-ta-kan* annoncer la mort de la petite *Koum-tchu* de *Nim-koue*. Elle étoit fille du Roi de *Youm*, (Prince du fang de la Chine.) Lorfque la grande *Koum-tchu* de *Nim-koue* étoit allée trouver fon mari, elle lui avoit été donnée pour compagne. Elle refta parmi les *Hoei-hou*, après que la fille de l'Empereur, qui étoit la grande *Koum-tchu* de *Nim-koue*, fut retournée en Chine, & elle devint *Kha-toun*. Elle avoit été femme de deux *Khan*, favoir *Ym-vou-khan* & *Ym-y-khan*. Quand *Thien-tçin-khan* eut été élevé à l'Empire, elle fortit du palais. Elle avoit eu deux fils d'*Ym-y-khan*, qui furent mis à mort par *Y-tçin-khan*. Cette même année, les *Hoei-hou* attaquerent les *Tybethains* à *Pe-thim*, & les vainquirent. Ils envoyerent à l'Empereur les captifs qu'ils avoient faits. L'année suivante, le *Khan* envoya à l'Empereur pour Ambassadeur *Yo-lo-kho-kioum*. Celui-ci étoit Chinois, de la famille des *Lu*. Le *Khan* l'avoit adopté, ce qui lui fit prendre le nom de famille du *Khan*, qui étoit *Yo-lo-kho*, au-lieu du nom de *Lu*. L'Empereur, qui savoit que *Kioum* avoit tout pouvoir parmi les *Hoei-hou*, lui fit des présents & des honneurs extraordinaires ; il le créa Assesseur de la Cour des Ministres. L'an 795, le *Khan* mourut sans laisser de postérité. Les *Hoei-hou* déférerent l'Empire à *Khou-thou-lo*, Ministre du *Khan* défunt. Il ne fut pas plutôt installé, qu'il envoya des Ambassadeurs en Chine. L'Empereur ordonna, par un édit solemnel, à *Tcham-tçien*, Intendant de la Bibliotheque secrete, d'aller créer le nouveau *Khan*, & de lui donner le titre de *Ghai-tem-li-lo-yu-lo-mo-mi-chi-ho-hou-lo-pi-kia-hoai-sin-khan*. *Khou-thou-lo* étoit de la famille des *Hie-tie*. Etant encore en bas âge, il étoit devenu orphelin. Il fut pris & élevé par un des principaux Seigneurs des *Hoei-hou*. Il étoit éloquent, actif, habile & vaillant. Il eut souvent le commandement des armées, sous le regne de *Thien-tçin-khan*. Tous les Chefs de l'armée l'honoroient & le redoutoient. Comme lui & sa famille avoient toujours servi glorieusement sous la famille royale des *Yo-lo-kho*, il n'osoit pas prendre le nom de la sienne. Il prit tous les fils & les neveux du *Khan*, & les envoya à l'Empereur de Chine. L'an 805, *Hoai-sin-khan* mourut. L'Empereur l'ayant su, députa le second Président du Tribunal des Ambassades, nommé *Sien-kao*, pour faire des complimens de condoléance, & créer son successeur, en luy donnant le titre de *Tem-li-ye-ho-kiu-lo-pi-kia-khan*. L'an 806 ou 7, celui-ci envoya deux ambassades en Chine ; *Mo-ni* étoit venu en Cour. Il ne mangeoit que fort tard ; il ne buvoit que de l'eau, & se contentoit d'herbages ; il s'abstenoit même de laitages. Le *Khan* partageoit avec lui le gouvernement de ses Etats. Il vint à la Cour, & y demeura, d'où il avoit coutume d'aller aux foires qui se tenoient à l'Occident de la ville. Il trompoit dans le commerce. L'an 808, il vint apporter la nouvelle de la mort de la *Koum-tchu* de *Hien-ghan*, (fille de l'Empereur.) La *Koum-tchu* avoit été femme de quatre *Khan* consécutifs, & elle avoit passé vingt-un an parmi les *Hoei-hou*. Incontinent après, le nouveau *Khan* mourut aussi. L'Empereur *Tham-hien-tçoum* dépêcha vers les *Hoei-hou* le second Président du Tribunal des Princes, qui se nommoit *Li-hiao-tchim*, pour aller créer le successeur, sous le titre de *Ghai-tem-li-lo-mi-mii-chi-ho-pi-kia-pao-y-khan*. Dans les trois années suivantes, celui-ci envoya deux ambassades en Chine. Il envoya aussi deux fois *Y-nan-tchu*, demander une Princesse du sang en mariage. Il n'avoit pas encore reçu la réponse, qu'il s'avança à la tête de trois mille chevaux vers le Midi, & vint jusqu'à la fontaine nommée *Fi-ti-tçuen*.

Le Commandant Chinois des garnisons de *Tchin-vou* ayant appris sa marche, alla se camper dans la montagne noire, & fit incessamment travailler à réparer les fortifications de la ville de *Thien-te*, pour s'opposer aux Barbares. *Li-kiam*, Président de la Cour des Rits, représenta à l'Empereur ce qui suit : ,, La puissance des *Hoei-hou* est dans toute sa force ; les confins Septentrionaux de la Chine sont entièrement abandonnés. Si l'ennemi s'approchant éleve le moindre tourbillon de poussiere, la foible infanterie qui les garde n'est pas en état de lui résister ; les villes auxquelles l'éloignement ne permet pas de prêter secours, ne pourront tenir. Si Votre Majesté a envie de garder ces pays-là, il faut envoyer des troupes réglées, fortifier les villes, & établir des camps dans les lieux qui le demandent. Ce sera le meilleur expédient pour le bien de l'Empire & pour la conservation des peuples. Moi, votre sujet, je remarque que dans l'arrangement que l'on donne présentement aux affaires, on ne s'attache pas à ce qu'il y a de plus nécessaire. Par rapport aux confins, je trouve cinq sujets d'affliction ; qu'il me soit permis de les exposer à Votre Majesté l'un après l'autre ''.

,, Les Barbares Septentrionaux sont d'une cupidité insatiable ; ils n'ont des yeux que pour l'utile, & ils se reglent dans leurs entreprises sur l'embonpoint de leurs chevaux. Si depuis deux ans ils n'ont point paru en Chine, est-ce parce qu'ils sont dégoûtés de l'utilité qu'ils tirent de nos richesses ? Ils n'attendent que la saison de l'automne, qui rend leurs chevaux vigoureux, pour venir fondre sur nous. Ainsi, soit qu'il faille les combattre au-dehors, soit qu'il faille se prémunir contre eux au-dedans, il faut nécessairement que la Cour soit fatiguée, & que l'Empire en souffre. Voilà le premier sujet d'affliction. Nos troupes ne sont point encore assez fortes, les sentinelles des confins ne sont point encore bien ordonnées ; nos armes offensives & défensives ne sont point encore prêtes ; nos villes ne sont point encore assez bien fortifiées. Si nous nous fortifions dans la ville de *Thien-te*, les Barbares en prendront ombrage ; si nous abandonnons la ville de *Si-tchim*, le chemin du désert demeurera sans défense. Voilà le second sujet d'affliction. Quand il s'agit, ou de bâtir des villes pour garder des postes importants, ou d'attaquer & de se rendre maître des passages aisés ou difficiles, il faut consulter les Commandants des frontieres. Présentement on se borne à garder le *Hoam-ho*, & tout se regle dans le palais par le Conseil de Votre Majesté. De-là vient que quand les Barbares font des irruptions subites, on prend mal son parti pour les repousser. Voilà le troisieme sujet d'affliction. Depuis que nous avons fait la paix avec les Barbares, ils ont pris une connoissance exacte de la situation des lieux, & de l'état de nos garnisons. Quand ils se répandent dans le pays pour le piller, il faut bien des jours & quelquefois un mois avant que les ordres soient portés aux Officiers, & que nos troupes soient en marche, au-lieu qu'eux dans un jour enlevent tout, hommes & animaux ; de sorte qu'ils s'en sont déja retournés chargés du butin, avant que notre armée soit arrivée. Ainsi les Barbares ont tout le temps qu'ils veulent pour exercer leurs brigandages, tandis que les peuples & les troupes sont encore plus foulées par les marches. Voilà le quatrieme sujet d'affliction. Les Barbares du Nord (les *Hoei-hou*,) & ceux de l'Occident (les *Tybethains*,) se font la guerre depuis long-temps ; ce qui assure la tranquillité de nos frontieres. Si donc aujourd'hui que les *Hoei-hou* ne vendent plus de chevaux, d'ennemis qu'ils sont des *Tybethains*, la paix les en rend amis, nos Commandants des frontieres fermeront les portes de leurs camps, & craindront de les combattre ; les habitants des frontieres attendront, les bras croisés, leur mauvaise destinée. Voilà le cinquieme sujet d'affliction. De plus, le rebelle *Ou-chao-yam* qui occupe le *Hoai-si*, (ou l'Occident du *Hoai-ho*,) est prêt de mourir. Si l'on se sert de cette occasion, on peut le réduire ; au-lieu que si on entreprend la guerre contre les *Hoei-hou*, il faudra faire marcher des troupes de toutes parts, & cette entreprise coûtera dix fois plus que celle qui se fera contre *Ou-chao-yam*. Mon avis est qu'il faut accorder au *Khan* une Princesse du sang en mariage, afin de l'obliger par-là de demeurer tributaire de l'Empire & de le défendre ; d'où il résultera trois utilités ''.

,, Si le mariage s'effectue, les sentinelles de nos frontieres seront dispensées d'allumer des feux, & de faire de la fumée, (pour signaux d'allarmes.) Nous aurons le temps de réparer nos villes, d'y mettre de nombreuses garnisons qui y acquerront de la force & de l'expérience, & d'en remplir les magasins pour fortifier

le courage des soldats. Voilà la premiere utilité. Etant
déchargés de l'inquiétude du Septentrion, nous pour-
rons tourner toute notre attention vers le Midi, reprendre, le *Hoa-si*, & réduire au devoir un bandit
qui expire. Voilà la seconde utilité. Les captifs du
Nord, enorgueillis par cette alliance avec Votre Majesté, s'attireront encore une plus grande haine de la
part des Barbares Occidentaux. Ils ne jouiront d'aucun repos, tandis que la Chine se tiendra assise en
paix; les pillages cesseront durant long-temps. Il est
contre toute bonne politique de rejetter ces trois avantages pour se procurer les cinq sujets d'affliction dont
j'ai parlé. Quelqu'un dira que les dépenses du mariage seront immenses. A cela je n'ai autre chose à répondre, si ce n'est que cela est faux. Partageons en
trois les tribus de l'univers. Qu'une de ses parties soit
employée à garnir nos frontieres. Nous tirons des
plus grandes villes du dernier ordre, qui sont au Sud-
Ouest, plus de deux cents mille onces d'argent. Le
revenu d'une de ces villes suffit pour les frais du mariage. Ne sera-ce donc pas racheter un grand dommage à peu de frais? On refuse de faire cette légere
dépense; mais si nous portons la guerre au Nord, nous
ne pouvons envoyer d'armée qui ne soit au moins composée de trente mille fantassins & de cinq mille chevaux; autrement nous ne pourrions ni résister à l'ennemi, ni faire des courses. Supposons donc que nous
soyons toujours victorieux, & que l'expédition ne dure
qu'un an, le tribut d'une ville pourra-t-il subvenir aux
dépenses de cette armée? Le tribut même de plusieurs villes y suffira-t-il "? L'Empereur n'écouta point
ce conseil. Les Officiers ayant calculé la dépense du
mariage, trouverent qu'elle monteroit à cinq millions (de Caches, ou autre monnoie.) C'est pourquoi l'Empereur, que les troubles du dedans occupoient, députa vers le *Khan* le second Président du
Tribunal des Ambassades, nommé *Li-tchim*, avec
un Docteur du Tribunal des sacrifices, nommé *Yn*,
pour lui faire entendre que ce mariage ne convenoit
pas.

Tham-mou-tçoum étant parvenu à l'Empire, les
Hoei-hou envoyerent encore une ambassade dont les
Chefs étoient *Ho-ta-kan* & autres, pour demander
avec instance la conclusion de ce mariage, & l'Empereur y consentit; mais incontinent après, le *Khan*
mourut. Des députés de Chine allerent créer son successeur sous le titre de *Tem-lo-yu-lo-mo-mii-chi-kiu-
tchu-pi-kia-tçoum-te-khan*. Celui-ci n'eut pas plutôt
pris les rênes de l'Empire, qu'il envoya *Y-nan-tchu-
kiu-lo-tou-tou-ssè-kie*, & autres, qui amenoient avec
eux la *Koum-tchu*, nommée *Che-hou*, avec deux mille
des principaux *Hoei-hou*, pour venir recevoir la *Koum-
tchu*, de Chine. Ils venoient offrir pour présents de
mariage, vingt mille chevaux & mille chameaux. La
Chine n'avoit jamais reçu ambassade de Barbares plus
nombreuse. L'Empereur permit à cinq cents personnes de la troupe, de venir à sa Cour, & ordonna aux
autres de s'arrêter dans la ville *Thai-yuen*, ou *Ta-
yuen-fou*. Il destina pour femme au *Khan* la *Koum-
tchu* de *Thai-ho*, qui étoit fille de l'Empereur *Tham-
bien-tçoum*, & lui fit une maison complete. Il dépêcha *Hou-tchim*, Généralissime des garnisons de la gauche de la ville Impériale, & *Li-te*, Président du Tribunal des vivres, pour aller conduire la *Koum-tchu*.
Il marqua le Président du grand Trésor nommé, *Li-yue*,
pour député aux cérémonies du mariage, avec ordre
de la créer sur les lieux, *Kha-toun*, sous le titre Chinois de *Gin-hiao-touan-li-mim-tchi-cham-cheou-kha-
toun*, (c'est-à-dire, *la pieuse, grave, polie, éclairée,
prudente, de la plus longue vie.*) Je marque le sens
de ces mots, afin que l'on juge par-là des titres Tartares des *Khan*, que les Chinois n'expliquent point,
& qui comprennent des éloges comme celui-ci. Le
fils du Ciel fit donner avis de la chose à ses ancêtres, par des sacrifices qu'il leur fit dans leur tem-

ple. Il se transporta à une des portes de son palais, pour
y faire un festin solemnel avant le départ de l'Infante.
Tous les Officiers de la Cour y assisterent en rang. Le
festin fini, il prit congé d'elle.

L'Infante sortit de la Chine. Quand elle fut arrivée
à dix lieues du *Khan*, il prit envie à celui-ci de la
faire venir par des chemins de traverse, pour la voir en
particulier; *Hou-tchim* s'y opposa. Cela a déja été
pratiqué, répondirent les captifs, (c'est-à-dire, les
Hoei-hou) à l'égard de l'Infante de *Hien-ghan*. L'Empereur m'a envoyé, repartit *Hou-tchim*, pour remettre l'Infante entre les mains de votre *Khan*; je ne
puis donc la remettre qu'après l'avoir vu lui-même.
Les *Hoei-hou* cesserent de le presser. Le *Khan* monta
au second étage de son palais, où il se tint assis, le
visage tourné vers l'Orient. Il fit préparer un pavillon
pour recevoir l'Infante. Celle-ci demanda des habits
à la Barbare, & s'en revêtit. Une matrône l'accompagnant, elle sortit du pavillon, ou de la tente, &
tournant le visage vers l'Occident, elle salua à genoux le *Khan*. Elle se retira ensuite, & alla se revê-
tir des habits de *Kha-toun*, c'est-à-dire, d'une jupe
rouge, & d'un grand corset, ou camisole. Elle mit
sur sa tête une couronne ou bonnet d'or, terminé en
pointe par-devant & par-derriere. Elle sortit une seconde fois, & salua le *Khan* comme la premiere fois,
après quoi elle monta sur un brancard, que les neuf
Ministres ou Visirs porterent sur leurs épaules en se
relevant tour-à-tour. Ils tournerent neuf fois autour
de la Cour, en commençant par la droite, c'est-à-dire,
par le Midi. Cette cérémonie étant achevée, elle descendit du brancard & monta au second étage, où elle
s'assit auprès du *Khan*, le visage tourné vers l'Orient.
Tous les Officiers du *Khan* vinrent en ordre, les uns
après les autres, rendre leurs hommages à leur nouvelle *Kha-toun*. La *Kha-toun* eut sa tente à part où
elle n'entroit, ni n'en sortoit, qu'elle ne fût accompagnée de deux Visirs. *Hou-tchim* & les autres Ambassadeurs de Chine prirent leur audience de congé.
La *Kha-toun* les traita splendidement; mais durant le
festin, elle ne cessa de soupirer & de gémir. Le *Khan*
fit de gros présents aux Ambassadeurs.

Durant ce temps-là, *Fei-tou* poussoit vivement le
Vice-Empereur du *Pe-tche-li*. Le *Khan* envoya à son
secours *Li-y-tçie*, un de ses principaux Commandants,
avec trois mille chevaux, & l'aida à pacifier la partie
de la Chine, qui est au Septentrion du *Hoam-ho*. Le
Conseil de l'Empereur, instruit par les désordres que
les *Hoei-hou* avoient causés ci-devant en Chine, sous
prétexte de secours, vouloit qu'on refusât celui du
Khan; mais l'Empereur ne voulut pas entendre à cela.
Il se transporta à *Foum-tcheou*, où il reçut les Ambassadeurs du *Khan*; il les combla de présents, & les
renvoya. La même année que *Tham-khim-tçoum* prit
possession de l'Empire, (l'an 825,) le *Khan* mourut. *Kho-ssa-the-le*, son frere, lui succéda. L'Empereur envoya le créer *Ghai-tem-li-lo-mi-mo-mii-chi-
ho-pi-kia-tcha-li-khan*. Celui-ci fut tué par les
siens. Un de ses neveux, nommé *Hou-the-le*, fut mis
en sa place. Il envoya des Ambassadeurs rendre compte
à l'Empereur de son avénement à la Couronne. L'Empereur députa *Tham-houm-che*, Général des Gardes
à cheval, avec *Youm*, Roi de *Se-tçe*, le créer *Ghai-
them-li-lo-mi-mo-mii-chi-ho-kiu-pi-kia-tcham-
sin-khhan*. L'an 839, un des Visirs du *Khan*, nommé
Kiue-loue, se révolta contre lui; & se mettant à la
tête des *Chaa-tho*, le pressa si vivement, que le *Khan*
fut obligé de se tuer lui-même. Les *Hoei-hou* lui donnerent pour successeur *Khossaa-the-le*. Il y avoit famine cette année-là. La peste suivit la famine, &
l'excès des neiges fit mourir un grand nombre de
chevaux & de moutons. Le *Khan* mourut avant qu'il
eût eu le temps d'être créé par l'Empereur de Chine.
Cependant *Tham-vou-tçoum* monta sur le trône de la
Chine. *Youm*, Roi de *Se-tçe*, au retour de son ambassade,

baſſade, lui fit connoître l'état de confuſion où étoient les *Hoei-hou*.

Auſſi-tôt après, un des principaux Commandants du *Khan*, nommé *Kiu-lo-ho-mo*, ſe joignit aux *Kie-kia-ſſe*, & vint à la tête de cent mille chevaux inveſtir la ville capitale des *Hoei-hou*. Il la força, fit mourir le *Khan*, & châtia *Kiu-lo-ve* du crime de rébellion. Il fit mettre le feu au camp du *Khan*. Les *Hoei-hou* ſe diſſiperent, tirant chacun de ſon côté. Un de leurs Viſirs, nommé, *Sao-tche*, avec les quinze hordes qui étoient ſous le commandement de *Mam-the-le*, alla ſe jetter chez les *Kho-lo-lo*. Le reſte du débris ſe retira à *Chan-ſi*, & auprès des *Tybethains*. Alors les treize familles ou peuples, qui étoient immédiatement ſous le commandement du *Khan*, créerent *Ou-kiai-the-le*, Empereur, & le proclamerent leur *Khan*. *Ou-kiai-the-le* ſe ſaiſit des monts *Tço-tçe*, & s'y retrancha. Les *Kie-kia-ſſe*, après avoir mis les *Hoei-hou* en déroute, avoient pris la *Koum-tchu* de *Thai-ho*. Comme leur nation prétend de deſcendre de *Li-lim*, elle ſe croit Chinoiſe d'origine ; c'eſt pourquoi ils remirent la *Koum-tchu* à un Ambaſſadeur de leur part, nommé (ou plutôt qui étoit,) *Ta-kan*, pour la conduire avec toute ſorte d'honneur en Chine ; mais *Ou-kiai-he-le* l'ayant ſu, fit ſuivre le *Ta-kan*, qui ayant été attrapé, fut mis à mort. La *Koum-tchu* fut enlevée, & conduite au Midi du déſert. Les garniſons Chinoiſes des confins en furent effrayées. Les *Hoei-hou* continuent à s'avancer vers le Midi, attaquerent la ville de *Thien-te*. Le Vice-Empereur de *Tchin-vou*, nommé *Leou-mien*, ſe campa dans le col de *Yun-kia-kouan*, & les repouſſa. *Li-te-yu*, Miniſtre d'Etat de la Chine, repréſenta à l'Empereur ce qui ſuit : ,, Les *Hoei-hou* ont rendu autrefois pluſieurs ſervices à l'Empire. Aujourd'hui ils ſont aſſaillis par la famine & par la guerre ; leur *Khan* ne ſait où ſe retirer. Il ne faut pas leur faire la guerre, tandis qu'ils ſont dans cet état. Il eſt plus à propos de leur envoyer des députés, qui leur faſſent fournir des vivres, & qui les conſolent dans leur malheur ''.

Dans ce même temps, un Viſir, nommé *Tche-ſin*, un fils de *Khan*, nommé *Ghao-mo-ſſe-the-le*, & *No-kie-tchue*, prirent la réſolution de venir ſe rendre avec leurs gens à l'Empereur. D'autre part, la *Koum-tchu* envoyoit des Ambaſſadeurs à l'Empereur, pour l'avertir qu'*Ou-kiai-the-le* avoit été fait *Khan*. Ceux-là ſe ſervirent de cette ambaſſade, pour demander à l'Empereur ſes ordres. Pareillement, *Kie-kan-kia-ſſe*, un des principaux Officiers du *Khan*, & pluſieurs autres envoyerent un placet à l'Empereur, par lequel ils lui demandoient en grace la ville de *Tchin-vou* par emprunt, pour ſervir de demeure à la *Koum-tchu* & au *Khan*. L'Empereur députa *Van-hoei*, Généraliſſime des garniſons de la droite de la Ville Impériale, vers les *Hoei-hou*, pour les conſoler & les appaiſer. Il leur envoya deux cents mille boiſſeaux de grains ; mais il refuſa de leur prêter la ville de *Tchin-vou*, (elle eſt dans la Tartarie ;) & pour leur faire entendre raiſon ſur ce point, il leur envoya un Eunuque de ſa chambre. Il envoya encore des Ambaſſadeurs pour créer le nouveau *Khan* ; mais on leur donna ſecretement ordre d'aller lentement, & d'attendre quelque révolution que l'on prévoyoit devoir arriver.

L'année ſuivante, les *Hoei-hou* menant avec eux l'Infante, vinrent au Midi du déſert, & entrerent dans les confins ſeptentrionaux de la Chine. Ils tuerent beaucoup de monde, & firent un terrible ravage ; après quoi ils s'en retournerent, & allerent ſe placer entre les villes de *Thien-te* & de *Tchin-vou*, d'où ils exerçoient mille brigandages, ſans rien craindre. L'Empereur fit marcher des troupes de tous côtés. *Ghao-mo-ſſe*, qui s'apperçut que *Tche-ſin* étoit un fourbe ſur lequel on ne pouvoit compter, convint avec le Commandant de la garniſon de *Thien-te*, nommé

Thien-meou, de lui tendre un piege. Ils l'engagerent à venir trouver le Commandant, qui lui fit couper la tête. *No-kie-chue* ſe rendit maître des ſept mille tentes de *Hoei-hou*, qui dépendoient de *Tchen-ſin*, & prenant ſa route vers l'Orient, il s'enfuit dans la ville de *Tchin-vou*. Il ſe joignit aux *Che-ouei*, & du midi des ſables noirs, il tâchoit de ſe jetter dans la Province de *Pe-tche-li*; mais il fut défait par *Tcham-tchoum-vou*, Vice-Empereur de la Province, qui prit tout ſon monde. *No-kie-tchue* s'enfuit ; & ayant été pris par *Ou-kiai-the-le*, il fut mis à mort. L'armée d'*Ou-kiai-the-le* étoit encore puiſſante ; elle paſſoit pour être de cent mille combattans. Il ſe tenoit campé au ſeptentrion de la ville de *Thai-thoum-fou*, dans les monts *Liu-men-chan*; mais quatre hordes, qui, jointes aux troupes du Général *Tçao-mo-ni*, faiſoient trente mille hommes, ſe ſervirent de la médiation de *Tcham-tchoum-vou*, pour ſe donner à l'Empereur. *Ghao-mo-ſſe* ſe ſervit de la commodité d'une ambaſſade, pour ſe rendre auſſi à l'Empereur. L'Empereur avoit réſolu d'aider le *Khan* à recouvrer ſes Etats, lorſque le *Khan* (*ou-Kiai-thele*) attaqua *Yun-tcheou*, ville de Chine. *Leou-mien*, qui le combattit, fut entièrement défait.

Ghao-mo-ſſe, & avec lui ſes trois hordes, & deux mille de ſes principaux cavaliers, vinrent à *Tchin-vou*, où ils ſe rendirent aux Chinois. L'Empereur créa *Ghao-mo-ſſe*, Généraliſſime des garniſons de la droite de la Ville Impériale, & Roi du ſecond ordre de Chine, ſous le titre *Hoai-hoa-kiun-yam*. Il changea le nom de la ville de *Thien-te*, & lui donna le titre de *Kouei-kiun*, c'eſt-à-dire, *Ville militaire où l'on s'eſt ſoumis à l'équité*. Il créa le Gouverneur de *Kouei-y-kiun*, nommé *Oli-tchi*, Duc, ſous le titre de *Nim-pien-kiun-koum*. Il créa *Sii-ye-tchua*, Duc, ſous le titre de *Tcham-hoa-kiun-koum* Il créa *Ou-lo-ſſe*, Duc, ſous le titre de *Nim-ſai-kiun-koum*, & il le fit en même-temps, ou Généraliſſime de toutes ſes armées, ou Généraliſſime d'une armée, ou Généraliſſime des Gardes. Il créa *Ghai-ye-ve* Duc, avec le titre de *Nim-ſai-kiun-koum*, & le fit Généraliſſime de la droite. Il donna de plus par prérogative à *Gha-mo-ſſe*, outre les armes & les préſents, une banniere particuliere, & le pouvoir de porter des queues de léopard à ſes étendards, & fit diſtribuer à ſes Officiers des habits & des bonnets à la Chinoiſe. Il ordonna à *Li-te-yu* de faire une compilation de l'Hiſtoire des étrangers, qui, depuis la Dynaſtie des *Tçin* & des *Han*, avoient montré une fidélité inſigne, & rendu des ſervices ſignalés à la Chine. Il s'en trouva trente, & l'Empereur donna à ce recueil le titre d'Hiſtoire des Etrangers, qui s'étant rendus à la Chine, l'ont ſervie fidélement. Il en fit diſtribuer, par grace, des exemplaires à ceux qui venoient ſe rendre. *Gao-mo-ſſe* demanda permiſſion de laiſſer ſa famille dans la ville de *Thai-yun-fou*, tandis que lui & ſes freres s'occupoient à la garde des frontieres de l'Empire. L'Empereur ordonna à *Leou-mien* de faire bâtir des maiſons en rues, entre les villes de *Yun* & de *So*, pour y loger la famille de *Ghao-mo-ſſe*.

Le *Khan* envoya des Ambaſſadeurs pour demander du ſecours, voulant retourner à ſon ancienne Cour, & pour ſupplier que la ville de *Thien-te* lui fût accordée en prêt. L'Empereur rejetta cette demande. Le *Khan*, irrité de ce refus, vint faire le ravage dans le territoire de *Thai-thoum-fou*, & après pluſieurs combats, il vint attaquer la ville de *Yun-tcheou*. Le Vice-Empereur *Ym-pi* n'oſa ſortir de ſa place. L'Empereur donna ordre d'augmenter le nombre des détachemens des garniſons, pour courir au ſecours. Ces troupes ſe camperent à *Thai-yuen-fou*, & au ſeptentrion de cette ville. *Ghao-mo-ſſe* & les autres, avant de quitter la Cour, reçurent tous pour nom de famille, celui de la famille Impériale, qui étoit *Li* ; & pour nom propre, l'Empereur donna à *Ghao-mo-ſſe*, celui de de *Sé-tchoum*; à *Li-tohi*, celui de *Sé-tchim*; à *Sii-ve-tchue*, celui de *Sé-y*; à *Ou-lo-ſſe*, celui de *Sé-lii*; à *Ghai-ye-ve*, celui de *Houm-chun*, & il les fit tous Lieutenants Députés de l'armée, nommée *Kouei-y kiun*, c'eſt-à-dire, de *ceux qui ſe ſont ſoumis à l'équité.*

Enſuite il donna le titre de Général des troupes qui devoient faire la guerre dans la partie méridionale des *Hoei-hou*; à *Leou-mien*, celui de Général des troupes qui devoient porter la guerre dans la partie Orientale des mêmes; à *Tcham-tchoum-vou*, & à *Li-ſſe-tchoum*, (c'eſt *Ghao-mo-ſſe*,) celui de Commandant des *Tham-kiam*, & de Général des troupes qui devoient faire la guerre dans la partie du Sud-Oueſt. *Leou-mien* alla ſe camper à *Yen-men*, confins de la Province de *Chanſi.* Pareillement l'Empereur ordonna à *Ho-tçim-tchao*, Vice-Empereur d'*Yn-tcheou*, & à *Kii-pii-thoum*, Vice-Empereur d'*Yutcheou*, de s'avancer avec les troupes étrangeres qui étoient à leurs ordres, & d'aller ſe joindre avec *Leou-mien* & *Tcham-tchoum-vou*, & de ſerrer ainſi peu-à-peu les *Hoei-hou.* *Li-ſſe-tchoum* avança pluſieurs fois dans le Pays ennemi, & perſuada aux *Hoei-hou* qui avoient dépendu de lui, de venir ſe rendre. *Leou-mien* voyant cela, fit un détachement de *Cha-to*, Tartares de ſon armée, & en augmenta celle de *Li-ſſe-tchoum.* Il en fit un autre de cinq cents cavaliers de l'armée qui campoit dans le *Ho-tchoum*, & en augmenta l'armée de *Li-houm-chun*, (c'eſt *Ghai-ye-ve.*) *Leou-mien* lui-même s'avança, & alla ſe poſter dans la ville de *Yun-tcheou.* *Li-ſſe-tchoum*, qui avoit établi ſon camp dans le grand camp de *Pao-ta*, prenant avec ſoi les troupes de *Ho-tchoum*, commandées par *Tchin-hiu*, donna bataille aux *Hoei-hou*, & les défit. L'année ſuivante, ils furent encore défaits par *Li-houm-chun.* *Leou-mien*, de ſon côté, avec *Che-hioum*, Lieutenant du Général des troupes ambulantes de la ville & Province de *Thien-te*, après avoir pris l'élite de la cavalerie Chinoiſe, & de celle des Barbares, compoſée de différentes nations, comme de *Cha-to*, de *Ki-pie* & autres, ſortit de nuit de la ville de *Yun-tcheou.* Il marcha en diligence vers la ville de *Ma-yi*, & arriva aux confins nommés *Ghan-tchoum-ſai.* Il rencontra les *Hoei-hou*, les combattit, & les mit en déroute. Dans ce temps-là, *Ou-kiai-the-le* preſſoit la ville de *Tchin-vou.* *Che-hioum* pouſſant à toutes brides, y entra avec les ſiens durant la nuit. Il fit ouvrir la muraille, & combattit à outrance. *Ou-kiai-the-le* en fut effrayé, & ſe retira. *Che-hioum* le pourſuivit, & l'ayant atteint auprès du mont *Cha-hou-chan*, il lui livra combat. *Ou-kiai-the-le* ayant été bleſſé prit la fuite.

Che-hioum ayant rencontré l'Infante de la Chine, il l'envoya avec honneur en Chine. Il obligea pluſieurs dixaines de milliers de ſujets d'*Ou-kiai-the-le*, à ſe rendre. Il prit ſes tréſors, ſes bagages & toutes les patentes dont l'Empereur de Chine avoit honoré les *Khan.* *Ou-kiai-the-le* ramaſſa ce qui reſtoit de ſes gens, & alla ſe refugier chez les *He-tche-tçe*, Tartares. *Li-houm-chun* & *Ho-tçim-tchao* reçurent ordre de le pouſſer à bout. *Li-houm-chun* propoſa de groſſes récompenſes aux *He-tche-tçe*, (cela ſignifie en Chinois *chariots noirs*,) s'ils vouloient faire mourir *Ou-kiai-the-le.* Après la déroute de ce *Khan*, les *Hoei-hou* qui l'avoient abandonné, & s'étoient diſperſés, ne pouvant faire un corps d'armée, vinrent ſe rendre aux Chinois de la Province de *Pe-tche-li*; ils y moururent de faim, de froid, & de leurs bleſſures. Pluſieurs milliers de *He-tche-tçe* profiterent du malheur des *Hoei-hou*, & tuerent *Ou-kiai-the-le.* Les *Hoei-hou* mirent *Gho-nien-the-le*, ſon frere cadet, en ſa place, & le proclamerent *Khan.* L'Empereur ordonna à *Li-te-yu* d'écrire le récit de ce ſuccès, & de le faire graver ſur un monument de marbre dans la capitale du *Pe-tche-li*, pour en tirer gloire dans la poſtérité. *Li-ſſe-tchoum*, &

les autres *Hoei-hou*, croyant leur Empire détruit, demanderent permiſſion de ſe retirer à la Cour. L'Empereur caſſa les troupes qu'ils commandoient, & donna à *Li-ſſe-tchoum* la charge de Généraliſſime des Gardes de la Porte gauche, à laquelle il joignit celle de Maître. Il lui aſſigna doubles appointements, & lui donna un hôtel. Il partagea les troupes de ſon armée, ſous les bannieres des Vice-Empereurs. Les Barbares qui craignoient d'être à la ſolde des Vice-Empereurs des Provinces, ſe fortifierent ſur la riviere de *Hou-tho-bo*, & ſe révolterent. On en fit mourir trois mille. L'Empereur ordonna à tous les Commandants des régiments *Hoei-hou* qui étoient dans les deux Cours, de prendre l'habit Chinois.

Ce fut pour lors que les Officiers ſe ſaiſirent des livres & des images de *Moni*, (on ne dit point de quelle religion il étoit,) les firent brûler publiquement, & confiſquerent tous ſes biens. *Gho-nien-khan* ramaſſa cinq mille hommes des débris des *Hoei-hou*, & eut recours à *Che-che-lam*, un des principaux Chefs des *Hii*, (peuple des *Toum-bou*, qui étoit entre les *He-tche-tçe* & les *Khi-tan.*) *Tcham-tchoum-vou*, Général Chinois, alla porter la guerre chez les *Hii* l'an 847, ou incontinent après; il les dompta, & ce fut alors que les *Hoei-hou* furent preſque entiérement détruits; pour ce qui eſt de leurs grands, (comme grands Rois & grands Officiers,) à peine en reſta-t-il un peu plus de cinq cents, qui ſe mirent ſous la protection des *Che-ouei.* *Tcham-tchoum-vou* employa la perſuaſion pour obliger les *Che-ouei* à s'en ſaiſir & à les lui livrer, & ſur-tout leur *Khan.* *Gho-nien-khan* en fut allarmé. Il prit ſa femme, nommée *Kho-lo*, & ſon fils nommé *The-le-thou-ſſe*, & abandonnant les ſiens, il s'enfuit avec neuf ſeuls cavaliers vers l'Occident. Ce ne fut plus alors que larmes & que ſoupirs parmi les *Hoei-hou*, qui s'abandonnerent au déſeſpoir. Sept hordes des *Che-ouei* les partagerent entr'elles, & ſe les aſſujettirent. Cela offenſa les *Kie-kia-ſſe*, qui, avec un de leurs Viſirs à leur tête, & ſoixante & dix mille cavaliers, vinrent tomber ſur les *Che-ouei.* Ils retirerent de leurs mains tous les *Hoei-hou*, & reprirent le chemin du ſeptentrion du déſert. Les *Hoei-hou* ſe retirerent dans les montagnes & les forêts, où ils ſe tenoient cachés, & d'où ils ne ſortoient que pour exercer leurs brigandages. Tous les autres Tartares ſe cotiſerent pour leur fournir des armes & des vivres. Peu après, les *Hoei-hou* vinrent ſe ranger ſous les étendards de *Mam-the-le*, qui pour lors avoit pris le titre de *Khan*, & demeuroit dans *Kan-tcheou*, ville dans la partie occidentale de la Province de *Chenſi*, poſſédant toutes les villes qui ſont à l'occident des ſables (c'eſt, ſelon toute apparence, le *Tham-gouth.*) L'Empereur *Tham-ſuen-tçoum* ſe faiſoit alors un devoir de traiter avec bonté les étrangers. Il envoya des Députés à *Nim-hia*, ville dépendante aujourd'hui de la Chine, pour viſiter les Chefs des *Hoei-hou.* Ceux-ci envoyerent leurs Ambaſſadeurs à la ſuite des députés. L'Empereur créa *Mam-the-le* ſous le titre de *Ghao-lo-tem-li-lo-mi-mo-mii-chi-ho-kiu-lo-pi-kia-hoai-kien-khan.* Celui-ci, dans l'eſpace de dix ans & plus, n'envoya qu'une ou deux ambaſſades à l'Empereur.

Sous le regne de *Tham-y-tçoum*, un des principaux Chefs des *Hoei-hou*, nommé *Pou-kou-tçun*, partit de *Pe-thim*, ou Cour du Nord des *Tou-kiue*, pour faire la guerre aux *Tybethains.* Il les vainquit, & fit couper la tête à *Lun-cham-ge.* Cette victoire le rendit maître de *Si-tcheou*, c'eſt-à-dire du Royaume de *Kaſchghar*, de la ville de *Lun-thai*, & autres villes adjacentes. Il envoya le *Ta-kan*, nommé *Mi-hoai-yu*, à l'Empereur, pour lui préſenter des captifs *Tybethains*, & demanda d'être créé *Khan*; l'Empereur lui promit. Depuis ce temps-là, la Dynaſtie des *Tham* tomba dans le déſordre. Les Barbares ceſſèrent d'envoyer réguliérement des ambaſſades, & de payer leurs tributs; de ſorte que l'hiſtoire de Chine ne put continuer celle des étrangers. L'Empereur *Tham-tchao-tçoum*, (il commença à régner l'an 889, & finit l'an 907,) se transporta à la ville de *Foum-tçiam-fou*. *Han-sien*, Vice-Empereur de *Nim-hia*, ou de *Lim-tcheou*, avertit l'Empereur par un placet, que les *Hoei-hou* supplioient Sa Majesté de vouloir bien recevoir le secours qu'ils lui offroient pour dompter les rebelles. *Han-ouo*, Docteur & Officier de l'Académie Impériale, s'y opposa, & représenta ce qui suit : „ Il y a long-temps „ que les *Hoei-hou* sont ennemis déclarés de la Chine. „ Depuis l'an 841 qu'ils commencerent leurs inva- „ sions, leurs plumes & leurs ailes n'ont pu encore „ repousser; ainsi ils sont hors d'état de suivre le pen- „ chant de leur malignité. Ils veulent se servir de l'oc- „ casion de nos troubles, pour trouver quelque ou- „ verture à faire revivre leur puissance. Il ne faut pas „ leur ouvrir le chemin pour y parvenir". Cet avis fut cause qu'on laissa tomber la chose, & qu'on ne leur fit point de réponse; mais enfin ils ne purent recouvrer leurs premieres forces. Ils faisoient un continuel trafic de *Yu*, (espece de pierre précieuse,) & de chevaux, avec les Chinois des confins de l'Empire. Jusqu'ici j'ai traduit mot à mot ce que l'histoire des *Tham* rapporte des *Hoei-hou*.

Les *Khi-tan*, dont nous parlerons dans la suite, acheverent de porter le coup mortel aux *Hoei-hou*, & leur enleverent la monarchie universelle de la Tartarie. Les *Hoei-hou* ne laisserent pas de se conserver encore quatre Etats dans cette vaste étendue de pays; celui de *Kafchghar* fut le plus puissant. Ceux des *Hoei-hou* qui le possédoient, se faisoient nommer *Aslan*, ou *Arselan-hoei-hou*; ce qui signifie les *Lions Hoei-hou*. Les *Hoei-hou* de *Khan-tcheou*, ville de la Province de *Chensi*, qui étoit leur capitale, étoient maîtres aussi d'un grand Royaume, c'est-à-dire, du *Tham-gouth*. Il y en avoit encore deux autres, savoir celui de *Ho-tcheou* ou d'*Eyghour* qui fut réuni à celui de *Kafchghar*, & celui de *Fou-tcheou*, & même un cinquieme; mais tous ces Royaumes étoient sujets des *Khi-tan*, qui avoient poussé leurs conquêtes jusqu'en Perse. Ce fut *Tchim-khis-khan* qui les extermina tous, comme nous le verrons dans la suite. Cette nation des *Hoei-hou* devoit être extrêmement étendue. Ils commençoient aux bords orientaux de la mer Caspienne, d'où ils s'étoient répandus par toutes les montagnes jusqu'aux confins du Royaume d'*Eyghour*; de-là s'élevant vers le nord, ils s'étendoient beaucoup au de-là des 57 degrés de latitude boréale. Car les Chinois ayant planté un Gnomon de 8 pieds dans le camp royal des *The-le*, nation des *Hoei-hou*, environ l'an 724, ils y trouverent la longueur de l'ombre méridienne, au jour du solstice d'été, de quatre pieds & un dixieme, & trois centiemes de pieds; d'où l'on doit conclure la hauteur du Pole arctique en cet endroit, de près de 49 de nos degrés. *Tham-y-hem*, fameux Astronome ce temps-là, en compte plus de 52 Chinois, qui en font plus de 51 des nôtres; & *Kouo-cheou-khim*, excellent Astronome Chinois, marque dans l'Histoire de son Calendrier, que cette même ombre avoit été observée par des Astronomes de Chine, dans le pays des mêmes *Thie-le*, avant l'an 1280 de l'Ere Chrétienne, de cinq pieds & un centieme; ce qui donne la hauteur du pole de 57 degrés, 57 minutes. Au reste, il ne faut pas s'imaginer que les Astronomes Chinois du huitieme siecle & ceux du treizieme parlent precisément du même lieu, & qu'ainsi ils se contredisent; ou bien ces peuples vagabonds, comme il arrive d'ordinaire, avoient changé leur camp de place; ou bien les Astronomes ont fait leurs observations, les uns au milieu du pays, les autres sur les confins.

La même nation poussoit ses bornes encore bien plus loin du côté du Nord-Ouest, puisque les *Khou-li-kan* en étoient ceux qui habitoient sur les bords de la mer Glaciale, & auxquels le même *Kouo-cheou-khim* donne la longueur de l'ombre solstitiale & méridienne du plus grand jour d'été, de six pieds & sept dixieme, & huit centiemes de pied; d'ou l'on conclut la hauteur de 64 de nos degrés & 2 minutes. Il est vrai qu'il ne nomme pas les *Khou-li-kan*; mais il ne peut entendre qu'eux quand il nomme cette hauteur, qui est celle de la mer du Nord ou Glaciale. Il dit que le plus grand jour y est de quatre-vingt-deux centiemes d'un jour astronomique. Nous retoucherons ce point sous l'article des *Khou-li-kan*; car je vais rapporter, en fidele traducteur, ce que l'Histoire des *Tham* raconte de tous ces peuples qui composoient la nation des *Hoei-hou*. Ils étoient les sujets de cette Dynastie; elle devoit les bien connoître.

DES SIE-YEN-THO.

Au commencement, les *Yen-tho* étoient mêlés avec les *Sie*. Dans la suite, les *Yen-tho* ayant absolument dompté les *Sié*, ils se les incorporerent, & ne faisant plus qu'une même nation, ils prirent le nom de *Sie-yen-tho*, composé de celui de ces deux peuples. Le nom de la famille royale étoit *Y-li-tie*. Parmi tous les peuples qui composoient la grande nation des *Hoei-hou*, celui-ci avoit le renom d'être le plus vaillant de tous. Leurs mœurs & coutumes ne différoient en rien de celles des *Tou-kiue*. *Tchu-lo-khan*, Empereur des *Tou-kiue* Occidentaux, ayant fait mourir en trahison tous les principaux chefs des *Thie-le*, ou bien des *Hoei-hou*, (voyez l'histoire des *Hoei-hou* ci-dessus,) les *Thie-le* s'excitant mutuellement à la révolte, se retirerent, & proclamerent pour leur Roi *Kni-pi-kho-lem*, sous le titre de *Yue-tchin-mo-bo-khan*. Ce *Khan* s'empara des monts *Tan-han-chan*, qui le séparoient du Royaume d'*Eygbour*. Il honora *Yi-chĕ-po*, chef des *Sie-yen-tho*, du titre de *Khan*, & le nomma *Ye-thie-khan*. Celui-ci se rendit maître des monts *Yen-mo*; mais *Che-kouei-khan*, Empereur des *Tou-kiue*, ayant rétabli la puissance des *Tou-kiue* Occidentaux, ces deux *Khan* des *Hoei-hou* & des *Sie-yen-tho* déposerent ce titre qu'ils ne pouvoient pas soutenir, & se soumirent à lui. Les *Hoei-he*, les *Pa-ye-kou*, les *A-tie*, les *Thoum-lo*, les *Pou-kou*, & les *Pa-ssi*, habitoient les monts *Yu-tou-kiun*, & s'étoient soumis à *Che-pi-khan*, Empereur des *Tou-kiue* Orientaux. *Y-che-po* qui s'étoit cantonné dans les monts d'or de l'Occident, s'étoit rendu sujet de *Che-hou-khan*, un des Empereurs des *Tou-kiue* Occidentaux. *Che-hou-khan* mourut l'an 628. Sa mort fut suivie d'une guerre civile. *Y-nan*, petit-fils de *Yi-che-po*, vint avec soixante & dix mille tentes, se soumettre à *Kie-li*, *Khan* des *Tou-kiue* Orientaux. Dans la suite, *Y-nan* s'étant révolté contre *Kie-li-khan*, affoiblit la puissance de celui-ci. La plupart des hordes de *Kie-li-khan* se rebellerent contre lui, & se soumirent à *Y-nan*, qu'ils voulurent proclamer *Khan*; mais la crainte de ne pouvoir soutenir ce titre, le lui fit refuser.

L'année suivante, l'Empereur de Chine *Tham-thai-tçoum* prit la résolution d'investir *Y-nan* de la dignité royale. C'est pourquoi il dépêcha vers *Y-nan* un Général des camps volants nommé *Kiao-sse-vam*, pour lui porter ses ordres par des chemins détournés, & pour le créer par lettres-patentes, *Tchin-tchu-pi-kia-khan*. *Y-nan* étant donc créé *Khan* dans toutes les formes, envoya des Ambassadeurs à l'Empereur, pour le remercier de cet honneur, & pour lui offrir des présents. Il établit son camp royal dans les monts *Yu-tou-kiun*, qui sont au Nord-Ouest de *Si-ghan-fou*, à six cents lieues de distance. Son pays confinoit à l'Orient avec les *Mo-ho*, à l'Occident avec les *Tou-kiue* de la dépendance de *Che-hou-khan*; au Midi il étoit borné par le désert de sable, & au Septentrion par la riviere, ou lac, nommé *Hiu-lun*. De cette façon, il possédoit une vaste étendue de pays, & il avoit un grand nombre de fujets. Alors les *Hoei-he*, & toutes les autres hordes Tartares, fe foumirent à lui, & devinrent fes fujets. Son frere cadet *Thoum-tbe-le* vint faluer l'Empereur en Chine. L'Empereur lui fit préfent d'un excellent fabre, & d'un fouet couvert de pierreries. En les lui donnant, il lui dit : ,, Si ,, les fujets de votre frere manquent en quelque chofe ,, de confidérable, il les fera fouetter avec ce fouet ". *Y-nan* tint cela à grand honneur.

Après que *Kie-li-khan* eut été défait par l'Empereur *Tham-thai-tçoum*, les dehors des confins de la Chine demeurerent déferts & fans habitans. *Y-nan* s'approcha de l'Orient, & s'empara des monts *Tou-ouei-khien*. Il fe plaça au Sud de la riviere, ou lac de *Tho-lo*, d'où il n'étoit plus éloigné de *Si-ghan-fou*, que de trois cents lieues & plus. Dans cet endroit, il confinoit avec les *Che-ouei* vers l'Orient; aux monts d'Or vers l'Occident; au Midi, il avoit les *Tou-kiue;* & au Septentrion les *Hoei-hou* de *Han-hai*. Ainfi il occupoit en entier les anciens Etats que les *Hioum-nou* poffédoient en propre. Il avoit deux cents mille cavaliers d'élite, qu'il faifoit commander par *Tha-tou-ehe*, & par *Thou-li-che*, fes deux fils, la moitié à chacun. La premiere divifion fe nommoit la Septentrionale, & la feconde la Méridionale. Il vint une ambaffade de fa part en l'année 633. L'Empereur craignit que fa trop grande puiffance ne devînt préjudiciable à fon Empire; ainfi pour lui fufciter des embarras, il créa les deux fils d'*Y-nan*, petits *Khan*. Il créa pareillement *Khan*, *Li-ffe-mo* l'an 641. *Li-ffe-mo* auffi-tôt après paffa la riviere, & vint fe pofter au Midi du défert; *Y-nan* en fut choqué. Avant qu'il eût pris les armes, l'Empereur s'étoit tranfporté à *Lo-yam*, (aujourd'hui *Honan-fou*,) d'où il devoit partir inceffamment pour aller faire au Ciel un facrifice extraordinaire fur le fommet du mont *Thai-chan*. Cela donna occafion à *Y-nan* de tenir confeil avec les fiens. ,, Lorfque le fils du Ciel, *leur dit-il*, va faire ,, ce facrifice extraordinaire, tout l'Univers marche ,, pour l'accompagner; toutes les troupes de l'Em-,, pire fe réuniffent autour de lui; les confins, pen-,, dant ce temps-là, font abfolument fans défenfe : ,, nous pouvons donc prendre *Li-ffe-mo* ". Il envoya auffi-tôt contre lui *Tha-thou-che*, fon fils, à la tête de deux cents mille cavaliers. Celui-ci traverfa le défert, & vint au Midi camper dans la plaine de *Pe-tao-tchouen*. Chaque foldat, l'un portant l'autre, avoit quatre chevaux. Il attaqua *Le-ffe-mo*, qui prit la fuite, & fe retira dans la ville de *So-tcheou*.

Li-ffe-mo avertit l'Empereur de cette furprife, & lui demanda fecours. Alors l'Empereur ordonna à *Tcham-kien* de joindre les troupes Chinoifes qui étoient fous fon commandement à celles des *Hi*, des *Sii* & des *Khi-tan*, & de l'aller attaquer du côté de l'Orient. Il envoya *Li-tçii* avec foixante mille fantaf-fins & trois mille chevaux, & *Li-ta-leam* avec quarante mille fantaffins & cinq mille cavaliers, camper à *Lim-vou*. *Tcham-ffe-kouei* reçut ordre d'aller camper à *Yun-tchoum*, avec une armée de dix-fept mille hommes. Il fit Généraliffime de toutes fes armées *Li-fii-yu*. Il donna à tous ces Commandants les ordres fuivants : ,, Les *Sie-yen-tho* viennent de traverfer le ,, défert; leurs chevaux font ruinés. C'eft la maxime ,, de la guerre de pouffer vivement fa pointe, quand ,, la fortune fe montre favorable, & de fe reti-,, rer au plus vîte quand on la trouve contraire. Les ,, captifs ou barbares ont manqué à cela. Ils n'ont pas ,, attaqué *Li-ffe-mo* de prime-abord; ils ne fe font ,, pas non plus retirés auffi-tôt. Ainfi on doit s'atten-,, dre à les voir entiérement défaits. Prenez garde ,, d'aller les attaquer directement; attendez leur re-,, traite pour le faire ". Peu de temps après, les *Sie-yen-tho* envoyerent des Députés, pour fupplier l'Empereur de leur permettre de faire la paix avec les *Tou-kiue*. ,, Voici les conventions que je vous ai or-

,, données, répondit l'Empereur : que les Pays qui ,, font au Nord du défert foient poffédés par les *Sie-,, yen-tho*, & ceux qui font au Midi du même défert, ,, par les *Tou-kiue*. Vous n'avez pas ceffé nonobftant ,, cela de vous faire la guerre; je ne puis vous par-,, donner cette faute. Vous, *Sie-yen-tho*, qui me re-,, gardez comme votre pere, vous avez été les pre-,, miers à violer mes ordres; n'êtes-vous donc pas des ,, perturbateurs du repos public? Après cela, vous ,, dites que vous voulez avoir la paix avec les *Tou-,, kiue*. Vous y êtes obligés en vertu des conventions ,, déja faites. Pourquoi donc préfentement m'en de-,, mander la permiffion "? Il ne répondit point à leur demande. Cependant *Tha-thou-che* s'avança jufqu'à la grande muraille; mais il ne put joindre *Li-ffe-mo*, qui s'étoit déja retiré au Midi de la muraille. *Tha-thou-che* comprit auffi-tôt qu'il ne pourroit plus l'atteindre. Il fit monter de fes gens fur la grande muraille pour charger *Li-ffe-mo* d'injures.

Il arriva juftement en ce temps-là que l'armée de *Li-tçii* parut. *Tha-thou-che* fongea auffi-tôt à la retraite. Il traverfa les monts *Tçim-chan*; mais il avoit bien du chemin à faire. *Si-tçii* choifit une troupe de déterminés, qu'il joignit à fa cavalerie, & paffant la riviere de *Lo-ho*, il prit en toute diligence la route de *Pe-tao*, & pourfuivit vivement *Tha-thou-che*, fans le perdre de vue. *Tha-thou-che*, craignant de ne pouvoir échapper, traverfa la riviere de *Ge-tchin*, & fit ferme de l'autre côté. Auparavant les *Sie-yen-tho*, dans la guerre qu'ils avoient faite à *Cho-po-lo-kham* & à *Afena-chel*, avoient toujours été victorieux en combattant à pied; c'eft pourquoi ils ne fe fervirent point de leur cavalerie dans cette occafion. Ils partagerent leurs troupes de cinq en cinq hommes, l'un defquels tenoit les quatre chevaux des autres, qui combattoient tour-à-tour, avec ordre à tous de monter à cheval après la victoire, pour pourfuivre les fuyards. Ils avoient établi pour loi, que quiconque manqueroit au devoir, feroit mis à mort, & que fes biens feroient confifqués au profit de ceux qui auroient bien combattu. Les *Tou-kiue* de l'armée Chinoife furent enfoncés par les *Sie-yen-tho*, & mis en déroute. *Li-tçii* courut à leur fecours. Les *Sie-yen-tho* tiroient feulement aux chevaux, qui tomboient morts à l'inftant. *Li-tçii*, fur le champ, partagea fon infanterie en compagnies de cent hommes, & donna tête baiffée fur l'ennemi, qui s'étoit ouvert; il le mit en défordre & enfuite en déroute. Un de fes Lieutenants, nommé *Sie-van-tche*, pouffa droit avec le fort de fa cavalerie à ceux qui tenoient les chevaux des autres, qui combattoient à pied; ce qui empêcha les *Sie-yen-tho* de pouvoir s'enfuir. Il en fut tué plufieurs milliers; on leur enleva quinze mille chevaux. *Tha-tou-che* prit la fuite & difparut. *Sie-van-tche* eut beau le pourfuivre, il ne lui fut pas poffible de l'attraper. *Tha-tou-che* fe retira au Septentrion du défert, avec quelques débris de fon infanterie. Par malheur pour lui, il tomba une groffe neige, & l'âpreté du froid fut fi grande, que de dix parts de fes gens il en mourut huit. De tout temps, les *Sie-yen-tho* ont eu le pouvoir d'attirer les neiges du Ciel, par des facrifices qu'ils font aux Dieux, pour perdre leurs ennemis. Il crurent que cet expédient leur réuffiroit à l'égard de *Li-tçii*; mais contre leur attente, il tourna à leur malheur.

Li-tçii s'en retourna à *Tim-fiam*. L'Empereur y envoya des Députés, avec une lettre de fa main, pour louer l'armée, & s'informer de l'état où elle étoit. Il diftribua des récompenfes à tous ceux qui avoient bien fait, & fur-tout à ceux qui étoient morts dans cette expédition. En même-temps, il renvoya les Députés des *Sie-yen-tho*, qui étoient venus demander fes ordres, leur difant : ,, Retournez chez vous, à la bonne ,, heure, & rapportez à votre *Khan* ce que je vais lui ,, dire. Vous vous êtes fiés fur votre puiffance, & vous

,, avez

„ avez méprifé les *Tou-kiue*; vous les avez tyranni-
„ fés & accablés de tributs. Vous avez même pris
„ leur Chef pour ôtage. Ne fuis-je pas le maître de
„ l'univers, & vous appartient-il d'impofer des tri-
„ buts? A l'avenir quand il fe préfentera quelque chofe
„ d'important, confultez mûrement, pefez l'utile &
„ le dommageable, & n'entreprenez rien téméraire-
„ ment ". Les *Sie-yen-tho*, après avoir entendu ce
rapport de leurs Députés, envoyerent des Ambaffadeurs demander pardon à l'Empereur. Ils envoyerent
auffi *Cha-po-lo*, oncle de leur *Khan*, offrir en préfent trois mille chevaux à l'Empereur, & lui demander une Infante en mariage. „ Le Roi de *Yen-tho*,
„ (dit l'Empereur,) n'étoit qu'un fimple *Ki-kin*; c'eft
„ moi qui l'ai fait *Khan*. Qui eft-il en comparaifon
„ de *Kie-li*, qui étoit *Khan* des *Tou-kiue* Orientaux,
„ & dont j'ai détruit la puiffance, pour avoir ofé por-
„ ter la guerre fur les confins de mon Empire"? Il
rejetta leur propofition.

L'année fuivante, il vint une nouvelle ambaffade de
leur part, avec un plus grand nombre de chevaux,
outre les bœufs, les moutons & les chameaux, pour
faire de nouvelles inftances. L'Empereur tint ce difcours à fes Grands en plein Confeil : „ Moi, Em-
„ pereur, je trouve qu'il y a deux expédients fûrs
„ pour abaiffer l'orgueil des *Sie-yen-tho*. Le premier
„ eft d'envoyer contr'eux une armée de cent mille
„ hommes d'élite, qui les extermine entiérement ;
„ l'avantage qui reviendra de cet expédient durera
„ cent ans. Le fecond eft de rejetter la propofition
„ du mariage, de les tenir en bride, & les empêcher
„ d'approcher de la Chine. L'utilité que procurera
„ cet expédient, ne s'étendra pas au-delà de trente
„ ans. Lequel des deux vous paroît le meilleur"?
Fam-hiuen-lim prit la parole, & répondit en ces termes : „ Aujourd'hui tout eft encore dans le trouble,
„ les playes du peu qui refte de peuples ne font
„ pas encore fermées. Quand nous devrions fortir
„ victorieux de cette guerre, on ne peut point nier
„ qu'il n'y ait du rifque à l'entreprendre. Il vaut donc
„ mieux leur accorder une Infante en mariage, & fe
„ les attacher par le lien de cette alliance. Vous avez
„ raifon, dit l'Empereur ". Il nomma en même-temps
la *Koum-tchu* de *Sin-him* pour femme du *Khan*. Il
fit appeler *Tou-li-che*, Ambaffadeur des *Yen-tho*, &
lui fit un feftin folemnel, tous les Officiers de la Cour
étant préfents avec tout l'appareil poffible. *Thou-li che*,
frappant la terre avec le front, fouhaita une vie fans
bornes à l'Empereur. L'Empereur ordonna, par un
édit folemnel, à *Y-nan*, de venir recevoir la *Koum-
tchu*, & il prit lui-même la réfolution d'aller en perfonne jufqu'à *Nim-hia*, pour y célébrer les noces.
Y-nan ne fe poffédoit pas de joie; il la fit éclater par
ces paroles fanfaronnes : „ J'étois un fimple *Hoei-
„ hou*; le Souverain (on nomme ainfi par antonoma-
„ fe, l'Empereur de Chine,) m'a créé *Khan*; il me
„ donne en mariage fa propre fille; lui-même en
„ perfonne s'avance jufqu'aux confins de fon Empi-
„ re, pour l'amour de moi; quelle gloire après cela
„ peut égaler la mienne"? Auffi-tôt il impofa aux
fiens un tribut de moutons & de chevaux, pour
fournir aux fraix de la noce. Quelqu'un dit au *Khan*:
„ Votre Majefté & l'Empereur de Chine font cha-
„ cun maître d'un Etat, pourquoi donc l'allez-vous
„ vifiter? Et fi l'on vous arrête, fera-t-il temps de
„ vous repentir de cette démarche? Il n'en eft pas
„ ainfi, répondit *Y-nan*. Le fils du Ciel, régnant, eft
„ un Prince vertueux. Toute la terre s'eft foumife
„ à lui, & tous fe font gloire d'être au rang de fes
„ fujets. Nous fommes les feuls au Septentrion du
„ défert qui manquons de maître; en pouvons-nous
„ choifir un autre que lui"? Cela ferma la bouche à
celui qui avoit parlé.

L'Empereur ordonna, par un édit folemnel, que
les préfents des *Yen-tho* fuffent reçus. Le *Khan* des

Yen-tho n'avoit ni magafins, ni tréfors. Il tiroit tous
fes befoins de fes fujets, par des tributs qu'il leur im-
pofoit, lorfque la néceffité le preffoit; il falloit du
temps pour les lever. Quand ce vint à traverfer le
défert, les eaux & les herbes vinrent à manquer; il
lui mourut un grand nombre de moutons & de chevaux. Il manqua de payer fon tribut au temps préfix.
Tout cela enfemble obligea l'Empereur à ne pas partir pour *Nim-hia*. Cependant *Y-nan* avoit perdu par
la mortalité, la moitié de fes chevaux & de fes moutons. On fuggéra à l'Empereur ce confeil : Les Barbares ne recherchent la Chine, que par un pur motif
d'intérêts. Si la Chine donne une de fes Infantes en
cette occafion, où le mariage ne fe peut pas faire
avec l'éclat & l'appareil convenable, elle tombera dans
le mépris parmi les Barbares. Cela détermina l'Empereur à rompre le mariage; & il s'excufa de le conclure auprès des Ambaffadeurs des *Yen-tho*. Quelques-
uns lui dirent : „ Puifque Votre Majefté s'y eft enga-
„ gée, elle ne doit pas manquer à fa parole. Seigneurs,
„ repartit l'Empereur, le confeil que vous me donnez
„ n'eft point à propos. Anciennement, fous la Dy-
„ naftie des *Han*, la puiffance des *Hioum-nou* étoit
„ fi grande, que la Chine ne leur pouvoit réfifter.
„ Cela obligea les Empereurs de cette Dynaftie, de
„ donner à leurs *Tchen-yu* leurs propres filles en ma-
„ riage. Aujourd'hui, les Barbares du Septentrion font
„ foibles; je puis les réduire, & fur-tout les *Yen-tho*,
„ qui me fervent avec beaucoup de circonfpection,
„ confidérant le befoin qu'ils ont de mon appui pour
„ fe foutenir dans leur nouvelle élévation. Mais moi,
„ je confidere l'utilité que je retire d'eux pour tenir
„ les autres dans la fujétion. Les *Thoum-lo* & les
„ *Pou-kou* ont affez de force pour réduire les *Yen-tho*;
„ s'ils ne l'entreprennent pas, c'eft uniquement parce
„ qu'ils me redoutent. Or, fi je viens à donner une
„ *Koum-tchu* en mariage au *Khan* des *Yen-tho*, il
„ devient par-là mon gendre. Cela augmentera confi-
„ dérablement fa réputation & affermira fon trône,
„ & tous les autres Tartares viendront à l'envi fe ran-
„ ger fous fes étendards. Les Barbares ont dès in-
„ clinations fauvages; quand ils peuvent fe foutenir
„ par eux-mêmes, ils fe foulevent contre la Chine.
„ Préfentement donc que j'ai rompu ce mariage, les
„ Barbares n'en auront pas plutôt la nouvelle, qu'ils
„ viendront fondre à l'envi les uns des autres fur les
„ *Yen-tho*, qui font par-là fur le penchant de leur
„ ruine ".

En effet, auffi-tôt après, *Li-ffe-mo* tomba fur eux,
& alla ravager leur pays. Les *Yen-tho*, de leur côté,
envoyerent *Thou-li-che* faire la même chofe dans le
territoire de *Tim-fiam*. L'Empereur ordonna à *Li-tçii*
de les chaffer des confins. Incontinent après, les *Sie-
yen-tho* envoyerent des Ambaffadeurs à l'Empereur,
pour le fupplier de vouloir bien accepter le fecours
de troupes qu'ils lui offroient contre la Corée. Ils
faifoient cela pour fonder le cœur de l'Empereur.
L'Empereur (*Tham-thai-tçoum*) fit venir ces Ambaffadeurs en fa préfence, & leur parla en ces termes:
„ Retournez dans votre Pays, & dites de ma part
„ à votre *Khan*, que fi lui & fes enfants ont affez
„ de puiffance pour infulter mes frontieres, ils vien-
„ nent le faire inceffamment ". *Y-nan* fut effrayé
par ce difcours, & il n'ofa prendre aucune réfolution.
Il fe contenta d'envoyer des Ambaffadeurs pour faire
excufe à l'Empereur, & pour lui offrir de nouveau
le fecours qu'il lui avoit déja offert. L'Empereur loua
fon zele, & répondit obligeamment. *Mo-li-tchi*, Miniftre de Corée, fe fervoit des *Mo-ho*, (ce font les
Man-tchou, aujourd'hui maîtres de la Chine,) pour
attirer *Y-nan* à fon parti, en lui propofant de groffes récompenfes. *Y-nan* avoit perdu courage; il n'o-
fa rien entreprendre; fa mort furvint auffi-tôt. L'Empereur l'ayant apprife, lui fit des facrifices dans le lieu
où il fe trouvoit alors. Auparavant, les *Yen-tho* avoient

T

prié l'Empereur de créer *Y-mam*, fils d'*Y-nan*, & né d'une concubine, *Khan*, fous le titre de *Thou-li-che-khan*, pour gouverner la partie Orientale de leurs Etats, & *Pa-cho*, fils légitime d'*Y-nan*, fous le titre de *Che-hou-khan*, pour gouverner la partie Occidentale. *Y-mam* avoit été caufe que les *Yen-tho* avoient été défaits à la bataille de *Pe-tao*; ce qui l'a-voit rendu odieux à tout le monde.

Après les obféques d'*Y-nan*, *Y-mam* fe retira chez foi au plus vîte. *Pa-cho*, envoya un détachement de fes troupes après lui, qui le furprirent & le tuerent. *Pa-cho*, par cette mort, devint *Khan*, & prit le ti-tre de *Hie-li-kiu-li-che-fie-cha-tho-mi-khan*. Dans ce même temps, l'armée de l'Empereur étoit encore dans le *Leao-toum*, qui touche la Corée. Le nouveau *Khan* fe fervit de cette conjonćture fi favorable pour faire des incurfions fur la Chine. L'Empereur envoya *Tao-tçoum* contre lui, avec ordre de camper à *So-tcheou*. Il ordonna à *Sie-yan-tche* & *Afena-chel* de camper à *Chim-tcheou*, & à *Sa-khou-gou-gin* de cam-per à *Nim-hia*. Il donna ordre à *Tchi-che-ffe-lii* & aux *Tou-kiue* de fe tenir fur les confins, prêts à por-ter fecours où la nécefllité le requerreroit. Les captifs, (les Chinois nomment ainfi les Barbares, par mépris,) voyant ces préparatifs, fe retirerent. *Pa-cho* étoit d'un naturel farouche & cruel; il faifoit mourir beaucoup des principaux Officiers de fon pere, & diftribuoit les charges à fes favoris; perfonne ne fe croyoit en fûreté. *A-po-che* (ce doit être *Pa-cho*) rencontra par hafard une ambafîade Chinoife fur les confins Occidentaux des *Mo-ho*. Il fe donna-là un petit combat où *Apo-che* eut du pire. Craignant le reflentiment de fes fujets, il publia, quand il fut de retour, que les Chinois alloient tomber fur eux. Cela porta le trouble par-tout, & chacun fe fauva où il put. *Tho-mii-khan* (ou *Pa-cho*,) prit la fuite avec un peu plus de dix cava-liers, & alla fe refugier auprès d'*Afena-chi-khien*. Peu de temps après, il fut tué par les *Hoei-hou*, qui ex-terminerent toute fa famille.

Cinquante ou foixante mille *Yen-tho* fe retirerent à *Li-tchim*, où ils proclamerent *Khan* le fils d'un frere de *Tchin-tchu-pi-kia-khan*, qui fe nommoit *Thou-mo-tchi*, & lui donnerent le titre d'*Y-tche-ye-che-khan*. Celui-ci envoya des Ambafîadeurs en Chine, pour marquer à l'Empereur que fon deflein étoit de s'éta-blir dans les Monts *Yu-dou-ghiun*. L'Empereur en-voya des Députés régler cette affaire, & le confoler. Toutes les hordes des *Thie-le* étoient depuis aflèz long-temps fous le joug des *Yen-tho*; ce qui leur rendoit encore redoutable *Thou-mo-tchi*, tout foible & aban-donné qu'il étoit, & cette crainte les retenoit dans fa dépendance. L'Empereur, qui craignoit qu'il ne fe relevât, & ne fît bien du mal à la Chine, envoya vers lui *Li-tçii* & autres Commandants, avec ordre de le recevoir pacifiquement, s'il fe rendoit, ou de lui faire la guerre au cas qu'il fe révoltât. *Thou-mo-tchi* fut extrêmement furpris quand il vit *Li-tçii*. Il fe pré-paroit à la guerre, tandis qu'il l'amufoit de belles pa-roles en demandant à fe rendre. *Li-tçii* s'apperçut qu'il le jouoit. Il fondit fur lui à l'improvifte, coupa plus de cinq mille têtes, & fit captifs trente mille vieil-lards & enfants. Il détruifit par-là l'Empire des *Sie-yen-tho*. Pour *Thou-mo-tchi*, ayant appris qu'il y avoit chez les *Hoei-hou* un Ambafîadeur du fils du Ciel, nommé *Siao-ffe-ye*, il l'y alla trouver, & demanda d'ê-tre reçu à merci. Il fut envoyé en Chine, où l'Em-pereur lui donna la dignité de Général de fes gardes de la droite, lui afligna des fonds de terre & des maifons.

Un peu avant la deftruction de l'Empire des *Yen-tho*, il étoit venu un pauvre dans leur pays. Un *Yen-tho* le fit entrer dans fa tente, pour lui donner à man-ger. La femme de l'*Yen-tho* confidérant fon hôte, vit qu'il avoit la tête de loup. Après que l'hôte eut mangé, la femme avertit fon mari de ce qu'elle avoit

vu; car pour lui il n'avoit rien apperçu de femblable. Ce bruit s'étant répandu, tout le voifinage s'aflembla, & fe mit aux trouffes de l'homme à tête de loup. En le pourfuivant, ils arriverent aux monts *Yu-dou-ghiun*, où deux hommes fe préfenterent à eux, & leur dirent: „ Nous fommes des Génies, les *Sie-yen-tho* vont être „ éteints ". Cette parole les frappa, & les fit défifter de la pourfuite de ce pauvre, qu'ils perdirent aufli-tôt de vue. En effet, ils furent éteints par *Li-tçii*, au même endroit où les Génies avoient apparu. L'Em-pereur, à la défaite des *Yen-tho*, voulut joindre celle des *Ki-pii* & autres Tartares. Ceux-ci fe fou-mirent volontairement. L'Empereur envoya *Tao-tçoum*, & mit fous fon commandement *A-fe-na-chel* & autres Généraux, avec ordre de partager les troupes entr'eux, & de poufîer les Tartares à bout. L'Empereur alla en perfonne à *Nim-hia*, où il af-fembla tous les Officiers du pays. Alors onze hordes des *Thie-le* vinrent fe foumettre à lui, & demander des Officiers de fa main pour les gouverner, & ré-duire leur pays en Province de l'Empire de Chine. Cependant *Tao-tçoum* & les autres Généraux, ayant traverfé le défert, attaquerent le refte des *Yen-tho*. *Apo-tha-kan* coupa la tête à plus de mille, & pour-fuivit les autres durant vingt lieues. *Sie-van-tche* poufîa jufqu'à *Pe-tao*, & obligea les Chefs des *Hoei-hou* à venir fe rendre. Les ambafîades que les Barba-res envoyoient à l'Empereur, dans le lieu où il étoit, fe touchoient les unes les autres. Ils s'y trouverent au nombre de plufieurs mille hommes, & parlerent ainfi à l'Empereur: „ Votre Souveraine Majefté, fem-„ blable au Ciel en dignité, eft notre *Khan*. Pourvu „ que nous ayons l'honneur d'être mis à perpétuité „ au nombre de fes efclaves, la mort nous devien-„ dra agréable ". L'Empereur partagea leurs ter-res en villes du fecond & du troifieme ordre; après quoi les déferts du Septentrion jouirent d'une parfaite paix.

L'Empereur tint ce difcours aux Barbares qui étoient venus de toutes parts le faluer: „ Vous ferez „ aufli contents fous ma domination, que les rats le „ font dans leurs trous, & les poifîons dans les fon-„ taines. J'étendrai ces trous en plaines, & ces fon-„ taines en lacs, pour vous y faire vivre heureux ". Il ajouta: „ Tandis que je ferai maître de l'univers, fi „ quelque Barbare, de quelque nation qu'il foit, a be-„ foin de repos, je le lui procurerai; s'il eft dans la trif-„ teffe, je la diffiperai. Il pourra jouir, par mon fup-„ port, de l'un & l'autre de ces deux avantages, de la „ même façon qu'une mouche qui eft attachée à la „ croupe d'un cheval de prix, peut, fans fe fatiguer, „ faire cent lieues en un jour ". Alors l'Empereur fit des facrifices folemnels dans le temple de fes ancêtres, pour leur faire part d'un fi glorieux fuccès. Il accorda aux peuples le pouvoir de s'aflembler, & de faire des fêtes durant trois jours & trois nuits. Trois ans après, les reftes des *Yen-tho* fe rebellerent encore. L'Empe-reur donna le commandement de fon armée à *Tchi-che-ffe-lii*, qui les força & les remit dans le devoir. Entre l'an 650 & 656, l'Empereur *Tham-kao-tçoum* créa la ville de *Khi-tan-tcheou* maîtreffe d'un terri-toire, où il plaça, après leur retour, les reftes des *Yen-tho*, qui avoient pris auparavant la fuite.

DES PA-YE-KOU *ou* PA-Y-KOU.

Ils étoient répandus au Septentrion du défert, & leur pays avoit cent lieues d'étendue. Ils étoient pla-cés vis-à-vis des *Pou-kou*. A l'Orient, ils confinoient avec les *Mo-ho*, (Tartares, aujourd'hui maîtres de la Chine.) Leur Etat confiftoit en foixante mille tentes, d'où ils tiroient dix mille hommes de guerre. Le pays produit d'excellents chevaux & du fer d'une bonté ex-traordinaire. Il y a une riviere, nommée *Kham-kan-ho*.

On coupe des pins, & on les jette dedans; au bout de trois ans, ils se convertissent en une espece de pierre d'un gris verdâtre, d'une consistance serrée, & qui conserve encore les veines du pin. On l'appelle vulgairement *Kham-kan-che*, ou la *pierre de Kham-kan*. Les peuples ne s'y occupent qu'à la chasse; il y en a peu qui labourent la terre. Ils vont à la chasse des cerfs sur des traîneaux qui coulent sur les glaces. Leurs mœurs sont, à fort peu près, semblables à cel-. les des *Thie-le*; mais il y a quelque différence entre les deux langues.

L'an 629, ils vinrent avec les *Pou-kou*, les *Thoum-lo*, les *Hii* & les *Sii*, rendre hommage à l'Empereur. L'an 647, *Kiu-li-che*, qui étoit alors leur grand *Ki-li-fa*, vint avec toute sa nation demander que leur pays fût réduit en Province. L'Empereur *Tham-thai-tçoum* érigea leur pays en Généralat, lui donnant le nom de *Yeou-lim*. Il créa *Kiu-li-che* Général, ou bien *Tou-tou*, & lui donna le titre de Généralissime de ses Gardes de la droite. Vers l'an 658, ils se révolterent conjointement avec les *Pou-kou* & les *Thoum-lo*. *Tchim-gin-thai* alla porter la guerre chez eux, & fit couper la tête à leurs principaux Chefs. Après l'an 742, ils vinrent d'eux-mêmes rendre hommage.

DES POU-KHOU ou POU-KOU.

Ils sont à l'Orient des *Tho-lan-kho*. La nation consiste en trente mille tentes, d'où ils tirent dix mille hommes de combat. Ils sont les plus reculés de tous vers le Septentrion. Ils sont féroces & difficiles à dompter. D'abord ils s'étoient rendus sujets des *Tou-kiue*; ils le furent ensuite des *Yen-tho*. Après la destruction des *Yen-tho*, leur Chef *Po-pou-ki-li-fa-kho-lan-pa-yen* réduisit son pays en Province de Chine. L'Empereur donna à ce pays le nom de *Ki-vei-tcheou*. Il créa *Kho-lan-pa-yen* Généralissime de ses Gardes de la droite, & le fit *Tou-tou*.

L'an 703, ou incontinent après, celui-ci fut tué par un de ses Officiers, nommé *Pou-kou*, qui vint aussi-tôt après se rendre à l'Empereur. Les Officiers de l'Empire le condamnerent à la mort. Son fils *Hoai-ghen*, l'an 756, fut créé, pour ses bons services, Vice-Empereur de *So-fam*, (pays de la Chine.) Sa vie est écrite dans l'Histoire.

DES THOUM-LO.

Ils sont au Septentrion des *Sie-yen-tho*, & à l'Orient des *Tho-lan-kho*. Ils sont situés à l'Occident de *Si-ghan-fou*, d'où ils sont éloignés de 700 lieues & plus. Ils mettent 30000 hommes d'élite en campagne. L'an 628, ils envoyerent des Ambassadeurs en Chine. Long-temps après, ils demanderent d'être réduits en Province. L'Empereur *Tham-thai-tçoum* érigea leur Pays en *Tou-tou-fou*, ou *Tribunal de Tou-tou*, & lui donna le nom de *Kieou-lin*. Il créa leur chef *Ki-li-fa-chi-kien-tchue*, premier *Tou-tou*, ajoutant à cette dignité le titre de Généralissime de ses Gardes de la gauche. *Ghan-lo-chan* s'étant révolté, enleva de force les troupes de *Thoum-lo*, & en composa un régiment, qui portoit le nom d'*Y-lo-ho*, c'est-à-dire, des *braves*.

DES HOEN.

C'est de tous les peuples de la nation des *Thie-le*, le plus avancé vers le Midi. Après la défaite de *Kie-li-khan*, Empereur des *Tou-kiue* Orientaux, le *Ki-li-fa* des *Hoen*, nommé *Adan-tchi*, vint se soumettre aux Chinois. Après la destruction des *Sie-yen-tho*

leur grand *Ki-li-fa*, qui prenoit le titre de *Hoen-vam*, ou Roi des *Hoen*, vint demander que son Pays fût réduit en Province. L'Empereur l'érigea en *Tou-tou-fou*, & lui donna le titre de *Kao-lin*. Ensuite il fut partagé en deux *Tcheou*, ou Provinces, à savoir, l'Orientale & l'Occidentale. L'Empereur *Tham-thai-tçoum* sachant qu'*Adan-tchi* avoit un degré de parenté au-dessus du *Vam* ou *Roi*, il le députa vers lui avec des Interpretes. Le *Vam* lui céda sa dignité avec joie. L'Empereur loua beaucoup cette action. Il créa *Adan-tchi* Généralissime des Gardes de la droite, & Vice-Empereur de *Kao-lin-tcheou*. Il donna au *Vam* le titre de Général avec celui de *Ki-li-fa*, & le fit Lieutenant d'*Adan-tchi*. Celui-ci étant mort, son fils *Hoei-kouei* lui succéda. *Hoei-kouei* après sa mort, eut pour successeur *Ta-cheou*, son fils. *Che-tchi* fut mis en la place de *Ta-cheou*, son pere. *Che-tchi* étoit un homme d'une bravoure extraordinaire dans les combats. Il étoit à la suite de *Kho-chu-han*, Général de l'armée Chinoise, lorsque ce Général força la ville de *Che-pao-tchim*. Sa vaillance lui mérita la charge de Généralissime des Gardes de la droite, & la dignité de Duc de *Ju-nan*. *Li-kouam-pi* défendoit le pays de *Ho-yam*. *Che-tchi* lui fut donné pour Lieutenant-Général, sous le titre de Maître de la cavalerie de *So-fam*. Il fut promu à la dignité de Roi de *Nim-so*, & de Vice-Empereur de *So-fam*.

Quelque temps après, le bruit courut que *Pou-kou-hoai-ghen*, qui avoit pris la fuite, revenoit prendre possession de son ancien Gouvernement: ,, Sans doute, ,, dit alors *Che-tchi*, c'est marque qu'il a été abandonné des siens; il se prépara à le repousser ". *Tcham-chao*, son neveu ou gendre, lui dit: ,, Si le repentir ,, des malheurs qu'il a causés à l'Empire le ramene ,, au devoir, peut-on ne le pas recevoir " ? *Che-tchi* approuva ce conseil, & le reçut pacifiquement. A peine celui-ci fut-il entré, qu'il fit tuer *Che-tchi*, par *Tcham-chao*, & se rendit maître de son armée. Il eut horreur du crime de *Tcham-chao*; & lui ayant reproché sa perfidie : ,, Si vous avez été si ingrat à l'égard ,, de votre oncle, ou beau-pere, lui dit-il, puis-je ,, compter sur votre fidélité " ? Il lui fit rompre les jambes, & le jetter dans une prison, où il mourut. *Che-tchi* laissa un fils nommé *Che-tchim*, qui fut un des plus fideles sujets de l'Empereur *Tham-thai-tçoum*. Sa vie est écrite à la fin de l'Histoire des *Tham*.

DES KHI-PII ou KII-PII-YU.

Leur pays est au Nord-Ouest du Royaume de *Yen-khi*, sur des bords de la riviere d'*Ym-so*, au Midi des *Tho-lan-kho*. *Kho-lem*, leur Chef, prit le titre d'*Y-ye-tchin-mo-bo-khan*. Il étoit vaillant, aussi-bien que *Mo-ho-tou-the-le*, son frere cadet. *Mo-ho-tou* étant mort, son fils *Ho-li-cham-nieou* vint avec toute sa horde, se remettre entre les mains de *Tham-thai-tçoum*, Empereur de Chine. Ceci arriva l'an 632. L'Empereur lui assigna un territoire entre les villes de *Kan-tcheou* & *Leam-tcheou*, dans la Province de *Chensi*, pour l'habiter. L'Empereur donna au Pays des *Kii-pii*, le nom d'*Yu-kii-tcheou*. L'an 653, l'horde de *Ho-li-cham-nieou*, ou le pays qu'elle habitoit dans la Tartarie, fut nommé *Ho-lin*. L'Empereur assigna au Commandant du Pays le titre de *Tou-tou*, & voulut qu'il dépendît du Généralissime Chinois de *Yen-gen*. *Ho-li-cham-nieou* rendit de grands services à la Chine, dans ses armées. Ce fut un sujet d'une fidélité extraordinaire. Au commencement du regne de l'Empereur *Tham-ven-tçoum*, les *Kii-pii* de *Ho-li-cham-nieou* furent transférés dans le territoire de *Tchin-vou*, & furent attachés à la jurisdiction du Commandant Chinois de ce pays.

DES THO-LAN-KHO, *ou* THO-LAN.
(apparemment *Thoran*, ou *Thoramgha*.)

Ils font placés à l'Orient des *Sie-yen-tho*, & touchent les bords de la riviere de *Thoum-lo*. Ils fourniffent dix mille combattants, gens d'élite. Après la deftruction des *Sie-yen-tho*, leur Chef *Ki-kiu-tho-lan-kho-mo* vint avec les *Hoei-he* rendre hommage à l'Empereur, qui érigea fon pays en *Tou-tou*, & lui donna le nom de *Yen-gen*. Il joignit au *Tou-tou* la dignité de Généraliffime des Gardes de la droite. Le *Tou-tou* (*tho-lan-kho-mo*) étant mort, *Tho-lan-kho-ki-pou* hérita de la charge de *Tou-tou*, & fut créé par l'Empereur Grand *Ki-li-fa*.

DES ATHIE, *ou* HATHIE, *ou* HIETHIE.

Au commencement ils fe joignirent aux *Pa-ye-khou* & autres Tartares, pour venir rendre hommage. L'Empereur érigea leur Pays en *Tcheou*, & le nomma *Khi-thien*. Sous l'Empire de *Tham-hiuen-tçoum*, après l'an 713, *Hie-thie-ffè-thai* vint du lieu où *Me-tchue*, Empereur des *Tou-kiue* Occidentaux, tenoit fa Cour, fe foumettre à l'Empereur. Dans la fuite, *Kouam-tçin*, & *Kouam-yen*, (deux *Athie*,) mériterent de grandes charges par les fervices qu'ils rendirent dans les armées de la Chine ; de forte que l'Empereur leur donna le nom de fa famille, qui étoit *Li*, & les fit mettre fur les rôles. Leurs deux vies font écrites dans l'Hiftoire.

DES KHO-LO-LO, *ou* KHORLO.

C'étoit dans fa premiere origine un ramas de familles *Tou-kiue*. Il étoient placés au Nord-Oueft de *Pe-thim*, ou de la Cour Septentrionale des *Tou-kiue*, & à l'Occident des Monts d'or. Ils occupoient les deux rives de la riviere de *Pou-kou-tchin*, entouroient le mont nommé *Tho-ta*, & confinoient avec le *Tche-pi*. Ils étoient partagés en trois corps. Le premier s'appelloit *Mou-lo*, ou bien *Mou-la*. Le fecond, *Tche-khi*, ou bien *Po-pou*. Le troifieme, *Ta-che-li*. Lorfque *Kao-khan*, au commencement du regne de *Tham-kao-tçoum*, l'an 650, ou peu après, alla faire la guerre à *Tche-pi-khan*, les trois corps des *Kho-lo-lo* furent réduits en Province. L'an 657, l'Empereur donna au corps des *Mou-lo* le titre d'*Yn-chan-tou-tou-fou*, & conféquemment le nom d'*Yn-chan* au pays qu'il habitoit. Celui de *Tche-kii* fut nommé *Ta-mo*, & érigé en *Tou-tou-fou* ; celui des *Ta-che-li* fut nommé *Hiuen-tche*, & érigé en *Tou-tou-fou*.

Les Chefs de ces corps furent créés *Tou-tou*. Dans la fuite, les *Tche-khi* furent partagés en deux diftricts, dont l'un garda fon ancien nom, & l'autre fut nommé *Kin-fou-tcheou*. Ces trois corps étoient ferrés par les *Tou-kiue* du côté de l'Orient & du côté de l'Occident. Ils obfervoient la force ou la foibleffe des *Tou-kiue*, pour régler fur cela leur foumiffion ou leur révolte, fans avoir à cet égard aucune conduite arrêtée. Dans la fuite, ils s'avancerent peu-à-peu vers le Midi, & leur Chef prit le titre de *Che-hou* des trois familles ou corps. Ils étoient courageux, & aimoient la guerre. Les *Tou-kiue* qui étoient à l'Occident des *Thim-tcheou*, & dans *Thim-tcheou* même, les redoutoient. Un peu après l'an 713, les *Kho-lo-lo* vinrent deux fois rendre hommage à la Chine. Après l'an 742, ils fe liguerent avec les *Hoei-he* & les *Pa-ffi-mii*, & attaquerent tous enfemble le *Khan*, nommé *Ou-fou-mii-chi*, & le tuerent. Incontinent ils tournerent leurs armes avec les *Hoei-he* contre les *Pa-ffi-mii*, & mirent *Afena-che*, leur *Khan*, en déroute, près de *Pe-thim*, ou de la Cour du Septentrion. *Afena-che* fe refugia à la Cour de l'Empereur. Les *Kho-*

lo-lo, & les neuf familles (des *Tou-kiue* Occidentaux,) proclamerent le *Che-hou* des *Hoei-he*, Empereur, fous le titre de *Hoai-gin-khan* ; après quoi les *Kho-lo-lo* vinrent s'établir dans les monts *Ou-de-ghien*, (*Ou-tou-ghai*, ou en Chinois, *Ou-tou-kiun*, ou bien *Ou-te-kien*,) où ils s'affujettirent aux *Hoei-he*. Ceux qui demeuroient dans les Monts d'or, & à *Pe-thim*, rendoient tous les ans hommage à l'Empereur. Longtemps après, le *Che-hou* des *Kho-lo-lo*, nommé *Thun-pii-kia*, fit prendre & lier tous les *Tou-kiue* qui étoient dans fon pays, & fe révolta contre leur Empereur.

Le Chef des *Kho-lo-lo*, nommé *Apou-ffe*, fut promu par l'Empereur à la dignité royale, fous le titre de *Roi des Monts d'or*, du fecond ordre. Depuis l'an 742 jufqu'à l'an 757, il vint cinq fois rendre hommage. Après cela les *Kho-lo-lo*, dont la puiffance s'étoit infenfiblement augmentée, commencerent à le difputer aux *Hoei-he*. Ils quitterent leur pays, & allerent s'établir dans celui qui avoit anciennement appartenu au *Khan* des dix familles des *Tou-kiue* Occidentaux. Par-là ils furent maîtres des villes de *Soui-che*, de *Tho-lo-ffe* & autres. Nonobftant cela, ils craignoient les *Hoei-he* ; & n'ofant paffer fur leurs terres, ils cefferent de venir en Chine rendre hommage.

DES PA-SSI-MII.

Ils vinrent l'an 649 rendre hommage à l'Empereur, pour la premiere fois. L'an 742, ou peu après, ils s'unirent au *Che-hou* des *Hoei-he*, pour attaquer le *Khan* des *Tou-kiue* Occidentaux. L'Empereur créa un des Grands chefs des *Pa-ffi-mii*, nommé *Affena-tbi*, fous le titre de *Ho-la-pii-kia-khan*. Celui-ci envoya une ambaffade à l'Empereur pour le remercier. *Tham-hiuin-tçoum*, qui régnoit alors, fit des préfents confidérables aux Ambaffadeurs. Il ne fe paffa pas trois ans fans que ce *Khan* fût attaqué & défait par les *Kho-lo-lo* & les *Hoei-he*. Il s'enfuit à *Pe-thim*, d'où il vint rendre hommage à l'Empereur, qui le créa Général des Gardes de la gauche. Son pays & fes fujets lui furent ravis par les *Hoei-he*.

DES TOU-PO, *ou* TOU-POC.

Leur pays du côté du Septentrion eft terminé par une petite mer, ou grand lac. Il confine, du côté de l'Occident, avec les *Khien-kouen*, & du côté du Midi, avec les *Hoei-he*. Ils font divifés en trois cantons, qui ont chacun leur Chef féparé. Ils ne favent ce que c'eft que la fupputation des faifons & des années ; ils fe font des huttes d'herbes & de paille. Ils ne favent ce que c'eft que de nourrir des animaux. Ils ignorent entiérement l'agriculture. Le terroir y produit beaucoup de *Pe-ho*, dont la racine leur fert de pain. Ils vivent de la pêche & de la chaffe. Les peaux de Zibelines & de cerfs leur fervent d'habits. Les pauvres coufent enfemble des plumes d'oifeaux pour s'en couvrir. Les préfents de noces des riches confiftent en chevaux, & ceux des pauvres en peaux de cerfs ou en racines. Ils enferment les corps des morts dans des coffres de bois, après quoi ils vont les porter dans les montagnes, & les fufpendre aux arbres. La maniere de leurs funérailles eft femblable à celle des *Tou-kiue*. Ils ne fe fervent point de fupplices. Les voleurs y font quittes de tout, en rendant le double de ce qu'ils ont pris. L'an 647, ils fe fervirent des *Khou-li-kan* qui venoient en Chine, pour y envoyer leurs Ambaffadeurs rendre hommage.

DES KHOU-LI-KAN.

Ils font au Nord de *Han-hai*. Ils peuvent mettre fur pied une armée de cinq mille hommes d'élite. Le

pays

pays abonde en *Pe-ho* (herbe ou racine.) Il produit d'excellents chevaux, dont la tête reffemble à celle des chameaux. Ces chevaux font d'une haute taille & d'une force extraordinaire ; ils font dans un jour plu-fieurs dixaines de lieues. Cette contrée touche à la mer du côté du Septentrion. Elle eft extraordinairement éloignée de *Si-ghan-fou*, (capitale alors de la Chine.) Paffant au Septentrion de cette mer, (dans une Ifle,) on trouve le jour (du folftice d'été) extrêmement long, & la nuit très-courte ; à peine a-t-on le loifir de bien cuire une épaule de mouton pendant le temps qui s'écoule entre le coucher & le lever du foleil. Cela vient de ce que ce pays eft voifin du lieu où le foleil fe leve.

Après que les *Khou-li-kan* furent venus rendre hommage à la Chine, l'Empereur envoya chez eux le Général nommé *Kham-fo-mii*, pour les voir & les confoler. Il donna à leur pays le nom de *Hiuen-kieu-tcheou*. Leur principal Chef, ou leur *Ki-kin*, au re-tour du Général, envoya des chevaux en préfent à l'Empereur. Ce Prince fit choix des plus excellents ; il s'en trouva dix d'une bonté fi extraordinaire, qu'il leur donna à chacun un nom qui marquoit leur bonté. Il combla de préfents les Ambaffadeurs *Khou-li-kan* qui les avoient amenés. Vers l'an 662, l'Empereur *Tham-kao-tçoum* changea le nom de *Hiuen-kiue-tcheou*, que le pays des *Khou-li-kan* portoit, en ce-lui de *Yu-gou-tcheou*, & le foumit à la jurifdiction du *Tou-tou-fou* de *Han-bai*. L'an 694, il vint encore une ambaffade des *Khou-li-kan*.

Remarquez que ce pays doit être fous le cercle polaire, à fort peu près. Il eft vrai que l'inftrument dont parle l'Hiftoire Chinoife, feut un peu le Tar-tare, & n'eft guere propre à prendre hauteur. On conclut pourtant de-là avec affez de fûreté, ce que j'ai avancé. *Kouo-cheou-kim*, dont j'ai parlé ci-devant, détermine cette hauteur avec toute la précifion digne d'un grand Aftronome. Ce pays avoit été fubjugué par les *Moumgols*, qui régnoient en Chine. Comme ils aimoient les fciences, ils cultiverent l'Aftronomie avec un foin particulier. Les Tables *Ilkhaniennes* & celles d'*Ulug-beg*, & les obfervations de *Marägah* & de *Samarkande*, le témoignent affez. *Khoublai-khan* envoya des Aftronomes Chinois, prendre les hauteurs du foleil dans toute l'étendue de ce vafte Empire, le jour du folftice d'été de la même année, plantant à cet effet des Gnomons de huit pieds de haut. Ceux qui furent députés chez les *Khou-li-kan* fur les bords de la mer Glaciale, y trouverent l'om-bre méridienne, fuivant le rapport de *Kouo-cheou-kim*, de fix pieds fept dixiemes, & huit centiemes ; d'où il conclut la hauteur du pole de 65 degrés Chi-nois ; ce qui eft fort près de la vérité ; car 65 degrés Chinois font 64 degrés & 4 minutes des nôtres, & la hauteur du pole, fuppofant la longueur de l'ombre, fe trouve par la Trigonométrie de 64 degrés, deux minutes. Il eft vrai que *Kouo-cheou-kim* ne donne à la longueur du jour folftitial, qui fut celui de l'obfer-vation, que quatre-vingt-deux centiemes de jour af-tronomique ; c'eft-à-dire qu'il fuppofe l'arc femi-diurne réduit à notre maniere de calcul, de neuf heures cin-quante minutes, & un peu plus ; d'où s'enfuivroit la hauteur du pole de 62 degrés 40 minutes ; mais on fait affez combien il eft difficile d'obferver la longueur du jour. Au refte, les *Moumgals* donnoient le nom de *Kin-tcha*, de leur temps, aux *Khou-li-kan*, & ils affurent que leur pays étoit éloigné de *Pe-kim* vers le Nord-Oueft de deux milles lieues. Suivant ce cal-cul, ce doit être un peuple de la Mofcovie d'Euro-pe, & l'Hiftoire de la Dynaftie des *Tham* a raifon de dire qu'il étoit extrêmement éloigné de *Si-ghan-fou*, alors capitale de la Chine.

DES PE-SII.

Ils occupent l'ancien pays des *Sien-pi*. Ils font droit au Nord-Eft de *Si-ghan-fou*, à cinq cents lieues de dif-tance. Ils touchent le pays des *Thoum-lo* & des *Pou-khou*. Pour éviter les *Sie-yen-tho*, ils fe cantonnerent fur la riviere de *Ghao-tchi* & dans les monts *Lem-him*. Ils ont au Midi les *Khi-tan* ; au Septentrion les *Ou-lo-hoen* ; à l'Orient les *Mo-ho* ; à l'Occident les *Pa-ye-kou*. Leur pays a deux cents lieues de tour. Il eft entouré par-dehors de montagnes. Ils peuvent mettre dix mille hommes choifis en bataille. Toute leur oc-cupation eft la chaffe. Ils font vêtus de cafaques de peaux rouges, fous lefquelles ils portent des habits verds. Les femmes portent des braffelets de cuivre ; elles attachent des grelots aux côtés ou pans de leurs robes.

Ils font divifés en trois hordes qui fe nomment *Kiu-yen*, *Vou-jo-mo*, & *Hoam-choui*. Leur Roi eft fujet des *Tou-kiue*. *Kie-li-khan*, Empereur des *Tou-kiue* Orientaux, lui avoit donné le titre de *Ki-kin*. Ils vinrent rendre hommage à *Tham-thai-tçoum*, Em-pereur de Chine. Enfuite la Chine donna le nom de *Tchin-yen-tcheou* à deux de leurs hordes, & celui de *Kiu-yen-tcheou* à l'horde des *Kiu-yen*. L'Empereur donna la qualité de Vice-Empereur à leur *Ki-kin*. Lan 660, l'Empereur accorda à leur chef *Li-han-tchu* la qualité de *Tou-tou*, de *Kiu-yen*. Celui-ci étant mort, eut pour fucceffeur fon frere cadet *Kiue-tou*. Depuis ce temps-là, on n'en a plus entendu parler.

DES HOU-SIE, ET AUTRES TARTARES.

Leur pays eft au Nord des *Tho-lan-kho*. Ils peu-vent armer dix mille hommes d'élite. Les *Hii-kie* font fitués au Septentrion des *Thoum-lo*, & les *Sé-kie* dans l'ancien camp des *Yen-tho*. Ces deux dernieres hor-des font enfemble vingt-mille hommes d'armes. Après qu'ils furent venus fe foumettre à la Chine, leur pays fut diftribué en territoires de villes du fecond & du troifieme ordre. Voici les noms de plufieurs nations Barbares du Septentrion, qui communiquerent immé-diatement avec la Chine, fous l'Empire de *Tham-thai-tçoum*. Les *Ou-lo-hoen*, ou bien les *Ou-lo-heou*, étoient au Nord-Eft de *Si-ghan-fou*, à fix cents lieues de diftance & plus. Ils confinoient aux *Mo-ho* du côté de l'Orient, & du côté de l'Occident aux *Tou-kiue* ; au Midi, aux *Khi-tan* ; au Septentrion, aux *Ou-ouan*. Leurs mœurs étoient pour la plus grande partie les mê-mes que celles des *Mo-ho*. Les *Ou-ouan* qui s'appel-loient auffi *Kau-ouan*, ou bien *Kio*, ou bien *Kiai*, habitoient les pays qui étoit au Nord-Eft des *Pa-ye-kou*. Il y a des arbres ; mais pour toute herbe, on trouve de la mouffe en abondance. Les habitants n'ont ni chevaux, ni moutons. En revanche, ils nourriffent les cerfs comme on fait ailleurs les bœufs & les che-vaux, excepté qu'ils ne leur donnent que de la mouffe à manger ; ils s'en fervent à tirer leurs chariots. Ils fe font auffi des habits de leurs peaux. Ils bâtiffent des maifons de bois, où ils demeurent pêle-mêle fans dif-tinction de rang, ni de qualité. Il y a de plus, au Sep-tentrion, un pays nommé *Yu-tche*, qui eft plus étendu que celui des *Kou-ouan*, dont le peuple a les mœurs femblables à celles des *Pa-ye-kou*. Il s'y trouve peu de moutons & de chevaux ; mais il y a quantité de Zibelines. Il y a les *Kiao-ma*, (ce qui fignifie *che-vaux pommelés* en Chinois,) dont le nom propre eft *Pii-la*, ou *Gho-lo-tchi*. Ils font au Nord des *Tou-kiue*, & à 1400 lieues de *Si-ghan-fou*. Ils fuivent les rivieres & les herbes, & n'ont point de demeure fixe ; ils aiment à habiter les montagnes. Ils peuvent met-tre fous les armes trente mille hommes choifis. Leur terre eft toujours couverte de neige ; cependant les ar-bres ne s'y dépouillent point de leurs feuilles. Ils fe fervent de chevaux pour labourer leurs champs. Comme tous leurs chevaux font pommelés, on a donné à leur nation le nom de *Chevaux pommelés* Ce pays, du côté du Nord, aboutit à la mer Glaciale. Au reste, quoiqu'ils élevent des chevaux, ils ne les montent point. Ils se servent du lait de cavale, pour en tirer du beurre & de l'eau-de-vie. Ils font ennemis des *Kie-khou*, & se battent volontiers contre eux. Ils ressemblent de visage aux *Kie-khou*; mais les langues des deux nations font tout-à-fait différentes. Elles se coupent toutes deux les cheveux, & portent des bonnets d'écorce de bouleau. Ils assemblent des planches en forme de margelles de puits, qu'ils couvrent de bouleau; ce qui leur sert de maison.

Chaque canton a son Chef indépendant de tous les autres. Les *Ta-han*, (cela signifie en Chinois les *grands hommes*, ou les *Géants*) font au Nord du pays de *Kio*, ou *Kou-ouan*. Ils abondent en moutons & en chevaux. Les hommes, comme toute le reste, y font d'une grandeur démesurée; de-là vient qu'ils se font donné le nom de *Géants*. Ils confinent, aussi-bien que les *Kou-ouan*, avec les *Kie-kia-sse*, & ils font établis sur les bords de la mer, ou grand lac, nommé *Kien-hai*. Ces dernieres nations n'avoient jamais paru en Chine; mais depuis l'an 627, jusqu'à l'an 649, elles vinrent apporter pour tribut des peaux de Zibelines, & présenter des chevaux; les unes une fois, & les autres deux fois.

<h3 style="text-align:center">D E S K I E - K I A - S S E.</h3>

Les *Kie-kia-sse* font ce qu'on appelloit anciennement le Royaume de *Khien-kouen*. Leur pays est à l'Occident d'*T-ou* ou Nord du Royaume de *Yen-khi* & le long des Monts blancs. Ils se nomment aussi *Kiu-ve* ou bien *Kie-khou*. Ils font mêlés avec les *Ti-lim*. Ce Royaume étoit la frontiere occidentale du pays qui appartenoit en propre aux *Hioum-nou*. Ceux-ci créerent Roi de cette nation le fameux *Li-lim*, Général Chinois qui s'étoit donné à eux, & lui donnerent le titre de *Hien-vam*, ou de *sage Roi* de la droite. Dans la fuite, le *Then-yu*, nommé *Tché-tchi*, subjugua les *Khien-kouen* ou *Kie-kia-sse*. Ils étoient éloignés de 700 lieues de la Cour du *Tchen-yu*, à l'Occident de laquelle ils étoient placés. Ils étoient terminés vers le Midi, par le Royaume de *Tche-sse* ou d'*Eyghour*. Leur camp royal étoit éloigné de la capitale du *Tche-sse* de cinq cents lieues. *Tchen-yu*, nommé *Tche-tchi*, y établit son siege impérial. Dans la fuite des temps, ceux qui posséderent ce Royaume donnerent à ses habitans le furnom de *Kie-khou*, qui peu-à-peu fut changé en celui de *He-khou*, & même en celui de *Ke-khou-sse*. On y compte plusieurs centaines de milliers d'habitans, dont on peut tirer quatre-vingts mille hommes d'élite pour la guerre. Ils font droit au Nord-Ouest des *Hoei-he*, à trois cents lieues de distance. Les monts *Tan-man* leur servent de remparts du côté du Midi. Le terroir en est marécageux durant l'été, & couvert de neige durant l'hyver. Les hommes y font tous de grande taille; ils ont les cheveux blonds, le visage blanc & les yeux bleus. Ils mettent au rang des prodiges les cheveux noirs. Ceux qui ont les yeux noirs passent incontestablement parmi eux pour être de la race de *Li-lim*. Il naît peu d'hommes, & beaucoup de femmes. Ils portent des anneaux aux oreilles; c'est une nation fiere & altiere. Les hommes y font courageux. Ils se font des marques ou stigmates aux mains. Les femmes s'en font fur le cou, après avoir été mariées. Les hommes & les femmes vivent pêle-mêle ensemble; d'où naît l'impureté & le libertinage qui regne parmi eux.

Ils appellent en leur langue le commencement de l'année, *Mao-sse-ghai*; ce qui veut dire le mois. Trois *Mao-sse-ghai* font une saison. Ils ont un cycle de douze ans, chacun desquels ils désignent par le nom de quelque chose. Par exemple, si l'année est la troisieme du cycle duodénaire de la Chine, & a pour caractere la lettre *Yn*, ils appellent cette année-là l'année du Tigre. Le froid dure long-temps dans ce climat. Les plus grands fleuves y gelent jusqu'à la moitié de leur profondeur. Leurs grains font diverses especes de panis, le froment & l'orge. Ils se servent de moulins à bras pour moudre ou piler ces grains. Il sement dans la seconde lune, & moissonnent dans la neuvieme. Ils se servent de ces grains pour faire du pain & du vin. Ils n'ont ni fruits d'arbres, ni fruits rempants. Ils élevent des chevaux très-grands & très-vigoureux. Les chevaux propres à la guerre, s'y nomment chevaux du premier rang. Ils ont des chamaux, des moutons & des bœufs; fur-tout ils abondent en chevaux. Les laboureurs riches en ont quelquefois plusieurs milliers. Pour animaux sauvages, ils ont les chevaux sauvages, les *Khou-thou*, les chevres jaunes, les moutons à grosse queue, & les cerfs à queue noire. Cette espece de cerfs ressemble au daim, excepté la queue qui est grande & noire. Pour poisson, ils ont le *Mab*, qui est long de 7 à 8 pieds; il n'a point d'os; & a la gueule sous le menton. Pour oiseaux, ils ont les oies sauvages, les canards, les corbeaux, les pies, les éperviers & les faucons. Pour arbres, ils ont les pins, les bouleaux, les ormes, les faules, & les roseaux. Les pins font si hauts, qu'une fleche, poussée à toute force, ne peut fouvent atteindre jusqu'à la cime; fur-tout il y a quantité de bouleaux. On trouve dans ce pays de l'or, du fer, & de l'étain. Dans le temps des pluies, on ne manque jamais de ramasser une espece de fer que les eaux entraînent, & qui se nomme *Kia-cha*. Les armes qui en font forgées, percent la peau du Rhinocéros. Ils le portent aux *Tou-kiue*, pour payer le tribut qu'ils leur doivent. Ils ont pour armes l'arc & la fleche; ils ont aussi des bannieres & des étendards. Leur cavalerie porte une targe, tissue d'éclisses de bois, qui couvre le ventre & les jambes. De plus, elle se couvre le dos d'une bouclier rond, qui vient jusqu'aux épaules, pour parer les coups qui se portent par-derriere.

Agé, ou bien *Ogé*, veut dire *Roi* dans leur langue, & ce titre a passé en nom de famille pour celle qui regne chez eux; il a sa banniere royale. Tous ceux qui font de sa propre horde portent le rouge pour livrée. Les autres hordes prennent leur nom pour titre. Dans leurs habillements, ils estiment fur-tout la Zibeline. L'*Agé* ou l'*Aché* porte un bonnet de Zibeline durant l'hyver; mais en été, il en porte un à boutons d'or, qui s'éleve en pointe, & dont le sommet se termine en rond. Tous ses sujets portent des bonnets de feutre blanc. Ils aiment à porter le sabre & la pierre à aiguiser. Les gens de basse condition font vêtus de peaux, & n'ont point de bonnets. Les habillements des femmes font de drap, de serge, de brocard, de tabis, & de taffetas, marchandises qu'ils achetent des Arabes à *Ghan-si* & à *Pe-thim*. L'*Agé* tient sa Cour dans les monts *Tçim-chan*, ou *Montagnes noires* (en Chinois.) Son camp est entouré d'estacades, qui tiennent lieu de murailles. Ses tentes font de feutres cousus ensemble; ils nomment une tente en leur langue, *Mii-ti-chi-tho*. Les tentes de ses Officiers font plus petites que les siennes. Quand il assemble des troupes, tous les peuples qui font fous sa dépendance, lui apportent pour tribut des peaux de Zibelines & de petit-gris. Il a pour Officiers des *Tçai-siam*, ou Visirs, qui font au nombre de sept; des *Toutou* qui font au nombre de trois; des *Tche-sse* qui font au nombre de dix. Ces trois ordres d'Officiers ont le principal commandement de ses armées. Il a de plus quinze *Tcham-sé*. Les *Tçian-kiun*, & les *Ta-kan* n'ont point de nombre déterminé. Voilà en tout six ordres d'Officiers. (Remarquez que tous ces termes d'Offices font Chinois, excepté le dernier.)

Toutes ces hordes vivent de chair & de laitage de cavale, il n'y a que le seul *Agé* qui mange du pain. Leurs inftruments de mufique font la flûte traverfiere, le tambour, l'orgue Chinoife, la flûte droite, les plats d'airain qu'on heurte l'un contre l'autre, & les petites cloches. Ils font combattre des chameaux, des lions, & des chevaux pour fe divertir. Ils ont auffi des danfeurs de corde pour la même fin. Quand ils facrifient aux Dieux, ils le font en rafe campagne, fans autre objet de culte que les eaux & les herbes; ils n'ont point de temps réglé pour cela. Ils nomment les Prêtres en leur langue *Kan-hoen*. Leurs préfents de noces confiftent en chevaux & en moutons; les riches les envoyent par centaines ou par milliers. Durant les funérailles, ils ne fe déchiquetent point le vifage. Ils font trois fois le tour du corps, enfuite ils le brûlent, & en ramaffent les offements qu'ils gardent un an entier avant de les enterrer; après quoi ils pleurent en mefure. Ils couvrent les maifons où ils logent d'écorce de bouleau. Leurs lettres & leur langue font en tout femblables à celles des *Hoei-hou*. Leurs loix font d'une étrange févérité. Quiconque plie dans le combat, quiconque ne remplit pas l'attente publique dans une ambaffade, quiconque fe mêle de parler fans raifon des affaires d'Etat, ou fait un vol, a le cou coupé fur le champ. Si le voleur a encore fon pere, on attache au cou du pere la tête de fon fils, qu'il eft obligé de porter jufqu'à la mort.

Il y a quarante journées de chameau depuis le camp royal de l'*Agé*, jufqu'à celui de l'Empereur des *Hoeihou*. Les Ambaffadeurs, pour aller au camp des *Hoeihou*, paffent à la droite de la ville de *Thlen-te*, à vingt lieues de diftance & plus. De-là ils vont à la ville de *Cheou-hiam-tchim*, au Septentrion de laquelle ils paffent à trente lieues de diftance & plus. Ils arrivent enfin à la fontaine nommée *Fi-ti-tçuen*. De cette fontaine ils prennent leur route vers le Nord-Oueft, & après avoir marché cent cinquante lieues & plus, ils arrivent enfin au camp de l'Empereur des *Hoeihou*. Il y a deux chemins qui y conduifent; celui qui eft au Septentrion de la fontaine de *Fi-ti*, fe nomme l'Oriental (*). Soixante lieues au Nord du camp royal des *Hoei-hou*, on trouve la riviere de *Gho-ho*. Au Nord-Eft de cet endroit de la riviere, font les Monts neigeux, où le terroire eft plein d'eau & de fontaines. A l'Orient des Monts *Tçim-chan*, ou *Monts noirs* en Chinois, il coule une riviere nommée *Khien-ho*; on joint deux barques enfemble pour la paffer. Toutes ces eaux coulent vers le Nord-Eft, & après avoir traverfé le Royaume, elles fe réuniffent, & vont fe jetter dans la mer du Nord. Vers l'Orient, on trouve les *Tou-kiue*, qui fe fervent de chevaux de bois pour traîneaux. Ils font compofés de trois peuples, qui font les *Tou-po*, les *Mie-li-kho* & les *Gho-tchi*. Les chefs de ces trois hordes portent tous trois le titre de *Kie-kin*. Ces peuples couvrent leurs maifons d'écorce de bouleau. Ils ont quantité de bons chevaux. Ils ont coutume de monter des chevaux de bois pour courir fur les glaces. Ils attachent des planches fous les pieds de ces chevaux. Ils courbent des branches d'arbres qui tiennent au dos du cheval de bois, & qui viennent les foutenir par-deffous les aiffelles; d'un feul élan ils font cent pas. A l'aide de cette machine, ils vont d'une viteffe incroyable. Ces peuples fe tiennent cachés durant le jour, & fortent la nuit pour exercer leurs brigandages. Les *Khien-kouen*, ou bien *Kiekia-ffe*, dépendent d'eux.

Le Royaume des *Khien-kouen* eft puiffant par luimême; il égale en étendue le Royaume que les *Toukiue* poffédent en propre. Auffi l'Empereur des *Tou-*

kiue donne de fes filles en mariage aux principaux Chefs des *Khien-houen*. Ces peuples-ci ont les *Khouli-han* à l'Orient; (il devroit, ce femble, dire à l'Occident;) les *Tybethains*, (c'eft-à-dire, le pays qu'ils avoient conquis dans la Tartarie,) au Midi; les *Kho-lo-lo* au Sud-Oueft. Au commencement, ils étoient fujets des *Sie-yen-tho*, qui les gouvernoient par le moyen d'un *Kie-li-fa*, ou Vice-Roi qu'ils y tenoient à cette fin. Ils avoient trois Chefs; le premier, nommé *Kii-fii*, le fecond *Kiu-cha-po*, le troifieme *Ami*, qui tous trois d'un commun accord, gouvernoient l'Etat. Ils n'avoient pas encore eu de communication avec la Chine, lorfque l'an 648 ayant appris que les *Thie-le*; (ou les *Hoei-hou*.) s'y étoient foumis, ils envoyerent auffi-tôt des Ambaffadeurs à l'Empereur *Tham-thai-tçoum*. Le *Ki-li-fa*, nommé *Chelpo-kiu-a-tçien*, qui étoit alors leur Chef, vint en perfonne rendre hommage. L'Empereur lui fit un feftin, durant lequel il dit à fes Grands qui y affiftoient : „ Je „ croyois avoir fait un coup d'une valeur extraordi„ naire, lorfque j'eus coupé la tête à trois *Tou-kiue* „ fur le pont du *Ouei* qui coule près de ma Capi„ tale; mais je trouve que le *Ki-li-fa*, à qui je fais ce „ banquet, l'emporte en cela fur moi". Le *Ki-li-fa*, après s'être échauffé à boire du vin, fupplia l'Empereur de lui donner une de ces planchettes, ou fceptres; que les Officiers de Chine tiennent à deux mains devant l'Empereur. L'Empereur érigea fon pays en *Fou*, ou *Cité* du premier ordre, & lui donna le titre de *Khien-kouen-fou*. Il créa le *Ki-li-fa* Généraliffime des Gardes campées de la gauche, & lui donna la charge de *Tou-tou*, en le mettant fous la jurifdiction du Généraliffime Chinois de *Yen-gen*. Sous le regne de *Tham-kao-tçoum*, il envoya deux ambaffades.

Vers l'an 709, le Chef des *Khien-khouen* envoya des préfents à *Tham-tchoum-tçoum*, qui les reçut avec plaifir, & qui eut la bonté de dire aux Ambaffadeurs : „ Votre Royaume & le mien ont tous deux „ la même origine ; (parce que *Li-lim*, fondateur „ & Roi des *Khien-kouen*, étoit Chinois :) je ne „ le regarde pas de même œil que les autres Royau„ mes étrangers ". En même-temps, il verfa de fon propre vin, & envoya la taffe pleine à l'Ambaffadeur; celui-ci fe mit à genoux, & frappa la terre avec le front. Les *Khien-kouen* envoyerent quatre ambaffades fous le regne de *Tham-hiuen-tçoum*. L'an 758 ou 59, ils furent entièrement défaits par les *Hoeihou*. Depuis ce temps-là, ils ne purent plus communiquer avec la Chine. Les autres Barbares leur donnerent dans la fuite le nom de *Kie-kia-ffe*, au-lieu de *Khien-kouen*. Ce furent proprement les *Hoei-hou* qui leur donnerent ce nouveau nom, qui fignifie les *vifages jaunes-rouges*. On l'a encore corrompu, & on les a nommés *Kia-kia ffe* : (ne feroient-ce point les *Kir-kaffe*, ou, comme nous prononçons, les *Circaffes ?*) Ils fe tiennent unis aux Arabes, aux *Tybethains* & aux *Kho-lo*, par une ligue défenfive. Les *Tybethains*, dans leurs voyages, craignent d'être détrouffés par les *Hoei-hou*; ce qui les oblige de s'arrêter chez les *Kho-lo*, jufqu'à ce qu'il leur foit venu une efcorte de *Kie-kia-ffe*. Les Arabes font des brocards, (c'eft-à-dire, des tapis tiffus d'or,) d'une fi énorme pefanteur, qu'il faut vingt chameaux pour en porter un. Comme ils ne peuvent pas les tranfporter tout entiers, ils les partagent en vingt pieces, & tous les trois ans ils les donnent en préfents aux *Kiekia-ffe*. Les *Hoei-hou*, de leur côté, donnent à l'*Agé* des *Kie-kia-ffe*, pour titre de dignité, celui de *Pi-kiatun-kie-kin*. Auffi-tôt que la puiffance des *Hoei-hou* commença à tomber en décadence, l'*Agé* prit le titre de *Khan*. Il étoit fils d'une fille du Roi des *Toukiffe*; il la créa *Kha-toun-mere*, & fa femme, qui étoit fille du *Che-hou* des *Kho-lo*, reçut celui de *Kha-toun*.

Le *Khan* des *Hoei-hou* envoya un de fes Vifirs

faire la guerre à l'*Agé;* mais il ne put le réduire. Cette guerre dura vingt ans fans interruption. L'*Agé*, enflé de fes victoires, s'emporta en injures contre le *Khan* des *Hoei-hou:* „ Ton temps eft fini, lui fit-il dire, ,, je vais bientôt t'enlever la tente d'or; je ferai des ,, courfes de chevaux devant cette tente; je plante- ,, rai deffus mes étendards. Si tu crois pouvoir me ré- ,, fifter, je t'attends de pied ferme; fi tu ne le peux ,, pas, retire-toi inceffamment ". Les *Hoei-hou* ne purent tirer vengeance de cet affront. Au contraire, un de leurs Chefs, nommé *Kiu-lo-mo-ho*, fervit de guide à l'*Agé*, pour venir attaquer les *Hoei-hou.* L'*Agé* les défit, & fit couper la tête à leur *Khan.* Tous les *The-le*, où Princes du fang du *Khan*, prirent la fuite. L'*Agé* mit lui-même le feu à la tente du *Khan*, à fon camp & à la tente d'or de la *Koum-tchu* Chinoife, où le *Khan* avoit coutume de fe retirer; enfuite il ramaffa les dépouilles de l'ennemi. Il prit auffi la *Koum-tchu* de *Thai-ho* & la fit tranfporter fur le champ au Midi des Monts *Ya-lao*, qui fe nomment auffi *Tou-pou*; ils font éloignés de quinze journées de cheval de l'ancien camp du *Khan* des *Hoei-hou.* L'*Agé* fachant que la *Koum-tchu* étoit fille d'un Empereur de Chine, envoya des Ambaffadeurs, avec une efcorte, pour la conduire en Chine. Le *Khan* des *Hoei-hou*, nommé *Ou-kiai-khan*, lui coupa chemin, & la reprit; il fit mourir les Ambaffadeurs de l'*Agé.* Vers l'an 844, l'*Agé* ayant appris la nouvelle de la mort de fes Ambaffadeurs, & ne pouvant avoir de communication avec la Chine, à caufe des *Hoei-hou* qui étoient entre deux, envoya *Tchughou-ho-fou* avec des lettres d'avis de ce qui s'étoit paffé. *Tchughou* eft le nom d'une famille des *Kie-kia-ffe*; *Ho*, dans la langue de ce peuple, fignifie *brave*, & *Sou*, fignifie *gauche;* comme qui diroit, le brave qui tire des fleches de la gauche de la famille de *Tchughou.* Celui-ci fut trois ans en marche pour arriver en Chine. L'Empereur *Tham-vou-tçoum* fut ravi de le voir à fa Cour. Il lui donna le pas au-deffus des Ambaffadeurs du Royaume de *Po-hai*, (puiffant Etat de l'Orient du *Lea-toum* & au Nord de la Corée,) & cela eu égard à ce qu'il étoit venu de fi loin payer tribut. Il ordonna au Préfident du Tribunal des écuries, nommé *Tchao-fan*, d'aller confoler l'*Agé.* Il envoya un Miniftre d'Etat vifiter l'Ambaffadeur dans le Tribunal des Ambaffades. L'Ambaffadeur lui fit la defcription de fon Pays & des mœurs des peuples.

Le Miniftre d'Etat, qui étoit *Li-te-yu*, parla en cette forte à l'Empereur : „ Sous l'Empire de *Tham-thai-tçoum*, tous les Royaumes éloignés avoient envoyé des Ambaffadeurs en Chine. *Yen-ffe-kou*, un des plus grands hommes de ce fiecle-là, qui étoit alors Affeffeur d'une Cour fouveraine, fupplia l'Empereur qu'il lui fût permis, à l'exemple de l'ancienne Dynaftie des *Tcheou*, de faire un recueil de ce qui regardoit ces Royaumes. Aujourd'hui les *Kie-kia-ffe* fe font ouvert un chemin de communication avec la Chine. Il faut donc faire un femblable recueil, & lui donner le même titre d'Affemblée générale des Tributaires, pour fervir de monument à la poftérité ". L'Empereur ordonna, par un édit folemnel, qu'on fît le recueil, & qu'on y mît ce que l'Ambaffadeur marqueroit. Il ordonna de plus, que l'on confervât la généalogie de l'*Agé*, avec celle de la famille Impériale. Dans ce temps-là, *Ou-kiai*, qui étoit *Khan* des *Hoei-hou*, s'étoit retiré avec le refte de fes gens chez les *He-tche-tçe*, (ce font des *Che-ouei.*) L'*Agé* prit la réfolution de venir l'enlever durant l'automne, faifon où les chevaux ont toute leur vigueur. Il avertit l'Empereur de fon deffein par un placet, & lui demanda du fecours. L'Empereur envoya *Laou-moum* fur les frontieres de la Chine pour l'appuyer. D'un outre côté, le Confeil de l'Empereur confidérant que dix-huit villes de la Province de *Chenfi* étoient depuis long-temps fous la domination des *Tybethains*, que

les *Hoei-hou* étoient atterrés, & que la guerre civile des *Tybethains* les avoit épuifés, perfuada à l'Empereur de ne pas laiffer échapper une occafion fi favorable. L'Empereur commença par envoyer des Députés à l'*Agé*, pour le créer *Khan*, fous le titre Chinois de *Tçoum-ym-hioum-vou-tchim-mim-khan.* L'Empereur *Tham-vou-tçoum* mourut avant le départ des Députés. *Tham-fuen-tçoum* qui lui fuccéda, voulut exécuter le deffein de fon prédéceffeur. Quelques-uns lui dirent : Les *Kie-kia-ffe* font une petite nation, qui ne peut en aucune façon fe comparer à la Chine. L'Empereur fit une affemblée générale de tous fes Officiers, depuis le premier ordre jufqu'au quatrieme inclufivement, & mit l'affaire en délibération. Tous furent dé même avis & dirent : Lorfque les *Hoei-hou* étoient au plus haut point de leur puiffance, les Empereurs les créoient *Khan*, & les honoroient de titres. Préfentement, le bonheur a voulu que leur puiffance ait été anéantie. Si l'on fait les mêmes honneurs aux *Kie-kia-ffe*, ils cauferont dans la fuite quelque malheur à la Chine. Cela obligea l'Empereur à fe défifter de l'entreprife l'an 847. Enfin, l'Empereur *Tham-fuen-tçoum* députa *Ly-ye*, Préfident du Tribunal des ambaffades, pour aller avec les marques de la foi publique, créer *Khan*, l'*Agé* des *Kie-kia-ffe*, & lui donner le titre Chinois d'*Ym-vou-tchim-mim-khan.* Sous l'Empire de *Tham-yi-tçoum*, depuis l'an 860 jufqu'à l'an 874, il vint trois ambaffades de la part des *Kie-kia-ffe*, lefquels, au bout du compte, ne purent fubjuguer les *Hoei-hou.* Depuis ce temps-là, l'Hiftoire de Chine n'a plus marqué ni la fuite des *Agé*, ni les ambaffades qu'ils ont pu envoyer.

Voilà ce que l'Hiftoire des *Tham* a recueilli des *Tou-kiue*, des *Hoei-hou*, & des autres nations Tartares Occidentales. Voici préfentement les obfervations des Hiftoriens, car ils racontent fimplement les faits, fans aucune critique de leur part, fans exagération, & fans aucun ornement d'éloquence, fe contentant de mettre, en peu de mots, à la fin des Chapitres, ce qu'ils penfent. Telle eft la forme de l'Hiftoire Chinoife. Les Barbares, difent-ils, font naturellement féroces & avides; ils font hommes au-dehors, & bêtes au-dedans; ils n'ont des yeux que pour le vol & le brigandage. De-là vient que les deux anciennes Dynafties, fondées par *Tchim-tham* & par *Vou-yam*, n'ont jamais voulu fe fervir d'eux, montrant par-là qu'ils les tenoient pour étrangers, & non pour proches. L'Empereur *Tham-thai-tçoum*, qui en eut befoin pour conquérir l'Empire de Chine, fe fervit des *Tou-kiue*; mais ne pouvant plus fouffrir leurs cruautés, il fit lier leur *Khan*, & fe les affujettit. L'Empereur *Tham-fou-tçoum* fe fervit des *Hoei-he* contre les Chinois rebelles. Ceux-ci en vinrent jufqu'à emmener les Chinois en captivité, à faire affront au Prince héritier de l'Empire, & à faire mourir, fous les coups, des principaux Officiers de l'Empereur. Ils ne mettoient aucunes bornes à leurs demandes & à leurs exactions. L'Empereur *Tham-te-tçoum* fe fervit auffi des *Tybethains.* Ceux-ci pillerent la ville de *Pim-leam-fou.* Ils mirent en déroute les plus grands Généraux de la Chine, & forcerent la partie occidentale des confins. Cela s'appelle introduire les malheurs du dehors, pour remédier aux troubles du dedans. Il faut s'en fervir avec Epikie, & les tenir dans le devoir par la prudence; le feul Empereur *Tham-tai-tçoum* en étoit capable. Quant aux deux Empereurs, (*Tham-fou-tçoum* & *Tham-te-tçoum*,) qui, comme Princes foibles & étourdis, fe familiarifoient avec eux, étoient-ils capables d'arrêter leurs défordres? Quand on les approche de foi, ils exigent des récompenfes. Leur cupidité eft infatiable, & ils ne font jamais contents; leur mécontentement dégénere infenfiblement en haine. Si l'on veut les rappeller au devoir par la charité & la juftice, ils regardent ces moyens avec mépris, d'où naît l'indignation dans leur cœur; & comme ils ont acquis une parfaite connoif-

fance

fance du fort & du foible de la Chine, les malheurs qu'ils lui caufent s'étendent loin, & font accompagnés d'inhumanité. N'eft-ce pas vouloir appaifer la faim d'un famélique, en lui préfentant du bois à manger, que de prétendre les réduire, en leur repréfentant l'honnêteté & l'équité ?

DE L'EMPIRE DES KHI-TAN, *qui ont fondé la Dynaftie des* LEAO, *dans la Chine.*

A-pao-khi, fondateur de cette Dynaftie, fous le titre de *Thai-tçou*, naquit dans le canton de l'horde des *Khi-tan*, nommée *Thie-la*, qui s'appelloit autrement *Che-liu*, ou, comme le prononcent les Chinois, *Ye-liu*, d'où il tira fon nom de famille. Il étoit le fils aîné de *Te-tçou-hoam-ti*. Sa mere étoit de la famille des *Siao*. Il naquit l'an 872 ; fa mere le conçut, après avoir vu un foleil qui tomboit dans fon fein. Quand il naquit, la maifon où étoit fa mere, parut environnée d'une lumiere divine, & fut parfumée d'une odeur exquife. Il avoit la taille d'un enfant de trois ans quand il vint au monde, & pouvoit déja marcher en s'aidant des mains. Sa mere admira ces prodiges, & l'éleva avec foin. Elle le tenoit caché dans une tente différente de la fienne, & elle ne permettoit à perfonne de le voir. Au bout de trois mois, il commença à marcher. A l'âge d'un an, il parla, & prédifoit les chofes à venir. Il difoit de lui-même qu'il étoit entouré d'hommes divins, qui lui fervoient de gardes. Dès l'âge de fept ans, il ne parloit que d'affaires de conféquence. Son oncle maternel, qui gouvernoit alors, quoiqu'il en prît du foupçon, craignant qu'un jour il ne le dépoffédât, fe fervoit de fes confeils. Quand il fut parvenu à l'âge viril, il avoit neuf pieds de haut, (c'eft-à-dire près de fept de nos pieds.) Son vifage étoit large par en-haut, & pointu par en-bas ; l'éclat de fes yeux éblouiffoit ceux qui le regardoient. Il bandoit un arc, qui ne fe pouvoit pleinement bander qu'en attachant à la corde un poids de trois cents livres Chinoifes. Lorfqu'il étoit *Tha-ma-yue-ffa-li*, (ce terme revient à celui de notre ancien Connétable,) les petits *Hoam-che-ouei* refuferent de lui obéir ; il les foumit par adreffe. Il fit la guerre aux *Yue-ghou*, aux *Kou-lou*, aux *Hii* & aux *Cha-yue*, & dompta toutes ces hordes. Il reçut enfuite des fiens le titre d'*Atchu-cha-li*.

L'an 901, *Hen-te-kin* fut proclamé *Khan* ; il le créa *Apao-khi*, Roi, ou bien *Y-li-kin* de l'horde des *Thie-la*, & lui donna le pouvoir de faire la guerre de fon chef. Celui-ci fubjugua les *Che-ouei*, les *Yu-kiue* & les *Hii*, & fit un très-grand nombre de captifs. Dans la dixieme lune de la même année, le *Khan* le créa *Y-li-kin* de *Ta-tie-lie-fou*. L'année fuivante, dans la feptieme lune, *A-pao-khi* entra en Chine à la tête de quatre cents mille combattants, & prit neuf grandes cités dans la partie Septentrionale de cet Empire. Il y fit quatre-vingt-quinze mille captifs. On ne peut exprimer le nombre des bœufs, des chameaux & des moutons qu'il en enleva. Dans la neuvieme lune, il bâtit la ville de *Loum-hoa-tcheou*, au Sud du *Hoam-ho*, (riviere hors du *Leao-toum*, au Septentrion.) L'année fuivante, il commença à bâtir le Temple nommé *Khai-kiao-ffe*. Il porta la guerre chez les *Niou-tche*, & les dompta ; il en enleva trois cents familles. Dans la neuvieme lune, il rentra dans la Chine Septentrionale, & en conquit plufieurs villes. Dans la dixieme lune, ramenant fon armée, il pilla la partie Orientale de la Province du *Pe-tche-li*, & s'en retourna chargé de dépouilles. Auparavant, *Te-tçoum-hoam-ti* (pere de *Thai-tçou*) avoit emmené captives fept mille familles de *Hii*. Il avoit formé une colonie qu'il avoit placée fur les bords de la riviere de *Tçim-ho*, qui eft dans le Pays de *Jaolo*. Ce fut alors que fa horde prit le nom de *Hii-thie-la*. Elle

fut partagée en onze villes du troifieme ordre, & *Thai-tçou*, (ou bien *Apao-khi*,) en fut créé *Yu-yue*, ou Vice-Roi, avec le commandement général des armées. L'an 904, *Apao-khi* augmenta la ville de *Loum-hoa-tcheou*, du côté de l'Orient. Dans la neuvieme lune, il alla faire la guerre à ceux des *Che-ouei*, qu'on nommoit *He-tche-tçe*, (ce qui fignifie en Chinois les *chariots noirs*.) Un Général Chinois, nommé *Leou-gin-khoum*, fit marcher une armée contre lui, commandée par *Leou-tchao-pa*, fils adoptif de *Leou-gin-khoum*. *Leou-tchao-pa* vint à la ville de *Vou-tcheou*. *Apao-khi* l'ayant fu par fes efpions, lui dreffa des embufcades fous les monts *Thao-chan*. Il envoya des *Che-ouei*, qui rapporterent fauffement à *Tchao-pa* qu'ils étoient envoyés par les Chefs de leur nation, pour convenir avec lui du rendez-vous qui feroit à *Pim-yuen*. Quand *Tchao-pa* y fut arrivé, les embufcades fe leverent de tous côtés ; l'armée Chinoife fut exterminée, & *Tchao-pa* pris. *Apao-khi* pourfuivant fa victoire, alla fondre fur les *Che-ouei*, qu'il défit entiérement. L'année fuivante, dans la feptieme lune, il retourna porter la guerre chez les *Che-ouei* aux chariots noirs. *Li-khe-youm*, Général Chinois, envoya lui demander la paix. Dans la dixieme lune, *Apao-khi* vint avec foixante & dix mille cavaliers trouver *Li-khe-youm* à *Yun-tcheou*. Etant échauffé de vin dans le feftin, *Li-khe-youm* le pria de lui prêter fon armée, pour venger fur *Leou-gin-khoum* la perte qu'il avoit faite dans la bataille de *Mou-koua-kien*. *Apao-khi* la lui prêta ; & ayant changé entr'eux d'habits & de chevaux, ils fe jurerent une amitié fraternelle. Marchant contre *Leou-gin-khoum*, il força quelques villes, dont il emmena avec lui tous les habitants. L'année fuivante, dans la feconde lune, il revint à la charge contre *Leou-gin-khoum*. Au retour de cette expédition, il furprit les *Hii* qui étoient au Septentrion des montagnes, & les défit à *Pien-tcheou*. *Tchu-tçuen-tchoum*, Chinois, révolté contre les Empereurs de la Dynaftie des *Tham*, lui envoya des Ambaffadeurs par mer, avec une lettre & des préfents de grand prix. Dans l'onzieme lune, *Apao-khi* envoya un détachement de fon armée contre les hordes des *Hii*, des *Sii*, & des *Niou-the* du Nord-Eft, qui n'étoient pas encore foumifes ; elles furent toutes fubjuguées & affujetties. Dans la douzieme lune, *Hen-te-kin-khan* mourut. Tous les Grands de l'Etat, fuivant le teftament du feu *Khan*, réfolurent de proclamer *Apao-khi*. *Ho-lo* & les autres le prefferent d'accepter cette dignité ; il la refufa trois fois, enfuite il la reçut.

La premiere année de fon regne, qui fut l'an 907 dans la premiere lune, il ordonna à fes Officiers de dreffer un Temple découvert ; il y fit un holocaufte au Ciel, & prit le titre de *Hoam-ti*. Il créa fa mere *Hoam-thai-heou*, c'eft-à-dire en Chinois, *Augufte*, *très-grande Reine* ou *Impératrice-mere*. Il créa fa femme, qui étoit, auffi-bien que fa mere, de la famille des *Siao*, *Hoam-heou*, c'eft-à-dire en Chinois, *Impératrice*. Il donna la dignité de *Tçai-fiam* du Septentrion à *Siao-hia-la*, & de *Tçai-fiam* du Midi au Prince *Ye-lu-gheou-li-ffe*. Ce terme *Tçai-fiam* fignifie en Chinois *Miniftre d'Etat avec un pouvoir fans exception*. Tous les Officiers de l'Empire, ayant à leur tête les deux *Tçai-fiam*, donnerent en cérémonie à leur nouvel Empereur le titre de *célefte Hoam-ti*, & à leur nouvelle Impératrice celui de *terreftre Hoam-heou*. Dans la deuxieme lune, il fit la guerre aux *Che-ouei* aux chariots noirs, & les foumit. Dans la quatrieme lune, le premier jour, nommé *Tim-vei*, le Roi de *Leam*, nommé *Tchu-tçuen-thoum*, dépofa l'Empereur des *Tham*, qu'il fit mourir incontinent après, & prit le titre de *Hoam-ti* de la Chine, donnant à fa nouvelle Dynaftie le titre de *Leam*. Il en avertit *Thai-tçou*, (c'eft *Apao-khi*,) par une ambaffade folemnelle. *Leou-gin-koum* fut emprifonné par son fils *Leou-cheou-khouam*, qui usurpa sa dignité de Vice-Empereur. Le frere aîné de *Leou-gin-koum* vint dans la septieme lune se rendre à *Thai-tçou*, avec tous les Chinois qui étoient sous son commandement. *Thai-tçou* lui assigna pour sa demeure la ville de *Pim-lou-tchim*. Dans la dixieme lune, il porta la guerre chez les chariots noirs, & les défit.

La seconde année (908,) le premier jour du premier mois, il reçut les hommages de ses Grands & de tous les Ambassadeurs étrangers. Il créa son frere cadet *Sa-la* Président, ou *Tii-yn* du Tribunal des Princes du sang. *Li-tçun-hiu*, fils de *Li-khe-youm*, succéda à son pere dans la dignité de Vice-Empereur de la partie méridionale de la Province de *Chansi*. *Thai-tçou* envoya des Ambassadeurs au fils, pour lui faire des compliments de condoléance sur la mort de son pere. Dans la cinquieme lune, il envoya *Sa-la*, son frere, faire la guerre aux *Ou-ouan* & aux *Che-ouei* aux chariots noirs. Le premier jour de la dixieme lune, il bâtit le palais de *Mien-vam*, & fit élever une longue muraille pour barrer la mer. Il envoya *Kim-gin* redemander les *Tou-hoen*, qui s'étoient refugiés chez les *Che-ouei*. La troisieme année (909,) dans la troisieme lune, *Leou-cheou-ven*, Vice-Empereur de *Tçam-tcheou*, ayant été attaqué par son frere *Leou-cheou-khouam*, envoya demander du secours à *Thai-tçou*. *Thai-tçou* donna le commandement d'une armée à son frere cadet, nommé *Che-li-sou* qui étoit *Y-li-kin* & à *Siao-ti-lou*, qui mirent *Leou-cheou-khouam* en déroute. L'armée victorieuse pénétra jusqu'à *Pe-thao-kheou*. Dans la cinquieme lune, il bâtit la ville de *Yam-tchim* au pied du mont *Than-chan*, pour servir de lieu de commerce. Le premier jour de la septieme lune, il créa *Siao-ti-lou*, frere aîné de l'Impératrice, *Tçai-siam* du Septentrion. Ce fut pour la premiere fois que cette dignité fut conférée à la famille des Impératrices. Dans la dixieme lune, les *Hii* du mont *Ou-ma-chan*, les *Tcha-la-ti*, les *Tçou-po-te* & autres se révolterent; il leur fit la guerre, & les subjugua.

La quatrieme année (910,) il créa *Siao-ti-lou*, frere de l'Impératrice, *Tçai-siam* du Nord, & dompta plusieurs Tartares du Nord.

La cinquieme année (911,) le premier jour de la premiere lune, nommé *Pim-su*, le soleil s'éclipsa. *Thai-tçou* alla en personne faire la guerre aux *Hii* Occidentaux, qui se fiant sur la difficulté des passages, se soumettoient & se rébelloient à tous moments, sans vouloir écouter la persuasion; il fit tout plier sous le joug. Ensuite faisant un détachement de son armée, il assujettit de la même sorte les *Hii* Orientaux. Ce fut pour lors qu'il devint paisible possesseur de tout le Pays des *Hii* & des *Sii*; de sorte que son Empire se trouva terminé du côté de l'Orient par la mer; du côté du Midi par *Pe-fan*, Pays de la Chine; à l'Occident, il passoit au-delà des sables brûlants & du Royaume d'*Eyghour*; au Nord du désert, il s'étendoit jusqu'à la riviere de *Hoam-choui*. Dans la cinquieme lune, *La-kha*, *Thie-la*, *Yu-ti-che* & *An-douan*, quatre de ses freres cadets, se révolterent. *Nien-mo-kou*, femme d'*An-douan* l'avertit de la conspiration. *Thai-tçou* ayant examiné mûrement la chose, la trouva véritable; mais ne pouvant se résoudre à donner la mort à ses freres, il les conduisit sur une montagne, où après avoir fait des sacrifices au Ciel & à la terre pour avertir ceux-ci de ce qui se passoit, il obligea ceux-là à lui jurer fidélité, & leur pardonna. *La-kha* fut fait *Y-li kin* de l'horde de *Thie-la*. La Princesse *Nien-mo-kou* fut créée Reine de *Tçin*, Royaume de Chine dans la Province de *Chansi*. Le premier jour de la septieme lune, les *Thie-li-ti*, & les étrangers envoyerent des ambassades avec leurs tributs. Dans la dixieme lune, il établit des forges de fer.

La sixieme année (912,) il donna la charge de *Tii-yn*

à *Hoa-kha*. Dans la troisieme lune, il alla en personne faire la guerre à *Leou-cheou-kouam*. Dans la quatrieme lune, *Yeou-kouei*, Prince du sang de la Dynastie Chinoise des *Leam*, & Roi d'*Ym*, tua son pere, & se fit proclamer Empereur de Chine. Dans la septieme lune, *Thai-tçou* marcha en personne contre les *Che-pou-kou*, qui se soumirent à lui, le nombre des dépouilles montoit à plusieurs dixaines de mille. Il donna un détachement à *La-kha*, son frere, pour aller prendre la ville de *Pim-tcheou*. Dans la huitieme lune, *Thai-tçou* alla au mont, nommé *Gen-te-chan*, où il lui naquit un fils, nommé *Li-hou*. Dans la dixieme lune, *La-kha* força la ville de *Pim-tcheou*. Etant de retour, il renoua avec *Thie-la*, *Yn-ti-che*, *An-douan*, & autres, le premier dessein de leur conspiration. *Thai-tçou* ayant appris leur révolte auprès de la partie Septentrionale des monts *A-lou-chan*, & que les révoltés lui fermoient les chemins, il tourna vers le Midi, & s'avança à grandes journées. Le jour même de son départ, il fit un holocauste au Ciel. Le lendemain il arriva à la riviere de *Tçii-tou*, ou des sept passages. Chacun de ses freres révoltés envoya des Députés pour demander pardon de la faute. *Thai-tçou* eut encore la bonté de leur pardonner, pour leur donner lieu de se corriger. Cette année, *Thai-tçou* prit dans un pillage cinquante Bonzes *Ho-cham*. Etant de retour à *Si-leou*, ou au Pavillon Occidental, il bâtit un temple nommé *Thien-hioum-sse*, ou temple de la *céleste vaillance*, pour faire voir que le Ciel avoit aidé sa vaillance dans la guerre, & il plaça les Bonzes dans ce temple.

La septieme année (913), dans la premiere lune, l'armée de *Thai-tçou* étoit campée près de la ville de *Tche-choui-tchim*. *La-kha* & les autres freres de *Thai-tçou* le supplierent de les recevoir à merci. *Tai-tçou* s'étant revêtu d'habits simples & sans ornement, monta sur un chariot attelé de chevaux pommelés de bai & de blanc, prit pour cochers deux Seigneurs, se fit accompagner de ses gardes, mais sans armes, & les allant trouver en cet équipage, il les consola, & leur donna de sages avis; *La-kha* se retira avec ses confédérés. *Thai-tçou* envoya encore des Députés pour les rassurer & les consoler. Le premier jour de la seconde lune nommé *Kio-su*; *Yeou-tchim*, Roi Chinois & Prince du sang des *Leam*, punit son frere aîné *Yeou-kouei* du patricide de leur commun pere, & prit possession de l'Empire de Chine. Dans la troisieme lune, *Thie-li-kha-thou*, frere cadet de *Thai-tçou*, usurpa le titre de Roi des *Hii*, & se joignit à *An-douan*. Ils s'avancerent avec une escorte de plus de mille cavaliers, disant faussement qu'ils venoient rendre leurs hommages à *Tai-tçou*. *Tai-tçou*, choqué de cet attentat, leur tint ce discours : ,, Vous ne cessez depuis ,, long-temps d'entretenir le crime & la rebellion dans ,, vos cœurs. Je vous ai tout pardonné par une fa- ,, veur spéciale, espérant que cela vous obligeroit à ,, vous corriger, & à devenir meilleurs. Malgré tout ,, cela, vous persistez à être infideles, & vous machi- ,, nez ouvertement ma perte ". A peine eut-il fini de parler, qu'il les fit arrêter, & distribua à son armée tous leurs sujets. *La-kha* partit aussi-tôt avec tous les siens; & étant venu sur les bords d'un lac, il prit les marques de la dignité Impériale, résolu d'usurper le titre d'Empereur. L'Impératrice-mere lui fit donner avis secretement de se retirer au plutôt. Il arriva dans le même temps qu'on fit courir le bruit que l'Empereur étoit prêt d'arriver en personne. L'armée de *La-kha* prit l'épouvante, se dissipa, & après avoir pillé le pays, s'enfuit vers le Septentrion; l'Empereur la fit suivre par ses troupes. *La-kha* envoya *Yn-ti-che*, avec ordre d'aller droit au camp de l'Empereur avec un détachement de cavalerie, & de mettre le feu aux vivres & aux bagages; ce qu'il exécuta en y joignant un grand carnage. L'Empereur envoya incessamment *Cho-kou-lou* secourir le camp; à peine arriva-t-il affez à temps pour fauver les bannieres & les tambours impériaux. Un autre des confédérés de *La-kha*, nommé *Chin-fo-kou*, pilla le *Si-leou*, ou *Pavillon* Occidental, & brûla le *Si-yam-leou*.

L'Empereur étant arrivé à la riviere de *Thou-ho*, fit faire alte à fon armée, & donna le temps aux chevaux de repaître, fans paroître le moins du monde ému de tout cela. Tous les Commandants de l'armée vouloient que l'on pourfuivît l'ennemi en toute diligence. ,, Attendons, dit l'Empereur, qu'il foit retiré ,, bien loin. Il eft naturel aux hommes de fonger à ,, leur pays natal. Quand cette penfée aura fait une ,, vive impreffion fur leurs efprits, la divifion des ,, cœurs en naîtra parmi eux; alors fi nous donnons ,, fur eux, ils font infailliblement perdus". Il fit partager à toute fon armée les dépouilles qu'il avoit auparavant enlevées. Il confia le gouvernement de l'Etat à *Tche-li-kou*, qui avoit la dignité d'*Y-li-pi*, & marcha après cela contre *La-kha*. Il arriva à *Mi-li*, où il apprit que fes freres avoient fait mourir de leurs captifs à coups de fleches des mânes, en regardant le mont *Mou-ye-chan*, prétendant par ce facrifice détourner le malheur de deffus leurs têtes : (cérémonie particuliere à ce peuple) *Thai-tçou* fit auffi-tôt prendre un captif des rebelles, & le fit mourir de la même forte, en regardant le lieu de leur retraite, pour oppofer facrifice à facrifice, & tourner leur propre invention contre eux-mêmes. Quand *Thai-tçou* fut arrivé à *Tha-li-tien*, (étang ou lac,) il envoya un gros de cavalerie légere à la fuite de l'ennemi. Ce détachement l'atteignit au paffage de la riviere de *Pou-tche-ho*, & lui enleva tous fes bagages, fes vivres & fes troupeaux. *Thai-tçou* avoit auparavant envoyé *Pa-la-ti-li-khou*, & quatre autres principaux Chefs des *Oueï-he*, & des *Tou-houen*, avec ordre de dreffer aux rebelles tout autant d'embufcades fur le chemin qui leur reftoit encore à faire. Il donna le commandement de fon avant-garde à *Tü-li-kou*, qui étoit *Tçai-fiam* du Septentrion, & marcha contre les rebelles. *La-kha* vint au-devant du *Tçai-fiam* pour le combattre. Celui-ci ordonna à fa cavalerie légere de donner. Son frere cadet *Gho-kou-tche* fe mit aux prémiers rangs, d'où il tua plufieurs dixaines d'ennemis à coups de fleche; de forte qu'aucun des ennemis n'ofoit avancer. Les deux armées demeurerent en ordre de bataille fans agir, jufqu'à trois heures après midi qu'enfin l'ennemi fe débanda. On le pourfuivit jufqu'à la riviere de *Tchai-ho*. Auffi-tôt l'ennemi mit le feu à fes chariots & à fes tentes, & fe retira; mais il tomba dans les embufcades que *Pa-la-ti-li-kou* & les quatre autres chefs lui avoient dreffées; alors la défaite fut entiere. *La-kha* prenant la fuite, abandonna en chemin la tente qui fervoit de temple à *Thai-tçou* dans fes armées. Auffi-tôt que *Thai-tçou* l'eut apperçue, il la falua à genoux, & y fit des facrifices. Il fit rendre les dépouilles à ceux à qui elles avoient été enlevées.

Kou-kou-tche & *Mo-tho*, confédérés de *La-kha*, vinrent fe rendre les mains liées derriere le dos. Quand *Thai-tçou* fut arrivé à *Tcha-tou-ho*, il furvint une groffe pluie qui fit enfler la riviere. Dans la cinquieme lune, il la fit paffer premiérement au *Tçai-fiam* du Septentrion, nommé *Ti-nien*, avec la cavalerie légere, pour pourfuivre *La-kha*, lequel fut pris fur le bord de la riviere de *Yu-ho*. On prit avec lui *Nie-li-kouen*, *Apo*, & *Siao-che-lou*, ci-devant *Tçai-fiam* du Septentrion. *Yn-tii-che* prévint le fupplice en s'étranglant lui-même. *Thai-tçou* ayant mis fin à cette affaire, facrifia un mouton blanc au Ciel, & un noir à la terre. Quelques jours après, *La-kha*, *Nie-li-kouen* & *Apo* furent conduits devant *Thai-tçou*. Ils s'étoient liés eux-mêmes avec des cordes de paille, & menoient chacun un mouton en leffe. D'auffi loin qu'ils apperçurent *Thai-tçou*, ils fe profternerent à terre devant lui. *Thai-tçou*, à fon retour, paffa par le

mont *Thalim*. Il y avoit long-temps que cette expédition duroit; les bagages ne pouvoient plus fuivre enfemble; les troupes étoient obligées de vivre de la chair de leurs poulains, & de quelques herbes fauvages qu'elles cueilloient; il leur étoit mort les fept ou huit dixiemes des animaux; le prix des chofes avoit augmenté au décuple; les uftenfiles & les chofes de prix étoient abandonnées dans les chemins; de forte que l'armée fe trouva dans un étrange défordre fur les bords de la riviere de *Tçou-li-ho*. Cela donna occafion à *Thai-tçou* de changer le nom de fon frere *La-kha*, & de lui donner celui de *Paoli*, qui marquoit qu'il étoit la caufe de tous ces maux. Etant arrivé à *Khou-li*, il facrifia un bœuf noir au Ciel, & un cheval blanc à la terre. Il fit diftribuer fix cents animaux, & deux mille trois cents chevaux, aux deux régiments de Faucons; (c'eft comme parmi nous les dragons.) Dans la fixieme lune, il arriva au mont *Yu-lim*, où il fit mettre en pieces *Sao-kou-fei*, Gouverneur de la ville de *Hia-la-hien*, pour les injuftices & les tyrannies qu'il avoit exercées fur le peuple. Il monta enfuite fur le mont *Tou-ghan-chan*, où il regarda avec tendreffe les anciens monuments de *Ki-cheou*, autrefois *Khan* des *Khi-tan*. Il eut de la peine à s'en féparer, & ne le fit qu'en foupirant. Ayant appris qu'un Officier de la Cour des crimes, nommé *Nie-li-kiu*, avoit inventé de fon chef des inftruments de fupplices cruels; de forte qu'il mouroit du monde dans la queftion, il ordonna qu'on le mit à mort. Quand il fut arrivé à la riviere de *Lam-ho*, il prit un des rebelles, nommé *Ya-li-mi-li*; il le fit enterrer tout vif. Etant arrivé à la riviere de *Thoum-ho*, il donna la liberté à tous les captifs qu'il avoit faits; la plupart furent repris par *Yu-khou-li*. L'Empereur, indigné de cet attentat, marcha en perfonne contre lui, à la tête de fa cavalerie légere; il dépêcha en même-temps différents corps d'armée, pour l'aller furprendre; ce qui eut fon effet. On lui enleva tous fes fujets, & on reprit tous ceux qu'il avoit fait captifs.

Thai-tçou étant arrivé fur le bord du lac *A-chum*, fit percer de fleches des mânes fon fils adoptif, nommé *Nie-li-ffe*, pour avoir adhéré à la rébellion des freres cadets de l'Empereur. Il fit punir fix mille rebelles qui reftoient, de divers fupplices proportionnés à la griéveté du crime d'un chacun. Il obligea plus de trente de ceux qui avoient pillé, de fe racheter par des amendes; & les renvoya chacun chez foi. Après qu'il fut arrivé à l'Occident du mont *Che-lim*, il ordonna qu'on allât ramaffer les armes que les foldats, mourant de faim, avoient été contraints de jetter dans les chemins. Ayant été ramaffées, il commanda à la Cour des Vifirs du Septentrion, de les vifiter, & de les faire rendre à leurs anciens maîtres. Ne pouvant fe réfoudre à faire mourir par la main des bourreaux l'*Y-li-kim*, nommé *Nie-li-kouen*, qui avoit eu part à la confpiration, il lui dit de fe précipiter lui-même; ce qu'il fit, & mourut. Dans la huitieme lune, étant arrivé dans le palais nommé *Loum-mei-koum*, il fit écarteler vingt-neuf rebelles. Il fit diftribuer leurs femmes & leurs filles aux Officiers qui s'étoient fignalés dans la derniere guerre. Il fit rendre à leurs anciens maîtres les efclaves, les animaux, & les chofes précieufes que les rebelles avoient pillées. Il obligea les familles de ces mêmes rebelles, de payer le prix de celles qui ne fe trouvoient plus en nature, & pour cet effet, il fit enlever aux familles qui étoient infolvables, leurs propres fujets. Dans la neuvieme lune, il partit de *Si-leou*. Dans la dixieme lune, il s'arrêta à *Tche-yai*. Huit jours après, il reçut une ambaffade; & le tribut des *Hoei-hou* de *Ho-tcheou*. Cinq jours après, il fit mourir deux Seigneurs, qui avoient trempé dans la confpiration. Dans l'onzieme lune, il facrifia au mont *Mou-ye-chan*. A fon retour, il campa dans les monts *Tchao-ou-chan*, & s'informa des mœurs & coutumes des peuples qui y habitoient. Il alla vifiter les vieillards fort avancés en âge, & régla les cérémonies & la forme du gouvernement. Dans la douzieme lune, le jour marqué *Vou-tçe*, il fit un holocaufte fur le bord du lac des Nénuphars.

La huitieme année (914) dans la premiere lune, les *Yu-kou-li* amenerent à l'Empereur dix-fept rebelles qu'ils avoient pris. L'Empereur les interrogea lui-même. Par leurs dépofitions, ils chargeoient plufieurs Princes du fang; & il y en avoit parmi les coupables, qui avoient été entraînés par force dans ce parti. L'Empereur fe contenta de faire mourir fous le bâton le chef de l'entreprife, nommé *Gho-pou-hou*; il renvoya tous les autres abfous. *Hoa-kha*, fils de *So-lan*, fomentoit depuis long-temps la rébellion dans fon cœur. Il s'étoit révolté plufieurs fois, & l'Empereur lui avoit toujours pardonné; il fe trouva encore compris dans la derniere confpiration. L'Empereur fit affembler les anciens du peuple avec tous les Officiers de fa Cour, pour le juger (lui & fon pere.) Ils furent condamnés, pere & fils, & exécutés à mort. Cependant les Juges du crime faifoient le procès à plus de trois cents rebelles. Le procès ayant été inftruit fut préfenté à *Thai-tçou*. *Thai-tçou* faifant réflexion que la vie des hommes eft d'un prix ineftimable, & que les morts ne reviennent plus à la vie, fit à tous ces coupables un feftin qui dura un jour entier, avec la même bonté que s'ils n'euffent rien fait. On y chanta, on y danfa, on y joua des comédies. Le lendemain on y régla les fupplices des principaux coupables. *La-kha*, comme auteur de la rébellion, fut déclaré coupable au premier chef, & *Tie-li-kho* au fecond. *Thai-tçou*, qui les regardoit toujours comme fes freres, ne put fe réfoudre à les envoyer au fupplice. Il fe contenta de leur faire donner la baftonnade, après quoi il les fit élargir. Il jugea qu'*Yn-ti-che*, & *An-douan*, qui étoient foibles & fans mérite, n'avoient fait que fe laiffer conduire par leur frere *La-kha*; il leur pardonna abfolument. *Hiai-li*, fils de *He-ti-li*, ci-devant *Yu-yue*, & *Hia-la*, femme de *La-kha*, avoient eu directement part à la confpiration; *Thai-tçou* les fit étrangler. La femme d'*Yn-ti-che*, nommée *Nie-hie*, avoit été entraînée par force. La femme d'*An-douan*, nommée *Nien-mou-kou*, avoit rendu fervice à l'Etat, en donnant avis de la premiere confpiration. L'Empereur fit grace à toutes les deux.

En même-temps, il parla de cette forte à ceux qui fe trouvoient préfents: „ Mes freres ne manquent pas d'activité & d'habileté; mais ils couvent dans leur cœur de pernicieux deffeins, & ils fe font endurcis dans le mal. Ils fe vantent de l'emporter en fageffe fur le refte des hommes. L'inhumanité, la dureté, & la cruauté paffent pour des vertus dans leur efprit. On peut combler les vallées & les précipices, mais l'ambition & l'avarice ne peuvent fe remplir. Ils recherchent avec foin les plus légeres fautes des autres; & quoiqu'elles foient excufables, elles leur paroiffent plus pefantes que les plus hautes montagnes. Pour ce qui eft d'eux-mêmes, ils commettent toutes fortes d'injuftice; & quoiqu'ils fe précipitent dans les crimes les plus énormes, ils croyent que ces forfaits font plus légers que des plumes. Ils ne font part de leur confidence & de leur amitié qu'à de la canaille. Ils donnent entrée aux femmes dans leurs confeils. Ils s'entr'aident mutuellement à devenir méchants, & à faire réuffir leurs mauvais deffeins, qui tendent ouvertement à la ruine de l'Etat. Pouvoient-ils par ces moyens éviter leur perte, quand ils l'auroient voulu? La femme de *Che-lou*, Vifir ou Miniftre du Septentrion, nommée *Yu-lou-tou-kou*, étoit attachée à ma perfonne par le lien le plus étroit de la parenté; cependant elle s'eft jettée tout-à-coup par une horrible ingratitude dans le parti des rebelles; elle eft morte de maladie, avant de fubir le fupplice qu'elle meritoit; c'eft le Ciel qui l'a punie. *Hiai-li*, dès fon bas âge, avoit toujours été élevé avec moi. Nous étions compagnons

de lit & de table. Il n'y a eu aucun Prince de mon fang pour qui j'aye eu tant de bonté & tant d'égards. Nonobftant cela, fon pere & lui, par une ingratitude horrible, fe font déclarés pour les rebelles contre moi; cela étoit-il pardonnable " ?

Le premier jour de la feptieme lune, nommé *Pim-chin*, la Cour des crimes préfenta une lifte de plus de trois cents rebelles, avec leurs procès inftruits. Ils furent tous exécutés dans la place publique, fur quoi l'Empereur tint ce difcours: „ Eft-ce volontairement „ que j'envoye des gens au fupplice? S'ils n'avoient „ employé leur trahifon qu'à l'égard de ma feule perfonne, on pourroit peut-être leur pardonner; mais „ ces malheureux fe font abandonnés à toutes fortes „ de crimes. Ils ont exercé leur cruauté fur mes fideles fujets & fur les gens de bien; ils ont foulé „ le peuple aux pieds comme de la boue; ils ont pillé „ & ruiné beaucoup de monde. Tel qui parmi le „ peuple avoit auparavant 10000 chevaux, eft obligé „ d'aller à pied. Jamais rien de femblable n'étoit arrivé à notre Etat depuis fa fondation; c'eft certainement la feule neceffité qui me force à leur ôter „ la vie ". Le premier jour de la douzieme lune nommé *Kia-tçe*, l'Empereur fit rebâtir le nommé *Khai-hoam-tien*, fur les fondements du *Mim-yam-leon*, ou de *pavillon du Roi Mim-van*, brûlé par les rebelles.

La neuvieme année, (915) durant le cours de cette année, le Dieu *Kiun-kbi-thai-yi-chin*, (cela fignifie le *Dieu de la grande unité, fondement des Rois, c'eft le Dieu de la félicité*,) apparut plufieurs fois. *Thai-tçou* ordonna qu'on le peignît. Cela lui donna occafion de donner aux années fuivantes de fon regne le titre de *Chin-tçée*, ou de créé par les Dieux.

La premiere année de *Chin-tçée*, (916) *Thai-tçou* reçut le titre glorieux qui lui fut préfenté par fes peuples, après l'avoir refufé deux fois. L'onzieme jour de la premiere lune, il fit bâtir à l'Orient de la ville de *Loum-hoa-tcheou*, où il fe trouvoit pour lors un temple de terre en terraffe, afin de recevoir ce titre folemnellement. Son titre fut *Ta-chim-ta-mim-tien-hoam-ti*; ce qui fignifie en Chinois, le *célefte Empereur, grand faint, grand fage*. Celui de l'Impératrice fut *Ym-tien-ta-mim-ti-hoam-heou*; ce qui fignifie la *terreftre Impératrice, répondante au Ciel & d'une grande fageffe*. L'Empereur publia une amniftie générale, & commença à donner aux années de fon regne le titre de *Chin-tçée*. Il créa fon fils, nommé *Pei*, héritier de l'Empire. Dans la feptieme lune, il marcha contre les *Tou-kiuo*, les *Tham-kiam*, les *Siao-fan*, les *Cha-to*, & autres Tartares occidentaux, & les fubjugua tous. Il fit captifs leurs Chefs avec quinze mille fix cents des principales familles, & enleva plus de neuf cents mille pieces d'armes & d'habits, avec une infinité de chofes précieufes. Les chevaux, chameaux, bœufs & moutons qu'il leur enleva, étoient innombrables. A fon retour, il prit le Vice-Empereur Chinois de *So-tcheou*. En tirant vers l'Orient, il força cinq villes dans le Septentrion de la Chine, où il fit couper quatorze mille fept cents têtes, & fe rendit maître de tout ce qui eft au Septentrion de ce pays.

La feconde année de *Chin-tçée*, (917) un Commandant Chinois, après avoir tué fon Vice Empereur, vint fe rendre à *Thai-tçou*, qui le reçut, & alla enfuite attaquer la ville du Vice-Empereur, & la força. Il vint affiéger *Yeou-tcheou*, aujourd'hui *Pe-kim*. Il livra bataille aux Chinois, qu'il défit à l'Orient de la ville de *Sin-tcheou*, & en tua plus de trente mille. Dans la quatrieme lune, il affiégea *Yeou-tcheou*, qu'il ne put prendre.

La troifieme année de *Chin-tçée* (918), il créa *An-douan*, fon frere cadet, *Ti-yn*, ou Grand-Maître du Palais Impérial, & lui ordonna de faire le fiege de *Yun-tcheou*, ville de la Chine, & de porter de-là la guerre

guerre aux peuples du Sud-Oueft. Dans la feconde lune, le Royaume des *Ta-tan*, (peut-être Tartares proprement dits) envoya une ambaffade apporter fon tribut. *Thai-tçou* fit bâtir la ville impériale, ou bien *Hoam-tou*, c'eft-à-dire en Chinois, l'*augufte Cour*. L'Empereur & les Rois de Chine, les Royaumes de *Po-hai*, de la *Corée*, des *Hoei-hou*, des *Tçou-pou*, des *Tham-kiam*, & le Vice-Empereur de la Province de *Pe-tche-li*, envoyerent des ambaffades avec leurs tributs. Dans la quatrieme lune, *Thie-lie-kho*, frere cadet de *Thai-tçou*, tramoit une confpiration ; elle fut découverte. Se fentant coupable, il fortifia fon camp, & l'entoura de foffés. Toute la famille Impériale demanda fa grace. *Thai - tçou* haïffoit *Nie - li - kouen*, femme de fon frere cadet, nommé *Yn-ti-tche*. ,, Je ,, lui ferai grace, répondit l'Empereur, pourvu que ,, *Nie-li-kouen* veuille mourir en fa place ''. *Nie-li-kouen* accepta le parti ; elle s'étrangla. *Thai-tçou* la fit enterrer dans les foffés. Il fit auffi enterrer tout vivants avec elle plufieurs de ceux qui avoient trempé dans la conjuration ; après quoi il pardonna à *Thie-lie-kho*. Dans la cinquieme lune, il ordonna par un édit folemnel, qu'on érigeât un temple à *Koum-fucius*, un autre au *Fo*, Auteur de la Religion des Bonzes *Ho-cham*, & un troifieme à l'Auteur de la fecte des Bonzes *Tao-ffe*.

La quatrieme année de *Chin-tçée* (919) dans la huitieme lune, le jour nommé *Tim-yeou*, il alla en perfonne au temple de *Koum-fucius*. Il envoya l'Impératrice & le Prince héritier de l'Empire, rendre les mêmes honneurs, l'un au temple de la fecte des Bonzes *Ho-cham*, l'autre à celui des Bonzes *Tao-ffe*. Dans la neuvieme lune, il alla faire la guerre à l'horde des *Ou-kou*. Ayant appris en chemin la maladie de fa mere, il fit foixante lieues en un jour, pour venir la fervir. Il retourna à l'armée auffi-tôt qu'elle fut guérie. Dans la dixieme lune, il arriva dans le pays des *Ou-kou*. Les vents furieux & les neiges abondantes arrêtoient fon armée. *Thai-tçou* fit des vœux au Ciel ; à l'inftant le ciel devint ferein. Il donna le commandement de l'avant-garde au Prince héritier de l'Empire ; l'ennemi fut défait. On fit quatorze mille deux cents captifs, & on enleva plus de deux cents mille pieces de bétail, de tentes & d'armes ; après quoi l'horde entiere vint fe foumettre.

La cinquieme année de *Chin-tçée* (920) dans la premiere lune, *Thai-tçou* ordonna qu'on inventât des lettres à l'ufage de la nation des *Khi-tan* : (les Chinois lui en inventerent.) Le 14 de la neuvieme lune, les grandes lettres à l'ufage des *Khi-tan* furent achevées ; il en ordonna l'ufage par un édit folemnel.

La fixieme année de *Chin-tçée* (921) dans la premiere lune, il créa deux de fes freres cadets, *Tçai-fiam*, ou *Vifirs*, l'un du Nord, l'autre du Sud. Le premier jour de la cinquieme lune, il publia le Code de fes loix, & détermina les rangs, & les dignités. Le premier jour de la fixieme lune, nommé *Yi-mao*, le foleil s'éclipfa. Dans l'onzieme lune *Thai-tçou*, entra dans la Province de *Pe-tche-li*, où il enleva plus de dix villes aux Chinois, & en fit tranfporter les habitants dans fon Pays. Dans la douzieme lune, fon armée fut battue par les Chinois ; il fe retira.

La premiere année de *Thien-tçan* (922) dans la feconde lune, il entra dans la Province de *Yeou-tcheou*, (ou du *Pe-kim* d'aujourd'hui.) Il changea le titre des années de fon regne. Dans la quatrieme lune, il emporta d'affaut la ville de *Ki-tcheou*; il prit pareillement *Che-tcheou*.

La feconde année de *Thien-tçan* (923) *Yao-khou*, fecond fils de *Thai-tçou*, & Généraliffime de fes armées, força la ville de *Pim-tcheou*. Dans la troifieme lune, *Thai - tçou* dompta les *Hii* révoltés. Il fit tuer à coup de fleches des mânes, trois cents des principaux, & fit jetter leurs corps dans la riviere. Il or-

donna à *Yao-khou* de faire le fiege de *Yeou-tcheou*, (le *Pe-kim* d'aujourd'hui.) Il envoya une autre armée dans la Province de *Chanfi*. Les Chinois préfenterent la bataille à *Yao-khou*, qui les défit, & força les villes voifines. Dans la feconde quatrieme lune qui étoit intercalaire, *Yao-khou* força *Pe-pim* à fe rendre : (c'eft *Yeou-tcheou*, aujourd'hui *Pe-kim*.) Ce même mois, *Li-tçun-hiu*, Roi de *Tçin*, fe fit proclamer *Hoam-ti*, ou Empereur de Chine, & donna le nom de *Tham* à fa Dynaftie. Dans la cinquieme lune, *Yao-khou* fut de retour de fon expédition. L'armée reçut les récompenfes que fes fervices méritoient. Dans la fixieme lune, le Royaume de *Po - ffe*, ou de Perfe, envoya payer tribut. Le premier jour de la dixieme lune, nommé *Sin-vei*, le foleil s'éclipfa. Le neuvieme de la même lune, la Dynaftie Chinoife des *Tham* (poftérieurs,) éteignit celle des *Leam* (poftérieurs.)

La troifieme année de *Thien-tçan* (924) dans la premiere lune, *Thai-tçou* envoya une armée faire le dégât dans la partie méridionale du Royaume de *Yen* ; (c'eft *Yeou-tcheou*, ou la Province de *Pe-kim* d'aujourd'hui.) Dans la cinquieme lune, il tranfporta les habitants de la ville de *Ki-tcheou*, ville de la même Province, à *Leao-tcheou*. Les *Po-hai* tuerent leur Vice-Roi *Khi-tan*. Dans la fixieme lune, le jour nommé *Yi-yeou*, il convoqua l'Impératrice, le Prince héritier, le Généraliffime de toutes fes armées, les deux Vifirs, & tous les Chefs des Tartares, & leur tint ce difcours. ,, Le Ciel qui eft au-deffus de nos têtes, ,, nous obferve d'en-haut ; fes bienfaits fe répandent ,, fur tous les peuples. A peine en dix mille ans trouve- ,, t-on un faint maître, & un Roi fage. Comme d'un ,, côté il a été créé par le Ciel, & que de l'autre ,, il gouverne tous les vivants, il ne fait aucune guerre, ,, & ne forme aucune entreprife, que fous le bon plai- ,, fir du Ciel. C'eft pourquoi il tire de fon fonds fes ,, deffeins. Il prend, ou laiffe en Dieu ; fes ordres font ,, religieufement exécutés. Il gagne les cœurs des hom- ,, mes. De cette forte ceux qui font dans l'erreur re- ,, tournent à la vérité ; & tous, auffi-bien ceux qui ,, font éloignés de lui que ceux qui l'approchent, ,, font exempts de vices. Alors on peut dire de ce ,, Roi, que fa grandeur d'ame peut contenir les mers, ,, & que fa conftance peut affermir les montagnes. ,, Depuis que je travaille à former notre Empire, & ,, que je fuis devenu le pere de l'univers, j'ai établi ,, des réglements fûrs ; après cela mes fucceffeurs au- ,, ront-ils fujet de s'inquiéter fur le Gouvernement ? ,, La durée, l'élévation & l'abaiffement des Empires ,, ont leurs termes marqués. Leur confervation pour- ,, tant & leur deftruction dépend auffi des Princes qui ,, les gouvernent. Les expéditions heureufes, & les ,, occafions favorables, doivent également s'accorder ,, avec le Ciel & avec les hommes. Parmi tous les ,, Rois de l'univers, s'en eft-il jamais trouvé aucun qui ,, ait pu changer de corps, & devenir immortel ? J'ai ,, un lieu où dans trois ans, en l'année nommée *Pim- ,, fu*, au commencement de l'automne, il faut abfo- ,, lument que je retourne : (il difoit cela l'an 924, ,, nommée *Kia-chin*; ainfi cette année nommée *Pim- ,, fu* étoit 926.) Il me refte feulement deux affaires ,, à finir ; puis-je manquer à les terminer ? Le temps ,, eft court ; je dois redoubler, à cet effet, mon at- ,, tention & ma diligence ''.

Tous ceux qui affifterent à cette harangue en furent effrayés, & tremblerent. Ils ne favoient ce que cela vouloit dire. Le même jour il ordonna de grands préparatifs pour aller porter la guerre dans la Tartarie Occidentale. Il laiffa le gouvernement de l'Empire au *Hoam-thai-tçe*, (ce qui fignifie en Chinois, l'*Augufte très-grand fils*; ils donnent ce titre à celui des fils de l'Empereur, qui a été folemnellement déclaré fucceffeur de l'Empire.) Il marqua *Yao-kou* fon frere puîné, & Généraliffime de fes armées, pour l'accompagner dans fon expédition. Dans la feptieme lune, le jour nommé *Sin-hai*, *Ho-la*, & autres Commandants, attaquerent les hordes Tartares qui font à l'Orient des monts *So-kouen-no*, & les défirent. Dans la huitieme lune, le jour nommé *Yi-yeou*, l'Empereur arriva au mont *Ou-khou*; là il facrifia des oies au Ciel. Le jour nommé *Kia-ou*, il arriva à l'ancien Royaume des *Tchen-yu*; là il monta fur la montagne, nommée *A-li-tien-ya-to-ffe*, où il facrifia un cerf d'une efpece extraordinaire. Le premier jour de la neuvieme lune, nommé *Pim-chim*, il campa auprès de l'ancienne ville des *Hoei-hou*; là il fit ériger un monument de marbre, fur lequel il fit graver fes victoires. Le cinquieme jour de la même lune, nommé *Kem-tçe*, il adora le foleil dans la forêt de *Thai-lim*. Le jour nommé *Pim-ou*, l'onzieme de la neuvieme lune, il envoya une armée contre les *Tçou-pou*. Il donna deux corps d'armée, l'un au *Tçai-fiam* du Midi, l'autre à un *Y-li-kin*, pour aller ravager les pays du Sud-Oueft. Le vingtieme jour, nommé *Y-mao*, ces deux armées revinrent, & préfenterent à l'Empereur les captifs qu'elles avoient faits. L'Empereur fit tirer un canal de la riviere nommée *Kin-ho-choui*. Il fit charger des charettes de cette eau, & des pierres du mont *Ou-chan*, & les fit tranfporter dans fon pays. Il les plaça fur les bords du *Hoam-ho*, dans le mont *Mou-ye*, pour fervir de monument à la poftérité, & lui faire connoître que les fleuves & les montagnes étoient venus lui rendre hommage, comme les fleuves font à la mer, & les montagnes ordinaires aux grandes. Le vingt-huitieme de la neuvieme lune, nommé *Kouei-hai*, le Royaume de *Ta-che*, c'eft-à-dire, d'*Arabie*, envoya payer tribut à l'Empereur dans fon camp. Le lendemain vingt-neuvieme, nommé *Kia-tçe*, l'Empereur ordonna qu'on repolît l'ancien monument de *Pi-gha-khan*, Empereur des Tartares, & qu'on y gravât en caractères des *Khi-tan*, des *Tou-kiue*, & des Chinois, une infcription qui contînt le détail de fes belles actions. Dans ce mois, il défit & fubjugua les Barbares qui habitoient les monts *Hou-mou-ffe*. Il campa au pied des monts *Ye-te-ffe*, où il facrifia un bœuf rouge au Ciel, & un cheval noir à la terre. Le Roi des *Hoei-hou*, nommé *Pa-li*, vint au camp payer fon tribut. Le premier jour de la dixieme lune, nommé *Pim-yn*, l'Empereur chaffa dans les monts *Yu-lo*. Il prit plufieurs milliers de bêtes fauves, qui fervirent de rafraîchiffement à l'armée. Le fecond jour de la dixieme lune, l'Empereur campa au mont *Pa-li-ffe*. De-là il envoya une armée qui ayant traverfé les fables mouvants ou coulants, força la ville de *Fou-thou*, & affujettit toutes les hordes des confins Occidentaux. Le premier jour de l'onzieme lune, nommé *Yi-yei*, l'Empereur prit *Pi-li-gho*, qui étoit *Tou-tou* des *Hoei-hou* de *Kan-tcheou*. Il prit de-là occafion d'envoyer des Députés à leur *Khan* nommé *Ou-mou-tchu*. (Voyez ce que j'ai dit ci-deffus (*) touchant *Ye-lu-ta-che*, où le précis de la lettre, que portoient ces Députés, eft rapporté.) Il allá à la chaffe des tigres dans les monts *Ou-la-ye-li*, & pouffa jufqu'au mont *Pa-che*. Durant l'efpace de foixante lieues, l'armée marcha en chaffant, & eut tous les jours de nouveaux rafraîchiffements de venaifon.

La quatrieme année de *Thien-tçan* (925) dans la premiere lune, le jour nommé *Gin-yn*, il envoya des couriers à l'Impératrice & au *Hoam-thai-tçe*, pour leur porter la nouvelle de fes victoires. Dans la feconde lune, le jour nommé *Pym-yn*, le Généraliffime *Yao-khou* alla faire le dégât fur les terres des *Tham-kiam*. Le jour nommé *Tim-mao*, l'Impératrice envoya *Kham-mo-ta* demander des nouvelles de la fanté de l'Empereur, & lui porter des habits & des rafraîchiffements. Le jour nommé *Yi-hai*, le Seigneur, nommé *Siao-a-kou-tche*, fut envoyé faire le dégât dans les Provinces de Chine, nommées *Pe-tche-li*

& *Chanfi*; il en revint chargé de butin. Le jour nommé *Sin-mao*, le Généraliffime *Yao-khou* préfenta les *Tham-kiam* qu'il avoit fait captifs. Dans la troifieme lune, le jour nommé *Pim-chin*, l'Empereur fit un feftin à fon armée dans les monts *Choui-tçim-chan*. Dans la quatrieme lune, le jour marqué *Kia-tçe*, il attaqua vers le midi les *Siao-fan*, & les affujettit. L'Impératrice & le *Hoam-thai-tçe* vinrent trouver l'Empereur fur le bord de la riviere de *Tcha-li*. Le jour nommé *Kouei-yeou*, le *Khan* des *Hoei-hou*, nommé *Ou-mou-tchu*, envoya des Ambaffadeurs à l'Empereur payer tribut. Dans la cinquieme lune, le jour nommé *Kia-yn*, l'Empereur paffa les chaleurs de l'été au Septentrion du pays des *Che-ouei*. Dans la neuvieme lune, le jour marqué *Kouei-ffe*, l'Empereur fut de retour de fon expédition Occidentale. Dans la dixieme lune, le jour marqué *Tim-mao*, l'Empereur Chinois des *Tham* poftérieurs, envoya donner avis à l'Empereur par une ambaffade, comme il avoit éteint la Dynaftie des *Leam* poftérieurs. Le jour nommé *Kem-tchin*, le Japon envoya des Ambaffadeurs payer tribut. Le jour marqué *Sin-mao*, la Corée en fit autant. Dans l'onzieme lune, le jour, nommé *Tim-yeou*, l'Empereur alla au temple des Bonzes *Ho-cham*, nommé *Ghan-koue-ffe*, où il traita les Bonzes, & donna amniftie aux prifonniers de fa Cour. Il donna la liberté aux vautours & aux faucons de fa vénerie. Le jour nommé *Ki-yeou*, le Royaume de *Sin-lo* (il faifoit alors partie de la *Corée*) envoya payer tribut.

Dans la douzieme lune, le jour nommé *Ty-hai*, l'Empereur parla de cette forte en public : „ J'ai enfin „ terminé une des deux affaires dont je vous avois parlé „ auparavant. Refte maintenant à venger l'affront que „ nous avons reçu des *Po-hai*; (Ils avoient tué, „ comme on a vu, le Vice-Roi *Khitan* qui les gou-„ vernoit :) me puis-je donc tenir en repos avant de „ les avoir punis" ? Auffi-tôt il marcha en perfonne à la tête de fon armée, pour aller faire la guerre à *Yn-tchouen*, Roi de *Po-hai*. L'Impératrice, le *Hoam-thai-tçe* & le Généraliffime *Yao-khou* accompagnerent l'Empereur dans cette expédition. La feconde douzieme lune, & conféquemment intercallaire, le jour nommé *Gin-tchin*, l'Empereur facrifia au mont *Mou-ye*. Le jour nommé *Gin-yn*, il facrifia au Ciel un bœuf noir, & à la terre un cheval blanc. Ce facrifice fut fait dans le mont *Ou-chan*. Le jour nommé *Ki-yeou*, l'Empereur campa au pied du mont *Sa-kha*, où il fit mourir un criminel à coup de fleches des mânes. Le jour nommé *Tim-fé*, il arriva au mont *Cham-lim*. Durant la nuit, il fit inveftir *Fou-yu*, ville de *Po-hai*. *Po-hai* étoit un puiffant Royaume, formé fur le modele de la Chine ; il avoit la *Corée* au Midi, la mer à l'Orient, le fleuve *Ya-mour* au Nord, & les *Khi-tan* à l'Occident.

La premiere année de *Thien-hien*, & la cinquieme de *Thien-tçan*, (car il ne prit le titre de *Thien-hien* que dans la feconde lune de cette année, ce qu'il eft à propos de remarquer ici pour entendre les tables chronologiques, qui marquent fouvent les mêmes années fous des titres différents. Cette année donc 926,) dans la premiere lune, le jour nommé *Ki-vei*, une vapeur blanche traverfoit le foleil. Le jour nommé *Kem-chin*, la ville de *Fou-yu* fut prife. L'Empereur punit de mort les Officiers qui en commandoient la garnifon. Le jour nommé *Pim-yn*, il donna dix mille chevaux à commander à *An-douan*, Grand-Maître, ou *Ty-yn* du palais, à *Sio-a-khou-tche*, ci-devant Vifir, ou *Tçai-fiam* du Septentrion, & à d'autres Officiers pour fervir d'avant-garde à l'armée. Cette avant-garde rencontra l'armée des *Po-hai*, commandée par leur ancien Vifir; elle la mit en déroute. Le *Hoam-thai-tçe*, le Généraliffime *Yao-khou*, & les Généraux affiégerent la même nuit la ville de *Hhou-hhan*. Le jour nommé *Ki-ffe*, le Roi de *Po-hai*,

---

nommé *Yn-tchouen*, capitula. Le jour nommé *Kem-ou*, l'Empereur campa au Midi de la ville *Hhou-hhan*. Le jour nommé *Sin-vei*, le Roi des *Po-hai*, vêtu d'un habit blanc & simple, tenant en lesse un mouton avec une corde de paille, sortit de la ville à la tête de plus de trois cents de ses principaux Officiers, & vint se rendre à l'Empereur. L'Empereur lui fit de grands honneurs, & lui donna la liberté. Le jour nommé *Kia-su*, il envoya ses ordres dans toutes les villes de *Po-hai*. Le jour nommé *Pim-tçe*, l'Empereur ordonna à un Gentilhomme de sa chambre, nommé *Kham-mo-ta*, & à douze autres, d'aller dans la ville faire une recherche exacte des armes qui y étoient; ils furent tués par les batteurs d'estrade. Le jour nommé *Thim-tcheou*, le Roi *Yn-tchouen* reprit les armes, & se révolta. La ville fut forcée; l'Empereur y entra; *Yn-tchouen* vint demander pardon de sa faute. L'Empereur lui donna des gardes à lui & à toute sa famille, & le fit sortir de la ville. L'Empereur rendit grace au Ciel & à la terre, par des sacrifices; après quoi il retourna dans son camp.

Dans la seconde lune, le jour nommé *Kem-yn*, tous les Gouverneurs des villes & des Provinces du *Po-hai* vinrent rendre hommage à l'Empereur, qui les renvoya, après les avoir reçus avec toutes les marques d'une bonté singuliere. Il fit distribuer à ses troupes les dépouilles de l'ennemi. Le jour nommé *Gin-tchin*, il sacrifia au Ciel un bœuf noir, & un cheval blanc à la terre. Il publia une amnistie générale, & changea le titre de ses années en celui de *Thien-hien*. Il envoya des Ambassadeurs à l'Empereur Chinois des *Tham* postérieurs, pour lui donner part de l'heureux succès de son entreprise. Le jour nommé *Kia-ou*, il rentra dans la ville de *Hhou-hhan*, où il fit la visites des trésors & des arsenaux. Il fit des libéralités de ce qui s'y trouva, à toute sa suite, & comme le Chef des *Hii* lui avoit rendu de grands services dans son expédition Occidentale, il lui en donna la meilleure part. Le jour nommé *Pim-ou*, l'Empereur changea le nom du Royaume de *Po-hai*, & lui donna celui de *Toum-tan*. Il changea pareillement le nom de la ville de *Hhou-hhan* en celui de *Thien-fou*, (c'est-à-dire, en Chinois, de *céleste félicité*.) Il créa le *Hoam-thai-tçe* Roi, sous le titre de *Gin-hoam-vam*, (c'est-à-dire, en Chinois, *auguste Roi des hommes*,) & lui donna le Royaume de *Toum-tan* à gouverner. Il lui assigna pour premier *Tçai-siam*, son frere cadet, nommé *Thie-la*, & oncle conséquemment de *Gin-hoam-vam*, & pour second *Tçai-siam*, celui du Roi de *Po-hai*, qui l'étoit avant la destruction du Royaume; il lui assigna encore d'autres Officiers. Il publia une amnistie générale dans tout le Royaume de *Po-hai*. Le jour nommé *Tim-vei*, les *Coreans*, les *Ouei-me*, les *Thie-li* & les *Mo-ho*, (qui sont tous sur la mer Orientale,) vinrent payer tribut. Dans la troisieme lune, le jour nommé *Vou-ou*, l'Empereur envoya une armée assiéger la ville de *Tcham-lim-fou* dans le *Po-hai*. Le jour nommé *Kia-tçe*, il sacrifia au Ciel. Le jour nommé *Tim-mao*, il alla visiter le Roi *Gin-hoam-vam* dans son palais. Le jour nommé *Ki-ssé*, trois grandes cités du Royaume de *Po-hai* se rébellerent. L'Empereur envoya *An-douan*, qui ne tarda pas à les réduire. Le jour nommé *Tim-tcheou*, les trois villes révoltées furent réduites. Le jour nommé *Gin-ou*, les captifs des trois villes furent présentés par *An-douan*. L'Empereur se contenta de faire mourir le Commandant d'une de ces villes. Le jour nommé *Kouei-vei*, l'Empereur fit un festin à tous les Officiers du Royaume de *Toum-tan*, & leur fit distribuer des récompenses suivant leurs mérites. Le jour nommé *Kia-chin*, l'Empereur entra dans la ville de *Thien-fou*, (ou de *Hhou-hhan*, capitale du *Po-hai*.) Le jour nommé *Yi-yeou*, il ramena son armée avec le Roi de *Po-hai*, & toute sa famille. Le premier jour de la quatrieme lune, nommé *Tim-hai*, l'Empereur ar-

riva au mont *Sa-tçe-chan*. Le jour nommé *Sin-mao*, le Roi *Gim-hoam-vam* vint avec tous les Officiers du Royaume de *Toum-tan*, prendre congé de l'Empereur. Dans ce mois, *Li-ssé-yuen*, fils adoptif de l'Empereur Chinois, se révolta contre son pere; *Kouo-tçe-hien* tua l'Empereur, & *Li-ssé-yuen* prit sa place.

Dans la cinquieme lune, le jour nommé *Sin-yeou*, deux Cités de *Toum-tan* se révolterent. Le Généralissime *Yao-khou* alla les réduire. Dans la sixieme lune, le jour nommé *Tim-yeou*, les deux villes révoltées furent reprises. Le jour nommé *Pim-ou*, l'Empereur campa à *Tçim-tcheou*. Dans la septieme lune, le jour nommé *Pim-tchin*, le Vice-Roi de *Thie-tcheou* se révolta. Le jour nommé *Yi-tcheou*, le Généralissime *Yao-khou* força *Thie-tcheou*. Le jour nommé *Kem-ou*, le premier Visir de *Toum-tan*, nommé *Thie-la*, mourut. Le jour nommé *Sin-vei*, l'Empereur envoya *Yn-tchouen*, Roi de *Po-hai*, sous bonne garde à *Hoam-tou*, (c'est-à-dire, en Chinois, à son auguste Cour.) Il lui fit bâtir une ville à l'Occident de *Hoam-tou*, où il demeura. Il donna à *Yn-tchouen* le nom d'*Ou-lou-kou*, (c'est le nom du cheval que montoit l'Empereur,) & à la Reine sa femme celui d'*A-li-tche*, (c'est le nom du cheval que montoit l'Impératrice, quand il vint se rendre.) Le jour nommé *Kia-su*, l'Empereur arriva à la ville de *Fou-yu*; il se trouva incommodé. La nuit suivante, une grande étoile tomba au-devant de sa tente. Le jour nommé *Sin-sé*, au lever du soleil, on vit sur la forteresse un dragon de couleur jaune, qui l'entouroit; il pouvoit avoir un *Li* (*) de long. La lumiere qu'il répandoit, éblouissoit les yeux. Il se détacha, & entra dans le palais où logeoit l'Empereur. Une vapeur bleuâtre couvrit le ciel durant un jour entier; ce jour-là même l'Empereur mourut. Il étoit âgé de cinquante-cinq ans. Alors on comprit ce qu'avoit voulu dire l'Empereur, quand trois ans auparavant, c'est-à-dire, la troisieme année de *Thien-tçan*, il tint ce discours aux siens : „ J'ai un „ lieu où, dans trois ans, en l'année nommée *Pim-su*, „ au commencement de l'automne, il faut absolu- „ ment que je retourne".

Le jour nommé *Gin-ou*, l'Impératrice prit les rênes du gouvernement & le commandement des armées. Dans la huitieme lune, le jour nommé *Sin-mao*, la ville de *Tcham-lim-fou* se révolta. Les *Kbitan* attaquerent & forcerent *Tcham-lim-fou*, ville de *Po-hai*. Le jour nommé *Kia-ou*, l'Impératrice partit de *Fou-yu-fou* avec le corps de l'Empereur, & prit sa route vers l'Occident. Le jour nommé *Gin-yn*, le Généralissime *Yao-khou* soumit les villes rebelles de *Po-hai*; après quoi il vint à toute bride trouver l'Impératrice. Le jour nommé *Yi-ssé*, le Roi *Gim-hoam-vam* succéda à *Thai-tçou*. Dans la neuvieme lune, le jour nommé *Tim-mao*, le corps de l'Empereur arriva à *Hoam-tou*. Il fut enterré par *interim* au Nord-Ouest de la forteresse. Le jour nommé *Ki-ssé*, on donna à l'Empereur mort le titre Chinois de *Chim-thien-hoamti*, c'est-à-dire, l'*Empereur qui est monté au Ciel*, & pour titre d'apothéose, celui de *Thai-tçou*, ce qui signifie en Chinois, le *très-grand aïeul & fondateur de la Dynastie*. Dans la dixieme lune, le Vice-Roi de *Lou-loum* nommé *Lou-koue-youm*, se révolta, & se livra à l'Empereur de Chine. Dans l'onzieme lune, le jour nommé *Pim-yn*, l'Impératrice fit tuer plusieurs Grands. La seconde année de *Thien-hien*, dans la huitieme lune, le jour nommé *Tim-yeou*, le corps de *Thai-tçou-hoamti* fut enterré dans la sépulture de *Thai-tçou*. On y établit un Vice-Roi, pour avoir soin du sépulcre. Le palais où *Thai-tçou* mourut en voyage, étoit situé au Sud-Ouest de la ville de *Fou-yu-fou* entre deux rivieres. Dans la suite, on y bâtit un véritable palais sous le nom de

---

(*) 300 pas géométriques.

Chim-thien-tien, ou de *palais de celui qui eft monté au Ciel*, & l'on donna à *Fou-yu-fou*, le titre de *Hoam-loum-fou*, ou de *ville du premier ordre du dragon jaune*, à caufe du dragon de cette couleur qui y parut le jour de la mort de *Thai-tçou*.

SENTIMENT DES HISTORIENS.

Les *Leao* tirent leur origine de *Chin-noum*, qui commença à régner en Chine 2819 ans avant l'Ere Chrétienne. Depuis cet Empereur, on ne connoît aucun Prince de cette famille plus ancien que l'Empereur *Khi-cheou-khan*. Celui-ci naquit dans le mont *Tou-ghan-chan*, d'où il vint dans la fuite s'établir fur les bords de la riviere de *Hoam-ho*. Le Prince *Ya-li* fut un de fes defcendants. *Ya-li* fit des loix & des réglements : il diftribua les charges de l'Etat à des Officiers. Il fit graver des marques fur des planchettes de bois, pour affurer la foi publique, & bâtir des maifons en creufant la terre. Enfin, il céda l'Empire à *Tçou-gou-khan*, refufant de le prendre pour lui-même. *Ya-li* fut pere de *Pii-thie*. *Pii-thie* fut pere de *Khai-lim*. *Khai-lim* fut pere de *Neou-li-ffe*. *Neou-li-ffe* eut une grande étendue de génie & peu de cupidité; il convertit les peuples, fans employer à cela la févérité. On lui a donné le titre de *Sou-tçou*. *Sou-tçou* eut pour fils *Sa-la-te*, qui montra une force & un courage extraordinaires dans la guerre qu'il fit aux *Che-ouei*. Les Empereurs des *Leao* lui ont conféré le titre de *Yi-tçou* long-temps après fa mort. *Yi-tçou* engendra *Kiun-te*, qui le premier enfeigna aux fiens l'art du labourage & la maniere d'élever des animaux, par où il procura l'abondance aux *Khi-tan*. On lui a donné le titre de *Hiuen-tçou*. *Hiuen-tçou* fut pere de *Sa-la-tii*. *Sa-la-tii* fut plein de charité envers les peuples, & grand ménager. Il fit faire des forges de fer, & apprit le premier aux fiens l'art de fondre le fer. C'eft lui à qui les Empereurs ont donné le titre de *Te-tçou*, & qui fut le pere de *Thai-tçou*. Tous ces Princes avoient poffédé héréditairement la dignité d'*Yi-li-kin*, tandis que la famille de *Yao-nien* avoit régné fur les *Khi-tan*, (c'eft-à-dire, depuis *Tçou-gou-khan*.) Ils avoient la principale intendance du Gouvernement. Le frere cadet de *Te-tçou*, oncle paternel de *Thai-tçou*, nommé *Chu-lan*, porta la guerre au Septentrion contre les *Che-ouei*, & les *Yu-kiue*; il dompta au Midi les *Hii* & les *Sii*. Il fut le premier qui bâtit des villes, & qui enfeigna au peuple à planter des mûriers & du chanvre, pour en faire des pieces de foie & de toile. Il avoit déja formé le deffein d'étendre fes Etats, & de multiplier fes fujets, lorfque le dernier *Khan* de la famille de *Yao-nien* laiffa en mourant fes Etats à *Thai-tçou*. *Thai-tçou*, après avoir affermi fon propre Etat, porta la guerre à l'Orient & à l'Occident. En fubjugant tous les peuples avec la même vîteffe que l'on romproit une corde pourrie, ou que l'on briferoit un bois fec. A l'Orient, il borna fes Etats par la mer, & à l'Occident par les fables mouvants. Vers le Septentrion, il les étendit bien loin au-delà du grand défert des fables. Certainement il a porté de tous côtés la terreur de fon nom à mille lieues loin. Si donc la Dynaftie qu'il a fondée a duré deux cents ans, cela a-t-il été l'ouvrage d'un jour? *Tcheou-koum*, un des plus grands Saints de la Chine, a autrefois puni du dernier fupplice deux de fes freres qui s'étoient révoltés contre lui, fans que perfonne ait jamais pu y trouver à redire. *Thai-tçou* a non-feulement donné la vie aux fiens qui étoient coupables d'un pareil crime, mais encore il leur a confervé leurs dignités & leurs emplois. N'étoit-ce pas-là avoir une grandeur d'ame vraiment royale? Sans doute, que fa mort, qui arriva à *Fou-yu* fubitement, telle que la rapportent les Hiftoriens contemporains, a eu quelque chofe d'extraordinaire.

Il faut ajouter ce que les Hiftoriens omettent ici & difent dans les vies des Impératrices. *Thai-tçou* eut pour mere *Siao-yen-mou*, femme légitime de *Te-tçou*, & fille de *Tii-la*, Vifir de l'Empire des *Khi-tan* fous *Hen-te-khin*, dernier *Khan* de cette nation & de la famille de *Yao-nien*; elle eut de fon mari fix enfants. Le premier, *Thai-tçou*; le fecond, *La-kha*; le troifieme, *Thie-la*; le quatreme, *Yn-ti-che*; le cinquieme, *An-douan*; le fixieme, nommé *Sou*. *Thai-tçou* époufa *Chu-lu*, laquelle étoit *Hoei-hou* d'origine, & defcendoit de *Ju-ffe Hoei-hou*, qui s'étoit établi parmi les *Khi-tan*. Elle le fit pere de quatre enfants mâles, le premier, *Pei*; le fecond, *Thai-tçoum* qui fut Empereur après *Thai-tçou*; le troifieme, *Li-hou*; le quatrieme, *Ya-li-kouo*. C'étoit une matrône grave, fage, ferme, réfolue, brave, & d'un bon confeil. Elle fervit beaucoup à fon mari dans toutes fes affaires. Elle fit la guerre à *Thai-tçoum*, qui avoit pris poffeffion de l'Empire au préjudice de fes autres enfants, & fans fa participation. Elle l'obligea à fe foumettre, & lui accorda l'Empire. Après avoir porté le corps de fon mari au lieu de fa fépulture, elle réfolut de fe défaire elle-même pour le fuivre; mais toute la famille Royale & les Grands de l'Empire s'y étant oppofés, elle fe coupa la main droite, & la fit enfermer dans le cercueil de fon mari. Dans une affemblée générale qui fe tenoit au confluent des rivieres de *Leao-ho* & de *Thou-ho*, il parut une fille montée fur un char, traîné par des bœufs noirs; elle fe trouva furprife, s'écarta du chemin, & difparut auffitôt. Peu de temps après, une troupe d'enfants fit cette chanfon : *La matrône aux bœufs noirs a cédé le pas à l'Impératrice*. Sur quoi il eft à remarquer que les *Khi-tan* donnoient à Cybele, ou à la Déeffe de la terre, le titre de *Matrône aux bœufs noirs*. Auffi quand *Thai-tçou* eut été proclamé Empereur, on donna à l'Impératrice le titre de *Ti-hoam-heou*, qui fignifie en Chinois, l'*Impératrice terreftre, ou de la terre*.

THAI-TÇOUM.

Thai-tçoum étoit le fecond fils de *Thai-tçou*. Il naquit l'an 902. Une lumiere divine parut à fa naiffance; (car la naiffance des Héros chez ces nations eft toujours accompagnée de faux miracles, ou de vains prodiges.) Les chaffeurs prirent en ce même temps-là un cerf blanc, & un épervier blanc; ce qui étoit d'un heureux augure. Quand il fut parvenu à l'âge viril, il eut le vifage long, grave & févere; cependant il étoit d'un naturel indulgent & charitable. Il fervit beaucoup à fon pere dans le gouvernement de l'Etat & des armées. Il l'accompagna dans toutes fes expéditions, & eut par-tout la principale part aux fuccès; ce qui fit que *Thai-tçou* le deftina à l'Empire, quoiqu'il eût déja nommé fon fils aîné, qui s'appelloit *Pei*, héritier de fes Etats.

La feconde année de *Thien-hien* (927), les obfeques de *Thai-tçou* étant finis, *Gin-hoam-vam*, furnommé *Pei*, qui étoit déclaré héritier de l'Empire, vint à la tête de tous les Officiers de l'Empire, trouver l'Impératrice fa mere, & lui parla de cette forte, le jour de l'onzieme lune, nommé *Gin-fu*: „ Les fervi-
„ ces que le Prince Généraliffime, mon frere, a ren-
„ dus à l'Etat dans la fondation de notre Empire, font
„ fi confidérables, que tous, tant ceux du dedans que
„ ceux du dehors, lui font attachés; il eft jufte qu'il
„ fuccede à l'Empire ". L'Impératrice fuivit fon confeil; ainfi le même jour *Thai-tçoum* fut proclamé Empereur. Le jour nommé *Kouei-hai*, *Thai-tçoum* fe tranfporta dans le *Miao*, ou temple dedié à *Thai-tçou*. Le jour nommé *Pim-yn*, il fit l'holocaufte accoutumé en pareilles occafions, au Ciel & à la terre. Le jour, nommé *Vou-tchin*, il revint à fa Cour. Le jour nommé *Gin-chin*, il reçut de tous les Officiers

de

de fon Empire le titre de *Sé-chim-hoam-ti*, c'eft-à-dire en Chinois, *l'Empereur fucceffeur du Saint ;* après quoi il publia une amniftie générale. Les Officiers, à qui il appartenoit, le fupplierent de vouloir changer le titre des années ; ce qu'il refufa de faire. Dans la douzieme lune, le jour nommé *Kem-tchin*, il conféra à l'Impératrice fon aïeule, le titre Chinois de *Thai-hoam-thai-heou*, à l'Impératrice fa mere celui de *Hoam-thai-heou*, & à la Reine fa femme celui de *Hoam-heou*. Le jour nommé *Ki-tcheou*, l'Empereur facrifia au Ciel & à la terre. Le jour *Kem-yn*, il envoya fes ordres à tous les Royaumes tributaires par des députés.

La troifieme année de *Thien-hien* (928) dans la feconde lune, le jour nommé *Ki-hai*, on préfenta un loup blanc à l'Empereur. Dans la troifieme lune, il déclara la guerre à l'Empereur de Chine. Dans la quatrieme lune, le jour nommé *Ki-mao*, il facrifia au Dieu, des cerfs d'une efpece extraordinaire. Dans la fixieme lune, le jour nommé *Ki-mao*, il fit la cérémonie nommée *Sée-fée ;* (c'eft un facrifice ou une comédie pour demander de la pluie.) Dans la feptieme lune, le jour nommé *Gin-tçe*, il vint un courier qui apporta la nouvelle de la défaite de l'armée des *Khitan* par les Chinois, de la mort de *Thie-la*, Commandant des *Khi-tan*, & de la prife de plufieurs dixaines de grands Officiers & de la ville de *Thie-tcheou*. L'Empereur fentit un regret très-vif d'avoir envoyé cette armée à contre-temps. Dans la neuvieme lune, le jour marqué *Ki-tcheou*, l'Empereur alla au palais de fon frere aîné *Gin-hoam-vam*, pour lui rendre vifite ; il y retourna le jour nommé *Sin-mao*. Dans la douzieme lune, le jour nommé *Kouei-mao*, l'Empereur facrifia au Ciel & à la terre. Le jour nommé *Kia-yn*, il érigea *Toum-pim-kiun* en Cour du Midi, ou *Nan-kim*.

La quatrieme année de *Thien-hien* (929,) dans la troifieme lune, le jour nommé *Kia-ou*, il facrifia de loin à tous les Dieux (des fleuves, des montagnes, &c.) Dans la quatrieme lune, le jour nommé *Sin-yeou*, le frere aîné de l'Empereur, nommé *Pei* ou *Gin-hoam-vam*, vint rendre hommage. Dans la feptieme lune, le jour nommé *Kia-ou*, l'Empereur facrifia à *Thai-tçou*. Dans la neuvieme lune, il facrifia au mont *Mou-ye-chan*. Dans la dixieme lune, le jour nommé *Kia-tçe*, il fit partir fon frere *Li-hou* avec une armée contre les Chinois. Dans l'onzieme lune, le premier jour, nommé *Pim-yn*, il avertit, par des facrifices, le ciel & la terre, du départ de fon armée. Le jour nommé *Gin-chin*, il en avertit pareillement *Thai-tçou* par un facrifice.

La cinquieme année de *Thien-hien* (930,) dans la feconde lune, le jour nommé *Kouei-mao*, *Li-hou*, après avoir pris la ville de *Houan-tcheou*, vint trouver l'Empereur. Le jour nommé *Pim-tchin*, l'Empereur & fon frere aîné *Gin-hoam-vam* vinrent rendre hommage à l'Impératrice leur mere. L'Impératrice, qui favoit qu'ils écrivoient très-bien l'un & l'autre, leur ordonna d'écrire quelque chofe devant elle, afin qu'elle en jugât. Dans l'onzieme lune, le jour nommé *Vou-yn*, les Officiers du Royaume de *Toum-tan* donnerent avis à l'Empereur que *Gin-hoam-vam*, fon frere aîné, s'étoit embarqué fur mer, pour aller fe refugier à la Cour de l'Empereur de Chine.

La fixieme année de *Thien-hien* (931,) dans la troifieme lune, le jour nommé *Tim-hai*, la femme de *Gin-hoam-vam* Reine de *Toum-tan*, & nommée *Siao*, vint avec tous fes Officiers voir l'Empereur. Dans la huitieme lune, le jour nommé *Kem-chin*, il naquit un fils à l'Empereur, qu'il nomma *Chu-lu ;* il en avertit *Thai-tçou* dans fon *Miao* par un facrifice.

La feptieme année de *Thien-hien* (932,) dans la troifieme lune, le jour nommé *Vou-chin*, l'Empereur, à la tête de tous fes Officiers, alla rendre hommage à l'Impératrice fa mere. Dans la quatrieme lune, il

vint des ambaffadeurs de Chine, qui apporterent des lettres de *Gin-hoam-vam*, le jour nommé *Kia-fu*. Dans la feptieme lune, le premier jour nommé *Kouei-vei*, l'Empereur fit diftribuer des pieces de foie & de toile à tous les vieillards de fon Empire.

La huitieme année de *Thien-hien* (933,) dans la troifieme lune, le jour nommé *Pim-chin*, l'Empereur de Chine envoya demander la paix. Dans l'onzieme lune, le jour nommé *Sin-tcheou*, l'Impératrice aïeule mourut. Dans ce mois, *Li-ffe-yuen*, Empereur de Chine, mourut auffi. Son fils *Li-tçoum-heou* prit fa place.

La neuvieme année de *Thien-hien* (934,) dans la quatrieme lune, *Li-tçoum-kho*, Prince du fang des *Tham* poftérieurs, tua l'Empereur de Chine, & ufurpa l'Empire ; *Gin-hoam-vam* pria que l'on vengeât fa mort. Dans la huitieme lune, le jour nommé *Gin-ou*, l'Empereur des *Khi-tan* réfolut d'aller en perfonne faire la guerre à l'ufurpateur. Le jour nommé *Yi-yeou*, l'Empereur admira l'adreffe d'*Yi-la-kiai-y*, qui prit à la main une oïe fauvage en volant. Il fit à cette occafion des facrifices au ciel & à la terre, pour les en remercier. Le jour nommé *Yi-mao*, l'Empereur arriva à la ville de *Yun-tcheou*. Les fiens s'étoient déja rendu maîtres du *Ho-thao*, grand pays dans la partie feptentrionale de la Province de *Chenfi*, qui eft enfermé par le fleuve *Hoam-ho*, comme dans une bourfe, d'où il a pris fon nom. Il prit dans l'onzieme lune plufieurs villes de Chine.

La dixieme année de *Thien-hien* (935,) dans la premiere lune, le jour nommé *Vou-chin*, l'Impératrice mourut en voyage.

L'onzieme année de *Thien-hien* (936,) dans la feptieme lune, le jour nommé *Pim-chim*, l'Empereur de Chine déclara la guerre à *Che-khim-tham*, qui s'étoit révolté. *Che-khim-tham* envoya demander du fecours. L'Empereur parla de la forte à l'Impératrice fa mere à cette occafion : ,, *Li-tçoum-kho*, Empereur ,, de Chine, eft parvenu à l'Empire par un parricide. ,, Il eft également odieux aux hommes & aux Dieux. ,, Je dois lui faire fubir les peines que le Ciel deftine à fon forfait ''. Dans le même temps, *Che-khim-tham* reçut des Ambaffadeurs d'un Chinois, nommé *Tchao-te-kiun*. Il dépêcha à l'inftant *Sam-vei-han*, pour avertir que l'affaire preffoit. Auffi-tôt l'Empereur promit le fecours defiré, & dans la huitieme lune, le jour nommé *Ki-vei*, il envoya des Députés à *Che-khim-tham* pour le raffurer. Le jour nommé *Kem-ou*, l'Empereur partit pour aller en perfonne fecourir *Che-khim-tham*. Dans la neuvieme lune, le jour nommé *Tim-yeou*, l'Empereur arriva à *Yen-men*. Le jour nommé *Vou-fu*, il vint à *Hin-tcheou*, où il facrifia au Ciel & à la terre. Le jour nommé *Ki-hai*, il arriva à *Thai-yuen-fou*, capitale de la Province de *Chanfi*. *Che-khim-tham* l'y vint trouver avec fon armée. La bataille fe donna. L'Empereur *Thai-tçoum* recula par une rufe de guerre. Deux des Généraux Chinois s'animant par ce fuccès, vinrent du côté de l'Occident pour donner une feconde bataille. *Thai-tçoum* ne leur en donna pas le temps. Une embufcade de *Khitan*, qui fe leva tout-à-coup, coupa chemin au troifieme corps de l'armée Chinoife, dont les deux premiers s'étoient détachés ; de forte que ces deux corps furent entiérement défaits. Il y périt plufieurs dixaines de milliers de Chinois. *Che-khim-tham* vint avec tous fes Officiers féliciter *Thai-tçoum*. *Thai-tçoum* lui prenant les mains, joignit à cette faveur toutes les marques de bonté que *Che-khim-tham* pouvoit efpérer. Dans la dixieme lune, le jour marqué *Kia-tçe*, il créa *Che-khim-tham*, Roi de *Tçin*, & l'alla vifiter. Dans l'onzieme lune, le jour nommé *Tim-yeou*, il créa *Che-khim-tham* Empereur, fous le titre de *Ta-tçin-hoam-ti*. Un des Généraux Chinois de l'armée de l'Empereur de Chine, après fa défaite, s'étoit jetté dans la ville de *Tçin-ghan*. Il y fut affiégé dans la neuvieme lune, le jour nommé *Kouei-mao*. Il avoit soutenu le siege plus de quatre-vingts jours ; il étoit également destitué de secours du dedans & du dehors ; il ne restoit aucuns vivres dans la place. Les assiégés en étoient réduits à laver la fiente des chevaux, & à couper du bois en esquilles, pour nourrir leurs chevaux. Bientôt les chevaux affamés commencerent à s'entre-manger ; quand ils étoient tombés morts, ils servoient de nourriture aux assiégés. Les autres Généraux & Officiers l'exhortoient à se rendre. " Pour " moi, leur dit-il, je suis déterminé à mourir ; si vous " voulez rendre la place, vous devez commencer par " me couper la tête ". En effet, dans la seconde-onzieme lune, le jour nommé *Kia-tçe*, le Général *Yam-khouam-yen* & *Chan-chim-khi* lui couperent la tête, & rendirent la place. *Thai-tçoum* ayant été informé de la confiance de *Tcham-khim-tha* & de sa fermeté, que la mort n'avoit pu ébranler, dit à ceux de sa suite ces paroles : " Tous ceux qui servent leurs " Rois, devroient être semblables à *Tcham-khim-* " *tha* ". En même-temps, il ordonna qu'on l'enterrât avec toutes sortes de magnificence. Il donna à l'Empereur de *Tçin* tous les captifs & cinq mille chevaux que l'on avoit trouvés dans la ville.

Le jour nommé *Pém-yn*, l'Empereur sacrifia au Ciel & à la terre, en action de graces de ce succès. Le jour nommé *Kem-ou*, l'Empereur *Thai-tçoum* apprit que les troupes auxiliaires Chinoises avoient pris la fuite ; il les fit suivre durant la nuit. Ils jetterent leurs armes, & s'écrasoient les uns les autres ; de sorte que le nombre des armes qu'on recueillit & des morts qu'on trouva, ne se pouvoit compter. Il ordonna au *Hoam-thai-tçe* de prendre dix mille chevaux-légers, pour aller se saisir des passages. Celui-ci rencontra un corps de plus de dix mille fantassins, qu'il obligea de se rendre. Le jour nommé *Sin-vei*, l'Empereur *Thai-tçoum* ayant passé la vallée qui se nomme *Touan-pe-kou*, offrit en sacrifice au Ciel & à la terre du vin & des fruits. *Thai-tçoum* étant arrivé à *Lou-tcheou-fou*, ville de la Province de *Chansi*, prit la résolution de ramener son armée. Il prit congé de l'Empereur de *Tçin*, auquel il fit de gros présents. Le jour nommé *Sin-sé*, l'Empereur de Chine *Li-tçoum-kho* se trouvant aux abois, fit venir *Gin-hoam-vam* en sa présence, & le pria de vouloir mourir avec lui ; *Gin hoam-vam* le refusa. *Li-tçoum-kho* envoya des gens qui se tuerent ; après quoi il se brûla lui-même avec toute sa famille. *Thai-tçoum* ordonna qu'on ramassât les ossements des ennemis qui avoient été tués, & qu'on en érigeât un trophée sur les bords de la riviere de *Fen-ho*. L'Empereur de *Tçin* ordonna à *Sam-vei-han* de composer une inscription qui renfermât un narré court de cette expédition. Dans la douzieme lune, le jour nommé *Kem-yn*, l'Empereur *Thai-tçoum* partit de *Thai-yuen-fou*.

La douzieme année de *Thien-hien* (937,) dans la premiere lune, le jour nommé *Gin-su*, l'Empereur *Thai-tçoum* sacrifia au Ciel & à la terre. Dans la troisieme lune, le jour nommé *Kem-chin*, l'Empereur de *Tçin* envoya payer tribut. Dans la sixieme lune, le jour nommé *Kia-chin*, l'Empereur de *Tçin* envoya des Grands de sa Cour offrir un titre d'honneur à *Thai-tçoum* ; *Thai-tçoum* le refusa. Ils offrirent pareillement à *Thai-tçoum* les pays qui sont au Nord de *Yen-men*, avec la partie du Nord-Ouest de la Province du *Pe-tche-li*, outre trois cents mille pieces de soie de tribut annuel ; *Thai-tçoum* refusa encore cela. Dans la huitieme lune, le jour nommé *Kem-tçe*, il arriva des Ambassadeurs de la part de l'Empereur de *Tçin*, qui donnerent avis que leur Empereur avoit établi le siege de son Empire à *Pien* ; c'est *Pien-leam* qu'on nomme aujourd'hui *Khai-foum-fou*, capitale de la Province de *Honan*.

La premiere année de *Hoei-thoum*, c'est-à-dire tout assemblé sous un même, (938,) dans la seconde lune, les *Che-ouei* présenterent à *Thai-tçoum* un *Piao* de couleur blanche : (ce terme Chinois signifie une espece de cerf d'une grandeur extraordinaire, & qui n'a qu'une corne, à ce que disent quelques-uns, qui sont en petit nombre.) Le jour nommé *Pim-chin*, l'Empereur regrettant son frere aîné *Gin-hoam-vam*, envoya le *Tii-yn*, ou grand-Maître de son Palais, avec tous les Princes du sang, lui sacrifier dans un palais, où il logeoit quand il étoit en voyage. Dans la cinquieme lune, l'Empereur de *Tçin* envoya derechef des Ambassadeurs, pour présenter de sa part un titre d'honneur à *Thai-tçoum*, qui le reçut. Dans la neuvieme lune, l'Empereur de *Tçin* envoya deux Grands de sa Cour, offrir un titre d'honneur à l'Impératrice-mere, & deux autres, en offrir un semblable à *Thai-tçoum*. Dans l'onzieme lune, le jour nommé *Gin-tçe*, le titre d'honneur fut reçu par l'Impératrice-mere. Le jour nommé *Kia-tçe*, l'Empereur fit la cérémonie de la renaissance, & un holocauste au Ciel & à la terre, pour les remercier du nouveau titre qu'il reçut deux jours après solemnellement. Il publia une amnistie générale, & changea le titre des années de son regne, qui avoit été jusqu'alors *Thien-hien*, en celui de *Hoei-thoum*. Ce même mois, l'Empereur de *Tçin* le félicita par un placet, & lui donna seize villes de Chine avec leurs territoires. La seconde année de *Hoei-thoum* (939,) dans la huitieme lune, l'Empereur de *Tçin*, ou de Chine, envoya son tribut de pieces de soie, le jour nommé *Yi-tcheou*.

La troisieme année de *Hoei-thoum* (940,) dans la neuvieme lune, le jour nommé *Kem-ou*, un Gentilhomme de la Chambre dit à *Thai-tçoum*, que l'Empereur de Chine ayant appris qu'il s'adonnoit à la chasse avec excès, il le prioit de se modérer en ce point. " Si je m'occupe de la chasse, répondit *Thai-tçoum*, " ce n'est pas par un motif de pur divertissement ; par-" là je forme mes troupes aux fatigues de la guerre ; " qu'on lui dise cela ". Dans la douzieme lune, le jour nommé *Kia-ou*, après avoir fait un holocauste au Ciel, il sacrifia à la tente divine, (espece de temple qui suivoit l'armée.)

La quatrieme année de *Hoei-thoum* (941,) dans la troisieme lune, le jour nommé *Kouei-yeou*, l'Empereur de Chine envoya prier *Thai-tçoum* de ne pas venir sacrifier à la principale montagne de la Chine, qui est dans la Province de *Honan*, quoiqu'auparavant il l'en eût supplié. Dans la sixieme lune, le Roi des *Tou-khou-hoen* se refugia en Chine. *Thai-tçoum* envoya des Ambassadeurs se plaindre de cette infraction du traité fait entr'eux. Le Gouverneur de *So-tcheou*, ville cédée à *Thai-tçoum*, alla se livrer avec la ville à l'Empereur de *Tçin*. Le jour nommé *Pim-ou*, l'Empereur *Thai-tçoum* envoya assiéger *So-tcheou*. Il vint un Ambassadeur de la part de l'Empereur de *Tçin*, qui demanda à entrer dans le camp. On ne le lui permit pas ; on l'envoya par la voie de la poste à *Thai-tçoum*. Dans la septieme lune, le jour nommé *Kouei-hai*, le Roi des *Tham* méridionaux, (c'étoit alors un puissant Royaume de Chine,) envoya des Ambassadeurs avec des boules de boules de cire, (c'est-à-dire en chiffre, ou plutôt cachées dans la cire.) Le jour nommé *Ki-sse*, les Officiers donnerent avis à *Thai-tçoum*, qu'un essaim d'abeilles étoit venu se poser sur le carrosse ou char qui portoit la baniere divine, & y avoit fait du miel. On consulta les sorts sur cet événement, & on trouva que c'étoit un heureux présage. Dans la huitieme lune, le Roi des *Tham* méridionaux, & celui d'*Ou-yue*, son voisin, envoyerent des Ambassadeurs avec des lettres dans des boules de cire.

La cinquieme année des *Hoei-thoum* (942,) dans la sixieme lune, le jour nommé *Yi-tcheou*, l'Empereur de *Tçin*, nommé *Che-khim-tham*, mourut ; *Che-tchoum-kouei* prit sa place. Le jour nommé *Tim-tcheou* l'Empereur ayant appris l'incommodité de l'Impératrice sa mere, prit la poste pour aller la servir dans sa maladie. Il faisoit l'essai par lui-même de toutes les médecines qu'elle prenoit. Il alla pareillement avertir *Thai-tçou* par un sacrifice, dans son *Miao*, de l'état où elle étoit. Il alla à la même fin dans la salle, dédiée à une idole des Bonzes *Ho-chan*, & il donna à manger à cinquante mille Bonzes de cette secte. Dans la septieme lune, le jour nommé *Kem-yn*, l'Empereur de *Tçin* envoya des Ambassadeurs. Dans ses lettres, il se donnoit le titre de petit-fils, & non pas de sujet: *Thai-tçoum* lui envoya reprocher sa faute. *Kim-yen-khouam* répondit pour son Empereur en ces termes: „ Le feu Empereur avoit été créé par votre „ sainte Dynastie. Celui qui regne aujourd'hui a été élu „ & proclamé par les Chinois. Il peut donc se donner „ le titre de voisin ou de petit-fils; mais il ne doit „ en aucune façon offrir des placets & se dire sujet". *Thai-tçoum* ayant reçu cette réponse, prit le dessein d'attaquer la Chine Méridionale. Dans l'onzieme lune, le jour nommé *Ki-vei*, l'Empereur fut averti qu'un pin avoit produit des jujubes.

La sixieme année de *Hoei-thoum* (943,) dans la seconde lune, le jour nommé *Sin-yeou*, l'Empereur de Chine envoya demander la permission d'établir le siege de son Empire à *Pien*, ou bien *Pien-leam*; ce qu'il obtint. Dans la troisieme lune, le jour nommé *Tim-vei*, l'Empereur de Chine arriva à *Pien-leam*, ou bien *Khai-foum-fou*, & envoya des Ambassadeurs pour remercier *Thai-tçoum*. Le premier jour de la quatrieme lune, le soleil s'éclipsa. Dans l'onzieme lune, le jour nommé *Sin-mao*, un espion de l'Empereur de Chine ayant été pris, fit connoître que son maître songeoit à la révolte. Dans la douzieme lune, le jour nommé *Tim-vei*, l'Empereur *Thai-tçoum* rentra dans *Nan-kim*, ou dans la Cour du Sud; (c'étoit alors le *Pe-kim* d'aujourd'hui.) Il tint conseil sur la guerre qu'il alloit déclarer à l'Empereur de Chine. Il fit marcher plusieurs armées devant lui; il suivoit avec la principale.

La septieme année de *Hoei-thoum* (944,) dans la premiere lune, le premier jour nommé *Kia-su*, l'avant-garde, qui étoit composée de cinquante mille chevaux, arriva à *Gin-khieou*, ville du troisieme ordre de la Province de *Pe-tcho-li*. Le jour nommé *Pim-tçe*, une autre armée, commandée par *An-douan*, arriva à *Yen-men*, sur les confins Septentrionaux de la Province de *Chansi*, & assiégea aussi-tôt *Hia* & *Tai*, deux villes voisines de ce lieu. Le jour nommé *Ki-mao*, l'avant-garde, commandée par *Tchao-yen-cheou*, assiégea *Pei-tcheou*. Le Commandant de la ville ouvrit les portes aux *Khitan*. Le Gouverneur se précipita dans un puits, & mourut. Après plusieurs sieges, il se livra une bataille, où les *Khitan* eurent du pire. Le premier jour de la troisieme lune, nommé *Kouei-yeou*, on résolut d'attaquer les Chinois, qui étoient campés sous la ville de *Tan-yuen*. L'Empereur *Thai-tçoum* envoya contr'eux plusieurs dixaines de milliers de cavaliers, avec ordre de les attaquer par la droite. Lui-même avec l'élite de son armée les attaqua par la gauche. Le combat dura jusqu'au soir. Alors *Thai-tçoum* avec le plus fort de sa cavalerie, les vint attaquer de front; les Chinois ne pouvoient plus combattre. Un espion avertit que les Chinois étoient en petit nombre le long de la riviere de *Yen-ho*, & que leurs retranchements étoient foibles de ce côté-là. On les attaqua vigoureusement par cet endroit; On les poursuivit en déroute. On les poursuivit vivement, & on en fit un grand carnage. Dans la quatrieme lune, le jour nommé *Kouei-tcheou*, l'Empereur *Thai-tçoum* fut de retour à *Nan-kim*. Dans la cinquieme lune, le jour nommé *Kouei-yeou*, les *Khitan* forcerent la ville de *Te-tcheou*, où ils prirent un Vice-Empereur & vingt-sept Officiers Chinois. Dans la septieme lune, le jour nommé *Sin-mao*, l'Empereur de Chine demanda la paix. Dans la huitieme lune, le jour nommé *Sin-yeou*, le Khan des *Hoei-hou* demanda une Princesse du sang en mariage; *Thai-tçoum* la lui refusa.

La huitieme année de *Hoei-thoum* (945,) dans la premiere lune, le jour marqué *Kem-tçe*, *Thai-tçoum* partageant ses armées, assiégea trois villes de Chine en même-temps; il en extermina presque tous les habitants. Il entra dans le territoire de *Ye-tou*; (c'est *Tcham-te-fou*, ville de la Province de *Honan*,) mille cavaliers Chinois s'étant avancés pour observer l'ennemi, trouverent près de *Ye-tou* plusieurs dixaines de milliers de *Khitan*. Ils se battirent en retraite; mais l'armée ennemie grossissant toujours, *Yen-tchan*, un des Commandants des Chinois, combattant vaillamment, se mêla plus de cent fois avec les *Khitan*; son cheval ayant été tué, il combattit à pied avec le même courage. *Chin-khi*, autre Commandant Chinois, passa une riviere, & accourut à son secours; ce qui obligea les *Khitan* à se retirer. Dans la troisieme lune, les *Khitan* firent le siege de *Ouei*; la ville fut secourue par un Commandant Chinois. Le jour nommé *Vou-tçe*, un Commandant Chinois força la ville de *Tem-tcheou*. Dans la troisieme lune, le jour nommé *Vou-su*, l'armée des *Khitan* prit la ville de *Khi-tcheou*, où elle tua un Vice-Empereur Chinois. Le jour nommé *Khem-su*, les Commandants Chinois, nommés *Toü-tchoum-ouei* & *Li-cheou-tchim*, attaquerent la ville de *Thai-tcheou*. Le jour nommé *Vou-tçe*, l'avant-garde des *Khitan* accourut au secours. Le jour nommé *Ki-vei*, les deux Commandants Chinois prirent la fuite du côté du Midi. On les joignit à *Yam-tchim*, où ils furent entiérement défaits par les *Khitan*. Ils se rémirent pourtant; & ayant fait une phalange de leur infanterie, ils vinrent affronter l'ennemi; ils soutinrent le choc plus de vingt fois sans rompre. Le jour nommé *Gin-su*, ils combattirent encore durant une lieue de chemin, & se retirerent en bon ordre.

Le jour nommé *Kouei-hai*, les Chinois furent investis par les *Khitan*; ils se retrancherent avec des chevaux de Frise. Sur le soir, il s'éleva un grand vent, qui dura jusqu'au lendemain matin. Le régiment des Milans de fer mit pied à terre, & ayant arraché & mis en pieces les chevaux de Frise, entra avec des armes courtes dans le camp des Chinois. On y mit le feu, & pour accroître l'épouvante, des cavaliers avec des balais attachés à la queue de leurs chevaux, augmentoient la poussiere que le vent excitoit déja assez. L'armée Chinoise s'adressant à ses Commandants s'écria: „ Mourrons-nous ici sans coup férir? Pourquoi „ ne nous pas servir de nos armes"? A l'instant, les Commandants Chinois commencerent le combat. *Tcham-yen-tçée*, *Yo-yuen-fou* & *Hoam-fou-yu* furent les premiers à combattre; ce qu'ils firent avec courage. Les autres Commandants Chinois se joignirent bientôt aux premiers; de sorte que l'armée des *Khitan* fut forcée de reculer, & perdit plusieurs centaines de pas de son terrein. Cependant le vent s'augmenta, & le jour fut changé en nuit. *Yen-khi* avec dix mille chevaux vint prendre les *Khitan* en flanc. Il fit en même-temps avancer son infanterie: ce qui acheva de mettre les *Khitan* en désordre. L'Empereur *Thai-tçoum* lui-même fut obligé de monter sur un chariot à la façon des *Hii*, & de se retirer à plus d'une lieue. Les Chinois le poursuivoient vivement. Il rencontra un chameau sur lequel il monta, & se retira. Après cette victoire, l'armée Chinoise se retira à *Pao-tcheou*, pour garder cette ville. Dans la quatrieme lune, *Thai-tçoum* fut de retour à *Nan-kim*. Il fit donner la bastonnade à tous ceux qui n'avoient pas fait leur devoir dans le combat. Le jour nommé *Kem-yn*, il fit un festin à son armée. Le jour nommé *Tim-hai*, l'Empereur reçut nouvelle, que les Chinois étant venus surprendre la ville de *Kao-yam* avoient été battus & mis en fuite. Dans la septieme lune, le jour nommé *Yi-mao*, l'Empereur de Chine envoya demander la paix; on lui répondit comme la premiere fois.

La neuvieme année de *Hoei-thoum* (946,) dans

la huitieme lune, *Thai-tçoum* prit la résolution de revenir en Chine faire la guerre. Dans la neuvieme lune, le jour nommé *Gin-chin*, il fit la revue de ses troúpes. Dans cette lune, *Tchao-yen-cheou* gagna une bataille fur les Chinois. Le premier jour de l'onzieme lune, nommé *Vou-tçe*, les *Khitan* afliégerent *Tchin-tcheou*. Le jour nommé *Pim-chin*, les *Khitan* défirent les Chinois ; ils en tuerent pluſieurs dixaines de milliers. *Tou-tchoum-ouei* ſe retira à *Tchoum-tou-tchai*, où il ſe fortifia ; il y fut auſſi afliégé. *Thai-tçoum* laifſa deux Généraux au commandement du fiege, & ayant paſſé lui-même la riviere, il prit l'ennemi à revers. Il attaqua & força la ville de *Louan-tchim* ; après quoi il envoyá des troupes ſe ſaiſir des paſſages dangereux. Il ordonna à ſes ſoldats de prendre des vivres pour trois jours, & leur défendit d'allumer du feu pendant tout ce temps-là. Il prit quantité de Chinois, qu'il fit marquer avec un fer rouge ; après quoi il les renvoya. Ceux qui eſcortoient les vivres en furent effrayés, & abandónnerent tout pour s'enfuir. Les afſiégés furent par-là réduits à la derniere extrêmité. Dans la douzieme lune, le jour nommé *Pim-yn*, les Commandants Chinois *Tou-tchoum-ouei*, *Li-cheou-tchim*, *Tcham-yen-tçée* & autres, vinrent ſe rendre avec deux cents mille hommes. *Thai-tçoum*, entouré de pluſieurs dixaines de milliers de cavaliers, les reçut à merci. Il étoit lui-même à cheval & ſur une terre élevée ; il donna de grands commandemens à tous les Commandants Chinois. Il donna la moitié des troupes qui venoient de ſe rendre, à commander à *Tou-tchoum-ouei*. Il mit l'autre moitié ſous les ordres de *Tchao-yen-cheou*, un de ſes Généraux. Il envoya à *Pien-leam* deux de ſes Officiers, pour porter ſes ordres à l'Empereur de Chine, & pour le conſoler lui & ſa mere. Il laiſſa une garniſon dans la ville de *Ouei*, & prit ſa route avec ſa grande armée du côté du Sud.

Le jour nommé *Gin-chin*, les Députés de *Thai-tçoum* arriverent à *Pien-leam*. L'Empereur *Che-tchoum-kouei*, revêtu d'un habit blanc & ſimple, (en ſigne de deuil,) ſalua à genoux les ordres de *Thai-tçoum*. Sa mere, nommée *Li*, préſenta un placet pour demander pardon de ce que ſon fils refuſant de ſuivre les avis de *Sam-vei-han*, avoit rompu la paix. Dans ce même-temps, *Tcham-yen-tçée* fit mourir *Sam-vei-han*, & répandit le bruit qu'il s'étoit étranglé lui-même. *Thai-tçoum* ordonna qu'on l'enterrât avec honneur, qu'on exemptât ſes biens de tout tribut ; & il combla ſa famille d'honneurs & de bienfaits. Le jour nommé *Kia-ſu*, le Général *Tcham-yen-tçée* transféra l'Empereur de Chine *Che-tchoum-kouei*, avec l'Impératrice ſa mere & ſa femme, du palais Impérial au Tribunal du Gouverneur de la ville, & lui donna une garde commandée par *Li-youm*. Le jour nommé *Gin-oa*, l'Empereur *Thai-tçoum* arriva à *Tche-kham*. *Che-tchoum-kouei*, Empereur de Chine, ſortit de la ville Impériale, menant en leſſe un mouton, avec une corde de paille, pour attendre *Thai-tçoum* au paſſage. *Thai-tçoum* ne put ſe réſoudre à le voir en cet état ; il ordonna qu'on lui préparât un temple d'idoles pour palais. Tous les Officiers de l'Empereur Chinois, revêtus d'habits de taffetas blanc, portant en tête des bonnets de ſoie claire, ſe proſternerent devant *Thai-tçoum*, attendant la punition de leurs fautes. ,, Si l'Em-,, pereur a été ingrat, dit *Thai-tçoum*, ſa faute peut-,, elle leur être attribuée "? Il les rétablit tous dans leurs offices & leurs dignités. Il conféra à *Ghan-cho-tçien* la dignité de ſuprême Généraliſſime, & la charge de Commandant de la garniſon à pied de la ville Impériale. *Ghan-cho-tçien* ſortant du rang, ſe tint debout. ,, Je n'ai pas oublié, lui dit l'Empereur, ce que ,, vous me demandâtes dans la ville de *Him-tcheou* ". En achevant ce diſcours, il le créa Vice-Empereur à la garde de l'Empire. Voici ce qu'il avoit demandé. Il avoit ſecretement ſupplié *Thai-tçoum* de mettre ſa ville

au rang des ſiennes. Le Général *Kham-tçiam* avoit pris *Kim-yen-khouam* ; il le vint préſenter à l'Empereur *Thai-tçoum*. L'Empereur ordonna que l'on comptât ſes crimes avec des jettons ; on en trouva huit. L'Empereur le fit conduire garotté à ſa Cour ; mais dans le voyage il s'ôta la vie.

La premiere année de *Tha-thoum*, c'eſt-à-dire, *la grande unité*, (parce que, ſuivant le ſtyle Chinois, il avoit réduit l'univers ſous une ſeule domination,) (947,) dans la premiere lune, le premier jour nommé *Tim-hai*, l'Empereur *Thai-tçoum* fit ſon entrée ſolemnelle dans la ville de *Pien*, capitale alors de l'Empire Chinois. Il alla, accompagné de toute la pompe Impériale, s'aſſeoir ſur le trône de l'Empereur de Chine, où il reçut les compliments de tous les Officiers des deux Empires. Il donna par *interim* le Gouvernement de la ville Impériale au ſecond Préſident du Conſeil de guerre, nommé *Leou-nim*. Il fit mourir *Tçin-ki-min*, *Li-yen-chin* & *Yam-tchim-hiun*. Il donna la charge de Vice-Empereur de *Lou-loum* à *Yam-tchim-ſin*, frere cadet de *Yam-tchim-hiun*, & le fit héritier des dignités de ſon pere. *Yam-khouam-yuen* leur pere, lors qu'il étoit Gouverneur de *Tçim-tcheou*, avoit pris la réſolution de ſe livrer avec ſa place à *Thai-tçoum*. *Yam-tchim-hiun* s'y étoit oppoſé, & ayant tué le Juge de la ville, & ſon propre frere cadet, avec pluſieurs autres, il étoit allé ſe rendre à l'Empereur Chinois. Cé fut la raiſon pourquoi *Thai-tçoum* le fit mourir. Le jour, nommé *Ki-tcheou*, fit couper la tête en plein marché à *Tcham-yen-tçée*, parce qu'il avoit eu l'audace de ſe ſaiſir de l'Empereur de Chine, de faire mourir *Sam-vei-han*, & d'abandonner tout au pillage de ſes troupes ; crimes impardonnables. Le peuple Chinois le hacha en pieces, & mangea ſes chairs. Le jour nommé *Sin-mao*, *Thai-tçoum* dégrada l'Empereur Chinois, & ne lui laiſſa que la dignité de Grand du premier ordre ; il le créa Marquis de l'ingratitude. Le jour nommé *Kouei-ſſe*, il donna les titres des principales charges de l'Empire à ſept Seigneurs Chinois, & leur ordonna de prendre une eſcorte de trois cents cavaſlers, & d'aller conduire à *Hoam-loum-fou*, (près de la *Corée*,) le Marquis de l'ingratitude, ſa mere l'Impératrice *Li*, la Reine & l'Impératrice ſa femme, nommée *Foum*, & les Princes du ſang, & de les établir dans cette ville qu'il leur aſſigna pour exil. Il laiſſa à l'Empereur Chinois pour ſon ſervice cinquante filles de ſon ſerrail, trois Eunuques, cinquante Officiers, un Médecin, quatre gardes du corps, ſept cuiſiniers, trois Intendants du gobelet, trois Porte-étendards & dix eſtafiers. Dans la ſeconde lune, le premier jour nommé *Tim-ſé*, il donna à ſa Dynaſtie le titre de *grande Leao*. Il publia une amniſtie générale, & changea le titre de ſes années, qui étoit *Hoei-thoum*, en celui de *Tha-thoum*. Il érigea la ville de *Tchin-tcheou* en *Tchoum-kim*, c'eſt-à-dire, en *Cour du milieu*. Il créa *Tchao-yen-tcheou*, Grand-Viſir, avec un pouvoir égal ſur les affaires civiles & militaires, & le laiſſa Vice-Empereur. Il nomma tous les Officiers de robe de ſon nouvel Empire, & diſtribua des récompenſes ſelon le mérite d'un chacun.

Le jour nommé *Sin-vei*, le Vice-Empereur de *Ho-toum*, qui étoit Roi de *Pe-pim*, & ſe nommoit *Leou-tchi-yuen*, ſe fit proclamer *Hoam-ti*, ou Empereur de Chine, & donna le titre de *Han* à ſa Dynaſtie. Il partagea le pays de ſon obéiſſance, entre trois Vice-Empereurs qui gardoient les paſſages. Le premier jour de la troiſieme lune nommé *Pim-ſu*, *Thai-tçoum* créa *Siao-han*, Généraliſſime des troupes, & nomma les Officiers de guerre, diſtribuant à chacun des récompenſes ſelon ſon mérite. Le jour nommé *Gin-yn*, l'Empereur *Thai-tçoum* fit enlever les Officiers Chinois, les femmes du ſerrail, les Eunuques, les Médecins, les Artiſans, les chartres & les rôles de l'Empire, les tables & les inſtruments aſtronomiques, aftronomiques, les monuments de marbre fur lefquels les livres canoniques étoient gravés, les ftatues de bronze, la clepfidre de la falle ou palais des Etats & des hommages, tous les livres & tous les inftruments de mufique, tous les fymboles de la pompe Impériale, avec les armes offenfives & défenfives; (tout cela fe doit entendre de celles qui étoient dans le palais & appartenoient à l'Empereur, & non des autres,) & fit tranfporter le tout à *Cham-kim*, c'eft-à-dire à fa *fuprême Cour*. (Nous avons marqué ci-devant fa longitude & fa latitude.) Le Gouverneur de *Tce-tçheou* rendit la ville de *Siam-tcheou* à l'Empereur des *Han* poftérieurs. Le jour *Ki-yeou*, l'Empereur des *Leao* envoya l'affiéger. Le premier jour de la quatrieme lune nommé *Pim-tchin*, l'Empereur des *Leao* partit de *Pien-tcheou*; (c'eft *Pien*, ou bien *Pien - leam* :) il emmena avec lui plufieurs Seigneurs Chinois. Etant arrivé à *Tche-khan*, on entendit durant la nuit un bruit femblable au tonnerre, qui fortoit de fa tente; une groffe étoile tomba devant fes étendards & fes tambours. Le jour nommé *Yi-tcheou*, il paffa le gué de *Li-yam-tou*. Ce fut-là que fe tournant vers ceux de fa fuite, il leur tint ce difcours : ,, Moi, Empereur, ,, j'ai commis trois fautes. La premiere, eft que j'ai ,, permis à mes troupes de fourrager les bleds; la fe- ,, conde, que je me fuis faifi du bien des particu- ,, liers; la troifieme, que je n'ai pas auffi-tôt permis ,, aux Vice-Empereurs de retourner dans leurs Gou- ,, vernements ". Le *Hoam-thai-tçe* envoya des ex- près pour s'informer de ce que l'armée avoit fait. L'Empereur fon pere lui fit dire pour réponfe ces paroles : ,, D'abord l'armée a forcé *Tou - tchoum - ouei* & ,, *Tcham-yen-tçée* à venir fe rendre à la tête de deux ,, cents mille hommes. Enfuite je me fuis rendu maî- ,, tre de la ville de *Tchin-tcheou*. Après être entré dans ,, la ville de *Pien*, j'ai fait la revue des Officiers de ,, l'Empire Chinois; j'ai réformé ceux qui ne fer- ,, voient que de nombre; j'ai conféré les charges à ,, ceux que leur habileté en rendoit capables. Quoi- ,, que toutes les charges de l'Empire Chinois fuffent ,, remplies, les devoirs en étoient négligés par ceux ,, qui les géroient, & demeuroient vuides par cette ,, négligence, de la même façon qu'un nid demeure ,, vuide quand les petits s'en font envolés. Depuis ,, que l'Empire Chinois eft tombé dans cet étrange ,, défordre, les voleurs fe font élevés de toutes parts, ,, & fe font cantonnés par-tout. Le labourage a été ,, abandonné; les vivres n'ont plus été fournis à temps ,, aux armées; de forte que le peuple n'a pu fouffrir ,, plus long-temps un joug fi pefant. Je ne fuis pas ,, encore maître du *Ho-toum*; les Généraux de l'Oc- ,, cident fe font ligués enfemble; je fonge jour & ,, nuit aux moyens de les réduire. Préfentement je ,, traite avec charité mes Officiers; j'entretiens la paix ,, & l'union entre mes foldats; je procure le bien ,, & la tranquillité des peuples. Ces trois derniers points ,, font ma principale occupation. J'ai foumis foixante ,, & feize territoires, dans lefquels j'ai trouvé un mi- ,, lion quatre-vingt-dix mille cent dix-huit familles. Si ,, les chaleurs exceffives du climat de *Pien* m'avoient ,, permis d'y féjourner un an, rien ne m'eût été plus ,, facile que de faire jouir l'univers entier d'une paix ,, profonde. J'ai érigé la ville de *Tchin-tcheou* (*) ,, en Cour du milieu, pour préparer un fiege aux Em- ,, pereurs dans les vifites. J'ai deffein de porter la guerre ,, dans le *Ho-toum*; après quoi je formerai d'autres ,, entreprifes ". Voilà à-peu-près ce que répondit *Thai - tçoum*. Le jour, nommé *Vou-tchin*, l'Empereur arriva à *Kao - yi*, ville où il tomba malade. Le

jour nommé *Tim-tcheou*, il mourut dans la ville de *Louan-tchin*, après avoir vécu quarante-fix ans.

SENTIMENT DES HISTORIENS.

Thai-tçoum affujettit à fon Empire bien des pays. Tous, auffi-bien les pays éloignés que les voifins, fe foumirent à fa vertu. Il donna un titre à fa Dynaftie, & acheva de perfectionner fon Empire par de beaux réglements. Il mit le Gouvernemeut en ordre; il diftingua le vrai de l'apparent : il revit par lui-même les caufes des criminels; il enfeigna aux peuples l'art de labourer la terre & de faire des toiles; il maria les hommes & les femmes qui ne pouvoient fe marier par eux-mêmes. Il chercha avec empreffement des Officiers, qui lui diffent nettement la vérité. Il en trouva, il les écouta, & fe foumit à leurs repréhenfions. Il les honora après leur mort, en récompenfe de leur fidélité. Il retrancha fes promenades & fes divertiffements, à la requête d'un d'entr'eux. Il aimoit tendrement fes foldats, & donnoit les ordres néceffaires pour les bien nourrir, & leur donner du repos. Dans fa derniere expédition, il vit l'Empereur de la Chine à fes pieds. On peut donc dire qu'il a réuni en fa perfonne la terreur des armes & les attraits de la vertu, & qu'il a poffédé l'habileté naturelle & la prudence acquife dans un pareil degré d'excellence. Après la conquête de l'Empire de Chine, il ne fit point paroître le moindre figne d'orgueil; au contraire, il fe condamna lui-même fur trois chefs. Les difciples de *Koum-fucius*, dans leurs commentaires fur les annales canoniques, louent le Comte de *Tchim*, d'avoir fu l'art de fe comporter modeftement dans la victoire. L'Hiftoire Canonique approuve la conduite du Roi de *Tçin*, qui confeffa fes fautes, & s'en repentit publiquement, à l'âge de quatre-vingt-quinze ans. *Thai-tçoum* a mérité l'une & l'autre louange; n'a-t-il pas été véritablement un excellent homme?

Comme je ne prétends pas écrire une hiftoire complete de ces peuples, & que je n'ai deffein que d'en rechercher les antiquités, je me borne à ce qui regarde la fondation de leur Empire & l'origine de leur nation. Il me fera donc permis, à l'égard de ce dernier point, de retoucher ici ce que j'ai rapporté ailleurs des *Toum-hou* ou des Tartares Orientaux.

Après que leur Empire eut été détruit par *Mo-the*, Empereur, ou bien *Tchen-yu* des *Hioum-nou*, ils fe partagerent en deux peuples, qui emprunterent les noms de *Sien-pi* & d'*Ou-houan*, deux chaînes de montagnes dont ils s'emparerent, & où ils demeurerent tributaires de leurs vainqueurs. Les *Sien-pi* devinrent dans la fuite du temps les plus puiffants de leur nation; & fentant défaillir les *Hioum-nou*, ils les poufferent à leur tour, & fe rendirent maîtres de leur Empire. Ils fonderent plufieurs grands Royaumes dans la Chine Septentrionale, & même un dans les terres du *Thybet* près de la Chine Occidentale. *Kho-pe-nem*, le dernier de leur Héros, ennemi de la Chine, fut affaffiné par les menées du Vice-Roi Chinois de la Province de *Yeou-tcheou*, aujourd'hui *Pe-kim*. Les *Sien-pi*, qui ne pouvoient plus tenir contre la Chine, allerent fe cantonner dans le pays de la Tartarie Orientale, qui eft fitué au Septentrion de la ville de *Hoam-loum-fou*, au Midi de la riviere de *Hoam-choui*, à l'Occident du fleuve, nommé par les Chinois *Soum-hoa-kiam*, & à l'Orient du *Cha-mo*, ou de la Mer de fable. *Pou-hoei*, defcendant de *Kho-ou-tou* qui defcendoit lui-même de *Chin-noum*, Empereur de Chine, eut pour fils *Mo-no* qui du Midi des monts *Yn-chan*, (ces monts font dans la Tartarie affez près des confins Septentrionaux de la Province de *Chanfi*,) vint s'établir dans la partie Occidentale du *Leao-toum*. Sa famille y régna fous neuf Rois confécutifs; mais ayant été éteinte par les *Sien-pi*, fujets de la famille

A a

(*) *Tchin-tcheou* eft un nom que la Dynaftie des *Tham* donnoit à cette ville qu'elle nommoit auffi *Hem-tcheou*. Aujourd'hui on l'appelle *Tchin-tim-fou*. Elle eft dans la Province de *Pe-kim*, au Sud-Oueft de *Pe-kim*, à foixante lieues de diftance.

des *Mou-youm*, ſes ſujets ſe diſſiperent, & prirent, les uns le nom de *Tu-ven*, les autres de *Kuou-mou-hi*, les autres enfin des *Khitan*. Ce fut donc ſur la fin de la Dynaſtie Chinoiſe des *Tçin*, que le nom de *Khitan* commença à paroître. Les *Khitan* furent auſſi défaits par les *Sien pi*, ſujets de la famille des *Mou-youm*; ce qui les obligea de ſe retirer dans le *Soum-mo*; c'eſt ainſi que les Chinois appellent le pays des *Sien-pi*, que je viens de décrire, à cauſe qu'il eſt entre le fleuve *Soum-hoa-kiam* & le déſert de *Cha-mo*. Il furent auſſi-tôt après ſubjugués par les *Ouei* Tartares. Les *Tou-kiue* devinrent enſuite leurs maîtres, & leurs vexations contraignirent les *Khitan* d'aller chercher un aſyle dans la *Corée*.

Enfin, l'an 584, leur chef vint en perſonne ſe ſoumettre à l'Empereur de Chine, qui lui permit de retourner avec ſa nation dans ſon ancien pays. Ils eurent le temps de ſe multiplier à l'abri de la protection Chinoiſe, & ils ſe partagerent en dix hordes, ou peuples. Ils étendirent même les bornes de leur Royaume, qui fut alors terminé du côté du Midi par la *Corée* & par le *Leao-toum*, à l'Occident par les *Hii*, au Septentrion par les *Mo-ho* & par les *Che-ouei*. Là ils étoient errants, vivant de leur chaſſe & de leurs troupeaux. Leur Roi qui étoit de la famille de *Ta-ho*, les diviſa en huit hordes, & ſubit le joug des *Tou-kiue*, qui lui accorderent le titre de *Ki-kin*. L'an 620, il paya tribut à la Chine; nonobſtant cela, incontinent après il y vint faire des incurſions. L'an 628, les *Khitan* ſe ſoumirent au grand *Thai-tçoum*, Empereur de Chine, qui diviſa la Tartarie Orientale, auſſi-bien que l'Occidentale, en villes & en Provinces, auxquelles il aſſigna des Vice-Rois & des Gouverneurs. Il créa *Kou-ko*, chef des *Khi-tan*, Commandant général de ſa nation, lui donnant le titre de *Tou-tou* du pays de *Soum-mo*. Les *Khi-tan* demeurerent long-temps paiſibles & ſoumis à la Chine. La paix eſt une mort pour les Barbares. Ils reprirent les armes, & ſe révoltérent. Depuis ce-temps-là, ils garderent une eſpece d'alternative entre les Chinois & les *Tou-kiue*, balançant la puiſſance des uns par celle des autres, ſuivant ce que requéroit le beſoin.

Tçin-tchoum étoit petit-fils de *Kou-ko*; il ſe rendit maître du *Leao-toum*, & en tua le Vice-Roi, prenant en même-temps le titre de *Vou-cham-khan*, c'eſt-à-dire, en Chinois, *Khan qui n'a rien au-deſſus de ſoi*. Il avoit pour Viſir *Vam-youm*, petit-fils de *Ghao-tçao*, qui avoit eu la dignité de *Tou-tou* de *Soum-mo*, c'eſt-à-dire, Commandant général du Royaume des *Khitan*. *Vam-youm* défit les Chinois en deux ou trois grandes batailles; mais à la fin il fut entiérement défait lui-même, & tué par les Chinois. L'impuiſſance où les *Khitan* ſe trouverent de réſiſter aux Chinois, les obligea de ſe ſoumettre aux *Tou-kiue*. Un couſin de *Tçin-tchoum*, nommé *Che-ho*, ramaſſa les débris de ſa nation. Il obtint de l'Empereur de Chine, d'être créé *Tou-tou* de *Soum-mo*, & d'épouſer une Infante adoptive. Il mourut l'an 719.

So-kou, ſon cadet, prit ſa place, & devint *Tou-tou* la même année que mourut ſon frere. Il épouſa auſſi la *Koum-tchu*, femme de ſon frere, & vint en perſonne avec elle rendre hommage à l'Empereur de Chine. Il fut tué par un de ſes Officiers, nommé *Kho-tou-yu*, qui s'étoit révolté contre lui. *Yo-yu*, couſin de *So-kou*, fut reconnu pour chef, & *Tou-tou* par *Kho-tou-yu*; ce qui fut confirmé par l'Empereur de Chine. L'an 722, *Yo-yu* vint rendre hommage.

Thou-yu, cadet de *Yo-yu*, ſuccéda à ſon frere mort, & vint rendre hommage l'an 725. *Kho-tou-yu* le tenoit dans de perpétuelles allarmes; c'eſt pourquoi il

vint avec la *Koum-tchu* ſe retirer auprès de l'Empereur de Chine, qui le créa Roi. Les *Khitan* mirent en ſa place *Chao-kou*, cadet de *Thou-yu*. *Chao-kou* vint rendre hommage l'an 725; il fut aſſaſſiné par *Kho-tou-yu* l'an 730.

Kiu-lie, (c'eſt apparemment celui qui porte parmi les *Khitan* le titre de *Ouo-khan*,) fut mis en la place de *Chao-kou* par *Kho-tou-yu*. L'an 734, *Kho-tou-yu* & *Kiu-lie* furent défaits en deux batailles conſécutives, par le Vice-Roi Chinois de *Yeou-tcheou*. *Kouo-tche*, Officier des *Khitan*, fit trancher la tête à tous les deux. Il fut créé pour cela *Tou-tou* de *Soum-mo*, & Roi de *Pe-pim* dans la Chine. Cette même année 734, *Ya-li*, ou comme diſent quelques-uns, *Nie-li*, ou bien encore *Ni-li*, qui étoit de la faction de *Kho-tou-yu*, maſſacra *Kouo-tche*, & extermina ſa famille. Cette playe affoiblit extrêmement la puiſſance des *Khitan*; de ſorte que la famille Royale de *Ta-ho*, de tributaire qu'elle étoit auparavant, devint ſous-tributaire, & fut obligée de ſe ſervir de la médiation du Roi des *Hii*, pour pouvoir être admiſe à l'hommage en Chine. *Ya-li* refuſant de prendre la couronne, la mit ſur la tête du *Khan*, nommé *Tçou-gou-khan*. Cet *Ya-li* eſt le *Chi-tçou*, ou la tige de la famille Impériale des *Leao*.

Ti-nien-tçou-li-pen étoit *Ta-ſſe*, ou Grand-Maître des huit hordes. Il reçut par une grace ſpéciale le nom de la famille Impériale de Chine, & fut nommé en Chinois *Li-hoai-ſieou*; les ſiens lui donnerent le titre de *Tçou-hou-khan*. Il fut le premier Roi de la famille des *Yao-nien*, celle de *Ta-ho* étant éteinte. Il reçut apparemment cet honneur après le gain de la fameuſe bataille, où *Ghan-lo-chan*, qui étoit révolté contre la Chine, fut entiérement défait. *Neou-li-ſſe*, triſaïeul du fondateur de l'Empire des *Leao*, contribua beaucoup à cette victoire.

Kiai-lo prit le titre de Roi des *Khitan*. Il déclara la guerre à la Chine l'an 788.

Kiu-ſu, l'an 842, reçut la qualité de Vice-Roi de la Province Chinoiſe de *Yeou-tcheou*. Il y joignit le titre de Roi des *Khitan*, & les ſiens lui donnerent celui de *Ye-lan-khan*. Les Rois de la maiſon de *Yao-nien* étoient tributaires des *Hoei-hou*, & ils recevoient d'eux le ſceau qui étoit la marque de leur dignité. Il quitta ce ſceau, & en demanda un nouveau à l'Empereur de Chine, qui le lui accorda, en faiſant graver deſſus cette inſcription : *Foum-koue-khitan*, c'eſt-à-dire, *ſceau du Royaume ſoumis des Khitan*.

Sii-eul, Roi des *Khitan*, à qui les ſiens donnent le titre de *Pa-la-khan*, paya deux fois tribut à la Chine depuis l'an 860 juſqu'à l'an 873. La puiſſance des *Khitan* s'accrut ſous ſon regne.

Le Roi des *Khitan*, nommé *Khin-te*, étoit de la même famille que *Sii-eul*. C'eſt celui qui porta le titre de *Leam-te-kin-khan*; auparavant il a été nommé *Hen-te-kin*. Il eſt difficile de ſavoir laquelle de ces deux prononciations eſt la véritable; les lettres *Leam* & *Hen* ne different que d'un point, & peuvent par conſéquent ſe confondre aiſément. L'an 886, il ravagea les pays des *Sii*, des *Che-ouei*, & autres Tartares qui ſe ſoumirent enfin à lui. Il fit long-temps la guerre à *Leou-gin-koum*. Sur la fin de ſon regne, il ſe relâcha. C'étoit une coutume inviolable chez les *Khitan*, que les Chefs des hordes fuſſent changés tous les trois ans. *Ye-liu-apao-khi* ne voulut point recevoir de ſucceſſeur dans l'horde de *Thie-la*, dont il ſe rendit Chef perpétuel, & prit le titre du Roi. Ainſi la famille des *Yao-nien* perdit la couronne, qui paſſa dans celle des *Ye-liu*, ou des *Che-lu*, ou des *Che-li*. Les deux Tables ſuivantes diront le reſte.

CANON *chronologique des Empereurs de la Dynaſtie des* LEAO, *ou des* KHI-TAN.

	L'EMPEREUR	ſous le titre de	régna	commença l'an du Cycle nommé	l'an de J. C.	finit l'an du Cycle nommé	l'an de J. C.	régna en tout	vécut	mourut
1.	*Thai-tçou* . .	. . . .	9	*Tim-mao* . .	907	*Yi-hai* . . .	915			
		Chin-tçée .	6	*Pim-tçe* . .	916	*Sin-ſe* . . .	921			
		Thien-tçan	5	*Sin-ſe* . . .	921	*Yi-yeou* . .	925			
		Thien-hien	2	*Yi-yeou* . . .	925	*Pim-ſu* . . .	926	21	35	
2.	*Thai-tçoum* . .	*Thien-hien*	12	*Pim-ſu* . . .	926	*Tim-yeou* . .	937			
		Hoei-thoum	9	*Vou-ſu* . . .	938	*Pim-ou* . . .	946			
		Tha-thoum	1	*Tim-vei* . .	947	*Tim-vei* . .	947	22	46	
3.	*Chi-tçoum* . .	*Then-lo* . .	5	*Tim-vei* . .	947	*Sin-hai* . .	951	5	34	aſſaſſiné.
4.	*Mou-tçoum* .	*Ym-lii* . . .	19	*Sin-hai* . .	951	*Ki-ſſé* . . .	969	19	39	aſſaſſiné.
5.	*Khim-tçouth* .	*Pao-nim* .	10	*Ki-ſſé* . . .	969	*Vou-yn* . . .	978			
		Kien-hem .	4	*Ki-mao* . .	979	*Gin-ou* . . .	982	14	35	
6.	*Chim-tçoum* . .	*Thoum-ho* .	29	*Kouei-vei* .	983	*Sin-hai* . .	1011			
		Khai-tai .	9	*Gin-tçe* . . .	1012	*Kem-chin* .	1020			
		Thai-pim .	11	*Sin-yeou* . .	1021	*Sin-vei* . .	1031	49	61	
7.	*Him-tçoum* . .	*Tchoum-hii*	24	*Gin-chin* . .	1032	*Yi-vei* . . .	1055	24	40	
8.	*Tao-tçoum* .	*Tçim-nim* .	10	*Yi-vei* . . .	1055	*Kia-tchin* .	1064			
		Hien-youm	10	*Yi-ſſé* . . .	1065	*Kia-yn* . . .	1074			
		Thai-kham	10	*Yi-mao* . . .	1075	*Kia-tçe* . .	1084			
		Tha-ghan .	10	*Yi-tcheou* . .	1085	*Kia-ſu* . . .	1094			
		Cheou-loum	7	*Yi-hai* . . .	1095	*Sin-ſé* . . .	1101	47	70	
9 & dernier.	*Thien-tço-ti* .	*Kien-thoum*	10	*Sin-ſe* . . .	1101	*Kem-yn* . .	1110			pris vif par les *Kin*, & mort auſſi-tôt de chagrin.
		Thien-khim	10	*Sin-mao* . .	1111	*Kem-tçe* . .	1120			
		Pao-tha . .	5	*Sin-tcheou* .	1121	*Yi-ſſe* . . .	1125			

Remarquez que quelques-uns donnent à *Thai-tçou* onze ans de regne, ſans titre, au-lieu de neuf; en voici la raiſon.

Leam-te-kin-kham mourut dans la douzieme lune de l'an 914; ainſi *Thai-tçou* régna pluſieurs jours de cette année-là, à raiſon de quoi elle lui eſt attribuée pour la premiere de ſon regne par les uns, pendant que les autres la laiſſent entiere à *Leam-te-kin-khan*. Pareillement la neuvieme de ceux-ci concourt au commencement avec la premiere de *Chin-tçée*, parce que

Thai-tçou ne prit le titre de *Chin-tçée* que le dixieme de la ſeconde lune, c'eſt-à-dire dans la neuvieme année des derniers, & dans l'onzieme des premiers. Remarquez auſſi que la derniere année d'un titre concourt avec la premiere du titre ſuivant; ce qui marque que le commencement de la premiere année du ſuivant appartient au titre précédent, & la fin au ſuivant, le titre ſuivant n'ayant pas commencé avec l'année. Les caracteres du cycle repétés auſſi-bien que l'année, le font aſſez voir dans la Table ſuivante.

TABLE *généalogique des Empereurs des* LEAO *ou des* KHITAN*, de la Famille de* YE-LIU.		
	Ya-li céda l'Empire à *Tçou-gou-khan*, & defcendoit de *Ki-cheou-khan*. On ignore le nombre de générations qui fut entre deux; il fut pere de *Pii-thie*.	
		EMPEREURS créés après la mort.
	Khai-lim.	
	Neou-li-ffe ou	*Sou-tçou.*
Second fils	*Sa-la-te*	*Yi-tçou.*
Troifieme fils	*Kiun-te*	*Hiuen-tçou.*
Quatrieme fils	*Sa-la-tii*	*Te-tçou.*
		EMPEREURS véritables.
Fils aîné	*A-pao-khi* ou	*Thai-tçou* . . . . . 1.
Frere puîné	*Yao-khou* ou	*Thai-tçoum* . . . . . 2.
Fils du fils aîné de *Thai-tçou* .	*Ou-yu*	*Chi-tçoum* . . . . . 3.
Fils aîné de *Thai-tçoum* . .	*Chu-lu*	*Mou-tçoum* . . . . 4.
Fils aîné de *Chi-tçoum* . . .	*Mim-y*	*Khim-tçoum* . . . . 5.
Fils aîné	*Ven-tchu-nou*	*Chim-tçoum* . . . . . 6.
Aîné	*Y-pou-kin* ou *Tche-kou* . .	*Him-tçoum* . . . . . 7.
Aîné	*Nie-lu*, ou bien *Tcha-la* . .	*Tao-tçoum* . . . . . 8.
Petit-fils de *Tao-tçoum* & fils de *Chun-tçoum*	*Yen-hi*, ou *Yen-nim*, ou *O-kouo*	*Thien-tço-hoam-ti* . . . 9.

REMARQUE SUR CETTE TABLE GÉNÉALOGIQUE.

L'Hiftoire & la Tradition ignorent également le temps auquel régnoit *Ki-cheou-khan*, première tige de cette famille. Voici ce que l'Hiftoire rapporte. Il étoit monté fur un cheval blanc, & defcendoit à la nage la riviere de *Thou-ho*. Cette riviere fe jette dans une autre, au pied du mont *Mou-ye-chan*, qui eft dans le *Leao-toum*. Etant arrivé au confluent, il tourna la tête, & jetta les yeux fur l'autre riviere. Il apperçut une femme montée fur un petit char, attelé de bœufs gris, qui defcendoit l'autre riviere à la nâge; cette riviere fe nomme *Hoam-ho*, ou *Hoam-choui*. Ils s'aborderent & fe marierent enfemble, fans autre formalité. De ce mariage il naquit huit garçons, à qui leur pere *Ki-cheou-khan* partagea le terrein de fes Etats, qui fe trouverent par-là divifés en huit hordes, dont fes huit enfants furent les chefs. On érigea un temple fur la montagne, où les ftatues du pere, de la mere & des huit enfants furent placées. Depuis ce temps-là, les *Khi-tan*, en mémoire de cette rencontre, leur faifoient réguliérement tous les ans des facrifices, dont les victimes étoient des chevaux blancs & des bœufs gris. Cette montagne étoit facrée pour les *Khi-tan*, & leurs Empereurs, outre des facrifices réglés, ne faifoient aucune entreprife confidérable, fans y aller facrifier auparavant. Leur Hiftoire eft pleine de ces fortes de facrifices qu'ils faifoient à *Ki-cheou-khan*, à fa femme & à fes enfants.

Il refte encore quelques obfervations à faire. Les voici.

1°. *Thai-tçou* bâtit quatre *Leou*, ce qui fignifie *maifons à étages*. C'étoit quatre fuperbes palais aux quatre points cardinaux, fur les confins de fes premiers Etats. L'Occidental étoit dans le lieu où enfuite il bâtit la ville de *Lin-hoam-fou*, qui fut fon *Cham-kim* ou *fa fuprême Cour*, c'eft-à-dire, la principale Capitale de fon Empire. L'Oriental étoit éloigné de cent lieues de l'Occidental. Il bâtit enfuite autour de ce palais la ville de *Louam-hoa-tcheou*. Le Septentrional étoit éloigné de trente lieues de l'Occidental, & fut enfermé dans la ville de *Tham-tcheou*. Le Méridional étoit dans le mont *Mou-ye-chan*. L'efpace compris entre ces quatre palais étoit fon pays de chaffe. Les portes & les fenêtres de ces palais, auffi-bien que les maifons des particuliers, regardoient toutes l'Orient.

2°. On a fouvent parlé des fleches des mânes, en voici la cérémonie. Quand l'Empereur alloit en perfonne faire la guerre, il s'armoit de toutes pieces, & dans cet équipage, il facrifioit aux Empereurs fes ancêtres, à Mercure & à Mars : après quoi on amenoit un prifonnier condamné à la mort, lequel on plaçoit dans le chemin qui conduifoit au pays ennemi, & on l'attachoit à un poteau. Là on le perçoit de mille fleches, qu'on tiroit toutes à la fois. On les nommoit les fleches des mânes, peut-être à caufe du facrifice qu'on venoit de faire aux mânes des anciens Empereurs. Le facrifice de ce malheureux fervoit, fuivant la perfuafion fuperftitieufe de cette nation, à détourner les maux. Au retour de l'armée, on recommençoit la même cérémonie; mais on choififfoit un des ennemis, au-lieu d'un coupable. On condamnoit auffi quelquefois d'infignes coupables à ce fupplice.

3°. La cérémonie du *Sée-fée*, ou de tirer des fleches fur des faules, fe faifoit pour demander de la pluie dans les grandes féchereffes; on choififfoit un jour heureux. Avant ce jour, on élévoit, à l'endroit même où on devoit faire le facrifice, une falle fort vafte, qu'ils appelloient *célefte*, foutenue fur cent colonnes de bois; tout le refte étoit de bambou. On plaçoit dans cette falle les portraits des anciens Empereurs, devant lefquels

quels l'Empereur régnant faifoit des oblations : après quoi on tiroit des fleches fur les faules, qui étoient au-dehors de fa falle. L'Empereur en tifoit deux ; les Rois du premier ordre & les Vifirs en tiroient chacun une. Ceux qui donnoient dans le faule changeoient de bonnet & de cafaque avec ceux qui n'y avoient pas donné, & ceux-ci étoient obligés de verfer à boire aux autres qui paffoient pour leurs vainqueurs; après quoi chacun reprenoit fes propres habits. Le lendemain, on tiroit des fleches fur les faules qui fe trouvoient au Sud-d'Eft de la falle célefte. Les Prêtres du facrifice faifoient une oblation de vin & de bled au pied des faules, & récitoient une formule de prieres. L'Empereur & l'Impératrice facrifioient vers l'Orient. Enfuite les freres & les enfants de l'Empereur tiroient des fleches fur les faules. Les Princes du fang, les beaux-peres de l'Empereur, & les grands Officiers recevoient des préfents de l'Empereur, chacun felon le rang de fa dignité. S'il venoit à pleuvoir le troifieme jour, l'Empereur donnoit au *Tii-lie-ma-tou*, (c'eft ainfi que les *Khitan* appelloient dans leur langue le Préfident des facrifices,) quatre chevaux & quatre paires d'habits complets; s'il ne pleuvoit pas, il le faifoit arrofer d'eau & bien mouiller.

4°. La cérémonie de la renaiffance fe célébroit à la fin de tous les douze ans, à compter depuis le jour de la naiffance. Dans la derniere lune de l'année, on choififfoit un jour heureux pour la cérémonie dans l'année fuivante. Avant ce jour, on préparoit, au Septentrion de la porte de derriere du palais, deux appartements, nommés l'un la chambre de la renaiffance, l'autre la chambre de l'Impératrice mere. On apportoit les portraits des Empereurs morts, que l'on plaçoit dans la falle de la renaiffance vers l'angle du Sud-Eft, & on plantoit à la renverfe un arbre à trois fourches. Le jour de la cérémonie, on introduifoit de jeunes enfants & des fages-femmes dans les chambres. Une femme portant du vin, & un vieillard tenant entre les mains des fleches & un carquois, attendoient debout hors les chambres. Les Maîtres des cérémonies prioient les tablettes des Empereurs défunts de defcendre des brancards. Ils leur faifoient une oblation; après quoi, l'Empereur fortoit de fon appartement, pour aller fe placer dans la chambre de la renaiffance. Tous les Officiers venoient au-devant de lui, & le faluoient deux fois à genoux. L'Empereur étant entré dans la chambre, quittoit les habits de deffus, & fe mettoit nuds pieds ; il paffoit trois fois fous l'arbre à trois fourches, fuivi feulement des jeunes enfants. Toutes les fois qu'il y paffoit, les fages-femmes, en faifant des invocations, le nettoyoient & le vergettoient. Les jeunes enfants paffoient fept fois fous l'arbre ; l'Empereur fe couchoit cependant à côté de l'arbre. Alors le vieillard frappant le carquois qu'il tenoit, difoit : „ Il eft né un garçon ". Le principal Prêtre couvroit la tête de l'Empereur, qui fe relevoit. Tous les Officiers fe profternant à terre le faluoient deux fois pour le féliciter. Une fage-femme prenant le vin de la main de la femme qui le portoit, le préfentoit à l'Empereur ; le principal Prêtre lui préfentoit en même-temps des langes & des ornements convenables, & faifoit des vœux pour lui. Sept vieillards, choifis par avance pour cela, fe tenoient debout, portant chacun un nom propre pour l'Empereur, écrit fur du taffetas de couleur. Ils fe mettoient tous enfemble à genoux, & le prioient de choifir un de ces noms. Il le choififfoit & faifoit des préfents aux vieillards, qui s'étant proftern és, & ayant falué deux fois, fe retiroient. Alors tous les Officiers de la Cour offroient à l'Empereur des langes & autres ornements convenables. L'Empereur, après avoir falué à genoux les portraits de fes ancêtres, alloit faire un feftin à tous les Officiers de fa Cour.

5°. Ces mêmes Empereurs facrifioient au Dieu des *Piao-lou*, (ce font des cerfs d'une grandeur extraor-

dinaire,) toutes les fois qu'ils alloient à la chaffe pour long-temps. Ils avoient devant leurs tentes, dans les expéditions militaires, douze grands tambours & autant de *Thao*, ou, comme prononcent ordinairement les Chinois, de *Tou*, c'eft-à-dire de *longues piques*, au-deffous du fer defquelles étoit attachée une groffe houppe, faite d'une queue de vache du *Thybet*. Cela étoit particulier aux Empereurs de Chine, qui, par honneur, en donnoient de femblables aux *Khan* Tartares quand ils les créoient Empereurs ; car alors ils les inveftiffoient par le *Tou* & le tambour ; c'eft de-là apparemment que vient la coutume des queues de cheval dont les Turcs fe fervent encore aujourd'hui, ne pouvant plus avoir des queues de vaches du *Thybet*. Le nom de *Tough* qu'ils donnent à cet étendard militaire, fait affez voir qu'ils ont pris cette coutume des Chinois. Sous cette touffe, les Chinois aujourd'hui placent un pavillon quarré. Au refte, il y a de ces queues de vaches du *Thybet*, qui font groffes comme un boiffeau Chinois. Il faut encore remarquer que les Empereurs des *Leao* avoient emprunté des *Geougen* & des *Tou-kiue*, le titre de *Khan* pour eux, & celui de *Khatoun* pour leurs femmes. Dans leur langue, *Y-li-kin*, comme l'écrivent les Chinois, & peut-être *Yr-ghin*, étoit le titre de la puiffance fouveraine, & *Thie-li-khien*, fignifioit la *Reine* ou l'*Impératrice*, à laquelle ils donnoient même le fuperbe titre de *Neou-ouo-ma*, qui fignifie Cybele, la comparant par-là à la Déeffe de la terre ; car *Neou-ouo*, dans le langage des *Khitan*, eft le titre d'honneur de cette Déeffe, & *Ma* fignifie *Mere*. Pour ce qui regarde le refte, ils avoient formé leur Gouvernement & leur Religion fur le modele de la Chine. Un Philofophe Chinois, qui fe donna à *Thai-tçou*, forma le plan de ce grand Empire, & fans trop violenter les mœurs de ce peuple, il les accommoda aux manieres Chinoifes. Auffi *Thai-tçou* eut une confiance fans réferve en ce grand homme. Il s'abandonna entiérement à fa conduite, en ce qui étoit du Gouvernement, & lui fit des honneurs qu'il ne faifoit à aucun autre. La plupart des Empires Tartares ont été formés de la forte, c'eft-à-dire, par des Chinois que leurs Souverains avoient auprès d'eux.

On n'avoit peut-être jamais vu après celle des *Tham*, de puiffance plus grande & mieux établie que celle des *Khitan*, ou bien des *Leao*. L'Empire, qu'ils poffédoient en propre, avoit plus de mille lieues d'étendue en tout fens, outre un grand nombre de nations Tartares, & foixante Royaumes de compte fait, parmi lefquels ils comptoient la Perfe & l'Arabie, qui leur étoient tributaires : (je dirai dans la fuite ce qu'on doit entendre par ces deux pays-là.) A la vérité, ils ne poffédoient de l'Empire de Chine que les quatre Provinces feptentrionales ; mais le refte leur payoit un gros tribut. Le nombre de leurs troupes répondoit à la grandeur de leurs Etats ; car outre les cinq cents mille chevaux de la garde de l'Empereur, ils avoient fous leurs étendards près de dix-fept cents mille hommes, entretenus pour la garde de l'Empire, fans parler des troupes extraordinaires qu'ils pouvoient lever fur leurs terres, & des troupes auxiliaires que les Tartares & les Royaumes tributaires étoient obligés de leur fournir, fous peine de dégradation & d'exécution militaire, toutes & quantes fois qu'ils en étoient requis. Leurs richeffes étoient proportionnées aux dépenfes énormes qu'il leur falloit faire pour l'entretien de tant de foldats. Les Empereurs ont eu dans leurs haras jufqu'à un million complet de chevaux. Les fondements d'un tel Empire ne paroiffent-ils donc pas inébranlable ? Mais y a-t-il quelque chofe d'inébranlable à la puiffance du Dieu terrible qui ôte l'efprit aux Princes, & qui lave dans le fang les crimes énormes dont les nations opulentes & orgueilleufes ont coutume de fouiller la terre ? Sa Providence fufcita la moins nombreufe & la plus foible en apparence de toutes les

nations, (les *Niou-tche*, ou *Kin*) qui, dans l'espace de trois ans, renversa de fond en comble cet effroyable édifice, & qui, au bout de dix ans, temps qui suffisoit à peine pour parcourir ce vaste Empire, s'en vit maîtresse paisible & absolue. Une conquête si surprenante passeroit pour une fable, si l'Histoire des *Leao*, ennemis des *Kin*, & celle des Chinois, qui n'est pas trop portée à favoriser les Tartares ne s'accordoient en tous les points que je vais déduire avec celle des *Kin* mêmes. Avant de passer outre, je dois marquer en peu de mots par quels degrés la Chine tomba du haut point de puissance où elle s'étoit élevée sous les *Tham*, dans un abyme de malheurs qui la réduisirent enfin sous le joug pesant des Tartares.

Jamais l'Empire de la Chine ne fut plus puissant & plus étendu que sous le commencement de la Dynastie des *Tham*; jamais il ne fut plus foible & plus retréci que sur la fin de la même Dynastie. Les Empereurs Chinois, pour assurer les confins de leurs Etats, s'aviserent d'un expédient qui paroissoit bon, & qui dans le fond étoit pernicieux. Ce fut de créer des Vice-Empereurs; car c'est ainsi que j'appelle ceux qu'ils nommoient *Tçe-sse*, auxquels ils donnerent une égale autorité sur le peuple & sur le soldat. Cette autorité universelle eut d'abord tout l'effet qu'on s'en promettoit. Les confins furent bien gardés; mais quand une fois l'ambition a goûté d'une autorité que l'éloignement de la Cour rend absolue, elle songe à la rendre souveraine. Les Vice-Empereurs songerent bientôt à la rendre héréditaire. Ils employerent d'abord les supplications, & quelques-uns réussirent dans leur dessein. D'autres ayant été refusés, se servirent de la voie de fait, & firent proclamer leurs enfants, ou leurs parents, Vice-Empereurs par les peuples & par les troupes. On fit la guerre pour les châtier; on dissimula quelquefois. Bientôt après, le désordre augmenta ; on n'eut plus à faire à des particuliers rebelles. Les Vice-Empereurs se liguerent ensemble pour défendre, & chacun se cantonna. Depuis ce temps-là, ce ne fut plus que guerres civiles. Enfin, la Dynastie des *Tham* fut éteinte par le plus puissant des Vice-Empereurs, qui fonda la Dynastie des *Tham* postérieurs. Cette Dynastie fut suivie de quatre autres, qui, toutes ensemble, ne durerent que cinquante-deux ans, sous douze Empereurs, c'est-à-dire, depuis l'an 908 jusqu'en l'an 960. Ces Empereurs n'avoient que l'ombre de l'autorité Impériale ; car durant leurs regnes, la Chine fut partagée en dix Royaumes indépendants les uns des autres, en quelques-uns desquels les Rois prenoient le titre d'Empereur. Ces Empereurs des cinq petites Dynasties postérieures n'avoient pas assez de force pour se soutenir & résister par eux-mêmes à leurs compétiteurs. C'est pourquoi *Che-khim-tham*, fondateur de la seconde de ces Dynasties, nommé *Tçin*, ne se sentant pas assez fort pour supplanter l'Empereur des *Leam* postérieurs, fondateur de la premiere des petites Dynasties postérieures, appella à son secours *Thai-tçou*, Empereur & fondateur de la Monarchie des *Leao*.

Thai-tçou accourut à son secours avec une formidable armée. Il défit l'Empereur des *Leam*; & ayant créé *Che-khim-tham* Empereur de *Tçin*, il le rendit son tributaire, & se saisit d'une partie de la Province du *Pe-kim* d'aujourd'hui, suivant les conventions faites entre lui & *Che-khim-tham*. Depuis ce temps-là, les Chinois se virent pour la premiere fois réduits à payer un tribut régulier aux Tartares. Envain tâcherent-ils de secouer ce joug ; cela ne servit qu'à faire perdre au successeur de *Che-khim-tham* son Empire & sa liberté, & à obliger les *Khitan* de se rendre maîtres absolus des quatre Provinces les plus septentrionales de la Chine. Cette fausse démarche de *Che-khim-tham* fut la source de tous les malheurs de la Chine. Il est vrai que la Dynastie de *Soum* s'étant élevée l'an 960, réunit en peu de temps tout le reste de la Chine sous sa domination ; mais elle ne put arracher aux *Khitan* leur proie. Au contraire, les *Khitan* la forcerent elle-même à leur payer un tribut de dix mille *Leam*, ou onces Chinoises d'argent, & de deux cents mille pieces de soie. Les Chinois furent même contraints dans la suite pour racheter la paix, de le faire monter jusqu'à trois cents mille pieces de soie. Les *Khitan* en userent pourtant modérément avec les Chinois, au-lieu que les *Niou-tchin*, ou la Dynastie des *Kin*, poussa à leur égard la cruauté & l'insolence à bout, comme nous l'avons marqué ci-dessus. Venons présentement à la Dynastie des *Kin*.

DE LA DYNASTIE DES KIN.

Il faut commencer par la description géographique du pays. Il est terminé à l'Orient par la mer, & comprend l'île de *Ye-tço*, qu'ils nomment *Hou-ye*; au Septentrion par le fleuve nommé en Chinois, *Heloum-kiam*, c'est-à-dire, le *fleuve du Dragon noir*, ou bien *He-choui*, c'est-à-dire, *eau noire*, & passe même au-delà; au Midi par la *Corée*; à l'Occident par le fleuve *Hoen-thoum-kiam*. Pour lui donner des bornes fixes, il faut joindre au fleuve *Hoen-thoum-kiam*. celui qui se nomme *Ya-lo-kiam*. La principale chaîne de montagnes de cette grande région est appellée par les *Man-tchou* qui sont aujourd'hui maîtres de la Chine, & de la même nation que les *Kin*, *Chemghien-alin*, c'est-à-dire, les *Monts blancs*, & par les Chinois, *Pe-chan*; ce qui signifie la même chose, ou *Tcham-pe-chan*; ce qui veut dire les Monts longs & blancs. En effet, cette chaîne de montagnes a cent lieues de long. Elle est située au Nord-Est de *Khai-yuen*, ville du *Leao-toum*, laquelle est au Nord de *Chin-yam*, aujourd'hui *Chim-kim*, capitale du *Leao-toum*, & n'en est éloignée que de trente lieues. *Chin-yam* est à quarante-deux degrés de latitude boréale, & conséquemment *Khai-yuen* est à quarante-trois. Les Monts blancs, suivant le routier Chinois, sont éloignés de *Khai-yuen* de plus de cent lieues. Ainsi la partie Orientale de cette montagne doit être à environ quarante-six degrés de latitude. De *Pe-kim* à *Chin-yam*, on compte plus de cent cinquante lieues; ainsi eu égard à la latitude de *Chin-yam*, *Chin-yam* doit être de six degrés à-peu-près plus Orientale que *Pe-kim*; & la même partie des monts blancs étant par le routier plus Orientale de quatre degrés environ que *Chin-yam*, elle doit l'être plus que *Pe-kim* d'environ dix degrés. Cette montagne méritoit d'être marquée avec soin, à cause d'un lac merveilleux qui se trouve sur un de ses sommets. Ce lac, dit la Chorographie Chinoise, a huit lieues & plus de tour. Il verse trois fleuves, dont l'un prend son cours vers l'Orient, l'autre vers le Midi, & le troisieme vers le Nord. Le premier va se jetter immédiatement dans la mer. Le second est celui que les Chinois nomment *Ya-lo-kiam*, à cause de la couleur de ses eaux, qui sont d'une couleur verte, telle qu'elle paroît sur certaines plumes du canard. Ce fleuve en entrant dans le golfe du *Leao-toum*, ou si vous voulez, de la *Corée*, fait la séparation de ces deux Royaumes. Le troisieme qui est le *Hoen-thoum-kiam*, après avoir reçu plusieurs rivieres, & s'être enflé des eaux du fleuve *Soum-hoa-kiam*, va se joindre au fleuve *He-loum-kiam*; ce qui fait que les Chinois confondent souvent ces deux fleuves. Les *Man-theou* donnent au *He-loum-kiam*, dans leur langue, le nom de *Sa-gha-lien-ou-la*; ce qui signifie le *fleuve noir*. Les *Moum-gols* l'appellent *Amour*, & les Moscovites qui l'ont pris de ces derniers, *Yamour*.

Je doute fort que cette grande étendue de pays ait été anciennement habitée par une seule nation. Quoi qu'il en soit, voici ce que les Chinois en rapportent. Sous l'Empire de *Vou-vam*, qui commença à régner en Chine l'an 1122 avant J. C., cette nation portoit le nom de *Sou-chin*. Elle vint lui apporter en forme de tributs, des fleches d'une grandeur énorme, dont la pointe étoit faite d'une pierre aiguifée qui perçoit le fer. Enfuite elle prit le nom de *Ve-kii*. Enfin, elle porta celui de *Mo-hho*. Je vais préfentement traduire, en omettant ce que je jugerai à propos d'omettre.

Sous l'Empire des *Ouei* Tartares, les *Ve-kii* étoient divifés en fept hordes, ou peuples. La premiere fe nommoit *Sou-mo*, la feconde *Pe-thou*, la troifieme *An-tche-khou*, la quatrieme *Fou-ne*, la cinquieme *Hao-che*, la fixieme *He-choui*, la feptieme *Pe-chan*. Sous la Dynaftie Chinoife des *Soui*, ils prirent le nom de *Mo-hho*, & les fept hordes fe réunirent en un feul corps de nation. Sous la Dynaftie des *Tham*, il ne fut plus mention que de deux hordes, favoir des *Mo-hho* de *He-choui*, ou du *fleuve noir*, & des *Mo-hho* de *Pe-chan*, ou des *Monts blancs*.

Les *Mo-hho* de *Sou-mo*, dont le Chef avoit pour nom de famille *Tha*, qui fignifie *Grand* dans la langue Chinoife, fe foumirent aux Coréans. Après que la Corée eut été fubjuguée par la Chine, ces *Mo-hho* de *Sou-mo* fe retirerent dans les monts de *Toum-meou*. Ce furent ceux-ci qui fonderent le Royaume de *Po-hai*, qui a duré plus de dix regnes. Ils avoient l'ufage des lettres; ils favoient ce que c'eft que les devoirs & les cérémonies, & la forme de leur Gouvernement étoit réglée. Leur Royaume contenoit cinq Cours, quinze grandes Provinces, & foixante-deux moindres. Les *Mo-hho* du fleuve noir occupoient l'ancien pays des *Sou-chin*. Ils s'étendoient vers l'Orient jufqu'à la mer, & vers le Midi jufqu'à la *Corée*, à laquelle ils fe foumirent, comme avoient fait les *Mo-hho* de *Sou-mo*. Ils menerent une armée de cent cinquante mille combattants au fecours de la *Corée* que les Chinois attaquoient. L'Empereur *Tham-thai-tçoum* les défit avec les Coréans dans la bataille de *Ghan-che*. Ceux-ci vinrent payer tribut à l'Empereur *Tham-hiuen-tçoum*, auquel ils fe foumirent. L'Empereur érigea leur pays en *Tou-touat*, & donna à leur *Tou-tou* un Infpecteur Chinois. Il donna à ce même *Tou-tou* le nom de la famille Impériale, avec le nom propre de *Hien-tchim*. Dans la fuite du temps, la puiffance des *Po-hai* s'étant accrue, les *Mo-hho* du fleuve noir furent forcés de fubir leur joug. Depuis ce temps-là, ces *Mo-hho* cefferent de payer tribut à la Chine. Sous les cinq petites Dynafties poftérieures, les *Khitan* s'emparerent du Royaume de *Po-hai*, & par le même droit de conquête, ils affujettirent les *Mo-hho* du fleuve noir. Ceux de ces *Mo-hho* qui habitoient le Midi du fleuve, furent couchés fur les rôles des *Khitan*, qui les nommerent les *Niou-tchin* privés, pour les diftinguer de ceux qui habitoient le Septentrion du même fleuve, qui n'étoient point fur les rôles, & qui pour cela étoient nommés *Niou-tchin* fauvages. C'eft dans le pays des *Mo-hho* que coule le *Hoen-thoum-kiam*, & que font affis les monts blancs.

La tige de la famille Impériale des *Niou-tchin*, ou bien de la Dynaftie des *Kin*, fe nommoit *Pou-hhan*. Il étoit Coréan de nation; & quand il vint s'établir parmi les *Niou-tchin*, il étoit âgé de plus de foixante ans. Il avoit un frere aîné, nommé *A-kou-nai*, qui refta en Corée, refufant de le fuivre: ,, Dans la fuite, ,, dit-il, il fe trouvera de mes defcendants qui fuivront ,, les vôtres; pour moi je ne le puis faire ''. Ainfi *Pou-hhan* partit accompagné feulement de *Pao-ho-li* fon cadet. *Pou-hhan* s'arrêta dans l'horde de *Vam-ghien*, (ce terme fignifie *Roi* ou *Royal*,) fur le bord de la riviere de *Pou-kan*. Son cadet *Pao-ho-li* demeura à *Ye-lan*. Un de fes defcendants, nommé *Hou-che-men*, vint à la tête des *Mo-hho* de *Ho-fo-kouan* fe rendre au fondateur de la Dynaftie des *Kin*, qui fe nommoit *A-gou-tha*. Il fe difoit defcendu d'*A-kou-nai*, qui avoit eu deux cadets qui s'étoient féparés de lui pour aller s'établir hors de la Corée: ,, *Che-thou-* ,, *men* & *Ti-kou-nai*, ajouta-t-il, defcendent de *Pao-*

,, *ho-li* ''. *Thai-tçou* (cela veut dire le *très-grand aïeul*, & fignifie en Chinois le fondateur d'une Dynaftie; fon nom propre étoit *A-gou-tha*,) après la premiere victoire qu'il remporta fur les *Leao*, où il prit *Ye-lu-fie-che* leur Général, envoya un Ambaffadeur aux *Po-hai*, & leur fit dire: ,, Les *Niou-tche*, (c'eft ainfi que nous les appellerons dans la fuite, car le huitieme Empereur des *Leao*, qui avoit pour nom propre Chinois *Tçoum tchin*, changea la lettre Chinoife *Tchin* en celle de *Tche*, & cela parce qu'à la Chine il n'eft pas permis de nommer le nom propre de l'Empereur:) les *Niou-tche* & les *Po-hai* ne font dans leur origine qu'une même famille ''. Or il difoit cela, parce que l'un & l'autre peuple étoit forti des fept hordes des *Ve-kii*. *Pou-hhan* s'étant donc établi dans l'horde de *Vam-ghien*, y demeura long-temps.

Un particulier de cette horde tua un homme d'une autre horde ou famille. Cela alluma une haine implacable & une guerre cruelle entre ces deux hordes, & la paix ne fe pouvoit faire. L'horde de *Vam-ghien* parla à *Pou-hhan* en ces termes: ,, Si vous pouvez ,, réuffir à ménager cette paix, & à arrêter tant de ,, maffacres, nous avons parmi nous une fille fage, ,, âgée de 60 ans, & qui n'eft pas encore mariée, ,, nous vous la donnerons pour femme, & vous fe- ,, rez naturalifé dans notre horde ''. *Pou-hhan* accepta la condition; il réuffit dans fa négociation; il reçut pour récompenfe un bœuf noir & la vieille veftale. Il envoya ce bœuf noir à la vieille fille, pour préfent de noces, & l'époufa. Elle lui apporta tous fes biens, & le fit pere de deux garçons. L'aîné fut nommé *Ou-lou*, & le fecond *Ouaa-lou*. Il en eut auffi une fille, nommée *Tchu-ffe-pan*. Après la mort de *Pou-hhan*, les Empereurs lui donnerent le titre de *Chi-tçou*, ou de *premier aïeul*.

Ou-lou, fon fils aîné, (créé dans la fuite *Te-hoam-ti*,) lui fuccéda. *Po-hai*, fils d'*Ou-lou*, fuccéda à fon pere. Il fut créé après fa mort (par les Empereurs fes defcendants, fuivant la coutume Chinoife,) *Ghan-hoam-ti*.

Soui-kho, fils de *Po-hai*, fuccéda à fon pere; fon titre eft *Hien-tçou*, c'eft-à-dire en Chinois, le *fage aïeul*. Jufqu'alors les *Niou-che* du fleuve noir n'avoient fu ce que c'étoit que maifon. Ils fe contentoient de creufer des trous au pied des montagnes le long des eaux, & de les couvrir de poutres & de clayes, fur lefquelles ils mettoient de la terre. Ils en fortoient en été, pour fuivre les herbes & les eaux avec leurs troupeaux; l'hyver venu, ils y rentroient. Au refte, ils changeoient fouvent de trous, & n'avoient aucune demeure fixe. *Soui-kho* fut le premier qui ayant été s'établir fur la riviere de *Hai-kou*, enfeigna aux fiens à labourer, planter, & faire des maifons en forme, d'où le lieu tira le nom de *Na-kho-li*, qui fignifie dans leur langue, *maifon que l'on habite*. Il alla bientôt après établir une demeure fixe fur le bord de la riviere d'*An-tchu-hou*; ce qui fignifie la *riviere d'or*, parce qu'il s'en trouve là.

Che-lou fuccéda à *Soui-kho*, fon pere. Il porte pour titre d'apothéofe, *Tchao-tçou*. Il étoit conftant, brave, fimple & droit. Les *Niou-tche* fauvages n'avoient aucune ufage des lettres, ni des loix; on ne pouvoit les gouverner. *Che-lou* voulut peu-à-peu les inftruire, & introduire des loix parmi eux. Tous les anciens de fon horde trouverent cela mauvais, & vouloient le faire mourir. Il étoit déja pris, lorfque fon oncle paternel, nommé *Che-li-hou*, ayant appris le danger où étoit fon neveu, accourut en difant: ,, Le fils de mon frere ,, aîné eft un homme fage; il eft digne fucceffeur de ,, fes ancêtres, & tout propre à maintenir l'ordre parmi ,, nous; pourquoi donc vouloir le faire mourir fi ,, cruellement ''? Il banda fon arc, & tira une fleche fur ceux qui le tenoient faifi. Ils le relâcherent, & s'enfuirent. *Che-lou*, après avoir évité ce danger, s'appliqua avec plus de foin qu'auparavant à inftruire & à policer fon peuple, dont la puiffance s'accrut par-là peu-à-peu ; ce qui obligea les *Leao* à lui conférer la dignité de *Tii-yn*. Cependant les Chefs des hordes qui dépendoient de lui, perfiftoient à rejetter fes inftructions & fes réglements. Alors *Che-lou* employa la force, & marchant avec des troupes, il vifita les pays du mont *Tçim-lim* & des Monts blancs. Il traita avec bonté ceux qui fe foumirent aux loix, & fit la guerre à ceux qui refufoient de s'y foumettre. Il entra dans les territoires de *San-pin* & de *Ye-lan* ; il vainquit tout ce qui s'oppofa à lui.

A fon retour, il paffa par le pays où coule la riviere de *Pou-khou* ; mais comme *Pou-khou* fignifioit dans la langue du pays un abcès dangereux, il prit cela pour un mauvais augure ; & quoiqu'il fût accablé de laffitude, il ne voulut point s'arrêter dans ce lieu-là. Il paffa outre, & vint jufqu'à la plaine de *Kou-li*. Pendant la nuit, il tomba malade dans le village où y étoit. Il furvint une allarme de voleurs, qui l'obligea la même nuit à décamper. Etant arrivé au village de *Fou-la-kii*, il s'y arrêta, & y mourut durant la nuit. Sa petite armée mit fon corps dans un cercueil, & l'emporta avec foi. Elle rencontra une troupe de voleurs, qui lui enleverent le cercueil, & prirent la fuite. L'armée les pourfuivit, & les ayant atteints, elle les combattit & reprit le cercueil. *Pou-hou* qui étoit de l'horde des *Kia-keu*, vint enfuite pour furprendre l'armée. Etant fur le point de la joindre, il prit langue des paffants, & leur demanda combien le cercueil de *Che-lou* pouvoit être éloigné de l'endroit où il étoit. ,, Il eft bien ,, éloigné d'ici, lui répondirent-ils, & vous ne pour- ,, rez plus le joindre ''. Ce menfonge arrêta *Pou-hou* tout court, & donna le temps à l'armée d'enterrer le corps de fon Chef. Il eft vrai que fous le commandement de *Che-lou*, les *Niou-tche* fauvages commencerent à fe polir tant foit peu, & à recevoir quelques loix ; mais comme ils n'avoient ni écritures, ni Officiers pour les commander, ils ne favoient ce que c'étoit que de compter les mois & les années. De-là vient qu'il n'eft pas poffible de marquer combien les hommes de ce temps-là ont vécu.

Ou-kou-nai, fils de *Che-lou*, fuccéda à fon pere. Il a pour titre d'apothéofe *Kim-tçou*. Il naquit l'an de grace 1021, nommé *Sin-yeou* dans le cycle fexagénaire des Chinois. Il faifoit la fixieme génération depuis *Chi-tçou*, ou bien *Pou-han*, tige de fa famille. Il étendit peu-à-peu fa jurifdiction fur les hordes voifines. Il arriva que des fugitifs des *Leao* vinrent fe retirer dans les terres de fon obéiffance ; pareillement les *Thie-le* & les *Ou-ge*, dont les *Leao* vouloient faire une colonie, fe donnerent à lui, pour ne pas aller où on les deftinoit. L'Empereur des *Leao* envoya une armée les reprendre. *Ou-kou-nai*, qui craignoit que fi les *Leao* entroient dans fon pays, ils ne priffent une connoiffance exacte de la fituation des lieux, & qu'enfuite ils ne s'en rendiffent maîtres abfolus, fe fervit de ce ftratagême pour les arrêter : ,, Si vous entrez dans ,, le pays, leur dit-il, vous allez effrayer tous les habi- ,, tants ; ce qui caufera de grands malheurs ; laiffez- ,, moi le foin de faire la recherche des fugitifs ''. Dans le même temps, quoique les hordes voifines fuffent foumifes, *Che-hien* qui étoit de l'horde d'*Ou-lin-ta* établie fur la riviere de *Hai-lan*, tenoit encore bon, & refufoit de fe foumettre. *Ou-kou-nai* l'avoit attaqué fans fuccès ; il employa l'artifice auprès de l'Empereur des *Leao*, qui envoya auffi-tôt des Députés vers *Che-hien*, pour le reprendre févérement. *Che-hien* envoya à l'Empereur fon fils, nommé *Po-tchu-khan*. L'Empereur le renvoya comblé de préfents. Dans fa fuite, *Che-hien* lui-même alla avec *Po-tchu-khan* fon fils trouver l'Empereur, qui retint *Che-hien*, & renvoya *Po-tchu-khan* gouverner fon horde. Toute cette intrigue fut ménagée par *Ou-kou-nai*.

Quelque temps après, *Pa-yi-men*, Vice-Roi de l'horde de *Fou-nie* qui appartenoit aux cinq Royaumes, fe révolta contre les *Leao*, & leur ferma les chemins par où ils alloient prendre des oifeaux de proie fur le bord de la mer. Les *Leao* fe préparoient à lui faire la guerre. L'Empereur des *Leao* communiqua fon deffein à *Ou-kou-nai* par des Députés. ,, Il faut l'a- ,, voir par rufe, répondit *Ou-kou-nai* ; fi vous y em- ,, ployez les armes, il fuira, & fe retranchera dans des ,, lieux inacceffibles, & il faudra bien du temps pour ,, venir à bout de lui ''. Dans le fonds, c'eft qu'*Ou-kou-nai* craignoit toujours que les *Leao* n'entraffent dans fes Etats ; ainfi il aima mieux fe charger de l'affaire, & s'en faire un mérite. Il feignit donc d'être ami de *Pa-yi-men*, & lui donna fa femme & fes enfants en ôtage ; enfuite il fe faifit de fa perfonne par furprife. Il alla préfenter *Pa-yi-men* à l'Empereur, qui lui fit un feftin & des préfents extraordinaires. Il le créa *Tçie-tou-ffe*, ce qui fignifie en Chinois *Généraliffime* des *Niou-tche* fauvages. Ce que les Chinois nommoient *Tçie-tou-ffe*, les *Leao* l'appelloient *Thaiffe*, c'eft-à-dire, en Chinois, le *très-grand maître*, d'où les *Kin* prirent occafion de donner le titre de *Tou-thai-ffe* à cette dignité. L'Empereur des *Leao* donna ordre qu'on lui donnât un fceau pour marque de fa dignité ; mais comme *Ou-kou-nai* ne vouloit en aucune façon être mis fur les rôles des *Leao*, il le refufa, en difant qu'il n'étoit pas encore temps. L'Empereur vouloit abfolument qu'il le reçût, & il le lui envoya par un Député. *Ou-keu-nai* fit fauffement répandre un bruit parmi les fiens, qui les obligea de protefter que s'il recevoit le fceau, & fe faifoit enrégiftrer fur le rôle des *Leao*, ils le feroient mourir. Il fe fervit de cet expédient pour refufer le fceau ; ce qui obligea le Député de le remporter. Depuis qu'il eut été créé *Tçie-tou-ffe*, il établit des Officiers, & l'ordre commença à régner.

. Les *Niou-tche* fauvages n'avoient point de fer ; ils vendoient tout leur bien pour acheter à haut prix des cuiraffes & des cafques des Royaumes voifins. *Ou-kou-nai* obligea tous fes freres, fes enfants & fes parents, de faire une grande provifion de fer. Quand il en eut abondance il en fit forger des armes offenfives. Par-là il augmenta confidérablement fa puiffance ; & plufieurs vinrent fe foumettre volontairement à lui, entr'autres deux hordes de *Van-hien*. *Ou-kou-nai* étoit clément & débonnaire. Il avoit une grandeur d'ame à l'épreuve de l'impatience. On n'apperçut jamais fur fon vifage aucune marque d'affection ou d'averfion pour perfonne. Il diftribuoit aux autres tout ce qu'il avoit, fans aucun fentiment d'avarice. Il oublioit les injures qu'on lui faifoit. Il avoit été abandonné par quelques transfuges ; il les fit pourfuivre par fes gens, avec ordre de les ramener par la voie de la perfuafion. Les transfuges répondirent : ,, Votre ,, maître eft un franc *Ho-lo* : nous favons prendre les ,, *Ho-lo* ; mais pouvons-nous nous foumettre à un ,, *Ho-lo* '' ? *Ho-lo* eft un oifeau que les Chinois nomment *Tçe-niao*, c'eft-à-dire, le *charitable oifeau*. Il fe trouve dans les pays feptentrionaux ; il reffemble à une groffe poule. Quand il apperçoit des apoftumes fur le dos des bœufs, des chevaux, ou des chameaux, il fe vient percher fur eux, perce l'abcès à coups de bec, mange tout, après quoi le bœuf ou le cheval meurt auffi-tôt. Si dans la faim il ne trouve rien à manger, il dévore tout, même le fable & les pierres. *Ou-kou-nai* étoit adonné au vin & aux femmes. Il étoit extrêmement glouton ; c'eft ce qui lui avoit fait donner le fobriquet de *Ho-lo*, & c'eft ce que marquoient les transfuges par leurs railleries. *Ou-kou-nai* l'ayant appris, n'en tint aucun compte, & même dans la fuite la néceffité ayant forcé ces railleurs de fe foumettre à lui, il leur fit de gros préfents, & les renvoya chez eux. Il agit de même à l'égard des autres qui fe foumirent, fe contentant de les marquer fur fes rôles. Cela augmenta la confiance qu'on avoit en fa bonne foi. L'an 1072, une horde des cinq Royaumes, (ce font

auffi

auſſi des *Niou-tche* ,) ſe révolta contre les *Leao*, & leur ferma les paſſages pour aller à la chaſſe des oiſeaux de proie. *Ou-kou-nai*, lui déclara la guerre. *Sie-ye* prêta ſecours à *Po-kin*, chef des révoltés ; il fut défait par *Ou-kou-nai*, qui le pourſuivit long-temps. Enſuite il alloit victorieux trouver le Commandant des garniſons des *Leao*, nommé *To-lou-kou*, & lui rendre compte de la défaite de *Sie-ye* ; mais avant d'être arrivé, il tomba malade ; ce qui l'obligea de retourner dans ſa maiſon, où il mourut à l'âge de cinquante-quatre ans.

He - li - po, dont le titre d'apothéoſe eſt *Che-tçau*, étoit le ſecond fils d'*Ou-kou-nai* ; il lui ſuccéda dans la dignité de *Tçie-tou-ſſe*. C'étoit une coutume inviolable parmi les *Niou-tche* ſauvages, que les enfants, quand ils étoient devenus grands, ſe ſéparaſſent, & s'établiſſent chacun dans ſa maiſon particuliere. *Ou-kou-nai*, ou bien *Kim-tçau*, avoit eu neuf garçons. Sa premiere femme, nommée *Tham-kouo*, l'avoit fait pere, 1°. de *Hai-tche*, 2°. de *Che-tçau*, 3°. de *Hai-ſun*, 4°. de *Sou-tçoum*, 5°. de *Mou-tçoum*. Quand ceux-ci furent en âge de ſe ſéparer, leur pere *Kim-tçau* tint ce diſcours : „ *Hai-tche* eſt doux & aimable ; il eſt pro-„ pre à avoir le ſoin de la famille. *He-li-po* a de la „ magnanimité, de l'eſprit & de la ſageſſe ; de quoi „ n'eſt-il point capable ? *Hai-ſun* eſt pareillement doux „ & bon ”. Après avoir dit cela, il ordonna à *Hai-tche* & à *He-li-po*, de demeurer enſemble ; il voulut que *Hai-ſun* & *Sou-tçoum* ne ſe ſéparaſſent point. *Kim-tçau* étant mort, *Che-tçau* lui ſuccéda. *Sou-tçoum* ſuccéda à ſon frere *Che-tçau*. *Mou-tçoum* ſuccéda à ſon frere *Sou-tçoum*. *Mou-tçoum* eut pour ſucceſſeur le fils de *Che-tçau* ; après quoi *Thai-tçau* devint Empereur. *Che-tçau* naquit l'an de grace 1039, nommé *Ki-mao*. L'an 1074, il hérita de la dignité de *Tçie-tou-ſſe*. Un frere cadet de *Kim-tçau*, né d'une autre mere, & nommé *Po-hhe*, tramoit une conſpiration. *Che-tçau* craignant qu'il ne cauſât du trouble, lui rendoit tous les devoirs poſſibles ſans pourtant lui donner des troupes à commander, & ne lui laiſſant que le ſoin d'une horde. *Po-hhe*, malgré cela, attira à lui *Houan-man*, *San-tha*, *Ou-tchun*, & *Ouo-mou-han*, & excita une guerre civile qui diviſa toutes les hordes. *Che-tçau* perdit deux batailles, & demanda la paix. On la lui offrit à cette condition qu'il donneroit deux fameux chevaux qu'il avoit dans ſes écuries. Il la refuſa, & livra une bataille générale qu'il gagna, quoique ſes forces fuſſent beaucoup moindre que celles de ſes ennemis. Il y combattit en déſeſpéré, & ſans cuiraſſe ; il fit un horrible carnage, tuant neuf perſonnes de ſa main. Cette victoire le mit au-deſſus de ſes affaires ; elle fut remportée l'an de grace 1091. *Pei-nai* ſe révolta contre lui ; mais il fut défait, pris & préſenté à l'Empereur des *Leao*. *Che-tçau* défit pareillement deux autres rebelles dans un combat où il reçut quatre bleſſures, dont il guérit. *Po-tchu-khan* & *Lao-pei* ne furent pas plus heureux ; il les prit dans un combat, & les envoya à l'Empereur des *Leao*. Il les remanda enſuite, & on les lui rendit avec tous les autres qu'il avoit préſentés en différents temps. Un aſſaſſin ſe jetta ſur lui pour le tuer, tous ſes gens prirent la fuite. Il le prit par les mains, l'arrêta, & lui donna la vie ; mais il fit punir ſes gens.

Après tant de victoires, il tomba malade. Sa premiere femme, nommée *Na-lan*, ne ceſſoit de pleurer. „ Ne pleurez pas, dit-il, vous ne me ſurvivrez „ que d'un an ”. *Sou-tçoum*, ſon frere, le pria de faire ſon teſtament : „ Et vous, lui dit-il, vous ne me ſur-„ vivrez que de trois ans ”. *Sou-tçoum* étant ſorti, dit à ceux qui étoient autour de lui ; „ Mon frere aîné, „ au-lieu de me conſoler dans l'état où je ſuis, m'af-„ flige ”. *Che-tçau* incontinent après, appella ſon frere *Mou-tçoum*, & lui dit ces paroles : „ *Ou-ya-cho* „ eſt doux & bon ; mais *A-gou-tha* peut mettre fin „ à l'affaire des *Leao* ”. *Che-tçau* mourut l'an de grace 1092, le 15°. de la cinquieme lune, à l'âge de

54 ans, après avoir commandé dix-neuf ans. L'année ſuivante, *Na-lan*, ſa femme, mourut, comme il l'avoit prédit. L'année d'après, *Sou-tçoum* mourut auſſi, ſuivant une ſemblable prédiction.

Sou-tçoum étant au lit de la mort, dit ces paroles : „ Certainement *Che-tçau*, mon frere aîné, étoit un „ homme d'une rare ſageſſe. *Che-tçau* étoit d'un na-„ turel grave & ſévere. Il étoit doué d'une grande pru-„ dence & d'une mémoire à qui rien n'échappoit. „ Le froid le plus âpre ne le faiſoit pas trembler. Il „ ne regardoit jamais en-arriere dans toutes ſes en-„ trepriſes ; jamais il ne ſervoit de cuiraſſe dans les „ combats ; il auguroit du ſuccès des batailles, par „ ſes ſonges. Un jour s'étant enivré, il monta ſur un „ âne, & entra dans ſa chambre en cet équipage. Le „ jour ſuivant, il apperçut les veſtiges de l'âne ; il s'in-„ forma de ce que ce pouvoit être ; on le lui dit. De-„ puis ce temps-là il ne but jamais de vin ”.

Po-la-cho, frere cadet de pere & de mere de *Che-tçau*, & quatrieme fils de *Kim-tçau*, hérita de la charge de *Tçie-tou-ſſe*. Il naquit l'an de grace 1042, nommé *Gin-ou*. Il avoit porté le titre Chinois de *Koue-ſiam*, ou de *Miniſtre Général* de l'Etat, ſous ſon pere, & ſous ſon frere aîné. *Ya-tha*, pere des deux freres rebelles *Hoan-nan* & *San-tha*, l'avoit porté avant lui. *Kim-tçou* l'avoit demandé à *Ya-tha*, en lui offrant des préſents ; il l'avoit obtenu & donné à *Sou-tçoum*. Celui-ci avoit gouverné en cette qualité avec beaucoup de ſageſſe, & aſſiſté à toutes les victoires de ſon frere. De plus, il connoiſſoit à fond l'état des affaires & le génie des *Leao* ; de ſorte qu'on lui en abandonnoit tout le ſoin. Il s'apperçut que les Officiers & les Interpretes des *Leao* le trompoient en rapportant les affaires à l'Empereur. Il ſe ſervit de morceaux de bois & de tuiles, en forme de jettons, pour marquer ce qu'ils diſoient ; tout le monde fut ſurpris de cette ſimplicité : „ Je ſuis un homme groſ-„ ſier, ſans politeſſe, & ſans lettres, répondit-il ; c'eſt „ ce qui m'oblige à cela ”. Il fut cru, & depuis ce temps-là on ne ſe défia plus de lui ; de ſorte qu'il obtenoit tout ce qu'il demandoit. Il commença à dompter *Ma-tchan*, qui perſiſtoit dans la rébellion ; il le força, le prit & le préſenta à l'Empereur des *Leao*. L'an 1093, nommé *Kouei-yeou*, il acheva de pacifier ſes Etats par le moyen de *Thai-tçou*, (c'eſt *Agou-tha*, fondateur de l'Empire des *Kin*,) à qui il donna le commandement de ſon armée. L'an 1094 *Sou-tçoum* mourut.

Ym-kha, dont le prénom étoit *Ou-lou-ouan*, & le titre d'apothéoſe *Mou-tçoum*, étoit le cinquieme fils de *Kim-tçau*. Il étoit frere cadet de pere & de mere de *Sou-tçoum*. Il naquit l'an de grace 1052, nommé *Kouei-ſſe*. Il hérita de la charge de *Tçie-tou-ſſe* l'an 1094, nommé *Kia-ſu*, à l'âge de quarante-deux ans. Il fit Miniſtre Général de l'Etat *Sa-khai*, fils de *Hai-tche*, ſon frere aîné. L'an 1054, nommé *Pim-tçe*, *Po-gha-po-ghin*, qui étoit de l'horde des *Tham-kouo*, & ancien ami de *Po-the*, natif de l'horde des *Ouén-tou*, alla voir *Po-the* pour une affaire, & le tua. *Mou-tçoum* donna des troupes à *Thai-tçau*, pour aller attaquer *Po-gha*. Celui-ci prit la fuite ; mais ayant été attrapé, il fut mis à mort. *A-ſſo* & *Mao-tou-lo*, qui étoient de l'horde des *He-che-lie*, ſituée ſur la riviere de *Sim-hien*, prirent les armes, & s'oppoſerent à *Mou-tçoum*. *Mou-tçoum* marcha en perſonne contre eux. *Sa-kbai* avec un détachement attaqua & força la ville de *Thun-ghen-tchim*. *A-ſſo*, ſachant que *Mou-tçoum* venoit tomber ſur lui, alla en perſonne porter ſes plaintes à l'Empereur des *Leao*. Cependant *Mou-tçoum* laiſſa *Hai-tche* avec une garniſon dans la ville, & s'en retourna. Il arriva que des hordes révoltées dans les cinq Royaumes fermerent les paſſages par où les *Leao* alloient prendre des oiſeaux de proie, & tuerent leurs chaſſeurs. L'Empereur des *Leao* ordonna à *Mou-tçoum* de les aller châtier. *A-ko-pan* & ſes confédérés fe faifirent d'un lieu très-fort, qu'ils entourerent de palifſades ; il faifoit alors grand froid. *Mou-tçoum* fit choix des plus excellents archers de fon armée, & força le retranchement en peu de jours. Il délivra quelques Ambaſſadeurs des *Leao*, & les renvoya. Il défit enfuite une armée de rebelles confédérés, prit la ville de *Mi-li-mi-che-kan*, & donna la vie aux Chefs des rebelles qu'il avoit pris. *Sa-khai* & *Thai-tçou* forcerent la ville de *Leou-kho*. Avant le fiege, *Leou-kho* s'étoit retiré chez les *Leao*. Tout fut paſſé au fil de l'épée. *Ou-tha* s'étoit pareillement enfui, & fa ville fe rendit, auſſi-bien que *Tche-tou*, & tout fut en paix ; après quoi *Thai-tçou* ramena l'armée. L'an 1100, nommé, *Kim-tchin Mao-tou-lo* vint fe rendre à *Hai-tche*, qui étoit encore en garnifon dans la ville d'*Aſſo* ; car *Aſſo* étoit encore chez les *Leao*. L'Empereur des *Leao* envoya des Députés, avec ordre de mettre bas les armes. *Mou-tçoum* envoya dire à *Hai-tche* d'être fur fes gardes ; qu'il alloit venir des Députés des *Leao*, avec ordre de finir la guerre ; que ce n'étoit que pour arrêter fes progrès ; qu'il ne fît paroître ni beaux habits, ni étendards dans la ville d'*Aſſo*, de crainte que les Députés ne fuſſent ce qui s'y paſſoit ; qu'il lui falloit trouver un expédient pour fe délivrer de l'importunité des Députés ; qu'ainfi il n'écoutât pas ce qu'ils lui diroient, & qu'il ne mît pas les armes bas.

Les Députés des *Leao* vinrent en effet pour mettre fin à la guerre. *Mou-tçoum* envoya *Hou-lou-po-ghin* & *Mao-fien-po-ghin*, (*Po-ghin* eſt un titre de dignité,) qui étoit de l'horde des *Pou-tcha*, les conduire à la ville d'*Aſſo*. *Hai-tche* fe mit à genoux devant les Députés, & adreſſant la parole à *Hou-lou* & à *Mao-fun* :. Mon horde, *leur dit-il*, eſt diviſée par „ une guerre civile, en quoi cela vous regarde-t-il ? „ Dois-je reconnoître votre autorité ". Ayant dit cela, il pouſſa fa pique, & l'ayant enfoncée dans le ventre des chevaux que montoient *Hou-lou* & *Mao-fun*, il les renverſa morts. Les Députés des *Leao*, effrayés de cette action, s'enfuirent fans ofer tourner la tête, & s'en retournerent. Il força enfuite les villes rebelles ; & ayant trouvé dans une de ces villes, *Tii-kou-pao*, qui retournoit de fon ambaſſade de chez les *Leao*, il le fit mourir. *Aſſo* renouvella fes plaintes aux *Leao*. Les *Leao* envoyerent le *Tçie-tou-ſſe* des *Hii*, nommé *Yi-lie*, pour connoître de l'affaire. *Mou-tçoum* s'avança jufqu'au village de *Him-ho*, pour le venir recevoir. *Yi-lie* lui demanda raifon de l'affaire d'*Aſſo*, & dit : „ Quand on a pris une ville mal-à-propos, l'ordre „ demande qu'on rende ce qui eſt en nature, & qu'on „ donne un dédommagement pour ce qui ne fubfifte „ plus ". Il le taxa à donner quelques centaines de chevaux. *Mou-tçoum* entra en pour-parler avec les Officiers *Leao*, & leur dit : „ Si je répare le dom- „ mage caufé à *Aſſo*, je fuis hors d'état de tenir „ mes hordes en bride ". Il ordonna fous main à deux de fes hordes, de faire femblant de fe faifir du chemin qui conduifoit à la chaſſe des éperviers. Il fit pareillement dire aux *Leao* par *Pie-kou-te*, qui étoit *Tçie-tou-ſſe*, que s'ils vouloient ouvrir ce chemin, on ne le pourroit faire que par le moyen du *Tçie-tou-ſſe* des *Niou-tche* fauvages ; (c'étoit *Mou-tçoum*.) Les *Leao* qui ne favoient pas que tout cela étoit un artifice de *Mou-tçoum*, donnerent dans le piege, & ordonnerent à *Mou-tçoum* de faire la guerre à ceux qui fermoient les paſſages. Après quoi il ne fut plus parlé de l'affaire de la ville d'*Aſſo*. *Mou-tçoum* feignit de marcher contre eux ; mais après avoir chaſſé, il s'en retourna. Cette année *Leou-kho* vint fe rendre à lui. L'an 1101, nommé *Sin-fé*, l'Empereur des *Leao* envoya des exprès avec des préfents pour *Mou-tçoum*, & pour tous ceux qui avoient contribué à ouvrir le chemin. L'an 1102, *Mou-tçoum* envoya *Pou-kia-nou*, avec les récompenfes qu'il avoit reçues de l'Empereur, à ceux qui avoient fermé le chemin, & le fit raccommoder.

Pendant l'hyver, *Ouo-tha-la*, chef d'une horde des *Niou-tche*, vint fe rendre à *Mou-tçoum*, & lui dit qu'il vouloit s'unir à lui pour faire la guerre aux *Leao* ; *Mou-tçoum* le fit arrêter. Il arriva que dans le même temps, il reçut ordre de l'Empereur de faire la guerre à *Siao-hai-li*. *Mou-tçoum* envoya fon prifonnier *Ouo-tha-la* à l'Empereur, & fe prépara à la guerre. Il aſſembla fes troupes, & il fe trouva qu'elles paſſoient le nombre de mille hommes armés de cuiraſſe. Voilà la premiere fois qu'on en eût tant vu parmi les *Niou-tche*. Auparavant leur nombre n'étoit jamais monté jufqu'à mille. Il alla avec cette armée camper fur le fleuve *Hoen-thoum-kiam*. Il livra bataille à *Siao-hai-li*, qui fut tué, & fon armée entiérement défaite. Il fit retourner les *Leao* avant de la livrer, quoique l'ennemi fût beaucoup plus fort que lui. Par-là il commença à connoître qu'on viendroit aifément à bout des *Leao*. Il envoya les captifs à l'Empereur ; enfuite il alla lui-même trouver l'Empereur dans un lieu où il fe divertiſſoit à la pêche. Il fut comblé d'honneurs & de préfents. L'an 1103, nommé *Kouei-vei*, *Mou-tçoum*, dans la feconde lune, fut de retour de fon voyage. Les Députés des *Leao* le fuivirent, & apporterent des récompenfes pour ceux qui s'étoient trouvés à la défaite de *Siao-hai-li*. La *Corée* commença fon commerce d'ambaſſades avec les *Niou-tche*. Le vingt-neuvieme jour de la dixieme lune, *Mou-tçoum* mourut âgé de cinquante-un an. Auparavant chaque chef d'horde avoit fes tablettes de créance. *Mou-tçoum*, par le confeil de *Thai-tçou*, défendit, fous des peines très-grieves, à qui que ce fût, de s'en fervir, fe réfervant uniquement ce pouvoir. Depuis ce temps-là, on fut à qui obéir, & les ordres ne furent plus reçus que d'un feul.

Ou-ya-fan, dont le titre d'apothéofe fut *Kam-tçoum*, & le prénom *Mao-lou-ouan*, étoit le fils aîné de *Che-tçau* ; il naquit l'an 1061, nommé *Sin-tcheou*. L'an 1105, nommé *Kouei-vei*, il prit poſſeſſion de la dignité de *Tçie-tou-ſſe* ; il étoit pour lors âgé de 43 ans. La derniere année de *Mou-tçoum*, une horde s'étoit foulevée ; *Kham-tçoum* la pacifia. Les Coréans le prierent d'envoyer des Ambaſſadeurs pour traiter d'une affaire ; il les envoya, mais on ne leur permit pas d'entrer en *Corée*. Une horde fe rendit aux Coréans avec quatorze Colonels qu'elle avoit liés. L'an 1106, nommé *Kia-chin*, les Coréans vinrent attaquer *Che-ti-houan*, & le défirent ; après quoi ils demanderent la paix, & renvoyerent les quatorze Colonels. L'an 1108, nommé *Pim-fu*, le Roi de *Corée* envoya complimenter *Kham-tçoum* fur fa nouvelle dignité. Enfuite les Coréans attaquerent *Ouo-fai*, & le mirent en déroute ; après quoy ils bâtirent neuf forts dans fon pays. *Ouo-lou* en bâtit tout autant vis-à-vis de ceux des Coréans. Ceux-ci revinrent à la charge, & mirent *Ouo-fai* en déroute une feconde fois. Enfin, les Coréans firent la paix, rendirent les fugitifs, & abandonnerent leurs neuf forts avec le pays qu'ils avoient envahi. Cette paix fut conclue dans la neuvieme lune. L'an 1109, nommé *Ki-tcheou*, la ſtérilité fut grande. On permit aux voleurs de racheter leur vie, pour employer le prix du rachat au foulagement des pauvres. L'an 1113, *Kham-tçoum* mourut, âgé de cinquante-trois ans.

SENTIMENT des HISTORIENS.

Trois freres feuls ont fondé la famille des *Kin*. Elle étoit donc très-peu de chofe dans fon origine. Quand l'Empereur *Hii-tçoum* créa, par rétroceſſion, Empereurs après leur mort, fes ancêtres qui ne l'avoient point été durant leur vie, il ordonna que *Chi-tçou*, tige de la famille, & auſſi *Kim-tçau* & *Che-tçau* auroient toujours leurs places dans le temple de fes ancêtres, fans en pouvoir jamais fortir. *Che-tçau* époufa une fille fexagénaire, dont il eut deux fils & une fille. Ne fut-ce pas un coup du Ciel? *Kim-tçau* refufa la dignité & le fceau qui lui furent offerts par l'Empereur des *Leao*, & reçut pour fon fils le titre de *Koue-fiam*, ou de *Miniftre abfolu* de l'Etat qui lui fut donné par *Ya-tha. Che-tçau*, après avoir dompté *Houan-nan* & *San-tha*, s'étant apperçu que l'Empire des *Leao* tomboit en décadence, chargea *Thai-tçou* de le conquérir, en le recommandant à *Mou-tçoum*. Ne fut-ce pas un homme dont les vues étoient étendues, & qui prévoyoit les chofes de loin?

THAI-TÇOU.

Le nom propre de *Thai-tçau* fut *Agou-tha*. Il prit enfuite le nom Chinois de *Min*. Il étoit le fecond fils de *Che-tçau;* fa mere fe nommoit *Na-lan*. Sous l'Empire de *Leao-tao-tçoum*, il parut vers l'Orient un nuage diverfifié des cinq premieres couleurs, & cela plufieurs fois l'une après l'autre. Il avoit la forme d'un grenier rond, capable de contenir deux mille charges de grains. *Khoum-tchi-ho* qui étoit pour lors Préfident du Tribunal des Mathématiques, dit en particulier ces paroles à quelques-uns de fes amis : „ Dans „ le lieu qui eft fous ce nuage, il va naître un homme „ rare, qui fera des chofes extraordinaires. Puifque „ le Ciel annonce fa naiffance par ce prodige, toute „ la force humaine ne pourra l'en empêcher ". *Thai-tçou* naquit en effet l'an 1068, nommé *Vou-chin*, qui étoit le quatrieme du regne de *Leao-tao-tçoum*, fous le titre de *Hien-youm*, le premier jour de la feptieme lune. Il étoit d'une force extraordinaire ; & jouant avec les enfants de fon âge, lui feul en terraffoit plufieurs. Il étoit dès ce temps-là grave & férieux dans tous fes déportements. C'eft pourquoi *Che-tçau* fon pere avoit pour lui un amour de préférence. *Che-tçau* étant malade de quatre bleffures qu'il avoit reçues dans le combat de *Ye-tçie* ; (c'eft une riviere,) prit *Thai-tçou* fur fes genoux, & lui paffant la main fur la tête & le careffant, il dit ces paroles : „ Quand „ cet enfant fera devenu grand, je ferai délivré de „ toute inquiétude " A l'âge de dix ans, il fit paroî-tre fon inclination pour les armes ; il devint bientôt un excellent archer. Un jour des Ambaffadeurs *Leao* étant dans le palais de fon pere, jetterent les yeux fur *Agoutha*, qui tenoit fon arc d'une main, & une fleche de l'autre : ils lui dirent de tirer fur des oifeaux qui paffoient. Il tira trois fleches de fuite, & abattit autant d'oifeaux. Surpris d'une telle dextérité „ Voilà, „ dirent les Ambaffadeurs, un enfant extraordinaire ". Une autre fois, *Agoutha* affiftant à un feftin dans la maifon d'*Ouo-li-han*, natif de l'horde des *He-che-lie*, fortit avec la compagnie, & alla fe promener. Il apperçut de loin une tertre élevé ; il ordonna à tout le monde de tirer fur ce tertre, aucun n'y put atteindre. *Agoutha*, dès la premiere fleche qu'il décocha, paffa au-delà du tertre. Enfuite ayant mefuré la diftance des lieux, ou trouva que fa fleche avoit porté à 320 pas. *Man-thou*, Prince du même fang qu'*Agoutha*, paffoit pour le plus habile archer de fon temps. Sa fleche pourtant demeura cent pas en-deçà de celle d'*Agoutha*. L'an 1151, on érigea un monument dans cet endroit-là, fur lequel on grava une infcription qui contenoit cette aventure.

Lorfque *Che-tçau* partit pour aller faire la guerre à *Pou-hoei* révolté, *Agoutha* demanda de le fuivre. *Che-tçau* ne le lui accorda pas à la vérité ; mais il ne laiffa pas d'admirer en lui-même le courage de fon fils. Après la mort d'*Ou-tçhim*, la paix fut accordée à *Ouo-mou-han*, qui nonobftant cela reprit les armes ; il fut auffi-tôt affiégé dans fa ville. *Agoutha* avoit alors vingt-trois ans. Il prit une cuiraffe courte ; il ne voulut point porter de cafque, ni monter un cheval bardé. En cet équipage, il fit le tour de la place,

en donnant des ordres aux troupes de fon pere qui l'affiégeoient ; les affiégés le reconnurent. Un brave d'entr'eux, nommé *Thai-yu*, monté à l'avantage, fortit & vint à toutes brides, la lance en arrêt, fondre fur *Agoutha* pour le percer. *Agoutha* n'eut pas le temps de fe mettre en défenfe ; mais un de fes oncles maternels, nommé *Ho-la-hou*, pouffa fon cheval, & prenant *Thai-yu* en flanc, il perça fon cheval de fa lance, & le renverfa. *Thai-yu* eut peine à fe fauver lui-même. Un jour *Agoutha* fortit du camp avec *Chá-hou-thai* pour chercher des ennemis à combattre, & cela fans la participation de *Che-tçau*. A fon retour, il fut pourfuivi par un corps de troupes ennemies. Comme il fut obligé de marcher par des fentiers, il s'égara ; l'ennemi le pourfuivit encore plus vivement. *Agoutha* trouva devant lui un lieu efcarpé de la hauteur d'un homme. Son cheval le franchit d'un faut, & ce pas arrêta l'ennemi.

Che-tçau étoit malade ; il députa *Agoutha* vers le Général voifin des *Leao*. Comme il étoit fur le point de partir, *Che-tçau* fon pere lui dit ces paroles : „ Ex-„ pédiez au plutôt cette affaire. Si vous arrivez avant „ le quinze de la cinquieme lune, j'aurai encore le „ temps de vous revoir ". Il expédia l'affaire, & arriva un jour avant la mort de fon pere. Le pere voyant fon fils de retour, & apprenant le fuccès de fa négociation, en reffentit une grande joie. Il prit *Agoutha* par la main, & l'embraffa tendrement. Enfuite fe tournant vers *Mou-tçoum*, fon frere : „ Ou-ya-fo, „ mon fils aîné, eft doux & bon, lui dit-il ; mais celui-„ ci eft capable de mettre fin aux affaires de *Leao* ". *Mou-tçoum*, de fon côté, faifoit un cas particulier d'*Agoutha* fon neveu ; il vouloit l'avoir toujours à fes côtés. Quand *Agoutha* alloit faire un voyage, *Mou-tçoum*, à la nouvelle de fon retour, ne manquoit jamais d'aller au-devant de lui. *Che-tçau* avoit pris *Ko-pei* vif ; *Ma-tchan*, qui s'étoit fortifié fur la riviere de *Tche-ouo-kai*, réfiftoit encore. *Mou-tçoum* donna des troupes à *Agoutha*, & lui ordonna d'aller fe faifir de la famille de *Ma-tchan*, tandis que *Kham-tçoum* alla l'affiéger fur le bord de la riviere. *Agoutha* ayant réuni toute fon armée, prit lui-même *Ma-tchan*, & alla le préfenter à l'Empereur des *Leao*, qui lui donna en récompenfe la dignité de *Tçiam-ouen*, auffi-bien qu'à *Mou-tçoum*, à *Tçe-pou-che* & à *Man-thou*, Prince du même fang. Long-temps après, *Agoutha* prit un détachement, & alla faire la guerre à *Po-he-po*, à *Li-khai* & autres Chefs de l'horde de *Nimam-ghu*. Il choifit *Tha-tou-gha* pour guide de fa petite armée. Il marcha durant la nuit le long de la riviere de *Chouai*, & le furprit. Il fit captifs les enfants & les femmes des rebelles. *Po-the*, de l'horde de *Ouen-tou*, avoit tué *Pa-kha*, de l'horde de *Tham-kouo. Mou-tçoum* ordonna à *Agoutha* de lui aller faire la guerre. Prenant congé de *Mou-tçoum*, il lui raconta ce fonge „: La nuit derniere il m'eft apparu un fpectre „ rouge ; je reviendrai certainement victorieux de „ cette expédition "; après quoi il partit. L'année fut abondante en neiges, & le froid extrême. Ayant pris avec lui les troupes de l'horde d'*Ou-kou-lun*, il côtoya la riviere de *Thou-ouen* ; & étant arrivé au bourg de *Mo-lin*, il joignit *Po-the* entre la montagne de *Se-ouen* & l'étang de *Pe-lo*, & le tua. A fon retour, *Mou-tçoum* s'avança au-devant de lui jufqu'au village de *Ghai-kien*.

Cependant *Sa-khai*, qui avoit le rang de *Tou-thoum*, faifoit la guerre à *Leou-kho. Man-tou-hha*, conjointement avec *Che-thou-men*, la faifoit à *Thi-khou-te. Sa-khai* tint confeil avec fes Officiers ; les uns vouloient qu'on commençât par fe rendre maître des villes & des châteaux des hordes qui étoient fur la frontiere. Les autres étoient d'avis qu'on allât droit à la pifte de *Leou-kho*. Ne pouvant s'accorder, ils demanderent *Agoutha* pour terminer le différend. *Mou-tçoum* l'envoya, en lui difant : „ Cette défunion m'eft

„ suspecte; il ne me reste plus que soixante & dix
„ hommes d'armes, je vous les donne tous". *Man-
tou-hha* étoit occupé au siege de la ville de *Mi-li-mi-
han*, & *Che-thou-men* n'étoit pas encore arrivé. Les
troupes vouloient se saisir de *Man-tou-hha*, & le livrer à l'ennemi. *Man-tou-hha* envoya en hâte des
couriers à *Mou-tçoum*, pour l'avertir de ce qui se tramoit. Les couriers rencontrerent *Agoutha*. „ J'ai tout
„ le reste des forces de l'Etat, leur dit-il : si les en-
„ nemis peuvent une fois avoir *Man-tou-hha* en leur
„ puissance, quelque vengeance que l'on en tire, à
„ quoi cela servira-t-il"? C'est pourquoi il donna
aux couriers quarante de ses hommes d'armes; & lui
avec les trente qui restoient, continua sa marche vers
l'armée de *Sa-khai*. Il trouva en chemin des gens qui
l'avertirent, que l'ennemi s'étoit emparé du chemin
qui est au midi du mont *Pen-nie*; tous étoient d'a-
vis qu'on prît le chemin du mont *Cha-pien*. „ Quoi
„ donc, dit *Agoutha*, craignez - vous l'ennemi". Il
passa le mont *Pen-nie* sans rien trouver; au contraire, il apprit-là que l'ennemi l'attendoit au mont *Pien-
cha*. Quand il fut arrivé à l'armée de *Sa-khai*, il pressa
le siege durant la nuit par des assauts perpétuels qu'il
fit donner à la place, & il la força à l'aube du jour.
Dans ce temps-là, *Leou-kho* & *Ou-tha* s'étoient retirés tous deux chez les *Leao*. *Agoutha*, après avoir
pris la ville de *Leou-kho*, alla faire le siege de celle
d'*Ou-tha*, qui se rendit à lui. Lorsqu'*Agoutha* eut
franchi le mont *Pen-nie*, il passa près de la ville d'*Ou-
tha*. Quelques-uns de ses cavaliers, qui étoient restés
derriere, furent enlevés, après un combat, par les
gens de la ville, qui prirent aussi les fourgons d'*A-
goutha*. *Agoutha* faisant halte, & criant à haute voix,
dit aux habitants de la ville : „ Au moins ne prenez
„ pas mes ustensiles de cuisine. Si vous pouvez venir
„ ici, répondirent-ils en se moquant, craignez-vous
„ qu'il vous manque de quoi vivre? Eh bien, repar-
„ tit *Agoutha*, en levant le fouet, après avoir pris la
„ ville de *Leou-kho*, attendez-vous à me voir à vos
„ portes". Alors les habitants tenant les ustensiles en
main, & s'avançant : " Nous autres esclaves, dirent-
„ ils, oserions-nous mettre en pieces ce qui appartient
„ à un tel Seigneur "? *Agoutha*, après la prise de
ces deux villes, envoya *Pou-kia-nou* inviter *Tcha-tou*
à se rendre; il se rendit. *Agoutha* le fit délier, & lui
donna la liberté.

Mou-tçoum assemblant ses troupes pour faire la
guerre à *Siao-hai-li*, trouva qu'il avoit plus de mille
soldats sous ses étendards. Jamais auparavant les *Niou-
tche* n'avoient pu assembler une armée de mille soldats. Cela enfla extrêmement le courage à *Agoutha*,
qui ne pouvant se retenir avec ce nombre de soldats
armés de toutes pieces, s'écria, que ne peut-on pas
entreprendre? L'armée des *Niou-tche* étoit jointe dans
cette guerre à celle des *Leao*. *Agoutha*, qui vouloit
avoir toute la gloire du succès, donna ordre aux *Leao*
de s'arrêter, & alla seul avec les siens livrer la bataille.
Avant qu'elle se donnât, le Vice-Empereur de *Po-hai*
fit offre d'une cuirasse à *Agoutha*, qui la refusa. *Mou-
tçoum* lui ayant demandé pourquoi il ne la recevoit
pas : „ C'est, repliqua-t-il, que si je gagne la bataille
„ étant revêtu d'une cuirasse des *Leao*, ils s'en attri-
„ bueront la gloire ". *Mou-tçoum*, sur la fin de son
gouvernement, défendit à tous Chefs, autres que lui,
de se servir de tablettes de créance. Il établit des postes & des tribunaux de justice; ce qui rapporta le
gouvernement à un seul. Tout cela vint d'*Agoutha*,
qui le lui conseilla. La septième année du gouvernement de *Kham-tçoum*, il y eut une grande stérilité;
la plupart du peuple devint vagabond. Ceux qui avoient
de la force se rendirent voleurs. *Houan-tou* & plusieurs autres étoient de sentiment, qu'il falloit employer
la rigueur des supplices pour remédier au mal, & que
tout voleur fût mis à mort. „ Il ne faut pas tuer les
„ hommes pour l'amour des richesses, répondit *Agou-*

„ *tha*, puisque les richesses sont le fruit du travail des
„ hommes". Ainsi on diminua les peines que les loix
imposoient aux voleurs; on se contenta de les con-
damner à payer le triple du vol. Le peuple étoit accablé de dettes; il ne pouvoit satisfaire à ses créanciers,
même en vendant femmes & enfants. *Kham-tçoum*
tint conseil sur cela avec ses Officiers. *Agoutha* étoit
dans une salle hors la chambre du Conseil. Il attacha
une piece de taffetas au bout d'un bâton, & faisant
signal au peuple, il porta cette loi : „ Présentement,
„ les pauvres ne peuvent vivre; ils sont obligés de
„ vendre femmes & enfants pour acquitter leurs det-
„ tes: or il est naturel à tout homme d'aimer sa chair
„ & ses os, (c'est-à-dire, sa femme & ses enfants.)
„ A ces causes, pendant trois ans, à compter d'au-
„ jourd'hui, défense est faite à tous créanciers, sans
„ exception, d'exiger le payement de ce qui leur est
„ dû; après trois ans, on avisera à ce qu'il y aura à
„ faire sur cela". Tous se soumirent à cette loi, &
ceux qui l'entendirent publier en furent touchés jusqu'à verser des larmes. Depuis ce temps-là, *Agoutha*
devint le maître de tous les cœurs. *Kham-tçoum*, l'an
nommé *Kouei-sse*, durant la dixieme lune, songea
qu'il étoit à la chasse aux loups, & qu'il avoit tiré
plusieurs fleches sans en frapper aucun; mais qu'*Agoutha* s'étant avancé, les avoit percés de ses fleches. Le
lendemain matin, il demanda l'explication de son songe
à ses Officiers. Tous lui répondirent que ce songe
étoit heureux, & qu'il présageoit que ce que l'aîné
n'avoit pu faire, seroit fait par le cadet. *Kham-tçoum*
mourut cette même année-là.

Aussi-tôt *Agoutha* prit possession de la dignité du
mort, & fut proclamé *Tou-po-kii-lie*. *A-ssi-pao*, Envoyé des *Leao*, dit à *Agoutha* : „ Pourquoi n'aver-
„ tissez-vous pas l'Empereur de la mort de votre pré-
„ décesseur? Je suis dans le deuil, repartit *Agoutha*,
„ & au-lieu de me consoler, me veut-on faire un crime
„ de ne pas avertir l'Empereur "? Quelque temps
après, *A-ssi-pao* ayant été renvoyé chez les *Niou-tche*,
entra brusquement à cheval dans le lieu où *Khan-
tçoum* étoit enterré par *interim*. Il fit la revue des
présents funebres qu'on lui avoit faits; il vit de beaux
chevaux qu'il voulut prendre pour lui. *Agoutha*, outré de cette hardiesse, alloit le tuer sur le champ, si
Tçoum-hioum ne l'eût arrêté par ses remontrances.
Les *Leao* furent long-temps sans revenir. L'Empereur
des *Leao* étoit passionné pour la chasse, pour le vin
& pour les femmes; il négligeoit entiérement le soin
des affaires. Il ne répondoit presque jamais aux mémoires qui lui étoient envoyés de toutes parts. Après
qu'*Asso* se fut retiré chez les *Leao*, & que sa ville
avec son peuple eût été prise par les ordres de *Mou-
tçoum*, il ne pouvoit plus revenir. Il fit un complot
secret avec *Yn-chu-kha* & *Tçe-li-han*, ses neveux.
Ceux-ci traiterent secretement avec *Hoen-tou* & *Pou-
so-yu*, habitants du pays de *Nan-kiam*, & tous de
concert partirent pour aller se réfugier en Corée. La
chose fut découverte; *Agoutha* les fit poursuivre. *Yn-
chu-kha* & *Tçe-li-han* avoient déja été pris par les garnisons des *Leao*; *Hoen-tou* & *Pou-so-yu* gagnerent la
Corée. *Sa-kha*, qui avoit été envoyé par *Agoutha*,
se saisit de leurs femmes & de leurs enfants, & les
amena à *Agoutha*.

La seconde année du gouvernement d'*Agoutha*,
nommée *Kia-ou*, *Agoutha* alla au pays nommé *Kiam-si*.
Des Députés des *Leao* lui vinrent apporter des patentes de *Tçie-tou-sse* & de successeur. Les *Leao* avoient
coutume d'envoyer tous les ans des exprès avec des
chasseurs, pour aller prendre sur le bord de la mer des
éperviers & des gerfauts. Ils passoient par les terres
des *Niou-tche*. Les exprès s'abandonnoient à l'avarice
& à la licence; ils faisoient des exactions sans mesure.
Les peuples & les Officiers des *Niou-tche* en étoient
également indignés; & *Khan-tçoum* avoit quelquefois pris le prétexte de la fuite d'*Asso*, pour ne

pas

pas permettre le paſſage aux exprès. *Agoutha* n'eut pas plutôt reçu les patentes de *Tçie-tou-ſſe*, qu'il envoya *Pou-kia-neu* redemander *Aſſo*. Ces deux plaintes de la protection donnée à *Aſſo*, & du paſſage des exprès, ſervirent continuellement de prétexte à *Agoutha* pour inquiéter les *Leao*, & furent enfin les deux cauſes de la ruine de leur Empire.

Interrompons pour un moment cette Hiſtoire, pour y ajouter un point eſſentiel qu'elle omet, parce qu'il appartient à l'Hiſtoire des *Leao*, où il eſt rapporté. On peut dire qu'il eſt la cauſe prochaine de la deſtruction de l'Empire des *Leao*, quoiqu'à proprement parler, elle n'ait eu d'autres principes que la vie diſſolue des Empereurs des *Leao* & l'ambition des *Niou-tche*. Voici le fait.

C'étoit une loi pour les *Niou-tche*, que toutes les fois que les Empereurs des *Leao* alloient pêcher dans le *Hoen-thoum-kiam*, tous les Princes des *Niou-tche* qui ſe trouvoient à cent lieues de diſtance, vinſſent les accompagner & leur rendre hommage. Un jour donc étant tous aſſemblés, l'Empereur, ſuivant la coutume des *Leao*, fit un grand feſtin après le premier poiſſon pris. Les Princes des *Niou-tche* y aſſiſterent tous, & entr'autres *Agoutha*. Au milieu du feſtin, lorſque le vin eut échauffé les têtes, l'Empereur *Thien-tço* s'avança juſqu'à la baluſtrade, & commanda à tous ces Princes de danſer l'un après l'autre; ils obéirent. Quand ce vint à *Agoutha*, il s'en excuſa ſur ſon incapacité. L'Empereur le preſſa deux ou trois fois. Il perſiſta toujours à le refuſer. Quelques jours après, l'Empereur tint un Conſeil ſecret avec *Siao-foum-ſien*, chef de ſon Conſeil de guerre : „ J'ai obſervé dans le feſtin „ dernier, dit l'Empereur, des marques d'une grande „ bravoure & d'un puiſſant génie dans la perſonne „ d'*Agoutha*. Son maintien & ſon port ont quelque „ choſe d'extraordinaire. Il ſeroit à propos de lui „ ſuſciter quelque embarras, & de s'en défaire; au- „ trement il nous cauſera quelque malheur. C'eſt un „ homme ruſtique, & qui ne ſait ce que c'eſt que le „ devoir & la civilité, repliqua *Siao-foum-ſien*. Si, „ ſans avoir commis de crime, on lui ôte la vie, je „ crains que cela ne détourne le peuple & les Princes „ de venir ſe ſoumettre à nous. Au reſte, quand même „ *Agoutha* auroit de mauvais deſſeins, que peut-il „ faire "? Les freres cadets d'*Agoutha*, ſavoir, *Ou-khi-mai*, *Nien-han*, *Hou-che* & les autres accompagnerent l'Empereur à la chaſſe. Ils ſavoient contrefaire ſi naturellement avec des appeaux le cri du cerf, que le cerf même y étoit trompé. Ils tuoient des tigres à coups d'épieu, & forçoient les ours corps à corps. L'Empereur, charmé de tout cela, leur augmenta leurs titres & leurs dignités. Auſſi-tôt qu'*Agoutha* fut de retour chez lui, dans la crainte où il étoit que l'Empereur n'eût découvert le deſſein qu'il avoit formé de ſe révolter, il ſongea à ſe fortifier, & à amaſſer des troupes. Ce feſtin fut fait dans la ſeconde lune de la ſeconde année de *Pao-tha*, c'eſt-à-dire, l'an de grace 1122. Revenons à l'Hiſtoire des *Kin*.

Agoutha ne laiſſa pas de dépêcher vers l'Empereur trois Princes de ſa famille, pour redemander *Aſſo*. *Sii-kou-mi*, qui étoit le chef de l'ambaſſade, raconta en détail à *Agoutha*, à quel point d'orgueil & de licence l'Empereur des *Leao* étoit parvenu, & comme par un relâchement inoui il abandonnoit au haſard le gouvernement de ſes Etats. Alors *Agoutha* tint une aſſemblée générale de tous ſes Officiers & des anciens de la nation, devant laquelle il déclara le deſſein qu'il avoit caché juſqu'alors, de prendre les armes contre les *Leao*. Il ordonna qu'on ſe ſaiſît des paſſages importants, & qu'on y bâtît des villes & des châteaux; que chacun fît forger des armes, & ſe tînt prêt au premier ordre. Le Général des *Leao* ayant appris ce mouvement des *Niou-tche*, dépêcha à *Agoutha* un *Tçie-tou-ſſe*, nommé *Tan-kho*, qui lui demanda de ſa part : „ Avez-vous quelque deſſein de vous ré-

volter ? Vous vous fourniſſez d'armes, vous forti- „ fiez vos places ; à qui prétendez-vous vous oppo- „ ſer ? Je garde les pas dangereux de mes Etats pour „ les conſerver, répondit-il ; eſt-ce à vous de vous en „ informer " ? L'Empereur envoya *A-ſſi-pao* pour demander compte à *Agoutha* de ſa conduite. *Agoutha* répondit à l'Envoyé en ces termes : „ Mon Etat „ eſt petit ; je n'ai jamais oſé manquer à aucun des „ devoirs que je ſuis obligé de rendre à votre grand „ Empire ; mais ce grand Empire, loin de répandre „ ſa bonté & ſes bienfaits ſur nous, reçoit au con- „ traire nos fugitifs & les protege. Après cela, puis-je „ ne pas me plaindre ? Si l'on veut me rendre *Aſſo*, „ je tiendrai à honneur de vous payer tribut, & de „ rendre hommage ; que ſi l'on s'obſtine à me le re- „ fuſer, ſuis-je homme à me laiſſer prendre & lier " ?

Quand *A-ſſi-pao* eut fait rapport à l'Empereur d'une réponſe ſi fiere, l'Empereur commença à ſe préparer à la guerre. Il ordonna à *Siao-ta-bu-ye* d'aſſembler des troupes dans la ville de *Nim-kiam-tcheou*. *Agoutha* l'ayant ſu, dépêcha *Pou-kouo*, pour aller en apparence redemander encore une fois *Aſſo* ; mais en effet pour obſerver l'ennemi. *Pou-kouo* étant de retour, rapporta que le nombre des troupes *Leao* étoit infini. „ Ils ne font que commencer à s'aſſembler, ré- „ partit *Agoutha*, comment donc peuvent-ils être en „ ſi grand nombre " ? En même-temps, il envoya à l'armée des *Leao Hou-che-pao*, qui, à ſon retour, fit un rapport conforme à ce qu'avoit dit *Pou-kouo*. Alors *Agoutha* tint ce diſcours à ſes Officiers : „ Les „ *Leao*, ſachant que j'allois prendre les armes, amaſ- „ ſent des troupes de toutes parts ; il faut que nous „ les prévenions. Il vaut mieux preſſer l'ennemi, que „ ſe laiſſer preſſer par lui ". Tous approuverent ſa réſolution. *Agoutha* ſe leva, & alla trouver ſa mere, à laquelle il expoſa ſon deſſein : „ Vous avez, répon- „ dit-elle, ſuccédé à votre pere & à votre frere aîné „ dans le gouvernement de l'Etat, à la bonne heure ! „ Faites ce que vous jugez à propos. Je ſuis vieille ; „ prenez bien garde de me cauſer du chagrin : mais, „ ſans doute, vous ne m'en cauſerez pas ". *Agoutha* ayant entendu ce diſcours, en fut frappé, & verſa des larmes. Auſſi-tôt prenant une coupe pleine de vin, il la préſenta à ſa mere, en lui ſouhaitant une longue vie. Enſuite ſortant avec ſa mere à la tête de tous ſes Officiers, il vint faire des vœux à l'auguſte Ciel & à la Terre-Reine. Il les avertit que les *Leao* étoient tombés dans la diſſolution & dans la débauche, & qu'après lui avoir refuſé *Aſſo*, ils ſe préparoient à l'attaquer. Après cette priere, il verſa ſur la terre, en forme de libation, du vin de la coupe qu'il tenoit. La mere ordonna à ſon fils de prendre la place d'honneur, & de faire un feſtin à ſes Officiers.

Ce feſtin fini, il donna ſes ordres. Il envoya *Po-lou-hou* prendre les troupes que *Tii-kou-nai* commandoit dans la Province de *Ye-lan*. Il donna les mêmes ordres aux diverſes Provinces de ſes Etats. Le Chef de l'horde de *Tha-lou-kou*, nommé *Che-li-kouan*, envoya dire à *Agoutha* ces paroles : „ J'ai appris que „ vous alliez faire la guerre aux *Leao*, quel parti „ dois-je ſuivre ? Quoique mes gens ſoient en petit „ nombre, repartit *Agoutha*, ce ſont de vieux ſol- „ dats. A la vérité, le droit de voiſinage vous oblige „ à prendre mon parti. Si pourtant vous craignez les „ *Leao*, vous pouvez prendre le leur ". *Agoutha* marcha contre les *Leao*, dans la neuvieme lune. Quand il fut arrivé à la ville de *Leao-hoei*, il n'y trouva pas *Po-lou-hou* avec ſes troupes. Quand *Po-lou-hou* fut arrivé, il lui fit donner la baſtonnade, pour avoir manqué de ſe rendre au temps préfix. Il lui laiſſa pourtant le commandement des troupes des Provinces, *Agoutha* fit la revue de ſon armée ſur le bord de la riviere de *Lai-leou* ; il la trouva compoſée de deux mille cinq cents hommes. Il fit encore-là, pour la ſeconde fois, l'énumération des crimes des *Leao*, & en

avertit de nouveau le Ciel & la Terre, en faisant cette priere : „ Depuis plusieurs générations, mes ancê-
„ tres ont servi les *Leao* ; ils n'ont point manqué de
„ payer les tributs qu'ils devoient ; ils ont appaisé les
„ troubles causés par *Ou-tchun* & par *Ouo-mou-han* ;
„ ils ont mis en déroute l'armée de *Siao-hai-li*. On
„ n'a point eu égard à ces services ; au contraire,
„ on n'en a agi que plus tyranniquement. Nous avons
„ souvent redemandé *Affo* aux *Leao* ; ils ont constam-
„ ment refusé de le rendre. Présentement je vais tirer
„ vengeance de tous ces crimes. Vous, Ciel, & vous,
„ Terre, soyez témoins de cela, & prêtez-moi votre
„ secours ".
Cette cérémonie étant finie, il ordonna à ses Offi-
ciers de faire passer le bâton de main en main à tous les soldats, pour les avertir d'être attentifs ; après quoi, il les harangua en cette maniere : „ Unissez bien vos cœurs,
„ & employez toutes vos forces. Tous ceux qui se
„ comporteront vaillamment, s'ils sont esclaves, de-
„ viendront libres ; s'ils sont du rang du peuple, ils
„ seront faits Officiers. Ceux enfin qui sont en char-
„ ge, seront promus à de plus hautes dignités, & cela
„ à proportion du mérite d'un chacun. Quant à ceux
„ qui manqueront à leur devoir, ils mourront sous le
„ bâton, & leurs familles ne seront point épargnées ".
Ensuite l'armée marcha. Quand elle fut arrivée au lieu nommé *Thai-ouo-kia*, les soldats tirerent des fleches pour détourner les malheurs. Ils se rangerent en or-dre de bataille, armés de toutes pieces. Il sortit alors sous leurs pieds des flammes de la terre, & il en pa-rut pareillement sur le bout des piques & des pertui-sanes ; cela fut pris pour un bon augure. Le lende-main l'armée campa sur le bord de la rivière de *Tcho-tche*. Les mêmes lumieres & les mêmes feux paru-rent une seconde fois ; l'armée étoit sur le point d'en-trer sur les terres des *Leao*. *Agoutha* ordonna aux sol-dats, qui étoient sous le commandement de *Tçoum-gho-tou*, d'applanir les chemins, & de combler les fossés. Quand l'armée eut passé cet endroit, les trou-pes de *Yu-po-hai* attaquerent sept *Mou-ke*, c'est-à-di-re, sept *Centurions* de l'aîle gauche de l'armée des *Niou-tche* ; leurs troupes perdirent un peu de leur terrein. Les *Leao* vinrent droit tomber sur le corps de bataille. *Sie-ye* sortit des rangs avec *Tche-tie*, qui le précédoit. *Agoutha* l'ayant apperçu, dit : „ Il ne
„ faut pas s'engager témérairement au combat ". Il envoya *Tçoum-ouo* les arrêter. *Tçoum-ouo* laissant *Sie-ye* derriere, alla arrêter le cheval de *Tche-tie* par la bri-de ; alors *Sie-ye* s'en retourna avec *Tche-tie*. L'en-nemi les poursuivoit. Le cheval de *Ye-lu-sie-che*, Prince du sang des *Leao*, & Général de leur armée, s'abattit sous lui ; un *Leao* accourut à son secours. *Agoutha* décocha sur lui une fleche, & le tua ; il blessa d'une autre fleche *Ye-lu-sie-che*. Un cavalier *Leao* s'a-vança à toutes brides, pour les secourir. *Agoutha* lui porta un coup de fleche, qui le perça de part en part à travers sa cuirasse. *Ye-lu-sie-che* cependant eut le temps d'arracher la fleche de sa playe & de prendre la fuite. *Agoutha* le poursuivit, & lui donna un coup dans le dos. La fleche, malgré la cuirasse à l'épreuve, entra jusqu'à la moitié de sa longueur. *Ye-lu-sie-che* tomba mort, & *Agoutha* prit le cheval qu'il mon-toit.

Tçoum-ouo, avec quelques cavaliers, étoit investi par les *Leao* ; *Agoutha* le délivra. *Agoutha* combat-toit sans casque ; une fleche tirée de côté lui effleura le front. *Agoutha* tournant la tête, apperçut celui qui venoit de tirer ; il le tua d'une de ses fleches. Alors *Agoutha* dit à son armée, qu'on ne cesse point de combattre jusqu'à ce que l'ennemi soit entièrement ex-terminé. Tous obéirent volontiers, & cette parole re-doubla leur courage au centuple ; alors l'ennemi s'en-fuit précipitamment. Ils s'écrasoient les uns les autres, de sorte que de dix parts, il en fut tué sept ou huit. *Sa-khai* étoit pour lors absent, & n'eut point de part

à cette bataille. *Agoutha* lui envoya porter la nou-velle de la victoire, & lui donna en présent le cheval de *Ye-lu-sie-che*. *Sa-khai* envoya le féliciter par ses enfants, en lui donnant le titre d'Empereur, & l'ex-hortant à le recevoir. „ Prendre un si haut titre pour une
„ seule bataille gagnée, répondit *Agoutha*, ne seroit-ce
„ pas montrer à tout le monde une ambition basse "? Après le gain de la bataille, il conduisit son armée victorieuse à *Nim-kiam-tcheou*. L'armée s'empressa de combler les fossés, & attaqua vigoureusement la ville. Les assiégés firent une sortie ; mais ils furent cou-pés par *Ouen-ti-leam* & par *A-dou-han*, qui les tue-rent tous. La ville fut emportée d'assaut.

Le premier jour de la dixieme lune, l'horde des *Thie-li* vint se soumettre. *Agoutha* vint camper dans la ville de *Lai-léou*, où il distribua à ses troupes les dépouilles & les captifs. Il fit venir *Leam-fou* & *Ouo-tha-la*, en leur disant, de feindre de s'enfuir, & d'al-ler inviter les *Po-hai*, leurs compatriotes, à se join-dre aux *Niou-tche*, en leur remontrant ce qui suit : „ Les *Niou-tche* & les *Po-hai* ne font qu'une nation ;
„ dans les guerres que je fais, je ne sais ce que c'est
„ que de confondre l'innocent avec le coupable ". Il envoya pareillement *Ouan-nien-leou-che* faire des pro-positions aux *Niou-tche* privés, c'est-à-dire à ceux qui étoient immédiatement sujets aux *Leao*. L'armée étant de retour, *Agoutha* alla saluer sa mere. Il fit part des dépouilles aux Princes de sa maison & aux anciens du peuple. Il donna aux soldats tous les biens de *Che-li-kouan*. Il commença à diviser les *Niou-tche*. Sur cha-que trois cents familles, il établit un *Mou-khe*, c'est-à-dire, un *Centenier* ou un *Centurion*, & sur dix *Mou-khe*, il établit un *Mem-ghan*, c'est-à-dire un *Com-mandant* de mille hommes ou un *Tribun*. *Tcheou-ouo* & quelques autres furent chargés du soin de pacifier les *Niou-tche* de la rivière de *Tçan-mou*. Le Chef de *Pie-kou*, nommé *Hou-so-lou*, vint se rendre, & livra sa ville.

Dans l'onzieme lune, *Siao-kieou-li*, qui étoit *Tou-thoum*, c'est-à-dire en Chinois, *Lieutenant-Général* des *Leao* & *Ty-bou-ye* son Lieutenant, assemblerent une armée de cent mille hommes, tant d'infanterie que de cavalerie, au Septentrion de l'*Ya-tçe-ho*, ri-vière qui se jette dans le *Hoen-thoum-kiam*. *Agoutha* marcha pour le combattre. Il n'étoit pas encore arrivé à la rivière de *Ya-tçe-ho*, que la nuit survint ; il se coucha. A peine fut-il endormi, qu'il sentit une main qui lui souleva la tête trois fois de suite. Il se ré-veilla, & se leva en disant : „ C'est un avertissement
„ des Dieux ". A l'instant, il fit allumer des tor-ches, & ordonna aux tambours de battre la marche. Il marcha le reste de la nuit, & au point du jour il arriva à la rivière. Il trouva des *Leao* occupés à rom-pre les chemins ; il les fit charger, & l'armée s'avan-çoit toujours. Quand elle eut passé la rivière, *Agou-tha* en fit la revue, & trouva que de trois mille sept cents hommes d'armes dont elle étoit composée, il n'en étoit encore arrivé que le tiers. Aussi-tôt après, il rencontra l'ennemi auprès du village de *Tchu-ho-thien*. Il s'éleva tout-à-coup un vent impétueux, & une poussiere épaisse couvrit le ciel. *Agoutha* se ser-vit de cette conjoncture favorable pour attaquer l'en-nemi. Il le défit entièrement, & le poursuivit jusqu'à l'étang de *Ouo-lun*. On ne peut dire le nombre des ennemis qui furent tués, non plus que celui des cha-riots, des cuirasses, des armes & des choses précieu-ses qui furent prises, tant il étoit grand. Il fit distri-buer le tout à son armée, & lui fit un festin durant un jour entier. Les *Leao* avoient coutume de dire, que personne ne pourroit résister aux *Niou-tche*, si jamais leur armée montoit à dix mille hommes ; & justement, après cette victoire, l'armée des *Niou-tche* se trouva composée de ce nombre.

D'un autre côté, *Ouo-lou* défit les *Leao* dans une au-tre bataille, & tua *Ta-bou-ye*, leur *Tçie-tou-sse*, Pou-

boei & autres Officiers Généraux. Enfuite il attaqua & força la ville de *Pin-tcheou*. *Ou-ge* & *Tçan-houche* vinrent fe rendre. *Tche-kheou*, Commandant des *Leao*, livra bataille près de *Pin-tcheou*. Il fut défait par *Pou-hoei* & *Hoen-tchu*. Le Roi des *Thie-li*, nommé *Hoei-li-pao*, vint fe rendre aux *Niou-tche* avec fon horde. Enfuite *Ou-tou-pou-tcha* défit, à l'Orient de la ville de *Tçiam-tcheou*, une autre armée des *Leao*, commandée par *Tche-keoul*, qui avoit déja été vaincu une fois par *Siao-yi-fie*. Les deux Provinces de *Ouo-hou* & de *Kii-fai* fe foumirent aux *Niou-tche*. Enfin, *Ouo-lou-kou* défit encore une armée de *Leao*, à l'Occident de la ville de *Hien-tcheou*, & coupa la tête à leur Commandant dans le combat. *Ouan-nien-lou-che* prit enfuite la ville de *Hien-tcheou*. Durant cette même lune, *Ou-kii-mai*, *Sa-khai* & *Tçe-pou-che*, freres & oncle d'*Agoutha*, vinrent à la tête de tous les Officiers de l'État, le prier de prendre un plus haut titre, & de leur permettre de lui déférer celui d'Empereur, le premier jour de l'année qui alloit commencer. *Agoutha* refufa cet honneur. *Ali-hha-men*, *Poukia-nou*, *Tçoum-han* & plufieurs autres s'étant avancés, parlerent de cette forte : ,, Vos grands deffeins ,, ont eu le fuccès que vous en attendiez. Si vous ,, manquez à prendre le titre qui vous eft dû, vous ,, ne pourrez jamais vous attacher les cœurs de tout ,, l'Univers. J'y penferai, repliqua *Agoutha* ".

La premiere année de *Cheou-koue*, c'eft-à-dire en Chinois, *Empire reçu*, (l'an de grace 1115,) le premier jour de la premiere lune, nommé *Gin-chin*, tous les Officiers préfenterent à *Agoutha* le titre honorable. Ce jour-là même *Agoutha* le reçut, & il fut proclamé *Hoam-ti*. Incontinent après il tint ce difcours aux fiens : ,, Les *Khi-tan* ont donné à leur Dy- ,, naftie le nom de *Leao*, (qui fignifie une efpece d'*a-* ,, *cier* extraordinaire,) pour marquer par la dureté de ,, cet acier la durée de leur Dynaftie; mais quelque ,, grande que foit la dureté de cet acier, à la fin il ,, s'altere & périt par la rouille. Il n'y a que l'or, parmi ,, les métaux, qui foit inaltérable & abfolument in- ,, corruptible. De plus, fa couleur en qualité de mé- ,, tal, (l'un des cinq éléments des Chinois,) eft le ,, blanc; & l'horde des *Ouan-nien*, d'où je tire mon ,, origine, prend le blanc pour fa marque. C'eft pour ,, ces raifons que je donne à notre Dynaftie le titre ,, de *Kin*, (qui fignifie *or*, en Chinois) ".

Remarquez que d'autres difent que ce nom de *Kin* fut donné à cette Dynaftie, parce qu'il fe trouve de l'or dans le pays d'où *Agoutha* s'éleva à l'Empire, & que la riviere qui l'arrofe, portoit, par cette raifon, le nom d'*An-tchu-hou*, c'eft-à-dire, *riviere d'or*. Peut-être ce motif a pu porter *Agoutha* à lui donner ce nom ; mais la principale raifon eft celle qu'*Agoutha* lui-même en donna publiquement.

Le jour nommé *Pim-tçe*, le cinquieme de la premiere lune, *Thai-tçau* (c'eft ainfi que je nommerai *Agoutha* dans la fuite,) alla en perfonne faire le fiege de *Hoam-loum-fou*. Il s'approcha, chemin faifant, de la ville d'*Yi-tcheou*. Tout le monde s'enfuit, & fe retira dans *Hoam-loum-fou*. Il enleva tout ce qui n'avoit pu fortir d'*Yi-tcheou*. L'Empereur des *Leao* envoya une armée de deux cents mille chevaux, & de foixante & dix mille fantaffins, pour la garde de la frontiere. *Leou-che* & *Yn-chu-kho* furent laiffés par *Thai-tçau* au blocus de *Hoam-loum-fou*, & *Thai-tçau* avec fon armée s'avança à grandes journées vers la ville de *Tha-lou-kou*. Il campa en chemin à l'Occident de *Nim-kiam-tcheou*. Il reçut-là des Ambaffadeurs des *Leao* qui venoient traiter de paix. Les lettres qu'apportoit *Sem-kia-nou*, chef de l'ambaffade, appelloient *Thai-tçau* par fon propre nom d'*Agoutha*, & le traitoient de tributaire. *Thai-tçau* en fut choqué, & continua fa marche. Un globe de feu fort lumineux tomba du ciel. ,, Ce prodige, dit *Thai-tçau*, promet le fecours ,, du Ciel ". Il fit une libation d'eau, & falua le Ciel à genoux. Toute l'armée s'écria, & fauta de joie. Il commença à preffer la ville de *Tha-lou-kou*. L'Empereur (c'eft auffi *Thai-tçau* qui fe doit entendre par ce terme,) monta fur une hauteur pour découvrir les ennemis. Leur armée lui parut comme un affemblage énorme de nuages, & comme un déluge d'eau. Enfuite fe tournant vers ceux de fa fuite : ,, Les ,, troupes de *Leao*, dit-il, ont le trouble dans le cœur, ,, & la peur dans l'ame; quelque grand que foit leur ,, nombre; ils ne font nullement à craindre ".

En même temps, il fit gagner à fon armée quelques côteaux, où il la rangea en bataille. *Tçoum-hioum* avec l'aîle droite engagea le combat. Il fondit à bride abattue fur l'aîle gauche des *Leao*, & la contraignit de reculer. L'aîle gauche des *Niou-tche* donna pardertiere fur la droite des *Leao*. Celle-ci combattoit vaillamment. *Leou-che* & *Yn-chu-kho* l'entamerent neuf fois par l'endroit le plus fort, fans la pouvoir rompre. *Tçoum-han* demanda permiffion à *Thai-tçau*, de marcher avec le corps de bataille au fecours de l'aîle gauche. *Thai-tçau* ordonna à *Tçoum-han* de faire une fauffe marche pour donner du foupçon à l'ennemi. Cependant *Tçoum-hioum* étant venu à bout de l'aîle gauche des *Leao*, vint tomber fur leur aîle droite. Alors l'armée des *Leao* fut mife en déroute. Elle fut pourfuivie jufqu'à fon camp. Comme il étoit fort tard, les *Niou-tche* l'y bloquerent. Le lendemain au point du jour, les *Leao* fortirent de leur camp, & prirent la fuite. On les pourfuivit jufqu'à une hauteur nommée *A-leou-kham*. Toute l'infanterie fut taillée en pieces. On prit quantité d'inftruments de labourage, qui furent diftribués aux *Niou-tche*. Cela fit connoître que les *Leao* étoient venus pour s'établir fur la frontiere, & faire alternativement le métier de laboureur & de foldat. Dans la feconde lune, l'armée retourna victorieufe. Dans la troifieme lune, le jour nommé *Sin-yei*, l'Empereur alla à la chaffe dans le territoire de la ville de *Leao-hoei*. Dans la quatrieme lune, *Ye-lu-tcham-nou* apporta des lettres de l'Empereur des *Leao*. L'Empereur retint cinq perfonnes de l'ambaffade, à caufe que les lettres étoient injurieufes, & ne renvoya que *Ye-lu-tcham-nou*. L'Empereur répondit à l'Empereur des *Leao* du même ftyle qu'il lui avoit écrit. Le premier jour de la cinquieme lune, nommé *Kem-ou*, l'Empereur paffa les chaleurs de l'été auprès de fa capitale. Le jour nommé *Kia-fu*, il adora le Ciel, & tira des fleches fur des faules. (L'ancienne coutume des *Niou-tche* étoit que leur chef, tous les ans, adorât le Ciel, & tirât des fleches fur des faules, le cinquieme jour de la cinquieme lune, le quinzieme jour de la feptieme, & le neuvieme jour de la neuvieme.) Dans la fixieme lune, le premier jour nommé *Ki-hai*, *Ye-lu-tcham-nou* revint avec des lettres de fon maître. Dans ces lettres, *Thai-tçau* étoit encore appellé par fon nom propre. *Thai-tçau*, dans fa réponfe, appella pareillement l'Empereur des *Leao* par fon nom propre, & l'exhorta à fe foumettre à lui. Dans la feptieme lune, le jour nommé *Vou-tchin*, l'Empereur créa *Ou-kii-mai*, fon cadet, *Amban-po-ki-lie*, c'eft-à-dire, *Grand Po-ki-lie* & *Kouefiam*, ou *Grand-Vifir*. Il conféra à *Sa-khai* la dignité de *Koue-loun-po-ki-lie*, à *Tçe-pou-che* celle d'*A-maipo-ki-lie*, & à *Sie-ye*, fon cadet, celle de *Koue-loun-po-ki-lie*. Le jour nommé *Kia-fu*, l'Empereur des *Leao* envoya *Tçe-la* apporter des lettres. L'Empereur l'arrêta, & ne le renvoya pas. Les *Hii* vinrent fe foumettre.

Dans la huitieme lune, le jour nommé *Vou-fu*, l'Empereur partit pour aller attaquer *Hoam-loum-fou*. Etant campé fur le *Hoen-toum-kiam*, & n'ayant point de barques pour paffer fes troupes, il ordonna à un cavalier monté fur un cheval roux & blanc, de paffer le premier, & de dire que tous fuivent la route que je montrerai avec mon fouet. L'armée le fuivit. Les chevaux trouvant un gué, n'eurent de l'eau que jufqu'aux fangles. Après le paffage, on fit fonder cet endroit, & on n'y trouva point de fond. De-là vient que l'Empereur *Hii-tçoum*, régnant sous le titre de *Thien-kiuen* la seconde année, donna à *Hoam-loum-fou* le nom de *Tçi-tcheou*, c'est-à-dire, *Ville du passage*, & à la garnison celui de *Li-che*, qui signifie *gué utilement passé*. Dans la neuvieme lune, l'Empereur prit *Hiam-loum-fou*. Le jour nommé *Ki-mao*, il parut en l'air un dragon jaune. (Je marque les fables aussi-bien que le reste, pour donner une idée plus juste de ces nations.) Le jour nommé *Kouei-ffe*, l'Empereur conféra à *Sa-khai* la dignité de *Koue-loum-hou-lou-po-ki-lie*, & de *Ali-hha-men* celle de *Koue-loum-yi-che-po-ki-lie*. Dans l'onzieme lune, l'Empereur des *Leao* ayant appris la perte de *Hoam-loum-fou*, fut saisi de frayeur. D'un côté, il marcha en personne à la tête d'une armée de 700000 hommes, de l'autre son gendre marcha avec une armée de cinquante mille cavaliers & de 400000 fantassins. L'Empereur des *Leao* vint se poster à *Tho-men*, & son gendre sur l'étang de *Ouo-lin*. L'Empereur marcha contre eux. Dans la douzieme lune, le jour nommé *Ki-hai*, il campa à *Hiao-la*, où il tint conseil avec tous ses Officiers. Ceux-ci dirent tous d'une voix : ,, L'armée ,, de l'Empereur des *Leao* est, à ce qu'on dit, de ,, sept cents mille combattants ; il est difficile de lui ,, résister. D'ailleurs, nous sommes épuisés, & nos ,, chevaux le sont aussi, par tant de marches, de sieges ,, & de combats. Il faut arrêter ici, & nous y bien ,, retrancher ". L'Empereur y consentit.

Il ne faut pas omettre une ruse de ce conquérant, qui n'est omise ici que parce qu'elle est déja rapportée dans l'histoire des *Leao*. Avant de partir, il assembla les Etats de sa nation, auxquels il tint ce discours: ,, Il n'est pas possible de résister à ces deux effroya- ,, bles armées qui se vont réunir ; ainsi puisque je suis ,, la cause du malheur de ma patrie, je dois en être ,, la victime. Qu'on me prenne, qu'on me lie, & ,, qu'on me mene à l'Empereur des *Leao*. Il satisfera ,, sa vengeance sur moi & sur ma famille; & vous & ,, les vôtres, vous serez conservés ". Cette étrange proposition les fit tous frémir; & ils lui promirent tous de périr avec lui, plutôt que de commettre une semblable lâcheté. Ayant vu leur resolution, il les rassura, & partit.

Il envoya *Tii-kou-nai* & *Yn-chu-kho*, garder la ville de *Tha-lou-kou*. Le jour nommé *Tim-vei*, l'Empereur prenant avec soi un gros de cavalerie, alla en personne reconnoître l'ennemi. Il prit en chemin des Officiers commis à la conduite des vivres, qui lui apprirent que l'Empereur des *Leao* ayant été informé de la révolte de *Tcham-nou*, avoit tourné bride, & retournoit en Chine, & qu'il étoit en marche depuis deux jours. L'Empereur retourna le même jour à son camp. Etant arrivé à l'étang de *Cho-kie*, il parut des feux sur la pointe des lances. Le jour nommé *Vou-chin*, tous les Officiers *Niou-tche* dirent à l'Empereur : ,, Puisque l'Empereur des *Leao* est en marche ,, pour son retour, il ne sera pas sur ses gardes; il ,, faut le suivre & le combattre ". L'Empereur repliqua : ,, Vous avez refusé d'aller au-devant de l'en- ,, nemi pour le combattre lorsqu'il venoit à vous; ,, prétendez-vous montrer de la bravoure, en le pour- ,, suivant lorsqu'il se retire "? Ce discours les confondit, & les fit tous rougir. Ils dirent qu'ils vouloient réparer leur faute. ,, Si effectivement, repartit l'Em- ,, pereur, vous avez bonne envie de poursuivre l'en- ,, nemi, promettez-moi que vous ne vous mettrez pas ,, en peine de vous fournir de vivres; car si vous dé- ,, faites l'ennemi, que pourrez-vous desirer que vous ,, ne trouviez "? Ce discours anima leur courage, & tous sauterent de joie. Ils atteignirent l'armée des *Leao* au tertre, nommé *Hou-pou-ta-kham*. Dans cette expédition, *Thai-tçau* n'avoit que vingt mille cavaliers avec lui : ,, Leur nombre est infini, dit-il, & le nôtre ,, très-petit, ainsi nous ne pouvons pas nous partager.

,, Toute la force de leur armée est dans le corps de ,, bataille, c'est-là infailliblement où est l'Empereur ,, des *Leao* ; si nous pouvons vaincre ce corps, tout ,, le reste est à nous ". Il ordonna à son aîle droite de commencer le combat. Elle fit plusieurs attaques; après quoi l'aîle gauche se joignit à cette aîle, & poussa l'ennemi. Elles le culbuterent, & la déroute fut grande. En même-temps le corps de bataille des *Niou-tche* prit l'armée des *Leao* en flanc, & la rompit entiérement. La terre fut couverte de morts durant plus de dix lieues de chemin. On prit la litiere, les tentes & les pavillons de l'Empereur des *Leao*. Le nombre des armes, des instruments, des vivres, des ustensiles, des choses précieuses, des chevaux & des bœufs qui tomberent entre les mains des *Niou-tche*, étoit innombrable. Dans cette bataille, *Sie-ye* tua de sa pique plusieurs dixaines d'hommes. *Ali-pen* avoit été entouré par les ennemis; il fut dégagé par *Ouen-ti-han* & *Ti-hou-tie*, qui se servirent pour cela de quatre compagnies. *Ouan-nien-moum-kouo*, quoique blessé en plusieurs endroits, ne cessa pas de combattre jusqu'à la fin. Aussi quand on fit l'estimation des hauts faits d'armes d'un chacun pour ordonner des récompenses, tous ceux-ci furent mis au premier rang. *Siao-the-mo* & tous les Officiers brûlerent leur camp, & se retirerent. *Kia-khou-sa-gba* prit la ville de *Khai-tcheou*, & *Po-lou-ho* celle de *The-lin*. *Ou-tçe-li-han* se rendit aux *Niou-tche*.

La seconde année de *Cheou-koue*, (l'an 1116) dans la premiere lune, le jour nommé *Vou-tçe*, l'Empereur publia l'Edit suivant : ,, Depuis la défaite de l'Empereur des *Leao*, il vient de toutes parts un grand nombre de peuples se soumettre à nos loix. Il faut les traiter avec beaucoup de bonté. Présentement les *Khitan*, les *Hii*, les Chinois, les *Po-hai*, les *Niou-tche* soumis aux *Leao*, les hordes des *Ouei-tche*, des *Tha-lou-kou*, des *Ou-ge*, des *Thie-li* étant venus se rendre à nous en foule, qu'on n'impute point à crime la conduite de ceux qui ayant été pris par l'ennemi, ou s'étant enfui, retourneront à nous ; que leurs Chefs soient rétablis dans charges, qu'enfin on leur assigne des demeures convenables. ,, Dans la seconde-premiere lune, (c'est-à-dire la lune intercallaire,) *Kao-youm-tcham* révolté contre les *Leao*, se saisit de la Cour Orientale, & envoya demander du secours aux *Niou-tche* par *Ta-bou-ye*. La Corée envoya des Ambassadeurs féliciter l'Empereur de sa grande victoire, & demanda en même-temps la ville de *Pao-tcheou*. L'Empereur lui permit de la prendre. Dans la seconde lune le jour, nommé *Ki-ffe*, l'Empereur publia cet édit : ,, La stérilité a causé la disette, & le peuple ne pouvant vivre, a été contraint de s'attacher aux riches. A ces causes qu'il soit permis à tous ceux qui ont volontairement subi l'esclavage, ou qui n'ayant pu payer les amendes, y ont été réduits, ou bien qui ayant passé des contrats d'emprunt, s'y sont engagés en cas de non-payement, de deux personnes d'en racheter une. Si pourtant le contrat n'a porté que sur une seule tête, qu'on s'en tienne au contrat. Dans la quatrieme lune, le jour marqué *Yi-tcheou*, il créa *Ouo-lou*, Généralissime, & l'envoya faire la guerre à *Kao-youm-tcham*. *Hou-cha-pou* & plusieurs autres furent tués. Dans la cinquieme lune, *Kao-youm-tcham* fut défait, pris & mené à l'Empereur, qui le fit mourir à la tête de l'armée. La Cour Orientale, (c'étoit alors *Leao-yam*, ville du *Leao-toum*,) & toutes les villes de sa dépendance, aussi-bien que la Province du Midi; & tous les *Niou-tche* sujets immédiats des *Leao*, se soumirent. Alors l'Empereur fit un édit par lequel il abrogea toutes les loix des *Leao*. Il diminua les tailles, & divisa le peuple en *Mou-khe*, c'est-à-dire, il le distribua sous des *Centeniers*, le tout conformément aux loix des *Niou-tche*. *Adou-han* défit une armée de soixante mille *Leao* près de la ville de *Tchao-san*. Dans la neuvieme lune, le jour nommé *Yi-ffe*, l'Empereur

fit

fit faire des tablettes de créance d'or. Le premier jour de la troisieme lune, *Ou-ki-mai*, cadet de l'Empereur, & tous les Grands de l'Empire, offrirent à l'Empereur un titre d'honneur, qui fut celui de très-saint Empereur. L'Empereur quitta l'ancien titre de ses années, & donna aux suivantes celui de *Thien-fou*, c'est-à-dire, *aidé du Ciel*.

La premiere année de *Thien-fou* (1117) dans la premiere lune, la ville de *Thai-tcheou* se révolta ; elle fut réduite à l'obéissance. La ville de *Thai-tcheou* fut prise par une armée de dix mille *Niou-tche*. Dans la quatrieme lune, *Y-lu-nie-li*, Roi des Royaumes de *Tçin* & de *Tçin*, vint à la tête d'une armée de *Leao*, attaquer *Ti-kou-nai*. Dans la cinquieme lune, l'Empereur publia cet édit : „ Quiconque depuis la prise de la ville de „ *Nim-kiam-tcheou*, aura épousé une femme de sa „ propre famille, quelque éloigné que puisse être le „ degré de parenté, recevra la bastonnade, & le ma- „ riage sera dissous ”. Dans la huitieme lune, la Corée envoya une ambassade, pour demander une seconde fois la ville de *Pao-tcheou*. Dans la douzieme lune, le jour nommé *Kia-tçe*, le Prince *Ye-lu-nie-li* fut vaincu & entiérement défait par les *Niou-tche*, au pied du mont *Tçii-li*. Cette victoire fut suivie de la reddition d'un grand nombre de villes. Ce même mois, l'Empereur de Chine de la Dynastie des *Soum*, envoya une ambassade à l'Empereur avec des lettres, dont voici le précis : „ Dans le lieu où naît le so- „ leil, certainement il est né un Saint. J'ai appris les „ fréquentes victoires que Votre Majesté a remportées „ sur des ennemis aussi formidables que les *Leao*. Je „ demande instamment qu'après la destruction de leur „ Empire, Votre Majesté ait la bonté de me remet- „ tre les terres de la Chine, qu'ils ont usurpées sous „ les cinq petites Dynasties ”.

La seconde année de *Thien-fou*, (1118) la ville de *Chouam-tcheou* & son *Tçie-tou-sse*, se rendirent librement. Dans la premiere lune, le jour nommé *Kem-yn*, l'Empereur envoya des Ambassadeurs en Chine, & répondit ainsi aux lettres de l'Empereur Chinois : „ Quant aux pays que Votre Majesté redemande, at- „ taquons chacun de notre côté ; ce que chacun pren- „ dra sera pour lui ”. Dans la seconde lune, le premier jour nommé *Kouei-tcheou*, l'Empereur des *Leao* envoya des Ambassadeurs traiter de paix. *Ti-kou-nai* & *Leou-che* vinrent voir l'Empereur. Le jour nommé *Sin-yeou*, l'Empereur leur fit donner la bastonnade, pour avoir quitté leur poste, lorsque l'Empereur des *Leao* étoit dans sa Cour du milieu, (c'est le *Pe-kim* d'aujourd'hui,) & par conséquent si près de leurs Provinces. *Ouo-lou-kou* fut accusé de péculat. Il en fut convaincu, & de Généralissime fut fait *Centenier*, ou bien *Mou-khe*. Le jour nommé *Gin-tchin*, les Ambassadeurs des *Leao* revinrent avec de nouvelles lettres. Le jour nommé *Kem-tçe*, l'Empereur, sur la remontrance de *Leou-che* au sujet de l'éloignement de *Hoam-loum-fou*, & de son importance, y envoya en garnison des Centeniers de toutes les Provinces, & nomma *Leou-che*, qui venoit de recevoir la bastonnade, leur Généralissime, en lui donnant le titre de *Van-hou*, ce qui signifie en Chinois, *dix mille familles*, ou le *chef de dix mille familles*. Dans la quatrieme lune, le jour nommé *Sin-sé*, les Ambassadeurs des *Leao* revinrent avec de nouvelles lettres. Dans la cinquieme lune, le jour nommé *Pim-chin*, l'Empereur députa *Hou-tou-kouen* vers l'Empereur des *Leao*. Dans la sixieme lune, le jour nommé *Kia-yn*, l'Empereur publia cet édit : „ Ordre à tous les Officiers d'em- „ pêcher que le peuple ne soit tyrannisé, & qu'on n'en- „ gage des personnes libres, ou qu'on n'exige le dou- „ ble du rachat marqué par la loi ”. Dans la septieme lune, le jour marqué *Kouei-vei*, *Hou-tou-kouen* revint de son ambassade, & les Ambassadeurs des *Leao*, ayant toujours pour Chef *Ye-lu-nou-kho*, revinrent avec des lettres. Le jour nommé *Pim-chin*, *Hou-*

tou-kouen fut envoyé en ambassade aux *Leao*. Plusieurs hordes se rendirent à la premiere instance qui leur en fut faite. Dans la huitieme lune, *Hou-tou-kouen* revint de son ambassade. *Ye-lu-nou-kho* & les autres revinrent aussi avec des lettres. Dans la neuvieme lune, le jour nommé *Vou-tçe*, l'Empereur publia l'Edit suivant : „ Nous avons besoin de savants „ hommes pour écrire nos dépêches, & inventer des „ caractères. J'ordonne à tous les Officiers de mon „ Empire, de faire une exacte recherche des gens „ habiles, & d'un mérite distingué, & de les envoyer „ au plutôt à ma Cour ”. La seconde-neuvieme lune (intercallaire,) le premier jour, (il se nommoit *Kem-su*,) un grand nombre de sujets des *Leao* vinrent se rendre. *Ye-lu-nou-kho* revint avec des lettres. Dans la dixieme lune, le jour nommé *Kouei-vei*, l'Empereur créa *Tçien-hou*, c'est-à-dire en Chinois, *chefs de mille familles*, deux Chinois qui se rendirent à lui avec la ville de *Loum-hoa-tcheou*. D'autres Chinois vinrent aussi se rendre avec ceux qui leur étoient soumis ; ils furent pareillement créés *Tçien-hou*. Dans la douzieme lune, le jour nommé *Kia-tchin*, *Ye-lu-nou-kho* & les autres Ambassadeurs des *Leao* revinrent encore avec des lettres. Vingt mille bandits qui s'étoient rendus, se révolterent ; ils furent exterminés.

La troisieme année de *Thien-fou*, (1119) dans la troisieme lune, *Ye-lu-nou-kho* revint avec des lettres. Le premier jour de la quatrieme lune, nommé *Pim-tçe*, il y eut éclipse de soleil. Dans la sixieme lune, le jour nommé *Sin-mao*, l'Empereur des *Leao* envoya un de ses principaux Grands, nommé *Sii-ni-lie*, & plusieurs autres, présenter à l'Empereur de *Niou-tche* des patentes de création & un sceau Impérial. L'Empereur des *Niou-tche* raya dans les patentes quelques articles qui ne lui convenoient pas, & les renvoya. *San-tou* revint de son ambassade vers l'Empereur de Chine. *Ma-tchim* & son fils vinrent visiter l'Empereur. L'Empereur fit donner la bastonnade à *San-tou*, pour avoir reçu un titre de dignité de l'Empereur de Chine, & le lui ôta. Il renvoya une autre ambassade à l'Empereur de Chine. Dans la huitieme lune, le jour nommé *Ki-tcheou*, l'Empereur publia dans tout l'Empire les lettres nouvellement inventées à l'usage des *Niou-tche* (*). Dans la neuvieme lune, l'Empereur voyant que les Ambassadeurs des *Leao* avoient manqué au terme qu'il leur avoit marqué pour lui rapporter les patentes de création en l'état où il les vouloit, ordonna à ses armées de passer le *Hoen-thoum-kiam*, & de camper au-delà. Dans l'onzieme lune, *Sii-nie-lie* & les autres Ambassadeurs des *Leao* revinrent avec des lettres. Les Coréans rehausserent de trois pieds la grande muraille qui les séparoit du territoire de *Ho-lan-fou* (†). L'Empereur ordonna aux Commandants des garnisons de *Ho-lan*, de se tenir sur leurs gardes, & de fortifier les camps.

La quatrieme année de *Thien-fou*, (1120) dans la deuxieme lune, l'ambassade fut de retour de Chine. L'Empereur de Chine envoya des Ambassadeurs pour traiter des pays de la Chine qui dépendoient de la Cour du milieu & de la Cour d'Occident des *Leao*. Dans la troisieme lune, le jour nommé *Kia-tchin*, l'Empereur tint ce discours à tous ses Officiers : „ Les „ *Leao*, par tant d'ambassades & de vains propos, „ ne cherchent qu'à gagner du temps, & à ralentir „ notre ardeur, pour tâcher de réparer leurs pertes, „ Il faut songer sérieusement à les pousser à bout ”. Il ordonna qu'on préparât des armes & des munitions, & qu'ensuite on lui en apportât les rôles. Le jour nommé *Sin-yeou*, l'Empereur parla au Général de *Hien-tcheou*, en ces termes : „ Moi, Empereur, voyant „ que la paix ne peut se conclure avec les *Leao*, j'ai

---

„ réfolu de marcher contre eux le vingt-cinquieme
„ de la quatrieme lune. Ainfi, vous ordonnerez à *Sie-*
„ *kha* de laiffer mille hommes à la garde de *Tou-*
„ *mou*, & de me venir joindre avec le refte de fes
„ troupes fur les bords du *Hoen-ho* ". *Sii-ni-lie* revint encore avec des lettres. Dans la quatrieme lune,
le jour nommé *Yen-vei*, l'Empereur partit pour aller faire la guerre en perfonne aux *Leao*. Il mena avec
lui les Ambaffadeurs des *Leao* & de la Chine. Dans
la cinquieme lune, le jour nommé *Gin-tçe*, l'Empereur parut devant *Cham-kim*, c'eft-à-dire, la *fuprême
Cour* des *Leao*. Il publia cet édit au peuple & aux
Officiers de la ville : „ Le Seigneur des *Leao* s'eft
écarté du droit chemin, les Dieux & les hommes
ont une égale averfion pour lui. Depuis que moi,
Empereur, j'ai pris les armes, je me fuis fait une loi
inviolable, de forcer tout ce qui réfifte, & de recevoir avec bonté ceux qui fe foumettent; & à propos que vous le fachiez. Votre Empereur, à la vérité, traite de paix avec moi, mais fon inconftance perpétuelle découvre fa fupercherie, & fait voir qu'il
fonge à me tromper. Pour moi, je ne puis plus fouffrir de voir que les peuples de l'univers foient foulés
aux pieds; c'eft ce qui m'a fait prendre une ferme réfolution de continuer la guerre. Je vous ai envoyé
Tçoum-hioum & plufieurs autres fucceffivement, pour
vous inftruire de mes intentions; vous avez rejetté leurs
confeils. Préfentement fi je vous attaque, votre ville
fera forcée. Comme la guerre que je fais eft jufte, elle
eft accompagnée de compaffion & de clémence, &
je n'ai point envie de faccager. C'eft pourquoi je vous
avertis férieufement de faire attention aux malheurs
dont votre obftination pourra être fuivie ". Les habitants fe fiant fur la force de leur garnifon, & fur l'a-
bondance de leurs magafins, fe défendoient vigoureufement. Le jour nommé *Kia-yn*, l'Empereur ordonna qu'on tînt tout prêt pour donner un affaut général, & dit ces paroles aux Ambaffadeurs *Leao* &
Chinois : „ Vous allez être témoins de quelle ma-
„ niere je vais faire la guerre, & par-là vous pour-
„ rez connoître quel parti vous avez à fuivre ". A l'inftant l'Empereur s'avance fous les murailles de la ville,
& fait donner le fignal. En même-temps l'armée donna
au bruit des tambours, & pouffant des cris effroyables.
L'attaque dura depuis le lever du foleil jufqu'à dix
heures du matin, que *Tou-mou*, avec les gens de fa
banniere, gagna le haut des murailles de la ville extérieure, qui en même-temps fut prife. *Ta-hou-ye*,
Vice-Empereur de *Cham-kim*, rendit auffi-tôt la ville
intérieure. *Tchao-leam-fé*, chef de l'ambaffade Chinoife, & tous les autres Ambaffadeurs préfenterent
une coupe pleine de vin à l'Empereur, pour lui fouhaiter une longue vie, & lui donnerent le titre de
Van-foui; ce qui fignifie *dix mille ans* en Chinois, &
eft un fouhait propre pour le feul Empereur de Chine.
Ce même jour, l'Empereur pardonna à tous les habitants, tant au peuple qu'aux Officiers. Il envoya folliciter le Lieutenant-Général des *Leao*, nommé *Yu-
tou*, de fe rendre. Le jour nommé *Gin-fu*, l'armée
s'avança dans le pays ennemi, & campa fur la riviere
de *Ouo-he*. *Tçoum-kan*, à la tête de tous les Officiers,
fit à l'Empereur la remontrance fuivante : „ Nous
„ fommes éloignés de notre pays; les chaleurs font
„ extrêmes; nos foldats & nos chevaux font très-fati-
„ gués. Si nous entrons plus avant dans le pays en-
„ nemi, les vivres & les fourrages nous manqueront.
„ Nous craignons donc que dans la fuite nous n'ayons
„ de la peine à nous retirer ". L'Empereur fuivit leur
avis, & ramena l'armée. Il en tira un détachement
pour aller faire le fiege de *Kim-tcheou*. Cependant
Yu-tou, Lieutenant-Général des *Leao*, furprit *Tou-
mou* fur le bord de la riviere de *Leao*; mais il fut
battu, & repouffé. *Ouan-nien-tche-hou* fut tué dans
le combat; (il étoit de la famille de l'Empereur.)
Dans la feptieme lune, le jour nommé *Kousi-mao*,

l'Empereur fut de retour de fon expédition. Dans la
neuvieme lune, l'horde de la riviere de *Tcho-ouei* fe
révolta, & tua fes Officiers *Niou-tche*. Le premier
jour de la dixieme lune, nommé *Vou-tchin*, le foleil
s'éclipfa. Le jour nommé *Vou-yn*, l'Empereur fit marcher une armée contre *Che-li-kou-ta*, auteur de la
révolte. Dans la douzieme lune, l'Empereur de Chine
envoya une feconde fois *Ma-tchim*, demander la Cour
Occidentale des *Leao* & fes dépendances, (c'eft-à-
dire la Province de *Chanfi* & autres pays.)
　　La cinquieme année de *Thien-fou*, (1121) *Oua-
lou* défit en bataille rangée le rebelle *Che-li-kou-ta*;
après quoi il fe contenta de faire mourir quatre des
chefs, & pardonna à tout le refte. Le premier jour de
la quatrieme lune, nommé *Yi-tcheou*, *Tçoum-kan* demanda à l'Empereur la continuation de la guerre contre les *Leao*. L'Empereur ordonna qu'on tînt tout
prêt pour l'expédition. Dans la cinquieme lune, *Yu-
tou* & plufieurs autres Officiers *Leao* vinrent fe rendre.
La feconde-cinquieme lune, (intercallaire) *Sa-khai*
mourut. Dans l'onzieme lune, le jour nommé *Kia-
tchin*, l'Empereur publia cet édit : „ Le gouverne-
„ ment des *Leao* eft dans le dernier déréglement; ils
„ font abandonnés des Dieux & des hommes. Pré-
„ fentement je veux réduire le dedans & le dehors,
„ (c'eft-à-dire tout) fous une feule domination: (Et
„ s'adreffant aux Généraux qu'il venoit de nommer :)
„ c'eft pourquoi je vous donne une groffe armée à
„ commander, pour aller châtier les *Leao*. Soyez at-
„ tentifs à ce qui regarde cette guerre. Choififfez &
„ exécutez les bons confeils. Récompenfez fans dif-
„ tinction, & puniffez fans égard. Ayez foin que les
„ vivres foient fournis à temps. Ne caufez aucun dé-
„ plaifir à ceux qui fe foumettent. Ne permettez pas
„ le pillage. Agiffez comme bon vous femblera, &
„ ne traînez pas la guerre en longueur. Dans toutes
„ les occafions ou l'*Epikie* aura lieu, vous n'aurez
„ que faire de me confulter ". Le jour nommé *Vou-
chin*, l'Empereur donna aux mêmes Généraux les ordres fuivants : „ Si vous prenez la Cour du milieu
„ des *Leao*, vous m'envoyerez inceffamment les ha-
„ bits de cérémonies, les inftruments de mufique, les
„ chartes, les livres & les rôles de l'Empire des *Leao* ".
　　La fixieme année de *Thieu-fou*, (1122) dans la
premiere lune, le jour nommé *Kouei-yeou*, le Généraliffime des *Niou-tche*, nommé *Kao*, prit les villes
de *Kao*, de *Ghen* & de *Hoei-he*. Le jour nommé
Yi-hai, il tira droit à *Tchoum-kim*, (c'eft le *Pe-kim*
d'aujourd'hui,) & chemin faifant, il obligea la ville
de *Tçée-tcheou* à fe rendre. Le premier jour de la feconde lune, nommé *Kem-yn*, le foleil s'éclipfa. Le
jour nommé *Ki-hai*, *Tçoum-kan* & autres Généraux
défirent auprès de la ville de *Pe-ghan-tcheou*, dans
une bataille rangée, le Roi des *Hii*, fujet des *Leao*,
nommé *Hia-mo*; les *Hii* fe foumirent avec lui. Le
jour nommé *Gin-yn*, le Généraliffime *Kao* donna avis
à l'Empereur, par un exprès, de la victoire que l'armée venoit de remporter, & lui offrit les plus précieufes dépouilles. L'Empereur leur envoya cet édit:
„ Vous êtes allés porter la guerre au-dehors; vous
„ vous montrez en tous lieux, capables des charges
„ que je vous ai confiées. Après la prife des villes,
„ vous en traitez les habitants avec clémence. Moi,
„ Empereur, je ne puis affez louer votre conduite.
„ Quant à ce que vous me dites que vous avez féparé
„ vos troupes, pour aller foumettre les *Hii*, & qu'en
„ effet ils fe font foumis, c'eft une chofe faite. Vous
„ me mandez par un autre courier que vous ne pou-
„ vez point avancer, & qu'il faut attendre l'automne.
„ Examinez bien ce point; & fi la chofe vous paroît
„ néceffaire, faites-la, à la bonne heure. Si vous avez
„ befoin d'un renfort de troupes, marquez-en le nom-
„ bre, & envoyez-le-moi inceffamment; mais ne vous
„ repofez pas fur le gain d'une bataille, & ne vous
„ abandonnez pas pour cela à la pareffe & au relâche-

„ ment. Ayez grand foin de bien traiter ceux qui
„ viennent de fe foumettre. Faites connoître mes in-
„ tentions fur cela à mon armée ".

„ *Tçoum-kan* s'arrêta à *Pe-ghan-tcheou*, d'où il envoya *Hi-yn* & autres Officiers, faire le dégât dans le
pays ennemi. Ils prirent *Ye-lu-fi-ni-lie*, Commandant
dans les gardes de l'Empereur des *Leao*. On fut de
lui que fon maître étoit à la chaffe fur l'étang de *Yuen-
gbam* ou des farcelles ; qu'il venoit de faire mourir
par jaloufie, fur de fauffes délations, le Roi de *Tçin*
fon fils, déclaré héritier de fon Empire, Prince accompli, & fur lequel étoient fondées toutes les efpe-
rances des *Leao* ; ce qui avoit achevé d'aliéner de lui
tous les efprits ; qu'au refte, quoiqu'il eût encore avec
lui toutes les troupes du Nord-Oueft & du Sud-Oueft
de fon Empire, elles étoient auffi mauvaifes que nombreufes. A l'inftant, *Tçoum-kan* dépêcha plufieurs
Officiers vers l'Empereur, pour lui porter ces nouvelles. En même-temps le Généraliffime *Kao* fit avancer
l'armée des *Niou-tche*, pour aller furprendre l'Empereur des *Leao*. Dans la troifieme lune, le Généraliffime *Kao* paffa le mont *Tçim-lim*, & arriva à l'é-
tang de *Pe-choui* : (c'eft apparemment *Tcham-khan-
noor*, c'eft-à-dire, en Tartare, le *Lac blanc*; car *Pe-
choui* en Chinois fignifie *blanche eau*.) Le Général
Tçoum-kan paffa de fon côté le mont *Piao-lim*; &
les deux corps d'armée tirerent droit à l'étang des farcelles, pour atteindre l'Empereur des *Leao*. Celui-ci
l'ayant appris, prit la fuite, & fe retira dans *Se-kim*,
c'eft-à-dire, dans fa *Cour Occidentale* : (c'étoit *Tha-
thoum-fou*, ville de la Province de *Chanfi*.) *Tçoum-
kan* le pourfuivit jufqu'au Lac blanc, fans pouvoir
l'atteindre ; mais il enleva fes bagages & tout ce qu'il
avoit de plus précieux. Le jour nommé *Ki-ffe*, l'armée de *Tçoum-kan* arriva à la Cour Occidentale. Le
jour nommé *Gin-chin*, (c'eft-à-dire, trois jours
après,) la Cour Occidentale fe rendit aux *Niou-tche*,
& *Hi-yn* pourfuivit vivement l'Empereur des *Leao*
jufqu'à l'horde des *Yi-che*; il ne put le joindre. Le
jour nommé *Yi-hai*, la Cour Occidentale fe révolta
contre les *Niou-tche*.

Pendant cette lune, *Ye-lu-nie-li*, Roi des Royaumes de *Tçin* & de *Tçin*, fut proclamé Empereur des
Leao à *Yen-kim*, c'eft-à-dire, en Chinois, la *Cour de
Yen*, ou bien *Tchoum-kim*, qui fignifie la *Cour du
milieu* : (c'eft le *Pe-kim* d'aujourd'hui.) Dans la quatrieme lune, le jour nommé *Sin-mao*, le *Si-kim*, ou
la Cour Occidentale, fut reprife par les *Niou-tche*.
Le jour nommé *Gin-tchin*, l'Empereur des *Niou-tche*
envoya des Ambaffadeurs à l'Empereur des *Soum*, ou
des Chinois méridionaux. Le jour nommé *Vou-fu*,
le Généraliffime *Kao* partit de la Cour Occidentale,
& vint à grandes journées au Lac blanc. Il envoya
un détachement de fon armée, commandé par *Ou-po*,
pour aller furprendre l'horde des *Pii-che*. Le lendemain *Ou-po* les furprit ; mais une partie du détachement fut défaite par les *Pii-che*. Au retour, ce même
détachement fe réunit avec le corps d'armée, qui étoit
fous le commandement de *Tcha-la*. Ces deux corps
réunis pourfuivirent l'ennemi jufqu'à la riviere de
Hoam-choui, où ils le défirent entiérement. *Ye-lu-
tan*, (Prince *Leao*) affembla toutes les hordes du
Sud-Oueft ; & prenant fa route vers l'Occident, il
marcha vers le Septentrion de la Province de *Chanfi*.
Un de fes principaux Officiers, nommé *Ye-lu-fou-tim*,
fe rendit aux *Niou-tche*. Pareillement deux hordes
Tartares, & plus de quatre mille Chinois fe révolterent contre les *Leao*. *Ya-lu-tan* les furprit & les ramena. Cependant *Tou-mou* & *Leou-che* foumirent aux
Niou-tche plufieurs villes confidérables de Chine, &
reprirent *Affo*, (le principal prétexte de la guerre.)

Quoique toutes les villes de la Province de *Chanfi*
euffent été affujetties par les *Niou-tche*, les cœurs des
habitants ne leur étoient pourtant pas encore attachés.
L'Empereur des *Leao* fe fortifia dans les monts *Yn-*

chan, (c'eft une chaîne de montagnes dans la Tartarie, fort près des Provinces de *Chenfi* & de *Chanfi*,)
& *Ye-lu-nie-li* régnoit dans la Cour du milieu. Le
Généraliffime *Kao* dépêcha *Tçoum-vam* à l'Empereur,
pour le prier de venir en perfonne commander fes
armées. Dans la cinquieme lune, le jour nommé *Sin-
yeou*, l'Empereur apprit de la bouche de *Tçoum-vam*,
les nouvelles de tant de victoires. Tous les Officiers
de fon Empire vinrent l'en féliciter. Il leur fit un feftin qui fe paffa dans toute la joie poffible. Auparavant
les *Niou-tche* avoient pris *Te-li-thi*, Préfident du
Confeil de guerre des *Leao*, le *Tçie-tou-ffe*, nommé
Ho-tcham, & plufieurs autres Officiers *Leao*. Le Généraliffime *Kao* les remit à *A-lin* pour les efcorter &
les conduire à l'Empereur. *Te-li-thi* fe fauva en chemin. *A-lin* fut trouvé coupable, & porta la peine de
fa faute. *Ye-lu-nie-li* envoya des Ambaffadeurs pour
demander une trêve. Le jour nommé *Vou-yn*, l'Empereur dépêcha *Yam-nien* vers *Ye-lu-nie-li*, avec des
lettres par lefquelles il l'exhortoit à fe rendre. Le
premier jour de la fixieme lune, nommé *Vou-tçe*,
l'Empereur partit de fa Cour, pour venir commander fes armées. Il confia le gouvernement de fon Empire à *Ou-ki-mai*, fon cadet. Le jour nommé *Sin-
hai*, l'Empereur envoya les ordres fuivants à *Cham-
kim*, (c'eft-à-dire à la fuprême Cour des *Leao*, qui
étoit en fa puiffance :) „ Moi, Empereur, me fou-
„ mettant aux ordres du Ciel, je fais la guerre avec
„ clémence. Je me fuis déja rendu maître de trois
„ Cours des *Leao*, mais n'ayant pas encore l'Em-
„ pereur des *Leao* en ma puiffance, il ne m'eft pas
„ permis de mettre fin à la guerre. Préfentement je
„ marche en perfonne, & je dois paffer par la Pro-
„ vince dont *Cham-kim* eft la capitale. Je crains que
„ fes habitants, à qui j'ai procuré la paix & le re-
„ pos, ne prennent l'allarme en apprenant ma mar-
„ che, & n'abandonnent leurs maifons. Pour les raf-
„ furer, je donne une ammiftie générale à tous ceux
„ qui, ayant fuivi la révolte de *Tou-mi-lu* qui s'étoit
„ rendu à moi, fe font enfuis, & fe font fortifiés dans
„ des lieux inacceffibles, pourvu qu'ils reviennent &
„ fe faffent enrégiftrer. Que s'ils perfiftent dans la ré-
„ volte, je les exterminerai, fans pitié, eux & leurs
„ familles ".

Durant ce mois, *Ye-lu-nie-li*, nouvel Empereur
des *Leao*, mourut. *Oua-lou* & *Leou-che* défirent l'armée des *Hia*, dans la vallée de *Ye-kou* ; ils tenoient
pour les *Leao* dans la Province de *Chenfi*. Dans la
feptieme lune, le jour nommé *Kie-tçe*, l'Empereur
envoya des ordres à fes armées, par lefquels il défendoit à tous les Officiers d'interrompre leur fervice,
& de s'écarter fans venir le recevoir. Le jour nommé
Ye-tcheou, le Chinois nommé *Mao-pa-che*, qui demeuroit dans la Province de la Cour fuprême des
Leao, vint fe rendre avec quatre mille familles ; l'Empereur lui en accorda le commandement. Le jour
nommé *Pim-yn*, il créa *Ouo-ta-la*, Chef de huit
mille familles, pour avoir engagé beaucoup de monde
à fe rendre volontairement. Il lui donna *Hou-fie* pour
Lieutenant. Le jour nommé *Gin-ou*, le Général *Hi-yn*
préfenta *Affo*, (qui avoit été pris,) à l'Empereur,
qui lui fit donner la baftonnade, & le remit en liberté.
Dans la huitieme lune, le jour nommé *Ki-tcheou*,
l'Empereur arriva au Lac blanc. Le Généraliffime *Kao*
vint le faluer à la tête de tous les Officiers de l'armée.
Le jour nommé *Kouei-ffe*, l'Empereur commença à
pourfuivre l'Empereur des *Leao*. Il arriva à l'étang,
nommé *Tha-yu*, c'eft-à-dire, en Chinois, du *grand
poiffon*. Le lendemain *Tçoum-vam* atteignit l'Empereur des *Leao* à *Che-nien-tho*, où il lui livra bataille,
& le mit en déroute. L'Empereur des *Leao* prit la
fuite. Le jour nommé *Ki-hai*, l'empereur arriva au
Septentrion de *Kiu-yen* ; (tous ces pays font dans la
Tartarie, au Septentrion de la Province de *Pe-kim*
ou *Pe-tche-li*.) Le jour nommé *Sin-tcheou*, *Ouan-*

nien-hoen-tchu défit près de la ville de *Kao-tcheou*, une armée de soixante mille hommes, tant *Hii*, que *Khitan* ou *Leao*, & Chinois. Le *Po-kin*, nommé *Ma-kii*, fut tué dans le combat. L'horde de *Li-te-man* se soumit aux *Niou-tche* victorieux. Le Lendemain, *Tçoum-vam* poursuivit l'Empereur de *Leao*, jusqu'à *Ou-li-tche-tho*, sans le pouvoir joindre. Dans la neuvieme lune, le jour nommé *Kem-chin*, l'armée campa à l'étang de *Tçao*, (ou des *herbes*, en Chinois.) *Tou-mou* pacifia tous les révoltés de la Cour du milieu, & en engagea toutes les villes de la Province qui sont sur le bord de la mer, à se rendre. Le *Tçie-tou-sse Leao*, nommé *Ye-lu-chin-sé*, vint avec toutes ses hordes se rendre aux *Niou-tche*. Le jour nommé *Ti-tcheou*, l'Empereur publia cet édit aux six hordes des *Hii* : ,, Après vous être soumis à moi, vous vous ,, êtes révoltés; vous avez porté tous les cœurs à la ,, rébellion. Un crime semblable ne mériteroit aucun ,, pardon ; mais ayant égard au peu de temps qu'il ,, y avoit que vous vous étiez assujettis, & que peut- ,, être on ne vous a pas traités avec toute la bonté ,, convenable , je vous invite encore à rentrer dans ,, le devoir. Si vous vous soumettez incessamment, ,, tout le passé vous sera pardonné, & tous vos Offi- ,, ciers seront conservés dans leurs anciens postes''. La ville de *Kouei-hoa-tcheou* se rendit. Le jour nommé *Vou-tchin*, l'Empereur vint, & campa à *Kouei-hoa-tcheou*. Le jour nommé *Kia-su*, le Général *Tçoum-hioum* mourut. Le jour nommé *Tim-tcheou*, la ville de *Foum-chim-tcheou* se rendit; elle est à trente-six lieues du *Pe-kim* d'aujourd'hui, au Sud-Ouest.

Le premier jour de la dixieme lune, nommé *Pim-su*, l'armée vint à *Foum-chim-tcheou*, où l'Empereur publia cet édit : ,, Moi, Empereur, je recommande ,, souvent à mes Officiers de pacifier les peuples, de ,, leur procurer la tranquillité, de me les attacher ,, par de bons traitements, & sur-tout de ne les pas ,, opprimer, ni fouler ; mais comme les peuples sont ,, grossiers & ne connoissent pas leur propre bien, ,, il y en a encore un grand nombre qui prend la ,, fuite, & va se cacher dans les montagnes & dans ,, les forêts. Je ne puis me résoudre à employer la ,, force des armes, pour les en tirer. Ainsi je promets ,, une amnistie générale de toutes sortes de crimes, ,, de quelque nature qu'ils puissent être, à tous, tant ,, à ceux du peuple qu'aux autres, qui se trouvant ,, dispersés par la fuite, voudront retourner, & je pro- ,, mets des Mandarinats héréditaires à ceux qui les ra- ,, meneront; s'ils sont esclaves, je leur donne la li- ,, berté. Que l'on publie par-tout cet édit, afin que ,, l'on sache mes intentions''. La ville de *Yu-tcheou* se rendit. Le jour nommé *Kem-yn*, *Yu-tou* & autres Officiers envoyerent *Tcée-tchao-yen*, *Su-him* & *Thien-khim*, Commandants de la garnison de *Ty-tcheou*, à l'Empereur, qui les honora de diverses dignités, & les exhorta à bien traiter les peuples, & à les engager à se soumettre volontairement. Le jour nommé *Tim-yeou*, les Officiers de *Yu-tcheou*, nommés *Tcée-tchao-yen*, & *Thien-khim*, tuerent le Gouverneur de la ville, & se révolterent. Le jour nommé *Pim-ou*, ils se rendirent une seconde fois. Dans l'onzieme lune, l'Empereur publia cet édit aux habitants de la Cour du milieu : ,, Mon armée Impériale pardonne tout ,, à ceux qui se soumettent, & elle laisse les Officiers ,, dans les charges où ils se trouvent''.

Dans la douzieme lune, l'Empereur décampa pour aller assiéger la Cour du milieu, ou le *Pe-kim* d'aujourd'hui. *Tçoum-vam* commandoit sept mille chevaux & lui servoit de guide. *Ti-kou-nai* prit son chemin par le col de *Te-chim-kheou*. *Yn-chu-kho* prit le sien par le passage de *Kiu-youm-kouan*. *Leou-che* commandoit l'aîle gauche, & *Po-lou-hoei* la droite. Le corps d'armée marcha droit à *Kiu-youm*, environ dix-huit lieues au Septentrion de *Pe-kim*. Le jour nommé *Tim-hai*, l'Empereur arriva & campa à *Kouei-*

tcheou. Le jour nommé *Vou-tçe*, il campa à *Kiu-youm-kouan*. Le jour nommé *Kem-yn*, le Généralissime des *Leao*, nommé *Kao-lou*, & plusieurs autres grands Officiers, vinrent présenter à l'Empereur les clefs de la Cour du milieu. L'Empereur entra par la porte du Midi dans la Cour de *Yen*, (*Yen-kim*,) ou dans la Cour du milieu (*Tchoum-kim*,) (c'est le *Pe-kim* d'aujourd'hui.) Auparavant *Yn-chu-kho* & *Leou-che* avoient rangé l'armée des *Niou-tche* en bataille sur les murailles de la ville. Lorsque l'Empereur fut prêt d'entrer, les six principaux Grands de la Cour vinrent le recevoir, le placer à la main, & se soumirent volontairement à lui. Le jour nommé *Sin-mao*, tous les Officiers *Leao* se présenterent à la porte du camp des *Niou-tche*, & frappant la terre du front, demanderent pardon à l'Empereur. L'Empereur ordonna qu'on les élargît tous, & qu'on leur donnât la liberté. Le jour nommé *Gin-tchin*, l'Empereur se transporta dans le palais de la victoire, où il reçut les compliments de tous les Officiers. Le jour nommé *Kia-ou*, l'Empereur ordonna à *Tço-khi-kouen*, & à quelques autres de ses Officiers, d'aller visiter toutes les villes de la Province, & d'en rassurer les peuples. L'Empereur envoya cet édit à la Cour d'Occident : ,, Présen- ,, tement je suis dans *Yen-tou*, (c'est le même que ,, *Yen-kim* ou *Tchoum-kim* :) tout y est assujetti & ,, tranquille. Il ne manque que la *Yen-ti*, Reine (Ré- ,, gente & femme de *Ye-lu-nie-li*, mort Empereur,) ,, qui a pris la fuite avec quelques-uns de ses Offi- ,, ciers. Je la fais poursuivre par des troupes. Si par ,, hasard elle paroît dans votre Province, vous la pren- ,, drez, & vous me l'envoyerez''. La ville de *Hoam-loum-fou* se révolta contre les *Niou-tche*. *Tçoum-fou* la reprit, & l'assujettit de nouveau.

La septieme & derniere année de *Thien-fou*, (1 1 2 3) dans la premiere lune, le jour nommé *Tim-sé*, le Roi des *Hii*, dont le nom étoit *Hoei-li-pao*, usurpa le titre de *Hoam-ti*. Le jour nommé *Kia-tçe*, le *Tçie-tou-sse Leao* de *Pim-tcheou*, nommé *Chi-li-ghai*, vint se rendre. L'Empereur, par un édit, fit grace à la ville. Le jour nommé *Kem-ou*, l'Empereur parla à *Ouo-loun*, Général de la Cour du milieu, en ces termes : ,, J'apprends, ô Grand ! que vous êtes savant ,, dans l'art de pacifier les peuples, & que sous vos ,, ordres tous jouissent tranquillement de leurs biens. ,, Moi, Empereur, je ne puis assez vous louer de ,. cela. *Hoei-li-pao*, Roi des *Hii*, amasse du monde, ,, & résiste à mes ordres. Il est de votre devoir de ,, trouver des expédients pour l'arrêter, & l'empêcher ,, de répandre plus loin son venin''. Le jour nommé *Gin-chin*, celui-ci envoya solliciter *Hoei-li-pao* à se rendre. Le jour nommé *Kouei-yeou*, l'Empereur, par le conseil de *Chi-li-ghai*, fit la même chose à l'égard des hordes des *Hii*. Le jour nommé *Ki-mao*, les Ambassadeurs de l'Empereur de Chine vinrent délibérer sur le partage des deux Cours & Provinces nouvellement conquises par les *Niou-tche*. Le jour nommé *Kem-tchin*, plusieurs villes de la Chine se rendirent. Le jour nommé *Kia-chin*, l'Empereur publia cet édit : ,, Il y a peu de temps que les villes de la Chine ,, & les hordes des Tartares sont soumises à mon Em- ,, pire. Les cœurs ne sont pas encore parfaitement ,, tranquilles. Le temps du labourage approche ; j'or- ,, donne qu'on envoye par-tout des Députés, pour ,, avertir les Commandants des troupes de tenir la ,, main à ce que les soldats ne molestent personne, ,, de crainte que le labourage n'en souffre ''. Dans la seconde lune, le premier jour nommé *Ti-yeou*, l'Empereur ordonna à *Sa-pa*, d'exhorter la ville de *Him-tchoum-fou* à se soumettre; ce qu'elle fit. Plusieurs *Tçie-tou-sse* des *Leao* vinrent pareillement se rendre, & livrer avec eux les villes de leurs dépendances. Le jour nommé *Gin-tchin*, l'Empereur tint ce discours aux Grands *Po-ki-lie* de sa Cour : ,, Toutes les villes ,, sont soumises & tranquilles. Il y a encore des peu-
,, ples

„ ples diſperſés par la fuite qui ne ſont pas ſoumis.
„ Je leur ai déja pardonné ; qu'on le leur faſſe ſavoir.
„ Les colonies que j'ai établies ont quitté leur pays
„ depuis peu ; peuvent-elles manquer de ſoupirer après
„ leur patrie ? J'ordonne aux Officiers des lieux de
„ les traiter avec une douceur & une bonté extrêmes,
„ & je prétends qu'on ne les trouble & qu'on ne les
„ moleſte en rien. Quant à ceux à qui la pauvreté
„ ôte les moyens de ſubſiſter, je veux qu'on leur four-
„ niſſe, à mes fraix, le néceſſaire ".
„ Le jour nommé *Kouei-ſſe*, l'Empereur fit l'édit
ſuivant : „ La guerre avoit interrompu les chemins,
„ & l'on ne pouvoit marcher durant les troubles. Pré-
„ ſentement que l'Univers ne compoſe plus qu'une
„ famille, ſi on continue à tenir les paſſages fermés, ce
„ ſera une grande incommodité pour le public. J'or-
„ donne que les chemins ſoient ouverts à tout le monde
„ dans le pays de *Hien-tcheou* de la Cour Orientale
„ & autres Provinces. Permis à tous ceux qui ont été
„ faits captifs dans toutes ces Provinces, ou qui ſe
„ ſont vendus eux-mêmes, de ſe racheter, & qu'ils
„ ſoient libres ". De plus, il envoya des Députés par
la voie des poſtes, publier ce même édit. *Him-tchoum-
fou* & *Y-tcheou* ſe révolterent. L'Empereur de Chine
envoya des Ambaſſadeurs, pour offrir une augmentation de tribut, à condition que la Cour du milieu lui
ſeroit rendue, & en même-temps pour régler les
confins des deux Empires, pour déterminer les cérémonies que les deux Empereurs ſe feroient réciproquement par leurs Ambaſſadeurs au premier jour de
l'an & à leur jour natal ; pour établir le commerce &
les douanes entre les deux Empires, & enfin, pour
traiter de la reſtitution que demandoit l'Empereur de
Chine, de la Cour Occidentale & de la Province qui
en dépendoit, & de divers autres points. Le jour nommé *Kouei-mao*, les Généraux *Niou-tche*, *Yn-chu-
kbo* & *Thola*, furent envoyés en ambaſſade à l'Empereur de Chine. Le jour nommé *Yi-ſſe*, l'Empereur
parla au Généraliſſime *Kao*, ſon frere, en ces termes : „ Il faut dreſſer des rôles des hommes habiles
„ qui ſe trouvent parmi les peuples nouvellement ſou-
„ mis, & les employer ". Le jour nommé *Vou-chin*,
l'Empereur ordonna aux Officiers de la ville de *Pim-
tcheou*, d'aller avec les Ambaſſadeurs Chinois marquer les limites de ſix villes & territoires qui devoient
leur être cédés dans la Province (aujourd'hui) de
Pe-kim. Le jour nommé *Kouei-tcheou*, l'Empereur
publia une amniſtie générale.

Dans cette lune, l'Empereur érigea la ville de *Pim-
tcheou*, (c'eſt aujourd'hui *Youm-pim-fou*, ville du premier ordre de la Province de *Pe-kim*,) en *Nan-kim*,
c'eſt-à-dire en *Cour du Midi*. Il créa *Tcham-kio*, Vice-
Empereur de cette Cour. Le premier jour de la troiſieme lune, nommé *Kia-yn*, l'Empereur alloit faire
punir de mort *Ghan* ; mais ſur la remontrance de *Sii-
pou-che*, il ſe contenta de lui faire donner ſoixante
& dix coups de baguette, & il le tint, comme auparavant, priſonnier dans la ville de *Thai-tcheou*. Le
jour nommé *Vou-ou*, le Généraliſſime *Kao* & autres Officiers avertirent l'Empereur, que *Ye-lu-ma-tche*, *Yu-
tou*, *Ou-che*, *Tho-la* & autres *Leao* tramoient une révolte, & qu'il falloit les prévenir inceſſamment. L'Empereur fit venir *Ya-tou* en ſa préſence, & lui parlant
avec douceur, il lui dit : „ Si moi, Empereur, j'ai
„ conquis l'Univers, je dois cela à l'union de cœur
„ & de vertu qui regne entre moi & mes ſujets ; vous
„ autres vous n'avez aucune part à un ſi grand ſuc-
„ cès. J'apprends que vous tramez une révolte. Cela
„ eſt-il vrai ? Vous avez beſoin, pour une ſi grande
„ entrepriſe, de chevaux & d'armes, je vous en fe-
„ rai fournir, & je vous engage ſur ce fait ma pa-
„ role Impériale ; mais ſi vous tombez une ſeconde
„ fois ſous ma puiſſance, n'attendez plus de moi au-
„ cun pardon ; que ſi vous voulez mettre bas l'eſprit
„ de rébellion, & demeurer attaché à mon ſervice

„ ſoyez certain que je ne vous tiendrai point pour
„ ſuſpect ". Ce diſcours fit trembler *Ya-tou* & tous
les autres conjurés, & ils ne purent rien répondre.
Il fit donner la baſtonnade à *Tho-la*, & pardonna à
tous les autres. L'Empereur de Chine envoya trois
Ambaſſadeurs avec des lettres. Dans la quatrieme lune,
le jour nommé *Tim-hai*, l'Empereur envoya deux de
ſes Généraux, pour aller ſurprendre l'Empereur des
Leao dans les monts *Yn-chan*. Le jour nommé *Gin-
tchin*, l'Empereur répondit à l'Empereur de Chine.
Auſſi-tôt après que l'Empereur ſe fut rendu maître
de *Tchoum-kim*, les *Leao* revinrent à la charge, & ſe
jetterent ſur la ville de *Foum-chim-tcheou*. L'Académicien *Ta-che*, (c'eſt *Ye-lu-ta-che*, Prince du ſang
des Empereurs *Leao*, qui fonda dans le *Kerman* la
Dynaſtie Occidentale des *Leao*, & dont nous avons
parlé ſur l'article des *Caracathaiens*) poſa ſon camp
deux lieues & demie à l'Orient de *Loum-men*. Le Généraliſſime *Ouo-lou* l'ayant appris, envoya contre lui
un détachement de ſon armée, commandé par *Tchao-
lii*, *Leou-che*, *Ma-ho-cham* & autres. Ils forcerent
Ye-lu-ta-che, & le prirent ; après quoi tout le reſte
de ſon armée ſe rendit aux *Niou-tche*.

Le jour nommé *Kouei-ſſe*, l'Empereur porta cet
édit : „ Si dans les conjonctures préſentes, on s'ar-
„ rête à me rendre compte des affaires avant que de
„ les entreprendre, on perdra du temps, & on mar-
„ quera les occaſions ; ainſi qu'on s'adreſſe au Gé-
„ néraliſſime pour l'expédition des affaires de cette
„ Province-là, & que les autres ſoient rapportées à
„ la Cour de la guerre ". *Kieou-kin* aſſembla pluſieurs de ſes *Khitan* dans la ville de *Tchoum-him-fou*,
& ſe révolta. Il fut pris, & il ſe tua lui-même. L'Empereur envoya ſous bonne eſcorte, dans le pays des
Niou-tche, les plus riches familles & les plus habiles
ouvriers de la ville de *Tcham-chim-kiun* & de la Cour
du milieu. Le jour nommé *Ki-hai*, l'Empereur vint
à la ville de *Ju-tcheou*. *Ouo-lou* & *Tgoum-vam* ſur-
prirent le ſecond Préſident des ſix Cours des *Leao* ſur
le Lac blanc, & le prirent. Ils firent en même-temps
captifs quinze Rois du ſang des Empereurs *Leao*,
qui s'étoient rendus. Ils apprirent que les bagages de
leur Empereur étoient à *Tçim-tcheoum*. Ils détache-
rent dix mille cavaliers de leur armée, avec ordre
d'aller à la ville d'*Ym-tcheou*, & dépêcherent pluſieurs
Commandants pour pourſuivre l'ennemi. *Tçoum-vam*
atteignit l'Empereur des *Leao*, & le ſurprit ; il lui
livra bataille & le défit. Il prit ſon fils Roi de *Tchao*,
& nommé *Sii-ni-lie* ; il prit auſſi le ſceau Impérial.
Dans la cinquieme lune, le jour nommé *Kia-yn*,
Tcham-kio, Chinois, Vice-Empereur de la Cour du
Midi, s'empara de la Cour, & ſe révolta. Le jour
nommé *Pim-yn*, l'Empereur arriva au mont *Hou-ye-
lim*. Le jour nommé *Ki-ſſe*, il arriva à l'étang de *Lo-
li*. *Ouo-lou* & autres Commandants lui préſenterent
le Roi de *Tchao*, *Ye-lu-ta-che*, *Ma-ju-nou* & les autres captifs, avec le ſceau Impérial. D'un autre côté,
Tçoum-tçoum lui amena le Roi de *Tçin*, le Roi de
Hiu, fils de l'Empereur des *Leao*, *Ghao-ye*, ſa fille
& pluſieurs autres. Les *Hii* furent vaincus, & leur
Roi *Hoei-li-pao* qui avoit pris le titre d'Empereur,
fut tué par les ſiens.

Le jour nommé *Gin-ou*, premier de la ſixieme lune,
l'Empereur campa ſur l'étang des Sarcelles. Dans ce
mois, *Tou-mou*, frere de l'Empereur, vainquit *Tham-
kio* dans le *Leao-toum*. Le jour nommé *Pim-chin*,
l'Empereur tomba malade, & prit la réſolution de retourner à *Cham-kim*, ou la ſuprême Cour des *Leao*.
Il nomma auparavant les Officiers Généraux de ſon
armée, & laiſſa des garniſons ſur les frontieres. Le
jour nommé *Ki-yeou*, il fit appeller ſon frere *Ou-hi-
mai*. Dans la ſeptieme lune, le jour nommé *Sin-yeou*,
il campa au mont *Nieou-cham*. Le premier jour de
la huitieme lune, nommé *Sin-ſe*, il y eut une éclipſe
de ſoleil. Le jour nommé *Yi-vei*, l'Empereur arriva

à la riviere de *Hoen-ho*, au Nord de laquelle il campa. *Ou-ki-mai*, accompagné des Princes du fang & de tous les Officiers de la Cour, vint l'y trouver. Le jour nommé *Vou-chin*, l'Empereur mourut fur les bords de l'étang de *Pou-tou*, dans le palais de paffage, qui y étoit; il vécut cinquante-fix ans.

Dans la neuvieme lune, le jour nommé *Kouei-tcheou*, le corps arriva à la fuprême Cour. Le jour nommé *Yi-mao*, il fut enterré au Sud-Oueft de fon palais, dans le palais nommé *Nim-chin-tien*, c'eft-à-dire en Chinois, la *falle qui appaife les mânes*. Le jour nommé *Pim-tchin* le frere de pere & de mere de *Thai-tçau* fut proclamé Empereur; fon nom *Niou-tche* étoit *Ou-ki-mai*. On conféra au mort, pour fon titre d'apothéofe, le titre de *Thai-tçau*, c'eft-à-dire en Chinois *très-grand aïeul*. On lui fit ériger un *Miao*, ou *Temple*, dans la Cour Occidentale : (c'étoit la ville de *Thai-thoum-fou*, dans la Province de *Chanfi*.) Dans la fuite, on tranfporta fon corps dans un autre tombeau. On érigea à la gloire de fon nom un monument avec une infcription, hors la ville de *Pe-kim* d'aujourd'hui, vers le Midi, dans l'endroit où il avoit autrefois campé. Long-temps après, fon corps fut encore une fois transféré dans un autre tombeau.

SENTIMENT des HISTORIENS.

Thai-tçau fut doué de qualités admirables. Il fut homme de tête, d'intelligence & de confeil ; rien n'échappoit à la pénétration de fon efprit. Il avoit une grandeur d'ame extraordinaire. Il étoit favant dans l'art de fe fervir des hommes qu'il connoiffoit parfaitement, & qu'il employoit volontiers. *Che-tçau*, fon pere, couvoit dans fon cœur le deffein de ravir l'Empire aux *Leao* ; ce qui l'obligea de faire paffer le commandement de fa nation après lui à trois de fes cadets, & après eux au frere aîné de *Thai-tçaus* afin qu'il pût tomber entre les mains de *Thai-tçau* même. Etant au lit de la mort, il recommanda *Thai-tçau* à *Mou-tçoum*; ainfi il avoit formé ce deffein, depuis long-temps. *Thai-tçau*, après avoir pris la Cour Orientale des *Leao*, abrogea leurs loix, & diminua les tributs. Il introduifit, en leur place, les ordonnances & les coutumes de fes ancêtres. Il obligea l'Empereur des *Leao* à devenir fugitif & vagabond. Il força l'Empereur de la Chine de lui payer un tribut annuel, & en cette confidération, il lui céda fix grands territoires & autant de villes, dont l'une étoit la Cour de *Tchoumkim*. Il établit la Cour du Sud dans la ville de *Pimtcheou*. Après fa mort, les Chinois ne purent garder ces villes, & l'Empereur des *Leao* fut pris vif. Quoique tous ces grands fuccès doivent s'attribuer à des occafions que le Ciel avoit ménagées, cependant le plan de ce grand deffein & l'exécution de tant de grandes entreprifes qui l'ont fait réuffir font dus à la capacité de *Thai-tçau*, comme à fa caufe originale. Si donc la Dynaftie des *Kin* a poffédé un fi vafte Empire durant cent dix-neuf ans, cela vient de ce que rien n'échappoit à la prudence de *Thai-tçau*, & que rien auffi ne réfiftoit à la force de fes armes. Il a fondé un grand Empire; il l'a tranfmis à fes fucceffeurs. O l'admirable vaillance !

THAI-TÇOUM.

Thai-tçoum eut pour nom propre, en fa langue nationale, *Ou-ki-mai*. Il prit enfuite le nom propre Chinois de *Chim*. Il étoit le quatrieme fils de *Che-tçou*, & le deuxieme de *Na-lan*, feconde femme de *Che-tçou*; ainfi il étoit frere cadet de pere & de mere de *Thai-tçau*. Il naquit l'an de grace 1075, nommé *Yi-mao*. D'abord il fut adopté par *Mou-tçoum*. L'an 1116, il fut créé *Amban-po-ki-lie*, c'eft-à-dire, *grand Po-ki-lie* ou Gouverneur, par *Agoutha*, fon frere, qui, la même année, s'étoit fait proclamer *Thou-po-ki-lie*,

c'eft-à-dire, *Roi* ou *Gouverneur abfolu de toute fa nation*. *Agoutha* lui laiffoit le gouvernement de fes Etats, toutes les fois qu'il quittoit fa capitale pour aller faire la guerre, & il lui donnoit le pouvoir abfolu fur tout. Le jour de la neuvieme lune, nommé *Ki-vei*, *Thai-tçoum* facrifia au Ciel & à la terre, pour les avertir & les remercier de fon avénement à la Couronne. Le jour nommé *Pim-chin*, il publia une aminiftie générale, & changea le titre des années, ordonnant que la feptieme *Thien-fou* feroit nommée la premiere de *Ta-hoei*, c'eft-à-dire en Chinois, de la grande conjonction ou rencontre.

La premiere année de *Ta-hoei* (1123,) dans la dixieme lune, le jour nommé *Ki-hai*, les Bonzes *Ho-cham* de la pagode nommée *Khim-yuen-fé*, offrirent à l'Empereur des os de leur *Fo*, auteur de leur Religion; l'Empereur les rebuta. *Thou-mou* fut entiérement défait par *Tcham-kio* révolté. Dans l'onzieme lune, le jour nommé *Gin-tçe*, l'Empereur envoya *Tçoum-vam* faire le procès à *Thou-mou*, & prendre le commandement de l'armée, pour aller tirer vengeance de *Tcham-kio*. Le jour nommé *Kouei-hai*, l'armée de *Thou-mou*, commandée par *Tçoum-vam*, partit de *Kouam-nim*; elle réduifit toutes les villes de *Po-hai*. L'Empereur ordonna au Vice-Empereur de la Cour du Midi, de céder aux Chinois les deux villes de *Vou-tcheou* & de *Sou-tcheou*, avec leurs territoires. Le jour nommé *Kem-ou*, le rebelle *Tcham-kio* donna bataille à *Tçoum-vam*, à l'Orient de la Cour du Midi. Il fut entiérement défait, & il s'enfuit dans l'Empire de Chine. Les habitans de la Cour prirent fon pere & deux de fes fils. Ils les amenerent à *Tçoum-vam*, qui les fit mourir à la tête de fon armée. Le jour nommé *Gin-chin*, *Tcham-tchoum-fé* & *Tcham-chun-kou* rendirent la Cour du Midi. Les habitans tuerent les Députés *Niou-tche* qui y étoient entrés, & fe rebellerent une feconde fois. Le jour nommé *Ki-mao*, l'Empereur permit à tous les *Niou-tche* qui s'étoient donnés aux *Leao*, de revenir en toute fûreté.

La feconde année de *Ta-hoei* (*) (1124,) le premier jour de la premiere lune, nommé *Kem-fu*, on affembla un Confeil général pour régler la forme du Gouvernement. Le jour nommé *Gin-tçe*, l'Empereur ordonna les récompenfes dues à *Tçoum-vam*, & à tous ceux qui avoient pris la Cour du milieu des *Leao*. Il pardonna à *Thou-mou* la faute de fa défaite. Le jour nommé *Kouei-hai*, l'Empereur remit la moitié des tributs & des péages à la Province de la Cour Occidentale des *Leao*, à caufe des ftérilités continues. Le jour nommé *Kia-fu*, les Généraux *Tçoum-han* & *Tçoum-vam* fupplierent l'Empereur de ne rien céder aux Chinois de la Province de *Chanfi* : ,, Ce feroit „ s'oppofer aux ordres de *Thai-tçau*, repartit l'Empereur : qu'on leur cede inceffamment ce qu'il leur „ avoit promis ''.

Le Roi de *Hia* préfenta un placet, & fe foumit. On lui accorda une grande étendue de pays pour augmenter fon Royaume. Le jour nommé *Pim-tçe*, l'Empereur demanda à l'Empereur de Chine qu'il lui renvoyât les fugitifs. Le jour nommé *Tim-tcheou*, l'Empereur alla pour la premiere fois de fa Cour à celle du Midi. Il établit fur le chemin des poftes de cinq lieues en cinq lieues. Dans la feconde lune, l'Empereur fit une loi, par laquelle il condamnoit à mort tous ceux qui profaneroient les tombeaux des *Leao*. Dans la troifieme lune, le jour nommé *Ki-yeou*, il ordonna au Prince Généraliffime *Tçoum-vam*, de diftribuer à fes troupes le tribut des Chinois, à proportion des bons fervices d'un chacun. Dans la cinquieme lune, le jour nommé *Yi-ffe*, on fit ce rapport à l'Empereur: ,, La coutume eft qu'on envoye tous les ans „ pêcher des Chiens de mer, & prendre des Ger-

---

(*) Le Copifte Indien a mis ici & dans la fuite *Thien-hoei* ; il paroit que c'eft une faute.

„ fauts fur les côtes de la Corée; nous y avons en-
„ voyé deux petits vaiſſeaux : les Coréans font venus
„ avec quatorze grands navires, ils les ont attaqués,
„ & ont tout tué. Il n'eſt pas à propos, répondit l'Em-
„ pereur, de faire une guerre pour un ſi petit ſujet,
„ à l'avenir qu'on n'y aille point fans ordre ". *Tou-
mou* força la Cour du Midi, & la reprit. Le jour
nommé *Gin-tchin*, on rapporta à l'Empereur que la
Corée recevoit les fugitifs & les rebelles; qu'elle for-
tifioit les frontieres, qu'ainſi elle avoit quelques mauvais deſſeins. „ Si la Corée, dit-il, reçoit les fugitifs
„ de mon Empire, & ne les renvoye pas, elle ſe
„ met dans ſon tort. Nonobſtant cela, qu'on reçoive
„ ſes Ambaſſadeurs à l'ordinaire. Si elle attaque la
„ premiere, que mes garniſons ſe défendent; que ſi
„ quelques-uns des miens commencent à l'attaquer,
„ quelque avantage qu'ils puiſſent remporter, qu'ils
„ comptent qu'ils feront châtiés ". Dans la dixieme
lune, *Ouo-lou* avertit l'Empereur que *Ta-bou-ye*, qui
étoit *Tçiam-ouen* ou Commandant d'horde parmi les
Leao, étoit venu ſe rendre, & avoit rapporté que *Ye-
lu-ta-che*, (fondateur de l'Empire des *Leao* dans le
Kerman,) avoit pris de ſa propre autorité le titre de
Roi; que l'Empereur des *Leao* n'avoit plus que quatre mille familles à ſa ſuite, & que ſon armée n'étoit
compoſée que d'un peu plus de dix mille hommes,
tant infanterie que cavalerie, & que ſon deſſein étoit
d'aller à la ville de *Thien-te*, pour ſe retrancher dans
la vallée de *Yu-tou*. L'Empereur ordonna qu'on pour-
ſuivît inceſſamment l'Empereur des *Leao*; quant à
Ye-lu-ta-che, qu'on attendît de nouveaux couriers.

La troiſieme année de *Ta-hoei* (1125,) dans la
ſeconde lune, le jour nommé *Gin-ſu*, le Général
Leou-che prit l'Empereur des *Leao* dans la vallée de
Yu-tou. L'Empereur des *Leao*, (dit ſa propre Hiſtoire,) n'avoit plus qu'environ mille à douze cents
cavaliers avec lui. Il traînoit à ſa ſuite une infinité de
choſes précieuſes, & entr'autres une idole d'or de
ſeize pieds de haut. Il abandonna tout cela pour fuir
plus vîte; mais *Leou-che* lui ayant coupé le chemin,
& l'ayant arrêté, deſcendit de cheval, & ſe mettant
à genoux devant lui, il lui préſenta une taſſe pleine
de vin, après quoi, il ſe ſaiſit de ſa perſonne. Dans
la huitieme lune, le jour nommé *Kouei-mao*, le Général *Ouo-lou* préſenta à l'Empereur dans ſa Cour
l'Empereur des *Leao* captif. Le jour nommé *Kia-
tchin*, l'Empereur avertit *Thai-tçau* de ce ſuccès,
par des ſacrifices qu'il lui fit dans ſon *Miao*. Le jour
nommé *Pim-ou*, l'Empereur fit venir en ſa préſence
Ye-lu-ven-hii, Empereur des *Leao* captif. L'Empereur le créa Roi de *Hai-pin*, ou de la côte de la
mer. Le jour nommé *Gin-tçe*, l'Empereur ordonna
qu'on tînt tout prêt, pour faire la guerre aux Chinois. Dans la dixieme lune, le jour nommé *Kia-tchin*,
l'Empereur créa les Officiers généraux de l'armée qui
devoit marcher contre la Chine. *Kao* en fut fait le
Généraliſſime. L'Empereur ordonna qu'on dédiât un
Miao ou Temple à *Thai-tçau*, dans la Cour Occidentale, (la ville de *Tha-thoum-fou*.) Dans la douzieme lune, le jour nommé *Kem-tçe*, le Lieutenant
Généraliſſime *Tçoum-han* prit la ville de *So-tcheou*.
Le jour nommé *Kia-tchin*, le Général *Tçoum-vam*
livra bataille aux Chinois à *Pe-ho*, & les défit entiérement. *Pou-hien* les mit pareillement en déroute
dans le col de *Kou-pe*. *Kouo-yo-ſſe*, Général des Chinois, ſe rendit. Par-là toute la Province de *Yen*, (aujourd'hui *Pe-kim*,) fut aſſujettie. Le jour nommé
Vou-ou, le Lieutenant Généraliſſime *Tçoum-han* aſſié-
gea *Thai-yuen*, capitale de la Province de *Chanſi*.
Ye-lu-yu-tou, Sous-Lieutenant-Généraliſſime, défit le
ſecours Chinois. Le jour nommé *Kia-tçe*, le Général
Tçoum-vam força la ville de *Sin-te-fou*.

La quatrieme année de *Ta-hoei* (1126,) dans la
premiere lune, le jour nommé *Ki-ſſe*, l'armée des
Niou-tche, après pluſieurs victoires & priſes de villes,

paſſa le fleuve *Hoam-ho*. Le jour nommé *Kem-ou*,
elle prit la ville de *Hoa-tcheou*. Le Général *Tçoum-
vam* envoya des Députés à *Pien*, (capitale alors de
l'Empire Chinois, ſituée ſur le *Hoam-ho*,) demander
à l'Empereur Chinois la tête de ceux qui lui avoient
conſeillé d'enfreindre les traités. Le pere de l'Empereur Chinois, qui s'étoit dépoſé, prit la fuite. Le
jour nommé *Kouel-yeou*, toutes les armées ſe joighi-
rent devant *Pien*, & en formerent le ſiege. Le jour
nommé *Kia-ſu*, l'Empereur de Chine envoya demander pardon & la paix. Le Général *Tçoum-vam* y con-
ſentit, à condition que les Chinois lui livreroient les
trois Provinces où étoient leurs garniſons; qu'ils aug-
menteroient leur tribut, & que les Empereurs Chinois, dans leurs lettres, ſe nommeroient neveux. Les
Chinois donnerent en ôtage le Roi *Kam*, ſurnommé
Keou, & un Officier nommé *Tcham-pam-tcham*. Le
jour nommé *Sin-ſé*, l'Empereur Chinois envoya la
formule de ſon ſerment avec la charte de ſon Empire. Il prit dans ſes lettres le titre de *Hoam-ti* des
Grands *Soum*, votre neveu, & donna à l'Empereur
des *Niou-tche* le titre de *Hoam-ti* des Grands *Kin*,
mon oncle. Le jour nommé *Kouei-vei*, le ſiege fut
levé. Le premier jour de la ſeconde lune, nommé
Tim-yeou, le Général Chinois, nommé *Yao-pim-
tchoum*, vint, à la tête de quatre cents mille hommes,
attaquer par ſurpriſe le camp du Général *Tçoum-vam*.
Il fut repouſſé & mis en déroute. Le jour nommé
Ki-hai, les *Niou-tche* recommencerent le ſiege de
Pien, capitale de l'Empire Chinois. L'Empereur
Chinois retira le Roi *Kam*, & donna en ſa place pour
ôtage le Roi de *Siao*, après quoi le ſiege fut levé.
Dans la troiſieme lune, le jour nommé *Yi-tcheou*,
après pluſieurs autres victoires, les *Niou-tche* défirent
entiérement les Chinois dans la vallée de *Si-tou*. Dans
la cinquieme lune, le jour nommé *Kouei-yeou*, les
Chinois reçurent un ſecond échec. Le premier jour
de la ſixieme lune, la Corée ſe ſoumit volontairement,
& envoya payer tribut.

Dans la huitieme lune, le jour nommé *Kem-tçe*,
l'Empereur ordonna aux deux Lieutenants-Généraliſ-
ſimes de ſes armées, *Tçoum-han* & *Tçoum-vam*, de
continuer la guerre contre les Chinois. Le jour nommé
Pim-yn, après pluſieurs défaites des Chinois, le Lieutenant-Généraliſſime *Tçoum-han* força la ville de *Thai-
yuen*; ce qui fut ſuivi de la priſe de pluſieurs villes
moins importantes. Le jour nommé *Ki-ſſe*, l'Empereur rendit le titre de Cour du milieu à la ville de
Pim-tcheou. Le jour nommé *Sin-vei*, le Général
Tçoum-vam remporta une grande victoire ſur les Chinois, qui fut ſuivie de la priſe des villes de *Thien-
ouei-kiun* & de *Tchin-tim-fou*. Dans l'onzieme lune,
le jour nommé *Kia-tçe*, après pluſieurs victoires &
priſes de villes, le Général *Tçoum-han* partit de
Thai-yuen-fou, pour aller aſſiéger *Pien*, capitale de
l'Empire Chinois. Le jour nommé *Pim-yn*, le Général *Tçoum-vam* partit de *Tchin-tim-fou* à même
deſſein. Tout plia ſous leur puiſſance, & toutes les
villes Chinoiſes ſe rendirent. Le jour nommé *Kem-
tchin*, le Général *Tçoum-vam* paſſa le *Hoam-ho*. Le
jour nommé *Pim-ſu*, il arriva devant *Pien*, après
avoir pris le même jour la ville de *Hoai-tcheou*. Le
premier jour de la ſeconde-onzieme lune, (intercallaire,) nommé *Gin-tchin*, les Chinois livrerent bataille à *Tçoum-vam*; il les mit en déroute. Le jour
nommé *Sin-yeou*, l'Empereur de Chine, nommé
Tchao-houan, ſe retira dans ſa forvereſſe. Dans la douzieme lune, le jour nommé *Kouei-hai*, l'Empereur
de Chine ſe rendit; le même jour on le ramena dans
la ville. Le jour nommé *Kem-tchin*, l'Empereur publia
un manifeſte pour exhorter les peuples au labourage.

La cinquieme année de *Ta-hoei* (1127,) le premier jour de la premiere lune, nommé *Sin-mao*, la
Corée envoya complimenter l'Empereur. Le jour
nommé *Kouei-ſſe*, les Députés de *Tçoum-han* & de

Tçoum-vam apportèrent la nouvelle de la reddition de *Pien* & de la prise de l'Empereur Chinois. On exhorta l'Empereur à créer un nouvel Empereur Chinois de la même famille ; l'Empereur n'y voulut pas consentir. Le jour nommé *Tim-sè*, le Roi des *Hoei-hou*, nommé *Ha-li-khan*, envoya son tribut par des Ambassadeurs. Dans la seconde lune, le jour nommé *Pim-yn*, l'Empereur dégrada les deux Empereurs de Chine, (pere & fils,) & les réduisit au rang du peuple. Dans la troisieme lune, le jour nommé *Tim-yeou*, l'Empereur créa un Officier Chinois, nommé *Tcham-pam-tcham*, Empereur de Chine, & lui conféra le titre de *Hoam-ti* du grand *Tçau* ; il donna des terres au Roi de *Hia*. Dans la quatrieme lune, le jour nommé *Pim-su*, l'Empereur créa de nouveaux Officiers généraux. *Tçoum-han* & *Tçoum-vam* partirent avec les deux Empereurs captifs. Le premier jour de la cinquieme lune, le Roi *Kam*, surnommé *Keou*, Prince du sang de la famille Impériale des *Tchao*, prit le titre d'Empereur de Chine dans la ville de *Kouei-te-fou*, qui, sous sa Dynastie, portoit le titre de *Nan-kim*, ou de Cour du Midi, comme *Honan-fou* celui de *Si-kim*, ou de Cour Occidentale, & *Tha-mim-fou* celui de *Pe-kim*, ou de Cour Septentrionale. Les Chinois massacrerent *Tcham-pam-tcham*. *Leou-che* soumit aux *Niou-tche* un grand nombre de villes. Dans la neuvieme lune, le jour nommé *Tim-vei*, *Tou-mou* prit la ville de *Ho-kien-fou*, & défit entiérement l'armée Chinoise ; après quoi plusieurs villes se soumirent. Dans la dixieme lune, le jour nommé *Tim-mao*, le Roi des *Hoei-hou* de *Cha-tcheou*, nommé *Ho-la-san-khan*, paya tribut. Les deux Empereurs Chinois furent envoyés de la Cour de *Yen* à la Cour du milieu pour y demeurer. Les *Niou-tche* reprirent plusieurs villes.

La sixieme année de *Ta-hoei* (1128,) dans la septieme lune, le jour nommé *Y-ssè*, les deux Empereurs Chinois réduits à la condition du peuple, furent envoyés à la suprême Cour. Le jour nommé *Tim-tcheou*, l'Empereur fit présenter à *Thai-tçau*, dans son *Miao*, les deux Empereurs revêtus d'habits simples ; après quoi il les admit en sa présence. Il créa le pere, Duc de l'extravagance, & le fils, Duc de la double extravagance. Le même jour, il avertit de cette création *Thai-tçau*, par des sacrifices qu'il lui fit dans son temple. Dans la dixieme lune, le jour nommé *Vou-yn*, l'Empereur envoya les deux Empereurs Chinois captifs dans la ville de *Han-tcheou*. (Cette année fut une suite continuelle de victoires & de prises de villes pour les *Niou-tche* ; il seroit trop ennuyeux de les marquer.)

La septieme année de *Ta-hoei* (1129,) le premier jour de la neuvieme lune, nommé *Pim-ou*, il y eut éclipse de soleil. Dans l'onzieme lune, *Tçoum-pi* prit la ville de *Ho-tcheou*. Le jour nommé *Gin-su*, il passa le fleuve *Yam-tçe-kiam*. Il défit une armée Chinoise auprès de *Kiam-nim*, (c'est la ville nommée *Nan-kim*, en Europe.) Le jour nommé *Tim-mao*, la ville de *Kian-nim* se rendit à lui. Dans la douzieme lune, le jour nommé *Pim-su*, le même *Tçoum-pi* prit la ville de *Hou-tcheou*. Le jour nommé *Tim-hai*, il força celle de *Ham-tcheou*, capitale de la Province de *Tche-kiam*. Toutes les autres armées des *Niou-tche* eurent aussi par-tout l'avantage.

La huitieme année de *Ta-hoei* (1130,) dans la quatrieme lune, le jour nommé *Pim-chin*, l'armée Chinoise, qui étoit victorieuse, ayant été défaite, toute l'armée des *Niou-tche* passa le fleuve. Dans la sixieme lune, le jour nommé *Kouei-yeou*, l'Empereur donna pour femmes aux Princes de son sang six filles du Duc de l'extravagance, (Empereur Chinois, pere.) Dans la septieme lune, le jour nommé *Tim-mao*, l'Empereur fit transférer les deux Empereurs Chinois captifs dans la Province de *Hou-li-khai*. Dans la neuvieme lune, le jour nommé *Vou-chin*, l'Empereur créa *Leou-*

yu, Empereur de Chine ; il lui conféra le titre de *Hoam-ti* du grand *Tçi*, à condition qu'il se nommeroit son fils ; il lui assigna la ville de *Tha-mim-fou*. Dans la sixieme lune, le jour nommé *Gin-tchin*, l'Empereur envoya aux deux Empereurs Chinois, à chacun deux paires d'habits. Dans la huitieme lune, le jour nommé *Sin-sè*, *Ouei-yu*, Roi *Hoei-hou*, envoya son tribut. Dans la neuvieme lune, le jour nommé *Ki-yeou*, les *Hoei-hou* de *Ho-tcheou*, (ou bien d'*Eyghour* & *Kafchgar*,) prirent *Sa-pa-tu-li-thou-thia*, partisan de *Ye-lu-ta-che*, Empereur des *Leao* dans le *Kerman*, & l'amenerent à l'Empereur. Dans la dixieme lune, le jour nommé *Vou-yn*, le Général *Tçoum-pi* fut entiérement défait par les Chinois. Dans l'onzieme lune, le jour nommé *Ki-vei*, l'Empereur fit transférer les parents éloignés de la famille Impériale des Chinois, dans la ville de *Cham-kim*, ou dans la suprême Cour. L'Empereur donna des terres de la Province de *Chensi* à l'Empereur de *Tçii*. Cette année les *Niou-tche* continuerent de vaincre.

La dixieme année de *Ta-hoei* (1132,) dans la neuvieme lune, le Sous-Lieutenant-Généralissime *Ye-lu-yu-tou* trama une révolte ; il prit la fuite, après avoir été découvert. Dans l'onzieme lune, le jour nommé *Kouei-hai*, le *Tçie-tou-sse*, nommé *Thou-kou-sse pou*, le prit avec ses enfants, & leur fit à tous trancher la tête ; il envoya leurs têtes à l'Empereur.

L'onzieme année de *Ta-hoei* (1233,) dans la huitieme lune, le jour nommé *Vou-tçe*, *Tchao-hiao*, qui avoit faussement accusé de trahison son pere, Duc de l'extravagance, eut la tête tranchée, aussi-bien que son gendre *Leou-ven-yen*.

La douzieme année de *Ta-hoei* (1134,) dans la seconde lune, le jour nommé *Tim-yeou*, le Général *Sa-li-hha* remporta une victoire sur les Chinois, laquelle fut l'unique de cette année.

La treizieme année de *Ta-hoei* (1135,) le premier jour de la premiere lune, nommé *Pim-ou*, il y eut éclipse de soleil. Le jour nommé *Ki-sse*, l'Empereur mourut, âgé de soixante & un ans. Le petit-fils de *Thai-tçau* fut proclamé Empereur devant son cercueil.

SENTIMENT DES HISTORIENS.

Thai-tçau sortit tout fraîchement du chaos, & il n'eut pas le loisir de songer à polir l'Empire. L'Empereur *Thai-tçoum* donna le gouvernement civil à *Sie-ye* & à *Tçoum-kan*, & le militaire à *Tçoum-han* & à *Tçoum-vam*, tous Princes de son sang, après avoir éteint les Monarchies des *Leao* & des *Soum*. Il songea à régler les cérémonies & à établir des loix. Il eut soin de régler l'Astronomie & le Kalendrier, sans interrompre le cours de ses conquêtes. Il embellit sa Dynastie par de sages ordonnances. Alors l'Empire des *Kin* commença à prendre une forme arrêtée. Durant treize ans de regne, il laissa ses palais & ses maisons de plaisance dans l'état où il les trouva, sans y rien ajouter. Etant au lit de la mort, il eut assez de force d'esprit pour consentir que le petit-fils de *Thai-tçau* lui succédât, au préjudice de ses propres enfants, & rendit par-là l'Empire aux descendants du fondateur. On peut dire qu'il a fait des choses qui sont très-difficiles à faire aux Princes.

Je vais parcourir légérement les regnes des Empereurs suivants, & je ne dirai que ce qu'il y a de plus remarquable.

HII-TÇOUM.

Hii-tçoum avoit pour nom propre Tartare, *Hha-la*, & pour nom Chinois, *Tan-pen*. Il étoit fils de *Chim-kouo*, qui étoit le second fils de *Thai-tçau* & de l'Impératrice

pératrice *Tham-kouo*. *Chim-kouo*, fuivant la coutume Chinoife, fut créé Empereur après fa mort, par *Hii-tçoum*, incontinent après l'élévation de celui-ci à l'Empire, & il reçut en même-temps le titre de *Kim-fuen-hoam-ti*. La premiere année de *Thien-kiuen* (1138,) *Hii-tçoum* publia les petites lettres inventées à l'ufage des *Niou-tche*. Il érigea la ville dé *Hoei-nim-fou* en *Cham-kim*, ou *Cour fuprême*, & donna au *Cham-kim*, ou à la Cour fuprême des *Leao*, le titre de *Pe-kim*, c'eft-à-dire, de *Cour du Septentrion*.

La troifieme année de *Thien-kiuen* (1140,) il créa *Koum-fun-fan*, defcendant de *Koum-fucius* à la quarante-neuvieme génération, héritier de cette maifon & du titre de *Yen-chim-koum*, c'eft-à-dire, de Duc qui continue la famille du Saint.

La premiere année de *Hoam-thoum* (1141,) il créa *Ye-lu-yen-hi*, ci-devant Empereur des *Leao*, Roi de *Yu* & du premier ordre; *Tchao-kie*, ci-devant Empereur de Chine, Roi de *Thien-choui* & du fecond ordre; & *Tchao-houan*, fils de *Tchao-kie*, Duc de *Thien-choui*. Il alla facrifier en perfonne à *Koum-fucius* dans fon *Miao*.

La feconde année de *Hoam-thoum* (1142,) l'Empereur de Chine fe foumit à payer deux cents cinquante mille *Leam*, ou onces Chinoifes d'argent pur, & autant de pieces de foie pour fon tribut; moyennant quoi, la paix fut faite, & il fut arrêté que le fleuve *Hoai-ho* ferviroit de limites aux deux Empires. Par ce moyen, les cinq Provinces du Nord de la Chine refterent aux *Niou-tche*, & le refte demeura aux Chinois. L'Empereur créa *Hoam-ti*, ou Empereur de la Chine, le Roi *Kham*.

La neuvieme année de *Hoam-thoum* (1149,) l'Empereur fut affaffiné par les ordres de *Hai-lim*. *Hii-tçoum* avoit de belles qualités, qu'il déshonora par fon ivrognerie & par fa cruauté. La crainte du châtiment obligea *Hai-lim* à s'en défaire.

H A I - L I M.

Hai-lim, qui porte le titre de *Fei-ti* ou d'Empereur dégradé, & de *Chu-gin* ou de réduit à la condition du peuple, avoit pour nom propre Tartare, *Ti-kou-nai*; pour nom propre Chinois, *Leam*; & pour furnom Chinois d'honneur, *Yuen-koum*. Il étoit le fecond fils de *Tçoum-kan*, qui étoit le premier des enfants de *Thai-tçau*; c'eft fur quoi il fondoit fes prétentions à l'Empire. Il créa fon pere mort, Empereur, fous le titre de *Te-tçoum*.

La premiere année de *Thien-te*, qui fut auffi la neuvieme de *Hoam-thoum* (1149,) il jura folemnellement dans le *Miao* de *Thai-tçau*, & donna des copies de fon ferment à fix des affaffins de l'Empereur, pour les raffurer.

La premiere année de *Tchim-yuen* (1153,) dans la troifieme lune, le jour nommé *Sin-hai*, il arriva à *Yen-kim*, où il établit fa Cour. Il changea le titre de *Yem-kim* ou de la Cour de *Yen*, (aujourd'hui *Pe-kim*,) en celui de *Tchoum-tou*, ou de ville Impériale du milieu; il donna à la ville le nom de *Ta-him-fou*. Il changea pareillement le titre de *Pien-kim* ou de Cour de *Pien*, en celui de *Nan-kim*, c'eft-à-dire, de Cour du Midi. Enfin, il ordonna que la ville qui portoit auparavant le titre de *Tchoumi-kim*, ou de Cour du milieu, portât dans la fuite celui de *Pe-kim*, ou de Cour du Septentrion. Dans la dixieme lune, le jour nommé *Tini-fé*, *Hai-lim*, alla chaffer dans le territoire de la ville de *Leam-hiam-hien*, près de Pe-kim au Midi. Il créa durant cette chaffe le Dieu du tertre, nommé *Leao-che-kham*, Roi opérant des miracles & exauçant les vœux, en Chinois *Lim-ym-yam*. Voici la caufe de cette création. *Hai-lim* paffant un jour par ce tertre, entra dans le temple qui y eft dédié à ce Dieu. Il prit, de deffus la table ou l'autel, les gondoles qui fervent à tirer les forts, & fit cette priere : ,, Si vous m'accordez la grace de par-
,, venir à l'Empire, déclarez-moi votre volonté par
,, les forts". Il jetta les gondoles à terre; elles tomberent dans une fituation qui préfageoit du bonheur. Il recommença la même priere, ajoutant : ,, Si vous
,, m'êtes auffi favorable que les forts me le promet-
,, tent, je vous récompenferai comme il faut. Si vous
,, refufez de l'être, je ferai rafer votre temple". Il jetta les gondoles à terre une feconde fois, & leur fituation fut auffi heureufe qu'auparavant. Ce fut donc pour reconnoître le bienfait du Dieu, qu'il le créa Roi. Dans la dixieme lune, le jour nommé *Vou-yn*, il dépofa les tablettes des Empereurs, fes ancêtres, dans le temple d'idoles, nommé *Yen-chim-fé*, (en attendant que leur *Miao* fût bâti.)

La quatrieme année de *Tchim-loum* (1159,) en la huitieme lune, dans le deffein où il étoit de faire la guerre aux Chinois Méridionaux, il affembla plus de cinq cents foixante mille chevaux, qu'il donna à nourrir au peuple; il fit auffi affembler trente mille matelots. Dans la cinquieme lune, il défendit à tous les Officiers de la Cour, fous peine de la vie, & même aux Ambaffadeurs étrangers, fous de groffes peines, de boire du vin.

Dans la fixieme année de *Tchim-loum* (1161,) le Généraliffime des garnifons de la ville Impériale *Affo* but du vin. *Hai-lim*, ayant égard au fang royal dont il étoit iffu, & à la proche parenté qu'il avoit avec lui, fe contenta de lui faire donner foixante & dix coups de baguette, & cent à ceux qui en avoient bu avec lui. Le premier jour de la neuvieme lune, nommé *Kem-yn*, il marcha avec des armées prodigieufes, (on y comptoit un million de combattants) commandées par trente-deux Généraliffimes, contre l'Empereur des *Soum*, ou des Chinois Méridionaux; il força tout ce qui s'oppofoit à lui. Dans la dixieme lune, le vingt-feptieme jour nommé, *Pim-yn*, la flotte de *Hai-lim*, dont *Sou-pao-hem*, Chinois, Préfident de la Cour des Ediles, étoit Amiral, & *Tchim-kia*, Prince du fang, Vice-Amiral, fut entièrement défaite par les Chinois. Cette flotte devoit être extrêmement grande, puifqu'outre les matelots de la mer, *Hai-lim* en avoit encore affemblé trente mille. De plus, elle portoit une armée très-nombreufe, qui devoit débarquer & aller attaquer la grande ville de *Ham-tcheou*:

DE L'INVENTION DES CANONS EN CHINE.

On ne trouvera pas mauvais que j'interrompe pour quelque temps le cours de cette Hiftoire, pour parler de l'invention des canons. C'eft ici le premier endroit que j'aie lu, où l'Hiftoire Chinoife en parle. Comme les faftes ne font qu'indiquer la chofe, je me fers de la vie du Prince *Tchim-kia*, qui eft rapportée dans l'Hiftoire des *Kin*. Voici ce qu'elle dit. La flotte qui étoit partie de l'embouchure de la riviere de *Thien-tçin-ouei*, environ trente lieues à l'Orient de *Pe-kim*, prit fa route vers *Lin-ghan*, (*Ham-tcheou* fe nommoit pour lors ainfi.) Etant arrivée entre les Ifles de *Soum-lin* où des forêts de pins, elle eut le vent contraire, & fut obligée de mouiller. Le lendemain matin au lever du foleil, on apperçut la flotte Chinoife. On pria *Tchim-kia* de tenir tout prêt pour le combat. ,, Combien l'ennemi eft-il éloigné de nous, demanda le
,, Prince *Tchim-kia?* Il en eft encore à trente lieues,
,, lui répondit-on; mais comme il a le vent en poupe,
,, il fera bientôt fur nous". Le Prince, qui n'avoit aucune connoiffance de la marine, ne les voulut pas croire. Peu de temps après, la flotte ennemie fut effectivement à portée de combattre, & s'appercevant que la flotte Tartare n'étoit point en défenfe, elle commença à la canonner. Le Prince *Tchim-kia*, regardant de côté

& d'autre sans savoir quel conseil prendre, vit bientôt sa flotte toute en feu. Il jugea qu'il ne pouvoit échapper de ce danger. C'est pourquoi il se précipita dans la mer, & mourut à l'âge de quarante-un ans. Voilà ce que rapporte sa vie. L'Histoire des *Soum*, ou des Chinois méridionaux, raconte en d'autres termes cet événement dans la vie de *Li-pao*, Amiral de la flotte Chinoise. Les voici. *Li-pao* voyant la flotte ennemie en désordre, ordonna aux cent vingt vaisseaux qu'il commandoit, de l'investir, & de lui tirer des flèches à feu. Le feu prenoit par-tout où les flèches portoient; de sorte qu'il y eut quelques centaines de vaisseaux ennemis brûlés. En même-temps, il ordonna qu'on abordât ceux qui n'étoient pas en feu, & qu'on fît main-basse sur tout ce qui se présenteroit. Les Chinois de l'ennemi gagnèrent les Isles à la nage, & furent reçus à merci; il s'en noya un très-grand nombre. La flotte victorieuse, nonobstant le dégât du feu, s'en retourna chargée d'une infinité de dépouilles. Elle fut même contrainte de brûler ce qu'elle ne pouvoit emporter. Le feu dura quatre jours & quatre nuits avant de s'éteindre.

Cette seconde description, plus détaillée que la première, semble donner à entendre que la flotte Chinoise ne se servit pas de véritables canons dans cette occasion, & que les vaisseaux n'étoient chargés que de catapultes, qui lançoient des phalariques, ou comme s'exprime l'Histoire, des flèches à feu, quoiqu'à dire la vérité, le terme de flèche à feu puisse aussi bien convenir au canon que celui de *Niao-tçiam* qui signifie *lance à oiseaux*, convient au fusil. La première Histoire, ou celle des *Kin*, appelle sans détour ces machines, des *Ho-pao*, c'est-à-dire, des *Pao à feu*. Surquoi il est à remarquer que les Chinois ont eu de tout temps l'usage des balistes & des catapultes, aussi-bien que nos anciens Grecs, les premières, pour jetter des pierres; les secondes, pour lancer de grands traits, suivant l'étymologie de ces deux termes. Les Chinois se servoient du terme de *Pao*, pour signifier l'une & l'autre; & pour faire l'analyse du terme Chinois, il est composé de la lettre latérale *Che*, qui signifie *pierre*, & de la lettre principale *Pao*, qui signifie *embrasser* ou *saisir tout autour*, marquant par-là que cette machine saisissoit les pierres qu'elle jettoit. Après l'invention de la poudre & des armes à feu, il leur est arrivé la même chose qu'aux Latins, qui n'ayant point de terme propre pour signifier un canon, se sont servis de l'ancien terme *tormentum*, qui comprenoit également sous sa signification les balistes & les catapultes des Grecs; & pour éviter l'équivoque, y ont joint *ignitum*, qui veut dire à feu. De la même façon, les Chinois ont retenu pour les canons leur ancien mot de *Pao*, & y ont joint celui de *Ho*, qui pareillement signifie *feu*. Souvent même ils employent celui de *Pao* seul. Quelques-uns même en écrivant joignent les deux lettres ensemble, & pour abréger, nomment le canon *Pao*. Je laisse là chose à décider au Lecteur. Il faut seulement remarquer que cette bataille fut donnée l'an de grâce 1161.

J'ai long-temps cherché l'inventeur de la poudre & du canon dans l'Histoire de la Chine; mais je ne l'ai jamais pu trouver. Apparemment que les Chinois eux-mêmes ne le connoissent pas, non plus que le temps précis où cela a été trouvé. Voici un témoin irréprochable de ce que j'avance.

Sous l'Empire du dernier Empereur de la Dynastie précédente, toute la Chine étoit en armes. Les rebelles s'étoient saisis des meilleures Provinces de l'Empire. *Tçoum-tchim* qui régnoit alors, ne savoit plus quel conseil prendre. Sur la fin de 1640, il convoqua tous les Officiers de sa Cour, pour chercher le remède à un mal irrémédiable. *Yam-jo-kiao*, Inquisiteur de l'Empire, proposa à l'Empereur le R. P. Adam Schall, comme un homme savant dans l'artillerie. *Leou-tçoum-tcheou* s'avançant, dit ces paroles qui font à

mon sujet. "Avant la Dynastie des *Tham* & des *Soum*, on n'avoit jamais oui parler d'arme à feu. Depuis qu'on s'en sert dans les armées, on a fait consister en cela toute la force. C'est-là l'unique cause qui a tout ruiné, en introduisant la lâcheté". Il parut au visage de l'Empereur, que le discours de *Leou-tçoum-tcheou* ne lui avoit pas agréé. "Retirez-vous, lui dit l'Empereur, "& sachez que l'usage des armes à feu est une des "prérogatives que la Chine a par-dessus les autres "nations". Ce que je viens de dire, est tiré de l'histoire des *Mim* ou de la dernière Dynastie, *Chap.* 72. f°, 51.

On conclut de ce discours deux choses; la première, que les Chinois ignorent l'auteur & le temps de l'invention des armes à feu; la seconde, que l'usage en a été introduit sous la Dynastie des *Tham*, c'est-à-dire, avant l'an de grâce 907, qui fut le dernier de cette Dynastie. Il ne paroît pourtant aucun vestige certain de cette invention dans l'histoire des *Tham*; à moins qu'on ne rapporte à cela ce qu'elle raconte dans l'histoire des cinq élémens, où sous l'an de grâce 620, elle remarque comme un prodige qu'une pie avoit fait son nid dans la machine d'un *Pao*, qui étoit sur les murs de la ville de *Pou-tcheou*. Elle raconte encore que pendant que la ville de *Nan-yam* étoit assiégée par les troupes de *Chan-lo-chan*, une autre pie fit son nid sur la machine d'un *Pao*, qui étoit dans la ville, & y éleva trois petits, qui s'envolèrent aussi-tôt qu'ils eurent les ailes assez fortes. Ce dernier prodige arriva l'an 757. La machine d'un *Pao* peut à la vérité signifier un affût de Canon, ou même un Canon; mais il semble qu'on peut l'entendre plus naturellement d'un baliste.

Je trouve quelque chose de plus convainquant dans l'histoire des *Soum*, au chapitre où elle traite des armes. L'an 970, *Foum-ki-chim*, Président de la Cour des Milices, & ses collègues, présentèrent à l'Empereur *Soum-thai-tçou*, fondateur de la Dynastie des *Soum*, des lances à feu d'une invention nouvelle. L'an 1000, un Centurion des troupes de la marine, qui se nommoit *Tham-fou*, présenta à l'Empereur *Soum-tchin-tçoum* des flèches à feu, des globes à feu, & des chausse-trapes à feu. Trois ans après (1002,) *Leou-youm-sii*, Commandant d'une garnison, présenta des *Pao* de main. Ces globes, ces chausse-trapes, ne seroient-ce point des boulets & des grenades? Ces *Pao* de main, ne seroient-ce point des pistolets? L'Histoire des *Soum* continue ainsi: L'an 1259, la ville de *Cheou-tchuni-fou* présenta à l'Empereur *Soum-li-tçoum* des *Thou-ho-tçiam*, c'est-à-dire, en Chinois, des *lances qui vomissent du feu*. Cette lance, continue l'Histoire, avoit pour canon un bambou creux, dans le fond duquel on plaçoit une balle. Quand on y mettoit le feu, la balle en sortant faisoit un bruit semblable à celui du *Pao*, & qui s'étendoit à plus de cent cinquante pas géométriques à la ronde. On ne peut douter après ce dernier passage, tiré de l'Histoire des *Soum*, qu'ils n'eussent l'usage du canon dans ce temps-là, & cette comparaison du bruit d'un fusil avec celui d'un *Pao*, ou d'un canon, fait voir clairement que le *Pao* n'étoit pas une baliste antique, & que l'usage du canon étoit déja ancien. Elle nomme le fusil une lance qui vomit du feu, nom qui convient aux armes à feu qui ne portent pas loin. Aujourd'hui même ils appellent un fusil *Niao-tçiam*, ce qui signifie une *lance à oiseaux*. Il y a donc de l'apparence qu'ils donnoient aux armes à feu qui portoient loin, le nom de flèches à feu; ce qui pourroit faire croire que les *Pao* à feu de la flotte Chinoise étoient des canons qui tiroient des boulets rouges, & qui mettoient le feu par-tout; mais voici un exemple qui ne laisse aucun doute. *Khai-foum-fou*, capitale alors de l'Empire des *Kin*, étoit assiégée par les *Moumgols* l'an 1232, dans la troisième lune. Les assiégeants se servoient de toutes sortes de canons, & sur-tout de ceux que les Chinois nommoient *Tchin-*

thien lei, c'est-à-dire, *tonnerres qui font trembler le Ciel*. Voici comme l'Histoire les décrit. C'étoient des tubes de fer, qu'on remplissoit de poudre. Quand on y mettoit le feu, ils faisoient un bruit semblable à celui du tonnerre, & qui se faisoit entendre plus de dix lieues à la ronde. Le feu qu'ils jettoient remplissoit l'espace d'un demi-journal de terre, & rien n'y pouvoit résister. Les assiégés suspendoient avec des chaînes de semblables machines, qui, venant à tirer, mettoient en poudre les mineurs & les galeries des assiégeants.

Depuis ce temps-là, l'usage des canons fut plus fréquent en Chine. Les *Moumgols* ne forcerent le vaillant Chinois *Lu-ven-hoan*, à leur rendre la ville de *Siam-yam-fou* après cinq ans de siege, qu'à l'aide des canons. Ce fameux siege où il périt tant de monde, fut commencé dans la neuvieme lune de l'an 1168. La place fut rendue l'an 1273, dans le deuxieme mois. Les *Moumgols* l'assiégeoient avec toutes leurs forces militaires, & avec plusieurs centaines de milliers d'hommes, par terre & par eau. On verra cela dans l'Histoire des *Moumgols*. Revenons présentement à l'Histoire des *Kin*.

Dans l'onzieme lune, le jour nommé *Kem-ou*, plusieurs Officiers donnerent avis à *Hai-lim* comment *Ou-lo*, petit-fils de *Thai-tçau*, avoit été proclamé Empereur dans la Cour Orientale, & avoit donné aux années de son regne le titre de *Ta-tim*, c'est-à-dire, en Chinois, de *la grande pacification*. *Hai-lim*, frappant d'étonnement sa cuisse avec la main: „ C'étoit mon dessein, dit-il, après la destruction de „ l'Empire des *Soum*, de prendre ce même titre "; & il leur fit voir cela dans ses mémoires. Il fit passer le fleuve à une partie de ses troupes, qui furent battues par les Chinois, & obligées de le repasser. *Hai-lim* vint avec toute son armée à la ville de *Yam-tcheou*. Il fit assembler ses barques à *Koua-tcheou*, le jour nommé *Kia-ou*, & marqua le lendemain à son armée pour passer le fleuve. Le lendemain, nommé *Yi-vei*, le Prince *Ouan-yen-yuen-y* & autres Généraux se révolterent, & massacrerent *Hai-lim*. Il étoit âgé de quarante ans; il en régna treize.

CHE-TÇOUM.

Che-tçoum étoit fils de *Gho-li-to*, dont le nom propre Chinois étoit au commencement *Tçoum-yao*, & dans la suite *Tçoum fou*. Le nom propre Chinois de *Che-tçoum* étoit *Youm-pen*. Il vint au monde, l'an de grace 1123, dans la ville de *Cham-kim* des *Leao*. Il apporta en naissant sept seings sur la poitrine, qui représentoient la figure des sept principales étoiles de la grande Ourse. Il avoit l'air extraordinaire, le port majestueux, & la barbe si longüe, qu'elle lui descendoit jusqu'aux cuisses. Il étoit naturellement charitable, pieux, sage & débonnaire. La pénétration de son esprit étoit surprenante. Tout le monde avouoit qu'il étoit le meilleur cavalier, & le plus habile archer de son temps. La crainte qu'il eut de *Hai-lim* qui se faisoit un point de politique de faire main-basse sur les Princes de son sang, jointe à l'affection que les peuples fatigués de la tyrannie avoient pour lui, le contraignit à recevoir l'Empire, qui sans cela alloit périr. Ainsi il consentit qu'on le proclamât Empereur le jour de la dixieme lune, nommé *Pim ou*, après avoir averti par des sacrifices *Thai-tçau* dans son temple.

La seconde année de *Ta-tim*, (1162) le premier jour de la premiere lune, nommé *Vou-tchin*, il y eut éclipse de soleil.

La sixieme année de *Ta-tim*, (1166) dans la cinquieme lune, le jour nommé *Vou-chin* l'Empereur alla dans le temple d'idoles, nommé *Hou-yen sé*, visiter les statues d'airain de tous les Empereurs des *Leao*, qui y étoient placées.

La huitieme année de *Ta-tim*, (1168) le premier jour de la dixieme lune, nommé *Ki-tcheou*, il ordonna qu'on peignît dans le *Miao* de *Thai-tçau*, les portraits de ceux qui avoient rendu des services signalés à l'Etat, & qu'on érigeât des monuments à ceux d'entre eux à qui on n'en avoit pas encore érigé. L'Empereur tint ce discours à ses Ministres d'Etat: „ *Hai-lim* avoit choisi „ pour assister à toutes les cérémonies, & marquer „ les paroles & les actions de l'Empereur, deux His- „ toriens dignes de lui, & indignes de leur office. „ De-là vient que la fidélité due à l'Histoire, a été „ violée par eux. Qu'on fasse les perquisitions requises „ pour découvrir la vérité". *Men-hao* s'avançant, dit: „ La plume fidelle des bons Historiens marque sans „ flatterie les actions & les paroles des Empereurs. „ De-là vient que parmi les anciens Empereurs, il „ ne s'en trouve aucun qui ait osé demander à voir „ ce que leurs Historiens avoient écrit".

La dix huitieme année de *Ta-tim*, (1178) dans la premiere lune, le jour nommé *Kem-su*, un des Historiens des actions & des paroles de l'Empereur se plaignit par un placet à l'Empereur, de ce que Sa Majesté tenoit souvent des conseils secrets; faisant alors écarter tout le monde, même les Historiens; comment peuvent-ils donc écrire ce qui se passe? L'Empereur consulta sur ce placet deux de ses Ministres, dont un répondit en ces termes: „ Anciennement, les „ fils du Ciel avoient à leurs côtés, dans toutes les „ cérémonies publiques, deux Historiens qui étoient „ chargés d'écrire, l'un les paroles, l'autre les ac- „ tions de l'Empereur. Ils en usoient ainsi pour obli- „ ger les Empereurs à être attentifs, & à se tenir tou- „ jours sur leurs gardes, par la crainte de la posté- „ rité".

La vingt-neuvieme année de *Ta-tim*, (1189) le second jour de la premiere lune, l'Empereur mourut; il étoit âgé de soixante-sept ans. Ce Prince fut un véritable Héros, & un Empereur accompli. La cinquieme année de son regne, il fit la paix avec la Chine méridionale, & remit les choses sur l'ancien pied. Tout le reste de son regne fut pour les peuples une suite perpétuelle de félicités.

TCHAM-TÇOUM.

Le nom propre *Niou-tebe* de *Tcham-tçoum* fut *Ma-tha-kha*, & le Chinois fut *Khioum*. Il étoit fils légitime & héritier de *Ho-tho-oua*, second fils de l'Empereur *Che-tçoum*. *Tcham-tçoum* commença son regne, suivant la coutume de Chine, par créer son pere *Ho-tho-oua*, Empereur après sa mort, sous le titre de *Hien-tçoum*.

La premiere année de *Mim-tcham*, (1190) dans la cinquieme lune, le jour nommé *Yi-mao*, l'Empereur, après une longue sécheresse, demanda de la pluie par des sacrifices qu'il fit à la terre dans son temple, & à ses ancêtres dans leur *Miao*. Le jour nommé *Gin-su*, il la demanda de la même maniere au Dieu des terres, & au Dieu des grains de tout l'Empire dans leur temple commun. Le jour nommé *Ki-sse*, il fit de nouveaux sacrifices aux Empereurs ses ancêtres dans leur *Miao*, pour obtenir de la pluie. Le jour nommé *Pim-tçe*, il fit des sacrifices aux cinq principales montagnes, aux cinq montagnes moins principales, aux quatre mers & aux quatre fleuves, pour leur demander de la pluie qu'il n'avoit point encore obtenue.

La quatrieme année de *Mim-tcham*, (1193) dans la douzieme lune, le jour nommé *Kia-yh*, l'Empereur créa Empereur le Dieu des Monts blancs, (desquels nous avons parlé au commencement,) & lui conféra par des patentes le titre Chinois de *Khai-thien-houm-chim-ti*, c'est-à-dire, *Empereur qui a ouvert le Ciel, & très-grand Saint*.

La cinquieme année de *Mim - tcham*, (1194) le troifieme jour de la premiere lune nommé *Yi-hoei*, l'Empereur ordonna qu'on augmentât les titres & les dignités qui avoient été conférées à *Ye-lou-kou-chin*, premier, (ou premiers) inventeurs des lettres des *Niou-tche*, & qu'on les égalât aux honneurs que les Chinois rendoient à *Tçam - kie*, (inventeur de leurs lettres.) Il ordonna que fur la forme du *Miao*, qui eft dédié à *Tçam-kie*, inventeur des lettres Chinoifes, dans *Tcheou-tche*, fa ville natale, fituée dans le territoire de *Si-ghan-fou*, on leur en érigeât un dans le village de *Na-li-hoen*, dépendant de la Cour fuprême, où tous les ans on leur feroit les facrifices réglés, donnant pouvoir à leurs defcendants de leur y faire des facrifices particuliers, outre les deux annuels du printemps & de l'automne, qui feroient faits par un Officier de la Cour fuprême, & par le *Tçien-hou*, ou chef de mille familles du lieu. Dans la feconde-dixieme lune, (intercallaire,) le jour nommé *Vou - yn*, l'Empereur demanda aux Miniftres de fon Empire, en quel état étoient par-tout l'Empire des *Miao* de *Koum - fucius*. Toutes les villes de l'Empire, repartit *Cheou - tchim*, s'empreffént de lui en ériger. L'Empereur, à l'occafion de cette réponfe, dit ces paroles : ,, Les *Hocham-bonzes* n'épargnent aucune dépenfe pour rendre leurs temples & les ftatues de leurs Dieux refpeétables par la beauté & par la magnificence; les *Tao-ffe-bonzes* font à-peu-près la même chofe : il n'y a que les Philofophes Chinois qui laiffent en défordre & en ruine les *Miao* dédiés à *Koum-fucius*". —
,, En voici la raifon, repliqua *Cheou-tchim* : c'eft que les Philofophes ne font pas leur demeure de leurs écoles, comme les Bonzes font la leur de leurs temples". — ,, C'eft, reprit l'Empereur, que les Bonzes font un métier de leur profeffion, & tirent leur fubfiftance du culte de leurs Dieux; c'eft pourquoi ils n'épargnent rien pour l'embelliffement de leurs temples, afin que la beauté du fpeétacle furprenne les peuples & attire des aumônes ".

La fixieme année de *Mim-tcham*, (1195) dans la quatrieme lune, le jour nommé *Kouei-hai*, les Députés ayant rendu compte à l'Empereur, que le *Miao* dédié à *Koum-fucius* dans fa ville natale de *Kin-fou-hien*, étoit achevé felon fes ordres, il envoya au Chef de la famille de *Koum-fucius* tous les habits & les inftruments de mufique néceffaires aux facrifices. Dans la neuvieme lune, le troifieme jour, l'Empereur conféra par patentes au Dieu du mont *Tçim-nim-chan* la dignité de *Tchin-ghan-koum*, c'eft-à-dire, en Chinois, *Duc gardant & pacifiant*.

La feconde année de *Tchim-ghan*, (1197) dans la quatrieme lune, le jour nommé *Kouei-yeou*, l'Empereur ordonna qu'on fe fervît des lettres *Niou-tche*.

La quatrieme année de *Tchim - ghan*, (1109) le premier jour de la cinquieme lune, nommé *Gin-tchin*, l'Empereur, à l'occafion de la fécherefle, publia un édit par lequel il fe condamnoit lui-même, & cherchoit des gens qui lui diffent fincérement fes défauts. Il quitta fon appartement, diminua le nombre des mêts de fa table, & fit examiner les caufes de ceux qui étoient injuftement accufés de crime. Le jour nommé *Vou-fu*, il ordonna aux Officiers de demander de la pluie par des facrifices aux cinq principales montagnes, aux cinq montagnes moins principales, aux quatre mers, & aux quatre fleuves. Le jour nommé *Ki-hai*, l'Académicien *Tchin-tçai* marqua quatre défordres dans le Gouvernement, auxquels il imputoit la fécherefle. Le jour nommé *Vou-chin*, il plut dans la ville Impériale. L'Empereur fut prié par fes Miniftres de retourner dans fon appartement. Le jour nommé *Kem-fu*, l'Empereur tint ce difcours à fes Miniftres : ,, Il ne pleut point ,, dans les Provinces; ne feroit-ce point la faute des ,, Miniftres de l'Etat & des Gouverneurs " ? Les principaux Miniftres préfenterent à l'Empereur un placet, par lequel ils s'accufoient d'avoir irrité le Ciel, & d'ô.

tre caufe de la fécherefle. L'Empereur répondit que la caufe de tout le mal devoit être attribuée à lui feul. Le jour nommé *Gin-tçe*, l'Empereur demanda de la pluie aux Empereurs fes ancêtres, par des facrifices qu'il leur fit dans leur *Miao*. Le jour nommé *Vou-ou*, les Miniftres prierent pour la feconde fois l'Empereur de retourner à fon appartement, & de tenir fa table à l'ordinaire; l'Empereur le refufa. Dans la fixieme lune, le jour nommé *Tin-mao*, il plut. L'Empereur, à la follicitation des Miniftres, retourna dans fon appartement, & reprit fa table. Le jour nommé *Kia fu*, la pluie ayant été fuffifante, l'Empereur envoya des Députés en rendre graces à fes ancêtres dans leur temple. Dans la feptieme lune, le jour nommé *Pim - tchin*, comme il pleuvoit depuis long-temps, l'Empereur ordonna au Gouverneur de la ville Impériale, de demander du beau temps. Le jour nommé *Kia-fu*, l'Empereur qui n'avoit pas encore défigné fon fucceffeur à l'Empire, envoya des Députés facrifier à fes ancêtres dans leur *Miao*, pour demander des lumieres fur cette affaire.

La quatrieme année de *Thai-ho*, (1204) dans la troifieme lune, le jour nommé *Kouei-yeou*, l'Empereur ordonna au Gouverneur de la ville impériale, de demander de la pluie. Le jour nommé *Yi-yeou*, l'Empereur demanda de la pluie à la terre. Le jour nommé *Gin-tchin*, il la demanda au Dieu des terres & au Dieu des grains de tout l'Empire. Dans la quatrieme lune, le jour nommé *Ki-hai*, l'Empereur demanda de la pluie dans le temple de fes ancêtres. Le jour nommé *Pim-ou*, il facrifia aux cinq montagnes principales, aux cinq montagnes moins principales, aux quatre mers, aux quatres fleuves, pour leur demander de la pluie. Le jour nommé *Kouei-tcheou*, il la demanda une feconde fois aux Dieux des terres & des grains de tout l'Empire. Le jour nommé *Kia-yn*, l'Empereur, par un édit folemnel, s'accufa lui-même d'être caufe de la longue fécherefle, chercha des gens qui lui diffent fincérement fes défauts, quitta fon appartement, retrancha fa table, fit taire fa mufique, diminua le nombre des chevaux de fes écuries, diminua auffi les tributs, & fit juger les caufes des coupables, & rendre juftice aux opprimés. Le jour nommé *Yi - mao*, les Miniftres d'Etat s'accuferent par un placet, d'être caufe de la fécherefle. L'Empereur y répondit en ces termes : ,, Moi, Empereur, je commets quantité de ,, fautes; le Ciel qui eft en - haut m'en avertit par ,, ce fléau extraordinaire. Vous, ô Grands! retournez ,, à l'exercice de vos charges, & ayez foin de feconder mes intentions ". Le jour nommé *Kem-chin*, l'Empereur demanda de la pluie aux Empereurs fes ancêtres dans leur *Miao*. Dans la cinquieme lune, le jour nommé *Yi-tcheou*, l'Empereur fit demander de la pluie dans le fauxbourg du Septentrion, à la terre, &c. Les Officiers à qui il appartient, prierent l'Empereur de faire le facrifice extraordinaire au Ciel pour demander de la pluie. L'Empereur répondit par un édit, qu'on le fît à la bonne heure, mais feulement après qu'on l'auroit demandée trois fois, fans l'obtenir, aux montagnes, aux fleuves, aux Dieux des terres, & des bleds, & à fes ancêtres. Le jour nommé *Kia-fu*, il plut. Le jour nommé *Yi-hai*, tous les Officiers de la Cour fupplierent l'Empereur par un placet, de retourner dans fon appartement, & de rétablir fa table, fa mufique, & toute la pompe Impériale. Le jour nommé *Yi-yeou*, l'Empereur rendit graces aux Empereurs fes ancêtres dans leur temple, par des facrifices qu'il leur fit, pour la pluie qu'ils lui avoient accordée. Le jour nommé *Tim-hai*, il ordonna qu'on fît la même chofe à l'égard du Dieu des terres & du Dieu des bleds de tout l'Empire.

La cinquieme année de *Thai-ho* (1205) dans la dixieme lune, les Chinois commencerent à prendre des villes, & à faire d'autres aétes d'hoftilité.

La fixieme année de *Thai-ho*, (1206) dans la cinquieme

quieme lune, le jour nommé *Pim-su*, l'Empereur avertit par des sacrifices le Ciel & la terre, les Empereurs ses ancêtres, le Dieu des terres & le Dieu des bleds, de l'infraction du traité de paix, faite par les Chinois, & fit partir ses armées.

La huitieme année de *Thai-ha*, (1208.) dans la quatrieme lune, les Chinois, pour obtenir la paix, furent obligés de faire couper la tête à deux de leurs principaux Officiers qui avoient violé le traité de paix précédent. Ces têtes furent présentées à l'Empereur le jour de la cinquieme lune, nommé *Tim-vei*. Dans l'onzieme lune, le jour nommé *Pim-tchin*, l'Empereur mourut à l'âge de 41 ans.

QUEI-CHAO-VAM.

Quei-chao-vam étoit le septieme fils de *Cho-tçoum*. Son nom propre Chinois fut d'abord *Yun-tçii*. Ensuite, parce que le mot d'*Yun* se trouvoit dans le surnom de son pere, on le changea en celui de *Youm*, & il se nomma *Youm-tçii*.

La troisieme année de *Tha-ghan*, (1211) dans la quatrieme lune, *Tchim-khis-khan*, Empereur de la Tartarie, qui étoit son tributaire, & qui pour une pique particuliere refusa de payer son tribut, s'en vint faire la guerre aux *Kin* Tartares. L'Empereur envoya inutilement lui demander la paix.

La premiere année de *Tchi-nim*, (1213) l'Empereur *Quei-chao-vam* fut mis à mort par les ordres de *Hou-chau-hou*, descendant du fameux *Aſſo*. Cela arriva dans la huitieme lune; en voici quelques particularités. Le jour de cette lune nommé *Kouei-sse*, *Hou-chan-hou* fit sortir l'Empereur de son palais, & le fit garder dans un hôtel. Une Reine du troisieme ordre, nommée *Tchim*, étoit chargée de la garde du sceau Impérial. Aussi-tôt qu'elle eut entendu le tumulte, elle courut au lieu où étoit le sceau, & s'y tint assise en attendant la fin de cette étonnante révolution. *Hou-chan-hou* envoya un Eunuque chercher le sceau.

» Le sceau, repliqua la Reine, n'est qu'à l'usage du
» seul fils du Ciel; *Hou-chan-hou* est son sujet; que
» prétend-il faire du sceau? Présentement que le Ciel
» a permis cet étrange changement, repliqua l'Eunu-
» que, l'Empereur ne pouvant sauver sa propre per-
» sonne, combien moins peut-on sauver son sceau?
» Songez plutôt, Madame, à chercher les moyens
» d'échapper au danger ". La Reine frémissant d'indignation, & élevant la voix: » Vous autres, miséra-
» bles Eunuques, lui dit-elle, vous êtes les domesti-
» ques de l'Empereur; il vous a honorés & comblés
» de bienfaits, & cependant, au-lieu de lui marquer
» votre reconnoissance dans une occasion si terrible,
» en mourant pour son service, vous avez l'insolence
» de faire l'action d'un rebelle. Prétendez-vous m'en-
» lever le sceau par force? Je suis déterminée à la
» mort, & je ne livrerai point le sceau, tandis que
» je vivrai ". Ayant fini ce discours, elle ferma les yeux, & ne dit plus mot. *Hou-chan-hou* lui fit arracher le sceau, dont il se servit pour sceller des patentes, & créer Officiers ses complices; (& apparemment il la fit tuer:) mais *Hou-chan-hou* lui-même fut tué bientôt après.

SUEN-TÇOUM.

Le nom propre *Niou-tche* de *Suen-tçoum* étoit *Ou-dou-pou*, & le Chinois *Sun*. Il étoit fils aîné de *Hien-tçoum*, déclaré Empereur après sa mort. Il fut proclamé Empereur par *Hou-chan-hou* & tous les Grands, la premiere année de *Tchi-nim*, le jour de la huitieme lune, nommé *Kia-tchin*. Il changea le titre des années, & ordonna que la premiere de *Tchi-nim* seroit nommée la premiere de *Tchim-yeou*.

La troisieme année de *Tchim-yeou*, (1215) dans la cinquieme lune, le jour nommé *Kem-chin*, la ville Impériale du milieu, ou bien *Tchoum-tou*, (le *Pe-kim* d'aujourd'hui,) fut prise d'assaut par les *Moum-gols*.

La quatrieme année de *Tchim-yeou*, (1216) dans la sixieme lune, le jour nommé *Pim-chin*, Mercure parut de jour dans la constellation de l'Entre-cuisse; il parut de cette façon durant cent & un jours (*).

L'Empereur des *Kin* érigea la ville de *Honan-fou* en *Tchoum-kim*, ou en Cour du milieu.

La seconde année de *Yuen-kouam*, (1224) le dix-neuvieme jour de la douzieme lune, nommé *Tim-hai*, l'Empereur tomba malade. Le vingt-deuxieme, nommé *Kem-yn*, il mourut. L'Empereur, en mourant, déclara *Ouan-nien-cheou-su* son successeur. Il avoit un frere aîné, nommé *Ouan-nien-cheou-chun*, qui souffrit cette préférence avec douleur.

GHAI-TÇOUM.

Ghai-tçoum porta trois noms propres, l'un après l'autre. Il fut d'abord nommé *Cheou-su*, ensuite *Cheou-li*; ces deux noms étoient Chinois. Son nom propre *Niou-tche* étoit *Nim-kia-sse*. Il étoit le troisieme fils de *Suen-tçoum*.

La premiere année de *Tchim-tha*, (1225) le premier jour de l'an, nommé *Vou-su*, il changea le titre des années de son pere, & donna aux siennes le titre de *Tchim-tha*.

Le jour nommé *Vou-ou*, il parut à la porte du pa-

(*) C'est une erreur de l'Historien; aussi dans l'histoire particuliere des phénomenes célestes, cette même apparition est attribuée à Jupiter, & non pas à Mercure, à qui cela ne peut convenir. Mais pour donner en passant un essai des ces observations Chinoises, je rapporterai ici les principales que cette histoire particuliere marque sous les quatre premieres années de *Tchim-yeou*, c'est-à-dire, sous l'an 1213 & les trois suivants.

Dans la seconde année de *Tchim-yeou* (1214) le jour de la seconde lune, nommé *Tim-vei*, la lune s'éclipsa. Le premier jour de la neuvieme lune, nommé *Gin-su*, il y eut une éclipse totale de soleil, & toutes les grandes étoiles du ciel parurent. Tous ces observations furent faites dans le *Pe-kim* d'aujourd'hui.

Dans la troisieme année de *Tchim-yeou* (1215) le jour de la premiere lune, nommé *Tim-sé*, le soleil à son lever parut rouge comme du sang; il reprit la même couleur un peu avant son coucher. Le jour de la septieme lune, nommé *Ki-mao*, la lune entra dans la constellation des Hyades. Vers la minuit suivante, elle n'étoit éloignée de la plus grande étoile, ou d'*Aldebaran*, que d'environ dix-huit minutes. Le jour de la huitieme lune, nommé *Sin-tcheou*, il y eut éclipse totale de lune. Le jour de la douzieme lune, nommé *Kem-yn*, Vénus parut dans la constellation nommée la Dangereuse; (elle comprend la tête & la bouche de Pégase, avec la claire de l'épaule droite d'*Aquarius*.)

Dans la quatrieme année de *Tchim-yeou*, (1216) le jour de la premiere lune, nommé *Yi-mao*, à minuit, il parut au ciel une étoile volante de la grandeur du soleil & de couleur de feu, qui laissoit après soi une trace longue de plus de dix pieds, (ou degrés.) Elle tomba au Sud-Ouest de la capitale, & elle le fit avec un bruit semblable à celui du tonnerre. Le premier jour de la seconde lune, nommé *Kia-gin*, le soleil s'éclipsa. Le jour de la seconde lune, nommé *Ki-hai*, il y eut une éclipse de lune. Le jour de la quatrieme lune, nommé *Tim-yeou*, Vénus parut de jour dans la constellation de l'Entre-cuisse. Quatre-vingt-seize jours après, elle se cacha sous les rayons du soleil. (La constellation de l'Entre-cuisse comprend la plus grande partie des étoiles du Poisson boréal, & quelque peu de l'Andromede; les étoiles qui la forment sont disposées en deux lignes droites qui aboutissent à un angle fort aigu. De-là vient le nom que les Chinois lui ont donné.) Le jour de la sixieme lune, nommé *Pim-chin*, Jupiter parut de jour dans l'Entre-cuisse; cent & un jours après, il se cacha sous les rayons du soleil. (C'est cette apparition que notre Historien attribue à Mercure.) Le premier jour de la seconde-septieme lune, qui conséquemment étoit intercallaire, nommé *Gin-ou*, il y eut éclipse de soleil.

lais un homme vêtu de deuil, qui la regardant fixement, se mettoit tantôt à rire, tantôt à pleurer; on lui en demanda la raison. ,, Quand je ris, répondit-il, je ris ,, de ce que parmi tant de Miniftres & de Capitaines ,, qui nous gouvernent, il ne fe trouve pas un feul ,, homme. Quand je pleure, je pleure fur la perte ,, prochaine de l'Empire des *Kin* ". Tous les Officiers de la Cour demandoient qu'on le fît mourir. L'Empereur n'y voulut point confentir, & dit: ,, J'ai permis ,, à tout le monde par un édit folemnel, de parler ,, librement; ainfi quoique la chofe fente l'infulte & ,, la raillerie, il n'eft point coupable ". Les Officiers fe contenterent de lui faire donner la baftonnade, pour avoir ris & pleuré dans un lieu non-convenable.

La feconde année de *Tchim-tha*, (1226) dans la neuvieme lune, le Roi de *Hia* fit fa paix, & fe rendit une feconde fois tributaire des *Kin*, donnant à leur Empereur le titre de frere aîné. Dans la dixieme lune, le jour nommé *Yi-hai*, l'Empereur ordonna à fes Officiers de faire ériger un temple à treize Officiers qui avoient facrifié leur vie pour le bien de l'Empire.

La feptieme année de *Tchim-tha*, (1231) dans la cinquieme lune, *Yam-miao-tchim*, femme de *Li-tçuen* qui avoit été tué par les Chinois, pour venger la mort de fon mari, fit jetter des ponts flottans au Septentrion de la ville de *Hoai-ghan-fou*, & dans le deffein de les attaquer, elle envoya *Hha-ta-pou-gba* garder la frontiere de fa jurifdiction.

La premiere année de *Ta-him*, (1232) cette année au commencement porta le titre de neuvieme de *Tchim-tha*. Après qu'il fe fut écoulé une partie de la premiere lune, elle eut celui de *Khai-him*, & dans la quatrieme, elle prit celui de *Ta-him*. Le premier jour de la premiere lune étoit nommé *Gin-ou*. Le quatorzieme de la premiere lune, nommé *Yi-vei*, les coureurs de l'armée *Moumgols* arriverent devant *Pien-tchim*, capitale alors de l'Empire des *Kin*. Dans la quatrieme lune, le jour nommé *Tim-fé*, l'Empereur envoya des Députés aux *Moumgols* avec de riches préfents, pour demander la paix. Le jour nommé *Vou-ou*, il en envoya d'autres avec de nouveaux préfents, pour les remercier de ce qu'ils la lui avoient accordée. Ce fut après cela qu'il donna à fes années le titre de *Thien-bim*, c'eft-à-dire, *celui que le Ciel a relevé*. Le jour nommé *Tim-mao*, la ville de *Pien* fut entiérement délivrée du fiege. Le jour de la cinquieme lune, nommé *Sin-fé*, le Général *Pou-ffao* ne voulut pas permettre au peuple qui s'y étoit retiré, d'en fortir. Le premier jour de la feptieme lune, nommé *Kem-tchin*, il parut des feux fur la pointe des armes des foldats. Le jour nommé *Kia-chin*, l'Empereur fut averti que le Colonel du régiment des Tigres-volants avoit fait maffacrer *Tham-khim* & trente-deux autres Ambaffadeurs *Moumgols* dans leur hôtel. L'Empereur lui pardonna cette action qui mit obftacle à l'affermiffement de la paix. Dans l'onzieme lune, le jour nommé *Gin-tçe*, le fixieme du mois, les habitants de la capitale bloquée commençoient à fe manger les uns les autres. Le feptieme jour, on ouvrit deux portes, & on laiffa fortir le peuple pour aller chercher des vivres. Dans la douzieme lune, le jour nommé *Sin-tcheou*, vingt-fixieme de la lune, l'Empereur fortit de fa capitale. En fortant, il dit ces paroles aux Officiers & aux troupes de la garnifon: ,, Les ,, temples du Dieu des terres, du Dieu des grains & ,, des Empereurs mes ancêtres font dans cette ville. ,, Vous êtes des braves; n'allez pas vous imaginer ,, que parce que vous n'affifterez pas aux combats que ,, je vais donner, vous en aurez moins de part au ,, mérite. Si vous confervez dans fon entier le dépôt ,, que je vous confie, fachez que votre mérite ne fera ,, pas oublié, & que votre récompenfe fera égale à ,, celle de ceux qui combattront avec moi ". Ce difcours tira les larmes des yeux de tous ceux qui l'entendirent. L'Empereur ayant appris que tout étoit ravagé à trente lieues de la ville du côté de l'Occident, tourna vers l'Orient, & vint à la ville de *Tchin-leou-hien*. Le jour nommé *Gin-hin*, qui fut le vingt-feptieme, il arriva à la ville de *Ki-hien*. Le vingt-huitieme, nommé *Kouei-mao*, il arriva à *Hoam-tchim*. Le vingt-neuvieme, nommé *Kia-tchin*, il arriva au terrtre de *Hoam-lim-kham*. Le trentieme, nommé *Yi-ffé*, il réfolut, de l'avis de fes Capitaines, de paffer au Nord de la riviere de *Hoam-ho*.

La feconde année de *Ta-him*, (1233) le premier jour de la premiere lune, nommé *Pim-ou*, l'Empereur paffa le *Hoam-ho*. Un vent impétueux, qui s'éleva du côté du Nord, empêcha fon arriere-garde de paffer. Le fecond jour nommé *Tim-vei*, les *Moumgols* joignirent l'arriere-garde fur la rive méridionale du fleuve; ils prirent ou exterminerent tout. Le jour nommé *Tim-yeou*, (il faut corriger *Ki-yeou*, qui fut le quatrieme de la premiere lune,) l'Empereur pleura la perte de fon arriere-garde, & facrifia aux foldats qui y avoient été tués; il fit ce facrifice fur la rive feptentrionale du fleuve. Il donna fes ordres pour faire affembler des troupes & des vivres, dans le deffein d'aller fe rendre maître de la ville de *Ouei-tcheou*. Le Généraliffime *Pou-tcha* avec l'avant-garde, compofée de onze mille hommes, vint à *Pou-tchim*. Le cinquieme jour nommé *Kem-fu*, l'Empereur arriva au tertre nommé *Gheou-ma-kham*; l'arriere-garde, commandée par *Pe-cha*, n'arriva pas. Le fixieme jour nommé *Kem-fu*, *Pe-ffaa* attaqua la ville de *Ouei-tcheou* fans fuccès. L'onzieme jour nommé *Yi-mao*, les *Moumgols*, après avoir paffé les fleuves, vinrent camper au Sud-Oueft de *Ouei-tcheou*. Le treizieme jour nommé *Tim-fé*, les *Moumgols* défirent entiérement *Pe-ffaa* dans une bataille. Le jour nommé *Vou-ou*, qui fut le quatorzieme, l'Empereur arriva à *Pou-tchim*, d'où il retourna au village de *Ouei-leou-tçun*. Le quinzieme, nommé *Ki-vei*, l'Empereur, par le confeil de *Pe-ffaa*, abandonna fes armées, & repaffa le fleuve *Hoam-ho*, accompagné feulement de fix ou fept perfonnes, dont l'un étoit le Lieutenant-Généraliffime de l'armée. Il prit fa route vers la ville de *Kouei-te-fou*. Le feizieme nommé *Kem-chin*, les armées apprirent la fuite de l'Empereur, & fe débanderent. Le dix-feptieme jour nommé *Sin-yeou*, l'Empereur entra dans *Kouei-te-fou*. *Pe-ffaa* revint de *Pou-tchim*, & ayant affemblé fes troupes fur le grand pont, il n'ofa entrer. Le dix-huitieme, nommé *Gin-fu*, l'Empereur envoya appeller *Pe-ffaa*, & lui ayant reproché fes crimes, il le fit mettre en prifon; il confifqua fes biens, & les fit diftribuer à fes troupes. Sept jours après, *Pe-ffaa* & fon fils *Hou-tou-lin* moururent en prifon. Le vingt-troifieme jour, nommé *Vou-tchin*, le Général *Tçoui-li* fe révolta dans la capitale affiégée ou bloquée, tua le Prince *Ouan-nien-nou-chin*, & fit donner le gouvernement de l'Empire à *Tçoum-kho*, fils du Roi de *Ouei*. Il fit mourir un grand nombre des principaux Seigneurs, & enfuite il traita avec les *Moumgols*. Le vingt-huitieme, nommé *Kouei-yeou*, le Généraliffime *Moumgol*, nommé *Sou-bu-ghai*, (l'Hiftoire des *Soum* le nomme *Souboudai*,) vint affiéger une feconde fois la Cour de *Pien*. Le vingt-neuvieme, nommé *Kia-fu*, le Seigneur *Ta-pou-che* avec fon pere, & *Se-hi* avec fa femme, forcerent les gardes de la capitale, & s'enfuirent. Ils étoient arrivés le vingt-cinquieme à *Kouei-te-fou*. Le trentieme, nommé *Yi-hai*, l'Empereur, irrité de cet attentat, leur fit trancher la tête à tous les deux en plein marché.

Le premier jour de la feconde lune, nommée *Pim-tçe*, *Tcham-hien* fe révolta. Dans la troifime lune, le jour nommé *Yi-tcheou*, l'Empereur prit la réfolution de fe retirer dans la ville de *Tçai-tcheou*; il fit avertir les habitants de fon deffein. Le jour nommé *Vou-tchin*, *Kouan-nou* fe révolta, & fit tuer plus de trois cents des principaux Seigneurs. L'Empereur, au-lieu de le punir, le récompensa. Le jour nommé *Sin-sé*, *Kouan-nou* se rendit maître des portes du palais, & empêcha qu'on ne fît rapport d'aucune affaire à l'Empereur. L'Empereur gémissant, se lamentant & fondant en larmes, dit ces paroles : « Il n'y a point d'Empire éternel, ni d'Empereur immortel. L'unique regret que j'ai, c'est que, pour me connoître si mal en gens, je me vois emprisonné par ce scélérat ». La quatrieme lune, le jour nommé *Gin-ou*, le Prince *Ouan-nien* fit mourir *Vam-te-tçum* avec son fils. Le jour nommé *Kem-yn*, le Commandant *Li-chun-eul* se révolta, & se rendit à *Tçoui-li*. Le jour nommé *Kouei-ssé*, le perfide *Tçoui-li* conduisit dans la forteresse de *Tçim-tchim*, (elle est dans la ville de *Pien*) plus de cinq cents, tant Princes que Princesses du sang, qu'il livra à l'ennemi. Le jour nommé *Kia-ou*, les deux Impératrices qui avoient été livrées, furent envoyées par les *Moumgols* en Tartarie. Le jour nommé *Kia-tchin*, deux *Tçie-tou-sse* abandonnerent leurs villes, & allerent se livrer aux Chinois. Dans la sixieme lune, le jour nommé *Ki-mao*, *Kouan-nou* & *Ali-hha-pe-tçin*, son partisan, reçurent la mort qu'ils méritoient. Le jour nommé *Gin-ou*, la Cour du milieu qui avoit été reprise, fut forcée une seconde fois par les *Moumgols*. Le jour nommé *Sin-mao*, l'Empereur partit de *Kouei-fou*. Le jour nommé *Gin-tchin*, il campa dans la ville de *Po-tcheou*. Le jour nommé *Ki-hai*, l'Empereur arriva à *Tçai-tcheou*. Le quinzieme de la septieme lune, nommé *Tim-sé*, un Officier des Gardes apporta de *Pien* les portraits des Empereurs morts. L'Empereur ordonna qu'on les plaçât dans le temple d'Idoles, nommé *Khien-yuen-sé*. Dans la huitieme lune, le jour nommé *Yi-yeou*, les *Moumgols* prierent les Chinois méridionaux de faire le siege de *Tham-tcheou*. Le Lieutenant du Commandant Général de la place fut tué dans un combat par les Chinois. Le Commandant *Pou-tcha* fut mangé par ses propres soldats. Les Chinois, après avoir emporté la ville d'assaut, firent rechercher ces antropophages, & les firent mourir dans les supplices; au reste, ils ne firent aucun dommage à la ville.

Le jour nommé *Yi-yei*, étoit le jour natal de l'Empereur. Il reçut encore des compliments de plus de vingt endroits. Le huitieme jour de la neuvieme lune, nommé *Kem-su*, l'Empereur, à cause de la fête du jour suivant, adora le Ciel à la maniere des *Niou-tche*. Ensuite il fit la harangue suivante à tous les Seigneurs qui l'avoient accompagné à la cérémonie: « Depuis la fondation de notre Empire, les Empereurs vous ont nourri, comme leurs enfants, pendant plus de cent ans, les uns en récompense des services de leurs ancêtres, & les autres par rapport à leurs propres services. Il y a long-temps que vous gémissiez sous le poids des armes. Ceux qui partageront avec moi les malheurs présents, pourront jouir de la gloire due aux sujets fideles. J'apprends que les *Moumgols* se préparent à nous venir attaquer ici. La fortune vous favorise en cela, vous donnant occasion de vous signaler par vos services, & de montrer votre reconnoissance envers l'Etat. Que si vous mourez pour le bien de l'Empire, on ne pourra vous ravir la gloire de mânes fideles, qui vous accompagnera dans le tombeau. Le seul chagrin que vous avez pu avoir dans les expéditions passées, c'est que vos belles actions ne fussent pas connues du Prince. Aujourd'hui je serai témoin en personne de tout ce qui se fera; ainsi prenez courage ». La harangue finie, il présenta à chacun une tasse pleine de vin. Le tout n'étoit pas encore fait, que les batteurs d'estrade vinrent annoncer l'approche de l'ennemi. L'Empereur fit faire une sortie sur les premiers qui parurent : en même-temps, il distribua les postes pour la garde de la ville. Le jour nommé *Ki-hai*, les ennemis ouvrirent la tranchée, & com-

mencerent leurs lignes de circonvallation. Le premier jour de l'onzieme lune, nommé *Sin-tcheou*, l'Empereur de la Chine méridionale envoya deux de ses Généraux, avec dix mille hommes d'armes & trente milles charges de grains, pour aider les *Moumgols* à prendre la ville de *Tçai-tcheou*, dans la Province de *Houan*.

Dans la douzieme lune, le jour nommé *Ki-mao*, le neuvieme, les *Moumgols* s'emparerent de la muraille extérieure. Le jour nommé *Ki-tcheou*, c'est-à-dire, dix jours après, ils firent brèche à la muraille du côté de l'Occident. Ce fut alors que l'Empereur tint ce discours que j'ai rapporté ailleurs. Le jour nommé *Kia-ou*, l'Empereur s'étant déguisé, sortit de la ville durant la nuit avec une troupe de braves, pour tâcher de s'enfuir. Etant arrivé aux retranchements des ennemis, il les trouva si forts qu'il s'en retourna sans combattre.

La troisieme année de *Ta-him* (1234,) le jour nommé *Gin-yn*, l'Empereur créa, par patentes, le Dieu de l'étang, nommé *Thai-tan*, (qui étoit auprès de la ville, & que les assiégeants avoient saigné,) *Hou-koue-ym-lim-vam*, c'est-à-dire en Chinois, le *Roi conservateur de l'Etat*, qui répond aux vœux & opere des miracles. Le jour nommé *Vou-chin*, qui étoit le neuvieme de la premiere lune, l'Empereur ayant assemblé tous ses Officiers, se démit de l'Empire, & le céda au Prince de son sang, nommé *Ouan-nien-tchim-lin*, qui le refusa long-temps. Le jour nommé *Ki-yeou*, qui étoit le dixieme, *Ouan-nien-tchim-lin* fut proclamé Empereur, & reçut les compliments de tous les Officiers. La cérémonie finie, tous coururent à leurs postes; mais les étendards Chinois étoient déja arborés sur la muraille du Midi. Un moment après, il s'éleva de tous côtés des hurlements effroyables, qui firent trembler le ciel & la terre. Les assiégés abandonnerent leurs postes, & l'armée ennemie entra de toutes parts dans la ville. Les assiégés firent ferme dans les rues, & se battirent tant qu'ils purent; mais à la fin ils succomberent. L'Empereur *Ouan-nien-cheou-fu* se pendit & s'étrangla. Ses Officiers lui donnerent le titre de *Ghai-tçoum*, c'est-à-dire en Chinois, le *vénérable digne de compassion*. On brûla son corps, malgré le tumulte & le carnage, & on enterra ses cendres. L'Empereur *Ouan-nien-tchim-lin* fut tué dans la mêlée. Ainsi périt l'Empire des *Kin* ou des *Niou-tche*, après avoir duré cent vingt ans, suivant le calcul qui compte pour la premiere de leur Empire, l'année onze cents quinze, qui fut effectivement l'année qu'*Agoutha* fut proclamé pour la premiere fois Empereur; mais les Chinois, qui regardent cette proclamation comme nulle, commencent par l'an 1117, qu'*Agoutha* fut proclamé Empereur pour la seconde fois : encore faut-il pour remplir le nombre de 120 ans des *Niou-tche*, & de 118 des Chinois, attribuer à *Ghai-ti* l'année 1234 de J. C. toute entiere, quoiqu'elle ne lui appartienne pas, n'en ayant régné que neuf jours.

Il reste encore deux remarques à faire, l'une sur les coutumes de cette Dynastie, l'autre sur la langue de la nation. Pour ce qui regarde la langue, je me réserve à en parler à la fin, lorsque cette nation sera remontée sur le trône de la Chine. Quant aux coutumes, les *Niou-tche* ont été, pour ainsi dire, plus rigides observateurs des manieres Chinoises que les Chinois mêmes. Ils en observoient les loix & les cérémonies, sur-tout celles des sacrifices, avec une ponctualité qui ne se peut assez admirer. J'ai touché quelque chose des sacrifices qu'ils faisoient pour demander de la pluie ou du beau temps; je dois ajouter ici que, suivant la regle de la Chine, ils ne s'adressoient pour cela à leurs ancêtres que dans la derniere nécessité, pour ne pas les importuner, & ne les pas charger d'un soin qu'ils croyent ne pas convenir assez à la grandeur & à la majesté de leurs mânes. Ils commençoient donc

CANON CHRONOLOGIQUE

DES EMPEREURS DE LA DYNASTIE DES *KIN* OU DES *NIOU-TCHE.*

	L'EMPEREUR	Sous le titre de	commença l'an du Cycle.	l'an de J. C.	finit l'an du Cycle.	l'an de J. C.	régna en tout	vécut	mourut.
1.	*Agoutha* ou *Thai-tçau* . . .	*Cheou-koue*	*Yi-yei* . . .	1115	*Pim-chim* .	1116			
		Thien-fou .	*Tim-yeou* .	1117	*Kouei-mao*	1123	9	56	
2.	*Thai-tçoum* . . .	*Thien-hoei*, c'est plutôt *Ta-hoei* . .	*Kouei-mao*.	1123	*Yi-mao* . .	1135	13	61	
3.	*Hii-tçoum* . . .	*Thien-hoei*, c'est *Ta-hoei* . .	*Yi-mao* . .	1135	*Tim-fï* . .	1137			
		Thien-kiuen	*Vou-ou* . .	1138	*Kem-chin* .	1140			
		Hoam-thoum	*Sin-yeou* .	1141	*Ki-ffe* . . .	1149	15	31	assassiné.
4.	*Fei-ti*, dit *Hai-lim* . . .	*Thien-te* . .	*Ki-ffe* . . .	1149	*Gin-chin* .	1152			
		Tchim-yuen	*Kouei-yeou*	1153	*Yi-hai* . . .	1155			
		Tchim-loum	*Pim-tçe* . .	1156	*Sin-fï* . . .	1161	13	40	assassiné.
5.	*Che-tçoum* . . .	*Tatim* . . .	*Sin-fï* . . .	1161	*Ki-yeou* . .	1189	29	67	
6.	*Tcham-tçoum* . .	*Mim-tcham*	*Kem-fu* . .	1190	*Yi-mao* . .	1195			
		Tchim-ghan	*Pim-tchin*	1196	*Kem-chin* .	1200			
		Thai-ho . .	*Sin-yeou* .	1201	*Vou-tchin* .	1208	19	41	
7.	*Ouei-chao-yam* .	*Tha-ghan* .	*Ki-ffe* . . .	1209	*Sin-yei* . .	1211			
		Tçoum-khim	*Gin-chin* .	1212	*Gin-tchin* .	1212			
		Tchi-nim . .	*Kouei-yeou*	1213	*Kouei-yeou*	1213	5		assassiné.
8.	*Suen-tçoum* . . .	*Tchim-yeou*	*Kouei-yeou*	1213	*Tim-tcheou*	1217			
		Him-tim . .	*Tim-tcheou*	1218	*Gin-ou* . .	1222			
		Yuen-kouam	*Kouei-vei* .	1223	*Kia-chin* .	1224	11	61	
	Ghai-tçoum . .	*Tchim-cha* .	*Yi-yeou* . .	1225	*Sin-mao* .	1231			
		Thien-him .	*Gin-tchin* .	1232	*Kia-ou* . .	1234	10		

Ouan nieu-tchim-lin fut tué le jour même de son Couronnement; c'est pourquoi il n'est pas mis au rang des Empereurs. Nonobstant cela, l'Histoire lui donne le titre de *Mo-ti*, c'est-à-dire dernier Empereur.

TABLE GÉNÉALOGIQUE

DES EMPEREURS DES *KIN* OU DES *NIOU-TCHE.*

	nombre de leurs enfans mâles.		EMPEREURS véritables.	nombre de leurs enfans mâles.
Chi-tçou	2	Premier	*Thai-tçau*, ou bien *Agoutha*, second fils de *Che-tçau*.	16
Te-hoam	3	Second	*Thai-tçoum*, quatrieme fils de *Che-tçau*	14
Ghan-ti	5	Troisieme	*Hii-tçoum*	2
Hien-tçau	7	Quatrieme	*Hai-lim*	4
Tchao-tçau —	6	Cinquieme	*Che-tçoum*	10
Kim-tçau	9	Sixieme	*Tcham-tçoum*	6
Che-tçau, deuxieme fils de *Kim-tçau*	11	Septieme	*Ouei-chao-vam*	6
Sau-tçoum, quatrieme fils de *Kim-tçau*	2	Huitieme	*Suen-tçoum*	4
Mou-tçoum, cinquieme fils de *Kim-tçau*	5			
Kham-tçoum, fils aîné de *Che-tçau*	3			

le paſſa ſans barques à gué. Quand on vient à conſidérer un ſemblable prodige, on n'a plus rien à dire
contre les tortues qui firent à *Mou-man* un pont de
leurs dos pour paſſer ce fleuve, ni contre les glaces
qui affermirent les eaux du *Hoam-ho*, (fleuve à qui
la rapidité de ſon cours ne permet de ſe gêler qu'aux
bords,) lorſque l'Empereur (de Chine) *Han-khouam-
vou-ti* étoit ſur le point de le paſſer. L'année dernière,
nommée *Tchi-ſu*, (ou bien *Tchin*, qui eſt le cinquieme
caractere du Cycle duodénaire, c'eſt l'an 1184,) le
quatrieme mois de l'année & le premier de la ſaiſon
d'été, moi, Empereur, je me ſuis tranſporté dans
mon ancien pays; je ſuis venu ſur les rives du fleuve
Hoen-thoum-kiam; j'ai admiré, en ſoupirant, la maniere dont le premier de mes ancêtres jetta les premiers fondemens de ſon Empire; j'ai loué hautement
le zele avec lequel le Dieu du fleuve avoit employé
ſa puiſſance pour favoriſer *Thai-ſçau*, (fondateur du
même Empire.) Etant de retour dans ma ſuprême
Cour, j'ai tenu conſeil ſur les honneurs qui ſe devoient
rendre au Dieu du fleuve. Ayant examiné les anciens
ſtatuts (Chinois,) j'ai trouvé que les cinq principales
montagnes y ſont comparées aux trois Ducs, & les
quatre fleuves aux Rois tributaires, (c'eſt-à-dire, que
ceux-ci tiennent le même rang parmi les Dieux, que
ceux-là parmi les hommes.) La Dynaſtie (Chinoiſe)
des *Tham*, & celles qui l'ont ſuivie, leur ont attribué
des titres plus relevés, tels que ſont ceux de *Vam*,
(ou de *Roi*,) & de *Ti*, (ou d'*Empereur*.) Cette
augmentation de dignité ne doit point paſſer pour une
vaine oſtentation de la poſtérité; la néceſſité d'élever
la vertu des Dieux, & de récompenſer leurs ſervices,
les a obligés à le faire. Je dois, avec plus de raiſon,
faire la même choſe à l'égard du Dieu du *Hoen-
thoum-kiam*; car outre que ce fleuve prend ſa ſource
dans les Monts-blancs, il arroſe le pays natal de mes
ancêtres, & il les a effectivement aidés à s'élever à
l'Empire. Après tout cela, ſi je venois à manquer de
lui conférer le titre de Duc ſuprême, il ne me reſte-
roit aucun autre moyen de faire connoître à tout le
monde, & de reconnoître moi-même les heureux ſecours qu'il a prêtés à ma Dynaſtie. A ces cauſes, je
députe N. Mandarin N. avec les marques de la foi
publique, pour préparer tout, & vous créer, ô Dieu!
par les préſentes patentes, *Him-koye-ym-chim-koum*,
c'eſt-à-dire, *Duc qui a élevé l'Etat, & exaucé les
vœux du Saint*. De plus, j'ordonne aux Officiers, à
qui il appartiendra, de vous faire tous les ans les deux
ſacrifices réglés. Hélas! la beauté de votre redoutable
Miao eſt parfaite. Il ne manque rien non plus aux
cérémonies de la création; mais vous, ô Dieu! faites-
nous reſſentir à jamais les effets de votre protection,
& employez votre puiſſance à ſoutenir notre Empire
à perpétuité. Par ce moyen, vous, ô Dieu! vous
jouirez auſſi à perpétuité des mets que nous vous offri-
rons en ſacrifice dans votre *Miao*. Ne ſera-ce pas un
égal bonheur pour vous & pour nous "?

En voilà aſſez pour donner une idée juſte de ces
attentats contre la Divinité. Pourroit-on croire, ſi on
ne le voyoit, qu'une nation auſſi ſage en fait de Gouvernement, que l'eſt la Chinoiſe, fût ſi aveugle en
fait de Religion? (*Voyez les deux Tables ci-jointes*.)

Il faut avouer qu'*Agoutha* fut un des plus vaillans
hommes, & un des plus grands Capitaines qui parut
jamais au monde. Peut-on ne pas admirer ſa fermeté,
quand on le voit aller attaquer avec deux mille cinq
cents chevaux, à la vérité tout armés de fer, auſſi-
bien que leurs cavaliers, une armée de cent mille
hommes, & la défaire entièrement? N'eſt-il pas encore
plus étonnant qu'il n'héſite point d'aller donner avec
vingt mille chevaux ſeulement, ſur une armée de plus
d'un million d'hommes, qui avoit à la tête ſon Empereur? Il auroit pu alors avoir une armée incomparablement plus nombreuſe que la ſienne propre; mais
il craignoit que la multitude, loin de ſeconder ſes ef-

forts, ne cauſât la confuſion, & que la confuſion ne
mît obſtacle à la valeur de ſes troupes invincibles. Cette
même nation, qui, de nos jours, a (encore une fois
& cette fois ci entièrement) conquis la Chine, a fait
voir que cette ancienne valeur n'eſt pas encore éteinte
en elle.

DE L'EMPIRE DES MOUMGOLS, *ou DE LA DYNASTIE DES* YUEN.

Les *Kin*, c'eſt-à-dire le plus foible & le plus obſ-
cur de tous les peuples de la Tartarie Orientale, ren-
verſerent le grand Empire des *Leao*, & devinrent, par
cette conquête, la plus célebre nation de l'Orient. Les
Moumgols, qui étoient le plus petit & le plus mé-
priſé de tous les peuples de la Tartarie Occidentale,
anéantirent la Dynaſtie des *Kin*, & fonderent, ſur
ſes ruines, le plus fameux Empire qui fut jamais. Il
ne fut plus queſtion de tribut; il fallut que la Chine
toute entiere pliât pour la premiere fois ſous le joug.
Les *Moumgols* ne fonderent pas un ſimple Empire;
ce fut un compoſé de pluſieurs Empires & un aſſem-
blage d'un très-grand nombre de Royaumes, que la
prodigieuſe valeur de *Tchim-khis-khan*, & celle de
ſes ſucceſſeurs, aſſujettirent à leurs loix. Cet Empire
étoit terminé par les quatre mers, ſavoir, la Méridionale, l'Orientale, la Glaciale, & la Méditerranée. Tous
les peuples qui habitoient ce vaſte continent, furent
forcés à ſe ſoumettre, ſans que les fleuves les plus ra-
pides, ni les montagnes les plus inacceſſibles, ni la
rigueur des climats, ni la férocité, naturelle à la plupart des peuples qu'ils ſubjuguerent, les puſſent mettre à couvert de la valeur *Moumgole*. Au reſte, ils ne
ſe contenterent pas de parcourir tant de pays; ils les
retinrent tous, & les poſſéderent en propre. Ils les
diſtribuerent en Provinces & en Villes, qui étoient
gouvernées immédiatement par les Officiers du *Khan
Moumgol*. Les vaincus ne furent plus de ſimples tributaires; ce furent des ſujets taillables en toute rigueur, à la réſerve néanmoins de la Moſcovie, à qui
il eût été pourtant plus honorable d'être réduite en
Province, que de payer un tribut honteux, & de voir
toujours à ſes portes le terrible *Batou*, petit-fils de
Tchim-khis-khan, qui occupoit ſes meilleures terres.
Il faut encore excepter l'Inde Méridionale & quelques
autres Etats, qui ne payoient aux *Moumgols* qu'un
tribut ordinaire. La mer même ne put donner des
bornes à l'ambition des *Moumgols*. Ils équiperent des
flottes, & la traverſerent pour aller ſubjuguer les in-
ſulaires. Les *Javans* ayant refuſé de ſe ſoumettre,
furent forcés dans leur Iſle; car je crois que ce que
les Chinois nomment *Tchao-ya*, ou bien *Koua-va*,
(car ils écrivent ce nom différemment,) étoit l'Iſle
que nous appellons *Java*; du moins la latitude Méridionale de ſix degrés que lui donnent les *Moumgols*,
convient parfaitement à cette Iſle.

Prenant donc pour bornes de cet Empire, du côté
du Midi, le ſixieme degré de latitude Méridionale,
on trouvera qu'il occupoit près de quatre-vingts degrés du Midi au Septentrion; & comptant de l'extrémité la plus Orientale de la *Corée* juſqu'à *Alep*, ſur
le bord de la mer Méditerranée, on en trouvera plus
de quatre-vingts de l'Orient à l'Occident. Parmi tant
de pays, dont ils étoient maîtres abſolus, ils choiſi-
rent la Chine comme le meilleur de tous pour y établir le ſiege de leur Empire. Il étoit impoſſible qu'un
ſeul Prince pût, dans un ſi grand éloignement, gouverner tant d'Etats ſi différens en coutumes, en loix,
en langues & en inclinations. Les Empereurs *Moumgols* furent donc obligés, à l'exemple de *Tchim-khis-
khan*, de partager le gouvernement de leurs Etats
entre les Princes de leur ſang, qui, par cette inveſti-
ture, devenoient tributaires du *Khan* ou de l'Empereur *Moumgol*, qui réſidoit en Chine. De-là vient que

de tous ces pays, il y avoit des poftes réglées jufqu'à *Pe-kim*. Les Ambaffadeurs des Papes & des Princes Chrétiens l'éprouverent dans le treizieme fiecle. *Batou* avoit fait trembler l'Europe, fur-tout après avoir défait les Hongrois fur les bords du Danube; ce qui obligea l'Europe de traiter avec lui. Quand ces Ambaffadeurs faifoient quelques propofitions importantes aux *Moumgols* dans la Mofcovie, ou dans la Perfe, on les renvoyoit au fils du Ciel; c'eft ainfi qu'ils nommoient leur Empereur, à la maniere Chinoife, ou au *Khan*, comme ils l'appelloient en leur langue. Ce titre de *Khan* ne fe donnoit qu'à lui feul. En cela, les *Moumgols* furent plus avifés que les Tartares des Dynafties précédentes, qui ne faifoient point de difficulté de créer *Khan* les Princes de leur fang, fans faire attention qu'en leur communiquant ce titre, ils partageoient avec eux l'autorité fouveraine. Je ne m'étendrai pas davantage fur cette Dynaftie, parce que j'ai traduit en Latin ce qu'il y a de plus remarquable dans fon Hiftoire. D'ailleurs, on trouvera, dans les Obfervations qui vont fuivre, ce qui regarde fon origine. (*Voyez les deux Tables ci-jointes.*)

Les fix enfants que *Tchim-khis-khan* eut de trente-fept, tant Impératrices que Reines, qui étoient diftribuées en quatre *Ouardo*, c'eft-à-dire, *palais de tentes*, furent 1. *Chu-tche*. 2. *Tcha-gha-thai*. 3. *Ouokouo-thai*, Empereur. 4. *To-lei*. 5. *Ou-lou-tche*, ou bien *Ouroudge*. 6. *Kouo-yen-kien*. *Chu-tche* laiffa fept enfants : 1. *Pa-tou*, ou bien *Ba-tou*, le Grand Roi : (c'eft celui-ci qui vint fur le Danube, & fit trembler toute l'Europe.) 2. *Sa-li-tha*, le Grand Roi. 3. *Mamgha-themeur*, Roi. 4. *Tho-tho-moum-kha*, Roi. 5. *Tho-tho*, Roi en Chine. 6. *Pe-hhou*, Grand Roi. 7. *Yue-tçii-lie*, Grand Roi. *Ouo-kouo-thai* laiffa cinq enfants : 1. *Mie-li-kii-thai*, Roi. 2. *Moum-gha-thou*, Grand Roi. 3. *Tchebi-themeur*. 4. *Thie-bi-lai*, Grand Roi. 5. *Kiu-lie-lou*, Grand Roi. *To-lei* laiffa onze enfants : 1. *Moum-kho*, Empereur. 2. *Hhou-tou-tou*. 3. N. 4. *Khou-blai*, Empereur. 5. N. 6. *Hu-lai-ghou*, Grand Roi, (deftructeur de l'Empire des Khalifes; nous le nommons *Ho-laghou*.) 7. *Aribougha*, Grand Roi. 8. *Ba-bo-tcho*, Grand Roi. 9. *Mo-kho*, Grand Roi. 10. *Soui-tou-gha*, Grand Roi. 11. *Sue-pie-thai*, Grand Roi.

Les enfants de *Hu-lai-ghou* qui poffederent après leur pere, l'Empire des Khalifes, furent *Aba-kha* Roi, & *Y-lim-tchin-tordge*.

Les Mahométans affurent qu'*Alancova* étoit fille de *Gioubiné*, fils de *Bolduz*, Rois des Mogols de la Dynaftie ou famille de *Kiat*, & qu'elle avoit époufé *Doujoun*, Roi pour lors des Mogols, duquel elle eut deux enfants nommés *Belghedi* & *Bekgiedi*. Incontinent après, parlant de fa groffeffe miraculeufe, ils difent qu'elle accoucha de trois enfants, dont le premier fut nommé *Boukoun-cabaki*, le fecond, *Bouskin-falegi*, & le troifieme *Bouzangir*, qui eft un des aïeuls de *Genghiz-khan*. La généalogie Chinoife des *Moumgols* ne donne en tout que trois enfants à *Alan-kouo-hha*, deux desquels elle eut de fon mari nommé *Thoben-yam-li-kien*. Le premier de ces deux fe nommoit *Po-hhan-kho*, ou bien *Bo-hhan-kha*, & le fecond s'appelloit *Bo-hha-kouan-fa-li-kii*. Le troifieme qui eft le *Chi-tçou*, ou la tige de la famille de *Tchim-khis-khan*, naquit miraculeufement, & porta le nom de *Bod-ouan-tchar*.

Admirons ici encore une fois la puiffance du Dieu des armées, qui n'employa qu'une pierre des plus petites pour réduire en poudre cet effroyable coloffe. Encore ne fut-elle pas détachée d'une montagne; elle fut tirée par fa providence, du lieu le plus bas d'un vallon, je veux dire qu'elle ne fe fervit que d'un payfan Chinois, pour renverfer le fuperbe Empire des *Moumgols*. La famine obligea ce payfan, natif de la Province de *Kiam-nan* & de la famille des *Tchu*, de fe faire Bonze. La même famine le contraignit à

devenir de Bonze, foldat. De foldat il fut bientôt fait Général & Roi. Enfin, après avoir combattu durant vingt ans contre fes compétiteurs, & les avoir tous exterminés, il vint à bout de chaffer les *Moumgols* de la Chine l'an 1367. Ce coup d'Etat lui valut l'Empire, dont il prit poffeffion dans les formes l'année fuivante. Etant Empereur, il envoya fes Généraux dans la Tartarie pour donner la chaffe aux *Moumgols*, qui furent exterminés à plus de trois cents lieues à la ronde. Le refte de leur Empire fe démembra; ce qui donna la hardieffe à *Tamerlan* de fe faifir de la partie occidentale. La Dynaftie dont *Tchu* fut le fondateur, & à laquelle il donna le titre de *Mim*, ou de *clarté*, fubfifta fous treize regnes dans une grande fplendeur, durant deux cents foixante & dix-fept ans, c'eft-à-dire, depuis l'an 1368 jufqu'à l'an 1644. Enfuite l'Empire paffa entre les mains des *Man-tchou*.

DE L'EMPIRE DES MAN-TCHOU, ou DE LA DYNASTIE DES TÇIM.

Les *Man-tchou* étoient un petit peuple de la nation des *Niou-tche*, & defcendoient des *Kin*. Leur pays, leur langue & leur valeur le font affez connoître. Leur *Thai-tçau*, (ou le fondateur de leur Dynaftie,) après avoir emporté de vive force la capitale du *Leao-toum*, y fut proclamé Empereur par les fiens l'an 1616, c'eft-à-dire, cinq cents ans précifément après qu'*Agoutha*, fondateur de la Dynaftie des *Kin*, avoit pris le même titre; car, comme nous avons vu ci-deffus, il le prit l'an 1115. Les *Man-tchou* étoient depuis long-temps en guerre avec les Chinois, fans avoir pu jufqu'alors entamer la Chine. *Ou-ffan-kouei*, Général Chinois, les tenoit, pour ainfi dire, bloqués dans leur nouvelle conquête, lorfque la Providence divine leur ouvrit un chemin aifé au trône de la Chine.

Li-tçe-tchim, fameux chef de bandits, venoit de fe rendre maître de *Pe-kim*; il fe fit fur le champ proclamer Empereur en la place du légitime, que le défefpoir avoit forcé à fe pendre. Un de fes premiers foins fut de s'affurer d'*Ou-ffan-kouei* & de fon armée, dont il connoiffoit la valeur. Il envoya des Députés à *Ou-ffan-kouei*, pour l'inviter à fe foumettre. *Ou-ffan-kouei* rejetta la propofition avec mépris. Il fentit bien que cette démarche alloit inceffamment attirer fur lui toutes les forces du Tyran, dont l'armée étoit compofée de quatre cents mille combattants. Il n'ignoroit pas qu'une auffi petite armée que la fienne étoit hors d'état de réfifter à une auffi grande armée que celle-là. Dans une néceffité fi preffante, il prit le parti d'implorer le fecours des *Nan-tchou*, leur promettant des richeffes immenfes en récompenfe d'un fervice fi fignalé. Les *Man-tchou* accoururent à l'inftant, & leur arrivée prévint celle de l'armée du Tyran. Après avoir pris toutes les affurances poffibles contre la fraude, ils fe joignirent à l'armée d'*Ou-ffan-kouei*. L'armée du Tyran ne tarda pas à paroître. Les *Man-tchou*, qui craignoient encore quelque furprife de la part des Chinois, fe tinrent à l'écart, & rangerent en bataille leur cavalerie fur les collines voifines. L'armée d'*Ou-ffan-kouei*, qui étoit compofée de vieux foldats, engagea le combat avec tant de fureur, que les *Man-tchou* ne douterent plus de la bonne foi d'*Ou-ffan-kouei*. Ils donnerent eux-mêmes en lions, & une partie de leur cavalerie vint par un détour prendre l'ennemi en flanc, l'enfonça, & le défit. Cette victoire n'avoit coupé qu'une tête à l'hydre; il en renaiffoit même autant qu'on en coupoit, parce que le Tyran avoit partagé fes troupes en plufieurs armées, qu'il fallut combattre & défaire l'une après l'autre avant que d'arriver à *Pe-kim*. On verra dans mes recueils de quelle maniere *Ou-ffan-kouei* força cette fameufe ville, & défit entiérement toutes les forces du Tyran. Il fit

CANON CHRONOLOGIQUE
DES EMPEREURS DE LA DYNASTIE DES *YUEN* OU *MOUMGOLS.*

L'EMPEREUR	Sous le titre de	commença l'an du Cycle	l'an de J. C.	finit l'an du Cycle	l'an de J. C.	régna en tout	vécut	nommé en Moumgol.
Thaït-çau . .	. . . .	Pim-yn . . .	1206	Tim-hai . .	1227	22	66	Tchim-khis-kan.
Interregne . .	. . . .	Vou-tçt . . .	1228	Ki-tcheou .	1229	2	40	To-lei , (Régent.)
Thaï-tçoum .	. . . .	Ki-tcheou . .	1229	Sin-tcheou .	1241	13	56	Ouo-kous-thai.
Naï-ma-tchin, Impératrice .	. . . .	Gin-yn . .	1242	Yi-ſſo	1245	4	. . .	Tho-lis-khana.
Tim-tçoum .	. . . .	Pim-ou . . .	1246	Vou-chin . .	1248	3	(43)	Kouei-yeou.
Interregne .	. . . .	Vou-chin . .	1248	Kem-ſu . . .	1250	3	. .	Hai-mli-che, Impératrice.
Hien-tçoum .	. . . .	Sin-bai . . .	1251	Ki-vei . . .	1259	9	52	Mongm-khe.
Che-tçau . .	Tchoum-thoum	Kem-chin .	1260	Kouei-hai .	1263			
	Tchi-yuen . .	Kia-tçs . . .	1264	Kia-ou . . .	1294	35	80	Hhou-bi-lai.
Tchim-tçoum .	Yuen-tchim .	Yi-vei . . .	1295	Pim-chim . .	1296			
	Tha-te . . .	Tim-yeou . .	1297	Tim-vei . .	1307	13	42	Themour.
Vou-tçoum . .	Tchi-tha . .	Vou-chin . .	1308	Sin-hai . . .	1311	4	31	Hai-chan.
Gin-tçoum	Hoam-khim	Gin-tçe . . .	1312	Kouei-tcheou	1313			
	Yen-yeou . .	Kia-yn . . .	1314	Kem-chin . .	1320	9	36	Chai-yu-li-pa-li-pa-la.
Ym-tçoum	Tchi-tchi . .	Sin-yeou . .	1321	Kouei-hai .	1323	3	21	Che-te-pala, assassiné.
Thaï-tim	Thaï-tim . .	Kia-tçe . . .	1324	Tim-mao . .	1327			
	Tchi-ho . . .	Vou-tchin . .	1328	Ki-tchin . .	1328	5	36	Ye-ſun-themour.
Mim-tçoum . . .	Thien-lil . .	Vou-tchin . .	1328	Ki-ſſe	1329	1	30	Ho-che-ſo ; de mort subite.
Ven-tçoum	Thien-lil . .	Ki-ſſe	1329	Ki-ſſe	1329			
	Tchi-chun . .	Kem-ou . . .	1330	Gin-chin . .	1332	4	29	Thou-themour.
Nim-tçoum	. . . .	Gin-chin . .	1332	Gin-chin . .	1332	. . . .	7	Y-lin-tche-pan.
Chunti	Yuen-thoum	Kouei-yeou	1333	Kia-ſu . . .	1334			Tho-houan-the-mour. Il mourut deux ans après avoir été chassé de la Chine, c'est-à-dire en 1370.
	Tchi-yuen .	Yi-hai	1335	Kem-tchin .	1340			
	Tchi-tchim	Sin-ſe	1341	Vou-chin . .	1368	36	51	

(Ainſi la puiſſance des Moumgols a duré 162 ans, ſous quatorze Empereurs ; mais à ne compter , comme les Chinois, que depuis l'an 1279, que *Khoublai* fut maître de la Chine entière, elle n'a duré dans cet Empire que 89 ans.)

TABLE GÉNÉALOGIQUE
De la Famille des EMPEREURS DE LA DYNASTIE DES *YUEN*, laquelle Famille avoit pour nom *KIOUEN* (ou *KI-OUOUEN.*)

Noms des Hommes:			nombre d'enfans.	Noms des Femmes:		
en Moumgol.	en Chinois.	en Mahométan.		en Moumgol.	en Chinois.	en Mahométan.
Chei-çau , ou tige de la famille.						
Bod-ouan-tchar, troiſieme fils de Tho-ben-yam-li-kien & d'Alan-kouo-hha	Po-touan-tchal	Buzangir ou Buzangior-khan	1.			
				Alan-kouo-hha	Olan-kouo-ho	Alankava ou Alancava.
Parin-ſu-bera-thou-hha-pii-biu.	Pa-lin-ſii-he-la-thou-hha-pii-hiu.	Buca-khan	1.			
Yam-li-thou-thoun.	Yam-li-tou-tun	(Dousomnan)	7.	Mo-na-loun.	Mo-na-loun.	Menoulon.
Kina-douo-hhan.	Kin-a-toul-han	(génération omiſe.)	1.			
Ilhaï-dou	Hai-tou	Cai-dou-khan	1.			
Dai-ſim-ghour	Pai-ſeni-oul	Baiſancor	1.			
Thoum-bi-nai	Thum-pii-nai	Toumenah-khan	6.			
Kho-boul-hhan	Kho-pou-lu-ban	Kil-khan, c'est Coblai-khan	7.			
Dar-tan	Pa-li-tan	Bortan,	4.			
Lie-tçau, ou l'illuſtre Aïeul ; Yeſſo-kai	Ye-ſo-kai	Ieſucai ou Biſukai.	5.	Yo-loun.	Yue-loun	Oloun.
Thaï-tçau ou Tchim-kbis-khan	Tchim-kii-ſſo-kho-ban	Genkbiz-khan , ou Tchinghiz-khan	6.			

Les cinq Enfants de *Ye-ſo-kai*, ſont, 1. *Tchim-khis-kan.* 2. *So-tche-ghar*, Roi. 3. *Hha-tche-ouen*, grand Roi. 4. *Thia-mou-kha-ouo-tche-kin*, l'auguſte très-grand frere cadet. 5. *Pie-li-kou-thai*, Roi.

paroître, en cette occasion, autant d'habileté que de courage. Il lui fallut livrer tant de combats, avant de le chasser de la Province de *Pe-kim*, qu'il y périt, en fort peu de temps, plusieurs centaines de milliers d'hommes.

Après la défaite du Tyran, les *Man-tchou* vinrent camper sous les murs de *Pe-kim*. Les Chinois envoyerent rendre graces au Roi des *Man-tchou*. Ils le prierent de choisir dans les trésors de l'Empire ce qui lui agréeroit, & de se retirer ensuite avec son armée dans le *Leao-toum*. Il répondit que l'expédition qui l'avoit amené, n'étoit pas encore terminée; qu'à la vérité *Li-tçe-tchim* avoit été exterminé, mais qu'il y avoit encore beaucoup d'autres Tyrans dans l'Empire; qu'il ne vouloit pas laisser imparfait l'ouvrage qu'il avoit si heureusement commencé; qu'au reste, après avoir pacifié la Chine, il se retireroit volontiers. Les Chinois n'avoient point d'Empereur; ils prévoyoient une terrible guerre civile entre les prétendants; d'ailleurs, ils redoutoient la valeur des *Man-tchou*; le Tyran avoit mis les Chinois hors d'état de leur résister en cas d'attaque. Toutes ces considérations, jointes aux négociations secretes, firent résoudre tous les Officiers de la Cour à envoyer des Députés présenter la couronne au Roi des *Man-tchou*. Ils furent bien reçus, comme on peut croire.

Aussi-tôt après, tous les Officiers de la Cour sortirent de la ville Impériale, & après avoir rendu leurs hommages à leur nouvel Empereur, ils l'introduisirent dans la capitale, & le placerent sur le Trône des Empereurs Chinois. Les *Man-tchou*, nonobstant une proclamation si paisible & si solemnelle, ne laisserent pas de trouver beaucoup de résistance en diverses Provinces, où des Princes du sang des Empereurs Chinois se firent aussi proclamer Empereurs; mais leur bonheur joint à leur valeur, vint à bout de tout. Je ne m'étendrai pas sur cette grande conquête; je ne parlerai pas non plus de l'origine de la famille régnante; elle ne manque pas de prodiges. Je n'ai point d'histoire écrite sur laquelle je puisse établir ce que je dirois. Je ne puis pourtant omettre quelques particularités que je tiens des *Man-tchou* mêmes, & qui méritent d'être sues.

Cette Dynastie, (qui le pourroit croire,) a été fondée en Chine sous trois minorités consécutives. Voici la premiere. Le fondateur de la Dynastie étant au lit de la mort, on lui demanda auquel de ses enfants, il destinoit l'Empire, au cas que le Ciel vînt à disposer de sa personne: " Que le fils de mon qua- " trieme fils soit Empereur, répondit-il ". Le respect empêcha qu'on ne fît des remontrances contre cette disposition. *Thai-tçau* étant mort bientôt après, les Etats de la nation s'assemblerent. Ils ne savoient quel parti prendre dans une conjoncture si délicate; car d'un côté le second fils du fondateur étoit le plus fameux de leurs Capitaines, & avoit tout droit de prétendre à l'Empire; de l'autre, celui que *Thai-tçau* avoit nommé, étoit encore au berceau. Personne n'osoit parler, lorsque *Thai-yam*, (ce qui signifie le *très-grand Roi*; c'est le titre du troisieme fils du fondateur, à qui l'Empire appartenoit naturellement, parce que *Thai-tçau* avoit fait mourir son fils aîné pour cause de révolte, & que le second étoit fils d'une concubine; ce qui lui donnoit l'exclusion par rapport au légitime,) lors, dis-je, que *Thai-yam* se leva, & parla en ces termes: " Nous sommes en guerre avec " la Chine, & nos nouvelles conquêtes sont encore " chancelantes; pouvez-vous penser que le feu Em- " pereur, mon pere, ait voulu nous donner un en- " fant pour Roi? Il a sans doute prétendu par-là que " le pere de l'enfant, qui est mon frere cadet, régnât. " Il s'est servi de ce détour par pure bonté pour m'a- " doucir l'amertume de la préférence, il n'a pas voulu " le nommer directement. Mon frere cadet a plus de " talents que moi pour le Gouvernement, comme " j'en ai plus que lui pour la guerre. Ainsi quand il

" sera à la tête des affaires, & moi à celle des armées, " nous serons invincibles ".

Toute l'assemblée applaudit à ce discours, & admira la grandeur d'ame du Prince. A l'instant *Thai-tçum*, pere de l'enfant, fut proclamé d'une commune voix. Au reste, *Thai-yam*, (que les *Man-tchou* appellent aussi en Chinois, *Hou-tçe*, ou le *Barbu*, & qui passe avec raison pour un héros parmi eux,) fit bien voir dans la suite que la cession qu'il avoit faite de l'Empire, avoit été sincere; car deux de ses enfants ayant murmuré de ce qu'il les avoit privés du droit de succession à l'Empire, & ayant, en conséquence de cela, commencé à cabaler, il les fit mourir dès qu'il le sut.

La seconde minorité n'est pas moins singuliere que la premiere. Tandis qu'on négocioit à *Pe-kim* la proclamation du Roi des *Man-tchou*, il mourut dans son camp. Il laissa deux enfants, l'un âgé d'environ vingt-neuf ans, l'autre d'environ six. Les *Man-tchou* tinrent des Etats généraux pour se créer un nouveau Roi. *Ama-yam*, dixieme fils du fondateur, se leva en pleine assemblée, & harangua en ces termes: " Le fils aîné " du feu Empereur est d'un naturel bouillant & em- " porté; il est plus propre à renverser un Empire " déja établi qu'à en établir un nouveau; que si l'on " prétend le proclamer Empereur, qu'on commence " par me faire couper la tête; car je déclare haute- " ment que je n'y consentirai jamais ". Ces paroles prononcées avec l'énergie que leur donnoit l'autorité d'un Prince, qui passoit pour aussi grand homme d'Etat que pour grand Capitaine, firent une telle impression, que tous concoururent à exclure l'aîné de la succession. Ainsi le cadet, qui fut *Che-tçau*, pere de l'Empereur *Kham-hii* régnant, fut placé sur le trône, quoiqu'il n'eût qu'environ six ans. *Ama-yam* fut fait son tuteur, & Régent de l'Empire avec une autorité absolue. *Ama-yam*, c'est-à-dire, *Pere-Roi*, (parce que l'Empereur son pupille le nommoit ainsi,) contribua plus que personne à affermir en Chine le trône des *Man-tchou*. Il étoit aussi grand homme dans le cabinet que dans le camp. Les *Man-tchou* ont pourtant flétri sa mémoire, prétendant qu'il avoit affecté l'Empire; ce que j'ai de la peine à croire, vu qu'il n'avoit point d'enfants, & qu'il possédoit toute la réalité de la puissance souveraine.

Quoi qu'il en soit, on pourra juger du caractere de ce grand homme par ce que je vais raconter. Je le tiens de gens qui devoient le bien savoir. Il avoit épousé une Princesse qui étoit digne de lui, & dont les conseils lui furent d'un grand secours. Il avoit dans son cabinet dix ou douze porcelaines antiques, dont il faisoit un très-grand cas. Un Officier de son palais en cassa une par mégarde. *Ama-yam*, transporté de colere: " Quiconque, dit-il, en cassera quelqu'une, " mourra ". Cet ordre qui, dans un homme de sa sorte, tenoit lieu de loi, effraya tout le monde. On en fit le rapport à la Princesse, qui désapprouva fort l'emportement de son mari. Elle dissimula pourtant ses sentiments, & laissa passer quelque temps sans rien dire. Un jour, elle se fit apporter une de ces porcelaines; à peine l'eut-elle entre les mains, qu'elle la laissa tomber à terre, & la brisa en cent pieces. Aussitôt elle se fit lier les mains derriere le dos, (marque parmi ces peuples qu'on a mérité la mort,) & ordonna qu'on allât avertir le Prince de l'accident qui venoit d'arriver, sans lui nommer le coupable. Le Prince commanda qu'on le lui amenât. Il fut étrangement surpris quand il vit paroître la Princesse devant lui, en posture de criminelle. Comme il l'aimoit & l'estimoit autant qu'elle le méritoit, il commanda qu'on la délîât; elle ne le voulut pas permettre: " Quoi, " dit-elle, les loix sont-elles un jeu, & quiconque " les a violées n'en doit-il pas porter la peine "? Le Prince avoit beau dire que cette loi ne regardoit en aucune façon sa personne, elle persistoit à refuser d'être

déliée. Le Prince fut obligé de la délier lui-même. Enfuite la Princeffe tint ce difcours au Prince : ,, Sei-
,, gneur, vous avez porté une loi dont les conféquen-
,, ces font bien dangereufes. Si vous l'exécutez, que
,, dira-t-on de vous ? fi ce n'eft que vous préférez
,, une porcelaine à la vie d'un homme. Si vous ne
,, l'exécutez pas, quel cas fera-t-on de vos loix, dont
,, vous êtes le premier à ne pas exiger l'obfervation.
,, Enfin, fi vous la révoquez, ne faites-vous pas fentir
,, à tout le monde, ou votre inconfidération à la pu-
,, blier, ou votre inconftance à l'abroger ? Or tout
,, cela n'eft-il pas indigne d'un homme qui gouverne
,, l'Univers" ?

Le Prince demeura quelque temps penfif, fongeant à fe tirer de ce mauvais pas. Voici l'expédient qu'il trouva pour, d'un côté, ne pas révoquer fa loi, & de l'autre pour n'être pas obligé de l'exécuter. Il ordonna fur le champ qu'on lui apportât tout ce qui reftoit de fes antiques, & les mit lui-même en pieces. Lequel des deux eft plus digne d'admiration, le mari ou la femme ? Du moins cela vaut bien le tour ingénieux que Pulchérie joua à Théodofe.

Je manquerois à la reconnoiffance, fi, parlant de cette Dynaftie, je ne difois rien de l'Empereur *Kham-hii* qui regne aujourd'hui fi glorieufement.

Che-tçau-tcham-hoam-ti vécut 25 ans, dont il en régna dix-huit. Il laiffa quatre enfants, dont aucun n'étoit fils de l'Impératrice. Etant au lit de la mort, il les fit venir en fa préfence pour en nommer un à l'Empire. Il demanda d'abord à l'aîné, s'il vouloit régner. Il répondit qu'il fe fentoit trop foible pour porter un fi péfant fardeau ; en quoi il difoit vrai. J'ai eu l'honneur de le voir plufieurs fois : c'étoit un Prince très-débonnaire, mais peu capable de grandes affaires. Le fecond répondit à-peu-près comme le premier. Quand ce vint au petit *Kham-hii*, il répondit autrement : ,, Papa Empereur, dit-il, donnez-moi l'Empire à gou-
,, verner, & l'on verra comment je m'en démêlerai ". Cette réponfe naïve & hardie charma le pere : ,, Il a
,, du courage, dit-il, qu'il foit Empereur ". Voilà de quelle façon la Providence fit tomber l'Empire à *Kham-hii*, dont elle vouloit faire fon Chrift & un fecond Cyrus. Quel progrès n'auroit pas fait la Religion fous un regne fi favorable, fi l'homme ennemi n'eût femé la zizanie dans le champ du pere de famille, & fi la divifion n'avoit partagé les Miniftres de l'Evangile ?

Kham-hii naquit l'an 1654, nommé *Kia-ou*, l'onzieme du regne de fon pere, le dix-huitieme jour de la troifieme lune, ou du mois lunaire, durant lequel le foleil entre dans le figne du Taureau. Son pere mourut l'an 1661, le feptieme jour de la premiere lune. *Kham-hii*, qui n'avoit pas encore alors fept ans accomplis, fut proclamé, fuivant la coutume, devant le cercueil de fon pere. Cependant les années de fon regne ne commencent à fe compter que du premier jour de l'année fuivante qui fut la 1662e. de J. C. La raifon de cela, c'eft que l'année dans laquelle le pere meurt, lui eft attribuée toute entiere. C'eft un refpect que le fils doit à fon pere, felon les regles de la Chine. *Che-tçau*, par fon teftament, avoit créé un Confeil de régence compofé de quatre des principaux Seigneurs, & laiffé le pouvoir abfolu entre les mains de fa mere, femme d'une grande réfolution, & Moumgole de nation. *Kham-hii* fut déclaré majeur à l'âge de treize ans & un jour ; car telle eft la loi de la Chine. Il ne tarda pas à faire preffentir ce qu'il feroit un jour.

Après la majorité, il fallut rendre compte de la régence. *Pa-tou-rou-koum*, (cela veut dire le *vaillant Duc*,) un des quatre Gouverneurs fous la minorité, étoit un homme d'une force & d'une bravoure extraordinaire. Sa fidélité & fon courage l'avoient élevé de l'état de fimple foldat aux premieres dignités de l'Empire ; mais ces grandes qualités étoient obfcurcies par des vices encore plus grands. Il étoit altier, arrogant, & fur-tout d'une avarice infatiable. Pendant la régen-

ce, il devint bientôt le régent des régents mêmes, & le tyran public. Il devint en même-temps l'horreur de tous les honnêtes gens. Dès qu'on eut la liberté de fe plaindre, on l'accufa de toutes parts. Il fut convaincu de tant de concuffions & de violences, qu'il fut condamné à être haché en pieces dans la place publique. On alla lui lire fa fentence dans la prifon, d'où incontinent après on le fit fortir pour être conduit au lieu du fupplice. Quand on vint pour lui mettre le bâillon à la bouche, (ils en ufent ainfi à l'égard des Grands criminels, pour les empêcher de s'emporter en des paroles indécentes,) il cria à haute voix qu'en qualité d'homme qui avoit gouverné l'Etat, il avoit quelque chofe d'important à communiquer à l'Empereur avant que de mourir. Cette parole avoit été entendue de tout le monde ; ce qui jetta dans un grand embarras les Grands qui étoient chargés de l'exécution de la fentence. S'ils manquoient d'en avertir l'Empereur, ils craignoient qu'on ne leur en fît un crime, & qu'on ne les accufât d'avoir voulu lui fermer la bouche : s'ils avertiffoient l'Empereur, connoiffant comme ils faifoient, les rufes de *Pa-tou-rou-koum* dont ils vouloient la mort, ils avoient peur qu'il ne trouvât quelque moyen de l'éviter. La premiere crainte l'emporta fur la feconde. Un d'eux fe détacha, & alla rendre compte de ce que *Pa-tou-rou-koum* venoit de dire. Les Grands du Confeil, qui étoient affemblés devant l'Empereur, ayant entendu cela, prierent Sa Majefté d'envoyer au fupplice *Pa-tou-rou-koum*, fans l'entendre davantage. L'Empereur, malgré cette oppofition, ordonna qu'on le fît venir.

Pa-tou-rou-koum, qui, dans le chemin, s'étoit préparé à ce qu'il devoit dire & faire, ne fut pas plutôt en préfence de l'Empereur, que découvrant fa poitrine, & la lui montrant toute coufue de coups, il dit avec une voix tonnante : ,, Seigneur, aurez-vous le
,, cœur d'envoyer au fupplice un homme qui a reçu
,, toutes fes bleffures, pour fauver la vie à votre aïeul" ? Tous les Grands fe profternerent devant l'Empereur, & le prierent inftamment d'envoyer ce téméraire au fupplice. ,, Non, non, repliqua l'Empereur ; il ne fera
,, pas dit qu'un homme qui a ainfi expofé fa vie pour
,, fauver celle de mon grand-pere, foit mort par mon
,, ordre ; qu'on le ramene ; & qu'on le renferme en-
,, tre quatre murailles " ; (mais entre ces quatre murailles, on lui bâtit une maifon.) Tous admirerent une fi grande préfence d'efprit, & une force de jugement fi prématurée. Ils approuverent fa conduite ; ils louerent fon bon cœur. Enfin, ils avouerent qu'ils avoient un maître. Voilà par où a commencé la réputation de grand génie que *Kham-hii* s'eft acquife. Je n'entreprends pas d'écrire l'hiftoire de ce grand Prince. Je ne veux pas non plus faire fon panégyrique ; je ferois obligé de ne pas tout dire. Je me contenterai donc de marquer quelques faits certains, qui pourront faire connoître fon caractère.

On peut dire fans flatterie qu'il a tâché d'imiter les meilleurs Empereurs de Chine, qui ont toujours fait plus de cas du titre de pere du peuple, que de celui de fils du Ciel. On peut encore affurer qu'il les a parfaitement imités en ce que je vais dire. Dans l'efpace de 22 ans que j'ay demeuré en Chine, je mets en fait qu'il a remis à fes peuples plus de quatre cents millions de tailles. Après avoir foumis la Tartarie jufqu'aux *Uzbeks* inclufivement, il remit à l'Empire les tributs d'une année entiere. Il ne le fit pourtant que fucceffivement, exemptant les Provinces l'une après l'autre, & cela parce que les dépenfes de l'Empire doivent toujours avoir leur cours. J'ai vu la Province de *Chanfi* exempte jufqu'à trois fois de tout tribut, pour avoir été foulée par des marches de troupes. Au refte, dans ce compte, je n'ai pas compris les remifes annuelles qui fe font pour caufes de calamité, quoiqu'elles montent tous les ans, l'un portant l'autre, à une fomme confidérable. C'eft l'effet de la bonté du Gouvernement,

ment, & non pas de la libéralité du Prince. Voici ce que porte la loi de la Chine : „Tout Gouverneur immédiat, dès que quelque canton de son Gouvernement viendra à souffrir, sera obligé, sous peine de cassation, d'en avertir ses supérieurs. Ceux-ci le feront savoir au Vice-Roi, & le Vice-Roi en informera l'Empereur, qui ordonnera à l'instant la visite du lieu, pour diminuer le tribut à proportion du dommage. Si toute la moisson a été gâtée, tout le tribut sera remis. Si la moitié des grains a péri, la moitié du tribut sera remise, & ainsi du reste ". Cette loi est inviolablement observée ; y-a-t-il rien de plus juste ?

Pour revenir à *Kham-hii*, joignons à ce qui a été dit, les présents qu'il a fait distribuer plus d'une fois à tous les vieillards du petit peuple, qui avoient 80 ans ou plus. J'étois à *Nan-kim* quand on faisoit une de ces distributions. Cette Province, à cause de sa grandeur énorme, est partagée en deux Vice-Royautés. Je vis le rôle d'une de ces Vice-Royautés, tel qu'il avoit été présenté à l'Empereur ; il contenoit près de quarante-quatre mille de ces vieillards. Jugez par-là combien il y en devoit avoir dans tout l'Empire, & conséquemment quelle dépense il falloit faire pour donner à ceux de 80 ans une piece de soie, deux à ceux de 90 ans, trois à ceux de 100 ans, & outre cela, tout ce qui accompagne les pieces de soie. Ajoutez-y encore les fraix immenses qu'il a faits dans le même temps, pour subvenir à la misere publique pendant les famines. Il lui en a coûté dans une seule année plus de quinze millions pour une seule Province. Ce sont-là des aumônes vraiment royales. Au reste, cela ne vaut-il pas incomparablement mieux que d'entasser trésors sur trésors pour faire des guerres, qui cessent d'être justes dès-là qu'elles ne sont pas absolument nécessaires ? Je dis de plus : distribuer ainsi ses richesses, c'est les accumuler ; c'est faire des conquêtes, & des conquêtes légitimes, puisqu'elles se font dans son propre pays. Par-là on multiplie le nombre de ses sujets, sans forcer ceux d'autrui à subir un joug involontaire, par-là on augmente en la même proportion ses richesses, sans appauvrir les voisins ; par-là enfin, on acquiert chez soi une très-grande étendue de terrein, qui, sans cette multiplication de sujets, demeureroit inculte, & comme non-possédé. En effet, sous le long regne de *Kham-hii*, l'Empire de Chine qu'il avoit trouvé désolé par les guerres civiles, s'est si bien rétabli, qu'il regorge aujourd'hui de monde & de richesses. Plût à Dieu que les Princes Chrétiens, qui, comme tels, devroient en faire davantage, voulussent du moins en faire autant !

<table>
<tr><td colspan="8">T A B L E chronologique des Empereurs de la Dynastie des TÇIM, ou des MAN-TCHOU.</td></tr>
<tr><td></td><td>L'EMPEREUR</td><td>Sous le titre de</td><td>commença l'an du Cycle</td><td>l'an de J. C.</td><td>Finit l'an du Cycle</td><td>l'an de J. C.</td><td>régna</td></tr>
<tr><td>1.</td><td>Thai-tçau . .</td><td>Thien-min .</td><td>Pim-tchin</td><td>1616</td><td>Tim-mao .</td><td>1627</td><td>12 ans.</td></tr>
<tr><td>2.</td><td>Thai-tçoum .</td><td>Thien-tçoum
Tçoum-te .</td><td>Tim-mao
Pim-tçe .</td><td>1627
1636</td><td>Pim-tçe .
Kouei vei</td><td>1636
1643</td><td>17</td></tr>
<tr><td>3.</td><td>Che-tçau . .</td><td>Chun-tchi .</td><td>Kia-chin</td><td>1644</td><td>Sin-tcheou</td><td>1661</td><td>18</td></tr>
<tr><td>4.</td><td>Kham-hii . .</td><td>Kham-hii .</td><td>Gin-yn .</td><td>1662</td><td>. . . . .</td><td></td><td></td></tr>
<tr><td colspan="8" align="center">Cette année 1718, qui va finir, est la cinquante-septieme du regne de Kham-hii : qu'il en puisse encore régner autant !</td></tr>
</table>

J'ai cru être obligé de mettre ici cette Table, pour faire voir l'erreur de ceux qui ont fait deux Empereurs du seul *Thai-tçoum*, prenant les deux titres de ses années de *Thien-tçoum* & de *Tçoum-te*, pour deux Empereurs différents. Sur quoi il est bon de remarquer en passant les différents noms que les Chinois se donnent durant leur vie. Ils en portent trois ; 1°. le *Sim*, ou le nom de famille ; 2°. le *Mim*, ou le nom propre ; 3°. le *Hao* ; c'est-à-dire, le titre ou le prénom, ou le nom d'honneur. Plusieurs en portent un quatrieme, qui est le *Piao-te*, c'est-à-dire le *Montre-vertu* : Celui-ci ne se donne que dans un âge avancé, & à des gens distingués par leur sagesse. Le nom de l'enfance, ou comme ils le nomment, *Siao-mim*, c'est-à-dire le *petit nom*, peut passer pour un cinquieme, quoiqu'ils le quittent quand ils prennent le *Mim*, ou le nom propre avec la robe virile ; ce qui se fait avec un grand appareil de cérémonies, dans le temple des ancêtres de l'enfant, s'il en a.

Le *Nien-hao*, ou le titre que les Empereurs donnent aux années de leur regne, peut passer pour un sixieme nom de ces Princes. Après leur mort, si les défunts sont des personnages illustres, la République, ou leurs amis, leur donnent un *Che-hao*, ou titre après la mort. Enfin, quand on place la tablette du mort dans le temple des ancêtres, on lui donne un *Miao-hao*, c'est-à-dire un titre de temple ou de *Miao* ; j'appelle celui-ci nom d'apothéose. Les Empereurs portent tous, sans exception, ces deux derniers titres. On ne peut plus même leur en donner d'autres après leur mort. Par exemple, si l'on parloit à l'Empereur de feu son pere, il faudroit le nommer *Che-tçau-tcham-hoam-ti*, qui signifie l'Empereur *Che-tçau-tcham*. Or *Che-tçau*, qui veut dire l'*aïeul des siecles*, est son nom d'apothéose, & *Tcham* est son titre caractéristique. Ces deux titres sont conférés aux Empereurs morts, après en avoir averti le Ciel & la terre & leurs ancêtres, par des sacrifices. L'Empereur régnant tient auparavant des Etats, par le conseil desquels ces titres sont arrêtés. Le titre caractéristique contient le caractere de l'Empereur défunt. Anciennement ce titre étoit honorable, ou diffamant, selon le mérite du mort. Aujourd'hui la flatterie a presque entiérement banni les titres diffamants.

Quant à ce qui regarde le titre des années, on ne peut le donner aux Empereurs que lorsqu'il s'agit de marquer les années de leur regne. Ce seroit une incivilité des plus grossieres, si parlant du pere de l'Empereur à l'Empereur même, on le nommoit *Chun-tchi-hoam-ti*; quoiqu'il fallût dire, s'il le demandoit, je suis entré dans la Chine telle année de *Chun-tchi*; & même si cette année tomboit sous son propre regne, il faudroit dire j'y suis entré telle année de *Kham-hii*. Cette variété de titres & de noms cause un étrange embarras à ceux qui n'y sont pas faits, & dégenere en confusion par la traduction diverse, qu'en font les nations voisines. *Kham-hii*, par exemple, signifie en Chinois, *paix profonde*. Les *Man-tchou* expriment ces termes dans leur langue par ceux d'*El-ghe-thaifin*, & les *Moumgols* par *Am-ghou-lam*. Apparemment les autres nations Tartares en font de même à cet égard. Or la postérité peut-elle, au travers de tous ces différents noms, démêler clairement la personne dont il s'agit, à moins qu'elle ne soit au fait de ces sortes de changements? Les Assyriens, les Medes, &c. pourroient bien avoir eu une semblable coutume. De là vient peut-être que leurs Empereurs sont nommés différemment par diverses nations.

Les Tartares n'ont point, à proprement parler, de *Sim*, ou de nom de famille, à la réserve peut-être de quelques familles illustres, & sur-tout des Royales. Le *Hha-la* des *Man-tchou* est bien plus étendu que ce que nous appellons nom de famille; c'est plûtôt un nom d'horde, ou de division d'horde, qui comprend plusieurs familles qui vivent unies entr'elles dans le même canton ou village, ou de quelqu'autre maniere que ce soit.

Au reste, il ne faut pas se persuader qu'on puisse indifféremment se servir de tous ces noms pour marquer la personne; il faut les changer suivant les occurrences. Si l'on parle à une personne au sujet d'une autre personne qui lui soit fort inférieure, on nomme celle-ci par son nom de famille & par son nom propre. Si l'on parle directement à une personne supérieure, ou égale, il faut bien se donner de garde de l'appeller par son nom propre; ce seroit lui faire un affront signalé. On la doit nommer par son nom de famille, suivi d'un titre d'honneur, comme de Monsieur ou de Seigneur; & si l'on parle d'elle en son absence, on peut la nommer par son nom de famille, suivi de son titre d'honneur. S'il s'agit de l'Empereur, c'est une faute punissable par la loi, de prononcer ou d'écrire son nom propre tout entier, même dans les actes publics; car il est permis, quand il est composé de deux lettres, de les écrire, ou prononcer séparément.

Voici le Catalogue que j'ai promis, qui fera voir clairement que les *Man-tchou* sont la même nation qui, 500 ans auparavant, avoit subjugué la Chine, chassé les *Leao*, & fondé la Dynastie des *Kin*.

T E R M E S N I O U - T C H E, écrits

en Chinois,	en Niou-tche,	en Man-tchou,	Signifient,
Ghan-pan	Am-ban	Am-ban	Grand Officier.
A-hou-tie	A-hou-tie.	A-bou-ta	Freres aînés.
Pou-yam-yen	Pou-yam-yen	Pou-yaa	Petit. (Enfant.)
Y-tou	Y-dou	Y-dou.	Rang.
Sfa-ta	Saa-ta	Sakh-da	Vieillard.
Sfa-hha-nien	Sfa-hha-nien	Sfa-kha llen	Noir verdâtre.
Ou-chu	Ou-chu	Ou-tchou	Tête. Chef.
Hou-tou.	Hou-tou.	Hou-douri	Félicité.
Gho-tchu-hou	A-tchu-hou	An-tchoun	Large.
Ou-thai	Ou-thai.	Hhou-da	Prix.
O-lin	A-lin	A-lin	Montagne.
Ghan-tchu-hou	An-tchu-hou	Ai-gin	Or.
Yn-chu-kho	Yn-chu-kha	Tha-na	Perle.
O-li-hou	A-li-bou	A-li-khou	Bassin.
Ho-la-hou	Ho-la-bou	Fou-la-houn	Rougeâtre.
Ho-li-han	Ho-li-han	Hho-nin	Mouton. Agneau.
Sie-kho	Sie-kha	Sfe-khe	Zibeline.
Ouo-le	Ouo-le	Oue-he	Pierre.
Ni-mam-kou	Ni-mam-kou	Ni-ma-hha	Poisson.
O-tien	A-tien	Ac-tchan	Tonnerre.
Ouen-thun	Ouen-thun	Ouen-tou-hoen	Vuide.
Pousan	Pou-san	Pou-tchan	Forêt.
Y-lai	Y-lai	Ylan	Trois.
O-hha	A-hha	Ahha	Esclave.
Ou-ye	Ou-ye	Ou-youn.	Neuf. Nombre.
Nien-han	Nien-han	Nia-man	Le Cœur.
Ghan-ta-hai	Anda-hhai	Anda-hhan	Hôte étranger.
Ouo-mou-bhan.	O-mou-bhan	Ou-ma-hhan	Œuf.
The-lin	The-lin	Mederi.	Mer.
Pou-bo	Pou-gha.	Oul-hhou-ma	Faisan.
Man-tou-kho	Mon-tou-kha	Men-tou-hhoun	Hébété.
Mem-ghan	Mem-ghan	Mim-gan	Mille.
Mou-ke	Mou-khe	Tam-ghou	Cent.
Ouo-li-to	Ouor-do	Ordo	Salle ronde d'un Palais.
			Tribunal.

REMARQUE.

J'ai quelquefois écrit comme les *Man-tchou* écrivent; quelquefois aussi j'ai écrit comme ils prononcent; car ils ne prononcent pas toujours comme ils écrivent. Dans leur écriture, il n'y a ni B, ni D ni I, ni Z. Ils ne laissent pourtant pas de prononcer souvent ces lettres, sur-tout au milieu des mots. Par exemple, ils écrivent *Y-tou*, & prononcent *Y-dou*; ils écrivent *Am-pan*, & prononcent *Am-ban*; ils écrivent *Sà-kha-lien*, & prononcent *Sa-gha-lien*; ils écrivent *Ai-sin*, & prononcent *Ai-gin*. Ils écrivent *Am-ba-sa*, & prononcent *Am-ba-za*.

A la fin de l'Histoire Chinoise des *Kin*, il y a un petit vocabulaire de plus de quatre-vingts mots *Niou-tche*, écrits en lettres Chinoises. Parmi ce nombre, j'en ai trouvé trente que je viens de marquer, qui sont encore aujourd'hui dans la langue des *Man-tchou*, ou entiers, ou peu altérés, & cette altération peut fort bien être attribuée aux lettres Chinoises, avec lesquelles il n'est pas possible, pour l'ordinaire, d'écrire les mots étrangers sans les tronquer, ou du moins sans les défigurer. Pour les cinquante autres mots que je n'ai pas mis dans la Table précédente, parce qu'ils sont tout-à-fait différents du *Man-tchou*, il est bon d'avertir que ce changement doit naturellement provenir de celui qui ne manque jamais d'arriver à une langue vivante dans l'espace de cinq cents ans. De plus, outre que je n'ai jamais su parfaitement cette langue, il y a vingt ans entiers que je ne la cultive plus. Ainsi il se peut fort bien faire que plusieurs de ces termes soient encore dans le corps de la langue, sans qu'ils me soient connus, parce qu'étant surannés, ils n'entrent plus dans l'usage ordinaire.

Ce qu'il y a de certain, c'est que les titres d'offices sont entièrement différents dans l'ancien *Niou-tche* & dans le *Man-tchou* d'aujourd'hui. *Po-kii-lie*, comme l'écrivent les Chinois, ou peut-être *Po-ki-rie*, comme le prononçoient les *Niou-tche*, signifioit *Officier*. Ainsi les *Niou-tche* donnoient le titre de *Tou-po-kii-lie*, c'est-à-dire de *Po-kii-lie* de la Ville Royale à leur Seigneur, ou au premier Ministre de leur État. Celui d'*Am-ban-po-kii-lie*, ou de grand *Po-kii-lie*, étoit presque égal à l'autre. Celui de *Koue-loun*, (peut-être *Khou-roum*, qui signifie *Royaume*, en *Man-tchou*,) celui, dis-je, de *Koue-loun Po-kii-lie*, ou bien *Po-ki-lie* d'Etat, n'étoit presque en rien inférieur aux deux autres; car ces trois composoient le premier ordre. Les *Hou-lou* (ou peut-être *Hou-rou*) *Po-ki-lie* composoient le second, & étoient les Présidents des autres Officiers. Le troisieme ordre étoit des *Y-lai Po-ki-lie*, c'est-à-dire, des troisiemes *Po-ki-lie*. Les Gouverneurs de ville portoient le titre d'*Amai-po-ki-lie*. Les Concierges des tribunaux, celui d'*Y-che-po-ki-lie*. Les Officiers qui présidoient aux forts, aux devins, &c. celui de *Tçée-po-ki-lie*, & les Assesseurs des Officiers en chef, celui de *Thie-po-ki-lie*. Pour les Officiers de guerre, *Men-ghan*, ou mille, étoit le titre des Tribuns, ou Colonels; *Mou-khe*, ou cent, celui des Centurions, ou simples Capitaines. *Kieou-tçiam-ouen* celui des Commandants de garnisons sur les frontieres de l'Empire; *Y-li-kin*, (ou peut-être *Yr-ghin*,) celui des Commandants de garnisons dans les hordes Tartares. Ces deux derniers titres de *Tçiam-ouen* & d'*Yr-ghin* avoient passé avec leur domination, de la langue des *Khi-tan* dans celle des *Niou-tche*. *Thou-li*, (ou peut-être *Thou-ri*,) étoit le titre des Juges d'horde. *Ou-lou-kou* celui des Intendants des haras, jardins &c. Enfin, les tribunaux de tous ces Officiers se nommoient *Ouo-li-to*; (c'est ainsi que les Chinois écrivent *Ordo*.)

Les *Man-tchou* ne se servent plus de tous ces titres; ils ont trois termes différents affectés à cet usage. Le premier est *Amban*; *Amba* dans leur langue signifie grand en étendue, & *Amban* grand en dignité; ce dernier fait *Am-ba-za* au pluriel. Ce titre ne se donne qu'aux grands Officiers de l'Empire. C'est ainsi qu'ils donnent le nom de *Tor-ghi-amba-sa*, ou de *Grand du dedans*, aux six premiers Officiers de leur Empire, qui composent le Conseil d'Etat, & commande chacun une compagnie de *Hiaa*, c'est-à-dire, de gardes Mandarins. Cette charge les rend dépositaires de la personne du Prince & de la sûreté de l'Empire. C'est ainsi qu'ils appellent *Po-y-ambaza*, ou *Grand de la maison*, les Grands-maîtres de la maison de l'Empereur. Pareillement les Présidents des Cours souveraines de l'Empire, portent le titre d'*Ali-hha-am-ban*, c'est-à-dire, *Grands qui ont reçu* (pour porter & soutenir,) & leurs Assesseurs mêmes ont pour titre *As-khan-ni-ambaza*, c'est-à-dire, *Grands de l'aile*, parce qu'ils servent d'aîles au Président.

Le second terme est *Ta*, qui signifie *chef*, & qui convient aux Officiers les moins relevés. Il convient pourtant aux Ministres d'Etat, qui ont pour titre *Ali-hha-ta*, c'est-à-dire, *chef qui a reçu* (pour porter & soutenir.) Anciennement les Empereurs Chinois n'avoient qu'un seul Ministre, qui étoit un homme d'une sagesse éprouvée. Pour lors cette dignité étoit la premiere après l'Impériale. Après que les mœurs des Chinois eurent commencé à se corrompre, on n'osa plus se fier sur un seul homme; on partagea cette charge entre plusieurs qui conservoient tous le même rang, c'est-à-dire, le premier de l'Empire. Cependant ils ne passoient guere le nombre de deux, jusqu'à ce qu'enfin le fondateur de la Dynastie des *Mim*, (il y a environ deux cents cinquante ans,) ayant éprouvé le peu de fidélité de deux de ces Ministres, qui avoient conjuré contre lui, les dégrada, & les réduisit au cinquieme ordre de Mandarins. De-là vient que les *Man-tchou*, qui ont suivi pas à pas les traces des *Mim*, ne leur ont donné que le titre de *Ta*, ou de Chef; ils les ont même multipliés jusqu'au nombre de six, quelquefois trois *Man-tchou* & trois Chinois. Ce titre convient encore aux trente maîtres de la maison de l'Empereur, qui sont subordonnés aux Grands-Maîtres, & ils les nomment *Po-y-ta*, c'est-à-dire, *chefs de maisons*. Ils le donnent aussi à un Décurion des gardes de la porte, & l'appellent *Tchouen-ta*, ou *chef de dix*. Ils le donnent enfin jusqu'à un chef de boucherie, qu'ils appellent *Ya-li-ta*, c'est-à-dire, *chef des chairs*.

Le troisieme titre est celui de *Hha-fan*, qui revient au terme Chinois de *Kouan*, que nous exprimons vulgairement par celui de Mandarin, ou pour mieux dire d'Officier. Il est donc commun à tous les Officiers de l'Empire, tant de robe que d'épée. Cependant quand il est précédé par certains termes, il passe en nom de dignité, souvent héréditaire, du moins durant plusieurs générations. De-là viennent 1°. les *Amba-tcham-khin*, ou les grands *Commandants*; 2°. les *As-khan-ni-ha-fan*, ou *Mandarins de l'aile*; 3°. les *Ada-ha-ba-fan*, ou *Mandarins des adjoints*; 4°. les *Pai-ta-la-boure-ha-fan*, ou *Mandarins de service*; 5°. les *Toua-jara-ha-fan*, ou *Mandarins Inspecteurs*; ce qui revient à notre noblesse; car ces cinq dignités sont héréditaires. Les trois premieres passent jusqu'à trois, ou cinq générations, la quatrieme durant trois générations; la derniere ne passe pas aux descendants. Ils ont les mêmes appointements que les Mandarins d'armes des cinq premiers ordres, dont ils portent les marques sur le bonnet & sur l'habit. Au-dessus de ceux-ci & hors d'ordre sont les *Koum*, ou Ducs; les *Heou* ou Marquis; les *Pe*, ou *Comtes*, trois dignités Chinoises; les *Peile* ou *Vi-comtes*, & les *Peize* ou *Barons*; ces deux derniers portent des titres *Man-tchou*.

En voilà assez pour faire voir que la nation des *Man-tchou* est sortie de celle des *Niou-tche*. Une preuve qui leur est la plus avantageuse, c'est qu'on a vu revivre en eux la réputation des *Niou-tche*, qui, de leur temps, paſſoient pour invincibles, quand ils pouvoient aſſembler dix mille hommes d'armes de leur nation. Or les *Man-tchou* n'en avoient pas tant quand ils ont commencé à ſoumettre la Tartarie, même quand ils ſont entrés en Chine. Celle qui ſuit n'eſt pas ſi glorieuſe, mais élle eſt plus convainquante.

Les *Niou-tche* ont toujours été célebres par une eſpece de chaſſe qui étoit particuliere à leur nation. Cette même ſorte de chaſſe eſt encore aujourd'hui propre aux ſeuls *Man-tchou*. Pour la bien entendre, il faut reprendre la choſe de plus haut. Les *Man-tchou* racontent comme un fait bien avéré, ce qui ſuit. Un peu avant le temps du rut, chaque cerf ſe compoſe un ſerrail de biches, & s'empare d'un quartier de forêt ou de montagne. Après ce partage fait, il ſe trouve des cerfs, ou qui n'ont point été partagés, ou qui, après l'avoir été, ont été depouillés. Chacun d'eux ſonge à acquérir un terrein par droit de conquête. Il entre dans le diſtrict d'un de ſes voiſins. En y entrant, il commence par bramer, & ce cri ſert de défi au combat. Si le poſſeſſeur eſt courageux, il n'attend pas un ſecond cri; il vient à l'inſtant fondre ſur l'uſurpateur. Cependant les biches ſe rangent des deux côtés ſur deux lignes, & ſont ſpectatrices du combat. Le vaincu ayant été, ou terraſſé, ou mis en fuite, ſes biches paſſent du côté du vainqueur, & ſe donnent à lui pour le juſte prix de ſa victoire.

Que font les *Man-tchou*? Ils prennent une tête de cerf avec ſon bois, ils la vuident & en couvrent leur propre tête. Sous la tête de cerf, ils ont un appeau, avec lequel ils imitent ſi parfaitement le cri d'un cerf, que les cerfs eux-mêmes y ſont trompés. Dans cet équipage, ils entrent dans le territoire du cerf qu'ils veulent ſurprendre, & ſe cachent dans des brouſſailles. Si le cerf eſt courageux, au premier coup d'appeau, croyant entendre un autre cerf bramer, il devient furieux. Il attaque ſans différer; il le fait quelquefois avec tant de fureur & de précipitation, qu'il ne donne pas le temps au chaſſeur de ſe ſervir de ſes armes. Et malheur à celui qui eſt ſurpris; car il eſt mis en pieces ſans reſſource. L'Empereur *Kham-hii* lui-même, durant ſa jeuneſſe, a couru une fois riſque de la vie à cette chaſſe, qui ſe fait tous les ans. Ils aſſurent de plus qu'outre qu'à cette chaſſe on prend les meilleurs cerfs, les plus grands & les plus vigoureux, rien n'eſt plus beau à voir que la majeſté, la fierté & l'intrépidité de ces animaux, quand ils viennent au combat: (qualités d'ailleurs qui leur conviennent peu en d'autres temps.)

Voilà en raccourci la ſuite des principaux Empires qui ſe ſont ſuccédés les uns aux autres dans la Tartarie pendant plus de deux à trois mille ans. Conſidérant le peu de durée de la plupart de ces vaſtes Monarchies, ne diroit-on pas voir autant de flots dans une mer orageuſe, qui ſe ſuivent, ſe heurtent, ſe briſent les uns les autres, & qui après s'être élevés juſqu'aux nues, ſe précipitent auſſi-tôt dans les abymes? Ne ſont-ce pas autant de tempêtes qui ſe ſont formées dans l'air avec un fracas qui a étonné le monde, & qui peu de temps après ſe ſont diſſipées? Après tout, on ne doit pas être ſurpris de leur peu de durée, & ſi du plus haut point de puiſſance où elles étoient parvenues, elles ſont retombées ſoudainement dans le néant, elles n'étoient fondées que ſur la tyrannie, & cimentées que de ſang humain. Les *Moumgols* ſe glorifioient d'avoir fait paſſer par le tranchant du ſabre, dans les ſeules priſes de villes, ſans y comprendre leurs mots, dix-ſept millions d'hommes dans l'eſpace d'un peu plus de cinquante ans de conquête. Joignez à ce nombre celui des ennemis & des *Moumgols* mêmes, qui avoient péri en tant de combats & de ſaccagements. Jugez enfin par les *Moumgols*, des autres Tartares qui les avoient précédés, & vous avouerez qu'on peut dire de ces peuples de la haute Aſie, ce que la Sageſſe,

adreſſant la parole à Dieu, dit des Egyptiens: (*a*) „ Vous avez donné aux injuſtes le ſang humain pour „ ſource d'un fleuve intariſſable ". Je finis par trois réflexions qui naiſſent naturellement de mon ſujet, & qui ſont le fruit qu'on doit retirer de la lecture de ces ſortes d'événements.

La premiere regarde la Providence. La deſcription de ces bouleverſements d'Empires eſt moins l'hiſtoire des peuples qui les cauſent, que celle du gouvernement de la Providence, qui tire l'ordre du déſordre. Elle fait éclater ſa juſtice ſur les Empires qu'elle renverſe. (*b*) Car les Royaumes ſont tranſportés d'une nation à l'autre, à cauſe des injuſtices, des violences, des outrages & des diverſes tromperies. Elle fait paroître ſa miſéricorde ſur ceux qu'elle établit (*c*). Il a renverſé les trônes des Princes ſuperbes, & il a fait aſſeoir en leur place ceux qui étoient doux. Dieu a deſſéché les racines des nations ſuperbes, & a planté celles de ces mêmes nations qui étoient humbles.

La ſeconde regarde la gloire de conquérant. La vanité promet à cette gloire une durée égale à l'éternité, & une étendue auſſi vaſte que le monde. Mais quant à l'étendue, que ſes bornes ſont étroites! La renommée de tant de conquérants Tartares n'a jamais pu pénétrer juſqu'en Europe, comme celle des nôtres n'a jamais pu trouver d'entrée dans la Tartarie. Alexandre & Céſar ne ſont pas mieux connus des Tartares, que *Mo-the* & *Tou-men* l'ont été des Grecs & des Romains; & ſi quelques-uns des leurs ſe ſont fait connoître à nous, comme *Attila* & *Batou*, nous les avons regardés comme des monſtres de cruauté. Eux de leur côté auroient-ils regardé les nôtres d'un autre œil, ſi les nôtres s'étoient mis en tête de les aller ſubjuguer? Quant à la durée, pour un de ces prétendus Héros, dont la mémoire a échappé du naufrage du temps, il y en a cent qui ſont déja enſevelis dans l'oubli.

La troiſieme regarde l'ambition. On empoiſonne le cœur des Princes de cette malheureuſe maxime, que l'ambition eſt la marque d'une grande ame. On voit pourtant ici que cette paſſion furieuſe eſt plus forcenée dans les cœurs des Barbares, qu'elle ne l'eſt dans ceux des peuples polis; preuve évidente que l'envie de dominer eſt plutôt un effet de la férocité, qu'une ſuite du courage.

Reprenons à préſent le fil des Obſervations, qui a été interrompu juſqu'ici par l'Hiſtoire de la Tartarie. Pour cet effet, je vais tirer, pour ainſi dire, les concluſions des principes que j'ai établis, c'eſt-à-dire que cette hiſtoire ſervira de preuve à ce que je dois remarquer dans pluſieurs des obſervations ſuivantes.

Avant de paſſer à ces obſervations, ſuite de celles qui concernent différents articles de la *Bibliotheque Orientale*, je juge devoir faire une petite diſſertation ſur le titre de *KHAN*, qui, depuis environ treize ſiecles, eſt en uſage chez la plupart des peuples de l'Aſie.

K H A N.

Jamais terme ne fut plus maltraité que celui-ci. La renommée qui le fit paſſer de bouche en bouche dans tout notre continent, fut obligée de l'adoucir pour le faire prononcer à tant de nations différentes, & cela ſeulement à cauſe de la rudeſſe de ſa prononciation, qui ſe tire du plus profond de la gorge, & qui devient encore plus difficile, quand abſorbant l'*a* du milieu, comme font les Tartares Occidentaux, on prononce
Khhan.

(*a*) Sap. II, 7.
(*b*) Eccl. X, 8.
(*c*) Eccl. X, 17 & 18.

Khhan. Ainsi les Chinois qui n'avoient ni *Kha* ni *Hha* dans leur langue, ont écrit & prononcé *Kho-hha,* ou *Khe-han.* Les Européens à qui les Huns apporterent les premiers ce nouveau titre, dirent *Kaghan.* Aujourd'hui nous disons *Kam* ou *Cam.* Les Mahométans ont dit *Ka-kan,* & beaucoup plus fréquemment *Khan;* les Persiens *Kan,* & les Mogols Indiens *Caam.* Même ces deux derniers peuples l'ont dépouillé ou détaché de l'autorité souveraine, pour l'attribuer aux Gouverneurs de Province & autres Seigneurs de distinction. Les *Yu-tien,* Royaume de la Tartarie Chinoise qui touche les Indes du côté du Midi, & dont la capitale est au Nord-Est, & à trois cents lieues de distance de la capitale du Royaume que les Chinois nomment *Po-lo-men,* ou Royaume des Brachmanes, (peut-être *Delli,*) les *Yu-tien,* dis-je, prononcent *He-han.* Les *Eighuréens* ont prononcé *Ke-han;* c'est le titre que prenoient ces deux Rois. Enfin, les *Man-tchou* lui donnent la prononciation de *Han,* & c'est le titre qu'ils donnent à leurs Empereurs.

Nous avons vu que ce titre commença à paroître dans la Tartarie l'an de grace 402, & que *Tou-loun,* Roi des *Geou-gen,* fut le premier qui le prit, après avoir soumis les autres Tartares, pour montrer qu'il étoit leur Seigneur; car je ne doute presque pas que ce terme ne revienne, pour la signification, au *Sol-than* des Mahométans, ou, comme nous le prononçons, *Sultan,* qui signifioit un Seigneur de la premiere distinction. Ce titre de *Sultan* qui fut donné par *Khalaf* à *Mahmoud,* fils de *Sebelteghin,* l'an 393 de l'Hégire, plut si fort à ce Prince, qu'il en fit son titre Royal. En quoi il fut suivi par les autres Princes Mahométans, qui se l'approprierent. *Tou-loun,* (ou *Touron*) eut apparemment quelque raison approchante de celle-ci, pour introduire celui de *Kha-hhan.* Voici ce qui m'en convainc. Les Seigneurs que *Mou-youm-hoei* députa vers *Tou-kou-hoen,* son frere, pour le rappeller de sa fuite, comme nous l'avons rapporté dans l'histoire des *Sien-pi,* donnerent à *Tou-kou-hoen,* en lui parlant, le titre de *Kha-hhan;* quoiqu'il ne fût ni Empereur, ni Roi, & qu'il n'eût pour tout partage que sept cents familles, que son pere lui avoit données à commander. Ceci arriva sur la fin du troisieme siecle, & beaucoup plus de cent ans avant *Tou-loun.* Environ deux cents ans après l'institution de ce titre, les *Tou-kiué* nommoient encore *Ouei-kha-hhan,* c'est-à-dire, *Kha-hhan de maison,* les chefs de la famille de la premiere Noblesse sans que cela préjudiciât à leurs Empereurs qui portoient le titre de *Kha-hhan.*

Tou-loun fut donc le premier Souverain de la Tartarie, qui abandonna le titre de *Tchen-yu,* qui avoit été usité jusqu'à son temps. Les Empereurs des *Hioum-nou,* qui avoient si long-temps dominé dans toute l'Asie, à la réserve de la Chine & peut-être des Indes, avoient porté ce titre, pour marquer la vaste étendue de leur puissance. Car *Tchen-yu* dans leur langue, comme nous l'avons déja dit, signifioit une grandeur & une étendue sans bornes, telle qu'est celle du ciel. C'étoit leur titre propre, celui de *Tçem-li-kou-tou,* qui signifioit en *Hioum-nou, fils du Ciel,* n'étant qu'une imitation du titre d'honneur de l'Empereur de Chine. Il est à propos de remarquer en passant; qu'on s'est trompé quand au-lieu de *Tchen-yu,* on a écrit *Tan-yu.* A la vérité la premiere lettre Chinoise se peut lire *Tan,* aussi-bien que *Tchen;* mais quand il s'agit de représenter le son d'un mot étranger, il

faut s'en rapporter aux Historiens contemporains, qui l'ont fixé à la prononciation de *Tchen.* On a commis la même faute à l'égard des *Khitan,* qu'on a appellés *Sie-tan,* parce que la premiere lettre de ce nom se lit indifféremment *Khi* & *Sie;* mais l'Histoire marque qu'il faut la lire *Khi* dans le mot de *Khitan.* Ce qu'il y a de plus plaisant, c'est que de ce *Tan-yu* prétendu, nos Cartes ont fait un Royaume; ce qui est précisément la même chose, que si l'on donnoit le nom d'Empereur à l'Allemagne.

Tou-loun ne se contenta pas de changer le titre des Empereurs; il changea encore celui des Impératrices, & au-lieu que les *Hioum-nou* les appelloient *Yen-tchi,* il voulut qu'elles portassent celui de *Kha-hha-toun;* car il se prononçoit ainsi au commencement. Dans la suite, il a eu le même sort que celui de *Kha-hhan,* & pour les mêmes causes on l'a transformé en celui de *Kha-toun, Ka-thoun, Ca-thoun* & *Kho-toun.* La prononciation primitive de *Kha-hha-toun* fait voir assez clairement, ce me semble, que *Kha-hha-toun* est dérivé de *Kha-hhan,* & *Kha-toun* de *Khan,* de la même maniere que notre terme d'Impératrice est dérivé de celui d'Empereur.

Enfin, pour mieux égaler la destinée de ces deux titres, observons que de même que celui de *Kha-toun* n'est pas tellement propre aux Impératrices, qu'il ne convienne encore aux Reines & même aux Dames du premier rang, pareillement celui de *Khan* n'a pas été tellement affecté aux Empereurs, qu'il ne se soit conféré aux Rois. Les *Tou-kiue* semblent avoir été les premiers qui ont rendu ces titres communicables. La vaste étendue de leurs conquêtes ne souffroit pas qu'elles fussent gouvernées immédiatement par un seul. Cela obligea les *Khan* à créer des *Khan* subalternes, ou bien des Vice-*Khan,* à l'exemple peut-être des *Hioum-nou,* qui, pour la même raison, avoient plusieurs *Tchen-yu.* Comme ces Vice-*Khan* portoient à pur & à plein le titre de *Khan,* les étrangers les confondoient aisément avec le véritable *Khan,* qui souvent leur étoit inconnu. Il fallut que le souverain *Khan* prît, pour se distinguer, le titre de *Grand Khan,* ou de *Ma-hha-khan.* Car *Mahha,* qui signifie *grand* en Indien, a passé dans les langues des nations voisines. Je sais que les Siamois l'on reçu sans aucune altération; ce que n'ont pu faire les Chinois, chez qui il est entré avec la Religion des Brachmanes; aussi l'ont-ils écrit & prononcé *Mo-ho.* Or ce qui me fait croire que ce même terme s'est introduit dans la Tartarie, c'est que rien n'est plus fréquent dans les titres des dignités Tartares que le *Mo-ho* Chinois, c'est-à-dire, que le *Ma-hha* Indien, comme on le peut voir dans l'Histoire Chinoise.

Voilà l'origine du titre de Grand *Kan,* si connu en Europe. Au reste, la politique Chinoise ne contribua pas à multiplier les *Khan;* car le véritable Grand *Khan,* au moins depuis mille ans, a toujours été l'Empereur, ou de toute la Chine, ou de la Chine Septentrionale, & le Grand *Khan* Tartare étoit son tributaire & créé par lui. Après avoir donc créé le Grand *Khan* Tartare, les Empereurs de Chine ne laissoient pas d'en créer d'autres immédiatement, afin d'affoiblir la puissance du Grand *Khan* par la division; de sorte qu'il se trouvoit quelquefois sept ou huit *Khan* en même temps dans la Tartarie. Enfin, *Tchim-khis-khan* rétablit le titre de *Khan* dans toute sa souveraineté, & le rendit incommunicable comme il l'avoit été dans sa premiere institution.

SUITE DES OBSERVATIONS.

LA BIBLIOTHEQUE, sous le titre d'ORDOU-BALIG.

ORDOU-BALIG, *ville bâtie par Octai, fils de* Ginghizkhan, *après qu'il eut fait la conquête du* Khatai, *ou de la Chine Septentrionale. C'est la même que les habitants du* Turqueftan *appellent* Caracoram, *& peut-être auffi celle que nous nommons* Cambalu.

OBSERVATION.

Les Chinois prononcent *Ordo* en deux façons. Dans l'Hiftoire des *Khitan*, ou bien des *Leao*, ils l'écrivent *Ouo-lh-tho*; dans celles de *Kin*, ou des *Nioutche*, ils l'écrivent *Ouo-li-tho*. Les *Man-tchou* écrivent *Ortho*, & prononcent *Ordo*. Suivant le témoignage des mêmes Chinois, les *Khitan* donnoient ce nom à une tente royale ou à un palais, (qui parmi eux dans les commencements étoit compofé de tentes feules.) Les *Niou-tche*, après avoir fait la conquête de la Chine, nommoient ainfi les tribunaux de leur Empire ; avant cela, ils rendoient la juftice fous des tentes. Les *Man-tchou* appellent de ce même nom certains fallons ronds qui fe trouvent dans les palais des Empereurs de Chine, apparemment à caufe de leur figure qui repréfente une tente. Les *Moumgols* ont confervé à ce mot fa fignification originale. Ils ont donné au principal camp de leurs Empereurs le titre d'*Ordo-balig* ; ce qui veut dire le *fiege* ou la *demeure* de la tente Royale ; & *Tchim-khis-khan* lui-même partagea fon ferrail, qui étoit compofé de trente fept, tant Impératrices que Reines, en cinq *Ordo*, à chacun defquels il affigna des états & des revenus pour fon entretien. On doit conclure de-là qu'*Ordo-balig* étoit un nom appellatif, de même que *Khanbalig*, & qu'il convenoit, non-feulement aux tentes des Empereurs, mais auffi à celles des autres Rois ou Princes. On a donc eu raifon d'employer en Europe le mot d'*Orde*, pour fignifier un peuple Tartare particulier, puifqu'il dépendoit d'une feule tente ou orde, c'eft-à-dire, du Prince qui y tenoit fon fiege.

On donne le même nom, & pour la même raifon à une troupe de Tartares, commandée par un Chef. Préfentement je laiffe à décider au Lecteur, fi le terme d'Orde, qui ne paroit pour la première fois dans l'Hiftoire Chinoife que parmi la nation des *Khitan* Tartares Orientaux, a paffé d'eux aux Tartares Occidentaux, ou fi les Orientaux l'avoient pris des Occidentaux. Au refte, les *Khitan* donnoient le nom d'*Aiman* aux ordes Tartares. Touchant le refte de cet article, il faut confulter les obfervations que je vais faire fur *Caracoram*.

LA BIBLIOTHEQUE, sous le titre de CARACORAM.

Ville qu'Octai-kaan, fils de Gen-ghiz-khan, bâtit dans le pays de Cathai, après qu'il l'eut fubjugué. Elle fut auffi nommée Ordou-balik, *& c'eft peut-être la même que Marc Paul appelle* Cambalu. Moungaca, *ou* Mangou-kaan, *fils de Touli-khan, & petit-fils de Gen-ghiz-khan, quatrieme Empereur des Mogols, faifoit fa réfidence dans cette ville.*

LA BIBLIOTHEQUE, sous le titre de CARA-KHOTAN.

C'eft le même pays que le Cara-Cathai *ou* Cathai noir, *ou au moins une Province qui lui eft limitrophe.*

LA BIBLIOTHEQUE, fous le titre de KHOTAN ou KHOTEN; (HOTAN & YU-TIEN.)

Nom d'un pays du Turqueftan, fuivant les Auteurs cités par Aboul-feda, *fitué au-delà de* Bourkend, *& en-deçà ou plus bas que* Cafchgar, *dont la capitale qui eft très-peuplée porte le même nom. La longitude de cette ville, fuivant les* Tables Perfiennes, *eft de cent fept degrés, & la latitude de quarante-deux degrés ; & fuivant l'Auteur du* Canoun, *fa longitude feulement de cent degrés quarante minutes, & fa latitude de quarante-trois degrés, trente minutes. Ce pays eft à l'extrémité du* Turqueftan, *& il eft arrofé de plufieurs rivieres dans le cinquieme climat.... Aboulfeda infinue ce que plufieurs Auteurs femblent fignifier plus clairement, c'eft-à-dire, que c'eft la partie feptentrionale de la Chine, appellée autrement* Khathai.

LA BIBLIOTHEQUE, fous le titre de CARACOM.

Caracum, Sablon noir en Turc ; c'eft le nom d'une ville du pays des Mogols, c'eft-à-dire, des Scythes ou des Turks Orientaux. Elle eft fituée à cent feize degrés quarante minutes de longitude, & à trente degrés trente-fix minutes de latitude Septentrionale. Cara-khan, *pere d'Oguz-khan, un des plus anciens Rois des Mogols, y tenoit fon fiege royal. Cette ville eft placée au milieu d'une vafte campagne, couverte d'un fablon noir, qui lui a donné ce nom, bornée au Septentrion & au Midi par les montagnes nommées Artok & Ghertak, branches du mont Imaüs.*

OBSERVATION.

Caracoram s'écrit en Chinois, *Ko-la-ho-lin* ; ainfi fon nom *Moumgol* devoit être *Kara-hharin* ou *Kara-karin*. Cette ville étoit ainfi appellée à caufe d'une riviere de même nom qui couloit à fon Occident. Le *Khara-karin*, fuivant une Carte que j'ai vue, coule vers le Nord-Eft ; il entre dans la *Tououla*, qui fe décharge dans le lac de *Baikhal*. De ce lac, qui eft vers le 50° degré de latitude du Nord de *Pekim*, fort l'*Anghery* ou l'*Anghara*, qui entre dans la *Geniffée*, & celle-ci dans la mer Glaciale. La ville de *Kara-karin* fubfiftoit avant *Tchim-khis-khan*, qui y établit le fiege de fon Empire l'an de grace 1230, lorfqu'il y paffa en venant de la Chine, dont il avoit déjà fubjugué une partie, pour aller porter la guerre chez les Mahométans, qui l'avoient cruellement infulté. Ce ne fut donc pas fon fils *O-kouo-tai* qui la bâtit. Tout ce qu'il fit, ce fut de la faire environner de murailles, & d'orner de palais ; ce qui arriva l'an d 235, le feptieme de fon regne. Elle fervit de *Khan-baligh* ou de Cour aux quatre premiers fucceffeurs de *Tchim-khis-khan*. L'Empereur *Khou-blai*, qui fut le cinquieme, n'eut pas plutôt été proclamé l'an 1620, qu'il l'a réduifit en capitale de Province, & transféra dans la Chine le fiege de l'Empire *Moumgol*. Il le plaça tantôt dans la ville que nous nommons *Pe-kim*, tantôt dans celle de *Kaipim-fou*, qu'il avoit fait bâtir à ce deffein l'an 1256. Celle-ci étoit dans la Tartarie, au Nord de *Pe-kim*, à foixante & dix lieues de diftance. L'on voit par ce que je viens de dire, que Marc Paul, qui n'entra en Chine que fous *Khoublai-khan*, n'a pu prendre *Khara-kharin* pour le *Khanbaligh* des *Moumgols*. Il n'a voulu marquer par fon *Cambalu*, que l'une des deux dernieres villes, & fur-tout *Pe-kim*. La ville de *Kara-kharin* fut ruinée l'an 1289 par les Rois qui s'étoient li-

gués & révoltés contre *Khoublai-khan*. L'année suivante, *Khoublai*, après avoir dompté les rebelles, la
fit rétablir. L'an 1312, on y établit un Conseil am-
bulant, dont la jurisdiction s'étendoit à plus de mille
lieues loin. Voilà quelle fut la destinée de cette ville
sous les *Moumgols*.

Le P. Ricci, dans ses *Tables Géographiques*, donne
à cette ville quarante-cinq degrés de latitude boréale,
& la fait plus occidentale que *Pe-kim* de dix-sept
degrés. Il eût pu peut-être en mettre vingt & plus.
Il donne à *Pe-kim* cent vingt-neuf degrés de longitude;
il en doit donc donner cent douze à *Kara-kharin*;
ce qui ne convient pas mal à *Caracum*, qui par-là
pourroit bien être la même que *Kara-kharin*. La hauteur du pole de trente degrés, trente-six minutes, que
lui donnent les Mahométans, ne le permet pas, direz-
vous; je l'avoue; mais il est évident qu'il s'est glissé
quelque faute dans cette latitude, qui autrement dé-
placeroit *Karacum* de la Tartarie, & la transporte-
roit dans le *Thybet* près de *Lassa*. La latitude du P.
Ricci paroît avoir été copiée sur les observations de
Kouo-cheou-kim, fameux Astronome Chinois, & contemporain de *Khoublai*. *Kouo-cheou-kim* dit que dans
cette ville le jour du Solstice d'été à midi, l'ombre d'un
gnomon de huit pieds de haut étoit longue de trois
pieds quatre dixiemes & huit centiemes; mais il se
trompe, quand il en conclut la hauteur de quarante-
cinq degrés Chinois; car elle doit se conclure de quarante-cinq de nos degrés & quarante-huit minutes.

Le même *Kouo-cheou-kim* ajoute que la longueur
du jour du Solstice d'été étoit dans cette ville de soixante-quatre quarts, ou centiemes de jour astronomique; ce qui ne s'accorde pas avec la longueur de
l'ombre; car ces soixante-quatre centiemes donnent
l'arc sémi-diurne de sept de nos heures, quarante
minutes & quarante-huit secondes, d'où il s'ensuivroit
que la hauteur du pole n'y seroit qu'un peu plus de
quarante-quatre de nos degrés; ainsi il faut s'en tenir
à la hauteur qui se tire de l'ombre solstitiale.

LA BIBLIOTHEQUE, sous le titre d'*IGUR* ou
d'*AIGUR*.

*Nom d'une tribu des Turks Orientaux..... La
nation ou la tribu d'Igur a une langue qui lui est
commune avec les Cathaiens, aussi-bien qu'un Kalendrier. Ils embrasserent dans la suite des temps la
Religion Chrétienne; car ils avoient des Evêques
particuliers du temps de Gen-ghiz-khan; mais ils
ne l'ont point conservée, & sont aujourd'hui ou
Idolâtres ou Mahométans.*

*Idikoub ou Idegou, Roi du pays d'Igur, se sou-
mit à Gen-ghiz-khan, & le reconnut pour son Sou-
perain, après qu'il l'eut vu maître de toutes les
autres nations du Cathai & du Turkestan.*

OBSERVATION.

Le Royaume d'*Eyghour* commença à être connu
des Chinois 126 ans avant l'Ere Chrétienne. Ils le
nommerent d'abord *Tche-sa*. Il étoit, pour lors divisé
en deux, savoir, en antérieur ou oriental, & en postérieur ou occidental, & il étoit gouverné par deux Rois.
Sous la Dynastie des *Tçin*, il fut érigé en *Kiun*, c'est-
à-dire, en Cité de Chine, & on lui donna le titre
Chinois de *Kao-tcham-kiun*, c'est-à-dire, de Cité
élevée & abondante, & cela par rapport à l'élévation
de son terrein & à l'abondance de ses richesses. On la
nomma aussi *Kiao-ho-kiun*, du nom de sa capitale. La
Dynastie des *Tham*, après l'avoir reconquis, le nomma
Si-tcheou, ce qui veut dire *Province Occidentale*. Les
Chinois n'ont commencé à l'appeller *Eyghour*, qu'a-
près la conquête qu'en fit *Tchim-kbis-khan*; & comme
parmi leurs lettres, ils n'ont aucune des syllabes qui
composent ce nom, ils l'ont écrit & prononcé *Ouei-*

ou-lh. Aujourd'hui il est connu des Chinois sous le
nom de *Ho-tcheou* ou de Province de feu, parce que
n'y pleuvant presque jamais, le climat en est sec & em-
brasé, & que les pierres de ses montagnes, pour la
plupart, sont rouges ou de couleur de feu.

L'antérieur, qui est proprement nommé *Eyghour*, a
trente lieues d'étendue de l'Orient à l'Occident, & cinquante du Midi au Septentrion. L'Histoire des *Tham*
lui en donne quatre-vingts d'Orient en Occident, &
cinquante du Midi au Septentrion. Ce qui vient de ce
qu'elle joint le postérieur à l'antérieur, ou l'Occidental à l'Oriental, les deux Royaumes ayant été réduits
à un. Ce Royaume que nous ne distinguerons plus
en deux, est borné à l'Orient par le *Hami* ou *Khamil* ou *Khamoul*; à l'Occident par l'*Yrbaligh*; au
Midi par le *Yu-tien*, Royaume qui touche les Indes;
au Septentrion par le pays des *Oua-la* Moumgols, autrefois des *Hioum-nou*. Il est entouré de toutes parts
de montagnes qui sont presque toutes fort hautes.

La ville capitale de l'*Eyghour* Occidental se nommoit anciennement *Kin-man-tchim*. Elle est éloignée
de *Si-ghan-fou*, de huit cents quatre-vingt-dix lieues
vers l'Ouest-Nord-Ouest. De cette ville jusqu'au lieu
de la résidence du *Tou-hou*, c'est-à-dire du Généralissime Chinois de la Tartarie, on compte plus de cent-
vingt trois lieues. Elle est au Nord-Est de ce siege.

La ville capitale de l'*Eyghour* Oriental, qui l'est aussi
de l'Occidental depuis plus de mille ans, est nommée par
les Chinois *Kiao-tchim*, ou *Kiao-ho-tchim*, c'est-à-dire
la *Ville du confluent*, parce que la riviere qui l'arrose se
partage pour l'embrasser, & ensuite ses deux bras se réunissent sous ses murs. Elle est éloignée de huit cents dix
lieues de *Si-ghan-fou*, vers l'Ouest-Nord-Ouest. Elle a
au Sud-Ouest, (il faut peut-être corriger Nord-Ouest,)
le siege du *Tou-hou* à cent quatre-vingts lieues de distance. C'est où le Lieutenant-Général du *Tou-hou*,
ou du Généralissime Chinois de la Tartarie faisoit sa
résidence, tandis que le Tribun, (ou Tribuns,) am-
bulant demeuroit à *Thien-ti-tchim*, ville du même
Royaume. La ville capitale avoit de tour dix-huit cents
quarante pas géométriques.

Han-you-ti fut le premier Empereur de Chine qui
eut connoissance de l'*Eyghour*; il le dompta, & le
ravit aux *Hioum-nou*, quatre-vingt-neuf ans avant l'Ere
Chrétienne. Depuis ce temps-là, il fut presque toujours Province de Chine jusqu'à la Dynastie derniere
qui se contenta de l'avoir pour tributaire. L'Empereur *Han-suen-ti*, qui ne pouvoit compter sur la soumission des *Eyghouréens*, envoya des soldats laboureurs dans le *Kiu-li*, pays fertile & voisin, pour y ensemencer les terres, & préparer des vivres à ses armées. Ensuite il ordonna à *Se-ma-hii* & à un Gentilhomme de sa chambre, nommé *Hii*, d'aller faire
le siege de *Kiao-tchim*. Celui-là prit la ville, mais le
Roi d'*Eyghour* s'étant retiré dans la forteresse, il ne
put l'y forcer, son armée manquant de vivres. Il revint l'année suivante, & emporta de vive force la forteresse. Le Roi prit la fuite, & se retira chez les *Ou-
sun*. L'Empereur donna l'administration du Royaume
au fils & légitime héritier du Roi. Celui-ci rompit avec
les *Hioum-nou*, & s'unit aux Chinois. Ce fut pour
lors que l'Empereur établit des Tribuns ambulants.
Le seconde année de l'Ere Chrétienne, la Chine ouvrit un chemin qui conduisoit droit à *Eyghour* par le
passage de *Kia-yu-kouan*. Cela donna à penser au Roi
d'*Eyghour*, & l'obligea de se rendre aux *Hioum-nou*.
Vam-mam, qui usurpa l'Empire de Chine la neuvieme
année de J. C., choqua le *Tchen-yu* des *Hioum-nou*.
Celui-ci, pour se venger, se rendit maître de la Tartarie Chinoise, les troubles du dedans ne permettant
pas aux Chinois de la secourir, après que leur Généralissime eut été tué par les *Yen-khi*.

L'an 90 de l'Ere Chrétienne, *Teou-hien*, Généralissime Chinois de la Tartarie, défit dans une grande
bataille les *Hioum-nou* Septentrionaux. Cela fit trem-

bler les deux Rois d'*Eyghour*, qui envoyerent aussi-tôt de leurs propres enfants à l'Empereur, pour lui servir de Pages. Ils ne laisserent pas pour cela de se révolter fréquemment. *Pam-youm*, Lieutenant-Général du *Tou-hou*, c'est-à-dire du Généralissime Chinois, défit entiérement le Roi de l'*Eyghour* Occidental, l'an 123 de l'Ere Chrétienne. Ensuite *Tcham-kouei*, *Lu-kouam* & *Tçu-kiu-moum-sun*, Rois de *Leam* dans la Chine, (voyez la Table des Royaumes tumultueux,) le posséderent comme Province, & y tenoient des Gouverneurs, comme avoient fait les Empereurs de *Tçin*.

Sous l'Empire de *Thai-vou*, Empereur des *Ouei* Tartares dans la Chine Septentrionale, qui commença à régner l'an 424, le Roi de l'*Eyghour* Oriental, (il se nommoit *Kan-choum*,) ayant été attaqué par *Tçu-kiu-vou-hoei*, Gouverneur du Pays pour les Rois de *Leam*, se plaignit par un placet en ces termes: "Ne pouvant plus tenir, j'ai abandonné mes Etats, & je me suis retiré avec un tiers de mes gens sur les confins Orientaux de l'*Yen-khi*. Prenez compassion de moi dans l'abandon où je me trouve". *Thai-vou* envoya le consoler, & lui fit ouvrir ses magasins qu'il avoit dans l'*Yen-khi*. Un peu avant l'an 470, les *Gou-gen* s'emparerent de l'*Eyghour*, & en créerent Roi, *Khan-pe-tcheou*, en lui donnant le titre Chinois de *Kao-tcham-vam*. Celui-ci est le premier Roi d'*Eyghour*, (ce qui se doit entendre du premier Roi seul de l'*Eyghour* entier.) Il eut pour successeur son cousin, qui fut tué l'an 478 par *Tcham-moum-mim*, Chinois, qui usurpa l'*Eyghour*; (d'autres disent par *Afou-tchi-lo*, Roi des *Kao-tche* Tartares: peut-être prêta-t il secours à *Tcham-moum-mim*.) Celui-ci fut tué lui-même par les *Eyghouréens*, qui mirent *Ma-ju* en sa place. *Ma-ju* envoya des Ambassadeurs en Chine à l'Empereur des *Ouei* Tartares, pour demander permission de venir s'établir en Chine avec ses sujets. Les *Eyghouréens* ne pouvant souffrir cette transmigration, lui ôterent la vie, & placerent sur leur trône un de ses Ministres, Chinois de naissance, qui s'appelloit *Kiu-kia*. Les *Yen-khi*, dont le Roi avoit été défait par les *Ye-tho*, lui envoyerent des Ambassadeurs pour lui demander un Roi; il leur donna son second fils. Cette aventure lui acquit un grand crédit.

Les Rois de la famille de *Kiu* furent exacts à payer leur tribut aux *Ouei* Tartares. Sous l'Empire de *Ouei-hiao-mim*, qui commença à régner l'an 516, & régna douze ans, *Kiu-kia* envoya des Ambassadeurs avec un placet supplier l'Empereur de lui faire donner les cinq Livres canoniques & l'Histoire de la Chine, & de lui envoyer *Leou-sie*, fameux Docteur, pour lui servir de maître, & les lui enseigner, alléguant pour raison que, faute de savoir la langue Chinoise, il ne pouvoit bien comprendre le sens de ses édits & de ses ordres; ce qu'il obtint. *Kiu-kia* laissa en mourant le Royaume à *Kiu-khien*, son fils, l'an 548. *Kiu-khien* étant mort, son fils héritier *Kiu-hiuen-kia* fut créé successeur de son pere par l'Empereur des *Ouei* Tartares Occidentaux. Le Duc de *Thien-ti* lui succéda l'an 555. L'an 559, il paya tribut en Chine à l'Empereur des *Pe-tcheou*. Sous *Soui-ven-ti*, Chinois, Empereur de toute la Chine, les *Tou kiue* lui enleverent quatre villes. Deux mille de ses sujets vinrent se refugier en Chine. *Kiu-pe-ya*, petit-fils de *Yu-kia*, fut proclamé Roi d'*Eyghour*. *Kiu-pe-ya* vint en personne l'an 609, rendre hommage à *Soui-yam-ti*, Empereur de toute la Chine. Il accompagna *Soui-yam-ti* dans son expédition contre la *Corée*. Au retour, *Soui-yam-ti* lui donna une Princesse de son sang en mariage; & pour rendre ce bienfait plus signalé, il adopta la Princesse, & la créa *Koum-tchu*. L'an 612, *Kiu-pe-ya* retourna dans son pays. L'an 630, *Kiu-ven-thai*, fils de *Kiu-pe-ya*, ayant succédé à son pere mort, vint en personne rendre hommage au grand *Tham-thai-tçoum*, Empereur de toute la Chine, de la Dynastie des *Tham*. Il ne laissa pas toutefois de se soumettre bien-

tôt après aux *Tou-kiue*, & de fermer le passage aux Royaumes qui sont à l'Occident de l'*Eyghour*, & dont les sujets étoient obligés d'y passer pour venir apporter les tributs en Chine. Il vint même avec les *Tou-kiue*) attaquer *Y-ghou*, (ou bien *Hhami*, ou *Khamil*.)

L'an 639, l'Empereur *Tham-thai-tçoum* dit aux Ambassadeurs de *Kiu-ven-thai*, Roi d'*Eyghour*: "Il y " a quelques années que votre Roi néglige de me " payer tribut, quoique les dix mille Rois, c'est-à-" dire, tous les autres Rois, le fassent réguliérement. " De plus, je sais qu'il a tenu ce discours: Quand " le faucon volant dans le ciel, le faisan se cache sous " l'absynthe, dont il aime passionnément la graine; " quand le chat se promenant dans la maison, le rat " se tient tapi dans son trou, tout n'est-il pas en sa " place, & tout n'est-il pas content? Eh bien l'année " prochaine j'envoyerai une armée porter la guerre " chez lui". En effet, l'an 640, l'Empereur créa *Heou-kiun-tçii* Généralissime d'*Eyghour*, & il le mit à la tête d'une puissante armée, avec ordre d'aller attaquer l'*Eyghour*. On eut beau représenter à l'Empereur la distance de mille lieues, l'incertitude du succès, & la difficulté de conserver cette conquête, il fallut marcher.

Kiu-ven-thai cependant disoit à ses gens: " Allant " en personne rendre hommage à l'Empereur, j'ai " observé que tout étoit désert dans le Nord de la " Chine, & que les choses y étoient dans un état bien " différent de celui où elles étoient du temps de la " Dynastie des *Soui*. Présentement l'Empereur me dé-" clare la guerre; si son armée est nombreuse, elle " ne trouvera pas de quoi subsister; si elle ne passe " pas trente mille hommes, je puis en venir à bout; " car après avoir traversé les sables, elle sera épuisée " de forces & de courage, au-lieu que la mienne qui " attendra de pied ferme, sera forte & vigoureuse. Je " puis donc demeurer en repos, & attendre tranquil-" lement sa défaite". Mais aussi-tôt qu'il eut appris que l'armée Impériale étoit arrivée en-deçà des sables, il en fut si fort effrayé, qu'il en tomba malade, & en mourut. *Kiu-tchi-tchim*, son fils, lui succéda. *Heou-kiun-tçii* alla droit à la capitale, & en fit le siege. Le Roi se rendit, & fut captif. On prit trois provinces, cinq villes du troisieme ordre, & trente-deux autres places. Le Royaume fut réduit en Province, & nommé *Sie-tcheou*, c'est-à-dire, la *Province Occidentale*. *Kiao-ho-tchim*, la capitale, fut abaissée au troisieme ordre des villes, & fut appellée *Kiao-ho-bien*. *Che-tcham-tchim* fut pareillement dégradée, & nommée *Che-tcham-bien*, comme aussi *Thien-chan-tchim* qui eut pour titre *Thien-chan-hien*; de même *Thien-po-tchim* fut appellé *Leou-tchoum-hien*, & *Toum-tchin-tchim* fut nommé *Tcham-pou-hien*. Enfin, on donna à *Kao-tcham-tchim* le nom de *Kao-tcham-hien*. Il est à remarquer que *Leou-tchoum-hien* fut nommé dans la suite *Leou-tchin-hien*. Elle est située à l'Orient de la capitale, à sept lieues de distance. Les *Tour-fan* sont à l'Occident de la même capitale, à dix lieues de distance. Le pays du *Tour-fan* fut érigé par *Tham-thai-tçoum* en ville du troisieme ordre, & nommé *Kiao-ho-hien*.

Les *Tou-kiue* avoient, avant cette expédition, mis garnison dans la ville de *Khan-fou-thou*, menaçant de secourir l'*Eyghour*. Quand ils en eurent vu le succès, la garnison se rendit aux Chinois, qui changerent le nom de *Khan-fou-thou* en celui de *Tim-tcheou*. De plus, ils bâtirent une nouvelle ville sous le nom de *Pou-lei-hien*. Tous les ans, les Chinois y envoyoient mille hommes pour rafraîchir les garnisons. *Tchu-soui-leam*, un des grands hommes de ce temps-là, représenta à l'Empereur les dépenses, les dangers & le peu d'utilité du maintien de cette conquête, & requit qu'on lui donnât un Roi qui seroit tributaire de la Chine; il ne fut point écouté. Le Royaume de *Yen-khi* re-
demanda

demanda les cinq villes que l'*Eyghour* lui avoit enlevées; les Chinois les lui rendirent. *Heou-kiun-tçii* mit par-tout des garnisons; & après avoir élevé des monuments de sa victoire, il retourna triomphant. Il emmena avec lui en Chine le Roi captif, & les plus puissantes familles de l'*Eyghour*. L'Empereur fit le Roi d'*Eyghour Kiu-tchi-tchim*, Général d'une brigade de ses gardes, & le créa Duc de la Cité de *Kin-tchim*, ville de la Chine. Il fit à-peu-près le même honneur à *Kiu-tchi-tchan*, frere cadet de *Kiu-tchi-tchim*. La famille des *Kiu* posséda l'*Eyghour* sous neuf regnes pendant cent trente-quatre ans. (Pour faire le nombre de neuf, il faut qu'il y ait eu deux Rois entre le Duc de *Thien-ti* & *Kiu-pe-ya*.) Durant les troubles que *Ghan-lo-chan* excita en Chine, l'*Eyghour* fut abandonné par les Chinois. Il s'étoit établi beaucoup de *Hoei-hou* dans l'*Eyghour*; de-là vient que depuis ce temps-là, on lui a donné le nom de *Hoei-hou*.

L'an 962, le *Hoei-hou*, nommé *A-tou-tou*, vint avec 41 autres rendre hommage à l'Empereur *Soum-thai-tçau*. L'an 965, le *Khan* des *Hoei-hou* de *Si-tcheou*, ou d'*Eyghour*, envoya un Bonze en ambassade au même Empereur. Il apporta entre autres présents des dents de *Fo-tho*, c'est-à-dire du fondateur de la Religion des Brachmanes. L'an 981, le Roi d'*Eyghour* commença à prendre le titre de *Si-tcheou-vai-sem-sé-tçé-vam*; ce qui signifie en Chinois, le *Roi des Lions de Si-tcheou* ou d'*Eyghour*, neveu par les femmes (des Empereurs de Chine, parce que les Empereurs des *Hoei-hou* avoient souvent épousé des Infantes de Chine,) & prit, en Tartare, celui d'*As-lan-khan* ou de *Khan des lions*. Il envoya la même année des présents à l'Empereur *Soum-thai-tçoum*. L'année suivante, *Soum-thai-tçoum* dépêcha vers lui *Vam-yen-te*, & autres de ses Officiers, pour lui porter des présents & des ordres. Ecoutons présentement *Vam-yen-te* parlant à l'Empereur *Soum-thai-tçoum* dans la relation de son voyage : ,, Ces peuples (*Eyghouréens* & *Hoei-hou*) se servent (dit-il) du Kalendrier Chinois, suivant la réforme qui en fut faite (l'an 719) par les ordres de l'Empereur *Tham-hiuen-tçoum*. Dans la ville capitale, il y a plus de cinquante temples dédiés aux Dieux des Indes, avec des bibliotheques pour les livres de cette Religion. Ils sont ornés d'inscriptions envoyées par les Empereurs de la Dynastie des *Tham*. Il y a aussi des temples de *Moni*, & de Bonzes Arabes. Plusieurs Royaumes même de *Tou-kiue* en dependent. Les habitants y vivent ordinairement jusqu'à cent ans, & il est inoui qu'on y meure avant la vieillesse ".

,, Le Roi-lion (continue *Vam-yen-te*) étoit allé, suivant sa coutume, passer les chaleurs de l'été à *Pe-thim* quand nous arrivâmes à la capitale de l'*Eyghour*. Il avoit laissé le soin du gouvernement à son oncle, nommé *Ado-yu-yue*. Celui-ci ayant appris notre arrivée, envoya demander si nous le saluerions à genoux, lui qui étoit oncle du *Khan*. Je répondis qu'étant chargés des ordres de l'Empereur, le devoir ne nous permettoit pas de le faire. Il demeura quelques jours sans nous voir; après quoi il nous reçut avec un grand respect. Quelque temps après, il vint des ordres du Roi-lion, ou du Roi des lions, de lui envoyer à *Pe-thim* les Députés de Chine. Nous partîmes donc de la Capitale d'*Eyghour*, & passant par la ville de *Kiao-ho-tcheou*, ou (*Kiao-ho-hien*,) nous arrivâmes en six jours au pied des monts d'Or. C'est d'où les naturels du pays tirent leurs principales richesses. Nous marchâmes durant deux jours dans ces montagnes, & nous arrivâmes au lieu nommé le camp des Chinois. De-là après cinq jours de marche, nous montâmes une montagne. Durant le passage de la montagne, il tomba une grande quantité de neige. Sur le sommet de la montagne, nous trouvâmes une salle de dragons, sous laquelle est un monument avec cette inscription : Le petit mont neigeux. Cette montagne est toujours cou-

verte de neige, & les voyageurs ne trouvent point d'habits assez épais pour se garantir du froid. A une journée du pied de cette montagne, nous trouvâmes *Pe-thim*; (cela veut dire en Chinois *Cour du Nord*; le nom propre de la ville écrit en Chinois étoit *Y-lo-lou*, peut-être en Tartare *Yro-lou* ou bien *Yr-lou*.) On nous logea dans un temple d'idoles. Le Roi nous fit servir magnifiquement de la chair de cheval & de mouton. Le pays abonde en chevaux; la plaine en étoit couverte à plus de dix lieues à la ronde. *Pe-thim* est situé dans une plaine qui s'étend de trois côtés à plusieurs centaines de lieues (*) Le Roi nous envoya dire qu'il avoit fait choisir un jour heureux par ses Devins pour nous admettre à son audience; qu'ainsi il nous prioit de ne pas trouver étrange ce retardement ".

,, Au bout de sept jours, nous fûmes appellés. Nous trouvâmes le Roi avec sa famille & toute sa Cour. Tous se tournerent le visage vers l'Orient, & s'étant mis à genoux, le Roi seul frappa la terre avec le front neuf fois à trois reprises, les instruments de musique marquant le temps de chaque cérémonie; après quoi il reçut les présents de l'Empereur de Chine. Ensuite les fils & les filles du Roi firent tous ensemble le même salut, avant de recevoir les présents qui leur étoient destinés. Le reste du jour se passa jusqu'à la nuit en festins, en danses & en réjouissances. Le lendemain le Roi nous conduisit en bateau sur un étang qui étoit environné de symphonistes. Le surlendemain il nous mena dans un temple qui avoit été bâti l'an 640 ".

,, On tire, poursuivit *Vam-yen-te*, le *Nao-chaa* ou le *sel ammoniac*, d'une montagne qui est au nord de *Pe-thim*. Elle fume continuellement durant le jour, & elle est toujours couverte de neiges ou de brouillards. La nuit il en sort des feux en forme de brandons. A la lueur de ces feux, on apperçoit des oiseaux & des rats, qui sont aussi de couleur de feux. Ceux qui vont en tirer le sel ammoniac prennent des souliers dont les semelles sont de bois; elles seroient bientôt brûlées si elles étoient de cuir. Il y a des ouvertures au bas de la montagne, d'où il sort une boue noire qui se change aussi-tôt en pierre sablonneuse. Les gens du pays s'en servent pour préparer les cuirs. Dans la ville de *Pe-thim*, il y a quantité de maisons à plusieurs étages, & beaucoup d'arbres à fleurs. Les habitants sont blancs, graves & sérieux. Ils sont naturellement adroits, & réussissent parfaitement dans les ouvrages d'or, d'argent & de fer. Ils s'entendent surtout à tailler le *Yu*, (pierre précieuse d'une extrême dureté.) On y achete un bon cheval pour une piece de taffetas simple; & dix pieds de ce même taffetas suffisent pour en avoir un méchant pour le service, mais bon à manger ".

,, Dans la septieme lune, continua *Va-yen-te*, le Roi nous fit dire que nous pouvions partir quand nous voudrions. Dans la neuvieme lune, le Roi fut de retour dans sa capitale de l'*Eyghour*. Il y arriva des Ambassadeurs *Khitan*, dont le chef avoit la levre fendue, & recouverte d'une feuille d'or; il tint ce discours au Roi : ,, Mon maître ayant appris que les Chinois
,, envoyoient une ambassade en Tartarie, qui devoit
,, passer sur vos terres, & vous induire à la révolte,
,, veut que vous la fassiez conduire incessamment au
,, terme de son voyage, sans la retenir plus long-temps.
,, Faites-vous réflexion que l'*Eyghour* est des appar-
,, tenances de la Chine; que cette ambassade est com-
,, posée d'honnêtes espions, & qu'elle n'est pas venue
,, sans dessein? Ayant été informé de cela, je dis au
,, Roi qu'il n'ignoroit pas que ces Barbares refusoient
,, à la Chine l'obéissance qu'ils lui devoient, & qu'ils
,, ne venoient dans ses terres que pour y semer la

(*) L'Auteur des Observations croit que c'est une faute de l'Auteur ou de l'Imprimeur Chinois, & qu'il faut corriger, plusieurs dixaines de lieues.

„ difcorde; qu'ainfi je voulois les faire tous tuer ". Le Roi m'en diffuada, & j'acquiefçai à fes confeils. Je partis de la Cour de Chine dans la cinquieme lune de l'an 981. J'arrivai dans la capitale d'*Eygbour*, dans la quatrieme lune de l'année fuivante. Je partis de la capitale d'*Eyghour*, avec les Ambaffadeurs des Rois Tartares, dans le printemps de 983, & je fus de retour à la Cour de Chine l'an 984 ". Voilà par où *Vam-yen-te* termine fa relation.

Joignons à cette relation ce qui eft rapporté à ce fujet par l'Hiftoire des *Moumgols* dans la vie de *Baltchou-ar-the*, Roi, ou bien *Y-dou-hhou* de l'*Eyghour*.

Y-dou-hhou fignifie *Roi* en *Eyghouréen*; c'eft le titre commun de tous les Rois de *Kao-tcham*. Anciennement ces Rois tenoient leur Cour dans le territoire nommé *Eyghour*, (ce pourroit être l'*Y-ghou*, ou comme le prononcent les Chinois, l'*Y-ou* qui eft dans le *Hha-mii*.) Il y a dans ce territoire une montagne nommée *Ho-lin*, (ou peut-être *Kharin*,) d'où fortent deux rivieres; la premiere porte le nom de *Touhhou-la*. & la feconde celui de *Sie-lim-ko*, (ou peut-être *Sie-lim-gha*.) Une nuit on vit defcendre du ciel une lumiere miraculeufe qui alla fe pofer fur un arbre. Les peuples qui habitoient entre les deux rivieres, l'obferverent foigneufement. Il fortit du corps de l'arbre une tumeur femblable au ventre d'une femme enceinte, fur laquelle tumeur la lumiere fe tint immobilement attachée durant neuf mois & dix jours, au bout defquels la tumeur s'ouvrit. Il en fortit cinq enfants, que les habitants du pays reçurent & éleverent. Le dernier des cinq porta le titre de *Pou-ho-han*, (peut-être *Bou-hha-khan*.) A peine eut-il atteint l'âge viril, qu'il affujettit les peuples, & fe rendit maître du pays. *Y-ou-loun-ti-kin*, qui fut plus que le trentieme Roi après *Pou-ho-han*, eut de longs démêlés avec la Chine. Il ne trouva pas d'autre moyen de les terminer que de faire époufer à *Kbo-li-ti-kin*, fon fils, une Princeffe du fang de Chine, nommée *Kiu-lien*. Cette Princeffe plaça fa Cour à *Ho-lin-pie-li-po-li-ta-hha*, c'eft-à-dire, *montagne où demeure la femme* (*du Roi.*) On trouve dans ce même territoire une autre montagne, nommée *Thien-ko-li-yu-ta-hha*, c'eft-à-dire, *montagne du Génie du Ciel*. Du côté du Midi, il y avoit une roche en forme de petite montagne, à qui les naturels du pays donnoient le nom de *Hbou-lii-thha*, c'eft-à-dire, *montagne de félicité*.

Il vint à *Ho-lin* des Ambaffadeurs Chinois accompagnés de Devins : „ Tout le bonheur de *Ho-lin*, „ dirent-ils entr'eux, dépend de cette roche; ne faut- „ il pas la détruire pour affoiblir ce Royaume "? Ils allerent trouver le *Ti-kin*, & lui tinrent ce difcours: „ Nous avons une grace à vous demander en vertu „ de l'alliance que vous avez contractée avec la Chine; „ nous l'accorderez-vous? La roche, à qui vous don- „ nez le titre de montagne de la félicité, eft entiére- „ ment inutile à votre grand Royaume, la Chine au- „ roit bien envie de l'avoir ". Le *Ti-kin* la leur accorda. La roche étoit trop grande pour pouvoir être remuée. Les Chinois l'entourerent de bois; & y ayant mis le feu, ils la firent rougir; après quoi l'ayant arrofée du vinaigre le plus fort, ils la mirent en poudre qu'ils chargerent fur des charrettes, & emporterent en Chine. Tous les oifeaux & tous les autres animaux de l'*Eyghour*, pleurerent, (chacun à fa maniere,) l'enlevement de la roche. Le *Ti-kin* lui-même mourut fept jours après. Depuis ce temps-là, on ne vit que calamités & que prodiges. Les peuples de l'*Eyghour* ne furent plus ce que c'étoit que le repos. Plufieurs des fucceffeurs de *You-loun-ti-kin* furent enlevés, comme lui, par une mort précipitée. Cela obligea les Rois de l'*Eyghour* de transporter leur fiege à *Kiao-tcheou*, autrement *Ho-tcheou*, d'où ils étendirent leur domination fur le *Bifch-balik*.

Ce Royaume fut alors terminé du côté du Septentrion par le fleuve nommé *Ochu*, (ne feroit-ce point l'*Oxus* des Latins ?) du côté du Sud-Oueft par la Chine Occidentale, (telle qu'elle étoit en ce temps-là;) du côté de l'Orient par *Yuen-tun-kia-cha*, & du côté de l'Occident par le *Thybeth*. Les Rois du pays avoient tenu leur Cour dans la ville de *Kiao-tcheou* durant plus de 970 ans, quand dans l'année nommée *Ki-ffe*, (qui fut l'an 1209 de l'Ere Chrétienne,) le *Ti-kin*, ou fi vous voulez l'*Y-dou-hhou*, nommé *Baltchou-ar-the* ayant appris que *Tchim-khis-khan* avoit fubjugué le Septentrion, fit tuer les garnifons des *Khitan* Tartares qui tenoient fes Etats affujettis, & vint fe foumettre volontairement à lui; *Bal-tchou-ar-the* fervit fidélement les *Moumgols*. Il coupa chemin à quatre des petits-fils de *Thai-yam-khan*, (Roi de *Naiman*,) & les tua fur les bords l'*Yr-tifch*, après avoir défait leur armée dans une grande bataille qu'il livra fur la rive du fleuve *Tan*. Ce fut en récompenfe de cette victoire fignalée que *Tchim-khis-khan* lui donna une de fes propres filles en mariage. Enfuite *Baltchou-ar-the* porta la guerre chez les Mahométans, & il attaqua le *Sotan*, (c'eft-à-dire, le *Soltan*) nommé *Han-mien-lii*. *Bal-tchouar-the* étant mort, *You-kouloun-tche-ti-kin*, fon fecond fils, lui fuccéda. Celui-ci eut pour fucceffeur *Ma-mou-la-ti-kin*, fon fils. *Ho-tche-ghao-ti-kin* régna après *Ma-mou-la-ti-kin*, fon pere, & laiffa la couronne à *Nieou-lin-ti-kin*, fon fils, qui époufa la petite-fille d'*Oktai*, Empereur des *Moumgols*. *Themeur-pou-hoa* régna après la mort de *Nieou-lin-ti-kin*, fon pere. Celui-ci céda la couronne à fon cadet, nommé *Tçien - kii*, l'an 1328 de l'Ere Chrétienne. Voilà mot pour mot ce que rapporte l'Hiftoire *Moumgole*.

Quoique cette chronologie ne foit pas précife, on en conclut pourtant deux chofes; la premiere eft que les Rois d'*Eyghour* tranfporterent le fiege de leur Empire à *Kiao-tcheou* vers le commencement du troifieme fiecle de notre Ere; la feconde c'eft que *Pou-ho-han*, ou *Bou-hba-khan*, fonda ce Royaume fix ou fept fiecles avant le commencement de l'Ere Chrétienne.

Pour conduire cette hiftoire jufqu'à nos temps, il faut ajouter que l'*Eyghour*, après avoir été Province de la Chine fous la Dynaftie des *Tham*, devint tributaire en toute rigueur des Dynafties des *Leao* & des *Kin*, qui poffédoient le Septentrion de la Chine & toute la Tartarie. Il ne faut pas en être furpris, puifque les *Hoei-hou* Lions, dont l'*Eyghour* n'étoit qu'une Province, étoient fujets au même tribut. L'Empire de l'*Eyghour* paffa fous la domination de *Tchim-khiskhan* avec celui des *Kin* & de toute l'Afie, incontinent après que les *Nai - man*, (c'eft ainfi que les *Moumgols* appelloient les *Hoei - hou* Lions,) eurent fubi le joug de ce grand Conquérant. Ainfi l'*Eyghour* fe foumit volontairement à lui l'an 1209; fi pourtant on peut appeller volontaire une foumiffion inévitable; car l'*Eyghour* appartenoit d'un côté aux *Hoei- hou Lions*, & de l'autre étoit hors d'état de réfifter à la puiffance des *Moumgols*. Cependant en confidération de cette foumiffion, les Empereurs *Moumgols* donnerent toujours le pas aux Rois d'*Eyghour* fur tous les autres Rois. Après que les Chinois eurent chaffé les *Moumgols* de la Chine, l'Empire des *Moumgols* fe démembra, & les Rois d'*Eyghour* étant devenus libres, envoyerent leur tribut ordinaire aux Empereurs de Chine. *Tchin-tchim*, Officier de la Cour des Mandarins, fut envoyé dans l'*Eyghour* par l'Empereur *Mim-tchin-tçau* l'an 1414. Il rapporta à fon retour qu'il avoit trouvé le pays entiérement défert & délabré. Il fe reffentit apparemment de la chûte de l'Empire des *Moumgols*.

Kiao-tchim, capitale de l'*Eyghour*, avoit 1840 pas géométriques de tour; elle étoit ceinte de murailles. Dans la falle d'audience du Roi étoit peint *Ghaikoum*, Roi de *Lou*, interrogeant *Kom-fucius*, fon fujet, fur le Gouvernement. Les Officiers du Roi étoient presque les mêmes qu'en Chine. On comptoit dix-huit villes dans le Royaume, & quarante-six places de garnisons. Les peuples y suivent les coutumes Chinoises dans les mariages & dans les funérailles. Leurs mœurs sont à-peu-près semblables à celles des *Ta-tche* ou *Tartares*. Les hommes sont vêtus à la Barbare, & les femmes à la Chinoise. Les hommes & les femmes portent leurs cheveux tressés & rejettés sur le dos. Leur port, leur taille & leur air ressemblent assez aux *Coréans*. Ils ont toutefois les yeux enfoncés, & le nez grand. Dans leurs habits, ils estiment sur-tout le brocard & la broderie. Les femmes y portent des bonnets huilés qui se nomment dans la langue du pays… Le terroir en est élevé, pierreux & sablonneux; il porte toute sorte de bleds, excepté du Sarazin. Il est propre aux vers à soie, & abonde en toutes sortes de fruits. Il y a sur-tout quantité de raisins dont ils font du vin. Il y a une espece particuliere d'herbe ou d'arbrisseau qui porte un fruit semblable au cocon du ver à soie; on en tire un fil très-fin & très-blanc, qui se nomme *Thie-lie*. Les habitants en font des toiles, dont ils trafiquent. Il y a pareillement une espece de ouate ou de coton si chaud, qu'une once Chinoise suffit pour fourrer un habit entier, & si on en met davantage, on n'en peut souffrir la chaleur. Les Chinois l'ont nommée à cause de cela, *Ho-tçan-mien*, *soie de feu*. Il y a aussi deux especes de sel fossile, dont l'une est rouge comme du cinabre, & l'autre blanche comme de l'albâtre. On y voit encore une herbe nommée *Yam-la*, sur laquelle il naît du miel d'une douceur exquise.

Quand à leur langue, outre celle du pays & les lettres particulieres dont les *Moumgols*, qui n'en avoient point, se servirent long-temps, la Chinoise y est en usage, aussi-bien que ses lettres. On y parle aussi Arabe. Enfin, toute leur Religion consiste à adorer le Génie, ou le Dieu du Ciel, & ils n'ont aucune croyance dans la Religion des Indes.

Il semble par-là que l'Auteur veuille dire qu'ils étoient Chrétiens. Cette expression est pourtant équivoque; car outre que les histoires Chinoises disent de la Religion Mahométane, qu'elle ne reconnoît que le Génie, ou Dieu du Ciel, elles disent quelquefois le même de certains Idolâtres. De plus, les relations Chinoises semblent se combattre, quand les unes disent qu'ils adorent les Dieux des Indes, & les autres qu'ils rejettent la Religion des Indes. Il y a donc de l'apparence que d'Idolâtres, ils devinrent Chrétiens, & de Chrétiens Mahométans, & qu'ainsi ce que disent les unes & les autres est vrai par rapport à la différence des temps.

Le P. Ricci, dans ses *Tables Chinoises*, donne quarante-quatre degrés de latitude boréale à la capitale de l'*Eyghour*, & la fait plus occidentale de 22 degrés que le *Pe-kim* d'aujourd'hui. Je crois qu'il s'est trompé, & qu'il prend le chemin de détour pour le droit. On peut, dit *Ma-touan-lin*, aller de la Chine dans l'*Eyghour* par un chemin bien plus court que l'ordinaire; mais il faut passer pour cela une plaine de sable qui a plus de cent lieues d'étendue. De tous côtés, on ne voit que le ciel & le sable, sans qu'il y paroisse le moindre vestige de chemin. Ceux qui la veulent passer ne peuvent trouver d'autres marques que des ossements d'hommes & d'animaux, ou de la crotte de chameau. Durant le passage, on entend tantôt chanter, tantôt pleurer, & il arrive souvent que les voyageurs, que la curiosité porte à en découvrir les causes, s'égarent & se perdent entiérement. Ce sont des voix de lutins & de follets. De-là vient que les voyageurs & les marchands aiment mieux prendre le chemin de *Hhami*, ou bien *Camil*, quoique plus long de beaucoup. Ces sables commencent du côté de l'Orient à la ville de *Na-che-tchim*, de laquelle on voit le col au passage, nommé *Yu-men-kouan* qui est fort proche de-là. Après avoir marché trois jours

dans les sables, on arrive à la vallée dite des Démons. Là il faut sacrifier à un Dieu, à la maniere du pays, pour obtenir que le vent cesse. On marché encore cinq jours, & on arrive à un temple. De-là on traverse six peuples différents; ensuite on arrive à la capitale d'*Eyghour*.

Voici un autre routier mieux détaillé. Partant du passage ou col de *Yu-men-kouan*, ou de celui de *Yam-kouan*, (car ils sont voisins,) & traversant les sables des Lutins & le Royaume de *Chen-chen*, après cent lieues de marche, route au Nord, on arrive à *Y-ghou*; (dans le *Hhami*.) D'*Y-ghou* à *Kao-tcham-pi*, route à l'Ouest, il y a 120 lieues; c'est une ville de l'*Eyghour* Oriental. De *Kao-tcham-pi*, route vers le Nord, jusqu'à *Kin-man-tchim*, ville de l'*Eyghour* postérieur ou Occidental, on compte cinquante lieues. Présentement il faut savoir que *Pan-kou* assure que de *Si-ghan-fou* au passage de *Yam-kouan*, il y a 450 lieues; ce qui fait en tout de *Si-ghan-fou* à *Kin-man-tchim*, 720 lieues par chemin ordinaire. Quelqu'un en compte 895. Ainsi le chemin des sables étoit plus court que l'autre de 175 lieues.

N'est-ce point-là ce que nos cartes appellent le désert de *Lop*? Corrigeant donc le routier ordinaire, ne pourroit-on pas dire que la capitale d'*Eyghour* est de huit ou dix degrés plus septentrionale que *Si-ghan-fou*, & plus occidentale de quinze. Or *Si-ghan-fou* est à trente-quatre degrés, seize minutes quarante-cinq secondes de latitude, & à cent vingt-neuf degrés, six minutes, quarante-cinq secondes de longitude.

Y-de-ghou signifie *Roi* en *Eyghouréen*; ainsi ce titre est commun à tous les Rois du Pays. Ce titre ne se trouve dans l'histoire de Chine qu'au temps des *Moumgols*. Les Chinois l'écrivent *Y-tou-hou*, peut-être en *Eyghouréen*, *Y-dou-ghou*. Au reste, il ne faut pas être surpris si l'*Eyghour*, qui avoit toujours été dépendant de la Chine, reçut l'usage de ses lettres, & si après avoir été réduit en Province, il s'est servi du Kalendrier Chinois.

LA BIBLIOTHEQUE, sous le titre de *Botom*.

Pays fort petit & resserré au milieu des montagnes de la Transoxane, *dont la croupe est fort élevée & toujours couverte de neige. Il y a cependant dans leur enceinte plusieurs bourgades & villages; mais ce qu'il y a de plus considérable est une grotte de laquelle il s'élève une vapeur qui est pendant le jour semblable à la fumée, & pendant la nuit à du feu. C'est de cette vapeur condensée que se forme le Nuschader, c'est-à-dire, le sel ammoniac, qu'il faut tirer avec grande précaution & une extrême diligence; car ceux qui le vont recueillir, s'ils ne sont vêtus de fort grosses étoffes, & s'ils ne se retirent promptement y perdent infailliblement la vie. Cependant cette vapeur n'est mortelle que lorsqu'elle est renfermée.*

Observation.

On voit assez que la *Bibliotheque* veut parler de ce que *Vam-yen-te*, Gentilhomme de la Chambre de l'Empereur de Chine, & son Ambassadeur vers la Tartarie, vient de raconter du sel ammoniac. On doit, sans doute, sur ce fait s'en rapporter plutôt aux Chinois qu'aux Mahométans, parce qu'outre que les Chinois ont long-temps demeuré dans ce pays, qui faisoit une de leurs Provinces, ils ont coutume d'observer avec grand soin les miracles de la nature. Selon eux, il n'y a d'autres risques à tirer le sel ammoniac de cette montagne que celui de se brûler. Ce n'est point la vapeur qui tue par sa malignité, ni qui forme ce sel par sa propriété; ainsi les gros habits ne seroient qu'une charge nuisible, & propre à prendre feu. De plus, les neiges pourroient-elles soutenir, sans se fondre, la chaleur brûlante de la montagne & les flammes qu'elle vomit ? Je crois pourtant qu'il s'est glissé une faute dans la relation de *Vam-yen-te*, quand on lui a fait dire que cette montagne est couverte en tout temps de nuages & de brouillards ; car l'Histoire naturelle de la Chine & d'autres Auteurs témoignent le contraire.

Les Chinois donnent à cette montagne le nom de *Ho-yen-chan*; ce qui signifie en Chinois, *montagne de flamme de feu*, comme nous disons volcan. Ils ajoutent que les Tartares l'appellent *A-kie*. Elle est enclavée dans une chaîne de montagnes, que les Chinois nomment les Monts-blancs, & elle est située au Nord de la ville de *Pe-thim*, appellée premiérement *Y-lo-lou*, & ensuite *Y-en-tchim*, à vingt lieues de distance. *Pe-thim* est éloigné de *Si-ghan-fou* vers le Nord-Ouest, de sept cents cinquante lieues, & de *Kiao-tchim*, capitale de l'*Eyghour*, de cent lieues & plus, vers le Nord; d'où l'on pourra tirer sa latitude & sa longitude, en comparant ces distances avec celles que j'ai rapportées ci-dessus.

Au reste, il se trouve du sel ammoniac dans les Provinces de Chine nommées *Chansi* & *Chensi*; mais il n'égale pas en bonté celui de *Pe-thim*. L'Histoire naturelle de la Chine lui attribue les qualités suivantes. Il a un goût qui tient du salin, de l'amer & de l'âcre; il est chaud au quatrieme degré. (Quelques Auteurs prétendent qu'il l'est au souverain degré.) Il a du venin. De-là vient que les Médecins défendent sévérement d'en prendre trop fréquemment, ou en trop grande quantité, après même toutes les préparations requises, parce qu'autrement il corromproit les tuniques de l'estomac. Quelques-uns prétendent qu'il résoudroit le Parenchyme du cœur en sang. Tous avouent qu'à raison de sa chaleur excessive, il causeroit des transports au cerveau, & en troubleroit les fonctions. C'est à cause de ce dernier effet que les Chinois ont donné au sel ammoniac le nom de *Nao-cha*, c'est-à-dire, *sable qui trouble le cerveau*. Ils le nomment encore *Tii-yen*, sel de Barbares, parce qu'il y en a qui assurent que les Barbares s'en servent pour saler leurs viandes; ce qu'ils font, disent-ils, sans en recevoir aucune incommodité, quoique plusieurs ayent peine à le croire. Ils l'appellent encore *Khi-cha*, ou *sable de vapeur*. Ils lui donnent aussi le titre de *Theou-khou-tçiam-kium*, qui signifie le *Général qui pénetre les os*, parce qu'il commande l'avant-garde des drogues qui attaquent les obstructions, & qui mettent en pieces, ou résolvent les duretés contre nature qui se forment dans le corps humain, & les os qui se mettent en travers dans la gorge. Si on en a trop pris, le remede est de broyer dans de l'eau une espece de pois dont la peau demeure toujours verdâtre, & de boire une bonne quantité de cette liqueur. Les Chinois, font un grand usage de ce sel dans les maladies froides, & qui proviennent d'obstructions. Ils prétendent que c'est un puissant dissolvant, & qu'il résout tout, sur-tout le sang caillé. Ils concluent cela de la vertu qu'il a de ramollir & de fondre les métaux, sur-tout l'or & l'argent, & de leur servir de soudure. Ils disent aussi que lorsque les cuisiniers, se trouvant pressés, en mettent un peu parmi les viandes, elles font aussi-tôt cuites pour peu qu'on les laisse au feu.

La Bibliotheque, sous l'article de *Giourtasch*.

Giourtasch ou Gioudeh-tasch, ou Senkideh, pierre mystérieuse des Turcs Orientaux, qu'ils croyent avoir reçue de leurs ancêtres de main en main, en remontant jusqu'à Japhet, fils de Noé; & ils prétendent qu'elle a la vertu de leur procurer de la pluie, quand ils en ont besoin.

Et sous l'Article de *Turk*.

Japhet reçut, avec la bénédiction de son pere Noé, un présent signalé, savoir une pierre sur laquelle le grand nom de Dieu étoit gravé, & apprit en même temps que ce nom mystérieux contenoit tout ce qui étoit de plus essentiel dans la Religion, & dans le culte divin. Cette pierre, que les Arabes appellent Hag'r Almathar, la pierre de la pluie, est nommée par les Mogols, Gioudeh-thasch & Giurthasch, & par les Persans, Senkideh. Elle avoit la vertu de produire & de faire cesser la pluie selon les besoins que Japhet en pouvoit avoir; & quoique par succession de temps elle ait été consumée ou perdue, il se trouve cependant encore parmi les Turks Orientaux de semblables pierres, qu'ils disent avoir la même vertu, auxquelles ils ont aussi donné le même nom. Les plus superstitieux d'entr'eux disent qu'elles ont été reproduites & multipliées par une espece de génération de cette premiere pierre que Noé avoit donnée à son fils.*

OBSERVATION.

Il est certain que cette fable regne depuis long-temps dans la Tartarie. Voici ce que je trouve à ce sujet dans l'Histoire Chinoise. *Tham-hiuen-tçoum*, Empereur de toute la Chine & de toute la Tartarie, (il commença à régner l'an 713, & finit l'an 756,) recevoit de fréquents tribus du Roi de *Samarkande*. Une de ces ambassades lui présenta une pierre nette, polie & éclatante; la lumiere qui en rejaillissoit, remplissoit une chambre entiere. Quand on la regardoit attentivement, on appercevoit des Dieux, des Déesses, des nuages & des cigognes, qui y faisoient divers mouvements. L'an de grace 763, qui fut le premier du regne de *Tham-thai-tçoum*, il parut tout-à-coup une lumiere miraculeuse dans le trésor des joyaux, & l'on sentit une odeur d'une douceur charmante; l'une & l'autre sortoient de cette pierre. L'Empereur ordonna qu'on la tirât du trésor. Depuis ce temps-là, toutes les fois qu'on avoit besoin de pluie, ou de beau temps, on n'avoit qu'à sacrifier à cette pierre, & les vœux étoient exaucés sur le champ. Voilà les propres termes de l'Histoire. Au reste, quand je dis l'Histoire Chinoise, il ne faut pas s'imaginer que je veuille parler d'histoire classique; elle est trop grave pour se charger de ces contes étrangers. Voici ce que rapportent à cette occasion les fastes de l'Empereur *Tham-hiuen-tçoum*. La septieme année de *Khai-yuen*, (c'est le titre des années de ce Prince, & la 719°. de l'Ere Chrétienne,) les Ambassadeurs du Roi de *Khi-pin*, (c'est le Royaume de *Samarkande*,) offrirent à l'Empereur des livres d'astronomie, des secrets de médecine & des drogues extraordinaires. L'Empereur créa le Roi de *Khi-pin*, & lui donna le titre de *Kho-lo-ta-chi-the-le*. Voilà, selon toutes les apparences, la même ambassade qui apporta la pierre mystérieuse; car l'Histoire particuliere fait le même dénombrement des autres présents qui accompagnoient cette pierre, que la classique; mais celle-ci ne fait aucune mention de la pierre.

J'ai donc prétendu parler des Histoires particulieres, qui ne sont pas si scrupuleuses, & qui vraisemblablement auront adopté ce conte sur le rapport des eunuques, qui débitent volontiers de faux prodiges pour faire honneur à leurs Empereurs. C'est dommage que les Chinois qui sont d'ailleurs si soigneux, ayent négligé cette pierre, & puisqu'elle se reproduit, qu'ils n'ayent pas eu au moins le soin d'en conserver de la semence. Elle pourroit s'appeller précieuse à juste titre, & les diamants les plus rares ne seroient que de la boue au prix d'elle. Il est à remarquer que les Arabes se rendirent maîtres de *Samarkande* l'an 85, ou, comme disent quelques Auteurs, l'an 93°. de l'Hégire, c'est-à-dire, vers l'an 704 ou 711 de l'Ere Chrétienne, & qu'ainsi cette pierre & ce tribut pourroient bien être venus d'eux. Ce qui est certain, c'est que les Chinois n'eurent aucune connoissance de l'origine de cette pierre, & que ceux qui la préfenterent, ne parlerent ni de fa généalogie, ni de *Japhet*, ni de *Noé*; car les Chinois n'auroient pas manqué de marquer ces circonftances, qui en auroient confidérablement augmenté le prix. Quant au grand nom de Dieu, (ils veulent dire le nom ineffable,) il peut fans doute donner la pluie & le beau temps, quand il eft invoqué avec ferveur; mais il faut pour cela qu'il foit gravé dans le cœur par la foi, & non pas fur une pierre avec le burin.

La Bibliotheque, fous le titre de *Unc*, ou *Avenk*, ou *Avenk-Khan*.

C'eft ainfi que les Mogols appellent celui que nous nommons Jean, *quoique l'origine de ce mot foit le mot Hébreu* Jokhanna & Jokhannan. *Ainfi* Ungkhan, *ou* Avenk-khan, *eft le nom d'un Prince ou Empereur des Mogols, qui a été nommé par les Européens le Prêtre* Jean, *à caufe qu'il étoit Chrétien lui & la plus grande partie de fes fujets. Il régnoit dans la partie la plus Orientale de l'Afie, en tirant vers le Septentrion, fur une tribu ou race de Mogols, qui portoit le nom de* Kerit, *& fon Empire s'étendoit à droit & à gauche dans la grande Tartarie jufqu'aux confins de la Chine, & peut-être même de la Corée & du Japon.*

Tamugin, dit Ginghiz-khan, *prit la fille d'*Ungkhan *en mariage, l'an* 599°. *de l'Hégire; mais cette alliance n'empêcha pas qu'il ne dépouillât fon beaupere de fes États. Ce fut-là par où ce grand Monarque commença fes conquêtes, & dans la Chine même, avant que le bruit de fes armes retentît dans la Perfe.*

Observation.

Commençons par un petit abrégé de l'Hiftoire de *Vam-han* ou *Vam-khan*. *Tchim-khis-khan* l'avoit toujours regardé comme fon pere, à caufe de l'alliance de fraternité que *Vam-khan* avoit contractée avec *Yefo-khai*, pere de *Tchim-khis-khan*. Il l'avoit rétabli dans fes États dont il avoit été chaffé. Il l'avoit vengé de fes ennemis & enrichi de leurs dépouilles. Après tant de fervices, pour toute reconoiffance, *Vam-khan* trama la perte de *Tchim-khis-khan*, à l'inftigation de fon fils. On traitoit d'un double mariage, l'un entre *Tou-che*, fils aîné de *Tchim-khis-khan*, & *Tcha-gor*, fille de *Vam-khan*; l'autre entre *Tou-fa-gha*, fils de *Vam-khan*, & *Hba-gha-ichin*, fille de *Tchim-khis-khan*. La négociation avoit été rompue; *Vam-khan* la renoua, & invita *Tchim-khis-khan* au feftin des fiançailles, dans la réfolution de fe défaire de lui. *Tchim-khis-khan* y alloit fans défiance, & fans autre efcorte que de dix cavaliers. Dans le chemin, il eut quelque foupçon qui l'obligea de tourner bride. Il ne tarda pas à être inftruit du danger qu'il venoit de courir. Il envoya fur le champ reprocher à *Vam-khan*, fa perfidie, & lui déclara la guerre; *Vam-khan* fut entiérement défait. Il s'enfuit chez les *Nai-man*: (nous venons de voir que ce font des *Hoei-hou* du Royaume de *Kafchghar*.) Un Commandant des *Nai-man* l'ayant rencontré en chemin, lui trancha la tête. *Ylo-kho*, ou peut-être *Yra-gha* fon fils, qui, par fa jaloufie, avoit caufé la perte de fon pere & de fon pays, fe retira dans le Royaume de *Hia*, (dont la Capitale étoit *Nim hia*, ville de la Chine;) d'où ayant été chaffé à caufe des brigandages que la néceffité de vivre lui faifoit excercer, il alla chercher, comme avoit fait fon pere, un afyle dans le Royaume de *Khieoutçe* ou de *Kafchghar*; mais il y trouva la mort que le Roi des *Nai-man* lui fit donner. Cette défaite de *Vam-khan* arriva l'an 1203 de l'Ere Chrétienne. Ainfi finit l'Empire du Prêtre *Jean*.

Venons préfentement au titre. Il paroît évident qu'*Ug-khan*, *Avenk* & *Avenk-khan* ne font qu'une corruption de celui de *Vam-khan*. Je dis titre, parce que fon nom propre étoit *To-li*. Ce titre eft compofé de *Vam*, qui fignifie *Roi*, & qui parmi les Chinois récents marque feulement le premier degré d'honneur après celui de *Hoam-ti*, qui, felon eux, ne peut convenir qu'à l'Empereur de Chine. *To-li* étoit tributaire de la Chine, auffi-bien que *Tchim-khis-khan*. Il avoit reçu de l'Empereur de Chine le titre de *Vam*, & comme d'ailleurs il étoit Tartare, & prenoit celui de *Khan*, qui eft le propre du pays, il les réunit apparemment tous deux enfemble, pour en compofer celui de *Vam-khan*, qu'il fit gloire de porter. Les Mahométans, & peut-être auffi les Tartares, le défigurerent différemment. Ceux-ci prononcerent *Oum-khan*, au-lieu de *Ouam-khan*, (car les Chinois prononcent *Vam* ou bien *Ouam*;) peut-être auffi eft-ce une faute d'écriture, qui aura retranché l'*a* de *Ouam*. Les Mahométans ont prononcé *Avenk* ou *Avenk-khan* en ajoutant un *a* au commencement. Car il n'eft rien de plus ordinaire à ces peuples que d'ajouter l'*ek* ou le *k* à la fin des mots Chinois, ou quelque autre confonne, pour leur donner une terminaifon Mahométane. C'eft ainfi, (comme on l'a vu ci-devant fous l'article de *Van*,) que de *Cham*, qui veut dire en Chinois *fuprême ou fupérieure*, ils ont fait *Chanek*; de *Tchoum*, qui fignifie *moyenne*, ils ont fait *Chounek*. Enfin, de *Fen*, qui fignifie *partie ou minute*, ils ont fait *Fenk* on *Fenek*. Et fans fortir de notre fujet, n'ont-ils pas transformé *Thai-yam*, qui étoit le titre que le Roi des *Nai-man* avoit reçu de la Chine, en celui de *Thyanek*. L'horde qu'*Avenk-khan* poffédoit en propre, eft nommée par les Chinois, qui n'ont point d'*r*, *Ke-lie*, par les *Moumgols*, *Kerie*, & par la raifon que je viens de rapporter, elle eft appellée *Kerit* par les Mahométans.

Sous l'article de *Genghiz-khan*, la *Bibliotheque* dit que *Tabanek* ou *Tayanek*, Roi des *Tayanek*, ufant de trahifon, fit tuer *Avenk-khan*. L'Hiftoire Chinoife des *Moumgols* n'attribue point cette mort aux ordres de *Thai-yam-khan*; elle fe contente de dire ce que j'ai rapporté. Il eft vrai qu'il étoit fon ennemi, & qu'il avoit été défait par *Tchim-khis-khan*, dont *Vam-khan* avoit imploré le fecours contre lui. La même *Bibliotheque* ajoute incontinent après que *Scho-koun* fils d'*Avenk-khan*, fut obligé de fuir promptement jufqu'au Pays de *Cafch-gar*, où il ne trouva pas plus de fûreté, & y perdit auffi la vie l'an 599°. de l'Hégire; tout cela eft exactement vrai. Comme donc l'Hiftoire Chinoife des *Moumgols* dit, qu'il s'enfuit dans le Royaume de *Khieou-tçe*, il s'enfuit néceffairement que le *Khieou-tçe* des Chinois étoit le Royaume de *Kafchghar*, duquel alors la capitale étoit *Pe-thim*, dont nous avons parlé ci-deffus, & que les *Nai-man* dont *Ta-yam-khan* ou *Tayanek* étoit Roi, étoient les *Hoei-hou* Lions, qui furent enfin exterminés par *Tchim-khis-khan*. Car ayant tué *Thai-yam-khan*, dans une grande bataille, l'an 1204, & puis l'an 1206, *Pou-lu-yu-han*, frere aîné de *Thai-yam-khan* le fils de celui-ci, nommé *Kiu-chu-lu khan*, s'enfuit jufqu'au bord de l'*Yrtifch*, où *Tchim-khis-khan* alla le chercher l'an 1208, & l'ayant trouvé, il le défit & extermina l'horde des *Mielkhi*. Mais *Kiu-chu-lu-khan* échappa, & alla fe jetter parmi les *Khitan* ou les *Leao* Occidentaux: (ce font apparemment ceux du *Kerman* dont on a parlé ci-deffus, & *Kiu-chu-lu* pourroit bien être le *Kufchlek* des Mahométans, & celuilà même qui ayant furpris leur Roi, les affujettit.) Depuis ce temps-là, on n'a plus entendu parler des *Hoei-hou* ou *Nai-man*.

Les Mahométans étendent l'Empire du *Malek-jouhanna*, ou Roi *Jean*, que nous nommons *Prêtre Jean*, bien au-delà de fes bornes. Il étoit ferré par le *Kafchghar* à l'Occident. Il avoit au Midi le Royaume de *Hia*, par la deftruction duquel *Tchim-khis-kham* termina fes conquêtes, & auffi-tôt après, fa vie.

À l'Orient, il trouvoit auſſi-tôt les terres propres de l'Empire Chinois, qui étoit poſſédé par les *Altoun-khan*, ou les Empereurs de la Dynaſtie des *Kin*, de la nation des *Niou-tche*, dont il étoit tributaire en toute rigueur. Le Prêtre *Jean* n'avoit donc garde de rien prétendre ſur la *Corée*, encore moins ſur le *Japon*.

Ce que j'ai rapporté ci-deſſus du double mariage, ſemble prouver que jamais *Oung-khan* ne fut beau-pere de *Tchim-khis-khan*. Auſſi dans le Catalogue des trente-ſept Impératrices ou Reines, que *Tchim-khis-khan* épouſa, on ne trouve point cette *Oiſungin* des Mahometans, ni aucune de l'horde ou famille de *Kerie* ou *Kerit*. On en trouve ſeulement une de ce nom parmi les femmes de *To-lei*, quatrieme fils de *Tchim-khis-khan*.

Après cela, que doit-on penſer de ceux qui ayant pris l'Afrique pour l'Aſie, alloient ſans caractere & ſans pouvoir, ordonner Prêtre *Jean* l'Empereur des Abyſſins, ſans autre titre que celui de demi-Chétien qu'il avoit? Certes, l'ordination étoit nulle, ſi jamais il y en eut. Il s'eſt toutefois trouvé d'habiles gens qui, après avoir fouillé bien avant dans les langues Africaines, ont cru avoir déterré des preuves de ſa validité. Quelques-uns l'ont dégradé; & ſans faire tant de recherches, ſe ſont contentés de retrancher un *r* de ce mot, & en faire *Prete-Jean*; après quoi ils n'ont fait aucune difficulté d'avancer que ce titre étoit tiré de *Preta gente*, termes de la langue Portugaiſe, qui ſignifient *nation noire*, couleur qui convient aux Abyſſins. Ils n'ont pas pris garde que Prêtre *Jean* étoit le titre d'un Roi, & non pas le nom d'une nation. D'autres plus ſavants encore, qui n'ignoroient pas ce que témoignent les relations, que le Prêtre *Jean* étoit un Prince de l'Aſie, dont les Etats étoient au fond de la Tartarie, ſont allés chercher l'origine de ce titre dans la Perſe, & l'ont trouvé dans les termes Perſiens de *Pereſt giani*, qui ſignifient *vrais Adorateurs*, comme ſi des ſectateurs de Mahomet auroient voulu donner un titre ſi glorieux à un Prince Chrétien, ou comme ſi ce Prince Chrétien, qui, dans un ſi grand éloignement, ne connoiſſoit peut-être pas la Perſe, eût pu emprunter ſon titre d'honneur de cette langue.

Il y en a qui prétendent que le Prêtre *Jean* n'eſt autre choſe que le *Talai-lama*, ou le Grand *Lama*. Ceux-ci ne ſe déplacent pas tout-à-fait, outre que le *Talai-lama* eſt Prêtre & Roi en même-temps; ſans parler de la Religion dont il eſt le chef, laquelle conſerve encore, à ce que quelques-uns aſſurent, des veſtiges de la Religion Chrétienne aſſez bien marqués. Cependant deux choſes prouvent, ce me ſemble, le contraire. La premiere eſt, que l'Empire du Prêtre *Jean* a été éteint dans le ſang de *Toli* l'an 1203; ce qui ne ſe pourroit dire ſi les grands *Lamas* avoient été ſes ſucceſſeurs. La ſeconde eſt, que les *Talai-lama* n'ont été inſtitués que long-temps après la deſtruction du Prêtre *Jean*; car ce fut *Khoublai*, Empereur des *Moumgols*, qui, l'an 1260, créa un certain *Pahhaſpa*, le premier *Talai-lama*. L'Empereur de Chine nomme encore aujourd'hui à cette dignité. Le ſceau du Grand *Lama*, dont l'inſcription eſt en trois langues, la Chinoiſe, la Tartare & la Tybéthaine, le prouve aſſez. J'en ai vu l'Ectype; j'ai cru le devoir mettre ici: Sceau de *Poutta-abdi*, Roi & Pontife de la loi du *Ouad-gira-tara-talai-lama*, qui amplifie & répand la Religion de *Fo*. Les Chinois, ni les *Man-tchou*, ne changent rien dans ſon titre, qui eſt *Ouad-gira-tara-talai-lama*. Je ſais que *Thalai* ſignifie *mer*, ou *grandeur ſans bornes*; j'ignore les autres termes, mais cela ſuffit pour faire voir ſi ce *Thalai-lama* peut paſſer pour Chrétien. *Ouad-gira-tara-talai-lama* eſt le titre de ſa dignité, &, ſi, pour faire mieux comprendre la choſe, on peut comparer la vérité à l'impoſture, ce titre eſt tel que celui de Souverain Pontife. *Poutta-abdi* eſt ſon titre d'honneur particulier, & qui revient, par exemple, à celui d'In-

nocent XI. Je dis ceci, parce que dans un Mémorial qu'il préſenta à l'Empereur *Kham-hii*, l'an 1696, où il ſe donne la qualité de petit ſujet, il ſe nomme en un endroit *Mo-tçem-na-ya-la*, & dans l'autre *Mo-tçem-na-li-ya*; ce qui revient, par exemple, à N. Odeſcalchi, nom propre d'Innocent XI. Les Chinois écrivent & prononcent ſon titre de dignité & d'honneur *Oua-tçi-la-ta-lai-lama-pou-the-tha-ope-ti*; à l'égard de ſon nom propre *Mo-tçem-na-ya-la*, il eſt écrit en Chinois, & ce pourroit bien être *Mo-tçem-na-yara*, ou bien *Mo-tçem-na-ria*.

D'ailleurs, pour revenir à ce que nous diſions, la Religion Chrétienne s'étoit répandue aſſez loin dans l'Aſie Orientale, pour avoir pu pénétrer juſques dans le *Thybet*, comme elle avoit paſſé dans l'*Eyghour*, ſans que pour cela le *Thybet* fût ſujet au Prêtre *Jean*, comme l'*Eyghour* ne l'étoit pas. Au reſte, la Religion Chrétienne s'étoit répandue plus loin, puiſqu'elle avoit même été portée en Chine, où il y avoit à l'entrée du côté de l'Occident des Evêques Chrétiens, comme l'aſſure Marc-Paul, ſi je m'en ſouviens bien.

Les Chinois, direz-vous, ne font aucune mention de la Religion Chrétienne dans ces mêmes temps; je l'avoue. En voici peut-être la cauſe, c'eſt que l'endroit de la Chine, où Marc-Paul place ces Evêques, appartenoit alors à un Royaume étranger, & étoit ſous la domination des *Hoei-hou* de *Kan-tcheou*, (dont nous avons parlé,) ou ſi vous voulez, du Royaume de *Hia*, qui partageoit avec eux cette longue pointe que la Province de *Chenſi* pouſſe aſſez loin vers l'Occident.

De plus, ſi l'Hiſtoire de la Chine n'en a point parlé avant l'entrée des *Moumgols*, elle ſemble en parler après leur entrée. Voici ce que je trouve dans l'Hiſtoire Chinoiſe des *Moumgols*. L'Empereur *Khoublai*, parmi le nombre prodigieux de tribunaux qui étoient à *Pe-kim* pour le Gouvernement de tant de nations qui compoſoient ſon Empire, en érigea un nouveau l'an 1289; & pour montrer le cas qu'il faiſoit des affaires dont il lui confioit l'adminiſtration, il voulut qu'il fût du ſecond ordre des tribunaux. Il y établit dix-neuf principaux Officiers, dont les quatre Préſidents étoient Mandarins de la ſeconde diviſion du ſecond ordre. Il portoit pour titre *Tçoum-fou-ſſe*, c'eſt-à-dire en Chinois, le *Tribunal qui exalte la félicité*. Il avoit l'intendance ſur les affaires de la Religion des Temples de la Croix, des *Marhha*, des *Si-lie-pan* & des *Ye-li-kha-ouen*. Ces *Che-tçe-ſſe*, ou Temples de la Croix, ſemblent dénoter aſſez clairement la Religion Chrétienne, du moins les Chinois nomment aujourd'hui la Croix ✖ *Che-tçe*; ce qui veut dire la lettre dix, parce que ✖ *Che* ſignifie *dix*, & ce qui eſt remarquable, ceux d'entre les Chinois qui ne ſavent pas écrire leur nom, ſignent cette lettre pour aſſurer la foi publique dans les contrats. A la vérité, je ne trouve nulle part l'explication des termes Tartares de *Mar-hha*, de *Si-lie-pan*, d'*Ye-li-kha-ouen*, & je ne puis dire ſi ce ſont des noms de nations ou de Religion, quoique je trouve *Ye-li-kha-ouen* pris pour un nom de nation, ni s'il ne faut point traduire les Temples de la Croix des *Mar-hha*, &c.

L'an 1315, ce même Tribunal fut élevé par l'Empereur *Yuen-gin-tçoum* à un rang plus éminent d'un degré, & il paſſa de celui des *Sé* à celui des *Yuen*. Alors 72 *Tcham-kiao-ſſe*, ou Tribunaux, qui préſidoient à la Religion des *Ye-li-kha-ouen*, ſe trouvoient ſous ſon intendance dans tout l'Empire. N'auroit-ce point été autant d'Evêques? L'an 1320, le même Empereur réduiſit ce Tribunal au même rang qu'il avoit tenu avant ſon élévation. On voit par-là que la forme deſpotique du Gouvernement Tartare ne permettoit pas aux Empereurs de laiſſer aux Evêques, ou aux Chefs des autres Religions, la liberté entiere de ſe gouverner à leur gré, même dans les affaires de la Religion. C'eſt peut-être cette raiſon qui a fait donner le titre de *Prêtre* au Roi Tartare Chrétien, dont nous parlons, comme s'ingérant dans les affaires eccléfiaftiques pour les régler, & faifant en cela les fonctions de Prêtre.

CATHAI.

Nous avons parlé ci-deffus du nom ; parlons maintenant de la chofe ; mais auparavant il faut retoucher quelques points de ce que nous avons déja dit.

Han-vou-ti fut le premier Empereur de Chine qui fe mit en tête de faire des conquêtes ; la néceffité l'y força. Il avoit de la peine à foutenir feul le poids énorme de la puiffance des *Hioum-nou*. Il apprit par les Ambaffadeurs qu'il avoit envoyés dans l'Occident, que les principaux fondements de cette puiffance étoient les tributs & les troupes qu'ils tiroient de la Tartarie Chinoife, Pays qui s'étendoient depuis la Chine jufqu'au *Khoraffan*, dans un efpace d'environ huit cents lieues de l'Orient à l'Occident, & de deux cents du Midi au Septentrion, plein de Royaumes réguliers, peuplés & abondants. Il forma le deffein de les enlever aux *Hioum-nou*, & de fe les affujettir. A cet effet, il envoya une ambaffade aux Grands *Yue-tchi*, pour les obliger de fe joindre à lui, & d'attaquer les *Hioum-nou* à revers, c'eft-à-dire, du côté de l'Occident, tandis que lui les poufferoit vigoureufement du côté de l'Orient. Les *Yue-tchi* avoient été défaits & chaffés de la partie du Nord-Oueft de Chine par les *Hioum-nou*, qui avoient maffacré leur Roi, & fait une coupe de fon crâne. *Han-vou-ti* comptoit fur leur haine ; mais l'amour du repos & la crainte qu'ils avoient des *Hioum-nou*, l'emporta fur le defir de la vengeance. Ils étoient contents de la conquête du *Tahia*, Pays de la Perfe au Sud-Oueft, & à plus de deux cents lieues de diftance du *Ta-yuen*, & éloigné de douze à treize cents lieues de *Si-ghan-fou* ; ainfi ils refuferent d'entrer dans une ligue fi périlleufe.

Han-vou-ti ne perdit point courage pour cela. Il attaqua feul les *Hioum-nou* ; il le fit avec tant de fuccès, & donna le commandement de fes armées à de fi braves hommes, qu'il leur enleva près de deux cents lieues de Pays autour de la Chine du côté du Nord-Oueft, qu'ils avoient eux-mêmes enlevé aux *Yue-tchi*. Il s'en faifit l'an 115 & l'an 111 avant l'Ere Chrétienne ; & l'ayant partagé en plufieurs grandes Provinces, il y diftribua en garnifon cent quatre-vingt mille fantaffins armés de toutes pieces, & le peupla de colonies. Par ce moyen, il rendit à la Chine fes anciennes bornes vers l'Occident, qui font un grand défert de fable, que nos Cartes appellent apparemment le *défert de Lop*, & les Chinois le *défert des Lutins*, ou bien *Leou-cha*, c'eft-à-dire, les *Sables coulants*, parce que les vents les agitent comme les flots de la mer. Ils en nomment la partie du Nord-Eft *Mim-cha* ; ce qui fignifie *fables criants*, parce qu'en certaines faifons de l'année, il en fort un bruit femblable à celui du tonnerre. Il termina donc la Chine du côté de l'Occident par les deux fameux *Kouan* ou *Cols*, nommés *Yam-kouan* & *Yu-kouan*, qui donnent entrée dans le défert des Lutins à travers des montagnes. Ces deux paffages, qui font voifins, font éloignés de deux cents lieues & plus de *Leam-tcheou*, ville dans la partie occidentale de la Province de *Chenfi*, qui étoit une des quatre Cités que *Han-vou-ti* venoit de conquérir, & à qui il avoit donné le titre de *Vou-ouei*, ou de *belliqueufe terreur*. Les trois autres étoient *Khan-tcheou*, qu'il nomma *Tcham-yi*, (c'eft-à-dire *qui étend l'appui* ;) *Sou-tcheou*, qu'il appella *Tçieou-tçuen*, c'eft-à-dire, *fontaine de vin*, à caufe d'une fontaine de fon territoire, dont l'eau avoit le goût de vin, & *Koua-tcheou*, (*la Ville des melons*,) ou plutôt *Cha-tcheou*, ce qui fignifie la *Ville des fables*, parce que les deux cols qui donnoient entrées dans les fables coulants, étoient dans fon diftrict. Il donna à cette derniere le titre de

Thun-oham, c'eft-à-dire, de *brillante* & d'*éclatante*.

Cette conquête ne fut pas capable d'affermir la Tartarie Chinoife contre la peur que fes Rois avoient des *Hioum-nou*. Ils recevoient les Envoyés & les ordres de ceux-ci avec des honneurs extraordinaires, au-lieu qu'ils rançonnoient & même infultoient ceux de Chine. *Han-vou-ti* prit prétexte du refus que le Roi de *Ta-yuen*, (Pays de la *Bactriane* ou du *Khoraffan* à douze cents cinquante lieues de *Si-ghan-fou*,) faifoit de lui envoyer des chevaux rares, qui naiffoient dans fes Etats, pour lui faire la guerre. Il fit partir, l'an 104 avant l'Ere Chrétienne, une groffe armée commandée par *Li-kouam-li*, qui, après bien des fieges & des combats, arriva dans le *Ta-yuen*, c'eft-à-dire, dans le grand *Yuen*. L'armée affiégea une ville de la frontiere nommée *Yu-tchim*. Comme il ne reftoit plus que dix mille combattants épuifés de faim & de fatigues, elle leva le fiege, & s'en retourna fans rien faire. Elle fut deux ans en marche. L'Empereur ne fe rebuta pas ; il renvoya le même Général avec une armée beaucoup plus formidable que la premiere. Enfin, l'an 101 avant J. C., *Li-kouam-li*, arriva devant la capitale du grand *Yuen*, & l'affiégea. Il avoit coupé l'eau aux affiégés, & la ville alloit fe rendre, lorfqu'il y entra un Ingénieur Romain, qui fit creufer des puits, & trouva de l'eau. Les affiégés ne laifferent pas pour cela de livrer leur Roi, qui, à l'inftant eut le col coupé, & de donner aux Chinois les chevaux rares qu'ils demandoient. Les Chinois créerent un nouveau Roi, & fe retirerent. Cette expédition, dit l'Hiftoire Chinoife, fit tout trembler dans l'Occident, même l'Empire Romain. Ce qui eft certain, (& c'eft ce que prétendoit *Han-vou-ti*,) c'eft que toute la Tartarie Chinoife en fut épouvantée. Les Royaumes qui la compofoient fe foumirent, & bientôt *Ham-vou-ti* vit à fes pieds trente-fix de ces Rois. Ce fut pour lors qu'il fe vanta d'avoir coupé le bras droit aux *Hioum-nou*, & de leur avoir enlevé leurs tréfors. Par-là il devint maître de toute la Tartarie Chinoife, c'eft-à-dire, depuis la Chine jufqu'à la *Bactriane* ou *Khoraffan*.

Les chofes demeurerent en cet état jufqu'au regne de *Han-fuen-ti*. Ce Prince voyant que tant de garnifons ne pouvoient fubfifter que fous un commandement général, après avoir affujetti un des principaux Rois des *Hioum-nou*, établit l'an 59 avant J. C. un *Tou-hou*, c'eft-à-dire, un *Commandant Généraliffime* dans la Tartarie Chinoife, pour gouverner tous ces Royaumes, & les entretenir en paix. *Tchim-kii* fut le premier qui pofféda cette grande charge. Depuis ce temps-là, les *Hioum-nou* n'en oferent plus approcher. Le Généraliffime réfidoit dans la ville de *Yo-lei*, qui eft éloignée du col de *Yam-kouan* de deux cents foixante & quatorze lieues. L'Empereur *Han-yuen-ti* mit fous le Généraliffime deux Tribuns, qu'il appella *Ambulants*, parce qu'ils n'avoient point de demeure fixe. Vers le commencement de l'Ere Chrétienne, ces trente-fix Royaumes furent partagés en cinquante-cinq, dont les Rois étoient créés par l'Empereur de Chine ; en forte qu'on comptoit dans cette vafte étendue de pays trois cents foixante & feize Seigneurs, qui tenoient de la Chine leur fceau & la dignité dont il eft la marque.

Sous la tyrannie de *Vam-mam*, les guerres civiles de la Chine détournerent fon attention de deffus ces Royaumes, qui, par-là repafferent fous la domination des *Hioum-nou*. Après foixante-cinq ans d'interruption, la Chine les reprit, & y rétablit les mêmes Officiers, qui furent auffi-tôt affiégés par les *Hioum-nou* ; ce qui obligea l'Empereur *Han-tcham-ti*, qui ne voulut pas les fecourir, de les rappeller. Cependant le brave *Pan-tchao* étoit demeuré dans le *Yu-tien*, Royaume éloigné de *Si-ghan-fou* de plus de neuf cents lieues, d'où il ne laiffoit pas d'entretenir en paix une partie de la Tartarie Chinoife.

L'an 89e. de l'Ere Chrétienne, *Teou-hien*, Géné-

ral Chinois, ayant remporté une victoire signalée fur les *Hioum-nou*, l'Empereur *Han-ho-ti* chaſſa les garniſons des *Hioum-nou* de *You* (dans le *Hami* ou le *Camil.*) L'an 91, *Pan-tchao* ayant achevé de réduire à l'obéiſſance toute la Tartarie Chinoiſe, en fut créé Généraliſſime. Il plaça fon ſiege dans le *Khieou-tçe*; c'eſt le *Kafchghar*, au dire des Chinois. On lui aſſigna deux Tribuns, ſelon la forme ancienne. Alors plus de cinquante Rois Tartares envoyerent des ôtages, & réduiſirent leurs Etats en Provinces de Chine. L'Egypte même, l'Aſſyrie & le reſte des Royaumes, qui s'étendent dans un eſpace de ſquatre mille lieues jufqu'à la mer, envoyerent payer tribut à la Chine, leurs Envoyés s'expliquant par la bouche de pluſieurs Interpretes de différentes langues. L'an 97, *Pam-tchao* envoya *Kan-ym*, chef de ſes Secretaires, à la découverte de l'Occident. *Kan-ym* pénétra jufqu'à la mer Méditerranée, & fit un rapport exact des pays par où il avoit paſſé. *Pan-tchao* fut rappellé en Chine, & *Gin-cham* vint prendre ſa place. Prenant congé de *Pan-tchao*, il lui dit ce diſcours : ,, Moi, quoiqu'in-
,, digne, j'ai l'honneur de vous ſuccéder ; ſans doute,
,, vous avez quelque inſtruction ſalutaire à me don-
,, ner. Les Officiers & les ſoldats que la Chine en-
,, voye en ce pays-ci, répondit *Pan-tchao*, ne ſont
,, rien moins que d'honnêtes gens ; ils ont tous été
,, condamnés à cet exil pour leurs crimes. D'un au-
,, tre côté, les Barbares ont des cœurs de bêtes ; ils
,, ſont difficiles à appriviſer, & faciles à effaroucher.
,, Je remarque que vous êtes d'un naturel impatient
,, & ſevere. Souvenez-vous que les grands poiſſons
,, ne ſe pêchent point dans les eaux claires, & qu'un
,, gouvernement fâcheux n'eſt pas propre à entrete-
,, nir la concorde. Il faut être ici naturel, ſans façon,
,, libre & dégagé. Il faut pardonner les petites fautes,
,, & ſe contenter de maintenir l'eſſentiel de l'ordre ''.
Gim-cham ne fit pas cas de cet avis. Peu d'années après, c'eſt-à-dire l'an 107 de J. C., la Tartarie ſe révolta contre lui, ſuivant la prédiction de *Pan-tchao*. *Gin-cham* fut aſſiégé avec ſes Officiers. L'Empereur *Han-ghan-ti*, à qui la diſtance des lieux ne permettoit pas de les ſecourir, les fit revenir & abandonna tous ces Royaumes, qui retomberent encore une fois ſous la domination des *Hioum-nou* Septentrionaux. Ceux-ci ſe ſervirent des troupes de ces nouveaux ſujets, pour venir porter la déſolation dans la Chine ; ce qui dura plus de dix ans. *Tçao-tçoum*, Commandant Chinois, après avoir battu les *Hioum-nou*, vouloit pouſſer ſa pointe, & aller reconquérir l'Occident ; mais l'Impératrice *Tem-heou*, qui gouvernoit alors, ne le voulut pas permettre ; elle ſe contenta d'y rétablir un Lieutenant-Généraliſſime. Les *Hioum-nou*, étant revenus à la charge avec les troupes d'*Eyghour*, on fut ſur le point de tout abandonner ; *Tchin-tçoum* s'y oppoſa. L'Impératrice ne ſachant quel parti prendre, conſulta *Pam-youm*, fils de *Pan-tchao*. Il la détermina à reprendre la Tartarie Méridionale. Elle l'en créa Lieutenant-Généraliſſime, & lui aſſigna pour le lieu de ſa demeure *Leou-tchoum*, ville d'*Eyghour* à plus de 700 lieues de *Si-ghan-fou*. *Pan-youm* eut bientôt ſubjugué tout l'*Eyghour*. L'an 127, il remit ſous le joug le Royaume de *Yen-khi*. Enſuite dix-ſept autres Royaumes, comme le *Khieou-tçe* ou le *Kafchghar*, le *Yu-tien*, le *So-le* & le *So-tche*, ſe ſoumirent volontairement. Cette ſoumiſſion ne fut pas de durée ; car l'an 145, ils commencerent à ſe faire la guerre les uns aux autres, ſans ſe mettre en peine des ordres de la Chine. La Chine, ſous les Dynaſties des *Ouei* & des *Tçin*, fut trop occupée d'elle-même pour pouvoir penſer à eux. Durant tout ce temps-là, il n'y eut que peu de ces Royaumes qui continuerent à envoyer leur tribut. La Dynaſtie des *Ouei* Tartares ſe les aſſujettit, & exerça un empire ſouverain ſur eux dans les commencements ; mais les guerres civiles qui l'agiterent bientôt, donnerent moyen aux *Tou-*

kiue de s'en ſaiſir. La Dynaſtie des *Soui* les poſſéda enſuite.

La Dynaſtie des *Tham* pouſſa bien plus loin ſes conquêtes, que n'avoient fait toutes les précédentes. Elle ſoumit à ſes loix la Tartarie entiere, auſſi-bien l'Orientale que l'Occidentale. Elle poſſéda avec un empire abſolu la Méridionale, où elle entretenoit des garniſons en plus de 300 villes, & au centre de laquelle elle avoit les quatre garniſons. C'eſt ainſi qu'elle nommoit les quatre Royaumes contigus de *Kafchghar* ou *Khieou-tçe*, de *Yu-tien*, de *So-le* & de *Soui-ye*, ou peut-être *Soui-che*. De-là les garniſons Chinoiſes tenoient en bride le reſte de la Tartarie. Il eſt vrai que ces quatre Royaumes lui furent enlevés par les *Thybethains*; mais les Chinois les en chaſſerent bientôt après. Depuis l'an 705, les Arabes ou les *Ta-che* aux habits noirs, dont la puiſſance croiſſoit de jour en jour, & qui avoient déja étendu leur domination jufqu'à la mer Occidentale, ſe rendirent maîtres de pluſieurs Royaumes de Tartarie. La Dynaſtie des *Khitan* Tartares, ou des *Leao*, ne laiſſa pas de poſſéder une partie de la Tartarie, & d'avoir le reſte tributaire, comme étant une dépendance de la Chine, dont elle tenoit le Septentrion en propre, & le Midi ſous le tribut. Les *Niou-tche* ou les *Kin* Tartares, entrerent dans tous les droits des *Leao*, après avoir ſubjugué leur Empire. Enfin, tout plia ſous le joug des *Moumgols*, qui détruiſirent également l'Empire des *Kin* Tartares & des Arabes. Ils ſe rendirent maîtres non-ſeulement de toute la Tartarie, mais même de l'Aſie preſque toute entiere ; ſans parler d'une partie de l'Europe, qu'ils ravagerent ou poſſéderent.

La Dynaſtie des *Mim*, qui éteignit celle des *Yuen*, ou des *Moumgols*, & la chaſſa de la Chine, abandonna tous ces Royaumes étrangers, dont la conſervation coûtoit à l'Empire des ſommes exceſſives. Elle rétrécit les confins de la Chine du côté de l'Occident de plus de cent lieues, & tranſporta les bornes du col de *Yam-kouam* à celui de *Kia-yu-kouan*, qui n'eſt éloigné de *Sou-tcheou* que de cinq ou ſix lieues vers l'Occident. Enfin, elle ſe contenta de tenir trois cents lieues de pays à la ronde ſous ſa dépendance, autour des confins de ſon Empire.

La Dynaſtie des *Tçim* ou des *Man-tchou*, qui regne aujourd'hui en Chine, & qui a ſuccédé à celle des *Mim*, a conſervé les mêmes bornes ; & ſa domination dans la Tartarie ne paſſe pas *Yar-khan*, ou, comme ils le nomment, *Yar-khien*, dont le Roi rendit hommage à l'Empereur, lorſque j'étois à *Pe-kim*. Ce Royaume eſt dans l'*Usbek* Oriental.

On doit conclure, ce me ſemble, de ce précis, que le *Khathai* des Occidentaux, pris dans toute ſon étendue, comprenoit la Chine entiere avec toute la Tartarie qui dépendoit de la Chine. Comment donc diſtinguoient-ils la Chine de cette Tartarie ? L'exemple des Moſcovites qui doublent le mot de *Kitai* pour marquer la véritable Chine, & la nomment *Kitai-kitai*, comme qui diroit la *Chine Chinoiſe*, pourroit faire croire que les Occidentaux l'appelloient auſſi *Khathai-khathai*, & que comme les Moſcovites donnent le titre de *Kitai* tout court à la Chine Tartare, de même les Occidentaux donnoient ſimplement celui de *Khathai*, à la Tartarie des dépendances de Chine. Cela n'empêche pas que les Occidentaux ne puſſent donner ce titre de *Khathai*, tantôt à la Chine entiere, tantôt à la Septentrionale ſeulement, ſuivant les Dynaſties Chinoiſes dont ils étoient ſujets, & qui la poſſédoient en entier ou à moitié. Il eſt pourtant vrai que ni les uns, ni les autres, ne redoubloient ce terme qu'en cas d'oppoſition, & pour diſtinguer la Chine Chinoiſe de la Chine Tartare. Qu'il me ſoit permis de me ſervir de ces termes.

Les Occidentaux ont pouſſé plus loin la préciſion, & ils ont diviſé la Chine Tartare en *Khathai ſimple*, & en *Khathai noir*, ou *Khara-khathai*. Je ne doute preſque

preſque pas qu'il ne faille entendre par le *Khathaï* ſimple, la Tartarie Chinoiſe ou Indienne, c'eſt-à-dire, tous les Royaumes qui étoient le long des Indes, ou ſur la même ligne d'Orient en Occident, depuis la Chine juſqu'à la *Bactriane* ſous la domination Chinoiſe, & par le *Khara-khathaï* ou *Khathaï noir*, le Royaume de *Kaſchghar*, & les pays attenants, ſur-tout ceux que les Chinois comprenoient ſous le nom des quatre Garniſons.

Il ſe peut faire encore que le *Khotan*, & le *Khara-kotan* des Mahometans, ſoit une corruption du *Khathaï* & du *Khara-khathaï* des Tartares, de la même façon que le *Kithai* des Moſcovites en peut être une; quoique la prononciation *Moumgole*, qui s'accorde avec la Moſcovite, donne ſujet de croire que ce ſoit la prononciation primitive du mot, d'où les Mahométans ont tiré leur *Khathaï*. Tout ce que je viens de dire, à la réſerve de ce qui regarde le *Khara-khathaï*, ne paſſe pas la conjecture; car où trouver des mémoires ſur cela? Le Lecteur y déférera autant qu'il lui plaira.

La Bibliotheque, ſous l'Article de *Turk*.

Atrak, qui ſignifie les Turks, *étant un nom commun non-ſeulement aux Turcs Othmanides, qui ſont nos voiſins, mais encore aux Tartares, aux Iguréens, Khathaïens & Mogols, il eſt à propos d'en chercher l'origine.*

Observation.

Les Chinois l'ont marquée cette origine avec autant de préciſion qu'on le pouvoit faire; & ils donnent aſſez à entendre, par les différentes opinions que cette nation en avoit elle-même, combien elle étoit incertaine dans l'eſprit des Turcs mêmes. On dira que les Chinois ne font pas mention des Turcs, mais ſeulement des *Tou-kiue*, j'en conviens; mais je prétends en même-temps que les *Tou-kiue*, ou, ſi vous voulez, les *Tou-kiſe*, ſont les *Turks*. Voici ſur quoi je me fonde pour avancer cela.

1°. Il y a de l'apparence que les Chinois ayant ſouvent ce nom dans la bouche, en auront retranché la lettre *r* pour l'adoucir, de la même façon que de *Pars* ou *Pors*, ils ont fait *Po-ſſe*, en ſupprimant la lettre *r*, pour ſignifier la Perſe. Par la même raiſon, au-lieu de changer le *K* en *Ke*, ils l'auront changé en *Kiue*. C'eſt ainſi que de *Moumgol* ils ont fait *Moum-kou*, changeant *Gol* en *Kou*. Mais ſans nous arrêter à cette ſorte de preuve qui laiſſe toujours quelque doute, paſſons à quelque autre.

2°. La fable du jeune homme & de la louve, enlevés & placés dans une montagne, à laquelle les *Tou-kiue* faiſoient tous les ans des ſacrifices, comme à l'origine de leur nation, ne déſigne-t-elle pas aſſez clairement le mont *Erkeneh-koun*, où *Kian* & *Thehouz* ſe retirerent avec leurs femmes, après que leur nation eut été détruite par *Tour*, fils de *Feridoun*, Roi de Perſe?

3°. De plus, les *Turks* n'ont commencé à ſe faire connoître que ſur la fin du ſixieme ſiecle. La Chine qui reſſentit bientôt la peſanteur de leurs braſ, le témoigne, & nos Hiſtoires s'accordent en ce point avec la Chinoiſe. Que doit-on donc penſer des Hiſtoriens Mahométans qui font entrés dans un auſſi grand détail des affaires de cette nation & de la ſuite de ſes Rois, même avant ce temps-là, que s'ils avoient eu des Hiſtoires completes?

4°. D'ailleurs, les *Turks* n'eurent pas plutôt paru au monde, qu'ils ſubjuguerent, outre la Tartarie toute entiere, la Perſe & pluſieurs autres pays de l'Aſie. Ils parvinrent à un tel point de puiſſance, que la Chine, qui les avoit à ſes portes, n'a pu l'ignorer. N'auroit-elle donc point parlé des *Turks*, elle qui a

donné place dans ſon Hiſtoire juſqu'aux moindres nations de la Tartarie? Et quand elle auroit voulu s'en taire, ne l'auroient-ils pas forcée par leurs irruptions, à en parler, ce pays ſi riche ayant toujours été le principal objet de l'ambition & de la cupidité Tartare? Qu'on juge ſur cela, ſi j'ai pu dire avec fondement que les *Tou-kiue* des Chinois ſont les *Turks* des Mahométans, & ſi l'on ne doit pas plutôt s'en rapporter touchant leur origine, aux Chinois, qui nous ont donné une Hiſtoire ſuivie de cette nation qui étoit, pour ainſi dire, née ſous leurs yeux, qu'aux Mahométans, qui, dans les lambeaux détachés qu'ils rapportent d'une nation ſi éloignée d'eux au commencement, n'ont gardé aucun ordre chronologique.

Quelle foi, dira quelqu'un, peut mériter en ce point l'Hiſtoire Chinoiſe, qui fait deſcendre la race de ſes *Tou-kiue* d'une louve? Vit-on jamais une fable plus groſſiere? A cela je réponds qu'elle n'eſt ni la premiere, ni la ſeule qui ait ſouillé le papier de ces ſortes de naiſſances; les nôtres mêmes nous en fourniſſent des exemples. Mais ſans examiner ici ſi la choſe eſt abſolument impoſſible, l'on ne peut douter que ces peuples, qui, avant que de recevoir la loi de Mahomet, étoient entêtés de la métempſycoſe, & qui ne mettoient entre l'homme & la bête d'autre différence que celle des organes, ne la cruſſent non-ſeulement poſſible, mais encore probable, ou peut-être véritable.

Quoi qu'il en ſoit, l'Hiſtoire Chinoiſe fait aſſez voir qu'elle n'appuye pas beaucoup ſur cela, quand elle rapporte les autres origines que les *Tou-kiue* ſe donnoient, ou qu'on leur donnoit. Or en tout cela paroit-il le moindre veſtige de *Japhet?* En doit-on croire ſur leur parole les Hiſtoriens Mahométans, quand ils avancent comme un fait inconteſtable, que les *Turks* l'ont toujours reconnu pour leur premier pere, vu principalement que les Mahométans s'accordent ſi mal enſemble dans le nombre des enfants qu'ils donnent à *Japhet?* Les uns ne lui en donnent que trois, & ceux-ci ſe trompent manifeſtement, puiſque la *Geneſe* en marque ſept, & en fait conſéquemment un point de foi. Les autres lui en donnent huit, & ceux-ci approchent plus de la vérité. Quelques-uns le font pere d'onze fils. On en pourroit ajouter un douzieme, ſelon eux, puiſque la *Bibliotheque*, ſous le titre d'*Andalous*, remarque que les Mahométans le font fils de *Japhet*. Celui-ci eſt évidemment un enfant ſuppoſé, comme on l'a pu voir ci-deſſus. Parmi les onze autres, il y en a quatre qui ne ſont pas plus légitimes. Si donc ils ont été ſi peu exacts au ſujet de *Japhet*, dont ils avoient l'Hiſtoire abrégée dans les Livres ſacrés des Juifs, quels mémoires leur ont pu fournir les Turks, pour les mettre en état de particulariſer avec tant de préciſion la généalogie de *Turk*, ſon fils aîné ou puîné?

Les Turks, au commencement, n'avoient aucun uſage des lettres. Les Chinois, qui ont été ſi longtemps mêlés avec eux, & qui avoient toujours dans leur Cour pluſieurs des plus habiles & des plus entendus de cette nation, le témoignent. C'eſt pareillement une choſe avérée que les *Moumgols*, leurs prétendus freres, au commencement du treizieme ſiecle, ignoroient les lettres & l'écriture; de ſorte que *Tchimkhis-khan*, le fondateur de leur Empire, après avoir étendu bien loin ſes conquêtes, ſe vit obligé d'emprunter les lettres des *Eyghouréens* pour écrire ſes dépêches, & les envoyer dans les pays ſoumis. *Khoublai* fut le premier Empereur *Moumgol* qui fit inventer des lettres à l'uſage de ſa nation par *Pa-hhas-pa*, qu'il créa premier *Talai-lama*. Reſte donc la tradition qui a dû conſerver parmi les Turks la mémoire de tant de généalogies & d'événements. Je laiſſe à penſer combien on peut compter ſur les traditions d'une nation barbare, vagabonde & toujours occupée de guerres; mais cette tradition n'auroit-elle point été interrompue par *Tour*, fils de *Feridoun*, Roi de Perfe, qui, comme l'affurent les Perfans, extermina toute cette nation, à la réferve de deux hommes & de deux femmes qui échapperent au maffacre général, & fe retirerent dans le mont *Erkeneh-koun*, où ils la re-peuplerent? *Feridoun*, fuivant une des Chronologies reçues, mourut 1255 ans, fuivant l'autre, 1459 avant l'Ere Chrétienne. Les Perfiens ne peuvent donc pas nier que cet événement n'ait précédé notablement l'an 1255 avant l'Ere Chrétienne, *Feridoun* ayant régné 500 ans entiers fuivant leurs Romans. Quelle apparence après cela que deux hommes & deux femmes ayent eu la mémoire affez heureufe pour conferver à la poftérité tant de traditions, fur-tout une fi longue fuite de générations, & tant de noms de ceux qui les avoient précédés, fans les corrompre, ni les altérer, & que ceux qui les ont fuivis ayent eu le même bonheur & la même fidélité? Ce que je vais dire eft encore plus fort, & me paroit décifif.

Les Mogols & les Cathayens, comme le rapporte la *Bibliotheque* fous le titre de *Van*, comptoient l'an 847°. de l'Hégire, (c'eft l'an 1443 environ de l'Ere Chrétienne,) quatre-vingt-huit millions fix cents trente-neuf mille huit cents foixante années écoulées depuis la création du monde; (nous avons examiné cela ci-deffus :) conservoient-ils auffi la mémoire des généalogies & des événements renfermés dans cette effroyable multitude de fiecles? Dans cette perfuafion de l'antiquité du monde, pouvoient-ils fe borner à *Japhet*, & ne pas pouffer plus loin l'antiquité de leur nation? Ou plutôt pouvoient-ils avoir la connoiffance de *Japhet*, de *Noé* & du Déluge?

De plus, on leur fait donner à tous les anciens Rois le titre de *Khan*. Cependant l'Hiftoire Chinoife qui ne peut être fufpeéte à cet égard, a marqué dans fes annales que ce titre n'a commencé à paroître dans la Tartarie que l'an du falut 402, & que *Tou-loun*, ou bien *Touroun*, le Roi des *Geou-gen* Tartares, fut le premier qui le porta. Quand bien même les *Geou-gen* auroient fait une partie de la nation Turque, ce qui n'eft pas, comme on le peut voir dans l'Hif-toire des *Geou-gen*, qui regardoient les *Turks* comme leurs efclaves & comme de fimples forgerons, le ti-tre de *Khan* n'en feroit pas moins nouveau. Les Mahométans, & les *Turks* probablement après eux, ne laiffent pas de faire remonter ce titre prefque jufqu'à *Japhet*, & peu s'en faut qu'ils ne le nomment *Japhet-khan*. Cela s'eft donc fait après coup. Les *Hioum-nou*, qui pourroient bien avoir-été les *Huns*, & qui ont dominé fi long-temps avec un pouvoir fans bornes dans toute la Tartarie, & dans plufieurs autres parties de l'Afie, avant & après la venue du Meffie, auroient-ils permis aux *Turks*, quand même dès ce temps-là ils auroient fait un corps de nation, de prendre un titre de fouveraineté tel qu'étoit celui de *Khan*, eux qui étoient fi jaloux de celui de *Tchen-yu* qui leur étoit propre? Les *Hioum-nou* n'auroient-ils pas auffi été *Turks?* Les Chinois qui les avoient reçus dans leur Empire, & s'étoient confondus avec eux, & qui les font defcendre d'un de leurs Empereurs, témoignent le contraire. Sans doute, fi les *Hioum-nou* avoient été connus des Mahométans, & dans les mêmes relations à leur égard que les *Turks*, les Mahométans n'auroient pas manqué de donner un fils de ce nom à *Japhet*. Cela leur coûte peu.

Que doit-on conclure de tout cela? Si ce n'eft peut-être que, d'un côté, les Mahométans s'étant efforcés à l'envi de relever les *Turks* & les *Moumgols*, dont ils avoient fubi le joug, en leur impofant (en revanche) celui de leur Religion, leur ont forgé des généalogies illuftres, & des événements finguliers, pour couvrir de ces voiles la baffeffe de leur origine, & la barbarie de leurs mœurs; & de l'autre que les Turks & les *Moumgols* profitant de la flatterie des Hiftoriens, l'ont fait fervir à la politique, & ont adopté

des fables qui pouvoient contribuer à affermir leur domination fur les peuples toujours crédules. Encore fi ces Hiftoriens Mahométans nous indiquoient les fources où ils ont puifé ces connoiffances, s'ils nommoient quelques Hiftoriens contemporains pour témoins des faits qu'ils avancent, du moins s'ils les propofoient comme douteux, on pourroit les excufer, ou les louer. J'ajoute donc plus de foi aux Chinois, qui ont écrit dans le temps dont ils parlent, & qui pour les temps plus reculés, ont travaillé fur les mémoires & les traditions des *Turks* dont ils avoient une connoiffance parfaite, & qui favoient les diftinguer des autres nations.

Car pour ne pas accufer les Hiftoriens Mahométans, de mauvaife foi, il fe peut fort bien faire que, faute de cette diftinction, ils auront confondu les *Turks* avec les autres nations de Tartarie, & auront réuni fous un feul peuple, des faits hiftoriques qui devoient être partagés entre plufieurs. Du moins eft-il certain que fous le nom de *Turks*, ils comprenoient un nombre innombrable de nations différentes qui rempliffent la Tartarie, de la même façon que les Grecs & les Latins les comprenoient fous le nom de *Scythes*, & que nous les comprenons, contre tout droit, fous le nom de Tartares. De cette confufion de nations naît néceffairement le trouble & le défordre dans leurs hiftoires, parce qu'on y attribue à une feule nation ce qui doit être diftribué entre plufieurs peuples. Ces noms vagues font fujets à de grandes erreurs. Si les Mohométains s'avifoient d'écrire l'hiftoire des *Afrang*, ou des *Franks*, comprenant fous ce nom toute l'Europe, quoi qu'il ne dût comprendre proprement que la France, ils confondroient bientôt l'Allemagne avec l'Italie, & mettroient fur le compte de la France ce qui appartient à l'Efpagne. C'eft ainfi, par exemple, que les Hiftoriens Mahométans font des *Eyghouréens* une nation Turquefque; c'eft pourtant un Royaume régulier & rempli de villes, qui fut affujetti par les Chinois plus de cent ans avant l'Ere Chrétienne. Il étoit fondé long-temps avant qu'il tombât fous la puiffance des Chinois, comme nous venons de le voir. S'enfuit-il pour cela qu'il foit compofé de Turks? D'ailleurs, les Turks reconnoiffent une louve, & les Rois d'*Eyghour* un arbre pour leur origine. Enfin, les Turks eurent bien de la peine dans le plus haut point de leur puiffance, à ravir l'*Eyghour* aux Chinois, qui le leur arracherent bientôt.

Pour les *Cathayens*, c'eft encore un terme vague, qui comprend bien des nations différentes, entr'autres la Chinoife. Quant à la Chinoife, on en fait l'origine qui n'a aucun rapport à celle des *Turks*. Pour ce qui regarde les autres nations du *Khatai* Tartare, il fe peut faire qu'il y eût quelques peuples *Turks* qui en habitaffent une partie; mais je tiens pour certain que les autres fe feroient offenfés, fi on leur avoit donné le nom de *Turks*. J'ai dit qu'il fe pouvoit faire qu'il y eût quelques peuples *Turks* dans le *Khatbai*, parce qu'on ignore les bornes précifes du *Khatai* Tartare. D'ailleurs, il eft certain qu'après que les Chinois eurent détruit les deux Empires des *Tou-kiue*, ou *Turks* Orientaux & Occidentaux, les *Turks* fe féparerent, & s'emparerent de diverfes contrées où ils fe maintinrent fous la domination de la nation qui régnoit fur toute la Tartarie. De-là vient qu'on trouve dans ce pays plufieurs *Turkeftan* (*). C'eft de-là qu'ils fe font répandus dans la fuite dans l'Occident, où ils ont fondé plufieurs Empires, dont le plus puiffant fubfifte encore aujourd'hui. Ce fléau de Dieu après avoir fervi à la juftice divine pour châtier la Chine, a en-

---

(*) Un de ces Pays envoya une ambaffade en Chine l'an 941 pour la derniere fois. A l'occafion de cette ambaffade, l'Hiftoire de la Chine remarque que leur Royaume étoit pour lors très-petit & très-foible.

core à préfent le même ufage entre fes mains pour punir les Chrétiens. Au refte, je ne prétends pas af-furer que la Tartarie n'ait pas été peuplée par les def-cendants de *Japhet*, qui, felon le langage de l'Ecri-ture, partagerent entr'eux les ifles des nations : ce qui pourtant femble mieux convenir à l'Europe qui eft fé-parée de la Judée par la mer, & qui en eft prefque toute entourée, qu'à la haute Afie, qui ne fait qu'un même continent avec elle. Ce que j'ai voulu prouver, c'eft que la prétendue tradition des *Turks* n'a pris naif-fance qu'après celle du Mahométifme ; & fuppofé le fait, s'il eft permis de conclure quelque chofe de la reffemblance des noms, la famille des *Affena*, fi il-luftre parmi les *Turks*, fembleroit donner à entendre qu'*Afcenez*, fils de *Gomer*, & petit-fils de *Japhet*, auroit été le premier pere de cette nation.

La BIBLIOTHEQUE, fous le titre de *TATAR*.

Tatar & Tatar-khan, *nom d'un fils d'*Ilingeh-khan, *cinquieme Roi du* Turqueftan, *de la poftérité de* Turk, *fils de* Japhet. *Il vint au monde avec fon jumeau nommé* Mogul *ou* Mogol, *& ces deux freres fonde-rent deux grands Empires fameux dans l'Orient, lefquels par la fuite fe réunirent en un feul*. . . .
La Dynaftie fut de huit Khan. 1. Ilingeh-khan, 2. Tatar-khan ; 3. Bouka-khan ; 4. Bilingeh-khan ; 5. Iffali-khan ; 6. Akfur-khan ; 7. Ordou-khan ; 8. Sou-nig, *ou* Sidig-khan. *Après la mort de* Sounig, *les guerres civiles & étrangeres diviferent tellement cette nation de* Tartares, *que leur grand Empire fut entiérement aboli, quoique les familles Tartares fub-fiftaffent toujours féparées des autres nations Tur-quefques de l'Orient.*
Aujourd'hui l'on donne chez les Turks *le nom de* Tatar-khan *au Sultan qui commande les Petits-Tar-tares de la* Crimée.

OBSERVATION.

Les Chinois les ont nommé au commencement *Tha-tche*, enfuite *Tha-tba*, & vulgairement *Tha-tçe* ; en-fin, par mépris *Sao-tha-tçe*, c'eft-à-dire les *puants Tartares*. Quelquefois auffi ils fe fervent de la lettre *Tha* qui a le même fon, au-lieu de celle de *Tha* ; fur quoi il eft à remarquer que la lettre qui fe lit *Ke* par les Chinois, fignifie dans leur langue la *peau crue* d'un animal, & ils ne l'ajoutent pour latérale à la lettre *Tha*, que pour donner à entendre quel rang tiennent ces peuples dans leur efprit. Auffi les *Niou-tchin* & les *Moumgols*, après avoir conquis la Chine, ont retranché cette lettre injurieufe, & ont écrit feulement *Tha-tba*, & quelquefois *Tha-tha*. Je crois même que les *Tha-tan*, dont les *Khitan* font deux fois mention dans leur Hiftoire, défignent le même peuple. Les Chinois ne laiffent pas de l'écrire fimplement *Tha-tha* ; ce qui n'a rien de méprifant ; & pour prononcer le mot entier, ils ajoutent *Eul*, & lifent *Ta-tal*, au-lieu de *Tatar*. C'eft ainfi entr'autres que l'écrit le petit abrégé de la Géographie univerfelle, intitulé *Fam-yu-chim-lio*.
Au refte, les Chinois prennent ce nom en trois fens différents. Dans le fens le plus étendu, il revient à-peu-près à notre mot de Tartare, & comprend indé-finiment toute la partie de la haute Afie, qui eft plus Septentrionale que la Chine, & à l'Occident du mé-ridien de *Pe-kim*. Le peuple même l'applique juf-qu'aux Mofcovites, qu'il appelle *Ta-pi-tha-tçe*, c'eft-à-dire, les *Tartares au grand nez*. Anciennement les Chinois donnoient à tous ces peuples le nom com-mun de *Tii*, qui eft encore plus infultant que celui de *Tha-tçe* écrit à leur maniere, la lettre latérale de *Kiuen*, qui fignifie *Chien*, marquant, comme le pré-tendent quelques Chinois, qu'ils font de race de chien. Delà vient que les vocabulaires Chinois définiffent le terme de *Tha-tche* ou de *Tha-tba*, en cette maniere :

,, C'eft un terme général qui comprend tous les *Tii*, ,, ou, comme l'expliquent quelques-uns, tous les Bar-,, bares du Nord ".
L'Abrégé de la Géographie univerfelle, intitulé *Kouam-yu-ki*, donne des bornes plus étroites & plus précifes au terme de *Tha-tche* ; & c'eft lefecond fens. Elle en termine le pays, du côté de l'Orient, par l'*Ou-ream-gha*, & conféquemment par le méridien de *Pe-kim* à fort peu près ; à l'Occident, par le Royaume de *Sal-mal-han* ou *Samarkand* ; du côté du Nord, elle en pouffe les limites jufqu'aux extrémités Sep-tentrionales des déferts de fable.
Dans le troifieme fens qui eft le propre, & appa-remment celui d'où les deux autres font tirés, (car ils ne font pas anciens,) il fignifie une nation parti-culiere, qui n'a commencé à fe former fous ce nom, & à être connue en Chine que fur la fin de la Dy-naftie des *Tham*. Je vais traduire ce que *Gheou-yam-fieou*, le premier Hiftorien de Chine qui en ait parlé, en a rapporté dans fon Hiftoire des cinq petites Dy-nafties poftérieures. Ce qui eft compris entre des pa-renthefes eft ajouté en forme d'éclairciffement.
Les *Tha-tche* defcendent des *Mo-ho*, (ce font les *Niou-tchim*, ou, comme on les nomme aujourd'hui, les *Man-tchou*,) dont ils étoient un peuple. Le pays qu'ils habitoient eft fitué au Nord-Eft de celui des *Hii* & des *Khitan*, (& conféquemment de la Pro-vince du *Pe-kim* d'aujourd'hui ;) dans la fuite, les *Khi-tan* les ayant attaqués, leurs hordes fe démembrerent & fe diffiperent. Une partie fe foumit aux *Khitan* ; une autre alla fe réfugier dans le *Po-hai*, Royaume contigu à la Corée & au *Leao-toum*.) Une de fes hor-des vint fe jetter dans les monts *Yn-chan*, (qui font hors de la grande muraille, entre la Chine & le *Cha-mo*, ou la mer de fable.) Elle s'y répandit, après avoir pris le nom de *Tha-tche*. Sur la fin des *Tham*, eux & leur nom commencerent à fe faire connoître en Chine. (Deux Seigneurs *Tha-tche*, nommés) *Mei-fiam-ouen* & *Yu-yue-fiam-ouen*, (*Siam-ouen* étoit un titre de commandement chez les *Niou-tchin*, emprunté des *Khitan* ; *Yu-yue* étoit auffi un ti-tre de la premiere nobleffe parmi ces deux peuples ; ce qui donne lieu de croire que ce ne font pas les noms de ces deux Seigneurs, mais le titre de leurs charges & de leurs dignités.) Ces deux Seigneurs donc, fous l'Empire de *Tham-yi-tçoum*, fervirent fous *Tchu-ye-tche-fin*, (qui reçut de l'Empereur le nom de *Li-koue-tcham*, & qui fut créé l'an 869 Général de l'armée que l'Empereur fit marcher contre *Pam-hiuen* qui s'étoit révolté l'an 867.) Enfuite *Tchu-ye-tche-fin*, (ou bien *Li-koue-tcham* ; il étoit de na-tion *Cha-tho* Tartare,) & fon fils *Li-ke-youm* ayant été défaits par *He-lien-tho* & autres, fortirent de la Chine, (crainte du châtiment,) & fe retirerent chez les *Tha-tche* (l'an 880 ; mais l'an 883,) *Li-ke-youm* rentra en Chine, fuivi des *Tha-tche*, & défit avec ce fecours le rebelle *Hoam-tchao*. Après cela il s'établit avec les *Tha-tche* entre *Yun-tcheou* & *Tai-tcheou*, (deux villes dans la partie Septentrionale de la Pro-vince de *Chanfi*).
Voici les mœurs des *Tha-tche* : ils nourriffent un grand nombre de chameaux & de chevaux. Il n'eft pas poffible d'entrer dans le détail des noms de leurs hor-des, & de ceux qui les commandent. On ne peut par-ler que de ceux qui font venus en Chine, entre l'an 923 & l'an 926. *Tche-ven-pou*, qui étoit leur *Tou-tou*, ou Commandant général dans le *Ho-fi*, paya fouvent à la Chine fon tribut de chameaux & de che-vaux. L'Empereur *Heou-tham-mim-tçoum* (qui com-mença à régner l'an 927, & régna 7 ans,) affiégeoit *Vam-tou* dans la ville de *Tim-tcheou*. *Vam-tou* ap-pella les *Khitan* à fon fecours. L'Empereur *Mim-tçoum*, de fon côté, ordonna aux *Tha-tche* d'aller porter la défolation dans le pays des *Khitan*, pour faire diverfion. Il députa vers eux *Sie-kim-tchoum*,

Gouverneur de la ville de *Sou-tcheou*, qui leur porta 250 rondaches avec quelques centaines d'arcs & de fleches qui avoient été enlevées aux *Khitan*; car les *Tha-tche* étoient fujets des *Tham* poftérieurs. L'an 932, *Hie-kho*, un des chefs des *Tha-tche*, vint avec fa troupe, qui étoit de plus de quatre cents perfonnes, s'établir en Chine fous les aufpices des *Tham* poftérieurs. Ils ne cefferent de venir réguliérement en Chine qu'après l'an 959. Voilà les propres termes de *Gheou-yam-fieou*.

Il eft évident par ce que je viens de rapporter, que les *Tha-tche* ou *Tartares* étoient originairement un peuple de la Tartarie Orientale, qui ne commença à entrer dans l'Occidentale que vers le milieu du neuvieme fiecle. Ainfi ceux qui ont placé ce pays au Nord-Oueft des *Khitan*, fe font trompés; ce qui arrive fouvent aux Hiftoriens Chinois non-contemporains, quand ils décrivent des pays qu'ils ne connoiffent pas. Car quand bien même *Gheou-yam-fieou* ne diroit pas qu'ils étoient *Mo-ho* de nation, les titres de *Siam-ouen* & de *Yu-yue* le prouveroient affez. D'abord ce peuple s'arrêta auprès de la Chine, au Nord de la Province de *Chanfi*. Bientôt après, il s'en approcha jufqu'à la toucher, & il fe foumit aux Chinois. Il ne tarda pas à s'avancer vers l'Occident. L'an 923, il s'étoit déja établi dans le *Ho-fi;* c'eft ainfi que les Chinois nomment ce pays, parce qu'il eft à l'Occident du *Hoam-ho*. Il faifoit en ce temps-là une partie de la Province de *Chenfi*, & s'étendoit plus de deux cents lieues à fon Occident, depuis la ville de *Leam-tcheou* jufqu'aux fables des lutins. Delà les *Tha-tche* tournant vers le Nord-Oueft, allerent établir une demeure fixe fur le bord de la riviere de *Tatar*, à laquelle ils donnerent leur nom felon toutes les apparences; ce qui vraifemblablement arriva dans l'onzieme fiecle. C'eft ainfi que ces peuples vagabonds de la haute Afie paffent de pays en pays.

Au refte, les *Tha-tche*, ou Tartares proprement dits, étoient divifés en trois, favoir, en blancs, en fauvages & en noirs. Les blancs n'ont rien d'affreux ni de difforme, dit un Auteur Chinois. Ils aiment à porter des balaffres au vifage. Ils ont de la piété pour leurs parens, & obfervent foigneufement les devoirs : (ne marqueroit-il point par-là les fujets du Prêtre-Jean, auffi-bien que par l'adoration du Cjel fi refpectueufe dont il eft parlé plus bas?) Les fauvages font pauvres & ftupides; ils n'ont pour toute habileté que celle de monter à cheval, & de fuivre les autres en qualité de valets. Les noirs font ceux parmi lefquels *The-moud-gin*, furnommé *Tchim-khis-khan*, prit naiffance , & chez qui il exerça la fonction de Décurion. Etant tout jeune, il fut pris & enlevé par les *Niou-tchin*, qui le tinrent en captivité durant plus de dix ans, après lefquels ayant trouvé le moyen de s'évader, il retourna parmi les fiens. *The-moud-gin* avoit un mérite extraordinaire; il étoit homme de cœur, de tête & de réfolution, fur-tout il avoit de la grandeur d'ame. Par-là il devint Roi des *Tha-tche* noirs. Ces peuples adorent le Ciel avec le plus profond refpect. Ils font toujours mention du Ciel dans toutes leurs affaires. Quand ils entendent le tonnerre, ils font faifis de crainte & d'horreur; ils font faire alte à leurs armées, & n'oferoient paffer outre; ils difent que le Ciel a crié. Ce que je viens de dire eft tiré de la defcription exacte que *Mem-koum*, fameux Auteur, & plus fameux Capitaine encore, a faite la Dynaftie des *Soum*, a faite des *Moumgols* & des Tartares. Il eft cité par le vocabulaire, intitulé *Tchim-tçe-thoum*, fous la lettre *Tha*.

A ces trois efpeces, il en faut ajouter une quatrieme qui eft de Tartares aquatiques, qui fe répandant vers le Nord-Eft, femblerent vouloir retourner à leur ancien pays. Ils occuperent, à ce que je crois, les bords du *Talai*, ou, comme prononcent les Mofcovites, *Dalai*. Ce terme, qui fignifie *mer*, fe donne par autonomafe, à caufe de fa grandeur, au lac nommé

proprement *Kou-loun* par les *Moumgols*, & par les Chinois, *Keuo-louan*. Il eft au Nord de *Pe-kim* à environ deux cents cinquante lieues de diftance; il a plus de cent lieues de circuit, & reçoit fept rivieres dans fon fein, d'où fort enfuite l'*Ergoné*, ou, comme les Mofcovites l'appellent, *Argoun*, qui va décharger fes eaux dans le fleuve *A-mour*, ou bien *Ya-mour*, ou pour parler avec les *Man-tchou*, dans le *Sa-ghalien-ou-la*, ou avec les Chinois, *He-choui*, c'eft-à-dire, *l'eau noire*, ou bien *He-loum-kiam*, c'eft-à-dire, *fleuve du dragon noir*. Les Tartares fe faifirent auffi de la contrée qui eft entre ce lac & le pays des *Moho*, ou des *Man-tchou*; & comme le voifinage du lac & des rivieres la rend marécageufe, on donna à ces Tartares, pour les diftinguer, le nom de Tartares, ou bien de *Moumgols* aquatiques.

Les noirs firent bande à part, & ayant pris le nom de *Moumgols*, ils devinrent ennemis des autres, qui retinrent le nom de *Tatar*. *Ye-fou-khai*, pere de *Tchim-khis-khan*, défit les blancs entiérement fur la fin du douzieme fiecle. Il retournoit victorieux, & ramenoit en triomphe le Roi des Tartares, nommé *The-moud-gin*. Il trouva à fon retour fa femme accouchée de *Tchim-khis-khan*. *Ye-fou-khai*, tranfporté de joie par cette heureufe rencontre, voulut que le nouveau né portât le nom du Roi captif, en mémoire de fa victoire. Au commencement du treizieme fiecle, *Tchim-khis-khan* acheva d'exterminer le refte de la nation Tartare. Delà vient que les *Moumgols* fe fentoient offenfés, quand les Ambaffadeurs de l'Occident leur donnoient le nom de *Tartare*, qu'ils avoient quitté depuis un ou deux fiecles, par quelque pique apparemment contre les autres Tartares, dont ils avoient éteint le nom avec les nations qui le portoient. En quoi ils n'étoient peut-être pas mieux fondés que les *Othmanides*, qui ne fouffrent pas patiemment qu'on les appelle *Turks*. Du moins les peuples Occidentaux, concourant avec les Chinois à mettre les *Moumgols* au rang des Tartares, cela rend la chofe prefque indubitable.

Après une origine fi bien marquée des *Tatar*, fuivie pour ainfi dire à la pifte, & qui ne paffe pas neuf cents ans d'antiquité, que deviendra *Tatar-khan*, auffi-bien que *Mogol*, fon prétendu frere jumeau? Que deviendra *Ilingeh-khan* & toute fa Dynaftie? Je le laiffe à décider au Lecteur.

Les deux Auteurs que j'ai cités méritent quelque attention; ils doivent paffer pour contemporains, puifqu'ils ont tous deux fleuri fous la Dynaftie des *Soum*, fous laquelle les *Moumgols* ont commencé leurs conquêtes, qu'ils ont terminées par fa deftruction. *Memkoum* a parlé avec connoiffance de caufe, ayant commandé en chef l'armée que les Chinois unirent aux troupes de *Moumgols* contre les *Kin* Tartares, & conféquemment il a long-temps vécu avec les *Moumgols*. Quant à *Gheou-yam-fieou*, il naquit l'an 1007, & mourut l'an 1072. Il peut donc paffer pour contemporain des *Tha-tche*. Il fut le plus grand Philofophe, & le plus éloquent Orateur de fon fiecle. Il occupa les plus hautes dignités de l'Empire, & s'il ne poffeda point la premiere que le public lui adjugeoit, fon amour pour la vérité & pour la juftice l'en fit exclure. Il a compofé fon Hiftoire fur les mémoires de ceux qui avoient traité avec les Tartares. Il mérite donc plus de croyance que les Hiftoriens Mohométans.

LA BIBLIOTHEQUE, fous le titre de *FERIDOUN.*

Feridoun ou *Afridoun, feptieme Roi de Perfe de la premiere Dynaftie ou race. . . . Quand* Feridoun *fe fentit avancé en âge, il réfolut de partager fes Etats entre trois enfants qu'il avoit. . . . L'Auteur du* Tarikh Cozideh *dit, que* Feridoun *étoit petitfils de* Giamfchid, *& qu'il portoit le furnom de*
Ferrakh,

Ferrakh, *qui signifie généreux & libéral; il le fait passer pour Musulman.*

Il ajoute qu'il partagea ses enfants en grand Seigneur; car il donna à Salim, son fils aîné, le pays nommé Magreb, c'est-à-dire, toutes les Provinces de l'Occident, conquises ou à conquérir, avec le titre de Kaïssar; à son second fils, nommé Tour, la Turquie Orientale, qui comprend les Pays des Turks, Tartares & Mogols, & toute la vaste étendue du Pays de Catha & de T'chin, c'est-à-dire, le Cathai & la Chine, avec le titre de Fagfour. Le cadet, qu'il aimoit plus tendrement, demeura maître de la Perse, des deux Iraques, de la Syrie, de l'Arabie & du Khorassan avec leurs dépendances, & prit le titre de Schah.... Feridoun, selon le même Auteur, fit ce partage, après avoir régné cinq cents ans.

OBSERVATION.

Peut-on voir un amas plus monstrueux de fables? Les Empires des Assyriens, des Medes & des Babyloniens n'auroient été que des pygmées en comparaison de ce colosse, composé de l'Europe, de l'Asie entiere & de l'Afrique. D'où vient donc que nos Histoires anciennes qui ont fait sonner si haut la grandeur de ceux-là n'ont pas dit un seul mot de celui-ci? D'où vient que les Chinois, qui sont si exacts, n'ont rien marqué de ce Roi, qui étoit venu de si loin les gouverner, & qu'ils ont marqué le contraire? *Feridoun* est mort, suivant la Chronologie Mahométane, douze ou quinze siecles avant la venue du Messie. D'où vient encore que les Carthaginois & les Grecs n'ont laissé à la postérité aucune mémoire d'un si vaste Empire, qu'ils auroient, pour ainsi dire, touché au doigt, & dont ils auroient fait une partie, tandis qu'ils nous en ont vanté tant d'autres, qui étoient incomparablement moins puissants? Ou trouve-t-on dans ces temps-là des hommes qui vécussent mille ans, & qui en régnassent plus de cinq cents? Les titres de *Kaïssar* & de *Fagfour* ne découvrent-ils pas la fausseté ouvertement? Nous savons tous que le titre de *Kaïssar* est le nom propre de Jules-César, & qu'il n'a passé en titre Impérial parmi les Romains, qu'après sa mort. Tout le monde sait encore que c'est un mot purement Latin. Comment donc *Feridoun* l'a-t-il pu faire entrer dans le partage qu'il fit à son fils aîné? L'anticipation n'a pas lieu en ceci. L'Historien pouvoit, par cette figure, donner à *Salm* le titre de *Kaïssar*, quoique fort improprement; mais il ne peut pas dire que *Feridoun* ait donné un titre qui n'étoit pas en être. Nous avons montré que le titre de *Fagfour* a toujours été inconnu à la Chine, & que l'Histoire de *Tour* est à cet égard une chose controuvée.

L'Auteur du *Lebtarik* est plus modeste, me direz-vous, & il se contente de dire que *Feridoun* se sentant avancé en âge, fit le partage de ses Etats entre ses trois enfants; qu'il donna la partie Occidentale, qui s'étendoit jusqu'en Afrique, à *Salm*, l'Orientale, terminée par le *Gihon*, à *Tour*, & le milieu à *Irage*: (on peut reconnoître à ces marques l'Empire des Assyriens, & non pas des Perses.) Cela, sans doute, sent plus son Historien, & peut-être vrai; mais il s'accorde dans le reste avec l'Auteur du *Tarik Cozideh*; il renvoye son Héros au désert, & en fait un Hermite Musulman; ce qui suffit pour rendre sa narration suspecte. Au reste, le tablier du forgeron-conquérant étoit, sans doute, d'une peau bien extraordinaire pour avoir pu se conserver jusqu'à la bataille de *Cadesie*, c'est-à-dire, durant plus de deux mille ans. Sans doute, on en aura mis d'autres en sa place; ce qui faisoit le même effet. J'ai fait ces Observations, afin qu'on voye combien on doit compter sur l'Histoire des *Turks*

& des *Moumgols*, quand elle vient à se mêler avec celle de *Feridoun*.

La BIBLIOTHEQUE, sous le titre de MOGOL & MOGUL.

Mogol-khan, *nom d'un des fils d'Alingeh-khan, cinquieme Roi du Turquestan, qui descendoit en ligne directe de Turk, fils de Japhet.*

Mogol-khan *naquit frere jumeau de Tatar-khan, & c'est de lui que Genghiz-khan est descendu: car Mogol-khan eut quatre enfants, dont le premier porta le nom de Kara-khan; le second, d'Azer-khan; le troisieme de Ghez-khan, & le quatrieme, d'Orkhan; & c'est de Kara-khan, l'aîné, que Genghizkhan descend en ligne directe & masculine.*

Cette premiere Dynastie des Mogols *a eu neuf Rois consécutifs. . . .*

Cette premiere Race & Dynastie des Mogols fut abolie, & leur nation presque exterminée du temps que Tour, fils de Feridoun, Roi de Perse, conquit toutes les Provinces transoxanes.

OBSERVATION.

Nous venons de rapporter, sous le titre des Tartares, ce que le Général *Mem-koum* a laissé par écrit de la nation des *Moumgols*. Joignons-y ce que dit l'Abrégé de la Cosmographie universelle, intitulé *Fam-yu-chim-lio*. Voici comme il s'en explique. Les *Moumgols* anciennement étoient un petit peuple de captifs du Nord, nommés *Ta-tche*. Le chef de cette horde étoit pris depuis plusieurs générations dans la famille de *Tchim-kbis-khan*. Ce sont les termes des Auteurs qui écrivoient l'an 1612.

En effet, la nation des *Moumgols*, avant *Tchim-kbis-khan* & son pere, c'est-à-dire avant la fin du douzieme siele, étoit si peu connue dans la Tartarie même, qu'à peine trouve-t-on son nom, avant ce temps, deux fois dans l'Histoire Chinoise. Encore n'oserois-je assurer que ce soit de ce peuple qu'elle parle; car elle se contente de le nommer simplement, sans rien ajouter qui le concerne, & par où on le puisse distinguer. J'ai toutefois de la peine à croire ce que le Général *Mem-koum* assure, qui est que *Tchim-kbis-khan* n'eut d'autre charge parmi sa nation que celle de Décurion, puisqu'il est constant que son pere *Ye-sou-khai* commença à étendre sa nation & à la rendre illustre par ses conquêtes. Peut-être entend-il parler du temps auquel *Tchim-kbis-khan* se trouva abandonné de tous les siens après la mort de son pere; ou bien il veut dire que, durant la vie de son pere, il commença par avoir seulement le commandement sur dix hommes. Quoi qu'il en soit, le mépris que les *Naï-man*, voisins des *Moumgols*, témoignent avoir pour eux, fait voir clairement le peu de crédit qu'avoit pour lors cette nation.

Aussi les *Moumgols*, dans les mémoires qu'ils ont laissés en Chine, & sur lesquels les Chinois ont écrit leur Histoire, ne poussent pas l'antiquité de leur famille Royale au-delà de *Bodouan-tchar*, (que les Mahométans appellent *Bouzanghir*,) & d'*Alan-kouohha*, ou, selon les Mahométans, *Alankova*, comme on le peut voir dans les Tables généalogiques qui sont ci-dessus : soit qu'effectivement ils ne pussent remonter plus haut, soit qu'ils craignissent de s'exposer à la risée des Chinois, qu'ils savoient être peu disposés à croire les origines fabuleuses qu'ils leur auroient débitées.

Je dois tout dire. *Leao-fan-yuen*, Auteur très-judicieux d'un Abrégé de l'Histoire générale de la Chine, rapporte que quelques-uns faisoient descendre la famille de *Tchim-kbis-khan* d'une louve; ce qui semble la réunir avec celle des *Turks*. Cependant ceci n'est pas certain, puisque la même chose est attribuée à plusieurs autres nations. Je ne m'étendrai pas davantage sur ce sujet. Le détail où je vais entrer de la famille de *Tchim-khis-khan*, servira d'éclaircissement à ce que je viens de dire. Ce détail sera fort concis: on pourra voir les choses plus au long dans l'Histoire des *Moumgols*, que j'ai écrite en Latin. Je ne ferai donc autre chose ici, que comparer ce que disent les Chinois avec ce qui est rapporté par les Mahométans touchant les *Moumgols*. Commençons par *Tchim-khis-khan*.

L A B I B L I O T H E Q U E, sous le titre de G E N C H I Z - K H A N.

C'est ainsi que les Arabes prononcent ce nom ; mais les Persans & les Turcs le prononcent, comme s'il étoit écrit en François, Tchin-ghis-khan. . . .

O B S E R V A T I O N.

Les Chinois prononcent *Tchim-khis-khan*.

L A B I B L I O T H E Q U E, sous le même Titre.

Ce surnom ou titre, qui signifie en langue Mogolienne Roi des Rois. . . . .

O B S E R V A T I O N.

Les Chinois assurent que ce surnom signifie *Thien-sé* ; c'est-à-dire, *Donné du Ciel*. J'ai connu un Moumgols, qui passoit pour habile dans sa langue, qui assuroit que le jour auquel *Tchim-khis-khan* fut proclamé Empereur de toute la Tartarie, un paon, (chose merveilleuse dans un pays si froid, & au milieu d'une armée si nombreuse,) vint se percher sur sa tente, & qu'en mémoire de ce prodige on lui donna le titre de *Tchim-khis*, exprimant par ce nom sans signification, le bruit que cet oiseau fait avec ses ailes quand il vole. Cela me fait croire que ce titre fut emprunté d'une langue étrangere, & inconnue aux *Moumgols*, dans laquelle il avoit le sens que les Chinois lui donnent.

L A B I B L I O T H E Q U E, sous le même Titre.

Tamugin, *que nous appellerons désormais* Genghiz-khan, *étoit Mogol de nation, & non pas Tartare, car il étoit fils d'*Ye-su-kai.

O B S E R V A T I O N.

Son nom propre étoit celui du Roi Tartare, dont nous avons parlé ci-dessus ; il se prononçoit *The-moud-gin* par les *Moumgols*, & par les Chinois, *Thie-mou-tchin. Ye-sou-kbai* fut son pere ; il n'étoit pas Tartare blanc, mais Tartare noir.

L A B I B L I O T H E Q U E, sous le même Titre.

Genghiz-khan *naquit à* Diloun-jolun, *l'an 549e. de l'Hégire, de J. C. 1154, dans le Dongouz-il, c'est-à-dire, en l'année du Cycle des Cathayens, nommée le Pourceau. . . . Mirkhond appelle le lieu de sa naissance Diloun-jaldak, & donne à sa mere le nom d'Oloun. Il perdit son pere à l'âge de treize ans, & fut obligé, par la révolte & par les divisions des Mogols, à se retirer auprès d'*Avenk *ou d'*Ungh-khan, Prince Chrétien de la tribu de Kerit, qu'Aboulfarage appelle Malek Johanna, le Roi Jean. C'est celui-là même que nos Historiens & Voyageurs ont appellé le Prêtre Jean.*
Khondemir dit, aussi-bien que les autres Historiens de la vie de Genghiz-khan, qu'il naquit tenant du sang caillé dans ses mains de la grosseur d'un dez.

O B S E R V A T I O N.

L'Histoire Chinoise marque sa naissance sous l'an 1162 ; car elle assure qu'il mourut l'an 1227, après avoir vécu 66 ans. L'année de sa naissance se nommoit *Gin-hou* dans le Cycle sexagénaire des Chinois. Elle étoit donc sous la domination du Cheval, & non pas du Pourceau. Ce qui cause cette diversité , est non seulement la différence d'onze jours qui se trouve entre l'année lunaire des Mahométans & la luni-solaire des Chinois, mais bien plus le trop long temps qu'ils le font vivre ; car les Mahométans le font naître l'an 549e. de l'Hégire, & mourir l'an 624, lui donnant 76 ans lunaires de vie, ou 74 solaires, c'est-à-dire, huit ans solaires plus qu'il ne faut. Après cela, il ne faut pas s'étonner si l'animal sous lequel il est né, n'est pas bien marqué par les Mahométans. Pour ce qui regarde le lieu de sa naissance, l'*Abrégé de Cosmographie* que j'ai cité, dit que *Tchim-khis-khan* naquit dans le mont *Pour-ghan*, c'est-à-dire, *divin*, suivant ce qu'un *Moumgol* m'a rapporté. L'*Abrégé de la Chorographie universelle* assure qu'il vint au monde dans la montagne nommée *Thie-li-ouen-po-tha*, (peut-être le prononçant en *Moum-gol, Terivemboda*.) Pour les accorder ensemble, il faut supposer que *Pourghan* est un nom qui convient à une longue chaîne de montagnes, & que *Thie-li-ouen-po-tha* est un mont particulier. Cela ne combat pas ce que disent les Mahométans, qui, au-lieu des montagnes, auront pu marquer le nom des camps *Moumgols* qui étoient au pied.

Il est vrai que *Tchim-khis-khan* fut abandonné des siens ; mais il trouva moyen de les faire revenir ; à quoi apparemment le Prêtre *Jean* employa son autorité, quoique l'Histoire des *Moumgols* n'en parle point. Les Chinois donnent à la mere de *Tchim-khis-khan* le nom de *Yue-loun*. Leur Histoire fait aussi mention d'une masse de sang caillé qu'il tenoit entre ses mains quand il vint au monde ; mais elle n'en spécifie point la grandeur.

L A B I B L I O T H E Q U E, sous le même Titre.

Après que Genghiz-khan *eut demeuré plusieurs années auprès d'*Aven-khan, *& qu'il l'eut servi très-utilement dans les guerres qu'il avoit avec ses voisins, il épousa sa fille, nommée* Oisungin.

O B S E R V A T I O N.

J'ai déja dit, sous le titre d'*Avenk-khan*, qu'il n'est pas fait mention de ce mariage dans l'Histoire Chinoise des *Moumgols;* peut-être donne-t-elle un autre nom à cette Princesse ; peut-être aussi l'a-t-elle omise. Au reste, *Tchim-khis-khan* ne s'étoit point retiré auprès d'*Avenk-khan* ; au contraire, *Avenk-khan*, fugitif, s'étoit retiré auprès de *Tchim-khis-khan*.

L A B I B L I O T H E Q U E, sous le même titre.

Genghiz-khan *les défit tous deux,* (Avenk-khan *& son fils* Schokoun,*) & les contraignit de se refugier auprès de* Tabanek *ou* Tayanek, *Roi des Tartares. Ce Prince usant de trahison, fit tuer* Avenk-khan ; *de sorte que* Schokoun, *son fils, fut obligé de fuir jusqu'au Pays de* Kaschghar, *où il ne trouva pas plus de sûreté, & y perdit aussi la vie ; ce qui arriva l'an 599e. de l'Hégire.*

O B S E R V A T I O N.

J'ai déja marqué, sous le titre d'*Avenk-khan*, que *Tabanek* ou *Tayanek* est nommé dans l'Histoire Moumgole *Tai-yam-han* ; qu'*Ayenk-khan*, ou le Prêtre

Jean, fut mis en fuite par *Tchim-khis-khan* l'an 1203; qu'*Avenk-khan* fut tué, durant sa fuite, par un des Commandants des armées de *Tai-yam-han*, sans qu'on dise qu'il en eut ordre de son Roi. Mais *Yra-gha*, (qui est ici nommé *Schokoun*,) après avoir erré durant quelque temps, alla chercher un asyle dans le *Khieou-tçe*, où il trouva la mort, par les ordres du Roi du Pays.

LA BIBLIOTHEQUE, sous le même Titre.

Depuis l'année suivante, qui fut la six-centieme de l'Hégire jusqu'en 602, que les Mogols appellent l'année du Léopard, il subjugua toutes les Tribus des Mogols & des Tartares, & tint une assemblée générale de tous les grands Seigneurs de ces deux nations, ... où le nom de Tamugin lui fut changé en celui de Genghiz-khan : & il y ordonna qu'une cornette blanche seroit dorénavant l'étendard général de ses troupes ; après quoi marchant contre les Caracathayens, il les défit si pleinement, qu'Ilcan, leur Roi, résolut de s'empoisonner lui-même.... Depuis ce temps-là jusqu'en l'année 615e. de l'Hégire, il subjugua tous les Princes de Caracathai, qui refusoient de lui obéir. Il défit Kuschlek, grand ennemi des Musulmans, lequel fut contraint de s'enfuir dans les montagnes couvertes de forêts d'un pays qui en a tiré son nom de Caracathai, c'est-à-dire en Turc, le Cathai noir.

OBSERVATION.

L'an 600 de l'Hégire a dû être, suivant le calcul précédent, le 1204e. de J. C., & conséquemment le 602e. de la même Hégire étoit le 1206e. de l'Ere Chrétienne. Cette année-là se nommoit *Pim-yn* dans le Cycle féxagénaire des Chinois : elle étoit donc véritablement sous la domination du Léopard, comme le disent les Mahométans. Voici en peu de mots ce que *Tchim-khis-khan* exécuta durant ce temps-là. L'an 1204, il défit dans une bataille rangée *Tayanek* ou *Tai-yam-han*, Roi des *Nai-man*, avec sept puissants peuples qui s'étoient joints à lui, entr'autres les Tartares blancs, ennemis des noirs dont *Tchim-khis-khan* étoit le Roi. Cette fameuse victoire fut si complete, qu'ayant laissé à ses Généraux le soin de poursuivre les restes des ennemis, il vint en personne faire la guerre au Roi de *Hia*, dont nous parlerons bientôt. L'an 1205, il revint chargé des dépouilles du Royaume de *Hia*. L'an 1206, il fut proclamé Empereur de toute la Tartarie par les Etats généraux du Pays. On lui conféra le titre de *Tchim-khis-khan*. Je dis le titre, car ce n'étoit pas un nom, & cela ne l'empêcha pas de retenir le nom propre de *The-moudgin*. Il prit en effet l'étendard blanc à neuf pendants pour sa banniere royale. Après la cérémonie achevée, il marcha contre les *Nai-man*. Il surprit *Pu-lu-yu-han*, frere aîné de *Thai yam-han*, tandis qu'il chassoit & l'enleva. *Kiu-tchu-lu-han*, (c'est apparemment le *Kuschlek* des Mahométans,) après que son oncle eut été pris, se retira avec *To-to*, chef de l'horde des *Melkhi*, sur les bords de la riviere de *Yel-ti-tche*, (c'est plus que probablement l'*Irtisch*,) pour y reprendre des forces. *Tchim-khis-khan* ne le poursuivit pas pour lors : il forma le dessein de tirer vengeance de la mort de *Hien-pou-hai*, Prince de son sang, à qui les *Kin* Tartares, qui régnoient en Chine, avoient ôté la vie.

L'an 1207, il entra dans le Royaume de *Hia*, où il força la ville de *Ouo-lo-hai*.

L'an 1208, étant de retour de son expédition, il marcha durant l'hyver vers l'*Irtisch*, où étant arrivé, il attaqua l'ennemi, & le défit. *To-to* fut tué, & l'horde des *Melkhi* fut exterminée. *Kiu-tchu-lu-han* prit la fuite, & alla se réfugier chez les *Khitan* de l'Occident ou du *Kerman*.

Ainsi, puisque *Kiu-tchu-lu-han* étoit fils & héritier de *Tayanek* ou de *Tai-yam-han*, à qui il avoit succédé, (car *Tayanek* avoit été pris & mis à mort dans la bataille donnée en 1204,) & qu'il avoit pris le titre de *Han* ou de *Khan*, il étoit Roi du *Kara-khatai*, aussi-bien que son pere l'avoit été. Comment donc se seroit-il enfui dans le *Kara-khatai*, que l'ennemi le forçoit d'abandonner ? Il s'enfuit dans le pays que l'*Irtisch* arrose, & qui est bien éloigné du *Kara-khatai*. De plus, les Mahométans assurent que le Prêtre *Jean*. & son fils furent obligés de s'enfuir dans le pays de *Kaschghar*. Les Chinois disent qu'ils se retirerent dans le Royaume de *Khieou-tçe*. Enfin, les *Moumgols* prétendent qu'ils allerent chez les *Nai-man*; d'où l'on doit conclure que le *Khieou-tçe*, le *Kara-khatai* & le *Kaschghar* sont une même chose, quoique je ne doute pas que le *Kara-khatai* ne fût plus étendu que le *Kaschghar*., & que je sois persuadé que le *Kaschghar* ne se confond avec le *Kara-khatai*, que parce que le Roi tenoit son siege dans le *Kaschghar*. Il s'ensuit encore que les *Nai-man* sont ce que les Chinois nomment les *Hoei-hou Lions*.

LA BIBLIOTHEQUE, sous le même titre.

. . . . A peine y étoit-il arrivé, (à Ordou-baligh, l'an 621e. de l'Hégire,) qu'il apprit que Scheidercou, qui commandoit dans le Pays de Tangut & de Caschin, s'étoit révolté, & qu'il s'avançoit vers lui avec une armée de cinq cents mille hommes. Genghiz-khan alla au-devant de lui. . . . . Il se trouva trois cents mille hommes des ennemis morts sur la place. Cette perte cependant ne fut pas capable de réduire pour lors Scheidercou à se soumettre au vainqueur ; mais ayant été depuis encore vaincu à diverses reprises, il demanda quartier, & jura fidélité a Genghiz-khan.

OBSERVATION.

Je ne doute point que *Scheidercou* ne soit le Roi de *Hia*. Ce Royaume étoit très-puissant ; sa capitale étoit la ville de Chine, qui se nomme aujourd'hui *Nim-hia*. Elle est située à l'extrêmité Septentrionale de la Province de *Chensi*, & sur la rive Septentrionale du *Hoam-ho*. Elle est toujours grande & très-peuplée. De-là il dominoit la partie du Nord-Ouest de cette Province ; il s'étendoit à l'Occident & au Septentrion à environ trois cents lieues dans la Tartarie. Tout le *Ho-si*, que nous avons décrit ailleurs, étoit de ses dépendances. Il poussoit même plus loin du côté de l'Occident, & c'est apparemment ce Royaume qu'on appelloit *Tamghout*. Pour le mot de *Kaschin*, je ne sais ce que c'est ; à moins qu'on ne veuille entendre par ce nom *Kan-tcheou*, ville de la Province de *Chensi*, qui lui appartenoir, & qui auparavant avoit été la capitale de plusieurs familles royales qui avoient possédé le *Thamghout* tour-à-tour, & en dernier lieu des *Hoei-hou*, auxquels, selon toutes les apparences, les Rois de *Hia* l'avoient enlevée. Nous avons déja vu comme *Tchim-khis-khan* lui avoit fait la guerre l'an 1207. Il la recommença l'an 1226, à l'occasion d'un captif de conséquence, ennemi de *Tchim-khis-khan*, à qui le Roi de *Hia* avoit donné asyle dans ses Etats.

Cette même année, *Tchim-khis-khan*, qui venoit de dompter les Mahométans, lui enleva la meilleure partie de ses Etats, sur-tout plusieurs villes de Chine qu'il possédoit. Ayant passé le *Hoam-ho*, il livra bataille aux *Hia*, & défit entiérement leur armée. L'an 1227, *Tchim-khis-khan* assiégea la capitale du *Hia*. Le Roi, dont le nom Chinois étoit *Li-tçuen*, se rendit à lui, & lui soumit ses Etats. Voilà, à la vérité, une grande bataille & une déroute entiere des *Hia*; mais l'année 1226 de J. C. ne quadre pas avec l'année 621°. de l'Hégire. Aussi la *Bibliotheque* se contente de dire que cette année-là *Tchim-khis-khan* revint, ou plutôt prit la résolution de revenir, à son *Ordou-baligh*, & il put aisément s'écouler trois ans avant cette bataille : de cette maniere tout quadreroit.

LA BIBLIOTHEQUE, sous le titre d'*ALANKAVA* ou *ALANCOVA*.

....*Fille de* Gioubiné, *fils de* Bolduz, *Roi des* Mogols *de la Dynastie ou famille de* Kiat.... *Cette Princesse avoit épousé son cousin germain, nommé* Doujoun, *Roi pour lors des* Mogols, *duquel elle eut deux enfants, nommés* Belghedi *&* Bekgiedi. *Après là mort de* Doujoun, Alankava *gouverna ses Etats, & éleva ses enfants avec beaucoup de sagesse.*

On raconte sur le sujet de cette Princesse une histoire merveilleuse.... Mirkond rapporte donc que cette Princesse étant éveillée dans sa chambre pendant la nuit, une grande lumiere l'investit tout d'un coup, lui entra dans le corps par la bouche, descendit dans ses entrailles, & lui sortit enfin par les voies ordinaires de la génération.

Ce phénomene ayant peu après disparu, Alankava se trouva fort surprise de cette apparition ; mais elle le fut encore beaucoup plus, lorsqu'elle apperçut qu'elle étoit grosse, sans qu'elle eût connu aucun homme. Le trouble que lui causa cet événement, lui fit aussi-tôt convoquer une assemblée de ses sujets, qui étoient tous très-persuadés de sa sagesse. Cependant comme elle les trouva fort étonnés de la nouveauté de ce fait, & qu'ils en parloient diversement entr'eux, Alankava, pour dissiper tous les soupçons qu'on pouvoit former contre son honnêteté, fit venir les principaux d'entr'eux, & les enfermant dans sa chambre, les rendit témoins oculaires de ce qui s'y passoit toutes les nuits. Ces Seigneurs virent donc cette même lumiere qui l'investissoit de la maniere que nous avons déja dite ; de sorte qu'étant devenus témoins oculaires du fait qu'elle avoit avancé, ils la justifierent pleinement. Enfin, le terme de cette grossesse étant arrivé, elle accoucha de trois enfants. Le premier fut nommé Boukoun-cabaki, *duquel les Tartares, nommés* Cabakin *&* Kapgiak, *sont descendus ; le second eut nom* Bouskin-salegi, *duquel les* Selgiucides *ont tiré leur origine ; & le troisieme fut appellé* Bouzangir, *lequel est reconnu pour un des aïeuls de* Genghiz-khan *& de* Tamerlan.

Khondemir *ajoute à cette narration que la merveille qui arriva dans la grossesse d'*Alankava, *est la même qui s'est rencontrée pareillement dans celle de* Miriam, *mere d'*Issa ; *ce qui pourroit faire croire que cette tradition des Mogols est une marque du Christianisme, que ces nations du Septentrion ont autrefois professé, & qu'il ont beaucoup corrompu dans la suite.*

OBSERVATION.

Voyons premiérement ce que dit l'Histoire Chinoise sur cet article. *Tchim-khis-khan* avoit pour nom de famille *Ki-o-uen*. La tige de cette famille fut *Bod-ouand-giar*, fils d'*Alan-kouo-hha*, qui avoit été femme de *To-pen-yam-li-kien*, ou peut-être *Doben-yam-li-khien*. Durant le mariage, elle en eut deux enfants, le premier nommé *Bo-han-kha* ; le second, *Bo-ba-kouan-sa-li-kii*. *Alan-kouo-hha* étant demeurée veuve, vit une nuit, durant le sommeil, une lumiere éclatante qui entrant dans sa tente par une ouverture au toît qui y tenoit lieu de fenêtre, se changea tout-à-coup en un enfant d'une beauté divine & de couleur d'or. L'enfant accourut au lit où elle dormoit. La frayeur l'éveilla en sursaut ; elle conçut, & mit au monde *Bod-ouandgiar*. Celui-ci avoit quel-

que chose de divin dans sa personne & dans son air ; mais comme il gardoit un profond silence & parloit peu, il passoit pour stupide dans l'esprit de tout le monde. La seule *Alan-kouo-hha* crut le contraire. „ Cet enfant, disoit-elle, aura une postérité glorieu- „ se, & qui possédera les plus hautes dignités ".

Yuen-leao-fan, dans son *Abrégé de l'Histoire Universelle de la Chine*, quand il vient au temps de *Tchim-khis-khan*, s'accorde mieux avec les Mahométans. Quelques-uns prétendent, dit-il, qu'*Alan-kouo-hha*, durant son veuvage, ayant apperçu une lumiere miraculeuse qui s'insinuoit dans son sein, conçut trois enfants, dont le dernier né fut *Bod-ouand-giar*.

Le même Auteur ajoute, que les mémoires secrets des *Moumgols* témoignent que la famille de *Ki-o-uen* étoit sortie de l'accouplement d'un cerf gris & d'une louve blanche, & que l'enfant monstrueux qui en naquit fut le vingt-quatrieme aïeul de *Tchim-khis-khan*, c'est-à-dire que *Tchim-khis-khan* fut le vingt-cinquieme de cette race en ligne directe masculine.

L'Histoire Chinoise des *Moumgols*, dans les Tables Généalogiques de la famille de *Tchim-khis-khan*, ne dit pas un mot de tout cela : sur-tout elle ne parle nulle part de la derniere, qui est également honteuse & impossible. Les Tables se contentent de donner trois enfants à *Doben-yam-li-khien* & à *Alan-kouo-hha*, dont le dernier fut *Bod-ouandgiar*. Si je n'omets pas ces fables, ce n'est pas tant pour faire connoître le génie de ces peuples, que pour faire voir combien peu on doit compter sur ce qu'ils publient, & conséquemment combien elles sont incertaines. On voit par-là que *Doben-yam-li-khien* doit être le *Doujoun* ou *Dou-youn* des Mahométans.

Khondemir a grand tort de comparer cette conception d'*Alan-kouo-hba* avec celle de la Sainte Vierge, c'est-à-dire, la fable avec la vérité. Il se seroit bien donné garde de le faire, s'il avoit su qu'il n'est rien de plus ordinaire aux Tartares que de feindre de ces sortes de faux prodiges pour illustrer la naissance de leurs Héros, & sur-tout quand ils sont devenus fondateurs d'Empire. Les Tartares pourroient bien avoir fait cela à l'exemple des Chinois, qui ont attribué à plusieurs de leurs anciens Empereurs le privilege d'une semblable naissance, & leurs livres canoniques ne sont pas exempts de cette tache, ou plutôt les Chinois ont puisé dans la même source, je veux dire dans l'orgueil de l'homme qui affecte d'être plus qu'homme, ou du moins de paroître tel aux yeux des peuples, qu'il prétend assujettir par cette vaine persuasion.

Venons présentement aux remarques. La premiere sera sur la chronologie ; mais auparavant, il faut réunir plusieurs points qui sont répandus dans la *Bibliotheque*.

LA BIBLIOTHEQUE, sous le titre de *BUZANGIR*.

Buzangir *ou* Buzangiar-caan, *troisieme fils miraculeux d'*Alancava, *duquel toutes les races royales du* Turkestan *sont descendues ; car ceux qui sont issus de ses freres sont appellés* Mogols, *ou* Tartares *du dehors....*

Il laissa deux enfants mâles, dont l'aîné, nommé Buca-khan, *fut le huitieme aïeul de* Genghiz-khan *& de* Caragiar ; *le second fut* Tucana, *pere de* Magin.

Buzangir *vivoit & régnoit dans le* Turkestan *au même-temps qu'*Abumoslemmeruzi *faisoit valoir dans le* Khorassan *les prétentions des* Abbassides *au Khalifat contre celles des* Ommiades ; *& l'on dit que ces deux personnages entretenoient grande correspondance entr'eux ; ce qui donna dans la suite beaucoup de jalousie au Khalife* Abugiafar Almansor.

Sous le Titre d'*ABOU-MOSLEM*.

Abou-Moslem *fit proclamer l'an* 746 *de J. C., &*

le cent vingt-neuvieme de l'Hégire, les Abbaffides, *héritiers légitimes du Khalifat ; il fut affaffiné l'an 754.*

Sous le Titre des *Abbassides.*

Aboul-abbas Saffah *fut le premier Khalife des* Abbaffides. *Il régna quatre ans & neuf mois.* Abugiafar-almanfor, *fon frere, lui fuccéda, & régna 22 ans.*

OBSERVATION.

Il s'enfuit de ce que je viens de rapporter, que *Bodouand-giar* régnoit quelques années avant l'an 754e. de l'Ere Chrétienne. Nous avons montré dans l'Hiftoire des *Tou-kiue,* ou *Turks,* que *Tou-men,* leur premier *Khan,* fonda, l'an 535, fon Empire, qui dura jufqu'à l'an 745. Durant tout ce temps-là, ils furent maitres de tout le *Turkeftan,* quoique prefque toujours fujets de la Chine, qui poffédoit en propre le refte de la Tartarie, comme on a pu le voir ci-deffus. Les *Hoei-bou,* ou les *Naïman,* fujets pareillement de la Chine, hériterent de la puiffance des *Toukiue,* qu'ils avoient détruits. Où trouver place après cela au Royaume de *Bodouand-giar*? Ce devoit être un fort petit Seigneur, dont les Etats étoient la proie des premiers venus. Autrement les Chinois, qui rempliffoient la Tartarie de leurs garnifons, auroient fait mention de ces Rois & de leur nation, dans l'Hiftoire fi complete qu'ils nous ont donnée de la Tartarie.

Faifons, en paffant, cette remarque : Toutes les races Royales du *Turkeftan* font defcendues de *Buzangir,* dit la *Bibliotheque;* cela fe doit entendre tout au plus de celles qui ne paffent pas le huitieme fiecle de l'Ere Chrétienne, *Bodouandgiar* ou *Buzangir* étant né dans ce fiecle-là.

Je ne vois pas la raifon pourquoi la poftérité des deux freres de *Bodouand-giar* auroit été regardée comme étrangere par rapport aux autres *Moumgols* & Tartares, s'ils étoient nés de même mere que lui & par un miracle commun. Voici apparemment le fait, tel que le rapportent les Auteurs des Tables généalogiques de l'Hiftoire des *Moumgols.*

Les Mémoires de la généalogie des dix aïeuls de *Tchim-khis-khan* portent ce qui fuit. Le premier aïeul *Bodouand-giar,* lorfqu'il gouvernoit le peuple des *Kii-li-hou-lou,* (peut-être *Kirghourou,*) rencontra une femme enceinte, nommée *Tchadgi-lai;* il l'époufa. Le fils, dont elle accoucha, prit le nom de fa mere, & s'appella *Tchadgi-lai.* Celui-ci dans la fuite fonda un peuple à part, qui porta auffi le nom commun de *Tha-tche,* ou de *Tartare.* Comme *Tchadgi-lai* n'étoit pas fils de *Bodouand-giar,* nous ne lui avons pas donné place dans la Table généalogique, & nous l'avons rejetté à la fin. Voilà peut-être pourquoi il y avoit des Tartares & des *Moumgols* du dehors. Faites attention à ce que difent les Tables, que le peuple de *Tchadgi-lai* prit auffi le nom de *Thatche,* ou de Tartare, & vous trouverez que celui du fils légitime de *Bodouandgiar* portoit le même nom de Tartare, & qu'ainfi les Tartares proprement dits & les *Moumgols* ne faifoient qu'une même nation dans les commencements.

Les mêmes Tables généalogiques ne donnent qu'un enfant à *Bodouand-giar,* & elles le nomment *Pa-linfii-he-la-thou-hha-pii-biu.* Celui-ci fut le neuvieme aïeul de *Tchim-khis-khan,* & non pas le huitieme. Il pourroit pourtant avoir eu deux autres enfants, comme l'affurent les Mahométans. Du moins les Auteurs des Tables fi fouvent mentionnées, difent que les *Moumgols* tenoient fous un grand fecret leurs généalogies; que les Hiftoriens contemporains n'en avoient pas une entiere connoiffance; qu'ainfi eux, qui travailloient fur leurs mémoires, n'ofoient répondre qu'ils n'omiffent rien.

La feconde remarque regardera l'origine des peuples que les Mahométans difent être defcendus d'*Alan-kouo-hha* & de fes enfants. Rejoignons donc encore ici plufieurs articles de la *Bibliotheque.*

LA BIBLIOTHEQUE, fous le Titre d'*Alankava.*

. . . . *Cette Princeffe avoit époufé fon coufin germain, nommé* Doujoun, *Roi pour lors des Mogols, duquel elle eut deux enfants, nommés* Belghedi *&* Bekgiedi, . . . *Durant fon veugage, elle accoucha de trois enfants. Le premier fut nommé* Boukoun Cabaki, *duquel les Tartares, nommés* Cabakin *&* Kapgiak, *font descendus.*

Sous le Titre de *Cabgiak.*

Cabgiak, Captchak, *ou* Kiptchak, *Tribu des Turks Orientaux, à laquelle* Oghuz-khan *donna ce nom, auffi-bien qu'à l'enfant d'une veuve qu'il adopta, parce que fon mari venoit d'être tué à fon fervice.*

OBSERVATION.

Oghuz-khan, fuivant le témoignage des Mahométans, fous fon article, étoit fils de *Cara-khan,* & petit-fils de *Mogul-khan.* Il étoit donc neveu de *Japhet* à la huitieme génération, & de *Turk* à la feptieme. Il faut conféquemment qu'il ait régné environ 2000 ans avant l'Ere Chrétienne. *Captchak* fonda donc la Tribu des *Captchak* en ce même temps-là. Cela fuppofé, comment peuvent-ils être defcendus de *Boukoun-cabaki,* qui n'eft né que dans le huitieme fiecle de l'Ere Chrétienne?

LA BIBLIOTHEQUE, fous le titre d'*Alankava.*

. . . . *Le fecond fils miraculeux de cette Princeffe eut nom* Bouskin-falegi, *duquel les* Selgiucides *ont tiré leur origine.* . . .

Sous le titre de *Selgiuk.*

Selgiuk, *felon l'Auteur du* Lebtarikh, *tiroit fon origine en ligne directe & mafculine d'*Afrafiab, *Roi de* Touran, *ou du* Turqueftan, *qui fit une fi longue guerre aux Rois de Perfe de la premiere Dynaftie. Et ceux qui ont fait la généalogie de la maifon des* Selgiucides, *comptent expreffément* Selgiuk *pour le trente-quatrieme des defcendants de ce Prince.*

Le même Auteur dit que Selgiuk *eut quatre enfants mâles, qui vinrent s'établir dans la* Tranfoxane *l'an 375e. de l'Hégire, & 985 de J. C., entre* Bokhara *&* Samarcande.

Sous le titre de *Massoud,* fils de *Mahmoud,* fils de *Sebekteghin.*

L'an 424e. de l'Hégire, les Selgiucides, *race Turquefque, pafferent le fleuve* Amou *ou* Gihon, *& prirent des quartiers dans le* Khouarezm.

OBSERVATION.

Il s'enfuit de-là que *Selgiuk* vivoit fur la fin du dixieme fiecle de l'Ere Chrétienne. Or, *Afrafiab,* contemporain d'*Afridoun,* comme nous l'avons montré fous le titre de ce dernier, régnoit 12 à 15 cents ans avant la même Ere. Il y avoit donc entre *Afrafiab* & *Selgiuk,* plufieurs centaines d'années au-delà de deux mille ans. Néanmoins l'Auteur du *Lebtarikh* ne compte entre deux que trente-deux générations. Cela eft-il croyable, vu le peu de durée de la vie des hommes, & fur-tout des Rois? Quand il n'y auroit que deux mille ans d'intervalle entre les deux, ce seroit plus de soixante-deux ans à chaque génération, l'une portant l'autre.

Quoi qu'il en soit, comment accorder cette origine de l'Auteur du *Lebtarikh* avec ce qu'assure *Mirkond*, que *Selgiuk* descendoit de *Bouskin-sa-legi*, fils d'*Alan-kava*, né d'une façon miraculeuse ? Dira-t-on qu'*Alankava* descendoit aussi en ligne directe & masculine d'*Afrasiab* ? On le dira sans preuve ; du moins l'Histoire des *Moumgols* ne dit pas même de quel pere & de quelle mere elle étoit née.

LA BIBLIOTHEQUE, sous le titre de *MENOULON*.

C'est le nom de la femme de Toumenan-khan, *Prince de la Dynastie des Mogols, & un des ancêtres de* Ginghiz-khan. . . . *Il arriva pendant sa régence qu'une nation voisine des Mogols, & que l'on nommoit* Gialair, *ayant été contrainte d'abandonner le* Khatai-khotan, *c'est-à-dire la partie septentrionale de la Chine, où elle habitoit, vint se refugier sur ses Etats, & commença à y labourer la terre pour en tirer leur subsistance.* Menoulon *leur défendit ce travail qui étoit encore inconnu pour lors parmi les Mogols. . . . Ces peuples, irrités par cette défense, entreprirent sur la vie de* Menoulon, *& sur celle de ses enfants ; en sorte qu'il n'y en eut qu'un seul d'entre eux qui échappa à leur fureur.*

Ce Prince, qui se sauva des mains des Gialair, *se nommoit* Kaidou-khan, *& fut le septieme aïeul de* Ginghiz khan, *selon* Khondemir.

O B S E R V A T I O N.

L'Histoire Chinoise des *Moumgols* nomme cette Princesse *Monaloun*, & son mari *Yam-li-tou-toun*, dont elle eut sept enfants mâles. *Monaloun* étoit fiere & hautaine. Les enfants d'une horde voisine, nommée *Hia-la-yl*, c'est-à-dire *Hia-layr*, vinrent innocemment fouiller des racines dans la terre. Elle leur fit passer son chariot sur le corps, & en écrasa plusieurs. Les *Hia-la-yr*, pour s'en venger, vinrent enlever ses troupeaux. Les enfants de *Monaloun* furent si ardents à la poursuite de l'ennemi, qu'ils ne se donnerent pas le temps de prendre leurs cuirasses ; ils furent tous tués dans le combat, à la réserve d'un seul qui étoit absent.

Les *Hia-la-yr*, poussant leur pointe, tomberent sur *Monaloun* même, & l'exterminerent avec le reste de sa famille. *Haidou*, fils de *Kina-toulhan*, & petit-fils de *Monaloun*, étoit encore à la mamelle. Sa nourrice l'ayant caché sous un tas de bois, le sauva du massacre général. *Na-tchin*, septieme fils de *Monaloun*, lequel avoit épousé une femme de l'horde des *Pa-lahou*, (ou peut-être *Paraghou*,) & qui à l'occasion de son mariage s'étoit établi parmi eux, ayant appris ce désastre, vint aussi-tôt à la maison de sa mere, où il ne trouva que *Haidou* & quelques vieilles femmes. Dans l'incertitude où il étoit du parti qu'il avoit à prendre, il arriva que le cheval d'un de ses freres s'échappa, & revint au logis. Il monta dessus, & poussa droit aux *Hia-la-yr*. Il rencontra en chemin les chevaux de ses autres freres ; il tua ceux qui les gardoient, & les enleva. Il retourna sur le champ à la maison de sa mere, prit *Haidou* avec les femmes qui restoient, & les emmena avec lui chez les *Paraghou*, où ils demeurerent tous ensemble. *Na-tchin* reconnut *Haidou* pour son chef, (comme l'étant de sa maison en qualité de fils de son frere aîné,) & son exemple persuada aux *Paraghou* & aux *Kie-kou*, de faire la même chose.

Hai-dou, ainsi reconnu, ne fut pas plutôt en âge de porter les armes, qu'il alla attaquer les *Hia-la-yr*, & les dompta. Ensuite il alla planter le piquet sur les bords de la riviere de *Pa-la-ho-he*, ou peut-être *Paraghaghe*. Je demande présentement où est le trône de *Monaloun* & du prétendu *Khan*, son mari ? Voiton le moindre vestige de royauté dans ce que je viens de rapporter ? Et tout n'y sent-il pas son simple particulier ? Point de sujets pour venger la mort de leur prétendue Régente & de ses enfants ; aucune ressource à un malheur si grand que la fuite d'un enfant & de quelques vieilles. *Haidou* lui-même doit ses nouveaux sujets à la générosité de son oncle *Na-tchin*, & à son mérite. D'ailleurs, les *Hialair* n'ont point abandonné le *Khatai-khotan*, ou la Chine Septentrionale, pour venir s'établir sur les terres de *Monaloun*. Ce sont leurs enfants que le voisinage y attire, pour y venir chercher des racines.

Hai-dou fut pere de *Bai-sim-ghour*. *Bai-sim-ghour* le fut de *Toun-pii-nai*. *Toun-pii-nai* de *Ko-pou-liuhan* ou *Koblai-han*. *Koblai-han* de *Pa-li-tan*, ou *Barian* ou *Bartan*. *Bartan* de *Ye-so-khai*. *Ye-so-khai* de *Tchim-khis-khan*. Ainsi *Haidou* fut le sixieme aïeul de *Tchim-khis-khan*, & non pas le septieme.

LA BIBLIOTHEQUE, sous l'Article de *TOUME-NAH-KHAN*.

Toumenah-khan, *fils de* Baisancor, *hérita de ses Etats. Il eut deux femmes, de la premiere desquelles il eut sept enfants, qui n'eurent point de part à sa succession, & de la seconde vinrent au monde deux jumeaux, dont l'un porta le nom de* Kilkhan, *& le second celui de* Fagiouli.

O B S E R V A T I O N.

Les Tables généalogiques le nomment *Toun-pii-nai*, d'où *Toumenah*, ou, comme la *Bibliotheque* le nomme ailleurs, *Toum-nah*, pourroit avoir été tiré par corruption. Les mêmes Tables lui donnent six enfants en cet ordre. 1°. *Kho-mou-hou*. 2°. *Kho-hou-la-kii-li-tan*, peut-être *Kha-houra-ghirtan*. 3°. *Ho-tchan*, ou peut-être *Hha-tçan*. 4°. *Hha-la-la-thai*, ou *Khalarthai*. 5°. *Kho-tche-hoen*. Le premier est le chef de la famille des *Na-kha-ghar* ; le second de celle des grands *Baroulas* ; le troisieme de celle des petits *Baroulas* ; le quatrieme de celle des *Po-thai-a-tçan* ; le cinquieme de celle des *Atali*, ou peut-être *Adari* ; le sixieme enfant de *Toumenah*, ou de *Toun-pii-nai*, fut *Ko-pou-liu-han*, ou apparemment *Koblai-han*, qui fut pere de *Baritan* ou *Bartan*, & bisaïeul de *Tchim-khis-khan*. Il est à remarquer qu'il n'y a rien qui tende à faire entendre qu'il ait eu deux femmes. D'ailleurs, les six noms des enfants de *Toumenah* n'ont aucun rapport avec ceux de *Fagiou-li* & de *Kilkhan*.

LA BIBLIOTHEQUE, sous le même Titre.

.... Il doit sortir de la ligne de Kilkhan *trois Princes l'un après l'autre....& un quatrieme. Ces trois Princes furent* Coblai-khan, Bortan-behadir, *& le*-sukai-behadir, *& le quatrieme* Ginghiz-khan....

O B S E R V A T I O N.

Il y a un grand mécompte en ce peu de paroles. *Bai-sem-ghour* ou *Baisancor* fut pere de *Toun-pii-nai* ou *Toumenah*. *Toumenah* fut pere de *Ko-pou-liuhan* ou *Coblai*, ou, comme le nomme la *Bibliotheque*, *Kilkhan*. *Kilkhan* fut pere de *Bortan*. *Bortan* fut pere de *Ye-so-khai*. *Ye-so-khai* fut pere de *Tchim-khis-khan*. De-là il s'ensuit évidemment que *Tchim-khis-khan* ne fut pas le quatrieme Prince descendu en ligne droite de *Kilkhan*, mais le troisieme ; car *Coklai-khan* & *Kilkhan* ne font qu'une seule personne dont les trois autres sont descendus.

LA BIBLIOTHEQUE, *fous le titre de* BORTAN.

Bortan-behadir, *fils de* Kilkhan, *Roi des Mogols*, *& frere puîné de* Coblai-khan. *Il fuccéda à fon frere, mort fans enfants, & fut pere de* Iefukai, *pere de* Genghiz-khan.

LA BIBLIOTHEQUE, *fous le titre de* KILKHAN.

Il fut fils de Toumenah-khan, *& frere jumeau de* Fagiouli. *Il fuccéda à fon pere dans l'Empire des* Mogols, *& fut furnommé* Elingek, *ou* Alingek-khan... *Il fut trifaïeul de* Genghiz-khan, *& laiffa fix enfants. Mais on ne fait le nom que de trois, à favoir de* Ughin-khan, Coubla-khan, *&* Bortan-behadir.

OBSERVATION.

Ici les Mahométans fe confondent dans leur calcul. Dans le premier article, *Bortan* eft pere de *Iefukai*, & grand-pere ou aïeul de *Genghiz-khan*; ce qui eft très-vrai; dans le fecond, il eft bifaïeul de *Genghiz-khan* (*) ce qui eft contradictoire & faux. *Bortan* fut fils de *Kilkhan*. Kilkhan fut fils de *Toumenah-khan*. Il faut donc que *Kilkhan* foit le même que le *Ko-pou-liu-han* Chinois des Tables généalogiques, qui eft apparemment *Koblai-khan* corrompu. Tout le défordre des Mahométans paroît être venu de ce qu'ils ont diftingué *Kil-khan* de *Coblai-khan*, & par-là ils ont inféré une génération de trop. En effet, réuniffant en un *Koblai*, & *Kilkhan*, ou *Alingek-khan*, le refte ira bien.

Car *Ko-pou-liu-han* eut fept enfants, au rapport des Tables, nommés en cet ordre. 1. *Oughin Paraghagha*, d'où font fortis les *Ourghin*. 2. *Bortan*, fucceffeur. 3. *Hou-tou-lou-yam-niel*. 4. *Hou-lou-la-khoum*. 5. *Hba-tan-patour*. 6. *Tchoue-touan-ouo-tche-ghin*. 7. *Hou-lan-patour*. Ce dernier étoit bâtard.

LA BIBLIOTHEQUE, *fous le titre de* COBLA, & CUBLA KHAN.

Il fut fils de Kilkhan, *furnommé* Ilingek. *Il fuccéda à l'Empire, & vengea la mort d'*Ughin-khan *fon frere aîné, que les Tartares avoient fait mourir. Il déclara pour cet effet la guerre à* Altun-khan *leur Roi.... Il mourut fans enfants, & laiffa la couronne à fon puîné* Bortan, *qui fut le grand-pere de* Genghiz-khan.

OBSERVATION.

Cobla ou *Koblai* étoit *Kil-khan* lui-même, & étoit fils de *Toun-pii-nai* ou de *Toumenah-khan*. *Oughin* étoit fon fils aîné, & non pas fon frere. Le frere puîné d'*Oughin* étoit *Bortan*, grand-pere de *Tchim-khis-khan*. L'*Altun-khan* étoit l'Empereur de Chine de la Dynaftie des *Kin*, qui n'étoient Tartares que dans le fens le plus étendu. Cette guerre prétendue les mit peu en peine, puifqu'ils n'en font aucune mention; & je ne fais même s'ils ont jamais parlé des *Moumgols* dans leur Hiftoire avant le temps de *Tchim-khis-khan*. Les *Moumgols*, quoiqu'ils en difent, n'ont commencé à faire figure que fous le pere de *Tchim-khis-khan*. Encore étoit-ce fi peu de chofe, que *Tchim-khis-khan*, après la mort de fon pere, fe trouva prefque feul & fans fujets; & ces dix *Khan* prétendus, qui ont été les aïeux de *Tchim-khis-khan*, doivent à leur neveu le titre de *Khan*, & tout l'éclat de leur gloire. Apparemment les *Moumgols* auront imité les Chinois, qui, dès qu'ils parviennent à l'Empire, commencent par honorer leurs ancêtres du titre d'Empereur,

---

(*) Puifque fon pere *Kil-khan* en eft trifaïeul.

quand bien même ils n'auroient été que laboureurs durant leur vie. *Bortan* ne m'a guere la mine d'avoir vengé la mort de fon frere aîné *Oughin*. Ce pourroit plûtôt être *Tchim-khis-khan* qui en auroit tiré raifon & vengé fon grand-oncle; du moins fon Hiftoire témoigne que le principal motif de la guerre qu'il fit aux *Kin*, fut la mort qu'ils avoient fait donner à un Prince de fon fang.

Il eft temps de parler des defcendants de *Tchim-khis-khan*, & de fes fucceffeurs à l'Empire. Car quoiqu'il l'eût partagé en mourant entre fes enfants, il faut bien fe donner de garde de croire qu'il les ait rendus indépendants les uns des autres. Il foumit tous les autres à celui qu'il avoit créé fon fucceffeur & aux fucceffeurs de celui-ci. Les fréquentes ambaffades que les Princes Chrétiens, & même les Papes, envoyoient aux enfants de *Tchim-khis-khan*, qui régnoient dans la Mofcovie, la Perfe, &c. doivent nous en convaincre, puifque pour peu importantes que fuffent leurs demandes, on les renvoyoit à la Cour du *Khan* pour être écoutées. Au commencement, ces *Khan* tenoient leur Cour dans la Tartarie; mais ils ne tarderent pas à la tranfporter en Chine dans la ville de *Pe-kim*. Pour faciliter la communication, ils avoient établi des poftes dans toute l'Afie, & même dans le Nord de l'Europe, d'abord jufqu'à *Khara-Kharin*, enfuite jufqu'au *Pe-kim* d'aujourd'hui; de forte que les Chinois marquent que *Pa-tou*, ou bien *Batou*, petit-fils de *Tchim-khis-khan*, (*Batou* nous eft affez connu par les ravages qu'il fit dans l'Europe jufqu'au Danube,) rendoit compte de fes expéditions à l'Empereur ou au *Khan*, qui tenoit pour lors fon fiege à *Pe-kim*, & que du lieu où il étoit, jufqu'à *Pe-kim*, il y avoit plus de 200 jours de pofte.

LA BIBLIOTHEQUE, *fous le tire de* OCTAI-KHAN, *ou* CAAN, *comme le prononcent les Mogols.*

OBSERVATION.

L'Hiftoire Chinoife le nomme *Ouo-kouo-tai*. Elle ne parle point de cette modération avec laquelle il refufa l'Empire, ni de la violence prétendue que lui firent fon aîné *Tcha-gha-tai*, & fon oncle *Ou-ta-kin* pour le lui faire accepter. Il régna en vertu du teftament de fon pere *Tchim-khis-khan*. Il mourut l'an 1241. Son titre Chinois d'apothéofe, eft *Thai-tçoum*; ce qui fignifie le *très-grand Vénérable*.

LA BIBLIOTHEQUE, *fous le titre de* GAIUR-KHAN, *fils d'*OCTAI-KHAN, *& petit-fils de* GEN-GHIZ-KHAN.

OBSERVATION.

L'Hiftoire Chinoife le nomme *Kouei-yeou*. Il étoit l'aîné de tous les enfants d'*Octai*. La même hiftoire nomme fa mere *Nai-ma-tchin* de fon nom de famille, n'ofant, fuivant la coutume de la Chine, prononcer fon nom propre qui étoit *Tho-lie*, (ou plutôt *Tho-rai*) *Kbona* ou *Khana*; & de ce *Tho-rai-khana* les Mahométans ont formé celui de *Toura-kinah*. Cette Princeffe regna quatre ans. Elle étoit la fixieme femme d'*Octai*, quoique dans les Tables Généalogiques elle foit nommée immédiatement après la premiere Impératrice, apparemment à caufe de l'aîneffe de fon fils. Elle ménagea l'Empire pour fon fils, au préjudice de *Che-lie-men* fon petit-fils, qu'*Octai* avoit nommé à l'Empire par fon teftament.

Kouei-yeou, ou plutôt *Kei-yeou*, commença à régner l'an 1246. Il régna trois ans, & mourut l'an 1248. Son nom Chinois d'apothéofe, eft *Tim-tçoum*, c'eft-à-dire, le *vénérable qui a affermi* (*l'Empire*.) Son regne fut fuivi d'un interregne de deux ans.

La Bibliotheque, sous le titre de *Mangu-caan*, ou *Manguka*, ou *Mangaka*.

OBSERVATION.

L'Histoire Chinoise écrit *Moum-kho*, (peut-être *Moum-kha*,) ce qui signifie *longue vie* ou *immortalité*. Il étoit fils aîné de *To-lei*, quatrieme fils de *Tchim-khis-khan*. Il commença à régner l'an 1251, & mourut l'an 1259, & non pas 1257. Son titre d'apothéose est *Hien-tçoum*; ce qui signifie l'*illustre vénérable*. Il eut dix freres, & non pas sept seulement.

Il ne fonda pas *Khanbaligh* à la vérité; mais comme *Koublai*, son frere cadet, le fonda sous le regne de *Moum-kha*, on a droit de le lui attribuer. Ce *Khanbaligh* étoit *Khai-pim-fou*, ville de la Tartarie Chinoise, plus au Nord que le *Pe-kim* d'aujourd'hui de 70 lieues. Nous en avons parlé sous le titre de *Khanbaligh*.

La Bibliotheque, sous le titre de *Cobla* ou *Coblai-Caan*.

OBSERVATION.

L'Histoire Chinoise écrit *Hou-pi-lie*. Je ne sais pourquoi elle change toujours, ou presque toujours, le *Lai* des *Moumgols* en *Lie*. Il faut donc lire *Hhoubi-lai*; ce qui veut dire *Officieux*, en *Moumgol*. Les *Moumgols* en prononçant ce nom, absorbent l'*i* du milieu, & disent *Hhoublai*, d'où *Koublai* a été formé. *Koublai* étoit le quatrieme fils de *Tolei*, & par conséquent frere cadet de *Moum-kha*, & petit-fils de *Tchim-khis-khan*. *Moum-kha-khan* attaquant de son côté la Province de Chine, appellée *Se-tchouen*, mourut, non pas d'un coup de fleche, mais d'une maladie que lui causerent les chaleurs du climat. *Koublai* qui, d'un autre côté, faisoit la guerre dans la Province de *Hou-kouam*, ayant appris à temps la nouvelle de la mort de son frere, abandonna son entreprise, & retourna en poste à *Pe-kim*, d'où il se transporta avec la même diligence à *Cham-tou*, ou au *Khanbaligh* dont nous venons de parler. Là il fut proclamé Empereur des *Moumgols* l'an 1260.

Cependant *Aribugha*, septieme fils de *Tolei*, & conséquemment frere cadet de *Koublai-khan*, prit les armes & le titre d'Empereur, ou de *Khan*, à *Khara-kharin*, ancienne Cour des *Moumgols*. Il fut défait l'année suivante par *Koublai-khan*, qui avoit marché en personne contre lui. La bataille se donna sur les bords du lac nommé *Sii-mou-tou-noor*. *Aribugha* ne pouvant se relever de cette perte, prit le parti de venir se rendre au *Khan*, son frere, l'an 1264, amenant avec lui *Ym-loum-ta-che*, *A-so-tai* & *Sii-li-kii*, trois Princes du sang de *Tchin-khis-khan*, revoltés avec lui, & un grand nombre de Seigneurs qui avoient été les auteurs ou les fauteurs de sa rebellion. *Koublai* pardonna sans aucune exception à son frere, & aux Princes de son sang; mais il punit de mort les Grands qui avoient fomenté la rébellion des Princes. Ainsi les Mahométans se trompent quand ils avancent qu'*Aribougha* se maintint pendant dix-sept ans. Ils se trompent encore plus visiblement quand ils assurent que *Koublai* vengea si cruellement sur son frere l'injure qu'il en avoit reçue. *Koublai* régna trente-cinq ans, (non pas vingt-cinq,) & mourut l'an 1294, âgé de plus de 80 ans. Son titre Chinois d'apothéose est *Chi-tçou*; ce qui signifie l'*aïeul des siecles*. C'eût été sans doute un des plus grands Princes & des plus accomplis qui ayent jamais porté le sceptre, si son ambition avoit sû se borner, & si sur la fin de sa vie, sa vigilance avoit pu modérer la cupidité des Mahométans ses sujets, à qui il abandonna entiérement l'intendance de ses finances. Ces deux défauts ont dés-

honoré la fin d'un regne, dont le commencement, au dire des Chinois mêmes, avoit rappellé le siecle d'or. Tant il est vrai que l'extrême vieillesse des Rois est souvent plus pernicieuse aux Etats que leur minorité.

Hu-lai-ghou étoit à la vérité frere de *Koublai*, puisqu'il étoit le fils de *Tolei*; mais bien-loin de lui succéder dans l'Empire des Khalifes, qu'il avoit éteint sous les auspices de *Koublai*, (& sous le regne de *Moum-kha*) l'an 1258, il lui fut toujours soumis, & ses descendants le furent pareillement aux descendants de *Koublai*, qui de la Chine où ils résidoient, gouvernoient la Monarchie universelle des *Moumgols*.

Koublai eut pour successeur *Themour*, son petit-fils, dont le titre d'apothéose est *Tchim-tçoum*, c'est-à-dire, le *droit ou le vrai vénérable*. Le pere de *Themour*, qui étoit le fils aîné de *Koublai*, & nommé *Tchin-kin*, & qui auroit surpassé son pere, étoit mort avant le temps.

La Bibliotheque, sous le titre de *Touli-khan*.

OBSERVATION.

L'Histoire Chinoise le nomme *To-lei*. Il n'est pas vrai qu'il soit mort du vivant de *Tchim-khis-khan*. Il mourut vers la fin de l'an 1232e. de l'Ere Chrétienne, & la quatrieme du regne d'*Octai-khan*, qu'il avoit accompagnée cette année-là dans une expédition contre les *Kin* Tartares dans les Provinces de *Honan* & de *Hou-kouam*. Il y signala sa valeur d'une maniere incroyable. Après avoir conduit l'armée, dont il avoit le commandement, à travers plusieurs Provinces de Chine, malgré les neiges & les passages de fleuves & de montagnes. Il défit avec un fort petit nombre de troupes l'armée ennemie composée de plus de cent mille combattants. Il l'extermina presque toute, & en prit le Général. On ne trouve point *To-lei* parmi les Empereurs *Moumgols*; la raison en est qu'il ne l'a jamais été. Après sa mort, le premier de ses enfants qui monta sur le trône, suivant en cela la coutume inviolable de la Chine, lui conféra le titre; & lui attribua tous les honneurs d'Empereur, dont il a toujours joui depuis ce temps-là.

Je ne dois point passer outre, puisque les Mahométans s'arrêtent ici. Au reste, on ne doit pas être surpris si les Historiens Mahométans se trompent souvent, quand ils racontent des faits qui se sont passés si loin de chez eux, & qu'ils ne pouvoient savoir que sur des rapports vagues. On doit en échange s'en rapporter à eux plutôt qu'aux Chinois dans l'Histoire des guerres que *Tchim-khis-khan* & ses successeurs leur ont faites; & cela d'autant plus que les Chinois n'en parlent point du tout, ou s'ils en parlent quelquefois, il ne le font que fort superficiellement, & se contentent d'articuler chronologiquement les faits sans rien circonstancier. D'une autre part, les *Moumgols* ressembloient fort à nos anciens Gaulois, qui s'attachoient plutôt à faire qu'à écrire; & ils aimoient mieux fournir des monuments à l'Histoire que de s'occuper à les rapporter. Encore s'ils avoient gardé des mémoires, on pourroit leur pardonner; rien de tout cela, & les Chinois eux-mêmes déplorent dans l'Histoire des *Moumgols* la perte irréparable de tant d'exemples d'une valeur héroïque, dont les *Moumgols* ont négligé de conserver la mémoire à la postérité.

Ce que je vais dire paroîtra d'abord s'écarter du sujet que je me suis proposé. On verra néanmoins dans la suite, que la chose y a du rapport, & qu'elle regarde la Chine en quelque façon. Ramassons pour cela divers articles de la *Bibliotheque*.

La Bibliotheque, sous le titre de *Giam-schid*.

Giamschid, *quatrieme Roi de la Dynastie des* Pischdadiens,

chdadiens, *qui est la premiere des Rois de Perse, étoit frere ou neveu de* Tahamourath, *son prédécesseur...* (*Il bâtit* Estekhar *ou* Persépolis.) *Cette grande ville étant achevée, il y fit son entrée, & y établit le siege de son Empire ; ce qui étant arrivé au même moment que le soleil entroit dans le signe du Bélier, ce jour, nommé par les Persans* Neuroz, *c'est-à-dire, le nouveau jour, parce qu'il est le premier du printemps, fut fixé pour le commencement de l'année Persienne, qui est purement solaire.* . . .

Le Neuroz *qu'il institua, comme nous avons vu, le premier jour du printemps, ayant reculé dans l'année solaire, faute de bissextile, fut remis sous le Khalifat de* Moctadhi, *du quinzieme degré des Poissons où il se trouvoit, au premier degré du Bélier.... *Khondemir *donne à* Giamschid *pour Ministres deux grands personnages, l'un Juif, & l'autre Grec. Le premier se nommoit* Fael Issuf Rabban, *& le second* Fithagores, *qui est* Pythagore. . . . .

LA BIBLIOTHEQUE, *sous le titre de* CEBISSAH *ou* KEBISSAH.

Kebissah *signifie intercalation. Dans le Kalendrier Arabique, on se sert de l'intercalation d'un mois entier, après trois années lunaires, pour faire accorder ces années avec les années solaires ; mais dans le Kalendrier Persien moderne, qui est nommé Gélaléen, on intercale seulement un jour tous les quatre ans, & après que cela a été fait six ou sept fois, on intercale ce jour après la cinquieme année suivante. Pour ce qui regarde l'ancien Kalendrier Persien, que l'on nomme* Jezdégirdique, *il n'y a point d'intercalation ; car on se servoit alors des* Mosteraka, *ou Epagomenes, qui sont cinq jours ajoutés à la fin de douze mois solaires, qui font 360 jours ; de sorte que leur année étoit ainsi de 365 jours précisément.*

Sous le titre de FIROUZ & PIROUZ.

Mot Persien, qui signifie le troisieme jour des cinq, que les Grecs, &, après eux, les Latins, ont appellé Epagomenes, *qui s'ajoutent à la fin de l'année solaire, composée de trois cents soixante jours, telle qu'étoit l'année des Egyptiens & des anciens Persans, selon le Kalendrier* Jezdégirdique, *& selon le Gélaléen.*

Les Persans ... disent, qu'il faut nécessairement les ajouter, si l'on veut avoir le cours entier du Soleil depuis le premier degré du Bélier jusqu'au dernier degré des Poissons ; en quoi ils se trompent grossiérement, parce qu'il y a de surplus 5 heures & 49 minutes.

Sous le titre de TARIKH-FARSI.

L'Ere Persienne ; c'est celle que nous appellons ordinairement Jezdégirdique. *Nos meilleurs Chronologistes marquent le commencement de cette Ere aux seizieme jour de Juin, troisieme férie de l'an* 632°. *de J. C. ; mais les Arabes ne la commencent que l'année trente-deuxieme de l'Hégire, qui est la* 632°. (*corrigez* 652) *de J. C.*

Sous le titre de TARIKH-GELALI.

L'Ere Gélaléenne *commence la premiere férie du cinquieme de la lune de* Schaban *l'an* 468°. *de l'Hégire. Il y a pourtant des Arabes qui fixent son commencement dans la cinquieme férie, dixieme jour de la lune de* Ramadhan, *l'an* 471°. *de la même Hégire.*

Nos Chronologistes suivent cette derniere date, & marquent son commencement à l'équinoxe du printemps, qui arriva le quatorzieme Mars de l'année 1079 *de J. C.* (*), *dans laquelle année finissoit le troisieme Juillet cinquieme, férie l'an* 476°. (*corrigez* 471) *de l'Hégire. Car l'an* 472 *commence le quatrieme Juillet cinquieme férie de la même année.*

Sous le titre de MOCTADI-BEMRILLAH.

.... Melik-schah *& son Visir* Nezam-elmulk *assemblerent, l'an* 467°. *de l'Hégire, les plus grands Astronomes qui fleurissoient en ce temps-là, lesquels fixerent le* Neurouz, *c'est-à-dire, le premier jour de l'année solaire du Kalendrier Persien au premier degré de l'Aries. Ce jour du* Neurouz *se trouvoit pour lors par la négligence des Astronomes, ou, pour mieux dire, par la suite des années, reculé jusqu'au quinzieme degré des Poissons ; de sorte qu'il fallut alors supprimer quinze jours entiers.... C'est donc cette année* 467 (1074 *de J. C.*) *qui est la véritable époque de la réforme du Kalendrier Persien, laquelle fut appellée Gélaléenne, à cause du titre de* Gelaleddin, *que portoit* Melik-schah, (*Sultan* Selgiucide, *sous l'autorité de* Moctadi-Bemrillah.)

Sous le titre de JEZDEGIRD BEN SCHEHERIAR.

.... *C'est au commencement du regne de ce Prince, sur l'onzieme année de l'Hégire, & sur l'année* 632°. *de J. C., que l'on doit fixer l'époque de l'Ere que nos Chronologistes appellent* Jezdégirdique, *& non pas au temps de sa défaite à* Cadesie, *ni à sa mort en* Khorassan, *puisque sa défaite arriva l'an* 15, *& sa mort l'an* 31°. *de l'Hégire.*

OBSERVATION.

Il s'agit de vérifier si l'époque de *Giamschid* peut s'accorder avec le retranchement de 15 jours de la réformation *Gélaléenne.* Pour en juger, il faut déterminer la distance de temps qui se trouve entre ces deux termes. Il faut en cela se servir de la Chronologie Persienne, que je tirerai de la *Bibliotheque*, telle qu'elle se trouve sous le titre de chaque Roi de Perse.

(*) Selon Gravius, corrigez 1078 de J. C. ; ensuite le deuxieme Juillet troisieme férie, puis le troisieme Juillet quatrieme férie ; du moins dans la *Bibliotheque*, il faut corriger l'un ou l'autre nombre des féries : le premier doit être 4, ou le second doit être 6.

CHRONOLOGIE des DYNASTIES DE PERSE jusqu'à l'Ere Chrétienne.

Premiere Dynastie des *Pischdadiens.*			Seconde Dynastie des *Caïaniens.*		Troisieme Dynastie des *Grecs.*
Le ROI	régna	vécut	Le ROI	régna	
1. *Caïumarath* ·· }	·	1000	1. *Caicobad* ·	120	*Alexandre* commença à régner en Perse l'an avant l'Ere Chrétienne ····· 331
2. *Siamek* ·· }	560		2. *Caïkaus* ·	150	
Interregne ·	(200)		3. *Caikhosru* ·	60	
3. *Tahamurath* ·	30		4. *Lohorasb* ·	120	
4. *Giamschid* ·	700	1000	5. *Kischtasp* ·	120	
5. *Zhohak* ·	1000		6. *Ardschir* ou *Bahaman*	112	
6. *Afridoun* ou *Feridoun*	500		7. *Homai*, Reine ·	32	
7. *Manougeber* ·	120		8. *Dorab*, premier ·	14 (*Lebtarikh* 12)	
8. *Nodar* ·	7		9. *Dorab*, second ·	14	
9. *Afrasiab* ·	12		Il fut vaincu par *Alexandre*.		
10. *Zab* ·	30				
11. *Guftasb* ·	20 ou 30				

Premiere Somme · 2979 ou 2989	Seconde Somme ·· 742 ou 740	Troisieme Somme · 331
Seconde Somme · 740 ou 742		
Troisieme Somme · 331 ·· 331		

Somme totale ··· 4050 ou 4062 ans, non compris l'Interregne de 200 ans.

Donc la premiere année du regne de *Caïumarath* fut avant l'Ere Chrétienne ··· 4050 ou 4062

Ajoutant l'Interregne · 4250 ou 4262

LA BIBLIOTHEQUE, fous le titre de *CAIAN* ou *CAIANIAN.*

Elle dit que, felon le *Lebtarikh*, les neuf Rois Caïaniens ont régné 734 ans, & felon le *Tarikh-Montekheb*, 938. Cela fuppofé, le *Lebtarikh* leur donne 6 ou 8 ans de moins que la Table. Otez-les de 4050 & de 4062, reftent 4044 ou 4054 pour la premiere année de *Caïumarath* avant l'Ere Chrétienne. Au contraire, le *Tarikh-Montekheb* leur donné 198 ou 196 ans de plus que la Table; ajoutez-les à 4050 ou à 4062, vous aurez cette premiere année 4248 ou 4258 ans avant l'Ere Chrétienne.

Parmi toutes ces fommes, la plus petite eft 4050, & la plus grande 4258. Ajoutez à chacune de ces fommes 1074 ans complets de l'Ere Chrétienne, qui fe font écoulés jufqu'à la réformation Gélaléenne, vous aurez la diftance entre le commencement de la premiere année de *Caïumarath*, & le commencement de l'année de la réformation Gélaléenne, la plus grande de 5332, & la plus petite de 5124, fi vous voulez ajouter l'interregne, 5532 ou 5324.

Préfentement, pour trouver la diftance entre la premiere année de *Giamschid* & la premiere de la réformation Gélaléenne, il faut ôter les 590 ans qu'ont duré les regnes de *Caïumarath*, *Siamek* & *Tahamurath*, qui ont précédé celui de *Giamschid*; d'où réfultera la plus grande diftance entre le commencement du regne de *Giamschid* & la réformation Gélaléenne, de 4742, & la plus petite de 4534. Enfin, retranchant 699 ans du regne de *Giamschid* de ces deux derniers nombres, reftera pour la plus grande diftance, entre la derniere année de *Giamschid* & la premiere de la réformation Gélaléenne, 4043, & pour la plus petite 3835.

Venons préfentement au fait, & pour favorifer, autant qu'il eft poffible, l'hypothefe des Mahométans, fuppofons, ce qui n'eft pas vraifemblable, que la diftance entre les deux époques n'eft effectivement que de trois mille huit cens trente-cinq ans. Nonobftant cela, je foutiens que *Neurouz*, ou le premier jour de l'année Perfienne, a dû reculer, pour me fervir du terme de la *Bibliotheque*, non pas de 15 degrés, ou, fi vous voulez, de 15 jours; mais de près de 30 degrés, & conféquemment de près de 30 jours. Il faut, avant toutes chofes, rechercher la caufe de cette anticipation de l'équinoxe. Elle ne vient pas du manquement d'intercalation tous les quatre ans. A la vérité, les années des Perfiens, auffi-bien que celles des Egyptiens, étoient toutes égales entr'elles, & de 365 jours précis, y ayant les 5 jours Epagomenes, ou fur-ajoutés; ce qui faifoit rouler le commencement de leur année folaire, auffi-bien que l'Egyptienne, dans toutes les faifons, & ne l'auroit ramenée au même point du ciel, fuivant leur calcul, qu'après 1461 de leurs années, de la même maniere que le commencement de l'année lunaire des Arabes parcourt tout le Zodiaque, & ne revient au même point qu'au bout d'environ 33 ans. Et quand bien même ils ne l'auroient pas fait, tout ce que je viens de dire ne devroit s'entendre que de l'année civile des uns & des autres; mais l'année aftronomique & les calculs qui en dépendent, ne peuvent fubfifter fans cette intercalation.

En effet, s'ils avoient manqué d'intercaler tous les 4 ans d'une maniere ou d'autre, comme ils auroient omis chaque année 5 heures & 49 minutes, leur *Neurouz*, dans l'efpace de trois mille huit cens trente-cinq ans en queftion, auroit rétrogadé de 929 jours, 10 heures & 55 minutes, c'eft-à-dire, de deux ans entiers, 199 jours, 10 heures & 55 minutes; ce qui eft bien éloigné des 15 jours de la réformation Gélaléenne. Ils ont donc intercalé; mais ils ont mal intercalé. Car fuppofant l'année folaire de 365 jours & un quart précifément, comme faifoient toutes les autres Nations dans ces temps fi reculés, ils ajoutoient tous les ans onze minutes de temps plus qu'il ne falloit; ce qui faifoit que leur *Neurouz* reculoit, ou, fi vous voulez, anticipoit d'autant. A ce compte, leur *Neurouz* auroit dû reculer en 3835 ans, de 29 jours, 7 heures & 5 minutes, & non pas de 15 jours feulement.

Ceux qui ne font pas accoutumés à l'embarras du calcul, en pourront juger par la réformation de notre Calendrier; & quoique la regle qu'il nous fournit ne foit pas auffi exacte que la précédente, elle fuffira pour appuyer ce que j'ai dit. On fait affez que, dans l'efpace de 1256 ans, c'eft-à-dire, depuis l'an 325, qui fut celui du Concile de Nicée, jufqu'à l'an 1582, qui fut celui de notre réformation, l'équinoxe du printemps avoit anticipé de dix jours & plus, qui furent retranchés par le Pape Grégoire XIII. Dites préfentement fi 1256 ans donnent 10 jours d'anticipation, 3835 ans en doivent donner 30 & plus. Cela ne feroit-il point croire que *Giamfchid* n'eft pas fi ancien qu'on le fait? Car, fuivant cette feconde regle, fi 10 jours d'anticipation donnent 1256 ans, les 15 jours d'anticipation dans la réformation Gélaléenne en devroient donner entr'elle & la derniere année du regne de *Giamfchid*, 1884 ans, dont ôtant 1074 de l'Ere Chrétienne, qui fe font écoulés jufqu'à la réréformation Gélaléenne, refteroient 810 années, dont la derniere de *Giamfchid* auroit précédé la premiere de l'Ere Chrétienne; & la premiere du regne de *Giamfchid* feroit la mille cinq cent & dixieme avant l'Ere Chrétienne. Mais à quoi bon fe tourmenter pour accorder un fyftême fi mal concerté? Les regnes de 700 ans & de 1000 ans ne font-ce pas des marques vifibles de la fauffeté de cette chronologie?

Rentrons dans notre fujet, & revenons à la Chine, qui pourra nous fournir quelqu'éclaiciffement fur la réformation du Kalendrier Mahométan. Voici ce que rapportent les Annales de la Chine. L'an 1267, les Occidentaux préfenterent à l'Empereur un Kalendrier de dix mille ans, (c'eft-à-dire perpétuel.) Ces Occidentaux des Annales ne font autres que les Mahométans, qui, après la deftruction de l'Empire des Khalifes, arrivée l'an 1258, avoient paffé fous la domination *Moumgole*. Ils vinrent bientôt après rendre hommage en Chine à leur nouvel Empereur, qui étoit pour lors *Koublai*. L'expofition univerfelle de l'origine du Kalendrier, fous le titre de l'intercalation des Mahométans, explique plus diftinctement la chofe en ces termes.

L'Auteur du Kalendrier Mahométan fut un homme extraordinaire, Arabe de nation, (& conféquemment Occidental de pays.) Il étoit né à *Mako*, (c'eft *Meka* ou bien la *Mecque*.) Il fe nommoit *Mahhoma*, (c'eft-à-dire *Mahomet*.) L'époque de fon Kalendrier tombe fur l'année nommée *Ki-vei*, (c'eft l'année 599°. de l'Ere Chrétienne,) qui fut la neuvieme de l'Empire de *Soui-ven-ti* régnant alors en Chine, fous le titre de *Khai-hoam*. Voici les regles de ce Kalendrier: Il donne à l'année folaire 365 jours entiers. Il divife le Zodiaque en 12 maifons ou palais. Il intercale 31 jours tous les 128 ans. Il établit l'année lunaire de 354 jours entiers, & il la partage en 12 mois. Il intercale onze lunaifons ou mois tous les 30 ans. La période eft de 1942 ans; après quoi elle revient au même point, c'eft-à-dire, au commencement de la maifon (ou figne) du Bélier blanc, & les années reprennent la même dénomination dans le Cycle fexagénaire de la Chine. Le Soleil, la Lune & les cinq planetes recommencent leurs cours du premier jour de cette période. (Ce commencement du Bélier convient avec ce que les Chinois nomment l'équinoxe du printemps, & il occupe le même lieu dans les Conftellations.) Ce Kalendrier dans fes calculs divife les degrés du ciel en degrés de longitude & de lati-

tude, &, par le même moyen, il marque les approches de la Lune & des autres planetes aux étoiles fixes. Ce Kalendrier fut eftimé le meilleur de tous par les Aftronomes Chinois. Ce font-là les termes de l'expofition, (voyez le chap. 21 de *Yue-lim-kouam-y*, page neuvieme,) fur quoi il y a bien des chofes à remarquer.

PREMIERE REMARQUE.

L'Auteur de l'expofition fe trompe quand il avance que la période en queftion eft compofée de 1942 ans. Il arrive fouvent que les Auteurs Chinois, qui ne font point Aftronomes, fe trompent quand ils veulent parler d'aftronomie. La preuve de cette bévue eft évidente, puifque le nombre de 1942 ans, qu'il attribue à la période, ne peut être exactement divifé, ni par le Cycle folaire de 128 ans, ni par le lunaire de 30, ni par le Cycle fexagénaire de la Chine: conditions abfolument requifes dans cette période, fuivant l'Auteur même. Il faut pour cela que cette période ne foit que de 1920 ans; alors tout quadrera: car ce nombre contient 15 Cycles folaires, 64 lunaires & 32 fexagénaires. De cette forte, la premiere année de la feconde période aura la même dénomination dans le Cycle fexagénaire, qu'avoit eu la premiere année de la premiere période. Il eft vrai que les jours ne reviendront pas à la même dénomination du Cycle fexagénaire; mais les Mahométans, qui avoient inventé cette période pour leurs ufages, ne pouvoient pas avoir égard à cela. Elle revenoit pourtant pour les mois, en omettant les intercalaires, comme font les Chinois; car la période Mahométane, telle que je la fuppofe, fe peut divifer fans fraction par 5. Or les mêmes dénominations des lunes reviennent au bout de cinq ans dans le Cycle fexagénaire.

SECONDE REMARQUE.

Voici une correction femblable à la nôtre, & qui la précede de près de 1000 ans. Jugez après cela fi les Arabes n'ont pas eu d'excellents Aftronomes. Notre réformation Grégorienne intercale en 400 ans folaires 97 jours. La correction Arabique intercale 31 jours en 128 ans. La proportion eft la même; car 128 : 31 :: 400 :: 96 & fept huitiemes; c'eft-à-dire, que les Mahométans, dans l'efpace de 400 ans tropiques, intercalent 96 jours & fept huitiemes. Le peu de différence qui fe rencontre entr'eux & nous, doit être compté pour rien

TROISIEME REMARQUE.

Nous avons ici une époque aftronomique des Arabes plus ancienne que l'époque civile de l'Hégire de 22 ans & plus. Au refte, fi Mahomet avoit été l'auteur d'une période fi bien entendue, comme le témoigne l'expofition Chinoife, il n'auroit pas été auffi ignorant qu'on le croit communément. Peut-être avoit-il donné l'ordre aux Aftronomes de la compofer; ce qui l'a fait paffer fous fon nom, ou plutôt les Mahométans, qui l'apporterent en Chine, voulant fauffement honorer leur faux Prophete, la lui ont attribuée. S'il en avoit été l'inventeur, elle auroit paffé pour divine, & feroit defcendue du Ciel. Cependant les Mahométans n'en parlent point dans la *Bibliotheque*.

QUATRIEME REMARQUE.

La correction que j'ai faite dans l'expofition Chinoife de la période Arabique, changeant 1942 ans en 1920, pourroit paroître téméraire. Il faut donc en apporter des preuves plus convaincantes que celles que j'ai marquées ci-deffus.

Il eft de fait, que 1920 ans contiennent 23040 mois ordinaires, (les intercalaires en étant exclus.) Le hombre de 23040 est divisé exactement par 60, nombre du Cycle sexagénaire : Donc la période de 1920 étant finie, les mois reviennent à leur premiere dénomination dans le Cycle sexagénaire, puisque, comme nous avons dit, les 704 embolismiques doivent être exclus, suivant le style Chinois, parce qu'ils prennent leur dénomination du mois ordinaire qui les précede.

Pareillement 1920 années solaires Arabiques contiennent 701265 jours, y compris les intercalaires. Ce nombre ne peut se diviser par 60, sans fraction; d'où il s'ensuit que les jours ne peuvent reprendre leur premiere dénomination dans cette période. Quelqu'un dira que les 1942 années de l'Auteur Chinois sont des années de l'Hégire, qu'il aura prises pour des années luni-solaires Chinoises, qui, par l'intercalation, reviennent aux purement solaires. Réduisez ces 1942 années supposées de l'Hégire, & vous verrez qu'aucune des propriétés de la période ne peut convenir au nombre de 1942, ni en le supposant composé d'années solaires, quand même vous réduiriez ces 1942 années supposées solaires en années de l'Hégire, qui seroient plus nombreuses.

CINQUIEME REMARQUE.

Il y a quelque difficulté à accorder le Cycle lunaire des Arabes avec le solaire. La période Arabique de 1920 ans contient par sa constitution 23744 lunes, c'est à savoir 23040 ordinaires, & 704 embolismiques: ce qui, à compter régulièrement douze mois lunaires, alternativement pleins & caves, pour chaque année, comme fait l'Hégire, seroit 1978 ans & huit mois de la même Hégire. D'où il s'ensuit que le premier jour de la premiere ou de la seconde période ne peut concourir avec le premier de l'année de l'Hégire, mais seulement avec le premier jour de la neuvieme lune de la même Hégire. Ce concours avec le premier jour de l'année de l'Hégire, ne peut se rencontrer qu'après trois périodes accomplies.

De plus, les 1920 années solaires ordinaires, c'est-à-dire de 365 jours de la période Arabique, contiennent 700800 jours ordinaires, & 465 jours intercalaires; ce qui fait en tout 701265 jours.

D'un autre côté, 1920 ans lunaires chacun de douze mois, alternativement caves & pleins, contiennent 679680 jours. Ajoutez à cette somme 21120 jours produits des 704 lunes intercalaires, chacune de 39 jours, vous aurez 700800 jours en tout. A ce compte, il manqueroit aux années lunaires 465 jours, en différence de 700800 à 701265; ce qui renverseroit la période de fond en comble. Il faut donc consumer cette différence de jours, en les ajoutant à l'année lunaire ordinaire, & dans l'espace de la période de 1920 ans solaires, intercaler 465 jours en autant d'années lunaires communes, ce qui les doit rendre chacune de 355 jours; après quoi tout sera d'accord. En effet, je me souviens d'avoir lu quelque part que le Kalendrier des Turks fait quelquefois l'année civile de l'Hégire de 355 jours, sans qu'on en puisse deviner la cause. Je laisse à décider aux Astronomes si ce ne seroit point celle que je viens de marquer; comme aussi à déterminer si nos tables de réduction des années de l'Hégire aux nôtres n'ont pas besoin de correction, & si, supposé ce que je viens de dire, il est aisé de déterminer au juste le commencement des années & des mois Arabes, & sur-tout la férie Chrétienne qui répond au jour marqué par les Mahométans.

SIXIEME REMARQUE.

Résolvez les 701265 jours entiers de la période Mahométane en 60589296000 secondes. Ensuite divisez ce nombre par celui des années de la période qui est 1920, vous trouverez que chaque année tropique de la période est composée de 31556925 secondes, c'est-à-dire, de 365 jours entiers, 5 heures, 48 minutes & 45 secondes précisément. Peut-on rien de plus juste, je ne dis pas pour ce temps-là, mais même pour celui d'aujourd'hui?

Je ne puis me dispenser de faire ici quelques réflexions sur la Chronologie Persienne dont je viens de donner la Table, pour en faire voir la fausseté, qui se produit assez d'ailleurs par elle-même, quand ce ne seroit que par les 3000 ans & plus de regne qu'elle attribue aux onze ou douze Rois de la premiere Dynastie.

Je suppose avant toutes choses que les Mahométans, qui sont nés dans le sein de l'Eglise Orientale, ont adopté depuis Adam la Chronologie des Septante, qui étoit reçue des Chrétiens parmi lesquels ils vivoient, ou même, si vous voulez, celle des Hébreux. *Aboulfarage*, Chrétien & savant Historien du treizieme siecle, témoigne que tous les Chrétiens de l'Orient, dont il étoit du nombre, à la réserve des Syriens, comptoient, suivant la version des Septante, 5586 ans depuis la création du monde jusqu'au commencement de l'Ere Chrétienne, tandis que les Hébreux n'en comptoient, selon leur texte, que 4220.

LA BIBLIOTHEQUE, sous le titre de *CAIUMARATH.*

Elle rapporte quatre opinions touchant la personne de ce premier Roi. La premiere soutient que c'est l'*Adam* des Hébreux; la seconde le fait fils du premier *Adam* & frere de *Seth*; la troisieme prétend qu'il étoit fils de *Malaleel* & contemporain d'*Enokh*; la quatrieme, qui est celle des Arabes, entreprend de prouver qu'il est le troisieme *Adam*, & non pas le premier; que *Noé*, le second *Adam*, fut son grand-pere, & *Sem* son pere. Cette diversité, qui monte à beaucoup plus de deux mille ans, fait assez voir que cette chronologie est une pure fiction. La premiere opinion ne se peut accorder, ni avec la Chronologie des Septante, ni avec celle des Hébreux. La preuve en est facile. La chronologie Persienne, après avoir avancé que *Caiumarath* est le premier *Adam*, ne compte pourtant depuis la création jusqu'à l'Ere Chrétienne au plus que 4698 ans, & ajoutant l'interregne, que 4898 ans. C'est trop pour les Hébreux, & trop peu pour les Septante.

La seconde opinion s'approche un peu plus des Septante que la premiere, & la troisieme beaucoup plus que la seconde. La quatrieme, qui est celle des Arabes, qui paroît pourtant la plus naturelle, s'éloigne encore plus de la vérité que la premiere, & ne peut s'ajuster, ni aux Septante, ni à notre Vulgate. Les Septante, comme on le conclut du calcul d'*Aboulfarage*, ne mettent entre le Déluge & le commencement de l'Ere Chrétienne, que 3330 ans, & la Vulgate, ou les Hébreux, que 2564, & quand bien même *Sem* eût engendré *Caiumarath* l'année qui suivit immédiatement le Déluge, & que les Persiens eussent adopté l'opinion des Syriens, qui étendent le calcul des Septante jusqu'à 6000 ans précis, depuis la création du monde jusqu'à l'Ere Chrétienne, il ne resteroit entre cette Ere & le Déluge que 3744 ans; ce qui seroit toujours fort éloigné du calcul Persien, qui met entr'elle & la naissance de *Caiumarath* 4698 ans, ou, y compris l'interregne, 4898 ans. Il est donc vrai qu'on ne peut rien établir de certain sur des fondements si ruineux. En voici encore une preuve qui a quelque chose de divertissant par la multitude des anachronismes qu'elle contient. C'est le temps auquel les Mahométans font fleurir *Pythagore*. Ramassons ce qu'ils en disent sous divers articles de la *Bibliotheque*.

LA BIBLIOTHEQUE, fous le titre de *GIAMSCHID*.

Khondemir donne à *Giamfchid* pour Miniftre *Fithagores*, qui eft *Pythagore*.

Sous le Titre de *FITHAGORES*.

Pythagore. *Le* Tarikh Montekheb *dit qu'il vivoit fous le regne de* Giamfchid, *cinquieme Roi de la Race des* Pifchdadiens, *du temps du Patriache Noé. . . . . Le* Lebtarikh, *auffi-bien que* Khondemir, *difent plus probablement qu'il vivoit fous le regne de* Caïkhozrou, *troifieme Roi de Perfe de la Race des* Caianiens. . . .

OBSERVATION.

Pythagore, fuivant Eufebe, eft mort dans la quatrieme année de la feptantieme Olympiade, c'eft-à-dire, fuivant le même Auteur, 496 ans avant l'Ere Chrétienne. Ceux qui le font vivre plus long-temps lui donnent 90 ans de vie; fa naiffance n'a donc pu précéder l'Ere Chrétienne que de 586 ans : comment donc a-t-il pu être Miniftre de *Giamfchid*, qui a ceffé de régner environ 3000 ans avant l'Ere Chrétienne, comme la Table Chronologique le démontre? Comment *Khondemir* peut-il s'accorder avec lui-même, quand, après avoir donné à *Pythagore* la charge de Miniftre d'Etat fous *Giamfchid*, il le rebaiffe tout-à-coup jufqu'au temps de *Caïkhozrou*, c'eft-à-dire, de près de deux mille ans. Nonobftant ce rapprochement, fon calcul manque encore de juftefle, puifque *Caïkhozrou*, felon le *Lebtarikh*, auquel il femble fe joindre, a dû commencer à régner 801 ans avant l'Ere Chrétienne.

Le *Tarikh Montekheb* affure que *Pythagore* a vécu fous *Giamfchid*, & a été contemporain de *Noé*. D'où il s'enfuit qu'il compte entre *Noé* & l'Ere Chrétienne plus de 3646 ans, & fait naître *Pythagore* 3000 ans plutôt qu'il ne faut. S'ils ne font pas plus exacts dans leurs propres affaires qu'ils le font dans les étrangeres, jugez combien on peut compter fur leur Chronologie.

Avant de mettre fin à cet Ouvrage, qu'il me foit permis de fortir pour un moment de mon fujet, pour dire un mot en paffant de la croyance que méritent les Hiftoires Mahométanes. Elles font remplies de grands événements, fur-tout depuis la naiffance de leur faux Prophete, lefquels feroient encore plus grands s'ils étoient moins exagérés. Celles qui précedent cette naiffance, font mêlées de fables qui obfcurciffent tellement la vérité, que fouvent on ne peut l'appercevoir. Il faut avouer que les Perfiens, & fur-tout les Arabes, ont eu de grands hommes dans toutes les facultés, & la fauffeté de leur Religion ne peut nous difpenfer d'admirer les talens qu'il a plu à Dieu de leur départir; elle doit bien plutôt nous porter à plaindre leur fort & à bénir le nôtre. Mais on ne peut nier auffi que leurs Hiftoriens ne foient trop paffionnés pour la gloire de leurs nations, & ne donnent fouvent dans la fable, déshonorant ainfi l'Hiftoire, tandis qu'ils veulent honorer leurs Héros. Je vais en donner deux exemples; je m'arrêterai aux feuls Perfiens, parce que je crois les Arabes beaucoup plus exacts.

Les Perfiens faifant du premier homme le premier de leurs Empereurs, fe font apperçus que toutes les autres nations de la terre étoient fondées en droit à prétendre la même chofe. Cette confidération les a obligés de recourir à la fable, & à fuppofer des *Solimans* Préadamites pour pouffer plus loin leur antiquité. Ce font apparemment des reftes de la vanité des Chaldéens, qui, fuivant les témoignages de *Berofe*, d'*Epigenes* & de *Critodemus*, rapportés par *Pline*, comptoient l'antiquité de leur nation par centaines de milliers d'années.

En effet, comme l'a judicieufement remarqué le favant Auteur de la *Bibliotheque*, les Perfes fe font appropriés, comme par droit de conquête, tous les anciens Rois des Affyriens, des Medes & des Chaldéens.

La vérité eft que les Perfes, avant *Cyrus*, étoient une nation riche & fpirituelle, mais plongée dans les délices, & peu recommandable du côté de la valeur. La Perfe pour lors ne formoit qu'une Province affez petite de ces vaftes Empires, auxquels elle avoit été foumife tour-à-tour. C'eft ainfi que le rapportent tous les anciens Auteurs, tant Chaldéens, que Grecs & Romains. Le témoignage de l'Ecriture, qui s'accorde en ce point avec les Hiftoires profanes, ne nous permet pas d'en douter.

Qu'ont fait les Perfes? après que *Cyrus* fe fut rendu maître de l'Empire des Medes, des Affyriens & des Babyloniens, comme tous ces Princes étrangers avoient été leurs Empereurs, il les ont naturalifés, & en ont fait autant de Rois Perfiens; à-peu-près comme fi les Goths, qui avoient été long-temps fujets de l'Empire Romain, après avoir fubjugué l'Italie, & être entrés par-là dans tous les droits de cet Empire, s'étoient avifés de paffer par gradation des Dynafties des Rois Goths à celle des Empereurs Romains, de ceux-ci aux premiers Rois de Rome, enfuite aux Rois Latins, enfin aux Rois de Troye, & en euffent fait autant de Goths. Après cela, pour imiter parfaitement les Perfes, ils n'avoient qu'à conduire cette ligne de fucceffions de ces derniers jufqu'à *Japhet*, &, ce qui auroit enfuite été facile, la pouffer au travers du Déluge jufqu'à *Adam*.

Au moins fi les Perfes s'étoient contentés de cette efpece d'adoption, & que d'ailleurs ils nous euffent donné une chronologie fuivie, & une Hiftoire réguliere de ces Princes, on leur pardonneroit volontiers leur ufurpation. On leur auroit même de l'obligation; mais ils ont attribué à ces anciens Empereurs, ou des regnes fi longs, ou des faits fi romanefques, que les fictions de l'Ariofte pourroient paffer pour de véritables Hiftoires auprès de ce qu'ils difent. Par exemple, les palais enchantés du Poëte ont-ils rien de plus magnifique que le trône du *Khofrou* ou *Khofroës*, qui fut vaincu par l'Empereur *Héraclius*, & qui étoit contemporain du faux Prophete? Voici la defcription qu'en font tous les anciens Auteurs Mahométans fous le titre de *Khofrou*.

Ce trône étoit un grand palais d'une hauteur prodigieufe, & fon étendue étoit fi vafte, qu'il étoit foutenu de quarante mille colonnes d'argent, toutes rangées en divers ordres d'architecture. Sa voûte étoit enrichie de mille globes d'or, lefquels avoient tous leur mouvement différent, & repréfentoient les planetes & les diverfes conftellations du Zodiaque. Les murailles étoient parées de trente mille houffes en broderie, tendues en plufieurs compartiments. Sous ce palais, on gardoit des tréfors immenfes d'or, d'argent, de pierreries, & de drogues précieufes. (Il y avoit jufqu'à cent de ces tréfors).

Un femblable trône n'auroit-il pas été mieux placé dans la Capitale du *Ginniftan*, c'eft-à-dire du *pays des Fées*, que dans la ville de *Madain*?

Au refte, je ne prétends pas entrer dans un ennuyeux détail de ces fortes de fauffetés. Je m'attacherai, comme je l'ai promis, à deux feulement, dont l'un regarde *Nabuchodonofor*, & l'autre *Alexandre-le-Grand*.

Nabocadnaffar, ou bien *Bakht-al-naffar*, ou enfin *Bokht-al-naffar*, étoit, fuivant les Auteurs Orientaux, un des quatre Gouverneurs que *Lohorasb*, quatrieme Roi de la Dynaftie des *Caianides*, avoit établis pour régir l'étendue de tout fon Empire. Celui-ci avoit pour fon partage la Babylonie ou Chaldée, & ruina la ville & le temple de Jérufalem ; mais *Bahaman*, fixieme Roi de la même Dynaftie, ôta ce gouvernement à *Balthafar* fon fils, & le. donna à *Kirfech*, que les Hébreux appellent *Koresch*, & qui nous est connu sous le nom de *Cyrus*. Ce sont les propres termes de la *Bibliotheque*.

A considérer la chose en elle-même, il importe peu que *Nabuchodonosor* & *Cyrus* ayent été de puissants Empereurs, ou de simples Vice-Rois; mais comme ces faits démentent les Histoires sacrées, il est de la derniere importance de ne s'y pas laisser surprendre.

Cyrus détruisit l'Empire des Medes, & força *Babylone* 559 ans avant l'Ere Chrétienne. Ce fait est constant. *Bahaman*, suivant la Table Chronologique que j'ai donnée ci-dessus, & qui est à-peu-près conforme au calcul du *Lebtarikh*, commença à régner 503 ans avant l'Ere Chrétienne. Quand donc même *Bahaman* eût créé *Cyrus* Vice-Roi de la Chaldée la premiere année de son regne, ce calcul seroit encore éloigné de la vérité de cinquante-six ans. Cela s'accorderoit peut-être avec le *Tarik-Montekheb*, qui donne une durée plus longue de deux cents quatre ans à la Dynastie des *Caianides* que le *Lektarikh*, si nous savions de quelle maniere il distribue le nombre d'années entre les neuf Rois qui composent cette Dynastie.

Lohorasb, suivant la même Table, a commencé à régner 743 ans avant l'Ere Chrétienne; ce qui mettroit environ deux cents quarante ans entre *Nabuchodonosor* & *Cyrus*. Cependant *Nabuchodonosor* & *Cyrus* doivent avoir été contemporains, puisque *Cyrus* prit Babylone & *Balthasar*, fils de *Nabuchodonosor*, après avoir régné en Perse vingt-sept ans. D'ailleurs, l'Ecriture, qui est la regle de la vérité, assure que *Balthasar* ne régna que 3 ans, & *Nabuchodonosor* 45.

Il n'est donc rien de plus mal assorti en fait de chronologie que ce que disent ici les Mahométans. Venons à l'Histoire; & pour savoir si *Nabuchodonosor* fut un simple Gouverneur de Province, consultons *Daniel*, le plus saint & le plus sage des hommes de son siecle, qui fut si long-temps premier Ministre de *Nabuchodonosor*, & qui fut nommé par *Balthasar*, fils de *Nabuchodonosor*, pour gouverner l'Etat comme second Ministre, qualités qui rendroient son témoignage irréfragable, quand même son autorité ne seroit pas infaillible, comme elle l'est effectivement. Voici comme il parle de *Nabuchodonosor*, avant de lui interpréter le songe que ce Prince venoit de faire de cette prodigieuse statue dont la tête étoit d'or: „ Vous êtes le Roi des Rois, & le Dieu du Ciel vous „ a donné le gouvernement & la force, l'Empire & „ la gloire, avec tous les lieux où habitent les en- „ fants des hommes, & où se retirent les animaux de „ la campagne. Il a même mis entre vos mains les oi- „ seaux du ciel, & rangé toutes choses sous votre do- „ mination; vous êtes donc cette tête d'or (*) ". Et dans l'interprétation du second songe que fit *Nabuchodonosor* d'un arbre qui lui parut s'élever tout-à-coup jusqu'au ciel, & qui fut aussi-tôt arraché, il lui adresse ces paroles: „ Vous êtes, ô Roi! (cet arbre), vous qui „ avez été exalté, & qui avez prévalu. Votre gran- „ deur a crû, & est parvenue jusqu'au ciel, & votre „ puissance jusqu'aux extrêmités de la terre (†) ". Parle-t-on de la sorte à un Gouverneur de Province? N'est-ce pas plutôt à un Prince qui possede la Monarchie universelle.

Les cent vingt Provinces, ou Satrapies, que Daniel met sous la domination de *Nabuchodonosor*, & au nombre desquelles étoient la Judée, l'Egypte, l'Ethiopie, l'Idumée, l'Ammonitide, la Syrie & l'Æ-lam, c'est-à-dire, la Perse, comme le témoignent les Prophetes inspirés du Saint-Esprit, ne composoient-elles pas un des plus grands Empires qui fût jamais? Et pour ce qui regarde l'*Ælam*, ou la Perse propre-

ment dite, le Prophete Jérémie (*) ne lui prédit-il pas que *Nabuchodonosor* la traitera comme la Judée, qu'il en enlevera les habitants, & que Dieu ne les renvoyera dans leur pays que lorsqu'il ramenera les Juifs dans le leur? *Nabuchodonosor*, dira-t-on, a pu devenir de Vice-Roi qu'il étoit au commencement, un puissant Empereur dans la suite. Quand même cela seroit, les Mahométans seroient toujours inexcusables d'avoir parlé du premier état de ce Prince, sans faire mention du second, qui étoit incomparablement plus digne de mémoire que l'autre. Outre que *Nabuchodonosor* avoit hérité l'Empire de ses ancêtres qui l'avoient conquis sur les Assyriens. Peut-être que son pere, ou son grand-pere, avant la conquête, n'avoient été que de simples Gouverneurs.

Venons présentement à *Alexandre-le-Grand*, que les Mahométans nomment *Escander*, ou *Iskender*. Voici ce qu'ils en disent. Il étoit frere de *Dara*, qui est le dernier *Darius*, surnommé *Codomanus*, fils du premier *Darius*, d'une autre mere que celle d'*Alexandre*. Ce Prince ayant appris de qui il étoit véritablement fils, & que la couronne de Perse lui appartenoit comme à l'aîné, entreprit, après la mort de *Philippe*, de faire la guerre à *Dara*, son frere. . . . . *Alexander* étoit fils de *Darab*, fils de *Bahaman*, c'est-à-dire, de *Darius*, qui avoit épousé la fille de *Philippe* de Macédoine, & qui la renvoya à son pere, quoiqu'elle fût déja grosse de lui, à cause de la puanteur de sa bouche, qu'il ne pouvoit souffrir. Cette fille accoucha d'un fils de *Darius* dans la maison de son pere, qui fit élever l'enfant comme s'il eût été son propre fils. . . . Voilà ce qu'ils disent mot pour mot.

Peut-on rien avancer de plus contraire, je ne dis pas à la vérité, mais même à la vraisemblance? Autant que le pere d'*Alexandre* est incertain, autant est-il certain qu'*Olympias*, femme de *Philippe*, fût sa mere. Il y a peu d'époques mieux marquées dans l'Histoire que cette naissance. Elle arriva le même jour que le fameux temple de *Diane*, qui étoit à *Ephese*, fut brûlé. Tout le monde sait le mot de *Timée*, qui a paru si beau à *Ciceron*, & si froid à *Longin*: „ Il ne faut pas s'étonner, dit *Timée*, si Diane „ a laissé brûler son temple; elle étoit absente pour „ lors, & occupée aux couches d'*Olympias*, qui „ mettoit *Alexandre* au monde ".

Les Historiens Grecs de ce temps-là conviennent tous qu'*Olympias* fut mere d'*Alexandre*; mais aucun d'eux ne parle, ni du mariage d'une fille de *Philippe* avec le Roi de Perse, ni de sa répudiation. La chose pourtant en valoit la peine. Outre que les Rois de Perse étoient bien éloignés de s'allier avec les Rois de Macédoine, qui étant Grecs, devenoient par-là leurs ennemis jurés; ce fut cette haine héréditaire qui obligea *Alexandre* à porter la guerre chez les Perses. Si *Alexandre* eût été fils de *Darius*, n'auroit-il pas fait valoir le droit incontestable que sa naissance lui eût donné sur la Perse? Il ne l'a pourtant point fait; il s'est contenté de faire valoir celui des armes. *Philippe* lui-même, qui méditoit la guerre contre les Perses pour venger la Grece, eût dû être ravi d'avoir un prétexte aussi spécieux que le droit manifeste de son petit-fils. Etoit-il homme à s'en priver en ôtant *Alexandre* à sa fille pour le donner à sa femme? La politique & l'intérêt ne lui permettoient pas. Quand même *Philippe* auroit voulu le faire, *Olympias* eût-elle été d'humeur d'adopter par une feinte le fils de sa fille? Elle n'étoit pas assez complaisante pour *Philippe*, qu'elle n'aimoit pas, & dont elle n'étoit pas aimée.

Enfin, si *Alexandre* eût eu un tel pere, n'eût-il pas été également glorieux à *Philippe* d'avoir pour

---

(*) Daniel, Chapitre II, vers. 37 & 38.
(†) Ibid. Chap. IV, vers. 19.

(*) Jerem. Chapitre XLIX, 34 & suiv.

gendre l'Empereur des Perfes, & à *Alexandre* d'avoir pour pere un des plus puiffants Princes de l'Univers? Après cela *Philippe* auroit-il eu recours à la fable grof-fiere du Dragon qu'il avoit vu avec *Olympias*, pour en faire le pere d'*Alexandre? Alexandre*, de fon côté, eût-il été contraint, pour couvrir la honte de fon origine paternelle, de pouffer à bout l'impiété, & de fe faire paffer pour le fils de *Jupiter?* Les Perfes, fans doute, en faifant de ce conquérant un Prince du fang de Perfe, ont voulu obfcurcir par-là la gloire de leur vainqueur, & fe confoler de la perte de leur Empire.

Aboulfarage & *Saïd*, fils de Batrik, & *Jofeph Ben Gorion*, croyent que le pere d'Alexandre étoit *Nectanete*, Roi d'Egypte, lequel ayant été chaffé par Artaxerxès Ochus, fe déguifa en Aftrologue, vint en Macédoine, & ayant couché avec Olympias, époufe de Philippe, engendra Alexandre-le-Grand.

Ce qui peut être vrai en cela, eft que, fuivant le rapport de quelque Hiftorien Grec, *Nectabanus*, Perfan de nation, & Mage de Religion, vit *Olympias*. Ce Seigneur l'étoit venu trouver, la foudre à la main, & dans tout l'équipage de *Jupiter*, foit que ce fût une véritable fraude, ou une pure collufion de la Dame. Le même Auteur ajoute qu'*Olympias* avoua la chofe à *Philippe;* mais je doute que *Philippe* eût été affez patient pour ne pas venger fur les coupables un fi fanglant affront : à moins qu'il n'eût été affez bon pour fe perfuader que c'étoit *Jupiter* lui-même en perfonne. Car la fable Payenne avoit accoutumé les peuples à croire de *Jupiter*, qu'il n'étoit pas moins jaloux du titre de Pere des hommes, que de celui de Pere des Dieux.

Fin de la fuite des Obfervations faites fur divers Articles de la BIBLIOTHEQUE, *par Mr.* VISDELOU.

AVIS DE L'AUTEUR

Sur le Monument du Chriſtianiſme en Chine.

J'AI ſuivi, dans la maniere d'écrire les termes étrangers, la méthode introduite par les Portugais, parce qu'elle eſt par-tout en uſage. Mais afin que ceux qui n'entendent pas la langue Portugaiſe, ne puiſſent ſe tromper, voici ce qu'il faut obſerver ſur la maniere de prononcer.

L'*u* pur doit être prononcé comme le prononcent la plupart des Nations Européennes, & comme nous prononçons *ou* dans les mots *doute*, *route*. Lorſqu'il y a un point au-deſſus, il faut le prononcer comme nous prononçons ſe dans le mot *ſequeſtrer*. Enfin, lorſqu'il eſt précédé par un *i*, il faut prononcer comme l'*u* François ou Grec : par exemple *ſiu* ſe prononce comme nous prononçons *ſu* dans le mot *aſſurer*.

S doit toujours être prononcé durement, & comme s'il étoit double, & jamais comme un ʒ.

Ng eſt une lettre Chinoiſe, qui répond à l'*ain* des Hébreux. Non-ſeulement les Européens, mais même tous les Chinois, ne peuvent la prononcer. C'eſt pourquoi pour approcher, autant que faire ſe peut, de ſa véritable prononciation, il faut la changer en *gh ;* par exemple, *lin-ngen*, prononcez *lin-ghen*, *ſi-ngan*, prononcez *ſi-ghan*.

N finale doit être toujours prononcée bref & ſerré, de la même maniere que nous la prononçons quand elle eſt ſuivie d'un *e* muet, dans les mots *panne*, *fine*, *mine*.

M, au contraire, à la fin d'un mot ou d'une ſyllable, doit être prononcée comme nous prononçons *n* finale, ſans être ſuivie d'un *e*, dans ces mots *pân*, *pin*, *vin*.

X doit être toujours prononcé comme notre *ch* dans les mots *charité*, *chere*, *chimere*, *choquer*.

Ç, ou *c* avec une cédille, ſe prononce comme un *t*, ſuivie de *SS*, par exemple, *ça* ſe prononce comme s'il y avoit *tſſa*, & *çe* comme *tſſe*.

L'*E* final ſe prononce toujours comme nous le prononçons dans le mot *charité*.

DÉCLARATION DE L'AUTEUR.

IL y a long-temps que j'ai fait la traduction de ce Monument, & que je l'ai fait paſſer en Europe ; j'envoyai pour lors l'original même, ſans en garder copie. Il n'eſt pas beſoin d'avertir ici que l'on doit s'en tenir à cette préſente verſion, ſi en quelque endroit elle ne s'accorde pas avec l'autre. Au reſte, j'ai cru qu'il étoit inutile de faire obſerver ce qui, dans ce Monument, regarde la Religion Chrétienne, parce qu'on l'y voit clairement, & que chacun peut l'obſerver par ſoi-même, que les myſteres de la Trinité & de l'Incarnation ſautent aux yeux. Mixiho & Eloha montrent ouvertement le Meſſie & le vrai Dieu. On y voit auſſi les coutumes & les traditions de l'Egliſe Orientale. Il paroît qu'ils n'offrent le ſacrifice qu'une ſeule fois la ſemaine ; ils enſeignent plus d'une fois que les ſuffrages des vivants ſont inutiles aux morts ; ils font venir de la Perſe les Rois Mages. Si quelques termes Chinois offenſent les oreilles des Européens, il faut le pardonner à l'Auteur, qui, ſans doute, étoit Chinois ; car comme il recherchoit moins (dans ſon ſtyle) l'éloquence des Philoſophes que les expreſſions pompeuſes des Bonzes, il eût été contraint d'employer des métaphores très-dures, & des termes moins propres. J'ai traduit mot à mot, à l'exception de très-peu de termes, qui ne pouvoient être rendus que par une longue circonlocution, au-lieu deſquels j'ai employé des termes qui approchoient le plus du ſens.

Note. *CLAUDE VISDELOU*, *Evéque de Claudiopolis*, *a achevé cette verſion* (*Latiné*) *au commencement de l'année 1719.*

MONUMENT
DE LA
RELIGION CHRÉTIENNE,

TROUVÉ PAR HASARD DANS LA VILLE DE *SI-NGNAN-FU* (1),
MÉTROPOLE DE LA PROVINCE DE *XENSI* EN CHINE.

Traduit en Latin, & accompagné d'une Paraphrase & de Notes, ainsi que de la DESCRIPTION
DE L'EMPIRE ROMAIN, *selon les Chinois.*

Par MR. CLAUDE VISDELOU, *Evêque de Claudiopolis.*

ÉLOGE.

DE la Religion admirable (2) qui coule & qui
marche dans le Royaume du milieu; composé
par *Khim-çim*, Bonze (3) du temple de *Taçin*, &
gravé sur une pierre.

Certes vraiment, celui qui perpétuellement vrai,
solitaire, premier du premier, & sans origine, profondément intelligent, vuide, dernier du dernier, & existant par excellence, tient l'axe mystique, & en opérant, convertit (le néant en être), & par sa dignité
primitive confere l'excellence à tous les Saints, n'estce pas le corps excellent de notre seule Unité-trine,
le véritable Seigneur sans origine *Oloho?* (4).

Il a formé une croix pour déterminer les quatre
parties (du monde). Il a fondu le vent primogene,
& a engendré deux matieres. Le vuide ténébreux a
été changé, & le ciel & la terre ont paru à découvert. Le soleil & la lune ont fait leurs révolutions,
& le jour & la nuit ont été faits. Par son travail, il
a achevé dix mille choses; mais en formant les premiers hommes, il les gratifia d'une concorde intime
intérieure. Il leur ordonna de veiller à la sûreté d'une
mer de conversions. (Leur) parfaite & primogene
nature étoit vuide & non pleine. (Leur) cœur simple & pur étoit originellement sans desirs & sans appetits. Mais après que *Sothan* eût répandu les mensonges, en appliquant son fard, il souilla le pur &
le net

PARAPHRASE DE L'ÉLOGE.

DE la Religion Chrétienne (2), *qui fleurit dans
l'Empire de la Chine; composé par* Kim-çim,
Bonze (3) *du temple de* Taçin, *& gravé sur une
table de marbre.*

*Cette substance qui est perpétuellement vraie &
seule; qui, de toute éternité, existe par elle-même, & n'a point de commencement; qui est incompréhensiblement intelligente, & exempte de toute
erreur & de tout vice; qui subsiste éternellement
par excellence; qui, par sa puissance ineffable, a
créé & fait de rien toutes choses; qui, par la communication de sa gloire primogene, confere l'excellence à tous les Saints. N'est-ce pas la substance
excellente de notre unique Trinité, le véritable Seigneur* Eloha? (4).

*Par quatre bandes, en forme de croix, il a affermi
les quatre parties du monde, & par-là le monde
entier. De la matiere premiere, comme jettée en
fonte, il a forgé les deux matieres; les espaces vuides du monde, changeant d'être, sont devenus pleins,
& le ciel & la terre ont été formés. Le soleil &
la lune ont fait leurs révolutions; & la nuit & le
jour ont été faits. Comme un ouvrier, il a fait toutes choses. Mais quand il forma les premiers hommes, il leur donna la justice originelle, & les commit à la garde d'une mer de conversions, c'est-à-dire,
à tourner leur postérité à toute sorte de vertus. La
nature parfaite & primogene des premiers hommes
étoit vuide de toute erreur & de tout vice, & non
pleine de soi-même, ni enflée d'orgueil. Leur cœur,
simple & net, étoit originellement exempt de toute*

Tt

Il inséra l'égalité de grandeur (5) dans le milieu de ce vrai-ci, & mit en pieces l'identité obscure dans l'intérieur de ce faux-là. C'est pourquoi 365 Sectes se prêtant l'épaule (les unes aux autres) formerent une chaîne; elles tissurent à l'envi des filets de loix. Les unes indiquerent les créatures pour déposer le vénérable; les autres évacuerent l'être pour submerger les deux. D'autres en priant, sacrifierent pour extorquer la félicité. D'autres firent parade du bien pour tromper les hommes. L'examen & la sollicitude en travaillant travaillerent. L'affection pour le bienfait étant en esclavage, fut captive. Toujours flottants, ils n'obtinrent rien; le bouilli tourna en rôti. Ils augmenterent les ténebres; ils perdirent la voie; long-temps égarés, ils ne revenoient point. Alors notre Unité-trine fit part de son corps à l'admirablement honorable *Mixi-bo* (6).

Se recueillant, il cacha la véritable majesté; il se présenta aux hommes, semblable à l'homme. Le Ciel, joyeux de sa naissance, publia la félicitation. Une femme (vierge) enfanta le Saint dans *Taçin*; une constellation admirable annonça le fortuné.

Posu (7) contempla sa lumiere pour apporter le tribut. Il a arrondi les loix anciennes des discours faits par 24 Saints; il a réglé, par de grands avis, les familles & les Royaumes. Il a institué, suivant l'esprit pur de l'Unité-trine, une nouvelle religion qui ne se répand point en paroles. Il a donné l'être du bon usage par la véritable foi. Il a déterminé les mesures des huit limites; il a converti la poussiere cuite en véritable (& franche). Il a ouvert la porte des trois ordinaires; il a ouvert la vie & éteint la mort. Il a suspendu le soleil admirable pour briser la maison des ténebres. Alors les mensonges des Démons furent entiérement détruits. Il a conduit à la rame la barque miséricordieuse pour monter au palais de la lumiere. Alors les êtres contenant l'intelligence furent pleinement transportés. Cette grande affaire étant achevée, il monta en plein midi dans le vrai. Vingt-sept livres des Ecritures ont été laissés. Il a étendu la conversion primogene pour lâcher le ressort de l'intelligence. La loi lave avec l'eau & le vent; elle enleve les fleurs flottantes, & nettoye le vuide blanchi. Le sceau est une croix, qui fond les quatre illustrés pour les unir sans empêchement. Frappant sur un bois, elle fait retentir une voix de charité & de bonté. Adorant (vers) l'Orient, elle tend au chemin de la vie & de la gloire. Elle conserve des cheveux, par où elle montre qu'elle s'employe aux choses extérieures. Elle tond le sommet par où elle montre qu'elle n'a intérieurement aucune affection (mauvaise.) Elle n'entretient point d'esclaves; elle s'égale & en honneurs & en bassesse aux hommes; elle n'accumule ni biens, ni richesses; assurément elle nous les abandonne. Le jeune est parfait alors qu'il soumet l'esprit, ou bien sa solidité consiste dans la tranquillité & l'attention. Adorant sept fois, ils louent; & sont d'un grand secours aux vivants & aux morts. Le septieme jour ils offrent une fois, purifient le cœur, & retournent à la simplicité. La véritable & perpétuelle sagesse est excellente, & difficile à nommer. Son mérite & son usage éclatants brillent vivement. On la nomme par force Religion admirable; mais la Doctrine sans le Saint ne s'étend point; le Saint sans la Doctrine ne devient pas grand. La Doctrine & le Saint étant d'accord (comme un rouleau,) toute la terre devient ornée & brillante.

cupidité. Mais après que Sathan eut semé ses erreurs, il souilla de son fond leurs mœurs pures & sans mélange.

Il introduisit comme véritable, l'opinion qui identifie toutes choses, & qui les rappelle toutes à une seule (5). Il voulut que l'on tînt pour fausse la ressemblance cachée. De-là un grand nombre de Sectes s'épaulant & s'enchaînant les unes les autres, commencerent à se répandre. Toutes à l'envi tissurent des filets de religions pour surprendre les hommes. Les unes mirent les créatures à la place du souverain Dieu; les autres nierent qu'il y eût quelque chose d'existant, & anéantirent même les deux matieres. D'autres instituerent toute sorte de sacrifices pour évoquer la félicité. D'autres firent paroître une vaine ostentation de vertu, pour tourner les hommes à la partie opposée qui est l'orgueil. Ils tourmenterent l'esprit de soins & d'inquiétudes. Ils tinrent toujours captives les affections qui se tournoient aux premiers biens. Allant à tâtons comme des aveugles, ils n'atteignirent rien. Le mal alla en empirant. Parmi tant de ténebres, ils perdirent la voie. S'étant égarés long-temps, ils ne pouvoient plus revenir. Alors notre Trinité communiqua sa substance à l'admirable & honorable Messie (6):

Or le Messie cacha profondément sa véritable majesté, & se montra en forme humaine parmi les hommes. Des Anges célestes publierent à sa naissance (des concerts) de congratulation. Une Vierge enfanta le Saint dans Taçin. *Une étoile admirable instruisit de cette heureuse nativité.*

La Perse, *(7) contemplant sa splendeur, vint payer le tribut. Le Messie a entiérement accompli les loix anciennes des 24 livres du vieux Testament, écrits par les Saints. Il a donné des préceptes illustres pour la conduite des familles & le gouvernement des Royaumes. Il a institué une nouvelle religion conformément aux mœurs pures de la Trinité, & sans aucun appareil de discours. Il a réglé l'exercice de toutes sortes de vertus sur le prototype de la véritable foi. Il a donné à tout le monde les regles qu'il doit suivre. Il a affiné (par Art chimique) le monde corrompu, & l'a purgé de toute écume. Il a ouvert la porte des trois principaux devoirs & de tous les devoirs de la vie humaine, pour en laisser l'entrée aux hommes. Il a ouvert le chemin de la vie, & il a éteint la mort. Il a élevé le soleil admirable de l'intelligence pour briser le palais de ténebres. Alors certes les mensonges des Démons furent entiérement abolis. Il a mené, à force de rame, la barque de miséricorde pour monter aux palais lumineux. Alors seulement le genre humain y fut transporté. Après avoir achevé une si pénible affaire, il monta au ciel en plein midi. Il nous a été laissé vingt-sept livres d'écritures de l'Evangile. Il a développé la force souveraine de la grace dans les conversions, afin d'encourager les hommes. Cette religion use du Baptême de l'eau & de l'esprit, par lequel toute vanité est effacée, les cœurs sont purifiés, & deviennent nets de tout vice, & blanchis de vertu. Pour étendard elle tient la Croix, afin de lier ensemble tous les hommes de la terre, & les unir entr'eux sans aucun empêchement. Frappant sur un bois (pour appeler à l'Eglise,) elle fait au peuple des Sermons pleins de charité & de bonté. Elle adore Dieu, la face tournée vers l'Orient, pour envisager le chemin de la vie & de la gloire. (Ses Prêtres) conservent des cheveux autour de la tête, pour donner à connoître qu'ils se destinent aux devoirs externes; mais ils en rasent le sommet, pour connoître eux-mêmes qu'ils doivent retrancher de leur cœur toute mauvaise affection. Ils n'ont point d'esclaves, pour montrer qu'ils veulent être égaux à tous les hommes, & n'être supérieurs à personne. Ils n'acquierent ni biens, ni richesses, pour faire*

L'Empereur *Thai-çum* (8) a illuftré la Chine : il a ouvert la révolution, & a gouverné très-faintement les hommes. Un homme d'une vertu éclatante, nommé *Olopen* (9), fut originaire du Royaume de *Taçin*. Il obferva les nuées bleues, & porta les véritables écritures ; il fit attention aux regles des vents, pour traverfer le difficile & le périlleux. L'an neuvieme de *Chim-kuan*, il arriva à *Cham-ngan*. L'Empereur ordonna à *Fam-hiven-lim*, Miniftre de l'Empire (10), d'aller à la tête d'un grand cortege dans le fauxbourg Occidental, & rencontrant le nouveau-venu, de l'amener au palais. Il traduifit les Ecritures dans la falle des livres. La porte, où il n'eft pas permis d'entrer, écouta le Doctrine, & comprit à fond la droite unité ; il ordonna fpécialement de la publier & livrer. L'an douzieme de *Chim-kuan*, au feptieme mois, en automne, il fit un Edit en ces termes.

„ La Doctrine (11) n'a point de nom déterminé,
„ le Saint n'a point de fubftance (12) déterminée ;
„ il inftitue les Religions felon les pays, & paffe en
„ foule tous les hommes dans la barque. *Olopen*, du
„ Royaume de *Taçin* & d'une grande vertu, pre-
„ nant les écritures & les images, eft venu les offrir
„ dans la Cour fuprême. En examinant l'efprit dé
„ cette religion, elle eft myftérieufe, excellente,
„ paifible. En contemplant fon primogene vénérable,
„ il produit le parfait, & établit le néceffaire. Ce dif-
„ cours eft exempt d'un importun verbiage. La rai-
„ fon met en oubli la naffe ; elle amene les chofes à
„ bon port. Elle eft utile aux hommes ; elle doit
„ être publiée par toute la terre. Que ceux qui font
„ en charge conftruifent fans délai dans le Canton,
„ nommé Ÿ-nien, de la Ville Impériale, un Temple
„ du Royaume de *Taçin*, & y faffent paffer vingt-un
„ Bonzes ".

La vertu du vénérable *Cheu* s'étant éteinte, le chariot bleu (13) paffa dans l'Occident. La fageffe du grand *Tham* étant venue à briller, le vent admirable a fouflié dans l'Orient. Il ordonna à ceux qui étoient en charge, de prendre un portrait fidele de l'Empereur pour en faire peindre un femblable fur la muraille du Temple. La beauté célefte répandant l'éclat

voir qu'ils les cedent volontairement aux autres. Ils penfent que le jeûne n'eft parfait que quand il foumet l'efprit, ou du moins ils croyent que fa principale vertu confifte en ce qu'il apporte le repos & la vigilance. Ils adorent fept fois par jour, & récitent dévotement des prieres, par lefquelles ils foulagent les vivants & les morts. Chaque feptiema jour ils offrent une feule fois (le Sacrifice), & s'étant ainfi purifié le cœur, ils retournent à la fimplicité ou pureté premiere. On ne peut donner de nom à la véritable & éternelle Sageffe, à caufe de fon excellence. Cependant, eu égard à fon mérite & à fon ufage merveilleufement éclatant, on la nomme, par force, la Religion admirable. Certes, la véritable fageffe ne s'étend pas bien loin fans le fecours du Saint, & le Saint fans la véritable fageffe n'eft pas grand. Mais quand la véritable Doctrine & le Saint s'uniffent mutuellement, toute la terre brille d'un très-grand éclat.

De cette maniere, Tai-çum-ven-hoam-ti (8) a fondé une nouvelle Dynaftie ; il a gouverné les hommes fagement & faintement. Sous fon regne vint de Taçin, un homme d'une grande vertu, nommé Olopen (9). Contemplant le ciel pour diriger fa route, il apporta avec lui les véritables écritures. Ayant égard aux faifons des vents, il traverfa d'une courfe rapide un chemin difficile & périlleux. La neuvieme année de Chim-kuan, (635 de J. C.) il arriva à Cham-ngan, ville Impériale, aujourd'hui nommée Si-ngan-fu. L'Empereur envoya à fa rencontre, au fauxbourg Occidental, Fam-hiven-lim, Miniftre de l'Empire (10), avec grand appareil. Il (fit) traduire en Chinois les Saintes Ecritures dans la Bibliotheque Impériale. La Cour de l'Empereur le queftionna beaucoup fur la Religion, & comprit à fond qu'elle étoit véritable & bonne. L'Empereur ordonna fpécialement qu'elle fût publiée & divulguée. L'an douzieme de Chim-kuan, (638 de J. C.) la feptieme lune, en automne, l'Empereur fit cet Édit.

„ *La fageffe (11) n'a aucun nom déterminé,*
„ *les Saints n'ont aucun état fixe (12), nulle forme*
„ *certaine ; ils inftituent les Religions felon le génie*
„ *des pays & des peuples, pour fecourir générale-*
„ *ment tous les hommes. Un homme d'une grande*
„ *vertu, nommé Olopen, originaire de Taçin, a*
„ *apporté de loin des écritures & des images, &*
„ *eft venu les offrir dans ma fuprême Cour. Si l'on*
„ *examine avec foin l'efprit & le but de cette Re-*
„ *ligion, on la trouvera remplie de myfteres excel-*
„ *lents, & adonnée à la paix & à la tranquillité.*
„ *Si l'on confidere attentivement le premier Souve-*
„ *rain qu'elle propofe d'adorer & révérer, c'eft*
„ *l'Auteur de tout bien, & l'Inftituteur de tout ce*
„ *qui eft néceffaire pour obtenir la félicité. Cette*
„ *Religion bannit entiérement de fes difcours tout*
„ *ennuyeux verbiage, & toute affectation de grands*
„ *mots. Sa Doctrine admet toute imperfection, pour*
„ *la conduire à la perfection ; mais la perfection*
„ *étant acquife, l'imperfection eft oubliée, comme*
„ *un pêcheur oublie fa naffe, après avoir pris le*
„ *poiffon. Elle eft profitable aux affaires, & utile*
„ *aux hommes. Il eft expédient qu'elle fleuriffe*
„ *dans tout le monde. Que les Officiers, que ceci*
„ *regarde, conftruifent, fans différer, un Temple*
„ *à la Religion du Royaume de Taçin, dans le*
„ *quartier de la ville nommé Y-nim-fam, c'eft-à-*
„ *dire, Juftice tranquille, & qu'ils y commettent*
„ *vingt-un Bonzes pour profeffer cet inftitut ".*

Après que la vertu de la vénérable Dynaftie Cheu eut péri, Lao-kium (13) paffa dans l'Occident. Après que la fageffe de la grande Dynaftie des Tham a brillé, les mœurs admirables de la Religion Chrétienne font venues dans l'Orient. L'Empereur ordonna auffi aux Officiers, à qui cela regardoit, de faire peindre fon portrait fur la muraille du Tem-

_des couleurs (rendit) l'admirable porte brillante &
fleurie. Les saints vestiges (firent) monter le bonheur,
& donnerent perpétuellement de l'éclat aux mondes
réguliers.

Suivant les cartes & les annotations de la région
Occidentale, & les Histoires & Commentaires des Dynasties *Han* & *Vei* (14), le Royaume de *Taçin* embrasse du côté du Midi la mer de Corail. Au Septentrion, il est terminé par les montagnes des choses
précieuses. Du côté de l'Occident, il regarde le pays
des immortels & la forêt des fleurs. Vers l'Orient, il
reçoit le vent perpétuel & l'eau foible. Son terrein produit de la toile qu'on lave au feu, (15) du parfum qui
rappelle l'ame, des pierres de lune brillantes, des pierres qui brillent la nuit. Il ne s'y commet par coutume, ni assassinat, ni vols. Les hommes y vivent en
joie & en paix. Il n'y a point d'autre loi que la loi admirable. On ne crée Roi que celui qui en a les vertus. Les limites du pays sont amples & vastes. Les
choses qui regardent l'ornement, y abondent, y
éclatent.

Kao-çum (16), grand Empereur, a pu respectueusement suivre ses aïeux. En humectant (17), il co-
lora le vrai vénérable, & établit des Temples admirables dans toutes les Provinces. Exaltant de nouveau
Olopen, il le fit souverain Gardien du Royaume de
la grande loi. La loi se répandit dans les dix voies.
(*) Le Royaume fut enrichi d'un grand bonheur. Les
Temples remplirent cent villes; les familles furent enrichies de l'admirable félicité.

Aux ans de *Xim-lii* (18), (698 ou 699,) les Em-
fants de *Xe* employerent la force, & (firent) réjail-
lir leur bouche dans l'Orientale *Cheu*. Sous la fin de
Sien-thien (19), (l'an 712) des Lettrés inférieurs rail-
lerent, diffamerent, mépriserent, & calomnierent étrangement dans l'Occidentale *Hao*. Il y eut *Lo-han*, chef
des Bonzes, *Kii-lie* d'une grande vertu & *Kiuei-siu*,
de *Kin-fam*, Bonzes extraordinairement illustres; ils
releverent ensemble le cable mystique, & relierent unanimement le nœud rompu.

Hiuen-tçum (20), Empereur d'une haute sagesse,
ordonna à *Nim-kue* & aux autres quatre Rois, d'aller
en personne au toit de la félicité, & d'élever ferme-
ment l'autel du Temple. La poutre de la loi, cour-
bée pendant quelque temps, fut élevée de nouveau.
La pierre de la Doctrine, penchée pendant un temps,
fut redressée & remise à plomb. Au commencement
de *Thien-pao*, il ordonna à *Kao-lii-fu*, grand Général des armées, de porter les portraits des cinq *Saints*,
(21) & les déposant, de les placer dans le Temple.
Il donna cent pieces de soie, & offrit, prenant part à
la joie, les portraits éclatants. Il fut permis de saisir

(*) L'Empereur *Tham-thai-çum* divisa, l'an 627, tout
l'Empire de la Chine en dix grandes Provinces ou voies,
comme il lui plut de les nommer.

*ple, conforme à l'original. La beauté du visage cé-
leste répandit son éclat de toutes parts, & donna du
lustre à la porte admirable, c'est-à-dire, à la Religion Chrétienne. Ce monument du saint Empereur
fut favorable & fortuné, & remplit le monde d'une
splendeur perpétuelle.*

*Suivant les cartes & les descriptions géographi-
ques du Pays Occidental, comme aussi suivant les Livres historiques des Dynasties des Han & des Vei
(14), le Royaume de Taçin domine du côté du Midi
à la mer de Corail. Il est terminé au Septentrion par
les montagnes de toutes choses précieuses. Il regarde
du côté de l'Occident le séjour des hommes immortels
& la forêt des fleurs. Il reçoit du côté de l'Orient
le vent perpétuel & l'eau foible. La terre du Royaume de Taçin produit de l'Asbeste, du baume, de la
toile qu'on nettoye en la jettant au feu (15), des pierres précieuses, brillantes comme la lune, des pierres
qui brillent la nuit. La nation ne connoît ni le
larcin, ni le brigandage. Les peuples jouissent d'une
paix & d'une tranquillité parfaites. Aucune autre
Religion n'y est admise que la Religion Chrétienne.
Le Royaume n'est déféré qu'à celui qui en est digne. Les limites de l'Empire sont très-étendues. Tout
ce qui peut contribuer à quelqu'espece d'ornement
que ce puisse être, s'y trouve en abondance.*

*Kao-çum (16), grand Empereur, imita respec-
tueusement ses aïeux. Il illustra (17), par une nouvelle augmentation de lumiere, la Religion du vénérable & vrai Dieu, & fit élever, dans toutes les
Provinces, des Temples admirables ou chrétiens. De
plus, à l'exemple de son pere, il éleva Olopen en
dignité, & l'honora du titre de Pontife de la Religion gardienne du Royaume. La Religion se répandit dans les dix Provinces, c'est-à-dire toutes les Provinces de l'Empire. La prospérité de l'Etat fleurit
merveilleusement. Les Temples remplirent toutes les
villes; & les familles furent comblées d'une félicité
admirable ou chrétienne.*

*Sous l'Impératrice Vu-heu, régnant sous le titre
de Xim-lii (18), l'an 698 ou 699 de J. C., les Sectateurs de Fo, ou de la Religion des Bonzes-hocham,
unissant leurs forces, lâcherent la bride à leur langue dans la ville Impériale nommée Loyam, (aujourd'hui Honan-fu, ville de la Province Honan.)
Sous la fin du regne d'Hiven-çum, sous le titre de
Sien-thien (19), (l'an 712 de J. C.) des lettrés
du bas ordre diffamerent extrêmement la Religion
Chrétienne. Dans l'Occidentale Hao, (ville de la Province de Xensi, autrefois le siege de l'Empereur Uu-
uam, située à l'Occident de Singan-fu,) il y eut quelques personnes, savoir Lohan, chef des Bonzes, &
Kii-lie, doué d'une grande vertu, & avec eux Kin-
fam, (peut-être originaire du quartier de la ville
Impériale, nommé Kin-fam, à cause de l'or) Kuei-
siu, Bonzes extrêmement illustres, qui joignant leurs
forces ensemble réleverent la Religion abattue, &
renouerent (la Religion) déchirée.*

*Hiuen-çum (20), Empereur d'une grande sagesse,
ordonna à Nim-kue & à quatre autres Rois, d'aller en personne visiter l'Eglise des Chrétiens, & d'a-
voir soin qu'on y fît le service divin. Alors la Religion, qui avoit été opprimée pendant quelque temps,
commença de nouveau à se relever, & cette même
Religion, qui, pendant ce temps-là, avoit été cour-
bée, fut redressée comme auparavant. Le même Empereur Hiuen-çum, commençant de régner sous le titre de Thien-pao, ordonna au Généralissime des armées, nommé Kao-lii-fu, (fameux eunuque de ce
temps-là,) de placer dans l'Eglise les portraits des
cinq Saints (21,) (Empereurs ses prédécesseurs,)
& d'offrir en même-temps un présent de cent pieces
de soie. Kao-lii-fu apporta respectueusement les portraits des sages Empereurs; & quoique ces Empereurs eussent déja été (22) enlevés au ciel par des*

les

les mouftaches du dragon, (22) quoiqu'éloignées, & l'arc & l'épée. Les cornes du foleil répandirent la lumiere fur les céleftes vifages de huit-dixiemes de pied.

La troifieme année (744,) il y eut un Bonze *Kii-ho*, du Royaume de *Taçin*, (qui) obfervant les étoiles, tendit à la converfion, (&) regardant le foleil (vint) faluer l'Honorable.

L'Honorable ordonna au Bonze *Lo-han*, au Bonze *Pu-lun* & aux autres, en tout fept, de travailler avec *Kii-ho* d'une grande vertu, au mérite & à la vertu dans le palais de *Him-khim*. Alors le Ciel écrivit fur la tablette du temple. Le front porta l'écriture du dragon. Les ornements précieux brillerent vivement. Les nuées de cinabre refplendirent avec éclat. La tablette clairvoyante dilata le vuide : montant & opprimant, elle toucha le foleil. Les dons gracieux font comparés à la hauteur extrême du mont méridional ; les bienfaits inondants égalent la profondeur de la mer Orientale. La fageffe prouve tout : ce qu'elle prouve, peut être nommé. Le Saint fait tout ; ce qu'il fait, peut être publié.

L'Empereur *Su-çum*, orné, (23) illuftre, éleva gravement des Temples admirables dans *Lim-ou* & dans d'autres villes, cinq en tout. Le bien primogene eut du renfort, & l'heureux fortuné fut ouvert. Une grande félicitation parut, & l'augufte établiffement fut affermi (24).

L'Empereur *Tai-çum*, civil & guerrier, en déployant, étendit la fainte révolution. En ferviteur, il fervit la tranquillité. Toujours à la defcente de l'heure de la nativité, il donnoit libéralement du parfum célefte pour faire fouvenir du mérite parfait. Il diftribuoit des viandes Impériales pour illuftrer la multitude admirable. Certes, le Ciel mit en ufage une belle utilité. C'eft pourquoi il peut produire amplement. Le Saint fe fert du primogene confubftantié ; c'eft pourquoi il peut régler & élever (25).

Notre Empereur (*Te-çum*) (26) établiffant là médiocrité, faint, divin, civil & guerrier, a déployé une forme octuple de Gouvernement pour éloigner les obfcurs, & avancer les clairs. Il applanit neuf genres, afin certes de renouveller le commandement admirable. Par la converfion, il pénetre la raifon myftérieufe. En priant, il n'a pas un cœur rougiffant. Quand on parvient au quarré, au grand & au vuide, il eft attentif à vaquer uniquement au repos, & à avoir de l'indulgence ; à étendre fa bonté, à foulager toutes les miferes, & à couvrir par un bon prêt tous les hommes. C'eft par notre grand deffein de travailler, de réparer, c'eft par l'échelle de notre conduite &

dragons, il fut pourtant permis de regarder & de toucher les monuments de leur fouvenir. Leur bel air brilla vivement dans leurs portraits, & il fut accordé de contempler depuis leurs vifages céleftes.

La troifieme année de Chim-kuan, (744 de J. C.) il y eut un Bonze du Royaume de Taçin, nommé Kii-ho, qui, fur l'obfervation des étoiles, dreffa fa route vers la Chine, où l'attiroit la force & l'efficace de la vertu de l'Empereur pour la converfion des étrangers, & fur l'afpect du foleil, vint (à la Chine) faluer l'Empereur.

L'Empereur ordonna au Bonze Lo-han, au Bonze Pu-lun & à cinq autres Bonzes, d'offrir enfemble avec Kii-ho les facrifices Chrétiens dans le palais de Him-khim, (c'eft-à-dire, de la félicitation exaltée.) Alors le célefte Empereur fit fufpendre une infcription, écrite de fa main, à la porte de l'Eglife. Le front de la tablette fufpendue porta les caracteres tracés de la main du dragon, c'eft-à-dire de l'Empereur. Les ornements de la tablette précieufe, où l'infcription étoit gravée, brillerent d'un éclat merveilleux. La lumiere qu'ils s'élançoient de toutes parts, obfcurciffoit les nuées rouges & élevées au haut des airs. La tablette écrite par le clairvoyant Empereur, perça en quelque maniere l'étendue de l'air, & s'élevant jufqu'au Ciel, provoqua le foleil même. La faveur & les dons, conférés par l'Empereur Hiuen-çum à la Religion Chrétienne, font comparables en hauteur aux montagnes Méridionales, (ainfi nommées, parce qu'elles font fituées au midi de la ville Impériale de Si-ngan-fu.) Les bienfaits qu'il a répandus fur elle fans bornes, égalent la profondeur de la mer Orientale. La fageffe approuve tout ; ce qu'elle approuve peut être nommé. Les Saints font tout ; ce qu'ils font peut être laiffé à la poftérité.

L'Empereur Su-çum (23), orné de toutes fortes de vertu & de fageffe, bâtit à grands frais des Eglifes Chrétiennes, dans la ville de Lim-ou & dans quatre autres villes) fituées toutes aux limites Septentrionales de la Province de Xenfi ;) il y fut entraîné par le bien primogene. La voie (qui mene) à la félicité, fut amplement ouverte. Une grande profpérité furvint, & l'Empire fut de nouveau rétabli (24).

Tai-çum-hoam-ti, c'eft-à-dire, l'Empereur Taiçum, doué de toutes les vertus civiles & militaires, aggrandit confidérablement l'Empire rétabli. Il s'adonna uniquement au repos & à la tranquillité. Tous les ans, au jour de la Nativité de J. C., il donnoit à l'Eglife des parfums céleftes, pour faire fouvenir qu'il avoit bien géré les affaires, & les avoit conduites à la fin defirée. Il diftribuoit à la multitude Chrétienne des viandes Impériales pour la rendre remarquable (& célebre.) Certes, le Ciel eft tout entiérement occupé à conférer une belle utilité. C'eft pourquoi il peut par-tout produire & conferver les chofes. Les Saints fe rendent propre & comme effentielle cette vertu primogene, qu'a le Ciel pour produire les chofes ; c'eft pourquoi ils peuvent gouverner & élever (25) les peuples, leur communiquer tout bien, & détourner d'eux tout mal.

L'Empereur Te-çum (26), aujourd'hui régnant, affermiffant la jufte médiocrité, faint, divin, & doué des vertus civiles & militaires, a répandu de toutes parts, toutes les maximes d'un excellent gouvernement, par lefquelles les bons font appellés aux charges de la République, & les méchants en font privés. Il a cultivé ouvertement les neuf vertus, c'eft-à-dire, toutes les vertus Impériales, afin certes de renouveller cet ordre admirable du Ciel, par lequel les Empires font conférés, & pour affurer une durée perpétuelle à l'Empire depuis peu rétabli. La force qui eft en lui pour convertir les peuples, participe à la raifon incompréhenfible, &

notre progrès à puiſer ; mais de faire que les vents & les pluies arrivent à propos ; que ce qui eſt ſous le ciel ſoit paiſible ; que les hommes puiſſent être rangés & les choſes être propres ; que les vivants puiſſent être dans l'abondance, & les morts être dans la joie ; que le ſon réponde à la penſée naiſſante, & qu'une affection auſſi-tôt produite ſoit parfaite par elle-même. Cela appartient au mérite & à l'uſage du puiſſant emploi de nos forces admirables. Le Bonze *Y-ſu*, (*a*) grand bienfaiâeur, vêtu d'une belle robe bleuâtre, grand à brillante paye, & tout à la fois Lieutenant du Commandant-Général de *So-fam*, cependant Inſpecteur de la Cour au-dedans du palais, & gratifié d'une robe de Bonze bleue, eſt paiſible & bienfaiſant. Il pratique exactement la Doctrine écoutée. Il eſt venu à *Chunbia* (*b*) de fort loin, à ſavoir, de la ville de *Namche-chim* (✠). Il ſurpaſſoit en induſtrie les trois Dynaſties. Il eſt dix fois integre dans la tradition des arts. Au commencement, il s'acquitta de ſon devoir dans la Cour de Cinabre. En effet, il glorifia ſon nom dans le pavillon du Roi.

Kao-çu-y, Préſident de la Cour Miniſtériale, Roi de la ville de *Fen-yam*, fut au commencement Généraliſſime (27) des armées à *So-fam*. *Su-çum* voulut qu'il l'accompagnât bien loin ; quoiqu'il fût reçu familiérement dans la chambre du lit, il n'étoit pas plus différent que s'il n'eût été qu'un ſimple ſoldat. Il étoit les ongles & les dents de la république, & les oreilles & les yeux des armées. Il eut la force de diſtribuer ſa ſolde, ſes préſents, & n'accumula point dans ſa maiſon.

Il offrit des verres *Lin-ngen* 𝔖 ; il étendit des tapis d'or *çu-kii*. Quelquefois il laiſſoit les vieux Temples comme ils étoient auparavant ; quelquefois il aggrandit de neuf les palais de la Loi. Il réhauſſa les portiques, & orna les toîts en maniere d'un faiſan qui vole. Outre cela, il rendoit ſervice à la Porte admirable. Il s'appuyoit ſur la charité ; il diſtribuoit l'u-

lui eſt entiérement conforme. Lorſqu'il adreſſe ſes *vœux* (à Dieu,) il ne trouve rien dans ſon cœur dont il puiſſe ſe repentir. Or, que l'on parvienne juſques-là, que par une incroyable fermeté & grandeur d'ame, le cœur ſoit exempt de toute contagion de vices & d'erreurs, que quoiqu'on vaque uniquement au repos, on cultive pourtant avec ſoin la charité envers les autres (*ne les regardant pas autrement que ſoi-même*,) que par une bonté maternelle on ſubvienne aux miſeres des peuples ; que tous les hommes ſoient à couvert ſous l'étendue d'une clémence, qui pardonne les injures & les offenſes. Tout cela certes doit être imputé à notre grande prudence, par laquelle nous nous parons nous-mêmes de toutes ſortes de vertus, & de notre diligence non-interrompue, par laquelle nous montons, comme par les degrés d'une échelle, & nous nous élevons peu-à-peu en-haut, comme par la corde dont le ſeau eſt tiré du puits. (*Eſt-ce que l'Auteur étoit dans l'erreur de Pélage ?*) Mais de faire que les vents & les pluies viennent au temps qu'il faut ; que toute la terre jouiſſe du repos ; que les hommes perſiſtent conſtamment, chacun dans ſon grade & ſa fonction, & les choſes dans leur état & condition propre ; que les vivants puiſſent être floriſſants, & les morts être contents ; que dès qu'on a conçu un deſſein, le ſuccès y réponde auſſi promptement que le ſon répond à la percuſſion ; que les affections nées ſubitement, ſoient tout auſſi-tôt & comme naturellement, pures elles-mêmes. Tout cela eſt le mérite & l'effet des forces & de l'efficacité puiſſante de notre Religion Chrétienne. Y-ſù, grand bienfaiâeur de la Religion, & tout à la fois Grand de la Cour, Aſſeſſeur du Vice-Roi de So-fam, (*grande contrée au Septentrion de la Province de* Xenſi,) & *Inſpecteur du palais, à qui l'Empereur a fait préſent d'une robe de Religieux de couleur bleu-clair, eſt un homme de mœurs douces & d'un eſprit porté à faire toute ſorte de biens. Auſſi-tôt qu'il eut reçu dans ſon cœur la véritable Doctrine, il la mit ſans ceſſe en uſage. Il eſt venu à la Chine d'un Pays lointain, ſavoir, de la ville de* Vam-xe-chim. *Il ſurpaſſe en induſtrie tous ceux qui ont fleuri ſous les trois premieres Dynaſties. Il a une très-parfaite intelligence des Arts & des Sciences. Au commencement, lorſqu'il travailloit à la Cour, il rendit d'excellents ſervices à l'Etat, & s'acquit une très-haute eſtime auprès de l'Empereur.*

Kao-çu-y, premier Préſident de la Cour Miniſtériale, (*c'étoit alors la premiere charge de la Chine,*) *& Roi de la ville de* Fen-yam, *étoit au commencement Généraliſſime* (27) *des Troupes dans* So-fam, *c'eſt-à-dire, dans la contrée & la région Septentrionale. L'Empereur* Su-çum *ſe l'aſſocia pour compagnon d'une longue marche ; mais quoique par une faveur ſinguliere, il fût admis familiérement dans la chambre de l'Empereur, il ne ſe comportoit pourtant pas autrement que s'il eût toujours reſté au pavillon du camp. Il tenoit lieu à l'Empereur* Su-çum, *de protecteur & de défenſeur, & aux Troupes d'inſpecteur & d'interprete. Il répandit libéralement les penſions & les largeſſes dont l'Empereur le combloit amplement, & n'accumuloit rien dans ſa maiſon.*

Il offroit des vaſes de verre Lin-ngen 𝔖, *c'eſt-à-dire, du bienfait prêt à ſe répandre, & des tapis dorés* Çu-kii, *c'eſt-à-dire, rejettant le repos. Ou il conſervoit les vieilles Egliſes dans leur ancien état, ou bien il augmentoit leur bâtiment. Il élevoit à une plus grande hauteur leur toit & leurs portiques, & les embelliſſoit, de façon que ces édifices étoient ſemblables à des faiſans, qui déployent leurs ailes pour voler. Outre cela, il montra par toute ſorte de bons offices ſon reſpect pour la Religion Chrétienne. Il étoit aſſidu aux exercices de charité, & pro-*

(*a*) Il en eſt parlé à la troiſieme Note.
(*b*) Royaume du milieu.

tilité. Tous les ans il assembloit les Bonzes & les Disciples de quatre Temples. Il servoit avec ardeur; il fournissoit proprement, & apprêtoit pendant cinq dixaines de jours. Ceux qui avoient faim, venoient, & il les nourrissoit. Ceux qui avoient froid, venoient, & il les vêtoit. Il soignoit les malades, & les ranimoit. Il enterroit les morts, & les mettoit en paix. Jamais il ne s'est oui tant de belles choses parmi les *Ta-so* (28) du pur devoir. Les Lettrés admirables, vêtus de blanc voyent à présent ces hommes-là. Ils s'empressent de graver un grand monument pour donner vent à leur heureuse splendeur. Le discours dit ce qui suit.

Le véritable Seigneur est sans principe; il est éternellement pur & solitaire. Il a été le premier Auteur. Il a fabriqué & converti, fondé la terre, & établi le ciel. Divisant son corps, il est venu au monde. Secourant, il a, sans réserve, (tout) passé dans la barque. En montant de jour, les ténèbres ont été éteintes. Il a déclaré tout ce qui est vrai & mystérieux.

L'illustre & civil Empereur a surpassé en sagesse les Empereurs passés. Au temps favorable, il rangea ce qui étoit troublé. Le ciel fut amplifié, & la terre étendue. La célèbre Religion admirable dit de retourner à notre *Tham.* Il traduisit les Ecritures, bâtit des temples, & passa dans la barque les vivants & les morts. Cent félicités s'éleverent à la fois. Dix mille Royaumes furent pacifiés.

Kao-çum continua ses aïeux; de nouveaux édifices des toîts purs; les palais de la Concorde (29) furent amplifiés splendidement; ils remplirent de tous côtés le Pays du milieu. La véritable doctrine fut publiée clairement. Les Souverains de la loi furent créés dans les formes. Les hommes posséderent la joie & la tranquillité. Les choses furent exemptes de calamités & de miseres.

Hiuen-çum ouvrit la sainteté; il s'employa à parer le véritable endroit. La tablette Impériale répandit sa splendeur; la céleste inscription brilla merveilleusement. L'auguste tablette resplendit avec éclat; toute la terre révéra hautement; toutes les affaires furent en paix; les hommes s'appuyerent sur la félicitation.

Su-çum, en venant, fut de retour; la céleste Majesté avoit mené loin le chariot; le saint Soleil déploya sa vive lumiere. Le vent fortuné balaya la nuit; la félicité revint dans l'auguste maison. La vapeur monstrueuse dit adieu pour toujours. Il arrêta le bouillonnement, fit cesser la poussiere, & rendit grand notre Pays.

digue dans la distribution des aumônes. Il rassembloit tous les ans les Bonzes & les Chrétiens des quatre Eglises; il leur servoit avec ardeur & de propos délibéré des mets nets & propres, & il continuoit cette libéralité pendant cinquante jours de suite. Il donnoit à manger à ceux qui avoient faim; il revêtoit ceux qui étoient nuds. Il fournissoit des remedes aux malades, & leur procuroit la santé. Il prenoit soin d'ensevelir les morts, & de leur accorder le repos. On n'a pas oui dire jusqu'à présent qu'une vertu si éclatante ait brillé dans les Tha-so (28) même, ces hommes qui s'adonnent si religieusement à rendre de bons offices. Les Prêtres Chrétiens, vêtus de blanc, voyent à présent de leurs propres yeux tant de si grands hommes. Aussi ils gravent une inscription sur cette grande pierre, pour faire connoître leur excellente gloire à la postérité. Or voici ce que dit l'inscription.

Le véritable Seigneur de toutes choses n'a point de principe; il jouit perpétuellement de sa propre essence pure, & se suffisant à elle-même. Il a donné commencement à toutes choses, & il a fabriqué le monde par une conversion admirable du néant (à l'être.) Il a fondé la terre, & établi le ciel. Par la communication de son essence & la distinction des personnes, il a paru homme parmi les hommes. Il les a sauvés; & traversant les fleuves des miseres, il les a tous menés, sans réserve, au rivage de la félicité. Le soleil de justice, montant en-haut, a chassé les ténèbres. Il a révélé & démontré tous les véritables mysteres.

L'Empereur Thai-çum, tout brillant de majesté, a été supérieur en sagesse aux Empereurs ses dévanciers, (comme le chapeau l'est à l'égard de la tête.) Profitant de l'occasion qui s'offrit, il appaisa les troubles de l'Empire. Il sembla qu'il avoit amplifié le ciel même, & ainsi le monde entier. Sous son regne, la très-illustre Religion des Chrétiens pénétra dans notre Empire de la Chine, qui pour lors étoit sous la domination de la Dynastie des Tham. Les Livres Canoniques (de cette Religion) furent traduits en Chinois. On lui éleva des Temples; c'est ainsi que par sa charité, comme par un navire, elle mena au ciel les vivants & les morts. avec elle vint en abondance toute sorte de félicité; & toute la terre jouit après d'une paix & d'une tranquillité parfaites.

L'Empereur Kao-çum marcha exactement sur les traces de ses aïeux; il bâtit de nouvelles Eglises. Par ses soins, les temples consacrés à Dieu (29,) brillerent merveilleusement, & remplirent tout l'Empire de la Chine. Sous son regne, la sagesse fut publiée par-tout, & de côté & d'autre. Et de plus, il créa dans les formes, des Pontifes de la Religion. Après cela, les hommes eurent l'esprit joyeux & content, & les choses furent exemptes de calamités & de miseres.

L'Empereur Hiuen-çum s'ouvrit une voie à la sainteté, & cultiva sérieusement la véritable & droite sagesse. L'inscription Impériale, (qu'il eut soin de faire appendre au frontispice de l'Eglise,) jetta de l'éclat de tous côtés. Les caracteres, tracés de sa main céleste, brillerent merveilleusement, & l'auguste tablette brilla d'un vif éclat. C'est pourquoi toute la terre eut un très-grand respect pour la Religion. Toutes les affaires furent parfaitement bien gérées & administrées, & la félicité provenant de la Religion fut profitable au genre humain.

Su-çum ayant recouvré l'Empire, retourna dans la ville Impériale. Sa céleste Majesté avoit conduit au loin son chariot; mais il darda de tous côtés les rayons de sa sainteté, semblables à ceux du soleil. Il balaya, comme un vent fortuné, la nuit de rébellion. Il rétablit dans son auguste maison l'heureuse possession de l'Empire; & la noire vapeur de

Tai-çum fut pieux & jufte ; il étoit femblable en vertu au ciel & à la terre. Il ouvrit & accommoda ; il produifit & perfectionna. Les chofes tirerent une belle utilité. Il brûloit du parfum pour annoncer le mérite. (Il profitoit) de la charité , pour faire des largeffes. La vallée de l'Orient (30) vint (faluer) la Majefté. Le trou de la lune fut entiérement réuni.

Kien-chum a affermi la médiocrité & maîtrifé les extrêmités ; & certainement il a orné la brillante vertu. Par la guerre , il a fait trembler les quatre obfcurs. Par l'ornement, il a nettoyé dix mille contrées. (Comme) un flambeau, il a porté (*fa lumiere*) fur les (*miferes*) cachées des hommes. (Comme) un miroir, il a contemplé les couleurs des chofcs. *Mundum illuminavit , reffufcitavitque* (31). *Centum Barbaris dedit leges.* La fextuple union a clairement repris vigueur. Cent Barbares ont tiré un exemplaire. A la raifon certainement ample *Hui !* La réponfe certes preffée étant nommée, eft par force appellée *Hui !* & interprétée Unité-trine. Le Souverain peut faire *Hui !* Le fujet peut publier ; il dreffe cette magnifique pierre, *Hui !* pour célébrer le primogene fortuné.

Cette pierre a été établie & dreffée la feconde année de *Kien-chum* de la grande Dynaftie des *Tham*, Jupiter étant dans *ço-ngo* (32), le feptieme jour de la lune dite *Tai-çeu* (33), jour des grands luminaires brillants en bon ordre. En ce temps-là , le Bonze *Nim-xu*, Seigneur de la loi , gouvernoit la multitude admirable de la contrée Orientale.

Liu-fieu-yen, Confeiller du palais, auparavant du Confeil de guerre du grand Prévôt de la ville de *Tai-cheu*, a écrit (34).

F I N.

la rébellion fut diffipée pour toujours. Il réprima les troubles dont l'Empire étoit agité , & diffipa le tourbillon qui foulevoit par-tout la pouffiere. Enfin, il fonda de nouveau notre Empire Chinois.

L'Empereur Tai-çum *fut pieux & jufte. Sa vertu égaloit celle du ciel & de la terre. Il avança ce qu'il avoit commencé, & acheva ce qu'il avoit avancé. Enfin, toutes chofes reçurent de lui de grands avantages. Il offrit des parfums pour avertir qu'il avoit bien géré les affaires. Il (y) joignoit la charité pour répandre fes libéralités. Tous les Barbares de l'O. rient* (30)*, frappés de fa majefté, vinrent le trouver ; toutes les nations de l'Occident fe rendirent auprès de lui.*

L'Empereur Te-çum*, aujourd'hui régnant fous le titre de* Kien-chum*, a cultivé la vertu, naturellement infufe en lui fans mélange d'aucun vice , ni d'aucune erreur, & il s'eft donné un nouvel éclat par les vertus & les fciences qu'il s'eft acquifes. Par fa vertu militaire , il a porté à la crainte & au refpect tout ce qui eft contenu au-dedans des quatre mers. Par fa vertu pacifique , il a rendu toute la terre nette, comme-une eau pure & tranquille. Il découvre , par la lumiere de fon efprit, les miferes cachées des peuples, & les foulage.* Velut in fpeculo detecta cernebat omnia ; totum reffufcitavit orbem (31). Cuncti Barbari regulam vivendi acceperunt. *La Sageffe ou la Religion Chrétienne eft certainement grande , & elle opere auffi-tôt des merveilles dans le cœur humain. Comme elle ne peut être nommée, on eft forcé de lui donner , par l'interprétation, le nom de la Trinité. C'eft certainement aux Rois à bien faire , & c'eft aux fujets à publier à la poftérité le bien qu'ils ont fait. C'eft pourquoi nous élevons cette illuftre pierre , pour célébrer l'état heureux & floriffant où les affaires font à préfent.*

La feconde année de l'Empereur Te-çum *de la grande Dynaftie des* Tham*, régnant fous le titre de* Kien-chum, *(l'an* 781 *de J. C.) Jupiter étant dans* ço-gno (32)*, c'eft-à-dire, dans le figne* Yeu*, (car le caractere de cette année étoit* Sin-yeu *dans le ftyle fexagénaire), le feptieme jour de la lune dite* Tai-çeu (33) *; (c'eft la premiere lune) : auquel temps le Bonze nommé* Nim-xu*, fut Pontife de la Religion Chrétienne dans la contrée Orientale.*

Liu-fieu-yen, *Confeiller du palais, auparavant Membre du Confeil de guerre du grand Prévôt de la ville de* Tai-cheu, *(& ainfi Mandarin du feptieme Ordre,) a ajouté cette infcription à la pierre* (34).

F I N.

Il y a le long d'un bord de la pierre, & au bas de la même pierre, des caractleres Syriaques, dont on peut voir l'interprétation dans le fixieme Chapitre de la premiere partie de la *Chine illuftrée* du P. KIRCHER.

Ceux le long de l'ouvrage font des noms de plufieurs Miffionnaires Syriens ; & l'infcription du bas contient la date du monument, & le nom & titre de ceux qui l'ont fait élever, avec quelques autres noms de Miffionnaires & leurs dignités.

O B S E R V A T I O N S.

L'Auteur de l'INSCRIPTION vivoit du temps de la Dynaftie des *Tham*, & il déclare avoir tiré des Hiftoires des Dynafties des *Han* & des *Vei* fa defcription du Royaume de *Taçin*. C'eft pourquoi il eft néceffaire de repréfenter ici ce qui fe trouve contenu dans les defcriptions géographiques de ces trois Dynafties.

Extrait du Chapitre 78 *, feuille neuvieme , des traditions des derniers* Han *du Royaume de* Taçin.

Le Royaume de *Taçin* eft auffi nommé *Likien* , (ou peut-être *Vighien*) ; & comme il eft fitué à l'Occident de la mer, on le nomme auffi l'*Occident de la mer*. Les limites de ce Royaume s'étendent de tous côtés à plufieurs centaines de lieues. On y compte plus de 400 villes ; quelques dixaines de petits Royaumes lui font foumis. Les villes font ceintes de murs de pierre. On trouve de tous côtés des maifons établies pour les couriers, tous ces édifices font enduits de blanc. La terre prôduit des pins , des cyprès , & toutes fortes d'arbres & de plantes. Les peuples s'adonnent beaucoup à l'agriculture ; ils font vigilants à planter & à femer. Ils élevent des vers à foie & des mûriers ; tous ont la tête rafée. Leurs habits font magnifiques & relevés en broderie. Leurs voitures font des caleches, des chariots & de petits chars,
couverts

couverts d'un parasol blanc. Quand ils sortent de leurs maisons, ou qu'ils y rentrent, on bat les tambours, & l'on porte quatre sortes d'étendards.

La Ville Royale a plus de dix lieues de tour. Dans cette ville, le Roi a cinq palais, distans, l'un de l'autre, d'une lieue. Les colonnes de toutes les maisons sont de crystal. Tous les vases dans lesquels on sert à manger, sont de la même matiere. Le Roi change tous les jours de palais, & ne retourne que le cinquieme jour à celui qu'il vient de quitter. (Quand il sort), un de ses Officiers a toujours ordre de porter un sac, & de suivre son char. Ceux qui pour lors ont à faire au Roi, jettent leur requête dans le sac. Le Roi, de retour à son palais, prend connoissance de leur cause, & rend justice aux suppliants. Chaque genre d'affaire a son tribunal, & toutes les procédures se font par écrit. Le Roi & trente Généraux s'assemblent au Conseil, toutes les fois qu'il s'agit des affaires de la République. Le Roi n'est pas perpétuel. On élit Roi celui d'entr'eux qui est le plus éminent en sagesse ; que si l'Empire se trouve affligé par des calamités & des prodiges, ou si les vents & les pluies viennent hors de saison, on dépossede celui-là, & on lui en substitue un autre. Celui qui est dépossédé obéit volontiers, & ne forme jamais aucune plainte. Le gens du pays sont tous de haute stature & d'un naturel uni (de niveau) & droit (à plomb), c'est-à-dire, qu'ils sont bons, faciles, pleins de droiture & de probité, & en cela non différents des Chinois. C'est pourquoi ils ont acquis communément le nom de *Taçin*, c'est-à-dire, de grande Chine.

La terre produit de l'or, de l'argent & grand nombre de choses admirables & précieuses. Il s'y trouve des pierres qui brillent la nuit (a), des pierres brillantes comme la lune (b), des cornes de certains rhinocéros, nommés *effrayeurs de poules* (c) ; du corail, de l'ambre jaune, du verre, du corail noir ; du cinabre (ou vermillon;) des pierres bleues & verd de mer ; des toiles tissues d'or & brodées de couleur, des tapis de même façon ; des étoffes d'un tissu ferré ; de l'or réduit en masse douce & molle pour la dorure ; de la toile qu'on lave au feu. Outre cela, il y a une autre sorte de toile d'un tissu très-délié, que quelques-uns assurent être tissue de la laine la plus fine des brebis aquatiques, ou de la soie des vers à soie sauvages. (A l'égard des parfums), après avoir mêlé ensemble toutes sortes d'aromates, ils en tirent au feu un suc que les Chinois appellent *Suho*. En général, tout ce qui se trouve de précieux & d'admirable dans les Royaumes étrangers se tire de ce Royaume. On y bat de la monnoie d'or & d'argent ; dix écus d'argent valent un écu d'or. Ils commercent par mer avec les Royaumes de *Ngan-sii*, (*l'Assyrie*), & de *Thien-cho* (*l'Inde Orientale.*) Ils gagnent dans ce commerce dix pour un. Les gens du pays sont simples & droits ; ils n'ont pas deux prix dans le commerce. Les grains se vendent toujours chez eux à vil prix, & il y a abondamment des fonds pour l'utilité publique.

Lorsque les Ambassadeurs des Royaumes voisins arrivent aux limites de l'Empire, on leur fournit des voitures pour se rendre à la Ville Royale. Y étant arrivés, on leur donne un certain nombre d'écus d'or suffisant pour leur dépense. Les Rois de *Taçin* ont toujours eu dessein de communiquer avec les Chinois par Ambassadeurs ; mais les Assyriens, qui faisoient le commerce de la soie avec les Chinois, fermerent soigneusement le chemin de la Chine aux gens de *Taçin*, afin qu'ils n'y pussent pénétrer. Enfin, la neuvieme année de *Han-huanti*, régnant sous le titre de *Yeu-hii*, (c'est-à-dire, l'an de grace 166) le Roi de *Taçin*, nommé *Ngan-thun* (d), envoya des Ambassadeurs, qui ayant traversé la mer au-delà du Royaume *Je-nan*, (*Camboye*) offrirent (à l'Empereur de la Chine) des dents d'éléphant, des cornes de rhi-

nocéros, & des écailles de tortue ; & ce fut pour la premiere fois que ces peuples communiquerent avec les Chinois. Dans le mémoire où le tribut étoit enregistré, & dans le tribut même, il n'y avoit rien de précieux & d'admirable ; ce qui fit douter de leur rapport ; (ou, comme d'autres le disent, on crut qu'ils avoient dérobé le plus beau du tribut.) Quelques-uns disent, qu'à l'Occident du Royaume de *Taçin*, il se trouve auprès de la région où réside (la Déesse) *Si-van-mu*, & du lieu où le soleil se couche, l'eau foible & les sables coulants ; ce qui est différent de ce que nous écrivons ici.

Dans les temps précédents, tous les Ambassadeurs envoyés par la Dynastie *Han*, n'alloient pas au-delà du Royaume *Ukho*, (*ou U-khô-yi-xan*), d'où ils retournoient à la Chine. C'est pourquoi ils ne parvenoient pas jusqu'au Royaume de *Thiaö-chi*. Voici encore ce qu'on raconte. Depuis le Royaume de *Ngan-sii*, la mer est environnée de la terre. En tournant la mer du côté du Septentrion, on arrive à l'Occident de la mer, & de-là au Royaume de *Taçin*. Ce Royaume est très-peuplé ; on y trouve des maisons de lieue en lieue. Les postes sont établies de 3 en 3 lieues. On n'y craint, à la vérité, ni larrons, ni voleurs ; mais il y a beaucoup de tigres & de lions, qui guetent les voyageurs pour leur donner la mort ; ce qui fait que s'ils ne voyagent au nombre de cent & plus, munis chacun de toutes sortes d'armes, ils deviennent la proie des bêtes féroces. Quelques-uns disent qu'il y a un pont volant de quelques dixaines de lieues de large, au moyen duquel on peut traverser la mer vers le Septentrion. Au reste, toutes les relations touchant les choses merveilleuses & extraordinaires, les pierres précieuses & les autres choses de cette nature, qui naissent dans les Royaumes étrangers, sont la plupart fausses, monstrueuses & nullement canoniques ; c'est pourquoi nous les passons sous silence.

INTERPRÉTATION.

L'Abrégé Historique de la Dynastie *Vei* dit ce qui suit. Le Royaume de *Taçin* est rempli de Bateleurs & Enchanteurs, qui jettent des flammes par la bouche, se lient & se délient, & font d'un saut douze pas ; certainement leur adresse n'est pas ordinaire.

Extrait du Chapitre neuvieme, feuille 16e. des Traditions des derniers Vei.

Le Royaume de *Taçin* est aussi nommé *Likien*. La Ville Royale s'appelle *Ngan-sii*. Elle est à 1000 lieues de distance & à l'Occident du Royaume de *Thiao-chi*, (c'est peut-être l'Egypte,) un golfe de la mer entre deux. Elle est éloignée de 3940 lieues de *Täi*, (ville Chinoise.) Ce golfe de mer s'étend au côté de *Taçin* de la même maniere que le golfe de mer qui est entre la Chine & la Corée, & ces deux golfes sont à l'opposite l'un de l'autre, l'un tourné vers l'Orient, l'autre vers l'Occident ; ce qui, sans doute, est un effet raisonné de la nature. Le Royaume de *Taçin* a 600 lieues en tout sens ; il est situé entre deux mers. Les naturels du pays sont unis & droits. Leurs maisons sont disposées comme (un ciel plein) d'étoiles : (c'est-à-dire, que le peuple y est nombreux, & que les villes & les bourgs sont fréquents.) La Ville Royale est divisée en cinq villes, dont chacune a une demi-lieue en tout sens ; ainsi la ville entiere a 6 lieues de tour. Dans la ville du milieu est situé le palais royal. Dans chacune des autres quatre villes résident huit grands Officiers, qui de-là président aux quatre parties du Royaume ; & dans la ville du milieu, il y a aussi huit autres grands qui président aux quatre villes, deux sur chacune. Lorsqu'il s'agit de délibérer fur ce qui regarde le Royaume ou l'une de fes quatre parties, les grands Prépofés fur les quatre villes s'affemblent devant le Roi pour réfoudre ce qu'on a à faire, & le faire enfuite exécuter. Le Roi vifite le Royaume tous les trois ans pour s'enquérir des mœurs du peuple. Si quelqu'un a été condamné à tort par un Juge, il s'adreffe au Roi. Le Roi remet la connoiffance de la caufe aux Grands qui préfident à cette partie du Royaume. Si le Juge a péché légérement, il en eft feulement réprimandé & blâmé; mais fi la faute eft grieve, il eft chaffé de fon emploi, & le Roi ordonne auffi-tôt aux Grands de mettre un autre Juge à fa place.

Les naturels du Pays font graves, droits & de haute ftature. La forme de leurs habits, de leurs chariots & de leurs étendards, eft femblable à celle des Chinois. C'eft pourquoi les nations étrangeres leur ont donné le nom de *Taçin*, (c'eft-à-dire *grande Chine.*) La terre eft fertile en toutes fortes de grains, en mûriers & en chanvre. Le peuple eft induftrieux & vigilant dans la culture des terres & des vers-à-foie. Il fe trouve abondamment dans le pays des pierres (précieufes) de la feconde claffe, du corail noir, des tortues divines, des chevaux blancs à crains noirs, des pierres éclatantes, des difques qui brillent la nuit du côté qui regarde entre le Midi & l'Orient le (Sud-Eft.) Ils ont commerce avec le *Tumkin.* Ils commercent auffi par voie de riviere, (c'eft-à-dire par le fleuve qui traverfe le *Pegu,*) avec *Yi-cheu* & *Yum-tham,* villes Chinoifes de la Province *Yunnan.* Ils y apportent une grande quantité de chofes extraordinaires. A l'Occident de la mer qui eft Occidentale par rapport à *Taçin,* il y a un fleuve qui coule vers le Sud-Oueft. A l'Occident de ce fleuve, il y a des montagnes, les unes boréales, les autres auftrales, à l'Occident defquelles fe trouve l'eau rouge. A l'Occident de l'eau rouge, il y a un mont, appellé *Mont des Pierres précieufes.* A l'Occident de ce mont, s'éleve un autre mont habité par *Si-vam-mu,* (c'eft-à-dire, la *mere du Roi Occidental.* Son palais eft de pierres précieufes.

En partant des limites Occidentales de *Ngan-fii,* (que je crois être la Syrie ou l'Affyrie,) & côtoyant le rivage de la mer, on peut parvenir à *Taçin,* après avoir fait 4000 lieues & plus de chemin. Là le foleil, la lune, les étoiles, les conftellations, paroiffent en même ordre & fituation qu'à la Chine. Ainfi les Hiftoires précédentes, (c'eft-à-dire celles des *Han,*) fe font bien éloignées de la vérité, lorfqu'elles ont marqué que le lieu où le foleil fe couche, étoit éloigné de dix lieues, (corrigez de 200 journées) de chemin du Royaume de *Thiao-chi,* vers l'Occident.

Extrait du Chapitre 146, pag. 16, des Traditions réglées de l'Hiftoire de la Dynaftie Tham.

Le Royaume de *Fu-lin* eft celui-là même que l'on nommoit anciennement *Taçin.* Il eft fitué au bord de la mer Occidentale; c'eft pourquoi on l'appelloit auffi *Hä-fi,* (c'eft-à-dire, l'*Occident de la mer.*) Il eft à l'Occident du Royaume *Xen.* Il a vers l'aquilon (*Nord-Nord-eft*) le peuple *Tukive,* (*Turc*) nommé *Khoffaa* (ou *Khhaffaa*); la mer le baigne à l'Occident, dans une diftance égale de l'Orient & de l'Occident, à l'endroit où eft fituée la ville de *Chi-fan.* Il eft limitrophe de la *Pefu* (la *Perfe*) Le Pays a 1000 lieues à chacun de fes quatre côtés. On y compte 400 villes & un million de foldats. De mille en mille pas, il y a une maifon, & de trois en trois maifons, c'eft la pofte. Quelques dixaines de petits Royaumes lui font foumis. Ceux qui font venus à notre connoiffance s'appellent *Cee-fan* & *Lu-fen.* Le Royaume de *Cee-fan* eft précifément à l'aquilon de la Ville Royale. Nous ignorons de combien il en eft diftant. Après deux cents lieues de chemin vers l'Orient, on parvient au Royaume de *Lu-fen.* L'enceinte de la Ville Royale eft bâtie de pierres; elle a huit lieues de tour. La porte Orientale a 20 toifes (*Decempeda*) de hauteur; tout le tour de la porte eft couvert d'or. Dans la ville, il y a trois palais, dont toutes les portes intérieures font ornées de pierres précieufes d'une grande beauté. Au centre des portes du milieu eft fufpendue une grande balance d'or, fur le fléau de laquelle il y a une ftatue humaine d'or, portant fur fa tête douze petits globes du même métal, qui tombent d'eux-mêmes tour-à-tour d'une heure à l'autre. Les colonnes de ces palais font de turquoifes; les lambris de cryftal de roche & de verre; les poutres de bois odoriférant; le plancher ou parquet d'or, & les portes d'ivoire.

Douze principaux Miniftres font chargés du gouvernement de l'Etat. Le Roi, quand il fort, eft accompagné d'un Officier qui porte un fac. dans lequel il jette les requêtes que l'on préfente au Roi. Le Roi, de retour à fon palais, prend lui-même connoiffance des caufes. Quand il furvient de grandes calamités, ou des prodiges, on dépofe auffi-tôt le Roi, & l'on met le plus fage à fa place. Le bonnet du Roi reffemble aux ailes d'un oifeau, & il eft tout couvert de pierres précieufes. L'habit royal eft, ou d'un tiffu d'or fur foie, ou relevé en broderie de couleur. Les pans du devant de l'habit tombent chacun de fon côté, & l'une ne croife pas fur l'autre. Le Roi eft affis fur un lit de fleurs. Il a à fon côté un oifeau verd, femblable à une oie. Si les viandes que l'on préfente au Roi font empoifonnées, l'oifeau jette auffi-tôt un cri. Ils n'ont aucune maifon couverte de tuiles cuites; mais au-lieu de tuiles, ils fe fervent d'une certaine pierre blanche, extrêmement dure & polie, comme une pierre précieufe. Pendant les chaleurs, ils conduifent les eaux par des tuyaux cachés jufques fur le plus haut étages des maifons, & ils fe procurent du vent par artifice. Les hommes ont la tête rafée, & portent des habits ou robes brodées en couleur, de maniere pourtant que l'épaule droite fe trouve découverte. C'eft pourquoi ils fe couvrent les épaules d'un petit manteau. Leurs voitures font des caleches, des chariots & de petits chars, couverts d'un parafol blanc. Quand ils fortent de leurs maifons, ou qu'ils y rentrent, on éleve les drapeaux & étendards, & l'on bat les tambours. Les femmes portent des cœffures d'un tiffu d'or fur foie. Les fujets, dont les biens montent à plufieurs fois 10000 écus, c'eft-à-dire, les *Sénateurs,* font Magiftrats du premier ordre.

Les gens de ce Royaume aiment le vin. Ils fe plaifent à manger du pain cuit jufqu'à être defféché. Il y a grand nombre de bateleurs qui peuvent jetter du feu de leur vifage, faire couler des fleuves & des lacs de leurs mains, faire fortir des étendards & des javelots de leur bouche, & fecouer des perles & des pierres précieufes de leurs pieds élevés. Il y a auffi de très-habiles Médecins, qui peuvent guérir les taies des yeux en tirant des vers du cerveau qu'ils découvrent. Le pays fournit abondamment de l'or, de l'argent, des difques qui brillent la nuit, des pierres brillantes comme la lune, de grandes coquilles, des conques d'albâtre, de l'agathe, du *Munan* (e), des plumes bleues de paon & de martinet (*Cypfelorum,*) & de l'ambre jaune. Ils font, avec la laine de brebis aquatiques, de la toile que nous nommons *Hai-fi-pu,* c'eft-à-dire, toile de la mer d'Occident. Il fe trouve dans la mer l'Ifle de corail. Les pêcheurs jettent de leurs grands navires des filets de fer jufqu'au fond de la mer, pour enlever le corail. Au commencement, le corail naît fur de grandes roches; il eft alors blanc comme un champignon. Au bout d'un an, il devient rouffâtre; au bout de trois ans, il devient rouge. Ses rameaux & fes nœuds font embrouillés & croifés; il croît à la hauteur de trois ou quatre pieds. On l'arrache radicalement avec le filet de fer, & quand on l'a enlevé dans le navire, on le retire du filet. S'il n'eſt pas cueilli en ſon temps, il ſe pourrit auſſi-tôt. Dans la mer Occidentale, il y a un marché, où les vendeurs & les acheteurs ne ſe voyent pas les uns les autres. On dépoſe le prix à côté de ce qu'on veut acheter. Ce marché s'appelle le marché des démons ou des génies. Au Royaume de *Taçin*, il y a un animal nommé *çan* ; il eſt de la grandeur d'un chien, mais furieux, & fort. Dans la partie Septentrionale du Royaume, il ſe trouve un agneau qui naît de la terre ; il eſt attaché à la terre par le nombril. Si on lui coupe le nombril, l'agneau meurt immanquablement. Les naturels du pays montés ſur des chevaux, armés de toutes pieces, courent çà & là en battant des tambours pour l'épouvanter. L'agneau effrayé rompt lui-même ſon nombril, & ſur le champ il cherche les pâturages & les eaux, ſans pourtant s'attrouper avec les autres. L'an 17 de *Chim-kua*, (643 de J. C.) le Roi de *Taçin*, nommé *Potolii*, envoya (à la Chine) des Ambaſſadeurs, qui apporterent du verre rouge & des pierres lazuli vertes (peut-être des émeraudes). L'Empereur ordonna qu'on leur fît des préſents.

Les peuples *Taxé* (les Arabes,) étoient devenus puiſſants. Le Roi (des Arabes) envoya le Généraliſſime de ſes troupes, nommé *Moyi*, porter la guerre au Royaume de *Taçin*. Le Roi de *Fulin* fit la paix, & ſe déclara auſſi-tôt Vaſſal des Arabes. Depuis l'année *Kien-fam*, (666 de J. C.) juſqu'à l'année *Taço* (701), il vint à la Chine deux ambaſſades avec des préſents. La ſeptieme année de *Khai-yven*, (718 de J. C.) des Ambaſſadeurs de *Taçin* vinrent avec le Généraliſſime du Royaume de *Tuholo*, (Royaume du *Goraſſan*) & offrirent à l'Empereur des lions & des chevres intelligentes (*f*). Du Royaume de *Fulin*, en traverſant les ſables, on parvient après deux cents lieues de chemin au Royaume de *Molin* & à celui de *Laopeſſa*. Les peuples de ces deux Royaumes ſont noirs & féroces. La terre exhale des vapeurs malignes; elle ne produit ni plantes, ni arbres, ni grains; les chevaux ſe nourriſſent de poiſſons, & les hommes de *Human*. Or les *Human* ſont des jujubes de Perſe (ou des dattes.) Ces peuples n'ont point honte de l'inceſte, en quoi ils ſont les plus impudents de tous les Barbares. Ils prennent eux-mêmes le titre de *çin*. Le Roi & les ſujets fêtent chaque ſeptieme jour, & ne ſont ce jour-là ni contrat, ni commerce ; ils paſſent la nuit entiere à boire enſemble. Juſqu'ici c'eſt ce que diſent les Hiſtoires Chinoiſes.

J'ajoute ici quelques fables que l'Auteur de l'Hiſtoire des derniers *Han* a rejettées avec raiſon. Je les tire de la relation des Royaumes étrangers, publiée autrefois par *Kham-xi*. Dans la grande *çin*, les murs des villes ſont de cryſtal de couleur de pourpre, & les maiſons ſont bâties de cryſtaux de toutes ſortes de couleurs : (cela déſigne des marbres.) Les gens du pays ſont induſtrieux & ingénieux ; ils ſavent l'art de tranſmuer les métaux ; la monnoie eſt par-tout en uſage. Les maiſons des grands (ſelon le témoignage de *Chinnan* dans ſa chorographie,) ſont de cryſtal, les murailles de verre, & les planchers de cryſtal auſſi. Dans la mer, nommée *Sie*, il y a une Iſle, appellée *Seçtiao*. Dans cette Iſle, il croît un arbre, dont l'écorce s'enleve l'hyver. De cette écorce on fait du fil ; de ce fil on fait de la toile, & de cette toile, d'un tiſſu très-fin, on fait des ſerviettes. Cette toile diffère ſeulement par ſa couleur de la nôtre, qui eſt ridée & faite avec de l'ortie non-piquante; car elle a moins de blancheur, & ſa couleur tire un peu ſur la cendre. Lorſque les ſerviettes ſont ſales, on ne les nettoye pas dans l'eau, mais dans le feu, d'où on les retire ſaines, blanches & nettes. C'eſt de-là que les Chinois les ont nommées *Seu-ho-huan*, c'eſt-à-dire, *toile qui ſe lave au feu*.

La Géographie Univerſelle dit ce qui ſuit : Le Royaume des Pigmées eſt ſitué au Sud de la grande *çin*. Dès que ces peuples ſont parvenus à la hauteur de trois pieds, ils s'appliquent au labourage, & pendant qu'ils y ſont occupés, ils ſont dans une crainte extrême d'être enlevés & dévorés par les grues. Les habitants de la grande *çin* leur fourniſſent du ſecours. Les Pigmées ſont troglodites, c'eſt-à-dire, qu'ils habitent des cavernes.

La relation des Royaumes étrangers dit : Il y a trois Royaumes dans le monde qui abondent en trois choſes, chacun la ſienne. Le Royaume de la Chine abonde en hommes ; le Royaume de *Taçin* en choſes précieuſes, & le Royaume de *Tayvechi*, c'eſt-à-dire, le grand *Yve-chi*, c'eſt le *Khoraſſan* & l'*Usbek*, en chevaux. Je ſerois trop long ſi je voulois tranſcrire tout. Ceci doit ſuffire pour que l'on puiſſe, à travers toutes ces fables, reconnoître la magnificence Romaine. Je ne puis ici m'empêcher d'admirer, comment des nations, auſſi éloignées entr'elles que le ſont les Européens & les Chinois, & encore plus éloignées l'une & l'autre du vrai, ayent pu s'accorder entièrement dans le fabuleux. Les Chinois ont leur Pigmées qu'ils placent, comme nous, en différents lieux. J'ai lu des Hiſtoires Chinoiſes, qui, autant que l'on peut conjecturer par l'itinéraire, les placent dans la Laponie. Ils ont leurs Amazones qu'ils aſſurent être placées au fleuve *Thermodoon*, (car ils les font voiſines de l'Empire de Conſtantinople & de l'Aſſyrie,) & même ils prétendent que le fleuve qui coule dans leur pays, eſt cette eau débile dont ils font tant de contes fabuleux, quoique les uns la placent d'un côté, les autres d'un autre, ſelon la variété des opinions. Enfin, les Chinois ont leurs cynocéphales dans la Tartarie Orientale, & beaucoup d'autres choſes de ce genre, ſemblables aux nôtres.

NOTES PARTICULIERES SUR LE MONUMENT.

(1) J'ai dit, *en-dedans des murs*, ſuivant en cela l'autorité d'un Philoſophe Chinois, qui a eu ſoin de l'impreſſion du Monument. Mais cependant comme un témoin oculaire a aſſuré, qu'il avoit été trouvé au dehors des murs de *Coimlu* dans un Fauxbourg voiſin, je penſe qu'il doit en être cru, attendu ſur-tout que le Chinois peut avoir été dans l'erreur, ou s'être expliqué moins proprement.

(15) On ne ſauroit douter que la toile qu'on lave au feu ne ſoit celle que les Grecs appellent *Asbeſton*. On ne convient pas parmi nous ſur la matiere dont on fait cette toile. Les Chinois n'en conviennent pas mieux entr'eux; car, outre les opinions ci-deſſus rapportées, il y en a qui diſent, qu'elle eſt tiſſue du poil de certains rats, qui vivent dans les flammes que vomiſſent certaines montagnes. Ce qu'il y a de ſûr, c'eſt que dans la Tartarie, il ſe trouve des pierres dont on tire ce fil, après les avoir briſées.

NOTES SUR CES TRADITIONS.

(*a*) Il s'y trouve des pierres qui brillent la nuit. Ces pierres ſont quarrées & percées d'un trou rond à leur centre, afin que par leur forme quarrée elles repréſentent la terre, & par la rondeur du trou, le ciel. Je n'ai trouvé en aucun lieu de quelle pierre elles peuvent être. Les pierres ordinaires ont un demi-pied de large, & ſont faites d'une pierre dure comme le porphyre, qui eſt fort cher à la Chine ; ils le nomment *Yu*. Il s'en trouve de pluſieurs couleurs, comme de rouges, de vertes, de bleues & de blanches. On les tire d'un Royaume qui confine aux Indes du côté du Midi, & au Royaume d'*Eyghour* du côté du Sud-Oueſt. Ce Royaume eſt appellé *Yu-tien* par les Chinois, & *Kotan* par les Occidentaux.

(*b*) Des pierres brillantes comme la lune. C'est ou la pierre sélénite, ou quelqu'autre pierre, quelle que ce puisse être. Il faut observer ici que *Chu*, chez les Chinois, ne signifie pas seulement une perle, mais aussi toute autre pierre précieuse de forme ronde ; que cette appellation est commune à neuf sortes de pierres de cette forme, & que, pour qu'elle signifie une perle, les Chinois ont coutume d'y ajouter le terme *Chin*, qui signifie *véritable* ; de sorte que le sens entier est véritable *Chu* ; quoique pourtant par autonomase, on l'employe communément pour dire une perle. Les Chinois attribuent faussement à leur *brillant de nuit*, soit *Chu* ou *Pii*, ce que nous attribuons aux diamants, savoir, de briller naturellement dans les ténebres. Au reste, qu'est-ce que ces *Chu* brillants de nuit ? c'est sur quoi les Auteurs ne sont pas d'accord. Les uns prétendent que ce sont des pierres de dragons. De-là cet axiome *Hoai-nan-çu-i*, le brillant de nuit *Chu*, maladie du dragon est l'utilité de l'homme. D'autres assurent que les yeux de la baleine se convertissent, après sa mort, en brillants de nuit *Chu*. D'autres enfin disent, qu'on les trouve dans certaines huîtres : mais pour lors ce seroient de véritables perles. C'est un trait célebre dans l'Histoire, que l'entrevue qu'eurent à la Chine deux anciens Rois, savoir *Hoei-vam*, Roi ou Empereur du Royaume de *Vei*, & *Suem-vam*, Empereur du Royaume de *Çi*, (car ils avoient usurpé tous deux le trône d'Empereur de la Dynastie des *Cheu*.) Comme ils s'entretenoient ensemble familiérement, *Vei-hoei-vam* demanda à l'autre : Avez-vous des pierres d'un prix extraordinaire ? Je n'en ai aucune, répondit *Çi-suem-vam* : Et moi, repliqua *Vei-hoei-vam*, quoique moins riche que vous, j'ai un *Chu* d'un dixieme de pied de diametre, qui éclaire de tous côtés un espace de douze chariots de file. Une si sotte vanité fut payée d'une réponse à laquelle toute la postérité a applaudi. J'ai quatre excellents hommes, répondit *Çi-suem-vam*, qui sont tous autant de boulevards de mon Royaume ; ce sont-là mes plus précieuses pierres.

(*c*) De cornes de rhinocéros qui effrayent les poules. Il faut transcrire ici quelque chose de l'Histoire Naturelle des Chinois. Le rhinocéros mâle se nomme *Sii*, & la femelle *Su*, quoique le peuple se serve sans distinction de ces deux appellations. Le rhinocéros a deux cornes, l'une sur le front, l'autre sur le nez. Celle du front est plus précieuse que l'autre. Il y a une espece de rhinocéros que l'on nomme *Thoun-thim sii*, c'est-à-dire, *communiquant avec le ciel*. Sa corne brille d'une petite bande blanche, qui prend depuis la racine jusqu'à la pointe. Etant exposée la nuit à la rosée, elle ne contracte aucune humidité, elle opere divinement dans les médicaments. Il y a une autre sorte de rhinocéros qui est appellé *Hai-khi-sii*, c'est-à-dire, *effrayeur de poules*. Si l'on offre aux poules du riz dans une de ces cornes, toutes étant effrayées prennent aussi-tôt la fuite, & aucune d'elles n'ose toucher au riz. Si l'on en expose de la même maniere aux oiseaux sur le toît de la maison, les oiseaux ne se reposeront pas sur le toît. Il y a aussi des cornes de rhinocéros femelles, qui sont à la vérité fort longues, qui ont des veines semblables à celles du mâle, mais qui ne sont d'aucune usage pour les médicaments. Il y a pourtant une certaine espece de rhinocéros femelle dont la corne est parsemée, avec beaucoup d'ordre & de régularité, de veines & de petites tâches blanches, douces & polies, laquelle espece est appellée communément *Pan-sii*, c'est-à-dire, rhinocéros *bigarré* ou *marqueté*. Elle a la préférence pour plusieurs usages ; mais pour celui de la médecine, elle est inférieure au mâle. Le livre *Çam-khi* dit : La division du rhinocéros en aquatile & terrestre est vaine. Par cette division, on désigne seulement un plus grand ou un moindre degré de bonté du rhinocéros terrestre. La corne du rhinocéros communiquant avec le ciel, croît & s'épointe pendant 1000 ans. La pointe de sa

corne est mouchetée de petites étoiles blanches qui percent fort avant. De ces canaux étoilés s'exhale un soufre, par lequel la corne communique avec le ciel. Par la même raison, quand on la plonge dans l'eau, elle la repousse de toute part, & elle attire par une communication cachée les Dieux aquatiques, & les rend présents. Elle effraye aussi les poules ; de-là lui est venu le nom de communiquant avec le ciel. C'est de cette espece de corne que parle *Pao-pu-çü*, lorsqu'il dit : Si quelqu'un tenant à sa bouche une de ces cornes, taillée en forme de poisson, se plonge dans l'eau, les eaux se retireront de toutes parts à 3 pieds de distance, & il s'y fera une cavité. Une autre Auteur dit : Le rhinocéros a la forme semblable à celle d'un bœuf aquatique, (c'est le buffle.) Il a la tête d'un porc, le ventre gros & gras, les pieds peu élevés & semblables à ceux de l'éléphant, quoiqu'il n'ait que trois ongles à chacun de ses pieds. Il est de couleur noire ; il a la langue hérissée de pointes, & les épines sont pour lui une pâture exquise. De chaque panne de sa peau sortent trois poils, comme au pourceau. Il y en a qui n'ont qu'une corne ; d'autres qui en ont deux, d'autres enfin qui en ont trois. *Kuo-pu* dit, le rhinocéros pese 1000 livres Chinoises. Il a trois cornes, l'une sur le sommet de la tête, l'autre sur le front, & la troisieme sur le nez. Le rhinocéros ne peut souffrir la vue de son image ; c'est pourquoi il trouble l'eau avec ses pieds avant de boire. De sa peau l'on fait des cuirasses. Quelquesuns disent, qu'il quitte sa corne tous les ans, & qu'il la cache dans les montagnes. Il choisit pour cela un certain lieu. Ceux qui le trouvent, en retirent les cornes, & y substituent des cornes semblables faites de bois. S'ils ne le font pas, le rhinocéros caché sa corne dans un autre endroit. Presque tous conviennent qu'il n'a qu'une corne. *Li-sun* dit : Le rhinocéros communiquant avec le ciel est ainsi nommé, parce que lorsqu'il est encore dans le sein de sa mere, celle-ci transmet & imprime sur la corne du petit qu'elle porte, les images des choses qu'elle voit au ciel. Voilà ce que dit l'Histoire. Je n'ai pas omis les fables, afin de ne laisser rien à désirer. Notez que la plupart donnent une seule corne à la femelle, & trois au mâle.

(*d*) L'an 166 de J. C. régnoient à Rome Marc-Aurele & Lucius Verus. L'un & l'autre étoit gendre & successeur d'Antonin le Pieux, & tous les deux, pour marquer leur vénération envers cet Empereur, avoient pris le nom d'Antonin. *Ngan-tun*, ou, selon la véritable prononciation, *An-tun*, (car les Chinois ne pouvant écrire *An*, écrivent *Ngan*,) *An-tun*, dis-je, semble désigner l'un & l'autre Empereur, quoique peut-être ce seroit mieux de dire que ces Ambassadeurs étoient partis, sous l'Empire d'Antonin le Pieux, l'an 163, & qu'à cause des longs circuits de chemin, ils n'arriverent à la Chine que trois ans après.

(*e*) *Munan*, selon leur définition, est une sorte de parfum qui découle du bec de certains oiseaux où il s'amasse.

(*f*) Les chevres intelligentes sont désignées par plusieurs noms. On les nomme pourtant plus communément *Lim-yam*. Au reste, le caractere *Lim* est composé de *Lu*, qui signifie *cerf*, & de *Lim*, qui signifie *intelligent* & *spirituel*. Or les cerfs, à la vérité, s'attroupent ensemble, & se serrant en forme de cercle, tournent leur bois (contre les bêtes qui les attaquent ;) mais les chevres intelligentes vont seules ; & lorsqu'elles ont besoin de repos, elles accrochent leurs cornes aux branches des arbres ; & demeurant ainsi suspendues, elles évitent le péril. C'est pour cette raison que le caractere de ce mot est composé des lettres qui signifient *cerf* & *intelligence* ; & c'est à bon droit qu'eu égard à leur industrie, pour se préserver du danger, elles ont acquis le nom d'intelligentes. On les appelle aussi chevres à neuf queues, par ce que, depuis la poitrine jusqu'à la queue, elles ont neuf floccons qui leur pendent sous le ventre. Elles ont le corps

de

de chevre, & la queue de cheval. Quelques-uns difent que, dans cette efpece, il s'en trouve à une feule corne. Leurs cornes font garnies de nœuds, & il y a des canaux creufés de telle maniere, qu'ils femblent avoir été empreints avec les doigts. Il y en a dont les cornes égalent en grandeur celles des bœufs. On fe fert de celles-ci pour faire des felles & des harnois. On les reconnoît aifément en ce que leur milieu, par où elles fe tiennent fufpendues en l'air pour dormir, s'appuyant fortement aux branches, eft ufé & amoindri. L'Auteur moderne de l'Hiftoire Naturelle les décrit ainfi. Le *Lim-yam* reffemble à la chevre, (mais il eft beaucoup plus grand;) il a le poil noir & gros. Ses cornes font petites & courtes. Au refte, la Cofmographie dit ceci du *Lim-yam* à une feule corne. Dans le *Tum-kin*, il fe trouve un *Lim-yam* à une feule corne. Sa corne eft extrêmement dure; elle peut brifer & écrafer des diamants. Bien plus, au premier choc, le diamant fe fond, & fe liquéfie de lui-même, comme un glaçon au foleil. Cependant le diamant ne peut être fondu par aucun feu, ni brifé par aucun choc. Ceci eft auffi vrai que ce que nous difons du diamant; mais ce qu'il attribue à la corne de la chevre intelligente, eft auffi faux que ce que nous attribuons au fang du bouc.

NOTES SUR L'INSCRIPTION DU MONUMENT.

Elles font de trois fortes; favoir, Notes Hiftoriques, Notes Grammaticales, & Notes Géographiques.

NOTES HISTORIQUES.

(8) *Thai-çum.* Avant de parler de cet Empereur, il faut dire un mot de fes prédéceffeurs. *Sui-yam-ti* reçut l'an 605, l'Empire de la Chine & de la Tartarie (des mains) de fon pere *Sui-van-ti*, grand homme, qui l'avoit acquis par fes armes, ou plutôt il le lui arracha avec la vie; car fon pere étoit à l'extrêmité. *Yam-kuam*, (c'étoit le nom de *Sui-yam-ti*) que fon pere, après avoir dégradé fon frere aîné, avoit créé héritier préfomptif de l'Empire, ne comptant déja plus fur fon pere, mit tout en œuvre pour corrompre une de fes concubines. Celle-ci réfifta, & s'étant fauvée de fes mains, elle traverfa en fuyant, toute tremblante & déchirée, la chambre du moribond. Le pere comprit de quoi il s'agiffoit, & tout auffi-tôt il ordonna qu'on fît venir *Yam-yum*, voulant lui rendre l'Empire. *Yam-kuam* l'ayant appris par les Eunuques, retint les meffagers, & (fi l'on en croit le bruit commun,) ayant chargé de couffins le vifage de fon pere, il accéléra par-là fa mort prochaine. Selon la coutume, il auroit dû être auffi-tôt proclamé Empereur; mais il ne voulut pas l'être avant de confommer l'incefte avec cette concubine paternelle, qui pour lors ne pouvoit plus lui réfifter. Par ces deux crimes, on ne fauroit dire quelle fut l'exécration que les Chinois conçurent contre lui. Parmi tant des vices, il ne manquoit à ce monftre des apparences de vertu. C'étoit un homme d'un grand génie, d'un plus grand courage, & d'une très-grande magnificence, non moins libéral dans les dépenfes publiques, que dans les fiennes propres.

La premiere année de fon regne, il fixa fa Cour dans la ville de *Honan-fu*. Il aimoit principalement le féjour d'une autre ville, appellée aujourd'hui *Yam-cheu-fu*, diftante d'*Honan-fu* d'environ 173 lieues, & de 219 lieues de *Si-nganfu*, par le chemin de terre. Afin donc que le chemin, tant par terre que par eau, fût plus court pour aller à fes délices, il fit travailler plus de 1000000 hommes à creufer un canal depuis la riviere de la ville d'*Honan-fu*, jufqu'au fleuve *Hoai-ho*,

& en même-temps il fit conftruire plufieurs milliers de fort grandes barques pour y être porté par eau lui & fa fuite. Quant au chemin par terre, depuis *Si-nganfu* jufqu'à *Yam-cheu-fu*, il y fit élever plus de 40 palais pour s'y arrêter avec fes gens, quand il alloit & venoit. Outre plufieurs autres palais qu'il fit bâtir en d'autres lieux, il fit entourer de murailles un pacr de plus de 20 lieues de tour, rempli de palais, de jardins & de forêts. Là avec une armée de jeunes filles, car on en comptoit plufieurs milliers, toutes à cheval, il paffoit fouvent les nuits entieres dans les jeux & dans les plaifirs, pendant que des concerts de femmes fe faifoient entendre de toutes parts. Il aimoit la chaffe & la guerre; il fit une fois la chaffe du vol avec plus de 10000 faucons bien dreffés. La cinquieme année de fon regne, il fit une chaffe folemnelle avec une nombreufe armée, qui embraffoit deux cents lieues de pays; voilà pour fes dépenfes privées.

Pour ce qui eft des publiques, il fit plus d'une fois la guerre aux Tartares avec autant de valeur que de fuccès. La feptieme année de fon regne, il employa 1000000 hommes & plus même, aux réparations de la grande & longue muraille. Il fit creufer deux canaux, l'un pour joindre le fleuve *Hoam-ho* au fleuve *Yam-çu-kiain*, l'autre de plus de 80 lieues de long, pour joindre ce même fleuve à la ville *Ham-cheu-fu*. On ne fauroit croire quelle eft l'utilité que la Chine a retirée & retire encore de ces deux ouvrages. J'ai parcouru plufieurs fois l'un & l'autre canal. Le Souverain des Turcs, nommé *Khi-min-khan*, le vint trouver, & le faluant à genoux, fe déclara fon vaffal. L'onzieme année de fon regne, il chargea ce *Khan* de dons & de préfents, dont on peut juger de la valeur par les deux cents mille pieces de foie qu'il fit diftribuer à 3500 Officiers de la fuite du *Khan*, auxquels il fit un feftin très-folemnel. Ce fcélérat étoit pourfuivi par fon deftin. L'an huitieme de fon regne, fur le refus qu'avoit fait le Roi de la Corée de venir le faluer en perfonne, il partit pour la Corée avec une armée qu'on difoit être de 2000000 d'hommes, & qui n'étoit réellement que de 1133800 combattants. Il ordonna en même-temps à une armée navale, qui devoit couvrir 100 lieues de mer, de faire voile vers le même endroit. Jamais, dit l'Hiftoire, on n'avoit ouï parler, ni vu une fi nombreufe armée. Il fut pourtant battu & entiérement défait. Dèslors tous l'abandonnerent; & dans peu d'années tous prirent les armes. Enfin, la quatorzieme année de fon regne, il fut tué par les fiens, après avoir régné près de 14 ans. Après fa mort, les Chinois lui donnerent le nom infâme *Yam*, & voulurent qu'on l'appellât *Sui-yam-ti*.

Pour revenir à *Tham-thai-çum*, fon nom de race étoit *Li*, & fon nom propre *Xemin*. L'an 615, *Sui-yam-ti*, (dont nous venons de parler) parcouroit le Septentrion. Le Souverain des Turcs, nommé *Xebi-khan*, par une extrême perfidie, accourut avec quelques cents mille cavaliers pour l'opprimer au dépourvu. *Sui-yam-ti* fe refugia dans une ville prochaine, nommée *Yen-men*. Les Turcs inveftirent cette ville de façon qu'il n'en pouvoit fortir aucun meffager pour en porter les nouvelles. *Sui-yam-ti* vouloit s'ouvrir, par une fortie vigoureufe, un chemin à la fuite. Il en fut détourné par fes principaux Officiers; & après avoir fait graver fur des tablettes de bois des Edits, par lefquels il imploroit le fecours des Chinois, il les abandonna au courant de l'eau. Une de ces tablettes tomba entre les mains du Général de la Province de *Xenfi*, dont le pere de *Li-xemin* étoit Vice-Roi. Auffi-tôt il ordonna aux troupes de partir. Déja ces troupes étoient en marche, quand *Li-xemin* s'écria: Que fera un fi petit nombre d'infanterie contre tant de cavaliers Turcs? Il faut ici ufer de ftratagême. Il faut divifer les troupes en plufieurs corps, & les faire marcher par différents chemins, multipliant de jour les drapeaux, & de nuit les flambeaux; les Turcs s'imagineront qu'il vient de tous côtés de troupes de secours, & prendront d'eux-mêmes la fuite. Le Général approuva son avis; & en effet les Turcs, trompés (par l'apparence), leverent le siege à l'aspect des Chinois. On comprit de-là pour la premiere fois combien *Li-xemin* deviendroit dans la suite un grand homme de guerre.

De retour de cette expédition, prévoyant que l'Empire ne pourroit pas se soutenir long-temps, il forma le dessein de s'en rendre maître, & conseilla le premier à son pere *Li-yven* de prendre les armes. Mais déja tant de si grands & de si puissants Généraux avoient entr'eux partagé l'Empire, qu'il comprit aisément qu'il ne pourroit leur résister. C'est pourquoi il se refugia chez les Turcs; & pour en obtenir du secours, il persuada à son pere de se déclarer leur vassal. *Li-yven* donna à *Li-xemin* le soin des affaires de la guerre. Tout cédoit à la valeur & à la prudence de *Li-xemin*. Par des victoires innombrables, il fraya le chemin de l'Empire à son pere, qui, après que *Sui-yam-ti* eût été tué par *Yuen-hoa-kii*, prit le titre d'Empereur. En peu d'années, *Li-xemin* fit périr tous les concurrents, & pacifia entiérement l'Empire. Le frere aîné de *Li-xemin*, que son pere avoit désigné héritier de l'Empire, désespéroit de pouvoir devenir Empereur, tant que *Li-xemin* seroit en vie. C'est pourquoi, après avoir communiqué son dessein à ses freres, il résolut de le faire mourir, & il conduisoit sa trame si ouvertement, qu'elle n'étoit cachée à personne, encore moins à *Li-xemin*, qui pour lors étoit très-fameux, sous le titre de Roi du Royaume de *Çin*. Cependant *Li-xemin* se contentoit de se tenir sur ses gardes, & rejettoit toute pensée de vengeance, jusqu'à ce qu'enfin les principaux Généraux, qui lui étoient tous acquis, craignant pour sa personne, tuerent deux de ses freres, savoir, celui qui étoit l'héritier désigné de l'Empire, & celui qui étoit Roi du Royaume *Çi*, & avec celui-ci ses dix fils. Son pere, qui n'admiroit pas moins *Li-xemin* que les autres, lui céda volontairement l'Empire.

Ainsi l'an 627, *Thai-çum* fut proclamé Empereur. L'hommage promis aux Turcs lui faisoit de la peine. Leur insolence, à laquelle toute la terre paroissoit céder, le rendoit inquiet & jaloux. L'épuisement où étoient le trésor & l'Empire l'empêchoit de leur déclarer la guerre. Les Turcs furent sur le point de l'assiéger dans sa Ville Impériale, & ce ne fut qu'à force de présents qu'ils n'en entreprirent pas le siege. Cependant *Thai-çum* fit si bien son compte, qu'en trois ans de temps, il battit en plusieurs rencontres leur Souverain *Xe-bi-khan*, quoiqu'accompagné de plus d'un million de cavaliers, & l'eut enfin vif en son pouvoir. Après qu'il eut détruit le vaste & puissant Empire des Turcs, toute la Tartarie passa sous son obéissance. Ceux qui refuserent d'obéir, il les subjugua par les armes, & il réduisit toute la Tartarie en Provinces. C'est pourquoi tous les Rois & Princes Tartares, sans exception, se donnerent à lui à l'envi. Après cela il n'est pas étonnant que, sous son regne, la Cour de la Chine fût sans cesse pleine d'Ambassadeurs étrangers. Les Tartares & toutes les Nations étrangeres le respectoient comme une Divinité; & tous les Rois Tartares, d'un commun accord, lui déférerent, l'an 629, le titre d'Empereur céleste. Les Chinois le tenoient pour un très-grand Empereur. Sa derniere expédition fut celle de la *Corée*. Il y marcha peu avant sa mort avec une armée médiocre. A son arrivée, ayant mis en déroute les troupes auxiliaires Tartares, il se rendit maître du pays, & le réduisit en Province. Il mourut l'an 649e. de J. C., à l'âge de 55 ans, dont il en avoit régné 23, & son pere 9 entiers. Ainsi à l'âge de 23 ans, il avoit presque subjugué tout l'Empire de la Chine, & fait son pere Empereur.

A quoi bon tout ceci? C'est pour montrer quelle raison eut *Thai-çum* de recevoir si honorablement *Olopen*, & de faire traduire les Saintes Ecritures qu'il apportoit. Certainement il étoit tout entier aux affaires étrangeres; il traitoit avec bonté tous les étrangers, de quelque pays qu'ils fussent, persuadé que la gloire de son regne en seroit plus éclatante, si son nom devenoit célebre par toute la terre. Or comme il comprenoit que la Religion lui seroit en cela d'un grand secours, il permettoit à toutes les Religions une libre entrée à la Chine, & même, comme il le fait assez connoître par son édit inséré dans le Monument, il étoit dans cette erreur de croire que toutes les Religions sont bonnes, chacune à sa maniere. Jamais la Religion des Brames ne fut si florissante que sous son regne & sous sa Dynastie. Jamais tant de Brames ne passerent des Indes à la Chine, & tant de Cénobites n'allerent de la Chine aux Indes, sur-tout depuis que le principal Roi des Indes ayant été pris par les Chinois, lui fut amené à la Chine. Ce *Fam-hiuen-lin*, qui présida à la version des Saintes Ecritures, traduisoit environ dans le même temps, avec beaucoup d'élégance, d'Indien en Chinois, un Livre Canonique de la Religion Indienne, qui est en grande estime chez les Chinois, & qui a communément pour titre *Lem-yen-kim*, c'est-à-dire, *Livre de l'apathie*, *Kim* signifiant en Chinois *Livre*, & *Lem-yen* en Indien *de l'apathie*. Mais quelqu'un objectera, pourquoi donc l'Histoire Chinoise ne parle-t-elle point de la Religion Chrétienne? Je replique, pourquoi aussi ne parle-t-elle point de la Secte des Mahométans, qui s'y étoit introduite peu auparavant la Religion Chrétienne; pourquoi ne fait-elle pas mention de plusieurs autres Sectes, qui très-vraisemblablement couroient dans la Chine, comme la Religion Chrétienne, au temps du Monument. C'est qu'effectivement l'Histoire Chinoise n'embrasse seulement que ce qui concerne la République, & ne fait aucune mention des Religions & des Sectes étrangeres, pas même de celles de la Chine, à moins qu'elles n'ayent excité des troubles dans l'Empire, ou qu'elles ne touchent par quelque endroit au Gouvernement. Joignez à cela que comme les Prêtres Chrétiens prenoient dans ce temps-là le nom, & conséquemment l'habit des Bonzes Indiens, il étoit aisé de les confondre les uns avec les autres.

(10) *Fam-hiven-lin* fut en ce temps-là un homme très-célebre par sa sagesse & son savoir. *Thai-çum*, n'étant pas encore Empereur, avoit assemblé chez lui cette fameuse Académie si vantée parmi les Chinois, sous le nom des dix-huit Docteurs, parce qu'elle étoit composée de 18 Philosophes illustres, avec lesquels il conféroit alternativement sur les Belles-Lettres & sur le Gouvernement (des Etats,) toutes les fois que ses affaires le permettoient. Sous de tels Docteurs, il fit tant de progrès dans l'un & l'autre objet, que pour ce qui est du Gouvernement, la félicité de son regne le démontre assez; & quant aux Belles-Lettres, son Histoire fort étendue de la Dynastie *Çin*, qu'il composa avec autant de savoir que d'éloquence, à ses heures de loisir, en est une preuve. Ceux qu'il avoit eut pour maîtres dans la théorie du Gouvernement, il les eut pour aides dans la pratique. Les Chefs de ces dix-huit Docteurs étoient *Fam-hiven-lin* & *Tu-iu-mei*. *Thai-çum*, la troisieme année de son regne, (629 de J. C.) les créa principaux Ministres de l'Empire. *Fam-hiven-lin* s'acquitta glorieusement de sa charge, jusqu'en l'an 648, qu'il mourut. C'est donc avec raison que l'Auteur du Monument, lorsqu'en l'an 635 *Fam-hiven-lin* alla au-devant d'*Olopen*, l'honore du titre de premier Ministre.

(16) L'Empereur *Kao-çum* étoit le neuvieme enfant de l'Empereur *Thai-çum*. Il succéda à son pere l'an 650; ce fut un homme qui avoit du foible pour les femmes, & qui se laissa gouverner lui & son Empire par l'Impératrice *Uu-heu*.

(18) L'Impératrice *Uu-heu* régnoit sous le titre *Xim-lii*, (c'est-à-dire, de la sainte révolution) d'abord en secret sous le nom de son mari *Kao-çum*, puis tout ouvertement & publiquement sous le sien, après qu'elle eut dégradé *Chum-çum*, fils de *Kao-çum*. On ne sauroit dire si ce fut une femme ou un monstre féminin. D'un côté, ce fut un monstre d'impureté, de cruauté, d'impudicité & de fourberie; de l'autre, c'étoit un prodige d'esprit, de génie, de jugement & de dextérité. Déja dès l'an 637, l'Empereur *Thai-çum* l'avoit admise dans son serrail. *Thai-çum* étant mort, elle s'étoit renfermée dans un Couvent de Bonziennes, ou *Kao-çum* étant allé pour un vœu, l'ayant vue par hasard, l'aima tout d'un coup, & la rappella au serrail. Elle connut bientôt que l'Empereur étoit épris d'elle, & en même-temps elle commença d'ambitionner la dignité suprême. Pour cela, il falloit déposséder l'Impératrice *Vam-xi*. *Uu-heu*, dès la premiere année, avoit eu une fille de l'Empereur. Quelque temps après ses couches, l'Impératrice *Vam-xi* vint pour congratuler l'accouchée. Celle-ci étoit alors absente; ainsi l'Impératrice, après avoir pris l'enfant entre ses bras, & l'avoir baisé & caressé, se retira. *Uu-heu* l'ayant appris, en prit occasion de calomnier l'Impératrice. Elle étouffe sa fille en secret & sans témoins; puis l'ajuste dans son berceau, comme un enfant qui dort. Peu après arrivent les nourrices qui trouvent la fille morte. Elles en font rapport à *Uu-heu*, qui s'abandonnant aux gémissements, en fondant en larmes, va trouver l'Empereur, & prosternée à ses pieds, elle rejette sur l'Impératrice le crime du meurtre de sa fille. Elle trouve créance, & tout aussi-tôt on dépossede l'Impératrice *Vam-xi*, & *Uu-heu* est mise à sa place l'an 655. Après cela, son mari le lui permettant, elle s'arrogea toute l'autorité du Gouvernement. Enfin, l'an 656, elle obtint un édit solemnel de l'Empereur, qui la chargeoit du soin général des affaires.

C'est ainsi que pendant cinquante ans entiers elle gouverna l'Empire de la Chine, avec plus d'autorité qu'aucun Empereur n'avoit fait avant elle. Ayant pris en main le gouvernement, elle fit mourir sa rivale *Vam-xi*. L'an 656, après avoir dégradé *Li-chum*, fils de *Vam-xi*, elle créa héritier désigné de l'Empire *Li-hum*, dont elle avoit fait pere l'Empereur. L'an 664, elle fit mourir *Li-chum*, comme criminel de lese-Majesté, sur la délation de faux témoins qu'elle avoit apostés. Elle n'épargna pas même son propre fils; car elle lui ôta la vie l'an 675, & lui substitua dans la dignité de Prince-successeur son autre fils *Li-hieu*, c'est-à-dire, *Li*, le *sage*. Elle ôta aussi à celui-ci sa dignité l'an 680, & la donna à *Li-che*, qui, dans la suite, après la mort de son pere *Kao-çum*, devint Empereur sous le titre de *Chum-çum*. Celui-ci commença & cessa de régner l'an 684; car l'année d'après, *Uu-heu* le chassa du trône, & proclama Empereur *Li-tan*, qui, dans la suite, régna sous le titre de *Jeui-çum* & fut successeur de *Chum-çum*. L'an 685, elle relégua au loin l'Empereur détrôné *Li*, surnommé l'*illustre*; car *Li-che* avoit pris ce titre, lorsqu'il fut créé héritier de l'Empire. L'an 690, elle chassa *Li-tan* du trône, & le fit passer à la dignité de Prince-successeur; puis elle l'en priva pour la conférer à l'Empereur *Li* l'illustre. Ainsi l'an 699, elle le rappella de l'exil, & l'établit dans le palais de l'héritier désigné de l'Empire. Enfin, l'an 705, les Grands de l'Empire ayant pris les armes, chasserent du trône cette vieille infâme, & restituerent l'Empire à *Li* l'illustre, c'est-à-dire, à *Chum-çum*. Cette même année mourut *Uu-heu*, âgée de 82 ans. Sa mort fut suivie de l'extermination de la famille *Uu*, & de l'abolition de tout ce que *Uu-heu* avoit établi; & les affaires furent remises à leur premier état. Nous l'avons vue mere impie; nous l'allons voir méchante femme.

Elle avoit résolu d'éteindre la famille Impériale *Li*, & de mettre l'Empire dans sa famille, nommée *Uu*. Elle avoit déja effacé le nom de *Tham*, que portoit cette Dynastie, par celui de *Cheu*, qu'elle vouloit donner à la Dynastie dont elle prétendoit être le fondateur, contre les regles de la Grammaire, parce que, par un attentat jusqu'alors inoui, elle avoit ordonné qu'on l'appellât Empereur & non Impératrice. Elle supprima tout ce qui avoit été fait par les *Tham*. Elle s'emporta horriblement par les meurtres, contre les Princes de cette famille Impériale, qu'elle fit presque tous massacrer l'an 689. Ce ne fut pas seulement contre les Princes de cette famille qu'elle exerça sa cruauté; elle fit renfermer les Princesses de cette race dans des Couvents, & les condamna à se faire Bonziennes. Elle fit aussi mourir une de ses belles-filles.

Elle se montroit, à la vérité, bonne, facile & libérale envers le peuple; mais par les Gouverneurs qu'elle établissoit sur eux, elle étoit cruelle & inexorable. Par cet artifice, elle contenoit tout le monde dans le devoir. Pour ce qui est de son impudicité, elle avoit pour galant un Bonze qu'elle introduisoit, sans pudeur, dans son appartement, & qu'elle caressoit presqu'à la vue de tous. Dans un âge décrépit, elle eut, sans cesse, auprès d'elle un troupeau de jeunes gens, qui ne la quittoient, ni nuit, ni jour, quoique tout le monde murmurât d'une si grande impudence. Voilà pour son impudicité.

Quant à la politique, ce fut une maîtresse passée en ruse, en finesse, en subtilité. Elle découvroit tout jusqu'aux plus secretes menées, soit par ses espions, soit par ses propres conjectures. Voilà pour sa finesse. Joignez à cela une prodigalité insupportable. L'an 694, elle fit élever un monument de 105 pieds de haut, où elle ordonna de graver tout ce qu'elle avoit fait de beau & de grand, & lui donna le nom de *Colonne céleste*. Voici ce qui en est dit dans sa vie (*). Cette colonne étoit octogone, & haute de 105 pieds. Chaque côté avoit cinq pieds de large. Elle étoit posée sur une base de fer fondu en forme de montagne, qu'entouroient des dragons d'airain fondu & des animaux monstrueux de pierre. Le sommet de la colonne étoit couvert d'un chapiteau fait en forme de nuées, sur la cime duquel il y avoit pour bosse une grande pierre de prix, de 10 pieds de hauteur & de 20 pieds de tour. Quatre dragons sans cornes, hauts de 12 pieds, soutenoient cette pierre sur leur dos. La montagne sur laquelle la colonne étoit posée, avoit 170 pieds de tour & 20 pieds de hauteur. On fondit pour cet ouvrage 2000000 au moins de livres Chinoises, tant en fer qu'en airain; (ce qui revient à 2460000 livres de France.) On grava sur ce monument les noms & les surnoms de tous les Gouverneurs & des Rois étrangers; voilà ce que dit l'Histoire. Mais enfin, l'an 714, ce monument fut brisé & renversé par l'Empereur *Hiuen-çum*.

L'an 697, elle fit fondre en cuivre neuf pots à 3 & 4 pieds, sur chacun desquels elle ordonna de graver le plan d'une Province de l'Empire, avec les tributs & tout ce qui concernoit la Province qui y étoit représentée. On peut juger de l'énormité de leur masse par cela seul, qu'outre les ouvriers, plus de 100000 soldats des Gardes purent à peine suffire pour les traîner, & les introduire dans le palais. Elle faisoit cela à l'exemple de l'ancienne Dynastie *Cheu*, dont elle faisoit porter le nom à la sienne. La description de ces vases, comme ne regardant que la curiosité & non l'instruction de la postérité, ne se trouve en aucun endroit de l'Histoire Classique. Je tire celle qui suit de la continuation de l'Histoire générale des affaires, (*Siu-po-ue-chi*, 5. 2.) dont l'Auteur est *Li-xe*. Voici ce qu'il dit. L'Impératrice *Uu-heu* fit construire dans la Ville Impériale Orientale une vaste

---

(*) *Tham-heu-lii-chuen* I, 16.

falle de 300 pieds de haut, pour y tenir les assemblées des Rois, & y offrir les sacrifices aux cinq *Xam-ti* & aux aïeux de l'Empereur. Dans cette salle, elle fit placer les vases à 3 pieds des neuf Provinces; (anciennement il n'y en avoit pas davantage dans l'Empire.) Le vase où étoit gravé le plan de la Province du milieu, étoit placé au milieu. Il avoit 18 (*) pieds de hauteur, & contenoit 1800 *Tan* de bled. Les autres 8 vases étoient situés à l'égard de celui-là vers la même partie du monde, où les Provinces qui y étoient gravées, étoient situées à l'égard de la Province du milieu; chacun de ces vases avoit 14 pieds de hauteur, & contenoit 1200 *Tan* de bled. On fondit pour cet ouvrage 560712 livres Chinoises de cuivre, (ce qui revient à 413805 & cinquante-sept cent & vingt-cinquiemes de nos livres de France de 16 onces.) Voilà ses vices : voici ses vertus.

Elle avoit un courage plus que viril. Au-dehors, un très-grand nombre de nations Tartares méprisoient un gouvernement féminin, & refusoient ouvertement d'obéir à ses ordres; elle les dompta toutes. Au-dedans, les Princes du sang Impérial & les plus grands Généraux d'armée se soulevoient; elle les réprima tous. Personne enfin ne l'irrita jamais impunément. Elle avoit un jugement vif, pénétrant & fort au-dessus de celui de son sexe, & un esprit perçant à qui rien n'échappoit. Personne ne s'est servi avec plus de dextérité des deux freins du gouvernement. Elle récompensoit, avec une libéralité incroyable, ceux qui en étoient dignes & quelquefois indignes. Elle punissoit, avec une très-grande sévérité, ceux qui le méritoient, & aussi ceux qui ne le méritoient pas. C'est ainsi qu'elle s'acquit une si grande autorité, & qu'elle se maintint si long-temps dans sa tyrannie. Après cela, il n'est pas étonnant si sous un gouvernement si immodéré, la Religion Chrétienne reçut du dommage. Au reste, l'Auteur du Monument tait à dessein son nom, afin de ne pas s'attirer l'indignation publique, en renouvellant la mémoire d'une femme si haïe & si détestée.

(13) Nous avons vu ci-dessus que l'Impératrice *Uu-heu* avoit mis tout en œuvre pour arracher l'Empire à la famille des *Tham*, nommée *Li*, qui étoit celle de son mari & de ses fils, pour le transférer à sa famille, nommée *Uu*. Quand elle l'eut transféré, elle donna à sa nouvelle Dynastie le titre de *Cheu*, qui avoit été celui d'une ancienne Dynastie. J'ai cru autrefois que cela étoit indiqué un peu obscurément par l'Auteur du Monument; mais j'étois dans une grande erreur. Car ici c'est l'Empereur *Thai-çum* qui parle, & de son temps *Un-heu* n'avoit aucune autorité. Ainsi donc, lorsque *Thai-çum* dit, que quand la vertu du vénérable *Cheu* vint à se dissiper, le chariot azuré passa dans l'Occident, il désigne *Lao-kium*, dont le nom de race étoit *Li*, & duquel la famille des *Tham* se disoit faussement être issue. Il est bon de voir sur quel témoignage elle le crut, étant trompée, ou elle le divulgua, en trompant les autres. Voici ce qu'en dit *Li-xe* dans son *Sui-po-ue-chi*, c'est-à-dire, dans la continuation de l'Histoire générale des affaires (7. 1.)

La troisieme année de *Tcham-kao-çu*, régnant sous le titre de *Un-te*, c'est-à-dire, de la *vertu militaire*, (c'est l'an de grace 620,) un homme natif de la ville de *Çin-cheu* (aujourd'hui *Pim-yam-fu*,) nommé *Kii-xen-him*, voyageant par hasard dans la montagne *Kio-xan*, ainsi nommée des cornes de Bélier, apperçut un vieillard vêtu de blanc. Ce vieillard adressant la parole à *Kii-xen-him* : „ Tu déclareras, lui dit-il, ce-„ ci de ma part à *Tham*, fils du Ciel : je suis *Lao-*„ *kium*, & aussi la souche de la famille régnante des „ *Tham* ". A cause de cela, *Tham-kao-çu*, (fonda-

teur de la Dynastie des *Tham*,) éleva un temple à *Lao-kium*. L'Empereur *Tham-kao-çum*, (neveu de *Tham-kao-çu*,) illustra *Lao-kium* du titre de *Hiven-yuen-hoamti*, c'est-à-dire, de mystique primogene Empereur, comme par droit de retour à sa souche. L'Empereur *Tham-hiuen-çum* commenta lui-même le Livre de *Lao-kium*, & ordonna qu'on l'enseignât dans les écoles publiques. On dédia dans les deux villes Impériales & dans toutes les autres villes de l'Empire des Temples à *Hiuen-yuen-hoamti*, c'est-à-dire, à *Lao-kium*. Les Temples qui furent élevés dans les deux villes Impériales, furent nommés *Hiven-yuen-kum*, c'est-à-dire, *Palais du mystique primogene*, ou *du suprême*. Ceux des autres villes de l'Empire furent illustrés du titre de *Çu-kii-kum*, c'est-à-dire, *palais du pole blanc tirant sur le bleu*; (c'est le nom de la région du ciel autour du pole arctique, habitée par le suprême *Xam-ti*.) Peu de temps après, le Temple qui avoit été élevé dans la ville Impériale Occidentale, fut nommé *Thai-çim-kum*, c'est-à-dire, *Palais de la grande pureté*; (c'est une région feinte, que l'on croit être la demeure de *Lao-kium* dans le Ciel.) Le temple de la ville Impériale Orientale fut nommé *Çu-uei-kum*, c'est-à-dire, *palais de bleu subtil tirant sur le blanc*; (c'est aussi le nom d'une région céleste.) Dans l'un & l'autre de ces temples, on établit des Colleges, & on y fit venir des écoliers. Les anciennes Histoires Chinoise disent que les affaires des *Cheu* tombant en décadence, ce *Lao-kium* sortit de la Chine, & se refugia dans l'Occident; surquoi L'Empereur fait allusion à cette opinion répandue parmi les Chinois, que *Lao-kium* étoit allé aux Indes, & qu'il y avoit institué cette secte Indienne, qui long-temps après revint dans la Chine. Cette allusion est confirmée par la phrase qui suit : La sagesse du grand *Tham* ayant relui, un vent admirable a soufflé ou rafraîchi dans l'Orient. En voici le sens.

La Dynastie des *Tham* fleurissant, la Religion Chrétienne, (comme par droit de retour) est revenue dans la Chine. Car comme il y a d'opposition de Dynastie à Dynastie, & de région à région, de même le sens du discours Chinois semble demander qu'on oppose Religion à Religion. *Lao-kium* étoit voituré dans un char, parce que les anciens Chinois ne voyagerent pas autrement. Le char de *Lao-kium* étoit, dit-on de couleur bleue, ou d'un verd foncé tirant sur le noir; mais plutôt c'est que son char étoit traîné par des bœufs noirs, comme le rapporte l'Histoire, s'étant, je ne sais pourquoi appropriée cette couleur que les Bonzes ses Sectateurs se font aussi appropriée à l'exemple de leur fondateur. J'ai parlé ailleurs amplement de *Lao-kium*, quand j'ai traité de la Religion qu'il a établie.

(19) Dans ce temps-là, c'est-à-dire, l'an 712, *Hiuen-çum* commença de régner sous le titre de *Sienthien*, c'est-à-dire, *dévançant le Ciel*. Pendant les sept premiers mois de cette même année, *Jeüi-çum* (son pere) avoit régné sous le titre de *Thai-kii*, c'est-à-dire, du *grand comblé*. Mais ayant cédé le huitieme mois l'Empire à son fils *Hiuen-çum*, celui-ci imposa aux cinq autres mois de cette année, & à toutes les autres années de son regne, le titre de *Sienthien*.

(21) Les cinq Saints. Pour bien entendre ce passage, il faut mettre ici la suite des Empereurs de la Dynastie des *Tham*. Le premier fut *Kao-çu*; le second, *Thai-çum*, second fils de *Kao-çu*; le troisieme, *Kao-çum*, neuvieme enfant de *Thai-çum*; le quatrieme, *Chum-çum*, septieme fils de *Kao-çum*, né de l'Impératrice *Uu-heu*; le cinquieme, *Jeui-çum*, huitieme enfant de *Kao-çum*; le sixieme, *Hiuen-çum*, troisieme enfant de *Jeui-çum*; le septieme, *Su-çum*, troisieme enfant d'*Hiuen-çum*; le huitieme, *Tai-çum*, fils aîné de *Su-çum*; le neuvieme, *Te-çum*, fils aîné de *Tai-çum*. Le Monument ne va pas au delà de ces neuf Empereurs.

Empereurs. Ainsi les cinq portraits qu'*Hiuen-çum* fit peindre sur les murailles de l'Eglise, paroissent avoir été ceux de ses cinq prédécesseurs, *Kao-çu*, *Thai-çum*, *Kao-çum*, *Chun-çum* & *Jeui-çum*. Je m'étois autrefois imaginé que le portrait de l'Impératrice *Uu-heu* tenoit la place de celui de *Chum-çum*, parce que tant que cette Impératrice vécut, *Chum-çum* n'eut d'Empereur que le nom & l'apparence; que dis-je, il n'en eut pas même le nom. Mais la mémoire de cette femme étoit odieuse au public; & *Hiuen-çum* étoit très-éloigné d'en exposer le portrait en public après l'année 742, qu'il commença de régner sous le titre de *Thien-pao*, c'est-à-dire, de la *précieuseté du ciel*, puisqu'il détruisoit tous les monuments de cette femme, & que dès l'an 714, il fit briser, comme nous l'avons déja dit, cette fameuse colonne du Ciel, qu'elle avoit construite & élevée à si grands frais. Peut-être aussi qu'*Hiuen-çum*, à l'exemple de *Thai-çum*, au-lieu du portrait de *Jeüi-çum* (son pere,) qui régna seulement deux ans, & (lui) céda volontairement l'Empire, envoya son propre portrait avec les quatre autres; car l'Auteur du Monument ne dit pas un mot de *Jeüi-çum*.

(20) *Hiuen-çum*, comme nous venons de voir, succéda l'an 712 à son pere *Jeüi-çum*. C'eût été un Empereur parfait, si la fin de son regne eût répondu au commencement. (C'est ce qu'on verra dans la Note suivante.)

(23) *Su-çum*, (fils d'*Hiuen-çum*.) Il faut ici dire un mot de l'Histoire de ce temps-là. Il semble que c'étoit une fatalité attachée aux Empereurs de la famille des *Tham*, de se laisser gouverner par les femmes. *Hiuen-çum*, si grand homme d'ailleurs, bien-loin de profiter de l'exemple de *Kao-çum*, qui, pour avoir lâché la bride à l'ambition de l'Impératrice *Uu-heu*, avoit mis l'Empire & sa Dynastie en très-grand danger, & de celui de *Chum-çum*, à qui l'Impératrice *Wei-xi*, qu'il aimoit éperdument, ôta la vie par le poison; *Hiuen-çum*, dis-je, loin de profiter de leurs exemples, fut encore plus foible & plus livré aux femmes qu'eux. L'Impératrice aimoit *Ngan-lo-xau*. L'Empereur en vint à un tel point de lâcheté, que de l'introduire dans l'appartement des femmes, & peu s'en faut dans le lit Impérial. Cependant il aimoit éperdument la Reine *Yam-thai-chin*. La faveur de l'Impératrice envers *Ngan-lo-xan* alla si avant, malgré les Grands les plus sages de l'Empire, qu'il n'y en avoit pas de pareil en dignité & en puissance. Rien ne suffit à l'ambition; aussi *Ngnan-lo-xan* affecta ouvertement l'Empire, & tout-à-coup il fut salué Empereur par les siens dans la Chine Septentrionale. D'abord, au premier choc, il mit en déroute, dans une grande bataille, les troupes de l'Empereur, & s'approcha en vainqueur de la Ville Impériale. L'Empereur, dépourvu de conseil, prit la fuite, & tira vers la Province de *Sù-chuen*. Le premier jour, tout son cortege manqua de vivres. Les Généraux, ayant excité une sédition, demanderent instamment la mort de la Reine *Yam-thai-chin* & de son grand-oncle *Yam-kue-chum*, qui gouvernoit l'Etat selon son caprice, comme étant les véritables auteurs d'une si grande désolation. L'Empereur fut obligé de condescendre à ces gens armés; ainsi l'un & l'autre fut mis à mort.

Dans le même temps, le fils de l'Empereur, qui avoit été créé Prince héritier désigné de l'Empire, se retira au loin & gagna, à grandes journées, l'an 756, la ville de *Lim-un*, (aujourd'hui *Nim-hia*, ville très-peuplée de la Tartarie Chinoise.) Aussi-tôt il fut salué Empereur par tous, sans la participation de son pere qu'il avoit abandonné. Ce ne fut qu'après sa mort qu'on lui donna le titre de *Su-çum*. Il monta sur le Trône le septieme mois; & le huitieme mois, *Hiuen-çum* se dépouilla lui-même de l'Empire, & ratifia la nomination de son fils, retenant seulement le titre de *très-grand suprême Auguste*. Le cas ayant

été divulgué, *Kuo-çu-y* vint aussi-tôt avec son armée trouver *Su-çum*. Cependant l'année d'après, *Ngan-lo-xan* fut inhumainement massacré par son propre fils *Ngan-khim-siù*. *Kuo-çu-y*, qui commandoit sous *Su-çum* toutes les troupes de l'Empire, poursuivit vivement les rebelles; & ayant mis en déroute, dans une défaite sanglante, les troupes de *Ngan-khim-siù*, il reprit les deux villes Impériales: les ayant recouvrées, les deux Empereurs retournerent dans la ville Impériale de *Si-ngan-fu*. L'an 759, le parricide *Ngan-khim siù* fut massacré à son tour par *Sù-sù-mim*, qui avoit été Général des armées de son pere, & *Sù-sù-mim* devint Empereur. Par un semblable parricide, *Sù-sù-mim* fut tué, l'an 761, par son fils *Sù-chao-y*. L'an 762, *Hiuen-çum* & son fils *Su-çum*, tous deux Empereurs, moururent. C'est donc savamment que l'Auteur du Monument couvre la fuite de ces deux Empereurs, lorsqu'il marque seulement le retour de *Su-çum*. Ce n'est pas aussi, en ignorant, qu'il désigne sa retraite en un pays éloigné, par un chariot mené au loin. Tout enfin est selon la fidélité de l'Histoire, lorsqu'il dit que *Su-çum* appaisa les troubles, réprima la rébellion, & rétablit l'Empire.

(24) *Su-çum* avoit, à la vérité, recouvré l'Empire avec autant de gloire que de bonheur; mais quelles que soient les louanges que l'Auteur du Monument lui donne pour la rébellion réprimée, il ne la réprima pourtant pas si bien, que les Chinois Septentrionaux ne fussent encore chancelants en fidélité. C'est pourquoi *Thai-çum*, son fils & son successeur, ne trouva point d'autre expédient, pour arrêter la rébellion, que de créer les Chefs des rébelles Vice-Rois, chacun dans sa Province, & en même-temps, de se dépouiller, en leur faveur, de presque toute son autorité Impériale. Voilà pour le dedans de l'Empire. Quant au-dehors, un ennemi bien plus puissant fondit tout-à-coup sur lui. Les *Thibétains* ayant mis en déroute les troupes Impériales, s'emparerent des frontieres de l'Empire. *Thai-çum* les voyant approcher de la ville Impériale, l'abandonne. Les *Thibétains* s'en rendent maitres, & créent un nouvel Empereur du sang Impérial. On implore de nouveau le secours de *Kuo-çu-y*. A l'aspect d'un si grand Général, les Thibétains prennent la fuite, & la Ville Impériale est recouvrée; *Thai-çum* y retourne. Tout cela se passa l'an 763, & la même année, *Pu-ku-hoai-ngen*, l'un des premiers Généraux de l'Empire, déserta, & se joignit à l'ennemi. Cependant sur de faux rapports des Eunuques, on ôta à *Kuo-çu-y* le commandement général des armées. Les *Thibétains* & les Tartares *Hoei-hu* ayant pour guide *Pu-ku-hoai-ngen*, percent les frontieres de l'Empire avec une armée de 300000 hommes. Tout aussi-tôt on rétablit *Kuo-çu-y* dans sa dignité, & on l'oppose comme le bouclier de l'Etat à l'ennemi fier & joyeux de sa victoire. A peine *Kuo-çu-y* avoit levé 20000 hommes de troupes, qu'il se trouve à l'improviste investi dans son camp par ce grand nombre de Barbares. *Kuo-çu-y* se préparoit avec un courage intrépide à une vigoureuse résistance, lorsque par hasard, il fut apperçu par les Tartares *Hoei-hu*. Ils en furent tous étonnés; car pour les gagner, on leur avoit fait accroire qu'il étoit mort; ils l'invitent à un pour-parler. *Kuo-çu-y* voyant bien qu'avec une aussi petite troupe que la sienne, il ne pouvoit se tirer de cette affaire par les armes, s'abandonna à leur bonne foi; & sortant avec peu de suite & sans armes, il se transporte dans leur camp. Les Tartares *Hoei-hu*, qui, depuis long-temps, avoient de l'admiration pour lui, le reçurent avec autant de respect qu'une divinité. Ils font la paix, & s'engagent à suivre exactement ses ordres; & même, exhortés & conduits par *Kuo-çu-y*, ils tournent leurs armes contre les Thibétains. Il tomboit alors beaucoup de neige, & un brouillard épais empêchoit qu'on ne pût être vu. *Kuo-çu-y* profitant de cette conjoncture (si favorable,) ordonne à ses

gens & aux Tartares *Hoei-hu* d'attaquer le camp des Thibétains. Ceux-ci, qui se croyoient en assurance à cause de la neige, s'étoient contentés de fermer les portes du camp. L'ennemi les attaque au dépourvu, & s'en rend bientôt le maître. *Kuo-çu-y* fit un grand carnage des Thibétains, & remporta de cette victoire des dépouilles sans nombre.

(27) *Kuo-çu-y* ne fut pas seulement le héros de son siecle, mais aussi l'homme le plus illustre de la Dynastie des *Tham*, tant dans la paix que dans la guerre. Il rétablit plus d'une fois l'Empire, comme nous l'avons vu ci-devant. Les Empereurs mêmes avouoient ouvertement qu'ils devoient l'Empire à sa bravoure; ils le devoient aussi à sa fidélité. Car si, après l'avoir rétabli dans des temps très-fâcheux, il l'eût voulu garder pour lui, tout le monde y eût consenti de bon cœur; tant étoit grande l'admiration que les Chinois & les étrangers avoient pour sa personne. Mais afin qu'il ne semble pas que j'exagere les vertus d'un si grand homme, je traduis ici mot pour mot ce que l'Histoire des *Tham* dit à la fin de sa vie, avec autant de noblesse que de simplicité, par une courte récapitulation.

Kuo-çu-y étoit fidele envers ses supérieurs, & bon envers ses inférieurs. Il ne récompensoit ni ne punissoit personne que selon ses mérites. Les Courtisans favoris (qu'il contenoit comme les autres dans les bornes de la discipline) le persécutoient par des accusations continuelles. Les temps étoient très-difficiles. La perfidie & la rébellion régnoient impunément. Au-dehors, il étoit le maître de toutes les armées. Néanmoins toutes les fois qu'il étoit mandé par les Empereurs, il accouroit sur le champ sans détour, ni délai; & par cette promptitude à obéir, il fermoit la bouche à la calomnie. Pendant qu'il battoit les Thibétains dans le territoire de la ville de *Nim-hia*, *Yu-chao-ngen*, (l'un de ces favoris de la Cour,) fit fouiller & profaner le tombeau de son pere. On n'en avoit pas puni les auteurs, quand *Kuo-çu-y*, après avoir remporté sur les Thibétains cette insigne & merveilleuse victoire, vint saluer l'Empereur. Tout l'Empire craignoit que *Kuo-çu-y*, pour venger l'injure la plus atroce que l'on puisse imaginer à la Chine, ne prît les armes contre *Yu-chao-ngen*, qui l'avoit faite, & contre l'Empereur qui l'avoit dissimulée. L'action déplaisoit à l'Empereur, & il découvroit sa douleur à *Kuo-çu-y*. Celui-ci pleurant & gémissant: Il y a long-temps, lui dit-il, que votre sujet, que voici, commande les armées. Je n'ai pas avec assez de sévérité détourné le soldat de la profanation des tombeaux d'autrui; ainsi si le tombeau de mon pere, autrefois votre sujet, a été violé, c'est un châtiment infligé du Ciel, & non une disgrace causée par un homme. De plus, *Yu-chao-ngen* avoit invité *Kuo-çu-y* à un festin. Quelqu'un rapporta à *Kuo-çu-y* qu'on lui préparoit des armes & non des viandes, & qu'on lui dressoit des embûches; qu'ainsi il eut à munir son monde de cuirasses cachées sous les habits, & qu'il allât bien accompagné. *Kuo-çu-y* rejetta ce conseil, & s'en alla au festin, accompagné seulement de dix ou un peu plus même de ses domestiques. *Yu-chao-ngen* l'admirant: Pourquoi, lui-dit-il, êtes-vous venu avec une si petite suite? *Kuo-çu-y* lui en dit la raison. Alors *Yu-chao-ngen*, les larmes aux yeux, qui, dit-il, hors un aussi grand homme que vous, n'eut pas eu de moi des soupçons sinistres?

Thien-chim-sù se comportoit en tout avec hauteur & arrogance. *Kuo-çu-y* envoya un Député dans la ville où il commandoit. *Thien-chim-sù*, tournant la face vers l'Occident, (où *Kuo-çu-y* étoit alors,) se mettant à genoux, fit le salut frappant de la tête contre terre. Ensuite montrant du doigt ses genoux, il parla ainsi au Député: „ Il y a long-temps que ces genoux „ n'ont fléchi pour personne; à présent, je les ai flé-„ chis pour *Kuo-çu-y* ". *Li-li-yao* occupoit de force la ville de *Kai-fum-fu*. Il avoit coutume de piller tout

ce qui passoit par-là, fût-ce les tributs publics, ou les biens des particuliers. Mais si quelque chose appartenoit à *Kao-çu-y*, loin d'y toucher, il prenoit soin d'en assurer le transport par une bonne escorte. Il avoit sous ses enseignes quelques dixaines de vieux Généraux d'armée, qui étoient revêtus des plus grands honneurs, & même royaux; il les trouvoit toujours aussi prompts & disposés à lui obéir au moindre signal, que les simples soldats. De ses Officiers domestiques, plus de soixante devinrent, ou Généraux d'armée, ou principaux Ministres de l'Empire, ou Gouverneurs du premier rang, tant il étoit attentif & clairvoyant à choisir des hommes capables. Il égala en réputation *Li-khuam-pi*; il le surpassa en bonté, en probité, & dans l'art de connoître les hommes. *Kuo-çu-y* recevoit de paye tous les ans au moins 240000 onces d'argent. Il demeuroit dans le pays, nommé *Cin-gin*, dont il occupoit la quatrieme partie. Dans ses maisons, le chemin du milieu étoit élevé au-dessus du sol, comme chez l'Empereur. Il avoit chez lui 3000 domestiques, & les uns ne savoient pas où les autres logeoient. On ne peut supputer le nombre, ni la valeur des terres riches & fertiles, des jardins délicieux & des maisons dont les Empereurs l'avoient à diverses fois gratifié.

L'Empereur *Tai-çum* ne l'appelloit jamais par son nom, mais par celui de Grand de l'Empire. Pendant vingt ans entiers, le destin de l'Empire dépendit de lui seul. Il gouverna l'Etat pendant vingt-quatre ans. Il eut huit fils & sept filles, qui furent toutes mariées. Ses fils & ses gendres furent élevés aux plus grands honneurs & aux premieres dignités de la Cour. Il comptoit quelques dixaines de petit-fils, & l'on ne peut savoir combien il en avoit. Leur nombre étoit si grand, que, quand ils alloient tous ensemble le saluer, (ne pouvant les connoître, ni les nommer tous,) il se contentoit de leur faire un signe de tête. Parmi tant de richesses, tant d'honneurs, & pendant le cours d'une si longue vie, jamais ni aucune gloire, ni aucune calamité ne purent le détourner en la moindre maniere du devoir de sujet: (tant il fut d'accord avec lui-même depuis le commencement jusqu'à la fin.) Quatre de ses fils devinrent des hommes illustres. Voilà sa vie mot pour mot.

Il n'est pas étonnant après cela, si encore aujourd'hui les théâtres Chinois retentissent par-tout de ses belles actions, & si la postérité l'éleve jusqu'au Ciel par tant de louanges; qui plus est, les Philosophes déplorent avec raison l'aveuglement des Empereurs sous lesquels il fleurit, de n'avoir pas laissé tout le gouvernement de l'Empire, (car il étoit également grand homme de guerre & d'Etat) à la discrétion d'un homme si sage, puisque c'étoit le seul moyen de voir régner la paix dans leur Empire, au-lieu des troubles dont il fut agité. Il vécut 84 ans, & mourut l'an 781. L'Empereur & tout l'Empire pleura sa mort. On fit ses funérailles aux dépens du public, avec une pompe presqu'Impériale; & son tombeau fut placé parmi les tombeaux des Empereurs. Enfin, ce qui est le comble des honneurs, il fut associé aux sacrifices Impériaux. C'étoit un homme de sept pieds & demi de haut; ce qui revient, à-peu-près, à six de nos pieds. L'Auteur du Monument ne s'étend pas sur ses louanges, comme il fait pour les Empereurs. Il ne touche seulement que ses vertus Chrétiennes; car il paroit qu'il fut Chrétien.

(26) Si le regne de l'Empereur *Tai-çum* fut malheureux, celui de son fils & son successeur *Te-çum* le fut encore davantage. Il se servit de Ministres perfides; il exila les bons, & permit tout aux Eunuques. L'an 783 il fut obligé, par la sédition de ses soldats, d'abandonner la Ville Impériale. *Chu-çu* usurpa l'Empire; & après avoir massacré inhumainement 77 Princes de la race Impériale, il assiégea l'Empereur dans la ville où il s'étoit refugié. L'année d'après, *Chu-çu* fut tué lui-même par un de ses Généraux d'armée, &

l'Empereur *Te-çum* retourna dans la ville Impériale. Néanmoins *Li-hi-lie* fut falué Empereur par les fiens. La même Ville Impériale fut prife de nouveau, l'an 790, par les Thibétains, & ce ne fut qu'avec peine qu'on la leur arracha. Enfin, l'an 805, *Te-çum* mourut aprés avoir régné vingt-cinq ans, toujours occupé de guerres civiles ou de guerres étrangeres. Ainfi tout ce que l'Auteur du Monument dit (à *l'avantage*) de cet Empereur, n'eft qu'un trait d'éloquence, & non la vérité de l'Hiftoire.

(22) Les mouftaches du Dragon, l'arc & l'épée, pouvoient être faifies, quoiqu'elles fuffent éloignées. Par ces paroles, on fait allufion à *Hoam-ti*, ancien Empereur Chinois, dont ils racontent beaucoup de fables, entr'autres, qu'il avoit acquis l'immortalité; qu'en conféquence, un grand dragon defcendit du ciel, fur lequel étant monté, il fut enlevé aux cieux; que plus de 70 perfonnes de fa fuite étant montées fur le même dragon, furent enlevées avec lui; que plufieurs autres ayant empoigné les mouftaches du dragon furent à la vérité élevées en l'air, mais que parmi un fecouffe violente du dragon, ils lâcherent prife, & retomberent à terre; que l'arc & l'épée de *Hoam-ti* tomberent auffi avec eux; que ceux qui avoient été laiffés les ramafferent, & les yeux levés au Ciel pleurant & gemiffant, ils fuivirent de vue, tant qu'ils purent, ceux qui leur étoient enlevés; qu'enfin ils éleverent en cet endroit un cénotaphe à l'honneur de l'Empereur, dans lequel ils renfermerent l'arc & l'épée. Le fens de ces paroles eft donc, que ces cinq Empereurs étoient à la vérité allés au Ciel, de la même maniere que l'Empereur *Hoam-ti*; mais que quelqu'éloignés qu'ils fuffent, ils avoient laiffé fur la terre tant de monuments de leur fouvenir, que leur mémoire ne mourroit jamais, & feroit toujours préfente à la poftérité. Si cela eft Chrétien, c'eft ce que je laiffe à l'Auteur du Monument.

NOTES GRAMMATICALES.

(2) *Kim-kiao.* Ce titre, par lequel l'Auteur du Monument défigne la Religion Chrétienne, je le traduis par Religion admirable. *Kim* fignifie proprement *grand, brillant, lumineux, clair.* Si l'on a égard à la compofition de ce caractere, *Ge* fignifie le *foleil*, & *Kim* un *monticule* efcarpé de toutes parts. Davantage, le foleil fur une montagne, outre les autres fignifications, défigne parfaitement une chofe élevée & lumineufe. Pour donc réunir en quelque maniere toutes ces notions, j'ai traduit ces mots par *Religion admirable.* Le Lecteur peut les traduire autrement, fi bon lui femble.

(3) Je traduis *Sem* par *Bonze.* C'eft le nom propre des Bonzes, que les Chinois appellent *Hoxam.* Ce mot n'eft pas Chinois; il eft parvenu de l'Inde à la Chine avec la Religion Indienne. Le mot entier, felon la prononciation Chinoife, eft *Sem-kiaye*, & peut-être, felon la prononciation des Indes, *Senr-kaye.* Les Prêtres Chrétiens avoient pris le nom, & même très-vraifemblablement, l'habit des Bonzes de la fecte Indienne, qui pour lors étoit la plus floriffante de toutes. C'eft ce que fit auffi au commencement le R. P. *Matthieu Ricci*, quand, environ mille ans après eux, il ramena, le premier des modernes, à la Chine la Religion Chrétienne. Il n'eft donc pas étonnant que les Chinois confondiffent les Prêtres Chrétiens avec les Bonzes Indiens, & peut-être même tous les Chrétiens avec les Sectateurs de la Secte Indienne; quoique pourtant dans ce même temps, l'Hiftoire Chinoife faffe plus d'une fois mention des Bonzes Barbares, c'eft-à dire, étrangers & Occidentaux. Je n'en donnerai qu'un exemple. La neuvieme année de l'Empereur *Tai-çum*, régnant fous le titre de *Talii*. (c'eft l'an 774) mourut *Pukhum*, Bonze Barbare. Etant mort,

l'Empereur lui donna de plus grands honneurs, & le créa Chef d'un Royaume, (de la Chine,) appellé *Sukue.* C'eft ainfi que le rapportent les Annales Claffiques. De cela j'infere qu'il n'eft pas étonnant que le Bonze ou Prêtre Chrétien *Y-fü* ait été décoré des titres féculiers de Grand, & de Lieutenant du Vice-Empereur *So-fam.* Il eft vrai que les Annales ne difent point de quelle nation étoit *Pukhum*, ni quelle étoit fa Religion; il eft feulement dit, qu'il étoit étranger. Mais, direz-vous, le titre de Bonze montre affez ouvertement qu'il étoit de la Secte Indienne. Non certes, puifque le nom de Bonze étoit commun même aux Prêtres Chrétiens, & qui plus eft, le nom de *Pukhum*, que les Annales attribuent à ce Bonze, femble être une proteftation manifefte qu'il n'étoit point du tout attaché à la Secte Indienne : car cette Secte rappelle tout au vuide, & n'admet autre chofe dans l'univers qu'une feule & unique nature intelligente. De-là vient que communément, parmi les Chinois, cette Religion eft appellée *Khum-men*, c'eft-à-dire, la *porte du vuide.* Or *Pu-khum* fignifie *non-vuide*, ou *n'évacuant rien.* Il ne pouvoit donc montrer plus clairement qu'il rejettoit le vuide des Bonzes, & qu'il condamnoit & fappoit une Religion appuyée fur un pareil fondement. Mais que fait-on fi ce *Pukhum* n'eft pas celui-là même que l'Auteur du Monument nomme *Y-fü*? Car le nom *Y-fü* étoit le nom propre qu'il avoit dans fon pays. Ce n'étoit pas un nom Chinois ; au-lieu que le nom de *Pukhum*, qui eft purement Chinois, a pu être, & a été même fon nom de Religion ; car dans ce monument il eft bon d'obferver, que les Prêtres Chrétiens, pour fe mieux conformer aux Bonzes du pays, avoient pris, comme eux, des noms de Religion; & l'Auteur du Monument fe nomme lui-même *Kim-çin*, c'eft-à-dire, *pureté admirable* ou *Chrétienne.* D'ailleurs, les temps n'y répugnent pas, car *Y-fü* fut contemporain de *Kuo-çu-y*, & *Kuo-çu-y*, comme nous l'avons vu, mourut l'an 781, c'eft-à-dire, fept ans après *Pukhum.* Je joins ici quelques particularités que j'ai trouvées par hafard dans l'Hiftoire des *Tham*, (*Tham-xe-ho-chi* 42., 11.) par lefquelles on voit évidemment que la Religion Chrétienne avoit fait d'affez grands progrès à la Chine. Voici ce qu'elle dit : *Tham-vu-çum* étant parvenu à l'Empire, (il commença de régner l'an de grace 861, défendit la Religion des Bonzes, détruifit 4600 de leurs Temples, & du nombre des Bonzes *Hocham*, & des Bonziennes *Hocham*, dont les noms étoient enrégiftrés dans les Catalogues, il réduifit 265000 de libres & 150000 d'efclaves au plus bas ordre du peuple. Des terres qu'ils poffédoient, il en confifqua quelques centaines de milliers de *Khim*, (le *Khim* contient 24000 pas géométriques quarrés.) Il réduifit au même fort plus de 2000 *Mu-hu-yao*, (c'eft-à-dire, *Bonzes* ou *Prêtres*) de *Taçin.* Voilà ce que dit l'Hiftoire, où il paroît que le nom propre ou étranger des Prêtres de *Tacin* étoit *Mu-hu-yao.* J'ignore la force & la fignification de ce nom : mais certainement ce n'eft pas un nom Chinois, & il ne s'agit ici que des Bonzes. Il y avoit donc à la Chine plufieurs *Taçiniens* ou *Chrétiens*, qui avoient embraffé l'état religieux. Il ne faut pas pour cela penfer que l'une & l'autre Religion eût été entiérement exterminée; car peu après, la même Hiftoire des *Tham* ajoute ce qui fuit : Le même Empereur ordonna que dans chacune des grandes rues ou bourgs (*Vicus*) de la Cour fuprême, (c'eft-à-dire, de la ville de *Thai-yum-fu*,) & de la Cour Orientale, (c'eft-à-dire, d'*Honan-fu*) on laiffât fubfifter deux temples, & que dans chaque temple, il y eût 30 Bonzes; mais dans tous les autres temples de l'Empire, il ne permit pas qu'il y eût plus de 20 Bonzes.

(4) *Oloho* eft un mot étranger à la Chine. C'eft ainfi que les Chinois, faute de caracteres, font contraints d'écrire le mot *Eloha.* Comme ils n'ont aucune lettre qui puiffe être lue E, ils lui fubftituent

l'O. Dans ce temps-là, ils n'en avoient aucune qui pût être lue *Ha*, & à sa place ils écrivoient *Ho*. Tout le monde sait que c'étoit le nom du Dieu vivant chez les Syriens.

(5) Il n'est pas aisé de connoître quelle est l'hérésie que l'Auteur du Monument désigne par ces mots, (*Sathan* introduisit comme une opinion véritable celle qui identifie toutes choses, & qui les ramene toutes à une seule.) Quoique la Religion Indienne de la Chine se glorifie du titre d'*égalissant toutes choses*, parce qu'elle n'admet, comme Parménide & Mélisse, qu'une seule & unique nature intelligente, prétendant qu'elle exceptée, rien n'existe, & que le monde & tout ce qu'il contient, n'est qu'un pur jeu de cette nature qui se divertit; d'où il suit que toutes choses sont égales ou plutôt ne sont qu'un. Ce qu'il ajoute n'est pas moins obscur: (il voulut que l'on crût pour fausse la ressemblance cachée.) si ce n'est peut-être qu'il ait voulu donner à connoître, que les choses sont, à la vérité, distinctes & différentes les unes des autres; mais que par le nom commun de choses crées, elles ne different point entr'elles; ce que la Secte Indienne rejette comme faux. Mais quand il dit: d'autres nierent qu'il y eût quelque chose d'existant, & réduisirent même au néant la double matiere (des Philosophes Chinois;) alors, certes, il blâme manifestement l'erreur de la Secte Indienne. Ensuite il semble qu'il attaque les Philosophes mêmes. Au reste, dans une si grande obscurité de discours, je n'ose assurer d'avoir saisi parfaitement sur les deux premiers articles le sens de l'Auteur.

(6) *Mixiho*. Il n'est pas besoin d'avertir que c'est le Messie, puisque la chose parle d'elle-même. Il y a plus de difficulté en ce qu'en parlant de la Trinité, il dit le *Xin* ou le corps de la Trinité; mais c'est que les Chinois employent communément le mot de corps pour substance, & que souvent même ils le substituent au terme *Ego, moi*.

(11) Le Saint n'a point de substance déterminée. *Thi* signifie *membre*, & par une synecdoche très-fréquente, il signifie *corps*. Il signifie aussi, quand c'est un substantif, *substance, essence, forme*; & quand c'est un verbe, il signifie *s'incorporer à quelque chose*, ou *incorporer quelque chose à soi*, c'est-à-dire consubstantier; & même être ou constituer une substance, la posséder comme soi-même. Il a encore plusieurs autres sens plus recherchés, qui pourtant se rapportent à ceux-ci. On ne peut donc interpréter plus nettement ce passage, & je n'en aurois pas tant dit, si le paraphraste de *Kircher* ne s'y fût pas mépris. Ainsi donc l'Empereur *Thai-çum*, par cet exorde de son Edit, fit savoir publiquement à tous ses sujets, qu'il admettoit toutes les Religions; & il avoue manifestement, que les Saints, en instituant des Religions, n'ont aucune idée certaine, aucun modele fixe; mais qu'ils s'accommodent au génie & au naturel des nations pour lesquelles ils les inventent; d'où il suit que toutes les Religions sont bonnes, chacune en sa maniere, chacune pour le peuple qui la suit.

(12) *Tao*. La signification de ce terme est fort étendue chez les Chinois. *Tao* signifie proprement *chemin* ou *voie publique*, dans laquelle il faut nécessairement entrer. Or comme entrer ou marcher signifie, par métaphore, *agir*, de-là est venu que, par le terme *Tao* ou *chemin*, ils désignent, par une semblable métaphore, la raison, mais la raison pratique que tous doivent suivre; or la raison renferme la doctrine & la sagesse véritable. C'est pourquoi il leur est familier d'employer le terme *Tao* pour cette sagesse & cette doctrine.

(17) En humectant, il a coloré le vrai Souverain. J'ai traduis ainsi ces mots: il a illustré, par une nouvelle augmentation de lumiere, la Religion du vrai & souverain Dieu, & ce qui suit confirme cette version: & il eut soin de faire bâtir des Temples Chrétiens dans toutes les Provinces. Je ne garantis pas pourtant cette version; car il paroîtra peut-être à quelqu'un qu'on peut traduire de cette maniere: l'Empereur *Kao-çum* marcha sur les pas de son aïeul l'Empereur *Kao-çu*; il illustra par une nouvelle augmentation de gloire, le vrai vénérable *Thai-çum*, son pere; quoique pourtant le titre de vrai vénérable s'y oppose; car le nom de *Thai-çum*, donc le pere de *Kao-çum* fut honoré après sa mort, signifie *grand vénérable*: & nulle part il est appellé *Thin-çum*, c'est-à-dire, *vrai vénérable*. Le Lecteur peut choisir.

(25) Quoique dans le terme *Tim* la lettre postérieure se lise presque toujours *Thu*, qui signifie *venin*, ici pourtant on doit la lire *Yu*, qui signifie *élever*, c'est-à-dire, amener par la nourriture à un état parfait. C'est pourquoi j'ai traduit: c'est pour cela qu'il peut régler, élever (les peuples & toutes choses.) Car cette formule est tirée d'un ancien Auteur, où on lit ainsi, & où elle a le même sens; quoique pourtant elle ne feroit pas un mauvais sens, si l'un & l'autre mot étoit employé, tel qu'il est ordinairement couché; car alors *Tim-thu* signifieroit *empêcher le venin*, c'est-à-dire, éloigner tout ce qui peut nuire aux peuples & aux choses.

¶ Il offrit des verres *Lin-ngen*, & il étendit par terre des tapis dorés *cukii*. J'ai traduit ceci dans la paraphrase, conformément à la signification que ces termes ont en Chinois: il offrit des vases de verre d'un bienfait appuyé, & des tapis dorés qui chassent le repos. Cependant je n'oserois décider si ce sont-là des noms propres ou des noms appellatifs.

(28) *Thoso*. J'ignore quelle est la signification de ce mot, ni de quelle langue il a été tiré; car il n'est point Chinois. Le sens paroît demander qu'il signifie un Héros Chrétien; à moins que l'Auteur n'ait prévariqué, & qu'il ait non-seulement comparé un Bonze Idolâtre à un Héros Chrétien, mais encore qu'il le lui ait préféré.

(29) *Ho-kum* signifie, à la vérité, *palais de la Concorde*; mais ce nom appartient proprement au temple que *Hoamti*, ancien Empereur Chinois, dédia aux cinq *Xam-ti*, qui, selon les Chinois, sont comme les premiers Ministres du grand *Xam-ti*. L'Auteur du Monument, qui cueille de toutes parts les fleurs de l'éloquence, applique ce titre aux temples Chrétiens, mais non chrétiennement.

(30) *Yamku* signifie proprement la *vallée du parfait*, d'où se leve le soleil parfait, ainsi nommé, comme étant la fleur de matiere parfaite, &, par conséquent, il désigne l'Orient. *Yue-ku* signifie *trou* de la lune, & désigne l'Occident, d'où la lune se montre premiérement après le nouveau, & commence à paroître; mais quoique ce terme signifie, mot pour mot, de la lune le trou, il désigne pourtant effectivement les lieux les plus retirés & les plus secrets du palais lunaire.

(31) *Luho*, c'est-à-dire, *sextuple union*, signifie l'*Univers*, ou les quatre régions du monde, avec la partie supérieure & l'inférieure, qui, unies ensemble, composent le monde-entier.

(32) *Ço-ngo* est le même que *Yeu*, ou le dixieme caractere du Cycle duodénnaire, & en même-temps la marque du dixieme mois, (à commencer du signe du Capricorne.) Ces deux mots signifient *debout dépouillés*, parce qu'au dixieme mois, après la moisson faite, les arbres & tout le reste de ce genre étant dépouillés de fruits & de feuilles, paroissent debout, comme de vrais troncs. Mais cette appellation de l'année n'est pas ordinaire, & n'est presque jamais en usage, si ce n'est dans les Prologues.

(33) *Tai-çeu* est une appellation extraordinaire du premier mois, c'est-à-dire, de celui auquel le soleil entre dans les Poissons. Elle est tirée des plus profonds mysteres de la Philosophie & de la Musique, (car les Chinois astreignent le travail annuel de la nature à des loix harmoniques:) mais je serois trop long si je voulois les exposer ici. Or ces deux mots signifient

fignifient *grand accroiffement*, parce que dans ce mois, les plantes qui font déja forties de terre, croiffent & deviennent épaiffes & touffues. Ce titre eft le titre propre du troifieme tube mufical, (car ils font au nombre de douze comme les mois) & on le transfere au premier mois civil, parce qu'il eft le troifieme de l'année aftronomique ou tropique. Il y a une caufe plus cachée de cette tranflation, qui n'eft au fond qu'une pure fiction, à favoir que le foleil entrant dans les Poiffons, la cendre de rofeau fe chaffe d'elle-même hors de ce tube. Nous avons parlé de ces tubes dans un autre Ouvrage.

(34) L'ancienne verfion eft fautive, & a entraîné dans l'erreur le Pere *Kircher*, lorfqu'elle dit, que la feconde année de *Teçum*, régnant fous le titre de *Khien-chum*, qui eft celle où le Monument fut érigé, fut la 782ᵉ. de l'Ere Chrétienne; car ce fut la 781ᵉ.; c'eft ce que démontrent les Annales Chinoifes, en affurant que cette feconde année fut appellée *Sin-yeu* dans le Cycle fexagénaire : à quoi s'accorde le Monument même, lorfqu'il dit que *Sui-çai-ço-ngo*, c'eft-à-dire, *l'an où Jupiter, Planete de l'an*, réfida dans *ço-ngo*; car *ço-ngo*, quand on parle d'une maniere plus cachée, ou dans le ftyle recherché, fignifie la dixieme note du Cycle duodénaire, appellée *Yeu*; & quoique cette même note foit auffi attribuée au dixieme mois & à la dixieme heure, ici pourtant cette formule ne fouffre pas qu'on les leur attribue, non plus que ce que dit enfuite le Monument de la premiere lune, puifque, quand même on devroit l'attribuer à la lune, ce ne pouvoit être à la feptieme, mais à la dixieme (depuis le Capricorne ;) ou bien, felon la forme de l'année d'aujourd'hui, à la huitieme, qui eft celle où le foleil entre dans le figne de la Balance. Si le Monument ne défigne l'année où il fut érigé que par l'unique note *Yeu* du Cycle duodénaire, omettant la note du Cycle dixainaire, qui étoit nommée *Sin*, & qui, avec la premiere, compofoit le nom de cette année dans le Cycle fexagénaire, c'eft parce que, dans un fi court efpace de temps que celui d'un regne, cette feule note étoit plus que fuffifante pour marquer un feul an d'un regne.

L'ancienne verfion eft encore fautive dans l'interprétation de ces cinq mots : *Thäi-çen-yue-çii-ge*, qui fignifient le feptieme jour de la lune du grand accroiffement ou épaiffiffement; de quoi j'ai dit la raifon dans la note 33. Or par ce grand affemblage des biens de la terre qui croiffent dru & épais, ou par ce grand amas fouterrein de vapeurs parfaites, qui forcent les femences des plantes à pouffer, à germer & à fortir dehors, & défignée la troifieme lune depuis le Capricorne, & la premiere de l'année ufuelle, c'eft-à-dire celle où le foleil entre dans les Poiffons. Donc ce fut en l'an 781ᵉ. de l'Ere Chrétienne, le feptieme jour de la premiere lune de l'année Chinoife, c'eft-à-dire de la lune où le foleil entre dans les Poiffons, que ce Monument fut érigé. Si ce jour fut un Dimanche, c'eft ce que les autres devinent, quoique ce que le Monument ajoute après le jour, femble l'indiquer. Maintenant, puifque l'an 781ᵉ. de l'Ere Chrétienne fut le 1092ᵉ. de l'Ere des Grecs, fi l'on ôuftrait le moindre nombre du plus grand, on verra évidemment que la premiere année de l'Ere des Grecs, que fuivoient les Chaldéens, fut la 311ᵉ. avant l'Ere Chrétienne.

NOTES GÉOGRAPHIQUES.

(14) J'ai cru qu'il fuffifoit de traduire ces trois Defcriptions, parce que l'Auteur du Monument, qui vivoit fous la Dynaftie *Tham*, ne produit d'autres témoignages, après la Dynaftie *Tham*, que ceux des Dynafties *Han* & *Vei*. Or, qui eft-ce qui, dans

cette Defcription, toute fabuleufe qu'elle eft, ne reconnoît & n'apperçoit pas la gloire de l'Empire Romain, comme le foleil entre des nuages? La fituation feule des lieux le montre affez ouvertement. Cet Empire eft fitué à l'Occident de la mer, (c'eft-à-dire de la Méditerranée,) eu égard à l'Afie & à la Chine. Il eft baigné à l'Occident par la mer, (c'eft-à-dire l'Océan;) il eft terminé au Sud-Oueft, (un trajet de 200 lieues de mer entre deux,) par un peuple noir & féroce, (c'eft dans doute celui de la Mauritanie.) En paffant de la Syrie, pour y aller, il faut côtoyer le rivage Septentrional de la mer Méditerranée. En tournant cette même mer & le Pont-Euxin, qui en eft le dernier golfe, on peut y arriver par la Babylonie, où il y a des lions, & où l'on ne peut voyager que par troupes, par la Géorgie & par la Mofcovie. Ainfi donc il étoit limitrophe vers le Nord-Eft des *Khaffa* ou Turcs, qui habitoient le rivage Septentrional du Pont-Euxin.

Lorfque la Chorographie des *Vei* affure que la grande *çin* eft refferrée entre deux mers, ne défigne-t-elle pas ouvertement la mer fupérieure & l'inférieure, qui baignent de part & d'autre l'Italie, alors la tête de l'Empire Romain? De plus, les maifons bâties d'un mille ou d'une lieue à l'autre, & ces poftes de 3 en 3 maifons, que font-elles autre chofe, fi-non ces pierres ou colonnes dreffées de mille en mille pas, & ces couriers établis d'un certain nombre de colonnes à l'autre? L'exagération même de la magnificence de la grande *çin*, toute outrée qu'elle eft, démontre la même chofe. Ces richeffes immenfes, amaffées des dépouilles de l'Europe & de l'Afie, le prouvent encore; & la multitude du peuple, le grand nombre des villes, l'étendue des limites de l'Empire, la grandeur de la Ville Royale, le nombre immenfe des troupes, la fomptuofité incroyable des édifices, à quel autre Royaume peuvent-ils convenir qu'à l'Empire Romain? Tout cela peut-il convenir à la Judée? La fable de cet agneau, qui naît de la terre fur les limites Septentrionales de la grande *çin*, &, felon d'autres, dans un Royaume qui lui eft tributaire, approche de la vérité; c'eft ce Zoophite qui imite la forme d'un agneau, & que l'on dit paître l'herbe tout autour de lui.

Quant à ce qui regarde *Si-vam-mu*, cette mere du Roi Occidental, fi célebre depuis long-temps parmi les Chinois, & cette eau débile, ce font des fictions Chinoifes, que les Syriens, pour flatter les Chinois qui s'en informoient, appuyerent peut-être de leur témoignage. Mais, dira-t-on : dans la grande *çin*, aucun Roi n'eft ftable; on le dépofe; & quand il eft dépofé, il ne fe plaint pas, cela convient-il auffi à l'Empire Romain? Oui, fans doute. Les Chinois eurent connoiffance de la grande *çin* 126 ans avant J. C., du temps que les Confuls gouvernoient la République Romaine, & les Auteurs de l'Hiftoire des derniers *Han* & de la Chorographie des *Tham* croyoient que la même forme de gouvernement exiftoit encore 300 ans après, & même plus de 1000 après. Or y a-t-il-là quelque chofe qui ne quadre pas avec le gouvernement Confulaire? Quelqu'un dira que du moins la diftance de 4000 lieues y répugne. Pour répondre à cela, je vais ajouter ici quelques chofe touchant le Royaume de *Ngan-fii*, (peut-être la Syrie,) que je tire du Chapitre déja cité de l'Hiftoire des derniers *Han*.

La Métropole du Royaume de *Ngan-fii* eft à 2500 lieues de *Loyam*, ville Impériale de la Chine. La neuvieme année de *Han-ho-ti*, régnant fous le titre *Yum-yum*, (c'eft l'an de grace 97,) le Généraliffime Chinois de la Tartarie, nommé *Panchao*, dépêcha *Kanym* aux Royaumes de *Taçin* & de *Thiao-chi*. *Kanym* étant arrivé à la grande mer, (la Méditerranée,) fe difpofoit à la traverfer; mais les peuples maritimes de *Ngan-fii* lui tinrent ce difcours : Cette mer eft fpacieufe & vafte; ceux qui vont par mer d'ici à la grande çin, s'ils trouvent des vents favorables, y arrivent en trois mois; que si les vents sont contraires, ils restent quelquefois deux ans en chemin. C'est pourquoi tous ceux qui voyagent sur cette mer, sont obligés d'embarquer avec eux des vivres pour trois ans. Outre cela, cette navigation engendre ordinairement la maladie du pays; de-là vient que plusieurs personnes meurent en chemin. *Kan-ym*, ayant entendu ces choses, se désista de sa navigation. Dans la suite, les Chinois s'apperçurent de la fourberie, & comprirent que les peuples de *Ngan-sii* n'avoient inventé tout ce qu'ils avoient dit, que pour empêcher les Chinois de commercer avec la grande *çin*, & que par-là tout le profit ne passât dans leurs mains. L'an treizieme, (101 de J. C.,) le Roi de *Ngan-sii*, nommé *Man-kiu*, (peut-être quelque Proconsul de Syrie, nommé *Marcus*,) offrit entr'autres choses à l'Empereur des lions pour la seconde fois; (car il en avoit déja envoyé l'an 87,) & un grand oiseau de *Thiao-chi*, ou d'Egypte, (c'est l'autruche.) Depuis lors, cet oiseau a été nommé par les Chinois, oiseau de *Ngan-sii*.

La Chorographie des *Vei* déclare aussi, à l'endroit déja cité, que la ville Royale du Royaume de *Ngan-sii* est distante seulement de 2150 lieues de *Tai*, ville de la Chine, & que ce Royaume confine à la Perse.

De-là je tire cette induction : Les Chinois connoissoient assez exactement le chemin par terre, comme l'ayant effectivement parcouru; mais à l'égard du chemin par mer, ils ne le connoissoient que sur le rapport des peuples de *Ngan-sii*. Or, comme ceux-ci en avoient, à dessein, exagéré l'étendue, les Chinois, joignant le chemin de mer à celui de terre, compterent environ 1000 lieues de plus qu'il ne falloit.

Pour faire voir que le Royaume de *Thiao-chi* est l'Egypte, je vais extraire ici quelque chose du même endroit de la Chorographie des derniers *Han*. La ville Royale du Royaume de *Thiao-chi* est située sur une montagne. Elle a plus de quatre lieues de tour; elle est située sur le rivage du golfe de la mer Occidentale. La mer l'environne de trois côtés, savoir au Midi, à l'Orient & à l'Occident. On ne peut l'aborder par terre que du côté du Nord-Ouest. Le pays est humide & chaud; il produit des lions, des rhinocéros, des bœufs, qui ont une loupe, des paons, & des autruches. Les œufs des autruches sont de la forme & de la grandeur des vases de terre, avec lesquels les Chinois tirent de l'eau des puits. De cette ville, en tirant entre le Nord & l'Est, on parvient en 60 jours de cheval (ou de caravane) à la ville Royale du Royaume de *Ngan-sii*. Dans un certain temps, le Roi du Royaume de *Ngan-sii* conquit le Royaume de *Thiao-chi*, & le gouverna par un Vice-Roi. Qui est-ce qui, dans cette ville maritime, ne reconnoît pas Alexandrie ? Pour moi, j'en suis encore persuadé, par plusieurs autres traits qu'il n'est pas nécessaire de rapporter ici.

Joignons encore à ceci que la Chorographie des *Tham* nomme *Fulin*, ce que les autres avoient nommé la grande *çin*, & rapporte en plusieurs endroits de certaines particularités de ce *Fulin*, dont on infere aisément que, sous le nom de *Fulin*, est désigné l'Empire Romain, & proprement l'Empire Oriental ou de Constantinople; sur-tout lorsqu'elle affirme que cet Empire est limitrophe de la Perse, & qu'à son égard il est situé au Nord-Ouest, quoiqu'à la vérité, avant la division de l'Empire, il fut contigu à la Perse.

Mais enfin dira quelqu'un : l'Auteur même du Monument désigne clairement la Judée par le mot de *Taçin*; & voilà l'Empire Romain réduit en des bornes très-étroites. Il le désigne, il est vrai, mais avec plus d'éclat que de vérité; c'est-à-dire, qu'il s'attache plus à l'éloquence qu'à la vérité, & ne songeoit qu'à amplifier son sujet; quoique pourtant il ne s'éloignât pas tout-à-fait du vrai, puisque les limites étroites qu'il donnoit à son *Taçin*, montroient assez qu'il ne décri-

voit pas le *Taçin* tout entier, mais seulement l'une de ses parties, & la principale en dignité, à savoir la Judée. Effectivement l'an 636, qu'*Olopen* vint à la Chine, la Judée faisoit encore partie de l'Empire Romain; elle n'avoit pas encore subi le joug des Sarrasins. Mais quand même elle l'eût déja subi, l'Empire Romain n'eut pas pour cela perdu le droit qu'il y avoit. Ainsi cet Auteur a employé par synecdoque la partie pour le tout, & il lui a paru que c'étoit à juste titre. La mer de Corail, où il la termine du côté du Sud, est visiblement la mer Rouge. En effet, la Judée touchoit au golfe Arabique par l'Idumée, qui lui étoit soumise; & à considérer la situation d'*Asiongaber*, porte de Salomon, elle dominoit sur ce golfe, ou, si l'on veut, elle l'embrassoit; car l'Auteur du Monument se sert d'un mot qui signifie l'un & l'autre. Ces montagnes fertiles en choses précieuses & situées au Nord, ne paroissent être que le Liban & l'Anti-Liban, & l'Auteur se sert ici d'un terme qui marque que ces montagnes terminent la Judée de maniere qu'elles y sont renfermées; car quoique le terme *Kii* signifie *Pole*, cependant en cet endroit on ne doit pas l'entendre ainsi. *Kii*, chez les Chinois signifie tout ce qui est aux extrêmités; & cette notion *Kii* n'est attribuée aux poles du monde, que parce qu'ils sont les extrêmités du globe ou de l'axe du monde. Mais dans l'endroit dont il s'agit, ce mot est un verbe qui, pour me servir d'un mot forgé, signifie *Extremare*; de sorte que le sens est tel : au Septentrion *Extremat*, les montagnes, ou bien elle les comprend toutes entieres, jusqu'à l'extrêmité de leur pied & rien au-delà.

Taçin regarde, du côté de l'Occident, le pays des hommes immortels, c'est-à-dire, que par de-là la mer, ou du trajet de la mer Méditerranée qui est entre deux, il regarde le vrai Royaume de *Taçin* proprement dit, en quoi par les hommes immortels il désigne les Romains, qui, par leur vertu, leur sagesse, leur force, étoient regardés, de tous les peuples, comme dignes d'une véritable immortalité, & même par le terme d'*Hoalin*, c'est-à-dire, forêt des fleurs, il fait manifestement allusion au nom de *Fulin*, qu'on donnoit de son temps au Royaume de *Taçin*; car dans le mot *Fulin*, la syllabe *Lin* signifie, à la vérité, *forêt*; mais la syllabe *Fu* ne signifie rien qui, étant joint à forêt, puisse former un sens. C'est pourquoi l'Auteur a changé *fu* en *Hoa*, qui signifie *fleur*; & par-là le mot entier *Hoalin* signifie *forêt des fleurs*, c'est-à-dire, selon le génie de la langue Chinoise, contrée remplie de toute sorte d'élégance, de politesse, d'agréments; & comme les Chinois appliquent dans le même sens ce terme *Hoa* à leur Empire, il semble que l'Auteur, pour rendre l'Empire Romain plus efficacement & plus véritablement recommandable parmi les Chinois, ait voulu l'honorer du surnom de Chine Occidentale, & le ramener à la même signification que celle de *Taçin*. Que sait-on même si, en substituant *Hoalin* au-lieu de *Fulin*, il n'a pas eu dessein de désigner par ce nom tant soit peu déguisé, le nom d'*Hellen*, ou, comme le prononcent à présent la plupart des Occidentaux, & que peut-être les Orientaux le prononçoient déja dès le sixieme siecle, *Hellin* ou *Helin*, c'est-à-dire les Grecs, l'Empire des Grecs ou de Constantinople ? Et certes, comme l'Empire des Grecs étoit la partie la plus recommandable de l'Empire Romain, il ne seroit pas étonnant, si les Chinois qui, à l'exception du renom, n'avoient aucune connoissance certaine de l'un & de l'autre, eussent donné le nom de celui-là à celui-ci. Du moins il est vraisemblable que les Chinois ont d'abord changé *He* en *Hu*, & ensuite en *Fu*, vu que le nom de *Fuliu* n'a été substitué à celui de *Taçin* que dans le sixieme siecle, ou peu auparavant, du temps que l'Empire Oriental ou des Grecs étoit déja entiérement séparé de l'Empire Occidental ou des Romains.

A l'égard du titre d'hommes immortels., pour que les oreilles des Européens n'en foient point offenfées, il eft bon d'en dire un mot. Il y a dans la Chine une fecte de Bonzes du pays, qui prétendent que par la pratique des vertus & l'ufage de certains remedes chimiques, l'on peut fe rendre immortel en cette vie, & que ceux qui font parvenus à cet état, demeurent dans les montagnes & dans les forêts. C'eft pourquoi ils les apppellent *Sien*, ou , felon la compofition du caractere, *Xan*, c'eft-à-dire, *Montagnards*, & *Gin*, c'eft-à-dire, *hommes* ; en un mot hommes Montagnards. Au refte, rien n'eft fi commun parmi les Chinois, que d'honorer de ce nom flatteur des perfonnes de l'un & de l'autre fexe, foit vivantes, foit mortes. Il n'eft donc pas étonnant que l'Auteur du Monument ait appliqué ce titre aux Romains, qui étoient fignalés par tant de noms, & de qui la renommée publioit des chofes incroyables, puifqu'il étoit même de fon fujet de les élever ; (*E re fua.*)

Taçin a vers l'Orient le vent perpétuel & l'eau débile. L'Auteur avoit entendu parler de la mer Morte, & il a, ce me femble, appliqué à cette mer la fable Chinoife de l'eau débile. De temps immémorial, on a cru chez les Chinois, que dans l'Occident, il y avoit une montagne, nommée *Kuen-lun*, habitée par *Sivam-mu*, c'eft-à-dire, la *mere du Roi Occidental*, & qu'on ne pouvoit aborder cette montagne que par la voiture d'un dragon, à caufe de l'eau débile dont elle étoit environnée. Ils appellent cette eau *l'eau débile*, parce qu'elle ne peut pas feulement foutenir un cheveu, ni une plume, fans que tout aille au fond. Or qui fait à préfent fi l'Auteur n'a pas voulu infinuer énigmatiquement que par la montagne *Kuen-lun*, la montagne de Sion étoit défignée, & par la mere du Roi Occidental, la Vierge, Mere de Jefus-Chrift, le véritable Roi.

Après tout ce qui vient d'être dit, il eft aifé de voir, combien s'eft peu connu cet homme, d'ailleurs très-favant, qui, donnant un peu trop aux conjectures, s'exprime ainfi : *Taçin* fignifie *monde*, ou ce qui eft le même, eu égard à la force & à l'origine du terme, *monde parfait*, *palais parfait*, *grand parfait* ; car dans la colonne 19, nombre 35 (du Pere *Kircher*,) *Tà* fignifie *monde* ; & colonne 7, nombre 51, il fignifie *grand*, & *çin*, colonne 27, nombre 42, veut dire *perfectionner*. Dans la Paraphrafe, on lit toujours *Tan-çin* ; or, colonne 21, nombre 32, *Tan* fignifie *palais*. Voilà ce qu'il dit.

. Ta, outre fa prononciation ordinaire *Ta*, en a trois autres, *Tha*, *Thäi* & *Ya* ; mais quoique la prononciation foit variée, le fens ne varie pas. Par-tout il fignifie *grand* quoiqu'il foit pris fouvent au fuperlatif, fur-tout quand on prononce *Thäi*. Quelquefois même, il fignifie, *excès*, ou *grandeur* qui excede fes bornes ; nul autre fens n'eft attribué à ce mot par les Chinois. C'eft donc à tort que dans la colonne 19, nombre 35, on traduit *Ta* par monde, car là, comme ailleurs, il veut dire, *grand*. Et certes *Chuam-çti*, célebre Auteur Chinois, affure qu'il y a quatre grandes chofes dans le monde, le ciel, dit-il, eft grand ; la terre eft grande ; la raifon, ou la nature univerfelle eft grande ; le Roi eft grand ; mais il ne dit pas que *Ta* fignifie *monde*. Peut-être que le Traducteur a traduit par monde, les deux mots *Fam-ta*, qui fe trouvent dans cet endroit de la même colonne, & qui fignifient *quarré*, *grand*. Si c'eft ainfi, (car je n'ai pas en main la verfion qui eft dans le Livre du *P. Kircher*,) certainement il s'eft bien trompé ; car en cet endroit *Fam*, nombre 34 de la colonne 19, quarré eft employé dans le même fens que le *Vir Quadratus* des Latins, & défigne la droiture & fermeté de l'ame, jointe à *Ta*, c'eft-à-dire, *grandeur*.

Çin parmi les Chinois eft une efpece de froment, comme le marque la partie inférieure de ce caractere.

De ce froment, le nom a paffé à une ville de la Province *Xenfi*, nommée *Çin-cheu*, peut-être parce que fon territoire étoit abondant en cette efpece de grain. De cette ville il a paffé à un très-puiffant Royaume, dont cette même ville devint la capitale. Enfin, les Rois du Royaume *çin* étant devenus maîtres de tout le monde, pour parler comme les Chinois, ils donnerent le nom de *çin* à l'Empire de la Chine & au leur, & ce nom a été retenu par plufieurs nations étrangeres de l'Afie Méridionale. Outre cela, *çin* eft le nom d'une famille. On ne fauroit trouver d'autres fignifications de ce mot que celles que nous venons de dire ; mais toutes ces tranflations n'ont rien changé à la propriété & à l'origine de ce mot. D'où eft-ce donc que cet habile homme a tiré ce qu'il dit ? *çyn*, colonne 27, nombre 42, fignifie, *perfectionner*. Dans tout ce Monument, *çin* n'eft jamais employé que conjoint avec l'adjectif *Ta*, qui le précede ; & pour lors rien n'eft plus vrai qu'il fignifie le Royaume du grand *çin*. Il a été trompé par la reffemblance du fon : car au même endroit, on lit ces quatre mots *Ven-çim-fü-yo*, c'eft-à-dire, mot pour mot, par l'ornement il a purifié (ou poli) les quatre contrées (ou parties du monde,) & dans un fens plus étendu, l'Empereur, par la force & l'efficace des fes exemples, de fes loix, de fes vertus, & de fes préceptes, en quoi confifte tout l'ornement & le luftre des Rois & des Royaumes, a purifié les peuples du monde entier, non pas d'une pureté telle quelle, mais d'une pureté parfaite, & telle qu'elle reluit dans l'eau claire & nette. Je le répete encore, il a été trompé par la reffemblance du fon ; & au-lieu de *Cyn*, il a lu *çim*. Mais quand même l'un & l'autre caractere fe liroit *Cyn*, on ne doit pas tirer la fignification des caracteres Chinois de leur fon, mais de leur figure. Or autant que *çin* approche de *çim* par le fon, autant il en eft éloigné par la figure.

Il ne rencontre pas plus heureufement, quand il dit : dans la paraphrafe on lit toujours *Tan-cyn*. Or dans la colonne 21, nombre 32, *Tan* fignifie *palais* ; ce font fes paroles. Mais dans ce même endroit, on ne doit pas lire *Tan-cyn*, mais *Tan-thim*, où *Tan* fignifie *du cinabre*, & *Thim* fignifie *cour*, & tous les deux enfemble, *palais* ; car les Chinois donnent le nom de cour de cinabre aux palais, fur-tout à ceux de leur Empereur, parce que les portes & les colonnes font ordinairement peintes de cinabre.

Il eft donc plus clair que le jour, que le grand *çin* ne défigne pas le monde, ni que *Olopen* fe foit donné pour cofmopolite ou citoyen du monde. Quant à ce qui a porté les Afiatiques Méridionaux à honorer l'Empire Romain du titre de *Taçin*, ou grande Chine, ce ne fut que pour le comparer ou peut-être le préférer à la Chine. Mais les Chinois eurent une toute autre raifon de lui conferver ce titre fi glorieux, qu'ils ne connoiffoient que par la tradition de ces étrangers : (car il n'eft pas naturel de penfer que les Chinois ayent pu admettre ce titre par oppofition à leur Empire, puifqu'il auroit fallu pour lors qu'ils fe fuffent contentés du titre de petite Chine.) Ce fut donc feulement pour faire une diftinction, & par oppofition au Royaume de *çin*, qui comprenoit la principale partie de la Province de *Xenfi*. Mais cependant ils avouent tous que les Romains n'étoient barbares que par l'habit, & pas même par l'habit, felon quelques-uns, & que pour tout le refte ils étoient Chinois. Il s'en trouve même qui croyent que les Romains font fortis d'une colonie Chinoife, (ils ont voulu dire *Troyenne*,) qui fut emmenée dans leur Pays.

Au refte, cette convenance fymmétrique, que l'Auteur Chinois obferve fe trouver naturellement entre l'Orient & l'Occident, n'eft pas la remarque d'un ignorant ; car tout bien confidéré, fi l'on compare le golfe qui eft entre la Chine & la *Corée*, à la mer Méditerranée, & la Chine à l'Italie, on verra qu'en un sens opposé, la Corée répond à l'Espagne, le pays des *Niu-che* à la France, & le Japon à l'Angleterre. Mais ce qui est encore plus digne d'être observé, c'est que dans un même temps, & avec un même faste, deux Empires très-puissants vouloient, à titre égal, être & paroître les maîtres de toute la terre; car le *Thien-hia* des Chinois, c'est-à-dire, tout ce qui est sous le ciel, revient précisément au même, que le *Terrarum orbis* des Romains, & le διχυμζόη des Grecs.

Passons à présent à d'autres choses que rapporte cet habile homme. Il transforme par anagramme le nom d'*Olopen* en *Polven*, ou *Pol Vénitien*, qu'il prétend être l'auteur faussaire de ce Monument. Cela est subtil, il faut l'avouer, mais il n'est pas vrai. Rien n'est plus certain que l'on ne peut rien tirer des noms étrangers écrits en caractères Chinois, tant les Chinois ont coutume de les défigurer & de les altérer, faute de certaines lettres & syllabes. Pour moi, qui ai lu plusieurs de ces mots ainsi détournés, je me porte aisément à croire que le nom véritable d'*Olopen* étoit *Arben*, ou, si l'on veut, *Orben* ou encore *Oroben*. Mais ce qui me fait incliner plutôt pour *Arben*, c'est que les Chinois ont coutume de lire très-souvent l'*O* & l'*A* dans les mots étrangers, quoique rarement dans les leurs, & de lire très-rarement l'*O* dans les mots étrangers, quoique très-souvent dans les leurs. Ce qui plus est, ils n'ont aucune autre lettre par laquelle ils puissent rendre l'*A* lorsqu'il est seul, ou que dans la composition il forme une syllabe. En voici un exemple. Le *Talaï-lama*, qui mourut vers l'an 1696, portoit le nom de *Puttha-abdi*; mais les Chinois l'écrivoient ainsi, *Puthetha-opeti*, où l'on voit manifestement que l'*O* doit être lu *A*. Mais je veux qu'il étoit nommé *Olopen* en Syriaque. Que s'ensuit-il de-là? En transposant les lettres de ce nom, on fera *Polven*; non certainement, car on en fait *Poloen*, l'*U* qui s'y trouve (dans le *P. Kircher*) ayant été ajouté par les Portugais, non pas pour être prononcé, mais seulement pour indiquer que l'*E* suivant doit être prononcé brièvement & obscurément. Je passe sous silence la note d'infamie que l'on jette sur *Marc Pol*, Vénitien, (*Paulus Venetus*) homme célebre, & sur plusieurs Chrétiens, qui ont dû nécessairement l'aider dans cette entreprise; & certes c'est bien injustement, comme l'on va voir.

L'Auteur de l'Inscription écrit aussi élégamment qu'il se peut. Il est plein d'érudition Chinoise; il possede parfaitement l'Histoire des *Tham*. Tout cela peut-il convenir à Pol Vénitien? Dira-t-on qu'il eut pour complice de l'imposture, dont il étoit auteur, un Chinois qui lui donna la forme? Mais ce Chinois, quel qu'il pût être, n'étoit certainement pas un homme d'une science vulgaire. Auroit-il osé prêter sa main à un homme étranger, & d'une Religion étrangere pour une pareille fourberie, & cela aux dépens de sa réputation & au péril de sa vie? Il étoit Chrétien, mais mauvais Chrétien, puisqu'il étoit fourbe. D'ailleurs, comment auroit-il pu cacher sa fraude? Cette inscription est gravée sur un marbre de 6 à 7 pieds de haut; sa largeur & son épaisseur répondent à sa hauteur. Vingt ou trente hommes robustes auroient à peine pu le remuer. Il falloit pourtant le retirer d'une montagne, le voiturer, & l'enterrer au-dedans des murs d'une ville Impériale. Avant cela, il falloit qu'un habile homme y traçât les caractères de l'Inscription, & qu'aussi-tôt un Sculpteur les y gravât. Ceux-là étoient aussi Chrétiens; quels Chrétiens, bon Dieu! Ajoutez qu'outre les caractères Chinois, il y a aussi au bord de la pierre plusieurs mots Syriaques. Sans doute, que *Marc Pol*, Vénitien, aura eu aussi sous sa main un Ecrivain Syrien pour les tracer. Voyons le reste.

Ce savant homme dit, & cela est vrai, que ce Monument a été trouvé dans la Province de *Xensi*. Mais il auroit été plus correct, s'il eût dit qu'il a été trouvé en-dedans des murs d'une ville, pour lors la capitale de la Province & de l'Empire. Il ajoute, & ceci est faux, que *Marc Pol*, Vénitien, étant à l'armée du grand *Cham* des Tartares, lorsqu'il assiégeoit cette ville en l'an 1268, le *Cham* se servit des avis de *Pol* & du secours d'artilleurs qui étoient Chrétiens, *Marc Pol* le disant lui-même, Liv. 2. Ch. 58. *Marc Pol* a dit vrai; mais je doute qu'il ait parlé ici de la ville de *Si-ngnan-fu*. Cette ville fut, par l'ordre du grand *Cham*, nommé *Octäi*, assiégée l'an 1230, & prise par les Moumgols. Mais l'an 1268 (nommé *Chin* dans le Cycle,) les Moumgols assiégeoient *Siam-yam-fu*, ville de la Province *Hu-kuan*, distante de 115 lieues de celle de *Si-ngan-fu*. Le siege commença la neuvieme lune de cette même année, & ce ne fut que l'an 1273, (nommé *Kuei-yeu*,) c'est-à-dire, quatre ans & demi après que les Chinois se rendirent; & je ne sais s'il y a jamais eu un siege si opiniâtre, les assiégeants & les assiégés voyant bien que de cette ville dépendoit le destin de l'Empire de la Chine. D'un côté, les Moumgols l'assiégeoient avec toutes les forces de l'Asie qu'ils s'étoient soumise; de l'autre, les assiégés avoient à leur tête *Liù-ven-huan*, Chinois d'origine & très-grand homme de guerre. La ville, par la longueur du siege, se trouvoit investie, non pas avec des forts & des fortins, mais avec des places entieres. On combattoit continuellement, & sur terre & sur l'eau. Enfin, *Liù-ven-huan*, dépourvu de secours & des convois, battu de tous côtés de l'artillerie, & ce qui étoit encore pis, abandonné perfidement du Ministre de l'Empire, se rendit & remit la ville aux Moumgols. Ceux-ci reçurent ce grand homme non comme un prisonnier, mais comme un triomphateur; mais les Chinois le rayent du Catalogue des grands Hommes, parce qu'il aima mieux survivre à la perte de sa ville, qu'être enseveli sous ses ruines.

Quand à ce qui regarde ces Artilleurs, voici ce qu'en dit l'Histoire Moumgole Chinoise. L'an huitieme de l'Empereur *Kubläi*, régnant sous le titre de *Chi-yuen*, (c'est l'an de grace 1271,) l'Empereur dépêcha des Envoyés à un Roi de son sang, nommé *O-pu-kho*, pour lui demander des Artilleurs. Aussi-tôt & la même année, *O-pu kho* fit partir en poste des Artilleurs, l'un desquels se nommoit *O-lao-vatim*, (c'est à-dire *Alaeddin*,) & l'autre, *Y-fù-ma-yn*, (c'est-à-dire *Ismaïl*.) Etant arrivés, l'Empereur *Kubläi* les créa sur le champ Commandants. *Ismaïl* fut envoyé au siege de la ville de *Siam-yam-fu*, avec l'autorité de Commandant de l'artillerie. Il dirigea son artillerie à l'angle de la ville qui regardoit le Nord-Est. Les machines étant lâchées, il en partoit un bruit qui faisoit trembler le ciel & la terre. Elles fracassoient & renversoient tout ce qui se trouvoit à leur rencontre. (Les boulets qu'elles lançoient) pesoient 125 livres Chinoises; ils pénétroient de 7 pieds dans l'épaisseur d'un rempart de terre. *Liù-ven-huan* en étant effrayé, rendit la ville. Voilà mot à mot ce que dit l'Histoire; (sur quoi il y a plusieurs choses à remarquer.)

1°. Celui que les Mahométans & les Moumgols nomment *Abakha*, ou plutôt *Abukha*, les Chinois l'écrivent *Opukho*; ce qui ne confirme pas peu ce que nous avons remarqué ci-devant sur *Olopen*; car là comme ici, on doit lire *a* : ici *Abukha*, là *Arben*. Cet *Abakha* étoit neveu de l'Empereur *Kubläi*, fils de son frere *Hulaghu*, qui peu auparavant avoit détruit l'Empire des *Khalifes*. L'an 1264, *Abakha*, après la mort de son pere *Hulaghu*, avoit pris possession de l'Empire des *Khalifes*; cependant quoique Sultan des Mahométans, il étoit entiérement soumis à son oncle *Kubläi*, Empereur de la Chine & de toute l'Asie. C'est pourquoi il n'est pas étonnant qu'il y eût des postes établies depuis la Ville Royale du Sultan jusqu'à *Pekim*; qui plus est, les maîtres des postes s'étant plaint à l'Empereur *Kubläi*, que les Mahométans,

tans, qui allerent fréquemment à *Pekin*, refusoient dédaigneusement de toucher aux viandes qu'on leur présentoit, si ce n'est qu'ils n'eussent tué eux-mêmes les animaux. „ Ce sont mes esclaves, répondit l'Empereur, qu'ils vivent comme les autres "; il fallut obéir.

2°. Ces machines étoient des bouches à feu ; car si c'eussent été des balistes, d'où pouvoit venir ce bruit terrible, capable d'ébranler le ciel & la terre; d'où leur seroit venue cette force de renverser & d'écraser tout ce qu'elles rencontroient? D'ailleurs, les Chinois ne manquoient pas, & n'avoient jamais manqué de balistes de toute espece. Quant à ce que dit l'Histoire, que la machine ou le ressort fut lâché, je ne m'y oppose pas, sachant bien que les Chinois, chez qui cette invention n'étoit pas fort ancienne, conservoient alors, comme ils conservent encore aujourd'hui, les anciens termes concernant l'art balistique, ainsi que nous faisons nous-mêmes en Latin , depuis que cette invention est parvenue en Europe. Car nous employons en cette langue le mot de *Tormentum*, comme les Chinois celui de *Pao*, quoique l'un & l'autre terme soit le terme propre des balistes & des catapultes. Mais de même que pour en marquer la différence, nous les appellons *Tormenta ignita*, de même aussi les Chinois retranchent souvent de leur *Pao* la lettre *Xe*, qui désigne une pierre, lui substituant *Ho*, qui signifie *feu* ou *enflammé*, & ils écrivent *Pao*, comme nous l'avons montré ailleurs assez amplement. Mais dira-t-on, si les Chinois avoient l'usage des bouches à feu, qu'étoit-il nécessaire de faire venir de si loin des Artilleurs? Oui, certes, ils en avoient l'usage; mais ils s'en servoient rarement, comme ils font encore aujourd'hui, parce qu'ils craignent que les rebelles n'en abusent. C'est par la même raison que les Chinois, il y a environ cent ans, firent venir de *Macao* des Canonniers, (dont ils avoient besoin). C'est pourquoi de ce qu'ils firent venir autrefois des Canonniers Mahométans, on n'en peut pas plus inférer que les Chinois ne soient pas les auteurs de cette invention que d'avoir, il y a cent ans, fait venir des Canonniers Portuguais. Joignez à cela que ceux-là ne furent pas mandés par les Chinois, mais par les Moumgols, qui, depuis lors, se servirent du canon dans toutes leurs expéditions, même maritimes; car l'an 1293, les Moumgols étant allés avec une armée navale attaquer l'Isle de *Chao-va*, (que je crois être *Java*,) comme ils étoient prêts à combattre contre une armée de plus de cent mille insulaires, le Général Moumgol fit tirer, pour signal du combat, quelques coups de canon. L'Histoire Moumgole prouvera encore mieux l'usage qu'ils avoient des bouches à feu.

3°. Suivant l'Histoire Chinoise , il semble que ces deux Artilleurs étoient Mahométans puisqu'elle les nomme *Hoëi-hoëi*. Les noms mêmes d'*Alaeddin* & d'*Ismaïl* semblent l'indiquer aussi. Cependant il faut plutôt en croire *Marc Paul*, Vénitien , témoin oculaire, qui assure qu'ils étoient Chrétiens; vu même qu'ils pouvoient fort bien être Mahométans de nation & de nom, mais non de Religion.

(7) *Posû.* Ce nom même indique que c'est la Perse. Tout le monde sait qu'au commencement ce pays s'appelloit *Pars* par ses habitants, & que les Arabes l'appellent *Fars*. De *Pars*, les Romains, à l'imitation des Grecs, firent *Persia* ou *Persis*. Les Chinois rejettant de ce mot la lettre *r* qui leur est odieuse, ont écrit *Posû*. Mais afin qu'on ne croye pas que ceci n'est qu'une simple conjecture, je joins ici la description de ce pays, tirée de l'Histoire des *Tham*, sous lesquels écrivoit l'Auteur du Monument.

Posû est distant de 1500 lieues de *Si-ngan-fu*, ville Impériale de la Chine. Il est terminé vers l'Orient par les Royaumes de *Tuholo* & de *Kham*; (que je crois être le *Khorassan* & l'*Uzbek*;) il est baigné de la mer du côté du Midi & de l'Occident. Du côté du Nord-Est, (ou plutôt le Nord-Ouest,) il regarde *Fulin*, (ou l'Empire de Constantinople,) dont il est éloigné de 400 lieues. Du côté du Nord, il confine aux Turcs, appellés *Khasa*. Sous la fin de la Dynastie Chinoise *Sui*, (elle finit l'an 619,) l'Empereur des Turcs, nommé *Xehu-khan*, attaqua & tua le Roi de *Posû*, nommé *Kusaha*. Le fils de celui-ci, nommé *Xili*, fut mis à sa place, mais en même-temps, *Xehu-khan* établit un Vice-Roi pour gouverner le Royaume. *Xili* étant mort, les gens du Pays rejetterent le Gouvernement des Turcs, & déclarerent Reine la fille de leur Roi *Kusaha*. Cette Reine fut aussi tuée par les Turcs. Un fils de *Xili*, nommé *Tankie*, s'étoit enfui au Royaume de *Fulin*; il fut rappellé par les siens, & sous le nom d'*Ytaxi*, qu'il prit, il fut salué Roi. Etant mort, il eut pour successeur son neveu *Yfukhi*, fils de son frere aîné. L'an 638°. de J. C., *Yfukhi* envoya à la Chine un Ambassadeur, nommé *Mosupan*, avec un tribut. *Yfukhi* ayant été chassé par les siens à cause de sa tyrannie, prit la fuite pour aller au Royaume de *Tuholo*; mais il fut pris en chemin, & tué par les *Taxe*, ou les Arabes, & son fils *Pilusû* (*Firouz*) se sauva heureusement dans le Royaume de *Tuholo*. Il fit savoir son aventure par Ambassadeurs à *Tham-thai-çum*, Empereur de la Chine. L'Empereur refusa, à cause de la distance des lieux, le secours qu'il demandoit. La paix ayant en quelque façon été faite, les Arabes se retirerent, & les peuples du Royaume de *Tuholo* le rétablirent dans son Royaume paternel. L'an 661, ou peu après, il se plaignit de nouveau par Ambassadeurs à l'Empereur (*Tham-kao-çum*) des incursions des Arabes.

Dans ce même temps, l'Empereur envoyoit des Ambassadeurs dans la Tartarie, pour la partager en Cités & en Provinces. Il créa *Pilusû* (*Firouz*) Général, & lui assigna pour sa résidence la ville de *Çii-lim*; mais aussi-tôt son Royaume fut subjugué & éteint par les Arabes. L'an 670, ou peu après, *Firouz* alla à la Chine, & l'Empereur le créa Général de la droite de ses (sa garde) soldats Prétoriens; & mit à sa place son fils *Ni-niesû*, qui, depuis long-temps, étoit en ôtage à la Chine. L'an 679, l'Empereur *Kao-çum* ordonna à *Fei-him-kien*, Généralissime de la Tartarie, de le conduire à main armée en Perse. *Fei-him-kien*, à cause de la longueur du chemin, ne put le mener jusqu'au Royaume de *Suixe*, (parmi les *Uzbeks*;) c'est pourquoi *Ni-niesû* se vit obligé de mener pendant vingt ans une vie privée dans le Royaume du *Tuholo*. L'an 703 ou 704, il retourna à la Chine, & l'Empereur le créa Général de la gauche de sa garde. Tant qu'il vécut, il jouit d'une partie de son Royaume. Depuis l'an 713 jusqu'en l'an 755, il envoya à la Chine de fréquentes ambassades avec des présents. Enfin, l'an 758, il se joignit aux Arabes, qui alloient attaquer *Canton* avec une armée navale. Il attaque avec eux à l'impourvu, le prend & le pille, & s'étant tous chargés de butin, ils prirent aussi-tôt la fuite. Néanmoins *Ni-niesû* ne laissa pas d'envoyer, vers l'an 773, des Ambassadeurs à la Chine.

Sur quoi il faut observer que par *Yfuki*, on doit entendre *Yezdegird*, qui, l'an quinzieme de l'Hégire & 636°. de J. C., ayant été défait par les Arabes à la bataille de *Cadesie*, prit la fuite, & erra d'un côté & d'autre, jusqu'en l'an 31°. de l'Hégire, & 652 de J. C., que la mort termina sa course. Avec lui fut éteinte la Monarchie des Perses, & les Arabes en prirent possession. C'est ainsi que le racontent les Histoires des Perses & des Arabes. Mais puisqu'après sa défaite de l'an 636, il prit la fuite, comment se peut-il faire que l'an 638 il ait envoyé une ambassade à la Chine? C'est, sans doute, qu'il n'étoit pas alors encore dépouillé de tout son Royaume, & que la perte qu'il avoit faite récemment, fut cause qu'il envoya à la Chine pour implorer le secours des Chinois, qui, dans ce temps-là, commandoient dans toute la Tartarie.

(9) *Olopen* contemplant le Ciel, & ayant égard aux faifons des vents, vint à la Chine. L'Auteur s'exprime pour ainfi exagérer la difficulté du chemin qu'*Olopen* devoit faire pour arriver à la Chine. Car il faut favoir qu'il fe trouve dans la Tartarie un grand nombre de vaftes fablonnieres, & qu'il y en a fur-tout une fur les limites mêmes de l'Empire de la Chine, qui eft la plus dangereufe de toutes, & que l'on dit être infeftée par des lutins & des efprits follets. Elle a cent lieues & plus de tout fens. On y entend çà & là, (à ce que difent les Chinois) des voix, tantôt comme des perfonnes qui pleurent, tantôt comme des gens qui rient, tantôt comme dès gens qui appellent. Si quelqu'un, pouffé par la curiofité de favoir d'où viennent ces voix, fans que l'on voye perfonne, s'éloigne tant foit peu de la troupe des voyageurs, il difparoît à l'inftant, & périt fans reffource. Ceux qui traverfent ces fablonnieres, dirigent leur route pendant le jour fur le foleil, & pendant la nuit fur les étoiles & la lune. Mais le plus grand danger vient des vents, qui foulevent ces fables arides, & les élevent en forme de nuages; c'eft ce que l'Auteur indique ici.

✳ *Vam-xe-chim*, c'eft-à-dire, *Ville de la maifon Royale*, eft, comme on croit, un nom appellatif qui eft ici attribué à une ville, dont le nom propre, felon la prononciation Chinoife, étoit *Patiyen*, (& peut-être felon la prononciation Tartare, *Badian.*) Elle eft éloignée de 1010 lieues à l'Occident de la ville de *Si-ngan-fu*, alors métropole de la Chine. Elle eft au Midi, & à plus de 20 lieues du fleuve *Uhu*, (que je crois être celui que nos Géographes nomment *Oxus*, & les Mahométans *Gihon.*) Cette ville étoit la capitale d'un Royaume Tartare, nommé *Ye-tho*, quoique les Tartares ne le vifitoient que de temps en temps, parce qu'ils étoient Nomades, & paffoient fans ceffe d'un lieu à un autre, pour chercher la commodité des pâturages & des eaux. Ce Royaume, qui confinoit aux Indes ou au Caucafe, étoit devenu, dès le commencement de l'Ere Chrétienne, un très-puiffant Empire, s'étant affujetti par la force des armes plus de vingt Royaumes des environs; il fubfifta pendant fix ou fept fiecles, jufqu'à ce qu'enfin il fût détruit par les Turcs. Là s'étoit introduit une coutume horrible & inouie jufqu'alors, à laquelle le petit nombre de femmes avoit donné lieu. Lorfqu'on marioit une fille, elle ne devenoit pas feulement la femme de fon mari, mais auffi de tous les freres de fon mari : & ils avoient fi peu de honte d'une action fi déteftable, que les femmes mêmes s'en faifoient un mérite & une gloire. Car de leur coëffure s'élevoient autant de houppes qu'elles avoient de maris.

Ces Tartares avoient un langage particulier & tout-à-fait différent de celui des autres Tartares. Ils alloient fouvent à la Chine pour y porter le tribut. C'eft de-là que le Bonze *Yfu* étoit venu à la Chine, & deux chofes indiquent affez clairement qu'il y entra en habit féculier, & que là, comme peut-être il avoit fait dans fon pays, il géra fort bien les affaires de l'Etat avant d'embraffer l'état religieux. L'une de ces chofes eft le paffage de l'Auteur du Monument, où il dit, *au commencement*, *&c.*; l'autre les honneurs & les dignités dont l'Empereur l'avoit comblé. De-là on peut fe convaincre aifément que la Religion Chrétienne avoit déja fait alors quelques progrès dans la Tartarie. Au refte, ce n'eft pas fans raifon que l'Auteur du Monument a appellé cette ville *Vam-xe-chim*, plutôt que *Patiyen*. Le nom de *Patiyen* étoit barbare, & fonnoit mal aux oreilles Chinoifes, comme n'ayant effectivement aucun fens dans leur langue, au-lieu que le nom de *Vam-xe-chim*, outre qu'il eft formé de mots purement Chinois, & qui ont une fignification connue, il fe trouve encore que dans les Livres Canonique de la Religion des Indes, qui font traduits en Chinois, il eft fait fouvent mention de cette ville fous ce même nom; de forte que par-là ce nom n'avoit rien d'étranger pour les Chinois.

DESCRIPTION ABRÉGÉE DE L'EMPIRE DE LA CHINE,

En forme d'une Lettre écrite à S. A. S. le PRINCE EUGENE
DE SAVOYE.

Sur l'Antiquité, l'étendue & le Gouvernement de l'Empire de la Chine.

AVERTISSEMENT.

Un Capitaine de vaisseaux, Flamand de nation, qui a été trois fois à la Chine, ayant fait connoissance avec une personne qui y avoit fixé son séjour depuis plusieurs années, en a tiré des Mémoires qui font la matiere de cette Lettre, écrite en 1728.

MONSEIGNEUR,

J'AI déja eu l'honneur de vous présenter un petit Mémoire de ce que j'avois appris de particulier touchant l'Empire de la Chine, dans les différents voyages que j'y ai faits; & Votre Altesse Sérénissime ayant eu la bonté de me témoigner qu'il lui avoit fait plaisir, tout informe qu'il étoit; aujourd'hui qu'il est dans un meilleur ordre, j'espere qu'Elle ne le verra pas avec moins de satisfaction. J'ai été obligé, pour donner de la liaison à mon discours, d'y joindre certaines choses déja connues; & peut-être que V. A. S. ne sera pas fâchée de s'en renouveller les idées.

Quand on considere la multitude innombrable des habitants de la Chine, ses richesses immenses, & son abondante fertilité pour tout ce qui regarde la nécessité, la commodité & les délices de la vie, & sur-tout la sagesse de son gouvernement, je crois que c'est à bon titre qu'on lui donne un des premiers rangs entre les Empires & Royaumes de l'univers.

L'Histoire populaire de cette Monarchie est hors de toute vraisemblance, pour ne pas dire manifestement fausse, puisqu'elle compte plus de quarante mille ans depuis sa fondation. Il est bien vrai qu'il n'y a point de peuple plus ancien, ni peut-être si ancien dans le monde : car le temps le plus reculé, marqué dans la Vulgate, suffit à peine pour fixer la chronologie des Chinois; & ce que leurs Savants en disent, est soutenu par des circonstances si apparentes, & confirmé par une tradition si généralement reçue parmi eux, qu'on y passeroit pour ridicule & pour un incrédule obstiné, si l'on vouloit seulement le révoquer en doute. Cependant, malgré la prétendue certitude de ces Savants, ils ne s'accordent pas tout-à-fait sur l'antiquité de leur nation, les unes lui donnant quatre mille quatre-vingt-huit ans, les autres quatre mille six cents quatre-vingts; & plusieurs, par des raisons assez probables, la font remonter encore six cents ans plus haut.

Quoique ces différences paroissent sensibles, l'on ne doit point s'en étonner, ni s'y arrêter beaucoup, lorsqu'on fait attention au peu de conformité qui se trouve aussi entre nos Auteurs Européens, qui ont traité de la chronologie. V. A. S. n'ignore point qu'il y a plus de soixante-quinze opinions touchant le calcul des années depuis la création du monde, jusqu'à la venue de Jesus-Christ, & que toutes ces opinions renferment une différence de plus de trois mille ans; puisque la premiere, qui est du Rabbi *Nabasson*, en compte 3740, & la derniere d'Alfonse le Sage, Roi de Castille, 6984.

(*a*) Pour donner une vraie époque, ou du moins vraisemblable, à l'établissement de l'Empire de la Chine, un homme de probité & d'érudition, qui y a fait un séjour de plus de quarante ans, s'est étudié à débrouiller ce cahos autant qu'il lui'a été possible, & m'a assuré d'en avoir fait une dissertation en Latin, (que je n'entends pas, autrement il me l'auroit communiquée) dans laquelle il prouve, m'a-t-il dit, la véritable origine de cet Empire, son Gouvernement, &c. Mais il m'a donné les petits Mémoires sur lesquels il a travaillé, & dont je vais tâcher de déduire le contenu, en commençant par la Généalogie du Roi *Jectan*. Elle est tirée exactement des Annales Chinoises, & conforme à l'Ecriture-Sainte jusqu'à *Heber*, pere de ce *Jectan*.

C'est donc par une étude recherchée des Historiens Chinois & de leurs anciennes Chroniques qu'on a pu apprendre que le Roi *Jectan*, appellé dans leur langue *Yao* ou *Yao-tang*, a été le fondateur de ce grand Empire. Ils disent que ce Prince partit l'an 171 après le Déluge, du camp de *Sennaar*, où avoit été la Tour de Babel, & qu'il habita pendant cinquante ans, depuis *Cang-kiu* jusqu'au mont *Hoa*, lieux qui paroissent répondre au *Messa*, & à la montagne Orientale *Séphar*, & qui, suivant l'Ecriture-Sainte, furent la premiere habitation de ce second fils d'*Heber*. Enfin, il quitta ce poste, & arriva à la Chine, onze ans après, avec sa nombreuse colonie, ayant pris sa route par la Province Septentrionale de *Changsi*, où il trouva aussi bien que dans un pays plat, tirant plus sur le Midi, une vaste étendue d'eau, que leur Histoire nomme *Hong-choui*, c'est-à-dire, *Eaux du Déluge*, & que ce Prince fit écouler dans la mer par plusieurs canaux, auxquels on travailla pendant l'espace de treize ans (*b*).

Sur les montagnes qui environnoient ce pays, on ne voyoit que des serpents & des bêtes feroces, qui dévorerent plusieurs de ces nouveaux hôtes. Tout autre que *Jectan* se seroit rebuté à la vue de ces affreux objets; mais plein d'un courage héroïque, il ranima les plus timides; & mettant lui-même la main à l'œuvre pendant que d'un autre côté l'on évacuoit les eaux, il mit le feu par toutes ces montagnes, pour en exterminer ces animaux sauvages ; il fit défricher les terres, & les ensemencer; & à force de travail, on fit paroître au bout de quelques années des maisons & des villes dans toute cette longue étendue de Pays.

(*a*) Antiquité de la Chine.
(*b*) *Mengt-tsé*, Historien Chinois, dit au Chap. III de ses Anecdotes, que la Chine n'étoit alors qu'un désert, habité par des serpents & autres bêtes cruelles.

Pour ne pas être accablé du fardeau immense des affaires de ce naissant Empire, il s'associa, pour le gouverner, un personnage d'un rare mérite, nommé *Yu*, & ensuite *Chun*. Aidé de ce grand homme, il mit tout en bon ordre, créa des Charges, fixa sa Cour, choisit ses Officiers, & partagea ce vaste Domaine en neuf districts, où il établit autant de Gouverneurs, se réservant un tribut annuel proportionné à la bonté de chaque territoire. Enfin, toutes choses furent si bien ordonnées, que ses réglements & ses loix, qui subsistent encore, ont fait jusqu'aujourd'hui le bonheur & la tranquillité de ces peuples, & l'admiration des étrangers.

Le regne d'*Yao-jectan*, depuis son départ de *Sennaar* jusqu'à sa mort, a duré cent & un ans, 61 hors de la Chine, & 40 depuis son arrivée dans le Royaume. *Chun* régna après lui cinquante-un ans; ce qui fait 92 pour le regne alternatif de ces deux Princes. *Yao* fut si content des belles qualité de *Chun*, que de son premier Ministre, il en fit son gendre & son collegue, en l'élevant lui-même au trône de son vivant, & le préférant à tous ses fils; parce qu'il ne reconnut en aucun d'eux assez de vertu, ni assez de capacité pour pouvoir continuer & faire subsister ses admirables établissements. L'événement confirma ce juste choix, & *Chun* gouverna avec tant de bonté, de fermeté & de sagesse, qu'il passe encore dans la nation pour le plus parfait Empereur & le plus parfait qu'il y ait eu après *Yao*. Une des choses qui lui attira le plus d'estime, c'est que, suivant l'exemple de son prédécesseur, il eut plus d'égard à la félicité de ses sujets, qu'à la proximité de son sang. Il préféra donc à son fils aîné *Chang-kiun*, pour lui succéder à la Couronne, le grand *Yu*, non moins célebre par ses vertus éminentes, que pour avoir présidé à l'évacuation des eaux, & en avoir achevé le grand & pénible ouvrage. C'est lui qui fut le chef de la premiere famille Royale nommée *Hia*. Il auroit bien voulu imiter ses deux illustres prédécesseurs, en remettant au plus digne les rênes de l'Empire; mais le sentiment des Grands & du peuple prévalut, en le rendant héréditaire, par la crainte qu'ils eurent qu'une élection qui auroit toujours été arbitraire, ne vînt enfin à causer des murmures & des troubles capables d'ébranler, ou de bouleverser même, ce qui étoit si bien affermi.

L'on ne peut pas dire au juste le nombre des Princes que cette premiere famille, ou Dynastie, comme mon Auteur l'appelle, a mis consécutivement sur le trône, l'ordre de la succession en ayant été plusieurs fois interrompu par quelques rebelles. Mais il est bien certain qu'elle n'a subsisté que 259 ans, au-lieu de 439, que le comput vulgaire lui attribue, par une addition qui paroît faite à dessein d'une triple révolution de son cycle sexagénaire, c'est-à-dire, de 180 ans. Les preuves qu'en donnent de savants Auteurs Chinois sont très-plausibles, par rapport à de certains événements, dont les circonstances sont parfaitement conformes avec celles que nous lisons dans la Vulgate. Cette erreur de calcul a tellement dérangé la Chronologie Chinoise, que les Missionnaires Européens n'ont pu jusqu'ici reconnoître la véritable origine de l'Empire, de crainte qu'en avouant le Roi *Yao* pour son fondateur, comme il l'est en effet, ils ne fussent obligés de le faire noyer dans les eaux du Déluge, dix ans avant son élection, ou son départ pour la Chine. C'est pourquoi ils ont dû abandonner la Vulgate, & avoir recours aux Septante, pour trouver à la faveur de leur comput allongé, quelque Prince plus ancien, qu'ils ont fait le prétendu fondateur de cette nation; & cela faute d'un examen suffisant, s'étant contentés de chercher ce Prince entre ceux dont les Annales Chinoises parlent confusément depuis le premier homme.

La seconde Dynastie qui a suivi immédiatement celle des *Hia*, s'est nommée *Chang*, & a duré 644 ans sous ving-huit Princes consécutifs. L'Empereur *Tching-*

tang, surnommé l'*Homme parfait*, en fut le chef, & parvint à l'Empire la même année que le Patriarche Jacob entra en Egypte, qui étoit la seconde de la famine universelle de sept ans. L'Histoire Chinoise en fait mention, de même que l'Ecriture-Sainte, & la place aussi dans le même temps, savoir 582 ans après le Déluge.

La troisieme Dynastie, appellée *Tcheou*, pendant 876 ans qu'elle a duré, a eu trente-sept Rois, dont *Vou-yang* fut le premier, ayant défait le cruel & débordé *Tcheou*, dernier Prince de la Dynastie précédente. Depuis ce temps-là jusqu'à la naissance de Jesus-Christ il s'est écoulé 246 ans, le sixieme du regne de l'Empereur *Han-geai-ti*. Et enfin depuis cette sainte & heureuse époque, nous en comptons 1728. D'où il résulte que l'Empire de la Chine ayant commencé 230 après le Déluge, le 1886 du monde selon la Vulgate, a jusques à présent, 3845 années d'antiquité, comme on le voit par cette supputation.

Le regne des deux premiers Rois.   ans.

	ans
Yao & *Chun* a été de	92.
La premiere Dynastie a duré . .	259.
La seconde, ...	644.
La troisieme, ...	876.
Depuis lors à J. C. il s'est passé .	246.
Et depuis Jesus-Christ	1728.

                 3845.

Pendant cette longue suite d'années, on a toujours vu la même forme de Gouvernement dans la Chine, & rien ne s'y est changé que les habillements, quoique les Tartares Occidentaux & Orientaux y ayent fait deux invasions; la premiere l'an 1280, qui a duré jusqu'en 1373: la seconde en l'an 1643, & qui continue encore.

Il me semble, MONSEIGNEUR, d'avoir assez bien débattu l'erreur populaire touchant l'antiquité de la Chine, je vais maintenant fixer sa situation & son étendue.

(a) Les Géographes parlent diversement de l'une & de l'autre: mais sans m'arrêter à rapporter leurs différents sentiments, ce qui seroit fort inutile, je puis assurer, après les observations exactes faites en dernier lieu, qu'elle est située depuis le 22°. degré de latitude septentrionale, jusqu'au 41°., & depuis le 125°. degré de longitude jusqu'au 150°., c'est-à-dire qu'elle a 380 lieues marines ou d'une heure de chemin, du Midi au Septentrion, & 500 lieues de l'Orient à l'Occident en comptant 20 lieues pour un degré. Joignons-y la Tartarie Orientale qui fait aussi partie de l'Empire Tartare-Chinois, depuis l'extrêmité de la fameuse muraille, jusqu'au 49°. degré de latitude; ce sont encore neuf à dix degrés: de sorte que tout ce terrein représente à-peu-près un quarré long de deux mille cent soixante lieues de circuit. Encore n'y ai-je pas compris les isles de *Formose*, *Hainam*, *Tsangquoe*, *Theoucham*, & quelques moins considérables, qui, toutes ensemble, seroient un fort grand Royaume; non plus que la grande Province de *Leaotong*, qui est au-delà de la grande muraille, & non en-deçà, comme les Géographes l'ont ci-devant placée. Pour ce qui est de *Tunquin*, de *Siam*, & de la presqu'isle de *Corée*, quoique ces Etats soient tributaires de l'Empereur, ils ont cependant chacun leur gouvernement particulier, & sont très-différents de la Chine; soit qu'on regarde la fertilité des terres, la beauté & la grandeur des villes, soit qu'on fasse attention à l'esprit, à la Religion & aux mœurs des habitants; aussi sont-ils fort méprisés par les Chinois, qui les traitent de barbares, & ne veulent point s'allier avec eux, non plus

____

(a) Situation de la Chine & son étendue.

plus qu'avec les autres Indiens; de peur que ce mélange ne les fasse dégénérer de leur ancienne noblesse.

(a) Ce vaste Empire de la Chine est divisé en quinze Provinces, qu'on pourroit appeller autant de Royaumes. Les six premiers vers le Septentrion, que les Tartares connoissent sous le nom de *Catay*, sont *Pekeli*, *Changsi*, *Chengsi*, *Xantung*, *Honan*, & *Sout-Chouen*. *Mangy* étoit autrefois le nom de la partie Méridionale de la Chine. Elle est divisée aujourd'hui en neuf Provinces, savoir, *Houquam*, *Nanking*, *Chekiam*, *Kiamsi*, *Fokien*, *Quangtong*, *Quamsi*, *Yunnan* & *Kouei-tcheou*.

Ces quinze Provinces contiennent cent cinquante cinq villes principales; treize cents douze cités ou villes du second ordre, & deux mille trois cents cinquante sept bourgs militaires, ou places d'armes. Il n'y a pas beaucoup de différence entre les villes & les cités, eu égard à leur grandeur; puisqu'il se trouve des cités aussi grandes que des villes, & même plus. C'est la jurisdiction des Gouverneurs qui les distingue. Ceux des villes sont subordonnés aux Vice-Rois des Provinces, & les cités leur sont soumises. Les bourgs ne different des villes & des cités, que parce qu'ils ne sont point fermés de murailles, & qu'ils ont une garnison qui demeure avec les Bourgeois. Les villes en langue Chinoise se nomme *Foù*, les cités *Tcheou*, & les bourgs *Hien*. Il y en a d'une aussi grande étendue que des cités.

(b) Il n'est point croyable combien tout ce pays est peuplé. Quand on est sur les grands chemins, on diroit que ce sont des armées ambulantes. C'est comme si l'on voyoit continuellement de nos foires ou de nos processions. Les Portugais en étoient si étonnés, lorsqu'ils entrerent la premiere fois dans la Chine (c), qu'ils demandoient si les femmes y faisoient des douzaines d'enfants à la fois. On compte plus de dix millions cent vingt-huit mille sept cents quatre-vingt-dix familles : & sans comprendre les Princes du Sang, les Ministres de l'Empire, les Seigneurs, les Officiers tant de police que militaires, les Bonzes ou Sacrificateurs, les Eunuques, les femmes & les enfants. Le nombre des hommes du commun peuple, au-dessus de l'âge de vingt ans, se monte à cinquante-huit millions, neuf cents seize mille huit cents; outre une prodigieuse quantité de gens qui vivent dans les vaisseaux & les barques, de façon que l'eau y paroît aussi peuplée que la terre. L'on ne doit donc pas tant se recrier, quand on assure qu'il y a plus de deux cents millions d'ames à la Chine : ce qui est fort aisé à supputer par la taille & la capitation; outre que chaque pere de famille est obligé, suivant les Loix, de mettre un écriteau sur la porte de sa maison, qui dénote le nombre & la qualité de ceux qui demeurent chez lui. Il y a même des *Tifangs*, ou Dixainiers commis pour tenir chacun le rôle de dix familles.

Ce qui contribue beaucoup à cette multitude d'habitants, c'est que tout le monde veut se marier, à la réserve de quelques Bonzes, & de ceux que la misere réduit à garder le célibat malgré eux. D'ailleurs, comme la guerre ni la peste ne désolent point ces contrées, & que les hommes, outre leur femme légitime, ont autant de concubines qu'ils veulent, on y peuple d'une si étrange maniere, qu'on ne voit plus aucun lieu, fût-il entre des rochers & des montagnes, qui ne soit habité & cultivé.

(c) L'on ne peut disconvenir, MONSEIGNEUR, que la Chine ne soit digne d'admiration à plusieurs égards; mais je pense que sa politique & la forme de son Gouvernement la rendent encore plus recommandable. J'ai déja dit qu'on en avoit l'obligation à *Jectan* & à *Chun*, ses deux premiers Rois. Voici comme ils s'y prirent.

Après avoir partagé en neuf ordres les Officiers de robe ou Mandarins Lettrés, ainsi qu'on les nomme, ils jugerent à propos de distinguer leurs rangs & leurs qualités par différents habits & par diverses figures symboliques, chaque ordre ayant pour son symbole un oiseau, comme la Cigogne, l'Aigle, le Paon, &c. Ensuite ils fixerent six ordres d'Officiers d'épée ou Mandarins d'armes, à qui ils donnerent pour marques de distinction des figures de bêtes sauvages, telles que le Lion, le Tigre, le Léopard, &c. Ces réglements furent religieusement observés jusqu'à l'invasion des Tartares, qui en furent si charmés, qu'ils les adopterent avec plaisir ; & tous ces Officiers portent encore, aux jours de cérémonie, sur la poitrine & sur le dos en deux cartouches quarrés brodés d'or & de soie, les figures de ces oiseaux & de ces quadrupedes. Ils obligerent seulement leurs nouveaux sujets de se couper les cheveux & de porter l'habit Tartare. Mais ils eurent plus d'égard pour les femmes Chinoises, que pour les hommes, en leur laissant leurs habits & leurs parures, qui different beaucoup des habillements des femmes Tartares. Cependant, comme elles gardent toutes entre elles la même subordination que leurs maris gardent entre eux, elles ont aussi sur leurs habits les mêmes symboles de leur différente qualité.

Outre ce cartouche en broderie, dont je viens de parler, tous les Mandarins portent à leur bonnet & à leur ceinture, des pierres précieuses, qui marquent aussi les différents ordres par leur diversité. Mais les Mandarins Lettrés des trois premiers ordres, & les Mandarins d'armes des quatre premiers, se distinguent encore par des robes enrichies de figures de Dragons à trois ou quatre ongles; ce qui est une marque très-honorable, parce que l'Empereur a aussi le Dragon pour son signe symbolique, avec cette différence qu'il le porte à cinq ongles : & cette distinction est si sacrée, que personne dans ses Etats n'oseroit s'en servir, ni même le faire peindre, ou seulement crayonner, sans un ordre ou permission expresse de ce Monarque.

Il y a de plus une autre subordination entre tous ces Mandarins de Lettres & d'Armes, chacun étant encore distingué en deux degrés. De sorte qu'en parlant, par exemple, d'un Mandarin du quatrieme ordre, on dit : Un tel est Mandarin du premier ou du second degré du quatrieme ordre. Tous ces ordres & ces degrés différents ne sont pas attachés aux charges, mais aux personnes qui les possedent; parce qu'on n'a égard en cela qu'au seul mérite, & aux services rendus à l'Etat. Il est bien vrai que l'on proportionne ordinairement l'ordre & le degré à la dignité des charges; mais l'Empereur éleve souvent au Mandarinat du premier ou second ordre, un Officier qui mérite récompense, & de qui l'emploi est peu considérable. C'est par cette exacte & merveilleuse subordination, & par l'autorité absolue du Souverain, que se conserve, comme j'ai dit, cette heureuse tranquillité dans la Chine.

Pour en donner une connoissance encore plus précise, il convient d'entrer dans un plus grand détail.

L'on compte dans *Peking*, Capitale de ce vaste Empire, jusqu'à douze Cours souveraines, qui s'étendent sur toutes les Provinces, savoir, six de Mandarins Lettrés, qu'on appelle *Leoù-pou*, c'est-à-dire, *les six Cours*; & cinq de Mandarins d'armes, nommées *Oufou*, qui signifie *les cinq Classes*.

La douzieme, ou pour mieux dire, la premiere, qui a la supériorité sur toutes les autres, forme les deux Conseils de l'Empereur, dont l'un est extraordinaire, composé des Princes du sang, l'autre ordinaire, dans lequel entrent les Ministres d'Etat, qu'on nomme

(a) Division.
(b) Nombre des habitants.
(c) En 1517.
(d) Forme du Gouvernement.

Colaos. C'est comme une espece de Parlement qui juge de toutes les causes d'appel, qui examine toutes les grandes affaires, qui en fait rapport à l'Empereur, & qui en reçoit les dernieres résolutions. Ce Tribunal, qu'on appelle *Nui-yuen, la Cour du dedans,* parce qu'il se tient au-dedans du palais, comprend trois classes de Mandarins. La premiere est celle des *Colaos,* qui sont tous Mandarins du premier ordre; le nombre n'en est point limité. Il y en a d'ordinaire cinq ou six, l'un desquels a le titre de Président que l'on nomme *Ciam-ciu,* c'est comme le premier Ministre de l'Empire. Dans la seconde classe sont les Mandarins du premier & du second ordre, en qualité d'Assesseurs des *Colaos*; on les nomme *Ta-hio-ssé* ou *Magistrats d'une capacité reconnue.* La troisieme classe appellée *Tchong-chu-co, École des Mandarins,* est celle des Secretaires de l'Empereur, qui sont ordinairement des Mandarins du quatrieme, du cinquieme & du sixieme ordre. Voici les noms & les fonctions de ceux qui composent les six Cours de Mandarins Lettrés.

1. Le *Lii-pou* a l'inspection sur tous les Mandarins de l'Empire, pourvoit à leurs charges, en les donnant ou les ôtant selon qu'il le trouve convenir.

2. Le *Hou-pou* a la surintendance des Finances & des tributs qui se levent dans tout l'Empire.

3. Le *Lu-pou* conserve les anciennes coutumes, les rites & cérémonies de l'État, & dirige tout ce qui a rapport à la Religion, les Sciences, les Arts & les affaires étrangeres.

4. Le *Ping-pou* étend sa jurisdiction souveraine sur les troupes & les Officiers qui les commandent, & a soin des armes.

5. Le *Hing-pou* juge souverainement les criminels.

6. Le *Cong-pou* a la sur-intendance générale des bâtiments Royaux, & autres ouvrages publics, & de la Marine.

Ces six Cours ont chacune un Président & deux Assesseurs. Le Président est un Mandarin du premier degré du second ordre, & les Assesseurs sont du premier degré du troisieme ordre. Chaque Tribunal renferme encore plusieurs autres chambres, composées d'un Président & de douze à quinze Conseillers, selon la multitude des affaires, dont les plus importantes sont toujours renvoyées en dernier ressort à la premiere Chambre. On compte jusqu'à quarante-quatre de ces Tribunaux subalternes. Le Tribunal des Finances & celui des Causes criminelles ont chacun vingt-quatre Conseillers.

Pour empêcher que des Cours aussi puissantes que celles-là, ne donnent atteinte à l'autorité du Prince, ou ne trament quelque chose contre ses intérêts, il est statué que les matieres de leurs jurisdictions soient tellement partagées, qu'ils ayent tous besoin les uns des autres. De façon qu'il n'y a point d'affaire de conséquence dans l'État, qui ne soit relative à plusieurs de ces Mandarins, & quelquefois à tous ensemble. Outre cela, l'on a encore établi dans chaque Cour un Inspecteur, qu'on nomme *Coli,* qui examine tout ce qui s'y passe, pour en avertir secretement l'Empereur; ou même publiquement, lorsqu'un ou plusieurs membres ont commis quelque faute ou injustice. Ces sortes d'Officiers obligent aussi les Princes à se tenir sur leurs gardes; l'Empereur même, s'il entreprend quelque chose contre les Loix fondamentales de l'État, parce qu'alors les *Colaos* ont la liberté de le supplier, par des remontrances respectueuses, de ne point sortir de son devoir, ni de se rendre indigne par-là du rang suprême auquel il est élevé.

Voilà quel étoit le nombre des Mandarins Chinois; mais depuis que les Tartares se sont rendu maîtres de la Chine, on les a redoublés, en mettant dans chaque Tribunal autant de Tartares que de Chinois; ainsi au-lieu d'un Président & de deux Assesseurs qu'il y avoit dans chacune des six Cours, il y a aujourd'hui deux Présidents & quatre Assesseurs mi-partis des deux nations; & ainsi dans tous les Tribunaux subalternes. C'est un trait de politique du Conquérant Tartare, pour accoutumer ses premiers sujets aux manieres de la Chine, sans donner du mécontement aux seconds : ce qui seroit arrivé, s'il les eût exclus des emplois.

Les cinq Cours souveraines des Mandarins d'armes sont :

La premiere, *Heou-fou,* de l'*Arriere-garde.*
La seconde, *Tso-fou,* de l'*Aîle-gauche.*
La troisieme, *Yeou-fou,* de l'*Aîle-droite.*
La quatrieme, *Tchong-fou,* du *Corps de bataille.*
La cinquieme, *Tsien-fou,* de l'*Avant-garde.*

Dans ces Cours de Mandarins militaires, il y a comme dans celles des Lettrés, un Président & deux Assesseurs, qui sont tous du premier & du second degré du premier ordre, & sont pour la plupart de grands Seigneurs, qui commandent aux Officiers de la Cour & aux soldats.

Ce sont ces cinq classes qui forment le Tribunal suprême appelé *Yong-tching-fou,* dont le chef est un des plus puissants Seigneurs de l'Empire, parce que son autorité s'étend généralement sur tous les Officiers & sur tous les soldats, tant de la Cour que des Provinces.

Outre ces douze Cours souveraines qui se tiennent à *Peking,* les quinze Provinces de l'Empire ont aussi chacune la leur, qui a la sur-intendance sur les Tribunaux subalternes. Comme je puis parler avec certitude du détail du Gouvernement de *Quang-ton,* V. A. S. pourra juger de celui des autres Provinces, parce qu'il est par-tout uniforme. Il n'y a que la quantité d'Officiers qui est plus ou moins grande, selon l'étendue de leurs départements. Je commence par la liste générale des Mandarins Lettrés, & la fonction d'un chacun.

(a) Le premier s'appelle *Tsongtou;* c'est le Général-Commandant de la part de l'Empereur dans les deux Provinces de *Quang-ton* & *Quang-si.* Il est aussi le Receveur-Général des deniers Royaux qui s'y perçoivent sur le sel, & dont il rend compte au *Houpou* à *Peking.* Il a pour sa garde & à sa disposition cinq mille hommes de troupes avec un Brigadier, quatre Colonels, cinq Lieutenants-Colonels, dix Capitaines & vingt Lieutenants. Sa résidence ordinaire est la ville de *Tchao-quing,* distante de 20 lieues de celle de *Quang-ton,* où il se rend, lorsque des affaires importantes l'y appellent.

Le second est *Fou-yuen,* ou Vice-Roi de la Province, est en même-temps le Lieutenant-Général de Police & Receveur-Général des Douanes, tant de mer que de terre. Il est pareillement comptable au *Houpou.* Sa garde est de trois mille hommes avec un Brigadier, deux Colonels, trois Lieutenants-Colonels, six Capitaines & douze Lieutenants. Sa résidence est à *Quang-ton.*

Le troisieme est *Ta-tchu-cao,* le Grand-Président de l'Examen, qui se fait tous les trois ans à *Quang-tong,* pour les Bacheliers de la Province, qui aspirent au degré de Licencié *Kiu-gin.* Ceux qui l'obtiennent vont ensuite à *Peking,* pour être admis au Doctorat *Tsinsé.* Ce grand Mandarin est choisi & envoyé par l'Empereur même entre les premiers Docteurs du Collège Impérial; & l'examen fini, il s'en retourne à la Cour.

Le quatrieme, *Heo-yuen,* Président absolu à l'examen qui se tient deux fois en trois ans à *Quangton* & dans chaque ville du premier ordre de la Province. Une fois pour les compositions des Bacheliers, & deux

---

(a) Noms & fonctions des Officiers de Police dans chaque Province.

fois pour celles des aspirans au Bacalauréat, que ce même Président accorde aux plus dignes, & dont le nombre est limité pour chaque ville. Ce grand Mandarin, moindre que le précédent, est aussi envoyé de la Cour, & choisi parmi les Docteurs du College Impérial par l'Empereur, & s'en retourne de même après les trois ans achevés.

(a) Rien n'est plus important, ni plus étroitement observé que ces examens. C'est par les compositions qu'on juge de la capacité des sujets, qui sont enfermés dans des cellules, & ne peuvent avoir, pendant ce temps-là, aucune communication au-dehors, étant soigneusement gardés par des surveillans fideles, que l'on empêche, autant qu'il est possible, de se laisser corrompre. Les portes sont même scellées du sceau du Vice-Roi. Il ne leur est pas permis d'avoir aucun Livre, ni d'autres papiers que celui dont ils ont besoin pour leurs compositions. L'on a soin de leur fournir tout le nécessaire, alimens, bougie, &c. aux dépens de l'Empereur.

Comme il y a deux sortes de dignités, dont l'une s'acquiert par la science des Lettres (*Vén-quàn,*) & l'autre par celle des Armes (*Oú-quàn,*) il y a de même deux sortes d'examens à subir par ceux qui aspirent à l'une ou à l'autre : & les deux grands Mandarins Examinateurs y donnent toute leur attention avec la derniere rigueur, sans acception des personnes, & n'ayant égard qu'au mérite des candidats : il leur est défendu à eux-mêmes de parler à qui que ce soit, aussi long-temps qu'ils sont dans cette fonction. Cependant, quoiqu'ils doivent s'attendre à une mort certaine, s'ils sont convaincus de prévarication, il s'en trouve quelquefois d'assez malheureux pour se laisser gagner par argent, avant qu'ils soient arrivés dans la Province. On leur donne certains signes ou marques pour reconnoître les compositions de ceux que l'on est convenu de favoriser. Mais il est toujours vrai de dire, que la transgression des loix ne diminue rien de leur beauté.

(b) Après avoir examiné & nommé, tant les Bacheliers que les Licenciés pour les Lettres, comme la partie la plus estimée & la plus honorable, on procéde ensuite à l'examen des Armes. Il consiste premiérement à voir si les candidats savent bien monter à cheval, courir à toute bride sans tomber, l'exercice du manege, tirer de l'arc à pied ferme & au galop, & atteindre ainsi droit au but. En second lieu, on examine s'ils peuvent faire sans faute un discours simple, mais bien raisonné sur telle matiere qu'on leur propose, qui ait quelque rapport à l'Art militaire.

Avec tout cela ils n'en sont point meilleurs soldats. On a remarqué que dans les occasions, qui à la vérité ne sont pas fréquentes, ils fondent avec impétuosité sur l'ennemi & sans aucun ordre ; & qu'après cette premiere fougue, ils courent tous à la débandade, sans que toute l'habileté des Généraux puisse les retenir, & les ramener au combat. On conte que les Tartares Occidentaux, pour se moquer des Chinois, disent qu'un cheval de la Tartarie qui hennit, est capable de mettre en fuite toute la cavalerie Chinoise. Cette raillerie, avant la conquête de 1643, étoit fondée non-seulement sur la mollesse & la poltronnerie des Chinois ; mais encore sur le naturel de leurs chevaux, qui ne pouvoient souffrir alors la vue, ni le seul hennissement des chevaux Tartares. Je ne croirois donc pas, MONSEIGNEUR, vous donner une grande louange, si j'assurois que V. A. S., à la tête de 40 ou 50 mille dragons, pourroit conquérir toute la Chine, quoique leur Monarque entretienne plus de six cents mille hommes de troupes réglées. Bien leur en prend

de n'avoir pas de voisins beaucoup plus vaillans & plus guerriers qu'eux. Je reprends ma narration.

(a) Les discours ou compositions pour l'examen des Armes, sont toujours simples, comme je viens de dire : mais ceux des Lettrés doivent être plus figurés & plus fleuris. Le bon Gouvernement & la morale en font la matiere qui se tire d'ordinaire de quelque beau passage, mais difficile, de leurs anciens Livres classiques. L'examen achevé, les nouveaux Licenciés vont, la plupart la même année, à *Peking* pour se présenter au Doctorat : & si quelques-uns ne sont pas en état de supporter les frais du voyage, l'on ne manque jamais d'y pourvoir, afin que la pauvreté ne soit point un obstacle au mérite, & que l'Etat ne soit privé de plusieurs bons Officiers. Dès qu'ils sont Docteurs, on les présente au Souverain, qui, donnant aux trois premiers, ou des couronnes, ou d'autres présents honorables, les distingue par-là sur tous les autres, & les éleve tous, bientôt après, à différentes dignités, chacun selon ses vertus & ses talents. Il en choisit quelques-uns des plus capables, entre les Lettrés seulement, pour leur faire subir un nouvel examen, dont il se mêle quelquefois lui-même, & les aggréger au College Impérial en qualité de *Han-lin-yuen*, pour l'emploi des examen triennaux, & remplir les premieres charges de l'Empire. Ceux des Licenciés qui se défient d'eux-mêmes, ou qui n'ont pas assez d'ambition pour aspirer au grade de Docteur, se retirent chez eux pour y vivre honorablement, ou parviennent à des emplois par quelque puissante protection, de laquelle ils n'auroient nullement besoin s'ils étoient Docteurs. Mais dès qu'ils sont en charge, soit Docteurs ou Licenciés, ils ne peuvent plus se relâcher de l'étude, étant obligés, dans le temps qu'ils y songent le moins, de comparoître encore aux examens. Ils sont même sévérement punis, s'ils ont oublié quelque chose, & sont aussi très-bien récompensés, s'ils ont fait de nouveaux progrès.

(b) On retire plus d'un avantage d'une aussi sage politique 1°. La jeunesse, occupée sans relâche dès l'âge de six ans, n'a guere le temps de se corrompre par la débauche. 2° Un esprit, cultivé par l'étude des sciences, se forme & se polit. 3°. Les charges étant remplies par d'habiles gens, on prévient les maux & les inconvéniens fâcheux qui naissent de l'ignorance & du déréglement. 4°. Puisque les charges ne se donnent qu'au mérite, l'Empereur peut les ôter, dès qu'on se rend indigne par des bévues ou des abus grossiers : & personne n'est en droit de s'en plaindre, comme on prétendroit l'être, si ces charges étoient vénales. N'a-t-on pas vu que cette vénalité, jointe à une trop grande indulgence pour ceux dont l'argent fait tout le mérite personnel, a toujours été fatale au bonheur du peuple & au service du maître ? Le cinquieme avantage d'une continuelle application à l'étude, n'est pas moins considérable que les précédents : car comme on ne connoît point à la Chine de noblesse héréditaire ; qu'il n'y a que ceux qui possedent actuellement les charges qui soient réputés pour nobles, & que les enfants d'un premier Ministre, d'un Vice-Roi, ou d'un Gouverneur de Province, ont leur fortune à faire, de même que les moindres roturiers, il faut nécessairement qu'ils soient héritiers de la vertu & de la capacité de leurs peres, s'ils veulent hériter aussi de leurs dignités & du rang qu'ils ont tenu.

Le cinquieme Mandarin de Lettrés réside à *Quangton*, & se nomme *Pout-ching-se*. C'est l'Intendant de la Province & le Grand-Trésorier ou Receveur-Général des Impôts qui s'y levent sur les terres, tous les ans, pour l'Empereur. Chaque Gouverneur de ville est obligé, sous peine d'être cassé, de lui faire tenir

---

réguliérement ceux de fon diftrict : & le Tréforier les ayant raffemblés, envoye le tout au *Hou-pou* à *Peking*, après en avoir retenu ce qu'il faut pour payer les charges de la Province. La levée de ces deniers fe fait dans un très-bon ordre, auffi-bien que ceux des Douanes, de la Taille, de la Gabelle, &c. On ne voit point-là, comme en France & ailleurs, cette cohorte de partifans, de Sous-fermiers & de Commis brutaux, qui foulent le peuple par des exactions injuftes & odieufes.

(*a*) On fait la mefure de toutes les terres, & ce qu'elles rapportent : on fait le nombre des familles & les facultés de chacune, & tout ce que l'Empereur doit retirer de la capitation. Chaque particulier eft obligé de porter fa contribution aux Officiers commis à cet effet. Si quelqu'un y manque, on ne veut point le ruiner par des amendes; mais on le met en prifon, & on lui donne de temps en temps la baftonnade jufqu'à ce qu'il ait fatisfait.

Le fixieme Mandarin réfide auffi à *Quang-ton* : c'eft le *Gan-teha-fe*, grand Juge-Criminel pour les caufes capitales ou dignes de mort. Il envoye le jugement qu'il en a porté, à la cinquieme Cour fouveraine à *Peking*, laquelle, après l'avoir examiné, & en avoir fait rapport à l'Empereur, ce Prince ratifie la fentence, la commue, ou fait grace au criminel.

Ce feroit ici le lieu de parler des différents genres de fupplices dont on ufe envers les coupables, fi je n'avois peur de fatiguer V. A. S. par un détail ennuyeux & peu agréable, parce que les moindres chofes font punies avec une cruauté qui fait horreur : mais ce qu'on ne fauroit trop confidérer, c'eft la grande exactitude avec laquelle la juftice s'exerce à la Chine.

(*b*) Il eft très-rare d'y voir des Juges dont on corrompe l'intégrité, parce que leur conduite & les plaintes du peuples y font examinées avec une attention la plus fcrupuleufe & la plus rigide. Et fi quelque Mandarin eft convaincu d'injuftice, il eft condamné à perdre la vie, ou fa charge tout au moins, & déclaré inhabile d'en poffeder jamais aucune. Tous les procès s'y vuident gratis ; les Juges Civils & autres, qui ont des appointements fuffifants, n'ofent rien exiger des parties. L'on n'y connoît par conféquent ni les épices, ni les honoraires, ni les falaires : les pauvres gens peuvent y pourfuivre leurs droits fans crainte d'être opprimés par des adverfaires trop puiffants. Mais ce que je ne faurois nullement approuver, c'eft qu'une infinité de gens à gages fe préfentent pour fubir le châtiment d'un coupable qui n'a pas mérité la mort, & dont ils efcamottent l'individu en prenant fubtilement fa place. Je ne me ferois jamais imaginé qu'il y eût dans le monde des hommes affez malheureux pour ne vivre que de coups de bâton. La chofe eft d'autant plus furprenante, que la baftonnade des Chinois étant extrêmement rude, un feul coup peut affommer fon homme. Elle fe fait en frappant à toute force fur les feffes avec de groffes cannes de bois de Bambouc. Ce fut un Empereur, nommé *Venins*, (*c*) qui fubftitua ce genre de fupplice à un autre beaucoup plus cruel, qui étoit de couper les criminels par morceaux.

Le feptieme Mandarin fe nomme *Yen-tao* : c'eft l'Intendant-Général de la Gabelle du fel dont il eft comptable au *Tfong-tou*, de même que du nombre de chevaux qu'il entretient, dans divers endroits murés, pour la remonte de la cavalerie. Il a pareillement l'intendance générale fur les barques & fur les grains que la Province doit fournir chaque année à l'Empereur, tant pour la fufiftance de fes troupes & de fes

tribunaux, que pour remplir les magafins auxquels on a recours en temps de difette & de cherté. Il en rend compte au *Pou-ching-fe*, & celui-ci au *Fou-yuen*. Ces trois charges, réunies en lui feul à *Quang-ton*, font partagées dans les autres Provinces à trois Mandarins.

Le huitieme eft le *Taoyé*, autrement *Tuen-Siun-tao*, qui a l'autorité, l'intendance & l'infpection générale, mais fubalterne, en ce qui regarde la police, fur deux villes du premier ordre ; à favoir fur celle où il réfide, à *Quang-ton* & fur fon adjacente.

Le neuvieme eft un Colonel-Major nommé *Tching-cheou*. Il préfide à la garde des portes & des remparts de la ville, & y fait fa réfidence, ayant fous lui un Lieutenant-Colonel, deux Capitaines, & quatre Lieutenants.

Le dixieme eft le Gouverneur-Général de Police dans *Quang-ton*, & autres moindres villes de fa dépendance : on le nomme *Tchi-fou*.

Le onzieme eft le Gouverneur-Général en fecond de cette Capitale & des villes qui en dépendent. Il s'appelle *Eut-fou* ou *Tong-chi*.

Le douzieme, *Sa-fou* ou *Tong-pouou* ; c'eft le troifieme Gouverneur. Ces deux derniers font proprement les Affeffeurs de *Tchi-fou*, avec qui ils partagent le foin des affaires du Gouvernement, & lui en rendent compte.

Le treizieme, nommé *Tchi-hien*, eft le Gouverneur particulier de la ville. Il y en a deux dans cette Capitale, & chacun a fes Officiers fubalternes. Son pouvoir fubordonné à celui du Gouverneur-Général ne s'étend que dans la ville & fa banlieue. Il en eft de même des Gouverneurs des autres petites villes. Sa fonction principale, outre la décifion des caufes, eft de recueillir les deniers Royaux de fon diftrict.

Le quatorzieme eft l'Affeffeur du précédent pour les caufes qu'il lui donne à examiner. Son nom eft *Eul-yâ* ou *Hien-tching*.

Le quinzieme, *San-yâ* ou *Tchu-po*, eft fpécialement commis pour le mefurage & la recette du riz, que le territoire de la ville doit fournir à l'Empereur, & doit le tenir prêt pour la vifite que le fecond Gouverneur-Général fait dans les villes de fa dépendance.

Le feizieme, qu'on nomme *Sé-yâ* ou *Tien-fé*, eft le Lieutenant de Police pour le menu peuple. Tous petits différends, querelles & batteries font de fon reffort. Ces trois derniers Officiers dépendent immédiatement du Gouverneur particulier, & ont chacun leur tribunal fubordonné au fien.

Outre ces feize Officiers ou Mandarins de police il y en a encore plufieurs autres dans cette Capitale & les autres villes du premier ordre. Les principaux qui vont prefque de pair avec le *Tchi-hyen*, font Mandarins de Lettres. Il y en a quatre à *Quang-ton*, deux généraux & deux particuliers; ceux-là s'appellent *Fou-hio*, & ceux-ci *Hien-hio*, du nom propre de leur palais collégial. L'un fupérieur & général, & l'autre inférieur & particulier. L'autorité des deux premiers s'étend généralement fur tous les Bacheliers & étudiants de cette ville : mais celle des deux feconds n'eft que les feuls étudiants & Bacheliers de chaque territoire des deux villes ou *Hien*. Ce font eux qui ont la charge & le foin d'inftruire & de châtier même les Bacheliers, & de préparer & conduire les étudiants aux examens que font pour le Baccalauréat, les deux Gouverneurs, général & particulier de la ville, & enfuite le Docteur Examinateur envoyé de la Cour.

Le Gouverneur-Général de *Quang-ton*, & de toute autre ville du premier ordre, a encore à fon fervice deux autres petits Mandarins, dont le premier s'appelle *Tchao-mo*, Examinateur fpécial des caufes & affaires qu'on lui apporte de dehors pour être jugées par le Gouverneur. Le fecond *King-lié-fé* eft fon rapporteur

____

(*a*) Maniere de percevoir les deniers Royaux.
(*b*) Adminiftration de la Juftice.
(*c*) Il régnoit 279 ans avant J. C.

porteur particulier fur l'état & la nature de chacune de ces affaires.

(*a*) Le *Ti-tang*, qui eſt le Maître du Bureau des poſtes, vient enſuite ſur les rangs. Il eſt ordinairement Lieutenant-Colonel, ou du moins Capitaine par brevet. Les poſtes ſont réglées à-peu-près comme en Europe. A chaque pierre ou borne qui contient dix ſtades Chinoiſes ou une lieue de France, il y a des couriers qui font une diligence incroyable : & à chaque huitieme pierre, il y a des maiſons Royales & publiques nommées *Cungquon* & *Tali*, où logent les Officiers de diſtinction qui y ſont reçus aux dépens de l'Empereur; ils y trouvent les voitures prêtes & toutes ſortes de commodités; ils doivent avoir pour cela des lettres de poſte, que les anciens Romains appelloient *Diplomata* ou *Evectiones*. Ces poſtes n'ont été établies que pour les affaires publiques, & le ſervice du Souverain : c'eſt pourquoi il en fait ſeul toute la dépenſe, & entretient un grand nombre de chevaux : mais les particuliers ne laiſſent pas d'en profiter auſſi, en donnant une très-petite rétribution au *Ti-tang*, & leurs dépeches ſont très-exactement rendues.

Après cet Officier, l'on en compte cinq autres de moindre dignité qui ſont :

Choui-eo-ſe, Receveur des droits ſur certaines denrées particulieres, ſur les boutiques des marchands, ſur les terres & les endroits de la ville qui relevent de quelque droit ſeigneurial appartenant à l'Empereur.

Ho-po-ſo, Lieutenant du port, lequel a inſpection & autorité ſur les barques.

Se-yò-ſe, Grand Géolier, ou Garde-Général des priſons.

Siun-kien, Lieutenant de Police & Juge dans un gros bourg, & dans tout autre grand abord, pour les cauſes qui regardent le commerce par eau, comme à *Fauchan*, au voiſinage de *Quang-ton*, &c.

Ye-tchin, Lieutenant d'un Bourg ou d'une Cité, où ſont les écuries des chevaux qu'on y entretient pour la cavalerie & pour les poſtes.

Tous ces Mandarins ont encore dans la ville & dans les villages, pluſieurs Maîtres de quartier conſtitués de leur part, pour veiller à tout ce qui ſe paſſe ; afin que ſur leur rapport, ils puiſſent avec plus de facilté & d'exactitude y pourvoir par eux-mêmes, & maintenir par-tout le bon ordre & la tranquillité : ce qui fait l'objet principal du gouvernement de la Chine. C'eſt auſſi, MONSEIGNEUR, ce que j'ai tâché par ce détail, de faire connoître à V. A. S. Je ne ſais, après cela, comment on peut avancer que la juriſprudence, la police & toutes les loix de la Chine, ont quelque choſe de groſſier & de barbare, qui demanderoit une bonne réformation. C'eſt pourtant ce que l'on fait dire à un voyageur, & pour plus de ſingularité, à un voyageur Moſcovite (*b*).

Après le dénombrement des Officiers de Police dans la Province de *Quang-ton*, qui eſt le même, comme j'ai dit, dans toutes les autres, je viens à celui des Officiers militaires Tartares & Chinois.

(*c*) Le premier Officier Tartare, qui eſt le Général, s'appelle *Tſiang-kiun*. Il commande cinq mille hommes, deux mille Tartares & trois mille Chinois, annexés à leurs bannieres (*d*), dont les quatre premieres portent chacune la ſimple couleur jaune, bleue, rouge & blanche : les quatre autres ſont bordées diverſement d'une de ces quatre couleurs.

Le ſecond *Tou-tong*, ſon Lieutenant-Général. Il y en a deux dans cette ville. L'un de la gauche, & l'autre de la droite. La gauche eſt le côté le plus honorable chez les Tartares. Chacun d'eux commande mille hommes effectifs. Dans la plupart des autres Provinces, le *Tſiang-kiun* a quatre Lieutenants-Généraux. Le premier pour l'avant-garde, le ſecond pour l'aîle gauche, le troiſieme pour la droite, & le quatrieme pour l'arriere-garde, avec une augmentation proportionnée de troupes.

Le troiſieme Officier s'appelle *Cou-chan*, Meſtre-de-camp, ou Colonel. Il y en a huit; quatre de la gauche, & autant de la droite.

Le quatrieme eſt le *Tſang-ling*, Lieutenant-Colonel de cavalerie. Il y en a pareillement huit pour la gauche & la droite.

Le cinquieme eſt Capitaine d'une Compagnie de cavalerie, compoſée de 50 Maîtres. On le nomme *Fang-yu* : il y en a vingt de la droite, & vingt de la gauche. Chacun en conduit cinq ; ce ſont deux mille hommes en tout, non compris les Officiers.

Le ſixieme, nommé *Hiáo-ki-hiáo*, eſt Lieutenant de cavalerie : il y en a autant que de Capitaines, & rangés de la même maniere.

Ces Officiers ou Mandarins d'armes portent tous la marque ſpéciale de leur dignité. Il y a encore par Compagnie cinq *Décurions* ou Cornettes, nommés *Pe-che-cou*, qui ſont à la tête de chaque ligne, compoſée de dix Maîtres. Ils portent ſur le dos un petit étendard, & tirent la double paye d'un cavalier.

Le Lieutenant-Général Chinois, incorporé aux Tartares, ſe tient toujours au corps de bataille, & s'appelle le *Tchóng-kiún*. Il a trois mille hommes ſous ſon commandement, preſque toute Infanterie, tant Archers que Mouſquetaires, partagés en trois régiments, dont les Colonels ſe nomment *Yeou-kié*, & ont chacun trois Lieutenants-Colonels, *Cheou-poei*, ceux-ci deux Capitaines, *Tſien-tſong*, & chaque Capitaine deux *Pà-tſong*, c'eſt-à-dire, deux Lieutenants.

(*a*) Le premier Officier de la Milice Chinoiſe s'appelle *Ti-tou* ; c'eſt le Commandant-Général des troupes dans chaque Province. Celui de *Quang-ton* ne réſide point dans la métropole où ſe tient le Général Tartare ; mais à *Hoei-tcheou*, ville du premier ordre, plus voiſine de la mer & de la Province de *Fokien*. Il a ſous ſes ordres cinq mille hommes de troupes, mille de cavalerie & quatre mille d'infanterie : cinq Colonels, dont celui du milieu eſt Brigadier par brevet ; cinq Lieutenants-Colonels, dix Capitaines & vingt Lieutenants.

Le ſecond eſt le *Tſong-ping*, Lieutenant-Général. Il commande trois mille hommes, diſtribués ſous trois Colonels qui ont, comme ci-deſſus, leurs Officiers ſubalternes. Il s'en trouve ſix dans cette Province.

Le troiſieme eſt Maréchal-de-Camp, qu'on nomme *Foŭ-tſiang* : il y en a douze.

Le quatrieme, dont il y en a auſſi douze, eſt le *Tſang-tſiang*, ou Brigadier.

Le cinquieme, qui eſt Colonel, ſe nomme *Yeoŭkie*. Son régiment eſt compoſé de mille hommes, deux cents cavaliers, & huit cents fantaſſins.

Le ſixieme eſt le *Cheou-poei*, Lieutenant-Colonel. Il ſuit immédiatement ſon Colonel à la tête de ces mille hommes, qu'il commande auſſi dans le lieu de ſa réſidence, ſoit que le Colonel s'y trouve ou non.

Le ſeptieme eſt le *Tſing-tſong*, Capitaine d'une Compagnie de cinq cents hommes, dont la cinquieme partie ſont cavaliers, & les quatre autres piétons : chaque Capitaine a ſous lui deux Lieutenants.

Le huitieme, *Pa-tſong*, Lieutenant d'une Compagnie, qui a auſſi un certain nombre d'hommes ſous ſes ordres.

Les Chinois n'ont point d'enſeignes ; ce ſont de ſimples ſoldats choiſis entre les plus robuſtes qui portent les drapeaux.

(*a*) Couriers & chevaux de poſte.
(*b*) *Yſbrands Ydes*. Voy. Recueil des Voyages au Nord, Tom. VIII.
(*c*) Rang & noms des Officiers Militaires Tartares.
(*d*) Toute la nation Tartare eſt compriſe ſous huit Bannieres.

(*a*) Officiers militaires Chinois.

Il y a encore dans la milice Chinoise des bas Officiers nommés *Pè-tfong*, centeniers qui font à la tête de cent foldats, & qui ont double paye. Il fe trouveroit dans cette Province trente-fix mille hommes de troupes, s'ils étoient complets.

Pour le *Tfong-tou* Commandant-Général, .	5000
Pour le *Tfiang-kiun* Général Tartare, . .	5000
Pour le *Ti-tou*, Général Chinois, . . .	5000
Pour les fix *Tfong-ping*, ou Lieutenants-Généraux, ...	18000
Pour le *Foü-yüen*, le Vice-Roi, . . .	3000
	36000

Mais on y tolere quantité de paffevolants, jufqu'à deux cents ou environ fur mille, dont les Officiers Chinois s'approprient la paye, & la partagent entre eux felon leur rang; ce qui fait que le nombre ne paffe guere les 30000.

Le Général Tartare feul tient fes troupes dans le lieu de fa réfidence, qui eft comme une ville féparée & environnée de murailles dans l'enceinte même de la plupart des villes capitales. Les Généraux Chinois divifent les leurs dans toutes les villes & places de la Province. Celle de *Quang-ton* contient dix villes du premier ordre, neuf du fecond, & foixante-quatorze du troifieme. Cependant comme il y en a de ce troifieme ordre qui font compliquées dans celle du premier & du fecond, on n'y compte en tout que 74 villes murées qui, fuivant l'importance de chacune, ont toutes une garnifon fuffifante pour contenir le peuple dans le devoir.

(*a*) Le nombre des familles de cette Province, felon la fupputation la plus récente, eft de 483360. Celui des hommes, fans y comprendre les femmes, ni les enfants au-deffous de vingt ans, eft de 1978000 & au-delà; & c'eft une des moindres des quinze Provinces. Auffi les Tailles y font-elles proportionnées, ne portant que cinq cents quatre mille taëls en argent : le taël peut valoir un ducaton de Flandre, ou deux florins & demi d'Allemagne. C'eft peu de chofe en comparaifon des autres Provinces, dont il y a telle ville, par exemple *Sout-cheou* dans celle de *Nanking*, qui paye, pour la taille annuelle, deux millons cinq cents deux mille neuf cents taëls. Une différence fi confidérable ne provient pas feulement de la petite étendue de *Quang-ton;* mais c'eft qu'il y a beaucoup plus d'eaux & de montagnes que dans plufieurs autres Provinces; & que fon terroir, trop voifin de la mer & des côtes, n'en eft pas, à beaucoup près, fi bon ni fi fertile.

La Taille fur le riz monte par année à un million dix-fept mille fept cents foixante & douze muids ou boiffeaux : c'eft de cette Taille & de celle en argent qu'on fournit à la nourriture & aux appointements de l'Etat civil & militaire. Les droits fur le fel rapportent 91120 taëls par an; & ceux de la douane de mer & de terre 43000.

Tels font les revenus fixés dans cette Province pour l'Empereur : le furplus, fi ce Prince ne l'exige, refte ordinairement dans les mains des Receveurs, qui s'en enrichiffent fouvent aux dépens du peuple; car on eft homme par-tout; & l'intérêt domineroit à la Chine encore plus qu'ailleurs, fi les *Colis* ou Infpecteurs, dont j'ai parlé, ne tenoient tous ces Mandarins dans la crainte, & ne mettoient un frein à leur infatiable convoitife.

(*b*) Par le produit de la feule Province de *Quang-ton*, l'on ne peut guere fe former une idée complete des richeffes de toute la Monarchie, ni des revenus de l'Empereur : on en jugera du moins par la petite déduction que je vais en donner, & fur laquelle on peut véritablement compter.

Si la richeffe d'un Royaume confifte dans l'abondance des chofes néceffaires à la vie, & de celles qui contribuent à la rendre commode & brillante; fi elle confifte dans la grande étendue du commerce, & dans les tréfors que l'on tire de la terre, la Chine l'emporte certainement fur tous les pays du monde. Tous ces avantages s'y trouvent dans un degré éminent. Des grains de toutes les efpeces, de fort bons légumes en quantité, des fruits excellents, toutes fortes de bétail, la volaille & le gibier à foifon; le fel, le fucre, les épices; différentes fortes de vins de riz très-délicats, plus nourriffants & moins nuifibles que ceux de la vigne (*a*), quand on en ufe plus que modérément; enfin, la boiffon commune du thé qui eft très-falubre. Voilà ce que la Chine produit pour la nourriture.

Pour les habillements, elle fournit toutes fortes de toiles de chanvre & de coton; toutes fortes d'étoffes de foie & de laine, & différentes peaux qui fervent de fourrures, fuivant la diverfité des lieux & des faifons. Les gens aifés y font logés très-commodément & très-proprement : le vernis, la peinture & la dorure y brillent par-tout, non-feulement dans les meubles, mais jufques dans les moindres uftenfiles de ménage. L'on ne voit pas, à la vérité, tant d'éclat parmi le commun peuple; mais il y a peu de particuliers qui, outre leur appartement intérieur, n'ayent une falle féparée & bien ornée, pour y recevoir & traiter leurs amis; car ce feroit une grande impoliteffe parmi eux, de les introduire dans leurs chambres à coucher, ou dans les appartements des femmes.

(*b*) Quant au commerce de la Chine, il n'eft pas feulement d'un avantage infini, il y eft même abfolument néceffaire; & s'il venoit à manquer, tout périroit. Auffi y eft-il univerfel, chacun s'en mêle, & prefque tous les Mandarins donnent leur argent à des Négociants, pour le mettre à profit; fur-tout à ceux qui vont à Siam, à Batavia, aux Manilles, à Formofe, & autres endroits de leur voifinage. Ils y portent la porcelaine, les ouvrages verniffés, les drogues, le fucre, le riz, &c. d'où ils ne rapportent que de l'argent, fi l'on en excepte ceux de *Batavia*, qui ont foin de le garder, pour être envoyé en Europe, & qui ne trafiquent qu'en échange contre d'autres marchandifes.

Le commerce le plus confidérable des Chinois, eft leur commerce interne. Toutes les rivieres, tous les canaux, font toujours chargés de barques, qui transportent continuellement, d'une Province à l'autre, les marchandifes qui leur conviennent réciproquement, & fe communiquent ainfi chacune leurs richeffes. Celle de *Quang-ton* a le fucre en partage; celle de *Chekiam* la foie; *Nanking*, les plus beaux ouvrages, en vernis, porcelaine, foie & d'autres matieres; *Chang-fi* & *Ching-fi* fourniffent les chevaux, les mulets & les fourrures; ces deux dernieres Provinces font encore abondantes en fer : celles de *Leaotong* & de *Junnan* donnent de l'or en quantité. Il y a auffi plufieurs mines d'argent dans divers endroits, d'où l'on tire toujours quelque chofe, malgré la défenfe de les ouvrir. *Fokien* produit le thé, *Houquam* le riz, & ainfi des autres.

(*c*) La Monnoie qui a cours à la Chine, n'eft que de cuivre mélangé, de la couleur & de la grandeur de nos fols à-peu-près. Ils ont au milieu un petit trou

---

(*a*) Habitants & revenus de la Province de *Quang-ton* en particulier.
(*b*) Richeffe de la Chine en général.

(*a*) La vigne eft peut-être la feule plante utile qui foit inconnue à la Chine : ainfi quand on dit qu'elle abonde en vins, on doit toujours entendre les vins de riz.
(*b*) Commerce,
(*c*) Monnoie.

quarré ; on les enfile par milliers dans une ficelle, à laquelle on fait un nœud à chaque centaine. Mille de ces pieces font évaluées à une demi-piftole d'Efpagne. Jamais l'on n'a permis de battre de la monnoie d'or ou d'argent, afin de prévenir les tromperies ordinaires de la nation, qui eft extrêmement avide du gain. L'or y paffe pour marchandife, on en achete avec de l'argent, fur lequel il y a ordinairement 30 à 40 pour cent de profit. L'un & l'autre fe reçoivent au poids, & les marchands ont tous de petites balances de poche & des cifeaux, faits exprès, pour couper l'argent.

Les Chinois connoiffent parfaitement la pureté de ces deux métaux. Ils divifent l'argent en cent parties, & ne le reçoivent point dans le commerce à plus bas titre que 80; on punit même ceux qui s'en fervent. Les écus de France & les ducatons de Flandre, y font fur le pied de quatre-vingt-treize, c'eft-à-dire, que fur cent onces, il n'y a que pour 93 d'argent fin.

(a) Quoique chacun foit maître de fon bien, l'Empereur peut y mettre de nouveaux impôts, s'il le trouve convenir pour les befoins de l'Etat ; mais cela n'arrive que fort rarement. Souvent même l'on exempte de la Taille une ou deux Provinces, fur-tout quand il furvient une ftérilité, ou de grandes maladies parmi le peuple. Le fecours que les pauvres reçoivent alors eft très-confidérable. On leur diftribue la quantité de grains qu'ils ont befoin pour fubfifter & pour enfemencer les terres. L'Empereur en fait remplir des magafins tous les trois ou quatre ans ; & pendant la difette, il le fait vendre à un prix fi bas, qu'on en a quatre mefures pour la même valeur que les particuliers en vendent une feule.

C'eft pour ces occafions & pour le foulagement continuel des pauvres, qu'il y a toujours plufieurs millions fur l'état ordinaire de la Maifon de l'Empereur. Il eft vrai que les revenus de ce Prince font tels, que toutes ces libéralités, qui n'ont que la politique pour objet, n'y font pas une diminution fort fenfible.

(b) La Taille annuelle fur les terres eft d'environ cent-cinquante millions de taëls, ou cinq cents vingt-cinq millions de florins, monnoie courante de Flandre. Les Douanes, la Gabelle fur le fel, le loyer des maifons appartenantes à l'Empereur, & la coupe des bois, montent auffi extrêmement haut ; le tout enfemble peut aller à fept cents millions de florins. Qu'on ajoute à cette fomme prodigieufe d'argent ce que l'on paye encore en différentes denrées. La Taille feul fur le riz fournit par an plus de 4500000 facs, contenant chacun 125 livres, que l'on tranfporte des Provinces méridionales à Peking, par un fameux canal fur plus de 9000 vaiffeaux, chargés au jufte de 500 facs chacun. Voici le détail de ces denrées.

Quarante-trois millions trois cents vingt-huit mille huit cents trente-quatre facs de riz, de froment & de millet, ces derniers pefant chacun 120 livres.

Un million trois cents quinze mille neuf cents trente-fept pains de fel de 50 livres.

Deux cents dix mille quatre cents foixante & dix facs de feves de 120 livres.

Vingt-deux millions cinq cents quatre-vingt-dix-huit mille cinq cents quatre-vingt-trois bottes de paille de riz pour les chevaux.

Un million fix cents cinquante-cinq mille quatre cents trente-deux pieces de damas.

Quatre cents foixante-fix mille deux cents foixante & dix pieces d'étoffe de foie plus légere, comme taffetas, &c.

Trois cents quatre-vingt-treize mille quatre cents quatre-vingts pieces de toile de coton.

Cinq cents foixante mille deux cents quatre-vingts pieces de toile de chanvre.

Deux cents foixante & douze mille quatre-vingt-treize livres pefant de foie crue.

Quatre cents foixante mille deux cents dix-fept de coton crud.

Quatre-vingt-quatorze mille fept cents trente-fept livres d'ocre.

Et deux cents cinquante-huit livres de vermillon pur.

Toutes ces denrées, jointes à plufieurs autres de moindre confidération, & évaluées au plus vil prix, produifent encore au moins quarante millions de taëls : de forte que, ce n'eft point exagérer, fi l'on dit que les revenus de l'Empereur paffent les deux millions quatre cents mille florins par jour. Non, ce n'eft point exagérer. Que feroit-ce, fi, dans ce jufte dénombrement des parties, l'on n'avoit pas oublié la Capitation ?

Marco Polo de Venife, le plus ancien voyageur de l'Europe à la Chine, & le premier qui en ait écrit avec connoiffance, ne parle auffi de ces revenus que par centaines de millions. Il eft vrai que fon Hiftoire étoit autrefois fort fufpecte pour les chofes merveilleufes & incroyables qu'elle contenoit, & qu'on l'a furnommé *Meffer Marco Millioni* ; mais on lui a rendu juftice dans la fuite ; & un femblable fobriquet n'eft plus à craindre après les témoignages des Peres *Trigault*, *Martiny*, *Navarrette*, & de plufieurs autres, qui conviennent tous du tréfor prodigieux de l'Empereur de la Chine.

Malgré tout ce qu'on dit à la louange des Chinois touchant leur politique & leur gouvernement ; malgré leur extrême application à étudier toute leur vie ; malgré les examens rigoureux auxquels ils font affujettis pour fe mettre & fe maintenir en place, nous ne voyons point qu'ils ayent eu de grands Miniftres d'Etat, ni de grands Clercs dans les Sciences, qui font parvenues à un fi haut degré de perfection dans l'Europe. Eh, comment pourroient-ils s'y rendre habiles? Leur langue eft fi difficile & fi défectueufe, qu'ils doivent en faire leur principale étude. Ils n'ont point de fimples lettres comme les Hébreux, les Grecs & les Latins : ils ont autant de figures que de mots, qui font prefque tous monofyllabes. On en fixe le nombre à feize cents ; mais un feul mot peut fignifier plus de vingt chofes différentes, felon la diverfité des fons qu'on leur donne, c'eft-à-dire, que leur langage eft une efpece de mufique beaucoup plus diverfifiée que les récitatifs des Opéra Italiens : encore n'y a-t-il que les concitoyens qui puiffent s'entendre entre eux ; car chaque Province & même chaque ville a fon idiôme, ou pour mieux dire, fes tons particuliers. Il n'eft point de langue plus remplie d'équivoques que la Chinoife ; de forte qu'on ne peut écrire ce qu'un autre prononce, ni comprendre la lecture d'un livre, à moins qu'on ait auffi le même livre devant les yeux. Un homme aura beau parler avec toute la précifion & toute l'exactitude poffibles, il eft quelquefois obligé de répéter ce qu'il a dit, & même de l'écrire, pour fe faire bien entendre. J'oubliois de dire qu'outre ces 1600 mots, qui peuvent avoir plus de trente-deux mille fignifications, ils ont encore une infinité d'autres caractères ou figures, qui correfpondent aux différentes formules ou dictions dont on fe fert pour s'exprimer. La plus longue vie d'un homme ne fuffit point pour apprendre diftinctement tous ces caracteres : auffi perfonne n'eft-il mis au nombre des Savants qu'il n'en fache pour le moins foixante-dix ou quatre-vingts mille. On peut donc leur appliquer férieufement ce qu'on dit en raillant dans une Comédie : *C'eft un Docteur qui fait lire & écrire.* S'en trouve-t-il qui connoiffent plus qu'un autre les rites, les coutumes, & les maximes politiques, ce font alors leurs Coriphées & leurs Héros.

(a) Soin des pauvres.
(b) Revenus de l'Empereur.

Pour ce qui eſt des ſciences, quelques perſonnages de conſidération que j'ai conſultés, diſent qu'il ne faut pas s'en rapporter aux éloges qu'on a prodigués trop inconſidérément aux Chinois : rien n'eſt plus pitoyable, diſent-ils, que leur philoſophie. Les fables même ſur leſquelles ils ont formé leurs faux principes ne ſont point de leur invention , & il eſt aſſez apparent qu'elles ſont paſſées juſqu'à eux par le commerce des Perſans & des Indiens.

Toute leur capacité dans la Médecine ſe réduit à ſavoir tâter le poulx dans pluſieurs endroits, & à connoître certaines ſimples, avec leſquels on prétend qu'ils font des cures admirables ; mais les plus ſauvages Américains en ſavent plus qu'eux là-deſſus.

On ſait poſitivement aujourd'hui quelle étoit leur ignorance dans l'Aſtronomie, la Géographie , & les autres parties des Mathématiques. Ce n'eſt que depuis environ cent ans qu'on avoit commencé de les vanter extraordinairement ſur ces ſciences, la modeſtie de quelques Miſſionnaires leur ayant cédé chrétiennement ce qui n'étoit dû qu'à leur propre travail & à leur ſavoir particulier.

L'on attribue encore aux Chinois pluſieurs belles inventions, comme la Bouſſole, l'art de naviguer , l'Imprimerie, la poudre à canon, l'artillerie & autres : mais tout cela eſt fort ſujet à conteſtation. Il ne ſeroit pas même difficile de détruire ce faux préjugé, en faiſant voir qu'ils ont appris ces choſes des étrangers & pluſieurs autres qu'ils ignoroient auparavant. Qu'on leur donne les louanges qu'ils méritent, pour ce qu'ils ont effectivement inventé & cultivé, comme leur encre, le vernis & la porcelaine ; mais qu'on s'en tienne-là, & qu'au préjudice des autres peuples, on ne leur faſſe pas un honneur des inventions qui ne leur appartiennent point. Sans entrer dans les vues de ces Panégyriſtes outrés, il eſt certain que l'air de confiance avec lequel ils parlent de l'ancienne origine & de la ſcience univerſelle des Chinois, ne peut ſervir qu'à répandre de l'obſcurité dans l'Hiſtoire profane, à faire douter de l'autorité de l'Ecriture-Sainte, & à rendre encore plus fiere la plus orgueilleuſe de toutes les nations.

J'ai l'honneur d'être avec le plus profond reſpect,

MONSEIGNEUR,

De Votre Altesse Sérénissime,

Le très-humble & très-obéiſſant
Serviteur.
P. D. B.

PRÉFACE DE L'AUTEUR,

Sur les Paroles Remarquables & Maximes des Orientaux.

Cet Ouvrage renferme deux Parties, l'une des Paroles remarquables des Orientaux, & l'autre de leurs Maximes. Le Lecteur, qui aura quelque connoissance des Ouvrages des Anciens, remarquera sans peine que le premier titre est l'interprétation ou l'explication de celui d'*Apophthegmes*, sous lequel Plutarque nous a laissé les Paroles remarquables des anciens Rois, des Capitaines Grecs & Romains, & des Lacédémoniens. Le titre de *Dicta memoratu digna*, c'est-à-dire de Paroles dignes de mémoire, que Valere Maxime a donné en partie au Recueil que nous avons de lui, n'en est pas aussi beaucoup différent.

Le dessein de Plutarque dans ses *Apophthegmes*, comme il le marque en les adressant à l'Empereur Trajan, fut de faire voir quel étoit l'esprit de ces grands Hommes. Mon dessein est aussi de faire connoître quel est l'esprit & le génie des Orientaux. Et comme les Paroles remarquables représentent la droiture & l'équité de l'ame, & que les Bons-Mots (a) marquent la vivacité, la subtilité, ou même la naïveté de l'esprit, on aura lieu de connoître que les Orientaux n'ont pas l'esprit, ni moins droit, ni moins vif, que les peuples du Couchant.

Sous le nom des Orientaux, je ne comprends pas seulement les Arabes & les Persans, mais encore les Turcs & les Tartares, & presque tous les Peuples de l'Asie jusques à la Chine, Mahométans & Payens ou Idolâtres. Les Paroles remarquables de Ginghiz-khan & Ogtaï-khan, que j'ai rapportées, font foi que les Tartares & les Turcs, qui sont les mêmes que les Scythes, conservent encore aujourd'hui le même génie, & à-peu-près les mêmes coutumes que celles dont Quinte-Curce & d'autres Auteurs anciens ont fait mention. Mais c'est ce qui arrive à toutes les Nations qui ne changent pas le principal caractere, suivant lequel elles pensent & agissent.

J'attribue aussi aux mêmes Orientaux les Maximes qui font la seconde Partie, parce qu'elles ne sont pas seulement tirées des Livres Arabes; mais encore des Ouvrages des Persans & des Turcs, dont les Auteurs ont suivi chacun le génie de leur Nation.

Valere Maxime, comme il le dit, ne s'étoit pas proposé de ramasser toutes les paroles remarquables des Romains & des autres Nations, parce que c'étoit une entreprise d'une trop vaste étendue. Pour la même raison, je n'ai pas eu aussi en vue de recueillir toutes les paroles remarquables, ni toutes les pensées des Orientaux.

J'ai puisé des mêmes Originaux ou des connoissances que j'ai acquises dans mes voyages au Levant, les Remarques que j'ai cru nécessaires pour l'intelligence entiere des paroles remarquables qui m'ont paru en avoir besoin. Ainsi elles ne contiennent rien que je n'aye lu dans les Livres Arabes, Persans & Turcs, ou que je n'aye vu & connu par moi-même. Je les ai aussi employées à marquer le temps auquel vivoient les Califes, les Sultans, les Princes & les autres personnes dont il y est fait mention, & je l'ai fixé précisément en réduisant les années de l'Hégire aux années de la naissance de Jesus-Christ.

J'ai extrait tout cet Ouvrage en partie de Livres imprimés, & en partie de Manuscrits. Les Livres imprimés sont, l'Histoire des Califes, par Elmacin, l'Histoire des Dynasties, par Alboulfarage, l'une & l'autre en Arabe, & le Gulistan, Ouvrage de Sadi, en Persan.

Les Manuscrits sont le Baharistan, de Giami, en Persan, composé sur le modele du Gulistan. L'Instruction d'un Roi de Mazanderan pour son fils, aussi en Persan. Je parle amplement de cet Ouvrage & de son Auteur dans les Remarques. L'Abrégé de l'Histoire Mahométane, en Persan, sous le titre d'Histoire choisie, dont il y a une Version en Turc que j'ai consultée. Un autre Abrégé de la même Histoire, aussi en Persan, par Ommia Jahia de Gazbin. L'Histoire de Ginghiz-khan, en Persan, par Mirkhond, faisant partie de son Histoire générale, comprise en six Volumes in-folio. L'Histoire en Persan de Schahroch, fils de Tamerlan, & de ses successeurs, par Abdurrizzac Efendi. L'Histoire Universelle de Mehemmed Lari, ou de la Ville de Lar, dans la Perse, écrite en Persan, dont il y a une Traduction en Turc, qui se trouve à la Bibliotheque du Roi. L'Histoire Ottomane, depuis Sultan Osman jusques à Sultan Selim Premier inclusivement, par Cogia Efendi, autrement nommé Saad-eddin, fils d'un favori du même Sultan Selim. L'Histoire des Poëtes Turcs, par Letifi, qui vivoit du temps du Sultan Soliman. Deux Recueils de bons Mots en Turc, dont j'ai choisi ceux qui méritoient d'être publiés. J'ai négligé les autres, parce qu'ils étoient trop vulgaires ou trop libres, & indignes de la curiosité des honnêtes gens.

Les Maximes sont recueillies de celles qu'Erpenius & Golius ont fait imprimer confusément & sans distinction avec les Proverbes Arabes; de deux Recueils manuscrits, l'un que j'ai rapporté de Constantinople, & l'autre qui se trouve dans la Bibliotheque de feu M. Thevenot; des Fables Indiennes de Bidpaï, tant en Persan qu'en Turc, & de quelques autres Livres de Morale Arabes, Persans & Turcs, tant en Vers qu'en prose. Ceux qui auroient pu souhaiter que les Maximes fussent disposées par ordre des matieres, pourront se satisfaire en consultant la Table qu'ils trouveront à la fin du Livre (b).

Je pourrois m'étendre sur les qualités de l'esprit des Orientaux; mais ce seroit peut-être diminuer le plaisir du Lecteur, que de lui exposer par avance ce qu'il aimera mieux sentir par lui-même. C'est pourquoi je lui laisse ce plaisir tout entier, afin qu'il juge par le témoignage même des Orientaux, plutôt que par ce que j'en pourrois dire, s'ils ont raison de croire qu'ils ne sont pas moins partagés d'esprit & de bon sens que les autres Nations, qui nous sont plus connues à cause de leur voisinage.

(a) On a retranché du titre de l'Ouvrage le terme de *Bons-Mots*, comme inutile.
(b) Cette Table, ainsi que celle des *Paroles Remarquables*, est ajoutée à la Table Générale, qui se trouve à la fin de ce Volume.

PAROLES REMARQUABLES
ET
MAXIMES DES ORIENTAUX,

Recueillies par M^R. ANTOINE GALAND, *Membre de l'Académie des Inscriptions & Médailles, & Professeur en Arabe au College Royal à Paris.*

UN Mahométan consultoit Aïscheh, une des femmes de Mahomet, & lui demandoit conseil sur la conduite de sa vie. Aïscheh lui dit : Reconnoissez un Dieu, retenez votre langue, réprimez votre colere, faites acquisition de la science, demeurez ferme dans votre Religion, abstenez-vous de faire le mal, fréquentez les bons, couvrez les défauts de votre prochain, soulagez les pauvres de vos aumônes, & attendez l'éternité pour récompense.

REMARQUE. Suivant les Histoires des Mahométans, Mahomet a eu quatorze femmes. Aïscheh, qui fut de ce nombre, étoit fille d'Aboubekir, qui fut le premier successeur de Mahomet. Elle véquit neuf ans avec lui, & ne mourut que long-temps après, sous le regne du Calife Maavia, âgée de 65 ans.

Hormouzan, Gouverneur de la ville de Schoufchter, capitale du Khouzistan, pour le Roi de Perse, combattit soxante & dix fois contre les Arabes dans le temps de la conquête qu'ils firent du Royaume de Perse ; mais enfin les Arabes le firent prisonnier, & le conduisirent à Omar, second successeur de Mahomet, qui commanda qu'on le fît mourir. Avant l'exécution de cet arrêt, Hormouzan demanda à boire ; mais la frayeur de la mort l'avoit tellement saisi, qu'il n'eut pas la force de boire l'eau qu'on lui apporta. Omar lui dit de reprendre ses esprits, & qu'il n'avoit rien à craindre qu'il n'eût bu. Mais voyant qu'il ne buvoit pas, il ordonna qu'on lui coupât la tête. Hormouzan s'écria : Quoi ! vous m'avez donné ma grace, & vous ne tenez pas votre parole ? Omar étonné, demanda comment il l'entendoit ? Hormouzan répondit : Vous m'avez dit, que je n'avois rien à craindre que je n'eusse bu, je n'ai pas bu. Ceux qui étoient présents dirent, qu'Hormouzan avoit raison, & Omar lui donna la vie.

REMARQUES. On a remarqué avant moi, que Schoufchter est l'ancienne Suse, où les Rois de Perse alloient

passer l'hyver, parce qu'elle est dans un climat fort chaud, comme tout le Khouzistan, qui est encore aujourd'hui une des Provinces du Royaume de Perse, bornée au Couchant par le Golfe Persique.

Hormouzan oublia la grace qu'Omar lui avoit faite, & fut un de ses assassins.

Taher, fondateur de la puissance des Tahériens dans le Khorassan, avoit tué le Calife Emin, & par cet assassinat il avoit été cause que Mamoun, frere d'Emin, avoit été élevé à la même dignité de Calife. Mais Mamoun, qui ne se fioit pas à Taher, nonobstant l'obligation qu'il lui avoit, l'envoya au Khorassan en qualité de Gouverneur, pour l'éloigner de sa Cour. Pendant qu'il étoit dans ce Gouvernement, Mamoun déclara, pour être Calife après lui, Ali Riza, le huitieme des douze Imams successeurs d'Ali, & l'envoya au Khorassan, où Taher fit la cérémonie de le mettre sur le Trône dans la ville de Merou, & en lui prétant serment, il lui dit : Ma main droite a élevé Mamoun, & ma main gauche vous rend le même office. Ali Riza repartit : La main gauche qui éleve un Imam sur le Trône, peut s'appeller la main droite.

REMARQUES. Cette action de Taher & l'assassinat du Calife Emin firent dire de lui qu'il étoit à deux mains. Il mourut l'an de l'Hégire 210, c'est-à-dire, l'an de J. C. 825, après avoir pris le titre de Roi, quelque temps avant sa mort.

Le mot d'Ali Riza est fondé sur ce qu'étant de la race d'Ali, & par conséquent de la race de Mahomet, à cause de Fatime, fille de Mahomet, qu'Ali avoit épousée, il croyoit être plus digne successeur du Califat que Mamoun & que les prédécesseurs de Mamoun, que lui & tous ceux qui étoient dans les intérêts de la race d'Ali regardoient comme des usurpateurs. Son autorité en qualité de Calife fut reconnue, & l'on frappa monnoie à son nom. Mais cette autorité ou cette puissance égale à la puissance de Mamoun, ne dura qu'environ deux ans ; car Mamoun se repentit de la lui avoir donnée, & le fit empoisonner à Tous dans le Khorassan, où il mourut. Après sa mort, son corps fut porté & enterré dans un lieu du territoire de la même ville, qu'on appelloit Senabad, où on lui dreſſa un tombeau. Depuis, la dévotion y a attiré un ſi grand nombre de Mahométans, qu'il s'y eſt formé une ville qui porte le nom de Meſched, & le mot de Meſched ſignifie un tombeau, mais un tombeau d'une perſonne morte d'une mort violente, ou plutôt d'un Martyr; parce que les Mahométans regardent Ali Riza comme un Martyr; car chez eux, ceux qui meurent de mort violente, par ordre du Prince ou à la guerre, ſont appellés & crus Martyrs. La dévotion pour le tombeau d'Ali Riza continue toujours, & les Mahométans y vont encore aujourd'hui en pélerinage, particuliérement ceux du Khoraſſan & des Provinces voiſines.

Le Khoraſſan, dont il ſera encore parlé dans cet Ouvrage, eſt une grande Province, ou plutôt un Royaume conſidérable en-deçà de l'Oxus, qui comprend l'Ariane, la Bactriane & les Paropamiſades des Anciens. Les Uzbecs ſont aujourd'hui les maîtres de ce Royaume, de même que du Maverannahar, c'eſt-à-dire, de la Tranſoxiane ou de la Sogdiane, dont Samarcande, qui étoit la Maracande, dont il eſt fait mention dans Q. Curce, eſt la capitale.

Jacoub, fils de Leits, qui s'étoit fait reconnoître Souverain, après s'être emparé de la ville de Siſtan & de l'Etat de même nom, entra dans le Khoraſſan pour le ſubjuguer, & alla attaquer Mehemmed, fils de Taher, le cinquieme des Taheriens, dans la ville de Niſabor, dont il avoit fait la capitale de ſon Royaume. Mehemmed ayant appris qu'il approchoit, envoya lui témoigner qu'il étoit prêt de ſe ſoumettre s'il avoit des Lettres avec le ſceau du Calife; mais qu'il s'étonnoit de ſa venue s'il n'avoit pas d'ordre. Jacoub, qui ne reconnoiſſoit pas l'autorité du Calife, tira ſon ſabre du fourreau, & dit : Voici l'ordre que je porte, & entra dans Niſabor, où il fit Mehemmed priſonnier avec cent ſoixante perſonnes de ſa famille, & les envoya tous à la ville de Siſtan ſous bonne eſcorte.

REMARQUE. Leits, pere d'Jacoub, de qui il eſt ici parlé, s'appelloit Leits Saffar, c'eſt-à-dire, le *Marchand de cuivre*, à cauſe de ſa profeſſion, & de ce nom de Saffar, Jacoub fut appellé Saffarien, de même que ſon frere Amrou & Mehemmed, fils de Taher, qui régnerent, après lui. Jacoub, dès ſa jeuneſſe, eut une paſſion ſi forte pour les armes, que ſon pere, qui fit tout ce qu'il pouvoit pour l'engager dans ſa profeſſion, fut contraint de l'abandonner à ſa conduite; & alors, comme il ſe vit libre de ſes actions, il ſe fit voleur de grands chemins; mais il avoit la modération de laiſſer toujours quelque choſe qu'il voloit. Un jour il enfonça le tréſor de Dirhem, Gouverneur du Siſtan pour le Calife, & y entra. Dans l'obſcurité, il mit d'abord la main ſur quelque choſe qui avoit un peu d'éclat, croyant que c'étoient des pierreries, & porta ce qu'il prit à la bouche; mais il trouva que c'étoit du ſel. En même-temps, ſans toucher à autre choſe, il ſortit du tréſor par l'ouverture qu'il avoit faite, & ſe retira. Le lendemain, le Gouverneur ayant ſu ce qui s'étoit paſſé, & que rien n'avoit été enlevé du tréſor, fit publier qu'il pardonnoit au voleur, qu'il pouvoit ſe déclarer en toute ſûreté, & que non-ſeulement il ne le maltraiteroit pas; mais encore, qu'il feroit ce qu'il pourroit pour l'obliger. Sur la parole du Gouverneur, Jacoub parut & ſe préſenta à lui. Le Gouverneur lui demanda quelle raiſon il avoit eue pour ne rien emporter du tréſor. Jacoub lui raconta la choſe comme elle s'étoit paſſée, & ajouta : J'ai cru que j'étois devenu votre ami en mangeant de votre ſel, & que par les loix de cette amitié, il ne m'étoit pas permis de toucher à rien de ce qui vous appartenoit. Dirhem lui donna de l'emploi dont il s'acquita avec tant de conduite & de valeur, qu'à la fin par degrés il le fit Général de ſon armée. Mais après la mort de Dirhem, Jacoub ſe prévalant de l'autorité qu'il avoit en main, chaſſa les fils de Dirhem, & s'empara du Siſtan, & après le Siſtan, du Khoraſſan, de la Perſe & de pluſieurs autres Etats, dont il en forma un d'une grande étendue & très-puiſſant. Il mourut l'an 262 de l'Hégire, de J. C. l'an 875.

Amrou Leits ſuccéda à ſon frere Jacoub, & augmenta conſidérablement le Royaume qu'il lui avoit laiſſé, & pour s'agrandir encore davantage, il conçut le deſſein de détruire le Calife, & lui déclara la guerre. Mais le Calife lui oppoſa Iſmaïl, premier Roi de la race des Samaniens, & Iſmaïl le fit priſonnier, & l'envoya au Calife. Amrou étoit un Prince très-magnifique & très-ſplendide, & il ne falloit pas moins de trois cents chameaux pour porter ſeulement l'attirail de ſa cuiſine lorſqu'il étoit en campagne. Le jour qu'il fut vaincu & arrêté priſonnier par Iſmaïl, il vit près de lui le chef de ſa cuiſine, qui ne l'avoit pas abandonné, & lui demanda s'il n'avoit rien à lui donner pour manger. Le cuiſinier, qui avoit un peu de viande, la mit auſſi-tôt ſur le feu dans une marmite, & alla chercher quelqu'autre choſe pour régaler ſon maître dans ſa diſgrace, le mieux qu'il lui feroit poſſible. Cependant un chien, qui vint là par haſard, mit la tête dans la marmite pour prendre la viande; mais il ne put le faire auſſi promptement qu'il falloit, à cauſe de l'ardeur du feu qui le contraignit d'abandonner ſon entrepriſe. En relevant la tête, l'anſe de la marmite lui tomba ſur le cou, & il fit ce qu'il put pour ſe dégager; mais ne pouvant en venir à bout, il prit la fuite, & emporta la marmite. A ce ſpectacle, Amrou ne put s'empêcher de faire un grand éclat de rire, nonobſtant ſa diſgrace; & un des Officiers qui le gardoient, ſurpris de ce qu'un Roi priſonnier pouvoit rire, lui en demanda le ſujet. Il répondit : Ce matin, trois cents chameaux ne ſuffiſoient pas pour le tranſport de ma cuiſine, & cet après-dîné vous voyez qu'un chien n'a pas de peine à l'emporter.

REMARQUE. Le Calife, de qui il eſt parlé ci-deſſus, étoit Mutadad, qui retint Amrou priſonnier pendant deux ans. Mais à la mort de ce Calife, Amrou fut négligé, & mourut de faim dans ſa priſon. Mutadad mourut l'an de l'Hégire 289, de J. C. l'an 901.

Un eſclave d'Amrou Leits prit la fuite; mais des gens envoyés après lui le ramenerent, & le grand-Viſir de ce Roi, qui lui vouloit du mal, ſollicita Amrou avec chaleur de le faire mourir, lui inſpirant que ce ſeroit un exemple pour les autres, & que cela leur apprendroit à ne pas fuir. A ces paroles, l'eſclave ſe proſterna le viſage contre terre devant Amrou, & lui dit : Tout ce qu'il plaira à Votre Majeſté d'ordonner de ma deſtinée ſera bien ordonné, un eſclave n'a rien à repliquer contre le jugement de ſon Seigneur & maître; mais parce que j'ai été élevé & nourri dans votre palais, par reconnoiſſance, je ne voudrois pas que vous euſſiez à répondre au jour du Jugement d'avoir fait verſer mon ſang. Si elle veut me faire mourir, qu'elle le faſſe au moins avec quelque prétexte de juſtice. Amrou lui demanda avec quel prétexte il pourroit le faire? L'eſclave répondit : Permettez-moi de tuer le Viſir, & faites-moi perdre la vie, pour venger ſa mort, vous le ferez avec raiſon. Amrou rit de la plaiſanterie de l'eſclave, & demanda au Viſir ce qu'il en penſoit. Le Viſir répondit : Je ſupplie Votre Majeſté de pardonner à ce malheureux, il pourroit me jetter moi-même dans quelque malheur. Je me ſuis attiré cela par ma faute, parce que je n'ai pas conſidéré que quand on veut tuer quelqu'un, on n'eſt pas moins expoſé à être tué que celui que l'on veut tuer.

Dans un des premiers ſiecles de la Religion de Mahomet, un Mahométan diſoit qu'il étoit Dieu. On lui dit : Il y a un an que l'on fit mourir un tel qui ſe diſoit Prophete, ne craignez-vous pas qu'on vous faſſe le même traitement? Il répondit : On a bien fait de le faire mourir, parce que je ne l'avois pas envoyé.

REMARQUE. Touchant ce faux Prophete puni de mort, il eſt à remarquer que les Mahométans tiennent que Mahomet eſt le dernier des Prophetes, que Dieu ne doit pas en envoyer d'autres, & qu'ainſi ils

ils sont persuadés qu'ils peuvent faire mourir ceux qui se donnent cette qualité, parce qu'ils les regardent comme des perturbateurs du repos public.

Un Calender n'observoit pas le jeûne du Ramazan, & se donnoit encore avec cela la licence de boire du vin. On lui dit : Puisque vous ne jeûnez pas, au moins vous ne devriez pas boire de vin. Il répondit : J'ai renoncé à la pratique d'un précepte, voulez-vous que j'abandonne encore la pratique de cette tradition?

REMARQUES. Les Calenders, chez les Mahométans, sont des gens qui abandonnent pere, mere, femme, enfants, parents & toutes choses; qui courent par le monde, & qui vivent de ce qu'on leur donne; mais cela ne les rend pas meilleurs observateurs de leur Religion, comme on le voit par l'exemple de celui-ci.

On appelle encore Calender le chef d'une nation, d'une tribu, d'un peuple, &c. Par exemple, dans l'Histoire de Scharoch, & des autres Fils & descendants de Tamerlan, les chefs de vingt à trente mille Turcomans, qui avoient passé de la Perse au Khorassan, pour s'y établir, sont nommés Calenders. Les Arméniens d'Ispahan, qui demeurent dans le quartier de Julfa, ont aussi un chef qui porte le nom de Calender, & en cette qualité c'est lui qui représente les besoins de sa nation au Roi de Perse ou à ses Ministres, & qui fait exécuter les intentions de la Cour par sa même nation.

On présenta un jour au Calife Haroun Errefchid un de ses sujets qui se disoit Prophete. Le Calife, qui ne douta pas que le prétendu Prophete n'eût la cervelle renversée, assembla ses Médecins pour une consultation touchant le remede qu'on pourroit lui faire. Les Médecins convinrent que les méchantes nourritures avoient causé ce bouleversement d'esprit, & dirent au Calife que de bons aliments pourroient lui procurer la guérison. Le Calife ordonna qu'on prît le soin de le bien nourrir pendant quarante jours, & pour cela, qu'on le conduisît à la cuisine de son palais. Les quarante jours expirés, le Calife le fit venir, & lui demanda s'il étoit encore Prophete, & si l'Ange Gabriel venoit toujours lui annoncer les ordres de Dieu? Le faux Prophete répondit : L'Ange Gabriel me marque que Dieu, parce que je lui suis agréable, m'a fait une grace toute singuliere en me procurant la bonne cuisine où je suis, & me commande de n'en pas sortir.

REMARQUES. Harou Errefchid fut le cinquieme Calife de la race des Abbassides, & mourut l'an de l'Hégire 193, de J. C. l'an 808.

Les Mahométans tiennent que Dieu fait faire tous ses messages par l'Ange Gabriel, & c'est de là qu'ils veulent que ce soit lui qui ait dicté l'Alcoran à Mahomet, & qu'ils appellent les rêveries qui y sont contenues, la parole de Dieu.

Un bon homme de Sivri-Hissar disoit à un de ses voisins, qu'il avoit grand mal à un œil, & lui demandoit s'il ne savoit pas quelque remede? Le voisin répondit : J'avois l'an passé un grand mal à une dent, je la fis arracher, & j'en fus guéri; je vous conseille de vous servir du même remede.

REMARQUE. Sivri-Hissar est une petite ville de la Natolie, dont les habitants ont la réputation d'être simples.

Dans la même ville de Sivri-Hissar, un homme enfermoit tous les jours sa hache à la clef dans un coffre. Un jour sa femme lui en demandant la raison, il répondit : Je crains que le chat ne la mange. La femme repartit : Vous vous moquez, les chats ne mangent point de haches. Le mari repliqua : Le bourreau! il nous a mangé un foie qui nous coûtoit un aspre & demi, pourquoi voulez-vous qu'il ne mange pas une hache qui en coûte vingt?

REMARQUE. Un aspre est une petite monnoie d'argent de la valeur d'environ deux liards; qui a cours dans l'Empire Ottoman, que les Turcs appellent *Akgeh*, c'est-à-dire, un *blanc*, & les Grecs ont traduit ce mot dans leur langue par celui d'ἄσπρον, qui signifie aussi un blanc. De-là nos Marchands François, qui sont à Constantinople & en d'autres Echelles du Levant, & même nos voyageurs, ont fait celui d'aspre, que l'usage semble avoir autorisé plutôt que nôtre mot de *blanc*, qui cependant en seroit la véritable interprétation.

Une Mahométane d'une grande laideur, demandoit à son mari : A qui de vos parents voulez-vous que je me fasse voir? Le mari répondit : Ma femme faites-vous voir à qui vous voudrez, j'en serai content, pourvu que je puisse ne vous pas voir.

REMARQUE. Puisque cette femme étoit si laide, on pourroit demander pourquoi le mari l'avoit épousée? mais il est aisé de répondre que parmi les Mahométans, de même que parmi nous, on prend des femmes par intérêt de famille, & parce que le pere & la mere le veulent. De plus, c'est aussi parce qu'on les prend presque toujours sans les avoir vues auparavant le visage découvert; & quand on les a épousées, elles ne peuvent se découvrir le visage devant personne qu'avec la permission du mari; parce que c'est un péché à une femme Mahométane, de se faire voir à un autre Mahométan qu'à son mari. Mais j'ai lu dans un de leurs Livres, que ce n'est pas un péché pour elles de se faire voir à d'autres que des Mahométans. En raisonnant suivant leurs principes, en voici la raison, si je ne me trompe. C'est qu'ils croyent que leurs femmes en se faisant voir à des Chrétiens, par exemple, ou à des Juifs, ne seront pas faciles à se laisser corrompre, premiérement, à cause de l'aversion contre les uns & contre les autres dans laquelle ils ont soin de les élever, & en second lieu, à cause du rude châtiment de lapidation ou de submersion auquel elles sont condamnées, lorsqu'elles sont convaincues de ce crime. Ils regardent aussi le grand bien qui peut en revenir à leur Religion, en ce que les Chrétiens ou les Juifs retenus d'entreprendre de corrompre des Mahométanes, dans la crainte du feu, peuvent par ce moyen en devenir amoureux, & abandonner leur Religion pour en épouser quelqu'une. Il est certain qu'ils ont cette vue, & qu'elle leur a réussi, & ne leur réussit encore que trop.

Un Cadi interrogeoit, en présence d'un Sultan, un Mahométan, qui se disoit Prophete, & le sommoit de prouver sa mission par un miracle. Le Prophete prétendu dit que sa mission étoit évidente, en ce qu'il ressuscitoit les morts. Le Cadi ayant repliqué, que c'étoit ce qu'il falloit voir, & qu'il ne suffisoit pas de le dire, il dit au Cadi : Si vous ne me croyez pas, faites-moi donner un sabre, que je vous coupe la tête, & je m'engage de vous ressusciter. Le Sultan demanda au Cadi ce qu'il avoit à dire là-dessus? Il répondit : Il n'est plus besoin de miracle, je l'en tiens quitte, & je crois qu'il est Prophete.

REMARQUE. Sur ce principe, que les Prophetes doivent prouver leur mission par un miracle, les Mahométans, qui croyent que Mahomet est le dernier des Prophetes, & que Dieu s'est fait une loi de n'en plus envoyer après lui, tiennent pour constant qu'il a partagé la lune en deux du bout de son doigt, & sur ce faux miracle, ils ont l'aveuglement de le tenir pour Prophete, & d'ajouter foi à tout ce qu'il leur enseigne dans l'Alcoran.

Dans la ville de Samarcande, un Savant prit place dans une assemblée au-dessus d'un Mahométan qui savoit l'Alcoran par cœur. Celui-ci, offensé de la hardiesse du Savant, demanda à la compagnie : D'un Alcoran & d'un autre Livre, si c'étoit le Livre ou l'Alcoran qu'on mettoit dessus? Le Savant, qui comprit

prit son intention dit : C'est l'Alcoran qu'on met dessus, mais non pas l'étui de l'Alcoran.

REMARQUES. Les Mahométans ont des gens qui font profession de savoir l'Alcoran par cœur ; mais plus souvent ils ne savent autre chose. On les appelle du nom d'*Hafiz*, formé d'un verbe qui signifie *conserver dans la mémoire.* Mais parce qu'ils ne sont recommandables que par un effort de mémoire, les autres Mahométans qui font profession de savoir quelque chose, n'ont pas pour eux le respect qu'ils prétendent, quoique d'ailleurs ils ayent de la vénération pour l'Alcoran.

Comme l'Alcoran est d'un grand usage, on le met ordinairement dans un étui de drap pour le conserver ; & ce drap est presque toujours verd. On le met aussi dans des étuis de cuir ou de carton. On fait de même des étuis de cuir ou de carton pour d'autres livres, particuliérement lorsque la reliure n'est pas commune, & qu'on veut la conserver.

Un Chrétien se fit Musulman. Six mois après, ses voisins, qui l'avoient observé, & qui avoient remarqué qu'il se dispensoit de faire par jour les cinq prieres auxquelles il étoit obligé comme tous les autres Mahométans, ils le menerent au Cadi, afin qu'il en fît le châtiment ; & le Cadi lui demanda la raison de sa conduite. Il répondit : Seigneur, lorsque je me fis Musulman, ne me dites-vous pas en propres termes que j'étois pur & net, comme si je venois de sortir du ventre de ma mere ? Le Cadi en étant tombé d'accord, il ajouta : Si cela est, puisqu'il n'y a que six mois que je suis Musulman, je vous demande si vous obligez les enfants de six mois de faire la priere ?

REMARQUE. Ceci fait voir que chez les Mahométans, les causes qui regardent la Religion, sont jugées par les Cadi de même que les causes civiles.

Un autre Mahométan, qui ne faisoit pas la priere, fut mené de même en Justice. Sur la demande que le Cadi lui fit de la cause de cette négligence, il répondit : Seigneur, j'ai une femme & des enfants à nourrir, je suis pauvre, & je ne puis gagner de quoi nous nourrir ma famille & moi, que par un travail qui ne demande pas de relâche ; c'est ce qui m'empêche de faire la priere. Le Cadi lui dit : On vous donnera deux aspres par jour, faites la priere comme les autres. Quelque temps après, on amena le même au Cadi, & on lui exposa qu'à la vérité il faisoit la priere, mais qu'il ne se lavoit pas auparavant. Le Cadi lui en fit une grande réprimande, & lui demanda pourquoi il ne se lavoit pas ? Il répondit : Seigneur, si vous voulez que je me lave avant que de faire la priere, faites-moi donner quatre aspres au-lieu de deux. C'est pour perdre moins de temps que je ne me lave pas.

REMARQUE. Quoique chacune des prieres que les Mahométans sont obligés de faire chaque jour soit courte, néanmoins, en y comprenant le temps qu'il faut qu'ils employent à se laver, ce qu'ils font avec circonspection & avec mesure, ils ne peuvent pas y en mettre moins qu'une demi-heure. Les cinq temps prescrits pour cela, sont à la pointe du jour, à midi, à deux heures & demie avant le coucher du soleil, au coucher du soleil, & à une heure & demie après le coucher du soleil. Ainsi dans tous les pays où l'on fait profession du Mahométisme, on se leve généralement de grand matin en quelque temps que ce soit ; car il n'y a point d'exception, Princes, Seigneurs, Nobles & Roturiers, tout le monde y est obligé quand on est en âge de la faire.

Un Calender, qui avoit une grande faim, présenta son bras à un Médecin, afin qu'il lui tâtât le poulx, & lui dit qu'il étoit malade. Le Médecin, qui connut que le Calender n'avoit pas d'autre maladie que la faim, le mena chez lui, & lui fit apporter un grand plat de pilau. Quand le Calender eut achevé de man-

ger, il dit au Médecin : Monsieur le Docteur, vingt autres Calenders ont la même maladie que moi dans notre Couvent.

REMARQUE. Le pilau est du riz cuit & préparé avec du beurre, ou avec de la graisse, ou de bon jus de viande. Mais par cette maniere de préparer le riz, les grains sont dans leur entier & non pas écachés comme quand nous en préparons avec du lait, ou en potage.

On louoit dans une assemblée un Savant qui paroissoit avoir l'esprit un peu égaré, & qui marchoit toujours la tête levée, & entr'autres sciences, on disoit qu'il étoit bon Astronome. Bassiri, qui étoit de la conversation, dit : Je ne m'en étonne pas, il regarde toujours aux astres.

REMARQUE. Bassiri étoit un Poëte Turc des confins de la Perse, qui vint à la Cour de Constantinople sous le regne de Sultan Bajazid, fils & successeur de Sultan Mehemmed second, où il se fit distinguer par ses Poésies en langue Turque & en langue Persane. Letifi, qui parle de lui dans son Ouvrage, touchant les Poëtes Turcs, remarque qu'il étoit agréable dans la conversation, & qu'il avoit toujours le mot pour rire. Bassiri est un mot tiré de l'Arabe, & signifie *le voyant, l'intelligent.* Peut-être que l'occasion se présentera ailleurs de parler des noms des Poëtes Orientaux.

Un Calife avare recevoit les Poésies faites à sa louange qu'on lui présentoit ; mais, pour récompense, il ne donnoit qu'autant que le livre ou l'écrit pesoit. Un Poëte, qui savoit sa coutume, s'avisa de faire graver sur un gros marbre une piece de Poésie qu'il avoit faite pour lui ; & lorsque la gravure fut achevée, il fit charger le marbre sur un chameau, & le fit porter jusques à la porte du Calife, avec ordre d'attendre. Cependant il alla faire sa cour ; & en parlant de son travail au Calife, il lui demanda s'il auroit pour agréable qu'il fît apporter le marbre. Le Calife répondit : Non, ne le faites pas apporter, mais composons.

REMARQUES. La composition fut de cinq mille aspres, c'est-à-dire, de cent vingt-cinq livres que le Calife fit compter à l'Auteur ; mais ce n'étoit pas une récompense, ni pour sa peine, ni pour la gravure. C'est pourquoi il y a apparence que c'étoient des drachmes, monnoie d'argent au coin des Califes, & qu'ainsi la somme fut un peu plus considérable.

Cette piece de Poésie étoit une de celle que les Orientaux appellent *Casideh*, dont la plus courte est au moins de cinquante distiques, & la plus longue de cent, plus ou moins. Les deux premiers Vers riment ensemble, & les autres seulement alternativement, tous sur une même rime ; de sorte que les plus longues sont celles qui sont sur une lettre ou sur une terminaison, qui fournit plus de rimes qu'une autre. Elle est principalement consacrée à la louange des Princes & des grands hommes.

Schahroch, fils de Timour, c'est-à-dire, de Tamerlan, étoit un Prince naturellement avare & d'un grand ménage. Un vendeur de pots de terre se présenta à lui, & lui demanda s'il ne tenoit pas pour véritable la doctrine de la Religion Mahométane, qui enseigne que tous les Musulmans sont freres ? Schahroch répondit, qu'il la tenoit pour véritable. Le vendeur de pots repartit : Puisque nous sommes tous freres, n'est-ce pas une injustice que vous ayez un si grand trésor, & que je sois dans le besoin d'une pauvre maille. Donnez-moi au moins la portion qui me touche en qualité de frere. Schahroch lui fit donner une piece de monnoie d'argent de la valeur d'environ trois sols ; mais il n'en fut pas content, & il dit : Quoi ! d'un si grand trésor il ne m'en revient que cette petite portion ? Schahroch le renvoya, & lui dit : Retire-toi, & ne dis mot à personne de ce que je t'ai donné. Ta portion ne seroit pas si considérable, si tous nos autres freres le savoient.

REMARQUE. C'est un Ecrivain Turc qui taxe ici Schahroch d'avarice & de ménage. Néanmoins, c'étoit un grand & puissant Monarque, comme on pourra le connoître par son Histoire, que j'ai traduite du Persan en notre langue. Ce qui peut faire croire qu'il est quelque chose du vice qu'on lui reproche, est, qu'il paroît que les Gens de Lettres s'attachoient plutôt aux Princes ses fils qu'à lui. Mais pour l'excuser de ce défaut, on peut dire qu'il paroissoit l'avoir, parce qu'il se donnoit tout entier au soin du gouvernement de ses Etats, qui s'étendoient depuis la Perse jusques à la Chine, & qu'il ne se donnoit pas l'application qu'il falloit pour connoître dans le détail ceux qui méritoient d'être récompensés.

Avant que de manger, un Mahométan avare disoit toujours deux fois *Bismi-llah*, c'est-à-dire, *au nom de Dieu.* Sa femme lui en demanda un jour la raison. Il dit : La premiere fois, c'est pour chasser le Démon ; & la seconde, pour chasser les écornifleurs.

REMARQUE. Les Mahométans ne prononcent pas *Bismi-llah* seulement avant que de manger ; mais encore en commençant de marcher, de travailler, & de faire quelque ouvrage que ce soit.

Dans une assemblée, en présence de Sultan Mehemmed second, Empereur de Constantinople, quelqu'un avança que Mirza Khan avoit promis mille pieces de monnoie d'or à celui qui lui feroit voir une seule faute dans les Ouvrages des Poëtes de sa Cour. Sultan Mehemmed dit : J'épuiserois mes trésors, si je voulois imiter Mirza Khan.

REMARQUES. Sultan Mehemmed est celui qui prit Constantinople. Quoiqu'il eût si peu bonne opinion des Poëtes de sa Cour, néanmoins il y avoit déja de bons Poëtes Turcs de son temps, comme Letifi l'a remarqué.
Le mot de *Mirza*, dans la Perse & dans les Indes, signifie le fils ou le parent d'un Souverain, & il se dit par abréviation au-lieu d'*Emir Zadeh*, qui signifie en Persan *né d'un Emir.* Je crois qu'il y a faute dans le nom du Prince de qui il est ici parlé, & que c'étoit un Prince de la famille de Tamerlan, qui portoit encore un autre nom avec celui de *Mirza* & de *khan.* Le mot de *Khan* chez les Tartares signifie un *grand Monarque.* Les Empereurs Turcs qui prennent leur origine du Turquestan, qui fait partie de la grande Tartarie, le prennent avec le nom de Sultan. Ainsi on dit & on écrit chez les Turcs : *Sultan Mehemmed Khan, Sultan Ahmed Khan, Sultan Murad Khan,* &c.

Un Imam avoit sa maison fort éloignée de la Mosquée dont il étoit Imam. Les Mahométans, qui en dépendoient, lui dirent un jour : Votre maison est trop éloignée, & vous ne pouvez vous rendre chaque soir à la Mosquée pour faire la priere à une heure & demie de nuit. C'est pourquoi nous vous en exemptons : nous la ferons entre nous, sans qu'il soit nécessaire que vous preniez la peine de venir. L'Imam répondit : Musulmans, Dieu vous fasse miséricorde, vous m'exemptez de cette priere, & moi je vous exempte de la priere du matin.

REMARQUES. Le mot d'*Imam* est Arabe, & signifie proprement la même chose que le mot Latin *Antistes,* c'est-à-dire, *celui qui est à la tête des autres ;* & en cette signification chez les Mahométans, c'est celui qui fait la priere publique, non-seulement dans la Mosquée, mais encore en quelque endroit que ce soit, & ceux qui sont derriere lui, font en même-temps les mêmes génuflexions, les mêmes prosternations contre terre, & tous les gestes qu'ils lui voyent faire.
Les Turcs appellent en leur langue *Iatsinamaz,* cette priere qui se fait à une heure & demie de nuit, c'est-à-dire, priere du coucher, priere qui se fait avant de se coucher.

Un Mahométan, qui faisoit peur à voir, tant il étoit laid, trouva un miroir en son chemin, & l'ayant ramassé, il s'y regarda ; mais comme il se vit si difforme, il le jetta de dépit, & dit : On ne t'auroit pas jetté, si tu étois quelque chose de bon.

Un Calife étoit à table, & on venoit de lui servir un agneau rôti, lorsqu'un Arabe du désert se présenta. Le Calife lui dit d'approcher, & de prendre place à sa table. L'Arabe obéit, & se mit à manger avec avidité, & morceaux sur morceaux. Le Calife, à qui cette maniere déplut, lui dit : Qui êtes-vous donc qui dépecés ce pauvre agneau avec tant de furie ? il semble que sa mere vous ait donné quelque coup de cornes. Il répondit : Ce n'est pas cela ; mais vous avez autant de dépit de voir que j'en mange, que si sa mere avoit été votre nourrice.

REMARQUE. Les Arabes du désert ne sont pas si polis que les Arabes qui demeurent dans les villes ; mais ils ne laissent pas d'avoir de l'esprit & du bon sens, & de vivre entr'eux avec plus de bonne foi que ne vivent les autres Arabes.

On prioit Behloul de compter les foux de la ville de Basra d'où il étoit ; il répondit : Vous me demandez une chose qui n'est pas possible ; passe si vous me parliez des Savants, ils ne sont pas en si grand nombre.

REMARQUES. Basra est, suivant nos Géographes, la ville de Bassora sur le Golfe Persique.
Behloul étoit un Savant de la Cour du Calife Haroun-erreschid, qui avoit l'esprit agréable. Le mot de *Behloul* en Arabe signifie un *moqueur,* un *railleur,* & particuliérement un homme qui a l'esprit gai ; d'où vient le Proverbe Arabe : Qui a l'esprit gai, danse sans tambour de basque, ou le mot de *Behloul* est employé en cette signification. Ce Behloul apparemment avoit un autre nom, & celui-ci étoit un sobriquet qui lui est demeuré.

Behloul arrivant pour faire sa cour au Calife, le grand-Visir lui dit : Behloul, bonne nouvelle, le Calife te fait l'Intendant des singes & des pourceaux de ses Etats. Behloul repartit au Visir : Préparez-vous donc à faire ce que je vous commanderai, car vous êtes un de mes sujets.
Un Savant écrivoit à un ami, & un importun étoit à côté de lui, qui regardoit par-dessus l'épaule ce qu'il écrivoit. Le Savant, qui s'en apperçut, interrompit le fil de sa lettre, & écrivit ceci à la place : Si un impertinent, qui est à mon côté, ne regardoit pas ce que j'écris, je vous écrirois encore plusieurs choses, qui ne doivent être sues que de vous & de moi. L'importun, qui lisoit toujours, prit la parole, & dit : Je vous jure que je n'ai regardé, ni lu ce que vous écrivez. Le Savant repartit : Ignorant que vous êtes, pourquoi donc me dites-vous ce que vous dites ?
Un Tisserand, qui avoit donné un dépôt en garde à un Maître d'école, vint le redemander, & trouva le Maître d'école à sa porte, assis & appuyé contre un coussin, faisant la leçon à ses écoliers, qui étoient assis autour de lui. Il dit au Maître d'école : J'ai besoin du dépôt que vous savez, je vous prie de me le rendre. Le Maître d'école lui dit de s'asseoir, & d'avoir la patience d'attendre qu'il eût achevé de faire la leçon. Mais le Tisserand avoit hâte, & la leçon duroit trop long-temps. Comme il vit que le Maître d'école remuoit la tête, par une coutume qui lui étoit ordinaire en faisant la leçon à ses écoliers, il crut que faire la leçon n'étoit autre chose que de remuer la tête, & il lui dit : De grace, levez-vous, & laissez-moi à votre place, je remuerai la tête pendant que vous irez prendre ce que je vous demande, parce que

je n'ai pas le temps d'attendre. Cela fit rire le Maître d'école & les écoliers.

REMARQUES. Il faut entendre que ce Maître d'école étoit assis les jambes croisées ou sur les talons, sur un tapis ou sur une natte, suivant la coutume du Levant.

Les Mahométans ont cette coutume dans tout le Levant, de branler la tête en-devant & en-arriere lorsqu'ils lisent ; & comme les enfants qui lisoient sous ce Maître d'école, branloient la tête, le Maître d'école branloit aussi la sienne, quoiqu'il eût pu s'en abstenir ; mais c'étoit sa coutume. Les Juifs branlent aussi la tête dans leurs Synagogues en priant Dieu, mais d'une épaule à l'autre, & non pas en-devant & en-arriere, comme les Mahométans. Les uns & les autres prétendent que cette agitation les rend plus attentifs à leurs prieres.

Dans une nuit obscure, un aveugle marchoit dans les rues avec une lumiere & une cruche d'eau sur le dos. Un coureur de pavé le rencontra, & lui dit : Simple que vous êtes à quoi vous sert cette lumiere ? La nuit & le jour ne sont-ils pas la même chose pour vous ? L'aveugle lui répondit en riant : Ce n'est pas pour moi que je porte cette lumiere, c'est pour les têtes folles qui te ressemblent, afin qu'ils ne viennnent pas heurter contre moi & me faire rompre ma cruche.

Un Savant, qui étoit d'une laideur extraordinaire, s'entretenant dans la rue avec un ami, une Dame, assez bien faite, qui passoit, s'arrêta, & le regarda fixément pendant quelque temps ; après quoi elle continua son chemin. Quand elle fut partie, le Savant envoya son valet après elle pour savoir ce qu'elle souhaitoit. Elle dit au valet, afin qu'il le redît à son maître : J'ai commis un péché énorme par les yeux, & je cherchois à les punir par un châtiment conforme à l'énormité du péché. J'ai cru que je ne pouvois leur causer un plus grand supplice, que de les employer à regarder la vilaine face de ton maître.

Le même Savant racontoit, que jamais on ne pouvoit avoir une mortification plus grande que celle qu'il avoit eüe un jour. Il disoit : Une Dame me prit un jour par la main dans la rue, & me mena devant la boutique d'un Fondeur, à qui elle dit : Comme cela, entendez-vous ? & après ces paroles, elle me laissa. Je fus d'autant plus surpris de l'aventure, que je ne savois pas ce que cela vouloit dire. Je priai le Fondeur de me dire ce que c'étoit, & il me dit : Cette Dame étoit venue pour me faire fondre la figure d'un Diable, & je lui avois répondu que je n'avois pas de modele pour lui rendre le service qu'elle souhaitoit. Elle vous a rencontré, & vous a amené, pour me dire que j'en prenne le modele sur vous.

Un Mahométan, âgé de cinquante ans, qui avoit un grand nez, faisoit l'amour à une Dame, & lui disoit, qu'il n'étoit pas léger & inconstant comme les jeunes gens, & sur toute chose qu'il avoit de la patience, quelque fâcheuse & peu sage que pût être une femme. La Dame lui dit : Il faut bien que cela soit ; car si vous n'aviez pas la patience de supporter une femme, jamais vous n'auriez pu porter votre nez l'espace de cinquante ans.

Un Mahométan, propre & poli, voyant un autre Mahométan négligé, qui ne se faisoit pas faire la barbe, lui dit : Si vous ne vous faites raser, votre visage deviendra tête.

REMARQUE. Quoique les Mahométans, particuliérement ceux qui sont mariés, se laissent croître la barbe ; néanmoins ils ne laissent pas que d'en avoir un grand soin. Ils la font accommoder souvent, en faisant raser le poil follet autour du visage, & couper les extrémités avec des ciseaux, de maniere qu'un poil ne passe pas l'autre, & cela donne tout un autre air au visage.

Un descendant d'Ali avoit querelle avec un autre Mahométan, & lui disoit : Pourquoi êtes-vous mon ennemi, pendant que la religion vous oblige de dire dans vos prieres : mon Dieu, bénissez Mahomet & ceux qui sont de sa race. L'autre répondit : La priere porte pour ceux de sa race qui sont bons & purs ; mais vous n'êtes pas de ce nombre-là.

REMARQUE. Les descendants d'Ali sont considérés dans la Perse, tant à la considération d'Ali, que de Fatime, fille de Mahomet, & femme d'Ali, parce qu'ils sont censés descendre de Mahomet par Fatime. Les Schérifs chez les Turcs sont les mêmes que les descendants d'Ali chez les Persans. Mais les Turcs ne croyent pas avec les Persans, que les descendants d'Ali fussent les véritables successeurs de Mahomet à la dignité de Calife, & ne regardent pas la noblesse de leurs Schérifs par cet endroit-là ; mais par Fatime de qui ils descendent.

Un Arabe du désert étoit à la table d'un Calife, & le Calife le regardant manger, apperçut un poil sur un morceau qu'il alloit mettre à la bouche, & lui dit : Arabe, prenez garde, ôtez le poil que voilà sur votre viande. L'Arabe lui dit : On ne peut pas manger à une table dont le maître prend garde aux morceaux de si près qu'il y apperçoit un poil ; & en disant cela, il se leva & jura que jamais il ne mangeroit à la table du Calife.

Un Mahométan fort riche étant mort sous le regne d'un Tyran, le Visir du Tyran fit venir le fils du défunt, & lui demanda compte des biens que son pere lui avoit laissés. Le fils lui rendit un compte exact de tout, & à la fin il ajouta : Mon pere vous a fait héritier de cela pour portion égale avec moi. Le Visir rit en lui-même de l'adresse du fils, & se contenta de prendre la moitié des biens pour le Tyran.

On demandoit à un Turc ce qu'il aimoit le mieux, ou de piller aujourd'hui, ou d'entrer demain dans le Paradis ? Il répondit : Je prends, je pille & je vole aujourd'hui tout ce qui m'accommode, & je suis prêt d'entrer demain dans le feu d'enfer, pour tenir compagnie à Pharaon.

REMARQUE. Le Turc, de qui il est ici parlé, n'étoit pas un Turc de Constantinople, ni de l'Empire qui en dépend ; mais un Turc du Turquestan dans la grande Tartarie, de ceux qui étoient accoutumés à piller, & qui sortoient de temps en temps de leur pays pour faire des courses en-deçà de l'Oxus, ou pour se louer & se mettre à la solde des Princes qui les prenoient à leur service. Quoique les Turcs de Constantinople tirent leur origine d'une inondation faite dans une de ces courses, néanmoins ils ne se donnent pas ce nom là. Ils le donnent seulement aux paysans Mahométans de Natolie & de Romélie. De sorte que chez eux, un Turc est un homme grossier, rustique, incivil & mal appris.

Un pauvre demandoit l'aumône à la porte d'une maison. Le Concierge lui dit : Dieu vous assiste, il n'y a personne à la maison. Le pauvre repartit : Je demande un morceau de pain, je n'ai rien à démêler avec les gens de la maison.

Le fils d'un Mahométan étant à l'agonie, le Mahométan donna ordre de faire venir le laveur pour le laver. Ses gens lui dirent, qu'il n'étoit pas encore mort, & qu'il falloit attendre. Le pere repartit : Il n'importe, qu'on le fasse venir, il sera mort avant qu'on ait achevé de le laver.

REMARQUE. Les Mahométans sont exacts à laver les corps de leurs morts, avant que de les ensevelir, & c'est une cérémonie de leur Religion dont ils ne se dispensent pas.

On demandoit à un artisan, qui étoit l'aîné lui ou son frere ? Il répondit : Je suis l'aîné ; mais quand mon frere aura encore un an, nous ferons lui & moi de même âge.

Un Mahométan étoit à l'agonie, & un de ses voisins, qui avoit l'haleine puante, l'exhortoit à la mort, & le pressoit fortement de prononcer la profession de foi de sa Religion, en lui soufflant sous le nez; & plus l'agonisant tournoit la tête de l'autre côté, plus il s'avançoit, & plus il l'importunoit. A la fin, l'agonisant ne sachant plus comment se délivrer de lui, dit : Eh, de grace, pourquoi ne me laissez-vous pas mourir purement? Voulez-vous continuer de m'infecter de votre haleine, que je trouve plus odieuse que la mort.

REMARQUE. Tout le monde sait que cette profession de foi consiste en ces paroles : *La-ilab-illa-llab, Mehemmed reçoul ullab*, c'est-à-dire, il n'y a pas d'autre Dieu que Dieu, Mahomet est son Envoyé. Les Mahométans, autant qu'ils le peuvent, la font prononcer par les agonisans, parce qu'ils croyent que cela est nécessaire pour entrer dans le Paradis qu'ils attendent.

On demandoit à un bossu ce qu'il aimoit mieux, ou que Dieu le rendît droit comme les autres hommes, ou qu'il rendît les autres hommes bossus comme lui? Il répondit : J'aimerois mieux qu'il rendît les autres hommes bossus comme moi, afin que j'eusse le plaisir de les regarder du même œil dont ils me regardent.

Des amis allerent se promener en campagne avec de bonnes provisions; & s'étant arrêtés à l'ombre dans un endroit extrêmement agréable, ils se mirent à manger ce qu'ils avoient porté. Un chien s'approcha d'eux, & un de la compagnie lui jetta une pierre, de la même maniere que s'il eût jetté un morceau de pain ou de viande. Le chien flaira la pierre, & se retira. On l'appella, mais jamais il ne voulut retourner. Cela fit dire à un autre de la compagnie : Savez-vous ce que ce chien dit en lui-même? Il dit : Ce sont des chiches & des vilains, ils ne mangent que des pierres. Il n'y a rien à faire pour moi auprès d'eux.

On demandoit à un fils s'il ne souhaitoit pas la mort de son pere, afin d'hériter de ses biens. Il répondit : Non, mais je souhaiterois qu'on le tuât, afin qu'avec l'héritage qui me viendroit, j'héritasse encore du prix de son sang.

REMARQUE. On paye toujours chez les Mahométans le sang de celui qui a été tué, soit aux dépens de l'assassin ou des voisins du quartier où l'assassinat s'est commis, ou d'autre maniere.

Un Poëte Persan lisoit de méchants vers de sa façon à une personne d'esprit & de bon goût, & en achevant de les lire, il dit qu'il les avoit faits étant aux lieux. La personne reprit : Je n'en doute pas, ils en portent l'odeur avec eux.

Un Poëte s'adressa à un Médecin, & lui dit, qu'il avoit quelque chose sur le cœur qui lui causoit des défaillances de temps en temps avec frissonnements, & que cela lui faisoit dresser le poil par tout le corps. Le Médecin, qui avoit l'esprit agréable, & qui connoissoit le personnage, lui demanda : N'avez-vous pas fait quelques vers que vous n'ayez encore récités à personne? Le Poëte lui ayant avoué la chose, il l'obligea de réciter ses vers; & quand il eut achevé, il lui dit : Allez, vous voilà guéri, c'étoient ces vers retenus qui vous causoient le mal de cœur qui vous tourmentoit.

Un Prédicateur, qui faisoit de méchants vers, affectoit de les citer dans ses Prédications, & quelquefois il disoit : J'ai fait ceux-ci en faisant ma priere. Un des auditeurs, indigné de sa vanité & de sa présomption, l'interrompit, & dit : Des vers faits pendant la priere valent aussi peu que la priere pendant laquelle ils ont été faits.

Un Poëte Persan lisoit au fameux Poëte Giami un Gazel de sa façon qui ne valoit rien, & lui faisoit remarquer qu'il étoit singulier en ce que la lettre *Elif* ne se trouvoit dans aucun des mots de la piece. Giami lui dit : Vous feriez une bien plus belle chose si vous en ôtiez toutes les lettres.

REMARQUES. Un Gazel est une piece de Poésie extrêmement en usage parmi les Persans & parmi les Turcs. Les deux premiers vers riment ensemble, & le premier vers des distiques qui suivent, rime avec la premiere rime; mais le second vers des mêmes distiques ne rime pas. Cette piece est au moins de cinq distiques, & j'en ai vu d'onze, de douze & de treize distiques. Ordinairement le Poëte fait entrer son nom dans le dernier distique ou dans le pénultieme, lorsque le Gazel est long. Tous les Poëtes, un peu distingués parmi eux, font une suite de Gazels rimés par ordre alphabétique, & cette suite, réduite en un corps, s'appelle Divan. Ce même mot de Divan signifie aussi un corps de personnes qui composent un Conseil & le lieu où le Conseil s'assemble. Ainsi on dit à la porte : Le Grand-Visir préside au Divan, & le Grand-Visir, les autres Visirs, les deux Cadileskers, le Reis Kirteb & le Nischanga s'assemblent trois fois la semaine dans le Divan, où ils ont tous séance. L'amour est le sujet le plus ordinaire des Gazels. Néanmoins, Hafiz, Giami & d'autres Poëtes Persans traitent des matieres les plus sublimes de la Théologie affective dans ceux qu'ils ont composés sous les termes allégoriques d'amour & de débauche.

Giami est un Poëte Persan des plus fameux, qui fait connoitre lui-même dans son *Baharistan*, qu'il étoit dans le plus fort de sa réputation sous le regne de Mirza Sultan Hussein, le dernier des successeurs de Tamerlan dans les Royaumes du Khorassan & de la Perse. Il mourut l'an 898 de l'Hégire, de Jesus Christ l'an 1483, âgé de 81 ans, suivant l'Histoire des Poëtes Persans de Sami, Prince de la Famille des Sofis de Perse d'aujourd'hui. Il a composé un grand nombre d'Ouvrages, tant en Vers qu'en Prose, & l'on compte cinq Divans parmi ses Poésies, c'est à-dire, cinq recueils complets de Gazels par ordre alphabétique. Il s'appelle communément *Mevlana Giami*, & *Mevlana* est un mot Arabe, qui signifie *notre Maître*. Ce titre se donne aux Savants, soit dans la Religion, soit dans les Loix, soit dans les autres Sciences, & se joint aux noms de ceux qui se sont distingués par dessus les autres. Nos Docteurs se donnent de même le titre de *Magister noster*.

Ce Gazel, où il n'y avoit pas d'*Elif*, me donne occasion de remarquer, que les Grecs ont eu le même raffinement dans leur Poésie, de faire des Poëmes entiers où l'on ne trouvoit pas une certaine lettre de l'alphabet.

Messihi & Schemi, Poëtes Turcs & amis, qui vivoient à Constantinople, allerent un jour ensemble à une Eglise de Galata, exprès pour y voir les belles de Galata. Cela fit dire à un autre Poëte, que Messihi avoit porté un cierge à l'Eglise.

REMARQUE. La pointe consiste en ce que Messihi est un mot Arabe qui signifie un *Chrétien*, & que *Schemi* en est un autre, qui signifie un cierge, une chandelle ou une bougie. Messihi & Schemi vivoient sous le regne de Sultan Soliman, au rapport de Letifi, dans son Histoire des Poëtes Turcs.

Le Médecin Mehemmed, fils de Zekeria, accompagné de quelques-uns de ses disciples, rencontra un fou qui le regarda long-temps fixément, & qui enfin se mit à rire. En rentrant chez lui, Mehemmed fit d'abord préparer de l'Epithym, & le prit. Ses disciples lui demanderent, pourquoi il prenoit ce remede dans un temps où il sembloit qu'il n'en avoit pas besoin? Il répondit : C'est parce que ce fou de tantôt a ri en me voyant. Il ne l'auroit pas fait, s'il n'avoit vu en moi quelque chose de la bile qui l'accable. Chaque oiseau vole avec les oiseaux de son espece.

REMARQUES. Mehemmed, fils de Zekeria, de qui

il eft ici parlé, eft le fameux Médecin Arabe, connu fous le nom de Razis, qui n'eft pas fon propre nom, mais le nom appellatif de la ville de Reï dans le Royaume de Perfe, d'où il étoit, fuivant les regles de la Grammaire Arabe, de même que de Paris on fait Parifien. Razis n'étoit pas Arabe, mais Perfan; & s'il doit être appellé Médecin Arabe, c'eft parce qu'il a écrit en Arabe, & qu'il a pratiqué & enfeigné la Médecine des Arabes. Ceux qui connoiffent les plantes favent que l'Epithym eft ce qui croît fur le Thym par filaments, dont les Médecins fe fervent encore aujourd'hui pour purger la bile.

Cette particularité de la vie de Razis eft tirée de l'Inftruction en Perfan d'Emir Onfor el Maali Kikiaous, Roi du Mazanderan, pour fon fils Ghilan Schah, fous le Titre de *Kabous-nameh*. Ce Roi vivoit dans le cinquieme fiecle de l'Hégire, puifqu'il marque dans cet Ouvrage qu'il fit le pélerinage de la Mecque, fous le règne du Calife Caïm-billah, qui commença de régner l'an 420 de l'Hégire, c'eft-à-dire, l'an de J. C. 1029.

Une femme confultoit Bouzourgemhir, Vifir de Khofrou, Roi de Perfe, fur une affaire, & Bouzourgemhir n'eut pas de réponfe à lui donner. La femme lui dit : Puifque vous n'avez pas de réponfe à me donner, pourquoi êtes-vous dans la charge que vous occupés? Les appointements & les bienfaits du Roi, que vous recevez, font fort mal employés. Bouzourgemhir repartit : Je fuis payé pour ce que je fais, & non pas pour ce que je ne fais point.

REMARQUE. Khofrou eft le même Roi de Perfe, qui s'appelle Noufchirvan & Anoufchirvan, fous qui Mahomet naquit, & Bouzourgemhir étoit fon premier Miniftre. Les Orientaux parlent de Noufchirvan comme du modele d'un Prince accompli, & ils propofent Bouzourgemhir pour fervir d'exemple à tous les Miniftres.

Un Tailleur de Samarcande, qui demeuroit près de la porte de la ville qui conduifoit aux Cimetieres, avoit en fa boutique un pot de terre pendu à un clou, dans lequel il jettoit une petite pierre à chaque mort qu'on portoit pour être enterré, & à la fin de chaque lune, il comptoit les pierres pour favoir le nombre des morts. Enfin, le Tailleur mourut lui-même, & quelque temps après fa mort, quelqu'un, qui n'en avoit rien fu, voyant fa boutique fermée, demanda où il étoit & ce qu'il étoit devenu? Un des voifins répondit : Le Tailleur eft tombé dans le pot comme les autres.

REMARQUE. Kikiaous rapporte cette plaifanterie dans l'inftruction pour le Prince fon fils, en lui marquant, qu'il faut tous mourir jeunes & vieux.

Un jeune homme, railleur, rencontra un vieillard âgé de cent ans, tout courbé & qui avoit bien de la peine à fe foutenir avec un bâton, & lui demanda : Scheich, dites-moi, je vous prie, combien vous avez acheté cet arc, afin que j'en achete un de même? Le Vieillard répondit : Si Dieu vous donne de la vie, & fi vous avez de la patience, vous en aurez un de même qui ne vous coûtera rien.

REMARQUE. Scheich, qui fignifie un Vieillard, eft auffi un titre d'honneur & de dignité, & il paroît, par les Hiftoires du Levant, qu'il fe donne même aux enfants pour être joint à leur nom. Ainfi, dans l'Hiftoire de Tamerlan, on a Mirza Omer Scheich, qui étoit un de fes fils.

Kikiaous, Roi du Mazanderan, dans l'inftruction pour fon fils, rapporte le conte qui fuit, & dit en ces termes: Camil, un des Chiaoux de mon pere, âgé de plus de 70 ans, voulant acheter un cheval, un maquignon lui en amena un d'un beau poil & vigoureux en apparence. Il lui plut, & il l'acheta. Quelque temps après, il s'avifa de le regarder à la bouche, & trouva que c'étoit un vieux cheval. Il chercha auffi-tôt à s'en

défaire, & le vendit à un autre. Je lui demandai, pourquoi l'autre s'en étoit accommodé. Il répondit : C'eft un jeune homme qui n'a pas connoiffance des incommodités de la vieilleffe. Il eft excufable de s'être laiffé tromper à l'apparence; mais je ne le ferois pas fi je l'avois gardé, moi qui fais ce que c'eft que la vieilleffe.

Un Roi de Perfe, en colere, dépofa fon Grand-Vifir, & en mit un autre à fa place. Néanmoins, parce que d'ailleurs il étoit content des fervices du dépofé, il lui dit, de choifir dans fes Etats un endroit tel qu'il lui plairoit, pour y jouir le refte de fes jours avec fa famille des bienfaits qu'il lui avoit faits jufques alors. Le Vifir lui répondit : Je n'ai pas befoin de tous les biens dont V. M. m'a comblé, je la fupplie de les reprendre; & fi elle a encore quelque bonté pour moi, je ne lui demande pas un lieu qui foit habité; je lui demande avec inftance de m'accorder quelque village défert, que je puiffe repeupler & rétablir avec mes gens, par mon travail, par mes foins & par mon induftrie. Le Roi donna ordre qu'on cherchât quelques villages tels qu'il les demandoit; mais après une grande recherche, ceux qui en avoient eu la commiffion, vinrent lui rapporter qu'ils n'en avoient pas trouvé un feul. Le Roi le dit au Vifir dépofé, qui lui dit : Je favois fort bien qu'il n'y avoit pas un feul endroit ruiné dans tous les pays dont le foin m'avoit été confié. Ce que j'en ai fait a été, afin que V. M. fût elle-même en quel état je les lui rends, & qu'elle en charge un autre qui puiffe lui en rendre un auffi bon compte.

REMARQUE. Le Roi de Kikiaous remarque, que le Roi fut fi fatisfait de l'adreffe de ce Vifir, qu'il le pria d'oublier ce qui s'étoit paffé, & qu'il le rétablit dans fa même dignité. Ce Roi, de qui il parle, étoit un des Rois de Perfe, qui ont régné avant la naiffance de Mahomet. Cela joint avec d'autres témoignages, fait connoître qu'il y avoit des Hiftoires de ces Rois-là, qui pouvoient être perdues du temps de Kikiaous; mais dont on favoit encore beaucoup de chofes par tradition.

Sous le regne de Sultan Mahmoud Sebecteghin, le Gouverneur de la ville de Nifa dans le Khoraffan, ruina un Marchand fort riche, & le renferma dans une prifon. Le Marchand s'échappa, & alla à Gaznin, la Capitale du Sultan, où il fe jetta à fes pieds, & lui demanda juftice. Sultan Mahmoud fit expédier une lettre adreffée au Gouverneur, par laquelle il enjoignoit au Gouverneur de rendre au Marchand ce qu'il lui avoit pris. Le Gouverneur reçut la lettre; mais dans la penfée que le Marchand ne prendroit pas la peine de retourner une autre fois à la Cour, il fe contenta de la lire, & ne fit rien de ce qui lui étoit commandé. Le Marchand ne fe rebuta pas, il retourna une autre fois à Gaznin; & prenant le temps que le Sultan fortoit de fon palais, il demanda encore juftice contre le Gouverneur, les larmes aux yeux, & en des termes accompagnés de gémiffements & de fanglots. Le Sultan commanda qu'on lui expédiât une autre lettre. Le Marchand lui repréfenta : Je lui ai déja porté une lettre de la part de V. M. à laquelle il n'a pas obéi, il n'obéira pas encore à celle-ci. Sultan Mahmoud, qui avoit l'efprit occupé ailleurs, repartit : Je ne puis faire autre chofe que de lui écrire; mais s'il n'obéit pas, mets fa tête fous tes pieds. Le Marchand repliqua : Je demande pardon à V. M. Ce fera lui qui me mettra les pieds fur la tête en recevant cette feconde lettre. Le Sultan rentra en lui-même, & dit : J'ai mal parlé, c'eft à moi à le perdre & non pas à toi. En même-temps, il dépêcha des Officiers au Prévôt de la Ville de Nifa, avec ordre de faire rendre au Marchand ce qui lui appartenoit, & de faire pendre le Gouverneur. Le Prévôt exécuta ces ordres; & en faifant pendre le Gouverneur avec la lettre du Sultan, il fit crier à haute voix, que c'étoit-là le châtiment que méritoient ceux qui n'obéïssoient pas aux lettres du Prince leur maître.

REMARQUES. Sultan Mahmoud Sebekteghin étoit fils de Sebekteghin, & Sebekteghin fut d'abord esclave à la Cour des Samaniens, qui l'avancerent si avantageusement aux premieres Charges de leurs Etats, qu'il succéda enfin à leur puissance dans le Khorassan. Après sa mort, Sultan Mahmoud lui succéda, & augmenta ses Etats par de grandes conquêtes dans les Indes. Il régnoit dans le quatrieme siecle de l'Hégire, c'est-à-dire, dans le dixieme siecle de notre Epoque, & sa Capitale étoit la ville de Gaznin aux confins des Indes, qu'il avoit préférée à Bokhara, où les Samaniens avoient fait leur résidence, afin d'être plus voisin des conquêtes qu'il avoit faites, & plus en état de les soutenir.

Nisa est une ville considérable du Khorassan, fameuse par l'excellence de ses pâturages & par ses bons chevaux.

Sultan Masoud, fils de Sultan Mahmoud Sebekteghin, étoit brave & vaillant; mais il ne savoit pas l'art de gouverner comme son pere le savoit. Pendant qu'il étoit dans les divertissements, au milieu des concerts avec les Dames de son palais, les Gouverneurs de ses Provinces & ses troupes vivoient dans la derniere licence, & commettoient de grandes violences. Une femme maltraitée lui fit des plaintes, & il lui fit dresser une lettre en sa faveur pour le Gouverneur de qui elle se plaignoit. Mais le Gouverneur ne fit rien de ce qui lui étoit ordonné. Elle retourna au Sultan; & s'étant mêlée parmi la foule de ceux qui demandoient justice, elle lui présenta un second placet. Sultan Masoud ordonna qu'on lui expédiât une seconde lettre; & sur ce qu'elle représenta que le Gouverneur n'avoit pas obéi à la premiere, le Sultan ayant dit, qu'il ne pouvoit qu'y faire, elle repartit avec hardiesse : Donnez vos Provinces à gouverner à des gens qui sachent obéir à vos lettres, & ne perdez pas le temps dans les divertissements, pendant que vos peuples, qui sont les créatures de Dieu, gémissent sous la tyrannie de vos Gouverneurs.

Le Médecin Hareth disoit : Quoique la vie soit toujours trop courte, néanmoins pour vivre long-temps, il faut manger du matin, il faut être léger d'habit, & user de femmes sobrement. Par la légéreté d'habit, il entendoit qu'il ne falloit pas avoir de dettes.

REMARQUE. Ce Médecin étoit Arabe de la ville de Taïef, qui exerça premiérement la Médecine en Perse & depuis en son pays, dans le temps que Mahomet vivoit. Néanmoins, il n'est pas certain qu'il ait été Mahométan; mais il est constant qu'il étoit né Payen.

Le Calife Mansour avoit pour Médecin George, fils de Bacht-jeschoua, qui étoit Chrétien, qu'il chérissoit, parce qu'il l'avoit guéri d'une maladie très-dangereuse. George, qui étoit dans un âge avancé, étant tombé malade, le Calife voulut le voir, & commanda qu'on l'apportât le plus commodément qu'on pourroit. On l'apporta, & le Calife lui demanda l'état de sa santé. Le Médecin le satisfit, & le supplia de lui accorder la permission de retourner en son pays, disant, qu'il souhaitoit de voir sa famille avant que de mourir, & particuliérement un fils unique qu'il avoit, & d'être enterré avec ses ancêtres après sa mort. Le Calife lui dit : Médecin, crains Dieu, & fais-toi Musulman, je te promets le paradis. Le Médecin répondit : En paradis ou en enfer, je serai content d'être où sont mes peres.

REMARQUES. Aboulfarage, qui rapporte cette Histoire, ajoute que le Calife, après avoir ri de la réponse du Médecin, fit ce qu'il put pour le retenir; mais à la fin, il lui accorda ce qu'il demandoit, & le renvoya avec un présent de dix mille pieces de monnoie d'or, & cette monnoie étoit à-peu-près de la valeur de l'écu d'or de France; de sorte qu'il est aisé de juger,

que la libéralité étoit considérable. Ce Médecin étoit de Giondi Sabor, ville de Perse, où il fut conduit & escorté par un Eunuque, qui avoit ordre de faire transporter son corps chez lui, au cas qu'il mourût en chemin, afin qu'il y fût enterré comme il le desiroit; mais il y arriva étant encore en vie.

Le Calife Mansour s'appelloit Abougiafar Mansour; C'étoit le dauxieme de la race des Abbassides. Il mourut à peu de distance de la Mecque, il étoit allé en pélerinage l'an de l'Hégire 158, de J. C. 774.

Jean, fils de Mesué, connu sous le nom de Mesué, Médecin du Calife Haroun-errefchid, étoit un railleur; mais il ne put empêcher qu'un autre Médecin ne lui fermât la bouche dans une conversation, en présence d'Ibrahim, frere d'Haroun-errefchid; car ce Médecin qui s'appelloit Gabriël, lui dit : Vous êtes mon frere, fils de mon pere. A ces mots, Mesué dit au frere du Calife : Seigneur, je vous prends à témoin sur ce qu'il vient de dire, parce que je prétends partager l'héritage de son pere avec lui. Gabriël répartit : Cela ne se peut, les bâtards n'héritent pas.

REMARQUES. Mesué étoit de Syrie, & Harounerrefchid, qui l'avoit fait venir, lui fit traduire en Arabe les anciens Médecins & d'autres Ouvrages Grecs. Comme d'ailleurs, il étoit très-savant, il avoit établi une école à Bagdad, où il enseignoit toutes les sciences.

Gabriël étoit petit-fils de George, fils de Bacht-jeschoua, de qui il est fait mention ci-dessus, & Médecin à la Cour d'Haroun-errefchid, auprès de qui il se mit dans un grand crédit, à l'occasion d'une Dame de son palais. Cette Dame s'étoit étendue, & en s'étendant, son bras étoit demeuré roide à ne pouvoir s'en servir. Après toutes les onctions & toutes les fomentations dont les Médecins purent s'aviser, le mal continuant toujours, Gabriel fut appellé, & on lui dit de quelle maniere il étoit arrivé à la Dame. Sur ce rapport, il dit au Calife, qu'il savoit un moyen infaillible pour la guérir; il le pria de ne pas trouver mauvais ce qu'il feroit pour cela en sa présence & en la présence de la compagnie, s'il avoit pour agréable de faire venir la malade. Elle vint par ordre du Calife; & lorsqu'elle parut, Gabriel courut à elle en se baissant, & lui prit le bas de la veste, comme s'il eût voulu lever la veste. La Dame, surprise de cette action, changea de couleur, & porta la main du bras dont elle étoit incommodée, jusqu'au bas de sa veste, pour empêcher que le Médecin ne la levât. En même-temps, le Médecin dit au Calife qu'elle étoit guérie. En effet, dès ce moment la Dame remua son bras de tous les côtés, comme si jamais elle n'y avoit eu de mal, & le Calife fut si satisfait, qu'il fit donner cinq cents mille drachmes au Médecin. Les drachmes étoient monnoie d'argent, & cette somme faisoit environ trois cents cinquante mille livres.

Le Calife Vathek Billa pêchoit à la ligne sur le Tigre, & Mesué, son Médecin, étoit près de lui. Le Calife, chagrin de ce qu'il ne prenoit rien, dit à Mesué : Retire-toi, malheureux, tu me portes malheur. Mesué, piqué de cette rebuffade, dit au Calife : Empereur des croyants, ne m'accusez point de ce qui n'est pas. Il est vrai que mon pere étoit un simple bourgeois de Khouz, & que ma mere Reçala avoit été esclave. Mais avec cela, je n'ai pas laissé que d'arriver au bonheur d'être favori de plusieurs Califes, de manger, de boire avec eux, & d'être de leurs divertissements; & par leurs bienfaits, j'ai des biens & des richesses au-delà de l'espérance que je pouvois concevoir. Cela ne peut pas appeler être malheureux. Mais si vous voulez bien me le permettre, je vous dirai qui est celui qu'on peut véritablement appeler malheureux. Le Calife ayant témoigné qu'il pouvoit s'expliquer, il reprit : C'est un Seigneur descendu de quatre Califes, que Dieu a fait Calife comme eux, lequel laissant à part dignité, grandeur & palais, est assis dans une cabane de vingt coudées en toutes ses dimenſions, expoſé à un coup de vent qui peut le ſubmerger, & qui fait ce que font les plus pauvres & les plus diſgraciés de tous les hommes.

REMARQUES. Aboulfarage remarque que le Califo fut outré de la hardieſſe de Meſué ; mais que la préſence de Mutevekkel-ala-llah, ſon frere, qui fut Calife après lui, l'empêcha d'éclater.

Le Calife Vathek mourut l'an 232 de l'Hégire, c'eſt-à-dire, l'an 846 de J. C.

Le Médecin Bacht-Ieſchoua alla un jour faire ſa cour au Calife Mutevek-kel-ala-llah, & le trouva ſeul. Il s'aſſit près de lui, comme il avoit coutume de le faire; & comme ſa veſte étoit un peu découſue par le bas, le Calife en diſcourant acheva inſenſiblement de la découdre juſques à la ceinture, & dans ce moment, ſuivant le ſujet dont ils s'entretenoient, il demanda au Médecin à quoi l'on connoiſſoit qu'il étoit temps de lier un fou? Bacht-Ieſchoua répondit : Nous le lions lorſqu'il eſt venu au point de découdre la veſte de ſon Médecin juſques à la ceinture.

REMARQUE. Au rapport d'Aboulfarage, le Calife rit ſi fort de la réponſe du Médecin, qu'il ſe laiſſa aller à la renverſe ſur le tapis où il étoit aſſis. En même-temps, il lui fit apporter une autre veſte fort riche, avec une ſomme d'argent très-conſidérable qu'il lui donna.

Ce Bacht-Ieſchoua étoit fils de Gabriel, de qui il eſt parlé ci-deſſus. Mais nonobſtant cette grande familiarité, il lui arriva mal d'avoir fait un grand feſtin au même Calife, qui fut choqué de ſa magnificence & de la grande opulence avec laquelle il l'avoit regalé ; car peu de temps après, il le diſgracia, & exigea de lui des ſommes très-conſidérables. Il eſt remarqué que de la vente ſeule du bois, du vin, du charbon & d'autres proviſions de ſa maiſon, on fit une ſomme d'environ trente-ſix mille livres.

Mehemmed, fils de Zekeria, ou plutôt Razis, de qui il a déja été parlé, devint aveugle dans ſa vieilleſſe, & un Empirique s'offrit de lui rendre la vue en faiſant l'opération. Razis lui demanda combien l'œil avoit de tuniques. L'Empirique répondit qu'il n'en ſavoit rien; mais que cela n'empêcheroit pas qu'il ne le guérît. Razis repartit : Qui ne ſait pas combien l'œil a de tuniques ne touchera pas à mes yeux. Ses parents & ſes amis le preſſerent, en lui repréſentant qu'il n'haſardoit rien quand l'Opérateur ne réuſſiroit pas, & qu'il pouvoit recouvrer la vue s'il réuſſiſſoit. Mais il s'en excuſa, & dit : J'ai vu le monde ſi long-temps, que je n'ai point de regret de ne le pas voir davantage.

Le Calife Caher-Billah avoit chargé Sinan, fils de Thabet, ſon Médecin, de faire ſubir l'examen à ceux qui voudroient faire profeſſion de la Médecine. Un jour un Vieillard de belle taille, grave & vénérable, étant venu ſe préſenter à lui, il le reçut avec tous les honneurs que méritoit un homme de cette apparence ; & après lui avoir fait prendre place, & avoir témoigné qu'il écouteroit avec plaiſir les bonnes choſes qu'il attendoit de ſa capacité, il lui demanda de qui il avoit appris la Médecine ? A cette demande, le Vieillard tira de ſa manche un papier plein de pieces de monnoie d'or qu'il mit ſur le tapis devant Sinan, en le lui préſentant & répondit : Je vous avoue franchement que je ne ſais ni lire, ni écrire. Mais j'ai une famille, il faut que je trouve tous les jours de quoi la faire ſubſiſter. Cela m'oblige de vous ſupplier de ne me pas faire interrompre le train de vie auquel je ſuis engagé. Sinan ſourit, & dit : Je le veux bien; mais à la charge que vous ne verrez point de malades de qui vous ne connoîtrez pas la maladie, & que vous n'ordonnerez ni ſaignée, ni purgation que dans les maladies qui vous ſeront très-connues. Le Vieil-

lard répondit que c'étoit ſa méthode, & qu'il n'avoit jamais ordonné que de l'Oxymel & des Juleps. Le lendemain, un jeune homme, proprement vêtu, bien fait & d'un air dégagé, vint le trouver pour le même ſujet, & Sinan lui demanda de qui il avoit pris des leçons de Médecine. Il répondit, qu'il les avoit priſes de ſon pere, & que ſon pere étoit le Vieillard à qui il avoit donné le pouvoir d'exercer la Médecine le jour précédent. Sinan reprit : C'eſt un brave homme ; vous ſervez-vous de la même méthode dont il ſe ſert? Le jeune homme dit qu'oui, & Sinan lui recommanda de le bien obſerver, & le renvoya avec le même pouvoir d'exercer la Médecine que ſon pere.

REMARQUES. Le Calife Caher-Billah s'appelloit Abou Manſour, avant que d'être Calife. Il ſuccéda à Muſtſeder Billa, l'an 320 de l'Hégire, & de J. C. l'an 932, & régna un an & ſept mois.

Le premier Médecin du Grand-Seigneur a, de même que le Médecin de ce Calife, le pouvoir d'examiner & d'éprouver la capacité de ceux qui entreprennent d'exercer la Médecine à Conſtantinople.

Un Médecin Grec d'Antioche étoit convenu pour une ſomme d'argent, de guérir un malade de la fievre tierce ; mais au-lieu de le guérir, les remedes qu'il lui donna firent changer la fievre tierce en demi-tierce ; de ſorte que les parents le renvoyerent, & ne voulurent pas qu'il approchât davantage du malade. Il leut dit : Payez-moi donc la moitié de la ſomme qui m'a été promiſe, puiſque j'ai chaſſé la moitié de la maladie. Il étoit ſi ignorant, qu'il s'arrêtoit au nom, & qu'il croyoit que la fievre demi-tierce étoit moins que la fievre tierce, quoiqu'elle ſoit double de la tierce ; & quoiqu'on pût lui dire, il demandoit toujours la moitié du payement.

Une Dame Egyptienne fit venir un fameux Aſtrologue, & le pria de lui dire ce qui lui faiſoit peine dans l'eſprit. L'Aſtrologue dreſſa une figure de la diſpoſition du Ciel tel qu'il étoit alors, & fit un long diſcours ſur chaque maiſon, avec d'autant plus de chagrin, que tout ce qu'il diſoit ne ſatisfaiſoit pas la Dame. A la fin il ſe tut, & la Dame lui jetta une drachme. Sur le peu qu'elle lui donnoit, l'Aſtrologue ajouta, qu'il voyoit encore par la figure qu'elle n'étoit pas des plus aiſées chez elle, ni bien riche. Elle lui dit que cela étoit vrai. L'Aſtrologue regardant toujours la figure, lui demanda : N'auriez-vous rien perdu? Elle répondit : J'ai perdu l'argent que je vous ai donné.

REMARQUE. Nous avons déja dit, qu'une drachme étoit une monnoie d'argent. Elle étoit de la valeur de huit à dix ſols.

Les Savants des Indes tomboient d'accord de la capacité & de la grande ſageſſe de Bouzourgemhir ; mais ils trouvoient à dire, qu'il fatiguoit ceux qui le conſultoient par l'attente de ſes réponſes. Bouzourgemhir, qui ſut ce qu'ils lui reprochoient, dit : Il eſt plus à propos que je penſe à ce que je dois dire, que de me repentir d'avoir prononcé quelque choſe mal-à-propos.

Un Roi avoit prononcé ſentence de mort contre un criminel, & le criminel qu'on alloit exécuter en ſa préſence, n'ayant plus que la langue dont il pût diſpoſer, vomiſſoit mille injures & mille malédictions contre le Roi. Le Roi ayant demandé ce qu'il diſoit, un de ſes Viſirs, qui ne vouloit pas l'aigrir davantage contre ce malheureux, prit la parole, & dit, que le criminel diſoit que Dieu chériſſoit ceux qui ſe modéroient dans leur colere, & qui pardonnoient à ceux qui les avoient offenſés. Sur ce rapport, le Roi fut touché de compaſſion, & donna la grace au criminel. Un autre Viſir, ennemi de celui qui venoit de parler au Roi, dit : Des perſonnes de notre rang & de notre caractere ne doivent rien dire aux Monarqués qui ne foit véritable. Ce miférable a injurié le Roi, & a proféré des chofes indignes contre S. M. Le Roi en colere de ce difcours, dit : Le menfonge de ton collegue m'eft beaucoup plus agréable que la vérité que tu viens de me dire.

REMARQUE. Le premier Chapitre du Guliftan commence par cette petite Hiftoire ; mais je remarquerai en paffant, que *Gentius*, qui l'a traduite en Latin, n'a pas bien entendu l'endroit, qu'il a traduit en ces termes : *Lingua quam collebat convitiis regem profcindere cepit.* Il falloit traduire : *Lingua quam habebat*, ou *quæ illi fupererat*, & l'entendre de la maniere que je l'ai rendu en notre langue.

Un Roi avoit peu d'amour & de tendreffe pour un de fes fils, parce qu'il étoit petit & d'une mine peu avantageufe, en comparaifon des Princes fes freres, qui étoient grands, bien faits & de belle taille. Un jour, ce Prince voyant que fon pere le regardoit avec mépris, lui dit : Mon pere, un petit homme fage & avifé eft plus eftimable qu'un grand homme groffier & fans efprit. Tout ce qui eft gros & grand, n'eft pas toujours le plus précieux. La brebis eft blanche & nette, & l'éléphant fale & vilain.

REMARQUE. Le fuccès fit voir que ce Prince avoit plus de cœur que fes freres : car il fe fignala à la guerre par de beaux exploits, pendant que fes freres n'eurent pas le courage de paroitre devant l'ennemi.

Un Roi s'embarqua dans un de fes ports pour faire un trajet, & un de fes Pages ne fut pas plutôt fur le vaiffeau que tout le corps lui trembla de frayeur, & qu'il fe mit à crier d'une maniere effroyable. On fit tout ce qu'on put pour l'obliger de fe taire ; mais il crioit toujours plus fort, & le Roi même étoit importuné de fes cris. Un Savant, qui accompagnoit le Roi, dit : Si Votre Majefté me le permet, je trouverai le moyen de le faire taire. Le Roi lui ayant témoigné qu'il lui feroit plaifir, il fit jetter le Page à la mer. Mais ceux qui l'y jetterent, avertis de ce qu'ils devoient faire, eurent l'adreffe de le plonger feulement deux ou trois fois, & de le retirer par les cheveux dans le temps qu'il s'étoit pris au timon, croyant qu'on vouloit le faire noyer tout de bon. Quand il fut dans le navire, il fe retira dans un coin, & ne dit plus mot. Le Roi, très-fatisfait du fuccès, en demanda la raifon au Savant, qui dit : Le Page n'avoit jamais fu ce que c'étoit que d'être plongé dans la mer, ni ce que c'étoit que d'être délivré du danger d'être noyé, & le mal qu'il a fouffert fait qu'il goûte mieux le plaifir d'en être échappé.

Hormouz, Roi de Perfe, peu de temps après fon élevation fur le Trône, fit emprifonner les Vifirs qui avoient été au fervice du Roi fon pere. On lui demanda quel crime ils avoient commis pour l'obliger à leur faire ce traitement ? Il répondit : Je n'ai rien remarqué, & je ne fais en eux rien de criminel. Mais, malgré les affurances que je leur avois données de ma bonté & de ma clémence, j'ai connu qu'ils avoient toujours le cœur faifi de frayeur, & qu'ils n'avoient pas de confiance à mes paroles ; cela m'a fait craindre qu'ils ne fe portaffent à me faire périr ; & en ce que j'ai fait, j'ai fuivi le confeil des Politiques, qui difent, qu'il faut craindre celui qui nous craint.

REMARQUE. De quatre anciens Rois de Perfe, nommés Hormouz, comme il eft encore marqué plus bas, celui-ci étoit le premier ou le fecond du nom, parce que l'un & l'autre ont été de bons Princes. Le troifieme étoit un tyran, & le quatrieme ne régna qu'un an.

Un Roi des Arabes, caffé de vieilleffe, étoit malade à la mort, lorfqu'un Courier vint lui annoncer, que fes troupes avoient pris une place qu'il nomma, qu'el-

les avoient fait prifonniers de guerre ceux qui avoient fait réfiftance, & que le refte & les peuples s'étoient foumis à fon obéiffance. A ce difcours, il s'écria avec un grand foupir : Cette nouvelle ne me regarde plus, elle regarde mes ennemis.

REMARQUE. Il entendoit parler de fes héritiers, qu'il regardoit comme des ennemis.

Hagiage étoit un Gouverneur de l'Arabie, fous le regne du Calife Abd'ulmelec, fils de Mervan, de la race des Ommiades ; mais il étoit extrêmement haï, à caufe de fes vexations & de fes cruautés. Ayant eu à fa rencontre un Derviche de Bagdad, il fe recommanda à fes prieres. En même-temps, le Derviche, levant les yeux au Ciel, dit : Grand Dieu, prenez fon ame. Hagiage ne fut pas content de cette priere, & il en gronda le Derviche. Mais le Derviche repartit : Elle eft bonne pour vous & pour tous les Mufulmans.

REMARQUE. Aboulfarage, dans fon Hiftoire, appelle ce Gouverneur Hagiage, fils d'Ioufouf, & l'Auteur du Guliftan, Hagiage Ioufouf. Il faut auffi remarquer, qu'Abd'ulmelec, fils de Mervan, fut fait Calife l'an 60 de l'Hégire, & que l'Auteur du Guliftan s'eft trompé en écrivant que le Derviche étoit de Bagdad ; car la ville de Bagdad ne fut bâtie que l'an 145 de l'Hégire, de J. C. l'an 762.

Un Prince, en fuccédant au Roi fon pere, fe trouva maître d'un tréfor confidérable, dont il fit de grandes largeffes à fes troupes & à fes fujets. Un de fes favoris voulut lui donner confeil là-deffus, & lui dit imprudemment : Vos ancêtres ont amaffé ces richeffes avec beaucoup de peine & de foins. Vous ne devriez pas les diffiper avec tant de profufion comme vous le faites. Vous ne favez pas ce qui peut vous arriver dans l'avenir, & vous avez des ennemis qui vous obfervent. Prenez garde que tout ne vous manque dans le befoin. Le Roi, indigné de cette remontrance, repartit : Dieu m'a donné ce Royaume pour en jouir, & pour faire des libéralités, & non pas pour en être fimplement le gardien.

On avoit fait rôtir de la chaffe pour Noufchirvan, Roi de Perfe, de celle qu'il avoit prife fur le même lieu où la chaffe s'étoit faite. Quand il fallut fe mettre à table, il ne fe trouva pas de fel, & on envoya un Page en chercher au prochain village. Mais Noufchirvan dit au Page : Payez le fel que vous apporterez, de crainteque cela ne paffe en méchante coutume, & que le village ne fouffre. Un favori dit, que cela ne valoit pas la peine d'en parler, & qu'il ne voyoit point le mal que cela pouvoit caufer. Noufchirvan repartit : Les vexations dans le monde ont eu leur commencement de très-peu de chofe, & dans la fuite elles ont tellement augmenté qu'elles font arrivées au comble où on les voit.

Sans conteftation, le lion eft le Roi des animaux, & l'âne le dernier de tous. Cependant les Sages ne laiffent pas que de dire : Un âne qui porte fa charge, vaut mieux qu'un lion qui dévore les hommes.

Un Marchand de bois, extrêmement intéreffé, achetoit le bois à bon marché des pauvres payfans qui le lui apportoient, & le vendoit chérement aux riches. Une nuit le feu prit à fa cuifine, fe communiqua au magafin de bois, & le confuma entiérement. Quelque temps après, il difoit : Je ne fais comment le feu prit chez moi. Un de la compagnie lui repartit : Il y prit de la fumée qui étoit fortie du cœur des pauvres, que vous avez rançonnés par votre avarice.

Un maître Lutteur, de trois cents foixante tours d'adreffe de fon art, en avoit enfeigné trois cents cinquante-neuf à un de fes difciples, & ne s'en étoit réfervé qu'un feul. Le difciple, jeune & difpos, qui avoit bien profité des leçons qu'il avoit prifes, eut la hardieffe de défier fon maître à lutter contre lui. Le maître

re accepta le défi, & ils parurent l'un & l'autre devant le Sultan, qui n'approuvoit pas la témérité du disciple, & en préfence d'une grande foule de peuple. Le maître, qui n'ignoroit pas que fon disciple avoit plus de force que lui, ne lui donna pas le temps de s'en prévaloir. D'abord il l'enleva de terre adroitement avec les deux mains; & l'ayant élevé jufques fur fa tête, il le jetta contre terre aux acclamations de toute l'affemblée. Le Sultan récompenfa le maître, & blâma le difciple, qui dit qu'il n'avoit pas été vaincu par la force, mais feulement par un tour de l'art qui lui avoit été caché. Le maître repartit : Il eft vrai ; mais je me l'étois réfervé pour un tel jour qu'aujourd'hui, parce que je favois la maxime des Sages, qui dit, quelque affection qu'on ait pour un ami, que jamais il ne faut lui donner un avantage à pouvoir s'en prévaloir s'il devenoit ennemi.

REMARQUE. Il y a encore des Lutteurs, chez les Orientaux, qui luttent comme autrefois chez les anciens. Ils font nuds, exepté qu'ils ont un caleçon de cuir depuis le deffus des genoux jufqu'au-deffus des reins, & ils fe frottent le corps d'huile pour faire cet exercice.

Un Roi paffoit devant un Derviche, & le Derviche ne leva pas feulement la tête pour le regarder. Le Roi, qui étoit du nombre de ces Rois qui ne favent pas fe poffeder, & que la moindre chofe offenfe, fut piqué de cette irrévérence, & dit : Ces fortes de gens vêtus de haillons font comme des bêtes. Le Vifir dit au Derviche : Pourquoi ne rendez-vous pas au Roi le refpect que vous lui devez? Le Derviche répondit : Dites au Roi, qu'il attende des refpects de ceux qui attendent des bienfaits, & fachez que les Rois font établis pour la confervation des fujets; mais que les fujets n'ont pas la même obligation d'avoir du refpect pour les Rois. Le Roi, qui avoit entendu ce difcours hardi, invita le Derviche à lui demander quelque chofe. Le Derviche lui dit : Je vous demande que vous me laiffiez en repos.

REMARQUE. Diogene fit à-peu-près le même compliment à Alexandre ; mais il ne faut pas s'en étonner, car la plupart de ces Derviches, à proprement parler, font des fectateurs de ce chef des Philofophes Cyniques. Ils ont la même impudence & la même indifférence pour toutes les chofes du monde.

Noufchirvan délibéroit dans fon Confeil d'une affaire de grande importance, & les Vifirs propofoient chacun leur fentiment. Noufchirvan avança auffi fon avis, & Bouzourgembir le fuivit. On demanda à Bouzourgembir, pourquoi il avoit préféré l'avis du Roi à l'avis des Vifirs? Il répondit : Le fuccès de l'affaire dont il s'agit eft très-incertain, & j'ai cru qu'il valoit mieux fuivre le confeil du Roi, afin d'être à couvert de fa colere, au cas que la chofe ne réuffiffe pas.

Un vagabond, déguifé fous l'habit d'un defcendant d'Ali, entra dans une ville capitale avec la caravane des pelerins de la Mecque, publiant par-tout qu'il venoit de ce pelerinage. S'étant introduit à la Cour, il lut devant le Roi une piece de poéfie, dont il fe difoit l'auteur. Un des principaux Officiers, nouvellement arrivé de l'armée, dit au Roi : Je l'ai vu à Bafra le jour de la fête du facrifice, comment peut-il dire qu'il a fait le pelerinage de la Mecque? De plus, fon pere eft un Chrétien de la ville de Malatia. Quel rapport d'un defcendant d'Ali avec un Chrétien? Avec cela, il fe trouva que le poëme qu'il avoit récité étoit du Poëte Enveri. Le Roi, qui connut que c'étoit un trompeur, commanda qu'on lui donnât quelques coups, & qu'on le chaffât. A ce commandement, le vagabond, fe jettant aux pieds du Roi, dit : Je fupplie V. M. de me permettre de dire encore un mot, je me foumets à tel châtiment qu'il lui plaira d'ordonner, fi ce que je

dirai n'eft pas véritable. Le Roi le lui permit, & il dit : Ce que j'ai à dire, eft que les voyageurs difent beaucoup de menfonges.

REMARQUES. Les pélerins de la Mecque célebrent la fête du facrifice à la Montagne d'Arafat, où ils facrifient chacun un mouton. Ainfi, puifque ce jour-là, l'impofteur étoit à Bafra fur le Golfe perfique, qui eft fort éloigné de la Montagne d'Arafat, c'étoit une marque qu'il n'étoit pas pélerin de la Mecque.

Malaria eft une ville de Natolie daus la Cappadoce des anciens.

Enveri eft un ancien Poëte Perfan.

Deux freres étoient chacun dans un état fort oppofé l'un à l'autre. L'un étoit au fervice d'un Sultan, & l'autre gagnoit fa vie du travail de fes mains, de forte que l'un étoit à fon aife, & que l'autre avoit de la peine à fubfifter. Le riche dit au pauvre : Pourquoi ne vous mettez-vous pas au fervice du Sultan comme moi, vous vous délivreriez des maux que vous fouffrez. Le pauvre repartit : Et vous, pourquoi ne travaillez-vous pas, pour vous délivrer d'un efclavage fi méprifable?

Un Courier arriva à Noufchirvan, & lui annonça que Dieu l'avoit délivré d'un de fes ennemis. Il lui demanda : N'avez-vous pas auffi à m'annoncer que je vivrai toujours, & que je ne mourrai jamais?

Dans le Confeil de Noufchirvan, où Noufchirvan étoit préfent, on délibéroit fur une affaire, & chaque Vifir dit fon avis, excepté Bouzourgembir. Les autres Vifirs lui en ayant demandé la raifon, il répondit : Les Vifirs font comme les Médecins, qui ne donnent des remedes aux malades que lorfqu'ils font en grand danger. Vous dites tous de fi bonnes chofes, que j'aurois tort d'y rien ajouter du mien.

Le Calife Haroun-errefchid, après avoir conquis l'Egypte, y mit pour Gouverneur un certain Cofaïb, le plus vil de fes efclaves; & la raifon qu'il en apporta fut l'indignation qu'il avoit de ce que Pharaon avoit exigé que l'on crût qu'il étoit Dieu. Or, Cofaïb étoit un noir le plus groffier & le plus ruftique que l'on pût imaginer, comme il le fit voir en plufieurs occafions, & particuliérement en celle-ci. Les Laboureurs, dans l'efpérance de quelque diminution des droits auxquels ils étoient obligés, lui firent remontrance fur une inondation du Nil à contre-temps, qui avoit fait périr le coton qu'ils avoient femé. Cofaïb leur dit : Il falloit femer de la laine; elle n'auroit pas été perdue.

On demandoit à Alexandre le Grand comment il avoit pu fubjuguer l'Orient & l'Occident, chofe que d'autres Rois, qui avoient d'autres finances, d'autres Etats, plus d'âge & plus de troupes que lui, jamais n'avoient pu faire. Il répondit : Je n'ai pas fait de tort aux peuples des Royaumes que j'ai conquis avec l'aide de Dieu, & jamais je n'ai dit que du bien des Rois avec qui j'ai eu affaire.

REMARQUE. Alexandre le Grand eft illuftre chez les Mahométans fous le nom d'Iskender; mais ils font partagés touchant la nation dont il étoit. Les uns écrivent qu'il étoit fils de Darab, Roi de Perfe, & qu'ayant monté fur le trône après Dara, fon aîné, qui eft le même que Darius, il conquit tout le monde. Les autres qui approchent plus de la vérité, difent qu'il étoit fils de Philippe. Mais les uns & les autres tombent d'accord de l'étendue de fes conquêtes, & lui attribuent une grande fageffe, qui avoit été cultivée par Ariftote fon Précepteur. Ils difent auffi que, dans le cours de fes victoires, il chercha la fontaine de vie ; mais qu'elle ne fut trouvée que par Hizir, fon Général d'armée, &, fuivant leur penfée, Hizir eft le même qu'Elie, qui n'eft pas mort, parce qu'il but de cette eau. Ils l'appellent auffi *le Cornu*, à caufe de fa grande puiffance dans l'Orient & dans l'Occident. Touchant cette appellation, je dirai que je fuis comme perfuadé, que les Orientaux la lui ont donnée à l'occafion des médailles Grecques de Lyfimachus, & particuliérement de celles qui font d'argent, où Lyfimachus eft repréfenté avec des cornes, & que ces médailles étant tombées entre leurs mains, ils les ont prifes pour des médailles d'Alexandre, parce qu'ils ne favoient pas lire le Grec, & qu'ainfi ils ne pouvoient pas diftinguer l'un d'avec l'autre, outre que ces médailles étant plus grandes que celles d'Alexandre, il femble qu'ils ont été bien fondés par leur grandeur & même par leur beauté, de croire qu'elles étoient plutôt d'Alexandre que d'un autre.

Un Derviche, qui avoit été invité par un Sultan à manger à fa table, mangea beaucoup moins qu'il n'avoit coutume de manger chez lui, afin de faire remarquer qu'il étoit fobre, & après le repas, il fit fa priere plus longue que les autres, afin qu'on eût bonne opinion de fa dévotion. En rentrant chez lui, il commanda qu'on mît la nappe, & dit qu'il vouloit manger. Son fils, qui avoit de l'efprit, lui demanda : Mais, mon pere, n'avez-vous pas mangé à la table du Roi ? Le Derviche répondit : Je n'ai pas beaucoup mangé, afin que ni lui, ni fes Courtifans ne cruffent pas que je fuffe un grand mangeur. Le fils repliqua : Mon pere, il faut donc que vous recommenciez auffi votre priere ; elle n'eft pas meilleure que le repas que vous avez fait.

REMARQUE. A l'occafion du fils de ce Derviche, il eft bon de remarquer, quoique les Derviches foient des gens qui menent une vie auftere, qui pourroit faire croire qu'ils ont du rapport avec nos Religieux ; néanmoins, excepté les Calenders, qu'ils fe marient prefque tous. Les Mahométans n'y trouvent rien à dire, parce qu'ils ont pour maxime, qu'il n'y a pas de Moinerie dans la Religion Mufulmane : *La ruhbaniet fil'iflam*, & par-là ils entendent que le vœu de chafteté n'y eft pas reçu.

L'Auteur du Guliftan, en parlant de lui-même, écrit en ces termes : Etant fort jeune, j'avois coutume de me lever la nuit, pour prier Dieu, pour veiller & pour lire l'Alcoran. Une nuit que j'étois dans ces exercices, & que toute la famille dormoit, excepté mon pere, près de qui j'étois, je dis à mon pere : Voyez, pas un ne leve feulement la tête pour prier Dieu, & ils dorment tous d'un fommeil fi profond, qu'il femble qu'ils foient morts. Mon pere me ferma la bouche, en me difant : Mon fils, il vaudroit mieux que vous dormiffiez comme ils dorment, que d'obferver leurs défauts.

On louoit dans une affemblée une perfonne de remarque, qui étoit préfente, & l'on en parloit trèsavantageufement. La perfonne leva la tête, & dit : Je fuis tel que je le fais.

Un Roi demandoit à un Derviche fi quelquefois il ne fe fouvenoit pas de lui ? Le Derviche répondit : Je m'en fouviens ; mais c'eft lorfque je ne penfe pas à Dieu.

Un Dévot vit en fonge un Roi dans le Paradis, & un Derviche en Enfer. Cela l'étonna, & il s'informa d'où venoit que l'un & l'autre étoient chacun dans un lieu oppofé à celui dans lequel on s'imagine ordinairement qu'ils doivent être après leur mort ? On lui répondit : Le Roi eft en Paradis, à caufe de l'amour qu'il a toujours eu pour les Derviches, & le Derviche eft en Enfer, à caufe de l'attache qu'il a eue auprès des Rois.

Un Derviche mangeoit dix livres de pain par jour, & paffoit toute la nuit en prieres jufques au matin. Un homme de bon fens lui dit : Vous feriez beaucoup mieux de ne manger que la moitié d'autant de pain, & dormir.

L'Auteur du Guliftan dit encore, en parlant de lui-même : J'étois efclave à Tripoli, chez les Francs, lorfqu'un ami d'Halep, qui me reconnut en paffant,

me racheta pour dix pieces de monnoie d'or, & m'emmena avec lui à Halep, où il me donna fa fille en mariage & cent pieces de monnoie d'or pour fa dot. Mais c'étoit une méchante langue, & elle étoit d'une humeur très-fâcheufe. Quelque temps après notre mariage, elle me reprocha ma pauvreté, & me dit : Mon pere ne vous a-t-il pas délivré des chaînes des Francs pour dix pieces de monnoie d'or ? Je répondis : Il eft vrai, il m'a procuré la liberté pour le prix que vous dites, mais il m'a fait votre efclave pour cent.

Dans une affaire de grande importance, un Roi fit vœu, s'il en venoit à bout, de diftribuer une fomme d'argent confidérable aux Derviches. L'affaire réuffit comme il fouhaitoit, & alors, pour accomplir fon vœu, il mit la fomme dans une bourfe, & en la confiant à un Officier, il lui ordonna d'en aller faire la diftribution. L'Officier, qui favoit quelle forte de gens étoient les Derviches, garda la bourfe jufques au foir, & en la remettant entre les mains du Roi, il lui dit, qu'il n'avoit pas trouvé un feul Derviche. Le Roi dit : Que veut dire cela ; je fais qu'il y en a plus de quatre cents dans la ville ? L'Officier reprit : Sire, les Derviches ne reçoivent pas d'argent, & ceux qui en reçoivent ne font pas Derviches.

On demandoit à un Savant ce qu'il penfoit de la diftribution de pain fondée pour les Derviches ? Il répondit : Si les Derviches le mangent dans l'intention d'avoir plus de forces pour fervir Dieu, il leur eft permis d'en manger ; mais s'ils font feulement Derviches pour le manger, ils le mangent à leur dam.

Un Derviche quitta fon Couvent, & alla prendre des leçons d'un Profeffeur dans un College. Je lui demandai, (c'eft l'Auteur du Guliftan qui parle,) puifqu'il avoit changé de profeffion, quelle différence il faifoit entre un Savant & un Derviche ? Il me répondit : Le Derviche fe tire lui-même hors des vagues ; mais le Savant en tire encore les autres.

REMARQUES. Les Derviches, chez les Mahométans, ne font pas des vœux qui obligent auffi étroitement que nos Religieux font obligés par leurs vœux. C'eft pourquoi ils quittent librement l'habit, la regle & la clôture pour embraffer telle autre profeffion qu'il leur plaît.

Les Mahométans ont un grand nombre de Colleges, fondés par des Sultans & par des particuliers, où des Profeffeurs gagés enfeignent ce qu'ils doivent favoir pour acquérir le titre de Savant. Ils y arrivent par degrés, de même qu'on arrive au titre de Docteur dans les Univerfités de l'Europe, & les fciences qu'ils apprennent regardent la Religion & les Loix, qui font chez eux inféparables de la Religion.

Un Mahométan, qui avoit donné plufieurs preuves d'une force extraordinaire, étoit dans une fi grande colere, qu'il ne fe poffédoit plus, & qu'il écumoit de rage. Un homme fage, qui le connoiffoit, le voyant en cet état, demanda ce qu'il avoit, & il apprit qu'on lui avoit dit une injure. Cela lui fit dire : Comment ! ce miférable porte un poids de mille livres, & il ne peut pas fupporter une parole ?

REMARQUE. Ce mot eft plus jufte dans le Perfan que dans le François, en ce que le même mot, qui fignifie *porter*, fignifie auffi *fupporter*.

Un Vieillard de Bagdad avoit donné fa fille en mariage à un Cordonnier, & le Cordonnier en la baifant la mordit à la levre jufqu'au fang. Le Vieillard lui dit : Les levres de ma fille ne font pas du cuir.

Un Savant ne fachant à qui donner fa fille en mariage à caufe de fa laideur, quoique la dot qu'il lui donnoit fût très-confidérable, la maria enfin avec un aveugle. La même année, un Empirique, qui rendoit la vue aux aveugles, arriva de l'Ifle de Serendib, & l'on demanda au Savant pourquoi il ne mettoit pas fon gendre entre les mains du Médecin? Il répondit : Je crains, s'il voyoit, qu'il ne répudiât ma fille. Etant aussi laide qu'elle est, il vaut mieux qu'il demeure aveugle.

REMARQUE. L'isle de Sérendib est la même que l'Isle de Ceilan, & que celle que les anciens appelloient Taprobane. J'espere que j'aurai lieu d'en parler ailleurs plus amplement, suivant la tradition des Orientaux.

Un Derviche parloit à un Roi, qui ne faisoit pas beaucoup d'estime des gens de sa sorte, & lui disoit : Nous n'avons ni les forces, ni la puissance que vous avez en ce monde ; mais nous vivons plus contents que vous ne vivez. Avec cela, la mort nous rendra tous égaux, & au jour du Jugement nous aurons l'avantage d'être au-dessus de vous.

REMARQUE. Les Mahométans, comme les Chrétiens, attendent un Jugement universel pour le châtiment des méchans & pour la récompense des bons.

Dans la ville d'Halep, un pauvre d'Afrique disoit à des Marchands assemblés : Seigneurs, qui êtes riches, si vous faisiez ce que l'équité voudroit que vous fissiez, & si nous autres pauvres étions des gens à nous contenter, on ne verroit plus de mendians dans le monde.

Deux Princes, fils d'un Roi d'Egypte, s'appliquerent l'un aux sciences, & l'autre à amasser des richesses. Le dernier devint Roi, & reprocha au Prince, son frere, le peu de bien qu'il avoit en partage. Le Prince repartit : Mon frere, je loue Dieu d'avoir l'héritage des Prophetes en partage, c'est-à-dire, la sagesse. Mais votre partage n'est que l'héritage de Pharaon & d'Haman, c'est-à-dire, le Royaume d'Egypte.

REMARQUE. Ce Pharaon est celui que Dieu, suivant l'ancien Testament, fit submerger dans la mer Rouge, & Haman, suivant les traditions des Mahométans, étoit son premier Ministre & l'exécuteur de ses méchantes intentions. Suivant les même Mahométans, ce Pharaon fut le premier des Rois d'Egypte qui porterent le nom de *Pharaon* ; car si nous les en croyons, il n'étoit point de race Royale, mais de fort basse naissance. Voici ce qu'ils en disent. Son pere, qui s'appelloit Massab, & qui gardoit les vaches, étant mort dans le temps qu'il étoit encore en bas âge, sa mere lui fit apprendre le métier de Menuisier ; mais cette profession ne lui ayant pas plu, il abandonna sa mere & son pays, & se mit chez un vendeur de fruits, chez lequel il ne demeura pas long-temps. S'étant mis dans le négoce, il alla à une foire ; mais il en fut dégoûté, sur ce qu'on exigea de lui à un passage un droit dont la somme égaloit le prix de sa marchandise, & de dépit il se fit voleur de grands chemins. Ensuite il trouva le moyen de s'établir à une des portes de la Capitale de l'Egypte, & quoique ce fût sans aveu, d'exiger au nom du Roi un droit sur tout ce qui passoit ; mais ayant été découvert, en voulant exiger le même droit sur le corps d'une fille du Roi d'Egypte, que l'on portoit pour être enterrée, il se délivra de la mort par les grandes sommes d'argent qu'il avoit amassées. La fortune ne l'abandonna pas pour cela, il eut encore assez d'intrigue pour devenir Capitaine du Guet, & dans cet emploi, il eut un ordre exprès du Roi d'Egypte de faire mourir tous ceux qui marcheroient pendant la nuit. Le Roi d'Egypte, sans lui donner avis de son dessein, sortit lui-même une nuit pour aller communiquer quelque affaire secrete à un de ses Ministres. La Garde l'ayant rencontré, il fut arrêté, & conduit à Pharaon, qui ne voulut pas croire qu'il fût le Roi, quoiqu'il l'eût déja dit aux gens du Guet, qui n'avoient pas aussi voulu le croire. Au contraire, il le fit descendre de cheval, & lui fit couper la tête. Après cette action, ayant connu que c'étoit véritablement le Roi, il fut assez puissant pour aller forcer le palais, s'en rendre maître, & se faire déclarer Roi. Il introduisit le culte des Idoles, & voulut

qu'on le reconnût lui même pour Dieu. Enfin, il poursuivit les Israélites dans leur retraite ; mais il fut submergé dans la mer Rouge. Toutes ces particularités se trouvent dans l'Histoire des Prophetes de Kesani.

Un Roi de Perse avoit envoyé un Médecin à Mahomet, & le Médecin demeura quelques années en Arabie ; mais sans aucune pratique de sa profession, parce que personne ne l'appelloit pour se faire médicamenter. Ennuyé de ne pas exercer son art, il se présenta à Mahomet, & lui dit en se plaignant : Ceux qui avoient droit de me commander m'ont envoyé ici, pour faire profession de la médecine ; mais depuis que je suis venu, personne n'a eu besoin de moi, & ne m'a donné occasion de faire voir de quoi je suis capable. Mahomet lui dit : La coutume de notre pays est de manger seulement lorsqu'on est pressé par la faim, & de cesser de manger lorsqu'on peut encore manger. Le Médecin repartit : C'est-là le moyen d'être toujours en santé, & de n'avoir pas besoin de Médecin. En disant cela, il prit son congé, & retourna en Perse, d'où il étoit venu.

Ardeschir Babekan, Roi de Perse, demanda à un Médecin Arabe combien il suffisoit de prendre de nourriture par jour ? Le Médecin répondit qu'il suffisoit d'en prendre cent drachmes ; & le Roi dit, que ce n'étoit pas assez pour donner de la force. Le Médecin repartit : C'est assez pour vous porter ; mais vous le porterez vous-même, si vous en prenez davantage.

REMARQUE. Ardeschir Babekan est le premier de la race des Rois de Perse qui régnerent jusqu'à ce qu'ils furent chassés par les Mahométans. Son pere s'appelloit Safan, d'où vient que lui & les Rois qui lui succéderent, furent appellés *Safaniens*, suivant l'Histoire ancienne des Persans, dans ce qui nous en reste par les écrits des Arabes.

Deux Sofis, de la ville de Vasete, prirent de la viande à crédit d'un Boucher, & ne la lui payerent pas. Le Boucher les pressoit tous les jours pour en être payé, avec des paroles injurieuses, qui les mettoient dans une grande confusion ; mais ils prenoient le parti d'avoir patience, parce qu'ils n'avoient pas d'argent. Un homme d'esprit, qui les vit dans cet embarras, leur dit : Il étoit plus aisé d'entretenir votre appetit dans l'espérance de la bonne chere, que d'entretenir le Boucher dans l'espérance de le payer.

REMARQUES. Les Sofis sont les Religieux les plus distingués chez les Mahométans, tant par la droiture de leurs sentimens, touchant leur Religion, que par le réglement de leur vie & par la pureté de leurs mœurs, suivant l'origine de leur nom, qui signifie *les purs*, *les choisis*. Les Rois de Perse, dont la race regne encore aujourd'hui, ont aussi pris le nom de *Sofis*, à cause qu'ils font descendre leur origine de Mouça Cassem, le septieme des douze Imams, qui mourut environ l'an de l'Hégire 183, de J. C. 799, prétendant que la secte d'Ali, de qui les douze Imams sont descendus, est la meilleure & la plus pure, parce que leurs ancêtres se sont toujours distingués par un zele singulier pour la Religion Mahométane.

La ville de Vasete étoit autrefois une ville considérable dans la partie de l'Arabie qui porte le nom d'Erak.

Un Mahométan officieux entretenoit un Derviche d'un homme fort riche, & lui disoit, qu'il étoit persuadé que cet homme lui feroit de grandes largesses, s'il étoit bien informé de sa pauvreté. Il se donna même la peine d'aller jusques à la porte de la maison de cet homme, & de lui faire donner entrée. Le Derviche entra ; mais comme il vit un homme mélancolique avec les levres pendantes, il sortit d'abord, sans avoir seulement ouvert la bouche pour lui parler. Le conducteur, qui l'attendoit, lui demanda pourquoi il étoit sorti si promptement. Il répondit : Sa mine ne me plaît pas, je le tiens quitte de la libéralité qu'il pourroit me faire.

Hatemtaï, de son temps, étoit le plus bienfaisant & le plus libéral de tous les Arabes. On lui demanda s'il avoit vu quelqu'un ou entendu parler d'un seul homme qui eût le cœur plus noble que lui ? Il répondit : Un jour, après avoir fait un sacrifice de quarante chameaux, je sortis à la campagne avec des Seigneurs Arabes, & je vis un homme qui avoit amassé une charge d'épines seches pour brûler. Je lui demandai pourquoi il n'alloit pas chez Hatemtaï, où il y avoit un grand concours de peuple, pour avoir part du régal qu'il faisoit ? Il me répondit : Qui peut manger son pain du travail de ses mains, ne veut pas avoir l'obligation à Hatemtaï. Cet homme avoit l'ame plus noble que moi.

Un Roi avoit besoin d'une somme d'argent pour donner aux Tartares, afin d'empêcher qu'ils ne fissent des courses sur ses Etats, & apprit qu'un pauvre qui gueusoit avoit une somme très-considérable. Il le fit venir, & lui en demanda une partie par emprunt, avec promesse qu'elle lui seroit rendue d'abord que les revenus ordinaires seroient apportés au trésor. Le pauvre répondit : Il seroit indigne que V. M. souillât ses mains en maniant l'argent d'un mendiant tel que je suis, qui l'ai amassé en gueusant. Le Roi repartit : Que cela ne te fasse pas de peine, il n'importe, c'est pour donner aux Tartares. Telles gens, tel argent.

REMARQUE. Ces Tartares sont ceux de la grande Tartarie, qui ont été de tout temps de grands faiseurs de courses sur leurs voisins, & c'est d'eux que les Tartares de la Crimée, nonobstant le long temps qu'il y a qu'ils se sont séparés d'avec eux, retiennent cette coutume, qui coûte tant de milliers d'hommes à l'Allemagne & à la Pologne, depuis le commencement de cette derniere guerre.

L'Auteur du Gulistan, de qui sont quelques-uns des articles précédents, parle de lui-même en ces termes : J'ai connu un Marchand qui voyageoit avec cent chameaux chargés de marchandises, & qui avoit quarante tant esclaves que domestiques à son service. Un jour, ce Marchand m'entraîna chez lui dans son magasin, & m'entretint toute la nuit de discours qui n'aboutissoient à rien. Il me dit : J'ai un tel associé dans le Turquestan, tant de fonds dans les Indes ; voici une obligation pour tant d'argent qui m'est dû dans une telle Province ; j'ai un tel pour caution d'une telle somme. Puis changeant de matiere, il continuoit : Mon dessein est d'aller m'établir à Alexandrie, parce que l'air y est excellent. Il se reprenoit, & disoit : Non, je n'irai pas à Alexandrie, la mer d'Afrique est trop dangereuse. J'ai intention de faire encore un voyage ; après cela je me retirerai dans un coin du monde, & je laisserai-là le négoce. Je lui demandai quel voyage c'étoit ? Il répondit : Je veux porter du souffre de Perse à la Chine, où l'on dit qu'il se vend chérement. De la Chine j'apporterai de la porcelaine, & je la viendrai vendre en Grece. De la Grece je porterai des étoffes d'or aux Indes ; des Indes j'apporterai de l'acier à Halep, & d'Halep je porterai au verre en l'Arabie heureuse, & de l'Arabie heureuse je transporterai des toiles peintes en Perse. Cela fait, je dirai adieu au négoce, qui se fait par ces voyages pénibles, & je passerai le reste de mes jours dans une boutique. Il en dit tant sur ce sujet qu'à la fin il se lassa de parler, & en finissant il m'adressa ces paroles : Je vous prie, dites-nous aussi quelque chose de ce que vous avez vu & entendu dans vos voyages. Je pris la parole, & je lui dis : Avez-vous ouï dire ce que disoit un voyageur qui étoit tombé de son chameau dans le désert de Gour ? Il disoit : Deux choses seules sont capables de remplir les yeux d'un avare, la sobriété ou la terre qu'on jette sur lui après sa mort.

REMARQUES. Outre que cette narration est très belle par le portrait qu'elle donne d'un Marchand qui ne met pas de bornes à son avarice, elle est encore très-curieuse en ce qu'elle fait connoître de quelle maniere & avec quelles marchandises le négoce se fait dans le Levant. On fait encore aujourd'hui toutes ces routes par terre, & souvent la même personne les fait toutes & quelquefois davantage.

Le Turquestan est une Province d'une vaste étendue dans la grande Tartarie, dont la ville de Caschgar est la capitale. Elle a pris son nom des Turcs qui l'habitent, & c'est de-là que sous ce nom une infinité de peuples sont sortis en différents temps, dont les Turcs qui occupent encore aujourd'hui l'Empire de Constantinople, font partie.

Par la mer d'Afrique, l'Auteur du Gulistan entend la mer Méditerranée, qui baigne toute la côte d'Afrique vers le Sud. Quant à ce qu'il dit qu'elle est dangereuse, c'est que de son temps les Chrétiens en étoient les maitres dans toute son étendue, & qu'il n'étoit pas libre aux Mahométans d'y naviger.

Le désert de Gour est aux environs du Jourdain, entre Damas & la mer Morte, par où l'on passe de Syrie en Arabie. Il y a aussi un pays du même nom près de l'Indus, qui confine avec le Khorassan.

Le même Auteur du Gulistan dit encore ceci de lui-même : Un homme de peu d'esprit, gros & gras, richement vêtu, la tête couverte d'un turban d'une grosseur démesurée, & monté sur un beau cheval Arabe, passoit, & l'on me demanda ce qu'il me sembloit du brocard dont ce gros animal étoit vêtu. Je répondis : Il en est de même que d'une vilaine écriture, écrite en caractere d'or.

REMARQUE. Encore aujourd'hui, à Constantinople, les gens de Loi, c'est-à-dire, le Mouphti, les Cadileskers, les Mullas ou les Cadis du premier rang, portent des turbans d'une grosseur surprenante ; & sans exagération, il y en a qui ont près de deux pieds dans leur plus grande largeur. Ils sont faits avec beaucoup d'art & d'adresse ; & quoiqu'ils soient si gros, néanmoins ils sont fort légers, parce qu'il n'y entre que de la toile très-fine & du coton. Quand quelqu'un de ces Messieurs n'a pas la capacité qu'il doit avoir, malheur pour lui. Les Turcs imitent l'exemple de l'Auteur du Gulistan, ils se moquent de lui & de la grosseur de son turban.

Un voleur demandoit à un mendiant, s'il n'avoit pas honte de tendre la main au premier qui se présentoit, pour lui demander de l'argent. Le mendiant répondit : Il vaut mieux tendre la main pour obtenir une maille, que de se la voir couper pour avoir volé un sol ou deux liards.

Un Marchand fit une perte considérable, & recommanda à son fils de n'en dire mot à personne. Le fils promit d'obéir ; mais il pria son pere de lui dire quel avantage ce silence produiroit. Le pere répondit : C'est afin qu'au-lieu d'un malheur, nous n'en ayons pas deux à supporter, l'un, d'avoir fait cette perte, & l'autre de voir nos voisins s'en réjouir.

Un fils qui avoit fait de grands progrès dans les études, mais naturellement timide & réservé, se trouvoit avec d'autres personnes d'étude, & ne disoit mot. Son pere lui dit : Mon fils, pourquoi ne faites-vous pas aussi paroître ce que vous savez ? Le fils répondit : C'est que je crains qu'on ne me demande aussi ce que je ne sais pas.

Galien vit un homme de la lie du peuple qui maltraitoit un homme de Lettres d'une maniere indigne. Il dit de l'homme de Lettres : Il n'auroit pas eu de prise avec l'autre, s'il étoit véritablement homme de Lettres.

REMARQUE. Galien n'étoit pas seulement Médecin, c'étoit encore un grand Philosophe. C'est pourquoi il ne faut pas s'étonner que Saadi rapporte de lui ce bon mot, qu'il pouvoit avoir appris dans quelque livre traduit de Grec en Arabe, ou entendu dire à quelque favant Chrétien dans fes voyages.

Des Courtifans de Sultan Mahmoud Sebekteghin demandoient à Haffan de Meïmend, Grand-Vifir de ce Prince, ce que le Sultan lui avoit dit touchant une certaine affaire. Le Grand Vifir s'excufa, en difant qu'il fe garderoit bien de rien apprendre à des perfonnes à qui rien n'étoit caché, & qui favoient toutes chofes. Ils repartirent: Vous êtes le Miniftre d'Etat, & le Sultan ne daigne pas communiquer à des gens comme nous ce qu'il vous communique. Le Vifir reprit : C'eft qu'il fait que je ne le dirai à perfonne, & vous avez tort de me faire la demande que vous faites.

REMARQUE. Meïmend eft une ville du Khoraffan, d'où étoit ce Grand-Vifir de Sultan Mahmoud Sebekteghin.

Saadi dit encore, en parlant de lui-même : Je voulois acheter une maifon, & je n'étois pas encore bien réfolu de le faire, lorfqu'un Juif me dit : Je fuis un des anciens du quartier, vous ne pouvez mieux vous adreffer qu'à moi, pour favoir ce que c'eft que cette maifon. Achetez-la fur ma parole, je vous fuis caution qu'elle n'a point de défaut. Je lui répondis: Elle en a un grand d'avoir un voifin comme toi.

REMARQUE. Quoique les Mahométans ayent une grande averfion pour tous ceux qui ne font pas de leur Religion, néanmoins ils en ont plus pour les Juifs que pour les Chrétiens. C'eft pourquoi Saadi avoit de la peine à prendre une maifon dans un quartier où il y avoit des Juifs.

Un Poëte alla voir un chef de voleurs, & lui récita des vers qu'il avoit faits à fa louange; mais au-lieu d'agréer fes vers, le chef des voleurs le fit dépouiller & chaffer hors du village, & avec cela il fit encore lâcher les chiens après lui. Le Poëte voulut prendre une pierre pour fe défendre contre les chiens, mais il avoit gelé, & la pierre tenoit fi fort, qu'il ne put l'arracher. Cela lui fit dire, en parlant des voleurs: Voilà de méchantes gens, ils lâchent les chiens & attachent les pierres.

REMARQUE. L'Auteur du Guliftan ajoute que ce bon mot fit rire le chef des voleurs qui l'entendit d'une fenêtre, & qu'il cria au Poëte de demander ce qu'il voudroit, & qu'il le lui accorderoit. Le Poëte lui dit : Si vous avez envie de me faire du bien, je ne vous demande que la vefte dont vous m'avez fait dépouiller. Le chef des voleurs eut compaffion de lui, & avec fa vefte, il lui fit encore donner une vefte fourrée.

Un mari avoit perdu fa femme, qui étoit d'une grande beauté; mais la mere de la défunte, qui lui étoit odieufe, demeuroit chez lui par une claufe du contrat de mariage, au cas qu'elle furvéquît à fa fille. Un ami lui demanda comment il fupportoit la perte de fa femme. Il répondit : Il ne m'eft pas fi étrange de ne plus voir ma femme, que de voir fa mere.

Je logeois chez un Vieillard de Diarbekir qui avoit du bien, (ce font les termes de l'Auteur du Guliftan,) & ce Vieillard me difoit, que jamais il n'avoit eu qu'un fils qui étoit préfent, que Dieu avoit accordé à fes prieres plufieurs fois réitérées dans une vallée peu éloignée de la ville, où il y avoit grande dévotion près d'un certain arbre. Le fils, qui entendit ces paroles, dit tout bas à fes camarades : Je voudrois favoir où eft cet arbre, j'irois y demander à Dieu la mort de mon pere.

REMARQUE. Diarbekir eft une grande ville de la Méfopotamie, que nos Géographes appellent du nom de la même ville. Comme elle eft fur la frontiere des Etats du Grand-Seigneur vers la Perfe, il y a un Pacha qui a plufieurs Sangiacs au-deffous de lui.

Le même Auteur dit encore, en parlant de lui-même : Par un excès & par un emportement de jeuneffe, je maltraitois un jour ma mere de paroles. Sur les chofes fâcheufes que je lui dis, elle fe retira dans un coin, les larmes aux yeux, & me dit : Préfentement que vous avez la force d'un lion, avez-vous oublié que vous avez été petit pour avoir l'infenfibilité que vous avez pour moi? Vous ne me maltraiteriez pas comme vous le faites, fi vous vous fouveniez de votre enfance & du temps que je vous tenois dans mon fein.

Le fils d'un avare étoit dangereufement malade, & des amis confeilloient au pere de faire lire l'Alcoran, ou de faire un facrifice, difant que cela feroit peutêtre que Dieu rendroit la fanté à fon fils. Le pere y penfa un moment, & dit : Il eft plus à propos de faire lire l'Alcoran, parce que le troupeau eft trop loin. Un de ceux qui entendirent cette réponfe, dit : Il a préféré la lecture de l'Alcoran, parce que l'Alcoran eft fur le bord de la langue; mais l'or qu'il lui en auroit coûté pour acheter une victime, eft au fond de fon ame.

REMARQUE. Les Mahométans lifent ou font lire l'Alcoran entier, ou par parties, en plufieurs rencontres, comme pour l'ame d'un défunt, pour un malade, avant qu'une bataille fe donne, dans des calamités publiques & en d'autres néceffités preffantes, dans la croyance que c'eft un moyen propre pour appaifer la colere de Dieu. Ils égorgent auffi des moutons pour le même fujet. Schahroch, fils de Tamerlan, étant fur le point de donner une grande bataille à Emir Cara Joufouf, qui s'étoit fait reconnoître Roi de Perfe, & qui avoit établi fon fiege à Tauriz, fit lire douze mille fois le Chapitre de la Conquête, qui eft le 48 de l'Alcoran, par les Hafiz, c'eft-à-dire, par ceux qui favoient l'Alcoran par cœur, lefquels étoient à la fuite de fon armée. Ce Chapitre eft de 29 verfets.

On demandoit à un Vieillard pourquoi il ne fe marioit pas ? Il répondit, qu'il n'avoit point d'inclination pour de vieilles femmes. On lui repartit, étant riche comme il l'étoit, qu'il lui feroit aifé d'en trouver une jeune. Il reprit : Je n'ai pas d'inclination pour les vieilles, parce que je fuis vieux, comment voulez-vous qu'une jeune femme puiffe avoir de l'inclination pour moi & m'aimer?

Un Sage difoit à un Indien, qui apprenoit à jetter le feu Grégeois : Ce métier-là ne vous eft pas propre, à vous de qui la maifon eft bâtie de cannes.

REMARQUE. Les Orientaux parlent fouvent du feu Grégeois, & par ce qu'ils en difent, il paroît que le bitume entroit dans fa compofition.

Un Mahométan de peu d'efprit, qui avoit mal aux yeux, s'adreffa à un Maréchal, & le pria de lui donner quelque remede. Le Maréchal lui appliqua un emplâtre dont il fe fervoit pour les chevaux; mais le malade en devint aveugle, & fut faire fes plaintes à la Juftice. Le Cadi informé du fait, le chaffa, & lui dit : Retire-toi, tu n'a pas d'action contre celui que tu accufes. Tu n'aurois pas cherché un Maréchal au-lieu d'un Médecin, fi tu n'étois un âne.

Un fils étoit dans un cimetiere affis fur le tombeau de fon pere, qui lui avoit laiffé de grands biens, & tenoit ce difcours au fils d'un pauvre homme : Le tombeau de mon pere eft de marbre, l'épitaphe eft écrite en lettres d'or, & le pavé à l'entour eft de marqueterie & à compartiments. Mais toi, en quoi confifte le tombeau de ton pere? En deux briques, l'une à la tête, l'autre aux pieds, avec deux poignées de terre fur fon corps. Le fils du pauvre répondit : Tai-fez-vous , avant que votre pere ait feulement fait mouvoir, au jour du Jugement, la pierre dont il eft couvert, mon pere fera arrivé au Paradis.

REMARQUE. C'eft une coutume chez les Ma-hométans de mettre une pierre aux pieds & à la tête des fépultures de leurs morts. Plus le mort eft riche, & plus cette pierre eft polie & ornée, & fouvent on y met de beau marbre blanc, au-lieu de pierre, dans les lieux où l'on en peut avoir, & alors le marbre ou la pierre eft en forme de colonne, & affez fréquem-ment avec un turban en fculpture au haut de la colonne, conforme à la profeffion ou à l'emploi du défunt pendant qu'il vivoit, ou avec un bonnet de femme, fi c'eft une fépulture de femme. De plus, pour peu que la perfonne foit de confidération, on voit fur la colonne une épitaphe en fculpture ou en caracteres gravés en relief; car je ne me fouviens pas d'en avoir vus de gravés en creux, comme on grave ordinairement les épitaphes en Eu-rope, & l'épitaphe contient prefque toujours la profef-fion de foi de la Religion Mahométane, le nom & la qualité du défunt, avec une invitation au paffant de réciter le premier Chapitre de l'Alcoran pour le repos de fon ame, & il y en a dont les caracteres font dorés. Les plus riches font de groffes dépenfes en repréfenta-tions, en édifices voifins; comme mofquées, hôpitaux, fontaines, écoles, avec des revenus pour leur entre-tien. Les cimetieres publics font toujours hors des portes des villes, & l'on n'enterre dans les villes que les Prin-ces & les perfonnes de grande diftinction avec leur famille, près des mofquées dont ils font les fondateurs. Cet ordre eft même obfervé dans les bourgs & dans les villages où les cimetieres font toujours hors de l'en-ceinte des maifons le long des grands chemins, afin que les paffants, en les côtoyant, foient excités de prier pour ceux qui y font enterrés. Outre la pierre & le marbre, il y a des endroits où les parents plantent à la tête & aux pieds du romarin ou quelqu'autre plante. En de certains lieux, les femmes vont le Vendredi pleu-rer fur la fépulture de leurs maris, ou de leurs parents & amis.

Le Grand Iskender, ou Alexandre le Grand, car c'eft la même chofe, venoit de prendre une place, & on lui dit, que dans cette place il y avoit un Philo-fophe de confidération. Il commanda qu'on le fît ve-nir; mais il fut fort furpris de voir un homme fort laid, & il ne put s'empêcher de lâcher quelques pa-roles qui marquoient fon étonnement. Le Philofophe l'entendit; & quoiqu'il fût dans un grand défordre à caufe du faccagement de fa patrie, néanmoins il ne laiffa pas que de lui dire en fouriant : Il eft vrai que je fuis difforme; mais il faut confidérer mon corps comme un fourreau dont l'ame eft le fabre. C'eft le fabre qui tranche, & non pas le fourreau.

REMARQUE. Je ne me fouviens pas d'avoir lu ce trait de l'Hiftoire d'Alexandre le Grand dans aucun Au-teur Grec ou Latin, ni entendu dire qu'il s'y trouvât, & je ne fache pas auffi qu'aucun des Philofophes que nous connoiffions, ait dit ce mot. En effet, il reffent plutôt la fageffe des Orientaux que des Grecs. Quoi qu'il en foit, il eft jufte & digne d'être remarqué, & les Orientaux n'en fachant pas le véritable Auteur, ont pu l'attribuer à Alexandre le Grand, qu'ils ont fait un Héros de leur Pays.

Un Philofophe difoit : J'ai écrit cinquante volumes de Philofophie; mais je n'en fus pas fatisfait. J'en ti-rai foixante maximes qui ne me fatisfirent pas davan-tage. A la fin de ces foixante maximes, j'en choifis quatre, dans lefquelles je trouvai ce que je cherchois. Les voici :

N'ayez pas la même confidération, ni les mêmes égards pour les femmes que pour les hommes. Une femme eft toujours femme, de fi bonne maifon & de telle qualité qu'elle puiffe être.

Si grandes que puiffent être vos richeffes, n'y ayez

point d'attache, parce que les révolutions des temps les diffipent.

Ne découvrez pas vos fecrets à perfonne, non pas même à vos amis les plus intimes; parce que fouvent il arrive qu'on rompt avec un ami, & que l'ami de-vient ennemi.

Que rien dans le monde ne vous tienne attaché que la fcience, accompagnée de bonnes œuvres; parce que vous feriez criminel à l'heure de votre mort fi vous la méprifiez.

Les Philofophes des Indes avoient une bibliothe-que fi ample, qu'il ne falloit pas moins de mille cha-meaux pour la tranfporter. Leur Roi fouhaita qu'ils en fiffent un abrégé, & ils la réduifirent à la charge de cent chameaux; & après plufieurs autres retran-chements, enfin tout cet abrégé fut réduit à quatre Maximes. La premiere regardoit les Rois qui de-voient être juftes; la feconde, prefcrivoit aux peu-ples d'être fouples & obéiffants; la troifieme avoit la fanté en vue, & ordonnoit de ne pas manger qu'on n'eût faim; & la quatrieme recommandoit aux fem-mes de détourner leurs yeux de deffus les étrangers, & de cacher leur vifage à ceux à qui il ne leur étoit pas permis de le faire voir.

REMARQUE. A propos de bibliotheque portée par des chameaux, Saheb, fils d'Ibad, Grand-Vifir de deux Rois de Perfe de la race des Boiens, qui aimoit les Let-tres, & qui mourut l'an de l'Hégire 385, de J. C. l'an 995, en avoit une que quatre cents chameaux por-toient à fa fuite, même dans les campagnes qu'il étoit obligé de faire. Le Grand-Vifir Kupruli, tué à la ba-taille de Salankemen, qui avoit une bibliotheque très-fournie, n'alloit auffi en aucun endroit qu'il ne fît por-ter avec lui plufieurs coffres remplis de livres; car tout le temps qu'il ne donnoit pas aux affaires, il le don-noit à la lecture, ou à enfeigner ce qu'il pratiqua par-ticuliérement au commencement de cette derniere guerre contre l'Empereur, qu'il n'eut pas d'emploi jufques à la mort du Grand-Vifir Cara Muftapha Pacha, qui l'en avoit éloigné, parce que dans le Confeil, il s'étoit oppofé lui feul à la déclaration de cette guerre. Dans cet intervalle, il faifoit tous les jours leçon à foixante écoliers, qu'il nourriffoit auffi, & qu'il habilloit. Bien des gens peut-être auront de la peine à le croire, parce qu'ils ne font pas accoutumés à voir de femblables exem-ples devant leurs yeux. Cependant cela s'eft fait & vu fur un théâtre affez grand, puifque c'étoit au milieu de Conftantinople.

Quatre puiffants Monarques de différents endroits de la terre ont prononcé chacun une parole remar-quable à-peu-près fur le même fujet. Un Roi de Perfe a dit : Jamais je ne me fuis repenti de m'être tu; mais j'ai dit beaucoup de chofes dont je me fuis cruelle-ment repenti. Un Empereur de la Grece a dit de même : Mon pouvoir éclate bien davantage fur ce que je n'ai pas dit, que fur ce que j'ai dit; mais je ne puis plus cacher ce que j'ai une fois prononcé. Un Empereur de la Chine a dit : Il eft beaucoup plus fâ-cheux de dire ce qu'on ne doit pas dire, qu'il n'eft aifé de cacher le repentir de l'avoir dit. Enfin, un Roi des Indes s'eft expliqué en ces termes fur le même fujet : Je ne fuis plus maître de ce que j'ai une fois prononcé; mais je difpofe de tout ce que je n'ai pas avancé par mes paroles. Je puis le dire & ne le pas dire, fuivant ma volonté.

REMARQUE. Au-lieu de l'Empereur de la Grece, le texte de l'Auteur du Guliftan porte, l'Empereur de Roum, ce qui fignifie la même chofe, parce qu'en général, fous ce nom de Roum, les Orientaux com-prennent tous les pays qui ont été occupés par les Ro-mains. Et quoique des Romains, ces pays ayent paffé aux Grecs, néanmoins ils ont toujours retenu le nom de Roum, par rapport à fa premiere origine; de quoi il ne faut pas s'étonner, puifque depuis les Romains, les *Grecs* se sont appellés & s'appellent encore aujourd'hui Ρωμαίοι, c'est-à-dire, Romains. Le mot de *Roum* en particulier, se prend aussi simplement pour les Etats que les Selgiucides ont possédés dans la Natolie, ayant fait leur Capitale de la ville d'Iconium; ce qui leur fit prendre le titre de Rois de Roum. Cela vient de ce que les Empereurs de Constantinople ayant défendu long-temps ces pays-là contre les Mahométans, qui les connoissoient sous le nom d'Empereurs de Roum, les premiers qui s'en emparerent & qui s'en rendirent Souverains, affecterent de se donner le même nom.

Trois Sages, l'un de la Grece, un autre des Indes, & Bouzourgemhir, s'entretenoient, en présence du Roi de Perse, & la conversation tomba sur la question, savoir, quelle étoit la chose de toutes la plus fâcheuse. Le Sage de la Grece dit, que c'étoit la vieillesse accablée d'infirmités, avec l'indigence & la pauvreté. Le Sage des Indes dit, que c'étoit d'être malade & de souffrir sa maladie avec impatience. Mais Bouzourgemhir dit, que c'étoit le voisinage de la mort destitué de bonnes œuvres; & toute l'assemblée fut du même sentiment.

On demandoit à un Médecin quand il falloit manger? il répondit: Le riche doit manger quand il a faim, & le pauvre quand il trouve de quoi manger.

Un Philosophe disoit à son fils: Mon fils, jamais ne sortez de la maison le matin qu'après avoir mangé; on a l'esprit plus rassis en cet état; & au cas que l'on soit offensé par quelqu'un, on est plus disposé à souffrir patiemment. Car la faim dessèche & renverse la cervelle.

REMARQUE. Je ne sais si les Orientaux sont fondés sur cette maxime, qui est de très bon sens & véritable; mais généralement ils mangent tous de grand matin, & ordinairement après la priere du matin, qu'ils font avant le lever du soleil, & ce qu'ils mangent sont des laitages, des confitures liquides, & autres choses semblables & froides, mais pas de viande, après quoi ils prennent le café. Il est certain que l'air sombre, sérieux & mélancolique que l'on remarque le matin dans ceux qui sont à jeun, ne prouve que trop la nécessité de mettre cette maxime en pratique.

On demandoit à Bouzourgemhir, qui étoit le Roi le plus juste? il répondit: C'est le Roi sous le regne de qui les gens de bien sont en assurance, & que les méchants redoutent.

Les Arabes disoient à Hagiage, leur Gouverneur, qui les maltraitoit: Craignez Dieu, & n'affligez pas les Musulmans par vos vexations. Hagiage, qui étoit éloquent, monta à la tribune, & en les haranguant, il leur dit: Dieu m'a établi pour vous gouverner; mais quand je mourrois, vous n'en seriez pas plus heureux; car Dieu a beaucoup d'autres serviteurs qui me ressemblent, & quand je serai mort, peut-être que je serai suivi d'un autre Gouverneur qui sera plus méchant que moi.

Alexandre le Grand priva un Officier de son emploi, & lui en donna un autre de moindre considération, & l'Officier s'en contenta. Quelque temps après, Alexandre le Grand vit cet Officier, & lui demanda comment il se trouvoit dans la nouvelle charge qu'il exerçoit? L'Officier répondit avec respect: Ce n'est pas la charge qui rend celui qui l'exerce plus noble & plus considérable; mais la charge devient noble & considérable par la bonne conduite de celui qui l'exerce.

REMARQUE. Alexandre le Grand fut très-satisfait de cette réponse, & il rétablit cet Officier dans sa premiere charge. Dans les Cours du Levant, qui sont orageuses, les Courtisans ont besoin de ces sortes d'exemples, pour ne pas se désespérer, lorsqu'ils sont contraints de reculer, après y avoir avancé dans le service.

Un Derviche voyoit un Sultan fort familiérement; mais il observa un jour que le Sultan ne le regardoit pas de bon œil, comme il avoit coutume de le regarder. Il en chercha la cause; & croyant que cela venoit de ce qu'il se présentoit trop souvent devant lui, il s'abstint de le voir & de lui faire sa cour. Quelque temps après, le Sultan le rencontra, & lui demanda pourquoi il avoit cessé de venir le voir. Le Derviche répondit: Je savois qu'il valoit mieux que V. M. me fît la demande qu'elle me fait, que de me témoigner du chagrin de ce que je la voyois trop souvent.

Un Favori faisoit cortege à Cobad, Roi de Perse, & avoit beaucoup de peine à retenir son cheval, pour ne pas marcher à côté du Roi. Cobad s'en apperçut, & lui demanda quel égard les sujets devoient avoir pour leur Roi, quand ils lui faisoient cortege? Le Favori répondit: La principale maxime qu'ils doivent observer, est de ne pas faire manger à leur cheval tant d'orge que de coutume, la nuit qui précede le jour auquel ils doivent avoir cet honneur, afin de n'avoir pas la confusion que j'ai présentement.

REMARQUES. Cobad, Roi de Perse, étoit pere de Noufchirvan, qui lui succéda, sous lequel Mahomet naquit.

On donne de l'orge aux chevaux dans le Levant, & non pas de l'avoine, qui n'y est pas si commune que l'orge.

Un jour de Nevrouz, Noufchirvan, Roi de Perse, régalant toute sa Cour d'un grand festin, remarqua pendant le repas qu'un Prince de ses parents cacha une tasse d'or sous son bras; mais il n'en dit mot. Lorsqu'on se leva de table, l'Officier, qui avoit soin de la vaisselle d'or, cria que personne ne sortît, parce qu'une tasse d'or étoit égarée, & qu'il falloit la retrouver. Noufchirvan lui dit: Que cela ne te fasse pas de peine, celui qui l'a prise ne la rendra pas, & celui qui l'a vu prendre ne déclarera pas le voleur.

REMARQUE. Le Nevrouz est le jour auquel le soleil entre dans le Bélier, & ce mot signifie le *nouveau jour*, parce que chez les Persans c'est le premier jour de l'année solaire, qui étoit suivie sous le regne des anciens Rois de Perse, à laquelle les Mahométans ont fait suivre l'année lunaire. Néanmoins, depuis ce temps-là, les Persans continuent de célébrer ce jour-là la fête solemnelle qui s'y célébroit. Le Roi de Perse la célebre lui-même par un grand régal qu'il fait à toute sa Cour, dans lequel le vin que l'on boit est aussi servi dans des tasses d'or, comme on peut le remarquer dans les relations de voyageurs de notre temps.

Hormouz, Roi de Perse, fils de Sapor, avoit acheté une partie de perles, qui lui avoit coûté cent mille pieces de monnoie d'or; mais il ne s'en accommodoit pas. Un jour, son Grand-Vifir lui représenta qu'un Marchand en offroit deux cents mille, & que le gain étant si considérable, il seroit bon de les vendre, puisqu'elles ne plaisoient pas à Sa Majesté. Hormouz répondit: C'est peu de chose pour nous que cent mille pieces de monnoie d'or que nous avons déboursées, & un gain trop petit pour un Roi que cent mille autres que vous me proposez. De plus, si nous faisons le marchand, qui fera le Roi, & que feront les marchands?

REMARQUE. On compte quatre Rois de Perse qui ont porté le nom d'Hormouz, suivant la liste que nous en avons dans les Histoires des Orientaux. Celui-ci est le premier de ce nom, & le troisieme de la quatrieme & derniere race des anciens Rois de Perse, que les mêmes Historiens appellent Safaniens de Safan, pere d'Ardefchir Babecan, premier Roi de cette race. Sapor, son pere, avoit fait bâtir Tchendi Sapor dans le Khouziftan, d'où étoit le Médecin Bacht-Iefchoua, de qui nous avons parlé ci-devant. Avant celui-ci, il y avoit eu un autre Sapor, Roi de Perſe; mais il étoit de la race des Aſcaniens, comme les appellent les Orientaux, & ce ſont les mêmes que ceux que nous appellons Arſacides. Il fut ſucceſſeur d'Ask, qui donna le nom à toute la race, & ce fut celui qui ſe rendit ſi redoutable aux Romains. D'Ask les Grecs & les Romains ont fait Aſak, & d'Aſak Arſak, d'où eſt venu le nom des Arſacides.

Pendant la minorité de Sapor, fils d'Hormouz, Roi de Perſe, Taïr, Chef des Arabes, fit une cruelle guerre aux Perſans, dans laquelle il pilla la Capitale du Royaume, & fit la ſœur de Sapor eſclave. Mais quand Sapor eut atteint l'âge de gouverner par lui-même, il attaqua Taïr, & le prit dans une fortereſſe par la trahiſon de Melaca, ſa propre fille, qui ouvrît la porte de la forterefſe. Après qu'il ſe fut défait de Taïr, il fit un grand carnage des Arabes, & à la fin laſſé de cette tuerie, afin de rendre ſa cruauté plus grande par une mort lente, il ordonna qu'on rompît ſeulement les épaules à tous ceux qu'on rencontreroit. Melik, un des ancêtres de Mahomet, lui demanda quelle animoſité il pouvoit avoir pour exercer une ſi grande cruauté contre les Arabes. Sapor répondit: Les Aſtrologues m'ont prédit, que le deſtructeur des Rois de Perſe doit naître chez les Arabes; c'eſt en haine de ce deſtructeur que j'exerce la cruauté dont vous vous plaignez. Melik repartit : Peut-être que les Aſtrologues ſe trompent; & ſi la choſe doit arriver, il vaut beaucoup mieux que vous faſſiez ceſſer cette tuerie, afin qu'il ait moins de haine contre les Perſans quand il ſera venu.

REMARQUE. Sapor, de qui il eſt parlé en cet article, eſt le ſecond du nom de la race des Saſaniens, & ſon pere Hormouz de même, eſt le ſecond du nom de la même race. A cauſe de cette cruauté de caſſer les épaules, les Arabes lui donnerent le nom de *Sapor Zon l'ectaf*, comme qui diroit, le *briſeur d'épaules*, avec lequel ils le diſtinguent toujours des autres, lorſqu'ils parlent de lui dans leurs Livres.

On préſenta un voleur fort jeune à un Calife, & le Calife commanda qu'on lui coupât la main droite, en diſant que c'étoit afin que les Muſulmans ne fuſſent plus expoſés à ſes voleries. Le voleur implora la clémence du Calife, & lui dit : Dieu m'a créé avec l'une & l'autre main, je vous ſupplie de ne pas permettre qu'on me faſſe gaucher. Le Calife reprit : Qu'on lui coupe la main, Dieu ne veut pas qu'on ſouffre les voleurs. La mere qui étoit préſente, repartit : Empereurs des Croyants, c'eſt mon fils, il me fait vivre du travail de ſes mains, je vous en ſupplie, pour l'amour de moi, ne ſouffrez pas qu'il ſoit eſtropié. Le Calife perſiſta dans ce qu'il avoit ordonné, & dit: Je ne veux pas me charger de ſon crime. La mere inſiſta, & dit : Conſidérez ſon crime comme un des crimes dont vous demandez tous les jours pardon à Dieu. Le Calife agréa ce détour, & accorda au voleur la grace qu'elle demandoit.

REMARQUE. Empereurs des Croyants eſt la traduction fidelle du titre d'*Emir elmoumenin*, que les Califes ſe ſont attribué, & après eux les Rois Arabes en Eſpagne & d'autres Princes Mahométans. Omar ſecond, ſucceſſeur de Mahomet, le prit le premier, au-lieu du titre de Succeſſeur de Dieu qu'on lui avoit donné d'abord, & qui fut trouvé trop long, comme Aboulfarage l'a remarqué.

On amena un criminel à un Calife, & le Calife le condamna au ſupplice qu'il méritoit. Le criminel dit au Calife : Empereur des Croyants, il eſt de la juſtice de prendre vengeance d'un crime; mais c'eſt une vertu de ne pas ſe venger. Si cela eſt, il n'eſt pas de la dignité d'un Calife de préférer la vengeance à une vertu. Le Calife trouva ce trait ingénieux à ſon goût, & lui donna ſa grace.

Un jeune homme de la famille d'Haſchem, famille conſidérable parmi les Arabes, avoit offenſé une perſonne de conſidération, & l'on en avoit fait des plaintes à un oncle, ſous la direction de qui il étoit. Le neveu voyant que ſon oncle ſe mettoit en état de le châtier, lui dit : Mon oncle, je n'étois pas en mon bon ſens lorſque je fis ce que j'ai fait; mais ſouvenez-vous de faire en votre bon ſens ce que vous allez faire.

Hagiage interrogeoit une Dame Arabe, qui avoit été priſe avec des rebelles, & la Dame tenoit les yeux baiſſés, & ne regardoit pas Hagiage. Un des aſſiſtants dit à la Dame : Hagiage vous parle, & vous ne le regardez pas. Elle répondit : Je croirois offenſer Dieu, ſi je regardois un homme tel que lui, que Dieu ne regarde pas.

REMARQUE. Nous avons déja remarqué qu'Hagiage étoit un Gouverneur de l'Arabie, & qu'il y avoit exercé de grandes cruautés.

On demandoit à Alexandre le Grand par quelles voies il étoit arrivé au degré de gloire & de grandeur où il étoit. Il répondit : Par les bons traitements que j'ai faits à mes ennemis, & par les ſoins que j'ai pris, de faire en ſorte que mes amis fuſſent conſtants dans l'amitié qu'ils avoient pour moi.

Alexandre le Grand étant avec ſes Généraux, un d'eux lui dit : Seigneur, Dieu vous a donné un grand & puiſſant Empire; prenez pluſieurs femmes, afin que vous ayez pluſieurs fils, & que par eux votre nom demeure à la poſtérité. Alexandre répondit : Ce ne ſont pas les fils qui perpétuent la mémoire des peres, ce ſont les bonnes actions & les bonnes mœurs. Il ne ſeroit pas auſſi de la grandeur d'un Conquérant, comme moi, de ſe laiſſer vaincre par des femmes, après avoir vaincu tout l'Univers.

Sous le regne du Sultan Mahmoud, Sebekteghin Fakht-edde-vlet, Roi d'Iſpahan, de Reï, de Kom, de Kaſchan & de la Province du Cahiſtan dans le Khoraſſan, mourut & laiſſa pour ſucceſſeur Megededde-vlet, ſon fils, en bas âge. Pendant ſa minorité, Seïdeh, ſa mere, Princeſſe d'une ſageſſe extraordinaire, gouverna avec l'approbation générale de tous les peuples du Royaume. Lorſqu'il eut atteint l'âge de régner par lui-même, comme il ne ſe trouva pas avoir la capacité néceſſaire pour ſoutenir un fardeau ſi peſant, on lui laiſſa ſeulement le titre de Roi, pendant que Seïdeh continua d'en faire les fonctions. Sultan Mahmoud, Roi du Maverannahar, du Turqueſtan, de la plus grande partie du Khoraſſan & des Indes, enflé de la poſſeſſion de ces puiſſants Etats, envoya un Ambaſſadeur à cette Reine, pour lui ſignifier qu'elle eût à le reconnoître pour Roi, à faire prier, à ſon nom, dans les Moſquées du Royaume qui dépendoit d'elle, & de faire frapper la monnoie à ſon coin. Si elle refuſoit de ſe ſoumettre à ces conditions, qu'il viendroit en perſonne s'emparer de Reï & d'Iſpahan, & qu'il la perdroit. L'Ambaſſadeur étant arrivé, préſente la lettre remplie de ces menaces dont il étoit chargé. La lettre fut lue, & Seïdeh dit à l'Ambaſſadeur : Pour réponſe à la lettre de Sultan Mahmoud, vous pourrez lui rapporter ce que je vais vous dire : Pendant que le Roi, mon mari, a vécu, j'ai toujours été dans la crainte que votre Maître ne vînt attaquer Reï & Iſpahan. Mais d'abord qu'il fut mort, cette crainte s'évanouit, parce que Sultan Mahmoud étant un Prince très-ſage, je m'étois perſuadée qu'il ne voudroit pas employer ſes armes contre une femme. Puiſque je me ſuis trompée, je prends Dieu à témoin, que je ne fuirai pas s'il vient m'attaquer, & que je l'attendrai dans une bonne contenance, pour décider de mes prétentions, & de mon bon droit par les armes. Si j'ai le bonheur de remporter la victoire, je ferai connoître à tout l'Univers que j'aurai ſoumis le grand
Sultan

Sultan Mahmoud, & ce fera pour moi une gloire immortelle d'avoir vaincu le vainqueur de cent Rois. Si je fuccombe, Sultan Mahmoud ne pourra fe vanter que d'avoir vaincu une femme.

REMARQUE. Seïdeh étoit fille d'un oncle de la mere de Kikiaous, Roi du Mazanderan, comme il le marque lui-même en rapportant ce trait d'Hiftoire dans l'inftruction pour fon fils, dont il a déja été parlé. Le même trait eft auffi rapporté dans l'Hiftoire choifie, qui eft un abrégé de l'Hiftoire Mahométane en Perfan. Fakhr-edde-vlet étoit Roi de Perfe, le feptieme de la race de Boieh, qui commença à y régner l'an de l'Hégire 321, de J. C. 933, par Ali, fils de Boieh, & Boieh fe difoit defcendre de Beheram Gour, ancien Roi de Perfe, de la race des Safaniens. Fakhr-edde-vlet régna onze ans, & mourut l'an 387, de J. C. 997. Saheb Ifmaïl, fils d'Ibad, qui faifoit porter fa bibliotheque en campagne par quatre cents chameaux, comme nous l'avons marqué ci-deffus, étoit fon Grand Vifir. Seïdeh défarma Mahmoud Sebekteghin par fa fermeté & par fa réponfe. Mais d'abord qu'elle fut morte, il détrôna Meged-edde-vlet, & le fit mourir en prifon.

On demandoit à un Arabe ce qu'il lui fembloit des richeffes. Il répondit : C'eft un jeu d'enfant, on les donne, on les reprend.

Schems-elmaali, Roi de Gergian & du Tabariftan, ou ce qui eft la même chofe, Roi du Mazanderan, avoir de très-belles qualités; mais il étoit emporté, & faifoit mourir fes fujets pour la moindre chofe, fur le champ; car il n'en envoyoit pas un feul en prifon, pour garder au moins quelque forme de juftice. A la fin, fes fujets, laffés de le fouffrir, mirent la main fur lui, & en l'enfermant dans une prifon où il mourut, ils lui dirent : Voilà ce qui vous arrive, pour avoir ôté la vie à tant de monde. Il repartit : C'eft pour en avoir fait mourir trop peu; car je ne ferois pas ici aujourd'hui, fi je n'en avois pas épargné un feul de vous tous.

REMARQUE. Schems-elmaali s'appelloit Schems-elmaali Cabous, & étoit grand-pere de Kikiaous, Auteur de l'inftruction dont nous avons déja parlé plus d'une fois, qu'il a intitulée *Cabous nameh* pour lui faire honneur. Il mourut de froid dans cette prifon l'an 403 de l'Hégire, parce qu'on l'y mit en déshabillé, dans le même état qu'on l'avoit furpris, & on l'y laiffa fans lui donner feulement ce qu'on donne aux chevaux pour litiere, quoiqu'il le demandât en grace, & ce qu'on donne aux chevaux pour litiere dans le Levant eft de la fiente de cheval feche. Schems-elmaali étoit favant en Aftronomie & en plufieurs autres fciences, & il a laiffé des Ouvrages Perfans en profe & en vers.

Noufchirvan, Roi de Perfe, demanda à un Empereur des Grecs, par un Ambaffadeur, par quels moyens il étoit fi ferme & fi ftable dans fon Empire? L'Empereur lui fit réponfe : Nous n'employons que des perfonnes expérimentées dans l'adminiftration de nos affaires. Nous ne promettons rien que nous ne le tenions. Nous ne châtions pas fuivant la grandeur de notre colere; mais feulement fuivant l'énormité des crimes. Nous ne donnons les charges qu'aux perfonnes de naiffance, & nous ne prenons confeil que des perfonnes de bon fens.

Le même Noufchirvan voulut qu'on gravât ce mot fur fon tombeau : Tout ce que nous avons envoyé avant nous, eft notre tréfor; celui qui récompenfe plutôt le mal que le bien, eft indigne de vivre tranquillement.

REMARQUE. Par cette expreffion : Tout ce que nous avons envoyé avant nous, Noufchirvan a voulu dire : Toutes nos bonnes œuvres.

Platon difoit : La faim eft un nuage d'où il tombe une pluie de fcience & d'éloquence. La fatiété eft un autre nuage, qui fait pleuvoir une pluie d'ignorance & de groffiéreté. Il difoit encore : Quand le ventre eft vuide, le corps devient efprit; & quand il eft rempli, l'efprit devient corps. Il difoit auffi : L'ame trouve fon repos en dormant peu, le cœur dans le peu d'inquiétudes, & la langue dans le filence.

REMARQUES. Je ne fache pas que ces paroles remarquables de Platon fe lifent dans fes Ouvrages, ou fe trouvent dans aucun de nos Auteurs anciens. Je les ai trouvées dans un Recueil de différentes matieres en Arabe, en Perfan & en Turc, que j'ai apporté de Conftantinople. A chaque article, le Collecteur cite l'Auteur d'où il l'a tiré, excepté en quelques endroits, comme en celui-ci qui m'a paru digne d'avoir ici fa place.

Un Poëte lifoit à un Emir des Vers qu'il avoit fait à fa louange, & à mefure qu'il lifoit, l'Emir lui difoit : Cela eft bien, cela eft bien. Le Poëte acheva de lire; mais il ne lui dit autre chofe. A ce filence, le Poëte lui dit : Vous dites : Cela eft bien, cela eft bien; mais la farine ne s'achete pas avec cela.

REMARQUE. Par le nom d'Emir, il faut entendre un Général d'armée, ou un Gouverneur de Province.

On difoit à Alexandre le Grand, qu'un Prince qu'il avoit à vaincre étoit habile & experimenté dans la guerre, & on ajoutoit, qu'il feroit bon de le furprendre & de l'attaquer de nuit. Il repartit : Que diroiton de moi, fi je vainquois en voleur ?

On demanda à un Sage ce que c'étoit qu'un ami ? Il répondit : C'eft un mot qui n'a point de fignification.

Le fage Locman, étant au lit de la mort, fit venir fon fils, & en lui donnant fa bénédiction, il lui dit : Mon fils, ce que j'ai de plus particulier à vous recommander, en ces derniers moments, eft d'obferver fix maximes, qui renferment toute la morale des anciens & des modernes.

N'ayez de l'attache pour le monde qu'à proportion du peu de durée de votre vie.

Servez le Seigneur votre Dieu avec tout le zele que demandent les befoins que vous avez de lui.

Travaillez pour l'autre vie, qui vous attend, & confidérez le temps qu'elle doit durer.

Efforcez-vous de vous exempter du feu, d'où jamais on ne fort, quand une fois on y a été précipité.

Si vous avez la témérité de pécher, mefurez auparavant les forces que vous aurez, pour fupporter le feu de l'enfer & les châtiments de Dieu.

Quand vous voudrez pécher, cherchez un lieu où Dieu ne vous voye pas.

REMARQUE. Les Orientaux ont un Recueil de fables, fous le nom de Locman, qu'ils appellent Sage, & ce qu'ils en difent a beaucoup de conformité avec ce que les Grecs difent d'Efope. Ils ne conviennent, ni du temps auquel il vivoit, ni du pays d'où il étoit. Il y en a qui avancent que c'étoit un Patriarche, & qu'il étoit fils d'une fœur de Job, & d'autres écrivent qu'il étoit contemporain de David, & qu'il a demeuré trente ans à fa Cour. La plus grande partie affurent que c'étoit un Abyffin, &, par conféquent, qu'il étoit noir, efclave d'un marchand. Mais tous ceux qui en parlent conviennent qu'il étoit d'une grande prudence & d'une fageffe confommée, accompagnée d'une vivacité d'efprit extraordinaire. Son tombeau, à ce qu'ils difent, eft à Remleh, qui eft ce que nous appellons Rama dans la Terre-Sainte, entre Hierufalem & Japha. Mahomet a parlé de lui dans le trente-unieme Chapitre, ou autrement dans la trente-unieme Sourate de l'Alcoran, qu'on appelle la Sourate de Locman.

On demandoit au même Locman de qui il avoit appris la vertu. Il répondit : Je l'ai apprife de ceux qui n'en avoient pas; car je me fuis abftenu de tout ce que j'ai remarqué de vicieux dans leurs actions.

Ali recommandoit à ſes fils Haſſan & Huſſein, de pratiquer ce qui ſuit, & il leur diſoit : Mes enfants, ne mépriſez jamais perſonne. Regardez celui qui eſt au-deſſus de vous comme votre pere ; votre ſemblable comme votre frere, & votre inférieur comme votre fils.

Hagiage, qui fut depuis Gouverneur de l'Arabie, aſſiégeoit la ville de la Mecque, & Abdullah, fils de Zébir, la défendoit. Abdullah, réduit à l'extrêmité, & voyant qu'il alloit être forcé, ſe retira chez lui. Sa mere lui dit : Mon fils, ſi c'eſt pour le bon droit que vous combattez, il ne peut ſe maintenir que par votre bras. Retournez donc au combat, & conſidérez que vous ſerez un martyr ſi vous ſuccombez. Abdullah répondit : Ma mere, je ne crains pas la mort ; mais je crains d'avoir la tête coupée après ma mort. La mere reprit : Mon fils, le mouton égorgé ne ſent pas de douleur quand on l'écorche.

REMARQUES. Après la mort du Calife Maavia, fils d'Iezid, cet Abdullah s'étoit emparé de la Mecque & de ſes dépendances & d'autres pays, & il s'y maintint plus de neuf ans, juſques à ce qu'il fût tué dans le dernier aſſaut en défendant la place. Après ſa mort, Hagiage lui fit couper la tête, qu'il envoya à Médine, & fit mettre ſon corps en croix.

Ce ſiege de la Mecque & la mort de cet Abdullah arriverent l'an 71 de l'Hégire, & de J. C. l'an 690.

Les Mahométans ne font point de guerre où la Religion ne ſoit mêlée ; c'eſt pourquoi ils croyent que tous ceux qui y ſont tués, ſont martyrs.

Le Calife Mehdi, pere du Calife Haroun-erreſchid, étoit dans le Temple de la Mecque, & diſoit à un certain Manſour : Si vous avez beſoin de quelque choſe, demandez-le-moi. Manſour répondit : Ce ſeroit une honte pour moi de demander mes beſoins dans le Temple de Dieu, à une autre qu'à Dieu.

REMARQUE. Suivant la tradition des Mahométans, le Temple de la Mecque eſt le premier Temple conſacré à Dieu, & ils veulent qu'il ait été bâti par Adam, & rebâti enſuite par Abraham & par Iſmaël. C'eſt pour cela qu'ils y vont en pélerinage par un des cinq préceptes de leur Religion.

Le Calife Haroun-erreſchid voulant récompenſer Bakht-Ieſchouoa, qui l'avoit guéri d'une apoplexie, le fit ſon Médecin, & lui donna les mêmes appointements qu'à ſon Capitaine des Gardes-du-Corps, en diſant : Mon Capitaine des Gardes-du-Corps garde mon corps ; mais Bakht-Ieſchoua garde mon ame.

REMARQUE. Bakht-Ieſchoua eſt le même que Gorge, fils de Bakht-Ieſchoua, de qui il eſt parlé ci-devant. Il étoit fort jeune, lorſqu'il guérit Haroun-erreſchid de cette apoplexie : ce fut le commencement de ſa fortune à la Cour des Califes.

Le Calife Mamoun, fils d'Haroun-erreſchid, prenoit un grand plaiſir à pardonner, & il diſoit : Si l'on ſavoit le plaiſir que je me fais de pardonner, tous les criminels viendroient à moi, pour ſentir l'effet de ma clémence.

REMARQUE. Mamoun n'étoit pas ſeulement un Prince doux, bon & clément comme il paroît par ce trait de ſon Hiſtoire ; mais encore il étoit libéral & très-habile dans l'art de gouverner. Avec cela, il a encore été le plus docte de tous les Califes ; & comme il aimoit la Philoſophie & les Mathématiques, il fit traduire du Grec & du Syriaque en Arabe pluſieurs Livres de ces ſciences. Il étoit même bon Aſtronome, & il dreſſa ou fit dreſſer des Tables Aſtronomiques, qui furent appellées les *Tables de Mamoun.*

Le Calife Vathik Billah, étant à l'article de la mort, dit : Tous les hommes ſont égaux & compagnons au moment de la mort. Sujets, Rois, perſonne n'en eſt exempt. Il ajouta, en s'adreſſant à Dieu : Vous, de qui le Royaume n'eſt point périſſable, faites miſéricorde à celui de qui le Royaume eſt périſſable.

REMARQUE. Le Calife Vathik Billah étoit petit-fils du Calife Haroun-erreſchid, & neveu de Mamoun. Son pere, auquel il avoit ſuccédé, s'appelloit Mutaſſem Billah. Il étoit vaillant & libéral ; & comme il étoit amateur de la Poéſie, les Poëtes étoient bien venus à ſa Cour, & il leur faiſoit du bien. Il ne régna que cinq ans & quelques mois, & mourut l'an de l'Hégire 231, de J. C. 845.

Le Calife Mutezid Billah avoit beſoin d'argent pour les préparatifs d'une campagne, & on lui dit qu'un Mage, qui demeuroit à Bagdad, avoit de groſſes ſommes en argent comptant. L'ayant fait appeller, il lui en demanda à emprunter, & le Mage lui répondit, que le tout étoit à ſon ſervice. Sur cette bonne foi, le Calife lui demanda s'il ſe fioit bien à lui, & s'il ne craignoit point que ſon argent ne lui fût pas rendu. Il répondit : Dieu vous a confié le commandement de ſes ſerviteurs & les pays qui reconnoiſſent votre puiſſance ; il eſt public auſſi qu'on peut ſe fier à votre parole, & vous gouvernez avec juſtice. Après cela puis-je craindre de vous confier mon bien ?

REMARQUE. Ce Calife mourut à Bagdad, l'an de l'Hégire 289, de J. C. l'an 901.

Gelal-edde-vlet Melec Schah, un des premiers Sultans de la famille des Selgiucides qui ont régné dans la Perſe, fit un jour ſa priere à Meſched, dans le Khoraſſan, au tombeau d'Ali Riza, dans le temps qu'un de ſes freres s'étoit rebellé contre lui. En ſortant de la priere, il demanda à ſon Grand-Viſir s'il devineroit bien ce qu'il avoit demandé à Dieu ? Le Grand-Viſir répondit : Vous lui avez demandé qu'il vous donne la victoire contre votre frere. Le Sultan repartit : Je n'ai pas fait cette demande ; mais voici ma priere : Seigneur, ſi mon frere eſt plus propre que moi pour le bien des Muſulmans, donnez-lui la victoire contre moi ; ſi je ſuis plus propre que lui, donnez-moi la victoire contre lui.

REMARQUE. Ces Sultans ou ces Rois Selgiucides prennent leur nom de Selgiouc, chef d'une puiſſante inondation de Turcs, qui paſſerent en-deçà de l'Oxus dans le Khoraſſan, ſous le regne de Mahmoud Sebecteghin, de qui il eſt fait mention ci-deſſus. Dogrulbeg, petit-fils de Selgiouc, commença leur Empire, qui fut partagé en pluſieurs branches, l'an 429 de l'Hégire, de J. C. l'an 1037. Quelques-uns de nos Auteurs, par une grande corruption, l'ont appellé *Tangrolipix,* & Mr. Beſpier, dans ſes Notes ſur l'Etat de l'Empire Ottoman de Mr. Ricaut, s'eſt donné beaucoup de peine pour en trouver la correction. Celle qu'il a donnée de Togrulbeg eſt la meilleure, & il auroit trouvé auſſi Dogrulbeg, s'il avoit ſu que les Turcs prononcent le Ti des Arabes comme un D ; mais il ne pouvoit pas le ſavoir, puiſqu'il n'avoit appris le peu de Turc qu'il ſavoit qu'en Normandie. Ce mot ne vient pas auſſi de *Tangri,* qui ſignifie *Dieu* en Turc, comme il le prétend ; mais de *Drogu,* qui ſignifie *droit,* & Dogrulbeg ſignifie le *Seigneur droit.* Gelal-edde-vlet Melek-Schah, qu'un autre Auteur appelle Gelal-eddin, fut le troiſieme Sultan après Dogrulbeg, & mourut l'an de l'Hégire 485, de J. C. 1092.

Le Calife Soliman, qui étoit bien fait de ſa perſonne, ſe regardoit un miroir en préſence d'une de ſes Dames, & diſoit : Je ſuis le Roi des jeunes gens. La Dame repartit : Vous ſeriez la marchandiſe du monde la plus belle & la plus recherchée, ſi vous deviez vivre toujours ; mais l'homme n'eſt pas éternel, & je ne fache pas d'autre défaut en vous que ce-lui d'être périffable.

REMARQUE. Le Calife Soliman étoit le feptieme de la race des Ommiades qui régnerent avant les Abaf-fides. Il mourut l'an 99 de l'Hégire, de J. C. l'an 717.

Au retour du fiege de Mouffoul, qui ne lui réuffit pas, Salahh-ddin, Roi d'Egypte & de Syrie, tomba dans une maladie très-dangereufe, dont peu s'en fal-lut qu'il ne mourût. Naffir-eddin Mehemmed, fon coufin, en ayant eu la nouvelle, écrivit auffi-tôt à Damas, de la ville d'Hims où il étoit, pour folliciter ceux qu'il croyoit lui être favorables, de fonger à le déclarer Sultan, au cas que Salahh-ddin vînt à mourir. Salahh-ddin ne mourut pas ; mais peu de temps après, Naffir-eddin Mehemmed tomba malade, & mourut lui-même. Salahh-ddin, qui avoit été informé de la démarche qu'il avoit faite, s'empara de fes ri-cheffes & de tous fes biens, & quelque temps après, il voulut voir un fils, âgé de dix ans, qu'il avoit laiffé en mourant ; on le lui amena ; & comme il favoit qu'on avoit foin de fon éducation, il lui demanda où il en étoit de la lecture de l'Alcoran. Il répondit avec efprit & avec une hardieffe qui furprit tous ceux qui étoient préfents, & dit : J'en fuis au verfet qui dit : Ceux qui mangent le bien des orphelins, font des tyrans.

REMARQUES. Salahh-ddin eft le fameux Saladin de nos Hiftoires des Croifades, qui reprit Hierufalem l'an 585 de l'Hégire, de J. C. l'an 1189, quatre ans après le fiege de Mouffoul, dont il eft ici parlé, la feule de toutes les entreprifes qu'il avoit faites jufques alors qui ne lui réuffit pas. Lorfqu'il fut arrivé devant la place, Sultan Atabek Azz-eddin Mafoud lui demanda la paix, en lui faifant propofer la ceffion de toute la Syrie. Mais Salahh-ddin, perfuadé par fon Confeil, s'obf-tina à vouloir faire le fiege qu'Azz-eddin foutint fi vi-goureufement, qu'il fut contraint de le lever avec honte, & de fe retirer, après avoir fait une paix qui lui fut bien moins avantageufe que celle qui lui avoit été offerte.
Hims eft le nom que les Arabes donnent à la ville d'Emeffe en Syrie.

Dans une bataille que Ginghizkhan gagna, les Of-ficiers de l'armée ennemie faifoient des actions fur-prenantes, & faifoient retarder le moment de la vic-toire. Ginghizkhan les vit, & dit en les admirant : Un Monarque qui a de fi braves gens à fon fervice, peut vivre en fûreté.

REMARQUES. Il n'y a prefque que le petit nom-bre de ceux qui ont quelque intelligence des Livres Orientaux à qui Ginghizkhan foit bien connu. Néan-moins le public peut efpérer d'avoir bientôt le même avantage, par l'Hiftoire que M. de la Croix, le pere, en a recueillie de différents Auteurs Arabes, Perfans & Turcs, qu'il doit faire imprimer. Cependant, ayant à rapporter en cet endroit quelques-unes de fes paroles remarquables, tirées de Mirkhond, un de fes Hiftoriens, afin de donner des marques de fa grandeur, je dirai en paffant, que, par fes conquêtes, il fut Empereur de la grande Tartarie, de la Chine, des Indes, de la Perfe, & de tous les pays qui font au Sud de la Mofcovie, au-deffus de la mer Cafpienne & de la mer Noire. Il régna vingt-cinq ans avec grand éclat, & mourut l'an de l'Hégire 624, de J. C. l'an 1226.
Il gagna la bataille dont il eft ici parlé, contre Taïank-Khan, Roi d'une bonne partie de la grande Tartarie, dans laquelle ce Roi fut bleffé fi dangereufement, que peu de jours après il mourut de fes bleffures. Cette vic-toire lui ouvrit le chemin à toutes les autres conquê-tes, qui l'éleverent au point de grandeur qui a été marqué.

Giougikhan prioit Ginghizkhan, fon pere, de don-ner la vie à un Prince de Mecrit, fort jeune & très-adroit à tirer de l'arc, de qui le pere & deux freres ve noient d'être tués dans un fanglant combat. Ginghizkhan

le refufa, & lui dit : Le peuple du Mecrit eft de tout le monde le peuple à qui il faut le moins fe fier. Le Prince pour qui vous parlez, n'eft préfentement qu'une fourmi ; mais cette fourmi peut devenir un ferpent. De plus, un Prince n'a jamais moins à craindre d'un en-nemi que lorfqu'il l'a mis au fond d'un tombeau.

REMARQUES. Giougikhan étoit l'aîné des fils de Ghinghizkhan, qui lui donna le commandement abfolu fur tous les pays qui s'étendent depuis la grande Tarta-rie au-deffus de la mer Cafpienne & la mer Noire, & une grande partie de la Mofcovie y étoit comprife. Il mourut quelque temps avant la mort de Ginghizkhan.
Le pays de Mecrit eft une Province du Mogol dans la grande Tartarie, dont le Roi & le peuple avoient caufé de grandes traverfes à Ginghizkhan dans fa jeu-neffe, & qui étoient entrés dans toutes les ligues qui s'é-toient formées contre lui. C'eft pourquoi il ne faut pas s'étonner qu'il n'ait pas voulu écouter les prieres de fon fils Giougi, mais facrifier plutôt ce jeune Prince à fon reffentiment.

Un jour, Ginghizkhan voyant fes fils & fes parents les plus proches, affemblés autour de lui, tira une fleche de fon carquois & la rompit. Il en tira deux autres qu'il rompit de même tout à la fois. Il fit la même chofe de trois & de quatre. Mais enfin, il en prit un fi grand nombre, qu'il lui fut impoffible de les rompre. Alors il leur tint ce difcours, & dit : Mes en-fants, la même chofe fera de vous que de ces fleches. Votre perte fera inévitable, fi vous tombez un à un, ou deux à deux, entre les mains de vos ennemis. Mais fi vous êtes bien unis enfemble, jamais perfonne ne pourra vous vaincre ni vous détruire. Pour leur per-fuader davantage qu'ils devoient vivre dans cette union, il leur difoit encore : Un jour qu'il faifoit grand froid, un ferpent à plufieurs têtes voulut entrer dans un trou, pour fe mettre à couvert, & s'empêcher d'être gelé. Mais à chaque trou qu'il rencontroit, les têtes s'em-barraffoient tellement l'une avec l'autre, qu'il lui fut impoffible d'entrer dans aucun, & qu'à la fin ayant été contraint de demeurer à l'air, le froid le faifit, & le fit mourir. Dans le même temps, un autre qui n'avoit qu'une tête & plufieurs queues, fe fourra d'abord avec toutes fes queues dans le premier trou qu'il rencontra, & fauva fa vie.

REMARQUE. Ginghizkhan réuffit dans le deffein qu'il avoit conçu d'établir une bonne union dans fa fa-mille, & après lui elle dura une longue fuite d'an-nées dans fa poftérité, qui conferva long-temps le grand & le puiffant Empire qu'il avoit formé fous le comman-dement abfolu d'un feul. Mais celui qui avoit ce com-mandement, ne gouvernoit point par droit de fuccef-fion ni d'aineffe, mais par l'élection qui s'en faifoit du confentement de tous dans une affemblée générale, pour jouir de la même autorité avec laquelle Ginghizkhan avoit régné. C'eft ce que l'on verra plus amplement dans l'Hiftoire de Ginghizkhan & de fes fucceffeurs, lorfqu'elle fera mife au jour.

Ginghizkhan avoit pris à fon fervice le Secretaire d'un Roi Mahométan qu'il avoit vaincu, pour l'em-ployer dans fes expéditions. Un jour il eut à écrire au Roi de Mouffoul, pour lui mander de donner paf-fage à un détachement de fes troupes qu'il avoit en-voyé de ce côté-là, & il fit venir ce Secretaire, à qui il dit, en termes fort précis, ce qu'il vouloit que la let-tre contînt. Le Secretaire, accoutumé au ftyle pom-peux & rempli de titres emphatiques que tous les Prin-ces Mahométans de ce temps-là fe donnoient, dreffa une lettre en Arabe, tiffue de belles penfées & de mots recherchés, & la préfenta à Ginghizkhan pour avoir fon approbation. Ginghizkhan fe la fit inter-préter en Mogol qui étoit fa langue ; mais il la trouva d'un ftyle oppofé à fon intention, & il dit au Secre-taire, que ce n'étoit pas ce qu'il lui avoit dit d'écrire.

Le Secretaire voulut se défendre, & dit que c'étoit la maniere ordinaire d'écrire aux Rois. Ginghizkhan, qui ne vouloit pas qu'on lui repliquât, repartit en colere : Tu as l'esprit rebelle, & tu as écrit en des termes qui rendroient Bedreddin, (c'étoit le nom du Roi de Moussoul,) plus orgueilleux en lisant ma lettre, & moins disposé à faire ce que je lui demande.

Remarques. Ginghizkhan ne se contenta pas de cette réprimande, il fit encore mourir le Secretaire, pour avoir eu la hardiesse de ne pas faire précisément ce qu'il lui avoit commandé.

Bedr-eddin, Roi de Moussoul, n'avoit été premiérement que Ministre de ce Royaume-là, sous Azz-eddin Masoud, de la race des Atabeks, auquel il succéda après sa mort. Il régna long-temps, & mourut l'an de l'Hégire 659, de J. C. 1260.

Le Lecteur ne sera pas fâché de trouver ici le contenu de la lettre que Ginghizkhan écrivoit au Roi de Moussoul, en son propre style. Le voici tel qu'il est rapporté par Mirkhond : *Le grand Dieu nous a donné l'Empire de la surface de la terre à moi & à ma nation. Tous ceux qui se soumettent sans se faire contraindre ont leur vie, leurs biens, leurs Etats & leurs enfans saufs. Dieu, qui est éternel, fait ce qui leur doit arriver. Si Bedr-eddin se soumet & donne passage à nos troupes, il lui arrivera bien. S'il fait le contraire, que deviendront ses Etats, ses richesses & la ville de Moussoul, lorsque nous y serons arrivés avec nos troupes rassemblées ?* Ginghizkhan & ses successeurs ne prenoient pas d'autres titres que celui de Khan.

Ginghizkhan s'étant rendu maître de la ville de Bokhara, fit assembler les habitants, & en les haranguant, il leur dit entr'autres choses : Peuple, il faut que vos péchés soient bien énormes, puisque c'est la colere de Dieu tout-puissant qui m'a envoyé contre vous, moi qui suis un des fléaux de son trône.

Remarque. Bokhara est une ville du Maverannahar ou de la Transoxiane, qui étoit très-grande, très-peuplée & très-opulente. Mais Ginghizkhan, après s'en être rendu maître, y fit mettre le feu ; & parce qu'elle n'étoit presque bâtie que de bois, elle fut toute consumée en un seul jour, & il n'y resta sur pied que la grande Mosquées & quelques maisons bâties de briques. Ogtaïkhan, fils & successeur de Ginghizkhan, la fit rebâtir. Elle étoit encore illustre du temps de Tamerlan & de ses successeurs, & elle subsiste encore aujourd'hui sous le regne des Uzbecs.

Après la destruction de la ville de Bokhara par Ginghizkhan, on demanda dans le Khorassan, à un des habitants qui s'y étoit réfugié, si le désordre que les Mogols y avoient commis, étoit aussi grand qu'on le publioit. Il répondit, & en exprima la désolation en sa langue, qui étoit Persane, en ce peu de mots : Ils sont venus, ils ont détruit, ils ont brûlé, ils ont tué, ils ont emporté.

Remarque. Après avoir parlé de l'incendie de Bokhara dans la Remarque précédente, pour dire un mot de l'effusion de sang que l'armée de Ginghizkhan y fit, le jour qu'elle arriva devant la place, vingt mille hommes en sortirent à l'entrée de la nuit pour la surprendre. Mais les Mogols les apperçurent, & ils en firent une si grande tuerie, qu'il n'en rentra dans la ville qu'un très-petit nombre. Le lendemain au lever du soleil, les habitants ayant observé de dessus leurs remparts que la campagne paroissoit comme un grand lac de sang, (c'est l'expression de Mirkhond,) ils capitulerent, & ouvrirent leurs portes.

Un Scheich, d'une grande réputation, & d'un profond savoir, demeuroit dans la ville de Kharezem, Capitale du Royaume du même nom, lorsque Ginghizkhan sortit de la grande Tartarie pour étendre ses conquêtes du côté du Couchant. Les Mahométans, qui étoient auprès de lui, ayant su qu'il avoit ré-

solu d'envoyer assiéger cette ville-là par trois Princes, ses fils, le supplierent d'avoir la bonté de faire avertir le Scheich de se retirer ailleurs. Ginghizkhan leur accorda cette grace, & on donna avis à ce Scheich, de sa part, qu'il feroit sagement de sortir de la ville, pour ne pas être enveloppé dans le malheur de ses concitoyens, s'il arrivoit que la ville fût forcée, comme elle le fut, parce qu'alors on feroit main-basse sur tous les habitants. Le Scheich refusa de sortir, & fit cette réponse : J'ai des parents, des alliés, des amis & des disciples, je serois criminel non-seulement devant Dieu, mais encore devant les hommes, si je les abandonnois.

Remarque. Ce Scheich, qui s'appelloit Negem-eddin Kebri, fut tué dans le sac de Kharezem ; mais auparavant, quoiqu'il fût dans une grande vieillesse, néanmoins il ne laissa pas que de tuer plusieurs Mogols de ceux qui le forcerent dans sa maison.

Sans parler des Kharezemiens, qui furent tués dans le dernier assaut, par lequel ils furent forcés, après un siege de prés de six mois, Mirkhond rapporte que les Mogols, quand ils furent maîtres de la ville, en firent sortir tous les habitants, suivant leur coutume lorsqu'ils prenoient une place, qu'ils firent esclaves, savoir, les Marchands & les Artisans, avec les femmes & les enfans qui étoient au-dessous de quatorze ans, & que le reste fut distribué aux soldats pour les égorger. Il ajoute que les soldats étoient au nombre de plus de cent mille, & que des Historiens assuroient que chaque soldat en avoit eu vingt-quatre en partage. Si cela étoit, plus de deux millions quatre cents mille ames auroient péri dans ce seul carnage. On pourroit douter qu'une ville eût pu contenir tant de monde ; mais il faut considérer que la ville étoit grande, puisque c'étoit une capitale, & que les habitants des villes voisines & les peuples d'alentour s'y étoient refugiés avant le siege.

Ginghizkhan étant à Bokhara, après ses grandes conquêtes en-deçà de l'Oxus, sur le point de retourner en son pays dans la grande Tartarie, où il mourut peu de temps après son arrivée, eut un entretien avec deux Docteurs Mahométans, touchant leur Religion, dont il fut curieux d'avoir la connoissance ; & à cette occasion, il dit plusieurs paroles très-remarquables & de bons sens, qui méritent d'avoir ici leur place.

Le Docteur Mahométan, qui portoit la parole, lui dit : Les Musulmans reconnoissent un seul Dieu, Créateur de toutes choses, & qui n'a pas son semblable. A cela Ginghizkhan dit : Je n'ai pas de répugnance à croire la même chose. Le Docteur poursuivit : Dieu, Tout-Puissant & très-Saint, a envoyé à ses serviteurs un Envoyé, afin de leur enseigner par son entremise ce qu'il falloit qu'ils observassent pour faire le bien, & pour éviter le mal. Ce discours ne déplut pas à Ginghizkhan plus que le premier, & il y répondit en ces termes : Moi, qui suis serviteur de Dieu, j'expédie tous les jours des Envoyés pour faire savoir à mes sujets ce que je veux qu'ils fassent ou qu'ils ne fassent pas, & je fais des Ordonnances pour la discipline de mes armées. Le Docteur reprit la parole, & dit : Cet Envoyé a fixé de certains temps pour faire la priere, &, en ces temps-là, il a commandé d'abandonner tout travail & toute occupation pour adorer Dieu. Voyant que Ginghizkhan agréoit cet article, il dit encore : Il a aussi prescrit de jeûner une lune entiere chaque année. Ginghizkhan repartit : Il est juste de manger avec mesure l'espace d'une lune pour reconnoître les faveurs du Seigneur, après en avoir employé onze à manger sans regle & sans ménagement. Le Mahométan continua, & dit : Le même Envoyé a aussi enjoint aux riches, par exemple, de vingt pieces de monnoie d'or, d'en donner la moitié d'une chaque année, pour le soulagement des pauvres. Ginghizkhan loua fort ce statut, & dit : Dieu éternel a créé toutes choses indifféremment pour tous les hommes ;

mes; c'eſt pourquoi il eſt raiſonnable que ceux qui en ſont partagés avantageuſement, en faſſent part à ceux qui n'en ont pas. Le Docteur ajouta, que les Mahométans avoient encore un commandement exprès d'aller en pélerinage au Temple de Dieu, qui étoit à la Mecque, pour l'y adorer. Ginghizkhan répondit à cet article: Tout l'univers eſt la maiſon de Dieu. On peut arriver à lui de tous les endroits du monde, & Dieu peut m'écouter de l'endroit où je ſuis préſentement, de même que du Temple que vous dites.

REMARQUES. Le Docteur, qui avoit parlé dans cet entretien, prétendoit conclure, que Ginghizkhan, ſur les réponſes qu'il avoit faites, étoit Mahométan. Mais ſon collegue ſoutint le contraire, parce que Ginghizkhan n'avoit pas reconnu la néceſſité de faire le pélerinage de la Mecque. Il avoit raiſon: car, comme Mirkhond l'a remarqué, il eſt conſtant que Ginghizkhan n'a été attaché à aucune Religion particuliere des peuples qu'il avoit ſubjugués; qu'il laiſſoit à chacun la liberté de profeſſer celle qu'il vouloit, & qu'il ne contraignoit perſonne d'embraſſer celle dont il faiſoit profeſſion. Au contraire, il avoit de la conſidération pour tous ceux qui avoient de la vertu, du ſavoir & du mérite, ſans avoir égard à leur Religion, comme il paroît par ſon Hiſtoire, &, comme le remarque encore Mirkhond, c'eſt une des grandes qualités qui le rendirent recommandable. A conſidérer ſa Religion en particulier de l'entretien qu'il eut avec ces Docteurs, des autres circonſtances de ſon Hiſtoire & de l'Hiſtoire de ſes ſucceſſeurs, il ſemble qu'on pourroit dire qu'elle n'avoit pas beaucoup dégénéré de celle que Japhet ou ſa poſtérité avoit portée dans la Tartarie.

Soit que ce fût une opinion reçue par les Arabes du temps de Mahomet, qu'Abraham & Iſmaël avoient bâti un Temple de Dieu à la Mecque, ou que Mahomet ait inventé le fait, c'eſt ce qui lui a donné lieu de faire un article de ſa Religion, par lequel il enjoint à tous ſes Sectateurs d'y aller en pélerinage au moins une fois en leur vie. Ils l'obſervent encore aujourd'hui, & il y en a peu de ceux qui en ont les moyens qui ne le faſſent; ou s'ils ne le font, qui ne croyent qu'ils y ſont obligés, & qui n'ayent deſſein de le faire.

On rapporta à Ogtaïkhan, fils de Ginghizkhan, & ſon ſucceſſeur aux grands & puiſſants Etats qu'il avoit laiſſés, comme une nouvelle, qu'on croyoit devoir lui faire plaiſir, qu'on avoit trouvé dans un livre que le tréſor d'Afraſiab, ancien Roi du Turqueſtan, étoit dans un certain endroit qui n'étoit pas éloigné de ſa capitale. Mais il ne voulut pas en entendre parler, & il dit: Nous n'avons pas beſoin du tréſor des autres, puiſque nous diſtribuons ce que nous avons aux ſerviteurs de Dieu & à nos ſujets.

REMARQUES. Ogtaï étoit le troiſieme fils de Ginghizkhan, qui le déclara ſon ſucceſſeur, par ſon teſtament, préférablement à Giagataï, ſon ſecond fils, qui ſe ſoumit à la volonté de ſon pere, & qui reconnut lui même Ogtaï en cette qualité dans l'aſſemblée générale de tous les Etats, lorſqu'il fut confirmé deux ans après la mort de Ginghizkhan. Cette Diete ou cette aſſemblée n'avoit pu ſe tenir plutôt, parce qu'il ne falloit pas moins de temps à tous ceux qui devoient la compoſer, pour s'y rendre des extrémités de l'Empire de Ginghizkhan. Ogtaïkhan mourut l'an de l'Hégire 639, de J. C. l'an 1241. C'étoit un Prince clément & pacifiqué, & ſur toutes choſes très-libéral, comme on peut le remarquer par les articles qui ſuivent.

Ogtaï fut particuliérement appellé Kaan au lieu de Khan; mais ce fut par corruption & ſuivant la maniere plus groſſiere des Mogols, de prononcer ce mot, au rapport de Mirkhond.

Un Marchand préſenta à Ogtaïkhan un bonnet à la mode du Khoraſſan, & alors Ogtaïkan étoit un peu échauffé de vin. Le bonnet lui plut, & il fit expédier au Marchand un billet pour recevoir deux cents baliſches. Le billet fut dreſſé & livré; mais les Officiers

qui devoient compter la ſomme, ne la payerent pas, croyant qu'elle étoit exceſſive pour un bonnet, & que le Khan, dans l'état où il étoit, n'y avoit pas fait réflexion. Le Marchand parut le lendemain, & les Officiers préſenterent le billet au Khan, qui ſe ſouvint fort bien de l'avoir fait expédier; mais au-lieu d'un billet de deux cents baliſches, il en fit expédier un autre de trois cents. Les Officiers en différerent le payement de même qu'ils avoient différé le payement du premier. Le Marchand en fit ſes plaintes, & le Khan lui en fit faire un troiſieme de ſix cents baliſches, que les Officiers furent contraints de payer. Ogtaï, le Prince du monde le plus modéré, ne s'emporta pas contre eux ſur le retardement qu'ils avoient apporté à l'exécution de ſa volonté; mais il leur demanda, s'il y avoit au monde quelque choſe qui fût éternel? Les Officiers répondirent, qu'il n'y en avoit aucune. Il reprit: Ce que vous dites n'eſt pas véritable; car la bonne renommée & le ſouvenir des bonnes actions doivent durer éternellement. Cependant, par vos longueurs à diſtribuer les largeſſes que je fais, parce que vous vous imaginez que c'eſt le vin qui me les fait faire, vous faites voir que vous êtes mes ennemis, puiſque vous ne voulez pas qu'on parle de moi dans le monde.

REMARQUE. Une baliſche, chez les Mogols, valoit environ cinq cents livres de notre monnoie. Ainſi, de la ſomme qu'Ogtaïkhan fit donner au Marchand pour le bonnet qu'il lui avoit préſenté, on peut juger de ſa libéralité. En voici un autre exemple qui n'eſt pas moins ſurprenant.

Un Perſan de la ville de Schiraz ſe préſenta devant Ogtaïkhan, & lui dit, que, ſur le bruit de ſes largeſſes, il venoit du milieu de la Perſe, implorer ſon ſecours pour s'acquitter d'une dette de cinq cents baliſches. Ogtaï le reçut fort bien, & ordonna qu'on lui comptât mille baliſches. Ses Miniſtres lui repréſenterent que ce n'étoit pas une largeſſe, mais une prodigalité, de donner plus qu'on ne demandoit. Ogtaï repartit: Le pauvre homme a paſſé les montagnes & les déſerts ſur le bruit de notre libéralité, & ce qu'il demande ne ſuffit pas pour s'acquitter de ce qu'il doit, ni pour la dépenſe du voyage qu'il a fait, & de celui qu'il a encore à faire pour retourner chez lui.

REMARQUE. Schiraz eſt la Capitale de la partie de tout le Royaume de Perſe qui porte proprement le nom de Perſe. De-là le Perſan, de qui il eſt ici parlé, étoit allé preſque à l'extrémité de la grande Tartarie vers la Chine à la Cour d'Ogtaïkhan, & Ogtaïkhan eut égard à la confiance en ſa libéralité avec laquelle il avoit entrepris un ſi grand voyage.

En paſſant par le marché de Caracoroum, ſa Capitale, Ogtaïkhan vit des jujubes, & commanda à un Officier de lui en acheter. L'Officier obéit, & retourna avec une charge de jujubes. Ogtaï lui dit: A la quantité qu'en voilà, apparemment qu'elles coûtent plus d'une baliſche? L'Officier crut faire ſa cour, & dit qu'elles ne coûtoient que le quart d'une baliſche, & que c'étoit même plus que le double de ce qu'elles valoient. Ogtaï lui dit en colere: Jamais acheteur de ma qualité n'a paſſé devant la boutique de ce Marchand, & lui commanda en même-temps de lui porter dix baliſches.

REMARQUE. Caracoroum, dans la grande Tartarie, étoit le lieu de la naiſſance de Ginghizkhan, & le patrimoine qui lui étoit échu après ſes ancêtres, dont il avoit fait la Capitale de ſon Empire. Sous le regne de ſes ſucceſſeurs, elle devint une très grande ville par l'affluence des peuples qui y abordoient de tous les endroits du monde.

Un Marchand avoit perdu une bourſe remplie

d'une somme confidérable & d'un bon nombre de pierreries, & pour la trouver plus facilement, il fit publier qu'il en donneroit la moitié à celui qui la lui rapporteroit. Un Mahométan, qui l'avoit trouvée, la lui porta ; mais il ne voulut rien donner, difant, que le tout n'y étoit pas. L'affaire alla jufqu'à Ogtaïkhan qui voulut en prendre connoiffance. Le Mahométan jura que la bourfe étoit en fon entier, & qu'il n'en avoit rien pris, & le Marchand foutint, par ferment, qu'il y avoit plus d'argent & plus de pierreries. Ogtaïkhan prononça, & dit au Mahométan : Emportez la bourfe, & gardez-la jufqu'à ce que celui à qui elle appartient, vienne vous la demander. Pour le Marchand, qu'il aille chercher ailleurs ce qu'il a perdu ; car de fon propre aveu la bourfe n'eft pas à lui.

Timour, maître de la Natolie, après la défaite de Sultan Bajazet Ildirim, voulut voir le Scheich Koutbeddin de Nicée, fur la réputation de fa doctrine & de la vie retirée dont il faifoit profeffion. Le Scheich prit la liberté de lui dire : C'eft une indignité à un Conquérant de maffacrer les ferviteurs de Dieu, & de faccager les Provinces, comme vous le faites. Ceux qui afpirent à la gloire doivent s'abftenir de verfer le fang innocent. La Religion Mufulmane, dont vous faites profeffion, demande que vous protégiez les pays où elle eft fleuriffante. Timour répondit : Scheich, chaque campement que je fais, l'entrée de mon pavillon eft ouverte le foir du côté du Levant, & le lendemain matin je la trouve ouverte du côté du Couchant. De plus, quand je fuis monté à cheval, une cinquantaine de Cavaliers vifibles à moi feul marchent devant moi, & me fervent de guides. Le Scheich reprit : Je croyois que vous étiez un Prince fage ; mais ce que vous me dites me fait connoître que je me fuis trompé. Timour repartit : Comment ? Le Scheich repliqua : C'eft que vous faites gloire de tout renverfer comme le Démon.

REMARQUES. Timour eft le véritable nom de Tamerlan, & le mot de *Tamerlan* eft une corruption de *Timourlenk*, pour dire *Timour le boîteux*, nom qui lui fut donné apparemment de fon temps par ceux qui avoient des raifons pour ne pas l'aimer. Mais il ne devroit pas être en ufage parmi nous, qui n'en avons reçu aucun fujet de chagrin.
En venant de la Perfe dans la Natolie, Timour entroit dans fon pavillon par l'entrée qui regardoit le Levant, & en fortoit par le côté du Couchant, parce qu'il venoit en avançant vers le Couchant. Il n'avoit pas une meilleure réponfe à faire au Scheich, c'eft pourquoi il lui fit celle-ci par raillerie.

Timour étoit un jour au bain avec plufieurs de fes Emirs, parmi lefquels fe trouvoit auffi Ahmedi, Poëte Turc, qu'il avoit attiré auprès de lui comme un homme de Lettres & comme bel efprit. Il demanda à Ahmedi : Si mes Emirs, que voilà, étoient à vendre, à quel prix les mettriez-vous ? Ahmedi les mit chacun à tel prix qu'il lui plut ; & quand il eut achevé, Timour lui demanda : Et moi, que puis-je valoir ? Il répondit : Je vous mets à quatre-vingts afpres. Timour reprit : Votre eftimation n'eft pas jufte. Le linge feul dont je fuis ceint en vaut autant. Ahmedi repartit : Je parle auffi de ce linge ; car pour votre perfonne, vous ne valez pas une maille.

REMARQUES. Il étoit aifé que la converfation tombât fur ce fujet parmi des perfonnes chez qui les hommes fe vendoient & s'achetoient tous les jours, comme il fe pratique encore aujourd'hui dans tout le Levant, & particuliérement dans un bain où il étoit facile de juger de l'embonpoint & des défauts du corps d'un chacun.
Suivant ce qui a été remarqué ci-devant, quatre-vingts afpres font quarante fols de notre monnoie.
Timour ne fe fâcha pas de la hardieffe du Poëte ; au contraire, il entendit raillerie, & il ne fe contenta pas de rire de fa plaifanterie. Il lui fit encore préfent

de tout l'attirail de bien dont il fe fervoit en cette occafion, lequel confiftoit en des baffins & en de grandes taffes d'or & d'argent, & des vafes de même matiere propres à verfer de l'eau.
Les Mahométans, hommes & femmes, par bienféance, fe ceignent dans le bain au-deffous des efpaules d'un linge qui eft ordinairement de toile bleue, dont ils font enveloppés prefque jufques aux pieds par-devant & par-derriere, de maniere que rien ne bleffe la modeftie. Ils appellent ce linge *Fota*, duquel mot Cogia Efendi s'eft fervi en rapportant cette plaifanterie. On fe baigne dans l'eau froide avec la même réferve ; mais plutôt avec le caleçon qu'avec le Fota. Si la même chofe fe pratiquoit en France, on ne reprocheroit pas aux Dames la promenade en été le long de la riviere hors de la porte de Saint-Bernard.
Ahmedi étoit de la Cour de Sultan Bajazet Ildirim. Après que Timour fe fut retiré de la Natolie, il fe donna à Emir Soliman, fils du même Bajazet, & lui dédia l'Hiftoire d'Alexandre le Grand en Vers, qu'il avoit compofée fous le titre d'*Iskendernameh*.

Un jour Timour expédia un Courier pour une affaire de conféquence, & afin qu'il fît plus de diligence, il lui donna le pouvoir, quand il en auroit befoin, de prendre tous les chevaux qu'il rencontreroit en chemin, fans regarder à qui ils appartiendroient de tel rang que ce pût être. En paffant par une prairie, le Courier vit de très-beaux chevaux, & voulut en prendre un à la place de celui fur lequel il couroit. Mais les palefreniers s'oppoferent à l'exécution de fon deffein, & lui cafferent la tête quand ils virent qu'il vouloit ufer de violence. Contraint de fe retirer en cet état, il montra fa tête enfanglantée à Timour, & fe plaignit du mauvais traitement qu'on lui avoit fait. Timour, en colere, commanda qu'on s'informât qui étoit le maître des chevaux, & qu'on le fît mourir lui & les palefreniers. Ceux qui eurent cette commiffion ayant appris qu'ils appartenoient au Mouphti Saad-eddin, ne voulurent pas exécuter l'ordre qu'ils avoient, à caufe de fa dignité de la perfonne, qu'ils n'en euffent donné avis à Timour, & qu'il ne leur eût donné un autre ordre. La colere de Timour s'appaifa quand il fut que les chevaux appartenoient au Mouphti. Il fit venir le Courier, & lui dit : Si une femblable chofe étoit arrivée à mon fils Schahroch, rien ne m'auroit empêché de le faire mourir. Mais comment puis-je m'attaquer à un homme qui n'a pas fon pareil au monde, à un homme de qui la plume ne commande pas feulement dans les pays de ma domination, mais encore au-dehors & dans les climats où mon fabre ne peut arriver ?

REMARQUE. Ce Mouphti étoit d'un lieu aux environs d'Herat, qui s'appelloit Taftazan. A caufe de fon habileté, on le confultoit de tous les endroits où l'on faifoit profeffion de la Religion Mahométane ; c'eft pourquoi Timour eut pour lui le refpect qu'il s'étoit acquis par fa grande autorité.

Mirza Omer, petit-fils de Timour, chaffé des Etats que fon grand-pere lui avoit donnés conjointement avec Mirza Miranfchah, fon pere, & Mirza Ababekir, fon frere aîné, fe refugia au Khoraffan auprès de Schahroch, fon oncle. Schahroch, non content de l'avoir bien reçu, le fit encore Souverain du Mazanderan, qu'il conquit peu de temps après fon arrivée. Mais Mirza Omer ne fut pas plutôt établi dans ce Royaume, qu'il fe révolta, & qu'il déclara la guerre à Schahroch, fon oncle & fon bienfaiéteur. Lorfque Schahroch reçut la nouvelle de fa rébellion, un de fes Officiers, en qui il avoit beaucoup de confiance, & qui avoit été d'avis de ne pas faire à ce Prince le bon traitement qu'il lui avoit fait, le fit fouvenir de ce qu'il avoit eu l'honneur de lui dire fur ce fujet, qu'il n'y avoit pas d'apparence qu'il dût vivre en meilleure intelligence avec un oncle qu'il n'avoit vécu avec fon pere & avec son frere, & remarquer en même-temps, que l'événement faisoit voir qu'il ne s'étoit pas trompé. Schahroch lui dit : Nous ne lui avons pas fait de mal, & le Royaume que nous lui avons donné n'étoit pas à nous. Sachez que les Royaumes sont à Dieu ; il les donne, & il les ôte à qui bon lui semble.

REMARQUE. Mirza Omer ne profita pas long-temps de son ingratitude ; car Schahroch le vainquit dans une bataille presque sans coup férir. Comme il avoit pris la fuite au travers des Etats de Schahroch, il y fut arrêté & amené au vainqueur avec une grande blessure qu'il avoit reçue, en se défendant contre ceux qui l'avoient arrêté. Schahroch eut encore la bonté de lui donner un Médecin & un Chirurgien, & de l'envoyer à sa Capitale pour y être traité. Mais il mourut en chemin.

Schahroch donnoit les Royaumes qui dépendoient de lui, à ses fils, à ses parents ou à ses Emirs ; mais ordinairement, à la charge d'un tribut, & de frapper la monnoie à son coin. Alors il donnoit à chacun les avis dont il croyoit qu'ils avoient besoin pour bien gouverner, & la plupart de ces avis ont été recueillis par Abdurrizzac Efendi, son Historien. Il dit à son fils Mirza Ulug Beg, en le faisant Roi du Maverannahar, ou de la Transoxiane & du Turquestan : Le Tout-Puissant nous a fait le présent relevé dont nous jouissons, & nous a gratifié de l'autorité absolue que nous avons en main, sans avoir égard à nos foiblesses, ni à nos défauts. Le Souverain, pénétré de quel prix est un Empire, doit premièrement lui rendre graces de ses bienfaits. Ensuite il faut qu'il ait de la tendresse & de la compassion pour tous ceux qui sont dans la nécessité, & qu'il se souvienne que Dieu a dit au Prophete David, qu'il l'avoit établi son Lieutenant sur la terre, afin qu'il rendît la justice aux hommes. Ayez de la vénération & du respect pour les Savants, & ne vous écartez pas des préceptes de la loi, ni des décisions de ceux qui l'ont expliquée. Maintenez toujours ceux qui en sont les Interpretes dans leurs honneurs & dans leurs dignités. Appliquez-vous fortement à faire en sorte que les Juges fassent leur devoir suivant les loix. Prenez sous votre particuliere protection les peuples de la campagne, afin qu'on ne leur fasse aucune vexation ; mais au contraire, afin qu'on leur fasse toute sorte de justice. Car ce sont eux qui contribuent au maintien & à l'augmentation des finances de l'Etat. Gouvernez vos soldats avec un visage ouvert & de douces paroles, parce qu'ils sont la force & le soutien d'un Royaume. Prenez aussi le soin que la paye leur soit faite dans le temps, & augmentez le salaire de ceux qui font des actions de distinction, & qui exposent leur vie pour la conservation publique. Mais châtiez ceux qui manquent à leur devoir. Enfin, en quelque rencontre que ce soit, ne vous écartez pas de la droiture, & commettez la garde de vos confins à des Gouverneurs d'une expérience consommée, & qui ayent soin de bien entretenir les places fortes.

REMARQUES. Ulug Beg, aîné des fils de Schahroch, régna long-temps dans le Royaume de Maverannahar, & du Turquestan pendant le regne de son pere. Après sa mort, il eut quelques guerres à soutenir, pour la succession des Etats qu'il lui avoit laissés en mourant, dont il ne fut pas long-temps en possession par les factions qui se formerent contre lui ; mais particulièrement par la révolte de son propre fils Mirza Abdulletif. Car ce fils dénaturé lui fit la guerre, le vainquit, & commit en sa personne, en le faisant mourir, un parricide d'autant plus détestable, qu'il s'étoit acquis non-seulement par sa valeur, mais encore par sa bonté, par sa sagesse, & sur-tout par sa doctrine, & par l'amour qu'il avoit pour les Lettres & pour les Savants, une réputation qui l'avoit distingué par-dessus tous les autres Princes de son temps. En effet, parmi les Mahométans & parmi les Chrétiens, on parlera toujours de l'Observatoire qu'il

fit bâtir à Samarcande, des Mathématiciens & des Astronomes qu'il y avoit attirés, & qu'il y entretenoit, & des Observations dont les Tables Astronomiques, qu'ils mirent au jour sous son nom, furent le fruit.

Comme l'Alcoran est le fondement de la Religion & des loix civiles des Mahométans, les interpretes de ce Livre se sont acquis une grande autorité parmi eux. C'est pourquoi Schahroch, qui ne l'ignoroit pas, & qui étoit lui-même le religieux observateur de ce qu'il contient, recommande à son fils d'avoir de la vénération pour eux, & de les maintenir dans leurs honneurs & dans leurs dignités, comme un des principaux moyens pour se faire aimer des peuples. Car les peuples ont de la peine à souffrir patiemment qu'on méprise & qu'on maltraite les chefs & les administrateurs de leur Religion.

Le même Schahroch dit à Mirza Mehemmed Gehanghir, un de ses petits-neveux, en lui donnant un Etat considérable sous les conditions marquées ci-devant : Afin que vous vous comportiez comme vous le devez, considérez que Dieu ne prive jamais ceux qui font le bien, de la récompense qu'ils méritent. Soyez clément & bon envers ceux qui dépendent de vous, parce que ce sont des créatures de Dieu. Commandez à vos Officiers de ne les pas maltraiter, de soulager les pauvres, & d'observer les Loix & les Ordonnances. Pour ce qui vous regarde en particulier, ne faites rien qu'avec prudence & avec sagesse, & ayez toujours devant les yeux les bons avis que je vous donne.

Il dit aussi à Mirza Kidou, autre de ses petits-neveux, en lui donnant le Royaume de Candahar & ses dépendances : Exercez la justice, ne faites pas de vexations, ni d'injustices, ni de tyrannies, parce que c'est un chemin par où vous vous perdriez. N'oubliez pas que les Royaumes, gouvernés par des Princes justes & équitables, quoiqu'infideles, ne laissent pas que d'être de longue durée ; mais que le regne des Tyrans ne subsiste pas long-temps. Comportez-vous en toutes choses avec modération & avec sagesse. Ayez soin de votre réputation, & attirez-vous la bénédiction de vos sujets, par vos libéralités & par vos bienfaits. C'est par-là que vous régnerez long-temps.

REMARQUES. Mirza Kidou étoit fils de Mirza Pir Mehemmed, fils de Mirza Gehanghir, l'aîné des fils de Timour, & Mirza Gehanghir étoit mort dans le temps que son pere vivoit encore. Après sa mort, Timour avoit donné le Royaume de Candahar à Mirza Pir Mehemmed, qui avoit fait sa capitale de la ville de Balkh. Mais son regne ne fut pas de longue durée après la mort de Timour ; car il fut assassiné par Pir Ali Taz, sur lequel il s'étoit remis du gouvernement de ses Etats. Schahroch châtia ce rebelle, & donna premiérement Balkh & ses dépendances à Mirza Kidou, & quelque temps après, le Royaume de Candahar. Mais ce Prince ne profita pas des avis de Schahroch comme il le devoit. Il se rebella quelques années après ; mais il fut pris & arrêté, & Schahroch se contenta de le renfermer dans une prison.

Les Mahométans, quoique faussement, sont persuadés qu'ils sont dans la bonne Religion, & savent que les Rois justes des autres Religions, comme des Payens & des Chrétiens, ont régné & regnent long-temps. C'est pour cela qu'ils ont fait la maxime, dont Schahroch se sert ici, pour persuader à Mirza Kidou, qu'étant dans la bonne Religion, comme il le croyoit, son regne, à plus forte raison, seroit d'une longue durée par une bonne administration de la justice.

Il dit de même à Mirza Baïkra, autre de ses parents, en lui donnant les Etats d'Hamadan & du Loristan : Exercez la justice envers les peuples que je vous confie ; gouvernez-les paisiblement & doucement, & prenez garde que personne n'entreprenne de les maltraiter. Ayez les mêmes égards pour les pauvres, & pour les foibles que pour les riches &

pour les Grands. Protégez les Marchands & les Négocians. Ce font les oifeaux des Etats. Ils y portent l'abondance par le trafic qu'ils y font.

REMARQUES. Mirza Baïkra n'eut pas plus d'exactitude que Mirza Kidou à profiter des leçons de Schahroch. Il fut rebelle comme lui. Mais Schahróch eut pour lui la même indulgence qu'il avoit eue pour Mirza Kidou.

En appellant les Marchands les oifeaux des Etats, Schahroch entend parler de ceux qui tranfportent des marchandifes de Royaumes en Royaumes, comme il fe pratique encore aujourd'hui par tout le Levant.

Il dit encore à Mirza Ibrahim, Sultan, fon fils, en l'établiffant Roi de Perfe dans la ville de Schiraz : La fplendeur la plus brillante d'un Royaume, confifte à avoir des troupes nombreufes, & un grand attirail de train, de fuite & d'équipage ; mais fa force principale eft d'avoir un bon Confeil, de tenir les frontieres fortifiées, & les paffages bien gardés ; de ne pas fouler les fujets, & de maintenir la Religion. Graces à Dieu, mon fils, je fais que vous n'avez pas befoin de confeils. Néanmoins, la tendreffe paternelle m'oblige de vous dire, que vous devez faire en forte que vos fujets vous béniffent fous l'ombre de votre clémence & de votre bonté, & qu'ils goûtent parfaitement les plaifirs d'une vie fûre & tranquille, & d'un bon gouvernement. Pour cela, ayez foin que vos Officiers n'exigent rien d'eux qu'avec juftice, & qu'ils n'excedent pas les réglemens établis dans l'exaction des revenus du Royaume. Par cette conduite, on nous eftimera vous & moi, on nous louera, on nous bénira, on nous fouhaitera toutes fortes de bonheurs, & ces puiffants motifs feront que jamais nous ne cefferons de faire notre devoir. J'efpere que vous pratiquerez toutes ces chofes ; car je fuis perfuadé que vous afpirez à la gloire des Monarques les plus puiffants de la terre.

REMARQUE. Mirza Ibrahim Sultan fit un bon ufage de la bonne éducation que Schahroch lui avoit donnée, & de ces bons avis qu'il y ajouta en le faifant Roi de Perfe l'an 817 de l'Hégire, & de J. C. l'an 1414. Il tint fon fiege dans la Ville de Schiraz, où il mourut l'an 838 de l'Hégire, de J. C. l'an 1434, que Schahroch fon pere vivoit encore. Il aimoit la vertu & ceux qui en faifoient profeffion ; mais particulierement les Savans auxquels il faifoit de grandes largeffes. Sur-tout il en combla Scheref-eddin Ali de la ville d'Jezd, qui a écrit la vie de Timour ou de Tamerlan en Perfan, que M. de la Croix, le fils, a mife en François, dans l'intention de faire voir au public l'Hiftoire la plus accomplie de ce Conquérant, toutes celles qui ont été publiées jufques à préfent, étant très défectueufes en plufieurs manieres.

Avant que de donner le Royaume de Perfe à Mirza Ibrahim, Sultan Schahroch en avoit difpofé en faveur de Mirza Iskender, un de fes neveux. Mais Mirza Iskender ne garda pas long-temps la fidélité qu'il devoit. Schahroch ne voulut pas ajouter foi à la premiere nouvelle qui vint de fa révolte ; & fur ce que fes Miniftres lui repréfenterent que jamais fon Empire ne feroit tranquille pendant que ce Prince vivroit, il leur dit : Vous avez raifon, & vous parlez en fages Politiques. Mais fi, par ignorance ou par un emportement de jeuneffe, mon fils, Mirza Iskender, s'eft porté à cette folle entreprife, peut-être qu'un bon confeil l'obligera de revenir à lui, & de reconnoître fa faute. S'il ne le fait pas, ce fera à nous de faire en forte qu'il ne trouble pas le repos de nos peuples.

REMARQUES. Mirza Iskender étoit fils de Mirza Omer Scheich, un des fils de Timour, & Schahroch lui avoit donné le Royaume de Perfe après la mort de Mirza Pir Mehemmed, autre fils de Mirza Omer Scheich.

Sur la nouvelle certaine de fa révolte, Schahroch tâcha de le ramener par une lettre remplie de bonté qu'il lui écrivit. Mais fur ce qu'il apprit qu'il perfiftoit, il marcha contre lui, & alla le forcer dans la ville d'Ifpahan qu'il avoit enlevée à Mirza Ruftem. Mirza Iskender prit la fuite ; mais des Cavaliers qui le pourfuivirent, l'arrêterent & l'amenerent à Schahroch, qui le remit entre les mains de Mirza Ruftem, fon frere, en lui recommandant d'en prendre foin, & de le confoler. Mais Mirza Ruftem lui fit crever les yeux, afin de lui ôter par-là l'envie de remuer & d'entreprendre de régner une autre fois.

De ces paroles remarquables de Schahroch & des autres particularités de fa vie, que nous avons rapportées pour fuivre le deffein de cet Ouvrage, on peut juger que fon Hiftoire mérite d'être mife au jour. Elle eft d'autant plus confidérable, qu'elle renferme un regne de 42 ans, rempli d'événements très-finguliers. Car Schahroch commença à régner l'an 1404, & mourut en 1446 de J. C. De plus, Abdurrizzak Efendi, qui en eft l'Auteur, a été fon Imam & Juge de fon armée, lorfqu'il étoit en campagne, & fon pere avoit exercé les mêmes emplois avant lui. Avec cela, Schahroch l'employa en plufieurs ambaffades, de forte qu'elle eft écrite fur de bons Mémoires. La traduction en François de cette Hiftoire, & de l'Hiftoire des fils de Schahroch & de fes fucceffeurs, prefque jufques au commencement des Sofis de Perfe, qui regnent aujourd'hui, écrite en Perfan par le même Auteur, eft en état de pouvoir être imprimée.

Sous le regne d'Ulug Beg, Roi du Maverannahar & du Turqueftan, Kadizadeh Roumi, favant dans les Mathématiques, étoit Profeffeur à Samarcande dans un college avec trois autres Profeffeurs, où il enfeignoit avec tant de réputation, que ces Profeffeurs entendoient fes leçons avec leurs écoliers, après quoi ils faifoient leur leçon chacun dans leur Claffe. Ulug Beg dépofa un de ces Profeffeurs, & en mit un autre à fa place. Cette dépofition fut caufe que Kadizadeh Roumi demeura chez lui, & ne fit plus de leçons. Ulug Beg, qui en eut avis, crut qu'il étoit malade ; & comme il avoit beaucoup de vénération pour lui à caufe de fa doctrine, il alla le voir, & trouva qu'il étoit en bonne fanté. Il lui demanda quel fujet pouvoit l'avoir obligé de difcontinuer fes leçons. Kadi-zadeh répondit : Un Scheich m'avoit donné avis de ne pas m'engager dans aucune charge de la Cour, parce qu'on étoit fujet à en être dépofé, & je m'étois engagé dans la charge de Profeffeur, croyant qu'il n'en étoit pas de même. J'ai appris le contraire par l'exemple de mon collegue. C'eft pour cela que je me fuis retiré pour ne pas être expofé au même affront.

REMARQUES. Ulug Beg prit cette réponfe en très-bonne part, & il ne fe contenta pas feulement de rétablir le Profeffeur qu'il avoit dépofé ; mais encore il fit ferment que jamais il ne lui arriveroit d'en dépofer aucun.

Kadi-zadeh Roumi s'appelloit autrement Mouça Pacha, & avoit eu pour pere un Cadi de Brouffe, fous le regne de Sultan Murad I, fils de Sultan Orkhan. C'eft pour cela qu'on lui avoit donné le nom de Kadizadeh Roumi, c'eft-à-dire, *fils de Cadi du pays de Roum*, dans le Kboraffan, où il étoit allé fur la réputation des favants Mahométans de ce Royaume-là qui fleuriffoient alors. Il favoit les Mathématiques, & il fut un de ceux qui travaillerent aux Tables Aftronomiques d'Ulug Beg ; mais il mourut avant qu'elles fuffent achevées & mifes au jour. Ces particularités font rapportées par Cogia Efendi dans fon Hiftoire Ottomane, à la fin du regne de Sultan Murad I, où il fait mention des Savants qui furent célebres en ce temps-là.

Un Mahométan voyoit un Livre Arabe, qui contenoit un texte en lettres rouges avec des notes fort courtes, en lettres noires, de maniere qu'il y avoit plus de rouge que de noir. Il dit : Il femble que ce font des mouches fur de la chair de bœuf.

Schems-eddin

Schems-eddin Mehemmed Fanari, Cadi de Brousse sous le regne de Sultan Bajazet Ildirim, étoit riche de cent cinquante mille sequins, & avoit grand train & grand équipage. Cependant il affectoit la pauvreté par un habit fort simple & par un petit turban, quoique les Cadis de son rang le portassent fort ample. Comme il achetoit cet habillement de l'argent qui lui venoit de la soie qu'il recueilloit des vers à soie qu'il nourrissoit lui-même, pour excuser les richesses qu'il avoit d'ailleurs & la splendeur de sa maison, il disoit : Je ne puis pas en gagner davantage par le travail de mes mains.

REMARQUES. Cent cinquante mille sequins sont environ la somme de .... livres.

Ce Cadi, qui étoit très-savant, a composé plusieurs Livres dont les Turc font grand estime. Il portoit le nom de *Fanari*, parce qu'il étoit d'un village qui s'appelloit Fanar.

Le Poëte Scheichi étoit pauvre, & vendoit un remede pour le mal des yeux, afin de gagner de quoi pouvoir vivre. Mais il avoit lui-même mal aux yeux, & il ne s'étoit pas avisé de se servir du remede qu'il vendoit aux autres. Un jour une personne qui avoit besoin de son remede, lui en acheta pour un aspre, & en le payant, au-lieu d'un aspre, lui en donna deux. Scheichi voulut lui en rendre un ; mais l'acheteur lui dit : L'un est pour le remede que je vous ai acheté pour mon usage ; & l'autre, je vous le donne, afin que vous en preniez autant, pour vous en frotter les yeux vous-même, puisque je vois que vous y avez mal.

REMARQUE. Ce Poëte vivoit du temps de Sultan Murad II, qui gagna la bataille de Varna. Par l'avis qui lui fut donné en cette occasion, il comprit si fortement le ridicule qu'il y avoit de vendre aux autres un remede dont il ne se servoit pas lui-même, quoiqu'il en eût besoin, que jamais il n'y pensoit qu'il n'en rît bien fort.

Sultan Murad II, après avoir gagné la bataille de Varna, passoit par le champ de bataille, & considéroit les corps morts des Chrétiens. Il dit à Azab Beg, un de ses Favoris qui étoit près de sa personne : Je suis étonné que parmi tous ces Chrétiens, il n'y en a pas un seul qui n'ait la barbe noire. Azab Beg répondit : Si une seule barbe blanche se fût rencontrée parmi eux, jamais un dessein si mal conçu ne leur seroit venu dans la pensée ; ils ne s'y sont engagés que par un emportement de jeunesse.

REMARQUE. La bataille de Varna fut gagnée par Sultan Murad II, l'an de l'Hégire 848, & de J. C. l'an 1444. Il mourut l'an 855, de l'Hégire, de J. C. l'an 1451.

Un Pacha qui toutes les fois qu'il se retiroit à l'appartement de ses femmes, après avoir paru en public pour donner audience, avoit coutume de faire jouer les tymbales, voulut railler un Poëte qui lui faisoit sa cour ordinairement, & lui demanda : Quand vous retournez chez vous, ne toussez-vous pas pour avertir que c'est vous ? Le Poëte, qui railloit lui-même finement, comprit ce que cela vouloit dire, & repartit : Je suis un trop petit Seigneur pour imiter un Pacha comme vous, qui faites jouer les tymbales.

REMARQUES. Les Gouverneurs des Provinces chez les Turcs, sont appellés Pachas. Suivant quelques-uns, le mot de *Pacha* est Persan, & se dit au-lieu de *Pai-Schah*, c'est-à-dire, le *pied du Roi*, parce que les Pachas font valoir & représentent l'autorité Royale dans les lieux où les Rois ne peuvent pas aller en personne.

Les tymbales, dont il est ici parlé, sont de petites tymbales d'environ un demi-pied de diametre, de la même forme que les plus grandes. Les Pachas ont aussi de grandes tymbales, des trompettes & des hautbois, qui sonnent devant eux dans les marches & dans les cérémonies, tous à cheval.

Ali disoit qu'il avoit entendu dire à Mahomet : Quand l'aumône sort de la main de celui qui la fait, avant que de tomber dans la main de celui qui la demande, elle dit cinq belles paroles à celui de la main de qui elle part : J'étois petite, & vous m'avez fait grande. J'étois en peu de quantité, & vous m'avez multipliée. J'étois ennemie, & vous m'avez rendue aimable. J'étois passagere, & vous m'avez rendue permanente. Vous étiez mon gardien, & je suis votre garde.

REMARQUES. L'aumône se prend ici dans une signification passive c'est-à-dire, pour ce qui se donne par aumône.

Ali est le gendre de Mahomet, & le quatrieme de ses successeurs, de qui il a été parlé ci-devant.

Un Cadi en arrivant au lieu où il devoit exercer sa charge, logea chez le Commandant, qui fit de son mieux pour le bien régaler. Dans la conversation, le Commandant dit au Cadi : Peux-on, sans vous offenser, vous demander comment vous vous appellez ? Le Cadi répondit : On m'a trouvé d'une sévérité si grande dans les lieux où j'ai été Cadi avant que de venir ici, qu'on ne m'y appelle pas autrement qu'Azraïl, qui est le nom de l'Ange de la mort. Le Commandant se mit à rire, en disant : Et moi, Seigneur, je suis connu sous le nom de Cara Scheitan, c'est-à-dire, de *Diable noir*. Nous ne pouvions pas mieux nous rencontrer pour mettre à la raison le peuple à qui nous avons à faire vous & moi. Car je vous donne avis que ce sont des gens très-fâcheux & sujets à rébellion, & qu'il n'y a pas moyen de les dompter. C'est pourquoi agissons de concert. Pendant que vous leur ôterez la vie, j'aurai soin de les obliger à renier leur Religion. Autrement jamais ils ne fléchiront.

REMARQUES. Les charges de Cadi chez les Mahométans, particuliérement chez les Turcs, ne sont ni vénales, ni à vie, ni héréditaires. Elles se donnent au mérite & à la capacité par les Cadileskers qui les distribuent, & elles sont changées de deux ans en deux ans. De sorte qu'au bout de deux ans, un Cadi est obligé de retourner à Constantinople, pour solliciter d'être employé ailleurs, à moins qu'il n'ait un agent ou un ami qui sollicite pour lui, & qui obtienne qu'on l'envoye en un autre endroit immédiatement après le terme de deux ans achevé. Il ne leur en coûte qu'un droit pour l'expédition des patentes, en vertu desquelles ils exercent leur charge, & ce droit est au profit des Cadileskers, qui les expédient au nom du Grand-Seigneur. Il y a aussi quelques frais dont les Officiers des Cadileskers profitent.

Les Mahométans croyent qu'il y a un Ange qu'ils appellent *Azraïl*, c'est-à-dire, de qui la fonction est de ravir l'ame de ceux qui meurent. Ils ont emprunté cette croyance des Juifs, ou même ils l'ont communiquée aux Juifs, qui en ont un, qu'ils appellent aussi l'Ange de la mort & l'Ange destructeur sous le nom de Samaël, & qu'ils représentent les uns avec une épée, & les autres avec un arc & des fleches. M. Gaulmin, dans ses Notes sur la vie de Moïse, qu'il a traduite de l'Hébreu en Latin, en fait mention à l'occasion de l'entretien de Samaël avec Moïse avant qu'il mourût. Il remarque aussi qu'encore aujourd'hui en Allemagne, les Juifs, quand quelqu'un est mort chez eux, jettent l'eau de tous les pots & autres vases qui sont dans la maison, par une superstition qu'ils ont de croire que l'Ange de la mort y a lavé l'épée dont il s'est servi pour ravir l'ame du défunt.

Sur toutes les autres nations, les Turcs sont ingénieux à donner des noms aux gens suivant qu'on leur plaît, ou qu'on leur déplaît, & n'epargnent personne là-dessus. Ainsi ils avoient nommé Scheitan le brave Pacha, qui soutint si bien le premier siege de Bude contre les Impériaux, lequel étoit Pacha de Candie, parce qu'il ne laissoit pas ses soldats en repos, & qu'il les tenoit toujours en haleine. Mais dans ces derniers temps, on a vu un Caplan Pacha, c'est-à-dire, *Pacha Léopard*, & souvent ils ont des Pachas Schahin, c'est-à-dire. *Pachas Faucon.* Ils ont aussi des noms satyriques, & ils appelloient un Favori de Sultan Mahemmed IV, *Coul-oglou*, à cause de sa naissance, c'est-à-dire *fils de Janissaire.* Les défauts du corps leur donnent aussi matiere d'en imposer ; c'est pourquoi ils ont une infinité de Topals, de Kiors & de Kusehs. *Topal* signifie un *boiteux*, *Kior*, un *borgne*, & Kuseh un homme qui a peu de barbe au menton.

Un begue marchandoit une fourrure à Constantinople, & chagrinoit fort le Marchand Pelletier, par sa longueur à s'expliquer. Le Marchand ayant demandé ce qu'il vouloit faire de cette fourrure, il répondit en bégayant toujours fortement : Je veux m'en servir cet hyver. Le Marchand repliqua : L'hyver passe pendant que vous prononcez le mot qui le signifie : Quand prétendez-vous vous en servir?

Un descendant d'Ali ayant besoin de bois, sortit de grand matin, & alla attendre au passage les paysans qui en apportoient à la ville pour le vendre; mais avec l'intention d'en acheter seulement à un vendeur qui s'appelleroit Ali. Chaque paysan qui arrivoit, il lui demandoit son nom, & l'un s'appelloit Aboubekir, un autre Omer, un autre Osman, & un autre d'un autre nom différent de celui d'Ali; de sorte qu'il les laissoit tous passer, & qu'il n'achetoit pas de bois. Après avoir attendu presque jusques à la nuit, pour surcroit de peine, il se mit encore à pleuvoir, & le désespoir alloit le prendre, lorsqu'il vit paroître un boiteux, qui marchoit devant un âne chargé d'assez méchant bois & mal choisi. Il s'approche de lui, & lui demande comment il s'appelloit. Le boiteux répondit qu'il s'appelloit Ali. L'autre lui demanda : Combien la charge de ton âne? Donnez-vous patience, je suis de compagnie avec un autre qui vient derriere moi, vous marchanderez avec lui. Le descendant d'Ali repartit : Poltron que tu es, tu vends du bois après avoir été Calife, & tu dis que tu as un associé. Ne peux-tu pas faire ton affaire sans associé ?

REMARQUE. Comme je l'ai déja remarqué, Ali fut le quatrieme Calife après Mahomet; mais le Califat qui devoit passer à ses successeurs après lui, passa aux Ommiades, & ensuite aux Abbassides. Ainsi la réprimande du descendant d'Ali au vendeur de bois, qui portoit le même nom qu'Ali, est fondée sur ce point d'Histoire.

Il ne s'étoit pas encore vu un homme qui eût si peu de barbe que Kuseh Tchelebi, que l'on avoit ainsi nommé, à cause de cette singularité. Il n'en avoit pas du tout au menton, & il n'avoit que vingt à vingt-cinq poils à la moustache. Le Poëte Bassiri se plaignant à lui de sa pauvreté, il lui dit : Je m'étonne que vous soyez pauvre; car on m'avoit dit que vous aviez beaucoup d'argent. Bassiri repartit : Seigneur, je n'en ai pas plus que vous avez de poil à la moustache.

REMARQUES. Il est fait mention du Poëte Bassiri ci-devant, & j'ai déja remarqué que *Kuseh* signifie un homme qui a peu de barbe.

Tchelebi est un titre d'honneur qui se donne aux personnes de quelque naissance. Ce mot peut venir du mot Persan *Geleb* ou *Tcheleb*, qui signifie les premieres fleurs, les premiers fruits, & tout ce qui vient à sa maturité avant le temps ordinaire. Cette origine me plairoit fort, parce que les Turcs donnent ce nom particuliérement aux jeunes gens propres, agréables, bien élevés, qui marquent plus d'esprit que leur âge ne porte. D'autres veulent qu'il vienne de *Tcheleb*, ancien mot Turc, qui signifie *Dieu*; mais cette étymologie me paroît trop éloignée.

Des Juifs à Constantinople eurent contestation avec des Turcs touchant le Paradis, & soutinrent qu'ils seroient les seuls qui y auroient entrée. Les Turcs leur demanderent : Puisque cela est ainsi, suivant votre sentiment, où voulez-vous donc que nous soyons placés? Les Juifs n'eurent pas la hardiesse de dire, que les Turcs en seroient exclus entiérement; ils répondirent seulement : Vous serez hors des murailles, & vous nous regarderez. Cette dispute alla jusqu'aux oreilles du Grand-Visir, qui dit : Puisque les Juifs nous placent hors de l'enceinte du Paradis, il est juste qu'ils nous fournissent des pavillons, afin que nous ne soyons pas exposés aux injures de l'air.

REMARQUES. En même-temps, le Grand-Visir taxa le corps des Juifs, outre le tribut ordinaire, à une certaine somme pour la depense des pavillons du Grand-Seigneur, qu'ils payent encore aujourd'hui depuis ce temps-là.

Je n'ai pas lu ceci dans aucun Livre; mais on le dit communément à Constantinople où je l'ai entendu dire.

Le monde apparut à Isa, fils de Marie, déguisé sous la forme d'une vieille décrépite. Isa lui demanda combien avez-vous eu de maris? La vieille répondit : J'en ai eu un si grand nombre, qu'il n'est pas possible de le dire. Isa reprit : Ils sont morts apparemment, & ils vous ont abandonnée en mourant. Elle repartit : Au contraire, c'est moi qui les ai tués, & qui leur ai ôté la vie. Isa repliqua : Puisque cela est, il est étonnant que les autres, après avoir vu de quelle maniere vous les ayez traités tous, ont encore de l'amour pour vous, & ne prennent pas exemple sur eux.

REMARQUE. Isa signifie *Jesus-Christ* chez les Arabes, qui lui attribuent plusieurs autres paroles, qui ne se trouvent pas dans le Nouveau Testament ; mais qui ne laissent pas que d'être très-édifiantes : En voici une autre qui n'est pas moins remarquable.

Du temps d'Isa, trois Voyageurs trouverent un trésor en leur chemin, & dirent : Nous avons faim, qu'un de nous aille acheter de quoi manger. Un d'eux se détacha, & alla dans l'intention de leur apporter de quoi faire un repas. Mais il dit en lui-même : Il faut que j'empoisonne la viande, afin qu'ils meurent en la mangeant, & que je jouisse du trésor moi seul. Il exécuta son dessein, & mit du poison dans ce qu'il apporta pour manger. Mais les deux autres, qui avoient conçu le même dessein contre lui pendant son absence, l'assassinerent à son retour, & demeurerent les maîtres du trésor. Après l'avoir tué, ils mangerent de la viande empoisonnée, & moururent aussi tous deux. Isa passa par cet endroit-là avec ses Apôtres, & dit : Voilà quel est le monde. Voyez de quelle maniere il a traité ces trois personnes. Malheur à celui qui lui demande des richesses !

Fin des Paroles Remarquables.

LES MAXIMES DES ORIENTAUX.

LA crainte de Dieu eſt la plus grande des perfections, & le vice la plus grande des imperfeétions.

La crainte de Dieu purifie le cœur.

Je crains Dieu, & après Dieu, je ne crains que celui qui ne le craint pas.

Il n'y a point d'aſyle d'une ſûreté plus grande que la crainte de Dieu.

La piété eſt la ſageſſe la plus grande, & l'impiété eſt la plus grande des folies.

Le culte de Dieu mortifie la concupiſcence.

Le culte que l'on rend au Démon, mene à la perdition; mais le culte que l'on rend à Dieu, eſt un gain.

C'eſt trop que de pécher une ſeule fois; mais ce n'eſt pas aſſez de mille aétes de culte envers Dieu pour le bien honorer.

Ne mépriſez pas Dieu en jurant par ſon nom, afin qu'il ne vous mépriſe pas.

Qui trahit ſa Religion pour s'abandonner au monde, ſe trompe groſſiérement.

On ne peut pas bien ſe connoître ſoi-même, qu'on ne connoiſſe ſon Créateur.

Celui-là de qui la concupiſcence l'emporte par-deſſus ſa raiſon, périt.

Si l'homme prévoyoit ſa fin & ſon paſſage de cette vie, il auroit horreur de ſes actions & de leur tromperie.

La vie eſt un ſommeil, dont on ne ſe réveille qu'à la mort.

La vie de l'homme eſt un chemin qui tend à la mort.

On ſuit plutôt les mœurs corrompues de ſon ſiecle que les bons exemples de ſes aïeux.

La vertu, la ſcience & les belles connoiſſances ſont les ſeules choſes qui nous rendent eſtimables.

L'orphelin n'eſt pas celui qui a perdu ſon pere, mais celui qui n'a ni ſcience, ni bonne éducation.

Le défaut de bon ſens eſt le pire de tous les degrés de pauvreté.

Rien ne cache mieux ce que l'on eſt que le ſilence.

L'eſprit eſt la plus riche de toutes les poſſeſſions.

On ſe fait beaucoup d'amis par la douceur du diſcours.

Moins on a d'eſprit, & plus on a de vanité.

Il n'y a pas de grandeur d'ame à ſe venger.

La ſcience dans un enfant eſt pour lui un diadême, & la ſageſſe un collier d'or.

C'eſt être entiérement malheureux que de ſe laiſſer abattre dans les diſgraces.

Ceux qui aiment la vertu, ne la pratiquent pas toujours, & ceux qui la pratiquent, ne le font pas dans toute la perfeétion néceſſaire.

La groſſiéreté & l'incivilité engendrent la diſcorde, même entre les parents.

Le cœur de l'inſenſé eſt dans ſa bouche, & la langue du Sage eſt dans ſon cœur.

Qui court bride abattue, guidé par l'eſpérance, rencontre le dernier moment de ſa vie, & tombe.

L'envie n'a point de repos.

Lorſque vous avez reçu un bienfait, ne vous en rendez pas indigne par le défaut de reconnoiſſance.

Le déſir de vengeance eſt un empêchement invincible pour vivre heureux & content.

Lorſque vous avez de l'avantage ſur votre ennemi, pardonnez-lui en aétion de grace envers Dieu de cet avantage.

C'eſt ſe priver de l'honneur qu'on reçoit de la viſite d'un ami, que de lui faire mauvais viſage.

On ne doit pas compter ſur la parole d'un homme chagrin & de mauvaiſe humeur.

Lorſque vous êtes en joie, vous ne devez pas chercher d'autre vengeance contre celui qui vous en porte envie, que la mortification qu'il en a.

Que la ſcience eſt avantageuſe à celui qui la poſſede, puiſqu'elle eſt d'un ſi haut prix, que perſonne ne la vend pour de l'argent!

Trois choſes, tôt ou tard, cauſent la perte de l'homme; ſa femme, lorſqu'elle a donné ſon cœur à un autre, un ſerpent dans la même maiſon où il demeure, & un ami qui manque de conduite.

Rien n'obtient le pardon plus promptement que le repentir.

C'eſt une folie de ſe préſenter devant quelqu'un ſans être appellé; c'en eſt une plus grande de parler ſans être interrogé, & c'en eſt une doublement plus grande de ſe vanter d'être ſavant.

Il n'y a point de maladies plus dangereuſes que le défaut de bon ſens.

De tous les vices, la vanité & l'amour des procès ſont ceux dont on ſe corrige le moins.

Les diſcours attirent le bien ou le mal qui nous arrive.

Ce n'eſt pas mal fait de rendre viſite; mais il ne faut pas que cela arrive ſi ſouvent, que celui que l'on viſite, ſoit contraint de dire, c'eſt aſſez.

C'eſt inſulter, que de reprendre devant le monde.

Le peu de paroles eſt la marque d'une ſageſſe parfaite.

C'eſt un puiſſant moyen pour obtenir ce qu'on aime que de s'humilier.

Le véritable culte de Dieu, dans un Prince, eſt de demeurer dans ſes limites, de maintenir les Traités, de ſe contenter de ce qu'il a, & de ſouffrir patiemment la privation de ce qu'il n'a pas.

C'eſt ſe ſouvenir d'avoir été offenſé que d'obliger de demander pardon une ſeconde fois.

On a plus beſoin d'un Chef qui agiſſe, que d'un Chef qui parle.

Rien ne reſſemble davantage à des fleurs plantées ſur un fumier, que le bien qu'on fait à un ignorant, ou à un homme de rien.

En quelque communauté, compagnie ou ſociété que ce ſoit, ne vous engagez à rien de ce qui regarde les affaires communes, parce que ſi vous réuſſiſſez, la compagnie s'en attribuera le ſuccès, & ſi vous ne réuſſiſſez pas, chacun vous en attribuera la faute.

Lorſque l'on ſouffre avec impatience, les chagrins & les inquiétudes cauſent des tourments beaucoup plus grands, que ſi l'on ſouffroit avec patience.

Lorſque l'ame eſt prête à partir, qu'importe de mourir ſur le Trône, ou de mourir ſur la pouſſiere?

Plus la malice des ennemis eſt cachée, plus on doit s'en méfier.

Prenez exemple de ceux qui vous ont précédé, & efforcez-vous de faire le bien.

Ne ſoyez pas négligent, parce qu'on ne ſera pas négligent à votre égard.

Prenez & donnez avec équité.

Il ne faut pas s'étonner que ceux qui demandent & qui recherchent des choſes qui ne leur ſont pas convenables, tombent en des malheurs qu'ils n'attendent pas.

Les richeſſes ne font pas plus de ſéjour dans la main des perſonnes libérales, que la patience dans le cœur d'un amant, & que l'eau dans un crible.

D'abord que l'on prend plaiſir à entendre médire, on eſt du nombre des médiſants.

Ce que l'on ſouffre pour ce monde couvre le cœur

de ténebres; mais ce que l'on souffre pour l'autre monde, le remplit de lumiere.

La fortune & la gloire ont ensemble une liaison si étroite, que celui qui n'a pas de fortune, n'a pas de gloire.

Le plus grand repos dont on puisse jouir, est celui dont on jouit lorsqu'on ne desire rien.

On obtient rarement ce que l'on souhaite, lorsqu'on le recherche avec trop d'empressement.

Pourquoi me reprochez-vous le péché que j'ai commis, puisque Dieu me le pardonne?

Qui pousse la raillerie plus loin que la bienséance ne le demande, ne manque jamais d'être haï, ou d'être méprisé.

L'homme que l'on peut véritablement appeller homme, se connoît aux marques qui suivent. Quelque accident qu'il lui arrive, il est inébranlable. Il est humble dans les grandeurs. Il ne lâche pas le pied dans les occasions où il s'agit de faire voir qu'il a du cœur. Il n'a d'autre but que sa gloire & que sa réputation, & s'il n'est savant, il a au moins de l'amour pour les sciences.

L'état d'un homme qui obéit à ses passions, est pire que l'état d'un misérable esclave.

Le vainqueur doit être content de sa victoire, & pardonner au vaincu.

Souvent on se donne beaucoup de peine pour réussir dans une affaire, dont on ne tire que du chagrin dans la suite.

La conduite d'un Officier déposé de sa charge, doit être la même que s'il étoit encore en charge.

C'est être libre que de ne rien desirer, & c'est être esclave que de s'attendre à ce que l'on souhaite.

Apprenez les sciences, avant que de vous marier.

L'avis du sage tient lieu de prédiction.

Qui fait attention sur ce qui se passe dans le monde, en prend exemple pour faire le bien, ou pour éviter les défauts qu'il y remarque.

Quand vous auriez deux cents belles qualités à la pointe de vos cheveux, elles ne vous serviront de rien, si la fortune vous est contraire.

L'affaire la plus embarrassante est celle d'avoir de l'inimitié.

Efforcez-vous d'avoir des amis finceres, pour vivre à l'ombre de leur protection, vous en aurez de la joie dans la prospérité, & ce vous sera un préservatif contre l'adversité.

On ne fait plus ce que l'on fait, quand on a le cœur blessé.

Soyez sincere, quand même votre sincérité devroit vous coûter la vie.

On est sage à proportion que l'on a eu une bonne éducation.

Ne faites pas crédit, vous vivrez en liberté.

On n'a plus de pudeur, si-tôt qu'on s'est abandonné aux plaisirs déshonnêtes.

Le Sage pratique particuliérement trois choses: Il abandonne le monde avant que le monde l'abandonne. Il bâtit sa sépulture avant le temps d'y entrer, & fait tout dans la vue d'être agréable à Dieu, avant que de paroître en sa préfence.

Qui commande avec trop d'empire à ceux qui font au-dessous de lui, trouve souvent un maître qui lui commande de même.

Ne péchez pas, vous aurez moins de chagrin à votre mort.

Il est rare de ne pas réussir dans ce qu'on entreprend, quand on a pris conseil auparavant.

Prenez garde avec quelle famille vous ferez alliance en mariant votre fils, parce que la racine communique au tronc & aux branches ce qu'elle a de mauvais.

Qui a de la confidération & de l'honnêteté pour tout le monde, réussit dans ce qu'il entreprend.

L'avidité amene la pauvreté; mais on est riche lorsqu'on ne desire rien.

Trop de familiarité engendre la médifance, & l'on n'est pas loin de l'inimitié entre amis, lorsqu'on censure toutes choses.

Qui vient vous faire rapport des défauts d'autrui, a dessein de faire rapport de vos défauts à d'autres.

Plus on espere, moins on obtient, parce que l'espérance est souvent un moyen pour ne pas obtenir ce qu'on attend.

Qui pardonne à ses inférieurs, trouve de la protection auprès de ceux qui font au-dessus de lui.

Interprétez toujours la conduite de vos amis, par l'endroit le plus favorable, jusqu'à ce que vous en appreniez quelque chose qui lasse votre patience.

Observez vos amis, excepté ceux de qui vous êtes sûr; mais on ne peut être sûr que d'un ami qui a la crainte de Dieu.

Aimez vos amis avec précaution.

Les plaisirs du monde, les plus parfaits, font toujours mêlés de quelque amertume.

Qui confidere les suites, avec trop d'attention, n'est pas ordinairement un homme de courage.

Le monde est un enfer pour les bons, & un paradis pour les méchants.

Les décrets de Dieu rendent inutiles tous les plus beaux projets du monde.

Les précautions ne fervent de rien où Dieu commande.

Ne vous informez point des choses qui ne font pas arrivées; le point est de s'informer de celles qui font arrivées, afin d'en profiter.

Les bienfaits ferment la bouche à ceux qui ont de mauvaises intentions.

Le vin, quelque violent qu'il soit, n'ôte pas plus l'esprit qu'une passion déréglée.

La véritable noblesse confiste dans la vertu & dans le nombre des aïeux.

La meilleure éducation est d'avoir des inclinations louables.

X Il vaut mieux battre le fer sur une enclume, que d'être debout devant un Prince les mains croisées sur le sein.

Prenez confeil dans vos affaires de ceux qui craignent Dieu.

Rien n'est plus fâcheux que la pauvreté. Néanmoins la mauvaise conduite est encore plus fâcheuse, & c'est pour cela que la sagesse est un trésor inestimable.

Jamais on n'a de mauvais succès, quand on connoît bien de quoi l'on est capable.

Rien n'éloigne davantage toutes sortes de personnes d'auprès de soi, que la trop bonne opinion de soi-même.

L'avare a le chagrin de voir une grande solitude chez lui.

Plus on aime à railler, & plus on s'attire de méchantes affaires.

Qui a perdu la pudeur, a le cœur mort.

C'est une imprudence de rejetter les bienfaits qu'on nous offre. Il y a danger qu'on ne nous les refuse, lorsque nous voudrons les demander.

Les pauvres doivent apprendre les sciences pour devenir riches, & les riches afin qu'elles leur fervent d'ornement.

Il faut s'accommoder à la foiblesse de ses inférieurs pour en tirer le service dont on a besoin.

Tout prospere à celui qui se préserve de l'avarice, de la colere & de la concupifcence.

L'insensé se fait connoître par ses discours.

Qui a abandonné toutes choses pour embrasser la vie retirée, ne doit avoir de la complaisance pour personne.

La langue du Sage se regle suivant les mouvements de son cœur.

Ne payez pas d'ingratitude le bien que l'on vous fait.

En toute autre chose, le mari doit paroître un enfant

fant à l'égard de fa femme ; mais il doit paroître homme, lorfqu'elle demande ce qu'il a.

Les penfées les plus cachées fe découvrent au difcours & à la contenance.

Il vaut mieux poſſéder un art dont on puiſſe gagner fa vie, que de tendre la main pour la demander.

L'avare court droit à la pauvreté. Il mene une vie de pauvre ici-bas ; mais on exigera de lui un compte de riche au jour du Jugement.

On reconnoît les richeſſes heureuſes au foin que ceux qui les poſſedent, ont d'en remercier Dieu.

La bonne foi fe paye par la bonne foi.

Le plus grand avantage qu'on puiſſe procurer à des enfants, eſt de les bien élever.

Qui peut guérir l'entêtement d'un homme qui fait le vaillant, & qui cependant ne fait mal à perfonne ?

Faites du bien à celui qui vous fait du mal, vous remporterez la victoire fur lui.

Nous devons tenir pour frere celui qui nous fecourt de fes biens, & non pas celui qui nous touche par le fang & qui nous abandonne.

Les amis de ce temps font les efpions de nos actions.

Les hommes ont l'avantage de la parole par-deſſus les bêtes ; mais les bêtes font preferables aux hommes, fi les paroles ne font de bon fens.

Les difgraces doivent fe tenir cachées fous le voile d'un dehors gai & honnête envers tout le monde.

On vient à bout de fes deſſeins avec la patience.

La douceur la plus agréable à Dieu eſt la douceur d'un Chef juſte & de facile accès ; mais la barbarie qui lui eſt la plus odieuſe, & celle d'un Chef violent & emporté.

Le plus grand ennemi de l'homme eſt fa concupiſcence.

Les bonnes actions font la bénédiction de notre vie.

Les plus grands malheurs font cauſés par la langue.

De quelque nation que l'on foit, on n'eſt eſtimable qu'autant qu'on a d'induſtrie à fe faire valoir.

Il faut acquérir à la fin de fa vie ce qu'on a négligé au commencement.

Celui qui s'eſt retiré du monde, & qui a de l'attache auprès des riches, eſt encore du monde.

Une marque d'abondance eſt d'avoir beaucoup de monde à fa table.

Ne contraignez pas vos filles de prendre un mari difforme, parce qu'elles aiment ce que vous aimez.

Dieu faſſe miféricorde à celui qui nous découvre nos vices.

Trois chofes perdent l'homme : la vanité, l'avarice & la concupifcence.

Le plus fage des hommes eſt celui qui a le plus de complaifance pour les autres.

On peut fe délivrer des châtiments de Dieu par la pénitence ; mais on ne peut fe délivrer de la langue des hommes.

Le corps eſt foutenu par les aliments, & l'ame fe foutient par les bonnes actions.

Ne remettez pas à demain la bonne action que vous pouvez faire aujourd'hui.

Qui ne connoît pas le mal, tombe dans le mal.

La bonté d'un difcours confifte dans la briéveté.

La compagnie des honnêtes gens eſt un tréfor.

La véritable gloire vient de Dieu.

Deux chofes font inféparables du menfonge, beaucoup de promeſſes & beaucoup d'excufes.

Un homme doux & affable n'a befoin du fecours de perfonne.

Recommandez aux parents & aux alliés de fe voir & de fe rendre vifite ; mais ne leur recommandez pas d'être voifins.

Les vilains difcours & déshonnêtes font moins tolérables que la malpropreté dans le manger.

Les trompeurs, les menteurs, & toutes fortes de perfonnes de qui la vie eſt déréglée, font enivrés de la profpérité qui leur rit en toutes chofes ; mais cette ivreſſe eſt la juſte récompenfe de leurs méchantes actions.

On ne meurt pas pour n'avoir le ventre qu'à moitié rempli.

C'eſt poſſéder un tréfor que de poſſéder un art.

Lifez les Poéfies, c'eſt une marque de bonnes inclinations.

Le moyen le plus fûr pour vivre en repos, eſt de tenir la bride à fes paſſions.

L'ami le plus fidele eſt celui qui nous met dans le bon chemin.

L'efprit fe connoît dans la converfation.

Le bon ami fe connoît à la fermeté qu'il a de tenir fa parole.

La meilleure femme eſt celle qui aime fon mari, & qui fait beaucoup d'enfants.

Augmentez vos enfants & votre famille ; vous ne favez pas que c'eſt à leur confidération que vous trouvez de quoi fubfifter.

Le meilleur remede dans les afflictions eſt de fe remettre à la volonté de Dieu.

L'efprit de l'homme fe connoît à fes paroles, & fa naiſſance à fes actions.

Il ne fert de rien de dire la vérité où elle ne fait pas d'effet.

Le moyen d'être toujours joyeux & content, eſt d'avoir beaucoup d'amis.

Gardez-vous de l'amitié de l'infenfé. Quoiqu'il ait intention de vous rendre fervice, néanmoins il ne laiſſera pas de vous caufer du tort.

L'avare ne tire pas plus d'avantage de fon argent que s'il avoit des pierres dans fes coffres.

Toute la félicité des Rois confifte à bien rendre la juſtice.

On dit : Le fiecle eſt corrompu. Cette façon de parler n'eſt pas juſte. Ce n'eſt pas le fiecle, ce font les hommes du fiecle qui font corrompus.

C'eſt trop de commettre une feule faute, & ce n'eſt pas aſſez de faire fon devoir.

Qui eſt dans la néceſſité reſſemble à un infenfé qui n'a pas d'autre route à fuivre que celle de fon malheureux fort.

Le fouvenir d'avoir été jeune ne produit que du regret.

L'ivrognerie eſt la porte par où l'on fe fait entrée aux chofes défendues.

Rien ne confole plus que la vue d'un ami fincere.

La tranquillité & le repos font toute la fatisfaction de la vie.

Nous nous affligeons lorfque nous n'avons pas de richeſſes, & nous nous embarraſſons dans leur amour, lorfque nous en avons.

La fcience eſt au-deſſus de tout ce qu'on peut s'imaginer de plus élevé.

On a de la peine dans l'occupation ; d'un autre côté, l'oifiveté eſt pernicieufe.

La naiſſance eſt l'avant-coureur de la mort.

Le bon choix d'un ami eſt la marque du bon efprit de celui qui l'a fait.

L'amitié fe renouvelle avec les amis, chaque fois qu'on les voit.

La compréhenfion de Dieu confifte dans la difficulté de le comprendre.

Il faut plutôt s'attacher à embellir l'ame que le corps.

La mauvaife conduite doit fe confidérer comme un précipice d'où il eſt difficile de fe tirer.

Ayez le cœur pur & net devant Dieu ; foyez généralement civil envers tout le monde ; maîtrifez vos paſſions ; foyez foumis à vos fupérieurs, & fupportez leurs défauts. Prenez confeil des fages. Soyez doux envers vos ennemis, refpectueux envers les Savants, & dans le filence devant les ignorants.

Par la mauvaife conduite des hommes, il eſt aifé de juger de ce qu'ils cachent le plus.

Les nouvelles affaires font toujours les plus fâcheufes.

Les plaintes font les armes des foibles.

On n'a pas de facheux accidents à craindre avec la patience; mais on n'a rien d'avantageux à efpérer avec l'impatience.

Les difcours inutiles déshonorent la fageffe.

La mort eft une coupe que tous les hommes doivent boire, & le tombeau eft une porte par où ils doivent tous paffer.

Ce qui précede la mort eft plus fâcheux que la mort même, & la mort eft plus tolérable que ce qui la fuit.

Les affaires vont mal, lorfque les richeffes font poffédées par des perfonnes qui n'en favent pas faire un bon ufage, que les armes font entre les mains de ceux qui ne peuvent pas s'en fervir, & que ceux qui ont la fageffe en partage ne favent pas en profiter.

L'avarice eft le châtiment du riche.

Un riche qui eft avare, eft plus pauvre qu'un pauvre qui eft libéral.

Trois chofes retombent fur celui qui les pratique: l'injuftice, le manquement de foi, & la tromperie.

Une des loix de l'amitié eft de laiffer les cérémonies à part.

Qui va le droit chemin ne peut jamais s'égarer.

Qui écrit & ne fait pas réflexion fur ce qu'il écrit, perd la moitié de fa vie, de même que celui qui lit & qui n'entend pas ce qu'il lit.

Le filence épargne & détourne de fâcheufes affaires.

Il eft furprenant que les hommes veuillent demeurer dans des palais magnifiques, fachant que le tombeau eft leur véritable demeure.

On ne craint rien des entreprifes des mal-intentionnés, lors qu'on a de bons amis.

L'ignorant fe cache, & ne fe fait pas connoître en gardant le filence.

Soit que vous pardonniez, foit que vous châtiiez, que vos paroles ne foient pas vaines, de crainte qu'on ne vous croye pas lorfque vous pardonnez, & qu'on ne vous craigne pas lorfque vous menacez.

L'offenfe la plus fâcheufe eft d'être offenfé par un ami.

Ne menacez pas de châtier plus rigoureufement que le crime ne le mérite. Si vous le faites, vous ferez injufte; & fi vous ne le faites pas, vous aurez dit un menfonge.

La méchanceté la plus grande eft d'abandonner la Religion pour fuivre la vanité du monde.

Vous ne ferez pas expofés à être repris des autres, fi vous vous reprenez vous-mêmes.

Heureux celui qui a des richeffes & qui en ufe bien!

N'affectez pas de faire beaucoup de bruit, toutes les fois que vous promettez.

On peut dire que la vie eft longue, lorfqu'elle eft exempte de chagrins & d'afflictions.

Lorfque le bien fe préfente à vous, embraffez-le; mais rejettez le mal d'abord qu'il paroît pour vous furprendre.

Qui fe foumet à la volonté de fon ennemi, s'expofe à un péril inévitable.

La tyrannie des Rois eft plus tolérable que le foulevement des peuples.

Les gémiffements des opprimés ne font pas inutiles.

La vie d'un tyran n'eft pas de longue durée.

La longueur du difcours en fait oublier une bonne partie; cependant c'eft contre l'intention que l'on doit avoir quand on parle.

La mémoire eft préférable à un grand amas de livres.

Soyez doux & complaifant, on aura le même égard pour vous.

Il n'eft pas étonnant que celui qui fouffre prenne patience; mais il y a lieu d'admirer celui qui fouffre & qui remercie Dieu de ce qu'il fouffre.

C'eft poffèder un tréfor que de jouir d'une fanté parfaite.

Ne mêlez pas votre fecret avec les chofes que vous expofez en public, vous vous en trouveriez mal.

Ne cachez aucune circonftance à celui de qui vous prenez confeil; le mal qui vous en arriveroit feroit par votre faute.

La gloire qui s'acquiert par la vertu, eft plus relevée que la gloire qui vient de la nobleffe.

La bonne naiffance fe fait connoître par l'élévation des penfées.

Les ingrats ne profitent jamais des bienfaits qu'ils reçoivent.

Les ignorants prennent facilement les premieres places; mais les favants, qui font perfuadés des devoirs de l'honnêteté, ne le font pas.

Dans l'efpace de temps dont vous jouiffez en ce monde, vous êtes en-deçà de votre derniere heure. Avant que cette heure arrive, employez les moments que vous avez à vous, à prévenir ce qui doit vous arriver lorfqu'ils feront expirés, & n'attendez pas qu'on vous ôte toute efpérance & qu'on vous renvoye à vos méchantes actions.

C'eft affez à un vieillard de l'infirmité de fon âge, il ne doit pas s'embarraffer d'autres chagrins.

Suivant le cours du monde, la vie eft miférable fans richeffes, & la fcience fans dignité n'eft qu'un amas de difcours bien fuivis, qui ne fervent à rien.

Ce qui doit donner de la confolation quand on a reçu quelque fanglant affront, eft qu'on n'a pas à vivre une éternité.

Il ne fe commet point de méchancetés dans une nation, que Dieu ne les faffe fuivre d'une affliction générale.

Rien n'attire davantage les cœurs, que la douceur des paroles.

La vieilleffe ne doit pas fe compter pour une partie de la vie.

Ne vous glorifiez pas. Quelle gloire eft-ce que celle d'être créé de terre pour y retourner fervir de pâture aux vers? De vivre aujourd'hui, & de mourir demain?

Redoutez les prieres que ceux que vous affligez adreffent à Dieu.

Ayez patience. Rien ne fe fait qu'avec la patience.

Un Monarque favant ne fe repent jamais de l'être.

Prenez garde à ce que vous dites & en quel temps.

C'eft une réputation très-méchante, que celle qu'on prétend acquérir par une infenfibilité pour toutes chofes.

Lorfque vous prenez confeil, dites la vérité, afin que le confeil qu'on vous donnera foit auffi véritable.

Afin que vous ayez des avis, donnez entrée à tout le monde dans votre armée.

L'inimitié la plus grande peut fe diffiper par un accommodement, excepté de l'envieux.

Jamais on ne fe repent de s'être tu.

On fe fait un tréfor de toutes fortes de belles perfections dans la compagnie des honnêtes gens.

Ne foyez pas rigoureux dans le châtiment. Il eft rude, quelque léger qu'il foit. Ne vous en fervez pas auffi trop fréquemment, vous pouvez arriver à vôtre but par d'autres voies que par celle-là.

Le principal point, pour acquérir de la réputation, confifte à bien pefer & à bien régler fes paroles.

Qui n'a pas de richeffes, n'a pas d'honneur dans le monde, & qui n'a pas d'honneur, fuivant le monde, n'a pas de richeffes.

Combattez vaillamment dans le combat, & ne perdez pas courage, vos foldats le perdroient auffi.

Le véritable emploi des richeffes eft d'en faire des largeffes.

Le monde & le paradis peuvent être comparés à deux femmes qui n'ont qu'un mari, lequel aime plus l'une que l'autre.

Une amitié contractée avec un infenfé, jette promptement dans des malheurs.

Il vaut mieux être seul, que d'être dans la compagnie des méchants.

Correfpondez à l'amitié de vos amis, & ayez pour eux la même confidération qu'ils ont pour vous.

Un avare qui garde fon argent, reffemble à un homme qui a du pain devant lui, & qui ne mange pas.

Servez-vous de vos richeffes, pour gagner la bienveillance de tout le monde.

Nous fommes refpectés & honorés tous les jours, pendant que la mort eft plus près de nous que la couture de nos fouliers.

On meurt au milieu des plaifirs & de la débauche, fans favoir que l'on meurt.

Les peuples n'abandonnent pas leur Monarque, & ne fortent pas de fon obéiffance, fans effufion de fang.

Le fage ne peut être pauvre.

Le menfonge ne tire après lui que du déshonneur.

Un menfonge qui tend à la paix, eft préférable à une vérité qui caufe une fédition.

Qui vit dans un entier abandonnement du monde, n'eft traverfé d'aucun chagrin.

Perfonne ne fait paroître davantage fa bêtife, que celui qui commence de parler, avant que celui qui parle ait achevé.

Il n'y a pas de véritables richeffes fans la vertu.

Qui commet une affaire de conféquence à une perfonne qui n'a pas la capacité pour en venir à bout, fe repent de l'avoir fait, & fait connoître, en même temps, la légéreté de fon efprit aux perfonnes de bon fens.

Un ennemi peut devenir ami par les bienfaits; mais plus on flatte les paffions, plus elles fe rebellent.

On acquiert la bienveillance de fon prochain, en lui procurant du bien.

Ce n'eft pas conduite du fage de donner de l'efpérance, & de l'ôter enfuite.

Ceux qui feroient des libéralités, n'ont pas de quoi les faire, & ceux qui ont de quoi les faire, ne font pas libéraux.

Qui veut lui-même fe faire connoître pour favant, paffe pour un ignorant devant Dieu & devant les hommes.

Qui veut approfondir les belles fciences, ne doit pas fe laiffer gouverner, ni maîtrifer par les femmes.

Les richeffes font pour vivre plus commodément; mais on ne vit pas pour amaffer des richeffes.

C'eft affliger les pauvres, que de pardonner à ceux qui les foulent par leurs extorfions.

Il faut fe garder de ceux que l'on ne connoît pas.

Qui fe laiffe conduire par fes defirs, eft ordinairement pauvre.

On vient à bout de ce que l'on a projeté, en cachant fon fecret.

Deux fortes de perfonnes travaillent inutilement, celui qui gagne & qui ne jouit pas de ce qu'il gagne, & celui qui apprend d'un maître de qui les actions ne font pas conformes à ce qu'il fait, ni à ce qu'il enfeigne.

Le Savant, de qui les mœurs font déréglées, reffemble à un aveugle qui tient un flambeau dont il fait lumiere aux autres; mais dont il n'eft pas éclairé.

On recueille du fruit d'un arbre qu'on a planté; mais les hommes détruifent ceux qui les ont établis dans le monde.

Il vaut mieux garder fon fecret foi-même que de le confier à la garde d'un autre.

Qui vous fait des rapports de la conduite des autres, fait de même aux autres des rapports de votre conduite.

Un favant connoît un ignorant, parce qu'il a été ignorant; mais un ignorant ne peut pas juger d'un favant, parce qu'il n'a jamais été favant.

Le même qui vous flatte, vous détefte dans l'ame.

Les Rois ont plus befoin du confeil des fages, que les fages n'ont befoin de la faveur des Rois.

Comment pourroit-on faire fondement fur l'amitié d'un ignorant, puifqu'il eft ennemi de lui-même ?

Trois chofes ne font pas ftables dans la nature : les richeffes fans commerce, la fcience fans difpute, & un Royaume fans févérité.

L'efpérance mal fondée ne fe perd qu'avec la mort.

C'eft faire tort aux bons, que de pardonner aux méchants.

Plus on fait d'expérience, plus on fe forme l'efprit.

Le monde périroit, fi tous les hommes étoient favants.

La pareffe & le trop dormir ne détournent pas feulement du fervice de Dieu; ils amenent encore la pauvreté.

Le luxe diffipe tous les biens qui font à fa difpofition.

Il faut faire du bien, fi l'on veut en recevoir.

Il faut chercher un bon voifin, avant que de prendre une maifon, & un bon camarade avant que d'entreprendre un voyage.

Ne découvrez pas à votre ami tout ce que vous avez de fecret, parce qu'il peut devenir votre ennemi. Ne faites pas auffi à votre ennemi tout le mal que vous pourriez lui faire, parce qu'il peut devenir votre ami.

Il faut avoir autant de foin de fe blâmer foi-même, que de blâmer les autres.

La colere commence par la folie, & finit par le repentir.

Il ne peut arriver que du malheur à celui qui laiffe gouverner fa raifon par fes paffions.

✕ Un fage ennemi eft plus eftimable qu'un ami infenfé.

Il n'y a point de vertu, femblable à la prudence, point de mortification égale à la fuite du vice, point de bonté pareille à la bonté des mœurs, & point de richeffes égales au plaifir d'être content de ce que l'on a.

✕ Qui fait amitié avec les ennemis de fes amis, cherche à offenfer fes amis.

Il n'eft pas néceffaire de rifquer fa vie dans les affaires qui peuvent fe terminer par argent.

Il vaut mieux être pauvre que d'avoir des richeffes mal acquifes.

Il eft d'une conféquence trop grande de fuivre le confeil d'un ennemi. Néanmoins il eft permis de l'écouter pour faire le contraire de ce qu'il dit, & le bon fens demande qu'on le faffe.

Rien n'eft pire qu'un Savant de qui la fcience eft inutile.

La colere exceffive chaffe d'auprès de vous ceux qui en approchent, & les careffes à contre-temps leur font perdre le refpect. C'eft pourquoi, il ne faut pas avoir trop de févérité pour ne point s'attirer du mépris, ni trop de bonté pour n'être pas infulté.

Deux fortes de perfonnes ne fe contentent jamais; ceux qui cherchent la fcience, & ceux qui amaffent des richeffes.

Frappez la tête du ferpent de la main de votre ennemi; de deux bons effets que cela peut produire, un ne peut pas manquer de vous arriver. Si l'ennemi eft le vainqueur, le ferpent fera tué, & fi le ferpent a l'avantage, votre ennemi ne fera plus au monde.

✕ N'annoncez pas vous-même une méchante nouvelle à celui qui peut en être troublé, laiffez-là annoncer par un autre.

Qui n'a pas d'éducation, reffemble à un corps fans ame.

N'accufez perfonne de rébellion auprès du Prince, que vous ne foyez fûr que le Prince vous écoutera, autrement vous courrez vous-même.

Le fage, privé des chofes les plus néceffaires, eft préférable à l'ignorant à qui rien ne manque.

Le ftupide, ou l'ignorant, eft rempli de lui-même.

Qui parle trop est sujet à mentir, ou à dire des choses inutiles.

Le trop de précipitation est suivi du repentir, & les bons succès ne viennent qu'après la patience.

C'est être riche, que d'être content de peu de choses.

Ecoute pour apprendre, & garde le silence pour ta propre conservation.

Les hommes sont partagés en deux classes : Les uns trouvent ce qu'ils cherchent, & ne sont pas contents ; les autres cherchent, & ne trouvent pas.

Qui donne conseil à un homme rempli de lui-même, a lui-même besoin de conseil.

Chacun croit avoir de l'esprit au souverain degré, & chaque pere s'imagine que son fils surpasse tous les autres en beauté.

Des sujets bien gouvernés valent mieux que de grandes armées.

C'est se rendre coupable de se justifier, lorsqu'on n'est pas accusé.

Les Rois ne veulent pas d'égaux, les envieux n'ont pas de repos, & les menteurs n'ont pas de retenue.

Gardez-vous des Grands, quand vous vous serez moqué d'eux ; d'un fou, quand vous l'aurez raillé ; d'un sage, quand vous l'aurez offensé ; & d'un méchant, quand vous aurez fait amitié avec lui.

Tout le monde ne suffit pas à un avare ; mais le sobre ne veut que du pain pour se rassasier.

Le Démon n'a pas de pouvoir sur les bons, ni le Prince sur les pauvres.

Trois sortes de personnes ne tirent rien de bon de trois autres ; le noble du roturier, le bon du méchant, ni le sage de l'ignorant.

Les affaires qui se font peu-à-peu, s'achevent promptement.

L'homme se connoît par sa langue, de même qu'une méchante noix par sa légéreté.

Qui dispute avec un plus savant que lui, pour paroître savant, passe à la fin pour un ignorant.

On doit posséder la science d'une maniere qu'on puisse la faire paroître quand on veut.

Il est de la bonne prudence de bien considérer la fin de toutes choses.

Le service des Rois a deux faces, l'espérance d'avoir du pain, & la crainte de perdre la vie ; mais il n'est pas de la prudence du sage de se jetter dans une semblable crainte pour une telle espérance.

Trois choses ne se connoissent qu'en trois occasions. On ne connoît la valeur qu'à la guerre, le sage que dans sa colere, & l'ami que dans la nécessité.

Si quelqu'un a pris la parole avant vous, ne l'interrompez pas, quoique vous sachiez la chose mieux que lui.

Ne publiez pas les vices de votre prochain, parce que vous le diffamez & que vous diminuez votre bonne réputation.

On ne peut mettre qu'au nombre des bêtes, celui qui ne sait pas distinguer le bien d'avec le mal.

Qui apprend la science, & ne pratique pas ce qu'elle enseigne, ressemble à celui qui laboure & qui seme pas.

On peut connoître en un jour ce qu'un homme a d'acquis ; mais ne vous fiez pas à lui en ce qui regarde son intérieur, parce que la méchanceté de son ame ne peut se connoître en plusieurs années.

Le foible qui entreprend de se battre contre un plus fort que lui, aide lui-même son ennemi à le faire périr.

Qui n'écoute pas les conseils, cherche à être repris.

On augmente la science par l'expérience, & l'on augmente le mensonge en croyant trop facilement.

Le sage qui se tait, dit plus que l'insensé qui parle.

La sagesse ne paroît que par l'opposition de la folie & de la stupidité.

Nous sommes esclaves du secret publié ; mais le secret est notre esclave tant que nous le tenons caché.

Appliquez-vous à la recherche de la science, depuis le berceau jusques à la mort.

Le sage qui se trouve parmi les ignorants, ne doit s'attendre à aucun honneur.

Rien n'est plus difficile que de se connoître soi-même.

Il ne faut pas s'étonner que quelquefois l'ignorant, par son babil, l'emporte sur le savant. L'émeril use les pierres précieuses.

Il est de l'entendement offusqué par la concupiscence, comme d'un mari gouverné par sa femme.

Le sage ne doit pas facilement excuser les légéretés du menu peuple, parce qu'il en arrive du mal à l'un & à l'autre. L'autorité du sage en diminue, & le menu peuple se confirme dans le désordre.

Qui loue les mauvaises actions, est sujet à les commettre.

L'attache pour le monde & pour les richesses, est la source de tous les maux.

Le Ciel a accordé de quoi vivre à tout le monde ; mais à condition de travailler pour l'avoir.

La honte empêche qu'on n'obtienne ce que l'on souhaite.

On oublie le nom de celui de qui l'on n'a pas mangé le pain pendant qu'il vivoit.

Dans une méchante année, il ne faut pas demander au pauvre en quel état sont ses affaires, à moins qu'on ne veuille le soulager.

La meilleure conduite dans les grandes assemblées, est de ne rien dire contre le sentiment de personne.

Les bons sont joyeux dans leur pauvreté, & les méchants sont tristes au milieu de l'abondance.

Un homme sans esprit se connoît à six sortes de marques ; en ce qu'il se fâche sans sujet, en ce qu'il dit des paroles qui ne servent de rien, en ce qu'il se fie à toutes sortes de personnes, en ce qu'il change lorsqu'il n'a pas lieu de changer, en ce qu'il s'embarrasse de ce qui ne le regarde pas, & en ce qu'il ne sauroit faire le discernement d'un ami d'avec un ennemi.

L'Ecolier qui apprend malgré lui, ressemble à un amant qui n'a pas d'argent ; le voyageur qui manque de bon sens, à un oiseau sans ailes ; un Savant qui ne pratique pas ce qu'il sait, à un arbre sans fruit, & un Derviche sans science, à une maison sans porte.

Il n'est pas du bon sens de prendre un remede douteux, ni de voyager sans caravane par un chemin qu'on ne connoît pas.

Les richesses les plus completes consistent à se contenter de ce que l'on a, & le plus fâcheux de la pauvreté est de ne la pas supporter avec patience.

On attend inutilement cinq choses de cinq personnes différentes : Un présent du pauvre, du service du négligent, du secours de l'ennemi, du conseil de l'envieux, & un véritable amour d'une femme.

On se perd par deux sortes de moyens, par les richesses excessives, & par la grande démangeaison de parler.

Ne vous pressez pas de vous informer de ce que vous pouvez savoir un jour par vous-même, parce que cela feroit préjudice à la bonne opinion que l'on a de vous.

On n'est pas homme tant qu'on se laisse dominer par la colere.

Mesurez vos paroles à la capacité de ceux à qui vous parlez.

On est riche lorsqu'on est content de ce que Dieu donne.

Un peu de beauté est préférable à beaucoup de richesses.

Qui fréquente les méchants ne laisse pas que de faire tort à sa réputation, quoique leur compagnie ne l'ait pas encore corrompu. Il en est de même que de celui qui fréquente les cabarets ; on ne dit pas qu'il y prie Dieu, mais qu'il y boit du vin.

La

La modération doit être considérée comme un arbre, dont la racine est en mouvement, & le fruit en repos.

Le pauvre de qui la fin est heureuse, est préférable au Roi de qui la fin est malheureuse.

Il n'est pas du sage, de reprendre une faute, & d'y tomber lui-même.

Le Ciel donne de la pluie à la terre ; mais la terre ne renvoye au Ciel que de la poussiere : C'est qu'on ne tire d'un vase que ce qu'il contient.

Le plaisir du monde est d'avoir le nécessaire, & non pas le superflu.

Le trop grand commerce avec le monde jette dans le mal.

L'amitié s'augmente en visitant les amis ; mais en les visitant peu souvent.

Il appartient de donner conseil aux Rois, à ceux seulement qui ne craignent pas de perdre la vie, qui n'attendent rien d'eux.

Personne ne se fait plus de tort à lui-même, que lui qui fait des soumissions à qui n'a pas de considération pour lui, & qui entretient une amitié dont il ne tire aucun avantage.

Ne laissez point passer devant vous ceux qui ne connoissent pas votre mérite.

Qui ne souffre pas quelque temps avec patience la peine qu'il y a d'apprendre, demeure long-temps dans l'obscurité de l'ignorance.

L'homme est la plus noble des créatures, & le chien la plus méprisable. Cependant il faut tomber d'accord, qu'un chien reconnoissant est plus estimable qu'un ingrat.

Les nobles, qui se rendent d'un facile accès, en tirent deux avantages ; l'un, en ce que cela releve leur noblesse, & l'autre, en ce qu'ils en sont considérés davantage.

Qui obéit à ses passions, n'est capable de rien, & c'est aussi pour cela qu'il n'est pas propre à commander.

La perfection consiste en trois choses : à observer sa Religion, à être patient dans les disgraces, & à se conduire avec sagesse.

Puisque le monde n'est qu'un passage, nous devons au moins nous étudier à faire en sorte qu'on y dise du bien de nous.

La douceur du chameau est si grande, qu'un enfant peut le conduire cent lieues loin par le licou. Néanmoins, si l'enfant le conduit par un chemin dangereux, il résiste, & ne lui obéit plus. Cela fait voir qu'il faut rejetter la douceur, lorsque la sévérité est nécessaire.

Un Prince qui n'a pas de justice, ressemble à une riviere sans eau.

De même que les viandes sont inutiles au malade, de même aussi tous les avertissemens ; tous les conseils & toutes les prédications, ne servent de rien à celui qui est aveuglé de l'amour du monde.

Trois sortes de personnes font connoître en trois différentes rencontres ce qu'ils sont, & ce qu'ils savent faire : Les gens de cœur dans le combat, les gens de bonne foi en rendant le dépôt qu'on leur a confié, & les amis dans le temps du malheur & de la mauvaise fortune.

Il est du mensonge comme d'une plaie qui laisse une cicatrice après elle. On ne croit pas le menteur, même quand il dit la vérité, & cela arriva aux freres de Joseph.

Un savant qui ne pratique pas ce qu'il sait, ressemble à un nuage qui ne donne pas de pluie.

Ce n'est pas avoir assez d'amis que d'en avoir mille ; mais c'est trop d'ennemis que d'en avoir un seul.

La science chasse l'ignorance ; mais elle ne chasse pas un esprit mal-tourné.

Plus un ennemi paroît soumis, flatteur & complaisant, & plus un bon politique doit se méfier de lui.

Deux choses sont embarrassantes ; se taire quand il faut parler, & parler quand il faut se taire.

Un seul homme au plus peut tuer cent autres hommes de son sabre ; mais il peut, par sa prudence, détruire une armée entiere.

Le riche qui n'est pas libéral, ressemble à un arbre sans fruit.

Pourvu que vous ne vous lassiez pas de chercher, vous trouverez ce que vous cherchez.

Vous ne pouvez pas garder votre secret ; quelle raison avez-vous de vous plaindre, qu'un autre, à qui vous l'avez déclaré, le publie ?

Le pauvre qui n'a pas de patience, ressemble à une lampe sans huile.

Quoique la patience soit amere, néanmoins le fruit en est doux.

Celui à qui, dans l'intention seulement de faire paroître son éloquence & son bel esprit, il échappe de dire plus qu'il n'est capable de faire, n'est pas long-temps à se repentir de son imprudence.

Il est de l'administration des affaires des Rois, comme des voyages sur mer ; on y gagne, on y perd, on y amasse des trésors, on y perd la vie.

Une femme sans pudeur ressemble à des viandes qui ne sont pas assaisonnées.

Le pauvre volontairement pauvre, ne possede rien, & rien ne le possede.

Le riche qui cherche ses commodités au préjudice d'un autre, n'est ni frere, ni parent.

Un jour d'un Savant vaut mieux que toute la vie d'un ignorant.

Il est moins fâcheux de mourir dans le besoin, que de déclarer sa pauvreté.

Il est plus souhaitable de mourir glorieusement, que de vivre misérablement.

Le méchant doit être réputé pour mort lors même qu'il est vivant ; mais l'honnête homme vit même parmi les morts.

Un Roi cruel ne doit pas espérer que son regne soit de longue durée ; un orgueilleux, qu'on le loue ; un méchant, d'avoir beaucoup damis ; un avare, de passer pour humain & pour un honnête homme, & un intéressé, d'être estimé juste & équitable.

Jamais il ne faut découvrir son aversion ni à ses envieux, ni à ses ennemis.

L'amitié des Grands, le temps chaud en hyver, les douces paroles des Dames, & la joie des ennemis, sont quatre choses auxquelles il ne faut pas se fier.

Jamais on ne doit rien entreprendre qu'après l'avoir bien examiné.

Le cœur d'une personne qui ne dépend de personne, doit être le tombeau d'un secret quand on le lui a confié.

Il ne faut ni s'entretenir, ni avoir aucun commerce avec les foux, parce que rien ne leur fait honte.

Qui possede un art, peut dire qu'il est grand Seigneur.

L'envie est autant inséparable de l'envie, que le feu & la fumée sont inséparables.

Si un conseil ne réussit pas une fois, il réussit en un autre temps.

Le pays où l'on n'a pas d'amis, est un méchant pays.

L'envie est un feu qui prend flamme d'abord, & qui brûle également le verd & le sec. C'est un torrent qui emporte chaumieres & palais.

Grands & petits sont chassés de chez eux, pour une faute qu'un seul homme aura commise en toute une nation.

Les honneurs, les charges & les dignités ne récompensent pas de la peine qu'on se donne pour y arriver.

Souvent un esclave mérite plus d'estime qu'un noble.

En de certains temps, un livre tient lieu d'une agréable compagnie.

Souvent la vie solitaire est une vie de gens qui ne peuvent & qui ne veulent rien faire.

Le jour auquel on ne fait pas quelque bonne action, ne doit pas être mis au nombre des jours de la vie, non plus que le jour auquel on n'apprend pas quelque chose.

La médiocrité est la regle de toutes les affaires & de toutes les entreprises.

Il est impossible, quand on n'a pas de complaisance, qu'il ne naisse du trouble, même entre les parents & les alliés.

Un grand Monarque doit avoir la bonne réputation pour objet, parce que de toutes les grandeurs & de tout le fracas du monde, c'est la seule chose qui reste après lui.

Ne différez pas à demain ce que vous avez à faire aujourd'hui.

La marque d'une grande ame, est d'avoir pitié de son ennemi lorsqu'il est dans la misere.

La libéralité est si agréable à Dieu, que c'est par elle qu'il se laisse appaiser, & qu'il fait miséricorde.

Peu de richesses bien ménagées durent long-temps, mais de grands trésors ne font pas de durée lorsqu'on les prodigue.

Il ne faut pas se détacher d'un vieil ami, pour se donner au premier venu, parce que jamais on ne se trouve bien de ce changement.

Qui fait du bien ne perd pas sa récompense. Jamais un bienfait ne périt, devant Dieu, ni devant les hommes.

Qui se porte bien, & qui a du pain & un lieu de retraite, ne se met au service de personne, ni ne voyage.

Si vous avez du respect pour les braves & pour les personnes de courage, ils font tout à vous : mais si vous avez le même égard pour les lâches, ils vous haïssent & en deviennent plus insolents.

L'avidité mene à l'infini ; le plus sûr est de se fixer. Ceux qui ne se fixent pas, ne font jamais riches.

Un peu de bonne amitié bien placée, vaut mieux qu'une grande amitié contractée avec légéreté.

On ne peut se démêler des grands embarras qu'en deux manieres, ou par une fermeté constante, ou par la fuite.

Un Monarque qui s'abandonne entiérement aux divertissements, rend sa vie la premiere vie du monde en fait de plaisirs ; mais pour s'acquitter de son devoir, il doit être dans son Royaume, comme la rose au milieu d'un jardin, où elle couche sur les épines.

Il ne faut pas mépriser les hommes à les voir rampants & mal vêtus. La mouche à miel est un insecte désagréable à la vue ; cependant sa ruche ne laisse pas que de donner une grande abondance de miel.

Les grands honneurs élevent un homme bien né ; mais ils abaissent un mal-habile homme.

Les peuples jouissent du repos, lorsqu'ils font gouvernés par des Princes qui ne mettent pas la tête sur le chevet pour en prendre. Le Monarque qui ne s'en donne pas, le fait naître.

Il faut conférer son sentiment avec le sentiment d'un second, parce que deux trouvent plutôt la vérité qu'un seul.

On ne doit pas se réjouir de la mort d'un ennemi ; notre vie ne sera pas éternelle.

Il faut agir pour ne pas tomber dans la paresse ; il faut aussi rapporter à Dieu tout ce que l'on acquiert par le travail, autrement on est dans une oisiveté continuelle & condamnable.

Les fautes de la langue causent plus de mal qu'un faux pas. La tête paye les fautes de la langue ; mais on ne chope plus en marchant moins vîte.

Le meilleur des hommes est celui qui fait du bien aux hommes.

La difficulté est grande de rendre savant celui qui ne fait rien, parce que son ignorance lui fait croire qu'il en sait plus que celui qui entreprend de l'instruire.

La plupart de vos amis s'approchent de vous pour avoir part à votre table, & d'abord que vos biens diminuent, ils vous abandonnent.

C'est assez d'un habit, d'une maison, & de la nourriture d'un jour. Si l'on meurt à midi, on a la moitié de sa nourriture de superflu.

L'avare est un objet de malédiction, tant à l'égard du monde qu'à l'égard de la Religion, & l'ennemi de tous les pauvres.

Il vaut mieux que vous fassiez le bien, & qu'on parle mal de vous, que si vous étiez méchant, & qu'on en dit du bien.

Patientez contre les entreprises de vos envieux, votre modération les jettera dans le désespoir, & vous arriverez au temps que vous les verrez tous périr.

Les amis intéressés ressemblent aux chiens des places publiques, qui aiment mieux les os que ceux qui les leur jettent.

Quand vous serez dans la prospérité, ayez soin de vous y bien maintenir, parce que vous pourriez vous en priver vous-même par votre faute.

Il ne s'agit pas de la naissance, ni de la valeur, pour arriver aux grandes charges ; mais de la vivacité & de la force de l'esprit. Il n'y a rien à quoi on ne puisse aspirer, quand on a de l'esprit.

L'avantage auquel un honnête homme doit aspirer à la Cour, est d'arriver, s'il le peut, à une dignité plus relevée que celle qu'il possede, afin d'être en état de faire du bien à ses amis, & d'empêcher par l'autorité dont il est revêtu, que ses ennemis ne puissent lui nuire.

Pour bien vivre, il faut mourir aux affections des sens & de tout ce qui en dépend.

Mille années de délices ne méritent pas qu'on hasarde sa vie un seul moment pour en jouir.

La passion de vivre à son aise & sans rien hasarder, est l'avant-coureur d'une vie méprisable & ignominieuse.

On propose de se bien gouverner, lorsqu'on est malade, & l'on n'est pas plutôt en santé, qu'on retombe en de nouvelles débauches. On met son espérance en Dieu dans ses craintes, & on l'offense d'abord qu'on est en santé. Cela montre bien qu'il n'y a point d'actions pures & sinceres.

En quelque entreprise que ce soit, il ne faut pas moins savoir comment on en sortira, que l'endroit par où on doit la commencer.

Vous ne recevez rien, qu'à proportion de ce que vous donnez.

Qui veut s'avancer à la Cour, doit observer cinq choses. La premiere, est de corriger le penchant qu'il peut avoir aux emportements, par la douceur & par la complaisance ; la seconde, de ne pas se laisser séduire par le Démon de l'orgueil ; la troisieme, de ne pas se laisser vaincre par l'intérêt ; la quatrieme, d'être sincere & droit dans l'administration des affaires dont il sera chargé ; & la cinquieme, de ne pas s'ébranler pour tous les contre-temps qui lui arriveront.

Le service des Rois est une mer vaste où naviguent des Marchands ; les uns y font naufrage, & les autres en rapportent de grandes richesses.

Eloignez-vous de celui qui ne connoît pas de quoi il est capable, qui s'obstine dans les entreprises qui font au-dessus de ses forces, & qui se laisse conduire par ses passions. Il aura de la satisfaction pour un jour, & plusieurs années à se repentir.

Les affaires font conduites par les sages, tant qu'elles vont bien ; mais les méchants s'en chargent d'abord, que les sages les abandonnent.

Craignez celui qui vous craint.

Il ne faut rien faire sans dessein.

La prudence fait la moitié de la vie.

Il faut s'abaisser en demandant, afin d'être élevé en obtenant sa demande.

La familiarité des Grands est périlleuse ; c'est un feu auquel on se brûle.

Gardez-vous de la familiarité des Rois, avec le même soin que le bois sec doit s'éloigner du feu.

Une méchante femme, dans la maison d'un homme de bien, est un enfer pour lui dans ce monde.

Le commencement de la joie suit immédiatement après la patience.

Qui ne combat point, craint le danger, & n'arrive jamais à la gloire.

On acquiert des richesses avec la patience, & l'on est à couvert, des dangers par le silence.

Il est de l'intérêt des Rois, de cultiver & de favoriser les personnes de mérite, parce qu'ils en reçoivent des services proportionnés aux bienfaits par lesquels ils ont soin de les ménager.

On ne peut pas dire de l'avare, tout attaché qu'il est à ses richesses, qu'il en soit le possesseur.

La pensée au mal tire son origine de l'oisiveté.

Faites parade de votre propre vertu, & ne vous fondez pas sur l'antiquité de votre origine. Ne produisez pas un vivant par un mort, & ne donnez pas un mort pour un vivant.

Ne dites point de mal des morts, afin que le bien que vous aurez fait, demeure dans la mémoire des hommes.

Le bon emploi des richesses vaut mieux que la recherche qu'on en fait.

Les Rois & les sujets sont également malheureux, où les personnes de mérite sont méprisées, & où les ignorants occupent les premieres charges.

Les richesses qui ne sont pas employées à substenter la vie, ne sont utiles à rien.

Afin de n'être pas insulté par les méchants, il faut avoir de la complaisance pour eux.

Le mal est plus grand de rendre le mal qu'on a reçu, que de commencer à faire le mal.

On n'obtient pas tout ce que l'on souhaite.

Répondez à ceux qui vous font des demandes, d'une maniere qu'ils ne puissent pas se fâcher.

Le moyen de punir les envieux, est de les combler de bienfaits.

Vos freres & vos amis sont ceux qui vous assistent dans la nécessité.

La prudence souffre entre l'impossibilité & l'irrésolution.

C'est rendre graces à Dieu des richesses qu'il donne, que d'en faire des largesses.

Ne faites amitié avec personne qui ne soit exempt de colere.

Quand vous parlez, faites en sorte que vos paroles n'ayent pas besoin d'explication.

L'acquisition la plus précieuse, est celle d'un ami fidele.

Il ne faut pas se fier aux apparences ; le tambour, avec tout le bruit qu'il fait, n'est rempli de rien.

N'ayez pas une méchante conscience, mais ayez de la méfiance, afin que vous soyez sûr de n'être ni surpris, ni trompé.

Soit que l'on fasse le mal, ou que l'on fasse le bien, rien ne demeure impuni, ou sans récompense.

Le bon succès dans les affaires, même dans les occasions les plus périlleuses, ne dépend de la force, ni du secours que l'on reçoit d'ailleurs ; mais de la prudence & de la bonne conduite.

La sagesse est préférable à la force, parce qu'elle exécute des choses dont la force ne peut venir à bout.

Le sage, par ses paroles, fait des choses que cent armées jointes ensemble ne peuvent pas exécuter.

Heureux celui qui corrige ses défauts sur les défauts des autres !

Les graces ne sont pas la récompense des bassesses, qu'il faut faire pour les obtenir.

Il ne faut point parler, qu'auparavant on n'ait pensé à ce qu'on veut dire, ni rien faire sans raison.

Ceux qui croyent trouver leur avantage dans les troubles & dans les séditions, ne manquent pas de les exciter.

Les meilleurs amis de ce siecle sont les espions de nos défauts.

Jamais on n'aura d'amis, si l'on en veut avoir sans défaut.

Quand un Ministre, avec le pouvoir absolu en main, est également arbitre des affaires secretes & des affaires générales de l'Etat, c'est un grand miracle s'il n'aspire pas à la puissance souveraine, & s'il ne fait point périr celui qui lui fait obstacle.

Le repos de l'ame consiste à ne rien espérer.

Il ne faut pas craindre du côté dont on se garde, mais du côté dont on s'imagine qu'on est en sûreté.

Le Savant indiscret est à charge à tout le monde.

Une méchante constitution ne peut se changer en une parfaite santé ; jamais aussi des mœurs corrompues ne peuvent se changer en des mœurs louables & irréprochables.

On est considéré & respecté en tout lieu, quand on a de la vertu ; mais l'ignorant est étranger en son propre pays.

Qui met son application à acquérir les sciences, se met en état de posséder toutes sortes de biens.

Donnez une bonne éducation à vos enfants, vous leur ferez plaisir.

Qui ne réussit pas dans l'exécution des ordres qu'on lui a donnés, parce qu'on l'en a cru capable, mérite d'être excusé ; car il est à croire qu'il n'a rien oublié de ses soins pour en venir à bout.

Avoir de l'honnêteté & de la considération pour les méchants & pour de malhonnêtes gens, c'est cultiver une épine & nourrir un serpent dans son sein.

Faites du bien au méchant, vous le ferez devenir homme de bien.

Les véritables richesses consistent dans la vertu, & non pas dans la possession de grands biens, & la sagesse se trouve dans l'entendement, & non pas dans les années.

Un serviteur enclin à mal faire, ne sort jamais du monde qu'il n'ait payé son maître d'ingratitude.

Les Rois ne sont Rois, que parce qu'ils ont des hommes, & les hommes ne peuvent vivre heureux sans Roi.

Vous qui êtes dans les charges & dans les dignités, pourquoi vous déchargez-vous sur un autre d'un soin qui vous regarde ? Pourquoi remettez-vous sur d'autres la faute que vous faites vous-même ?

Chaque action demande un génie particulier.

Les richesses augmentent à mesure qu'on les distribue aux pauvres.

La trop grande réputation est souvent un embarras.

On n'est pas méprisable pour être pauvre. Le lion à la chaîne n'en est pas moins vaillant.

Un seul homme ne peut pas résister à plusieurs autres hommes. Un moucheron renverse un éléphant avec sa grosseur épouvantable & avec toute sa force, & plusieurs fourmis ensemble mettent un lion dans un grand embarras, lorsqu'elles se jettent sur sa peau.

Les bonnes actions rendent la vie heureuse.

Qui donne conseil n'a que son conseil à donner ; c'est à celui qui le reçoit de l'exécuter.

Les richesses & les enfants ne causent que du malheur.

Un Souverain doit être réduit à de grandes extrémités, avant que de détruire l'ouvrage de ses mains, en privant un Ministre de ses bonnes graces.

Un jeune homme, qui a la sagesse d'un vieillard, est considéré comme un vieillard parmi les sages.

Un Prince juste est l'image & l'ombre de Dieu sur la terre.

Le fervice des Grands reffemble à la mer. Plus on y eft engagé, & plus on y court de rifque.

La vérité eft amere & dure à entendre.

On ne peut arriver à la poffeffion de tout, que par un abandonnement entier de toutes chofes.

La vertu ne commence pas plutôt d'éclater, que le vice l'infulte avec infolence.

L'homme n'a pas un plus grand ennemi que fon ventre.

La vie de ce monde eft un jeu d'enfants.

On ne peut pas dire qu'on ait penfé mûrement à ce que l'on fait, lorfque la fin ne correfpond pas à ce qu'on s'étoit propofé.

L'ami de qui on doit faire le moins d'état, eft celui pour qui il faut avoir des égards.

Afin que ce que vous fouhaitez vous foit avantageux, ne fouhaitez rien au-delà de ce qui vous eft convenable.

C'eft une efpece de bienféance parmi les perfonnes de débauche, de dire le mot pour rire; mais la même liberté n'eft pas bienféante à ceux qui font profeffion d'être fages.

L'avidité eft une maladie dangereufe; elle attaque l'ame & le cœur, & elle eft fi pernicieufe, que chacun s'éloigne de ceux qui en font attaqués.

Les plus méchants des hommes font ceux qui ne veulent point pardonner.

Comme on le prétend, on ne peut pas éviter le deftin. Mais il eft bon de ne rien faire qu'avec précaution.

C'eft faire un fecond préfent, que de le faire avec un vifage ouvert.

La nobleffe n'eft point parfaite, qu'elle ne foit foutenue par les bonnes actions.

La médifance & la calomnie ne quittent jamais prife, qu'elles n'ayent anéanti l'innocent, qu'elles ont une fois attaqué.

A la fin de votre vie, mettez ordre aux chofes que vous avez négligées au commencement.

On doit faire plus de fondement fur la promeffe des honnêtes gens, que fur les dettes des méchants payeurs.

C'eft un crime & une rébellion à un Miniftre de porter un Roi à ne pas tenir fa parole.

La juftice caufe plus de bien que les grandes armées, & défend plus fûrement que les citadelles les mieux fortifiées.

Les amis intéreffés reffemblent à de méchants chiens, qui n'ont pas d'autre inclination que d'être toujours autour d'une table.

Ne fréquentez pas ceux qui ne connoiffent pas ce que vous valez.

Le refpect eft le lien de l'amitié.

Confidérez votre état, & laiffez les jeux & les mots pour rire aux jeunes gens.

La colere veut être appaifée par des adouciffements, plutôt que par des voies d'aigreur. Pour éteindre un incendie, il vaut mieux y jetter de l'eau que du feu. Le feu ne ferviroit qu'à l'augmenter.

Cinq chofes font les plus inutiles du monde : Un flambeau en plein midi, un beau vifage devant un aveugle, une pluie abondante dans un défert & fur une campagne ftérile, un bon feftin devant des gens raffafiés, & la vérité avec la fcience propofée à un ignorant.

Les fages n'ont que leur confeil à donner. Ils ne font pas garants de l'exécution, elle dépend de ceux qui les confultent, s'ils ont du bon fens.

On fe rend vénérable & refpectable, en s'abftenant des détours & des tromperies.

Quatre chofes réjouiffent particuliérement la vue. Une prairie émaillée de fleurs, une eau coulante, un vin pur, & la préfence des amis.

Il eft de la fcience & des belles connoiffances fans la pratique, comme de la cire qui n'a plus de miel,

comme de la parole que l'effet ne fuit pas, & comme d'un arbre fans branches, qui n'eft bon qu'à être jetté au feu.

Ne fréquentez pas l'ignorant, qui croit être favant.

Qui a la faveur d'un Prince, fait tout le mal qu'il lui plaît, & on lui applaudit.

Ne laiffez pas de dire la vérité, quoique vous fachiez qu'elle eft odieufe.

Le nombre d'hôtes à table eft la bénédiction de la maifon.

Cinq chofes font inutiles, quand elles ne font pas accompagnées chacune d'une autre chofe : La parole fans effet, les richeffes fans économie, la fcience fans les bonnes mœurs, l'aumône fans intention & hors de propos, & la vie fans la fanté.

Si vous voulez que votre ennemi ne fache pas votre fecret, ne le révélez pas à votre ami.

L'avarice, la concupifcence & l'amour de foi-même, font trois chofes qui abregent la vie.

Le noble, qui vit fans dignité, ne doit pas être cenfé au nombre des vivants.

Si vous voulez vivre fans inquiétude dans les dignités, faites des actions dignes de votre caractere.

Quand des fujets, maltraités par des Officiers fubalternes, ne peuvent pas faire de remontrances au Prince, parce que la trop grande autorité du Miniftre leur en ôte les moyens, leur fort eft femblable à celui d'un homme preffé de la foif, qui s'approche du Nil pour boire, & qui y apperçoit un crocodile, dont la vue lui ôte la hardieffe de prendre de l'eau.

Le tombeau feul peut étouffer la concupifcence.

Il vaut mieux fe laiffer mourir de faim, que d'arracher le pain des pauvres.

Les viandes font la nourriture du corps; mais les bons entretiens font la nourriture de l'ame.

Ceux qui commettent les crimes les plus énormes, font en quelque façon plus tolérables qu'un pauvre rempli d'orgueil.

La durée d'un menfonge n'eft que d'un moment; mais la vérité fubfifte jufqu'au jour du jugement.

Il eft des Princes comme des beautés. Plus une beauté a d'amants, & plus fa gloire eft grande. De même, plus la Cour d'un Prince eft nombreufe & remplie de Courtifans, & plus le Prince eft eftimé & confidéré.

Le plus grand des affronts eft celui qu'on reçoit, lorfque ce qu'on a avancé eft connu publiquement pour faux.

La plus grande des lâchetés eft d'avoir le pouvoir de faire du bien à qui en a befoin, & de ne vouloir pas le faire.

Les bonnes mœurs doivent être l'ornement des hommes, & l'or l'ornement des femmes.

Si quelqu'un vous reprend de vos défauts, ne vous chagrinez pas contre lui, mais chagrinez-vous des chofes qu'il vous dit.

La fcience eft dommageable à celui qui la poffede, lorfqu'elle n'eft pas accompagnée de fageffe & de bonne conduite.

Les viandes empoifonnées font préférables à des difcours dangereux.

Si vous voulez ne pas être un méchant ami, ne foyez pas vindicatif.

Il y a fix chofes fur lefquelles il ne faut pas fonder fon efpérance : L'ombre d'un fimple nuage, parce qu'il ne fait que paffer. L'amitié des mal-intentionnés, parce qu'elle paffe comme un éclair. L'amour des femmes, parce qu'il s'éteint pour le moindre fujet. La beauté, parce qu'à la fin elle fe ternit, quelque accomplie qu'elle foit. Les fauffes louanges, parce qu'elles n'aboutiffent à rien; & enfin, les richeffes & les biens de ce monde, parce qu'ils fe diffipent & qu'ils fe confument.

Si vous defirez vivre fans déplaifir, n'ayez point d'attache pour tout ce qui fe paffe dans le monde.

Pour

Pour ne pas recevoir un affront, n'ôtez pas de sa place ce que vous n'avez point placé.

Un méchant homme heureux est indigne de son bonheur.

Afin qu'on ne découvre pas vos défauts, ne découvrez pas les défauts des autres.

Combattez contre vous-même, vous acquerrez la tranquillité de l'ame.

Ne faites rien par passion, vous vous exempterez d'un long repentir.

Si vous voulez vous acquérir de l'estime, ayez de l'estime pour les autres.

Pour être agréable à tout le monde, accommodez votre discours suivant l'inclination de chacun.

Ne riez pas sans sujet, c'est une double folie de rire de cette maniere.

La belle raillerie est dans le discours ce que le sel est dans les viandes.

Raillez avec vos égaux, afin que vous ne vous fâchiez pas, s'ils vous rendent raillerie pour raillerie.

On ressemble à ceux que l'on fréquente.

N'ayez jamais querelle avec personne. La querelle est indigne d'un honnête homme. Il n'appartient qu'aux femmes & aux enfants de quereller.

Les richesses les mieux employées, sont celles qu'on employe pour l'amour de Dieu.

Le remede d'un cœur affligé est de se remettre à la volonté de Dieu.

Si l'occasion vous oblige de quereller, ne dites pas tout ce que vous savez de celui contre qui vous aurez querelle ; faites-le d'une maniere qu'il y ait lieu de venir à un accomodement.

La concupiscence est la maladie de l'ame.

La parole est la marque de l'esprit de l'homme, & ses actions sont la marque du fond de son cœur.

Il est plus difficile de bien ménager les richesses, que de les acquérir.

La présence des amis cause une véritable joie, & une joie de durée.

Peu de richesses, ménagées avec économie, valent mieux que de grands trésors mal employés.

L'élévation des personnes qui n'ont pas de mérite, est un sujet de chagrin pour les hommes de bien.

La grande dépense amene la pauvreté.

La grandeur des Rois éclate dans l'administration de la Justice.

Le repos & la santé du corps s'acquierent par le travail.

Ne prêtez de l'argent à votre ami, que le moins que vous pourrez, pour éviter le chagrin de le redemander. Si vous êtes obligé de lui en prêter, faites état que vous le lui avez donné, & ne le redemandez pas ; mais attendez qu'il vous le rende.

Modérez-vous envers celui qui vous cause du mal, vous le confondrez.

La consolation des affligés est de voir leurs amis.

Un ami devient facilement ennemi, & quand une fois il est ennemi, il est difficile qu'il devienne ami une autre fois.

C'est un défaut dommageable aux entreprises, que de s'y appliquer avec trop d'attache & trop d'empressement.

Les plaisirs que l'on goûte auprès des Princes, brûlent les levres.

L'éloquence est la source des richesses.

Faites part de ce que vous avez à ceux qui le méritent ; mais gardez vous de convoiter ce que les autres possedent, si vous voulez passer pour un parfaitement honnête homme.

Si vous voulez que votre femme soit sage, ne la prenez pas au-dessus de votre état.

Un pere doit être grave & sérieux avec ses enfants, afin qu'ils ne le méprisent pas, & qu'ils le craignent toujours.

Honorez votre pere, votre fils vous honorera de même.

Gardez-vous d'un ami qui aiment votre ennemi.

Le degré de la science est le plus haut de tous les degrés d'élévation.

Il faut rompre entiérement avec les amis qui rompent sans sujet.

Personne n'est sans défauts ; mais faites en sorte que vous n'en ayez pas.

Il faut se faire ami des méchants, de même que des bons, parce que quelquefois on a besoin du secours des premiers, comme du secours des derniers.

La joie de la vie procede d'une conscience pure & nette.

Une drachme d'or donnée à un pauvre de tes proches, vaut plus que cent drachmes données à un autre qui ne te touche pas.

Mesurez chacun suivant sa mesure.

Il faut de son côté être fidele & sincere en amitié, & vivre avec ses amis comme s'ils devoient rompre un jour. On ne sait si à la fin ils ne pourroient pas devenir ennemis.

Il est plus aisé que la science périsse, qu'il n'est aisé que les Savants meurent.

Fréquentez le monde, chacun à proportion de son mérite.

La dévotion du peuple est une superstition.

Le pauvre ne doit pas faire amitié avec un plus puissant que lui, parce que ceux qui sont au-dessus de nous, ne nous aiment jamais parfaitement.

A considérer d'où l'homme est sorti, il est étrange qu'il puisse se glorifier.

Chacun fait pour soi le bien ou le mal qu'il fait.

Ne faites pas amitié avec des amis intéressés, parce qu'ils n'ont pour but que leur intérêt, & point l'amitié.

Méfiez-vous toujours de deux sortes de personnes ; d'un puissant ennemi, & d'un ami dissimulé.

En quelque coin du monde que ce soit, on a toujours à souffrir.

Ne vous faites pas ennemi d'un plus puissant que vous.

Ne raillez personne qui soit d'un esprit inégal ou étourdi.

Il vaut mieux orner le dedans que le dehors.

Qui n'a point d'ami est étranger en quelque endroit qu'il aille.

La méfiance est une marque de sagesse & de prudence.

Les plaisirs que vous prenez en ce monde, ne sont que tromperie.

Si l'on vous a imputé quelque mauvaise action, ayez grand soin de vous en purger.

Si vous avez quelque ordre à exécuter, exécutez-le seul & sans compagnon, afin que vous ne manquiez pas dans l'exécution, & que vous ayez l'approbation de celui qui vous aura commandé.

Si l'on vous demande pardon d'une offense qu'on vous aura faite, pardonnez d'abord, & persuadez-vous qu'on ne vous a offensé, que pour éprouver votre clémence.

Les Savants sont les véritables nobles & les véritables Seigneurs dans chaque nation.

N'offensez personne, pour n'être pas dans l'obligation de demander pardon.

Les mœurs déréglées sont l'ivresse des mortels.

Si le malheur vouloit que vous fussiez obligé de demander pardon, faites-le promptement, afin d'éviter le blâme d'être opiniâtre.

L'élévation de l'homme consiste dans l'humilité.

Ne cherchez pas de dignités que vous ne les méritiez.

Il n'y a pas d'offense si grande qui ne mérite d'être pardonnée.

L'opprobre de la fcience, eft d'être pourvu de peu de fcience.

L'avarice eft le châtiment du riche.

Un peu de difcernement, dans les actions, vaut beaucoup mieux qu'une multitude d'actions faites fans choix & avec inconfidération.

Vos cheveux blancs font les avant-coureurs de votre mort.

Une des loix de l'amitié, eft de n'être pas importun.

Qui eft au fervice des Princes & des Grands, doit obferver cinq chofes, pour ne pas donner prife à fes ennemis. Jamais il ne doit être furpris en menfonge par fon maître; jamais il ne parlera mal de perfonne devant lui; il ne lui conteftera rien; il ne fera rien de contraire aux ordres qu'il aura reçus, & il ne révélera à perfonne le fecret qui lui aura été confié.

On perd le crédit que donnent les richeffes, à proportion qu'elles diminuent.

L'honnêteté confifte principalement en trois chofes; à faire les chofes auxquelles on eft engagé, à ne rien faire contre la vérité, & à fe modérer dans fes actions.

La patience vous fera venir à bout de toutes chofes.

C'eft être plus que tyran de foi-même, que de s'humilier devant ceux qui n'en favent pas de gré, & de s'attacher à ceux de qui on n'a aucun avantage à efpérer.

Quand on eft envieux, on n'a plus d'égard, ni pour les devoirs de la Religion, ni pour les loix de l'équité & de la juftice.

Les voyages forment l'efprit, & outre que par-là l'on apprend la vertu, c'eft auffi une voie pour acquérir les richeffes.

On a du penchant à devenir ennemi, lorfqu'on ne veut pas écouter le confeil d'un ami.

Les hommes font paroître de la folie en cinq occafions différentes; lorfqu'ils établiffent leur bonheur fur le malheur d'autrui; lorfqu'ils entreprennent de fe faire aimer des Dames par la rigueur, & en leur donnant plutôt des marques de haîne que des marques d'amour; lorfqu'ils veulent devenir favans au milieu du repos & des plaifirs; lorfqu'ils cherchent des amis fans faire des avances, & lorfqu'étant amis ils ne veulent rien faire pour fecourir leurs amis dans le befoin.

L'homme fe maintient & fe tire des méchantes affaires par la fincérité.

Le filence eft un voile fous lequel l'ignorant fe cache.

Le plus cuifant de tous les coups eft celui qu'on reçoit d'un ami.

Qui dépenfe plus qu'il n'a de revenu, tombe à la fin dans la pauvreté.

L'ordre & l'égalité font louables en toutes chofes; mais particuliérement dans les affaires du ménage.

Les pauvres ont toujours les mains vuides, & jamais ils n'obtiennent ce qu'ils fouhaitent.

Qui a le cœur étroit, eft pire que celui de qui la main n'eft pas ouverte.

On réuffit toujours mieux dans ce qui eft de fa profeffion, que dans ce qui n'en eft pas.

L'eau fi claire qu'elle puiffe être, n'a pas la vertu de blanchir du drap teint en noir; de même rien n'eft capable de faire changer un méchant naturel.

Lorfque vous vous approchez des Grands, que votre compliment foit court, parlez peu, & retirez-vous promptement.

Le monde eft trop étroit pour deux ignorans qui ont querelle enfemble.

On peut bien tromper la créature; mais on ne trompe pas le Créateur.

Trois fortes de perfonnes inclinent à la rebellion. Le fujet qui ne rend pas à fon Prince ce qu'il lui doit; le malade qui cache fa maladie à fon médecin, & celui qui ne découvre pas fa pauvreté à fon ami.

Peres, vos enfants & vos richeffes font caufe de votre perte.

Qui n'a pas la main ouverte, a toujours le cœur fermé.

Qui n'a pas d'amis, devroit fe retirer dans un défert, plutôt que de vivre parmi les hommes.

Tous ceux qui paroiffent être amis ne le font pas, & fouvent lorfqu'on croit en avoir rencontré un bon, il arrive qu'on s'eft trompé.

Qui ne fe donne pas un peu de patience dans l'acquifition des fciences, foupire long-temps dans les ténebres de l'ignorance.

Ne fréquentez pas les méchants, parce qu'il fuffit de les fréquenter pour être eftimé criminel, quoique l'on foit innocent.

N'empruntez rien de votre ami, fi vous fouhaitez que fon amitié continue.

Heureux celui qui jouit de la fanté!

La fageffe eft une folie auprès des foux, de même que la folie eft folie auprès des fages.

Qui fouffre moins, vit davantage.

Fréquentez le monde, la folitude eft une demifolie.

Plus on a d'efpérance, plus on fouffre.

Les hommes peuvent fe confidérer comme partagés en quatre claffes: Les premiers manquent de tout en ce monde, & ont toutes chofes en abondance dans l'autre: les feconds ont toutes chofes en ce monde, & manquent de tout dans l'autre: les troifiemes ne manquent de rien, & font heureux en ce monde & dans l'autre, & les quatriemes n'ont rien en ce monde ni dans l'autre.

Evitez les procès, ils reffemblent à un feu qu'on a de la peine à éteindre quand une fois il eft allumé.

La tyrannie renverfe le Tyran en peu de temps.

Le gouvernement tyrannique des Rois eft plus tolérable que le gouvernement populaire.

La bonne réputation eft la chofe du monde la plus fouhaitable.

Les Grands font la cour à ceux qui font plus grands qu'eux.

Si vous faites du bien, on vous rend bien pour bien; mais fi vous faites du mal, on vous rend un plus grand mal.

La paffion des richeffes eft quelque chofe de plus violent que la foif.

On eft efclave des préfents, quand on en reçoit.

Plus on fé donne de peine dans une entreprife, plutôt on en vient à bout.

Les grandes ames tiennent leurs promeffes, & excufent ceux qui ne tiennent pas ce qu'ils ont promis.

Le mieux eft que chacun faffe fes propres affaires pour en être content.

Un homme de Lettres fait plus d'état d'une ligne des compofitions d'un favant que d'un tréfor.

Le filence eft la fageffe même; mais peu de gens le gardent.

Vivez content, vous vivrez en Roi.

Qui eft libre, & qui veut vivre libre & content, doit obferver deux chofes; l'une, de ne pas fe marier, quand on lui donneroit la fille de l'Empereur de la Grece pour femme, & l'autre, de ne pas contracter de dettes, quand on lui feroit crédit jufqu'au jour du Jugement.

Ne faites pas eftime d'un homme fans vertu, quand il feroit le plus grand & le plus puiffant du monde.

Le repentir le plus grand, eft celui d'avoir fait du bien à un ingrat.

Toutes chofes font difficiles avant que d'être faciles.

Ne vous travaillez pas l'efprit pour les biens de ce monde. Quand le jour de demain fera arrivé, il apportera avec lui la nourriture de demain.

Une prompte mort eft le châtiment du Tyran.

Le plus fouvent, qui veut tromper les autres, fe trouve trompé lui-même.

Plus on eft avancé dans le fervice & dans la faveur

des Princes, & plus le danger auquel on est exposé, est grand.

L'attache pour le monde est l'origine de tout vice.

La compagnie de ceux pour qui on a de l'aversion, est quelque chose de pire que la mort.

La vérité est si essentielle à l'homme, qu'il lui est beaucoup plus avantageux de ne point parler, que de rien dire qui lui soit contraire.

La marque d'une méchante cause est de dire des injures contre sa partie.

La langue du sage est derriere son cœur, & le cœur de l'insensé derriere sa langue.

La diligence n'est bonne que dans les affaires qui sont aisées.

La réputation que l'on acquiert par la vertu, est préférable à l'éclat de la naissance.

La véritable prudence est de voir dès le commencement d'une affaire quelle en doit être la fin.

Jamais ce qu'on entreprend par ignorance n'a bonne issue.

Le rapport de quelque défaut au désavantage d'un honnête homme, est un témoignage de sa vertu.

Il vaut mieux mourir avec honneur, que de vivre dans l'infamie.

Moins on a d'argent, & moins on a de crédit dans le monde.

Le sage, véritablement sage, n'a point d'attache pour les richesses.

Chaque cœur a son soin particulier.

Ne vous affligez pas d'être privé des biens du monde, ils ne sont rien. La même raison ne veut pas aussi que leur possession vous soit un sujet d'orgueil.

Qui nie d'avoir reçu un bienfait, détruit le mérite de l'avoir reçu.

L'honnête homme ne meurt jamais, mais l'on peut compter pour mort celui qui ne l'est pas.

Qui ne combat point, ne remporte pas la victoire.

Persévérez dans votre entreprise, vous en surmonterez les difficultés.

On vit avec plaisir, lorsqu'on a des amis; mais la vie est pleine d'inquiétudes, lorsqu'on a des ennemis.

Les bonnes actions retombent sur ceux qui les font, mais le mal que font les méchants, est contre eux-mêmes.

Les vieillards n'ont pas besoin d'une plus grande maladie que la vieillesse.

Le malheur des méchants est, que le souvenir de leur méchanceté ne se perd pas, quoiqu'ils se corrigent.

Il faut s'entretenir avec chacun suivant la portée de son esprit.

La vieillesse ne fait point partie de la vie.

La science n'est pas nuisible à un Monarque.

La seule inimitié de l'envieux est irréconciliable.

Il y a de grands profits à faire dans les voyages de mer; mais pour éviter le danger, le plus sûr est de ne pas s'embarquer & de demeurer sur le rivage.

Le visage ouvert, en parlant, marque qu'on dit la vérité.

Les richesses doivent servir pour le repos de la vie; mais la vie ne doit pas être employée pour les amasser.

C'est un déréglement qui n'est pas excusable, de placer un bienfait ailleurs que là où il est nécessaire.

Il est plus important de fuir de vous-même, que de fuir devant un lion.

On ne peut pas faire de fondement sur l'amitié des Grands, parce qu'ils changent à la moindre occasion.

Qui n'a pas la vertu n'est pas riche.

On recherche vos richesses, de la même maniere que vous recherchez les richesses des autres.

Ménagez-vous entre deux ennemis, de maniere qu'ils n'ayent pas sujet de se plaindre de vous, s'il arrive qu'ils deviennent amis.

Lorsqu'une affaire ne vous réussit pas d'un côté, tournez-vous d'un autre qui vous soit plus avantageux.

On s'acquiert de l'autorité sur sa nation par la libéralité.

Il ne faut pas risquer sa vie pour une affaire qui peut s'accommoder pour de l'argent.

On devient heureux par l'amitié d'un ami heureux.

Rassurez-vous lorsque vos ennemis sont en division; mais fuyez lorsque vous verrez qu'ils seront d'accord & unis ensemble.

Qui prend conseil de lui-même, a besoin d'un autre conseil.

On est estimé dans le monde, à proportion qu'on a de bonnes qualités, de perfections & de belles connoissances.

Ne vous fiez pas aux caresses de vos ennemis, & ne vous enflez pas des louanges que les flatteurs vous donnent. Les uns vous tendent des pieges, & les autres aspirent après vos biens.

Ceux qui parlent ne disent jamais rien de bon, qu'on ne leur ait fait connoître qu'ils ne parlent pas bien.

Ne vous applaudissez pas, ni dans vos discours, ni dans vos pensées, n'applaudissez pas aussi au discours d'un ignorant.

L'impatience dans l'affliction est le comble de l'affliction.

Qui ne fait pas le bien dans la prospérité, souffre davantage dans la disgrace.

Le malheur de celui qui maltraite tout le monde, est de ne pas trouver un ami dans sa misere.

La santé ne s'accorde pas avec la débauche.

Ce que l'on acquiert avec facilité ne dure pas long-temps.

Le silence est la plus belle qualité de l'ignorant, & ce n'est pas être ignorant que de l'avoir.

Lorsque quelqu'un fait un récit mieux que vous ne le feriez, ne l'interrompez pas, quoique vous croyez bien savoir la chose.

La fortune ne vous est pas favorable. Que cela ne vous embarrasse pas, accommodez-vous à ses caprices.

Ne publiez pas les défauts de votre prochain, vous vous rendez méprisable en le blâmant.

Il n'est pas étonnant que le Savant garde le silence parmi les guerriers. Le bruit des tambours étouffe l'harmonie du lut.

Il n'est pas sûr de se fier à une personne de qui l'humeur est changeante.

Il ne faut pas avoir honte de demander ce qu'on ne sait pas.

Ce n'est pas un malheur d'être privé de trésors remplis d'or & d'argent. On a toujours à choisir le trésor de la pauvreté contente de ce qu'elle possede. Qui a donné les premiers aux Monarques, a donné celui-ci aux pauvres.

De toutes les maladies, l'ignorance est la plus dangereuse. Il n'y a pas de remede qui puisse la guérir, pas de flambeau qui puisse dissiper ses ténebres, & pas de confortatif qui puisse la faire revenir de ses égaremens.

Il est rude d'être sujet au commandement après avoir commandé, & d'être exposé aux mauvais traitemens après avoir été élevé dans la délicatesse & dans les plaisirs.

On ne regarde pas à mille crimes d'un homme du commun; mais pour une seule faute, on poursuit un Prince d'un pays dans un autre.

C'est faire souvenir que l'on a manqué, que de s'excuser plus d'une fois.

Ne maltraitez pas vos domestiques mal-à-propos, vous ne les avez pas créés. Quittez votre humeur fâcheuse contre eux, & souvenez-vous qu'ils ont un plus grand Maître que vous.

Il est contre la bienséance, de reprendre en public.

Un bon intercesseur sert d'ailes au demandeur.

Les Rois font pour maintenir & pour faire obferver les Loix, & les Loix, bien obfervées, augmentent la gloire des Rois.

Les largeffes d'un ignorant reffemblent à de belles fleurs plantées fur un fumier.

Le découragement eft beaucoup plus douloureux que la patience.

Il n'y a pas de Rois fans fujets; mais fi les fujets ne font riches, les Rois doivent les compter pour rien.

Celui à qui l'on demande, eft libre jufqu'à ce qu'il ait promis.

La raifon qui fait qu'on préfere fon pays à tout autre, eft qu'on croit y être plus en fûreté qu'ailleurs.

L'ennemi le plus dangereux eft celui qui cache fes deffeins.

Qui demande & qui obtient ce qui ne lui convient pas, ne peut en tirer aucun fecours.

Qui écoute médire, eft lui-même du nombre des médifants.

Le defir d'avoir le bien d'autrui, eft de la derniere baffeffe.

La prudence dans les Héros doit précéder la valeur.

Les traités, les contrats & les promeffes n'ont lieu qu'autant qu'on a de bonne foi à les obferver.

Le defir déréglé n'arrive jamais où il afpire.

On connoît les perfonnes de courage dans les occafions périlleufes; un homme de confcienne, lorfqu'il s'agit de rendre le dépôt qu'on lui a confié, & les amis dans la néceffité.

L'efclave de fes paffions eft plus digne de mépris, qu'un efclave acheté à prix d'argent.

L'envieux eft toujours en colere contre celui qui ne l'a pas offenfé.

Soyez toujours humble en quelque état que vous vous trouviez.

On travaille fouvent à ce qui eft nuifible.

En quelque maifon que vous entriez, foyez maître de vos yeux & de votre langue.

Avant que de parler, fongez à ce qu'on pourra vous dire.

On eft libre fans efpérance, & l'efpérance eft efclave.

Il faut fe modérer en deux fortes de rencontres, dans le manger & dans le parler.

L'ami, de qui l'amitié eft intéreffée, reffemble au chaffeur, qui jette du grain pour fon propre interêt, & non pas pour nourrir les oifeaux.

Ne procurez pas aux autres ce que vous ne croyez pas vous être avantageux.

Ne communiquez votre fecret, ni aux femmes, ni aux jeunes gens.

Malheureux & maudits, ceux qui n'ont pas d'autre penfée que d'amaffer des richeffes! Ils meurent à la fin, & ils les abandonnent avec regret.

Ne vous mêlez pas d'enfeigner ce que vous n'avez pas appris.

Ne tenez pas de longs difcours avec les perfonnes qui font au-deffus de vous.

Qui n'eft pas fecouru par fes inférieurs, eft vaincu par ceux qui font au-deffus de lui.

La mort eft le repos des pauvres.

Gardez-vous en voyage de prendre le devant, fans être en compagnie.

Une action méchante dans le fond, & bonne feulement en apparence, n'eft eftimée que pour un temps; mais l'eftime que l'on a pour une action véritablement bonne, ne ceffe jamais.

Souvent les Rois parlent en public de leurs ennemis avec mépris, dans le temps que fous main ils traitent de la paix avec eux.

Il vaut mieux marcher & fe repofer de temps en temps, que de courir & manquer de forces, à force de courir.

Pourquoi fe repent-on une feconde fois d'une action dont on s'eft déja repenti?

Pourquoi s'imagine-t-on que l'on vit, lorfqu'on ne vit pas indépendamment de perfonne?

Pourquoi faites-vous amitié avec des perfonnes qui n'ont pas de mérite? Telles gens ne méritent pas qu'on ait ni amitié, ni inimitié pour eux.

Faites juftice aux autres, afin qu'on vous la faffe à vous-même.

Si vous voulez vous acquérir de l'autorité fans peine, foyez complaifant.

Si vous fouhaitez que votre mérite foit connu, connoiffez le mérite des autres.

Pour être accompli, n'approuvez pas dans les autres ce que vous n'approuvez pas en vous-même.

La raillerie agréable fait dans la converfation le même effet que le fel dans les viandes; mais la raillerie piquante engendre l'averfion.

Ne raillez pas avec vos inférieurs, afin de ne pas commettre le refpect qu'ils vous doivent; mais avec vos égaux, afin que vous n'ayez pas de confufion, s'ils vous rendent raillerie pour raillerie.

La plus excellente des vertus morales eft le peu d'eftime de foi-même. Elle a cet avantage, qu'elle ne s'attire l'envie de perfonne.

Ne donnez jamais confeil qu'on ne vous le demande, particuliérement à ceux qui ne font pas capables d'en écouter.

Dites de bonnes chofes, vous en entendrez de bonnes.

Ne prodiguez pas vos bienfaits à ceux qui ne font recommandables par aucune bonne qualité, vous feriez la même chofe que fi vous femiez dans des campagnes falées.

Quand vous n'avez pas des Savants près de vous de qui vous puiffiez apprendre, apprenez des ignorants en obfervant leurs défauts, pour éviter d'y tomber.

L'ignorant n'eft pas homme, & le Savant fans la vertu n'eft pas favant.

Rendez-vous eftimable par la réputation de dire la vérité, afin que fi la néceffité vous oblige de dire un menfonge, on croye que vous avez dit la vérité.

Un menfonge agréable eft préférable à une vérité qu'on ne peut goûter.

L'homme doit parler, parce que c'eft la parole qui le diftingue des bêtes; mais en parlant, il doit favoir ce qu'il dit, afin qu'on connoiffe qu'il eft homme d'efprit.

Dites ce que vous favez en temps & lieu; mais ne le dites pas à contre-temps, pour ne pas déshonorer la fcience.

Ne parlez à perfonne en particulier dans les compagnies, quand même vous diriez de bonnes chofes, parce que naturellement les hommes fe méfient les uns des autres.

Quoique vous foyez favant, néanmoins croyez que vous êtes ignorant, afin que vous ne vous priviez pas de l'avantage de pouvoir apprendre.

Quoique celui qui parle beaucoup, foit fage d'ailleurs, néanmoins il paffe dans le monde pour un indifcret & pour un brouillon.

Quelques perfections que vous ayez, ne vous en vantez point, parce qu'on ne vous en croira pas fur votre parole.

Ne vous laffez pas d'écouter, parce qu'on apprend à parler en écoutant les autres.

Comment ceux qui font dans la faveur des Rois, dorment-ils en fûreté?

Pourquoi n'appelle-t-on pas ennemi, celui qui voit & qui laiffe maltraiter fon bienfaicteur?

On peut bien vivre fans frere, mais on ne peut pas vivre fans ami.

Quelques amis que vous ayez, ne vous négligez pas vous-même. Quand vous en auriez mille, pas un ne vous aime plus que vous devez vous aimer vous-même.

Comme

Comme les Rois font au-deſſus de tous, il faut auſſi que leurs paroles & leurs actions ſurpaſſent les paroles & les actions de tous, afin qu'ils puiſſent avoir la réputation de grandeur à juſte titre.

Le caractere d'un homme ſage conſiſte en trois choſes, à faire lui-même ce qu'il dit aux autres qu'il faut faire, à ne rien faire contre l'équité, & à ſupporter les défauts de ſon prochain.

La plus grande des obligations, eſt celle du diſciple envers le maître.

La force ne conſiſte pas à renverſer un ennemi par terre; mais à dompter ſa colere.

Ne vous réjouiſſez pas de la mort de perſonne, parce que vous ne vivrez pas toujours, & que vous mourrez comme les autres.

Qui eſt ami des bons, n'a rien à craindre des méchants.

Deux choſes cauſent de l'affliction, un ami triſte, & un ennemi joyeux.

N'ayez point de liaiſon avec huit ſortes de perſonnes, avec un envieux, avec celui qui n'aura pas d'égard pour vous, avec un ignorant, avec un inſenſé, avec un avare, avec un menteur, avec un homme du vulgaire, ni avec un calomniateur.

La vie eſt un ſommeil, & la mort eſt le temps du réveil, & l'homme marche entre l'un & l'autre comme un fantôme.

Le libéral eſt voiſin de Dieu, voiſin des hommes, voiſin du paradis, & éloigné du feu de l'enfer.

Quelque bien que vous ayez fait à une femme, quelque long-temps qu'elle ait mangé du pain & du ſel avec vous, votre cadavre, après votre mort, n'eſt pas encore dans la terre, qu'elle ſonge à prendre un autre mari.

La haine entre les parents eſt pire que la piquure d'un ſcorpion. La douleur que cauſe la piquure d'un ſcorpion eſt de peu de durée; mais la haine entre les parents dure toujours.

Le moyen de ne pas s'ennuyer dans les bonnes compagnies, eſt d'y dire de bonnes choſes, ou de ſe taire & d'écouter les autres.

Un bon conſeil fait beaucoup plus d'effet qu'un ſabre; il peut ruiner une armée entiere, & c'eſt beaucoup ſi un ſabre peut ôter la vie à cent des ennemis.

Le corbeau deviendra plutôt blanc, que celui qui cherche la ſcience, ſans application, ne deviendra ſavant.

Qui veut ſe marier ſans argent, reſſemble à un chaſſeur qui veut prendre un cerf ſans chiens; & qui ſe met dans la dévotion ſans ſcience, reſſemble à un papier ſur lequel rien n'eſt écrit.

En été l'on ſouhaite l'hyver, & quand l'hyver eſt venu, on le maudit, tant il eſt vrai que l'homme ne peut vivre content dans un même état.

On eſtime dans le monde ceux qui ne méritent pas d'être eſtimés, & l'on y méprise les perſonnes de mérite: mais le monde reſſemble à la mer, la perle eſt au fond, & la charogne ſurnage.

N'eſt-ce pas une choſe admirable que le vin, qui fait un homme libéral d'un avare?

On excuſe les ivrognes; mais les amants ne ſont pas moins excuſables dans leurs emportements.

Le monde eſt comme une hôtellerie, ou le voyageur couche aujourd'hui, & d'où il part le lendemain.

Qui n'a pas d'argent eſt comme un oiſeau ſans ailes, comme un navire ſans voiles.

La raillerie eſt bonne, mais il ne faut pas qu'elle paſſe les bornes de l'honnêteté.

Ne fermez pas votre porte à ceux qui veulent entrer, & ne refuſez pas votre pain à ceux qui veulent manger.

La volonté de Dieu détruit la volonté des hommes.

Vous faites à Dieu le bien que vous faites à votre prochain.

Prenez exemple des malheurs des autres, afin que les autres ne prennent pas exemple des vôtres.

Les choſes qui nuiſent ſont des enſeignements.

Les paroles ſont pour les femmes, les actions pour les hommes.

Quoique votre ennemi ne paroiſſe pas plus qu'une fourmi, néanmoins regardez-le comme un éléphant.

Mangez, buvez avec vos amis; mais ne leur vendez rien, ni n'achetez rien d'eux.

C'eſt parler à l'inſenſé que de ne lui point parler. Plus vous lui parlerez, plus vous vous cauſerez de chagrin.

Chacun doit parler de ce qui regarde ſa profeſſion, & non pas de ce qui regarde la profeſſion des autres.

Le meilleur eſt de ne point parler des choſes dont on ne peut ſe ſouvenir ſans douleur.

Ne demandez, ni ne deſirez l'impoſſible.

Apprenez à ſupporter conſtamment les changements de la fortune.

Chaque nuit produit toujours quelque nouveauté, & l'on ne fait pas ce qui doit éclore avant que le ſoleil ſe leve.

Une belle femme & le vin ſont de doux poiſons.

En quelque lieu que le pauvre arrive le ſoir, il y trouve ſon palais.

Cent voleurs ne peuvent pas dépouiller un pauvre homme nud.

L'homme s'en retourne de la même maniere qu'il eſt venu.

Plus les choſes ſont défendues, plus on y eſt porté.

Qui veut un ami ſans défauts, demeure ſans ami.

Ne communiquez à perſonne ce que vous devez faire, parce qu'on ſe moquera de vous, ſi vous ne réuſſiſſez pas.

Le repos dans l'un & dans l'autre monde, conſiſte en deux choſes; à vivre de bonne intelligence avec ſes amis, & à diſſimuler avec ſes ennemis.

Qui ne ſe ſoucie plus de vivre, dit tout ce qu'il a ſur le cœur.

Le reſpect & la civilité entre les amis, doivent être de l'un & de l'autre côté.

Le ſtupide avec ſa ſtupidité fait ce que le ſage fait avec ſon eſprit.

Le deſir de vivre détourne des grandes & belles entrepriſes, & fait prendre l'habitude de l'oiſiveté & de la pareſſe.

Combien la vie ſeroit courte, ſi l'eſpérance ne lui donnoit de l'étendue?

Homme au monde ne peut véritablement être appellé homme, que celui qui ne ſe fie à perſonne.

Le moyen de ne pas faire de fautes en parlant, eſt de garder le ſilence.

Gardez-vous une fois de votre ennemi; mais prenez garde à deux fois à votre ami.

L'eſpérance eſt une compagnie admirable; ſi elle ne conduit pas toujours où l'on ſouhaite d'arriver, au moins ſa compagnie eſt agréable.

Qui pêche les perles ſe plonge dans la mer, & qui aſpire à la grandeur paſſe les nuits dans les villes.

Qui connoît bien ce qu'il cherche ne regarde pas aux dangers qu'il doit rencontrer, avant que de le trouver.

La facilité à donner eſt autant condamnable dans les femmes, que l'avarice dans les hommes.

Les grandes ames paroiſſent en public, lorſqu'ils ont de quoi faire du bien; mais ils ſe cachent dans la pauvreté, & n'importunent perſonne en demandant.

Quand vous voyez le pauvre à la porte du riche, plaignez le ſort du pauvre d'avoir beſoin du riche, & plaignez le ſort du riche de l'attache qu'il a pour les richeſſes. Mais quand vous voyez le riche à la porte du pauvre, béniſſez le pauvre de ce qu'il n'a beſoin de rien, & béniſſez le riche de l'honneur qu'il fait au pauvre.

Les longs diſcours ennuyent & endorment les plus patients & les plus ſages.

Plus un livre est gros, & plus il pese dans les mains; mais il n'en est pas meilleur.

Confidérez-vous que ce que vous aimez est une peau, qui couvre du fang & des os?

Qui veut devenir puiffant Seigneur obtient ce qu'il fouhaite à la Cour des Rois.

Trois chofes donnent accès auprès des Rois, les beaux arts, les richeffes, & l'éloquence.

Il n'eft pas du bon fens de marcher par un chemin que l'on ne connoit pas.

Trois chofes rendent le regne des Rois agréable; la facilité à fe laiffer approcher, la juftice, & la libéralité.

L'ignorance eft injufte envers tout le monde.

Un conte eft vieux dès la premiere fois qu'il a été raconté.

Dans le temps où nous fommes, faire paroître ce que l'on fait, & de quoi l'on eft capable, eft la même chofe que de jetter des perles exprès pour les perdre.

Ne vous plaignez pas du monde; car quel bien peut-on en attendre? Les Roix eux-mêmes y fouffrent, quel repos le pauvre y trouvera-t-il? Si vous fouhaitez le repos, vous le trouverez dans la retraite.

Qui a de la vertu protege & maintient la vertu, de même que le diamant polit le diamant, & celui-là protege la vertu qui la loue & qui cache les défauts.

La vertu n'eft plus au monde, le miel en eft ôté, les guêpes y font reftées.

Le moins eftimable des amis eft celui qui fait des cérémonies.

On pourroit vivre heureufement, fi les cérémonies n'y mettoient pas obftacle.

C'eft avec les étrangers qu'il faut faire des cérémonies; mais elles doivent être bannies entre les amis.

Il eft moins fâcheux d'être malade, que d'avoir foin d'un malade.

Chacun, fuivant fon rang, a fes maux à fupporter, & perfonne pour cela n'a point de lettres d'exemption.

Lhomme doit être ferme & ftable comme un rocher, & non pas léger & mobile comme le vent.

La douceur eft le fel des bonnes mœurs & des belles qualités.

La patience eft la colonne qui foutient la prudence.

L'honnête femme aime fon mari; & quoique laide, elle ne laiffe pas que de faire l'ornement de fa maifon.

Si pauvre que foit un mari, il eft heureux comme un Roi, lorfque fa femme eft fage & foumife.

Au jugement des fages, il faut éviter de prendre en mariage cinq fortes de femmes: Une femme qui a des enfants d'un autre mari, une femme plus riche que foi, une femme qui regrette fon premier mari, une femme qui médit de fon mari en fon abfence, enfin, une femme, qui a de la beauté, mais qui eft de baffe naiffance.

Ce font les menteurs qui font des ferments.

Les perfonnes de naiffance & de probité font amis au fouverain degré; mais l'amitié des perfonnes qui font nées & qui vivent dans la baffeffe, n'eft pas folide.

Les innocents parlent avec hardieffe.

Qui n'a point d'envieux, n'a point de belles qualités.

N'approuvez pas dans les autres ce que vous n'approuvez pas en vous-même.

Evitez la compagnie de ceux qui affligent les autres.

Il y a lieu de craindre de fe brûler quand on eft près du feu.

Qui fait du bien aux méchants, fait la même chofe que s'il faifoit du mal aux bons.

La patience eft le meilleur bouclier du monde pour fe défendre d'un affront.

De la maniere dont le monde eft affligeant, on ne peut pas y trouver de fatisfaction.

Il faut travailler à faire des provifions pendant l'été, pour vivre en repos pendant l'hyver.

Vous êtes efclave des plaifirs de votre corps; cependant il n'y a pas de plaifirs que vous ne puiffiez goûter dans la poffeffion de vous-même.

La querelle entre les amis redreffe l'amitié.

Enfeigner un méchant, c'eft mettre le fabre à la main d'un affaffin.

Une méchante ame eft capable de faire tout le mal qu'on en peut penfer.

La raifon pourquoi les Courtifans font la cour aux Rois avec tant de zele & avec tant de paffion, eft qu'il favent que par-là ils arriveront à la grandeur à laquelle ils afpirent.

Un Monarque qui cherche fes plaifirs & fa fatisfaction particuliere, & qui fouffre que fes fujets foient dans la mifere, voit bientôt l'éclat de fa grandeur obfcurci.

L'efpérance vient après le défefpoir, de même que la clarté vient après une nuit obfcure.

L'ignorant eft affis à la place d'honneur, & l'égarement eft fi grand, qu'on ne laiffe pas approcher le Savant de la falle où il préfide.

En quelque état de mifere que ce foit, la beauté a cela de particulier, qu'elle attire les yeux de tout le monde.

Qui a parfaitement de l'efprit, fera prendre de la terre pour des pierreries s'il l'entreprend.

La fcience a cet avantage, qu'elle fait que ceux qui la poffédent, commandent à ceux auxquels ils font foumis.

Ce n'eft ni de nos richeffes, ni de nos connoiffances que nous devons faire gloire; mais d'être favants, vertueux & de bonnes mœurs.

C'eft une grande ignominie qu'un Savant vicieux; mais un Derviche ignorant eft encore quelque chofe de pire, & l'un & l'autre enfeignent la Religion qu'ils ignorent & qu'ils méprifent.

L'homme qui a de l'efprit, & qui confulte les autres, n'eft qu'un demi-homme; celui qui n'en a point & qui ne prend point confeil, n'eft pas homme.

Ne vous informez pas de celui avec qui vous voulez faire amitié; mais informez-vous de celui qui eft fon ami, parce que facilement chacun fuit les mêmes traces que fon ami. S'il eft méchant, ne feignez pas de vous en éloigner; mais s'il eft bon, attachez-vous à lui, vous deviendrez bon.

N'ayez point de familiarité avec le pareffeux, le méchant corrompt aifément le bon. Ne voyez-vous pas que le feu fe change en cendre, par le voifinage de la cendre?

La plus grande dette eft celle dont on eft redevable à un maitre qui enfeigne, & c'eft la premiere qu'il faut payer, même largement, non pas tant pour s'en acquitter, que par refpect pour fa perfonne.

Il eft de la fcience, à l'égard des préfomptueux, comme de l'eau à l'égard des lieux élevés; car de même qu'il eft contre la nature de l'eau de s'élever, de même auffi il eft contre la nature de la fcience d'arriver jufques aux préfomptueux.

Vous defirez d'être favant fans travail. C'eft une de mille efpeces de folies qu'il y a au monde.

Qui veille la nuit, fe réjouit le matin.

Que de honte! que d'affronts! que de chagrins caufe à l'homme la feule & damnable oifiveté!

Qui enfeigne & ne pratique pas ce qu'il enfeigne, reffemble à la poule qui a des ailes, & qui ne vole pas.

Les richeffes, après lefquelles vous courez avec tant d'ardeur, reffemblent à l'ombre qui marche avec vous. Si vous courez après elle, elle vous fuit; fi vous la fuyez, elle vous fuit.

Vous qui êtes favant, foyez content de votre fortune, de crainte que l'abondance n'accable & ne trouble votre efprit. Un ruiffeau tiré des eaux pures de fa fource; mais il eft troublé d'abord qu'il paffe par-deffus les bords de fon canal.

Quelle autre chofe eft le temps, qu'une route précipitée qui nous conduit continuellement à la mort malgré nous? Et ce qui donne de l'étonnement aux sages, est que le voyageur fait ce chemin même dans le temps qu'il est en repos.

Vous qui pleuriez au moment de votre naissance, pendant que les amis de la maison se réjouissoient & rioient, efforcez-vous de faire en sorte que vous vous réjouissiez, & que vous riez dans le temps qu'ils pleureront à l'heure de votre mort.

Souffrez patiemment toutes les attaques de vos envieux, vous les accablerez tous par votre patience. C'est de cette manière que le feu se consume, quand il ne trouve rien qu'il puisse consumer.

Voulez-vous abattre votre ennemi sans armes, l'accabler de chagrin, & le faire enrager? Méprisez-le, pratiquez la vertu; ce sont des moyens qui le feront mourir plus cruellement que le fer.

Quelque soin qu'on prenne d'éloigner tous les sujets de médisance, personne n'est à l'abri de la langue des hommes. Ils appellent muet celui qui garde le silence, avare celui qui ne prodigue pas ce qu'il a, prodigue celui qui fait largesse de ses richesses; c'est pourquoi laissez-les dire, & ne craignez que le jugement de Dieu.

Ne méprisez personne en quelque état de bassesse qu'il soit. La fortune peut l'élever & vous abaisser.

Pendant que la fortune vous rit, & que vous commandez aux autres, comportez-vous sagement, parce que vous abandonnerez bientôt toutes choses. Considérez ceux qui sont venus avant vous, considérez les Empires, tout est passé, & de tout ce qui a été, rien ne reste que les traces de la vertu.

La mémoire se perd; mais l'écriture demeure.

N'abrégez pas les longues nuits par le sommeil, & ne prolongez pas le jour qui est si court, par des crimes.

Nous voyons mourir de faim ceux qui ont les plus belles qualités, & les plus indignes au milieu des richesses, & des esprits les plus élevés qui n'en ont pas su la cause, se sont rangés du parti des derniers.

Quel bouleversement cause le temps! Les mœurs sont corrompues, l'inconstance regne en toutes choses. Il en est de même que de l'ombre sur le bord des étangs, où la tête, qui est la partie la plus noble, tend vers le bas, & les pieds, quoique la partie la plus vile, tiennent le dessus.

Le monde a perdu l'esprit, il favorise ceux qui lui ressemblent. Malheur à eux si un jour le monde devient sage!

Si la science, sans la Religion, étoit estimable, rien ne seroit plus estimable que le Démon.

Éloignez-vous des Rois & de leur colere, & ne faites pas la cour à ceux de qui les paroles sont aussitôt exécutées que prononcées.

Pour arriver au comble de la sagesse, il ne faut ni trop manger, ni trop dormir, ni trop parler.

Rien n'exprime mieux un grand parleur, qu'une nuit longue & froide de l'hyver.

Tous les crimes prennent leur origine de la vue, de même qu'un grand feu s'allume d'une étincelle.

Un bon livre est le meilleur des amis. Vous vous entretenez agréablement avec lui, lorsque vous n'avez pas un ami à qui vous puissiez vous fier. Il ne révele pas vos secrets, & il vous enseigne la sagesse.

Le corps s'engraisse à force de dormir; mais l'esprit augmente à force de veiller.

Qui s'attache à des inutilités, perd ce qui lui seroit utile.

Plus on a d'esprit, & moins on a de paroles; c'est pourquoi il est comme certain qu'un grand parleur n'a point d'esprit.

Personne de ceux qui demandent conseil ne se trouve trompé, & ses affaires ne réussissent pas moins bien.

On vient à bout de toutes choses avec la patience; mais c'est une vertu que peu de personnes pratiquent & rarement.

La grande force paroît en une heure de patience.

Personne n'est si savant, que personne ne puisse être plus savant que lui.

Méditez, & vous comprendrez.

Les paroles ressemblent aux fleches qu'on dirige vers un but, avant que de les lâcher pour les y faire arriver.

La science est l'héritage de l'homme; il doit la prendre par tout où il la trouve, & laisser toute chose comme n'y ayant aucun droit.

L'amour des richesses est une maladie, c'est être à l'agonie que de demander l'aumône, & c'est la mort même que d'être refusé.

On cherche des richesses, & on ne les trouve pas; cependant, chose étrange! on ne cherche pas la fin de ses jours, & on la trouve.

Il ne seroit pas si fâcheux à un Savant d'employer ses ongles à polir le marbre, de mordre une enclume avec les dents, de faire des voyages continuels par mer, d'entreprendre le voyage de la Mecque, & n'avoir pas de quoi manger en chemin, d'aller au Mont Caucase, & d'en rapporter une pierre de cent livres pesant, que de voir seulement de loin le visage d'un ignorant.

Qui ne se contente pas de ce qu'il a suffisamment pour vivre, ne connoît pas Dieu, ni ne l'honore.

La sagesse & le courage ne servent de rien, lorsque la fortune nous abandonne.

La fortune vient les chaînes aux pieds; mais lorsqu'elle se retire, elle les rompt toutes par l'effort qu'elle fait pour fuir.

Lorsqu'un Roi passe les jours & les nuits dans le jeu, dites que son Royaume sera rempli de malheurs & de guerres.

Rien n'est plus amer parmi les hommes, que la perte des amis.

Où sont les Rois? où sont les autres hommes? Ils ont fait le même chemin que tu tiens. Toi qui as préféré le monde périssable à toute autre chose, & qui estime heureux ceux qui ont fait le même choix que tu as fait, prends de ce monde ce que la nécessité veut que tu en prennes, savoir que la mort en est le dernier moment.

Ne prononcez point de paroles déshonnêtes; si vous en entendez prononcer, songez à autre chose, & faites comme si vous ne les entendiez pas.

Le monde ressemble à un logement où l'on reçoit les voyageurs: Celui qui néglige de faire les provisions, dont il a besoin pour passer plus outre, est un insensé.

Ne vous laissez pas séduire par la multitude, parce que vous serez seul quand vous mourrez & quand vous rendrez votre compte.

Pensez d'où vous êtes venu, où vous devez aller, & où vous devez demeurer éternellement.

Les richesses consistent dans ce qui suffit, & non pas dans ce qui est de superflu.

De même que le feu s'allume avec le bois, de même aussi la guerre s'excite par les paroles.

Le blâme, dont la médisance ne peut s'excuser, est de ternir la vérité.

Ne vous étonnez pas de voir les personnes de vertu dans les disgraces & dans le mépris, ni de voir les dignités occupées par ceux qui ne les méritent pas. Ouvrez les yeux, & considérez que les étoiles, qui sont innombrables, ne perdent jamais rien de leur lumiere, & que le Ciel tourne seulement, afin de faire voir tantôt une éclipse de lune, tantôt une éclipse de soleil.

Fin des Maximes des Orientaux.

TABLE

DES PAROLES REMARQUABLES DES ORIENTAUX.

Fin de la Table des Paroles Remarquables.

TABLE

DES MAXIMES DES ORIENTAUX.

Espérance

Sss

TABLE GÉNÉRALE DES MATIERES,

Contenues dans la Bibliotheque de M. D'HERBELOT, & le Supplément de Mrs. C. VISDELOU & A. GALAND.

Les lettres *a* & *b* marquent la premiere & la feconde colonne de chaque page.

A.

AARON, frere de Moïfe. *Voyez* le fecond Tit. de Haroun, 402 *b*. & celui de Manougeher, Page 560 *a*.

Aaron, cinquieme Khalife de la Maifon des Abbaffides. *V.* Haroun al Rafchid, 400 *a*.

Abel, fils d'Adam. Les Mufulmans le nomment Habil. *V.* ce Tit. 381; & celui de Cabil, 204 *a*.

Abyffins (les), peuple d'Afrique; ils peuvent empêcher le débordement du Nil, 380 *b*.

Abolition de la loi Chinoife qui portoit qu'on fît mourir la mere de celui des enfants de l'Empereur qui étoit declaré héritier de l'Empire. *Supplément*, 38 *a*.

Abydos; c'eft le nom de l'un des deux châteaux des Dardanelles, favoir de celui qui eft fitué en Afie. Les Turcs l'appellent par corruption *Aidos*. V. cet Art. 73 *a*.

Acacia, ou *gagie*, efpece d'arbre connu fous le nom de *Spica Ægiptia. V.* Gailan, 334 *a*; crû par miracle, pendant une nuit, en faveur du faux Prophete Mahomet, 412 *b*.

Académiciens, nommés Philofophes péripatéticiens. *V.* le Tit. d'Aflathoun, 60 *a*. & celui d'Afchraf, 128 *a*.

Académie de Savants, à laquelle préfidoit Khedher Khan, dans le cinquieme fiecle de l'Hégire. *V.* le Tit. Amak, 98 *a*. Académie de gens d'efprit. *V.* Refchidi, 706 *a*.

Actes (les) des Apôtres. *V.* le Tit. Keffas alhavarioun, 477 *b*.

Action de graces, eft une échelle par où l'on monte, de degré en degré, jufqu'au fommet de la perfection. *V.* le Tit. Giouzgiani, 375 *b*.

Action fort généreufe d'un Sultan, 333 *a*.

A Deo datus, nom propre de trois Médecins célebres qui ont vécu dans le fixieme fiecle de l'Hégire. *V.* les deux Tit. Hebat Allah, 408 *a b*.

Adorateurs du feu, ou Mages. *V.* le Tit. de Zerdafcht, 919 *a*.

Adoration que l'on doit à Dieu. *V.* l'Art Segiadah, 779 *a*.

Affranchi (l') de Mahomet. *V.* le Tit. Selman, 785.

Afrique, troifieme partie du monde. *V.* Magreb, 540.

Afrique, Province que les Anciens appelloient ainfi proprement dite. *V.* le Tit. d'Afrikiah, 61 *b*.

Agar eft regardée par les Mufulmans comme femme légitime d'Abraham, & non comme fa concubine. *V.* le Tit. Hagiar, 389 *b*.

Agathes & onyces. V. Hadhramout, 384.

Agathes orientales & cornalines. V. Schebab, 762 *a*.

Aigle royale, excellent oifeau. *V.* Homai, 422 *a*.

Aigle de Canopus, nom d'une étoile, 662 *a*.

Aiguille, par qui inventée, 289 *b*.

Aîle droite & aîle gauche d'une armée. *V.* Giovangar, 374 *b*.

Aiman, la pierre. *V.* l'Art. Maknathis, 537 *b*.

Ajoubites (les) font les Princes de la poftérité de Saladin. *V.* le premier Tit. de Jacoub, 435 *a*.

Albanie (l') ou l'Epire, principauté. Les Turcs l'appellent Arnauth Vilaieri. *V.* ce Tit. 120 *b*.

Alcoraniftes, gens attachés à la lettre de l'Alcoran. 81 *b*. Ils font grands ennemis des Philofophes, *ibid.*

Alexandre, en Arabe *Efcander* ou *Iskender*. Deux Monarques ont porté ce nom. *V.* Efcander, 296 *b*, & Roumi, 712 *a*.

Alexandrette, Ville & port de la Syrie. *V.* Efcanderounah, 299 *b*.

Alexandrie, Ville fameufe d'Egypte. *Voyez-en* la defcription au Tit. Efcanderiah, 299 *b*.

Algebre, fcience. *V.* l'Art. Gebr, 340 *b*, & celui de Mocabelah, 593 *b*. Kamel Schagia eft le premier qui ait écrit fur cette partie des Mathématiques. *V.* Ketab algebr, 482 *a*.

Alger, Ville fur la côte de Barbarie en Afrique. Les Arabes la nomment Gezaïr. *V.* le Tit. de Keffariah, 477 *a*.

Alkindus, fameux Aftrologue ou Magicien. *V.* Jacoub ben Ishak al kendi, 434 *b*.

Almagefte (l'), Syftême du Monde par Ptolémée. Les Arabes l'appellent Almagefthi. *V.* ce Tit. 94 *b*.

Aloé. La meilleure efpece de cette plante eft produite dans l'Ifle de Socothorah. *V.* Sabr. 715 *b*, & Ud, 903 *b*.

Alpes, les monts; origine de ce nom. *V.* Lobnan, 528.

Alphabets imaginaires. *V.* Sefat al aclam. 778 *a*.

Amalécites (les), ancien Peuple. *V.* le Tit. d'Amlak, 102 *b*, & celui d'Ad, 47 *b*.

Amants (les) ou couples d'Amants fideles. *V.* Gemil, 348 *b*.

Ambaffades, au nombre de 370, envoyées par les Tartares *Tou-Kiue*, dans l'efpace de 25 ans, à l'Empereur Chinois *Soui-ven-ti*, pour lui payer tribut, 42.

Ambition démefurée de l'Empereur Chinois *Fou-Kien. Suppl.* 31 *b*.

Ambre gris. V. l'Art. d'Anbar, 105 *b*, & celui d'Oman, 681 *a*.

Amérique. Les Orientaux l'appellent le nouveau Monde. *V.* le Tit. de Tarikh Hend, 847 *a*.

Ames (nos) font enfermées dans des vafes d'argile, 323 *a*.

Amour (l') de Dieu. Voyez-en l'explication au Tit. Eschk Allah, 299 *b*.

Anaftafe, Empereur, excommunié par Elie, Patriarche de Jérufalem, & dix mille Moines. *V.* le premier Tit. de Naftas, 662 *b*.

Anatomie (l'); les Arabes la nomment Tafchrih, 849 *a*.

Andrinople, Ville de la Romélie. Les Turcs l'appellent Adranah. *V.* ce Tit. 59, *a*.

Ane du Meffie & de l'Antechrift. *V.* Daggial, 258 *b*. Ane du moulin, 291 *b*. Ane domeftique ou fauvage. *V.* Hemar, 414 *a*. Ane de la cave, 810 *a*.

Ange ou Envoyé. *V.* le Tit. Firifchteh, 326 *a*.

Ange qui gouverne le troifieme Ciel. *V.* Sadiail, 717 *b*.

Ange qui gouverne le quatrieme Ciel. *V.* Salfail, 735 *a*.

Ange qui gouverne le fixieme Ciel. *V.* le Tit. de Samhail, 739 *b*.

Ange qui gouverne le feptieme Ciel. *V.* Rafrail, 739 *b*.

Ange de la mort. *V.* Abou-Jahia, 20 *b*. Azrail, 144 *b*. Mordad, 626 *b*.

Ange qui préfide à l'enfer. *V.* Gehennem, 343 *b*.

Anges (les) font appellés Secretaires dans l'Alcoran; pourquoi. *V.* le Tit. Carrah, 250 *a*.

Anges (les) les plus proches du trône de Dieu. *V.* le Tit. Azazil, 143 *a.*

Anges gardiens ; tradition Chrétienne fur ce fujet. *V.* l'Art. Cab al Akhbar, 201 *a.*

Anges , ayant la figure de Vautour. *V.* le Tit. de Maoun. 574 *b.*

Animal terrible, mais fabuleux. *V.* Soham & Uran, 798 *a*, 906 *a.*

Animal qui a fervi de monture au faux Prophete Mahomet, lorfqu'il fit un voyage nocturne au Ciel. *V.* Borak, 193 *a.*

Annales d'Eutychius, ou Hiftoire générale depuis la création du monde. *V.* Said Ben Batrik, 723 *b.*

Anneau (l') de Salomon. *V.* Soliman Ben Daoud, 799 *b.*

Anneaux à cacheter, par qui inventés, 368 *a.*

Anneaux magiques. *V.* Salcathat, 734 *a.*

Année (l') eft purement lunaire chez les Mahométans. *V.* le fecond Tit. Ab, 1, *a*, & celui de Neffa, 665 *b.* Elle eft de quarante-huit femaines. *V.* Zobdat avnedhin, 925 *a.*

Année (l') des Cathaiens, divifée en 24 parties. *V.* l'Art. Dapikhen, 261, *a. Suppl.* 16 *b.*

Année du Serpent, du Léopard, du Porc. *V.* l'Art, 451 *b.*

Année (l') remarquable par la divifion de la Chine en deux Empires, l'un feptentrional, l'autre méridional. *Suppl.* 34 *a.*

Antechrift (l'), comment nommé par les Mahométans. *V.* le Tit. Daggial, 258, *b.* Hiftoire de l'Antechrift. *V.* l'Art. Tamim, 825 *a.*

Antidote du napel. *V.* Maberdin, 535 *a.*

Antioche, Ville de la Syrie. Les Arabes l'appellent Anthakia. *V.* ce Tit. 109 *a.*

Antiochus, premier Roi de Perfe après Alexandre le Grand. *V.* Abtahafch, 16 *a.*

Août (le mois) eft nommé Ab, par les Syriens & les Arabes. V. ce Tit. 1, *a.*

Aphronitron, ou écume du nître. *V.* Bora, 193, *b.*

Apophthegmes (les cent) attribuées à Ali, gendre de Mahomet. *V.* l'Art. Sad, 716 *a.*

Apophthegmes (les) d'Othman , troifieme Khalife. *V.* Uns allehan, &c. 905 *b.*

Apôtres (les) de Jefus-Chrift. Les Arabes les appellent Havarioun, 407 *b.*

Apparition (feconde) de J. C. pour combattre l'Antechrift. *V.* Kéffas alenbia, 477 *b.*

Apparition d'Elie. *V.* le Tit. Zerib, 920 *b.*

Appartemens des femmes Mahométanes. *V.* Haram, 398 *a.*

Arabes (les) ; ils ont une double origine. *V.* le Tit. d'Arab, 111 *b.*

Arabes noirs. *V.* l'Art. Siah Arab, 790.

Arabes & Barbares. *V.* le Tit. Iran, 461 *a.*

Arabie. L'une de fes trois parties eft appellée heureufe ; pourquoi. *V.* le Tit. de Iaman, 441 *b.*

Arbre du paradis terreftre. *V.* Sadr, 718 *a.*

Arbre de Judée. *V.* l'Art, 117 *a.*

Arbre (l') d'Azedarach. *V.* Zeher Zemin, 914 *a.*

Arbre (l') du baume. *V.* l'Art. de Baffam , 175 *a.*

Arbre allégorique au paradis du feptieme ciel. *V.* Sedr , 777 *b.*

Arbre infernal ; tradition fabuleufe des Mufulmans. *V.* le Tit. de Zazoum , 908 *b.*

Arbre d'or trouvé par le Sultan Mahmoud. *V.* le Tit. de ce Prince, 543 *b.*

Arbre libre, *V.* l'Art. Azad, 142 *b.*

Arc (l'), fymbole d'un Roi, & fleche celui d'un Vice-Roi. *V.* Caus, 243. *a*, & Oc, 678 *b.*

Arche (l') de Noé. *V.* Adherbigian , 57 *b*, Gioud, 375 *a*; Nouh, 670, *b*, & Parmak, 693.

Arche (l') d'alliance des Ifraélites. V. le Tit. de Tabout, 812 *b.*

Archipel (l'). Les Arabes le nomment le Golphe de Conftantinople, 500 *b.*

Architecte fameux. V. Sennamar, 786 *a.*

Ariftote, chef de la Secte des Philofophes Péripaté-

ticiens. Les Hiftoriens Orientaux le nomment Ariſthatlis & par abréviation Ariftou. Ils prétendent qu'il a été non-feulement le maître d'Alexandre le Grand ; mais auffi fon Vifir ou Confeiller d'Etat. Toutes fes œuvres ont été traduites du Grec en langues Syriaque & Arabique, 40 *a.*

Arithmétique (l'). *V.* l'Art Heffab , 245. Inventée par Edris, 289.

Armée d'un million de cavaliers. *Suppl.* 42. *b.*

Art (l') d'attirer les efprits fupérieurs & leurs vertus. *V.* Simia, 792 *a.*

Art de travailler la foie ; par qui inventé. *V.* Sin, 792 *b.*

Art (l') de dreffer & guérir les chevaux. *V.* l'Art. Faras, 316 *a.*

Artaxerxes, anciens Rois de Perfe. Les Chrétiens Orientaux les nomment Artahafcht. *V.* ce Tit. 121. *b.*

Arts & Sciences des Chinois. *V.* l'Art. Sin, 792 *b.* Ils les doivent partie à leur induftrie, partie à d'autres nations, *Suppl.* 5 *a.* & 200.

Afcenfion (l') de Mahomet. *V.* l'Art. de Borak, 193 *b*, & celui de Merage, 504 *a.*

Affa fœtida ; fuc ou gomme d'une plante. *V.* le Tit. Angiu, 108 *a*, & celui d'Ingiu, 456 *b.*

Affara Baccara, nom d'une plante de la Chine. *V.* Affaroun, 123 *a.*

Affociés ou compagnons de Dieu. *V.* Benan Hafcha, 184 *b.*

Aftrolabe (l'). Les Turcs nomment cet inftrument Alafthorlab. Celui qui en a conftruit le premier, eft Ibrahim ben Habib al Ferrari. *V.* le Tit. de Ketab Alafthorlab, 479 *a.*

Aftrologie, fcience vaine. *V.* Golam Zohal, 377 *b.*

Aftrologue dont le favoir a été mis à l'épreuve. *V.* Abou-Maafchar, 25 *b.*

Aftronomes. Albumafar a été le plus habile de tous ceux de fon temps, favoir au troifieme fiecle de l'Hégire. *V.* le Tit. d'Abou-Maafchar, 25 *b.*

Aftronomie ; par qui inventée ? *V.* Cainan, 221 *b*, 367 *b.* Les Mufulmans ont appris cette fcience des Grecs. *V.* le Tit. de Zohara, 826 *a.*

Aftronomie. Les Arabes ne commencerent à cultiver cette fcience que fous le regne du Khalife Mamoun, dans le troifieme fiecle de l'Hégire, 556 *a.*

Athenes, Ville de la Grece. Les Arabes l'appellent Athiniah. *V.* ce Tit. 135 *a.*

Athos, montagne. Les Turcs la nomment la fainte Montagne. Pourquoi. *V.* Kefchifchl, 478 *a.*

Attributs (les) de Dieu. *V.* Sefat Allah, 778 *a.*

Aujourd'hui & demain ; fignification de ces mots. *V.* Giami, 366 *b.*

Aumône (l') eft un acte de juftice. *V.* Sadi, 717 *b.*

Aumônes & charités des Mahométans envers les pauvres. *V.* Zacah, 908 *a.*

Aurea Cherfonnefus, contrée du pays de Malabar aux Indes. *V.* le Tit. Malai, 549 *a.*

Auteur qui a été Sultan, Roi & Prince de Hamah en Syrie. *V.* le Tit. d'Aboulfeda, 23 *b.*

Auteurs myftiques parmi les Mahométans. Le plus fpirituel d'entr'eux eft Valad Al Aaz, 434 *a.*

Auteurs (les) qui ont écrit les vies des Saints Mufulmans, font Cafchiri & Jafei. *V.* le Tit. de l'un, 239 *b*, & celui de l'autre, 435 *b.*

Auteurs Orientaux cités dans cet Ouvrage. Parmi eux, il y en a de Chrétiens, comme Ebn Amid & Ebn Batrik. *V.* le Tit. d'Harkel, 398 *b.*

Automaton, mot Grec, défignant une chofe qui, pour exifter, n'a pas eu befoin du miniftere d'aucune caufe. *V.* Thalès, 861 *b.*

Autriche (l'). Les Grecs modernes la nomment Oftrikion. *V.* cet Art. 688 *b.*

Avantages des Khalifes Ommiades fur les Khalifes Abbaffides. *V.* Hamid, 396 *b.*

Avarice extrême d'une Sultane, 307 *b.*

Avenpace.

Avenpace, le Philofophe. *V.* Baglah, 155 *b*. &
Saïeg, 724 *a*.

Averroës, célebre Philofophe & Médecin Mahométan. Il eft nommé Ebn Rofchd. *V.* le Tit. Mon-
kedh, 623 *a*; celui de Rofchd, 709 *a*, & celui
de Saïeg, 724 *a*.

Avicenne, fameux Philofophe & Médecin Arabe, eft
nommé Abu Ali Ben Sina, 16 *b*, & le fecond Tit.
de Sina, 793 *b*.

Avril, les Turcs nomment ce mois Abril. *V.* ce Tit.
16 *a*.

Axiôme, reconnu généralement: pour remédier promptement à un mal, il faut l'attaquer par la racine,
Suppl. 51 *b*.

B.

*B*ABYLONE, Ville autrefois capitale de la Chaldée & de l'Empire des Affyriens; il y en a à peine
encore quelques veftiges. *V.* Babel, 147 *a*.

Babylone, la petite, Ville d'Egypte; les Arabes l'ont
auffi nommée Mefr, nom commun à ce Royaume.
V. Boblion, 147 *b*.

Baclrus, fleuve, ainfi nommé par les Anciens. Les
Arabes l'appellent Abhi & Amou. *V.* le premier
de ces Tit. 10 *b*, & le fecond, 103 *a*.

Bagdet, Ville capitale de la Chaldée; fon origine &
fa defcription. *V.* le Tit. de Bagdad, 154 *b*.

Baile de Venife à Conftantinople. *V.* le Tit. de Bai-
los, 165 *a*.

Baifement de la terre. *V.* Zemin Bous, 916 *a*.

Baifer (le) des pieds, cérémonie ancienne, inftituée
en Perfe. *V.* l'Art. Pabous, 692 *a*.

Balance (grande) dans laquelle, au jour du jugement, les péchés & les bonnes œuvres des hommes feront pefés. *V.* Baza, 179 *b*.

Balance; figne de la balance dans le Zodiaque. *V.*
Mizan, 590 *b*.

Baptême des Chrétiens. Mahomet l'appelle, dans fon
Alcoran, la teinture de Dieu. *V.* Sebgah, 775 *a*.

Barbare. Le mot Arabe, qui fignifie la même chofe,
eft Agem. *V.* cet Art. 64 *a*.

Barbarie, Province d'Afrique. Les Arabes la nomment Berber. *V.* ce Tit. 185 *b*.

Barbe de pere, efpece de raifin. *V.* le Tit. Giami,
366 *b*.

Barberouffe, fameux Corfaire des Ottomans dans le
dixieme fiecle de l'Hégire. *V.* le Tit. de Khair Al-
din, 497 *a*, & celui de Gezaïr, 357 *a*.

Barmécides, (les) famille la plus illuftre de toute
l'Afie, après les Maifons fouveraines. *V.* le Tit.
de Barmekian, 174 *a*. Caufe de fa difgrace & de
fa chûte, Tit. de Fadhel, 310 *a*.

Baffecule qui fert à tirer de l'eau; elle a été apperçue
au paradis par Mahomet pendant qu'il rêvoit. *V.*
Abougehel, 19 *a*.

Baffora, Ville fituée fur le Tigre, & fondée par le
Khalife Omar. Les Arabes l'appellent Bafrah. *V.*
ce Tit. 176 *b*, & 683 *a*.

Bât de chameau, fobriquet donné à un Général, pendant fa jeuneffe, & qui lui fut d'un bon augure. *V.*
le Tit. des Khalifes Valid, 898 *a*.

Bâtiment quarré, temple où les Mufulmans Arabes
s'acquittent de leur culte religieux. Il y en a deux,
l'un à la Mecque, l'autre à Medine. *V.* Caaba, 201 *a*.

Bâton de Jacob, inftrument pour prendre les hauteurs. *V.* Affa, 122 *a*.

Baudouin, frere de Godefroy de Bouillon. Les Arabes lui donnent le nom de Barduil. *V.* ce Tit. 173 *b*.

Baume de Matarée, lieu d'Egypte, d'où les Chrétiens Orientaux tiroient le chrême de la Confirmation. *V.* Mouron., 646 *a*. *V.* auffi le Tit. Baffam,
175, *b*, & celui de Belfan, 183 *b*.

Beauté (la) immortelle demande un œil immortel pour
la contempler; vers d'un Poëte Perfien, 649 *a*.

Belgrade, ville fituée au confluent de la Save & du
Danube. Les Turcs l'appellent Bilgrada. *V.* ce Tit.
190 *a*.

Belbar, nom que les Chinois ne peuvent ni prononcer, ni écrire, *Suppl.* 10 *a*.

Belle Ville, furnom donné à Cazuin, autrefois capitale de la Perfe. *V.* Giamal, 365 *b*.

Bête de l'Apocalypfe. Les Mufulmans croyent qu'elle
paroîtra avant le jugement dernier. *V.* Dabbat, 257
a, & 640 *b*.

Bétel, feuille d'arbre des Indes. *V.* l'Art. Tenbul,
851 *a*.

Bezan d'or, monnoie. *V.* l'Art de Beidhah, 182 *a*.

Bezoar, pierre médicinale. *V.* le Tit. Badzeher,
154 *a*.

Bibliotheque, *V.* l'Art. Ketab-Khaneh, 495 *a*.

Bibliotheque d'Alexandrie; fon fort, 457 *a*.

Blafphême d'un Docteur Mahométan qui a avancé que
Dieu, en créant fon trône, y a laiffé un fiege
vuide pour y placer Mahomet. *V.* Ketab alarfch
v Sefatho, 488 *a*.

Boccara, Ville fameufe de la Tranfoxane, Province
fituée au de-là du fleuve Gihon qui eft l'Oxus des anciens. Outre fon mur particulier, elle avoit une enceinte qui enfermoit quinze bourgades. *V.* le Tit.
Bokharah. 190 *b*. Sa deftruction, 353 *b*.

Bœuf de l'ambregris. *V.* Ghiau, 359 *a*.

Bohémiens, (les) & Egyptiens autrement nommés
Zenghis. *V.* l'origine de ce peuple au Tit. de
Zeng', 918 *a*, & Kibth, 515 *a*.

Boire enfemble, marque de fûreté réciproque parmi
les Orientaux. *V.* le Tit. Harmozan, 399 *a*.

Bois (du) d'Aloës; où il croît. *V.* le Tit. de Sanf, 740,
& celui d'Ud, 903 *b*.

Bois du Bréfil. Les Arabes le nomment Bacam. *V.*
cet Art. 151 *a*.

Bois odoriférant. *V.* Sandal, 740 *b*.

Bois de ferpent. *V.* le fecond Tit. d'Ud alhiat, 904 *a*.

Bois (le) qui adoucit les eaux de Marah dans le
défert Aluah, 97 *b*.

Bon Larron, ou le Larron de la main droite. *V.* Laff,
524 *b*.

Bon mot qui fit la fortune du Solak, furnommé Brê-
chedent. *V.* le Tit. Ahmed, 66 *b*.

Bonnet rouge de Haïdar & des Sofis. *V.* Tag' Haï-
dariah, 820 *b*.

Bonnet Chinois, chargé d'un ornement qui branloit
à chaque pas, *Suppl.* 36 *a*.

Bordeaux, ville de France. Les Arabes la nomment
Burdal. *V.* cet Art. 199 *a*.

Bofnak, Dalmate, ou Efclavon. Il y a un grand nombre de ces gens à Conftantinople pour y chercher
fortune. *V* Bofna h. 194 *a*.

Botanique. (la) Ouvrages fur cette fcience. *V.* Afchab,
124 *b*.

Boucher devenu Prince. *V.* le premier Tit. de Scham-
feddin, 759 *a*.

Bouclier myfterieux. *V.* le Tit. Gian, 368 *a*.

Bouclier qui met un Docteur à couvert; c'eft de favoir dire: *je ne fais pas*, 343.

Bourfe (bonne) & bonne epée; deux chofes utiles
à l'homme. *V.* l'Art. Roumi, 712 *a*.

Bouffole que les Perfans & les Turcs portent fur eux,
afin de favoir quel vent fouffle, & de pouvoir, en
priant, fe tourner vers la partie du monde où le
temple de la Mecque eft fitué. *V.* Keble Tau, 496 *b*.

Bracelet de rubis enlevé par un oifeau, & enfuite
tombé dans un puits, 465 *a*.

Brachmanes, (les) première tribu des Indiens. *V.*
le Tit. Barahemah, 169 *a*, & celui de Brahma,
195 *a*.

Brique faite de pouffiere, & mife fous la tête d'un
Prince mort, coutume fuperftitieufe. *V.* Saifaldou-
lat, 724 *b*.

Brocards ou tapis tiffus d'or, faits en Arabie, d'une

fi grande pefanteur, qu'il faut vingt chameaux pour en porter un, 89.

Broderie en or ou en argent, dont on orne la préface d'un livre. *V.* Dibag, 277 *b*.

Bude, ville de Hongrie. Les Allemands la nomment *Offen*, & les Turcs *Bodun*. *V.* ce dernier Art. 192. *a*.

Buiffon, nommé églantier, efpece de rofier fauvage. *V.* Afchair, 124 *a*.

Bulcovitz, fils de Bulc ; nom qui fe donne généralement aux Defpotes de Servie. Pourquoi. *V.* le Tit. Bulcogli, 197 *a*.

Butin & dépouilles des ennemis. Il y a un Chapitre dans l'Alcoran fur ce fujet. *V.* l'Art. d'Anfal, 107 *a*.

C.

Cadran Solaire. Les Arabes & les Turcs l'appellent Rokhamah, 709 *a*.

Café. (du) Sa propriété & fon ufage. *V.* Cahuah, 214, *b*.

Cailles de l'Arabie heureufe, fervant de nourriture aux Ifraélites dans le défert, 442 *a*.

Caïn, frere d'Abel. Les Arabes Mahométans le nomment Cabil. *V.* ce Tit. 204, *a*.

Caire. (le grand) Ville aujourd'hui capitale de l'Egypte. *V.* le Tit. de Caherah, 214 *b*.

Calendrier Syriaque. *V.* le fecond Tit. Ab, 1 *a*.

Calendrier Perfien, réformé l'an de l'Hégire 467ᵉ, 596 *b*.

Calvaire. (le mont) Les Arabes le nomment Acranion. Pourquoi. *V.* ce Tit. 46 *b*, & celui de Gium giumah, 377 *a*.

Camphre. (du) *V.* Cafur, 213 *a*. Il en vient en grande quantité du terroir de la ville de Rabah. *V.* ce Tit. 696 *a*.

Canal que l'on ouvre au grand Caire pour la décharge du Nil. *V.* le dernier Art. Khalig', 500 *b*.

Canaries. (les Ifles) Les Arabes les nomment les Ifles fortunées. *V.* Gezaïr 357 *a* ; & Khaledat, 498 *a*.

Canelle, écorce d'arbre dans l'Ifle de Zeilan, 788 *b*.

Canis major & *Canis minor*, étoiles. *V.* Schera, 767 *b*.

Canon (le) d'Avicienne ; livre de grande réputation qui traite de plufieurs parties de la Médecine. *V.* Canun fil thebb, 229 *b*.

Canon chronologique des Empereurs de la Dynaftie des Leao ou des Khi-Tan, *Suppl.* 95.

Canons, (des) pieces d'artillerie ; leur invention en Chine, *Suppl.* 117.

Capitaine des premiers Mufulmans qui conquit l'Egypte, la Nubie, une grande partie de la Lybie, & prit Jérufalem. *V.* Amrou Ben Al-As, 103 *b*.

Capitaine qui n'a été battu qu'une fois. *V.* Schebib ben Zeïd, 163 *a*.

Capitale de la Province de Fars. *V.* Schiraz, 769 *b*.

Capricorne, l'un des fignes du Zodiaque. *V.* Gedi. 341 *a*.

Caractères (les) de l'alphabet Arabe, inventés par le Vifir Ebn Moclah. *V.* ce Tit. 594, *b* ; changés & formés comme ils font préfentement. Par qui. *V.* le Tit. Bauab, 179 *b*.

Carat, nom d'un poids. *V.* Kerath, 475 *a*.

Caravane. *V.* l'Art. Cairavan, 221 *b*.

Cataracte du fleuve Nil. *V.* Ilak, 452 *a*.

Caufe de la méfintelligence entre les Perfans & les Turcs. *V.* l'Art. Schiah, 768 *b*.

Caufes de la deftruction de l'Empire des *Leao*, *Suppl.* 105.

Cavalcade du vieillard fans barbe ; fête ou mafcarade. *V.* Rocoub, 708 *a*.

Caverne où les premiers Patriarches ont été enterrés. *V.* Conouz, 250 *a*.

Céfalonie, Ifle de la mer Adriatique. *V.* Cafalaniah, 212 *a*.

Ceinture de cuir noir que les Chrétiens & les Juifs

de l'Afie font obligés de porter. *V.* les Tit. de Motavakkel, 639 *b*, & de Zonnar, 826.

Cérémonie à obferver en faluant l'Empereur de Chine ; c'eft frapper la terre avec le front, *Suppl.* 68 & 80.

Cérémonie touchant les fleches des Mânes, *Suppl.* 96. Celle du *Sée-fée*, ou de tirer des fleches fur des faules pour demander de la pluie, *ibid.* Celle de la renaiffance qui fe célébroit à la fin de tous les douze ans, 97. Celle du facrifice que les Empereurs Tartares & Chinois faifoient au Dieu des *Piaslou* (cerfs d'une grandeur extraordinaire) toutes les fois qu'ils alloient à la chaffe pour long-temps, *ibid.*

Cérémonie de faire paffer, le jour d'une bataille, un bâton, de main en main, aux Soldats pour les avertir d'être attentifs, *Suppl.* 106.

Cerfs. Il n'y en a point en Afrique. *V.* l'Art. Gazal, 337 *a*. Inftinct fingulier de ces animaux, *Suppl.* 132.

Céfar, ou Empereur des Romains. Les Turcs le nomment Giaffar. *V.* ce Tit. 369 *b*. *V.* auffi Caiffar. 222 *b*.

Chambre de Confeil. *V.* l'Art. de Divan, 281 *a*.

Chameau ; cinq parties du corps de cet animal font endurcies & calleufes ; pourquoi. *V.* Ali ben Huffain, 90 *a*.

Chandelle du Démon. *V.* Afterenk, 131 *a*.

Chanfons. (des) *V.* l'Art. d'Agani, 63 *a*.

Chapelets de cent grains chez les Mufulmans. *V.* Efma, 304 *a*, & Tagek, 821 *b*.

Charlemagne & le Khalife Haroun Rafchid étoient contemporains ; ils fe firent mutuellement des préfents, 400 *a*.

Charte de Géographie & Charte marine. *V.* Mabamondi, 535 *a*.

Chaffe (la) aux animaux. Le premier livre Arabe fur cette matiere a paru au commencement du dixieme fiecle de l'Hégire. *V.* le Tit. de Nafchari, 659 *b*. Magnificence d'un équipage de chaffe, 741 *b*.

Chaffe aux cerfs, particuliere à la nation Tartare des *Man-tchou*, *Suppl.* 132.

Château bâti par les Fées. *V.* le Tit. d'Abdalmalec, 7 *b*.

Château de la Pucelle. *V.* Kiz-Coula, 519 *b*.

Châteaux. Celui de Nagia paffe pour le plus fort de l'Afie. *V.* ce Tit. 654 *a*.

Chef des Ecrivains à Conftantinople, ou le Secretaire d'Etat. Les Turcs l'appellent Reis Kitab, ou Reis Efendi. *V.* Reis, 705 *a*.

Cheval ayant une corne à la tête, *Suppl.* 34 *a*.

Chevalier Banneret. *V.* le Tit. Sangiakbeg, 741 *a*.

Chevalier errant, ou l'homme qui cherche des aventures. *V.* le Tit. de Rokh, 708 *b*.

Chiens. (les) Ces animaux font en horreur aux Mahométans, 450 *a*.

Chine, grand Empire dans l'Orient. *V.* le Tit. Sin, 792 *b*. Sa divifion en méridionale & feptentrionale. *V.* Khathai, 503 *b*, & 189, *Suppl.* 5 *a*, 24 *b*, & fon antiquité, 192. Son étendue & fa divifion en Provinces, 4 *a*, & 192. Sa population, 193.

Chinois (les) devenus tributaires des Tartares, *Suppl.* 6 *a*, & 98.

Chrême de la confirmation. *V.* Belfan, 183 *b*, & Mouron, 646 *a*.

Chrétiens d'Egypte ; ils font nommés Cophtes. *V.* le Tit. Kebthi, 470 *a*, & celui de Mefri, 506 *b*.

Chrétiens d'Arabie perfécutés ; mais fermes dans leur foi, malgré les tourments qu'on leur faifoit fouffrir. *V.* Abou-Navas, 27 *a*.

Chrift ; nom que les Ethiopiens ont coutume d'ajouter à leurs qualités. *V.* le Tit. de Zagarah, 909 *a*.

Chronique choifie. *V.* le Tit. de Tarikh Khozideh, 844 *a*.

D.

paſſe pour l'un des quatre paradis de l'Orient, *ibid.* On y voit au pied de la montagne qui regarde le ſeptentrion, le lieu où Caïn tua ſon frere Abel. *ibid.* La Ville fut ruinée par Tamerlan l'an de l'Hégire 803, *ibid.*

Daniel, le Prophete, inventeur de la Géomancie, ſelon les Orientaux. *V.* le Tit. de Danial, 260 *a.*

Danſe. (la) Les Muſulmans la mettent parmi les choſes défendues par la Loi. *V.* le Tit. d'Ali Chelebi, 91 *b.*

Darius, dernier Roi de Perſe de la Dynaſtie des Cajanides, vaincu par Alexandre le Grand. *V.* Dara, 261 *b*, & 162.

Date, ou époque célebre parmi les Perſans modernes, *V.* le Tit. de Houſſain, 428 *a*, *b.*

Dauphin, poiſſon. Voyez ce qui en eſt dit à l'Art. Dolfin, 282. *a.*

David, le Roi-Prophete. Les Muſulmans l'appellent Daoud. *V.* ce Tit. 260. *a.*

Décollation de St. Jean-Baptiſte. Les Chrétiens Orientaux en célebrent la fête au mois d'Août, 437 *b.*

Décret divin & la prédeſtination. Sentiments des Mahométans ſur ce ſujet. *V.* l'Art. Cadha, 207 *a.*

Delli, nom d'un Royaume de l'Indoſtan, ainſi que de la ville qui en eſt la capitale, où reſide le Monarque que nous appellons le Grand Mogol. *V.* Deheli, 264 *a.*

Déluge univerſel. Traditions des Mahométans ſur cet événement, 671 *a.*

Démocrite, Philoſophe Grec, qui a enſeigné que les corps ſont compoſés d'atômes. Les Orientaux le nomment Democritous, 266 *b.*

Démon des forêts, ou Satyre. *V.* Gailan, 344 *a.*

Démon dont la principale fonction eſt d'exciter la diſcorde entre les familles, les procès entre les voiſins, & la guerre entre les Princes. *V.* Aſmoug, 129. *b.*

Derviche d'un enthouſiaſme ridicule ; ſon aventure avec Tamerlan. *V.* le Tit. Ata, 131 *b.*

Deſcendants du Patriarche Seth, fils d'Adam ; tradition fabuleuſe ſur ce ſujet. *V.* le Tit. Scheïkh, 767 *a.*

Deſcription du canon, des catapultes, des phalariques & des fleches à feu en Chine, *Suppl.* 203.

Déſert (le) des Fées. *V.* le Tit. de Badiat al Ginn, 153 *b.*

Déſert (le) d'Arabie par lequel les enfants d'Iſraël ont paſſé. *V.* l'Art. Badiat al Tiah, 153 *b.*

Deſtruction des temples & des idoles de la Secte de Ho-cham, & ſupplice de ſes Bonzes, *Suppl.* 34 leur rétabliſſement, *ibid.*

Deſtruction de la Dynaſtie des *Kin* dans la Chine & établiſſement de l'Empire des Moumgols ou de la Dynaſtie des *Yuen*, *Suppl.* 125.

Deuil, ou habits de deuil parmi les Orientaux. *V.* le Tit. Hedad, 409 *b.*

Deviſe de Tamerlan, 881 *b.*

Dévotion. L'homme parfaicement dévot n'eſt pas une créature. *V.* le Tit. de Schahver, 755. *a.*

Diable ou Lucifer. *V.* Eblis, 287 *a.*

Diamants de trois mille livres peſant, 764 *a.*

Dictionnaire ; il y en a un très-grand nombre d'Arabes. *V.* Logat, 529 *b.*

Dictionnaire de la langue Arabique en 60 ou 65 volumes, connu ſous le nom de Camous. *V.* Lamé, 523 *a*, & Camus, 227 *b.*

Dieu. Les Turcs le nomment Tangri, 828 *b.*

Dieu créera d'autres hommes après la fin de ce monde-ci ; rêverie de Giafar, ſixieme Imam, 362 *b.*

Dieu produit dans les hommes toutes leurs actions de telle ſorte, qu'ils ne ſont pas libres ; ſentiment d'un Docteur Muſulman. *V.* le Tit. Bokhari, 191 *a.*

Dieu-donné. V. le Tit. de Bogdan, 193 *a*, & celui de Tangri-Virdi, 828 *b.*

Dignité (la) d'Emir al Omara qui répond à celle de Maire du palais. *V.* le Tit. d'Emir, 293 *b*, & celui de Radhi, 697 *a.*

Dignités créées par l'Empereur Chinois *Tham-taiiçoum*, chez pluſieurs peuples de la grande Tartarie ; comme celle de *Tou-tou*, Commandant-Général ; de *Tçe-ſſe*, Vice-Empereur ; de *Tcham-ſe*, Vice-Roi ; de *Sû-ma*, Maître de la Cavalerie, *Suppl.* 58.

Digue d'une hauteur prodigieuſe. *V.* le Tit. de Touſter, 889 *b.*

Diſciples de St. Jean-Baptiſte ; ils ſont une Religion à part, quoique nos voyageurs les nomment Chrétiens, à cauſe d'une eſpece de baptême dont ils ſe ſervent, 437 *b.V.* auſſi l'Art. Menda Jahia, 583 *a.*

Diſcours Académiques. *V.* l'Art. Macamat, 535 *b.*

Diſcours (beau) d'un Empereur Chinois aux peuples qui venoient de ſe ſoumettre à lui, *Suppl.* 76.

Diſgrace d'un fameux Viſir. *V.* le Tit. Nadham al Molk, 652 *a.*

Divination chez les Arabes. *V.* le Tit. d'Aktaf, 47 *b*, & celui de Zairagiah, 911 *a.*

Diviſion de l'année ſolaire en 24 parties parmi les Chinois, *Suppl.* 16.

Diviſion du jour civil en 12 parties égales en Chine, *Suppl.* 17.

Dix mille chevaux, exprimés par un ſeul mot de l'ancienne langue Perſienne. *V.* Dhohak, 274 *a.*

Docteur qui mettoit en pratique ce qu'il enſeignoit. *V.* le Tit. de Gazali, 337 *b.*

Docteur qui a répondu ſur ſoixante-dix mille queſtions. *V.* le Tit. Auzai, 142 *b.*

Docteur (le) de la plus grande réputation de ſainteté. *V.* le Tit. de Hanbal, 397 *a.*

Docteur qui a mené une vie fort auſtere, & lu l'Alcoran 24 mille fois. *V.* Aiaſch, 70 *b.*

Docteur (le) des Docteurs, ſurnom donné à Kemaleddin. *V.* ſon Tit. 472 *a.*

Docteurs (les) chez les gentils Indiens ſont nommés Pendet, 694 *b.*

Docteurs des Muſulmans Orthodoxes. Le plus célebre de tous eſt Abou-Hanifah. *V.* ſon Tit. 19 *b.*

Docteurs célébres en fait de traditions Muſulmanes. *V.* le Tit. d'Adhem, 57 *b*, & celui d'Amaſch, 100 *a.*

Docteurs que les Muſulmans nomment Tabaoun, c'eſt-à-dire ſucceſſeurs des compagnons de leur Prophete. *V.* le Tit. Hazem, 75 *b.*

Doctrine. Les Perſans profeſſent celle d'Ali, gendre de Mahomet, 449 *b.*

Doctrine des Muſulmans ſur la Prédeſtination. *V.* Cadha & Cadr, 207 *a*, *b.*

Doctrine des Mahométans touchant Jeſus-Chriſt, 462 *b.*

Doge de Veniſe. *V.* le Tit. Douge. 283 *b.*

Doigts de Mercure, eſpece de racine. *V.* le ſecond Art. Hermès, 416 *b.*

Dome du temps. *V.* Cobbat, 245 *a.*

Dormants (les ſept). Les Arabes les appellent les compagnons de la Caverne. *V.* Ashab Kahaf, 129 *a.*

Douze (les) Preux, ou les douze Héros de la Perſe. *V.* le Tit. de Douazdeh Rokh, 283 *a.*

Drachme Arabique. *V.* Methkal, 586 *b.*

Dragée de la Providence. *V.* l'Art. Codrat, 246 *b*, & celui de Man, 556 *b.*

Dragon, ſigne ſymbolique de l'Empereur de la Chine & des Mandarins, *Suppl.* 27, 193.

Drapeau d'Infanterie & Cornette de la Cavalerie, 859 *a.*

Drogue fort en uſage parmi les Médecins Arabes. *V.* Thabaſchir. 856 *a.*

Duc (Grand-) de Toſcane. Les Turcs l'appellent Doucah, 283 *a.*

Duc de l'extravagance, & Duc de la double extravagance, titres d'ignominie donnés à deux Empereurs Chinois captifs, pere & fils, *Suppl.* 116. Elévation

vation de l'un & de l'autre, le premier ayant été créé Roi de *Yu* & du premier ordre, & le second Roi de *Thien Koui* & du second ordre, 117.

Ducat d'or d'Egypte. *V.* Scharafi, 760 *b*.

Durée du monde & tradition ridicule de Mahomet touchant la création d'une ville, 285 *a*.

Dynastie, Maison, Race, ou Famille régnante. Il y en a eu un grand nombre dans l'Orient. L'Auteur en fait mention dans plusieurs endroits de l'Ouvrage.

Dynasties anciennes de Perse; elles sont dans l'ordre du temps, au nombre de quatre. *V.* le premier Tit. d'Agem, 64 *a*.

La première est celle des Pischdadiens. Le premier Roi en fut Cajumarath, & le dernier Gustasb ou Kistasb. Leur histoire est, à divers égards, fabuleuse. *V.* le Tit. Pischdad, 695 *a*; celui de Cajumarath, 223 *a*, & celui de Samandar, 736 *b*.

La seconde est celle des Cajaniens ou Cajanides. Le fondateur en a été Caïcobad, & le dernier Roi Dara ou Darab, second du nom. *V.* le Titre Cajan, 215 *a*, & *Suppl.* 175 *b*.

La troisieme est celle des Aschkaniens, ou de Molouk Thaouaïf. Le fondateur en est inconnu. *V.* le Tit. d'Aschkanian, 125 *b*.

La quatrieme est celle des Sassanides ou de Khosrevian. Le fondateur en a été Ardeschir, dit Ben Babek ou Babegan, & le dernier Roi en fut Jezdegerd. Cette Dynastie a précédé immédiatement le Mahométisme. *V.* le Tit. de Sassanian, 746 *a*, 668 *a*, & 675 *a*.

Dynastie des Gassanides, Rois d'Arabie. Elle a été fondée plusieurs siecles avant la naissance de Mahomet. *V.* le Tit. Gassaniah, 335 *b*, & celui de Giabalah, 359 *b*.

——— des Ommiades en Arabie, après Mahomet. Moavie en a été le premier Khalife. *V.* les Tit. d'Ommiah, 785 *b*, & de Moaviah, 591 *b*.

——— des Ommiades en Espagne. Abdalrahman, fils de Moavie, en a été le fondateur. *V.* son Tit. 8 *b*, & celui de Hakem ben Hescham, 382 *a*.

——— des Abbassides. Aboul Abbas Sefah en fut le premier Khalife. *V.* le Tit. de Saffah, 718 *b*, & celui de Haschem, 405 *b*.

——— des Thahériens. Elle a été fondée par Thaher. *V.* ce Tit. 859 *a*; celui de Scheherestan, 765 *a*, & celui de Thaherioun, 859 *b*. Cette Dynastie est la premiere qui se soit élevée sous l'Empire des Khalifes; ce fut dans le troisieme siecle de l'Hégire.

——— des Tholounides en Egypte. *V.* le Tit. Tholoun, 870 *b*.

——— des Soffarides. *V.* le Tit. de Jacoub ben Lait, 432 *a*, & celui de Soffar, 696 *b*.

——— des Aglabites. *V.* le Tit Aglab, 64 *b*.

——— des Edrissites. *V.* le Tit. Edressah, 289 *a*.

——— des Fathimites ou Ismaéliens en Afrique. *V.* le Tit. Fathemiah, 318 *b*, & celui d'Obeidallah, 678 *a*.

——— des Ismaéliens en Perse. *V.* le Tit. Hafed Ledinillah, 386 *b*; celui de Hassan Sabah, 405 *b*, & celui d'Ismaélioun, 467 *b*.

——— des Samanides. Elle commença après l'extinction de celle des Soffarides. *V.* le Tit. Samaniah, 737 *a*. Son fondateur Ismaïl Samani a porté le premier le titre de Padischah ou d'Empereur qui lui fut donné par le Khalife Motaded, 464 *b*.

——— des Dilemites. *V.* les Tit. de Dilem, 278 *a*, & de Macan, 536 *a*.

——— des Buides, que quelques Historiens appellent aussi Dilemites. *V.* les Tit. Amadeddulat, son fondateur, 99 *a*, & de Buiah, 195 *a*.

——— des Gaznevides. Mahmoud, fils de Sebecteghin, en a été le fondateur. *V.* les Tit. de Gaznaviah, 339 *a*, *b*, & celui de Thac, 857 *a*.

——— des Gaurides. Elle a été fondée sur les ruines de celle des Gaznevides, & il y en a eu deux branches. *V.* l'Art. Gaurian, 336 *a*.

Dynastie des Selgiucides. *V.* Selgiukl, 780 *b*, & Selgiukian, 782 *b*. Il y en a eu trois branches, celle d'Iran ou de la Perse, *ibid*; celle de Kerman, 783 *a*, & celle de Roum, *ibid. b*. Thogrul-Beg a été le fondateur de cette grande Dynastie. *V.* le Tit. de ce Sultan, 867 *a*.

——— des Khouarezmiens. *V.* le Tit. Khouarezmioun, 513 *a*.

——— des Marabouts ou Al Moravides en Espagne. *V.* le Tit. de Morabethah, 624 *a*.

——— des Al Mohades en Afrique & en Espagne. *V.* le Tit. de Moahedoun, 591 *a*.

——— des Modhafferiens en Asie. Le fondateur en a été Modhaffer. *V.* son Tit. 597 *b*, & celui de Schah Schegia, 753 *a*.

——— de Molouk Curt en Asie. *V.* le Tit. de Curt, 256 *b*, & celui de Schamseddin, 759 *a*.

——— des Mogols. Il y en a eu deux; l'ancienne, établie par Mogolkhan. *V.* Mogol, 601 *b*. La seconde fut formée par le fameux conquérant Genghizkhan, 602 *a*.

——— des grands Mogols aux Indes, descendants de Tamerlan. Elle y existe encore. Homaioum en a été le fondateur. *V.* son Tit. 422 *b*; celui d'Omar Scheik ben Abousaïd, 684 *b*, & celui de Timour, 872 *b*.

——— des Sarbedariens en Asie. *V.* Sarbedar, 744 *b*, ainsi que le Tit. Fadhlalla, 312 *b*.

——— des Turcomans de la race du Mouton noir, qui a régné en Asie. *V.* le Tit. Cara-coinlu, 232 *b*, & celui de Turkman, 892 *b*.

——— des Turcomans Bajanduriens ou du Mouton blanc. *V.* le Tit. d'Ac-Coinlu, 38 *a*, 391 *b*, 446 *b*, & 626 *a*. Son fondateur a été Hassan, surnommé Uzun, que nos Historiens nomment Uzuncassan. *V.* son Tit. 907 *a*.

——— des Atabekiens; il y en a eu quatre branches, la premiere de l'Iraque, la seconde de la Médie, la troisieme de la Perse, & la quatrieme de Lar. *V.* le Tit. Atabekian, 132 *b*.

——— des Ajubites ou Jobites, établie en Egypte & en Syrie. Le grand Saladin en a été le fondateur. *V.* le Tit. Ajubiah, 76 *b*; celui de Salaheddin, 728 *b*, & celui de Nasser, 660 *b*.

——— des Caracathaiens qui ont régné dans la Caramanie Persienne. *V.* le Tit. Cara Cathaian, 231 *b*, & celui de Barac, 169 *a*.

——— des Baharites ou Mamelucs en Egypte. Il y en a eu deux. *V.* les Tit. de Bahariah, 161 *a*, & de Mamlouk, 555 *a*.

——— des Ilekhaniens en Médie. *V.* le Tit. de Hassan Ilekhani, son fondateur, 403 *a*, & celui d'Avis, 138 *a*.

——— des Uzbékiens dans le pays nommé Descht Captchak, au-dessus de la Mer Caspienne. Elle est connue sous le nom de Daulat al Uzbekiat. Schaibek en a été le fondateur. *V.* son Tit. 755 *b*, & celui d'Uzbek, 906 *a*.

——— des Rois aujourd'hui régnant en Perse. Ismaïl Schah, nommé aussi Ismaïl Sofi, en a été le fondateur. *V.* son Tit. 466 *a*; celui de Haidar, 391 *a*, & le second Tit. Safi, 719 *a*.

——— des Othmanides ou Othomans qui regnent encore à Constantinople. Ils descendent d'Orthogrul, pere d'Othman. *V.* le Tit. du premier, 867 *a*; celui du second, 868 *b*, & celui de Soliman Schah, 802 *b*.

——— des anciens Tartares, de laquelle il y a encore un reste dans la Crimée, gouvernée par un Khan de la Famille de Gheraï. *V.* le Tit. de Tatar, 850 *a*.

——— en Chine. Il y en a eu un grand nombre, tant originaires de l'Empire, qu'étrangeres, *Suppl.*

Fêtes de l'Eglife Chrétienne. Les Mufulmans les honorent, 458 *b*.

Fêtes que les Mahométans célebrent. *V*. l'Art. d'Aid, 72, *b*. *V*. auffi le Tit. de Beïram, 182 *b*.

Fetfa ou *Fetua*; on appelle ainſi une décifion du Mufti de Conftantinople. *V*. Fatnova, 318 *a*.

Feu (le), pere & principe de toutes chofes. *V*. le fécond Art. Bab, 145 *a*.

Feutres ou chapeaux, inventés par Tamerlan, pour l'ufage de fes troupes. *V*. Calanes, 224 *a*.

Fidélité due à l'Hiftoire, violée par d'indignes Hiftoriens. *Suppl*. 119.

Fille qui a porté la qualité de Docteur parmi les Mufulmans. *V*. Aifchah, 75 *a*.

Filles (les cent) efclaves qui favoient l'Alcoran par cœur. V. le Tit. Zobeidah. 925 *b*.

Fils (le); en Arabe *Ebn*. V. ce Tit. 287 *a*, & celui d'Aben, 10 *a*.

Fils de fon pere, ou fils d'un inconnu. V. Ziad, 921 *a*.

Fils (un) de Prince. *V*. le Tit. Mirza, 590 *b*.

Fils de l'étoile & fils du menfonge, nom d'un fameux impofteur, qui vouloit fe faire paffer pour le Meffie. *V*. Bar Cokba, 169 *a*.

Fils de l'enfer; cette expreffion défigne un réprouvé. V. le Tit. Gehennem, 343 *a*.

Fils du Ciel, titre qu'on donne à l'Empereur de la Chine. *V*. Tencu, 851 *a*, *Suppl*. 2.

Flambeau (le) des Rois, ouvrage politique. *V*. le Tit. Serag' al Molouk, 788 *a*.

Flambeau de la nuit. C'eft ainfi que les Perfans appellent l'efcarboucle. *V*. Schebgerag, 763 *a*.

Flandre, Province du Pays-Bas. Les Orientaux l'appellent Palandrah, 692 *b*.

Fleche; ce mot, outre fa fignification ordinaire, défigne chez les Tartares une famille, *Suppl*. 53, 54.

Fleches. L'art de les tirer porté à fa derniere perfection. *V*. Cajan, 215 *b*.

Fleuve (le) de la paix. *V*. l'Art. Schath, 762 *a*.

Fleuve du Roi, nom d'une ville. *V*. le Tit. de Nahar Malek, 655 *b*.

Fleuves (les deux grands) de l'Afrique. *Voyez*-en la defcription à l'Art. Nil, 668 *a*.

Flotte de l'Empereur Tartare *Hailim*, défaite par la flotte Chinoife, principalement au moyen des canons, l'an 1161°. de l'Ere Chrétienne. *Suppl*. 117 *& fuiv*.

Foi (la) que l'on a pour ce que l'on croit être révélé par Dieu; en un mot la Religion. *V*. l'Art. Din, 278 *a*.

Fondation de Rome. Les Chrétiens Orientaux la marquent fous le regne d'Ezéchias, Roi des Juifs. *V*. Roumiah, 712 *b*.

Fondation d'un Empire ayant 1400 lieues d'étendue de l'Orient à l'Occident, & plus de 700 du Midi au Septentrion. *Suppl*. 36.

Fondation de l'Empire le plus fameux & le plus grand qui ait exifté, étendu fur le continent d'entre les quatre mers, favoir la Méridionale, l'Orientale, la Glaciale & la Méditerranée; en un mot, celui des Mogols ou Moumgols. *V*. le Tit. Genghizkhan, 352 *b*, & *Suppl*. 125.

Fondements (les) & principes de la Religion & du Droit des Mahométans; on les nomme Offoul. *V*. cet Art. 688 *a*.

Fontaine ou fource de la naphte. *V*. l'Art. Hit, 419 *a*.

Fontaine d'Elie ou d'immortalité. *V*. Ilia, 454.

Fontaine de vie ou de Jouvence. *V*. Ain al hiat, 73 *b*.

Fontaine (la) du Soleil; nom de l'ancienne métropole d'Egypte. *V*. Ain al Schams, 74 *a*.

Formule de faluer parmi les Chrétiens de Syrie. *V*. Barek-Mor, 173 *b*.

Formule dont on fe fert en écrivant au Roi de Perfe. *V*. le Tit. de Rouhi Semin, 711 *a*.

Formule de la publication des Ordonnances du Sultan de Conftantinople. *V*. Emr, 294 *a*.

Fournaife ardente dans laquelle Abraham fut jetté. *V*. Nemrod, 664 *b*.

Foux. (les) Les Mahométans les réverent, 401 *b*.

Franc arbitre; doctrine des Mufulmans fur ce fujet, 207 *b*.

François, (les) ou Européens en général. Les Mahométans les appellent Farange. *V*. ce Tit. 315 *b*, & celui de Frank, 330 *b*.

Froment de Jofeph, efpece de bled que l'Egypte feule produit. *V*. Camah, 225 *a*.

Fruit d'un arbre que les Grecs ont appellé *Balanus Myrebfica*, & qui croît en abondance dans l'Arabie Heureufe, 168 *b*.

Fruit qui reffemble à la noix mufcade. *V*. Areca, 117 *a*.

Fuites, (les deux) l'une des difciples de Mahomet, l'autre la fienne propre. *V*. Hegiratan & Hegrah, 412 *a*.

Furies (les) des Mythologiftes, 767 *b*.

G.

GABRIEL, l'Archange. Les Mufulmans le nomment Gebraïl. *V*. ce Tit. 340 *b*.

Galbanum, plante ou plutôt le fuc d'une plante. *V*. l'Art. de Barzede, 175 *b*.

Galien, le Médecin. Les Arabes l'appellent Gialinous, 364 *b*.

Garde d'un Sultan, compofée de 1400 hommes, dont 700 portoient des maffes d'argent, & 700 des maffes d'or. *V*. le Tit. Amak, 98 *a*.

Garde-robe de trois mille paires d'habits, faits pour la feule perfonne d'un Sultan, 307 *b*.

Gatto pardo, animal dont les Turcs & les Indiens fe fervent pour faire la chaffe aux gazelles & aux lievres. *V*. Pars, 693 *a*.

Gazelles, (les) efpece d'animal. *V*. l'Art. Gazal, 337 *a*.

Gazelles (les) d'or du Temple de la Mecque. *V*. le Tit. Gazalan, 337 *b*.

Géant ou *Div* qui n'étoit point de la race des hommes. *V*. Surkhrag', 811 *a*.

Géant à mille mains. *V*. Sarrandar, 736 *b*.

Géants. (les) *V*. le Tit. de Giabbar, 359 *b*.

Généalogie. Les Arabes la confiderent comme une fcience qui doit être cultivée beaucoup; auffi plufieurs Auteurs en ont traité. *V*. les deux Tit. Anfab, 109 *a*.

Généraliffime dégradé & fait Centenier, pour s'être rendu coupable de péculat, *Suppl*. 109.

Généraliffime qui reçut foixante & dix coups de baguette, pour avoir bu du vin, malgré la défenfe de l'Empereur fon maître, *Suppl*. 117.

Générofité fans exemple du grand Saladin, 731 *a*.

Génie ou Démon. *V*. le Tit. Genn, 348 *b*.

Génie qui préfide au premier jour de l'année folaire des anciens Perfes. *V*. Ormoz, 687.

Génie qui préfide aux vents. *V*. le Tit. de Bad, 152 *a*.

Génie qui préfide aux noces. *V*. Aniran, 108 *b*.

Génie qui appaife la colere. *V*. Bahaman, 157 *b*.

Gens de la Croix. Les Mahométans appellent ainfi les Chrétiens croifés qui leur ont fait la guerre dans la Paleftine. *V*. Salb, 733 *b*.

Gentilhomme de la chambre. *V*. le Tit. Hageb, 389 *a*.

Géographie. Les Arabes l'appellent Giagrafiah, quoique les Auteurs qui en traitent, donnent rarement ce titre à leurs ouvrages, 363 *b*.

Géographie fabuleufe, tirée de l'Alcoran, 364 *a*.

Géomance. L'invention de cet art fuperfticieux à qui attribuée. *V*. le Tit. Raml, 700 *a*.

Géométrie. Les Arabes nomment cette Science *Handaffah*, mot dérivé du Perfien *Andaz*, qui fignifie *mefure*, 397 *b*. *V*. auffi le Tit. Tahrir Hendaffiat, 823 *b*.

Gingembre fauvage; il y en a trois efpeces. *V*. Cofth, 252 *a*.

Globe terreftre pefant 800 marcs d'argent. *V.* Edrifli, 290 *a.*

Gloire (la) de Dieu. *V.* le Tit. Gelal, 344 *b.*

Gog & *Magog*, peuples du Septentrion. *V.* l'Art. Jagiouge, 436 *a.*

Golfe de mer. Les Géographes Arabes en comptent trois principaux. *V.* le Tit. de Kholgian, 506 *b.*

Golfe Arabique; nous l'appellons la Mer Rouge. *V.* Leffan al Calzoum, 527 *a.*

Golfe de la Lune, Ville maritime de l'Arabie Heureu-fe. *V.* Gob, 377 *a.*

Goliath, le Géant. Les Arabes lui donnent le nom de Gialout. *V.* ce Tit. 364 *b.*

Gomme, nommée *Sarcocolla*, qui coule d'un arbre épineux. *V.* Surmeh, 811 *b.*

Gomme nommée *Laudanum. V.* l'Art. Ladan, 520 *b.*

Gomorrhe, la Ville. Les Arabes la nomment Amo-rah. *V.* ce Tit. 103 *a*, & celui de Loth, 532 *a.*

Gorge du fleuve; c'eft ce que nous nommons la Gou-lette, place aux portes de Tunis, 394 *a.*

Gouvernement févere, même violent d'un Prince, préférable au gouvernement foible & trop indul-gent, 411 *a.*

Gouverneur qui difoit que l'obéiffance due aux Prin-ces eft plus abfolue & plus néceffaire que celle que l'on doit à Dieu, felon l'Alcoran, *ibid.*

Grace (la) ou le fecours de Dieu. *V.* le Tit. d'E-naiah, 294 *a.*

Grain de raifin qui étouffa la concubine d'un Khalife, 450 *b.*

Graine du cœur, ou amour-propre & concupifcence qui nous porte au mal. *V. Péché d'origine.*

Grammaire. Les Arabes l'appellent Nahou. *V.* ce Tit. 656 *a.*

Grammairiens Arabes. Le Maître de tous a été Kha-lil. *V.* Son Tit. 501 *a*; le plus illuftre, Sibouieh, 791 *a*, & le plus docte des Grammairiens Arabes d'Efpagne, Schaloubini, 756 *a.*

Grand-Chambellan. V. l'Art. Hageb, 389 *a.*

Grand-Duc (le) de Tofcane. Les Turcs l'appellent abfolument Doucah. *V.* ce Tit. 283 *a.*

Grecs (les anciens), 297 *a. V.* auffi Jounani, 458 *a.* Grecs modernes qu'on nomme Roumi, *ibid.*

Grenade, ville d'Efpagne; les Arabes la nomment Garnathah. *V.* ce Tit. 335 *b.*

Grenades. La meilleure efpece de ce fruit vient du terroir de la ville de Salt. *V.* ce Tit. 735 *a.*

Grenouilles qu'on fit taire au moyen d'une drogue, 55 *a.*

Groffeffe miraculeufe d'une femme Tartare, *Suppl.* 35.

Groffeffe miraculeufe d'une Princeffe Mogolienne. *V.* le Tit. d'Alankava, 78 *a*, & *Suppl.* 152.

Grotte d'Eve, ou oratoire de Mahomet, 407 *b.*

Guerre (la) en général. Les Arabes la nomment Harb, 368 *b.* Celle qui fe fait aux Infideles s'ap-pelle Gedal. *V.* ce Tit. 341 *a.*

Guerre (la). La premiere que Mahomet a faite eft celle qu'il a foutenue contre les Juifs. *V.* le Tit. de Khaibar, 497 *a.*

Guide des chemins; titre d'un livre, contenant les vies de plufieurs Philofophes, ainfi que celles d'Alexan-dre, de Salomon & d'autres perfonnages. *V.* Hau-gial, 408 *b.*

Guidon (le), marque du commandement parmi les Orientaux, 859 *a.*

Guy de Lufignan, Roi de Jérufalem, fait prifonnier de guerre par le Grand Saladin, 729 *b.*

H.

*H*ABIT (l') ne fait pas le Moine, en Turc Der-vifchlik Khirkhaden bellu deghil, 268 *b.*

Habit de laine. Prendre des habits de laine, en Arabe Lebas al fuf, eft une façon de parler qui fignifie,

faire profeffion de la vie religieufe. *V.* le Tit. Bu-los al Raheb, 197 *b.*

Habits defcendus du ciel pour couvrir la nudité d'A-dam; fable mufulmane, 52 *a.*

Habits de foie défendus aux Mufulmans. *V.* Harir, 399 *a.*

Han-vou-ti a été le premier Empereur de la Chine qui fit des conquêtes dans la Tartarie, *Suppl.* 5, 135, 143.

Heber, le Patriarche. Les Arabes le nomment Houd. *V.* ce Tit. 427 *a.* Un des Chapitres de l'Alcoran porte ce dernier nom, *ibid.*

Hégire (l') ou fuite de Mahomet; elle fait l'Ere Mahométane, & tombe fur l'année 622°. de l'Ere Chrétienne. *V.* Hegrah, 412 *a.*

Hélene, mere de Conftantin le Grand. Les Orien-taux la nomment Helani, 414.

Héraclius, Empereur. Les Chrétiens orientaux af-furent qu'il a été Melkite, c'eft-à-dire, ortho-doxe; ils le nomment Harkel, 393 *b.*

Herbe qui produit du miel d'une douceur exquife, *Suppl.* 139.

Herbe ou arbriffeau qui porte un fruit femblable au cocon du ver à foie, *Suppl.* 139.

Héréfiarque (l') qui nioit la trinité des perfonnes en Dieu. *V.* le Tit. Sabellious, 714 *a.*

Héréfie (l') des Maronites. *V.* le Tit. Maroun, 566 *a.*

Hérétique (l') qui admettoit trois Dieux. *V.* Mar-kion, 563 *b.*

Hérétiques parmi les premiers Chrétiens, lefquels font connus fous le nom de *Maffaliani. V.* l'Art. Moffalah, 629 *b.*

Héros (un) ou homme vaillant. *V.* Pahalavan, 692 *b.*

Héros (le), furnommé corps de bronze. *V.* Asfen-diar, 128 *b.*

Héros (les) de la Perfe. Le plus vaillant de tous étoit Roftam. *V.* fon Tit. 709 *a*, 342 *a.*

Heure (une) Chinoife en vaut deux des nôtres, *Suppl.* 17.

Heureufes (les deux) & fortunées. *V.* Saadani, 717 *a*, & Sad, 716 *a.*

Hiacinte, fleur. Les Perfans & les Turcs l'appellent Sunbul, nom qu'ils donnent métaphoriquement aux beaux cheveux d'une femme, 810 *b.*

Hioum-nou (les), nation Tartare. Ils donnoient à leur Tchen-yu, ou Empereur, le titre de fils du Ciel, à l'imitation des Chinois, *Suppl.* 56. Il y avoit parmi eux vingt-quatre Ordres de Grands, douze de la gauche, la plus honorable, & autant de la droite. Le *Thou-ki*, ou fage Roi de la gauche, étoit ordinairement défigné Empereur, *ibid.* Leurs loix criminelles étoient affez féveres, *ibid.* Ils ado-roient le foleil & la lune, *ibid.* On faifoit boire une taffe de vin à qui apportoit la tête d'un ennemi, & les captifs reftoient au pouvoir de celui qui les avoit pris, *ibid.* Ils étoient habiles à dreffer des embufcades, & celui qui, dans le combat, empor-toit un de fes camarades tués, devenoit héritier de fes biens, *ibid.*

Hippocrate, le Médecin. Les Arabes le nomment Bo-krath. *V.* ce Tit. 191 *b.*

Hippogloffon, langue de cheval, efpece de plante fort purgative. *V.* Leffan al fars, 527 *a.*

Hirondelle, fobriquet donné à un Poëte. *V.* Ref-chidi, 706 *a.*

Hifpahan, aujourd'hui Capitale de la Perfe. Elle eft nommé Esfahan, 301 *a.*

Hifoire (fcience). Elle eft fort cultivée par les Ma-hométans. Catalogues d'une partie de leurs livres hiftoriques. *V.* les Tit. d'Akhbar, 39 *b*; de Sairat, 725 *b*, & de Tarikh, depuis 833 jufqu'à 847.

Hifoire de Locman, dit le Sage. *V.* fon Tit. 528 *a.*

Hifoire d'une tête de mort, reffufcitée, felon les Mahométans, par Jefus-Chrift. *V.* Keffat algiam-giamah, 476 *b.*

ment Janaris, quand ils se servent du Calendrier Julien, 442 *a.*

Jardin (le) d'Eden, ou Paradis terrestre. *V.* le Tit. d'Aden, 52 *b*; celui d'Adn, 59 *a*, & celui de Gennat, 352 *a.*

Jardin (le) ou faux Paradis. *V.* l'Art. Iram, 461 *a.*

Jardin (le) de roses, *Rosarium Politicum,* livre fort estimé dans l'Orient. *V.* le Tit. de Gulistan, 378 *b*; & le nom de son Auteur au Tit. Saadi, 717 *a.*

Idolâtrie; (l') temps où elle commença. *V.* le Tit. Jard, 443 *a*; ce qui y a donné lieu. *V.* Edris, 289 *b.*

Idolâtrie de plusieurs sortes dans la Chaldée, 12 *b.*

Idole adorée au temps de Noé. *V.* Souna, 807 *b.*

Idole des Adites, ancienne Tribu des Arabes. *V.* Salemah, 734 *a.*

Idole des anciens Arabes. *V.* l'Art. Hobal, 419 *b.*

Idole de taille gigantesque. *V.* Menkeli, 583 *b.*

Idole suspendue en l'air. *V.* Soumenat, 808 *a.*

Idole d'or, de seize pieds de haut, faisant partie du trésor d'un Empereur Chinois fugitif, *Suppl.* 117.

Idole de la Musique; c'est ainsi que les Mythologues appellent Vénus, l'étoile. *V.* Zoharah, 826 *a.*

Jérémie, le Prophete. On le nomme Irmia; traditions sur son sujet. *V.* ce Tit. 461 *b.*

Jérusalem. Les Musulmans donnent à cette Ville le surnom de *Noble* & de *Sainte,* 730 *a.* Ils l'appellent aussi la *Maison sainte. V.* le Tit. de Beit, 182 *b*, & celui de Moccades, 594 *a.* Son histoire se trouve à l'Art. Cods, 247 *a.* On la nommoit aussi Ilia, 454 *a.*

Jérusalem bâtie par Melchisedech, & située au milieu de la terre habitable; sentimens des Orientaux, 248 *a.*

Jesus-Christ. Les Mahométans le nomment Issa. *V.* ce Tit. 461 *b.*

Jethro, beau-pere de Moïse. Les Musulmans l'appellent Schoaïb. *V.* ce Tit. 772 *a.*

Jeûne. (le) Son origine, 857 *b.*

Jeûne très-rigoureux des Mahométans. *V.* Ramadhan, 669 *b.*

Jeux de hasard; ils sont défendus aux Musulmans, 690 *a.*

Ignorance, méprisée par les Musulmans. *V.* Gehel, 342 *a.*

Ignorance d'un Khalife & de son Visir. *V.* Ahmed ben abi Khaled, 66 *b.*

Imamat, grande dignité établie chez les Mahométans. *V.* le Tit. d'Imam, 455 *a.* Le douzieme & dernier Imam doit encore paroître. *V.* le Tit. Mahadi, 542 *a*, & 678 *a.*

Immensité de Dieu; comment expliquée par les Musulmans, 278 *b. V.* aussi Hadher, 384 *a.*

Impératrice, (l') veuve de l'Empereur Chinois *Thaitçau,* se coupa la main droite, & la fit enfermer dans le cercueil de son mari, *Suppl.* 88.

Impératrices (les) de la Chine portent le nom de *Kba-toun, Suppl.* 50, 133.

Impie (un) qui n'est ni Juif, ni Chrétien, ni Mahométan. *V.* le Tit. Zendik, 917 *b.*

Impies. (les) *V.* Ismaëliens.

Imposition des mains, cérémonie qui a lieu dans l'ordination des Ministres de l'Eglise Chrétienne. *V.* Scharthoniah, 762 *a.*

Impossibilité de donner un caractere à Dieu, n'y ayant aucun être créé d'où l'on puisse tirer une explication ou comparaison qui lui convienne, 93 *b.*

Imposteur ou faux Prophete, contemporain de Mahomet. *V.* le Tit. Mosseilemah, 627 *b.*

Imposteur, qui disoit être Moïse ressuscité. *V.* Mahmoud, ben Farage, 548 *a.*

Imposteur qui vouloit passer pour Dieu. *V.* Hakem, 301 *b.*

Imposteur & Rebelle qui n'étoit attaché à aucune Secte. *V.* le Tit. de Babek, 146 *a.*

Imposteur (l') qui vouloit introduire la communauté des biens. *V.* le Tit. Mazdak, 575 *b.*

Incendiaire du monde, surnom donné à un Prince. *V.* le Tit. Hassan, fils de Houssain, 404 *a.*

Incompréhensibilité (l') de Dieu, 93 *b.*

Indes (les) Orientales & leur division. *V.* le Tit. de Hend, 415 *a*, & celui de Send, 786 *b.*

Indiens noirs, habitans du pays de Zingistan, 918 *a.*

Indifférence ou incrédulité d'un Poëte Arabe en fait de Religion. *V.* le Tit. Aboulola, 25 *a.*

Indigo, plante dont le suc fait la couleur bleue. *V.* Nil, 668 *a.*

Indulgences que l'on gagne en visitant les saints lieux de Jérusalem, de Hebron & de Damas. *V.* l'Art. Mothir, 644 *a.*

Infinitifs (les) des verbes Arabes. *V.* Tag' almessader, 820 *a.*

Instrument astronomique qui sert à mesurer le mouvement de chaque Planete. *V.* Zarcalah, 912 *b.*

Intelligence (l') ou entendement. Opinions des Docteurs Musulmans sur cette faculté de l'ame. *V.* l'Art. d'Acl, 45 *b.*

Intelligence de la langue Arabique; ouvrage semblable à celui que nous nommons *Janua linguarum. V.* Fekehat allogat, 320 *a.*

Intercallation d'un mois ou de quelques jours. *V.* le Tit. de Cebissah, 744 *b.*

Interprete des songes; sa circonspection prudente, 640 *b.*

Intervalle (l') du temps entre la mort d'un homme & sa résurrection. *V.* l'Art. de Barzakh, 175 *b.*

Invention du plâtre & d'autres choses utiles, 367 *b.*

Invention des canons dans la Chine, *Suppl.* 117.

Investitures données par des Khalifes aux Sultans. *V.* Malek Rahim, 551 *a.*

Job, surnommé le Patient. Les Arabes le nomment Aiub. *V.* dans ce Tit. les fables des Mahométans sur son sujet, 75 *b.*

Jonas, le Prophete. Les Mahométans le nomment Jounous, & le surnomment l'Homme du poisson, 456 *b. V.* aussi Noun, 674 *a.*

Joseph, fils du Patriarche Jacob. Les Mahométans le nomment Jousouf. *V.* ce Titre, contenant les traditions qu'ils débitent sur son sujet, 459 *a.*

Josué, successeur de Moïse, & Jesus, fils de Sirach. *V.* le Tit. Joschova, 457 *b.*

Jour (le) civil, divisé par les Cathaiens en 12 parties. *V.* l'Art. Fenek, 321, *a*, & *Suppl.* 17.

Jourdain, (le) fleuve de la Palestine. Les Arabes le nomment Arden. *V.* ce Tit. 115 *b.*

Journée (la) du chameau; expression qui dénote la bataille donnée entre Ali & Aïschah, veuve de Mahomet, 84 *a.*

Journée de Houssain, fils d'Ali, 429 *a.*

Journées, (les six) dans lesquelles Dieu a créé le monde. *V.* Cahanbarha, 213 *b.*

Jours (les) dérobés, ou jours ajoutés à la fin de l'année solaire. *V.* Firouz, 326 *b*, & Moustaracah, 633 *b.*

Jours heureux ou malheureux. *V.* le Tit. Giou, 374 *b.*

Iraque (l') Arabique & l'Iraque Persienne. *V.* le Tit. d'Erac, 295 *b.*

Irene, fille de l'Empereur Maurice, laquelle fut mariée à Khosroès Parviz, Roi de Perse. *V.* Irini, 461 *b.*

Isaac, fils d'Abraham. Les Mahométans l'appellent Ishak, 463 *b.*

Isaïe, le Prophete; rêveries des Chrétiens Orientaux & des Musulmans sur son sujet. *V.* le Tit. Ischaja, 463 *b.*

Isle des enfants d'Omar, ville. *V.* Gezirat, 357 *b.*

Isles de l'Océan Oriental, dans lesquelles il y a une grande abondance d'or. *V.* Sailah, 725 *a.*

Ismaëliens, (les) secte d'impies. *V.* le Tit. Molhedoun, 621 *b*, & celui de Saadeddin, 716 *b.*

Juge

Juge des Muſulmans en fait de Droit & de Religion. *V.* Cadhi, 209 *b.*

Juif. (un) Les Arabes l'appellent Jahoud. *V.* cet Art. qui contient une partie de l'Hiſtoire de la nation Juive ſelon les Mahométans, 439 *a.*

Juifs métamorphoſés en ſinges pour n'avoir pas obſervé la Loi de Moïſe; fable groſſiere. *V.* Firouz ben Belache, 326 *b.*

Juifs & Chrétiens. Les Mahométans les nomment ſouvent *Ahel al Ketab*, c'eſt-à-dire, gens qui ont des livres ou écritures ſaintes. *V.* le Premier Tit. Ketab, 478 *a.*

Juillet. Les Orientaux appellent ce mois *Jouliab* ou *Joulious*; mais ne l'employent que lorſqu'ils ſe ſervent du Calendrier Julien, 458, *a*; il en eſt de même du mois de Juin qu'ils nomment *Jounious, ibid. b.*

Julien l'Apoſtat. Les Arabes l'appellent Joulianous, & lui donnent l'épithete d'infidele & de déſerteur. Tradition des Chrétiens Orientaux ſur ſon ſujet, 458 *a.*

Jupiter, la planete. *V.* le Tit. Moſchteri, 627 *b.*

Jurement de Dieu par le pair & par l'impair, ſuivant l'Alcoran, au chapitre de l'Aurore, 94 *a.*

Jurement de Mahomet, le faux Prophete. *V.* le Tit. de Tina, 882 *b.*

Juriſconſulte (tout) Mahométan eſt à la fois Docteur en Théologie, qui, comme le droit ou la loi, n'a d'autre fondement que l'Alcoran; de ſorte que ces deux profeſſions ſont inſéparables. *V.* Fek, 319 *b.*

Juriſprudence Muſulmane. Le premier Docteur qui ait écrit ſur cette Science, eſt Schaféi. *V.* ſon Tit. 750 *b.*

Juſquiame, (le) plante qui enivre. *V.* l'Art. de Benk, 184 *a.*

K.

*K*AF & *Noun*, (K & N) formant le mot Arabe *Kun*, qui ſignifie *ſoit-fait*, expreſſion dont Dieu s'eſt ſervi en créant le monde, 72 *a.*

Kebleh; partie du monde que les Muſulmans regardent en faiſant la priere, 469 *b.* Kebleh allégorique, ou belles ſentences de morale & de dévotion. *ibid.*

Kéramiens; (les) nom des Sectateurs qui enſeignoient que ce qui eſt dit, dans l'Alcoran, des bras, des yeux & des oreilles de Dieu, doit être entendu à la lettre. *V.* Keramioun, 474 *b.*

Keſſabiens. (les) Sectateurs parmi les Schiites; ils ont des ſentiments extravagants & impies, touchant la perſonne d'Ali. *V.* Schiah, 768 *b.*

Khalifat, dignité ſouveraine parmi les Mahométans, comprenant un pouvoir abſolu ſur tout ce qui concerne la Religion & le gouvernement politique. Ceux qui étoient revêtus de cette autorité, portoient le titre de Khalife, qui veut dire Vicaire ou Succeſſeur. Leurs fonctions, leur ſucceſſion & leur décadence. *V.* Khalifah, 498 *b.*

Khalifat (le) aboli par les Mogols, l'an 656ᵉ. de l'Hégire, 630 *b*, & 697 *b.*

Khalife (le premier) & ſucceſſeur de Mahomet. Son nom étoit Abdallah & le ſurnom Abubecre. *V.* ce dernier Tit. 16 *b.*

Khalife devenue fou & impie en même-temps. *V.* Hakem Bemrillah, 381 *b.*

Khalife qui, en ſortant de ſon palais de Bagdet, portoit ordinairement un voile ſur le viſage pour s'attirer un plus grand reſpect des peuples, 630 *b.*

Khalife fantaſque & cruel, 641 *a.*

Khalife, tuant de ſa propre main des conviés qui lui étoient ſuſpects, 640 *b.*

Khalife, détesté & maudit par les Muſulmans. *V.* le Tit. Jezid, Ben Moaviah, 449 *b.*

Khalife détrôné, privé de la vue & réduit à demander l'aumône, dans le quatrieme ſiecle de l'Hégire. *V.* le Tit. Caher Billah, 213 *b.*

Khalifes légitimes. Le dernier de tous fut Moſtaaſſem, 332 *b.*

Khan ou *Grand Khan*, titre affecté aux Empereurs & aux Rois. Khan, Vice-Khan, ou Khan ſubalterne. *V. Suppl.* 132, 133.

Koum-ſun-fan, l'un des deſcendants de *Koum-fucius* à la 49ᵉ. génération, décoré (l'an 1140 de l'Ere Chrétienne) du titre de *Yen-chim-koum*, c'eſt-àdire, de Duc qui continue la famille du Saint. *Suppl.* 117.

L.

*L*A *c* proche de la ville de Nicée en Bithynie; c'eſt le *Lacus Aſcanius* des anciens. *V.* Ac-Sou, 47 *b.*

Lacque, eſpece de gomme, dont on ſe ſert dans la compoſition de la cire d'Eſpagne. *V.* Louk, 533 *a.*

Lacs; (les) les Arabes les nomment mers douces. *V.* Schikhoun, 769 *a.*

Labor, ville des Indes dont elle a été autrefois la capitale. *Voyez*-en la deſcription au Tit. Lahavar, 522 *a.*

Lama, le grand Lama & la deſcription de ſon ſceau, *Suppl.* 142.

Lames de plomb trouvées dans une grotte, ſur leſquelles ſont gravées des Hiſtoires fabuleuſes touchant J. C. & de la Sainte Vierge. *V.* le Tit. d'Ahmed ben Caſſem, 68, & celui de Kekilios, 470 *b.*

Lampes dans la moſquée; le premier qui les alluma fut l'un des Sahaba ou Compagnons de Mahomet. *V.* Tamim, 826 *b.*

Langage, diſcours & dictionnaire. *V.* Logat, 529 *b.*

Langue; quelle eſt la plus ancienne. *V.* l'Art. Leſſan, 526 *a.*

Langue (la) Péhélévique eſt l'ancienne langue de Perſe. *V.* le Tit. Tarik al Furs, 843 *a.*

Langue (la) Baſtanienne eſt un idiôme particulier de celle des anciens Perſiens. *V.* le Tit. de Schah, 751 *b.*

Langue (la) Arabique; ſon origine, ſon élégance & ſa perfection. *V.* Leſſan al Arabi, 526 *b.* Langues Syriaque, Perſienne, Turqueſque, Mogolienne. *ibid.*

Langue (la) Turqueſque; il y en a deux, l'une de Conſtantinople, l'autre celle des Tartares. *V.* le premier Tit. de Tadhkerat, 818 *a.*

Langue (la) Chinoiſe n'a aucune lettre qui puiſſe être lue E, & elle lui ſubſtitue l'O. *Suppl.* 183.

Langue de la Religion. *V.* Leſſan eddin, 527 *b.*

Langue de cheval, plante. *V.* l'Art. Leſſan al Fars, 727 *a.*

Lapis lazuli. *V.* l'Art. Pazher, 693 *b.*

Laquais; origine de ce mot. *V.* le Tit. de Lakiths, 520 *b.*

Largeſſes conſidérables faites par un Empereur de la Chine à ſes ſujets, *Suppl.* 129.

Lazare, frere de Marthe & de Marie. *V.* Laz, 525 *a.*

Leçons données au Khalife Haroun Raſchid. *V.* le Tit. d'Aſmai, 129 *b.*

Léopard ou Panthere. *V.* Pars, 693 *a.*

Lettre écrite par un Roi à Jeſus-Chriſt, & la réponſe; tradition des Orientaux, tant Chrétiens que Mahométans. *V.* le Tit. d'Abgar, 10 *a.*

Lettre d'un Empereur des Tartares *Toukiues* à l'Empereur Chinois *Soui-ven-ti*, écrite dans le ſixieme ſiecle de l'Ere Chrétienne. *Suppl.* 41.

Lettres gravées indéchiffrables, 638 *a.*

Levée des Arabes, & ligne de ſéparation. *V.* Sedd al Arab, 777 *a.*

Liban, le mont. Origine de ce nom. *V.* le Tit. de Lobnan, 528 *a.*

Lieu deſtiné au ſervice de Dieu. *V.* l'Art. Maſgiad, 569 *a.*

Lieu ſéparé dans les Moſquées. *V.* Macſurah, 537 *a.*

Lieu de la ſépulture d'Adam. *V.* Abou-Cais, 19 *a.* *V.* auſſi Serandib, 788 *a.*

Lieu de l'Iraque Babylonienne, fameux par la mort

M.

mença à prêcher fa fauſſe doctrine à l'âge de 40 ans.
V. Hégiratan, 413 *a.*

Mahomet, nommé par les Muſulmans le ſceau des Prophetes ou de la Prophétie. *V.* Abou-Maaſchar, 25 *b.*

Mahomet conſolé d'une injure qui lui avoit été dite.
V. Cautſer, 243 *b.*

Mahométans (les) ne forcent perſonne de quitter ſa
Religion, 279 *b.*

Mahométiſme; ce qui donna lieu à ſon établiſſement, 435 *a.*

Main. Avoir la main blanche de Moïſe, & le ſouffle
du Meſſie; expreſſion proverbiale. *V.* le Tit. de
Mangheh 557 *b*, 561 *b.*

Main (la) gauche préférée à la main droite, 368 *a.*

Maiſon de ſanté. Les Arabes appellent ainſi un hô-
pital de malades. *V.* Dar al Schefa, 261 *b.*

Maiſons (quatre) à étages, ou autant de ſuperbes
palais, bâtis aux quatre points cardinaux par *Thai-
tçau*, Empereur de la Chine. *Suppl.* 97.

Maître de la verge, titre que les Mahométans donnent à Moïſe. *V.* Saheb Aſſa, 722 *a.*

Maître des grandes conjonctions des planetes, ou maître des cornes ou principales parties du monde;
titre que les Orientaux ont donné à Tamerlan. *V.*
Saheb Keran, 722 *a.*

Maître des Arbalétriers, & aujourd'hui Grand-Maître de l'Artillerie. *V.* le Tit. Bendok, 193 *a.*

Mal épidémique qui s'attachoit à la gorge, & moyen
ſuperſtitieux pour le guérir, 349 *a.*

Malédiction, lancée contre Ali, gendre de Mahomet, ſupprimée par le Khalife Omar II, de la famille des Ommiades, au commencement du deuxieme ſiecle de l'Hégire, 684 *a.*

Mandarins ou Officiers de la Chine; deſcription,
diviſion, & différentes claſſes de cette dignité; il
y a des Mandarins lettrés & des Mandarins d'armes. *Suppl.* 143 *& ſuiv.*

Mandragore. (la) Les Arabes la nomment pomme
de Démon. *V.* Toffah, 883 *b. V.* auſſi Abrouſa-
nam , 36 *a.*

Manès, Auteur de la Secte des Manichéens. *V.* le
Tit. de Mani, 558 *a.*

Mangeurs de Poiſſon. *V.* l'Art. de Mahiſer, 543 *b.*

Maniere cruelle dont on traitoit autrefois aux Indes
les priſonniers de guerre de conſéquence, 257 *b.*

Manne; (la) ce que c'eſt. *V.* le Tit. de Man, 556 *b.*
La meilleure de toute l'Aſie ſe recueille dans le
terroir de Rei. *V.* ce Tit. 705 *a*, & celui d'Oſ-
rouſchiah , 688 *b.*

Marchands. (les) Le Khalife Naſſer eſt le premier
qui s'appropria la ſucceſſion des marchands étrangers qui mouroient dans ſes Etats. *V.* ſon Tit.
660 *a. b.*

Mariage accordé à dure condition , 361 *a.*

Mariage pour un temps; il eſt d'uſage dans l'O-
rient. *V.* le Tit. de Jahia , Ben Aktem, 438 *b.*

Maroc, Ville d'Afrique. *V.* le Tit. de Marakaſch,
563 *a.*

Maronites ou Monothélites, ſectateurs parmi les
Chrétiens dans le ſeptieme ſiecle. *V.* Maroun,
566 *a.*

Maroquins. Les plus beaux cuirs de cette eſpece ſe
préparent dans la ville de Saada. *V.* ce Tit. 717 *a.*

Marques ou indices du Chriſtianiſme en Chine dans
les treizieme & quatorzieme ſiecle de l'Ere Chrétienne. *Suppl.* 142.

Marſouin, ou pourceau de mer. Il eſt défendu aux
Muſulmans d'en manger, ſelon le Docteur Malec,
parce que ce poiſſon porte le nom de pourceau.
V. Dongouz, 282 *b.*

Martyre (le) de Hallage, fameux Docteur & homme fort extraordinaire. *V.* ſon Tit. 392 *b.*

Martyrs; (les) à qui les Mahométans donnent ce ſurnom. *V.* le Tit. Schohada, 773 *b.*

Maſculin. (le genre) Les Arabes le donnent à la

lune, & le féminin au ſoleil, à l'imitation des Hébreux. *V.* Camar, 225 *a.*

Maſtic. Le meilleur en eſt produit dans l'Iſle de Chio
de l'Archipel. *V.* le Tit. de Sakiz, 726 *b.*

Matrône anx bœufs noirs; titre que le peuple des
Khitan donnoit à Cibele, Déeſſe de la Terre.
Suppl. 88.

Maxime fatale aux Princes & aux Peuples, celle qui
dit : L'ambition eſt la marque d'une grande ame.
Suppl. 132.

Maximes de l'Alcoran, préférées aux maximes de la
Croix; expreſſion d'un Poëte Muſulman, 344 *a.*

Maximes des Orientaux. *Suppl.* 231. *V.* la Table de
cet Ouvrage, faite par M. Galand, 252 *b.*

Mecque, (la) Ville de l'Arabie. *Voyez*-en l'origine
& la deſcription au Tit. Meccah, 576 *a.*

Médecin, Botaniſte ou Herboriſte. *V.* Beithar, 183 *a.*

Médecins (trois) Chrétiens au ſervice des Khalifes.
V. le Tit. de Baktiſchua, 151 *b.*

Médine, Ville Capitale des Muſulmans. Son hiſtoire,
ſes prérogatives & ſa deſcription. *V.* Medinah, 577 *b.*

Melchiſedech. Traditions des Orientaux ſur ce per-
ſonnage. *V.* le Tit. Malchiſadak, 549 *b.*

Melchides; c'eſt ainſi qu'on nomme ceux qui ſont
de la ſecte orthodoxe parmi les Chrétiens Orientaux. *V.* Malekia, 551 *b.*

Mémoire prodigieuſe d'un aveugle, 394 *b.*

Mémoire (la) d'un Marchand en horreur aux Mahométans; pourquoi. *V.* Naſſer ben Haret, 661 *a.*

Mémoires de la généalogie des dix aïeux de Tchim-
khis-khan ou Genghizkhan. *Suppl.* 153.

Menſonge (premier) ſolemnel & public qui ait été
fait depuis l'établiſſement du Mahométiſme , 83 *b.*

Mer (la) de Calzum ; c'eſt ainſi que les Muſulmans
appellent la mer Rouge, 646 *b.*

Mer (la) des Indes; ſa longueur. *V.* le Tit. de Vacuac, 895 *a.*

Mer (la) obſcure & ténébreuſe. *V.* Modhallam,
598 *a.*

Mer (la) du paſſage étroit. *V.* Zokak, 826 *b.*

Mercure, nom de deux ou trois perſonnages de l'antiquité; traditions ou fables des Orientaux ſur ce
ſujet. *V.* le Tit. Hermès, 417 *b.*

Mere des Muſulmans, nom donné à Aïſchah, veuve
de Mahomet. *V.* Omm almoſlemin, 681 *a.*

Méſopotamie, grande Province, ſituée entre les fleuves du Tigre & de l'Euphrate. *V.* Gezirah, 357 *b.*

Meſſie. (le) Les Mahométans reconnoiſſent Jeſus-
Chriſt pour tel, & le nomment Maſſih, 569 *b.*
V. auſſi le nom *Mixiho. Suppl.* 166 , 184.

Métaphyſicien, (un) ou Docteur Scholaſtique. Les
Arabes le nomment Motakellem, 637 *a.*

Métaphyſique. Les Arabes appellent cette Science
Elm al Kelam, la Science des mots , & *Elm
Elahiat*, la Science divine. *V.* le Tit. d'Elm, 291 *a*,
& celui de Kelam, 471 *a.*

Métempſycoſe. Elle eſt nommée par les Arabes Ta-
naſoukiah. *V.* Nakgivani, 636 *b.*

Métropole ou mere des Villes. Les Muſulmans donnent ce ſurnom à la Mecque. *V.* Ogialat, 679 *a* ,
& Omm alcora, 680 *b.*

Mille, (un) meſure de diſtance. *V.* l'Art. Mil, 587 *b.*

Mine des émeraudes Orientales. *V.* Aſuan, 131 *a.*

Mine d'or. *V.* Sofalat Aldheheb, 796 *b.*

Miracle (prétendu) éclatant de Mahomet. *V.* le Tit.
Aiat, 70 *b.*

Miracle opéré par la pierre noire du temple de la
Mecque. *V.* Ali ben Huſſain, 90 *a.*

Miracles (les) ſont les lettres de créance des Prophetes, 647 *a.*

Miracles que Jeſus-Chriſt faiſoit dans ſon enfance,
en donnant la vie aux choſes inanimées ; tradition
fondée ſur un livre ſuppoſé. *V.* Bad Meſſih, 152 *b.*

Miracles (faux) attribués par les Muſulmans à Mahomet leur Prophete. *V.* les Tit. d'Alcoran, 79 *a*;

Portraits

Q.

dix millions d'or en préfents, quoiqu'il n'eût régné que treize ans. *V.* Octaikhan, 679 *a.*

Roi Tartare qui, en mourant, laiffa foixante enfants mâles, *Suppl.* 36.

Roi (le) du jeu des Echecs. *V.* le premier Tit. de Schah, 751 *b.*

Roi du Midi. *V.* Padifchah Nimrouz, 692 *a.*

Roi de la mer *V.* l'Art. Malek el bahr, 551 *a.*

Rois. (les) En général, les Arabes donnent le nom de *Kefra* au Roi de Perfe ; & celui Barthalmious aux Rois Grecs qui ont régné en Egypte. *V.* le premier de ces noms, 478 *a.*

Rois de plufieurs nations, ou les fucceffeurs d'Alexandre le Grand. *V.* Thaouaif, 864 *a.*

Rois (les) Mondars de Hirah. *V.* ce Tit. 622 *a.*

Rois (anciens) de la Chine. *V.* Fagfour, 312 *b,* *Suppl.* 2.

Romains (les), Barbares feulement par l'habit, felon les Chinois, *Suppl.* 187.

Roman (le) de Jofeph & de Zuleikha. *V.* Zolaikha, 826 *b.*

Roman (le) de Megnoun & Leileh. *V.* ces deux Tit., le premier 579 *b,* & le fecond, 525 *b.*

Roman (le) de Khofrou & de Schirin. *V.* ce dernier Tit. 771 *a.*

Rome, Capitale de l'Italie. Les Arabes la nomment Roumiah, 712 *a.*

Rompre le voile d'une femme ; ce que cette expreffion en Arabe veut dire, 643 *a.*

Royaume des Fées. *V.* l'Art. Schadukiam, 749 *b.*

Royaume (le) du Grand-Mogol aux Indes. *V.* Deheli, 264 *a.*

Royaume (le) de *Taçin;* fa defcription, *Suppl.* 172, 173, 174.

Royaume Tartare où il régnoit une coutume horrible en fait de mariage, *Suppl.* 190.

Rubis qui pefoit dix-fept drachmes Arabiques, c'eft-à-dire, près d'une once & demie, 729 *a.*

Ruffie (la) ; étymologie de ce nom. *V.* Rous, 712 *a.*

S.

*S*ABBATH (le) des Mahométans eft le Vendredi. Pourquoi. *V.* Giumaat, 376 *b,* 457 *b.*

Sabéens, (les) peuple de l'Arabie, affez connu des Grecs & des Latins. *Voyez-*en l'origine au Tit. Saba, 713.

Sabiens (les) & leur Religion, autre que celles des Mages. *V.* le Tit. de Sabi, 715 *a.*

Sacrifices que les Patriarches ont offerts à Dieu. *V.* Corban, 250 *a.*

Sacrifices qui fe font en Chine à diverfes fauffes Divinités & aux ancêtres de l'Empereur dans leurs *Miao* ou temples, *Suppl.* 119.

Sacs, pendus au col des chevaux, 639 *a.*

Saffran. (du) Le meilleur eft produit dans le pays de Tranfoxane. *V.* Zafaran, 909 *a.*

Sageffe ou *Sapience ;* fa définition. *V.* Hekmak, 409 *a.*

Sageffe (la) de tous les temps, livre de Philofophie morale, compofé par un ancien Roi de Perfe. Une partie de cet ouvrage a été traduite en François, & imprimée à Paris l'an 1644, fous le titre de livre des *Lumieres,* ou *de la conduite des Rois. V.* Giavidan Khird, 371 *b.*

Saint. Le plus faint d'entre les Khalifes a été Omar, fils d'Abdalaziz, 683 *a.*

Saint (le) n'a point de fubfiftance déterminée ; explication de cette expreffion. *Suppl.* 184.

Saint Michel, l'Archange. Les Arabes lui donnent le nom de *Mikail,* 387 *b.*

Saint Jean-Baptifte eft nommé par les Mahométans *Jahia. V.* ce Tit. 436 *b.*

Saint Jean l'Evangélifte. Les Grecs le nomment en leur langue vulgaire *Seologos,* le *Théologien.* Tradition des Orientaux fur fon fujet. *V.* Joanna, 457 *a.*

Saint Mathieu, l'Evangélifte. *V.* le Tit. Mata, 572 *a.*

Saint Marc, l'Evangélifte. Les Mahométans l'appellent *Markous. V.* ce Tit. 563 *b.*

Saint Luc, l'Evangélifte. Les Mahométans le nomment *Louka,* 533 *b.*

Saint Paul & *Saint Pierre,* Apôtres. Les Orientaux nomment l'un *Bulos,* & l'autre *Fathros. V.* le premier de ces Tit. 197 *b.*

Saint Jean-Chryfoftôme, Pere de l'Eglife, furnommé *bouche d'or. V.* Johonna fomm al dheheb, 457 *a.*

Saint Jean l'Aumônier, Patriarche d'Alexandrie ; il fut furnommé *le miféricordieux. V.* Johanna al Rahoum, *ibid.*

Saint Barthelemi. Les Juifs & les Syriens le nomment *Bartholmai,* 175 *a.*

Saint Macaire ; les Arabes l'appellent *Abou-Macar. V.* ce Tit. 25 *b.*

Saint Louis, Roi de France, fait prifonnier de guerre, par qui, 555 *a. V.* auffi Moadham, 590 *b,* & Redefrans, 704 *a.*

Saint Jean d'Acre, Ville que les Grecs ont nommée *Ptolémaïs,* & les Hébreux *Acco. V.* le Tit. d'Acca, 37 *b.*

Sainte Vierge; (la) les Mufulmans la réverent, & la nomment *Miriam. V.* ce Tit. 188 *b.*

Sainte-Sophie, Temple ou Eglife célebre de Conftantinople. *V.* le Tit. d'Aia-Sofia, 70 *b.*

Saints (les) ou les amis de Dieu. Notions que les Docteurs Mufulmans en donnent. *V.* le Tit. Aulia, 140 *a.*

Salamandre, animal fingulier. *V.* Samandar, 736 *b.*

Saleh, Patriarche & Prophete. *V.* le Tit. Salah, 727 *a.*

Salomon, fils de David. Les Mufulmans l'appellent *Soliman,* 799 *b.*

Salut que donnent les Anges à ceux qui entrent dans le Paradis, 308 *b.*

Samuel, le Prophete. Les Mahométans le nomment *Afchmouil. V.* ce Tit. 126 *a.*

Sandarak, gomme de genevre. *V.* Sandarous, 740 *b.*

Sang caillé que Genghizkhan tenoit dans la main en naiffant, 352 *b.*

Sang (le) des martyrs & l'encre des Docteurs font d'un prix égal ; fentence Mufulmane, 291 *b.*

Sapor, en Grec & en Latin ; nom commun à plufieurs Rois de Perfe. *V.* le premier Tit. de Schabour, 747 *b.*

Sardaigne, ifle conquife par les Arabes fur la fin du premier fiecle de l'Hégire. *V.* Sardiniah, 745 *b.*

Sarafins, (les) peuple. *V.* l'origine de ce nom au Tit. Scharacah, 780 *b.*

Satan (le) ou Lucifer. *V.* Scheithan, 767 *a.*

Satrape, titre de dignité affecté aux Seigneurs des anciens Perfans. *V.* Marz, 567 *b.*

Saül, premier Roi des Ifraélites. Les Mahométans le nomment Thalout. *V.* dans ce Tit. les fables qu'ils débitent fur fon fujet, 862 *a.*

Sauveur (le) des Hommes. *V.* Mokhalles, 620 *b.*

Sauveur du monde, furnom donné par les Egyptiens à Jofeph, 459 *b.*

Saxons (les) transférés en Tranfylvanie par Charlemagne. *V.* Saz, 747 *a.*

Schifme de deux Khalifes dans le Mufulmanifme. 600 *a.*

Science. (la) Comme les Arabes n'ont point de mots compofés, ils ne peuvent pas par un feul exprimer le nom d'une fcience, à la maniere des Grecs & des Latins ; ainfi ils appellent l'Aftronomie *Elm al nogioum,* la fcience des aftres. *V.* Elm, 291 *a.* Cependant ils fe fervent quelquefois, mais par corruption, des termes Grecs & Latins, comme de *Filfafat* pour dire Philofophie, 325 *b,* & de *Thoulougia* pour dire Théologie, 481 *b.*

Science (la) du monde, titre d'un livre de Cofmographie. *V.* Gihan Danefch, 377 *a.*

Sciences. (les) Les Orientaux, tant Chrétiens que Mahométans, les cultivent beaucoup. Ce qui le prouve eft le nombre infini de livres indiqués & énoncés dans le corps de l'Ouvrage. Le célebre Hagi Khalfa, dans fon Traité, intitulé : *Cafchf aldbonoun*, a ramaffé trois mille trois cents Auteurs fur l'Hiftoire feule. *V.* Tarikh, elm Tarikh, 847 *b.*

Sciences (trois) nuifibles & dangereufes, 594 *b.*

Sciences (les) des Chinois & leur langue fujettes à de grandes imperfeétions. *Suppl.* 199, 200.

Scorpions ailés. *V.* l'Art. d'Acrab, 46 *b.*

Secretaire & Miniftre d'Etat. *V.* le premier Tit. Cateb, 241 *b.*

Secrets. Les Arabes prétendent qu'il y en a dans les lettres de leur alphabet. *V.* Naouti, 638 *b.*

Seétaires qui fe couvroient le vifage. *V.* le Tit. Molathemiah, 621 *b.*

Seéte des Chrétiens Jacobites, 435 *a.*

Seéte Mahométane qui admettoit la Métempfycofe. *V.* Ravendiah, 702 *b.*

Seéte d'impies qui a fait naître celle des Illuminés. *V.* le Tit. Schamalgani, 757 *b.*

Seéte (la) des Afchariens. *V.* les Tit. d'Afcheri & d'Afcherioun, 124 *a*, *b.*

Seéte des Motazales. Le fondateur en a été le Doéteur Vaffel. *V.* ce Tit. 901 *a*, comme auffi celui de Motazelah, 643 *a.*

Seéte des Ibrahimiah parmi les Chrétiens de l'Orient. *V.* le Tit d'Abrahamiens, 13 *b.*

Seéte de Théologiens Mufulmans qui ôtent toute forte de liberté à l'homme. *V.* Giabarioun, 360 *a.*

Seéte des Zenadecah qui nient la Réfurreétion. *V.* Zendik, 917 *b.*

Seéte des Carmathes qui faifoient cinquante prieres par jour. *V.* le Tit. de Carmath, 235 *b.*

Seétes autorifées parmi les Mufulmans. Il y en a quatre, dont les Chefs font Abou Hanifah, Hanbal, Malék & Schaféi. *V.* le Tit. du premier, 19 *b*; du fecond, 397 *a*; du troifieme, 550 *b*; du quatrieme, 756 *b.*

Seétes (deux autres) égalemént autorifées. *V.* Daoud al Esfahani, 261 *a.*

Seétions ou portions de l'Alcoran. *V.* Aurad, 141 *b.*

Seigneur, Prince, Souverain. *V.* Khan, 502 *a.* Differtation fur ce Titre. *Suppl.* 132.

Seigneur des Envoyés, titre donné à Mahomet. *V.* Raffoul, 702 *a.*

Seigneur de banniere. *V.* le Tit. de Begh, 181 *a.*

Seigneurs. (les deux) *V.* le Tit Seidani, 780 *b*, 429 *a.*

Sekinah; fignification de ce mot felon les Doéteurs Juifs, 383 *a.*

Sel. (du) Origine de fon ufage dans les pays feptentrionaux, 452 *a.*

Sel ammoniac. V. Botom, 195 *a*, & *Suppl.* 137, 139.

Sem, le Patriarche; il eft nommé le Pere des Arabes. *V.* le premier Tit. Sam, 735 *a.*

Sem; c'eft le nom propre des Bonzes que les Chinois appellent *Hoxam*, *Suppl.* 183.

Semaine. Les anciens Perfans n'avoient point de femaines, & donnoient un nom particulier à chaque jour du mois. Maniere de compter les jours parmi les Perfans modernes, les Arabes & les Turcs. *V.* Haftah, 387 *a.*

Séné, ou feuilles orientales. *V.* l'Art. Sena, 785 *b.*

Sens myftique des lettres de l'alphabet Arabe, 291 *b.*

Sentence très-belle du Doéteur Kethir, ben Manfour. *V.* fon Tit. 495 *b.*

Sentiment des Chrétiens Orientaux touchant Zoroaftre, 919 *a.*

Sept, (les)&c. *V.* Dormants.

Sept (les) Prieres par jour. *V.* Affamah, 123 *a.* *V.* auffi le premier Tit. Sabi, 739 *b.*

Sépulcre du Patriarche Abraham. *V.* Khalil, 500 *a.*

Sépulcre de la Sainte Vierge, 590 *a.*

Sépulcre de Mahomet. *V.* Medinah, 577 *b.*

Sépulcre d'Ali, gendre de Mahomet. *V.* Coufah, 154 *b.*

Sépulcre de Houffain, fils d'Ali, 429 *a.*

Sépulcre de l'Imam. *V.* Mafchehad, 568 *b.*

Sépulcres (les) des martyrs. *V.* l'Art. Hagr, 389 *b.*

Sépulture (lieu de la) d'Adam. *V.* Abou-Caïs, 19 *a*, & Conouz, 250 *a.*

Séraphins, monnoie d'or d'Egypte. *V.* Scharafi, 760 *b*, & Zerabini, 918 *b.*

Sermon ou prône qui fe fait dans la principale mofquée de chaque Ville, après la priere ordinaire du midi. *V.* Khothbah, 511 *b.*

Serpent volant. *V.* le Tit. d'Oc, 678 *b.*

Serrail; origine de ce mot. *V.* le Tit. de Sarai, 744 *a.*

Serviens & Rafciens, peuple. *V.* Serf, 789 *a.*

Serviteur du Diable. *V.* Schah Couli, 751 *b.*

Serviteurs (les) de Dieu. Les Arabes les nomment Ebad. *V.* cet Art. 286 *a.*

Séville, Ville d'Efpagne. Les Arabes la nomment Afchbiliah. *V.* ce Tit. 125 *a.*

Sextuple (la) union; cette expreffion défigne l'Univers, *Suppl.* 184.

Siecle de fer de la Chine, ou les Regnes tumultueux des cinq Barbares, *Suppl.* 24.

Sieges mémorables de Nankim, Ville de la Chine, *Suppl.* 7.

Signes qui, felon quelques Doéteurs Mufulmans, précéderont la fin du monde, 881 *a.*

Signification (la) des caraéteres Chinois ne doit pas être tirée de leur fon, mais de leur figure, *Suppl.* 187.

Silence myftérieux des Mages. *V.* l'Art. Bage, 154 *a.*

Siméon, furnommé le Jufte. *V.* Schimaoun Siddik, 769 *a*, & Simean al Sadik, 791 *b.*

Simonie; (la) elle étoit en ufage pendant quelque temps parmi les Chrétiens Orientaux. *V.* Scharthoniah, 762 *a.*

Six (les) jours de la création, pris pour fix mille ans, fuivant une tradition, 285 *a.*

Six (les) principaux dépofitaires des Traditions Mahométanes. *V.* Hadith, 386 *a.*

Socrate, le Philofophe. Les Arabes le nomment Socrath. *V.* ce Tit. 796 *b.*

Sodôme, Ville de Judée. Les Arabes la nomment Sedoum. *V.* ce Tit. 777 *b.*

Sœurs jumelles de Caïn & d'Abel. *V.* le Tit. de Vain, 897 *b*, & celui d'Azrun, 144 *b.*

Sogdiane, (la) plaine délicieufe, l'un des quatre paradis. *V.* Sogd, 797 *b.*

Solanum pomiferum, efpece de plante. *V.* Badelgian, 153 *a.*

Soldats (trois) qui fe tuent par le commandement de leur Prince, 236 *b.*

Soleil. (le) Les Perfans nomment cet aftre par métaphore, *Padifchah Nimrouz*, Roi du midi. *V.* Nimrouz, 668 *b.* Il eft appellé par un Fanatique pere de la vie, & la lune mere de la vie. *V.* Diffan, 280 *b.* Il perd fa lumiere, peu après fon lever, mais fans être éclipfé; prodige arrivé l'an 164ᵉ. de l'Hégire, 541 *b.*

Solon, un des fept Sages de la Grece, & aïeul maternel de Platon. Les Arabes le nomment Soloun, 805 *b.*

Songe de Mahomet. *V.* le Tit. Joufouf ben Abdalber, 460 *a.*

Songe fingulier du Doéteur Kethir ben Manfour. *V.* ce Tit. 495 *b.*

Sort (le) des fleches. *V.* le Tit. d'Acdah, 39 *a*, & celui de Corrat, 250 *a.*

Souffle (le) du Meffie. *V.* Bad Meffih, 152 *b.*

Souhait d'une vie de dix mille années; compliment d'ufage en Chine, *Suppl.* 50, 63.

Soupiraux à vent qui fervent à rafraîchir l'air. *V.* Badghis & Badkhon, 152 *b*, & 153 *a.*

Sourat al nafr, chapitre de la Viétoire; c'eft le dernier

Têtes de poisson, race d'hommes. *V.* Ramac, 699 *b*, & Sermahi, 789 *b*.

Tetragrammaton, nom de quatre lettres, le nom ineffable de Dieu, 359 *a*.

Thai-tçau, Empereur Chinois de la nation Tartare des *Niou-tche*, destructeur de la Dynastie des *Leao*; son nom propre étoit *Agou-tha. Suppl.* 103.

Thai-tçoum, Empereur de la Tartarie & de la Chine, avoue publiquement trois fautes qu'il a commises. *Suppl.* 93.

Tham-thai-tçoum, Empereur Chinois, grand Histo-rien. *Suppl.* 26. Il ne veut pas rétablir l'ancienne grande muraille entre la Chine & la Tartarie; pour-quoi, 44.

Thébaïde, (la) Province d'Egypte; sa description. *V.* le premier Tit. Sáid, 723 *a*.

Théologie scholastique Musulmane. *V.* Kelam, 471 *a*.

Théologiens mystiques parmi les Musulmans. L'un des principaux d'entr'eux a été Aboulhassan. *V.* ce Tit. 24 *a*.

Thériaque (de la) & sa confection. *V.* Haschaischi, 405 *b*, & Teriak, 851 *b*.

Thiao-chi; ce nom Chinois désigne le Royaume d'E-gypte. *Suppl.* 186.

Tchim-khis-khan, ou *Genghizkhan*, Empereur en Tartarie, refuse de payer son tribut à l'Empereur de Chine *Ouei-chao-vam* de la Dynastie des *Kin*, & vient lui faire la guerre. *Suppl.* 121.

Thomas. Les Syriens & les Arabes lui donnent le nom de *Touma*, 887 *a*.

Tigre, fleuve. Il est appellé le fleuve de la paix. *V.* Nahar al Salam, 655 *b*.

Titre que portoient les anciens Rois de l'Arabie Heu-reuse. *V.* Tobba, 882 *b*.

Titre (premier) des Khalifes; c'est celui d'*Emir al-moumenim*, Prince ou Commandant des Fideles. *V.* Omar, 681 *b*.

Titre d'honneur qui se donne aux grands Monarques de l'Orient. *V.* Pad, 692 *a*.

Titre d'honneur équivoque qu'un Khalife vouloit donner à un grand Prince, 547 *a*.

Titre d'honneur donné à des Visirs. *V.* Malek al afdhal, 550 *b*.

Titre de Noblesse. *V.* l'Art. Scherif, 768 *a*.

Titre que prend l'Empereur de la Chine. *Suppl.* 2. Celui que lui donnent ses sujets, 3.

Titre que les Empereurs de la Chine donnent aux années de leur regne. *Suppl.* 129. Celui qu'on leur donne après leur mort; il étoit anciennement honorable ou diffamant, suivant le mérite du dé-funt, *ibid.* Celui du temple où ils sont inhumés qui est le titre ou nom d'apothéose, *ibid.*

Titre insolent que prend le Pontife souverain de la secte des Bonzes *Tao-sse* en Chine. *Suppl.* 34.

Titre d'un livre qui traite des machines inventées avec esprit. *V.* Ketab alalat alrouhariat, 480 *a*.

Titre d'un Traité d'Algebre. *V.* Ketab algebr, 482 *a*.

Titres (les) d'honneur, ou surnoms. *V.* Lacab, 520 *a*.

Titres que les Musulmans donnent à Mahomet; ce-lui de Roi du Midi. *V.* Nimrouz, 668 *b*, & de Rassoul, 702 *a*. Ils le regardent aussi comme le second Adam, & le restaurateur du genre humain. *V.* le premier article de Safi, 719 *a*.

Tobie. Les Chrétiens Orientaux le nomment *Tobit*, 883 *a*.

Toile qu'on lave au feu. *Suppl.* 168, 175.

Tolérance en matiere de Religion. Sentiment du Se-cretaire de Julien l'Apostat sur ce sujet. *V.* Tha-mestious, 863 *a*.

Tour, qui tient lieu de clocher aux Mahométans, & du haut de laquelle le crieur appelle à la priere. *V.* Menar, 564 *b*.

Tourterelles des Indes; leur propriété merveilleuse. *V.* Comri, 249 *b*.

Traditions parmi les Musulmans; elles regardent les choses que Mahomet leur Prophete a dites. Il y en a d'authentiques & d'apocryphes. *V.* Hadi, 386 *a*. Elles ont été recueillies par Zohari. *V.* ce Tit. 826 *a. V.* aussi Ahadith, 65 *a*. Amrou ben Al-As, 103 *b*, & Bokhari, 191 *a*.

Traditions reçues d'Aïschah, veuve de Mahomet. *V.* Atha, 134 *a*.

Traditions & belles sentences, 245 *b*.

Trafic de la Chine, tant intérieur qu'extérieur. *Suppl.* 198.

Traité de l'Ame, Ouvrage d'Aristote, traduit en Syrien & en Arabe. *V.* Ketab alnefes le Aristhou, 494 *a*.

Traité des Arts & des Sciences. *V.* Ketab alfonoun, 489 *b*.

Traité historique des Dynasties. *V.* Ketab doual, 483 *b*.

Traité géographique, ou le livre de Roger. *V.* le Tit. Ragiar, 699 *a*.

Traité des Longitudes & des Latitudes. *V.* Ketab al-messafat, 492 *b*.

Traité des jours caniculaires. *V.* Schéra, 767.

Traité d'Architecture. *V.* Ketab alhëitan, 483 *a*.

Traité de l'Art militaire. *V.* Harb, 398 *b*.

Traité du Lion. *V.* le Tit. Assad, 122 *b*.

Traité des Femmes. *V.* l'Art. Vaca, 895 *a*.

Traité du jeu des Echecs. *V.* Ketab alschathrang', 486 *a*.

Traités de différentes Sciences ou matieres. *V.* les Art. d'Adab, depuis la pag. 48 jusqu'à 50.

Traités de Pharmacie. *V.* Atthar, 134 *a*.

Traités des Poids & Mesures. *V.* les deux Art. d'au-zan, 142 *b*.

Transylvanie. Les Turcs appellent cette Province Erdel, *V.* ce Tit. 296 *a*.

Transoxane, (la) grande Province au-delà du fleuve Oxus. *Voyez*-en la description à l'Art. Maounran-nahar, 573 *a*.

Trente choses utiles que l'Egypte seule produit, 586 *a*.

Trésors découverts par hasard, 326 *b*, 463 *b*.

Tribu ou Nation qui porte le nom de Khalag'. *V.* ce Tit. 497 *b*.

Tribu qui a été exterminée; pourquoi. *V.* Ad, 47 *b*.

Tribu Arabe, de laquelle sont sortis plusieurs Rois. *V.* Kendah, 473 *a*.

Tribunaux établis dans la Chine, *Suppl.* 193 & *suiv.*

Tribut accordé par les Chinois à l'Empereur Tar-tare *Hii-tçoum. Suppl.* 117.

Tribut payé, consistant en 10000 chevaux, 20000 moutons, 500 chameaux & autant de bœufs, *Suppl.* 41.

Trinité (la) des Chrétiens. Les Musulmans l'appel-lent Tathlith, 850 *b*; mais ils ne la reconnoissent point. *V.* Acnum, 46 *b*.

Trois (les) Pavillons, nom d'un palais. *V.* Sedir, 777 *b*.

Trompette, au son de laquelle les morts seront ressus-cités. *V.* Sour Asrafil, 808 *b*.

Trône (le) de Dieu. *V.* Corsi, 251 *b*, & Ketab alârsch v sesatho, 488 *a*. Il y en a deux selon les Musulmans. *V.* Arsch, 120 *b*.

Trône doré. *V.* le premier Tit. de Takht, 813 *a*.

Trône de Chosroès, Roi de Perse, 509 *a*, & *Suppl.* 161.

Trône superbe, estimé vingt millions d'or. *V.* Aurenk, 141 *b*.

Trône d'or, nom que porte la Province qui s'étend entre le Pont-Euxin & la mer Caspienne. *V.* Serir Aldheheb, 789 *b*.

Trucheman. Origine de ce mot. *V.* le premier Tit. de Targeman, 831 *b*.

Tulipe, (la) Symbole d'un Amant passionné. *V.* La-leh, 522 *b*.

Tunique blanche de Saint Jean-Baptiste, teinte de son sang. *V.* Jahia, 436 *b*.

Tunis, Ville de la Province d'Afrique proprement di-te. Les Arabes lui donnent le nom de Tounes, 887 *b*.

Turban des partisans d'Ali qui sont les Persans, 89 *b*.

Turcs (les) ou la Nation Turquefque. *V.* Atrak, 135 *b*, & *Suppl.* 160.

Turcs favants & polis, 292 *a*.

U & V

*U*NIONES; ce terme Latin fignifie des perles, parce qu'en les pêchant, on n'en trouve ordinairement qu'une feule dans la mere-perle. *V.* Morovarid, 627 *a.*

Unité (l') ne fe trouve que dans ce qui eft éternel, 309 *b.*

Us & coûtumes des *Tou-po* ou *Tou-poc*, nation Tartare à demi-fauvage, *Suppl.* 76.

Ufage (l') du lait de vache défendu. *V.* l'Art. Laban, 520 *a.*

Uu-heu, Impératrice de Chine. Cette Princeffe, après s'être emparée du Trône, ofa, par une ambition démefurée & par un attentat inoui, ordonner qu'on l'appellât Empereur, & elle voulut être fondateur d'une Dynaftie dans le feptieme fiecle de l'Ere Chrétienne, *Suppl.* 179.

Vaches attelées à des chariots à la place des taureaux, *Suppl.* 38.

Vaillant, un vaillant homme. Les Perfans le défignent par le terme *Pahalavan* ou *Pehelevan*. *V.* ces deux Tit. 692 *b*, & 694 *a.*

Vallée (la) de Samarcande; elle eft l'un des quatre paradis terreftres, 573 *b*. Les trois autres paradis font la pleine de Damas, Obolla en Chaldée & Scheb Boavan en Perfe. *V.* Gauthah, 336 *b.*

Vallée où l'on trouve de l'or en poudre. *V.* Vacuac, 895 *a.*

Vallée des fablons. On appelle ainfi la côte de la mer Méditerranée qui joint l'Egypte à la Syrie. *V.* Vadi alremel, 895 *b.*

Vallée dans l'enfer; rêverie Mahométane, *ibid.*

Vam-xe-chim, Ville de la maifon royale; nom appellatif de la Capitale d'un Royaume Tartare, *Suppl.* 190.

Vafe ou coupe du foleil. *V.* le Tit. Giamfchid, 367 *a.*

Vafe de turquoife qui contenoit quatre livres, ou deux peintes de liqueur. *V.* Giamfchid, *ibid.*

Vafes de porcelaine, comment nommés dans l'Orient, 793 *a.*

Vafes de cuivre fondu, d'une cavité & d'une pefanteur énormes, fabriqués en Chine, *Suppl.* 179.

Veau d'or, fabriqué dans le défert. *V.* le quatrieme Tit. de Samari, 739 *a.*

Vent perpétuel, eau débile & *Siyam-mu*, mere du Roi occidental; explication de ces termes, *Suppl.* 187.

Vénus. (la Planete) Les Arabes l'appellent la Belle ou la Fleurie. *V.* Zohara, 926 *a.*

Véridique & fincere; épithete que les Mufulmans donnent au Patriarche Jofeph & à d'autres perfonnages. *V.* Sedik, 777 *b.*

Vérité. (la) Celui qui, en fait de Religion, a la vérité de fon côté, eft l'Eglife, encore bien qu'il foit feul; fentence d'un Docteur Mufulman, 367 *a.*

Vérité, (la) qui eft auffi le nom de Dieu, la vérité fuprême. *V.* Hakk, 381 *b.*

Vernis (le) des Chinois; belle invention, *Suppl.* 200.

Verres, globes, ou miroirs au moyen defquels Giamfchid, Roi de Perfe, & Alexandre le Grand connoiffoient toutes chofes. *V.* Giam, 365 *a.*

Verres, (des) *Lin-ngen*; fignification de ce terme Chinois, *Suppl.* 184.

Vers Perfien dont les lettres marquent l'époque ou l'année de la mort d'un Prince, 165 *b.*

Vers qui opérerent la réconciliation d'un Khalife avec fa Concubine. *V.* Mouffali, 650 *a.*

Vers-à-foie. Qui a commencé à les faire nourrir. *V.* la fin du Tit. de Thahamurath, 858 *b.*

Verfet le plus éloquent de l'Alcoran, & qui eft du genre fublime, 671 *b.*

Verfets (les) de l'Alcoran; ils font au nombre de fix mille & autant de miracles. *V.* Aiat, 70 & 72. Les Mahométans n'en content point le nombre, ni celui des Chapitres, difant feulement *Coulho Taâla*, Dieu dit. *V.* Coul, 255 *a.*

Vertu (la) du nom ineffable de Dieu. C'eft par elle que J. C. opéroit fes miracles; tradition Mufulmane. *V.* Efma, 304 *a.*

Vertu (la) fe trouve entre deux extrêmités vicieufes, 309 *b.*

Vertus; (les) en Arabe Fadhail. *V.* ce Tit. 309 *a.*

Verzino; ce mot Italien fignifie le bois de Bréfil qu'on tiroit d'une ifle de la mer des Indes, avant que l'Amérique fût découverte. *V.* Lameri, 523 *a.*

Veftibule de la maifon quarrée ou du Temple de la Mecque. *V.* Mouzdelifa, 650 *b.*

Veuve qui fit un reproche hardi, mais fondé, au Sultan Mahmoud, 546 *b.*

Vicaire de Dieu fur terre. *V.* Khalifah, 498 *b.*

Victoires remportées par les Saints fur les démons; titre d'un livre. *V.* Haddadi, 383 *b.*

Vie; (la) en Arabe Haiat, *V.* cet Art. 390 *b.*

Vie. (la) Cinq chofes peuvent la prolonger; tradition Mufulmane, 391 *a.*

Vie (la) d'un homme préférée à un vafe de porcelaine. *Suppl.* 12.

Vie intérieure & fpirituelle. *V.* Bathen, 178 *a.*

Vie (la) future & éternelle. Ce que les Mahométans en croyent. *V.* le Tit. d'Akhrat, 43 *b.*

Vie (la) retirée ou la dévotion. *V.* Zohd, 826 *a.*

Vieillard ou Chef de la Loi. *V.* Scheikh al Eslam, 766 *a.*

Vieillard, Prince, Docteur, Chef d'une communauté religieufe; en un mot, un homme refpectable. *V.* Scheikh, 766 *a.* Chef de la loi, ou grand Iman & Mouphti. *V.* Scheik al Eslam, *ibid.*

Vieillard ou Chef de ceux qui ont été envoyés de Dieu pour prêcher la pénitence. *V.* Scheik al Morfelin, 766 *b.*

Vieillard (le) de la Montagne, ou le Prince des Affaffins, 178 *b. V.* auffi le Tit. de Scheikh al gebal, 766 *b.*

Vieillards (les deux) ou Princes. *V.* Scheikhein, 766 *b.*

Vienne, Capitale de l'Autriche. Les Turcs l'appellent Veg. *V* ce Tit. 904 *a.*

Vies (les) des Saints Mufulmans. Plufieurs Auteurs en ont traité. *V.* Thabacath alaulia, 852 *a.*

Vies (les) des Hommes illuftres. Le premier Auteur qui a travaillé fur ce fujet eft Abou Soliman Mohammed. Son Ouvrage comprend les grands Hommes qui ont vécu depuis les premieres années de l'Hégire jufqu'à celle de 228, *p.* 37 *a. V.* auffi le Tit. Aian, 70 *a;* celui de Khalekan, 498 *a,* & celui de Thabacat al cobra, 852 *a.*

Vies (les) ou l'hiftoire de cinq cents cinquante Sofis ou Religieux Mufulmans qui fe font diftingués par leur conduite. *V.* Thabacat al Sofiah, 855 *a.*

Vies (les) ou éloges de plufieurs Mufulmans qui ont fu l'Alcoran entier par cœur. *V.* Thabacat al Hofadh, 852 *b.*

Vigne. (la) Cette plante ne fe trouve point en Chine, & le vin qu'on y boit eft celui du riz. *Suppl.* 198.

Village où Esdras mourut & fut enfuite reffufcité. *V.* Sairabad, 725 *b.*

Village du Cadhi. On appelle ainfi le lieu où l'on voit les ruines de l'ancienne ville de Chalcédoine, vis-à-vis de Conftantinople. *V.* Cadi Kioi, 332 *a.*

Ville qui la premiere a été enfermée de murailles après le déluge. *V.* Toufter, 889 *a.*

Ville bâtie par Alexandre-le-Grand. *V.* l'Art. de Candahar, 228 *a.*

Ville bâtie par Jefus-Chrift, fuivant une tradition fabuleufe des Egyptiens. *V.* le Tit. de Bahana, 157 *b.*

Ville, felon les Hiftoriens de Perfe, la plus ancienne & la plus magnifique de toute l'Afie. *V.* Eftakhar, 304 *b.*

Ville la plus riche & la plus puiſſante de l'univers au milieu du ſeptieme ſiecle de l'Hégire, 630 *b*.

Ville du pays des Negres qui a un Roi particulier. *V.* Tocrour, 883 *a*.

Ville. La mere des Villes. C'eſt le ſurnom que les Muſulmans donnent à la Mecque. *V.* le Tit. d'Omm Alcora, 680 *b*.

Ville (la) Noire. *V.* l'Art. Amed, 100 *b*.

Ville bâtie ou compoſée de ſept autres, & aujourd'hui fort célèbre pour ſes manufactures de ſoie, appellées Comaſch. *V.* l'Art. Com, 249 *a*, & 411 *b*.

Ville où, le jour du ſolſtice d'été à midi, l'ombre d'un gnomon de huit pieds de haut eſt longue de trois pieds quatre dixiemes & huit centiemes. *S.* 135.

Ville des Oliviers. C'eſt le ſurnom que les Arabes donnent à la ville d'Athenes, à cauſe de l'Olivier que Minerve y planta la premiere. *V.* Zaitounah, 911 *a*. Ils la ſurnomment auſſi ville des Philoſophes. *V.* Athiniah, 135 *a*.

Ville des pierreries; c'eſt une ville fabuleuſe d'une Province dont les Romans Perſiens & Turcs font mention. Les Italiens appellent ce pays imaginé *la Caycagna*, & les François le pays de Cocagne. *V.* Ghiauher, 359 *a*.

Ville de l'homme ou de l'humanité; c'eſt le titre d'une Hiſtoire allégorique dans laquelle eſt décrite la conduite de l'homme à l'égard de ſa Religion. *V.* Medinat, 578 *a*.

Villes auxquelles Alexandre-le-Grand a donné ſon nom. *V.* Eſcanderiah, 299 *a*.

Villes principales de l'Iémen ou Arabie heureuſe, 442 *a*.

Villes (les quatre) Capitales de la Province de Khoraſſan ruinées, dévaſtées, & leurs habitants égorgés par les troupes de Genghizkhan, 353 & *ſuiv*.

Villes où les Empereurs Chinois font leur réſidence. Les Tartares leur donnent le nom appellatif *Khanbalig*, & les Chinois celui de *Kim*. *Suppl.* 9.

Vin. (du) L'uſage en eſt interdit aux Muſulmans par un verſet du Chapitre de l'Alcoran, intitulé Maïdah, ou la Table, 690 *a*. Cependant il y a des Mahométans qui doutent que cette défenſe ſoit abſolue. *ibid.* Jezid, qui régna au milieu du premier ſiecle de l'Hégire, a été le premier des Khalifes qui ait bu du vin, & ſe ſoit ſervi d'Eunuques. *V.* ſon Tit. 448 *a*. Noms métaphoriques donnés au vin. *V.* Scharab, 780 *a*.

Vin de Sarifoun. *V.* ce Tit. 745 *b*.

Vin de Sarkhad, très-exquis. *ibid.*

Vin de Malvoiſie. *V.* Malvaſſia, 554 *b*.

Violement du Sabbat par les Juifs, 440 *a*.

Viſage (le) contre terre; expreſſion reſpectueuſe employée dans les lettres écrites au Roi de Perſe. *V.* Roui Zemin, 711 *a*.

Viſite des lieux ſaints, ou le pélerinage en général. *V.* Saih, 725 *a*.

Viſir ou grand-Viſir. Origine de cette charge, ainſi que des grandes prérogatives qui y ſont attachées. *V.* Vazir, 903 *a*.

Viſir & premier Miniſtre du Roi Salomon, ſuivant une tradition des Orientaux. *V.* le ſecond Tit. Aſſaf, 123 *a*.

Vœux monaſtiques; il n'y en a point dans le Muſulmaniſme. *V.* l'Art. Rohban, 708 *b*.

Voile qui nous empêche de voir Dieu. *V.* Hemam, 414 *a*.

Voiſin de Dieu, ſurnom donné au Docteur Zamakſchari. *V.* ce Tit. 912 *a*.

Voix de Dieu, tant intérieure qu'extérieure. *V.* Coul, 205 *a*.

Voleurs (les) cruellement punis chez les *Kie-kia-ſſe*, nation Tartare. *Suppl.* 79.

Voleurs punis par un moyen dont ils ne ſe méfioient point, 546 *b*.

Volonté (la) de Dieu eſt la pierre de touche qui nous éprouve, 439 *b*.

Vou-vang, Empereur de la Chine & Chef de la troiſieme Dynaſtie, nommée *Tcheou*, qui a ſubſiſté pendant 876 ans, *Suppl.* 192.

Voyage que le Roi Salomon fit dans l'Arabie; narration fabuleuſe des Mahométans. *V.* le Tit. de Balkis, 168 *a*.

Voyages (les). Le Sultan Malekſchah aima les voyages de ſon vaſte Empire. *V.* ſon Tit. 554 *a*.

Voyageurs Européens, allant à la Chine; le plus ancien de tous, au moins depuis les derniers ſix ſiecles, a été Paul Vénitien, *Suppl.* 199.

Voyageurs (les) ou les journées des voyageurs; livre de ſpiritualité, qui traite des progrès qu'il faut faire dans la voie myſtique pour parvenir à la perfection. *V* Menazel al Sairin, 582 *b*.

Voyelles de la langue Arabique. Il n'y en avoit pas du temps de Mahomet, ni de ſes premiers ſucceſſeurs; la difficulté de bien lire l'Alcoran a donné lieu à leur invention, 81 *a*.

X.

*X*ANTUNG; c'eſt l'une des ſix Provinces Septentrionales de la Chine, *Suppl.* 193.

Xin, mot Chinois qui ſignifie corps, & quelquefois déſigne la premiere perſonne *ego*, moi. *Suppl.* 184.

Y.

*Y*AMKU, ſignification propre & métaphorique de ce terme Chinois, *Suppl.* 184.

Yao, autrement nommé Jectan, fondateur du vaſte Empire de Chine; ainſi chef de la premiere Dynaſtie, nommée *Hia*, qui a ſubſiſté pendant 259 ans, *Suppl.* 191.

Y-de-ghou, nom général qu'on donne aux Rois d'*Eyghour*, Royaume de la grande Tartarie, *Suppl.* 138.

Ye-lu-ta-ché, Prince du ſang Impérial des *Leao* en Chine, connu ſous le nom de *Ta-ché*, l'Académicien, *Suppl.* 10. Il a été le fondateur d'une Dynaſtie dans le Kerman l'an 1125ᵉ. de l'Ere Chrétienne, 14. Fait priſonnier de guerre par un Général de l'Empereur *Thai-tçau* des *Niou-tché*, 113.

Ye-lu-yen-bii, dernier Empereur des *Leao*, fait captif & conduit devant l'Empereur de la Dynaſtie des *Kin*, qui le créa Roi de *Hai-pin*, c'eſt-à-dire de la côte de la mer. Ainſi finit la Dynaſtie des *Leao* l'an 1125 de l'Ere Chrétienne, *Suppl.* 115.

Yunnam, nom de l'une des neuf Provinces méridionales de l'Empire de la Chine, *Suppl.* 193.

Z.

*Z*ACHARIE, Prophete, ignorance des Muſulmans ſur ſon ſujet. *V.* le premier Tit. de Zakaria, 911 *a*.

Zanguebar, ou la côte de Cafrerie. *V.* l'Art. Zeng', 918 *a*.

Zebeidah, femme du Khalife Haroun Raſchid, & mere du Khalife Amin, fondatrice de la ville de Tauris en Perſe, 402 *a*.

Zeilan, Iſle fameuſe de l'Océan Oriental. *V.* Serandib, 788 *a*.

Zibetto; c'eſt l'animal que nous appellons la *Civette*. *V.* Dabbat, 257 *a*.

Zoophite (le) qui imite la forme d'un agneau, & que l'on dit paître l'herbe autour de lui, *Suppl.* 175.

Zoroaſtre, Chef des Mages ou Adorateurs du feu; il eſt nommé Zerdaſcht. *V.* ce Tit. 919 *a*. *V.* auſſi celui de Ghebr, 358 *a*.

Fin de la Table Générale.